中华全国妇女联合会／编

风雨彩虹：
战"疫"时刻 巾帼力量

（下册）

中国妇女出版社

图书在版编目（CIP）数据

风雨彩虹 ：战“疫”时刻　巾帼力量 ：全二册．下册 / 中华全国妇女联合会编．-- 北京 ：中国妇女出版社，2021.3

ISBN 978-7-5127-1962-0

Ⅰ.①风…　Ⅱ.①中…　Ⅲ.①女性－先进工作者－先进事迹－中国－现代　Ⅳ.①K828.5

中国版本图书馆CIP数据核字（2020）第271331号

风雨彩虹：战“疫”时刻　巾帼力量（下册）

作　　者：中华全国妇女联合会　编
责任编辑：廖晶晶　万立正
特约编辑：姜秀花　陈卫华
文字编辑：祝晓璠
封面设计：吴晓莉　李　甦
责任印制：王卫东
出版发行：中国妇女出版社
地　　址：北京市东城区史家胡同甲24号　　邮政编码：100010
电　　话：（010）65133160（发行部）　65133161（邮购）
网　　址：www.womenbooks.cn
法律顾问：北京市道可特律师事务所
经　　销：各地新华书店
印　　刷：三河市祥达印刷包装有限公司
开　　本：170×240　1/16
印　　张：72.5
字　　数：930千字
版　　次：2021年3月第1版
印　　次：2021年3月第1次
书　　号：ISBN 978-7-5127-1962-0
定　　价：198.00元（全二册）

目录
Contents

第一部分
发挥妇联组织独特作用　凝聚联防联控巾帼力量

在抗击新冠肺炎疫情的大战大考中书写“妇联答卷” …… 黄晓薇 003

切实发挥妇联组织优势　为战胜疫情贡献巾帼力量 …… 全国妇联组织部 015

走在前　作表率　为社区疫情防控贡献力量

——全国妇联机关党员干部主动下沉社区参与疫情防控志愿服务

…… 全国妇联机关党委 025

同心抗疫　守护儿童 …… 中国儿童少年基金会 030

扎实履行组织使命，贡献抗疫“她力量” …… 中国妇女发展基金会 035

在群防群控中发挥妇联组织独特作用 …… 王长路 040

抗击疫情　硬核“娘子军”彰显巾帼担当

——妇联组织在引领服务联系妇女中全力战“疫” …… 田珊檑 043

妇联执委在疫情防控中的参与和贡献 …… 李　文 053

妇联组织发动巾帼志愿者立足基层奋力抗疫 …… 郑锡玲 061

第二部分
勠力同心共克疫情　绘就壮丽半边天画卷

“四自”精神闪耀抗疫战场　巾帼作为汇聚澎湃力量 …… 禹　燕　069

新时代女性精神在战“疫”中熠熠生辉 …… 马　焱　马冬玲　076

发挥妇女在打赢疫情防控阻击战中的作用 …… 王晓莉　080

抗疫行动中的女劳动者：在场、贡献与权益 …… 马冬玲　084

抗疫从“心”出发：红枫抗疫情暖心专线在行动 …… 丁　娟　089

在疫情防控中积极发挥女性社会组织优势 …… 姜耀辉　刘　艺　099

立足性别视角　汇聚公益精神——女性社会组织助力疫情防控 …… 石　鑫　104

妇女在社区疫情防控中的责任担当与奉献 …… 范红霞　108

在战“疫”中践行责任担当　奉献女院青春力量 …… 李明舜　赵　浩　116

抗疫之下国际学生的中国情缘 …… 刘利群　王京霞　123

抗击新冠肺炎疫情中的“她力量”调查报告 …… 姜秀花　杨　慧　129

携手同行抗击疫情　共建共享美好世界 …… 全国妇联联络部　138

第三部分
讴歌女性抗疫故事　激励女性抗疫斗志

坚决贯彻落实习近平总书记重要指示精神　为打赢疫情防控人民战争营造良好舆论氛围 …… 全国妇联宣传部　147

精心策划精准发力精锐出击，打好全媒体宣传战“疫” …… 中国妇女杂志社　155

妇联出版人的“疫情大考”答卷 …… 中国妇女出版社　161

记录与震撼：来自前线的声音 …… 中国妇女报社　168

立体报道全方位呈现女性抗疫故事 …… 中国妇女报社　178

立足官方移动平台和妇女外宣阵地　对内对外讲好巾帼抗疫故事

……全国妇联网信中心（外文社）　182

传递战“疫”必胜信心　讲好中国抗疫故事

——新冠肺炎疫情防控报道的特点与趋势……宋素红　187

抗疫战争中的“坚强阵地”与“温暖之家”

——全国妇联“女性之声”微信号在抗击新冠肺炎疫情中的宣传报道分析……林丹燕　191

发挥智库作用　助力妇联抗疫……郑长忠　197

第四部分
助力复工复产　为夺取“双胜利”作贡献

深入贯彻落实习近平总书记重要讲话精神　为夺取疫情防控和经济社会发展双胜利作贡献……全国妇联妇女发展部　205

充分发挥基层妇联组织优势　为统筹推进疫情防控与经济社会发展贡献巾帼力量……张永英　213

平凡岗位的巾帼力量

——“阿姨来了”家政人的抗疫故事……赵晨宇　张园园　219

统筹疫情防控与脱贫攻坚，需积极做好女性复工复产工作……邢成举　227

疫情下的“美丽家园”建设，以公共参与推动妇女的组织化……陈义媛　234

妇女参与复工复产：贡献、经验与启示……郑锡龄　綦郑潇　242

第五部分
关心关爱妇女儿童 撑起特殊群体保护屏障

做好妇联维权“联”字文章 贡献社会治理创新巾帼力量……全国妇联权益部 253

各级妇儿工委开通抗疫直通车 为疫情期间妇女儿童解难助困
……国务院妇女儿童工作委员会办公室 261

疫情防控中男女平等基本国策的贯彻落实……杜 洁 271

战“疫”中的文明之光
——从为抗疫一线女性医护人员援助“安心裤”谈起……马 焱 280

你在前方战“疫”，我在呵护你的身心
——疫情下全国妇联对女医护人员的呵护……丁 辉 顾文涛 张冰梅 285

弘扬职业精神，加强女性救援人员的职业健康保护……俞文兰 294

增强抗疫一线女性医务人员权益保障……黄桂霞 301

疫情期间孕产妇的保护工作及政策落实……夏雨佳 307

第六部分
发挥家庭家教家风作用 筑牢社区防疫第一道防线

筑牢家庭防线 为打赢疫情防控人民战争贡献巾帼力量
……全国妇联家庭和儿童工作部 315

“特殊时期 特别家教”：家庭教育微课服务广大家庭
……全国妇联家庭和儿童工作部 326

发挥家庭家教家风在基层社会治理中的重要作用 助力打赢
疫情防控阻击战……王 易 330

发挥妇联组织和妇女群众在基层社会治理中的作用 …… 杨菊华 337
以家庭家教家风实现基层社会治理的“最后一公里” …… 丛中笑 344
疫情期间妇联家庭工作的理论探讨 …… 孙晓梅 350
妇联组织筑牢战“疫”家庭心理防线 …… 綦郑潇 357
发挥防疫“家力量” 宣传建设好家风 …… 赵凯旋 363
巾帼守防线 家教护后方 …… 王 妍 369
做好引领联系服务 筑牢战“疫”家堡垒 …… 刘晓辉 374

第七部分
创新工作方式方法 妇联团结引领服务妇女同心抗疫

凝聚巾帼力量 奋战疫情“震中” …… 湖北省妇联 381
共同守护首都 巾帼不让须眉 …… 北京市妇联 387
阻击疫情从“心”出发 …… 天津市妇联 397
“木兰有约”普法宣讲全力助战 燕赵女法律人关键时刻勇于担当 …… 河北省妇联 401
为夺取抗击疫情和转型综改双胜利贡献半边天力量 …… 山西省妇联 405
疫情防控阻击战 巾帼携手绽新颜 …… 内蒙古自治区妇联 409
聚焦“三个着力” 发挥优势主动作为 为推进疫情防控和经济社会发展贡献巾帼力量 …… 辽宁省妇联 413
立足职能 主动作为 奋力扛起战“疫”半边天 …… 吉林省妇联 417
完善机制 释放效能 在大战大考中书写“妇联答卷” …… 黑龙江省妇联 421
首捐“考拉裤”，“娘家人”永远在线 …… 上海市妇联 425
引领“她力量” 撑起半边天 …… 江苏省妇联 429

在“浙”里，抗疫巾帼绽芳华 …… 浙江省妇联 433
“皖家关爱” 用爱的力量温暖前方的你 …… 安徽省妇联 437
把准四要素，统筹做好疫情防控和经济社会发展工作 …… 福建省妇联 440
“四大行动”抗击疫情加油“赣” …… 江西省妇联 444
疫情防控担重任 齐鲁巾帼绽芳华 …… 山东省妇联 447
强化引领 讴歌礼赞 凝聚疫情防控澎湃强劲巾帼力量 …… 河南省妇联 450
织密“妇联网” 撑起半边天 …… 湖南省妇联 454
“您家的菜我来送”“您家的活我来干”关爱活动 …… 广东省妇联 458
大考面前彰显广西巾帼在社会生活和家庭生活中的作用
…… 广西壮族自治区妇联 461
巾帼联心，守护后方 …… 海南省妇联 464
山城巾帼“亮心”战役 …… 重庆市妇联 468
“四送到家”：关心关爱防疫一线医务人员 …… 四川省妇联 472
战“疫”中的“黔”行密码 …… 贵州省妇联 475
全方位行动 引导妇女积极投身疫情防控阻击战 …… 云南省妇联 479
发挥妇联组织优势 凝聚抗疫强大巾帼力量 …… 西藏自治区妇联 483
履行引领联系服务职责 在巾帼战“疫”中积极作为 …… 陕西省妇联 487
统筹推进疫情防控和复工复产 扎实做好“六稳”工作落实“六保”任务
…… 甘肃省妇联 491
做好宣传舆论工作，为战“疫”贡献半边天力量 …… 青海省妇联 495
架设心理援助热线 助力疫情防控阻击战 …… 宁夏回族自治区妇联 499
开展“四送”活动，为抗疫贡献力量 …… 新疆维吾尔自治区妇联 501

传递战“疫”信心　在疫情防控和经济社会发展中贡献巾帼力量
……新疆生产建设兵团妇联　504

第八部分
延伸妇联工作触角　团体会员共筑巾帼抗疫生动实践

以坚韧温柔护佑生命
——女医务工作者在抗疫救治一线谱写激昂战歌……中国女医师协会　511
凝聚专业力量，全力投入抗疫……中华护理学会　517
坚定信心　同心战“疫”　为夺取“双胜利”贡献巾帼力量
……全总女职工委员会　521
凝聚战“疫”共识　彰显女企业家的责任与担当……中国女企业家协会　528
巾帼科技抗疫贡献智慧力量……中国女科技工作者协会　532
抗疫巾帼红
——记女法官们的抗疫保卫战……中国女法官协会　535
女检同心战疫情　忠诚履职谱新篇……中国女检察官协会　538
用实际行动践行女摄影人的社会责任与使命担当……中国女摄影家协会　542
巾帼传大爱　丹青绘英雄……中国女画家协会　545
支援国内外抗击新冠疫情纪实……欧美同学会拉美分会　551
抗击疫情，女规划师在行动……中国规划协会女规划师委员会　555
女律师战“疫”时刻……中华全国律师协会女律师协会　557

附　录

全国妇联新冠肺炎疫情防控大事记……560

I

第一部分

发挥妇联组织独特作用
凝聚联防联控巾帼力量

在抗击新冠肺炎疫情的大战大考中书写"妇联答卷"

黄晓薇*

面对突如其来的新冠肺炎疫情，以习近平同志为核心的党中央把人民群众生命安全和身体健康放在第一位，习近平总书记坚强统领、果敢决断，亲自指挥、亲自部署，带领全党全军全国人民打响疫情防控的人民战争、总体战、阻击战，经过艰苦卓绝的努力，武汉保卫战、湖北保卫战取得决定性成果，全国疫情防控阻击战取得重大战略成果，统筹推进疫情防控和经济社会发展工作取得积极成效，再一次彰显了中国共产党领导和我国社会主义制度、国家治理体系的显著优势，彰显了我们党以人民为中心的执政理念，彰显了面对危难时的中国力量、中国精神、中国效率。

党有号召，妇联即行动。疫情来袭，全国妇联和各地妇联坚决听从习近平总书记和党中央统一指挥，落实王沪宁同志批示要求，把服务统筹推进疫情防控和经济社会发展作为增强"四个意识"、坚定"四个自信"、做到"两个维护"的生动实践，作为保持和增强政治性、先进性、群众性的实战检验，立足职能，发挥优势，强化创新，以宣传引领凝聚巾帼力量，以家国情怀筑牢抗疫防线，以暖心服务传递人间大爱，全力以赴

---

* 黄晓薇，全国妇联党组书记、副主席、书记处第一书记。

抓实抓细抓落地，在助力夺取“双胜利”中展现妇联担当，在大战大考中书写“妇联答卷”。

第一，贯彻落实习近平总书记关于把疫情防控工作作为当前最重要的工作来抓的重要指示精神，提高政治站位，切实把思想和行动统一到党中央决策部署上来。疫情发生以来，习近平总书记发表一系列重要讲话，作出一系列重要指示，因时因势制定重大决策部署，为抗疫斗争指明了方向。习近平总书记一声号令，各级妇联组织迅速行动、全力应战。跃跃同志全程靠前指挥、亲自筹划，带领我们第一时间学习领会习近平总书记重要讲话和重要指示精神，按照沪宁同志要求，结合妇联工作实际研究贯彻落实具体举措，根据疫情防控不同阶段确定工作重点，如疫情初露端倪时，要求把防控疫情作为重中之重的任务，把妇女动员起来，从自我做起、从家庭做起，人人尽责、家家防控，发挥半边天作用，并代表全国妇联致电湖北省妇联，传递关怀牵挂，指导开展工作；当疫情风险蔓延剧增时，要求进一步发动和组织妇女参与社区联防联控，为一线医务人员家属解决实际困难，加强家庭防护教育、心理疏导服务，关爱孕产妇、婴幼儿、留守儿童、困境儿童等，还专门赴中华女子学院、中国妇女报社调研指导，为同志们鼓劲加油；在疫情防控最吃劲的关键阶段，要求毫不放松把工作抓紧抓实抓细抓到位，既要组织动员妇女投身疫情防控，立足家庭、守住社区，又要团结带领妇女岗位建功、创业创新，为有序复工复产、决战脱贫攻坚奋力拼搏，并多次给湖北、北京、广东等省市妇联作批示、提要求，给予指导；当境外疫情快速扩散蔓延时，两次到北京市调研指导，看望慰问驰援湖北抗疫的女医务工作者家属，了解女企业家服务战“疫”、助力脱贫攻坚和巾帼家政企业复工情况，关切黑龙江、吉林两省妇联疫情防控情况，要求坚持外防输入、内防反弹，筑牢社区防线；在疫情防控进入常态化阶段后，组织召开女科技工作者、女企业家、女医务工作者以及维权工作等一系列专题座谈会，要求引领广大妇女为加快推进生产生活秩序全面恢复、实现今年经济社会发展目标任务贡献巾帼力量，做到总书记和党中央决策部署到哪里，全国妇联的思想认识就跟进到哪里，妇联战“疫”行动就不折不扣落实到哪里。全国妇联党组、书记处第一时间成立应对疫情工作领导小组，将学习贯彻总书记重要讲话和重要指示精神作为首要政治任务，及时跟进、细化任务、压实责任；大年初一即启动包括全体党组、书记处成员，各省区市妇联主席，团体会员和机关部门单位负责同志等80多人在内的微信工作群，全天候在线沟通、指导、部署工作；与湖北、武汉、北京、黑龙江、吉林等地妇联建立工作对接机制，由党组、书记处成员点对点联系、一对一指导。各省区市妇联、团体会员以习近平总书记重要讲话和重要指示精神为根本遵循，迅速启动应急预案，推出防疫举措，全力打好主动仗，有力服务全国抗疫大局。

第二，贯彻落实习近平总书记关于强信心、暖人心、聚民心的重要指示精神，加强宣传引领，凝聚广大妇女同心战“疫”的巾帼正能量。全国妇联发动全系统8000多个新媒体平台，链接主流媒体，推出“学习贯彻习近平总书记重要指示精神”等系列专题专栏，持续宣传总书记和党中央最新部署；选派中国妇女报社6名精锐记者深入湖北武汉，不间断宣传一线抗疫斗争；创新建立即时性表彰机制，经党中央批准，联合有关部门开展评选表彰一线女医务人员（集体）全国三八红旗手（集体）工作，发布20名“一线医务人员抗疫巾帼英雄谱”和60名“抗疫巾帼先锋”，及时追授12名牺牲在抗疫一线的优秀女性为全国三八红旗手，发起“致敬了不起的她”等网络话题，大力宣传一线女医务人员和各行各业妇女拼搏奋战的动人故事，在全社会引起强烈反响；累计推出疫情防控宣传稿件3万多篇，总阅读量和播放量超10亿次；向180多个国家的友好组织、驻华使馆推送“携手同行抗击疫情——为了共同的家园”专题片，讲述在中国共产党领导下中国人民和中国妇女的抗疫故事。各省区市妇联、团体会员线上线下共同发力，唱响疫情防控宣传大合唱，如湖北省妇联官网、官微、官博齐上阵，持续密集传递党中央声音以及省疫情防控指挥部措施，及时通报各地疫情防控情况，大力传播科学防疫知识，引导全省妇女和家庭正确看待疫情、克服恐慌心理，积极防控、科学防护；北京市妇联开展“你逆行的样子，真美”优秀作品线上征集活动，展示抗疫一线重点岗位、志愿服务、家庭成员中的女性风采；江苏省妇联联合主流媒体成立融媒体联盟，建立巾帼战“疫”线上工作矩阵，五级妇联与各级主流媒体充分联动、层层有群、群群相连，确保战“疫”宣传24小时不间断；海南省妇联用顺口溜、山歌等群众喜闻乐见的方式传播科学防疫知识，引导妇女和家庭不信谣、不传谣；中央和国家机关妇工委注重挖掘女干部职工的抗疫故事，及时上传旗帜网、“支部工作”App进行宣传；中国女画家协会、中国女摄影家协会组织会员拿起手中的画笔和镜头，运用多种创作形式，记录感人瞬间，讴歌时代英雄。

第三，贯彻落实习近平总书记关于医务人员要发挥火线上的中流砥柱作用和务必高度重视对他们的保护关心爱护的重要指示精神，动员组织广大女医务人员勇挑重担、迎难而上，同时把对一线医务人员及家庭的关爱服务落实落细。全国妇联联合中国女医师协会先后两次向广大女医务工作者致慰问信、发倡议，动员广大女医务工作者积极响应党中央号召，主动担当、顽强拼搏，始终把人民群众生命安全和身体健康放在首位，以特别能吃苦、特别能战斗的精神，发挥火线上的中流砥柱作用，同时下发关于做好关心关爱一线医务人员及其家庭工作的通知，发动社会各界为一线医务人员办实事解难题、当好坚强后盾，组织所属基金会积极筹集物资和资金，帮助一线女医务人员解决所急所需；中国妇女发展基金会迅速推出“为抗疫女性送安心”等公益项目，紧急募集安心裤、卫生巾等定向援助一线女医务人员，在9个省市实施“加油！抗疫天使”项目，为一线医务人员及家庭提供日常防护用品、家庭日常照护等服务。各省区市妇联、团体会员发挥“娘家人”作用，推出一系列关爱服务举措，如湖北省妇联在全国妇联指导下，推动省疫情防控指挥部把女性生理卫生用品纳入防疫保障用品清单，并对女医务人员实现了“三个全覆盖”，即为近3万外省来驰援的女医务人员每人送一个暖心包全覆盖，对全省市县定点医院一线女医务人员卫生用品赠送全覆盖，对在一线被感染的女医务人员、特殊困难的双职工家庭慰问全覆盖；天津市妇联成立工作专班，组织为一线医务人员及家庭送心理咨询、家庭教育、家庭清洁“三服务”，并建立数据库、需求台账、服务进展台账，推动服务落细落小落实；广东省妇联开展“您家的菜我来送”“您家的活我来干”活动，帮助援鄂医疗队队员排解后顾之忧，援鄂医疗队队员返回后，及时推出“爱·回家”活动，包括发放“健康呵护包”、准备“团圆饭”、提供专属心理服务等，坚持关爱服务不断线；新疆维吾尔自治区妇联为一线医务人员提供送暖心课、暖心话、暖心包、暖心事“四暖”服务；中国女医师协会、中华护理学会在发动广大女医生、女护士全力投入抗疫斗争、守护人民健康的同时，尽心尽力为她们提供后援支持服务。

第四，贯彻落实习近平总书记关于要把资源集中到抗击疫情第一线的重要指示精神，动员各方力量，紧急驰援疫情严重地区。全国妇联加强社会募集宣传，第一时间动员有关社会力量为抗疫一线奉献爱心，中国妇女发展基金会在除夕当天即与湖北省妇联联系、了解需求，紧急筹集呼吸机、血气分析仪等急救医疗设备和一次性口罩、防护服、护目镜等物资运抵湖北，截至目前累计筹集款物2.57亿元；中国儿童少年基金会向援鄂医疗队和疫情严重地区医疗机构捐赠超过500万元的应急防护物资；港澳台妇女和妇女组织累计捐赠款物2.76亿元，彰显了同胞之间的浓浓情谊；外国相关组织、华侨发来慰问信、视频56件，捐赠款物330万元。各省区市妇联、团体会员积极策应，汇聚社会爱心，如广东省妇联从大年初二起就紧急发动各方力量募集口罩等抗疫紧缺物资，以最快速度送达湖北，全省各级妇联累计向湖北和本省医疗机构捐赠善款7000多万元以及口罩325万只、护目镜1.66万副等大批物资；北京市妇联依托基金会实施“京鄂巾帼，共御疫情”公益项目，发动社会各界捐款捐物，助力北京、湖北两地抗疫；福建省妇联联合省海外妇女联谊会、女企业家协会等，开展“同心抗疫·巾帼力量——支援湖北防控疫情行动”，共募集捐款1.62亿元及各类紧缺物资；湖北省妇联建立有效对接协调机制，将来自全国妇联两个基金会、各省区市妇联以及爱心企业和个人捐赠的2亿多元物资和资金，直接送到定向捐赠对象手中；黑龙江省妇联针对陆地边境疫情跨境输入风险，及时为牡丹江、绥芬河、绥化送去消毒液、一次性口罩、一次性手套等防疫物资；欧美同学会妇委会与其他分会联合开展向武汉的定向捐赠活动，共捐赠防护服1000多套。

第五，贯彻落实习近平总书记关于要把社区这道防线守严守牢的重要指示精神，立足城乡社区，发动广大妇女参与联防联控、群防群治。全国妇联先后在1月26日、2月5日、3月8日发出三个倡议，号召亿万妇女、千万巾帼志愿者从自己做起、从家庭做起，争当门栋防疫好帮手，争做疫情防控的宣传员、战斗员、监督员，为织密织牢社区抗疫防线贡献力量，同时部署开展了机关党员干部就近参与社区疫情防控志愿服务工作。各省区市妇联、团体会员发挥扎根基层的组织优势，把工作重心下沉到社区，如北京市妇联发动12万多基层妇联执委、48万巾帼志愿者、59万户首都最美家庭，带动广大妇女在社区防控、邻里关爱、守住家门中主动作为、全力奋战；武汉市妇联40多名党员干部全部下沉到社区，积极开展拉网式排查，值守小区大门，为社区做消杀，上门为困难群众送生活必需品，还发挥妇联优势，为居民提供心理疏导服务，既当“守门员”“摸排员”“统计员”，又当“卫生员”“采购员”“咨询员”，成为抗疫一线的多面手；辽宁省妇联组建“疫情防控巾帼助力服务队”，主动协助守门守哨、护村护院，做好疫情信息的收集、报告、人员隔离、秩序维护等工作；河南省妇联组织“四组一队”巾帼志愿者拿起小喇叭，走村入户宣传防护知识，劝导群众不聚会、少外出，成为穿梭在基层的“流动宣传员”；重庆市妇联发动基层妇联执委、妇女小组长、巾帼志愿者等，积极参与宣传引导、辖区排查、卡口值守、隔离服务、矛盾摸排等工作，防疫宣传覆盖近610万人次，参与排查250多万次；中华基督教女青年会全国协会有1万多人次投身社区防疫一线；中国人才研究会妇女人才专委会、中国市长协会女市长分会鼓励会员积极参加所在社区疫情防控工作。

第六，贯彻落实习近平总书记关于夯实社会治理基础的重要指示精神，做好“家”字文章，把家庭家教家风建设融入疫情防控之中。全国妇联联合有关部门开展以“防疫有我，爱卫同行”为主题的爱国卫生月活动、绿色家庭创建行动，引导广大妇女和家庭从日常生活小事做起，科学做好个人防护、家庭防护，网上知识问答吸引1.3亿人次参与；举办全国抗疫最美家庭云揭晓和“小家大爱”最美家庭故事云展播活动，弘扬舍小家为大家的家国情怀，全网播放量、阅读量超过1.67亿次；从2月8日起，每天在人民网、中国妇女网推送“特殊时期　特别家教”家庭教育微课，累计推送352期，同时推出系列电子书，举办全国家庭亲子阅读云活动等，引导家长和孩子共同学习和参与，全网亲子阅读量近亿次。各省区市妇联、团体会员把家庭作为防疫主阵地，积极创新载体、丰富内容，如山西省妇联开设“网上家长学堂”，线上开展家风传承讲座、育儿心经交流、家长里短评说，把一批热点家教课程送到百姓身边；安徽省妇联开展“皖家抗疫·最美宅行动”，向全省儿童征集“给我心中的英雄写一封信、画一幅画”作品和“宅”家小达人视频，推出一系列公益课程，通过线上陪伴让孩子们的“宅”家生活丰富多彩；贵州省妇联开通非常时期居家课堂、亲子课堂、乡村振兴巾帼行动网络课堂，营造快乐宅家、健康宅家氛围；青海省妇联开展“宅在家、秀才艺、守幸福”活动，引导家庭成员凝聚亲情，爱国爱家，传播科学家教，培育优良家风；中国城市规划协会女规划师委员会向全体会员发出倡议，号召大家做防控工作的自醒者、自觉者、自控者，守小家、为大家。

第七，贯彻落实习近平总书记关于密切关注孕产妇、婴幼儿等群体的重要指示精神，强化联系服务，为妇女儿童特别是特殊群体排忧解难。全国妇联充分发挥国务院妇女儿童工作委员会办公室作用，推动有关部门就儿童和孕产妇疫情防控、孕产妇疾病救治与安全助产、因疫情影响造成监护缺失的儿童救助保护、儿童口罩技术规范等工作出台一系列措施；开展“把爱带回家”双百万结对寒假特别行动，受益儿童和家长620万人次；中国儿童少年基金会募集款物1.13亿元，惠及疫情严重地区的孕妇及婴幼儿家庭、湖北全省集中抚养孤儿、事实上无人抚养儿童、困境儿童、医护人员子女等近20万人次。各省区市妇联、团体会员积极协调各部门各方面力量，强化联系服务的力度、温度和精准度，如内蒙古自治区妇联采取边排查边开展针对性服务的方式，重点加强对缺乏关爱、情绪不稳定孩子的帮扶；湖南省妇联协调开通孕产妇“绿色通道”，提供上门产检、入户接送等服务，并发动社会组织和巾帼志愿者为居家隔离孕产妇提供“订单式”暖心服务；陕西省妇联出台关于在疫情防控期间切实做好维护妇女权益工作的意见，联合有关部门，加大对女性在劳动就业、家庭生活等领域相关权益的保护力度；新疆生产建设兵团妇联开展空巢、孤残、单亲、贫困、高龄等特殊母亲关爱活动；全总女职工委员会提出的协商安排孕期、哺乳期女职工居家远程办公、灵活安排工作时间等建议得到重视和采纳；中国女科技工作者协会专家争分夺秒开展病毒科研工作，取得的研究成果惠及包括妇女儿童在内的更多人。

第八，贯彻落实习近平总书记关于高度重视人民群众心理健康的重要指示精神，发挥妇联优势，深入细致做好心理疏导和人文关怀工作。全国妇联针对特殊时期的心理服务需求，及时组织编发《新冠肺炎疫情防控期间妇女儿童、医护人员、婚姻家庭心理咨询问答》电子书，推送心理咨询工作指南和网上实训课程，指导推动各地妇联拓展“12338”妇女维权服务热线功能、开设心理援助热线，跃跃同志和党组、书记处同志还以普通妇女群众的身份，亲自拨打“12338”热线，体验服务是否便捷到位，提出改进服务的具体意见。省区市妇联、团体会员广泛凝聚专业力量，扎实开展心理关爱服务，如湖北省妇联共招募心理专家、心理咨询师等1800多人参与服务，线上开展心理普及、心理教育、心理危机干预，线下依托社区、医院等开展个案辅导；上海市妇联邀请心理学专家线上推出“照进女性内心的15面镜子”系列公开课，并组织心理咨询师入驻公开课观众社群开展答疑和疏导，直接服务26万余人次，超过90%的观众表示收获极大；宁夏回族自治区妇联在开通“心理 · 健康 · 维权”7条热线、做好线上服务的同时，将心理援助服务下沉到713个村和社区，释疑解惑、疏导情绪、调解家庭矛盾，通过微信群覆盖群众11.1万多人；中国女法官协会、中国女检察官协会、中华全国律师协会女律师协会引导会员履行社会责任，积极参与心理疏导、法律援助服务等，用爱心与专业守护精神家园。

第九，贯彻落实习近平总书记关于在常态化疫情防控中加快推进生产生活秩序全面恢复的重要指示精神，坚持多措并举，助力复工复产和脱贫攻坚。全国妇联紧跟总书记和党中央部署，组织召开决战决胜脱贫攻坚电视电话会议等，就引导妇女参与复工复产、促进妇女创业就业、深化“巾帼脱贫行动”作出一系列具体安排；与7个省区52个未摘帽贫困县妇联主席建立微信工作群，一竿子插到底，推动巾帼脱贫工作；推出网上课程、线上招聘、特色农产品和手工制品网络销售等多项服务，帮助妇女提素质、稳就业、拓销路。各省区市妇联、团体会员从自身实际出发，打出“组合拳”，如河北省妇联联合巾帼家政企业开通线上服务平台，共开展线上培训1783期，网上签约“河北福嫂”7357人；浙江省妇联牵头举办女大学生网络招聘会，推出职位3900多个，10442名女大学生参与招聘，近2000人达成就业意向；山东省妇联联合金融机构推出“巾帼信用贷”“鲁担巾帼贷”，为妇字号企业和创业妇女发放贷款8.82亿元，纾解燃眉之急；四川省妇联在凉山州11个贫困县持续开展“树新风助脱贫”巾帼行动，激发贫困妇女追求美好生活的内生动力，全州有85%的家庭被评为各级洁美家庭；云南省妇联在怒江州扶持创建“巧媳妇”工程巾帼创业就业示范基地，带动当地贫困妇女掌握技能、实现就业；甘肃省妇联采取建立贫困妇女务工信息档案、扶持创建贫困妇女就业基地、奖补“巾帼扶贫车间”等多种途径，帮助解决妇女脱贫难题；西藏自治区妇联针对高海拔易地扶贫搬迁点妇女面临的持家创收困难，采取送技上门，帮助妇女掌握一技之长；中国女企业家协会、全国工商联女企业家商会、中国旅游协会妇女旅游委员会开展线上调查摸底，激活线上互助平台，促进会员企业之间通达信息、资源对接、抱团发展；中国老促会妇工委持续推进捐建“母亲水窖”等扶贫行动。

在疫情天灾面前，广大妇联干部和执委闻令而动、冲锋在前，忠实践行为党分忧、为妇女解难的铮铮誓言。特别是湖北、武汉的各级妇联组织和妇联干部、执委在最危险的时候挺身而出，日夜奋战在抗疫一线，用柔肩担负重任，以巾帼之力铸就最美风景，为武汉保卫战、湖北保卫战取得决定性成果付出了汗水、心血乃至宝贵的生命。大家是女儿，是妻子，是母亲，更是坚韧刚毅的巾帼战士，用实际行动展现了巾帼不让须眉的豪迈气概，彰显了新时代妇联人的责任担当。

回望我们共同经历的这场英勇无畏的人民战争，有几点深刻体会：

一是必须毫不动摇坚持以习近平同志为核心的党中央集中统一领导。中国战“疫”制胜之道，最根本在于有以习近平同志为核心的党中央坚强领导，有习近平新时代中国特色社会主义思想科学指引，有中国特色社会主义制度的显著优势。我们要增强“四个意识”、坚定“四个自信”、做到“两个维护”，把坚持党的领导具体落实到妇联工作全过程各方面，团结引领广大妇女坚定不移听党话、跟党走。

二是必须围绕国之大者履职尽责。疫情防控不同阶段，习近平总书记因时因势、精准施策，指引全党全国人民克难攻坚、化危为机。我们要对国之大者心中有数，时刻关注党中央在关心什么、强调什么，深刻领会什么是党和国家最重要的利益、什么是最需要坚定维护的立场，准确识变、科学应变、主动求变，在大局中找准妇联工作的切入点和着力点。

三是必须牢固树立人民至上的理念。中国共产党领导的战“疫”实践，就是坚持人民至上、生命至上，始终把人民放在最高位置的生动写照。我们要把人民至上贯穿维护妇女儿童权益、促进妇女儿童发展全部工作中，瞄准妇女群众的操心事、烦心事、揪心事，实实在在地帮助，尽心尽力地服务，不断增进妇女儿童的获得感幸福感安全感。

四是必须凝聚广大妇女和家庭的力量。人民战争为人民，也靠人民。亿万妇女带动家庭成员一切行动听指挥，或冲在抗疫最前线，或奔波忙碌在社区，或自觉居家守护健康，以实际行动书写了“全民战‘疫’，巾帼有我”的壮美篇章。全国妇联妇女研究所线上调查显示，抗疫中彰显的巾帼力量和巾帼精神，对社会、家庭和年轻一代产生了重要影响。我们要充分发挥妇女“两个独特作用”，发挥家庭家教家风在基层社会治理中的重要作用，厚植党执政的群众基础，筑牢社会和谐稳定的基石。

五是必须把妇联的组织优势充分发挥出来。在抗疫斗争中，全国六级妇联组织上下联动，把广大妇女群众有效组织起来，凝聚力、战斗力和号召力得到前所未有的增强。我们要顺应时代发展和妇女群体变化，进一步织密纵向到底、横向到边的组织网络，把政治优势和组织优势转化为做好党的妇女群众工作的制胜优势。

六是必须以改革创新的精神开拓工作新局面。这次抗疫中，妇联上下注重统筹谋划、协同作战，注重防范风险、靶向发力，注重做好“联”字文章、链接各方资源，注重创新线上工作模式，体现了改革的成效。我们要认真总结经验，克服惯性思维和路径依赖，把工作方式方法转到现代、科学、法治的轨道上来，坚持求真务实，提升治理能力，实现引领服务联系线上线下深度融合，强“三性”、去“四化”，更好地适应新形势新任务新要求。

〔本文是黄晓薇同志2020年7月20日在全国妇联常委（扩大）会议上的报告，原题目是《深入学习贯彻习近平新时代中国特色社会主义思想 团结引领广大妇女为实现全年目标任务发挥半边天作用》，编入书稿时略有修改〕

切实发挥妇联组织优势
为战胜疫情贡献巾帼力量

全国妇联组织部

新冠肺炎疫情发生以来，全国妇联组织部认真学习贯彻习近平总书记重要讲话、重要指示精神和党中央决策部署，及时传达落实沈跃跃主席和全国妇联党组书记处的指示要求，发挥上下贯通、协调各方、扎根妇女群众的组织优势，指导各地妇联和全国妇联团体会员切实服务疫情防控大局，为坚决打赢疫情防控人民战争、总体战、阻击战，实现经济社会发展目标任务贡献巾帼力量。

一、指导各地妇联服务疫情防控大局

全国妇联组织部因时因势，先后10余次通过电话、微信工作群指导各地妇联把习近平总书记和党中央关于疫情防控和复工复产的各项指示学习宣传好、贯彻落实好，及时有序地统筹疫情防控不同时段的重点工作，围绕积极动员基层妇联执委参与联防联控、守住社区防线、分类分区精准施策、统筹推进疫情防控和复工复产、帮助女性社会组织争取相关政策等方面不断开展工作。

一是指导各地妇联在党组织统领的基层社会治理中，探索基层妇联

组织与社区网格化管理有效融合的形式，积极参与推进联防联控、群防群治。例如，浙江推行“1名镇级妇联执委+1名村（社区）妇联执委+N名家庭女主人”的“基层妇联执委掌上微网格”工作法，宣传防疫科普知识，帮助群众答疑解惑。福建利用“一呼百万”妇女姐妹微信群，组织动员妇联执委、巾帼志愿者等带动广大妇女，下沉到村（社区）网格，开展宣传防疫、人员排查、体温检测、隔离保障、卡口值守、送菜送药、心理疏导等工作。

二是指导各地妇联及时关注抗疫一线女医务人员、医务人员家庭所急所需，紧急筹集女性生理卫生用品解决她们的实际困难，组织巾帼志愿者为一线医务人员家庭开展送温暖活动，努力为其减轻后顾之忧。例如，广东开展“您家的菜我来送”“您家的活我来干”关爱赴鄂医疗队队员家庭公益活动，提供免费配送蔬菜、照料老人、儿童学习辅导等服务。

三是指导各地妇联密切关注孕产妇、无人照看儿童等特殊妇女儿童群体需求，推动落实关爱政策措施，提供精准服务。例如，湖北推动省疫情防控指挥部下发《关于疫情防控期间孕产妇防疫保护工作的通知》，为孕产妇这一特殊群体提供关爱保护。重庆、四川、新疆等地发动妇联执委担任“爱心妈妈”，为因疫情造成监护缺失的儿童提供关心关爱，把党和政府的温暖送到群众身边。

四是指导各地妇联统筹兼顾、多措并举，做好在常态化疫情防控中推进复工复产、助力脱贫攻坚等各项工作。例如，湖南等地帮助妇字号企业、巾帼脱贫示范基地、巾帼扶贫工厂、车间复工复产，组织无法外出务工的妇女在家中开展手工编织等，拓展增收渠道，稳定脱贫成果。

二、强化全国妇联执委履职担当

疫情发生后，全国妇联组织部号召全国妇联执委，立足本职岗位、发挥自身优势、认真履职尽责，引领服务联系身边妇女群众，为打赢疫情防控阻击战贡献半边天力量。

一是从事医药及防护用品生产、交通运输以及社区一线等领域工作的全国妇联执委，充分发挥专业技能和资源优势，积极参加在岗抗疫。例如，全国妇联执委刘昆带领通用技术集团医药医疗健康事业部，迅速投入到统筹医疗救治资源、调配医疗物资储发、协调海内外资源采购应急抗疫物资、助力集团内部各项疫情防控工作中。

二是企业系统的全国妇联执委弘扬新时代企业家精神，带头捐款捐物，加紧生产疫情防控紧缺物资。例如，全国妇联执委、天津荣程祥泰投资控股集团有限公司集团董事长张荣华捐赠1亿元用于疫情防控；全国妇联执委、江苏省长江润发健康产业股份有限公司董事长郁霞秋将现有抗疫所需药品捐赠武汉协和医院，并加紧安排生产，继续进行捐赠。

三是新闻、传媒等宣传阵地的全国妇联执委在发布疫情信息、报道防控工作、普及防疫知识、倡导正确应对等方面积极作为，为强化正面宣传引导、安定人心维护稳定作贡献。例如，全国妇联兼职副主席、中央民族大学蒙曼教授录制《老师请回答》防疫特别节目和《中国妇女》杂志宣传片等，号召广大妇女争做疫情防控的宣传员、战斗员、监督员，传递战“疫”必胜的正能量；在全国妇联执委、网易传媒CEO李黎带领下，网易新闻客户端第一个搭建专题频道，实时更新数据，发布权威信息，传播抗疫感人事迹、暖心故事，免费提供在线课程，丰富群众精神文化生活。

三、动员全国妇联团体会员同心抗疫

全国妇联组织部指导全国妇联团体会员在支援防控前线、捐款捐物援建、搭建线上互助平台、科学精准防疫、企业复工复产等方面助力抗疫攻坚。

一是加强与全国妇联团体会员中国女医师协会的沟通联系，在疫情防控初期联合发布《全国妇联、中国女医师协会致奋战在疫情防控一线的女医务工作者的慰问信》，表达妇联组织对她们及其家庭的关心关爱；习近平总书记在三八国际劳动妇女节作出重要指示后，联合中国女医师协会发布倡议书，号召奋战在疫情防控第一线的女医务工作者牢记习近平总书记重要指示精神，坚定必胜信念，保持昂扬斗志，做好科学防护，为打赢疫情防控人民战争、总体战、阻击战贡献智慧和力量。

二是动员全国妇联团体会员响应全国妇联倡议，担当社会责任，讲好抗疫一线女性医务工作者“逆行”驰援湖北的感人事迹、基层各行各业女性和巾帼志愿者岗位建功的动人故事，凝聚起打赢疫情防控人民战争的巾帼力量。中国女画家协会、中国女摄影家协会号召会员用画笔和镜头讲述全国人民众志成城、共克时艰的战“疫”故事，传递抗疫正能量。

三是协调全国妇联团体会员充分发挥特色优势，为推进复工复产蓄能助力。全国工商联女企业家商会针对企业关心的问题，线上解读相关政策，发挥组织协调优势与联动作用，帮助会员企业精准对接资源；中国女企业家协会号召会员组织全球采购，支援疫情重灾区，一些从事服装等行业的女企业家不惜成本，紧急改造生产线，加紧生产防疫紧缺物资；中国女法官协会、中国女检察官协会、中华全国律师协会女律师协会动员会员组建抗疫普法团队等，提供法律咨询等专业化服务。

四、发挥女性社会组织优势作用

习近平总书记指出，要发挥行业协会、商会等社会组织的作用，指导和帮助企业等会员单位科学精准防疫、有序复工复产；要发挥社会工作的专业优势，支持广大社工、义工和志愿者开展心理疏导、情绪支持、保障支持等服务。全国妇联组织部认真贯彻落实习近平总书记重要指示精神，发挥女性社会组织在物资筹集捐赠、公共场所清洁、社区联防联控、免费心理咨询等方面的积极作用。

一是组织动员女性社会组织发挥独特作用，发动社会多方力量，延伸妇联组织工作手臂，形成疫情防控合力。全国妇联所属中国妇女发展基金会为女医务人员采购组装“女性医护关爱包”发往湖北，并向受疫情影响的单亲特困母亲、困难孕产妇、孤寡老人、低保户、因疫情导致生活困难的新冠病人等困难群体及家庭发放“家庭健康关爱包”；中国儿童少年基金会开展公益项目，关爱妇幼医院的母婴人群、医务人员，设立公益基金为一线医务人员未成年子女提供成长支持，同时面向广大青少年开展健康关怀、健康倡导、健康教育类公益项目。

二是积极发挥女性社会组织扎根社区、贴近群众、熟悉基层的优势，下沉资源力量，深入基层社区，组建抗疫巾帼志愿者爱心团队，为居民提供心理疏导、家庭教育指导、特殊群体关爱帮扶等贴心服务。

三是指导各地妇联进一步做好联系引导女性社会组织工作，帮助女性社会组织争取相关政策，解决其受疫情影响遇到的难题。北京、天津、浙江、湖北等地妇联主动了解争取扶持女性社会组织的政策，做好宣传解读，提供项目、资金支持，同时开展线上云服务，实时提供项目进度监测、项目督导、留言咨询、在线答疑和增能培训等，确保公益服务项目稳步有序开展。

五、激励机关干部担当作为

疫情发生后，全国妇联迅速响应、积极行动，沈跃跃主席亲自部署、靠前指挥，黄晓薇同志全面协调、狠抓落实，多次召开会议研究部署和推进妇联系统疫情防控工作，抓好抓实全国妇联自身各项防控工作。全国妇联组织部坚决落实党组部署，坚持立足本职、发挥优势，进一步激励机关党员、干部在疫情防控工作中勇担当善作为。

一是研究起草《全国妇联关于进一步激励干部新时代新担当新作为的措施（试行）》，把领导班子和党员干部特别是领导干部在防控疫情中的实际表现、具体事例，作为识别评价其政治素质、宗旨意识、全局观念、驾驭能力、担当精神的重要依据，作为选拔任用的重要依据，进一步树立重实干、重实绩的用人导向，努力营造勇担当、善作为的浓厚氛围。

二是注重发现、及时表扬、宣传表彰在贯彻落实习近平总书记重要讲话、重要指示精神和疫情防控工作中涌现的典型事迹、先进集体和先进个人，引导机关干部学习先进、见贤思齐，在坚决打赢疫情防控阻击战中发挥先锋模范作用，让党旗在防控疫情斗争中高高飘扬。

三是密切关注干部职工思想和健康状况，靠前做好思想引导和关心关爱工作，指导各部门各单位深入细致做好对干部职工的关心关怀工作，特别是对担负防控、宣传等任务的同志，及时协调解决他们的家庭和生活困难，适当安排补休、轮休。

六、总结推广先进经验做法

疫情发生以来，全国妇联组织部在加强对全国妇联执委、团体会员的服务联系，加强对各地妇联的工作指导的同时，注重总结推广在疫情防控中创造的好经验好做法，发动专家学者进行理性思考和研究分析，不断提升工作能力和水平。

一是及时总结梳理各地妇联特别是基层妇联涌现的好经验好做法和各级妇联执委、团体会员先进事迹，先后在女性之声、《中国妇女报》刊发涵盖31个省、自治区、直辖市和新疆生产建设兵团妇联报道6期，编辑《疫情之下，全国妇联执委在行动》系列报道5期，编发14家全国妇联团体会员报道11篇，开设“妇联执委风采”专栏，宣传一批优秀基层妇联执委，激励她们更好地履职尽责担当作为。

二是指导各地妇联总结提炼妇联组织在疫情防控中的经验做法，研究分析基层妇联组织、妇联执委与社区网格化管理模式深度融合、发挥积极作用的方法，理性思考妇联组织在基层社会治理中既积极主动融入大局、服务大局，又鲜明展现妇联组织优势特色、发挥独特作用的路径。

三是发挥全国妇联妇女研究所和上海高校智库·复旦大学政党建设与国家发展研究中心等专家学者和智库作用，就妇联执委在疫情防控中的作用、妇联组织在社区疫情防控中的优势进行研究探讨，深度思考建立完善妇联组织在基层社会治理中发挥独特作用的制度机制。

七、启示与思考

这次突如其来的疫情，既是对妇联组织团结动员广大妇女参与疫情防控工作情况的考验，也是对妇联的组织形态能否适应疫情防控应急状态的考验；既是对妇联改革成果的检验，也为进一步深化推进妇联改革提供参考。在这个过程中，我们有三点深刻的感受，即妇联组织要处理好三种关系。

（一）处理好融入大局服务大局与发挥妇联组织独特优势的关系

始终坚持党的领导，紧紧围绕党和国家工作大局谋划和开展工作，这是妇联组织发挥作用的根本遵循，也是妇联工作创新发展的重要保障。在这次抗疫斗争中，各地妇联特别是基层妇联在党委政府的统一领导下，主动融入大局服务大局，做了大量工作，充分发挥了党开展妇女工作最可靠最有力助手的作用，得到党委政府的充分肯定和妇女群众的普遍认可。

与此同时，各级妇联也在认真思考并实践如何在党组织领导的基层社会治理中鲜明展现妇联的组织特色、发挥妇联的组织优势。总结这次疫情期间妇联组织获得社会广泛赞誉的工作，比如就关心关爱抗疫一线医务人员家庭、女医务工作者、孕产妇、无人照看儿童等妇女儿童特殊需求采取的行动和推出的措施，就是找准了妇联组织发挥独特作用的切入点和着力点。这也切实贯彻了习近平总书记强调的“做妇女工作，要多抓不可替代的工作，有些事情是工会、共青团没法做的，或者是虽然可以做，但做起来不如妇联做得好的，那你们就要发挥独特优势、履行这个职责”的要求。

（二）处理好发挥妇联组织体系不同圈层作用的关系

如果用圈层理论来分析妇联组织，妇联组织的内圈层即核心圈层，应该包括自上而下的6级妇联组织、专挂兼职妇联干部、各级妇联执委、妇女代表、团体会员等；中圈层即边缘圈层，则包括巾帼志愿者、三八红旗手（集体）、巾帼建功先进集体（个人）、最美家庭以及与妇联联系密切的女性社会组织等；外圈层即影响圈层，则包括党委政府有关部门、社会和市场等各方力量。妇联组织能够在短时间内充分调动各种力量和资源，在疫情防控中发挥重要作用，正是得益于妇联改革所带来的基层组织形态的变化、基层工作力量的壮大以及工作理念和方式方法的创新，各级妇联组织、妇联干部、妇联执委、团体会员等妇联组织体系内圈层作用的充分发挥，就是妇联改革成果转化为实战能力的生动而具体的体现。

与此同时，在疫情防控中妇联组织十分注重做好“联”字文章，充分发挥中圈层作用，积极调动外圈层力量。比如，发出《千万巾帼志愿者们行动起来，在社区防控、邻里关爱、守住家门中发挥独特作用》的倡议，号召广大巾帼志愿者争当防疫好帮手，积极参与社区防控，坚决守住联防联控群防群治第一道防线。比如，发挥国务院妇儿工委办职能作用，推动有关部门就儿童和孕产妇疫情防控、孕产妇疾病救治与安全助产、因疫情影响造成监护缺失的儿童救助保护等工作出台一系列措施，为妇女儿童和家庭提供更精准、更有温度的服务。实践证明，只有整合妇联组织体系内中外各个圈层的资源，形成整体合力，才能全面提升妇联组织体系运转效能，更好地服务大局、服务妇女儿童和家庭。

（三）处理好突发事件应对和健全长效工作机制的关系

习近平总书记多次强调，疫情防控期间既要统筹好疫情防控工作，遏制疫情蔓延势头，又要兼顾好经济社会发展，把疫情对人民群众生产生活的影响降到最低。2020年是全面建成小康社会和“十三五”规划收官之年，也是妇联贯彻落实党的十九届四中全会精神、落实中央巡视整改要求的一年，工作多、任务重、压力大。在跃跃同志和晓薇同志带领下，全国妇联组织部坚持防疫工作和日常工作一起抓、两不误，一方面把应急状态下的疫情防控工作抓细抓实，另一方面推动妇联组织建设改革不断深化。

通过疫情防控工作，我们也在认真查摆工作不足，加快补短板、强弱项，努力把防疫期间应对突发事件的好经验好做法总结上升为推动工作的长效机制。坚持党建带妇建，进一步争取党委重视支持，把妇建工作纳入党建工作总体部署，落实对基层妇联的经费支持和财力保障，充分发挥妇联组织中党组的领导核心作用。推动县级妇联改革“破难”，建立省市妇联齐抓共管、县级妇联狠抓落实工作机制，加强县级妇联领导机构建设，强化县级妇联对基层妇联工作的有效指导和有力牵引。推动基层组织建设“破难”，纵向向下扎根到底，横向拓展组织覆盖，加大新经济组织、新社会组织、新媒体行业等新领域妇女组织建设力度，加强对女性社会组织的联系引导。推动基层执委作用发挥“破难”，实施好基层妇联领头雁培训计划和行动计划，健全完善基层妇联执委动态调整机制，健全完善基层妇联经常性开展活动、常态化提供服务的长效工作机制。推动妇联组织作风建设“破难”，大兴调查研究之风，密切与妇女群众的联系，创新理念思路，做好“联”字文章，尊重基层首创精神，将工作资源和力量下沉基层，充分发挥妇联组织在基层社会治理中的作用。

下一步，全国妇联组织部将认真贯彻落实习近平总书记重要讲话精神，把思想和行动统一到党中央决策部署上来，围绕大局尽职尽责，狠抓工作落地落实，更好地履行引领服务联系职能，以更大力度更实举措加强妇联组织建设、深化妇联组织改革，以扎扎实实的工作成效为坚决打赢疫情防控人民战争、总体战、阻击战，确保全面建成小康社会和“十三五”规划圆满收官贡献力量。

走在前　作表率　为社区疫情防控贡献力量

——全国妇联机关党员干部主动下沉社区参与疫情防控志愿服务

全国妇联机关党委

新型冠状病毒肺炎疫情发生后，以习近平同志为核心的党中央高度重视、科学决策、靠前指挥，部署坚决打赢疫情防控人民战争、总体战、阻击战。在这场看不见硝烟的战争中，社区作为“外防输入、内防反弹”的重要防线，也是妇联组织引领、服务、联系基层妇女群众的重要阵地。习近平总书记在统筹推进新冠肺炎疫情防控和经济社会发展工作部署会议上的讲话中强调，要推动防控资源和力量下沉，把社区这道防线守严守牢，要求工会、共青团、妇联等人民团体组织动员所联系群众积极投身疫情防控。全国妇联党组认真学习、积极响应、坚决贯彻落实习近平总书记重要讲话精神和党中央决策部署，向广大妇女、亿万家庭、千万志愿者发出倡议，号召当好疫情防控的宣传员、指导员、监督员，争当门栋防疫好帮手，积极参与社区防控工作，守住联防联控、群防群控防线。全国妇联机关党员干部作为妇联系统的“排头兵”，在认真履行引领、服务、联系妇女群众职责的同时，带头参与居住地社区疫情防控志愿服务工作，为守护社区安全贡献力量，在重大考验中践行初心使命，诠释对党忠诚。

一、迅速行动，志愿服务社区

贯彻落实习近平总书记重要讲话精神，按照中央和国家机关工委《关于进一步加强中央和国家机关疫情防控有关工作的通知》要求和全国妇联党组部署安排，全国妇联机关党委印发《关于动员党员、干部参与居住地社区疫情防控工作志愿服务的通知》，鼓励机关各部门党员、干部主动到居住地社区报到，以普通党员和志愿者的身份参与社区疫情防控工作，同时结合实际，了解社区妇女儿童状况、妇联工作和巾帼志愿者情况，掌握基层妇情民意。

截至2020年5月18日，全会机关部门199名党员、干部参与居住地社区疫情防控志愿服务共计83人、235人次，其中利用居家办公时间参与志愿服务136人次，利用周末时间或者节假日参与志愿服务99人次；除1名同志滞留湖北期间到所在社区参与志愿服务外，其他同志在北京报到社区共计71个，分属12个区、55个街道。党员、干部防疫志愿服务总时长439.25小时，平均每人次志愿服务时长1.87小时。党员、干部参与的志愿服务工作以社区值守为主，占88.56%，有的同志还参与了防疫知识的宣传、社区消杀和为居家隔离的家庭送生活用品等工作，同时利用防疫工作间歇以及电话、微信等方式，调研妇联工作。

二、特殊时期的党性锤炼，进一步掌握基层需求

通过参与疫情防控志愿服务工作，全国妇联机关党员、干部深入居住地社区，与基层妇联组织、妇女群众建立经常性联系，取得了多重叠加效应。

一是发挥党员先锋模范作用，加强党性锻炼。在深入居住地社区参与疫情防控志愿服务过程中，机关部门党员、干部服从社区疫情防控总体安排，带头以实际行动共担基层一线工作压力，在加强政策宣讲、保障工作

力量、提升工作效率等方面发挥了积极作用。有的党员“看到社区正在换新的出入证，就主动要求再值守一个小时，同时还特别追问了周日值班的时间，希望用自己的实际行动帮助社区的同志”；有的党员表示“对于个别不配合的住户，我们全力做好解释与疏导工作”。绝大多数党员干部把参与社区疫情防控作为加强党性锻炼、密切与妇女群众联系的宝贵机会，在值守、服务的过程中，普遍增强了对党员身份的认同感，更加坚定了在党中央坚强领导下战胜疫情的信心和决心。有的党员表示，“通过此次值守，再次感受到我们国家强大的动员力、凝聚力和战斗力，相信在我们万众一心、共同努力下，定能赢得这场疫情防控阻击战的胜利”。有的党员记录道，“收到了社区党支部给参加防疫工作党员的感谢信，我是党员我自豪”。

二是加强与社区和妇女群众的联系，增进群众感情。机关部门党员、干部在志愿服务的过程中，亲身参与基层疫情防控工作，切实体会到基层社区工作者工作的繁重辛苦。有的党员在工作日志中写道：“我切身感受到奋战在疫情防控一线的社区工作者们的辛苦和不易。做好社区疫情防控工作，不仅要付出体力，还要有足够的耐心，并要针对不同问题采取灵活的方法为居民排忧解难，非常不容易。社区防疫工作虽然繁重，但一切都井然有序地进行。社区工作者们辛勤努力，志愿者们自觉担当，居民主动配合，大家同心协力筑牢社区疫情防控网，严守疫情防控基层防线。”机关部门党员、干部通过走进社区与居民零距离接触，以实际行动践行“为人民服务”的宗旨，进一步转变了作风，增进了与群众的感情，学习实践了群众工作方法，有助于了解掌握妇情民意，克服机关化、行政化倾向。有的党员动情地记录道，“与其说值守是一项志愿服务，不如说是我学习生活的机会。我离开了电脑，离开了高楼里互不相闻的邻居，而走到生活的热气中，观察阳光下的温暖”。

三是了解掌握社区妇女儿童及妇联工作现状，发挥在基层社会治理中的独特作用。机关部门党员、干部以主人翁的姿态投入居住地社区疫情防控工作，针对工作中发现的社区防控中的风险漏洞主动出主意、想办法。同时大家也通过多种渠道了解妇女儿童状况、妇联工作和巾帼志愿者情况等，针对发现的问题提出建设性的意见建议。比如，多数同志发现，包括妇联干部在内的妇女同志在社区疫情防控工作一线发挥了重要作用，但妇联执委、巾帼志愿者等往往与其他力量同时出现，辨识度不高，提出应进一步加强妇联执委的培训，提升基层妇联执委的职责意识和能力水平等。又比如，有党员了解到，有的社区“儿童数量较多，目前停课在家，亟须做好家庭教育、心理疏导，引导孩子保持良好作息规律，减少使用电子设备，加强锻炼身体，停课不停学”“有些家长希望孩子们有更多的心理疏导和陪伴帮助，让孩子能够合理有效利用在家时间学习”，提出应有针对性地加强社区家庭教育指导、儿童心理疏导等，回应群众迫切需求。同志们下沉社区的生动实践为开展“解剖麻雀”式的基层调研打下了良好的基础，所提的意见建议，为破解“在基层社会治理中，妇联组织如何在党委、政府统一领导下，既主动融入大局、服务大局，又鲜明地展现妇联组织优势、特色，发挥独特作用”等问题提供了思路办法。

三、强基固本，常态化转作风强本领

作为基层社会治理的最前线，城乡社区是国家治理体系中的重要环节，社区是疫情防控的第一道防线，也是民情民意的“晴雨表”，通过这次疫情防控斗争，社区在国家基层治理体系中的重要性更加凸显。妇联组织作为党联系妇女群众的桥梁纽带，为更好地担当政治使命，履行引领服务联系的政治责任，就要深耕城乡社区，找准定位，切实发挥妇联组织特色和优势，在基层社会治理中发挥更加积极的作用。

一是在社区彰显妇联组织的特色优势。将工作重心、组织资源进一步向基层社区和家庭倾斜，针对疫情期间凸显出的家庭教育服务、心理关怀疏导、一老一小居家照料等群众迫切需求，协调出台有针对性的举措，共享多方资源，想方设法为妇女群众办实事、办好事；壮大社区巾帼志愿者队伍，在志愿服务中亮出徽章、标识等，让群众通过实实在在的服务增强对妇联组织的认同感。

二是在社区推动妇联工作落地落实。加强妇联重点工作在基层的宣传力度，推进基层妇联组织与社区网格化管理有效融合，强化社区“妇女之家”和“妇女微家”、家长学校功能，进一步加大基层妇联干部和妇联执委的培训力度，通过建强所属阵地和工作队伍，打通推进妇联工作和妇联改革的“最后一公里”，做实妇女思想政治引领、依法维护妇女儿童权益、推进家庭家教家风建设等工作，使引领服务联系职责真正落地，夯实妇联基层组织工作基础。

三是在社区锻炼干部队伍的工作作风。社区连接千家万户，是妇联组织做好“联”字文章，精准联系不同妇女群体的大平台，也是妇联干部学习群众工作本领，锤炼工作作风，直接联系服务妇女群众的有效载体。要把这次直接下沉社区开展志愿服务的好做法好经验坚持下去，通过健全完善密切联系妇女群众工作机制，常态化推动机关干部深入基层一线，了解妇情民意，开展调查研究，协助基层工作，发掘典型经验，努力实现服务妇女在基层、本领提高在基层、作风转变在基层。

同心抗疫　守护儿童

中国儿童少年基金会

2020年春节将至，一场突如其来的新冠肺炎疫情突袭武汉。在以习近平同志为核心的党中央的坚强领导下，一场疫情防控的没有硝烟的人民战争、总体战、阻击战在中华大地全面打响，万众一心、众志成城、共克时艰的强大正能量在中华大地涌动。

为贯彻落实习近平总书记关于坚决打赢疫情防控阻击战的系列重要指示精神、国务院关于做好儿童和孕产妇疫情防控的决策部署，以及全国妇联推动落实孕产妇等特殊群体关爱政策、开展特殊时期特别家教的工作安排，中国儿童少年基金会发挥慈善组织在突发事件紧急救助方面的独特作用，积极动员协调爱心企业、爱心单位捐款捐物，为决胜新冠肺炎疫情阻击战助力加油。截至6月30日，中国儿基会共接受社会捐赠款物1.13亿元，为疫情严重地区的孕妇及婴幼儿家庭、湖北全省集中抚养孤儿、事实上无人抚养儿童、困境儿童、医护人员子女等近20万人次送去党的关怀和社会主义大家庭的温暖。

一、启动“防新型冠状肺炎，保障婴幼儿营养”公益行动，紧急解决婴幼儿面临的“断粮”危机

疫情期间，因封闭管理、运输受限、交通管制等原因，湖北等疫区婴

幼儿的营养食品供应出现短缺。中国儿基会了解到这一情况后，在全国妇联指导下，紧急联合中国营养保健食品协会启动“防新型冠状肺炎，保障婴幼儿营养”公益行动，动员社会力量，共向因疫情影响导致母乳喂养困难、物资缺乏的家庭捐赠42万罐价值8000多万元的婴幼儿配方奶粉、婴幼儿配方辅食，有效解决了婴幼儿家庭的燃眉之急。

疫情期间，婴幼儿奶粉发放工作任务重、时间紧、受助地区广，但最使我们感动的是，省级妇联领导高度重视，成立专项工作组，发挥各级妇联组织优势，从各县发到各镇（街道），再分到各村（社区），再由各村（社区）妇联干部、巾帼志愿者亲自送到每个孩子和家庭手中。这些默默无闻、不辞辛劳的基层妇联干部和巾帼志愿者，克服疫情封闭管理期间的种种困难，把捐赠物资从大车转到小车，从小车再搬到自行车，最后肩扛手拎，将一罐罐“爱心奶粉”送到一户户受助婴幼儿家庭，形成了疫情防控时期一道温暖动人的爱心风景线。有受助妈妈说：“在疫情开始快速蔓延的那段日子里，有时买不到孩子吃的用的东西，心里很恐慌。接过妇联同志送来的配方奶粉时，我心里一下就踏实多了。”还有受助妈妈说：“接到妇联工作人员送来的奶粉，看到她们都穿着防护服，脚步匆忙又有些笨拙，那一刻我的眼泪流了下来，她们中的很多人也是妈妈呀！”

二、情牵孕产妈妈，守护新生命的诞生

战“疫”生活状态，有一个特殊的新冠病毒易感人群，她们是身怀六甲的准妈妈。突如其来的疫情让她们的家庭完全乱了节奏，一些临产的妈妈更是手足无措。中国儿基会携手爱心企业共同发起“为爱战疫，守护新生”公益行动，为武汉地区5100名孕产妈妈提供防疫包（防疫包配置有医用口罩10个、护目镜1个、一次性手套20只、孕妇奶粉1罐、洗手液1瓶、手提包1个），并且联合春雨医生，为湖北孕产妈妈提供从抗疫物资、营养保

障、就诊指南，到联络临产医院及床位，再到线上问诊、心理干预和支持等综合性援助服务。令人感到欣喜的是，“为爱战疫，守护新生”公益行动为25万人次孕产家庭成员提供了在线服务，顺利迎接了470名新生儿的诞生。

三、发放“健康防疫包”，惠泽湖北全省孤儿和事实上无人抚养儿童

为支持湖北省困境儿童群体渡过疫情防控的特殊时期，中国儿基会在腾讯公益基金会支持下，向湖北省捐赠2.3万套儿童“健康防疫包”（内置消杀防护物品、学习用品、生活物品、食品等16种物资），由湖北省各地民政部门及妇联组织发放至孤儿、事实无人抚养儿童以及部分困境儿童。在疫情防控的特殊时期，“健康防疫包”的发放犹如及时雨，让这些受助的儿童及家庭真切感受到了党的关怀和社会主义大家庭的温暖。湖北省宜昌市枝江市困境儿童镇雨星父母均为视力残疾一级，她平时与外公、外婆住在一起，收到“健康防疫包”后，她激动地说：“这个爱心包在我心里留下了温暖的印记，我会努力学习，锻炼自己，争取长大以后成为对国家、对社会有用的人。”

四、开展防疫科普教育，提升儿童防疫意识

与知名儿童教育品牌“凯叔讲故事”联合推出了“凯叔与你共战‘疫’”居家安全特刊，由“凯叔讲故事”支持提供31个生动有趣的儿童安全音频故事，涵盖疫情防护、防火安全、防坠落、玩具安全、活动安全等方面的内容，累计阅读量56.4万人次。与《天天爱学习》编辑部携手开发了《新型冠状病毒肺炎防护中小学生读本》手机版，通过“认识它”“制服它”“预防它”“不怕它”“战胜它”等知识板块，由浅入深

地全面剖析新型冠状病毒肺炎，介绍防护知识，帮助儿童消除恐惧情绪、理性认识疫情、提升防疫意识。

五、启动“爱心护航行动”，为海外留学生提供防疫支持

在有关国际教育机构的支持下，动员在美国200多名爱心志愿者迅速行动，为4000余名在美国留学的中小学生寄送共计6万多件口罩和消毒液等防疫物资，同时开通爱心护航服务热线、组建爱心互助微信群、为留学生直邮直购莲花清瘟中成药、提供SOS紧急救援服务、学业指导等工作，让海外学子充分感受到来自祖国的关怀和牵挂。

六、创新关爱模式，呵护女童健康成长

针对春蕾女童在疫情防控期间学习生活方面的需求和困难，中国儿基会以“助学+陪伴”的服务模式，为8436名女童开展线上线下心理疏导、书信关爱陪伴服务，为3664名女童开展安全健康知识培训，联合专业团队在安徽、贵州、四川等7个省区对女童、家长、教师等开展安全教育培训81次。适应疫情防控需要，开发《爱护我们的身体》女童保护知识系列小视频，持续在线播放，为女童安全健康成长筑起保护墙。

回顾180多天的抗疫奋战历程，我们初步形成了自身的应急救助工作特色。

一是突出讲政治与强担当。牢牢把握正确的政治方向，紧紧围绕习近平总书记关于坚决打赢疫情防控阻击战的系列重要指示精神和党中央重大决策部署，把抗疫工作置于党和国家事业发展全局、全国妇联工作大局中进行思考决策，把党中央的重大决策部署、党对妇女儿童的关怀体现在儿童慈善工作部署中，落实到每一个公益项目实施全过程、各环节。

二是突出政府与社会力量协同救灾联动机制。中国儿基会抗疫工作瞄

准疫情期间直接影响儿童生命安全、身心健康的重大问题，集中政府的决策主导优势、慈善组织的社会化优势、企业的资源优势以及社会力量的专业优势，形成合力，构建了多方力量参与的社会化应急救助模式。

三是突出发挥妇联组织政治优势和组织优势。发挥各级妇联密切联系妇女儿童的工作优势，依托纵横交织、条块结合的妇联组织体系和庞大的妇联执委队伍、巾帼志愿者队伍，为抗疫项目落地见效提供重要保障。

四是突出公益性与公信力原则。以慈善法为根本遵循，严格按照民政部发布的《慈善组织、红十字会依法规范开展疫情防控慈善募捐等活动指引》，严格款物管理，委托执行机构对捐赠物品进行现场验收，做到“快进快出、物走账清”，防止捐赠款物积压。严格公开透明，向民政部报送疫情防控捐赠物资、资金收支汇总表26次，在中国儿基会网站发布防疫捐助情况信息公示34期，接受社会监督，将每一份爱心捐助落到实处，真切传递社会大家庭的关爱和温暖。

新时代是奋斗者的时代。抗击新冠肺炎疫情工作历程为我们留下了可歌可泣的难忘回忆、积淀了弥足珍贵的精神财富，也必将激励着我们在习近平新时代中国特色社会主义思想的引领下，在全国妇联党组的有力领导下，不忘初心，牢记使命，为实现儿童对美好生活的向往不懈奋斗！

扎实履行组织使命，贡献抗疫“她力量”

中国妇女发展基金会

2020年早春，新冠肺炎疫情突如其来，肆虐全国。在全国妇联党组的领导下，中国妇女发展基金会用行动诠释担当，在大战中践行使命，第一时间紧急启动应急响应机制，积极动员爱心伙伴，为疫情严重地区提供公益支持，截至6月底，共接受社会捐赠2.57亿元，为坚决打赢疫情防控人民战争、总体战、阻击战作出了贡献。

一、 发挥平台优势，全面参与抗疫工作

在4个多月的抗疫工作中，妇基会紧紧围绕抗疫一线需求和全国妇联工作重点，发挥妇基会平台优势，重点围绕紧急救助、一线医护人员及其家庭关爱、女医护人员关爱、困境家庭援助、抗疫英雄慰问、助力复工复产、国际人道援助等七方面开展了抗疫工作，取得了良好的社会效益。

1.面向医疗机构紧急需求，向定点医院援助医疗设备

在新冠肺炎疫情最紧急的阶段，我们筹集采购了价值3018.66万元的医疗设备，包括呼吸机、血气分析仪、制氧机、血氧仪、心电图机共计1471台/套，捐赠给湖北省定点收治新冠肺炎患者医院。在抗疫最紧张时期，所有设备全部运抵湖北投入使用。

2.面向一线女医护人员特殊需求，启动实施“为抗疫女性送安心”项目

面对奋战在抗疫一线的女医务工作者的生理期卫生用品和换洗衣物等特殊需求，我们携手爱心企业、人士募集关爱款物共计2519.09万元。其中通过腾讯公益平台发起的“为抗疫女性送安心”众筹项目，短时间内筹集了601万余元善款，采购了安心裤、卫生巾、免洗手酒精消毒液等物品发放给一线抗疫女医护人员。三八节前夕，落实全国妇联部署，妇基会、湖北省妇联紧急协调捐赠企业组装了3.6万个“女性医护关爱包”，送给全国各地援鄂和湖北本地的女医务人员，表达社会各界对女医务人员的节日慰问。

3.面向抗疫医护人员家庭，策划实施“加油！抗疫天使”项目

2月初，在全国妇联指导下，妇基会启动了“加油！抗疫天使”项目，为抗疫一线医务工作者及其家庭提供关爱服务，帮助她们解除后顾之忧。截至5月31日，项目共筹集资金1501.6万元，在湖北、河南、湖南、安徽、江西、重庆、四川、山东、黑龙江等9省市发放“医护家庭关爱包”18770份，有效传递了社会各界对医护人员的关爱和支持。

4.围绕全国妇联三八表彰活动，执行“抗疫巾帼英雄慰问行动”

三八妇女节期间，全国妇联、腾讯公益慈善基金会启动“抗疫巾帼英雄慰问行动”，腾讯公益慈善基金会捐赠人民币3000万元左右，用于分类分项慰问在抗疫中作出突出贡献的女性先进典型。妇基会承担具体执行工作。

5.围绕疫情下的特殊困难群体，设计实施“家庭健康关爱包”温暖行动

为贯彻落实习近平总书记在统筹推进新冠肺炎疫情防控和经济社会发展工作部署会议上的重要讲话精神，切实配合党和政府做好兜底保障工作，妇基会与腾讯公益慈善基金会联合设计实施抗击疫情、援助湖北——“家庭健康关爱包”温暖行动。项目资金规模为3300万元左右，支持湖北省6万个困境家庭，覆盖受疫情影响的单亲母亲、孕产妇、患病及因病死亡人员家庭、孤寡老人、低保户、贫困户等，在送上生活用品、送上健康关爱的同时，也送达了党和政府及社会各方的关爱与温暖。

6.积极响应国家号召，助力复工复产

积极响应国家复工复产号召，针对以湖北省为主的部分主要省、市疫情防控工作和企事业单位复工复产需求，我们携手爱心企业捐赠价值3328万元的23.59万套隔离服，发放给抗疫一线的社区工作者、企事业单位工作人员、安全保障人员、记者等，助力各地加快复工复产脚步。

7.立足全局，积极开展国际人道援助

国际疫情防控形势严峻之际，在外交部的指导下，妇基会联合腾讯公益慈善基金会，共同开展境外疫情援助工作，通过英国、法国、德国、瑞士、荷兰、冰岛等6个驻华使馆向以上6个国家捐赠一次性防护口罩120万只（每个国家20万只）。

二、抗疫工作特点

此次抗疫工作，是妇基会有史以来在灾害援助领域经历过的捐赠金额最高、实施难度最大、投入精力最多的一次应急响应。全会上下团结一心，充分发挥不畏艰难、团结协作的团队精神，交上了一份完美的答卷。回顾这段紧张高效的工作经历，有几个鲜明的特点：

一是坚守宗旨、服务大局。始终跟进学习习近平总书记关于疫情防控的重要指示批示，按照党中央决策部署，在全国妇联领导下投入抗疫慈善工作。在项目设计实施过程中注重突出妇基会宗旨和特点，重点聚焦一线医护人员家庭、女性医护人员及受疫情影响的困境妇女儿童和家庭等，设计实施了“加油！抗疫天使”“为抗疫女性送安心”“家庭健康关爱包”等一系列帮扶项目，配合全国妇联执行“抗疫巾帼英雄慰问行动”，充分

展现了妇基会的态度、速度和温度。

二是聚焦需求，精准落实。紧紧围绕抗疫一线不同时段、不同人群的需求，由基层妇联深入调研，每个公益项目都做到精准设计、精准实施和精准落实。特别是在前期充分调研的基础上，大家与时间赛跑，3天完成56台呼吸机的采购发送，2天策划推出“加油！抗疫天使”项目，3天“为抗疫女性送安心”项目筹款突破600万元，5天完成三八妇女节慰问一线女性医务工作者的3.6万份“女性医护关爱包”运输、组装和发放，不到一周完成6万份“家庭健康关爱包”的采购、组装、运输、发放等。这一系列项目的精准落实，是妇基会全体员工专业高效、务实合作的结果，充分体现了女性公益慈善组织的真心、贴心和暖心。

三是科学严谨，合规有序。妇基会秘书处坚持高效统筹，督促各部门依法依规高效落实捐赠款物，重大事项提交理事会决策，对于复杂的捐赠或执行情况聘请专业律师提供法律支持，确保每一笔捐赠和每一笔支出都合法合规。各部门执行过程中积极主动与各地妇联保持联系，严格按照项目管理规定，做好事前、事中、事后各项监测，及时了解款物接收妇联的执行情况，并收集反馈资料，及时装档保存。

四是严谨公示、深度传播。按照民政部要求，定期通过妇基会官方网站和微信公众号发布项目捐赠及落实进展情况，秘书处经常带领相关部门在微信群里加班到半夜，务求每一笔统计数据和捐赠落实情况的描述准确无误。我们积极策划、协调媒体，通过网站、微信公众号等自媒体对抗疫工作进行全方位、多角度宣传，广泛传播女性慈善正能量，累计策划撰写各类深度新闻29篇，编辑微刊40篇，发布微博20篇，编辑了抗疫专题会刊。同时充分发挥组织联动优势，联合相关媒体、网站并指导各地妇联对抗疫期间妇基会开展的抗疫相关项目和活动进行了多渠道、多层次、多方式的有序传播，进一步提升了妇基会的公信力和品牌影响力。

有30多年发展历史的中国妇女发展基金会，有着恪守初心、埋头苦干的坚韧精神，有着凝聚爱心、解危救难的慈善积淀，更有着细致关心、雪中送炭的柔性力量。在新的挑战面前，妇基会以出色的专业水平、突出的应急能力、多元的协作机制、高度的信息透明，以实际行动践行了国家5A级慈善组织的使命和初心，为打赢这场疫情防控阻击战贡献了力量。下一步妇基会将继续坚持以习近平新时代中国特色社会主义思想为引领，坚持以公益慈善项目服务大局、服务妇女和家庭，在做好助力复工复产、女性创业就业、脱贫攻坚等方面持续发力、开拓创新，为早日迎来抗疫全面胜利和决战脱贫攻坚、决胜全面建成小康社会贡献公益慈善“她力量”。

在群防群控中发挥妇联组织独特作用

王长路*

让疫情之魔无处藏匿，需要每个人都投身这场斗争。

“紧紧依靠人民群众坚决打赢疫情防控阻击战。” “基层党组织和广大党员要发挥战斗堡垒作用和先锋模范作用，广泛动员群众、组织群众、凝聚群众，全面落实联防联控措施，构筑群防群治的严密防线。” “社区仍然是外防输入、内防反弹的重要防线，关键是要抓好新形势下防控常态化工作。”为坚决打赢疫情防控人民战争、总体战、阻击战，习近平总书记的一系列重要指示，审时度势、直击要害，为各级妇联组织围绕所需、立足所能发挥独特作用，团结引领广大妇女群众同舟共济全面打赢疫情防控阻击战提供了根本遵循。

疫情就是命令，防控就是责任。战“疫”时刻，各级妇联干部把贯彻落实好习近平总书记重要指示批示精神作为检验“两个维护”的试金石和磨刀石，把初心使命践行在行动中，把责任担当体现在岗位上，在疫情监测、排查、预警、防控、关心关爱特殊群体以及筹措资金、物资驰援一线等各方面有担当有作为。有的义无反顾守在小区网格，有的调响喇叭宣传疫情防控知识，有的实时在线对接重点人群，有的睁大眼睛摸排高危易

* 王长路，中国妇女报记者。

感，有的守在入口免费发放口罩，有的把准需求招募心理专家，有的响应求援筹措抗疫物资……危急时刻，拿出具体举措、做出实际行动。

新的阶段，依然不麻痹、不厌战、不松劲，就是对党的号召最好的回应。联防联控、群防群治，是我国制度优势的具体体现，各级妇联干部要主动担当，在疫情中历风雨，在斗争中炼队伍，把党的政治优势、组织优势、密切联系群众优势通过妇联组织的工作转化为疫情防控的强大政治优势。

疫情防控，城乡基层社区是第一道防线，在毫不放松防反弹之时，更是扎紧防控篱笆、堵住反弹漏洞的重要一环。在疫情袭来之初，控制传染源、切断传播途径、保护易感人群对于疫情防控的重要意义不言而喻，在这个“战位”上，扎根城乡社区、紧贴妇女家庭、熟知妇情家情的基层妇联干部，要当好妇女群众的贴心人和主心骨，做好宣传员、防控员、监督员，发挥稳定情绪、增强信心，不信谣、不传谣的独特优势。要防患于未然，广泛深入开展传染病预防知识宣传，将个人及家庭防护、健康监测、卫生习惯等科学知识传递到家家户户；要防控去死角，细致周到地做好辖区社区居民排查、引导妇女群众做好自我监测、发现可疑症状及时上报……

在外防输入、内防反弹的新阶段，防控要走向常态化、社会要重回正常流动，都对基层社会治理能力提出了更高的要求、立起了更高的标准。组织触角延展至楼宇、门栋、村民小组的妇联组织，更有了“用武之地”。妇女及家庭的诉求会更加多元、心态会更加复杂，这就需要基层妇联组织和干部们准确把握，发挥出“人头熟、心贴心”的优势，在柔性表达中找准刚性需求、在真情行动中实现细化服务，主动融入基层社会治理全流程。只要能把联防联控措施落细落小落实到每一个村和社区妇联、每一个妇女小组、每一个妇女微家，就能在构筑群防群治的严密防线中发挥出妇联作用，就能在关键时刻真正当好党和政府联系妇女群众的桥梁纽带，成为广大妇女信得过、靠得住、离不开的“娘家人”。

“希望大家坚定必胜信念，保持昂扬斗志，做好科学防护，持续健康投入战胜疫情斗争。”在这场全民战“疫”中，全国六级妇联组织、780多万妇联执委、2300多万巾帼志愿者保持慎终如始的战斗姿态，坚守抓紧抓实的使命担当，凝聚起众志成城、全力以赴、共克时艰的巾帼正能量。我们坚信，在以习近平同志为核心的党中央坚强领导下，充分发挥中国特色社会主义制度优越性，紧紧依靠人民群众构筑群防群治的严密防线，就一定能在这场大考中因时因势做好工作，守好土、尽好责，交出让党和人民满意的合格答卷。

（原文载于2020年1月31日《中国妇女报》）

抗击疫情　硬核“娘子军”彰显巾帼担当

——妇联组织在引领服务联系妇女中全力战“疫”

田珊檑*

新冠肺炎疫情发生以来，习近平总书记高度重视，亲自指挥、亲自部署疫情防控工作，多次发表重要讲话，作出重要指示，对工会、共青团、妇联等人民团体组织动员所联系群众积极投身疫情防控提出明确要求。三八国际妇女节期间，习近平总书记代表党中央，向奋战在疫情防控第一线和各条战线的广大妇女同胞表示诚挚的慰问，充分肯定广大妇女在抗击新冠肺炎疫情斗争中作出的重要贡献，对广大妇女持续健康投入战胜疫情斗争提出殷切期望。习近平总书记重要指示高屋建瓴、饱含深情、催人奋进，是对广大女医务工作者的最高褒奖，是对各行各业广大妇女的极大鼓舞，是全国亿万妇女的无上荣光。

党旗所指，妇联所行。各级妇联积极响应、迅速行动，充分发挥组织优势，团结引领广大妇女在疫情防控、复工复产、经济社会发展等各个方面主动作为，为奋力夺取疫情防控斗争全面胜利，维护经济发展和社会稳定大局，确保完成决战决胜脱贫攻坚目标任务，全面建成小康社会贡献半

---

* 田珊檑，中国妇女报记者。

边天力量。

上下联动 “娘家人”动员妇女姐妹共克时艰

疫情出现后，全国妇联第一时间传达学习习近平总书记重要指示精神和党中央决策部署，全国妇联主席沈跃跃亲自部署、靠前指挥，全国妇联党组书记、副主席、书记处第一书记黄晓薇全面协调、狠抓落实，及时成立应对疫情工作领导小组，建立网上工作群，召开视频会议，赴基层社区、企业调研慰问，指导各地妇联迅速行动，在疫情防控中将引领服务联系妇女工作落实落细。

1月26日，全国妇联发出倡议，号召广大妇女、亿万家庭立即行动起来，立足工作岗位，担当社会责任，守住家庭防线，为打赢疫情防控阻击战贡献半边天力量。

2月5日，全国妇联向广大巾帼志愿者发出倡议，号召千万巾帼志愿者行动起来，在社区防控、邻里关爱、守住家门中发挥独特作用。

3月8日，全国妇联第一时间学习贯彻习近平总书记的重要指示精神，再次发出倡议，号召广大妇女坚定必胜信念，保持昂扬斗志，在疫情防控和经济社会发展各条战线拼搏奉献；专门下发通知，要求妇联系统坚决贯彻落实习近平总书记重要指示精神，在统筹抓好疫情防控和经济社会发展工作中发挥妇联作用贡献巾帼力量。

在全国妇联指导推动下，各地妇联组织切实把思想和行动统一到党中央决策部署上，迅速响应、上下联动、层层落实，大作“联”字文章，在宣传倡导发动、坚定社会信心、回应妇女群众关切、关心关爱帮扶、物质生产筹措等方面努力发挥妇女和妇联组织优势，全面投入抗击疫情的人民战争中。

1月23日，湖北省妇联发出“致全省妇联组织和广大妇女姐妹的一封信”，号召全省妇女姐妹科学认识疫情，提高防范意识，做好卫生防疫。

武汉市妇联成立市妇联疫情防控工作指挥部，部署抗疫工作。全省各地妇联积极行动，2600多名专职妇联干部、30多万妇联执委下沉一线，投身疫情防控阻击战。

1月23日，浙江省妇联开启网上办公模式，建立钉钉工作群，对全省各级妇联组织参与疫情防控作出部署。

1月29日，吉林省妇联向全省19万妇联执委发出一封信，呼吁姐妹们做好防控疫情的宣传员、监督员、快递员。

河南省妇联及时发动4.8万个村（社区）的131万余名“四组一队”（发展组、权益组、宣教组、家风组和巾帼志愿者服务队）行动起来，成为基层疫情防控的硬核“娘子军”。

……

疫情肆虐，人间有爱；岂曰无衣，与子同裳!

全国妇联所属中国妇女发展基金会紧急筹集呼吸机、血气分析仪等急救医疗设备，向湖北捐赠价值3018.66万元的医疗设备。面对一线女医务工作者的生理期卫生用品等特殊需求，妇基会募集安心裤、卫生巾等关爱款物2519.09万元。

1月27日，湖南省妇联通过省妇女儿童发展基金会发起“2020，手足同心”公益项目筹款，共筹集价值809万元款物，支援抗疫一线。积极发动女企业家加紧生产疫情防控紧缺物资，截至3月底，省女企协捐款捐物累计2005万元，全部用于抗击疫情。

4月14日，在黑龙江省全力打好陆地边境疫情跨境输入防控阻击战的关键时刻，黑龙江省妇联为牡丹江、绥芬河送去消毒液、一次性口罩、一次性手套等价值百万余元的防疫物资。

此外，江苏、广东、北京、上海、天津等多地妇联携手当地女企业家、团体会员等，及时捐款捐物，驰援湖北抗疫一线。

筑牢防线 “娘家人”日夜守护社区“大家庭”

“我会和社区姐妹一起，为夺取战‘疫’最后胜利坚守到底！”疫情出现后，北京市三八红旗手、延庆区康安社区党委书记赵俊英与800余名社区姐妹投入社区人员摸排、卡口执勤、发放消杀用品……不到5天的时间，建立整个社区2010户6030名居民信息台账，还研究出“防疫岗哨工作法”严防死守，筑起一道坚实的基层防控安全线。

社区是疫情联防联控第一线。各级妇联积极发动妇联执委、巾帼志愿者等妇女姐妹坚守在城乡社区各个角落，助力织牢疫情防控安全网。

“这段时间不要走亲访友了，出门记得戴口罩……”湖北省各级妇联组织专职妇联干部纷纷下沉到村（社区）参与疫情防控工作，走街串巷、进村入户，开展摸排发热人员、宣传疫情防控知识、送防护及生活物资等工作；组织动员广大妇女争当“门栋防疫好帮手”，守好每一个门，守住每一栋楼。武汉市临空港经开区（东西湖区）吴家山街杏园社区书记、妇联主席梁敏从大年三十开始一直坚守岗位，挨家挨户排查，帮助居民解决困难、稳定情绪。“你们为社区做了实事，我们心里有安全感！”居民频频点赞。

北京市妇联发动12万多名基层妇联执委、47万多名巾帼志愿者在社区防控、邻里关爱、守住家门中主动作为，同时发挥全市59万户首都最美家庭积极作用，以最美的力量，带动社区家庭科学防疫。

宁夏回族自治区妇联全体党员干部从大年初四开始下沉到社区参与疫情防控，发动1.8万名妇联执委和近万名巾帼志愿者协助做好发放消毒液和宣传单、摸排登记外来人员和车辆等工作。

山东省妇联组建疫情防控党员志愿服务队，深入社区开展走访摸排、防疫宣传、路口执勤等工作，帮助社区扎牢疫情防控网。

……

家家防控，催人奋进；人人尽责，提振信心！

全国妇联推出“特殊时期·特别家教”微课堂，通过战“疫”学起来、战“疫”动起来、战“疫”读起来、战“疫”写起来四个板块，引导广大家庭在抗击疫情、促进社会稳定中发挥积极作用。

线上宣传疫情防控知识、传授家庭教育新理念……云南省昭通市昭阳区妇联组织巾帼志愿者重点在易地搬迁安置点利用微信群开展志愿服务，引领广大妇女和家庭缓解焦虑情绪，增强战“疫”信心。

海南省妇联通过以“院内净、卧室净、厨房净、厕所净、个人净”为重点的家庭环境卫生整治行动，号召广大家庭做好家庭清洁卫生，构建家庭防护屏障。“亲子防疫，宅出精彩！”河北省、四川省等各级妇联组织开展的亲子朗读、亲子健身等家庭文体活动，通过微信平台展示活动成果，凝聚起家庭防疫抗疫正能量。

关心关爱　“娘家人”的温暖一路相伴

新冠肺炎疫情发生以来，各级妇联关心关爱奋战在抗疫一线的医务工作者及其家属，积极组织对一线医务工作者家属送爱心菜，帮助他们解决老人、子女照顾等方面的实际困难，关心关爱孕产妇、婴幼儿、留守儿童等特殊群体，将党中央的关怀送到他们身边。

1月30日，全国妇联和中国女医师协会向奋战在疫情防控一线的女医务工作者发出慰问信，向她们表示敬意和慰问，鼓励她们立足岗位、恪尽职守，科学救治病患，做好人民生命健康的守护者，并动员和组织各级妇联尽力为她们的家庭提供服务。

2月3日，全国妇联作出工作部署，要求各级妇联把针对不同群体开展心理疏导、为一线医务人员及其家属送温暖作为工作重点，关心关爱医务人员及其家属家庭。中国妇女发展基金会发起“加油！抗疫天使”项目，为抗疫一线医务工作者及其家庭提供关爱服务，截至4月23日共筹集资金1489.74万元，发放“医护家庭关爱包”16680份。

2月9日一大早，阵阵暖流在广东省支援湖北疫情防控医疗队的微信群里涌动，“后方有你们呵护，我们在这里战斗有力量”“让我们少一分顾虑，多一分安心”……广东省妇联联合省卫健委等部门开展的“您家的菜我来送”“您家的活儿我来干”关爱一线医务工作者家庭公益活动实实在在开展起来了，暖心之举得到了前方医务工作者的纷纷点赞。

上海市妇联、市总工会女职工委员会于1月31日在全市募集女性生理期护理用品考拉裤等物资，24小时内近200万元的物资和善款到位，48小时，100箱9600片考拉裤运抵武汉；浙江省妇联发起“你守护大家、你的小家我来守护”行动，开展为一线医护人员家庭免费送菜、关怀老人、辅导孩子作业等服务；江苏省妇联利用全省妇联系统校外活动阵地为江苏驰援湖北医护人员子女送“成长大礼包”；黑龙江省哈尔滨市妇联为驰援湖北医护人员家庭配送新鲜蔬菜、日用品等“暖心箱”；新疆维吾尔自治区、西藏自治区等地妇联给一线女医务工作者发放“暖心包”，“娘家人”的温暖一路相伴。

为表彰先进、激扬斗志，全国妇联联合中宣部等部门发布20位“一线医务人员抗疫巾帼英雄谱”，联合公安部发布10名“公安抗疫巾帼先锋”，联合民政部发布10名“城乡社区抗疫巾帼先锋”先进事迹，联合国家卫健委发布40名“一线医务人员抗疫巾帼先锋”，号召广大妇女学习榜样，争做最美巾帼奋斗者。同时，加大评选表彰力度，全国妇联将联合有关部门在疫情结束后，评选表彰新冠肺炎疫情防控一线优秀女性，表彰一批全国三八红旗手（集体）。各地妇联也纷纷宣传先进，广泛传颂抗疫巾帼英雄的故事。

今年三八国际妇女节是特殊时期的特别节日，全国妇联联合卫健委、公安部等多部门在抖音、快手、微博等众多网络平台，以“致敬了不起的她”为主话题，运用直播、短视频等多种方式，引导广大网友向一线抗疫女性致敬，全网话题阅读量超过百亿，在温暖的祝福里凝聚巾帼力量、增强战“疫”信心。

全国妇联联合腾讯基金会启动“抗疫巾帼英雄慰问行动”，腾讯基金会捐助3000万元资金慰问在抗疫中作出突出贡献的女性先进典型。

致敬逆行英雄，关爱从未停歇。在全国20多个省区市，各地妇联组织关爱殉职城乡社区工作者家庭，通过送贴心陪伴、资金物品、心理关爱等方式，开展点对点、一对一守护服务。

疫情期间，提供心理疏导服务、缓解焦虑情绪成为众多家庭的需求。全国妇联指导各地妇联及时调整“12338”妇女维权服务热线的服务时间和内容，联合心理服务专业机构或组织心理咨询师志愿者，为广大妇女和家庭提供精准服务。天津、广西、山西、内蒙古、青海等地妇联在原有“12338”妇女维权服务热线的基础上，联动社会力量开通心理援助热线，为广大妇女和家庭提供心理疏导和法律热点问题解答。

特殊时期孕产妇健康、因疫情造成监护缺失儿童成为“娘家人”重点关注的对象。经过全国妇联的及时呼吁反映和国务院妇儿工委办的积极协调，2月8日，国务院联防联控机制印发《关于加强新型冠状病毒肺炎疫情防控期间孕产妇疾病救治与安全助产工作的通知》，对做好孕产妇和新生儿防护工作提出明确要求。在湖北省妇儿工委、省妇联等单位协调下，湖北省新型冠状病毒感染肺炎疫情防控指挥部发出通知，就做好疫情期间孕产妇防疫保护工作作出部署。全国各地妇联联合卫健委等部门主动为孕产妇排忧解难，精准掌握需求，细致对接服务。

3月15日，全国妇联办公厅、国务院妇儿工委办公室发出通知，要求各地妇联、妇儿工委办公室结合实际，认真落实国务院联防联控机制印发的

《因新冠肺炎疫情影响造成监护缺失儿童救助保护工作方案》，配合做好因疫情影响造成监护缺失儿童救助保护工作。安徽、山西、湖南等多地妇联协同民政厅等相关单位，积极出台政策，关爱孕产妇、留守儿童、困境儿童等群体，帮助解决实际困难。

3月16日，全国妇联办公厅再次下发通知，要求认真贯彻落实习近平总书记“3·8”重要指示精神，继续关心关爱抗疫一线医务人员及其家庭，持续精准服务他们的所急所需，持续为援鄂医务人员家庭提供暖心服务。

助力复工 “娘家人”尽显十八般武艺

“这段时间是我25年创业经历中最艰苦也最充实的日子！”面对突如其来的疫情，全国三八红旗手、依文集团董事长夏华带领集团火速转产，第一时间改造了6条生产线和10万级无菌净化车间，投入隔离衣和防护服的研发生产。

初期由于缺乏工人，依文集团向北京市妇联求助，北京市妇联立即动员10个区县妇联为其推荐300多名巾帼志愿者，保障企业生产顺利进行。至今依文生产防护服、隔离衣百万余套，不仅满足国内，也开始供给全球。

当前，随着疫情形势好转，各级妇联积极协调，急企业之所急，解企业之所难，助力企业复工复产。

为帮助湖北省恩施妇字号企业——花枝山生态农业公司摆脱疫情带来的困境，恩施州妇联积极协调，帮助花枝山茶叶入驻天津市“农情似水U优购”电商平台，目前，花枝茶业共带动600余人就业。

辽宁沈阳市妇联与市营商环境建设局于4月3日携手举办“姐妹话营商”活动，邀请市金融局、商务局等18个政府部门现场答疑解惑，帮助解决女企业家复工复产各方面难题。

为帮助解决女企业家复工复产资金周转难题，四川、河南、安徽、山东等多地妇联联合银行等相关单位纷纷推出“巾帼信用贷”等多种金融产品，并推动相关政策落地。

守着家门口，防疫赚钱两不误。甘肃、贵州等地妇联积极助力巾帼扶贫车间复工复产，吸纳带动更多妇女在家灵活就业、稳定脱贫。截至4月底，甘肃已有近500家“巾帼扶贫车间”复工复产，带动1.7万余名贫困妇女就业；贵州贞丰县妇联推进“绣娘计划”，依托扶贫车间，助力妇女姐妹实现“指尖脱贫”。

“居家防疫，网上学技！”全国妇联委托全国巾帼家政服务业的龙头企业阳光大姐家政公司开发家政培训平台，为有意愿到家政服务领域就业的妇女免费提供在线技能培训；重庆市、内蒙古自治区等妇联开设丰富多彩的网络课程，为复工复产积蓄力量。

“足不出户，也能物色好工作！”湖北、江苏、江西等省妇联联合高校举办女大学生专场网络招聘会，陕西汉中、广西玉林、辽宁丹东等地妇联联合当地人社局等单位，开展线上“春风行动”，既助力解决企业用工需求，又帮助妇女对接岗位、实现就业。

受疫情影响，一边是焦急的农户和滞销农产品，一边是老百姓丰富餐桌的生活需求，如何解决？全国多地政府和相关部门转变思路，通过线上直播帮农户找到销售门路。各地妇联积极行动，纷纷做起了“直播带货”。

一小时直播吸引10万+网友围观，4000张消费券5分钟内一抢而空……浙江省妇联推出“浙里有爱，妇联喊你享民宿”活动，让妇联干部、巾帼代言人等当起了“主播”，对巾帼民宿进行宣传推介，受到网友们的频频点赞。

从2月中下旬起，湖北、浙江、江苏、安徽、福建等多个省、市、县、区妇联主席以及当地党政干部，纷纷“登陆”直播平台，倾尽“洪荒之力”，以网络主播的身份，宣传当地滞销农特产品，收获了一份份“暴涨”的销售成绩单。

“本以为受疫情影响，枇杷价格会不好，没想到，这次收入比往年增加了两万多元。”在福建省云霄县棪树村，村妇联主席吴素华变身“主播”为家乡枇杷代言，之前滞销的枇杷变成了抢手货，贫困户吴元掩盖不住内心的喜悦。

接力奔跑，仍需加劲冲刺；乘势而上，圆梦就在今朝！

在这场举国上下全力以赴抗击疫情的战斗中，这些日夜奋战的最美逆行身影以及妇联“娘家人”的温暖守护，激励着广大妇女在统筹疫情防控和经济社会发展中继续贡献巾帼力量！

（原载于2020年5月21日《中国妇女报》）

妇联执委在疫情防控中的参与和贡献

李　文*

习近平总书记强调，疫情防控不只是医药卫生问题，而是全方位的工作，各项工作都要为打赢疫情防控阻击战提供支持。作为党开展妇女工作最可靠、最有力的助手，妇联组织认真贯彻落实习近平总书记关于疫情防控的重要指示精神，注重发挥优势，创新工作方式方法，组织动员广大妇女、基层妇联执委和巾帼志愿者，团结带领各族各界妇女积极投身疫情防控工作。各级妇联执委作为妇联工作队伍的有机组成部分，认真贯彻落实党中央决策部署，积极响应妇联组织号召，积极投身疫情防控各项工作，为打赢疫情防控阻击战作出了应有贡献。

一、妇联执委在疫情防控工作中的积极参与

妇联组织在疫情防控中充分发挥作用，离不开各级妇联执委的积极参与和贡献。妇联改革中，广泛吸纳各领域、各行业优秀女性代表进入妇联，形成了一支规模庞大的妇联执委队伍。在举国上下齐心抗击疫情的特殊时期，各级妇联执委发挥密切联系妇女群众的优势及专业特长，努力奋战在抗击疫情的各条战线，展现出令人感佩的专业精神和巾帼风采。

---

* 李文，全国妇联妇女研究所助理研究员。

（一）扎根基层社区，筑牢疫情防控的关键防线

2020年2月10日，习近平总书记在北京调研指导新型冠状病毒肺炎疫情防控工作时强调，社区是疫情联防联控的第一线，也是外防输入、内防扩散最有效的防线。把社区这道防线守住，就能有效切断疫情扩散蔓延的渠道。全国都要充分发挥社区在疫情防控中的阻击作用，把防控力量向社区下沉，加强社区各项防控措施的落实，使所有社区成为疫情防控的坚强堡垒。许多妇联执委来源于基层社区，她们积极参与社区联防联控、群防群治工作，坚守遏制疫情的第一道防线。

在疫情暴发并逐渐向全国蔓延的形势下，引导群众正确认识疫情并提高防护意识，对遏制疫情的进一步扩散至关重要。在疫情防控工作中，各地妇联执委深入城乡社区，通过发放宣传资料、张贴告示、编演节目等方式，宣传普及新冠肺炎防控知识，增强广大群众的疫情防控意识。全国妇联执委、江西省南昌市青山湖区湖坊镇进顺村党委第一书记、村妇联主席罗玉英在疫情发生后，组织妇女党员干部成立了“红色娘子军”宣传小分队，每天在村辖区内发放宣传单，劝导村民不要串门访客、不要在公共场所聚集。四川省南充市顺庆区华凤街道白土坝社区妇联执委任依婷综合官方发布的防疫知识和宣传用语，编成朗朗上口、居民爱听、一听就懂的防疫顺口溜，每天手提电喇叭朝着每栋居民楼不厌其烦地唱。

强化社区防控网格化管理，是党中央对疫情防控工作的明确要求。在社区层面，实施入户摸底排查，有助于了解城乡居民实际状况，及时掌握第一手信息资料，对疫情监测和防控具有重要作用。在各级妇联的引导和组织下，数以万计的妇联执委深入村民小组、社区楼栋，对住户细致摸底排查，努力切断疫情扩散蔓延的渠道。上海徐汇区强生居民区妇联带领执委，从大年初一开始深入疫情第一线，对离沪、返乡人员排查摸底、统计造册，做到无遗漏、全覆盖；针对雇用外来保姆的家庭，上门发放预防疫

情告知书；对未返沪的出租户及业主，张贴通知并要求到家后及时向居委会报备。浙江省台州市妇联推行“基层妇联执委掌上微网格”工作法，以微信建群为主要形式，构建“1名镇级妇联执委+1名村（社区）妇联执委+N名家庭女主人”的家庭微网格架构，微信群内每天下午4时进行排查接龙，详细报告家庭成员健康状况、上门探亲情况、外出情况，建立起有效的线上疫情防控网络。

维护社会稳定、保持群众生活平稳有序，是有效应对疫情的重要保障。妇联执委心系基层群众，积极参与后勤保障工作，热心细致地为隔离群众、困难妇女群体和家庭提供支持性服务。安徽省合肥市庐江区矾山镇人大代表、村妇联执委阳彩霞，利用自家经营便利超市的有利条件，免费为居家隔离村民配送生活必需品，村民只要打一个电话，她就将所需物品送到家中。

习近平总书记在统筹推进新冠肺炎疫情防控和经济社会发展工作部署会议上的讲话中强调，对因疫情在家隔离的孤寡老人、困难儿童、重病重残人员等群体，要加强走访探视和必要帮助。在抗击疫情的特殊时期，关爱和帮助困难群众，成为妇联执委义不容辞的职责。由于疫情暴发，浙江温州市文成县许多家庭的子女不能回家陪父母过年，当地妇联组织执委想方设法为留守老人提供服务。如新联村妇联执委自发组成6人一组的“小芳巡逻队”，根据留守老人实际需求，提供陪伴、照料、配送生活用品等贴心服务。

（二）发挥专业优势，汇聚抗击疫情的合力

疫情防控是一项系统工程，需要充分调动各方面积极性，集中社会各界的力量。妇联执委来自不同领域和行业，拥有不同的专业知识和技能，在疫情防控工作中各展所长，为打赢这场战“疫”积极贡献巾帼力量。

妇联执委队伍中的医务工作者，坚守医者仁心的职业道德，以救死扶

伤为天职，冲在抗击疫情的最前线。比如，在防疫形势严峻的春节假期，北京海淀区上地街道妇联执委、上地医院副院长、妇产科主任汪素坤放弃休假，坚持“孕产妇的安全问题，就是疫情防控的重中之重”，每天在医院值班、巡诊，向孕产妇普及疫情防控知识，提示相关注意事项。上海市金山区廊下镇妇联执委、社区卫生服务中心护理部主任汤玲玲带领中心医务人员，对来沪人员进行健康隔离观察，对发热病人及时进行处理，对辖区内交通道口开展卫生检疫，并对所有进入本区内的车辆人员进行医学检查、测温、询问流行病学史，做好信息记录。

妇联执委队伍中的心理咨询工作者，通过心理援助热线、网络援助平台等，积极参与心理危机干预和心理疏导工作，指导公众正确对待疫情，疏导不良情绪。例如，甘肃省兰州市城关区妇联兼职副主席季春晖带领甘肃明睿心理服务中心41名志愿者，组建了“线上甘肃省红十字心理援助热线服务队”和“网络宣传志愿服务队”，积极开展网上心理援助，并为省红十字会、市防疫应急志愿服务队、区卫健局等单位开展主题培训，在线培训上千人。

妇联执委队伍中的法律工作者，充分发挥专长，在疫情期间积极回应群众的法律关切和需求，为政府部门和社会公众提供优质便捷的法律服务。比如，浙江省湖州市妇联执委、北京隆安（湖州）律师事务所创始合伙人周桂珠，积极参与市妇联抗疫热线，及时解答市民咨询，带领团队加强研究并为政府疫情期间采购工作提供切实可行的建议，并组织全市女律师通过微信直播学习“涉疫情劳动关系的处理”，为企业复工复产法律事务处理做准备。

在妇联执委队伍中，还有许多教育工作者、新闻工作者、社会工作者等，她们坚守在各自的工作岗位，充分发挥自身专业特长，以不同的方式和渠道为疫情防控贡献智慧和力量。

（三）统筹协调资源，为疫情防控提供物资支持

打赢疫情防控阻击战，后勤保障必不可少。新冠肺炎疫情发生以来，医疗物资供应一度是疫情防控工作的短板，也是严重制约病人救治、威胁医护人员安全的突出矛盾。党中央在疫情防控工作部署中多次强调，要调动一切积极力量，保障医疗物资和居民生活必需品的供应。

妇联执委发挥职能优势，积极统筹协调，不遗余力为疫情防控募集物资。例如，辽宁省大连市妇联13名省、市执委联名倡议全市妇女代表、妇联执委捐款40多万元，为一线医务人员家庭配送暖心菜200份。江苏省淮安市妇联执委、盱眙县爱心公益协会会长陈连红带领协会会员，几乎跑遍城区每个药房，并从网络上高价定购，短短三天多时间购买近2000只口罩、部分酒精和84消毒液，分发给农场工人、村民、孤寡老人、一线环卫工人。

特别是各级妇联执委队伍中的女企业家，在抗击疫情的关键时期，充分发挥企业优势，加紧生产疫情防控紧缺物资，带头捐款捐物，为抗击疫情提供有力支持。全国妇联执委、天津荣程祥泰投资控股集团有限公司集团董事会主席张荣华，组织成立天津荣程钢铁防疫项目工作组，向天津市红十字会捐赠1亿元，其中5000万元用于武汉一线医护工作者救助，购买防护用品及药品，建设定点收治感染者的隔离医院；另外5000万元定向捐赠天津红十字会及天津市新型冠状病毒感染的肺炎疫情防控指挥部。春节放假停产期间，一些女企业家克服困难，积极组织生产并捐赠抗疫急需医疗防控物资。甘肃省酒泉市妇联四届常委、甘肃巨龙供销（集团）股份有限公司董事长马颢洋，针对基层急缺消毒物资的实际困难，第一时间组织汉武酒业车间工人全力以赴加紧生产，捐赠价值7.5万元的消毒物资2.5吨，并捐款10万元，驰援疫情防控工作。

二、妇联执委对妇联组织参与疫情防控的重要贡献

重视发挥妇联执委的作用，是妇联组织抗击疫情工作中的一个特色和

亮点。在各级党委政府的统一领导和各地妇联的组织动员下，妇联执委发挥自身专业优势和特长，广泛参与疫情防控各项工作，为妇联组织参与疫情防控工作作出了重要贡献。

（一）壮大了妇联组织参与疫情防控的工作力量

群团改革启动后，妇联组织采取了一系列改革措施，其中之一就是吸纳各领域各行业优秀女性代表，建立一支为数众多、优势突出、特色鲜明的执委队伍。在抗击新冠肺炎疫情工作中，各级妇联执委的积极参与及其作用发挥，就是妇联改革成果转化为实战能力的鲜明体现。

各地妇联注重组织动员各级妇联执委力量，科学有序参与疫情防控工作。例如，浙江省妇联发布《致浙江省各级妇联执委的一封信》，号召全省各级妇联20万执委立足工作岗位、担当社会责任，做疫情防控的宣传员、监督员和战斗员，仅宁波市就组织了2万余名妇联执委投身疫情联防联控、群防群治工作。宁夏回族自治区妇联广泛动员各级执委深入城乡基层社区，全区5市22个县区参与疫情一线防控工作的妇联执委达1.8万多人。从全国到村（社区）六级妇联组织体系中，活跃着数百万名妇联执委，她们为妇联组织注入了新的活力，凝聚起疫情防控的强大力量。

（二）提升了妇联组织疫情防控工作的专业化水平

应对新冠肺炎疫情这类重大突发公共卫生事件，既要依靠群众、众志成城，又要遵循科学规律、运用专业知识。打赢这场疫情防控的人民战争，需要来自各方面专业力量的支持。

各级妇联执委聚集了各行各业的优秀女性代表，她们运用不同的资源禀赋和专业技能，积极投身疫情防控，在各自工作岗位以及妇联组织平台上发挥了重要作用。妇联执委队伍中，有医务工作者在抗疫一线救死扶伤，有新闻工作者深入疫区采访报道，有心理工作者提供心理疏导和干预，有教育工作者积极开展公益网络课程，还有社区工作人员在基层开展全面细致的联防联控工作，等等。在疫情防控这项综合性、全方位的工作中，来自不同行业的妇联执委充分发挥专业技能优势，为妇联组织开展疫情防控工作贡献了智慧，也提升了妇联工作的专业化水平。

（三）彰显了妇联组织密切联系妇女群众的独特优势

妇联是各族各界妇女为争取进一步解放与发展而联合起来的群众组织。密切联系妇女群众，把妇女群众最广泛最紧密地团结在党的周围，既是妇联组织的职责使命，也是衡量妇联工作成效的重要标准。

习近平总书记在中央党的群团工作会议上的讲话中强调，保持和增强群团组织的群众性，必须建立健全联系群众的长效机制。妇联执委来自各行各业、植根于妇女群众，同时又因执委身份团结凝聚在妇联组织体系之中。各地妇联在改革进程中，探索建立了执委联系妇女群众制度，对每名执委直接联系基层一线妇女群众的数量、方式等作出明确要求。在疫情防控工作中，各级妇联执委发挥直接联系妇女群众的优势，积极组织动员广大妇女群众在抗击疫情中发挥半边天作用。例如，厦门市妇联发动全市四级659个妇联组织、近1万名各级妇联执委，通过7169个“一呼百万”妇女姐妹微信群的网络矩阵，层层动员全市妇女群众和家庭，积极参与到全市疫情防控工作之中。

三、思考与启示

新冠肺炎疫情是一次重大突发公共卫生事件，也是对国家治理体系和治理能力的一次严峻考验。妇联组织作为党领导下的人民团体，是国家治理体系的有机组织部分。妇联组织需要继续发挥组织优势和特点，进一步动员和整合各级妇联执委的力量，为统筹疫情防控和经济社会发展作出更大贡献。

各级妇联执委在抗击疫情中所发挥的积极作用，是妇联改革成果转化为实战能力的鲜明体现。进一步巩固改革成果，妇联组织需要在深化改革工作中，充分考虑执委队伍特点和妇女工作规律，继续加强执委队伍建设，提升执委的组织向心力和群众工作本领；做好顶层设计和系统规划，统筹协调执委资源，充分发掘和利用不同类型执委的优势和特长，形成服务大局、服务妇女的工作合力；不断健全执委工作机制，保障执委联系和服务妇女群众各项工作规范、高效、可持续运转。

妇联组织发动巾帼志愿者立足基层奋力抗疫

郑锡玲*

新冠肺炎疫情暴发以来，习近平总书记多次作出重要指示，要求把人民群众生命安全和身体健康放在第一位，广泛动员群众，组织群众，凝聚群众，紧紧依靠人民群众，打赢疫情防控阻击战。为贯彻习近平总书记重要指示精神和党中央的决策部署，妇联组织充分发挥组织优势和密切联系群众的优势，在“联”上下功夫，动员各战线、各行业、各地域的妇女群众积极参与。充分发动巾帼志愿者为打赢疫情防控的人民战争、总体战、阻击战贡献力量，是妇联组织在疫情防控中保持和增强群众性的基本要求，也是对妇联组织群众工作本领的实战考验。

一、妇联密切联系群众，发动巾帼志愿者助力抗疫

组织开展巾帼志愿服务一直是妇联组织加强妇女思想政治引领，联系群众、凝聚群众、服务群众的有力抓手，也是打通引领服务联系妇女群众“最后一公里”的重要途径。在疫情防控中，妇联组织广泛动员全国各地的巾帼志愿服务队和巾帼志愿者，合力织密疫情防控网，努力将妇联工作最大程度地延伸到疫情防控的各个领域。

* 郑锡玲，全国妇联妇女研究所研究人员。

（一）妇联组织发出倡议，号召巾帼志愿者行动起来

疫情发生后，全国妇联第一时间发出《千万巾帼志愿者们行动起来 在社区防控、邻里关爱、守住家门中发挥独特作用》等倡议，号召广大巾帼志愿者行动起来，进一步发挥在社会生活和家庭生活中的独特作用。

各级妇联纷纷响应，充分利用妇联组织的宣传工作体系，实现妇联系统网站、新媒体平台、全国几十万个姐妹微信群上下联动，将巾帼志愿者的动员宣传工作做细做实。例如，北京市妇联、重庆市妇联、辽宁省妇联、江西省妇联、云南省妇联等利用微信公众号、门户网站、网络报纸等线上平台，面向广大巾帼志愿者发出倡议书，有效地提升了倡导工作的动员效率和效果。还有妇联组织联合其他部门一同发出倡议，扩大了妇联组织宣传倡议的影响力。比如，为解决疫情防控物资紧张的问题，松原市妇联与工商联、团市委等联合，一同鼓励巾帼志愿者参与疫情防控的物资捐赠活动。

（二）妇联组织广泛发动，引领巾帼志愿者奋战基层一线

各级妇联组织充分发挥密切联系妇女群众的优势，统筹部署巾帼志愿者参与疫情防控工作，协调指导巾帼志愿者立足基层社区，志愿服务群众。近年来，在各级妇联组织的带领下，全国已有35万支巾帼志愿服务队和近2400万巾帼志愿者。各级妇联牢牢抓住巾帼志愿者人数多、阵地多、品牌多的特点，统筹好、协调好、组织好巾帼志愿者在城乡社区的疫情防控一线中发挥重要作用。例如，重庆市各级妇联组织发动240余万巾帼志愿者到所在社区报到，协助村居做好巡查巡防、文明劝导、人员隔离、追踪随访等工作，组织巾帼志愿者科学、有序、专业地参与社区联防联控。北京市“西城大妈”“京北丽人”“顺义姑娘”等巾帼志愿者队伍依托日常志愿服务品牌，积极投身社区疫情防控工作第一线，以实际行动服务社区妇女群众和家庭。

（三）妇联组织专项招募，汇聚更多妇女成为巾帼志愿者

为了打赢这场疫情防控的人民战争，各级妇联组织在同级党组织领导

下，利用各种可行的方式和途径广泛动员妇女，组织更多的妇女群众参与到基层社区的志愿服务中。

值得注意的是，有妇联组织采取灵活多样的方式方法，开展专项招募巾帼志愿者活动，不仅扩大了妇联组织巾帼志愿者队伍，也实现了疫情防控工作精准施策。比如，哈尔滨市南岗区妇联在接到区防控疫情指挥部急需志愿服务者为滞留人员送饭、打扫卫生的指令后迅速行动，在短短数小时内，“南岗区妇联疫情防控志愿者群”即在线上招募志愿者100余名。又如，内江市妇联在全市范围内专项招募志愿配送员，为援鄂医务人员家中配送爱心菜等。

二、巾帼志愿者积极响应，落实行动在基层战场

在妇联抗疫工作中，巾帼志愿者是妇联密切联系的群众力量，也是妇联组织延伸手臂做好社区疫情防控的好帮手，更是保障疫情后方稳定、基层社区运转顺畅的生力军。

（一）巾帼志愿者全力战“疫”，构筑村口巷尾的坚固堡垒

在妇联组织的带领和组织下，巾帼志愿者们参与到基层疫情防控工作的方方面面，极大地改善了基层一线防控工作重、人员少、压力大的状况。例如，在重庆火车西站和重庆火车沙坪坝站，巾帼志愿者们每天为旅客监测体温。在宁县自治区吴忠市利通区板桥乡洼渠村，妇联执委和巾帼志愿者被一同划分为劝返组、宣传组、路口检疫组、电话排查组以及巡视组，各司其职，分头行动。在广东省汕头市，市妇联动员巾帼志愿者深入各村居，向群众派发疫情防控宣传单，协助挨家挨户排查疫情隐患等。

（二）巾帼志愿者扶危济困，建设前线后方的温暖港湾

面对疫情，各级妇联组织带领巾帼志愿者坚守社区一线，践行社会主义核心价值观，服务困难群众，关爱一线工作人员，守护邻里安宁，用实

际行动为基层治理贡献了有温度的巾帼力量。

巾帼为孤老贫弱送去的温暖，是北京市平谷区金玫瑰巾帼志愿者服务队到全区空巢老人家中照料起居，为他们送去的热汤热饭；是山东省日照市经济技术开发区巾帼志愿者对孤寡老人的包联扶助；是甘肃省清水县妇联巾帼志愿服务队亲手制作并捐赠给孤寡老人、五保户及各村一线执勤人员的防护口罩。

巾帼为前线工作人员送去的温暖，是海南省儋州市巾帼志愿者为医院隔离病房28位医护人员煮的热气腾腾的饺子；是辽宁省沈阳市辽中区巾帼志愿者送给区人民医院医护工作者以增强免疫力的五味子膏；是捐赠给一线防控点的暖宝宝、电热器或是15吨的白菜，也是为医务人员家属提供的物资采购、老人关怀、孩子照顾等精准帮助。

巾帼为邻里送去的温暖，是重庆市合建社区“楼嫂”在辖区宣传栏上张贴的宣传资料和在公共区域每日喷洒的消毒水；是安徽省合肥市西苑社区志愿者为辖区疫情确诊密切接触者主动提供的买菜送菜上门服务；是黑龙江省铁力市巾帼志愿者为保障市民家庭的“菜篮子”而参与的超市经营活动。

（三）巾帼志愿者发挥专业所长，助力防控大局平稳向前

巾帼志愿者积极响应妇联组织号召，充分发挥自身专业知识和技能，担当社会责任，为维护疫情防控大局稳定发挥了独特作用。有的巾帼志愿者冲在生产一线，用巧手纾解防护物资不足的燃眉之急，如福建省南平市顺昌县妇联招募缝纫志愿女工及时赶制出2万只民用口罩。也有的巾帼志愿者发挥专业知识所长，为妇女儿童和家庭提供足不出户的服务，如江苏省淮安市的巾帼律师联盟开辟线上免费法律咨询通道；又如北京市妇联首支儿科巾帼志愿者服务队，针对儿童群体提供线上三甲儿医义诊服务；再如多省市妇联组织心理咨询或教育专家作为志愿者提供心理咨询和危机干预指导，助力妇女群众及其家庭和一线工作者构筑抗击疫情的心理防线。

三、启示：增强妇女群众工作本领，推动巾帼志愿服务更好发展

党的十九届四中全会提出，要健全联系广泛、服务群众的群团工作体系，推动人民团体增强政治性、先进性、群众性，把各自联系的群众紧紧团结在党的周围。群众性是妇联作为群团组织的根本特点，群众工作本领是妇联组织和妇联干部必须保持并不断增强的重要能力。在疫情防控中，妇联组织积极团结动员巾帼志愿者，充分发挥她们的才干，有效地引领服务联系妇女群众，使妇联组织延伸了手臂，切实增强了妇联的群众性。妇联组织发动巾帼志愿者参与疫情防控，不仅表明巾帼志愿服务工作是妇联组织联系好、动员好、凝聚好、服务好妇女群众的重要途径，而且体现了妇联组织作为党和政府联系妇女群众的桥梁和纽带，带领广大巾帼志愿者为应急状态下的基层社会治理所作的贡献。

贯彻落实习近平新时代中国特色社会主义思想特别是关于妇女和妇女工作的重要论述以及党的十九大和十九届二中、三中、四中全会精神，要求妇联组织进一步加强巾帼志愿服务工作机制，夯实基层社会治理的妇女群众基础，推动巾帼志愿服务向前发展，为国家治理体系和治理能力现代化贡献力量。

密切联系和服务妇女群众、紧紧依靠妇女群众，是妇联组织巾帼志愿服务工作的生命线。抗击疫情的经验表明，巾帼志愿服务是妇联组织健全联系和服务妇女群众长效机制的重要途径。妇联组织以妇女群众为中心，吸引广大妇女群众自愿担当起疫情宣传的大喇叭、排查摸底的排头兵、设卡值守的执勤员、护村护院的守卫兵、清洁消毒的卫生员、济困扶弱的贴心人等角色，在疫情防控中发挥了重要作用。妇联组织可在以往经验基础上，继续发挥密切联系妇女群众的优势，牢牢扎根于广大妇女群众，广泛发动妇女群众加入巾帼志愿服务队，充分拓展巾帼志愿服务参与的平台，

加强巾帼志愿者队伍建设，增强巾帼志愿服务队伍的向心力，接长妇联组织的群众工作手臂。

服务大局、在党和国家政策措施落细落实落地过程中引领服务联系妇女，是妇联组织巾帼志愿服务工作的基本点。巾帼志愿服务是妇联组织引领妇女群众服务社会的有力抓手，也是妇女群众立足社区和民生关切，参与社会治理的重要方式。各级妇联组织可引领巾帼志愿服务围绕妇女儿童和家庭，聚焦基层实际需求和难点难题，精准施策，对症下药，将巾帼志愿服务融入经济、政治、文化、社会和生态文明建设的方方面面，投入到巾帼产业扶贫、社区治理、孤老帮扶、关爱困难妇女留守儿童、环保行动等重点领域，提升基层治理的精准度和实效性。

不断推进服务规范化、专业化、品牌化、长效化，是妇联组织巾帼志愿服务工作的生长点。健全巾帼志愿服务的工作体系、制度体系和活动体系，不仅有助于最大程度地吸引更多妇女群众参与到巾帼志愿服务中，也能够为巾帼志愿服务创造更为广阔的发展空间，使巾帼志愿服务工作永葆生机与活力。在疫情防控中，许多常态化、专业化的巾帼志愿服务品牌项目，如“红岩姐妹”“爱心代理妈妈”“红袖套”“巴山巧媳妇”“京北丽人”等，为社区防控、邻里关爱、守护小家健康作出了实际贡献。妇联组织可进一步充分总结疫情防控中巾帼志愿服务工作的先进经验，完善巾帼志愿服务工作体制机制，凝聚更多妇女群众践行志愿精神，推动千万巾帼志愿者为基层治理贡献巾帼智慧与力量。

II

第二部分

勠力同心共克疫情
绘就壮丽半边天画卷

“四自”精神闪耀抗疫战场 巾帼作为汇聚澎湃力量

禹　燕*

庚子之春，“新冠”突袭；中华儿女，同心战“疫”。在新冠肺炎疫情防控的人民战争、总体战、阻击战中，女性成为一支伟大的抗疫力量。在救治病患的主战场，她们是战功赫赫的主力军，坚守抗疫一线的武汉和湖北50万医护人员中，超半数为女性；在全国4.26万名援鄂医疗队员中，女性占三分之二。在疫情防控的各领域，她们是当之无愧的生力军，她们在火神山、雷神山工地挥汗如雨，在口罩防护服生产线上日夜赶工，在城乡社区联防联控，在抗疫前沿采访记录；她们身着橙衣守护城乡清洁，头顶警徽保卫人民平安，风雨兼程运送抗疫物资，细声暖语安抚疫中焦虑……她们书写了战“疫”的巾帼传奇，诠释了“四自”精神的时代内涵。

一、抗疫是高扬“四自”精神的实践范例

自尊、自信、自立、自强，作为当代中国女性的精神象征和价值追求，在抗疫中得到了最充分、最生动、最完美的意涵诠释和实践验证。

在抗疫中，女性的自尊既体现为人格自尊，也体现为职业自尊和社会自尊。自尊作为一种道德追求，是个人美德、职业道德、社会公德、家庭

* 禹燕，中国妇女报社副总编辑，高级编辑。

美德扎根的沃土，也成为抗疫中无数美德故事之源，无论是救护病患的医护人员、任劳任怨的社区干部、各行各业的职业女性、甘于奉献的志愿巾帼，还是宅家抗疫的普通女性，她们身上都散发着自尊之光，而强烈的职业自尊所彰显的职业美德更凸显了无限魅力。

面对新冠病毒对人类身体健康和精神健康的挑战，以救死扶伤为天职的医护人员率先展现了勇敢担责的职业自尊和职业美德。73岁的李兰娟院士奔赴武汉，因为“只有我们搞传染病的冲锋在前，大家才会一块往前冲”！军队援鄂医疗队队员宋彩萍惜别爱子，因为“妈妈是军人，是军人就要随时上战场”！曾患甲状腺癌的“90后”护士王栩一天搬运数百份盒饭，因为“大家都在往前冲，我不能落后”！女性的职业美德之光也闪耀在各个岗位，国家卫健委医政医管局监察专员焦雅辉在武汉坚守80天，直到湖北和武汉“六清零”，践行了“我会坚持到最后”的承诺；“80后”新晋宝妈、湖南省长沙浏阳河社区党委书记汪硕顾不上嗷嗷待哺的孩子，因为“作为社区书记，有什么理由不上前线呢”！

身在疫情“震中”的武汉人在痛苦中默默承受，在自尊中默默承担，以保卫大武汉为天职。值守在武汉的2900余名女干警与战友们一起，“守一道卡，护一城人”；公交车女司机抢着报名护送医护人员，请战理由是“我是女同志，我更细心”。武汉经开区环卫工人张春香，听说武汉协和医院需要保洁员，第一时间报名，因为“遇到这个事情，总得要有人去做，我做环卫工作十几年，有经验”。结束保洁在酒店隔离14天离开时，她还和15名工人把酒店房间打扫得干干净净，她“就是不想给别人添麻烦”，她“希望大家多为别人去想一想，多为别人去做一点，多坚持一下”。这个普通的环卫工，她的职业自尊已经成为一种“无须提醒的自觉”，她的自尊呈现出和橙色环卫工服一样的明丽温暖。

在抗疫中，女性的自信生发出强大的自我肯定正能量，坚定了战

“疫”必胜信心。新冠肺炎病患救治是一项专业性、科学性很强的工作，没有足够的专业自信，很难承担重责，一批白衣天使以她们的专业、敬业，展现了仁心仁术。在科研攻关前沿，有中国感染病学唯一女院士李兰娟，有专注于新冠病毒疫苗研制的中国工程院院士、军事科学院军事医学研究院生物工程研究所所长、研究员陈薇，有中国工程院院士、北京大学第三医院院长、妇产科专家乔杰，她们前后奔赴武汉，专注于新冠肺炎治疗的科研攻关和科学救治，她们的一项项专业成果，成为战“疫”必胜“加速度”的利器。在疫情科学研判与诊断上，有“湖北疫情上报第一人”张继先，有第一个公开提出以CT影像作为诊断主要依据的张笑春，她们的坚持来自心怀苍生的医者情怀，更来自求真务实的专业自信；在病患救治上，有“一人一册”、精细诊疗，第一时间提高防护等级的中部战区总医院感染科主任医师江晓静，有火神山重症病房最严厉的大管家、“硬核”护士长陈静；在疾控战线，有智破病毒感染谜案的天津市疾控中心副主任张颖，有53天1674份病毒样本准确率100%的检测尖兵张慧变。她们的专业水准强化了她们的自信，正如河北援鄂医疗队队长袁雅冬所言：“只要有效防护，就能保护好自己，只要科学救治，就能挽救生命。”“医者是需要有探索精神的，我们只有对未知领域的不断探索，才能不断提高医疗技术水平。我们只有亲临现场，深入病房，掌握第一手临床资料，才能不断地丰富自己的经验，才能成为当之无愧的专家。”她们的信心不仅给了病患与病魔抗争的信心，也给了全国姐妹和全国人民战“疫”必胜信心。

在抗疫中，女性的自立就是面对困难不等不靠、面对困境不放弃不抛弃。疫情重灾区的武汉和湖北女性不仅积极自救，还竭尽所能服务社会。武汉洪山区青年志愿者杨雪，因为要送在医院工作的护士表妹上班而发现了医护人员的特殊需求，成立了“守护天使”志愿者车队，日常跑车30辆，每天送医护人员上下班，并运送大量抗疫物资，因为“作为一名武汉人，我必须勇敢站出来，为武汉慢慢变好作出自己的贡献”。

全国各地无数女性作为家庭生活的主心骨，不仅自律自觉守护小家，也通过邻里互助，分担生活的困难、分享生活的经验。特别是在“封城”76天的武汉，女性的自立与自治成为抗疫的重要能量补给，她们有的组建小区购物团并自任团长，为邻里购买急需的日常生活物资；有的作为群主创建各种微信群，她们是热情率直的“武汉嫂子”、答疑解惑的“知心姐姐”；退休主妇“艾米是巧妇”制作的提醒人们戴口罩的视频点击量上千万，在超市和总理对话的武汉婆婆以乐观开朗感染了万千国人。

在抗疫中，女性的自强体现为精神潜能和实践潜力的双双倍增，她们成了善思善为、能打敢拼的多面手。社区是疫情防控的最前线，约150万女性社区工作者夜以继日奋战在每一条街巷，每一个网格。她们通过“大数据+铁脚板”，精准绘制社区疫情防控路线图；她们创新“流动杂货铺”“商超直通车”等方法，千方百计为社区居民特别是困难群体提供服务；她们既当指挥员，又当战斗员、信息员、宣传员、心理辅导员，还当代购员、收银员、理货员……武汉市金银湖街花城社区党委书记、居委会主任魏彦辉“恨不得把自己变成孙悟空”，而她和千千万万女性社区工作者也确实成了无所不能的“百变金刚”。

从四川驰援湖北的青年志愿者“雨衣妹妹”刘仙，本来只是一个普通的餐饮从业者，但这个24岁的四川广安女孩，却展现了非凡的组织力、协调力、影响力。当得知武汉医务人员吃不上热饭后，她以雨衣为防护服，带着4名志愿员工以及满车食材，逆行10余个小时到武汉，连续40多天，为武汉医务人员送出2万余份免费盒饭，累计募集发放了近350万元的医疗和生活物资。如今，她正在注册“雨衣公益”组织，要把公益一直进行下去，让“小雨衣”成为一把“大雨伞”。

二、凝聚社会合力让“四自”精神发扬光大

“四自”精神，是女性精神独具特色的中国化表述，“四自”精神在抗疫中生发出来的强大正能量，是中国妇女发展进步的完美见证，是中华民族传统女性美德和中国妇女运动光荣传统的接续、传承和发展。

“四自”教育和男女平等实践成果是女性在抗疫中高扬“四自”精神的原动力。从1983年9月2日中国妇女第五次全国代表大会工作报告中将“四自”精神第一次表述为“自尊、自爱、自重、自强”，到1988年9月1日中国妇女第六次全国代表大会工作报告中将“四自”精神修改为“自尊、自信、自立、自强”，“四自”精神的内涵进一步完善。历代党和国家领导人都以“自尊、自信、自立、自强”激励亿万女性，1992年，“国家鼓励妇女自尊、自信、自立、自强，运用法律维护自身合法权益”写入了《中华人民共和国妇女权益保障法》。“四自”教育成为妇女工作的一个重要内容，成为激励中国女性奋发前进的精神动力。1995年后，随着男女平等基本国策的提出和持续多年的贯彻落实，女性在政治、经济、社会、文化、家庭等方面的权利进一步提升，为女性践行“四自”精神提供了更厚实的社会支撑和舆论环境，一大批各行各业的女性在“四自”精神的引领下奋斗奋进、成长成才，赢得了更多人生出彩的机会。为此，大疫当前，当祖国召唤时、当人民需要时，她们才有勇气出战，才有能力担责，以专业自信、职业素养、拼搏精神在抗疫中挥洒智慧和才能，成为当之无愧的抗疫先锋。

妇联组织的积极倡导是女性在抗疫中高扬“四自”精神的推动力。疫情发生后，全国妇联坚决贯彻落实党中央决策部署，数次向全国广大妇女发出倡议。1月26日，全国妇联发出倡议，号召广大妇女、亿万家庭立即行动起来，为坚决遏制疫情蔓延势头、打赢疫情防控阻击战贡献半边天力

量。2月5日，全国妇联再次发出倡议，号召千万巾帼志愿者们行动起来，在社区防控、邻里关爱、守住家门中发挥独特作用。3月8日，全国妇联第三次发出倡议，号召全国妇女响应总书记号召，弘扬“四自”精神，坚定必胜信念，为打赢疫情防控人民战争总体战阻击战贡献巾帼力量。

广大妇联干部和妇女工作者积极响应全国妇联号召，投身到疫情群防群治、联防联控之中，她们“一手拿测温枪、一手送菜筐”服务社区群众，悉心关照老弱病残孕等特殊群体，细致服务防控一线人员亲属。各行各业职业女性立足岗位，为保电保水保供保路无惧风险，敬业奉献。广大巾帼志愿者弘扬志愿精神和雷锋精神，着力社区防控，着重邻里关爱。亿万普通妇女为国家舍小家、为大家安小家，坚守家庭防线，从自己做起、从自家做起，守好自家门、管好自家人，为社会和谐安定尽心尽力。

代际传承是女性在抗疫中高扬“四自”精神的新动力。“四自”精神的代际传承在抗疫中得到了充分呈现。在抗疫战场，既有耄耋之年的女专家女领导，也有正当盛年的女党员女干部，还有“80后”“90后”“00后”各行各业年轻人。特别是在一线医务工作者中，“80后”“90后”护士占比达90%，“90后”护士占比达40%，而其中女护士占比近九成，“我们已长大，是该承担责任的时候了”，是无数“90后”“00后”的共同心声。北京世纪坛医院急诊科援鄂护士刘宇航，以曾参加抗击“非典”的母亲为榜样，毅然奔赴武汉；四川援鄂女护士佘沙，因为在汶川地震中见识了白衣天使的伟大，立志从医回报国家。她们是“四自”精神的继承者，也必将成为“四自”精神的传承人。

“新冠肺炎疫情发生后，广大女医务工作者义无反顾、日夜奋战，坚守在疫情防控第一线，展现了救死扶伤、医者仁心的崇高精神。广大党员干部、公安民警、疾控工作人员、社区工作人员、新闻工作者、志愿者等中的妇女同胞们忠诚履职、顽强拼搏，做了大量艰苦工作，用实际行动为疫情防控斗争作出了重要贡献。”今年三八国际妇女节，习近平总书记对广大女性在抗击疫情中作出的重要贡献给予充分肯定，这些新时代的巾帼英雄，是中华女性的优秀代表。我们相信，在总书记重要讲话精神的鼓励和鞭策下，亿万中华女儿定当不负殷切希望，继续弘扬“四自”精神，争当新时代最美巾帼奋斗者，为中国梦的恢宏交响谱写更壮丽的乐章。

（原载于2020年4月28日《中国妇女报》）

新时代女性精神在战“疫”中熠熠生辉

马 焱 马冬玲*

在2020年这场艰苦卓绝的疫情防控斗争中，广大女性与全国人民一道团结一心、众志成城，在中华大地书写着中华民族百折不挠、气壮山河的英雄史诗，留下了令世人惊叹的宝贵精神财富。各行各业女性以“巾帼不让须眉”的昂扬斗志，挺身而出，向险逆行，日夜奋战，向全世界展示了新时代中国女性的勇气、智慧与担当。感天动地的驰援，争分夺秒的救治，忠于职守的拼搏，爱心涌动的奉献，凝聚起中国女性的爱国、敬业、志愿精神和新时代女性的自尊、自信、自立、自强精神。经历这场意志大考、信念大考、能力大考淬炼升华的新时代女性精神，是对习近平总书记提出的新时代女性要对社会有责任、对家庭有贡献的最好诠释，其鲜明的时代特质和丰富的时代内涵在中华民族精神谱系上写下独特篇章。具体来说，在这场抗疫战中凸显的女性精神主要体现在以下几方面。

心有大我、至诚报国的爱国精神。爱国主义是中华民族的精神基因，激励着一代又一代中华儿女为祖国繁荣发展而不懈奋斗。爱国不是抽象的，而是具体的；不是空洞的，而是现实的。爱国，是天下兴亡，匹夫有责，匹妇亦有责，为祖国和人民不畏牺牲、舍生忘死。在抗疫斗争中，广

* 马焱，全国妇联妇女研究所理论室主任、研究员；马冬玲，全国妇联妇女研究所理论室副研究员。

大女性秉持为国效力不分性别的坚定信念，处处以国家和民族利益为重，服从大局、听从指挥。无论是医护一线、工地现场、生产车间，还是城乡角落，处处可见逆行出征、冲锋陷阵的女性身影。她们坚持祖国为先、人民至上，舍小家顾大家，不计报酬、无论生死，用血肉之躯筑起抗疫堤坝，甚至不惜献出宝贵生命。王兵、阮惠芳、张抗美、柳帆、夏思思、姜娜、黄和艳、王爱兰、宋云花、徐辉……这些抗疫巾帼英烈在国家民族危难之际，无惧无畏，舍生取义，用生命践行誓言，谱写了一曲曲感天动地的巾帼报国壮歌。广大女性在抗疫中彰显的爱国之情、担当之志，释放出令人震撼的精神力量，在疫情肆虐的严峻挑战中挺起不屈的民族脊梁。

严谨求实、勇于担当的敬业精神。“敬业乐群”“忠于职守”是中华民族的优良传统。在这场抗疫战中，广大女性恪尽职守，以睿智显担当。救治病人第一线、科研攻关主战场、联防联控主阵地、提供保障大后方、新闻采访最前线、复工复产各领域……抗疫战场上，处处不乏她们的战斗英姿。她们以过人的专业能力、良好的职业素养、细致的工作作风，为战胜疫情、复苏经济注入“强心剂”，向世人充分展现女性的社会价值，赢得公众由衷的赞叹与钦佩。不惧疫情深入疫区，率领团队进行科研攻关的李兰娟院士、陈薇少将；在武汉，带领同事仅用30多个小时就组建起“危重症病房”的乔杰院士；调度全国数万名医护人员驰援湖北的负责人焦雅辉；最早判断并坚持上报新冠肺炎疫情的张继先；呼吁将CT临床诊断作为筛查新冠肺炎的重要依据，以及时收治、及时隔离高度疑似病患的张笑春；在寒风中骑行300公里坚持返岗的“95后”医生甘如意；以王晓红、孙艳芳、杨剑华为代表的火神山、雷神山项目建设“娘子军”；流行病学调查的女“侦探”陈泓泓；像破案一样梳理病毒传播途径的张颖；方舱医院的贴心“管家”沈岚；全力以赴投入到战“疫”一线的基层工作者张维亚、陶久娣；方舱医院尽心尽力消杀的女工曹大姐……这一个个闪闪发光名字的背后，无一不浸透着她们精湛的专业技能和杰出的职业素养，向世人充分展现了新时代中国女性对职业的敬畏与尊重。她们以睿智、果敢、干练、高效扛起救治者、科研者、指挥者、组织者、建设者的职责，守护着人民的生命安全，维护着社会的有效运转，铸就了抗疫不可或缺的“硬核”力量。

团结互助、甘于奉献的志愿精神。“风雨同舟”“和衷共济”“一方有难、八方支援”等文化基因深深扎根于中华民族的精神血脉，成为中华民族历经磨难而不衰的强大精神支柱。疫情发生以来，各行各业女性大力弘扬奉献、友爱、互助、进步的志愿者精神，凭借自己的双手、头脑、知识、爱心开展各种志愿服务活动，不辞辛劳地忙碌在疫情防控、复工复产的各个角落，以点点微光汇集成战胜疫情的璀璨星河。从城市到乡村，从线上到线下，广大女性身体力行，或化身为社区疫情防控的信息员、宣传员，或化身为困难家庭的物品采购员，或扮演邻居孩子的“临时妈妈”，或成为纾解居民情绪的“知心姐姐”；还有免费为医护人员烹饪盒饭的“雨衣妹妹”刘仙，两进武汉运送物资的货车司机谢琳，疫情期间连续38天送货的女骑手叶爱玲，在疫区义务接送医务人员上下班的女出租车司机，主动为租客免除房租的女房东……一个个热心群体、一个个暖心个人，让爱心在行动中播撒，让正能量在传播中延续。广大女性志愿者甘冒风险、不计报酬，无偿服务社会的大公无私，牺牲小我、成就大我的大爱无疆，温暖了他人、点亮了生命，不断汇聚起守望相助的精神力量，形成同心战“疫”的磅礴伟力，使同舟共济、共克时艰的民族精神在战“疫”中升华。

坚韧不屈、迎难而上的“四自”精神。“自尊、自信、自立、自强”是时代对女性精神的呼唤，也是社会发展对女性成长的要求。面对病毒的肆虐，广大女性顶天立地、舍我其谁的担当意识，闻令而动、雷厉风行的战斗姿态，冲锋在前、舍生忘死的顽强意志，折射出新时代女性面对危难百折不挠的坚韧品格，丰富和发展了新时代女性“四自”精神的时代内涵。重症病室的救治、医疗废物的处理、隔离社区的服务、物资输送的劳顿等，将时刻带来感染的风险，而平日里不少世人眼中的柔弱女子，有的孩子嗷嗷待哺，有的父母年事已高，有的还在新婚燕尔，但一声令下，她们转身成为无畏的英勇战士，带着理想与信念、知识与技能义无反顾地冲向疫情防治最前沿，投入这场惊心动魄的艰苦战“疫”，以实际行动扭转了世人对女性是附属品和柔弱代名词的社会偏见，促使人们全面客观地看待女性角色、评判女性价值，她们既是母亲、妻子和女儿，更是为国效力、为民服务的顶梁柱和主心骨。女性“四自”精神经历了“战火”洗礼和实践考验，愈益散发出新时代的耀眼光芒，为中华民族的精神力量再添新的生动注脚，汇聚为支撑我们战胜一切风险挑战和惊涛骇浪的强大精神力量。

（原载于2020年4月25日新华网，编入书稿时略有修改）

发挥妇女在打赢疫情防控阻击战中的作用

王晓莉*

新冠肺炎疫情暴发以来，广大妇女无论在岗位层面、社区层面还是家庭层面，都为遏制疫情蔓延势头作出了重要贡献。

一、广大妇女是疫情防控阻击战的重要力量

立足工作岗位，成为抗疫战场上的“急行军”。当前疫情防控形势严峻复杂，以女医护工作者、药品及防护用品生产者、心理咨询师等为代表的职业女性，冲在抗击疫情的第一线，组成了一支支抗击疫情战场上的“急行军”。据中国女医师协会不完全统计，截至2月2日，支援湖北抗疫的女医务工作者3476名，此外还有数十名网络咨询专家。她们穿上迷彩服，剪掉长发，踏上抗疫之路。为解决防护物资极度短缺的困难，大年初一、初二，一批批生产企业紧急招募口罩、防护服生产线员工。广东南海、云南昆明、浙江杭州等地妇女一呼百应，不要报酬，自愿奔赴生产第一线。在武汉疫区，市妇联召集五家社会组织，集结1650名心理咨询师，迅速搭建起心理服务团队矩阵，15个区妇联都联合社会组织组建了心理咨询团队。全国很多地方都依托妇联开展了心理援助。

担当社会责任，奋战在社区疫情防控第一线。为守好社区防线，各级

* 王晓莉，中央党校（国家行政学院）社会和生态文明教研部副教授。

妇联党员干部、社区干部、巾帼志愿者奋战在抗疫第一线，化身防疫宣传员，登记摸排各类人员，为社区特殊群体提供所需要的各类服务。妇女对社区或村庄的人员变动情况更为了解，更能为乡镇一级疫情防控决策部署提供数据支撑。成都市温江区和林村妇联主席巧设“七色台账”，有效对村民分类管理。湖南凤凰、云南墨江妇联组织妇女将防疫知识编写成方言顺口溜或翻译成少数民族语言，使防疫宣传深入人心。还有的地方依托妇联，将社区妇女、巾帼志愿者组织起来，为一线医务工作者或其家属免费送餐、配送生活物资、提供关怀照顾，如北京、广东、安徽等地妇联，为抗疫一线医护人员家庭免费送蔬菜、送服务、送关爱。

守住家庭防线，打通疫情防控的“最后一公里”。各地妇女在妇联组织号召下，第一时间带头并带动亲属，积极响应“限制聚集”精神，采取“封社区”“封村”等做法，注重卫生、出门戴口罩、口罩分类投放，并引领他人参与。在有些地方，特别是广大农村地区，村民对戴口罩有保守看法，甚至反对。妇女带头转变，这一件件具体而微的“小事”，恰恰是对于阻断病毒传播的“最后一公里”至为关键的，对于及时有效地阻断疫情在社区的传播发挥了不可替代的作用。为改变人们的行为习惯，有的地方依托妇联组织开展“积分超市”“荣誉超市”等活动，以荣誉积分换口罩等防护物品，如云南蒙自水田乡。在一些疫情较轻的非疫区，妇女们则开展了形式多样的居家活动，如居家健身、家庭教育、在家经济，通过互联网提供有针对性的专业指导。如咸阳市妇联组织有条件的手工艺能人，开展网上手工技能专业培训，包括土织布、苏蕙织锦、库淑兰剪纸等众多非物质文化遗产。

二、发挥妇联在疫情防控工作中的独特优势

各级妇联主席亲自抓落实，成立疫情防控工作领导小组，纵向上“层

层动员、纵向到底、上下联动”，横向上“跨区协作、驰援疫区、有序有效”，充分发挥了妇联在疫情防控工作中的独特优势。

首先，层层动员，纵向到底，上下联动。各级妇联成立疫情防控工作领导小组，出台应急方案、工作方案、实施方案等各类文件，逐级传达全国、省、市关于疫情防控工作相关文件精神及疫情防护知识。各级妇联干部、妇联执委奋战在疫情防控一线，积极开展防疫宣传、入户排查、轮班值守等防控工作。

其次，横向动员，驰援疫区，有序有效。截至目前，广东省深圳市妇联、上海市妇联等已与湖北省妇联建立协商工作机制，为湖北疫区紧急提供极为短缺的包括儿童口罩在内的各类防护物资。此外，各地妇联还横向动员地方社会组织和相关企业，如女企业家协会，为抗击疫情出资、捐物，提供关爱和心理辅导等。

三、进一步推进妇女参与社会治理的建议

面对这场突如其来的重大疫情考验，我们看到了妇女参与应急处置管理所作出的重要贡献。今后应强化制度化、组织化建设，更好地发挥社会治理中妇女的主体性，进一步挖掘各级妇联组织的独特优势。

第一，强化制度化、组织化建设，更好地发挥社会治理中妇女的主体性。面对这场突如其来的重大疫情考验，我们除了看到了妇女参与应急处置管理所作出的重要贡献，我们还看到了“女性特质”的独特优势，尤其是女性主义“关怀伦理”在提供心理咨询、服务特殊群体等方面的作用。将来疫情结束后，建议进一步提升妇女参与社会治理的制度化、组织化程度，将妇女所提供的公共关怀服务更大程度地纳入正规就业和社会保障。建议拓展妇女参与社会治理的广度和深度，不应只局限在某些传统女性职业领域中发挥作用，应更好地发挥女性在应急管理、灾害管理、生态环境

保护等领域的独特优势。

第二，秉持赋权妇女的理念，进一步挖掘各级妇联组织的独特优势。此次疫情防控工作中，我们看到各级妇联组织通过纵向和横向动员，充分发挥了妇联组织独特的政治优势、组织优势和群众优势。各级妇联层层动员，纵向到底，上下联动，“一竿子插到底”，既有赖于与党政系统的紧密关系，又得益于有较强的群众性基础，其动员的速度、广度与深度可能是一般的群团组织、社会组织难以企及的。此外，妇联组织之间横向动员，跨区域协作，驰援疫区，有序有效。疫情结束后，建议更加重视强化现有制度的功能，尤其是进一步发挥妇联组织的群众性功能，将赋权妇女的工作理念贯穿到社会、社区与个人多个层面，与民间妇女组织合作，真正发挥“妇女利益代言人”的作用。建议更好地支持妇联组织的组织建设和平台搭建，建立妇联组织之间的协商沟通机制，建构资源支持机制。

（原载于2020年2月11日《中国妇女报》，编入书稿时略有修改）

抗疫行动中的女劳动者：在场、贡献与权益

马冬玲*

随着疫情的发展，社会各界对劳动者的关注逐渐提升，出现“看见劳动者”“让劳动者被看见被尊重”等媒体呼吁与行动，关于劳动者的研究文章亦开始出现。从性别视角来看，以质疑和批评将女劳动者隐身的报道为起点，以对女劳动者特殊需求的关注和回应而出现的社会行动与媒体报道也方兴未艾，新媒体中出现“这是女人的工作”“看见女性劳动者”“女性在前线”等主题。

“战争让女性走开”。但是，在被定义为“战争”的抗疫行动中，女劳动者并未缺席，而是构成了其中重要的组成部分，发挥着不可替代的作用，她们的特殊需求与权益亦在此间呈现出来。

一、女劳动者的在场

女性在抗疫各领域全面参与。从顶级女科学家和一线女医生女护士、高层女领导，到广大的社区女干部、女建筑设计师、女店主、女法官、女心理师、女企业家、女警察、女农民、女工人、女保安、女环卫工、女保洁员等，各行各业、各个地域、各个年龄段的女性都活跃在抗疫战斗中。

---

* 马冬玲，全国妇联妇女研究所副研究员。

女性在一些领域的参与占据半壁江山。由于医疗卫生系统、社区服务等行业中女性劳动者占多数，她们甚至撑起某些岗位的大半壁江山。例如，据上海市妇联统计，出征武汉的医生中过半数为女性，护士更超过90%；湖南省累计向湖北省派驻的1074位医疗队队员中，七成是女性；山东省支援湖北的1385名医疗队员中，女性占比59%；福建医大附属第一医院135名白衣战士，其中女性100名，福建公布的704名平凡英雄名单中，女性近七成；1月27日至2月4日，云南两批援助医疗队的240名队员中，190名是女性。除了一线医务系统，从各地的报道中我们还可以看到，各项防控任务中女性也是名副其实的半边天。例如，无锡市疾病预防控制中心疫情处置组成员中女性人数超过一半；山东淄博某街道的网格员队伍中，女性占了大多数；甘肃省临夏回族自治州临夏市城北街道，疫情防控工作人员中女性占65.7%；海南“12345”热线省平台女性工作人员占78%；上海市某社区事务受理服务中心调派的43名工作人员中有25名女性；等等。

女性的参与有时还打破了职业隔离与传统性别形象。在一般被认为主要由男性从事的岗位上，也有很多女性在努力工作，展现了巾帼不让须眉的风采。例如，科研界的权威，不仅有钟南山、张文宏，还有李兰娟、陈薇；火神山医院建设过程中有女建筑工人群体，有女钢结构专家王晓红等。警察的形象通常是男性，而安徽省巢湖市公安局交警大队科技中队中的21名民警和辅警中，有15人为女性，是一支名副其实的“娘子军”。此外，还有一个人清理了数吨垃圾、一个人拖拽超量物资等的女医护人员，都展现了女性对脏乱差环境和高体力劳动的承受与担当。

二、女劳动者的贡献

无论是在抗疫科研战线、救治一线，还是在物资生产领域、生活必需品供应链以及社区群防群治等岗位上，各行各业女劳动者都扮演着重要角色，发挥着不可替代的作用。她们说着“我不是英雄，只是有人需要我”“我害怕，可我必须上”，工作着；她们带着脸上的“天使痕”，穿着笨重的难以穿脱的防护服，工作着；她们骑行数百公里返岗、提前断奶、抛家别舍，甚至面临亲人的生离死别等带来的考验，工作着；她们面临着牺牲的风险，并且不少人真的牺牲在岗位上。

她们在抗疫一线作出了自己的岗位贡献。中国感染病学唯一女院士李兰娟和抗击“非典”的杰出科学家陈薇少将，与她们的女性同行一起，多次发现发布重大研究成果、提出防控建议等，用专业知识赢得广泛认可，展现了科研前沿的女性贡献。她们还不畏权威，顶住压力，贡献自己的专业意见。例如，湖北省中西医结合医院（新华医院）呼吸与重症医学科主任张继先，因发现新型冠状病毒肺炎患者后最早和院方一起上报，被认为是真正的第一位“吹哨人”；武汉大学中南医院影像科教授张笑春医生，出于强烈的职业责任感，对以核酸检测为确诊标准提出疑问，公开提出以CT影像作为诊断主要依据。而上海医疗救治专家组组长、华山医院感染科主任张文宏表示，有一个很容易被忽略的团队，就是我们的护理团队：“你认为我们的医生有多重要，我们的护理姐妹们就有多重要。现在都在歌颂医生，但比较完整的说法应该是医护人员。”

非一线岗位上女劳动者也在战略物资的生产和供应等方面努力奋斗。例如，2020年1月底，在浙江省杭州市萧山区浦阳镇，百名女工自愿奔赴生产第一线，提出“做口罩也是为国家作贡献”，并以日产口罩上万只的行动实践自己的承诺。四川省达州市大竹县女企业家周禄英则在20天内创办一个口罩厂，努力满足抗疫需求。

各级社区工作者、妇联干部担任疫情部署的“执行员”、疫情防控的“宣传员”、疫情斗争的“战斗员”、疫情联防的“监督员”等，用无数细微而坚持的付出，将基层疫情防控工作延伸到“最后一米”，保卫着社区的健康安全。

一些女劳动者还在岗位上发挥着独特作用，例如，守护“逆行者”家人、关怀隔离病房里的小病人、带领病人跳舞等，体现了女劳动者的耐心、细心与爱心。

三、女劳动者的权益

既然是劳动者，其劳动相关权益亦应当得到正视与回应。这些女性是抗疫战士，也是一个一个具体的劳动者，抗疫期间，她们的一些需求与权益得到关注、理解、尊重与保障。

一线女性劳动者的健康权、选择权和居住权需要得到尊重与回应。2月19日，习近平总书记就关心爱护参与疫情防控工作的医务人员专门作出重要指示。实际上，早在1月31日，上海市妇联救灾官方微信平台“上海女性”就正式发布了关于募集考拉裤等相关物资和资金的倡议书，将女性生理期护理等健康议题纳入视野。此议题在社会上持续发酵，促进了社会对女性劳动者特殊需求的关注，催发了有关部门、企业和志愿者等的相关行动。之后，医护人员的心理、皮肤等健康问题也日益呈现在大众眼前。而面对个别女医护人员下班后进入社区被阻拦的情况，主流媒体和广大网友纷纷发声批评阻拦者，指出应该依法依规介入，坚决捍卫她们的合法权益，推进了问题的解决。另外，2月中旬，甘肃省妇幼保健院援助湖北医疗队的多位女性护理人员被剃光头一事引发热议，反对违背一线人员意愿的强迫行为、尊重和关爱一线女医护人员成为社会共识。

特殊时期普通女性劳动者工作相关权益受到关注。在全国妇联、全总女职委、疫情防控指挥部等的推动下，多地陆续发布关爱孕期和哺乳期女职工的政策，传达了非常时期对“三期”女职工特殊需求的回应以及对妇女就业权益的关注。例如，2月23日《中国妇女报》专门就“山东出台24条

措施稳就业 明确要求保障妇女就业权益”进行了报道。

特殊时期女劳动者面临的工作家庭冲突问题亦不容忽视。抗疫期间，不少地方出台了有利于双职工家庭解决此问题的政策措施。其中，2月9日山东省济南市疫情处置领导小组（指挥部）向广大驻济企业单位发出倡议，家中有低学龄且无人照看子女的双职工家庭，延迟开学期间可以女方为主向企业提出在家看护未成年子女的申请。针对“以女方为主”的建议，《中国妇女报》发表评论员文章，提出“复工复产，还要支持夫妻‘同’看娃”，认为“虽说是非常时期，但基本的价值观不能动摇，比如坚持男女平等的基本国策”。“共同育儿的理念，早已成为社会共识，而在全民抗疫的当下，共同分担看护孩子的责任更显重要和紧迫”。反对“简单由性别、收入、年龄等‘指标’来决定”谁来看娃。

可以说，抗疫以来，众多女性劳动者的付出、贡献与社会价值得到更为广泛的社会认可，妇女的特殊需求与平等权益更加得到社会理解与尊重，对于破除陈旧观念与性别歧视具有重要意义。女性不是旁观者，更不是弱者和被保护者；她们不仅有意愿，也有能力成为建设者、靠山和保护者。

（原载于2020年3月24日《中国妇女报》，编入书稿时略有修改）

抗疫从“心”出发：红枫抗疫情暖心专线在行动

丁　娟*

新冠病毒不仅损害人们的生命健康，也给社会公众造成诸多心理焦虑和困惑。疫情发生后，北京红枫妇女心理咨询服务中心的领导带领大家提前结束休假，克服困难，积极行动，筹备设立“红枫抗疫情暖心专线”，得到广大志愿者的大力支持。为了支援湖北、支援武汉，中心人员还积极参与湖北省社会心理协会面向疫情暴发地搭建的心理咨询平台，以“我”专长，服务前方。

经过多方联络沟通合作，“红枫抗疫情暖心专线”（400−9933−200）于2020年1月30日正式开通，为武汉地区服务的网络也于2020年2月11日并网开通。热线和服务网络主要面向全国受到疫情影响亟须情绪疏导、心理咨询的相关人员，包括一线工作人员及其家属好友、已出现症状但未得到治疗人员及家属、被隔离人员及家属、受感染人群及家属、普通民众和康复患者，等等。目的是共同抗击疫情，为因疫情受到影响的来话者提供专业免费的情绪疏导和心理减压支持服务，努力呵护疫区兄弟姐妹的心理健康。

该专线一周运行7天，每天接听时间为9：00到21：00，由6位咨询师分早中晚3个班次为来话者提供服务。参加值线的咨询师均执有国家二级心理

* 丁娟，全国妇联妇女研究所研究员，北京红枫妇女心理咨询服务中心、北京枫彩心理咨询服务中心专家督导委员会主任，国家注册心理咨询师。

咨询师或心理学专业证书，拥有大学及以上学历，其中硕士、博士学历者达1/3。咨询师们均有多年心理咨询及热线咨询的丰富经验。

一、基本情况介绍

自1月30日热线开通以来，共接听电话1000多通，为来话者提供了富有爱心和专业性的心理减压服务。来话内容表明，这场不期而遇的疫情，对人们的工作和生活产生了广泛影响，对人们心理健康的冲击也十分明显，特别是增加了低收入者的生活压力。以下是基于2020年2月11日至4月24日中心接听的979通来电进行的分析。

（一）来话者的基本特征

分性别看，来话者中女性占67.72%，男性占30.44%，性别不详者占1.84%；分年龄看，来话者中年龄最小的不满16岁，年龄最大的超过80岁，占比最高的年龄段为30–39岁（见图1）；分区域看，来话者分布于28个省、自治区、直辖市，其中以华北和中南地区的咨询者居多（见图2）；从居住生活状况来看，来话者以居家与家人合住者居多（见图3）。

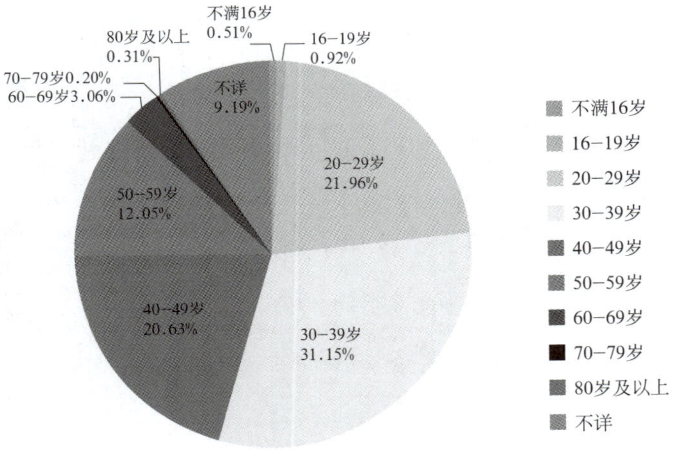

图1 来话者年龄分布

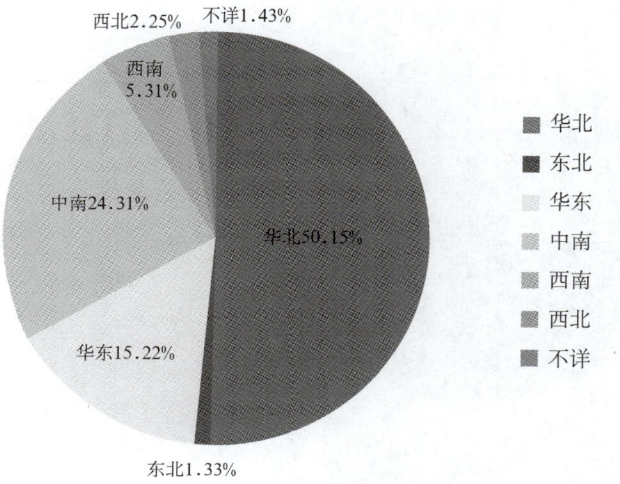

图2 来话者所属区域分布

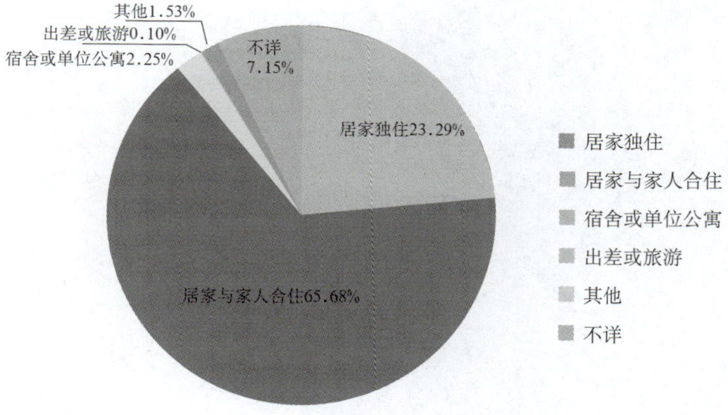

图3 来话者居住生活状况

（二）来话者的身心状况

从身体状况看，来话者身体良好无症状者居多，约占80%（见图4）。从心理问题属性看，来话者处于应激和危机状况或有身心不良状况的比例较低，存在一般心理问题的居多，约占61.29%（见图5）。

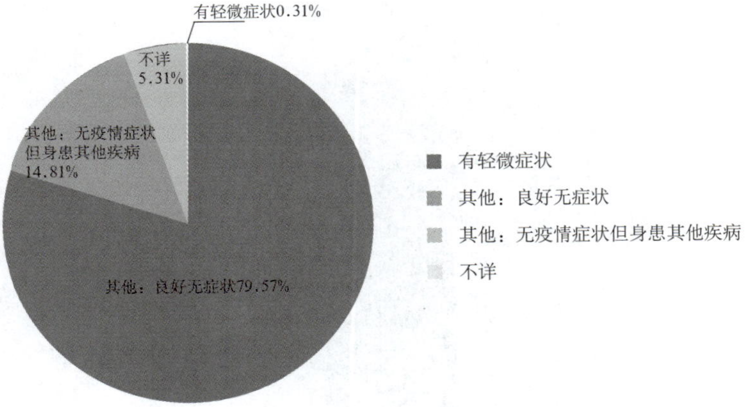

图4 来话者身体状况

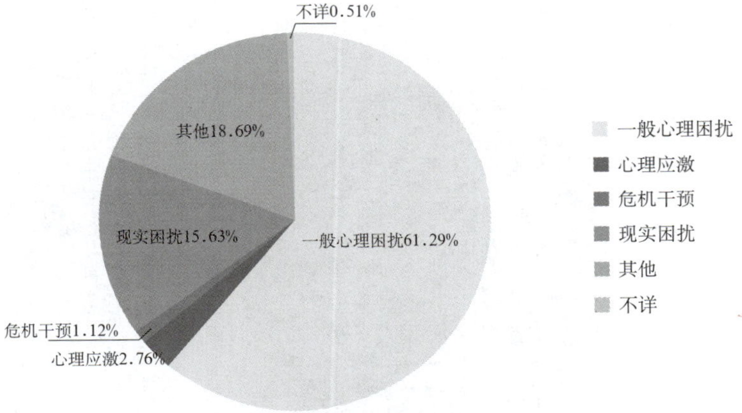

图5 来话者心理状况

（三）咨询效果

从咨询效果看，一些处于应激和危机状态的来话者在热线咨询后其症状有所缓解；存在一般心理问题的来话者，其问题多数得到缓解或基本解决（见图6）。可以看到，通过热线咨询，来话者的心理压力和情绪得到明显舒缓，心理咨询在“抗疫情，暖心情”方面的重要作用在很大程度上得到发挥。

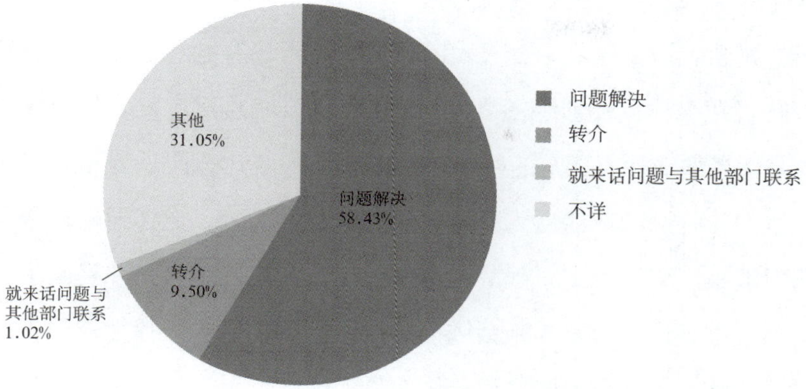

图6 来话者咨询结果情况

二、暖心专线的基本流程

（一）中心主任负责制，设立专线工作领导小组

“红枫抗疫情暖心专线”工作领导小组紧跟党中央抗击疫情的战略部署，及时了解、掌握疫情动态和抗击疫情工作的方针政策，信守承诺，严格遵照行业规范及相关公益心理援助专线的工作规定开展工作。经过报名、审核、筛选等程序，组建了第一批20人的咨询师志愿者团队，这些咨询师中一些专家具有抗击“非典”、抗震救灾和其他咨询的丰富经验；咨询期间，管理规范有效，每个环节细化到专人，切实保障专线一日三班，每班两人，以向来话者提供高质量咨询。

（二）设立专线伦理小组和督导小组

为严格执行心理咨询伦理，有效提高志愿者团队咨询专业水平，满足疫情防控中咨询者的多种需求，提供高质量服务，专线设立了专门的伦理小组和督导小组。伦理小组对涉及伦理的疑难案例及时会诊，提出解决对策。督导小组每周汇总分析案例咨询情况，同时每天安排一位督导值班，以便有问题及时发现、迅速解决。

两个小组发挥了很好的效用。如一位咨询师在接受咨询时发现，一位来话者怀疑自己感染了新冠病毒，有明显的惊恐发作症状。咨询师及时引导其做深呼吸和身体放松训练，帮助其宣泄情绪、梳理症状，在提出建议和对策后，来话者的症状有一定的好转，并向咨询师表达感谢，表示有问题会再次来电咨询。咨询师下线后，仍无法放心这位咨询者，遂拨通值班督导电话进行沟通汇报。督导肯定了她的做法，建议及时进行转介，并提供了两个较为可信的线上义诊平台，为来话咨询者提供后续的身心医疗性质的支持和帮助。咨询师也将案例基本情况和转诊信息当即发送至专线的工作微信群，以便之后值线的老师在有需要的情况下进行跟进支持。第二天上午，这位来话者果然再次来电，在继续获得咨询服务的同时，及时获取了转诊信息。

（三）组织和参加岗前培训与案例研讨会

疫情期间，专线的工作微信群成为咨询前线团队心心相印、互相鼓励与支持的阵地，也是交流咨询心得体会与理论知识学习的园地。

中心专门组织了三次活动。第一次是1月30日下午举行的岗前培训，第二次是3月15日下午进行的案例研讨，第三次是4月29日举行的疑难案例督导会。岗前培训以北京市社会心理联合会和湖北省心理协会推荐的教材和网上课程为蓝本，同时参考清华大学心理学系教授樊富珉和秦琳的《心理援助热线岗前培训》《心理援助的意义及援助中应关注的伦理问题》、北京大学心理系教授徐凯文的《疫情心理健康状态分析》等教材。培训研讨前大家首先对教材进行阅读学习；培训会则围绕热线六项基本功能（倾听，让来话者宣泄情绪；共情，给予来话者心理上的支持；帮助来话者厘清思路，改变认知；挖掘来话者的内在资源，提升自信心，看到自身的优势；帮助来话者重建自我，积极应对挑战，乐观生活；传递信息和转介）进行讨论，进一步明确疫情期间“暖心专线”的性质与特点。

两次案例讨论会，分别以朋辈讨论和专业督导为专题。经过督导讨论，一些咨询师志愿者表示，过去对不确定感、疑病、歧视和崩溃等涉及疫情心理援助的主题及工作策略缺乏系统深入的了解，两次活动激发了他们浓厚的兴趣和学习积极性，大家一致表示要尽快学懂弄通专业知识，以更好地适应工作需求。

（四）规范管理，设立专线专员

为保障专线的顺利良好运行，中心设立了专线专员，负责相关工作的联络等保障工作，如制订并落实相关工作范围、制度、规范、人员安排、设备设置数据记录档案等，及时发现汇报问题、跟进解决并记录存档等，保障热线服务的顺利开展。

三、咨询案例分类

据分类统计，与疫情直接相关的来话约占20%，有的来话者为家人和自己存在感染风险而担忧，有的存在求医艰难的困惑。与疫情间接相关的来话约占70%，既有表达独居寂寞和焦虑情绪的来话者，也有因阖家居住的矛盾和冲突前来求助者，较为集中的问题有夫妻关系调适、亲子关系紧张等。值得关注的是，疫情期间家庭暴力案例占有一定比例，夫妻暴力、亲子暴力时有发生；一些来话者的痛苦源自一家人分散居住，夫妻不能团聚、亲子不能见面、老人不能关照；还有一些来话者本来就存在心理症状，因疫情不得不中断治疗，导致病情反复，来话寻求帮助……

（一）与疫情直接相关的案例

咨询热线开通以来，虽然很少接到新冠肺炎患者的来话，但很多来话与疫情直接相关，疫情给人们带来的困惑、压力和健康挑战可以通过咨询者的来话略窥一二。

一位80多岁的老先生来话说："打通你们的电话太不容易了，打通了等于生命为我再次开启了大门……最近因疫情影响我去不了医院，可因为一些身体的遭遇和心理感知而夜不能寐，又不方便求医，心肺功能加剧恶化，神经系统也出现问题，已经失眠数日，怀疑有不可控外力恶意干预我生活，想请你们帮我解释这是怎么回事……”

一位独居者来话表示，自己收入低，与父母关系不太好，本想早些回到工作岗位，增加收入来源，没想到单位因疫情影响不能按时开工，只好找到一个小旅馆暂时住下。旅馆的房子四处透风，附近的小卖部关闭，平时没吃没喝，去超市也没有口罩可买，后来就感冒发烧、四肢无力，怀疑自己被病毒感染……

这样的倾诉还有很多。

一位30岁左右的女性来话者，离异独居，职业为销售业务员。感冒发烧咳嗽一个月有余，担心患新冠肺炎但未去医院就诊。因给奶奶治病花光家中积蓄，债台高筑；生活费所剩无几，眼看下月房租无法支付；想去看病没有钱，也不敢出去，心情十分低落，多次产生一了百了的念头……

一位28岁的女性来话者，春节前因疫情被迫退票一个人留在深圳，产生焦虑紧张的情绪，且整夜失眠。最近感觉嗓子常常发紧，喘不过气来。口罩和酒精买不到，自己又不会做饭，每天吃方便面，现在见了方便面和面包就恶心，一天到晚浑浑噩噩……

一位35岁的男性来话者来电倾诉说，自春节就居家隔离，不能出门，不能会友，出现社交恐惧，而且一想到迟早要去上班，心里就发堵，非常无助……

“啊，终于打通了！我没有诉求，只想有个人能说说话！”“我总是禁不住胡思乱想，烦心事太多了！”“疫情害人不浅，耽误我多少事！”打通“暖心专线”后发出这种感慨的来话者也占了一定的比例，有男有女，有老人也有年轻人。可见，疫情不仅给社会和不幸感染的人们带来灾难，也打乱了很多普通人的生活。

（二）受疫情影响家庭矛盾激化案例

疫情突如其来，民众纷纷响应政府防控号召，减少外出、减少与人接触的活动，甚至幽默地打趣“不出门亦可为国家社会作贡献”。这段时间本是一家人难得相聚、尽享天伦之乐的时候，许多原来不曾预料或重视过的“隐疾”“痼疾”频发，对和谐家庭建构带来诸多影响。

一位年轻姑娘来话说：“我家在北方，现在南方的城市工作。自小妈妈爸爸就重男轻女，偏向弟弟。每次和弟弟发生冲突时，妈妈总是骂我、打我。春节前我回老家过年，没想到发生疫情，只好在家等着，十分焦虑。每当想到父母的偏心时，我就很生气，控制不住自己的情绪，不停地对爸妈抱怨，发脾气……”

一位17岁的高中男生来话诉说与父母关系紧张，并告诉咨询员父亲还打了他，但在疫情期间想躲避也无处可去，一度想和父亲对打……

一位22岁的大四男生则诉说，疫情发生前在学校就诊断出患抑郁症，但居家阶段父母对此很不理解，甚至认为自己是矫情、无理取闹，他也无法回校躲避，心情十分压抑……

（三）家庭暴力案例

研究发现，疫情的结束并不能带来心理健康的同步好转，心理健康的保障需要继续关注和推进。也有研究指出，疫情期间家庭暴力有增加的趋势。据本专线统计，与家庭暴力相关的来话约占总来话数的15%，与平时相比略高。值得重视的是，疫情期间子女来话向咨询师倾诉父母对其家暴的比例明显增多。

一位妻子来话说：“平时丈夫以工作忙碌为借口不做家务，但现在疫情期间都不上班了，他还是什么也不做，一天到晚捧着手机，导致孩子也不学习，就看手机。今天我去买菜，想让他帮个忙，结果没说几句，他就拳脚相加，把我的眼睛打伤。”

一位中学生来话说：“我的一个同学遭受父母家暴，很严重。这个同学曾经报过警，警察来了认为是家庭纠纷，调解后就走了。这个同学想离家出走，可是疫情期间能往哪里走？我想帮助这个同学，把她的情况告诉了我妈妈，妈妈不让我管别人的事情。我还是想帮助她，不让她的妈妈再打她。我该怎么办呢？”

相似的情况也在另一位来话者身上发生，这位来话者表示，自己身边有一对初中生姐妹经常被母亲暴力对待，邻居发现后报过警，半年前姐姐曾经割腕自杀被救，自己是这对姐妹中姐姐的同学，在来电咨询的前一天听说妹妹又被打得很重，胳膊都无法抬起来，于是动员她们报警，但妹妹不敢。来话者为此非常担忧和愤怒。

面对每一个电话，咨询员都在认真倾听、共情和理解来话者需求的基础上，运用所学技术和知识，为他们化解忧愁、分担痛苦，告诉他们被家暴、被骚扰不是他们的过错，并对来话者进行法律赋权，鼓励他们依法维权，进行心理咨询，商讨对策；或者大声说出来，让侵权者受到应有惩罚并启迪大众……当来话者情绪因发泄而得到舒缓时，咨询员也会感到瞬时的轻松和愉悦。

目前疫情的缓解和消除指日可待，但心理的遭际影响长远。心理健康的服务需求，就是对心理公益服务机构的呼唤。一条专线，反暴力、战疫情——这里，很安全，但却是我们的前线。我们的战“疫”目标不是身体的修复，而是助力心理的康健。专业规范的心理健康服务，是抗疫综合行动之一，也是确保人民群众身心健康不可或缺的重要环节。

在疫情防控中积极发挥女性社会组织优势

姜耀辉　刘　艺*

2月23日，习近平总书记在统筹推进新冠肺炎疫情防控和经济社会发展工作部署会议上指出，“要发挥行业协会、商会等社会组织的作用”，要求“工会、共青团、妇联等人民团体要组织动员所联系群众积极投身疫情防控。对社会力量参与疫情防控，要加强组织引导、畅通渠道、鼓励支持”。4月9日，全国妇联主席沈跃跃在全国妇联学习贯彻习近平总书记重要讲话精神座谈会上指出，“充分发挥巾帼志愿者、女性社会组织等的积极作用，把疫情防控网扎得更密更牢”，要“为常态化疫情防控和实现经济社会发展目标任务贡献巾帼力量”。目前，我国疫情防控形势持续向好，但必须清醒看到国内外疫情形势的复杂性和严峻性，把重点放在外防输入、内防反弹上来。我们要深刻领会和贯彻落实习近平总书记重要讲话精神，在党委领导、政府主导、妇联指导下，充分发挥女性社会组织的社会性别、多元服务、资源动员和桥梁纽带等优势，与党同心，与民同行，各尽己能，助力全面夺取疫情防控和经济社会发展双胜利。

发挥女性社会组织社会性别优势，关注妇儿家庭需求。社会组织是推进国家治理体系和治理能力现代化建设的重要主体，也是中国特色社会主

---

* 姜耀辉，中共湖南省委党校讲师；刘艺，中共湖南省委党校教授。

义现代化建设的重要力量，在本次疫情防控中发挥着积极作用。而女性社会组织是以女性为参与主体，明确服务主体为妇女、儿童和家庭以及核心管理层为女性的社会组织，突出社会性别和妇女发展意识，旨在更好地促进妇女儿童的发展与权益的维护，是动员和融合妇女、家庭、社区、社会等各种资源的公益载体，是社会组织大家庭中顶起半边天的“她力量”。根据《中国社会组织从业者社会和经济保障现状调研报告2019》披露，从2015年到2019年，我国社会组织从业者中，女性占比约70%，且呈现逐年增加态势。由此推测，女性社会组织在社会组织整体中应占有较大比重，“她力量”不容小觑。随着女性社会组织的不断完善和发展，中国妇女十二大提出，要广泛联系女性社会组织，要加强对各类女性社会组织的政治引领、示范带动、联系服务，要引导女性社会组织借助妇女儿童公益慈善平台凝聚更多社会爱心力量。在疫情防控最吃劲的关键阶段，2月13日，全国妇联在专题学习贯彻习近平总书记在中央政治局常务委员会会议上的重要讲话精神时强调，要“团结动员妇联执委、妇女代表、巾帼志愿者、团体会员、女性社会组织等率先行动，引导带领更多妇女在社区联防联控第一线发挥独特作用，把关心关爱抗疫一线女性医务人员、推动落实孕产妇等特殊群体关爱政策、特殊时期特别家教等工作做得更到位，服务更精准”，这为女性社会组织参与疫情防控指明了前进方向。在攻“冠”战役中，形式多样和功能各异的女性社会组织，以家庭为立足点，以妇女儿童为着力点，动起来、站出来、走向前、冲上去，与时间竞速、与全民同行、与危难抗衡，广视角发声、全方位动员、多渠道服务、近距离关爱，成为一支在疫情防控中创新社会治理的重要力量。

发挥女性社会组织多元服务优势，助力社区疫情防控。习近平总书记强调，“社区是疫情联防联控、群防群控的关键防线，要推动防控资源和力量下沉，把社区这道防线守严守牢”，因此，打赢疫情防控阻击战，需要重点支持社区防疫。女性社会组织凭借其特有的非营利性、公益性、志愿性、自主性等组织特征，以及女性的温柔坚韧、机敏细腻、热情助人等特征，使得它在参与社会治理中具有独特的多元服务优势，更容易获得认同和归属，更善于创新工作方式，更便于提供专业化、精准化、支持性服务，成为社区疫情防控的有力补充。一是提供专业化服务。充分发挥心理健康类、医疗卫生类等女性社会组织的专业优势，统筹专业力量，助力社区开展心理疏导、情绪支持、保障支持、防疫咨询、医疗保健等专业化服务。例如，位于湖南长沙的李丽心灵教育中心积极响应号召，第一时间组建了“抗击疫情，从心开始”心理专项志愿服务网络平台，邀请心理咨询专家充当志愿者，为受疫情影响的各类人群提供心理援助。平台开通首日便有200余人寻求咨询与交流。该中心还联通湖南各市县的“12355”热线平台，在B站开设面向全省青少年的直播课程，广受好评。二是提供精准化服务。面对突如其来的疫情，弱势群体更需要得到关注和关爱。引导女性社会组织积极招募社区内外的志愿力量，摸排掌握社区需要重点关爱的弱势群体，协助社区开展扶弱、帮困、助急等防疫志愿服务，为孤老、病残、留守等特困人员提供精准化服务。三是提供支持性服务。防疫期间，社区工作人员连轴转，人数严重不足，亟须充实力量。女性社会组织数量多、分布广、机制灵活，能够及时为社区补充人力，协助社区做好重点人群摸排建档、出入登记、消毒保洁、体温测量、防疫宣传、疫情预警、信息报送、生活物品采送等服务，用实际行动表达善心和关爱，让社区处处飘动着“巾帼红”。

发挥女性社会组织资源动员优势，助力凝聚社会合力。习近平总书记强调，“打赢疫情防控这场人民战争，必须紧紧依靠人民群众”，因此，要加强组织引导、畅通渠道、鼓励支持社会力量参与疫情防控。女性社会组织是动员组织社会力量参与疫情防控的重要载体，能够广泛联系爱心企业、爱心人士，链接和整合社会帮扶资源，助力疫情防控。一是撬动社会力量，募集捐赠物资。物资保障到位，战“疫”才能弹药充足。积极鼓励女性社会组织进行公益捐赠，支持慈善组织依法公开募捐，让再小的公益力量都能得以释放，让再少的防疫资源都能得以汇聚。例如，1月27日，湖南省妇女儿童基金会5小时紧急筹款502万元；截至3月初，湖南省各级女企业家协会累计捐款捐物2005万余元，支持湘鄂疫情防控；湖南省农产品女经纪人专委会第一时间为抗疫前线捐赠18万斤蔬菜；等等。中国妇女发展基金会也紧急募集价值1300万元公益关爱物资定向援助抗疫一线女性医护人员，联合启动资金规模为3000万元的抗击疫情、援助湖北“家庭健康关爱包”温暖行动。截至3月31日，上海市儿童基金会在上海市妇联的指导下募集“抗疫专项行动”善款共计1176.8万元，募集物资共计折合人民币6616.8万元。二是创新防疫宣传，增强抗疫信心。充分利用女性社会组织融入基层、贴近群众、在地性强等工作特点，支持女性社会组织通过倡议书、公开信、大标语、小分队、新媒体等线上线下相结合的多种宣传形式，强化正面舆论宣传，引导会员单位、内部成员、周边群众开展科学精准防疫，推动形成人人有责、人人参与的防疫共同体，做到不信谣、不传谣、不造谣，营造强信心、暖人心、聚民心的环境氛围。

发挥女性社会组织桥梁纽带优势，助力有序复工复产。习近平总书记强调，“经济社会是一个动态循环系统，不能长时间停摆。在确保疫情防控到位的前提下，推动非疫情防控重点地区企事业单位复工复产，恢复生产生活秩序”。目前疫情防控形势积极向好，我们必须统筹好疫情防控和复工复产，做到防疫、生产两不误，两手抓，两手硬。行业协会、商会等社会组织具有扎根本业、贴近企业、服务行业的天然桥梁纽带优势，对行业企业的实际情况非常了解，能够提供有针对性的指导和帮助，助力政府引导行业企业在做好科学精准防疫的同时，规范有序推进复工复产。一是全面摸排，为复工复产提供信息支持。鼓励女性社会组织深入开展调研，详细准确摸清行业企业受疫情影响和冲击情况，形成行业宏观大数据，为政府决策和企业运营提供双向信息支持。二是合理统筹，为复工复产提供分类指导。根据受疫情影响情况，指导女性社会组织科学制订统筹方案，协助行业企业分区分级分批精准复工复产，帮助疫情防控急需的医疗物资生产企业、保障群众正常生活所需的企业、维护城市正常运行所需的企业尽早复工复产，支持其他企业尽快复工复产。三是突出重点，为复工复产提供服务保障。支持各地女企业家协会等女性社会组织着力提升行业服务能力，竭力争取资源，共享行业信息，协助女企业家们有针对性地解决劳动用工、资金融资、物资保障、市场开拓、物流运输等问题，多措并举全力支持女企业家企业复工复产。

立足性别视角 汇聚公益精神

——女性社会组织助力疫情防控

石 鑫*

新冠肺炎疫情这一近百年来传播速度最快、感染范围最广、防控难度最大的突发公共卫生事件，对我国社会治理能力和社会组织的能力都是一次大考。在此次战“疫”中，专门以服务妇女、家庭为宗旨，或成员以女性为主的社会组织——女性社会组织，迅速、高效地展开应急救助，成为社会组织抗击疫情灾害中的一个亮点。

疫情发生以来，各类女性社会组织发挥自身专长，从多角度为抗击疫情提供支持，主要集中在以下几个方面：一是募集善款和物资，主要由各地的妇女基金会和女性联谊组织牵头发起，一些非正式的志愿者组织也发挥了重要作用；二是参与社区疫情防控，以社区的各类女性志愿者组织为主；三是进行疫情期间心理疏导和危机干预，如各类女性心理援助热线、家庭教育指导机构、服务家庭的社工机构等；四是对疫情期间女性权益受损的法律援助，如各地女律师协会和法律援助中心；五是组织复工复产，主要由女性行业协会和联谊会来牵头，如女企业家协会、家政行业协会、编织协会等。这几个方面的工作都与抗击疫情紧密相关，也刚好是女性社

* 石鑫，全国妇联妇女研究所助理研究员。

会组织擅长的领域。

疫情像一面放大镜，让在常态下容易被忽视的女性的特殊需求变得十分醒目。女性对疫情带来的负面影响更为敏感。例如，疫情期间大量餐饮、服务企业停工，作为这些行业主要劳动力的女性，其经济状况受到很大冲击；在医疗资源紧张的情况下，孕产妇的正常围产保健受到影响；疫情带来的经济压力和心理压力也使家庭暴力有所增长，受暴女性处境比平时更加危急；等等。同时，单亲母亲、留守女童、残障女性、女性高龄老人等弱势群体，在面对疫情带来的生活不便和经济压力时，都更容易陷入脆弱的境地。

女性社会组织长期服务妇女群体、服务家庭，对妇女、儿童和家庭的特殊需求高度敏感，对他们在疫情期间可能遇到的困境有所预判，也有较为丰富的救助经验。这使她们在抗击疫情灾害时，可以起到一般社会组织难以起到的作用，展现出独特的优势。

积极倡导将性别视角纳入疫情救援。抗击疫情期间，女性社会组织直面女性的特殊需求，迅速行动，缓解女性面临的独特困境。如北京、上海等地的女性社会组织和志愿者团体就针对湖北女医务人员生理卫生用品短缺发起专项募捐，起到了很好的社会影响。

针对疫情期间女性劳动权益受损和家庭暴力问题，上海、云南、安徽、湖南等地的女律师协会与妇联合作，组织巾帼律师志愿团，专门对疫情期间的女职工劳动权益保护、反家暴等问题提供法律援助。女性社会组织发布疫情期间应对家暴的“特殊手册”，举行线上经验分享会等，帮助受暴妇女摆脱孤立无援的境地。这些行动大大增加了疫情中性别问题的能见度，也提升了公众对维护妇女权益工作必要性的认识。

为社区和家庭抗疫提供专业性服务。习近平总书记强调“社区是疫情联防联控的第一线，也是外防输入、内防扩散最有效的防线”，打赢疫情防控阻击战，社区防疫是重点。很多女性社会组织本身就扎根社区，直接服务社区和家庭。她们对灾害中出现的家庭需求可以给予及时回应。

疫情当前，各地的医务人员都投入紧张的医疗救治工作中，还有大量患者和密切接触者由于住院或被隔离，难以照顾家人。为了解除他们的后顾之忧，浙江、湖南等地的女性社会组织和社区志愿者组成“代理妈妈”“临时妈妈”团队，帮助医务工作者和患者照料家庭，使他们可以安心地抗击疫情。

由于疫情期间居家时间增加，引发夫妻、代际关系的不适应，以及儿童的居家学习难等问题。北京、上海一些从事家庭教育指导和心理咨询的女性社会组织开展网上阅读、直播、“云陪伴”等活动，缓解疫情期间家庭关系紧张，减少家长在孩子居家学习期间的焦虑情绪等。这些工作为社区防控和居家防疫提供了重要支持，也增强了公众对家庭建设和家庭教育重要性的认识。

以快速反应和组织能力积极配合政府开展防控工作。在疫情初发阶段，大部分社会组织由于缺少应对公共卫生事件的经验，还未找到工作着力点，而一些女性社会组织，特别是非正式组织，包括志愿者团队、粉丝团等，在采购分发物资、心理援助等工作中发挥了重要作用。

韩红爱心慈善会设立专项捐款并组织物流团队，从2020年1月底开始驰援武汉。中华女子学院师生快速组建了支援湖北联合志愿服务团队，联络物资捐赠和运输，支援一线女性医护工作者。北京枫彩心理咨询服务中心在1月底就开通了心理咨询专线，给受疫情影响的求助者提供情绪减压和心理支持服务。此外，还有很多明星粉丝团迅速组织联合募捐、公益宣传等行动，发动粉丝中的“写手”“画手”“主播”们各尽其能，为抗击疫情贡献力量。这为其他社会组织开展应急救助和多机构协同积累了前期经验，也展现出女性群体较强的公益心和志愿精神。

通过新媒体平台助力青年一代抗疫。出于宣传、倡导的需要，女性社会组织，特别是志愿者组织和粉丝团等非正式组织，更习惯于利用新媒体开展工作，她们对年轻女性的需求和关注更为了解，也更善于通过新媒体平台吸引年轻女性的注意。各种明星粉丝团更是以年轻女性为主。

随着网络媒体的普及，这次抗击疫情中大量关键信息都通过微博、微信群、朋友圈、公众号等社交媒体发布和传播。这使很多求助和募捐信息通过熟人链条传播，无形中增加了信息的可信度。对于手机不离手的青年一代，在浏览信息和休闲娱乐的同时，顺手转发募捐信息和完成小额捐赠，已成为他们参与公益行动的日常。这是女性社会组织能够迅速开展抗疫救助的基础，也为网络时代青年女性参与公益事业开辟出新途径和新方向。

未来一段时间内，疫情带来的心理创伤和经济压力使公众对社会服务的需求进一步上升，政府会围绕应急体系建设投入更多的资源。4月2日，民政部办公厅发布《关于调整优化有关监管措施支持全国性社会组织有效应对疫情平稳健康运行的通知》，提出加大支持社会组织开展疫后困难救助、心理辅导、综合性社会支持网络构建等社会服务。这些既为女性社会组织发展提供契机，也对女性社会组织的专业服务能力提出挑战。

尽管女性社会组织在这次疫情中的表现可圈可点，但从全国范围来看，女性社会组织力量仍比较薄弱，各地发展水平差异较大。这次抗疫过程中也暴露出女性社会组织存在的一些短板，需要不断探索改进措施，包括如何增强与政府部门、妇联和多机构的协同，如何利用互联网技术提供远程服务，如何增加普通公众捐款的比例等。

女性社会组织要思考如何去适应新的环境，进一步提升公益生态圈的性别意识，形成支持性网络。政府部门和妇联组织也应加大对女性社会组织的培育和扶持，在政治引领、政策环境、人才发展、资源资金等方面提供支持，使女性社会组织发展更加壮大，与政府和妇联组织形成合力，更高效地服务妇女，服务千家万户。

（原载于2020年5月10日《中国妇联新闻》）

妇女在社区疫情防控中的责任担当与奉献

范红霞*

社区离群众最近，是疫情防控的第一道防线，做好社区疫情防控工作至关重要。新冠肺炎疫情发生后，习近平总书记始终把人民群众的生命安全和身体健康放在第一位，高度重视社区防控，强调社区是疫情联防联控、群防群控的第一线，要求充分发挥社区在疫情防控中的作用，把防控力量向社区下沉，加强社区各项防控措施的落实，守严守牢社区防线，使所有社区成为疫情防控的坚强堡垒。1月25日，党中央发出了打赢疫情防控阻击战的号召。全国妇联也发出《为打赢疫情防控阻击战贡献半边天力量》《千万巾帼志愿者们行动起来 在社区防控、邻里关爱、守住家门中发挥独特作用》的倡议。生命重于泰山，疫情就是命令，防控就是责任。广大妇女积极响应号召，舍小家顾大家，全力投入社区防控一线，全面参与联防联控，当好社区疫情防控的守门员、宣传员、排查员、监督员、服务员和战斗员。她们以敢于担当的精神守护着社区安全，为社区人民群众生命健康保驾护航，撑起社区防控的半边天，为有效遏制疫情扩散蔓延、构筑疫情防控人民防线作出了巨大贡献。

* 范红霞，全国妇联妇女研究所妇女历史研究室副主任、副研究员。

一、以巾帼之力筑牢社区防线，守护社区安全

新冠肺炎疫情发生以来，全国400多万名社区工作者奋战在65万个城乡社区的疫情防控一线，平均6个社区工作者守护着一个社区，每名社区工作者面对350名群众，任务异常繁重。妇女充当了社区防控的生力军，她们中既有妇联干部、女党员、女社区工作者、女网格员、女警察，也有女楼长、女志愿者、普通妇女群众，她们积极开展摸底排查、疫情监测、出入管理、宣传教育、环境整治、困难帮扶等工作，在守护社区、服务社区中大显身手。

在社区疫情防控网格化管理中发挥主力军作用。强化社区防控网格化管理是党中央对疫情防控工作的明确要求。只有将防控措施落实到户、到人，早发现、早报告、早隔离、早治疗，才能有效实现外防输入、内防扩散。社区工作人员大部分是“娘子军”，如宁夏银川市金凤区满城北街街道8个社区，工作人员全部为女性。在网格员队伍中，女性也占绝大多数，有的甚至达到95%以上。她们通过入户、微信、电话等方式开展网格化、地毯式摸底排查，及时掌握社区人员信息，做好登记，摸清底数，做到不漏一户、不落一人；她们随身携带充电宝，手机办公，发布政务消息、下达排查通知，没有打印机就徒手绘制排查表格，一个人忙不过来就发动家人一起行动。浙江省基层妇联执委发挥“人熟、地熟、情况熟”的优势，采取“掌上微网格”工作法，建立微信群，监督湖北返乡人员居家隔离，每天了解他们的身体状况及生活需求，及时掌握动态，成为疫情防控信息的第一发现者和收集者。被社区居民称为“铁娘子”书记的北京市石景山区八角街道八角中里社区党委书记、居民委员会主任李美红，坚守社区七八十天不回家，在防护物资紧缺的情况下，带领社区工作者用最短时间将社区2445户、7000余人全部摸排一遍，建立详细台账，用图标一一标

注。通过大家争分夺秒、全力以赴工作，各社区都很快摸清居民情况，并按时统计上报各种信息数据，为精准部署疫情防控措施、防止疫情扩散作出了重要贡献。

广泛参与防控宣传，做好舆论引导，在维护社区稳定中发挥作用。维护社区稳定、保持群众生活平稳有序是有效应对疫情、战胜疫情的重要保障。习近平总书记指出，大疫大灾往往导致社会失序，社会失序又使抗疫抗灾雪上加霜。防控疫情，科学预防是关键。面对严峻复杂的防控形势，一些群众存在焦虑、恐慌心理，也有些群众不够重视，认为没那么严重。因此，引导群众正确认识疫情，提高防护意识，对遏制疫情的进一步扩散至关重要。为此，奋战在社区的女性当好宣传员，通过入户走访，张贴、发放宣传资料，悬挂条幅，编演节目，采用电子屏、广播、流动音箱、宣传栏、微信群，编制歌谣、顺口溜、漫画、视频等线上线下多种形式和途径，扎实做好防控政策、防疫知识的宣传普及。如全国妇联执委、江西省南昌市青山湖区湖坊镇进顺村党委第一书记、村妇联主席罗玉英组织妇女党员干部成立了“红色娘子军”宣传小分队；四川南充顺庆区华凤街道白土坝社区妇联执委任依婷将防疫知识和宣传用语编成朗朗上口、居民爱听、一听就懂的防疫顺口溜。通过宣传，引导居民正确理性看待疫情，认识疫情防控的重要性，克服担心和焦虑心理，增强防护意识和防护能力，做好科学防护，不信谣、不造谣、不传谣，不恐慌、不松懈，坚定打赢疫情防控阻击战的信心和决心。

参与联防值守，为社区居民筑起安全屏障。妇女作为社区防控的一支重要力量，积极做好社区封闭式管理，参与小区出入口执勤，做好体温监控、外来人员和车辆登记与管控、协助排查发热人员、监督密切接触人员居家医学观察、防疫物资发放、治安巡查；做好社区日常消毒、垃圾清运、社区卫生，确保小区环境安全。如广州市至少有857位女警参与疫情防控工作，其中参加社区防控的有225人，她们与社区居委会人员、社区卫生院医生组成“防疫三人小组”。社区女医护人员深入社区参与防控，充分发挥基层健康服务体系的“网底作用”。如重庆渝北区龙塔街道社区卫生服务中心成立了由19人组成的女子“作战队”，入户排查、指导居家医学观察、护送相关人员到集中医学观察隔离点等，一天24小时值守在社区；黑龙江省饶河县李广华成立以自己为组长的团山社区卫生服务中心疫情联防联控小组，实行24小时值班制度、首诊医师负责制，做好病例排查，规范病例发现、报告、处置流程，及时识别可疑病例。

二、在服务社区中奉献巾帼力量

做好关心关爱和服务一线女医护人员家属、居家隔离群众、特殊困难妇女工作。为解除抗疫一线女医护人员的后顾之忧，社区妇女、巾帼志愿者在妇联组织带动下，积极开展对医护人员家属的关爱服务，帮助他们解决老人、子女照护，居家生活等方面的困难。如北京、浙江、广东、安徽等省妇联都开展了为抗疫一线医护人员家庭送关爱、送服务活动。广东省妇联开展“您家的菜我来送”“您家的活我来干”关爱医疗队队员家庭公益活动；浙江省妇联开展“你守护大家、你的小家我来守护”行动；河南省妇联开展了“温暖在线 · 五送”行动，为殉职的城乡社区工作者家庭送贴心关怀、送暖心礼包、送心理疏导、送家庭教育、送家庭服务。“隔离不隔爱”，战“疫”在社区的女性千方百计为社区群众特别是困难群众提供生活保障。她们组成“爱心服务队”，为行动不便和居家隔离群众送去暖心服务，帮助取送快递、清理垃圾、采买生活必需品、联系医护人员、买药送药、消毒杀菌，陪伴聊天，提供情感支持等。长沙市木莲社区居委会主任肖晓辉经过24小时寻找，为居家医学观察的老人买到“救命药”；宜昌市西陵区西坝街道甲街社区党委书记、居民委员会主任、妇联主席王琼创新“流动的杂货铺”，协调各方为辖区困难居民联系并提供3卡车的免费新鲜蔬菜；武汉市江汉区民权街道打铜社区党委书记、居民委员会主任倪娟和同事们陪伴和守护着弥留之际家人在外地的社区居民万爹爹，为其妥善处理后事；等等。

开展心理疏导服务，筑起疫情防控“心”防线。在社区抗疫中的女性密切关注社区居民心理动态，及时答疑解惑。女心理专家、女志愿者、女社工等通过心理援助热线、电话、社区微信群、线上线下课程、心理咨询读物、直接进社区等多种方式，积极为有需要的居民提供心理援助和心理疏导服务，帮助他们以科学的态度和正常的心态面对疫情和隔离。如天津市心理专家通过妇联开通的心理咨询专线，全天候提供一对一咨询服务；湖北省妇联携手华中师范大学、省心理学会推出“温馨行动·抗疫心文”线上心理专题辅导；上海市妇联推出系列心理公开课；四川省联合医疗界巾帼志愿者组建志愿小分队；宁夏回族自治区妇联实施“心理援助计划”，把心理咨询师拉进居民群、村民群，结对开展心理调适和身心健康知识普及。

三、妇女参与社区疫情防控的特点

妇联组织充分发挥组织引领作用。疫情防控是一场人民战争，需要全国人民的共同战斗。妇联组织认真贯彻习近平总书记有关妇联等人民团体“要组织动员所联系群众积极投身疫情防控”的重要指示精神和党中央应对疫情决策部署，立足引领服务联系的职能定位，充分发挥政治性、先进性和群众性优势，扎实做好“联”字文章，充分发挥基层妇联组织、妇联干部、执委、巾帼志愿者、三八红旗手、团体会员、女性社会组织等的作用，组织带领广大妇女在社区疫情防控中贡献巾帼力量。全国妇联先后发出三个倡议，号召广大妇女、家庭和巾帼志愿者立足城乡社区和家庭，以实际行动在联防联控、群防群治中贡献巾帼力量。各级妇联积极响应，妇联干部、执委深入社区抗疫，并将社区妇女、巾帼志愿者有效组织起来。如广东省妇联组织全省32.83万名妇联执委、40多万名巾帼志愿者参与村（社区）、小区、楼栋的疫情防控网格化管理。在妇联组织的组织引领下，各界妇女在社区防控中主动担责，为社区防控贡献力量。

女党员干部率先垂范，发挥先锋模范作用。1月27日，习近平总书记作出重要指示，要求各级党组织和广大党员干部要牢记人民利益高于一切，团结带领广大人民群众坚决贯彻落实党中央决策部署，“让党旗在防控疫情斗争第一线高高飘扬”；基层党组织和广大党员要发挥战斗堡垒作用和先锋模范作用，广泛动员群众、组织群众、凝聚群众，构筑群防群治的严密防线。党中央一声令下，460多万个基层党组织、9000多万名党员迅速行动起来，成为抗疫中坚力量。

广大女党员、干部响应党中央号召，把社区防控作为守初心担使命的主战场，冲锋在一线。社区工作者中的女党员干部深入一线，靠前指挥，带头坚守岗位，值班值守，带头站在疫情防控最前沿。她们中有将一个拥有1.2万多名居民，累计有32例确诊患者、93例发热居民的“重灾区”，通过严格管控，创造了18天无新增病例壮举，被社区百姓称赞为“战‘疫’前线最美‘逆行’女书记”的武汉市东湖新城社区党总支书记、居委会主任陶久娣；有不顾卧病在床的丈夫，日夜奋战在社区，创造了社区无确诊、无疑似、无密接、无发热“四无”战绩的宜昌市西陵区西坝街道甲街社区党委书记、居民委员会主任、妇联主席王琼；有牺牲在战“疫”一线的黄冈市花桥镇柏树林村村委会委员、村妇联主席陈桂荣，吉林省松原市长岭县七号镇党委副书记姜娜；有为抗击疫情改变婚期的山西大同迎宾路社区党支部书记贾晓丽；有带着家人奋战在社区抗疫一线、尚在哺乳期的二胎妈妈、福建省莆阳市鲤南镇党委副书记陈颖；有主动承接重点人员服务管理工作、日夜值守的内蒙古乌海市新华街道清泉社区党支部副书记张凤琴……她们是社区居民的“主心骨”，充分发挥防疫一线“领头雁”作用，展现了基层党员领导干部践初心、担使命的责任和担当。

广大在职女党员响应号召，纷纷到社区报到，加入党员先锋队、党员突击队，站好党员先锋岗，守好党员责任区。如内蒙古赤峰市妇联党支部及全体党员干部申请到社区党建联合体报到；北京市海淀区妇联按照区委党组织和党员“双联系、双报到”应急响应机制要求，每天安排党员、干部到社区开展防控值守，区妇联党组书记、主席、党支部书记车苇歆率先垂范，带领班子成员投身社区防控工作。女党员干部下沉社区，与街道和社区干部并肩战斗，壮大了抗疫力量，缓解了社区防疫人员紧缺的状况。女党员干部用抗击疫情的实际行动践行着共产党人的初心使命，诠释了什么是党员的先锋带头作用，让党旗在社区疫情防控一线高高飘扬。

用心用情投入，工作细致扎实，服务有温度有热度。社区防控工作细碎、头绪多，任务繁杂艰巨，路口值守，出入登记，体温测量，入户排查，防控宣传，心理疏导，消毒杀菌，协调各方做好社区防护，等等，每项工作都十分琐碎，要求非常细致。尽管社区防控工作辛苦，但仍有少数居民不理解、不配合，对服务不满意等，特别考验社区防控工作人员的耐心和能力。战“疫”在社区的广大妇女充分发挥女性耐心、细致、温柔、善沟通协调等优势，用真挚的感情服务群众。如海口市西秀镇妇联执委、长滨社区居委会委员文红丽把社区当成自己的另一个家，把社区居民当成自己的家人。当得知居家隔离的张女士急需婴儿纸尿裤时，她跑遍周边所有商店终于买到，使张女士“感受到了家人的关怀和温暖”。合肥市磨店居委会工作人员王礼翠，不顾只有20个月大的女儿，一心投入社区抗疫工作中。一次当她把帮忙购买的洗发水送上门时，隔离户非要指定的牌子，她硬是开车跑了几家小批发部才买到；当送到隔离户手上时，又被质疑品质，自己都被气哭了；但转念一想，群众隔离在家心情烦躁可以理解，只要能为群众减少隐患，自己辛苦一点也值得。于是她仍一如既往地微笑着耐心为隔离户测量体温，宣传防控知识，嘘寒问暖，最终她用耐心和真诚感动了隔离群众。有的妇女志愿者自发将热水热汤等送到社区卡点，给一线工作人员注入了一股暖流，更加坚定了抗疫意志。

这次抗击新冠肺炎疫情是对国家治理体系和治理能力的一次大考。在作为一线的社区疫情防控中，妇女是一支生力军，发挥了半边天作用，受到了党和政府以及社会各界的高度肯定和赞誉，充分表明在应对重大风险挑战时，在基层社会治理中妇女可以发挥重要作用，不容忽视。在推进社会治理现代化进程中，党、政府、社会应进一步为妇女参与基层社会治理创造条件，要重视基层女干部的培养选拔，要制定有利于促进妇女参与基层社会治理的家庭政策，要更好地维护她们的权益。妇联组织特别是基层妇联组织在社区疫情防控中发挥了特别重要的作用，充分显示了近年来妇联改革的显著成效，今后要巩固改革成果，进一步完善基层妇联组织架构，壮大执委队伍，丰富工作资源，拓展动员组织妇女渠道；进一步梳理总结抗疫过程妇联组织参与基层社会治理的经验和不足，为更好地发挥妇联组织、妇女及家庭在基层社会治理中的作用提供借鉴。

在战“疫”中践行责任担当
奉献女院青春力量

李明舜　赵浩*

高校立德树人的根本任务，是培养造就担当民族复兴大任的时代新人。在2020年新冠疫情这场新中国成立以来在中国发生的传播速度最快、感染范围最广、防控难度最大的一次重大突发公共卫生事件中，中华女子学院学生积极投身全国各地各类疫情防控志愿服务活动达9011人次，用“四自”精神和公益意识书写抗疫担当，用脚踏实地的行动证明了“90后”的青春力量，在这场“大考”中交上了时代新人合格的答卷，也为女子高校探索在国家大灾大难面前如何发挥育人职能写下了奋进之笔、提供了实践经验。

一、　在志愿服务活动中践行时代新人的政治责任担当

疫情防控的人民战争呼唤青年的参与。新冠肺炎疫情发生后，以习近平同志为核心的党中央，坚持把人民群众生命安全和身体健康放在第一位，将疫情防控工作上升为党和国家的头等大事，团结带领全党全军全

* 李明舜，中华女子学院党委书记、法学院教授，全国妇联人才开发培训中心主任；赵浩，全国妇联人才开发培训中心副主任，中华女子学院党委常委。

国人民与疫情展开了坚决斗争。人民群众是人民战争的主体力量，青年则是人民力量中最有活力的群体。习近平总书记在3月15日给北京大学援鄂医疗队全体“90后”党员回信中勉励广大青年不惧风雨、勇挑重担，让青春在党和人民最需要的地方绽放绚丽之花。总书记的深情寄语和殷切嘱托，在女院学子中引发强烈反响。他们说，这些挺身而出、担当奉献的援鄂医疗队年轻人，是我们学习的好榜样。我们“90后”广大青年作为国家发展、社会进步的主力军，更要在国家和社会需要的时候贡献自己的一分力量，以力所能及的方式担当起一份责任。

全国妇联党组书记处高度重视中华女子学院的师生安全和疫情防控工作，高度重视学院师生在群防群控中作用的发挥。2月6日，沈跃跃、黄晓薇等领导同志亲自到校慰问在校师生，调研指导防控工作，要求动员引导师生充分发挥专业优势和特长，多做解疑释惑、心理疏导等工作，为织密联防联控、群防群治的严密防线作贡献。此后她们多次就发动学校师生积极参与社区防控和志愿服务工作作出指示、批示，为志愿服务活动的深入开展提供了有力的领导保障和行动指引。

疫情就是命令，防控就是责任。学校党委坚决贯彻落实妇联党组书记处的部署，先后制定下发系列文件通知，组织各级党组织、全体党员积极行动起来，把打赢疫情防控阻击战作为当前最重要的政治任务，把投身防控疫情第一线作为践行初心使命、体现责任担当的试金石和磨刀石，带头落实疫情防控各项任务，带头参加志愿服务。“一切行动听指挥，步调一致才能得胜利”，这是被实践证明了的真理。党旗所指，团旗所向。在疫情防控中，学校各级党团组织带领广大学生通过举行“云班会”、主题党团日活动等形式，认真学习习近平总书记3月15日给北京大学援鄂医疗队全体“90后”党员回信精神以及有关防控工作重要讲话，坚决做到“两个维护”，坚决服从党中央的统一指挥、统一协调、统一调度，服从妇联党组书记处和学校党委统一安排，通过志愿服务的实际行动融入党和国家大局，服从抗疫全局，在这个生动的大课堂中具体了解我们党和政府服务人民的行动，亲身体验服务人民、奉献社会的崇高与荣耀，体现出了新时代大学生强烈的家国情怀和政治责任担当。

二、在志愿服务活动中践行时代新人的社会责任担当

在学校防控领导小组和各级党团组织的引领下，女院师生以女院人特有的“四自”精神和公益意识，以多种形式深入参与到当地社区、人民团体和专业团体、社会公益组织等应对疫情的公益项目和志愿服务行动中，体现出在此次疫情防控期间志愿服务参与的广泛性、主体性、专业性以及鲜明的女院特征，书写了一篇篇青春服务社会的壮美篇章。

参与的广泛性。主要表现为“三多”：一是学生参与人数多。在短短两个多月中，全校12个院系所有专业、所有年级、所有学历层次的学生均积极响应，共有9011人次开展了丰富多彩的志愿服务活动，体现了全校性规模特点，汇集起磅礴的青春力量。二是社会参与的形式种类多。以担任社区志愿者从事门岗值守、测量体温、外来人员登记、检查出入证、小区或村口站点广播工作、群众摸排、给居民送生活物品等为主要形式。同时，参与线上心理咨询服务、组织捐款捐物、学雷锋活动、为医务人员和社区工作者子女在线免费作业辅导、为疫区献血等不同渠道、面向不同群体的志愿服务活动。三是志愿服务的地域多，涵盖了湖北、吉林、山东、河北、海南、安徽、四川、河南、浙江、北京、内蒙古、黑龙江、山西、云南、福建、重庆、广西、甘肃、湖南、上海、贵州、江西、江苏、广东等24个省（自治区、直辖市）。

参与的主体性。学生自愿参与，是这次疫情防控志愿服务活动的主要特点。在疫情防控志愿服务工作中，学校始终坚持自愿原则，充分考虑学

生居家学习的特点，支持鼓励学生在不影响正常学习的情况下开展相关活动。而促成学生自愿参与的深层次因素是志愿服务意识的觉醒。志愿精神的核心是服务、团结的理想和共同使这个世界变得更加美好的决心。为武汉加油、中国加油的全民抗疫决心，逆行而上、无私无畏的医务工作者的英雄气魄，身边老师同学的自觉抗疫行动，感染、鼓舞、带动了越来越多的学生从最初的观望到亲身投入其中，实现了情感上的共鸣、思想上的共振和行动上的同行，实现了社会责任感与生命意义的高度融合。

参与的专业性。运用所学专业知识技能服务疫情防控，将专业实习与社会实践、志愿服务相结合，是这次学生志愿服务的核心特征。疫情期间，社工学院学生参与社工抗疫服务工具包小程序开发和维护，创建信息平台，传播真实可靠可用的疫情信息；儿童发展与教育学院推出包括家庭教育与心理健康等内容的“抗击一课”系列，通过绘本、歌谣、玩具制作等形式，帮助湖北家庭的儿童了解新型冠状病毒，鼓励养成良好生活习惯；文化传播学院师生在朗诵艺术家葛兰老师带领下以诗朗诵形式声援武汉，讴歌医护人员；艺术学院开展最美“逆行者”插画设计、战“疫”海报推广制作活动；法学院开展线上抗击疫情普法宣传志愿活动；计算机IT志愿者团开展电脑义务维修和咨询服务活动，为全校师生累计维修电脑百余次；高职学院社区服务专业教师带领学生，面向疫区新冠病毒患者、医护人员、逝者家属等人群提供线上心理咨询服务；等等。专业的力量赋予了女院学子的志愿服务以内涵和质量品质。

参与的鲜明女院特征。一是依靠并服务妇联组织。社工学院向湖北捐赠卫生用品的志愿行动就得到了湖北省妇联的牵线搭桥和大力支持，同时学校的湖北籍学生也在湖北省妇联疫情防控捐赠组做新闻宣传等工作。二是服务女性和儿童。正是因为女子高校关于性别意识、性别平等的教育，使得女院学子能够在疫情中关注到女性医务工作者、儿童这两个群体，关注到这两个群体的特定需求，有针对性地有效开展了关爱支持行动。三是服务弱势群体。如疫情期间与女性残疾人开展线上读书交流、为盲童开展一对一线上教学、为社区老人送蔬菜食品、为特殊需求困难家庭开展网络紧急救助、关爱流动家政女工并进行线上服务等。

三、在志愿服务活动中践行时代新人的公民责任担当

疫情防控是一场人民战争，疫情面前没有旁观者，全民战“疫”要从我做起。科学防控、依法防控、履行防控义务，做好自己、家人防护，是女院学子在志愿服务活动中承担社会责任的前提，也是对公民责任的践行。

科学防控。疫情发生后，是否科学认识病毒、认识疫情，是否采取科学的防护措施，事关疫情防控成败。通过在学校、院系微信公众号平台及时发布疫情防控政策信息、科学普及防控知识，发布给全体教师、学生、家长的信和心理家书，院系举办“答题战‘疫’”知识竞赛、主题班会等，对疫情防控知识和信息进行不间断地宣传和讲解，引导师生增强自我保护意识，自觉按照科学指引做好个人防护和志愿服务工作。

依法防控。学校的公众号推送“阻击疫情、法治护航”法治动漫宣传片，院系开展“敬畏生命，遵纪守法”主题班会等，依托师生专业所长，把疫情防控中的典型案例变成“活教材”，开展了多种形式的疫情防控普法课堂，对妨害新冠肺炎疫情防控违法犯罪典型案例、典型表现进行了详细介绍，引导师生在疫情期间依法防控、依法行事、依法维权。

履行防控义务。遵守规矩和纪律，服从防疫规定和要求是每个公民应尽的义务。家国一体，把个人生活与国家利益联系在一起，在关键时刻牺牲小我、成就大我，成为女院学子的主动选择、自觉行动。正是由于4700余名滞留外地学生对不离家、不返京、不返校的坚守，最大程度减少和阻断了疫情的蔓延，减少了自身感染和感染他人的风险；正是留在学校的包

括35名留学生在内的60余名学生，坚决服从学校的封闭式管理，以不出校门、做好防护、自愿承担留学生公寓宿管员工作等实际行动，体现了女院学子自利利人的公共服务精神和服从大局的大局观念。

四、在志愿服务活动中探索高校重大突发公共事件育人职能作用发挥模式和机制

疫情既是一场灾难，又孕育着可以化危为机的机遇。抗击疫情，既是一场大仗、硬仗，又是对上至国家、下至高校治理体系和治理能力的一次深度检验、一次综合性大考。抗击疫情期间师生志愿服务活动的有效组织和开展，为我们在重大突发公共事件中探索育人职能作用的发挥，提供了可供提炼、借鉴的丰富资源和宝贵经验。

协同育人机制的强化。这次疫情中协同育人的主要经验：一是学校育人要与国家大势、妇联中心工作同向同行，找准服务党和国家需要、人民需要和妇女儿童需要的契合点，借势发力，集中发力，才能彰显高校存在的社会价值。二是深化校内校外的协同育人，要总结志愿服务工作中院系、师生与企事业单位、社会公益组织、群众团体合作或项目制模式运作的经验，成熟的可以进行推广或纳为常态化工作。三是建立完善校内协同机制，将疫情期间院系之间打通志愿服务通道，整合共享平台资源，不同院系、专业之间开展协同作战并取得成效的做法，推广应用到教学、科研、学生管理中去，形成校内协同育人的合力。

实践育人机制的强化。这场抗疫阻击战，对高校师生来说，是一堂彰显中国特色社会主义制度优越性最现实的政治理论学习课，更是一堂弘扬新时代爱国主义精神最生动的社会实践课。学校以疫情期间思想政治工作研究项目、大学生创新创业训练计划项目、研究生专业课程案例教学项目等项目立项形式，鼓励支持师生在防疫战“疫”中亲身体会疫情下国际国

内政治、经济、社会、文化的制度差异和融合互动，躬身实践专业理念和专业知识，收到了良好效果，对构建校园—社会互动的实践育人模式和机制进行了有益的探索。

网络思政模式的创新。疫情期间，在尽量减少人员流动与集聚、减少面对面接触的情况下，志愿服务活动从过去的线下更多转向线上服务与线下服务相结合的方式进行。同时，在延期返校不停学、不停教的前提下，学校的教学、学生管理服务已经转到网络云端进行，且随着疫情防控的常态化，这种“少接触式”乃至“无接触式”的工作方式将势在必行，倒逼网络思政变成高校师生思想政治工作的“必答题”。疫情防控中，师生参与制作可视化图片、海报、视频、音频、小程序等网络文化原创作品，传播防控知识，传递战胜疫情的信念，弘扬爱党爱国的正能量，使得网络思政教育更具亲和力，也显示出网络思政对“90后”“00后”们强大的聚合力，为网络思政探索有效的动力机制、实施机制、激励机制提供了思路。

艰辛与磨砺是成长的催化剂。对于青年学子来说，能够亲眼见证这段波澜壮阔的全民抗疫历程，亲身参与这场万众一心抗击疫情的人民战争，无疑是一次终生难忘、弥足珍贵的人生经历。广大女院师生在这场战“疫”中以志愿服务为有力武器，在为人民服务中收获了成长、在艰苦奋斗中砥砺了意志品质、在实践中增长了工作本领，也为学校的改革发展汇集了蓬勃向上、奋发有为的前进动力，为女子高校探索发挥育人和社会服务职能的模式和机制留下了一笔宝贵的抗疫精神财富。

抗疫之下国际学生的中国情缘

刘利群　王京霞*

病毒无情人有情，患难时刻见真情。当全国人民在习近平总书记的带领下，齐心协力、共同抗击新型冠状病毒肺炎疫情之际，有许多出于各种原因留在中国的国际学生也和中国人民一起，共同经历了这场特殊的战“疫”。

中华女子学院就有这样一个特别的抗疫群体，她们是38位来自亚非拉发展中国家的女性官员留学生。她们和女子学院的教师们肩并肩，携手在战“疫”中相互鼓励、共同努力，展现了中国女性和国际女性之间的深情厚谊和共同担当。

同舟共济之缘

在疫情面前，无数的中国医护人员不计个人得失，奋战在抗击疫情的最前线，留学生们看在眼里、深受触动。毛里求斯留学生扬蒂表示，要向这个伟大的国家——中国、向为抗疫而牺牲的医务人员、向这些善良的灵魂表示深深的敬意，因为有了他们的坚守岗位，才有了局面的逐渐好转。她也表达了想成为一名志愿者，能有为医院或其他需要帮助的人贡献微薄之力的机会。

* 刘利群，中华女子学院院长、党委副书记；王京霞，中华女子学院副院长。

阿富汗留学生拉齐亚说，“在这次疫情面前，中国人是如此强大，如此齐心协力、乐于助人，每个人都在和疫情作斗争，每个人都在踏实地工作，每个人都在努力寻找解决的办法”。这些日子里，她对人性有了更深刻的认识，学到了普通人的勇敢和无畏，明确了努力的意义，懂得了如何成为一个更好的人——为拯救他人的生命而冒险、牺牲。她愿意尽己所能帮助中国，相信中国有能力战胜疫情，相信只要渡过眼下艰难的日子，幸福就在眼前。委内瑞拉留学生萨赫利也谈道，“在这个特殊的时期，我们经历着、感受着我们没有看到过的中国，虽然我对那些让人悲伤的还有危急的时刻感到遗憾，但我必须要说，我为能在这个时候和中国站在一起而感到自豪，疫情终将过去，我们一定会战胜疫情”。

共克时艰之情

留学生们一直对中国文化很感兴趣，原本大家寒假留在北京，就是想体验一下中国春节的热闹。然而疫情的到来，使这个春节变得有些不同寻常，留学生们多少有些遗憾。

但就在元宵节前夕，她们意外收到了一份带着浓浓中国味的礼物：一些留学生们在宿舍见到了前来看望她们的全国妇联主席沈跃跃和全国妇联党组书记、副主席、书记处第一书记黄晓薇，还收到了她们带来的元宵和节日祝福。当时的对话言犹在耳，“我们又见面了！”“远隔万里的家人担心吗？”“给家里人报过平安吗？”“学习生活中还有什么需求和困难？”尽管隔着口罩，大家的交流依然十分亲切融洽。有留学生说：“每天都和家里联系，告诉他们中国防疫措施很到位，学校照顾很周到，他们都很放心。”来自坦桑尼亚的哈凡说：“我从事医疗卫生工作，应对过埃博拉等疫情，我很清楚中国这次的防疫措施是科学有效的。”来自阿尔及利亚的琳达说：“中国非常强大，我们对中国战胜疫情充满信心。”塞拉利昂的卡迪表示："我在这里生活得很好，和中国人民就是一家人，我要和'家人'一起战胜疫情。"……听到她们的心声，沈跃跃十分欣慰。她向留学生们介绍了习近平主席亲自部署、亲自指挥疫情防控阻击战的情况，并嘱咐大家要做好自我防护，常跟家人联系，最后，希望大家一起齐心协力打赢疫情防控阻击战。

在元宵节这个特别的中国传统节日收到了具有中国特色的节日礼物，留学生们觉得非常开心。大家主动了解了中国元宵节的传统，汤圆作为元宵节的传统食物，既寓意着幸福团圆，也寓意着团结在一起渡过难关。当天，留学生们纷纷在微信上分享了她们煮汤圆、吃汤圆的照片和视频，好不热闹。坦桑尼亚的哈凡在她的小视频里给大家展示了五颜六色、可口无比的汤圆，用手点着汤圆一边说"好吃"，一边还竖起了大拇指。来自老挝的萨维昂也在她的微信朋友圈里展示了笑容灿烂的她与彩色汤圆的合影。那一张张笑脸上仿佛映衬着这个疫情肆虐的冬日里大家心中温暖的阳光。

在这个特殊的元宵节里，这小小的汤圆对留学生们来说是温馨的年味，是暖心的祝福，更是团结一心、共克时艰的勇气。

姐妹同心之谊

在抗击新冠肺炎疫情的前线，中国女性是不可或缺的巾帼力量。不论是战斗在疫情防控一线的女医务工作者，还是女建筑工人、女社区工作者、女记者。恰逢三八国际妇女节到来，留学生们借这个机会向奋战在一线的女性工作者们送上祝福：或几段文字，或一首小诗，或一段小视频，用她们各自的方式表达着最衷心的祝愿与感谢。

喀麦隆留学生昆塔在朋友圈里发布了自己手写的祝福语，感谢战斗在抗疫一线各行各业女性作出的贡献，祝她们国际妇女节快乐。来自坦桑尼亚的留学生喀尔芬在朋友圈分享为中国加油的图片，用中文发出“武汉加油，中国加油”等文字，表达自己对中国抗疫早日取得胜利的祝愿。来自南苏丹的格瑞斯则说：“她们与男性平等地站在一起，帮助她们的家人和国家战胜疫情。我祝福抗疫一线的中国姐妹们，以及她们的家人都身体健康。中国女性很坚强，而我们是你们的后盾，支持你们变得越来越坚强。”表达了对抗疫一线中国女性的敬佩与支持。

来自巴基斯坦的留学生爱莎，精心设计录制了一个短视频，对一线勇敢抗击疫情的中国姐妹们表示感谢，用她美丽的微笑和真诚朴实的语言为她们加油鼓劲。她感慨道，中国女性之所以勇敢冲在战“疫”前线，是因为她们深爱自己的国家。“所有女性医务工作者，你们虽然因长时间戴口罩而在脸上留下很深的压痕，但依然耐心地为患者服务，那些带着‘武汉印儿’的脸在我看来是最美丽的；所有女性建设者，你们夜以继日不停工作，仅用10天时间就建起了两座抗疫医院；所有女性社区工作者，你们尽心尽力为社区服务……”“我见证了那么多勇敢奋战在抗疫一线的中国女性故事，她们是如此坚强。我想对这些中国女性说，全世界都在为你们祈祷。你们是勇气和力量的象征，是我真正的英雄！”这些美丽勇敢的中国女性，都成了爱莎的榜样。

来自毛里求斯的扬蒂同学还写了一首小诗，表达自己对中国抗击疫情的信心，并以此鼓励中国参加抗击疫情的女性们：

After Every Story There Is A Lesson

Yantee Naraydoo (Mauritius)

After every night there is a morning,
After every storm, there is a calmness,

After every low, there is a high,
After every battle, there is a victory,
After every story there is a lesson,
And, China is going to teach and prove,
After this fall there is a ferocious bounce back like never before...

每个事件都带给人启示
扬蒂·纳雷多（毛里求斯）

每一个黑夜过后，都会有黎明，
每一场风暴过后，都会有平静，
每一次低谷过后，都会有高潮，
每一场战斗过后，都会分输赢。
每个事件都带给人启示，
中国也必将向世界证明：
打败疫情，重整旗鼓，
艰难困苦，玉汝于成！

疫情面前，温暖从不缺席。这个特殊的三八国际妇女节，她们为中国加油，为中国的姐妹们点赞！

守望相助之情

当疫情在世界各国相继暴发，留学生们的家乡也遭到了病毒的侵袭，她们开始用自己在中国学到的经验帮助家乡抗疫。大家将英文版《新冠肺炎防治手册》转发给各自的国家，还在网上发布各类防疫信息以及如何保持健康与安全的小贴士。她们通过网络，用文字、图片和视频传递积极抗疫的正能量，让世界听到她们从中国发出的声音，让世界感受到女性的力量。

来自巴基斯坦的爱莎在一封信中写道：在抗击新冠肺炎疫情的战“疫”中，习近平主席表现出的卓越领导力深深鼓舞着我。我们十分赞赏他的性别平等思想。实际上，我们的社会工作专业“女性领导力与社会发展”硕士项目就来自习近平主席推进全球性别平等的倡议。2019年，习近平主席夫人彭丽媛教授还接见了我们留学生代表，她鼓励我们要充分发挥女性领导力。不仅是我，整个世界都为中国的抗疫举措所感动。这世界上有谁能够打败一个在灾难面前如此英勇、如此自律的国家？一段时间以来，我们这些留学生如同在家一样，倍感安全。学校对我们的照顾可谓无微不至，有时觉得学校的方方面面都在关注我们这些海外学子的安危。余生方长，中国为傲。我要说：中国是我的第二个家！

这就是女院留学生们的故事，这些可爱的留学生们在这场抗击新冠疫情的艰难战役中，用她们女性的坚韧、女性的自信、女性的力量，共同书写了同舟共济、抗击疫情的华章。她们在此“疫”中，与中国结下了真诚的国际友谊，愿她们将来能够带着这份珍贵的情谊，回到祖国，用她们的力量架起坚固的友谊桥梁。

（原载于2020年5月3日《中国妇联新闻》，编入书稿时略有修改）

抗击新冠肺炎疫情中的“她力量”调查报告

姜秀花　杨　慧*

在新冠肺炎疫情这一近百年来传播速度最快、感染范围最广、防控难度最大的重大突发公共卫生事件发生后，在以习近平同志为核心的党中央坚强领导下，全国人民不分男女老幼，不论岗位分工，都自觉投入抗击疫情的人民战争，坚韧团结、和衷共济，凝聚起抗击疫情的磅礴力量。广大妇女响应国家号召，冲锋在抗击疫情最前线，活跃在居家防疫大后方，奔波在志愿服务爱心路上，奋战在复工复产生产线上，为打赢疫情防控阻击战贡献半边天力量。为了解女性参与抗击疫情情况和社会公众对巾帼力量的认知，反映在抗击疫情中女性生活发生的变化，5月15日—22日，全国妇联妇女研究所借助问卷星开展了线上调查。

通过问卷星样本库和全国妇联媒体“女性之声”、“性别研究视界”微信公众号及相关微信群、朋友圈转发后，共回收问卷25558份，剔除58份废卷后，最终回收有效问卷25500份，其中问卷星样本库获取6293份，妇联媒体获取19207份。被调查者覆盖全国31个省（自治区、直辖市），其中女性19518人，男性5982人，问卷星样本库被调查者中男性过半（51.0%），妇联媒体样本被调查者中男性占14.4%。由于是在线调查，被调查者以

* 姜秀花，全国妇联妇女研究所副所长、研究员；杨慧，全国妇联妇女研究所副研究员。

中青年女性为主，18—59岁占95.5%，其中18—34岁占28.7%，35—44岁占30.2%，45—59岁占36.6%；被调查者受教育程度较高，52.2%接受过高等教育；职业分布广泛，专业技术人员、办事人员和单位负责人分别占21.6%、21%、5%，工人、农民和商业服务业人员占1/3左右。

一、勇担社会责任，自觉参与疫情防控

在抗击疫情人民战争中，广大群众以提供物质帮助、社会服务以及创作宣传等不同方式自觉参与抗击疫情，汇聚起众志成城、共克时艰、共渡难关的中国力量。在接受调查的女性中，94.9%的参与过一项或多项抗疫活动。其中，在疫情期间捐款捐物比例最高，占51.8%；四成以上加入到社区门卫、查测体温、送菜送药、心理咨询、家庭教育指导、法律援助等为社区群众提供服务的工作中；近三成为医务工作者、社区防控一线人员及其家庭提供关爱服务；另有近三成通过创作抗疫作品、宣传疫情防控知识或抗疫感人事迹，从精神层面讴歌和汇聚抗击疫情正能量；还有近二成为减轻疫区直接经济损失，以带货、拼单等方式采购疫区农副产品（见图1）。

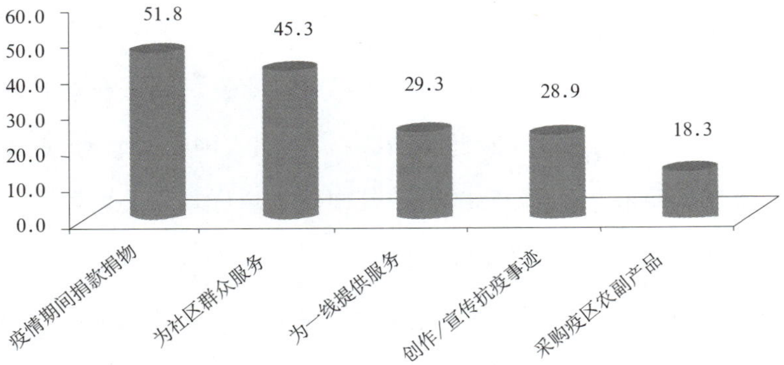

图1 被调查的女性以不同形式参与疫情防控比例（%）

1.一方有难八方支援，积极提供物质帮助

被调查者表现出强烈的社会责任担当，体现了一方有难八方支援的中国精神。分年龄看，各年龄段成年女性捐款捐物比例都在五成以上，老年组女性比例最高，为53.7%（见图2）。分职业看，女性单位负责人捐款捐物比例最高，占67.1%。女性办事人员、商业服务业人员、专业技术人员等都在五成以上，即使是调查时的在读女生，捐款捐物也占55.3%。工人、农民及商业服务业女性捐款捐物的比例分别为46.3%、49.4%和54.3%。分教育程度看，受过高等教育的女性捐款捐物比例最高，为56.2%。男性在捐款捐物中也表现突出，58.1%的男性参与这类活动。

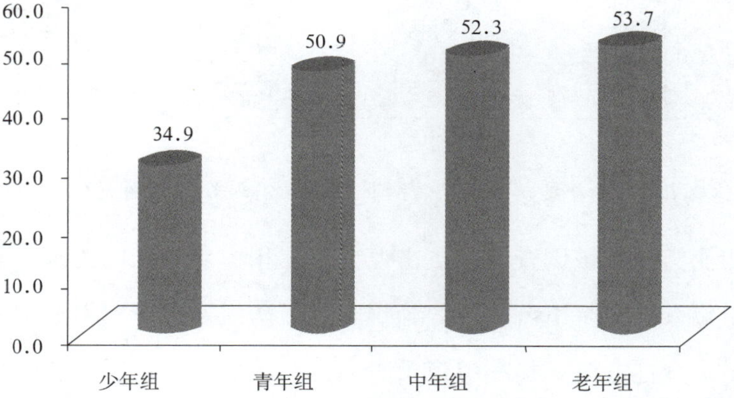

图2　分年龄组女性捐款捐物比例（%）

采购疫区农副产品是帮助受疫情影响农民减少经济损失的有效途径。随着电商平台、“网红直播”等助农方式带货能力的不断提升，18.3%的女性以带货、拼单等方式采购疫区农副产品，特别是青年组女性、女性商业服务业人员参与比例相对更高，分别达20.1%、27.9%，比同类男性表现出更明显的电商平台利用优势。

2.热心提供服务，共同守护社区家园

调查显示，接受调查的女性中45.3%的人为社区群众提供过社区门卫、查测体温、送菜送药、心理咨询、家庭教育指导、法律援助等服务，中老年女性在社区服务中更为活跃，其中，45–59岁女性为社区群众提供服务比例最高，占48.9%，60岁及以上女性为社区提供服务的比例为42.9%，都明显高于同龄男性（见图3）。

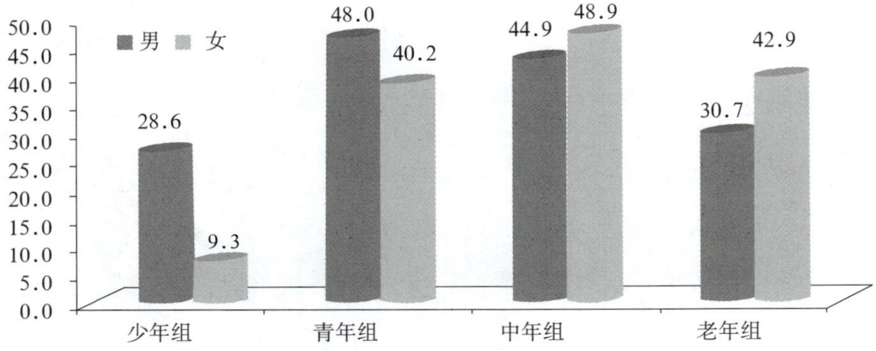

图3 分年龄、分性别为社区群众提供服务的比例（%）

各职业类型的被调查者在抗击疫情中，积极参与社区治理，有的机关企事业单位人员更是下沉社区，为筑牢社区防线发挥了不可或缺的作用。调查显示，女性办事人员和单位负责人为社区群众提供服务比例分别高达61.6%和61.2%（见表1）。

表1 分职业类型、分性别为社区群众提供服务情况（%）

职业类型	男	女	职业类型	男	女
农民	39.4	40.8	单位负责人	60.6	61.2
工人	41.5	42.7	不便分类人员	37.9	32.3
商业服务业人员	50.6	37.1	在读学生	32.1	28.1
办事人员	58.7	61.6	目前没有工作	46.0	45.3
专业技术人员	47.0	36.3			

医务工作者白衣执甲、舍生忘死、逆行出征，社区防控一线人员舍小家为大家，守好疫情防控“第一关口”。为了解除他们的后顾之忧，社会公众通过组织行为或个人方式，为医务工作者、社区防控一线人员及其家庭提供关爱服务。调查发现，接受调查的女性中29.3%的人为医务工作者和社区一线人员及其家庭提供过关爱服务，特别是女性单位负责人提供关爱服务的比例高达43.6%。

3.弘扬正能量，积极参与抗疫宣传

宣传疫情防控知识，弘扬抗疫正能量，对于增强人民战“疫”决心和信心至关重要。调查发现，女性在这方面表现出比男性更高的参与热情。28.9%的女性参与了创作抗疫作品、宣传疫情防控知识或抗疫感人事迹活动，其中在读学生、女性单位负责人以及接受过高等教育的被调查者参与程度普遍较高，在读女生参与比例高达46.7%，女性单位负责人参与比例达42.2%，受过高等教育的女性被调查者参与比例为32.1%。

二、在以积极乐观的态度抗击疫情中改善家庭关系和生活方式

新冠疫情是一堂特殊的人生课、健康教育课，让人们在经历中更深切地体会到制度的优势和保障，体会到生命健康的价值和真谛，体会到家庭团结的力量和幸福，体会到人世间的温情和真爱。在居家抗疫期间，家人之间相处时间增加，不少家庭的关系发生积极变化，文明健康、绿色环保的生活方式逐渐养成，守护个人和家人健康的个体责任意识和防护意识不断强化。

调查发现，93.6%的被调查者回答与家人关系变得更好了，其中女性为94.1%，男性为92.0%。特别是60岁及以上年龄段女性感受最深，占97.7%。98.0%的被调查者表示本人或家人卫生习惯更好了，男女分别为98.3%和96.9%，特别是60岁及以上年龄段和初中及以下受教育程度女性，

反映本人或家人卫生习惯更好的比例分别高达99.6%和99.2%。另有86.2%的被调查者反映生活方式变得更简单、绿色环保了，男女分别为82.3%和87.3%。分性别看，女性单位负责人表示生活方式变得更加简单的占87.1%，比同类男性高6.9个百分点，在各类职业中性别差距最大。家庭关系和生活方式的改善，健康意识和卫生习惯的提升，是打赢疫情防控阻击战不可或缺的坚实保障，特别是女性在守护家人健康、维护家庭团结、重塑家庭生活方式等方面的独特作用在战“疫”期间更加凸显。

三、女性在疫情防控中的作用得到充分肯定，女性医务人员给人留下的印象最深刻

在艰苦卓绝的疫情防控中，广大女性以“巾帼不让须眉”的昂扬斗志，在各条战线、在城乡社区勠力奋战，汇聚起强大的巾帼抗疫力量，书写了壮美的巾帼抗疫诗篇，释放出令人震撼的巾帼精神，得到广大群众的高度评价和认同。调查发现，被调查者对奋战在抗疫一线和坚守在社区防线的女性作用总体上评价更高，女性被调查者的评价普遍高于男性被调查者。其中，89.6%的被调查者对闻令而动、向险逆行的女性医务工作者发挥的作用印象最为深刻，女性为89.9%，男性为88.5%。六成以上的被调查者对女性疾控人员、志愿者、社区工作者的作用印象深刻，另有近六成被调查者对默默奉献的清洁女工等后勤保障人员发挥的作用给予肯定，男、女分别为50.2%和58.1%（见图4）。

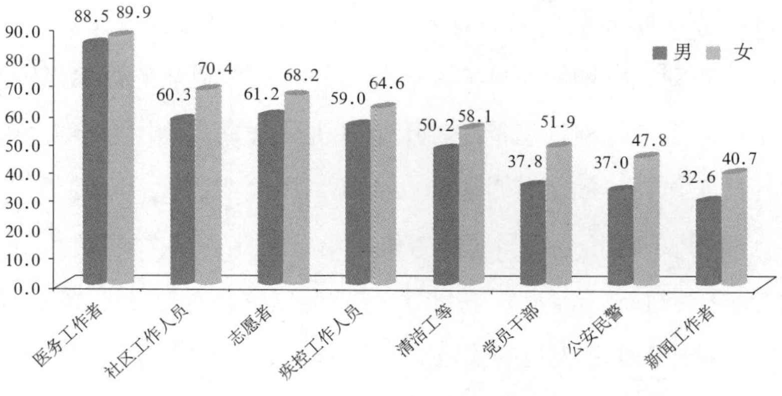

图4 分性别对疫情防控中女性作用印象最深的比例（%）

女性医务工作者作为冲在疫情救治一线的关键人群，其救死扶伤、医者仁心的崇高精神，感动和温暖着社会各个群体。尤其令人振奋的是，97%的在读女生和94.5%的在读男生对女性医务工作者的作用给予肯定，与在职人员相比评价更高。18−34岁被调查者中，92.5%的男性和93%的女性对医务工作者的作用给予肯定，在各年龄组中评价最高。他们对大多数为同龄人的女性医务人员作用的高度评价，让我们看到新生代弘扬和传承女性抗疫精神的热情。图5显示，受教育程度越高，对女性医务人员作用的肯定评价越积极，说明教育在弘扬社会正能量方面的积极影响。

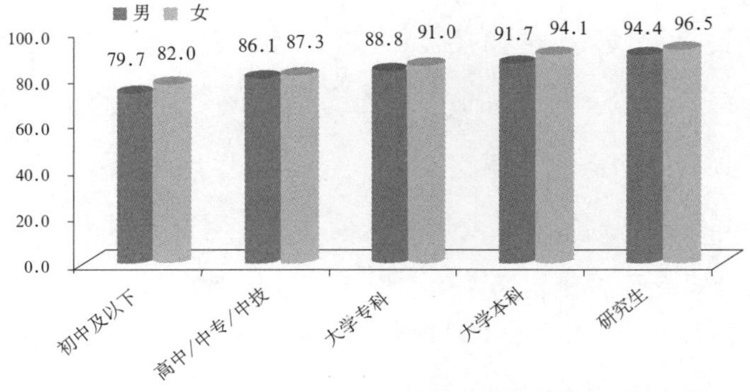

图5 分教育程度、分性别对疫情防控中女性医务人员作用的评价（%）

社区工作人员是筑牢社区防控第一道防线的关键人群，广大群众能看得见、接触到、感知深，她们在疫情防控中兢兢业业的形象已镌刻在群众的眼里和心里。特别是疫情防控中许多机关企事业单位办事人员下沉社区，对社区工作人员的辛苦付出体会更深，评价最高。分职业看，79.8%的办事人员对女性社区工作人员的作用给予肯定，男女分别为71.4%和81.3%。分年龄组看，老年人与社区联结比较紧密，对社区工作人员的服务感受最深，对社区工作人员的作用评价最高，76.6%的60岁及以上被调查者给予肯定评价，男女分别为62.7%和79.7%（见图6）。

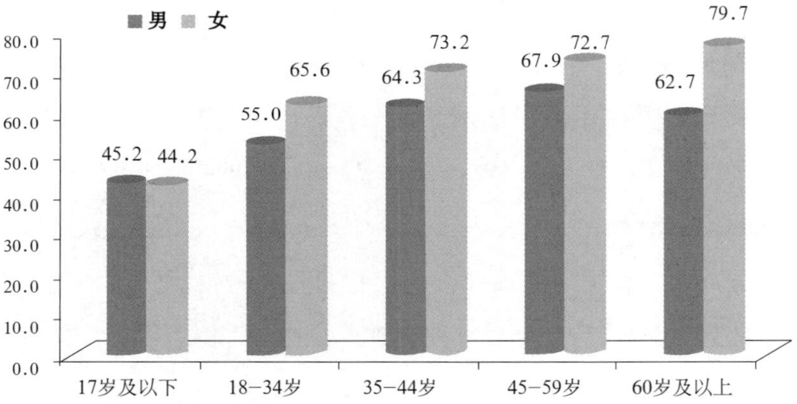

图6 分年龄、分性别对疫情防控中女性社区工作人员作用的评价（%）

女性志愿者是疫情防控的活跃力量，她们的身影出现在疫情防控和复工复产的每条战线、每个环节、每个方面和城乡社区的每个角落，其专业、精准、暖心的服务和奉献、友爱、互助、进步的志愿者精神感染和温暖着每一个群体，特别是老年女性感受最直接。调查显示，77.1%的60岁及以上被访女性对女性志愿者的作用表示肯定（见图7）。

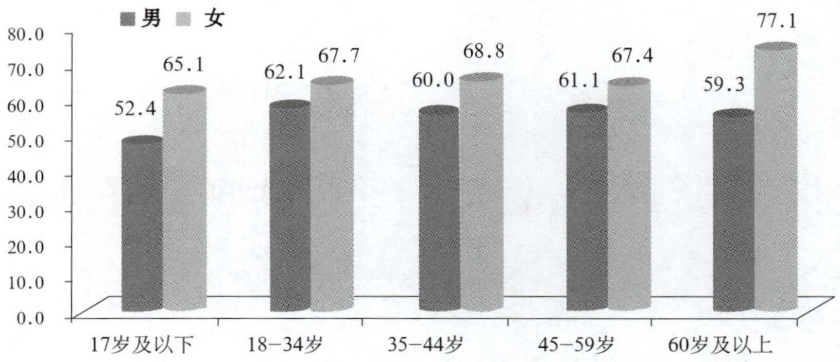

图7　分年龄、分性别对疫情防控中女性志愿者作用的评价（%）

四、结语

面对新冠肺炎病毒的突然袭击，中国女性以“巾帼不让须眉”的昂扬斗志，和全国人民一道坚韧奉献、团结协作，在救治和防控两个战场，构筑起同心战“疫”坚固防线，彰显了在抵御突发灾难和推动人类发展进步中的伟大巾帼力量、巾帼精神，用激情和生命诠释了新时代女性“四自”精神的时代内涵，成就了中国妇女的高光时刻，赢得了广泛的社会尊重，也在中国妇女运动历史上留下了绚丽的篇章。调查结果让我们深刻感受到巾帼力量和巾帼精神在感化人心方面的重要作用，特别是对家庭的积极影响，对年轻一代的积极影响，这是战“疫”女性留给历史的一笔巨大精神财富。

携手同行抗击疫情　共建共享美好世界

全国妇联联络部

新冠肺炎疫情暴发以来，全国妇联深入学习贯彻落实习近平总书记关于统筹推进疫情防控和经济社会发展、加强抗疫国际合作等系列重要讲话精神，充分发挥妇联组织桥梁纽带作用，自觉服从服务国家外交工作大局，不断探索疫情防控及其常态化条件下全国妇联对港澳台妇女工作和中外妇女交流合作的新方式、新途径，为增进友谊、共克时艰、推动构建人类命运共同体贡献力量。

一、齐心抗疫，团结凝聚强大爱国力量

疫情暴发后，我们认真学习贯彻习近平总书记重要讲话精神，通过多种渠道和方式加强与港澳台地区以及海外华人华侨妇女组织的引领、服务和联系，引导她们坚定信心，为夺取疫情防控全面胜利发挥半边天作用。

港澳台地区妇女和妇女组织，尤其是妇联系统港澳执委、特邀代表积极行动，发挥优势做好本地防疫抗疫各项工作，齐心协力守护共同家园。港区妇联代表联谊会捐赠10万只口罩给“全港社区抗疫连线”，向一线医护工作者寄送慰问卡，坚定支持政府防控措施，发声谴责部分医护人员恶意罢工、呼吁社会齐心抗疫。澳门妇联总会参与特区政府“保障口罩供应

澳门居民计划”，开设“新型冠状病毒疫情心理咨询热线”及“妇女医疗热线”，发起“抗疫路上不孤单 妇联为您加油打气”活动，传递抗疫正能量。港澳台地区妇女和妇女组织还想方设法筹集防疫物资驰援内地（大陆），据不完全统计，港澳台妇女和妇女组织为内地（大陆）捐款2.5亿元人民币，筹集捐赠各类物资折合人民币2600万元，包括口罩约160万只、防护服6万件、防寒大衣100件、酒精消毒液2万瓶、其他消毒液4250公斤、护目镜1.65万套、一次性手套20万双、免洗洗手液5317瓶、搓手凝胶3万瓶、自热米饭70箱、其他防疫物资70箱，提供酒店房间280个。全国妇联台湾执委还积极参与援意国际抗疫合作。

海外华人华侨妇女社团心系祖国，助力抗疫，展现出浓浓爱国情。在国内抗击疫情最艰难的时刻，全非洲华人妇女联合总会、刚果（金）华侨华人妇女联合会、美国旧金山湾区中国统一促进会等6个国家和地区华人华侨组织发来慰问信和祝福视频。西班牙中华妇女联谊总会在第一时间发起“十块不多，百元不少，要积沙成塔，汇万溪于江河，驰援武汉，共同抗击疫情”募捐活动。美国巾帼会会长、著名爱国将领张治中的小女儿、年近九旬的张素久女士带领会员多方筹措资金、四处奔寻，将买到的口罩和医用手套等防护用品捐赠给全国妇联。日本在日华人女性交流会和日本华人华侨妇女会、法国华侨华人妇女联合会、巴西中华妇女联合会、比利时中华妇女联合会、欧洲荷兰侨界妇女联盟、智利华人华侨妇女联合会等也积极行动，多方募集资金和紧缺物资驰援抗疫，共收到捐赠善款95.5万元、口罩7.94万个、医用手套6.4万双、防护服200套。我们多方联系，及时将爱心款物运至抗疫一线。疫情在全球蔓延后，我们第一时间向疫情严重的国家和地区华人华侨组织发送慰问信，传递祖国“娘家人”慰问支持。

二、创新思路，讲好中国和中国妇女抗疫故事

我们及时转变思路、创新实践，以电话沟通、信函联络、视频互动等方式，积极向国际社会宣介以习近平同志为核心的党中央始终坚持人民至上、生命至上，采取一系列措施保障妇女儿童健康所取得的卓越成就，宣介党中央统一指挥、统一协调、统一调度，一方有难、八方支援的“中国之制”和“中国之治”的优越性。

我们紧抓中外妇女共同纪念三八节契机，专门制作电子信函、贺卡和“携手同行抗击疫情——为了共同的家园”专题片，向520多个外国驻华使馆、国际及各国友好机构和400位外国友好人士发送，展示中国女性在抗击疫情中作出的积极贡献和中外妇女友谊。收到问候的外国组织高度评价中国疫情防控取得的成绩和中国妇女的卓越贡献。上海合作组织睦委会向21个理事单位及21个国家的37家媒体和12家智库、3家社会团体发送了专题片。联合国驻华协调员罗世礼安排其办公室将专题片转发给所有联合国驻华机构。

我们积极推进专题片的网上传播，向人民网、新华网及人民网脸书账号以及中国妇女报、中国妇女英文网等媒体推送宣传视频。凤凰网、今日中国、人民画报、中国报道等转载了视频。中国妇女报新媒体平台一天的点击阅读量达到125万次。我们还在中国妇女英文网开辟“三八节，致敬奋战一线的她”专栏，讲述中国妇女抗疫故事；开设“我们与中国在一起”专栏，刊载外国友人发来的三八节祝福和抗疫寄语。

围绕抗疫和脱贫两大主题推出系列行动，出版介绍中国减贫经验的《勤劳敲开幸福门》图书，还将印制《同心抗疫 巾帼在行动》画册、反映抗疫家庭故事的《疫线家书》图书，举办《同心抗疫 巾帼在行动》图片展，制作介绍中国妇女脱贫政策和成就的《一个都不能少》视频，通过讲好妇女抗疫故事和扶贫故事来展示中国特色社会主义制度和国家治理体系的显著优势。

三、守望相助，深入开展抗疫国际合作

疫情在国内暴发后，我们加强与国外友好组织、友好人士的联系，促进与国外友好组织的交流、理解和互信。收到24个相关组织、机构发来的慰问信和32个组织及个人发来的为我国抗疫加油祝福的视频。外方高度评价在中国共产党的领导下中国人民抗击新冠肺炎疫情取得的成果，对中国妇女奋战一线抗击疫情表示敬意和慰问，坚定相信中国一定能取得抗击疫情的胜利。央视英语频道还播放了联合国副秘书长、联合国妇女署执行主任姆兰博·努卡对我国问候及支持的视频内容，她代表联合国妇女署高度赞扬中国政府在疫情防控中采取的重要措施，认为中国抗疫的经验和做法非常值得其他国家学习借鉴，将敦促妇女署及时与其他国家分享。

一些组织和机构积极捐款捐物驰援抗疫。2月5日，瓦努阿图共和国驻华大使夫人郑晓凤女士特地将使馆通过友人从韩国带回的为数不多的口罩中拿出100个送至全国妇联，并表示，这是使馆节省下来的口罩，虽然数量不多，但这是她们支持中国抗击疫情，与全国妇联姐妹，与中国人民共渡难关的一点心意。我们共收到联合国儿童基金会驻华办、联合国人口基金会驻华办、北京英联邦协会、越南妇联、俄罗斯议会俱乐部、瓦努阿图驻华使馆捐助的6批抗疫款物，其中捐款计人民币27万元，捐赠口罩10.01万个，成人纸尿裤31.52万片，卫生巾28.53万片，儿童图书若干。我们多方联系，加紧将款物用到抗疫前线最需要的地方，传递国际社会对我国的友谊和支持，凝聚携手抗疫共克时艰的强大力量。

面对疫情在全球蔓延，我们秉持人类命运共同体理念，深入贯彻落实习近平主席关于加强疫情防控领域国际合作的重要指示精神，积极同有关国家加强交流沟通，了解需求，并给予力所能及的帮助。

我们全力服务元首外交，加强与相关国家妇女组织、机构的交流，

习近平主席的电话打到哪里，我们就把中国妇女的友情和支持送到哪里，目前已向全球120多个外国妇女组织、机构、个人及华人华侨组织发送慰问信，表达对其防疫抗疫斗争的坚定支持，交流中国抗击疫情的实践经验，宣介中国妇女和妇女组织发挥的积极作用，增进相互理解和友好情谊，进一步强化人类命运共同体意识。

我们多方争取政策，向疫情严重国家特别是前期向我国援助国家提供物资援助。先后向日本、韩国、伊朗、巴基斯坦、俄罗斯、西班牙、法国、德国、冰岛、英国、荷兰、瑞士12个国家提供口罩、防护服134.2万件，价值1700多万元。多国妇女组织、机构领导人纷纷向沈跃跃主席及我会来函来电，感谢对其抗击疫情的慰问与支持，赞扬中国为全球抗疫作出的贡献，对中国抗疫表示坚定支持，期待与我深化合作，共同推动性别平等和妇女发展。

受疫情影响，航班停运、跨境物流受阻，我会在对外援助物资运输等方面遭遇阻力。我们争取中联部、外交部、商务部和国合署的指导与支持，多方协调，大力推进相关工作。积极接洽外国驻华使馆渠道接收和运输物资，得到法国、伊朗、巴基斯坦等国驻华使馆的迅速响应和配合。法国、冰岛、伊朗、巴基斯坦驻华大使还分别在驻华使馆举行捐赠仪式，对中方表示感谢，希望今后继续加强国际抗疫合作，共同战胜疫情。

四、分享经验，深化人类命运共同体共识

应联合国妇女署执行主任努卡邀请，全国妇联副主席、书记处第一书记黄晓薇出席妇女署举办的“确保在2019冠状病毒疫情背景下取得可持续发展目标5之进展的部长级视频圆桌会议”并进行主旨发言。联合国妇女署高度重视中国抗疫经验，特别将会议主题定为“从应对到恢复：中国和全球合作伙伴的经验”，并邀请黄晓薇同志作为唯一作主旨发言的国家代表。黄晓薇积极向联合国妇女署及各国介绍中国在防疫抗疫方面的经验做法以及保障妇女

儿童权益方面的举措，介绍中国妇女在抗击疫情中发挥的半边天作用、全国妇联组织支持妇女参与防疫抗疫和复工复产的做法，号召各国团结合作，共同为战胜疫情、促进妇女全面发展和构建人类命运共同体而努力奋斗。

我们还与上合组织睦委会、上合秘书处共同举办“团结抗疫 守护共同家园”上合组织国家儿童网上画展，共展出上合组织国家5—16岁儿童的230幅绘画作品，通过儿童手中的画笔支持抗疫斗争，展现上合组织各国患难与共、共克时艰的深厚情谊和团结抗疫、守护共同家园的强大精神力量。为积极应对新冠肺炎疫情影响，促进特殊时期家庭教育和儿童身心健康发展，我们加强与联合国儿基会合作，在儿童早期发展项目框架下开展“早安宝贝”儿童社会心理支持线上公益服务项目，其间共推出40多期0—3岁和3—6岁两个年龄段的亲子活动资源包，开展8期家长微课堂，上线8周累计浏览量逾1300多万。此外还通过多种形式与欧洲妇女院外集团、伊朗驻华大使馆、韩国女性家族部、智利妇女和性别平等部，就抗疫期间妇女发展和权益保护等问题交流信息，分享经验。

为纪念北京世妇会25周年和全球妇女峰会5周年，大力宣介习近平新时代中国特色社会主义思想和促进妇女发展的政策主张，宣传中国妇女发展巨大成就，以实际行动落实习近平主席提出的人类命运共同体理念，我们将与联合国妇女署合作，以线上线下相结合的方式，在北京以“21世纪人类消除贫困事业与妇女的作用”为主题举办纪念北京世妇会25周年暨全球妇女峰会5周年座谈会。

下一步，全国妇联将继续深入学习贯彻习近平总书记重要讲话精神，不断提升统筹国际国内两个大局的能力，向传统友好国家、疫情严重国家妇女发送慰问信函，提供力所能及的物资援助，持续推进疫情防控国际合作，扎实推进中外妇女交往，为实现“两个一百年”奋斗目标和中华民族伟大复兴的中国梦贡献力量。

III

第三部分

讴歌女性抗疫故事
激励女性抗疫斗志

坚决贯彻落实习近平总书记重要指示精神 为打赢疫情防控人民战争营造良好舆论氛围

全国妇联宣传部

新冠肺炎疫情发生以来，沈跃跃同志、黄晓薇同志周密部署、靠前指挥，多次就疫情防控期间妇联系统宣传工作作出指示要求。宣传部在党组、书记处统一领导下，在分管领导同志带领下，深入学习贯彻习近平总书记关于疫情防控的重要指示精神和党中央决策部署，贯彻落实沈跃跃同志、黄晓薇同志部署要求，第一时间进入抗疫“战时”状态，充分发挥宣传思想工作统一思想、凝聚人心、动员鼓劲的重要作用，强化政治站位、创新工作思路、丰富宣传手段，全媒体发动、全系统联动，开足马力做好疫情防控时期妇联宣传思想工作，团结动员广大妇女坚定必胜信念，保持昂扬斗志，发挥独特优势，助力打赢疫情防控人民战争，实现经济社会发展目标。

一是全力做好习近平总书记重要讲话和指示精神学习宣传，团结引领广大妇女把思想和行动统一到党中央决策部署上来。坚持思想引领为先，将学习宣传贯彻习近平总书记重要讲话指示精神作为首要政治任务，及时跟进学习，大力开展宣传，快速动员响应，引领广大妇女和家庭、组织千万巾帼志愿者积极投身疫情防控的人民战争。**第一时间学习宣传贯彻习近平总书记重要讲话指示精神。**习近平总书记每一次发表重要讲话、作出重要指示批示后，沈跃跃同志、黄晓薇同志带领全国妇联党组、书记处立即开展专题学习，并指导要求妇联系统党员、干部深入学习贯彻，指导宣传部门抓好宣传教育和舆论引导。我们迅速落实部署要求，组织宣传部全体干部认真学习领会，用以指导宣传思想工作实践。同时发动妇联所属全媒体平台在醒目位置转发权威报道，开设“学习贯彻习近平总书记重要指示精神”等专栏专题，面向妇女和家庭，大力宣传习近平总书记的重要讲话、重要指示精神，特别是第一时间转发习近平总书记3月8日重要指示，传递总书记对奋战在疫情防控各条战线广大妇女同胞的诚挚慰问和节日问候；指导中国妇女报提前结束春节休刊、及时出版，就贯彻落实习近平总书记重要指示精神多次推出社论、评论员文章，配发习近平总书记重要指示精神在妇女群众中引发热烈反响报道，引导广大妇女把思想和行动进一步统一到习近平总书记重要指示精神上来。**迅速动员汇聚同心战“疫”巾帼力量。**第一时间建立妇联宣传战线网上动员指挥机制，统筹全国妇联和各级妇联宣传力量，按照党组、书记处部署要求，大年初二、2月5日分别发出倡议，号召广大妇女从我做起，担当社会责任，守住家庭防线；号召广大巾帼志愿者积极行动起来，着力社区防控，着重邻里关爱，守护小家健康。3月8日，认真学习贯彻习近平总书记重要指示精神，面向全国妇女姐妹发出倡议，引导广大妇女紧密团结在以习近平同志为核心的党中央周围，保持昂扬斗志，做好科学防护，持续健康投入战胜疫情斗争，在疫情防控和经济社会发展各条战线拼搏奉献。各级妇联积极响应全国妇联号召，即刻发动90多万个“姐妹圈群”传递工作动态、交流工作经验，把妇女群众动员起来，把巾帼志愿者发动起来，参与社区联防联控、群防群治，协助值岗守哨、摸排情况、开展卫生消毒、整治居家环境，小喇叭、喊街队等活跃在大街小巷宣传科学防控知识，送菜、买药、邻里互助等巾帼志愿服务广泛开展，广大妇女和妇联组织在疫情防控人民战争中的责任担当得到充分彰显。

二是全媒体发力，凝聚统筹推进疫情防控和复工复产巾帼力量。围绕疫情防控和复工复产、脱贫攻坚大局，融引领于全媒体宣传，组建疫情防控宣传统筹协调机制，联动中央主要媒体，发挥中国妇女报、中国妇女杂志和女性之声的龙头作用，带动妇联系统全媒体平台，密集开展宣传报道，激励引领广大妇女为夺取疫情防控和经济社会发展双胜利持续奋战。多平台及时发布权威信息。妇联系统各网络平台以专题专栏、知识问答、微课堂直播等多种方式传播解读中央权威媒体发布的防疫动态和最新政策，普及科学防控和心理调适知识，推出政策解读和防护指南，助力保护孕产妇等特殊群体就诊及健康需求，引导妇女群众和家庭不信谣不传谣，科学应对疫情，坚定同心战"疫"的信心和斗志。多视角讲述巾帼战"疫"和脱贫攻坚故事。梳理汇总妇联组织和广大妇女战"疫"鲜活案例，协调中央主要媒体和网站，及时报道全国妇联战"疫"举措，展示广大妇女在战"疫"中的主动作为。派出由中国妇女报6名记者组成的战"疫"报道组在武汉前线开展为期80余天的报道，累计5人次深入感染区采访，采写原创全媒体产品650余篇，在近距离记录巾帼战"疫"中彰显妇联媒体使命担当。整合妇联报、刊、网、微、端力量，加强统一选题统一策划，与中央网信办协调提升各单位各地区主要微信公众号每日发稿次数达10次，指导妇联所属媒体发挥优势，各显神通，密集发力，开设"战疫封面人物""为巾帼澎湃""同心战疫""抗击疫情 巾帼行动""一线调研·巾帼脱贫记""乡村振兴巾帼行动""巾帼本色""小家大爱"等200多个专题专栏专版特刊，推出大量特色精品报道，发起#逆行中的她们#等网络话题，制作系列Vlog、H5、MV、漫画、海报等产品，推出数场网上直播带货，助力解决湖北省和国家级贫困县农产品滞销问题，在中国妇女网、人民网、女性之声等平台持续推出"特殊时期 特别家教"家庭教育微课，与学习强国联合推出“声传家书 致敬天使”活动，通过多种方式讲述一线女医务工作者的事迹和各行各业女性的抗疫故事，展示妇联组织助力统筹推进疫情防控和经济社会发展的积极作为，传递妇联组织关心关爱一线女医务人员及其家庭的暖心行动。疫情防控期间，中央主要媒体刊发妇联抗疫工作相关原创稿件200余篇，全国妇联所属全媒体总计制作报道及视频3万余篇（条），总阅读量（播放量）超10亿次。其中，《疫情防控需要这样的家庭监督员》《公民应该有公民的样子》等评论引起广泛转发，推出阅读量达10万+的微信公众号原创文章3篇，千万级阅读量博文10余条，《战“疫”巾帼有力量》《战疫情 有我“家”——最美家庭在行动》等系列短视频，《天使在人间》等系列画作海报，“致敬他们”“同心抗疫”两个系列原创稿件等深受好评，网络话题#逆行中的她们#阅读量7.4亿。

三是创新抗疫典型宣传表彰，积极营造关心关爱一线抗疫女性的良好社会氛围。广大女性在抗击疫情中发挥了重要作用，涌现出许多先进典型和感人事迹。我们充分发挥“联”字优势，改变常规做法，创新形式对抗疫一线巾帼典型进行表彰和关爱，发挥巾帼典型在疫情防控中的引领作用。创新开展“一线医务人员抗疫巾帼英雄谱”网络发布活动。因时因势调整常规纪念三八国际妇女节方式，将评选表彰活动灵活转移到线上。积极协调、主动争取，与中宣部宣教局、国家卫健委直属机关党委、中央军委政治工作部组织局等单位在三八节前夕联合发布“一线医务人员抗疫巾帼英雄谱”，向社会推出20名一线女医务人员的感人事迹；3月底与公安部新闻宣传局共同发布10名“公安抗疫巾帼先锋”，4月与民政部、国家卫健委分别发布“城乡社区抗疫巾帼先锋”“一线医务人员抗疫巾帼先锋”，持续讲好巾帼抗疫故事。活动通过中央主流媒体和网络媒体集中宣传发布，受到广泛关注，网民纷纷点赞留言，向巾帼抗疫英雄表达敬意。即时启动开展全国三八红旗手表彰。发挥三八红旗手品牌的激励引领作用，积极主动申请立项，经党中央批准，及时联合国家卫健委、中央军委政治工作部开展评选表彰一线女医务人员和集体全国三八红旗手（集体）工作，授予在疫情防控一线救治成绩突出、护理成效显著、卫生防疫和科研攻关工作富有成效的女医务人员和集体全国三八红旗手（集体）称号；启动对在疫情防控中特别是社区联防联控、群防群治中涌现出的优秀女性和集体全国三八红旗（集体）评选表彰；追授在防控一线恪尽职守、勇挑重担，用生命兑现入党誓言的徐辉、黄和艳、姜娜、董李会、陈桂荣、罗桂梅等11位同志全国三八红旗手称号，大力选树疫情防控中出现的先进妇女典型。**协调社会力量关爱一线抗疫巾帼英雄。**联合腾讯基金会启动资金规模为3000万元左右的抗疫巾帼英雄慰问行动，为入选“抗疫巾帼英雄谱”“抗疫巾帼先锋”、获评全国三八红旗手的抗疫一线女医务人员及其他各行各业优秀女性提供慰问金。

四是紧紧把握三八节契机，全面展示抗疫巾帼担当。疫情期间正逢三八国际妇女节。在这个不平凡的节日里，我们把习近平总书记“大力宣传防疫抗疫一线的巾帼典型”重要指示精神落实到做好三八节宣传的全过程，及时调整节日纪念主题，下发《全国妇联关于疫情防控形势下做好纪念三八国际妇女节有关工作的通知》，明确疫情防控形势下以“立足岗位、争做最美巾帼奋斗者”为主题开展纪念宣传活动，紧紧围绕致敬抗疫一线巾帼英雄，开展有力度有声势有影响的全媒体宣传。**将战“疫”女性力量主题纳入国家新闻发布机制。**与国务院联防联控机制加强沟通对接，派出代表在3月8日当天参加国务院联防联控机制新闻发布会，介绍妇联组织投身抗疫服务妇女儿童情况，指导湖北省妇联参加国新办在武汉举办的专场新闻发布会。**协调中央媒体形成宣传声势。**积极争取中宣部新闻局的大力支持，协调人民日报、新华社、中央广播电视总台等中央主要媒体，三八节期间集中报道奋战在疫情防控一线女医务工作者等的先进事迹，报道妇联组织落实总书记重要讲话和重要指示精神举措。节日期间，人民日报、新华社、中央广播电视总台、光明日报、经济日报等中央主要媒体刊发原创稿件近百篇。特别是新华社精心策划采写大型综述报道《巾帼英雄战疫魔——献给抗疫最前线的半边天》，人民日报刊发评论员文章，在头版刊登大型综述报道《巾帼英雄战疫魔——献给抗疫最前线的半边天》，在重要版面刊登《战疫前线，巾帼不让须眉》，制作《战疫她力量》视频产品，中央广播电视总台“新闻联播”“焦点访谈”等栏目给予一线女医务人员大量镜头画面，展现抗疫女性的感人事迹，坚定广大妇女同舟共济、共克时艰的信念信心。**汇集全网力量致敬抗疫巾帼英雄。**统筹主要网络平台，在抖音、快手、央视频、微博、今日头条、网易新闻、知乎、网易云音乐、百度百家号、探探、斗鱼、58同城等同步开设#致敬了不起的她#主话题，发起话题互动、制作魔法表情、推荐主题歌单、上传致敬视频、征集暖心故事等多种表达方式，引导不同人群共同关注一线抗疫的巾帼英雄，为她们加油、致敬、送平安。据不完全统计，全网主话题总阅读量超过150亿次。其中，抖音相关主话题、子话题播放量超过100亿次，用户投稿量超过600万，是自抖音上线以来单个活动话题投稿量最高的一次；快手总播放量超过4亿次，投稿量超过72万个；微博话题阅读量超过15亿次，参与讨论超过100万次。其他各平台话题参与人数均接近或达到历史最高峰值。围绕抗疫和三八节制作短视频、海报、H5等产品，成为各网络平台争相发布的“爆款”，在朋友圈、微信群实现了“刷屏”。

五是关注社情民意，推动解决妇女儿童关切。疫情期间，互联网凭借信息生产及时、传播速度快、互动性强的优势，成为社情民意表达的主渠道。我们认真做好网络舆情监测研判和应对工作，将其作为了解妇女思想政治状况、开展妇女思想政治引领的重要途径，努力构建线上发现及时、线下推动处置、线上回应准确的工作闭环，积极推动妇女儿童关切妥善解决。全天候监测关注妇女儿童呼声。与行业内知名媒体、大数据分析单位合作，将疫情期间妇女儿童领域群众关切的关键词动态加入搜索库，通过技术手段加大关注力度，每日获取并研判妇女儿童领域网络热词数据变化，据此向有关部门及时反馈群众呼声、提出工作建议。推动解决特殊群体所急所需所盼。疫情期间，及时监测发现抗疫一线女医务人员急需生理卫生用品、孕产妇疫情期间就医难、少数儿童疫情期间缺少监护关爱等涉及妇女儿童的关切和呼声，立即报告并通过国务院妇女儿童工作委员会办公室和湖北省妇联向国务院联防联控机制、湖北省疫情防控指挥部等反映，有效推动有关方面出台相应政策，保障妇女儿童群体得到应有的关心关爱和防疫保护。及时发出妇联组织声音。组织中国妇女报、女性之声等新媒体平台，对“某地发出倡议强调居家期间看孩子应以女性为主”等错误言论予以发声批评；加大评论和引导力度，聚焦展现女性风采、巾帼力量，弘扬自尊、自信、自立、自强的精神；积极与有关单位和媒体沟通，促进疫情防控传播坚持正确的性别视角，推动性别平等观念更加深入人心。

疫情既是一场大考，也是一次锤炼。面对突如其来的战役考验，我们全力以赴做好舆论动员，全面推进宣传思想工作，在战“疫”中获得成长、实现发展，也形成了一些行之有效的做法和经验，值得总结并坚持。

一是紧扣中心、找准定位。认真学习贯彻习近平总书记重要指示精神和党中央决策部署，根据全国妇联党组、书记处具体部署，围绕疫情防控大局，谋划和开展妇联宣传思想工作，找准定位、突出重点，为确保宣传思想工作实效奠定了坚实基础。

二是应急应变、把握契机。面对疫情，我们打破思维定式，快速调整工作方案，转换工作重点，将三八节纪念和抗疫宣传紧密结合起来，大力宣传一线抗疫女性，宣传妇联组织战“疫”举措，契合了社会关切，赢得了媒体支持，引发了社会共鸣，彰显了女性在社会生活和家庭生活的两个独特作用，切实提升了讲生动身边故事、树可学可敬典型的能力，真正做到接地气、沉下去，取得了应有的宣传效果。

三是加强联合、扩大影响。在这场大宣传战役中，我们在全国妇联领导同志靠前指挥、指导下，拓展思路、主动作为，努力做好“联”字文章，积极主动与中宣部、卫健委、中央军委、公安部、民政部等沟通协调，共同开展抗疫巾帼英雄的系列学习宣传活动，大大拓展了典型宣传的方式，有力提升了典型宣传的层次，有效扩大了典型宣传的效果。

四是统筹谋划、形成合力。横向，我们注重加强对宣传单位和团体会员宣传资源和宣传力量的统筹，共同策划、及时通气，同步发力，彰显特色；纵向，我们注重加强对省级妇联的指导统筹，及时宣传推荐地方鲜活经验，提供指导服务，形成上下一体、步调一致的宣传工作格局，展示出妇联宣传工作的集团力量。

五是用好网络、彰显优势。针对疫情期间不能聚集、群众呼声关切需要得到高效迅捷响应等特殊情况，我们坚决克服“四化”，力戒形式主义、官僚主义，充分发挥互联网在组织动员、信息传递、新闻传播中的优势，积极搭建网络应急工作机制，通过网络传递工作信息、开展宣传发动、回应群众关切、营造浓厚氛围，确保特殊时期妇联宣传工作有力有效开展。这既是对近年来网上妇联建设成果的检验，也有力提升了网上宣传能力，对于今后做好应急状态下的妇女群众工作具有借鉴意义。

精心策划精准发力精锐出击，打好全媒体宣传战“疫”

中国妇女杂志社

新冠肺炎疫情发生以来，中国妇女杂志社跟进学习贯彻习近平总书记系列重要讲话精神，及时贯彻落实全国妇联关于疫情防控的各项部署要求，以全国妇联机关刊的政治担当，闻风而动，倾力而为。《中国妇女》杂志及其新媒体，全面布局，精心策划，因时因势，精准发力，全天候全媒体精锐出击，大力宣传抗疫巾帼英雄典型事迹，讲好妇女、家庭、妇联组织的抗疫故事，为统筹推进疫情防控和经济社会发展，发挥女性主流媒体的舆论引导力和权威影响力。战“疫”是我们践行初心使命的大考验，也是全媒体宣传报道的大练兵，我们用行动交出了出色答卷。

杂志社的抗疫宣传报道受到多方好评，先后收到了甘肃援鄂医疗队前线指挥部和国家援鄂医疗队北医三院的感谢信。沈跃跃同志、黄晓薇同志分别在杂志社报送的抗疫宣传情况报告上作出批示。跃跃同志给予高度肯定：前一段《中国妇女》杂志社通过专访、专栏、专刊大力宣传抗疫巾帼英雄事迹，弘扬先进，激励斗志，对鼓舞广大妇女为夺取抗疫斗争和经济社会发展双胜利作贡献发挥了积极作用。希望进一步宣传巾帼典型，讲好中国抗疫故事，引导妇女增强“四个自信”。晓薇同志提出希望：《中国妇女》杂志社在抗疫宣传报道中选题准、力度大、组织策划精心、形式多样，影响比较大，效果很好。望总结经验，再接再厉。

一、聚合力：探索“群互动”“云联动”全媒体宣传新模式

疫情发生以后，杂志社第一时间组成战“疫”报道组，社领导全程统筹指挥，亲自实操，编辑部门全员参战，全媒体发力。通过杂志社与各省妇联建立的30个“宣传群”，率先发出了妇联抗疫战况和战“疫”故事的征集令，弥补本刊没有驻地记者的短板，迅速形成线索“群”中来、上下合力“云联动”的全媒体宣传态势。

2020年2期《中国妇女》重磅推出《战“疫”》专刊，2020年3期、4期、5期持续跟进，突出报道习近平总书记关于疫情防控的一系列重要讲话精神，及时传递全国妇联“党有号召，妇联即行动”的一项项部署要求，把思想和行动统一到习近平总书记重要讲话精神上来，为打赢疫情防控人民战争凝聚强大巾帼力量。《妇联主席直播间》连续刊发浙江、江西、江苏、福建、安徽、山东等省妇联主席《为夺取疫情防控和经济社会发展“双胜利”贡献巾帼力量》等多篇署名文章。《本刊关注》连续推出《打赢阻击战，妇联在行动》《人间四月巾帼曲，只争朝夕抢春光》《志愿“红”映半边天，书写新时代雷锋故事》《大爱暖小家，“邻家妈妈”爱满申城》《见“疫”勇为“家”倍奉献》等专题报道，从不同角度因时因势，宣传妇联组织在群防群治中发挥的独特作用，彰显夺取抗疫斗争和经济社会发展双胜利的巾帼贡献。

与各地各级妇联建立新媒体联盟，每天择优编发、集纳、提炼来自各地各级妇联抗疫一线的报道，在《中国妇女》新媒体开设了《打赢抗疫战 妇联在行动》《打赢抗疫战 巾帼有力量》《打赢抗疫战 心理筑防线》《战疫情，有我“家”》等专栏，全天候报道妇联组织动员凝聚广大妇女和家庭，从我做起，从家庭做起，争做疫情防控宣传员、战斗员、监督员的作为。报道力度之大，数量之多前所未有，不仅及时鲜活展现了战

“疫”非常时期妇联组织的非常贡献，这种借力各地各级妇联宣传优势，“群互动”“云联动”模式的探索和尝试，也为我们发挥妇联舆论阵地网上引领服务联系的作用，形成全媒体常态化报道机制，积累了经验。

战“疫”期间，“中国妇女·专家来了”微课堂与各地妇联“姐妹群”联动直播，每周四晚7：30准时开课，推出《疫情信息多，就听专家说》《我在武汉做心理援助》《疫情下的居家营养》《疫情过后，我们如何平复心灵》等系列微课。同时，推出“非常时期居家课程”，并携手27个省妇联、32个市县妇联分享系列课程，开展了《重磅！中国妇女送课到家》活动。

此外，还与全国妇联权益部联合拍摄出品了微视频《提升心理免疫力，专家教您这样做》。与全国妇联联络部合作出版中英文书籍《疫线家书》。

二、抢时效：新媒体全线发力，提高抗疫报道的覆盖率和影响力

《中国妇女》微信每天发布频次是以往近10倍，数量增长5倍以上。《打赢抗疫战 巾帼有力量》《打赢抗疫战 心理筑防线》《战疫情，逆行者日记》《战疫，连线“红区”》《来自国家援鄂医疗队的报道》《蝶变“疫”课》等一个个专栏的推出，全方位展现巾帼奋勇抗疫全景。同时将优质内容分发到今日头条、百家号、网易号、一点资讯、UC大鱼号等7个平台，扩大传播力和影响力。

微博推出话题＃打赢抗疫战 巾帼有力量＃，阅读量超600万。在新浪新闻频道开通＃巾帼战疫＃专题页面，以内容专题+圈子热议+话题招募的形式致敬了不起的她，阅读量95万。＃巾帼战疫＃内容征集活动阅读量894万。抖音、快手平台持续发布抗疫短视频，点击量近300万。

《中国妇女》新媒体独家开设的《来自国家援鄂医疗队的报道》专栏，及时捕捉、跟进报道国家援鄂医疗队的前线战况，发布了《女院士乔杰领誓重温入党誓词、火线发展党员——党旗在一线更鲜艳》《收到总书

记的回信，北京大学援鄂医疗队“90后”女党员：用最美青春担当作为》《透过天使的眼，走近触动人心的温暖“医”瞬间》等系列报道。

《战“疫”，连线“红区”》注重对各地方援鄂医疗队的报道，仅对甘肃援鄂医疗队火线发展党员、方舱领舞护士、抗疫日记等个人和集体的原创报道十余篇。

经此一“疫”，新媒体成为我们及时快速新闻报道的主战场，微信、微博涨粉超过10%，全媒体传播力明显提升。

三、强特色：以独家采访和深度报道，谱写感天动地的巾帼战“疫”壮歌

《中国妇女》（上下半月）大力宣传战“疫”中涌现的优秀女性人物，集中展现特殊时期勇于担当的巾帼形象。2020年2—5期封面选取不同岗位抗疫巾帼英雄以及国家援鄂医疗队优秀护士群体。4个月中采访、编发人物超过百人，建构了抗疫巾帼光荣榜。特别是第一时间独家采访了陈薇院士（《陈薇：疫情阻击战一线女先锋》），独家采访了北医三院院长、乔杰院士（《带着“军令”，为生命而战！》）以及张继先等先锋人物。独家报道《雷神山“奇迹”背后的巾帼担当——访雷神山项目总指挥杨剑华》以及火神山上“女汉子”；对全国妇联分别与多个部门联合开展的“一线医务人员抗疫巾帼英雄谱”“公安抗疫巾帼先锋”“一线医务人员抗疫巾帼先锋”等发布活动中的毛永辉、甘如意、王冰、郭敬、刘宇航、周艳等多名先进人物进行了及时、持续的全媒体采访报道，学习强国、光明日报等多家媒体纷纷转载。

《中国妇女》2020年2期封面设计独特的《战“疫”》专刊中，《战“疫”三部曲》对巾帼战“疫”进行了全景式报道，在业内和读者中广受好评。2020年3期策划大型专题《非常时期，非常大考，她们的答卷令人叹服！》，采访了余留芬、邓迎香、夏华等各行各业20个复工复产贡献双胜利

的女性带头人。

《中国妇女/法律生活帮助》推出了《雷霆战“疫”，汇聚司法战线巾帼力量》《双线作战，巾帼之花社区绽放》《法律助力，让生活穿越疫情》《不出家门打官司，法官敲响“云法槌”》等专题和人物报道，展现司法战线巾帼抗疫风采，立足“依法防控”，提升广大妇女战胜疫情的信心。

四、盯节点：重策划把节奏，彰显“焦点”传播效应

三八节期间，集中策划分时推出一系列原创新媒体产品。微信发布H5《花开三月 致敬天使》接力云献花，当天近两万人参与。微博推出与明星一起制作致敬海报，阅读量达202万人次。微博话题#鲜花致敬守护新生的她#、#三八节感恩医护人员，跟康辉、鞠萍……一起云献花#等，占据当天热搜榜第三名，阅读量为9026万。

此外，还推出原创手绘H5《这个三八节，这样的你最美》，上传照片变身白衣天使的模样。独家设计推出3组展现不同岗位抗疫一线女性形象的海报：《这个节日，你最IN》《这个节日，你最炫》《这个节日，你最暖》。

利用五一劳动节、五四青年节、护士节，《中国妇女》2020年5期推出了《这座英雄城市，战“疫”、复产巾帼劳模奋勇当先》《致敬天使！终于看见你的笑脸……》等专题。新媒体发布“五四特稿”《她们亲耳聆听总书记教诲，用青春交出绚丽答卷》，采访了青春在战“疫”一线磨砺中出彩的“00后”社区志愿者谢小玉、“90后”党员护士李思齐等。《今天，是她们的节日，看看她们的“真容”，听听她们的“真言”》，天使摘下口罩的视频和“90后”不负韶华的铮铮誓言，令人感佩。

五、推精品：发挥原创优势，做好“联”字文章

战“疫”期间，中国妇女杂志社与“学习强国”平台深度合作，精心

策划、“联动”重磅推出了一系列精品。“声传家书，致敬天使”主题活动中，邀请康辉、鞠萍、凯丽、周涛、黄圣依、李素丽等知名人士朗读战“疫”家书，为奋战抗疫一线的女性医护人员送去独特的“有声”礼物和节日惊喜。 手写家书原稿、与名人诵读音频以及图文并茂的背后故事，多形式叠加，成为全媒体“精品”，当时阅读量超320万，点赞量超30万。

《声传家书，致敬天使》被多家媒体报道和转发，取得了很好的社会反响。中国妇女儿童博物馆和中国人民大学家书博物馆，收藏了这些战“疫”家书。家书精选以及背后的故事，结集为中英文《疫线家书》，向海（境）内外读者讲述中国妇女和家庭真实感人的抗疫经历，解读源自每个人、每个家庭凝聚起的中国精神、中国力量。

战“疫”初期，学习强国还推送了杂志社制作的《战疫情有我“家”，千万家庭在行动》20个各地最美家庭代表的系列视频和10位《中国妇女》封面人物蒙曼、欧阳夏丹、苗晓红、周涛、邓亚萍、余留芬等《打赢抗疫战，巾帼有力量》的视频，阅读量近百万。

护士节期间，杂志社策划拍摄的《天使疫事》系列微访谈视频在学习强国推出，乔杰、吴欣娟以及国家援鄂医疗队优秀护士，独家讲述的红区拼搏故事感人至深，播放量近90万。此外，杂志社还与中国女画家协会联合推出系列画作抗疫海报《天使在人间》《我不是天使》，以精致设计、强烈视觉感染力，频频被学习强国、人民网、新华社等转发。

三八节前夕，杂志社联合中国女医师协会，千方百计为武汉一线医护工作者、巾帼志愿者和孕产妈妈等送去鲜花5000余束，覆盖了17家医院、13支援鄂医疗队、31个驻地宾馆，让她们感受到别样过三八的惊喜与温馨。160余家主流媒体发布或转发活动消息，近亿网友参与“守护天使”话题讨论。

在非常时期的大战大考中，中国妇女杂志社以担当和奉献，书写了浓墨重彩的非常篇章。

妇联出版人的“疫情大考”答卷

中国妇女出版社

2020年的春节，因为一场突如其来的新型冠状肺炎疫情，变得非同寻常，以习近平同志为核心的党中央发出了坚决打赢疫情防控人民战争、总体战、阻击战的战斗号召。作为全国妇联直属的宣传出版单位，中国妇女出版社第一时间响应妇联党组关于“要加强宣传和舆论引导，凝聚起疫情防控的强大力量”的工作要求，在疫情防控的“大考”中践行出版人的职责使命，努力答出一份出色的答卷。

一、利用“两微一课”公益传播科普知识

疫情期间，常规的推广平台“停摆”，自媒体、新媒体在疫情期间发挥了独特影响力，出版社长期积累的妇儿家专家优势、丰富的内容资源和直播等新媒体营销优势凸显。出版社根据形势推进新媒体、自媒体与传统媒体的融合，打出不同的“组合拳”，将优质内容以公益性质传播出去，在这个特殊时期贡献微薄之力，回馈社会。

出版社利用“两微一课”（微博、微信公众号、微课+直播）的方式，向公众传播心理调适、亲子陪伴、家庭教育、孕产保健、居家健康的知识，这些暖心又实用、科学又接地气的内容受到广泛好评。

出版社党支部、社班子统筹策划，编辑部和新媒体团队立刻行动，针

对疫情期间公众可能面临的一些生活中的困惑、难题，主动设置题目，安排编辑联系各自的专家组稿。比如，疫情期间家长和孩子的心理防护怎么做？学校延迟开学，家长怎么辅导孩子在家学习？长假期间，家长怎么给孩子优质的陪伴？此次疫情中老年患者多，对中老年群体怎么做好心理支持？针对特殊人群、孕产妇的监护怎么做？疫情期间居家生活，怎么吃才能增强免疫力？……

出版社的想法也得到了专家们的认可和积极配合，有的作者连夜就写出稿件发来。虽然在家办公，但大家通过微信群的工作效率丝毫未受影响，编辑组稿、文案加工、三审、美编、新媒体编辑编发一条龙，高效协作。

疫情期间，每天都要编发新内容，发布频次大大增加。从1月26日至4月，利用出版社的两个微信公号，已发布138篇公众号推文，单篇最高阅读数3.3万，累计阅读量达100万以上。短短3个月的时间，“中国妇女出版社CWPH”订阅号粉丝数激增300%以上，内容包括：《疫情期间，如何做好孩子的心理防护》《疫情期间，如何做好家长心理防护》《延迟开学不停学——特殊时期的学习方法（系列）》《疫情当前，更要做智慧父母（系列）》《防控疫情期间的家庭教育原则和方法》《负重前行：这是生命的境界，是精神的支撑》《孩子们“宅”在家中，教育风格应这样转换》《防疫期间孩子宅家，这些安全隐患要警惕！》《安心宅家，每一次亲子陪伴都是流金岁月》《让孩子在自我管理中找到乐趣（妈妈日记系列）》《疫期阅读：助力孩子养成传承家庭文化的习惯》《三八节礼物：2020在春风中寻觅书香》《新型冠状病毒肺炎流行期间怎么做好孕产妇监护》《面对疫情，年龄可以化为武器》《清明时节：陪伴是对父母最好的守护》《明日全国志哀！给孩子们讲讲“下半旗”的知识》《三本书，陪你一起面对这个特殊时期！》《愿“春蕾”都能平安绽放——写给女童和关心她们的每一个你》《祖孙三代宅在家：别让三代人的矛盾影响孩子成长》《世界读书日｜这儿有一份书单，送给喜爱读书的你》等，多篇抗疫宣传文章受到妇联领导关注点赞。

出版社还通过微课、直播、电话连线采访等多种形式，紧密围绕着因为疫情产生的家庭教育和心理的痛点问题，传播优质内容。从2月4日至4月，策划、开展的活动共计17场，在线收听和观看人数达到了100万+人次，内容包括疫情期间的孕产妇和母婴防护、家长与孩子的心理调适、孩子的自我管理、亲子阅读、合力养育、家文化素养、女性成长等，输出的平台有京东直播、天猫直播、当当直播、直播云平台、小鹅通等。内容如下：

1.微课：2月4日20：00，出版社专家作者蒋佩茹教授的微课《疫情时期如何做好孕产妇监控》开播，微课通过小鹅通技术平台输出，微信用户通过二维码、链接可以在微信平台直接收听和在线提问，蒋老师在家里通过手机，在线直接输出语音即可完成微课讲解。当晚同一时间段在线收听人数达到了8930多人次，得到了在线用户比较好的反馈。微课结束后，蒋老师又在线回答了很多孕妈妈和新妈妈在这个特殊时期的各种问题。

2.直播：2月6日和7日20：00，出版社在京东直播平台，由师晓霞和刘湘梅老师分别为疫情期间家长最关心的内容开展两场知识性的直播讲座——《非常时期，如何做好孩子的心理防护》《特殊时期的亲子陪伴》；2月13日和14日20：00，出版社与当当直播、天猫直播两大平台联合，策划两场直播主题为《非常时期如何做好孩子心理防护》《如何在非常时期帮助孩子居家学习与成长》。4场直播累计在线收看、转发、回看，近10万+余次。首发的四场直播网课，不仅对出版社图书和作者的宣传推广起到了良好推动作用，同时也在特殊时期，通过直播这种互动性良好的媒介，打通出版社与读者用户的供需通道，为读者用户送去暖心、实用的家庭养育指导，对出版社家庭教育内容品牌的树立，起到了良性的宣传作用。

3.电话连线采访：出版社作者——心理专家陈爱芬，作为嘉宾，与国民哥哥许川电话连线，为3500万女性朋友答疑——如何在疫情期间缓解焦虑，调节自我情绪，让千万女性朋友了解，在疫情期间可以通过积极沟通，缓解家庭焦虑，促进婚姻幸福。此内容通过音频和文字内容输出，喜马拉雅、一点资讯、网易公开课、头条可同时在线收听、收看。

4.公益活动：出版社联合千聊等两百余个教育品牌共同发起“10万个在线教室”计划，搭建起10万个在线教室，免费送给全国线下教育机构和讲师。出版社的专家作者纷纷响应，约有十位作者在千聊搭建“在线教室”，将科学的孕产、家庭教育内容送到千家万户。

二、96小时出版首部抗疫电子书《特殊时期 特别家教指导》

2月11日上午，一场新的战役打响——为落实全国妇联“特殊时期 特别家教”的工作，在全国妇联家儿部指导下，与中国家教学会合作，中国妇女出版社策划出版了《特殊时期 特别家教指导》电子书，以帮助父母利用好疫情长假，做好孩子的陪伴、支持和教育。11点，由社领导带队的项目组正式组建，开展了一场持续4个24小时的艰苦战“疫”。

“第一个24小时”，迅速理清头绪，制订出版方案。除了向学会组稿，出版社还利用专家优势向张思莱、王芳等知名家教、育儿、心理专家发出邀请。我们的策划得到专家的大力支持和响应。立项当天晚上10点，副总编辑带领两名责任编辑完成了内容梳理，确定了疫情中的家庭教育重点、家庭心理支持、良好习惯养成、亲子互动培养、专家点评战“疫”日记等五个方面的框架搭建；两位美术编辑同步进行版式和封面设计，初步拿出了10余个方案；总编室积极与CIP中心协调，尽快申领CIP。

“第二个24小时”，群策群力，发挥团队作战优势。为了提高效率，编辑部建立了由5位青年编辑组成的审校组，将审稿工作进行分解，统稿、初审、复审、终审，各环节交叉工作，在12日晚上10点，9万余字的三审工作全部完成。

“第三个24小时”，时间紧迫但质量不能放松。录排员收到定稿后加班加点，13日中午完成排版。一边将校样发给学会副会长傅国亮老师进行专家审稿，同时4位年轻编辑开始“接力棒”校对。“明天一早必须全部校完。”接到通知，她们没说一句“困难”，14日早9点准时交回4份认真校订过的稿件。

“第四个24小时”，书的内容有了，怎么推出成为关键。负责新媒体运营的两位营销编辑加入战队。一位营销编辑一遍遍尝试，不断优化设计公众号文章排版；另一位营销编辑根据图书内容，快速策划出抗疫家教系列公益直播课程；责任编辑利用数字出版的经验优势，为电子书的成书出谋划策。在李凯声社长的亲自协调下，《特殊时期　特别家教指导》电子书最终确定由全国妇联“女性之声”、中国家教学会、中国妇女出版社自媒体阵营同步推出。与此同时，主题编辑部的三位编辑对书稿进行全文质检，为图书出版把好最后一道关。

2月18日，《特殊时期　特别家教指导》电子书上线，并得到新华网、中国妇女报、中国网、中国出版传媒商报等媒体的报道和转载，各地妇联也对我们的发布积极响应，并在公号转发。面向海外华人的中国图书进出口公司也上架了电子书。

三、再接再厉，完整推出“特殊时期　特别家教指导”电子书三部曲

第一部电子书的成功上线及产生的良好影响，激励出版社进一步捕捉家长与儿童对于疫情防控期间家庭指导服务的新需求和新期待。随着疫情防控积极向好的态势进一步巩固，人们的心理状态较之前发生了一些新的变化，也出现了一些新的问题，针对家庭教育指导，还可以做得更细化一些。

考虑到特殊时期孩子宅家上网课、亲子矛盾凸显的热点问题，中国妇女出版社积极与中国家教学会协商，计划与中国心理学会、中国科学院心理研究所合作，聚焦疫情影响下的儿童心理健康和亲子沟通问题，推出《特殊时期 特别家教指导——家庭心理支持》。恰在此时，国家儿童医学中心北京儿童医院看到出版社推出的《特殊时期 特别家教指导》所产生的良好社会影响力，主动联系出版社，提出希望针对疫情期间就医安全这一社会热点问题，在出版社出版《特殊时期 特别家教指导——儿童健康防护》，为儿童正确就医和健康防护提供指导。

出版社认识到，根据中国妇女出版社为广大妇女、家庭服务的宗旨和产品特色，为广大家长在特殊时期提供正确引导、科学指导和专业支持，指导家长做好儿童的身心防护和支持，促进儿童健康成长，这就是妇联出版人应该做的——就这样，“特殊时期 特别家教指导”三部曲的策划案形成了。

在全国妇联家儿部的指导下，中国妇女出版社继续与中国家教学会深入合作，组织了两支权威专家团队：一支由国家儿童医学中心北京儿童医院党委书记、院长牵头13个科室近50位医护专家组成，一支由中国科学院心理研究所所长牵头，由20余位心理专家组成。两个团队迅速加入选题策划和书稿编写工作。

根据疫情进展抓住出版时机，出版社计划在15天推出两部电子书。这是一场硬仗，也是对中国妇女出版社出版能力的考验。出版社迅速成立了由骨干编辑组成的专项编校组，经过三四轮讨论才敲定了图书的结构，组稿、再讨论、再润色，经过7轮持续修订，《特殊时期 特别家教指导——儿童健康防护》《特殊时期 特别家教指导——家庭心理支持》如期上线。就这样，不到2个月的时间，3本电子书完整上线。

为了让抗疫科普知识惠及更多家庭和孩子，坚持社会效益第一原则，中国妇女出版社免费开放了电子书下载资源。目前，《特殊时期 特别家教指导》《特殊时期 特别家教指导——儿童健康防护》《特殊时期 特别家教指导——家庭心理支持》三部读本已得到业内的高度赞誉，新华网、人民网、中国网、中国出版传媒网、《中国新闻出版广电报》、《中国妇女报》等国家级主流媒体纷纷转载报道，全国妇联和地方妇联系统媒体（自媒体）纷纷转发，网上总阅读量已经超过200万人次，总下载量已经超过8万人次。

为了让系列电子书的内容呈现更加立体化，同时也为了响应教育部门关于中小学生“停课不停学”的疫情时期举措，中国妇女出版社在2月17–26日，策划推出了6期公益直播网课：“非常时期的亲子阅读时光”“利用疫情长假培养孩子的良好习惯与能力”“面对疫情，更要提升我们的家文化素养”“让孩子在自我管理中找到乐趣”“防疫时刻，每一次亲子陪伴都是流金岁月”“用智慧帮助孩子，避免网络沉溺”。6次公益直播系列网课共计收获60万+的用户在线收看。

特殊时期，不忘出版人的初心和使命。在疫情时期，知识内容要为抗击疫情服务，为全国家庭教育服务，想群众所想，急群众所急。通过出版服务，帮助妇女群众和广大家庭解决她们关注的痛点、难点问题，涵养积极健康的社会心态，倡导科学文明的生活方式，进一步巩固强信心、暖人心、聚民心的社会氛围，将危机转化为继续推进社会进步的强大动力，体现妇联出版人的担当，为战“疫”贡献出版社的一份力量。

记录与震撼：来自前线的声音

中国妇女报社

从2020年1月28号大年初四起，中国妇女报社陆续向湖北保卫战、武汉保卫战前线派出两批共4名记者，与2名湖北站记者组成妇女报武汉战“疫”报道组，开始在疫情防控最前沿展开采访报道。

在鄂采访期间，6名报社前线记者在这场看不见硝烟的战争中，用60余天的时间在妇女报全媒体平台发稿总计645篇，其中，讲述在武汉战“疫”过程中“人”的故事始终是采访的重点——白衣战士、社区工作者、人民警察、志愿者、确诊患者、基层干部、普通市民都是女报记者的采访对象。

深入医院感染区、蹲守疫情发生社区等风险系数极高的采访，在每天的工作安排中是“家常便饭”。截至4月8日武汉解封，总计采访300余人，正因为距离新冠病毒足够近，最终通过一篇篇稿件，比较完整地记录下战“疫”一线的每一个重要时间节点。

本文选择的16位采访对象，是武汉战“疫”中的女性代表。这些来自前线的声音，是一段段“口述史”，更展现出在坚决打赢疫情防控人民战争、总体战、阻击战的过程中，巾帼力量始终发挥着重要作用。

1.满彩美，武汉市江汉区城管执法局环卫质量管理中心质检一队环卫工人。

报名参加突击队进医院时，我没想那么多，只觉得那么多人从全国各地赶来帮助武汉，我们这些在武汉的人更应该做自己力所能及的事。第一次进方舱，看到上千张病床还是有点怕，但是看到医护人员都那么辛苦和勇敢，我就没那么害怕了，更没想着退缩。我心里只有一个想法，配合医院把保洁工作做好，让病人们能尽早治愈出院，让医生们能尽快回家和家人团聚。在定点救治医院和方舱医院的工作经历，让我永远不会忘记和医护人员并肩作战的每一天，我觉得所有的付出和危险都值得。回到正常工作岗位，这几天我觉得变化蛮大，扫地的时候看到送外卖的小哥也很多，居民有的买菜，有的是出来晒晒太阳、散步，觉得以前的日子慢慢地回来了。这都是全国人民的努力，抗疫期间，大家都是相互帮助，很团结，所以武汉会越来越好。

2.张笑春，武汉大学中南医院影像科医生。

这是一段难忘的记忆。2019年的12月31日，我主持召开了科室“不明原因肺炎”防控会议，安排环境消杀、防控物资储备及预防职业暴露。为了不给防控工作添麻烦，我规劝父母退了回老家过春节的车票。作为一名医生，我一直坚守在抗疫一线，以专业的职业操守与病毒做斗争。我留宿办公室分析CT影像数据，寻找疾病规律；建言隔离治疗感染者和强制留观密切接触者，提出“CT作为新冠肺炎筛查的主要依据，叫停家庭留观及征用学校、宾馆及酒店集中单间隔离救治”，并呼吁方舱CT进驻武汉，引进机舱消毒装置及智能机器人。除此之外，我还做了各种专业防控培训、大学生战“疫”在线教育、网上CT影像会诊等。抗击疫情的每一天，我都和这座城市的人们同呼吸共命运。经历了76天的浴血奋战，我们迎来了胜利的曙光。未来的日子里，我们还要继续努力，共同保护好武汉，守住这里的繁花似锦。

3.曹虹，武汉市妇女儿童活动中心主任。

当疫情毫不留情地来到眼前，武汉就处于战时状态了，封城让我感到焦虑，常为逆行者和生离死别不自觉地流泪，特别想为这个“生病”的城市做点事情。是责任、是使命，也是内心的驱动。在下沉社区开展工作的时候，我尽心尽力沉下身、沉下力、沉下心，带着朴素的为人民服务的情感，脚踏实地地去工作，去帮助居民解决面临的买药、送菜等各种困难和问题，和所有的人一起共同面对这个城市的不幸。这段时间，大爱、逆行、驰援、坚韧、坚强、坚定、温暖等关键词一直陪伴着我们，我们也坚信，在全国人民的帮助下，在武汉人民的共同努力下，那曾经热气腾腾充满烟火气的日子会到来，我们愿为之一直努力下去。

4.刘晓丽，武汉临空港经济技术开发区（东西湖区）妇联主席。

在抗击疫情中，习近平总书记亲临武汉令我刻骨铭心，新冠病患的伤痛挣扎令我刻骨铭心，医护人员的坚守担当令我刻骨铭心，以社区为主战场的防控保障令我刻骨铭心，社会各界的携手齐心更让我刻骨铭心，友好邻邦捐赠物资上张贴的“山川异域 风月同天”令我刻骨铭心。所有的妇联干部、妇联执委、巾帼志愿者都变成了“全能战士”，她们用女性特有的善良、勇敢、温柔、坚韧守护家庭、守望邻里。我深切领悟到社会主义国家的制度优势，只有在这样的社会制度下，我们才有必胜的决心和底气；我深切领悟到人民的伟大和不屈，只有英雄的人民才能铸就英雄的城市；我深切领悟到中华民族的复兴之路虽不平坦，但无论经历多少风雨磨难，都阻挡不住祖国坚定前行的脚步。

5.胡明荣，武汉汉阳区江欣苑社区书记。

城市社区是疫情防控的前沿阵地，更是阻击疫情的重要关口。我作为江欣苑社区党委书记，深感责任重大，要守住社区的健康大门，要保障居民的物质生活需要，要随时接听居民的诉求电话，要及时进行物资分拣等，我带领辖区党员干部、社区工作者积极发挥基层战斗堡垒的作用，让鲜艳的红旗飘扬在每个单元楼门上。我用实际行动给群众当好服务员，做好勤务兵。我用脚丈量为居民服务的尺度、用情测量对居民关爱的深度、用心衡量为居民服务的温度、用嘴量化防疫知识的宣传、用脑来解决居民的需求、用肩来扛起居民满意度，用一颗初心践行共产党员全心全意为人民服务的职责。我常拿自己做例子：“只要按照党和政府的要求来就没事，我一个癌症病人都不怕，你们还怕什么！”危难时刻，居民们把我当成了亲人，都称我是“抹布书记”“知心大姐”。

6.高莉，甘肃第四批援助湖北医疗队“90后”队员。

我是甘肃省妇幼保健院小儿呼吸内科的一名护师。来到武汉的同时，才发现自己怀上了第一个宝宝。一代人有一代人的历史使命，一代人有一代人的担当。虽然我只是一名在武汉提交入党申请书的“90后”入党积极分子，但是我仍然要以实际行动证明，我们同样有强烈的家国情怀。我觉得最重要的不是“几零后”，而是“努力后”“奋斗后”，能够到祖国最需要的地方去，能够为国家作贡献、为人民服务，才是实现人生价值最好的途径。我们已经长大，担责正当时！同时这份责任让我感受到了无尽的力量！在隔离病区工作的这些日子里，虽然辛苦，但却是爱意满满。当我听到所有患者都在向我道谢，当我看到无条件支持我们的医院领导和后勤工作人员，当我看到社会爱心人士为我们捐送的物资和食品……心中暖流便油然而生，是他们坚定了我们的意志，我们将带着爱砥砺前行。

7.杨雪，武汉志愿者。

最无私的奉献最能鼓舞人心，也正是因为这样，一个人，两个人，不断地有人站出来对抗疫情，我们志愿者的群体才能如此的壮大，志愿服务的范围才能如此广泛，效率才能如此迅速。也是因为这些无私奉献的人，包括在前线战斗的医生护士，在各个街道社区的警察、城管、环卫工人、社区工作者，以及分散在各个区域的志愿者等，正是因为所有人的付出、奉献，才在这次疫情中保护住我们的城市，我们的国家，我们的人民。也正是因为这些无私奉献、默默付出的人，我们才能在危急时刻控制住疫情，抵住病毒的入侵、破坏，我们没有被病毒击垮，也终将通过自己的努力，一步步打赢这场抗疫攻坚战。所以我认为，奉献，是做好志愿服务最需要的精神，这也是我们中华民族本身具备的优良品质。在这次疫情中，我们无数人挺身而出，与疫情奋战到底，甚至有很多人付出了生命的代价。但是我坚信，只要我们还葆有奉献的民族精神，我们就一定能战胜这次新冠肺炎引发的疫情，也会在未来的各种未知危机中，跨过重重艰险，克服种种困难。我更坚信战胜这次疫情，我们的民族必将崛起，我们的国家必将强盛。

8.张亚涛，甘肃第四批援助湖北医疗队“90后”队员。

新冠疫情肆虐荆楚大地，作为医护人员，我义无反顾，慷慨赴鄂，誓用青春和热血践行“健康所系，性命相托”的医者誓言。回想援助武汉的日日夜夜，无数的思绪瞬间涌上心头，酸甜苦辣，五味杂陈；与死神抗衡保护患者安康，让人激动振奋；领队的殷切关心与彻夜等待，让人倍感温暖；后方的保障支持与贴心关怀，让人义无反顾；让人记忆犹新的是，每次开展医疗工作的时候，无论是递水送药，还是体温测量，每位患者都会特别真挚地说谢谢，“谢谢你们来武汉”“谢谢你们帮助我们”，这“感激”是英雄的武汉人民照亮我们前行路上的一抹暖阳。每个筋疲力尽的时刻，每个辗转反侧的夜晚，他们的每句问候、每个笑容、每个眼神都让我觉得充满信心和力量。离开武汉的时候，听说樱花已经悄然盛放了，武汉这座城市终于迎来了春暖花开的美好时刻。我将终身铭记这段记忆，铭记武汉人民的勇敢坚毅，铭记祖国母亲大爱无疆的胸怀，铭记14亿人砥砺前行的力量。

9.唐杰，火神山医院感染一科一病区护士。

自除夕夜驰援武汉，今天已是第76天。从寒风凛冽的冬天到春暖花开的季节，从初来时空寂无声的城市到终于解封恢复烟火气的日子。每天工作就在迷彩服和防护服、外科口罩和N95口罩之间来回切换。三级防护服就是战袍，三层外科手套就是钢枪，这些是我们进入“红区”战场的有力保障。每天进入“红区”和患者近距离接触，有病人问我怕不怕？我说要是怕的话就不会来了。在病房里面听到最多的是：“谢谢解放军，你们来了我们就有救了！”每每听到这些，所有的汗水、疲惫、辛劳都值了。在隔离病房里我们用爱去治愈患者，患者也用爱在鼓励我们。吴谦大校说过：“最好的青春是与祖国同在！”回想起这70余天的抗疫时光，总算无愧于南丁格尔精神，总算无愧于入党誓言，总算无愧于这身迷彩装。

10.张锦星，武汉市东西湖区公安分局辛安渡派出所民警。

面对来势汹汹的新冠肺炎疫情，让我这个刚入警不久的小丫头得到了一次人生难得的历练。在方舱医院内我看到了医护人员和患者的坚韧与感动；在这座城市的每个角落，我看到了英雄的武汉人民同心协力、英勇奋斗；在众志成城的抗疫一线我更看到了战友们的奉献和坚守。这次疫情就像一场大考，让我对“英雄”二字有了更深刻的理解，也更加深刻地体会到了什么是忠诚什么是担当。英雄就是普通人的挺身而出，没有人生来就是英雄，只因我们头顶国徽，身披藏蓝。作为疫情防控中一支极其重要的力量，人民警察日夜奋战，用行动诠释“人民公安为人民”的铮铮誓言。我将不忘初心，始终抱着坚定的理想信念、真挚的爱国情怀、无畏的英雄气概、无私的奉献精神，继续奋发前行。

11.陆巍，第四批国家中医医疗队（上海）、武汉雷神山医院感染三科五病区护士长。

2月15日，踏着经年不遇的立春后的皑皑白雪，在这个极寒之夜我们医疗队到达了武汉。至此，我的工作战线从上海拉到了武汉雷神山医院，与医院援鄂医疗队队友们一同从严冬到暖春，从长夜到破晓，我们开启了46个日夜的逆行、46个日夜的坚守、46个日夜的期盼。这一场前所未有的鏖战，拼的是万众一心的斗志，拼的是一往无前的毅力，拼的更是忘我无我的大爱情怀。随队30名队员，8位男性医者，22位护士却都是女孩子，“90后”占了绝大多数。在雷神山抗疫的日子里，感动无处不在，我们经历了建科的辛劳，接受了高强度舱内工作的磨炼，承受超越人体体能的极限。我们拼尽全力，绝不懈怠，在人民需要我们的时候，我们来了！如今，我们的抗疫之战初战告捷，我们也从雷神山前线战场撤离。我们践行了党旗下的誓言，在抗疫战中践行初心使命，磨砺了责任与担当，此行无悔。

12.张淑静，武汉中央花园社区党委书记、居委会主任兼妇联主席。

从武汉封城至今，我在社区抗疫战场上“拼命”，一天也没休息，65岁的我平均每天战斗18个小时，用信念和意志释放初心使命，用时间和生命履行入党誓言。在疫情最肆虐的时候痛哭过委屈过却宁死不退的我，只有一个决心：坚强再坚强，让党旗在疫情防控第一线高高飘扬。我团结带领社区工作者、下沉干部和志愿者严防死守，成为深夜患病居民的路标，遇到困难群众的依靠。在疫情得到有效控制，获得首个南湖街道“无疫情社区”的时候，激动过兴奋过却不屈不挠的我，只有一个愿望：坚持再坚持，让不知在哪个阴暗角落“游走”的病毒离居民远一点、再远一点！宣传发动近2000个家庭群防群治，让居民邻里守望相助，踊跃参加社区妇联组织的“宅家感悟征文”“宅家厨艺空中大比拼”，凝聚抗疫精神力量。在城门“重启”，全市疫情形势不断向好的现在，我告诫自己“零新增不等于零风险”，要“慎终如始”抓好社区防控！决战再决战，“‘新冠’不退我不叫累”。战“疫”很激烈很艰苦，参与了经历了见证了，这命拼得值啦！

13.罗杨，军队支援湖北医疗队、泰康同济医院政工部宣传干事。

武汉告急，共赴国难。祖国和人民的需要在哪里，人民军医的火线就在哪里，那里就是我们该去的方向。“聚是一团火，散是满天星”。在万众瞩目之下来到武汉，那是解放军这个集体的盛光，包括毛青、宋彩萍、赵秀英……重庆长江边上九连屏致敬的殊荣，已然是天下谁人不识君的程度。而在自己的岗位上力所能及地为抗击新冠病毒做实实在在的具体事情，是每一名军队支援湖北医疗队队员的萤火。无论盛光与萤火，虽然我们生而平凡，却因为生命与使命的分量，变成了一个个人间奇迹的创造者，也让这一个个平凡的付出变得非凡。不需要知道我是谁，请记住武汉战“疫”中的那些人和事。让这些壮怀激烈，能汇入历史的长河，融入中华民族自强不息的骨血之中，滋养后来者，让他们汲取奋进的力量。我很骄傲，能在泰康同济医院与1400名战友一起，构筑成抗击新冠肺炎阻击战最前沿的防线，用白衣战士的血肉之躯，筑起14亿同胞心的长城。我更荣幸，在2020年这个春天，能与光荣同行，一起迎接即将到来的、花开疫散的伟大胜利！

14.黎婧，“80后”兼职插画师，用漫画记录方舱医护的日常。

我是这次感染新冠肺炎轻症的康复者。从治疗到康复，从方舱到隔离点，四十多天的经历，我用我的笔一笔一画地记录下了这一切。我想大家特别喜欢我笔下的“大白”形象，是因为“大白”不只传递出一种萌萌的、暖暖的、非常可爱的医护人员形象，从我的这些画里，大家可以感受到有一种生机，有一种生命力。康复的这一路，有医护人员的悉心照顾，有志愿者无微不至的关怀，有公安民警时时刻刻的保护，还有社区工人体贴入微的关照。生病本来是不幸的，但我又是幸运的，两个月的经历，让我焕然新生，我感受到生在中国的骄傲与自豪，更感受到人与人之间相互关怀、互相关心的温暖，以及相互支撑的力量，这种力量，是能够帮助我们渡过一切困难的。

15　孙薇，军队支援湖北医疗队队员、陆军军医大学西南医院护理教研室主任、泰康同济医院护理专家组组长。

2020年3月的一天，就在东方即将出现鱼肚白时，我敲下键盘最后一个键，长长伸了一个懒腰，终于完成了“泰康同济（武汉）医院新冠肺炎患者护理要点”！这是护理部王丽芹主任交给我的任务：你是护理专家组组长，咱们医院的新冠肺炎患者护理的规范就由你来完成，时间非常紧，临床护理急需规范与指导……每个人都感到了重重的压力。

有时候真的在想，一场突如其来的战“疫”可能使我们暂时出现一些物质的短缺、接受任务的护士们专科护理能力的良莠不齐，但是我们护理老兵们却很快明白：我们首先是一线护士、是战士！博导硕导，首先是在这样特殊的大战“疫”面前坚持工作与指导却不能“倒”！

事实证明，多年的临床经验积累在这样特殊的任务面前发挥了重要的作用，及时稳定住护士们因防护物资短缺的担心、因重症护理等专科能力有限的无助；更加清晰地感到一种突来的紧迫感：护理人才与专科能力培养不仅永远在路上，更是需要快马加鞭、刻不容缓……多年以后我们会庆幸这场伟大的战“疫”使我们发挥出了自己的专业救治力量，庆幸这场武汉保卫战我们挺直了中国军人的脊梁！白衣天使，党和人民忠诚卫士的诺言，会庆幸这场战“疫”有我的参与。

16 魏敏，武汉大学人民医院东院区产科主任。

我们已持续抗疫80多天。我个人既是党支部书记又是科室主任，这时我不上谁上，家人也很支持我。作为一名抗疫一线的工作者，我经历了武汉至暗时刻、与国家驰援队并肩战斗的难忘时光以及武汉解封的阶段性胜利。

截至目前，我们开展了呼吸科、麻醉科、儿科、传染科等及新疆医疗队的MDT团队会诊，对新冠孕产妇实施了抗病毒、抗炎、小剂量激素等对症治疗和胎儿监护管理及床边优质护理与心理疏导。已治愈出院46人，完成高难度、最高级别防护的剖宫产手术22台，迎来了22名新生儿的呱呱坠地，无一例新生儿感染新冠肺炎，无一例孕产妇死亡，无一例医务人员感染。

目前虽然阳光明媚，疫情向好，但一刻也不能松懈。复工中要戴好口罩，不聚餐（口罩摘下吃饭是最易传染的时候），勤洗手脸，1.5米以上社交距离，内防无症状感染者，外防输入病例，打好这场人民战争。孕产妇可以网上咨询，网上预约看病。到医院检查时请做好个人防护。我们也要打好最后的歼灭战，尽快恢复正常医疗服务。

立体报道全方位呈现女性抗疫故事

中国妇女报社

作为面向妇女群众的党报，中国妇女报把增强“四个意识”、坚定“四个自信”、做到“两个维护”落实到疫情防控报道的具体行动中，以“逆行者，有我们”的责任担当，连续推出“抗击疫情 巾帼行动”全媒体报道，大力宣传抗疫一线女医务人员的职业精神和巾帼气概，大力宣传广大妇女和妇联组织在联防联治、群防群治中的半边天作用，大力宣传社会各界、普通群众在艰难时刻的大爱精神，在新闻战“疫”中诠释女性主流媒体的担当，凝聚起打赢疫情防控人民战争的巾帼力量。截至4月8日，共推出疫情防控相关版面260多块、报道520多篇，全媒体矩阵制作报道及视频3万余篇（条），总阅读量（播放量）超9亿次。

一、提前出报，非常时期勇担使命

自从农历正月初五，提前结束春节休刊启动报纸出版，推出《抗击疫情 巾帼行动》特刊以来，中国妇女报突出宣传习近平总书记重要指示精神，着力宣传党中央重大决策部署，及时传递总书记对人民群众的关心关爱。在三八国际妇女节到来之际，习近平总书记代表党中央，向奋战在疫情防控第一线和各条战线的广大妇女同胞表示诚挚的慰问。中国妇女报连续刊发《总书记的节日问候让我们斗志更加昂扬》等3篇文章，反映一线广大妇女同胞的热烈反响，表达她们以战斗姿态全力投入疫情防控工作，谱写巾帼报国之歌的决心。

《抗击疫情 巾帼行动》特刊，以有现场有深度的大量原创文章，可视化、有冲击力的版面语言，书写历史，鼓舞奋战；各周刊在理论、文化、健康、生活方式等内容上做出抗疫特色；3月8日，除推出三八节特刊，以8个版的篇幅，发布“一线医务人员抗疫巾帼英雄谱”，浓墨重彩地记录并致敬最美的她们；4月8日，武汉“解封”之际，推出《英雄的城市 英雄的人民》特刊，全景记录武汉封城76天，致敬为了抗疫最终胜利众志成城的武汉人民。

中国妇女报在疫情战场、网络空间有的放矢、有所作为，以每天不少于一篇的频率推出评论。《在群防群控中发挥妇联组织独特作用》《向“逆行”的她们致敬！》《公民应该有公民的样子》《乘风破浪 归来如往》等评论及时亮明了女报的立场和观点，发挥了凝聚人心、鼓舞士气的作用。而《准妈妈和新妈妈，特别的关爱来了》等评论则彰显特殊时期关注特殊人群，回应社会关切的女性主流媒体的担当。

二、逆行出征 女报记者在现场

中国妇女报“武汉战‘疫’报道组”6名记者不顾个人安危，践行“四力”，书写担当。每天奔波于医院、社区、工地，用笔和镜头讲述抗疫一线女医务工作者岗位奋斗、“逆行”驰援的感人事迹，讲述基层各行各业女性和巾帼志愿者岗位建功、奉献奋战的动人故事。几位记者几度深入最危险的“红区”，一篇又一篇报道不断发回，真实而理性、准确而激情地记录着这场战“疫”。《“封城”武汉的负重前行》关注新冠肺炎疫情暴发前后武汉人民的生活状态和心路历程，记录这座城市在面临灾难时市民的英雄大爱；《为什么第一个上报疫情的是她？》采访了湖北疫情上报

“第一人”张继先，展现了一名巾帼奋斗者的风采，彰显了一名白衣天使的担当；《雨衣妹妹：疫情不走我不走》将目光投向疫情中的志愿者，展现了普通人的大爱；《气切小队：生死一刀间》关注新冠肺炎重症患者救治，武汉大学人民医院东院气切小分队的医生们的医者仁心……越艰险越向前，这支妇女报前线突击队，用“拼尽全力”的工作状态，彰显了新闻工作者的初心与使命，无愧于“新闻战士”称号。

三、融合赋能 全媒体多样呈现

疫情防控阻击战打响后，中国妇女报以“主流定位、特色表达、融合呈现”的理念，紧盯热点、抓住亮点、深挖焦点，呈现出全媒体传播的厚度、深度、温度。

在中国妇女网、中国妇女报客户端开设的“战‘疫’——抗击新冠肺炎专题报道”，成为战“疫”新闻的“大本营”、抗疫信息的“分发池”、科学防范的“大百科”，从而合力营造抗击疫情、凝聚信心的氛围；承制《为了共同的家园》9分钟长视频，向国际社会专题讲述中国女性白衣做战袍、奋勇抗击疫情的故事；中国妇女网和人民网联合推出《特殊时期 特别家教》网络公益课程，为家长提供家庭教育指导；注重发挥今日头条、澎湃、抖音等第三方平台的作用，实现二次传播和多次传播。

在战“疫”的舆论动员中，中国妇女报官方微博设置的话题#逆行中的她们#，关注一个个了不起的巾帼“战士”，致敬奋战在一线的所有“她力量”，截至目前，阅读量已超9亿，讨论超32万。官方微信公号独家刊发的《战‘疫’封面人物｜三位女院士驰援武汉：我们有必胜的信心！》，聚焦第一时间奔赴疫区、积极投身疾病救治、科研攻关的三位女院士李兰娟、陈薇、乔杰，以个性化视角的文章和极富创意的海报获得了较好的传播效果，网友纷纷为女院士的使命在前、鼎力而为点赞：“国之栋梁，巾帼英豪，向战‘疫’一线的女院士致敬！”方舱医院微纪录片《方舱，生活未停下》记录了方舱医院里社区化生活，通过对这个特殊临时社区里和谐关系、温暖细节、有序运转的细致刻画，呈现白衣战士、人民警察、普通患者携手抗击疫情的动人景象。感人至深，网友纷纷点赞转发。

在武汉保卫战每一个关键时间节点，中国妇女报全媒体平台通过前后方协作，精心推出15篇融媒体特稿记录前线抗疫全过程。《大排查：武汉拉网》通过实地采访武汉多个社区，还原了武汉三天拉网式排查中，社区干部、民警等为落实“五个百分之百”工作目标所做的工作和遇到的困难，侧面反映了基层社区工作者和警察们在武汉保卫战中的辛苦付出和基石作用；《方舱：与疫情赛跑》关注方舱之于武汉保卫战的作用，反映了方舱医院的全貌，记录一座方舱从征用到正式投入使用所要付出的精力以及参与其中的人所做的事，侧面展现了武汉人与病魔的斗争精神；《“90后”战“疫”：我们长大了》关注战“疫”中冲在一线的“90后”，采访“90后”驰援武汉ICU女护士，被火线提拔的“90后”女干部，“90后”社区女民警，通过描写她们的在工作岗位上的付出和奉献，侧面体现了“90后”群体在战“疫”中的成长和担当；《超级医院：攻克最后的“红区”》记录下为了救治最后的重症患者，来自五湖四海的白衣战士们协力合作、奋战到底的真实场景；《穿隔离服的产科医生：“1+1”的生命接力》近距离讲述了一家定点医院产科在疫情期间为新冠肺炎孕产妇积极诊疗、护佑新生的惊心动魄……

一篇篇特稿，一组组视频，第一时间在女报全媒体平台分发传播，让网上网下的读者第一时间了解最真实的武汉，体现医护工作者们的医者仁心、无惧无畏，见证武汉人民的勇敢坚强，感受疫情中仍坚守在岗的那些普通人的大爱，截至目前，全网累计阅读量已突破千万。

立足官方移动平台和妇女外宣阵地 对内对外讲好巾帼抗疫故事

全国妇联网信中心（外文社）

2020年，在抗击新冠肺炎疫情的斗争中，全国妇联网信中心（外文社）认真贯彻落实习近平总书记重要指示精神和党中央决策部署，按照全国妇联党组要求，立足官方移动平台和妇女外宣阵地两大职能定位，通过对内对外广泛宣传报道，积极引导广大妇女姐妹和家庭增强打赢疫情防控阻击战的信心，生动展现妇联组织以及中国妇女在打赢疫情防控阻击战中贡献的巾帼力量。

一、发力官方移动平台，充分发挥政务媒体在发布信息、引导话题、安抚民心、传播正能量等方面的优势和作用

网信中心（外文社）负责运营的“女性之声”新媒体平台，作为全国妇联的官方移动平台，在抗疫期间，立足妇联组织引领服务联系的职能定位，充分发挥政务媒体在发布信息、引导话题、安抚民心、传递正能量等方面的优势和作用。

（一）及时传达总书记和党中央重要指示精神，积极普及科学知识，引导广大妇女和家庭增强打赢疫情防控阻击战的信心

聚焦全国妇联主责主业，疫情期间，“女性之声”始终坚持积极宣传

习近平总书记重要指示精神和党中央决策部署，第一时间转发中央主流媒体重要稿件，及时传递习近平总书记和党中央对人民群众的关心关爱。同时，聚焦全国妇联主责主业，面向广大妇女和家庭做好宣传引导工作，想其所想、关其所忧、解其所难，积极为打赢疫情防控阻击战贡献力量。

疫情初期，“女性之声”于1月26日编发了《全国妇联发出倡议：为打赢疫情防控阻击战贡献半边天力量》一文，第一时间发出妇联组织的声音，并紧急制作了九图海报“守好小家为大家”配发，取得了很好反响，该篇仅微信平台阅读量就超过42.4万。

疫情暴发后，“女性之声”第一时间发布《千万巾帼志愿者们行动起来 在社区防控、邻里关爱、守住家门中发挥独特作用——全国妇联发出倡议》《全国妇联下发通知：坚决贯彻落实习近平总书记重要指示精神，在统筹抓好疫情防控和经济社会发展工作中发挥妇联作用贡献巾帼力量》等稿件，广泛动员包括各级妇联、团体会员、女性社会组织，妇联执委、巾帼志愿者、三八红旗手等在内的社会各界女性力量在统筹疫情防控和经济社会发展中发挥积极作用。

（二）主动策划内容，设置议题，正向引导社会公众关注和参与

三八妇女节期间，在多个平台发起#致敬了不起的她#和#她力量#话题，全网话题总阅读量过百亿。抗疫防疫初期发起#守小家为大家#和#同心抗疫#话题，话题总阅读量超1.5亿。与人民日报、李宇春合作发起#晒晒最美的她#和#给女孩#话题，总阅读量31.9亿，起到了较好的思想引领作用。五一发起#最美工作照#话题，阅读量6.6亿。参与“荆楚启城 V力相助”活动，发起#听说你鄂了#和#做一天湖北人#话题，阅读量6亿，等等。社会公众的广泛关注和积极参与，共同凝聚起团结抗疫的积极力量。

（三）发挥系统内外力量，在“联”字上下功夫

加大与人民日报、央视网、澎湃新闻、网易、津云等平台的合作力度，拓宽合作方式，借力借势宣传。联合人民日报客户端开设“特殊时期特别家教”专题，推出抗疫特殊时期的家庭教育服务；联合央视网推出“疫见情深”视频，致敬一线女性医务人员；联合中国日报设计推出“致敬了不起的她”“小家大爱”等主题手绘海报；联合澎湃新闻开设抗疫专题，策划制作“和她一起点亮希望之光”“有些声音只要听过，就不会忘记”互动H5，吸引受众参与；联合津云推出天津医疗队系列抗疫日记，讲述一线医护人员的抗疫故事；在“女性之声”开设“乡村振兴巾帼行动”网络课堂专题，为抗疫特殊时期提供在线教育培训等。

加强与全国妇联团体会员和各地妇联组织的联动。大力宣传各地妇联组织、基层妇联执委、全国三八红旗手、巾帼志愿者在抗击疫情中的好经验好做法，为疫情防控工作鼓劲加油；通过宣传与活动等进一步加强与团体会员的联系，大力宣传全国妇联团体会员单位在抗疫中发挥的积极作用。

（四）选树抗疫巾帼典型和家庭典型，弘扬主旋律，传播正能量

“女性之声”策划推出“致敬她们”“同心抗疫”“为巾帼澎湃”“小家大爱”等系列栏目和专题，大力宣传奋战在抗疫一线的女医务工作者、坚守岗位为抗击疫情提供保障服务的各行各业女性，以及“舍小家为大家”无私奉献的广大家庭。

在“学习强国”平台首页推荐频道开设“新时代女性风采”和“中国最美家庭”两个全国妇联常设栏目，借力主流平台宣传中国妇女和中国抗疫最美家庭的故事。

疫情期间，“女性之声”微信稿件阅读量达10万+的有5篇，最高阅读量达42.4万；“女性之声”微博单条最高阅读量达1444万；“女性之声”在微博和短视频平台主持发起的#守好小家为大家#、#同心抗疫#和#最美工作照#话题，累计阅读量超8亿等，通过系列抗疫主题的典型宣传，

进一步鼓舞了抗疫士气，弘扬了抗疫精神。

二、发挥妇女外宣阵地作用，讲好中国妇女抗疫故事

除了负责全国妇联官方移动平台“女性之声”的运营，网信中心（外文社）还肩负着妇女外宣阵地的职责和使命。在抗疫期间，网信中心（外文社）通过所属《中国妇女（英文版）》、《中国女性（中文海外版）》和中国妇女英文网等外宣平台，积极对外讲好中国抗疫故事、中国妇女抗疫故事。

（一）通过多种方式对外宣介在以习近平同志为核心的党中央领导下中国人民众志成城抗击疫情的生动实践，展示中国妇女和妇女组织在抗疫中的积极作为

2020年春节期间，中国妇女英文网根据全国抗击疫情形势和对外传播需要，紧急制作“抗击疫情 我们在行动”专题，通过要闻、最新动态、妇女组织在行动、战“疫”巾帼人物、防疫科普知识等栏目全面报道党中央的重要指示精神和重要部署，全国妇联团结动员各地各级妇联和广大妇女群众全力奋战、落实疫情防控工作的行动举措，讲述在战“疫”中表现突出的女性典型人物故事，传播科学理性的防疫抗疫知识。

《中国妇女（英文版）》和《中国女性（中文海外版）》分别通过深度策划、特别报道，推出《巾帼同心齐战“疫”》《这个时代最可爱的人》《致敬了不起的她——记疫情防控阻击战中的半边天》《守望相助，共克时艰——寄语三八国际妇女节》《抗疫路上有我，用行动书写巾帼担当》等重要稿件，大篇幅、多角度对外宣传报道中国抗疫精神以及中国妇女的抗疫故事，展现国际社会同舟共济、携手抗疫、共建人类命运共同体的共识与合作。

（二）策划制作反映中国妇女在防疫抗疫中发挥半边天作用以及中外

妇女团结抗疫的中英文主题画册

在联络部指导下，策划制作《团结抗疫 巾帼在行动》主题画册。整本画册紧扣以习近平同志为核心的党中央始终坚持以人民为中心的理念、始终把人民群众生命安全和身体健康放在第一位，带领中国人民打赢疫情防控阻击战、总体战和人民战争，铸就了生命至上、举国同心、舍生忘死、尊重科学、命运与共的伟大抗疫精神这一主题，通过鲜活的图片真实记录了在举国体制的背景下妇联组织引领联系广大妇女顽强拼搏、在疫情防控中发挥半边天作用的生动故事，展示了中国秉持人类命运共同体理念，积极参与并推进国际抗疫的大国担当，以及中外妇女守望相助、共克时艰的深厚友谊。

传递战“疫”必胜信心　讲好中国抗疫故事

——新冠肺炎疫情防控报道的特点与趋势

宋素红*

一种新型冠状病毒陡然登场，引发一场对经济社会发展和人民生命安全造成严重影响的肺炎疫情。疫情之下没有孤岛，信息沟通和交流必不可少，新闻媒体的宣传报道工作空前重要。2月27日，习近平总书记在中央政治局常委会会议研究应对新型冠状病毒肺炎疫情工作时的讲话中指出：“当前疫情防控形势严峻复杂，一些群众存在焦虑、恐惧心理，宣传舆论工作要加大力度，统筹网上网下、国内国际、大事小事，更好强信心、暖人心、聚民心，更好维护社会大局稳定。”习近平总书记的讲话为当前做好疫情防控宣传舆论工作提供了根本遵循。

一、新冠肺炎疫情防控报道的特点

媒体的疫情防控报道经历了从零星到峰值的过程，其中的过渡时间节点是2020年1月20日，23日武汉“封城”之后，媒体的报道量进一步激增。

报道疫情防控的核心力量，树立战“疫”必胜的信心。媒体的疫情防控报道，既反映了其对疫情相关事实的议题设置，也决定了其在疫情防

* 宋素红，北京师范大学新闻传播学院教授，新媒体与女性研究中心负责人。

控中发挥的作用。媒体的疫情防控报道，聚焦党和政府的坚强领导和决策力量，在鼓劲动员、鼓励民众树立抗疫必胜的信心方面发挥积极作用。媒体连续集中报道了党和政府对疫情防控的高度重视和具体决策部署，政府相关部门在人力动员、物资调配、运输指挥和应急医院建设等方面的强大力量与高效率，详尽报道了“应收尽收”的总攻方案和实施情况。这些报道在社交媒体上引发众多网民的关注、支持和好评。此外，媒体还报道了公民以实际行动参与疫情防控，包括志愿者车队保障医护人员通行、餐饮业为抗疫一线人员免费送餐、社区工作者深入居民区排查等。媒体通过宣传党和国家对疫情防控的高度重视和具体决策，让民众树立抗疫必胜的信心，同时整合社会力量，构建党和人民同舟共济、共克疫情的防控行动。

媒体联动，舆论和决策之间形成良性互动。疫情防控关系国家社会稳定和民众的健康与安全。媒体的疫情防控报道联动频繁，及时从民众需求中发现问题，发挥了民意传达和决策参考作用。面对疫情对检测手段、收治速度和收治容量提出的挑战，主流媒体集中报道，相关部门及时反应。当患者在自媒体发布寻求床位信息时，澎湃新闻发出“武汉一床难求”的声音，北京日报客户端提出“如何破解？”，湖北省副省长回应将采取紧急措施以解决问题。在这个动态链条上，能清晰地看出媒体以舆情服务决策的高效率。疫情防控工作逐步走向有序应对，离不开政府重视、信道通畅和媒体联动所发挥的组合推动作用。

危机意识，推动科学观念的传播。新冠病毒的强传染性和长潜伏期，增加了疫情防控的复杂性和难度。全力救治患者、防范疫情扩散，是疫情防控的首要目标。媒体在疫情变动的数据和疫情防护方法方面，都给予及时、详尽、全面、科学的报道，既表现出危机意识，又传播了科学观念。从各地疫情动态到病毒可以“人传人”，从“炎症风暴”到“疫情潜藏上升拐点”，从潜伏期不明到无症状传播等，一系列报道传递出疫情严峻、救治复杂、问题多、变化快等特点。这有助于公众形成对疫情的正确认识，增加防护并谨慎行动。媒体发布的科学防疫知识，包括病毒特点、传染途径、自我防护、救治原理、消毒和隔离等科学知识及方法，有助于民众产生防范心理和防范行为。媒体的危机意识和科学理念传播，在促成民众的“信息–认知–行动”层面实现良好循环。

个体化命运呈现，彰显媒体的人文情怀。疫情对国家和社会发展造成严重挑战，也影响和改变了很多人的生活和命运。疫情报道既落实了中央关于疫情防控宣传报道的指示，也比较注重疫情中的典型个体，以同理心和悲悯情怀呈现疫情亲历者的个体化命运。从全力抢救患者的专业仁慈医生到背负压力责任的社区工作者，从武汉妈妈的除夕日志到高速上有家难归的货车司机……个体的压力、内心感受、生活方式乃至个人命运的改变，呈现出疫情之下对生命的崇尚、人的内在韧性和人间大爱，让公众得以感受温暖，触动心灵，在严峻的疫情中找到动力、看到希望，媒体的疫情防控报道展现了鲜明的人文主义情怀。

二、抗疫报道的发展趋势

疫情防控进入攻坚阶段，疫情也必将被战胜。在后续的疫情防控报道中，媒体应继续发挥预警监督和科学传播的职能，坚持以人为本、立足性别平等，成为媒体报道的未来趋势。

坚持实事求是，强化疫情报道的科学精神。坚持实事求是，既关注疫情本身，也关注疫情带来的“次生灾害”，以有效的舆论宣传和真实的信息传播，发挥主流媒体的舆论引导和服务大局的作用。深入社会实践，注重调研和思考，及时发现疫情防控中的民众需求和潜在风险，促进科学决策，为疫情防控奠定信息基础和决策依据。这既是落实中央关于疫情防控宣传报道的要求，也是媒体传播应有的科学精神。在疫情防控的报道内容上，媒体应遵循科学精神，多报道防护知识和防护方法，多采访专业人士，多使用专业知识来回应专业问题，让民众通过新闻报道获得安心、增强信心。

强化人文关怀，让疫情防控报道更有温度。疫情面前，生命第一，每个生命都应被珍惜，每个逝者都应被纪念。疫情报道要强化以人为本的传播伦理，把对人的健康和关怀放在首位，关注疫情对人的影响，以人文情怀发挥新闻媒体在疫情防控中的心理疗愈作用。首先要关注疫情对人的影响和伤害，及时将民众心声转化为媒介议题，或沉淀为社会记忆，为防控公共卫生安全事件、形成健康有序的社会治理提供参考。其次要关怀弱者。弱者本身占有较少的社会资源，其自身利益难以得到保障，在疫情面前更需要关爱。应该强化对弱者的关爱和照顾，让新闻报道散发人性的温暖，是疫情报道中另外一种走心的正面宣传。

尊重女性价值，立体化呈现女性主体形象。性别平等是媒体报道的基本伦理。女性是疫情防控的医护主力军，有相当多的报道呈现了女性医护人员果敢面对疫情、勇于为医护事业奉献、坚强承担压力的一面。媒体对疫情的后续报道，应遵循性别平等的传播伦理，还原女性在疫情防控中的主体性，以性别视角来审视信息传播，正视女性需要，认可女性力量，呈现女性在疫情防控中作为管理者、建设者、医护者、研究者、志愿者等丰富而多元的主体形象。要避免以抽象的人来代表女性群体和女性个体，避免呈现女性医护人员的身体形象、弱者形象，避免只关注女性的服务角色、妻子身份而忽视其专业角色和社会身份。

（原载于2020年2月25日《中国妇女报》）

抗疫战争中的“坚强阵地”与“温暖之家”

——全国妇联“女性之声”微信号在抗击新冠肺炎疫情中的宣传报道分析

林丹燕*

新型冠状病毒疫情发生后，习近平总书记高度重视疫情防控工作，作出一系列重要指示和部署，要求工会、共青团、妇联等人民团体要组织动员所联系群众积极投身疫情防控，强调要做好宣传教育和舆论引导。妇联组织作为党和政府联系妇女群众的桥梁和纽带，第一时间作出响应，主动承担起团结引领联系服务广大妇女群众的抗疫使命，并将网络新媒体平台作为组织抗疫的重要抓手。

作为全国妇联的官方微信公众账号，“女性之声”立足妇联组织职能定位，发挥网络新媒体平台的作用与优势，通过及时发布权威信息、普及科学防控知识；线上线下联动，宣传引导广大妇女以实际行动支持疫情防控与经济社会发展；立足广大妇女和家庭需求，回应关切、提供帮助；生动讲述抗疫故事，立体化呈现女性主体形象等，在抗疫战争中强信心、暖人心、聚民心，充分发挥服务大局的“坚强阵地”与服务妇女的“温暖之家”作用。截至4月29日16时，女性之声共发布有关新冠肺炎疫情防控的消息1126篇，开通多项专门服务、多个专题栏目，引发广泛关注。

* 林丹燕，全国妇联妇女研究所信息中心职员。

一、及时发布权威信息、普及科学防控知识，引导广大妇女和家庭增强抗疫信心

公共危机发生后，及时、准确、有效的信息对于缓解公众恐慌情绪、维护社会稳定具有重要意义。自1月20日习近平总书记就疫情防控工作作出重要指示后，“女性之声”就将新冠肺炎疫情防控的宣传引导作为首要任务。

一方面，坚持全国妇联“发挥桥梁纽带作用，当好得力助手”的政治定位，聚焦党和政府对新冠肺炎疫情防控的高度重视和坚强领导，及时发布权威信息，帮助广大妇女和家庭树立抗疫必胜的信心。不仅着力宣传习近平总书记重要指示精神和党中央决策部署，及时传递习近平总书记和党中央对人民群众的关心关爱，第一时间转载发布总书记主持召开的中央政治局常委会会议、总书记在北京市调研指导新冠肺炎疫情防控工作等一系列重要新闻，同时关注相关政府部门的防疫动态和最新政策，及时传递防疫工作取得的新进展，发布了《一批新规今起施行！》《报告“云监工”，火神山医院今日完工！明日接诊！还有你想知道的都在这……》《转扩！疫情防控中的12个新政策，你得知道！》等重要信息。这些信息的及时发布对于缓解广大群众因突发危机而产生的孤立无援情绪，建立起同舟共济、抗疫必胜的信心具有积极作用。

另一方面，把握公共突发危机事件的传播要点，聚焦新冠肺炎防控知识的普及，在提高广大妇女和家庭对新冠病毒防疫能力的同时，增强她们的抗疫信心。在疫情刚刚暴发的时候，“女性之声”就以图文并茂的方式发布了《头条/转发周知！一文了解新型冠状病毒》的文章，向社会公众普及新型冠状病毒的来源与特点、传染方式和防护办法。随后，又根据每个时段的舆论焦点，通过采集权威信源、以通俗易懂的方式围绕口罩的正确使用方法、家庭消毒的做法、宅家的注意事项、返程上班的注意事项、为

何需要做好居家隔离、买不到口罩怎么办等议题推出了系列科普文章。这些信息将大家对病毒的无知以及由此造成的恐惧，化解为具体的认识和实在的应对举措，对于引导广大群众正确理性看待疫情、增强自我防范意识和防护能力，建立起科学防控、抗疫必胜的信心具有积极作用。

二、线上线下联动、宣传引导广大妇女以实际行动支持疫情防控与经济社会发展，为抗疫凝聚巾帼力量

疫情防控是一场全民行动。作为全国妇联的官方微信号，“女性之声”充分发挥线上能广泛联系妇女，线下能有效连接妇联组织的独特优势，宣传引导妇女群众以实际行动支持疫情防控，为抗疫凝聚巾帼力量。

疫情暴发后，“女性之声”及时发出《为打赢疫情防控阻击战贡献半边天力量》的倡议，号召广大妇女、亿万家庭行动起来，立足工作岗位，担当社会责任，守住家庭防线，为遏制疫情蔓延势头、维护社会大局稳定发挥独特作用。倡议发出后，31个省、自治区、直辖市妇联迅速作出响应，广泛动员各种力量积极参与防治工作。各团体会员、女性社会组织、最美家庭，各妇联执委、巾帼志愿者、三八红旗手、女企业家及广大妇女群众也很快行动起来，尽己所能、贡献力量，有的捐助资金、捐送物资，有的发出倡议、发表慰问，也有的组织动员、走向一线……“女性之声”及时对各级各类妇女组织和个人的积极投入与有益做法进行了宣传推广，发布了《抗击疫情 全国妇联在行动》《爱与信心持续传递，全国妇联团体会员在行动》《中国女企业家协会为武汉加油》《为“疫”而战 “最美家庭”走在前》等一系列文章，以正面宣传激励各级各类妇女组织和广大妇女加入抗疫行动。

抗疫进入攻坚阶段，全国妇联贯彻中央疫情防控工作的指示精神，表彰先进、鼓舞士气，追授在防控一线恪尽职守、勇挑重担、不畏艰险、无私奉献，不顾个人安危、发扬连续作战作风、用生命兑现入党誓言的徐

辉、黄和艳、姜娜三位同志全国三八红旗手称号。“女性之声”利用网络平台及时报道了全国妇联的这一决定，对于号召广大妇女学习榜样，在各自岗位努力拼搏，以实际行动助力抗疫战争起到了旗帜引领和精神振奋的作用。

随着疫情防控形势积极向好，2月23日，统筹推进新冠肺炎疫情防控和经济社会发展工作部署会议在北京召开，习近平总书记在会上就下一步疫情防控和经济社会发展工作作出重要指示，明确提出要“有序恢复生产生活秩序”。落实中央精神和部署，全国妇联随后提出了“既要进一步组织动员广大妇女投身疫情防控”“又要团结带领广大妇女岗位建功、创业创新，为有序复工复产，决战脱贫攻坚，实现全面建成小康社会目标奋力拼搏”的工作导向。围绕中央精神和全国妇联工作要求，“女性之声”的宣传报道重心和力度相应做出调整，除了防疫信息外，宣传点逐步转向复工复产。2月23日后，“女性之声”的议程设置，不仅有党中央有关统筹推进新冠肺炎疫情防控和经济社会发展工作的精神和部署、全国妇联的具体落实举措，还有各地妇女组织和女性助力复工复产的最新动态，与复工复产密切相关的政策信息、防护指南……“女性之声”根据疫情防控需要对宣传重心做出的调整，很好地配合了中央决策和妇联工作，对于及时动员广大妇女一手抓防疫，一手抓复工复产具有积极作用。

三、立足广大妇女和家庭需求，回应关切、提供服务，为抗疫温暖人心

突如其来的新冠肺炎疫情打破了社会运转常态，新问题与新需求迎面而来。“女性之声”在这场抗疫战争中始终立足妇女和家庭、以建设性的积极姿态投入宣传报道，积极发挥联系服务引领作用，在严峻的抗疫战争中温暖了人心。

一是立足妇女群体的特殊需求，回应妇女关切。针对孕产妇在新冠肺炎流行期间所面临的母子健康、疫情防护困惑，“女性之声”从如何居家隔离、如何进行产前检查、如何选择就诊医院、如何进行心理调适等角度为孕产妇们提供了形式多样的政策解读和防护指南；针对一线女医护人员的生理期卫生用品需求，“女性之声”宣传了各妇联组织对一线女医务人员卫生用品的支援行动，及时回应了关切，也引导社会关注女医护人员的特殊需求。

二是面向广大家庭的现实需要，提供有效信息。针对广大家庭在新冠肺炎流行期间所面临的儿童防护、照料及教育问题，“女性之声”围绕如何帮助儿童做好防护、如何引导儿童调适心理、如何帮助儿童上好网课、如何利用特殊时期做好家庭教育等议题，为广大家庭提供了科学指引。

三是线上与线下、宣传与服务共推进，为广大妇女和家庭解决实际困难。作为宣传窗口，“女性之声”有重点地呈现了各妇联组织对广大妇女和家庭的线下帮扶，比如：为有困难的家庭“送爱心菜”，为一线医护人员家庭提供父母陪护、孩子照料服务等，及时将妇联组织的作为和温暖送到广大妇女和家庭身边。与此同时，“女性之声”还积极创新服务方式、延展服务领域，利用微信公众号的在线功能，开辟了“同心抗疫”栏目，推出了“谣言粉碎机”“知识问答”“求助通道”“密切接触者查询”“口罩预订共享平台”等功能，帮助广大妇女和家庭解决谣言识别、口罩购买、周边环境安全度评估等现实问题。

四、生动讲述抗疫故事，立体化呈现女性主体形象，积极宣传女性在抗疫中的贡献与力量

女性是经济社会发展的重要力量，也是这次抗疫战争的主力军。在抗击新冠肺炎疫情的宣传报道中，“女性之声”将镜头对准女性，将笔触指向各行各业女性的抗疫行动，通过对感人事迹的记录、典型人物的宣传，

展现不同女性群体的专业、奉献与担当，立体化呈现了女性的主体形象，有助于人们正确认识女性的能力、作用、价值和贡献。

疫情发生后的一个多月时间里，“女性之声”通过“为巾帼澎湃”“了不起的她”“同心抗疫”等栏目，推出了一系列聚焦呈现女性个体、群体投身抗疫的文章，这其中，既有奋战在抗疫一线的女医务工作者，也有坚守岗位为抗击疫情提供保障服务的各行各业女性；既关注女性在家庭生活中作为女儿、妻子、母亲的角色，更关注女性在社会生活中作为管理者、建设者、医护者、研究者、志愿者为抗击疫情所作出的贡献。比如，《致敬巾帼逆行者！请你们平安归来》集中报道了春节期间从祖国各地逆行出征、奔向湖北的女医务工作者，她们中有主动请缨要求上前线的“90后”，也有害怕父母担心悄悄出征的“60后”，有毅然推迟婚期的待嫁新娘，也有尚在哺乳期就奔赴一线的母亲，这些平凡而鲜活的女性，在面对疫情时的坚毅果敢、勇于奉献直抵人心。再如，《危机面前，女性从未缺席》则展现了女院士、女工人、女记者、女司机、女房东们为抗击疫情增添的温暖与力量，在讲述73岁的李兰娟院士要驰援武汉时，文章特意呈现了作为丈夫的郑树森院士下厨为她准备饯行饭的场景，赋予了抗疫温情之余，也将“男女平等”“构建良好家风”等理念巧妙蕴藏其中予以倡导。又如，《火线提拔！这些女干部有担当、有作为、能奉献》则通过列举“天津福尔摩斯”张颖、长期从事传染病防治研究与实践的邓艳琴、社区工作者袁静等一批在抗疫一线表现优秀、广受群众认可而被火速提拔的女性形象，记录了女性在抗击疫情中的作为与贡献，展现了女性在工作领域的专业、敬业与能力……这些关于女性的抗疫故事，个个蒸腾着精气神、氤氲着家国情、喷发着正能量，构筑起了抗击新冠肺炎疫情的巾帼新篇章！

（原载于2020年3月22日《中国妇联新闻》，编入书稿时略有修改）

发挥智库作用　助力妇联抗疫

郑长忠*

上海高校智库是以政党建设与国家发展为主要研究内容，其中，群团组织是我们智库研究的重要领域之一，而在群团组织中，妇联组织又是我们长期跟踪研究和服务的对象之一。在新冠肺炎疫情发生之后，我们智库积极行动，助力妇联组织抗击疫情，以智库的方式，参与了疫情防控工作，在较短时间内提供了一系列研究报告，供全国妇联和各级妇联领导们参考，同时通过在媒体上刊发，让社会各界了解妇联战“疫”情况，得到了全国妇联主要领导和许多地方妇联领导的肯定，主流媒体也给予了积极传播。这次以智库方式助力妇联战“疫”的实践，不仅使我们尽了智库职责，而且也使我们智库建设方向得到进一步明确，研究队伍能力得到了进一步提高。

一、基于疫情防控逻辑，出谋献策以助力妇联抗疫

新冠肺炎疫情发生以后，党中央非常重视，在多次召开会议和做出部署的基础上，中共中央政治局常委会又于农历大年初一召开会议，对疫情防控工作进行了再研究、再部署和再动员。全国妇联认真学习贯彻，及时召开会议研究，根据党中央部署和疫情发生的情况，对妇联战“疫”工作

---

* 郑长忠，上海高校智库 · 复旦大学政党建设与国家发展研究中心主任。

进行动员和部署。新冠肺炎疫情在湖北武汉出现之后，我们智库就密切关注疫情发展以及疫情防控工作进展，从2020年1月下旬开始，我们主动通过相应渠道，向党中央以及有关部门，围绕疫情防控工作过程中党的领导以及党建引领等方面提供了一系列内参建议报告，并在《光明日报》等主流媒体发表了系列文章。在学习全国妇联关于疫情防控再动员和再部署专题会议的精神之后，2月5日，我们智库决定，在全面服务党中央以及有关部门同时，组织力量，以智库方式助力妇联战“疫”。

妇女和家庭在疫情防控中具有独特优势和独特作用。为此，我们围绕疫情防控中发挥妇联组织作用进行了整体性研究，并在2月7日向全国妇联提交了一篇研究报告，题目是《充分发挥妇联组织作用，为打赢疫情防控阻击战贡献半边天力量》，该报告2月10日被安排在“中国妇联新闻”微信公众号重磅文章栏目以及中国妇女网妇联头条文章栏目推出，当天被“学习强国”作为重点推荐文章转载推送，还被人民网、澎湃新闻网转载，《中国妇女报》分四期进行了连载。由于建立家庭防线是疫情防控工作基础环节之一，同时也是妇联组织可以积极作为的空间，为此，2月12日我们向全国妇联报送了题为《推动家庭防线构筑是疫情防控中妇联的一项重要工作》的研究报告，该文2月13日被安排在“中国妇联新闻”微信公众号推出，同时被中国妇女网作为妇联头条文章推出，当天被“学习强国”作为重点推荐文章转载，《中国妇女报》2月19日刊出了该文。

除了围绕妇联战“疫”的有关内容之外，疫情发生以来，我们还为全国妇联主要领导等报送了《疫情防控阻击战与国家治理现代化》等十多篇内参报告和研究资料，供领导参阅。

二、基于疫情防控实践，及时分析以助力妇联抗疫

在新冠肺炎疫情防控过程中，在全国妇联指导下，在各级党组织领

导下，各级各地妇联根据疫情发展情况，积极带领广大妇女群众，开展疫情防控以及复工复产，得到党和国家以及社会各界的认同，同时在此过程中，也不断创造经验，取得成果。为了及时总结和分析各级各地妇联战“疫”的经验，以帮助全国妇联把握疫情防控规律以及推动各级各地妇联从整体上把握疫情防控环节，我们智库在为妇联战“疫”提出建议的同时，还密切观察各级各地妇联战“疫”实践，快速地分领域进行总结和研究，及时提供给全国妇联和各级妇联领导参考，并在此基础上，发出了智库对妇联战“疫”的经验和成果的观察报告，以帮助社会对妇联战“疫”情况的了解和理解。

从2月13日起，我们智库开始向全国妇联报送阶段性的总结分析文章，2月13日到2月底，主要围绕疫情防控工作，报送了4篇文章；3月初开始主要围绕复工复产报送了1篇文章。这些除了供全国妇联领导和各职能部门参考之外，还被全国妇联安排在相关媒体上刊发。具体情况如下：

2月13日，我们报送了《坚持系统思维，全面统筹疫情防控期间的妇联工作》一文，对疫情防控期间各级各地妇联坚持系统思维和做好统筹工作情况进行分析。该报告被安排在“中国妇女报”微信公众号2020年2月15日推出，2月16日中国妇女网在妇联头条栏目推送了该文，澎湃新闻网也做了转载，2月17日刊发于《中国妇女报》，国务院妇儿工委网站也做了转载。2月18日，我们报送了《做好宣传舆论工作，为妇联战“疫”提供精神力量》一文，对疫情防控期间妇联组织在继承和创新结合上下功夫，针对性做好宣传舆论工作的情况进行分析，对妇联疫情防控期间做好宣传舆论工作的方式和内容以及创新特点和手段等进行了梳理，该报告被安排在“中国妇联新闻”微信公众号2020年2月19日推出。2月23日，我们报送了《一切为了战“疫”一线》一文，对疫情防控期间妇联组织全面动员，为了基层一线战“疫”以及创造条件支持基层一线战“疫”的情况进行分析，该报告被安排在“中国妇联新闻”微信公众号2020年2月25日推出，当日“学习强国”做了转载。2月24日，我们报送了《为决胜战“疫”而筑牢家庭防线》一文，对疫情防控期间各级各地妇联围绕筑牢家庭防线开展工作的情况进行分析，该报告被安排在“中国妇联新闻”微信公众号2020年2月26日推出，《中国妇女报》2月27日和28日分两期刊发了该文。随着疫情防控形势向好，复工复产工作也被提上了议事日程，并得到了积极响应。3月8日，我们报送了《强化统筹意识，发挥妇联作用，为战“疫”中复工复产贡献巾帼力量》一文，对全国各级妇联在疫情防控过程中积极助力复工达产和复工复产的情况进行分析，对妇联助力复工达产和复工复产的方式、内容和机制等进行了梳理，该报告被安排在“中国妇联新闻”微信公众号3月11日推出，并被人民网、学习强国和理论网转载。

这些研究报告，得到了全国妇联主席沈跃跃同志和全国妇联副主席、书记处第一书记黄晓薇同志的肯定和书面批示。同时，通过媒体刊发之后，也受到了各级妇联领导和干部的高度认同。

三、发挥智库作用以助力妇联抗疫的启示

疫情发生后，作为以群团组织为主要研究和服务对象的智库，主动和快速以智库方式助力妇联战“疫”的实践，虽然全部工作尚未完成，接下来，我们还将围绕疫情防控实践对深化妇联改革以及新时代妇联工作发展的启发等进一步展开理论性和学术性研究，但是在第一阶段的应急性资政工作过程中，我们已经有了许多体会和收获。这些体会与收获，不仅对我们今后更好服务妇联组织有着直接帮助，而且对我们智库自身建设也将产生重大推动作用。具体来说，有以下几方面启示：

一是围绕中心工作，服务实践，是智库发挥作用的重要方式。我们认为智库与一般学术研究机构的最大区别，就在于智库应该以智力服务实务

部门为基本职能，有较强的实践取向。实务部门每一时期都有相应的中心工作，这就意味着，围绕中心工作而提供资政服务是智库发挥作用的重要方式。在新冠肺炎疫情发生之后，党中央将疫情防控作为一个时期的中心工作来对待，同样疫情防控也成为了疫情期间妇联的中心工作。因此，作为研究和服务妇联的智库，疫情发生之后，为妇联战“疫”做好资政工作就成了我们智库的重要任务之一。

二是根据形势判断，快速反应，是智库发挥作用的应有状态。智库必须围绕实务部门中心工作展开资政工作。然而，实务部门工作具有常规性和应急性的差异，因此，智库既要服务常规性工作，也要服务应急性工作，而应急性工作更需要智库利用长期跟踪和遵循规律来提供建议。作为以政党建设与国家发展为主要研究对象的兼具宏观、中观和微观研究能力的智库，疫情发生之后，我们从党和国家全局和战略角度出发，立即作出判断，认为新冠肺炎疫情将对我国产生重大影响，因此，我们立即行动，向党中央和有关部门提出相应建议。另外，由于我们长期关注妇联工作，因此，我们也立即作出反应，并且对智库成员进行紧急动员，在短时间内，集中兵力，围绕妇联战“疫”展开研究，在那一段时间内，全体智库成员都是连续作战，好几位智库成员都通宵研究和写稿，从而保证做到每天都拿出一篇以上的研究报告或媒体文章，其中平均2–3天就为全国妇联提供一篇研究报告。

三是按照工作需要，立体服务，是智库发挥作用的必备能力。高校智库具有资政、启民、研究和育人等职能，因此，对于高校智库来说，就必须根据工作需要，提供多样化产品，包括资政内参报告、媒体宣传文章、学术理论文章以及演讲上课等。这次，在助力妇联战“疫”过程中，根据全国妇联及其各个部门工作需要，我们也同样展开了立体化服务工作，既呈送了资政报告，也提交了分析报告；既发表了媒体文章，也撰写了学术文章。这次应急性资政以助力妇联战“疫”的经历，对于每一位智库成员来说，都是一次强化训练，每个成员都在最短时间内，快速地高质量地拿出相应成果，使他们的毅力和能力都得到了较大训练和提高。

四是服务实务部门，长期跟踪，是智库发挥作用的积累基础。以智库方式助力妇联战“疫”过程中，我们深刻体会到，要能够在应急状态下发挥智库作用，需要智库长期跟踪实务部门的工作，深入了解实务工作情况，深切体会实务工作者在解决问题和开展工作中所包含的智慧。只有如此，智库才能够把握工作规律，提出相应对策，也才能将这些实践智慧转化为理论智慧，成为资政和学术的智慧来源，也才能使启民和育人兼具理论依据和实践根据。通过这次应急资政实践，我们深切感受到，如果没有多年深入对妇联工作的跟踪了解和大范围调研，是无法在应急状态下，写出和提出让全国妇联和地方妇联领导满意和接受的文章和对策的。同时，通过这次实践，也使我们深刻体会到，我们对妇联工作的了解和理解还有许多不足之处，需要我们在未来做进一步努力。

五是遵循研究规律，了解实务，是智库发挥作用的智慧来源。在这次以智库方式助力妇联战“疫”过程中，我们深切感受到，在疫情防控中，从全国妇联到基层妇联，根据党中央部署，结合疫情防控实际，全力以赴，形成了许多经验。对我们智库来说，重要的是深入了解这些实践，并分析这些经验背后的规律，而后将之提炼出来，或者将之表述出来，供领导参考，让社会了解，或者在此基础上结合实际问题解决的方向，遵循规律做进一步演绎，提出相应对策。这一做法不仅使我们能够为智库资政提供智慧来源，而且也成了学术研究的经验来源。

IV

第四部分

助力复工复产
为夺取“双胜利”作贡献

深入贯彻落实习近平总书记重要讲话精神 为夺取疫情防控和经济社会发展双胜利作贡献

全国妇联妇女发展部

新冠肺炎疫情发生以来，全国妇联妇女发展部深入学习贯彻习近平总书记重要讲话精神，助力复工复产、脱贫攻坚，为夺取疫情防控和经济社会发展双胜利作贡献。

一、深入学习贯彻习近平总书记重要讲话精神

新冠肺炎疫情发生以来，习近平总书记统揽全局、运筹帷幄，把疫情防控作为头等大事来抓。在疫情防控、复工复产的关键阶段，习近平总书记又亲自召开会议，对统筹疫情防控和经济社会发展作出重大部署。特别是，总书记还亲赴北京、湖北、浙江、陕西等地调研，领导全党全国人民打响打赢疫情防控的人民战争、总体战、阻击战。

通过学习领会，我们深刻感到，总书记围绕疫情防控工作发表的一系列重要讲话，内涵丰富、思想深刻、要求明确，贯穿着三个显著特征。一是鲜明的人民立场。总书记在讲话中反复强调要把人民群众生命安全和身体健康放在第一位，把疫情防控作为当前最重要的工作来抓，突出人民利益高于一切的价值理念。二是强烈的担当精神。面对突如其来的疫情，总书记亲自领导和指挥、亲自决策和部署、亲自谋划和推动。越是关键时刻，越彰显

了领导核心的作用。三是科学的思想方法。比如，在疫情防控总体判断上，讲话鲜明体现统筹兼顾方法，明确提出疫情防控不只是医药卫生问题，而是全方位的工作，是总体战；在具体工作部署上，强调坚持统筹好国际国内两个大局，坚持疫情防控和经济社会发展两手抓、两不误；等等。

目前，疫情防控取得阶段性重要成效，经济社会秩序加快恢复。这些再一次充分体现了习近平新时代中国特色社会主义思想的强大引领作用，充分展示了以习近平同志为核心的党中央高超的领导能力、应对能力、组织动员能力，充分彰显了中国共产党领导和中国特色社会主义制度显著优势。

二、发挥优势，助力统筹疫情防控和经济社会发展

新冠肺炎疫情发生以来，在全国妇联党组书记处的领导下，妇女发展部坚决贯彻习近平总书记重要讲话、重要指示精神，主动作为，突出重点，在推动复工复产、助力脱贫攻坚方面，做了大量工作。

（一）积极部署，指导各地做好疫情防控和复工复产

沈跃跃同志、黄晓薇同志、章冬梅同志多次召开会议，提出以深化“巾帼脱贫行动”“乡村振兴巾帼行动”“创业创新巾帼行动”为重点，多措并举，因地制宜，引导妇女在个人和家庭防控到位的前提下参与复工复产，为决胜全面建成小康社会、决战脱贫攻坚，实现全年经济社会发展目标任务贡献巾帼力量。发展部积极贯彻要求，深入研究具体推进举措，有效指导各地妇联开展工作。

一是下发通知，就脱贫攻坚进行部署。分别下发了《关于团结引领广大妇女克服疫情影响坚决打赢脱贫攻坚战的通知》《全国妇联关于学习贯彻习近平总书记在决战决胜脱贫攻坚座谈会上重要讲话精神的通知》，要求各地妇联学习贯彻习近平总书记关于统筹推进新冠肺炎疫情和经济社会发展工作的重要讲话精神，一手抓疫情防控，一手抓妇女脱贫，确保不让

一个贫困妇女在小康路上掉队。

二是发出倡议，就疫情防控进行动员。2020年2月3日，向广大巾帼家政服务员、巾帼家政企业、协会（联盟）发出《为打赢疫情防控阻击战贡献巾帼家政人力量》的倡议，要求发挥巾帼家政在社会生活和家庭生活中的独特作用，为坚决遏制疫情蔓延、打赢疫情防控阻击战贡献力量。2020年1月31日，指导全国妇女手工编织协会发出倡议，要求会员企业在保证个人和家庭安全的前提下，积极担当起打赢疫情防控阻击战的社会责任，得到各地妇女手工协会及相关企业的积极响应。

三是加强宣传，引领妇女复工复产。收集各地决战决胜脱贫，助力复工复产的好经验好做法，在妇联媒体及学习强国、新华网、学习时报、中国共产党网等媒体宣传。同时，与央视财经频道录播了《创业英雄汇》节目，两次播出后，多家媒体转发，央视财经频道统计热点排行第二。疫情期间，通过央视展示女性创业创新成果，收视率高，宣传效果好。

（二）主动作为，引导妇女有序复工复产复耕

一是提供工作指导。2020年2月12日，推出了《配合做好抗疫期间妇女就业工作指南》，为各级妇联做好相关工作提供指导，主要包括：了解女企业家、女性创业者在疫情防控、生产、用工、融资等方面的实际困难，了解广大妇女特别是城乡贫困妇女、返乡探亲等妇女群体在就业和返岗中存在的问题，及时向政府有关部门反映，并结合妇联工作实际，加强分类指导，制定服务措施；充分发挥女企业家协会、妇女手工协会、巾帼家政协会（联盟）、妇女合作社、女性双创平台、巾帼文明岗等的作用，帮助广大女企业家、女性创业者用好中央及各级政府出台的一系列帮扶政策措施；配合政府部门开展生产动员指导，发动广大妇女群众战疫情、抢农时、积极参与复工复产；根据企业复工需求，通过开展形式多样的网上招聘活动，帮助企业解决用工难题；引导各类巾帼就业创业示范基地、巾帼

家政企业和妇女手工企业帮助无法正常复工或者因疫情失业的城乡妇女就地就近灵活就业；帮助妇女进一步拓展创业就业领域，引领返乡女农工、女大学生等发挥各自优势，在抗击疫情所需要的电商、快递、生鲜网售等领域创业，带动更多妇女就业；深入宣传党中央决策部署，宣传妇联组织统筹抗疫与妇女就业创业工作的有效举措，宣传抗疫一线妇女坚守岗位、决不退缩的奉献精神，宣传生产一线妇女积极复工复产、助力经济发展的时代风采，凝聚起广大妇女万众一心、共克时艰的强大正能量。

二是开展调研。通过电话、网络等，对中国女企协、工商联女商会、全国妇女手工编织会相关负责人、三八红旗手、巾帼建功标兵等15个女企业家就复工复产情况进行调查，了解妇女在疫情防控、复工复厂、返岗就业等方面的实际困难，宣传典型。

三是线上助力复工复产。组织推送400多个网络课程，包括种养加、手工制作、家政等，为广大妇女提供网上学习的便捷平台，累计课程点击量已超100万人次。同时与快手推出“妇联喊你来学农”短视频100个，累计视频点击量已超2000万人次。各级妇联通过电商网红捎货、巾帼助农爱心带货，巾帼农产品销售等线上方式助力农产品销售。

四是金融服务。安徽、河南、湖北、湖南、浙江、山东、辽宁、宁夏、江苏等围绕疫情防控企业和复工复产企业的融资需求和融资特点，各地纷纷与建设银行、邮储银行等创新推出各类抗疫巾帼助力贷产品，提高授信额度，降低贷款利率，加大贴息幅度，简化放贷手续，帮助解决资金问题。

（三）发挥优势，助力决战决胜脱贫攻坚

2020年是全面打赢脱贫攻坚战收官之年，突如其来的疫情更是增加了难度。跃跃、晓薇同志亲自部署，统筹做好疫情防控和引导妇女参与复工复产和巾帼脱贫工作。妇女发展部立足职能优势，突出重点，着力抓好巾帼脱贫工作。

一是深入了解，加强指导。与7个省妇联，52个未摘帽县妇联主席建立微信工作群，了解疫情防控和贫困妇女在脱贫攻坚中存在的困难和问题，指导工作，交流好经验好做法。对52个未摘帽县妇联主席进行两轮电话调研，全面了解特殊困难妇女群体贫困状况，有的放矢地提出帮扶措施。

二是召开会议，进行工作部署。召开电视电话会，跃跃同志、晓薇同志对妇联组织深入贯彻落实习近平总书记重要讲话精神和党中央决策部署，扎实推进“巾帼脱贫行动”，助力决战决胜脱贫攻坚作出具体部署。全国31个省区市和未摘帽贫困县的24个市州和52个未摘帽贫困县妇联设分会场，2000余人参加。

三是明确后续举措，落实工作部署要求。会后，第一时间就妇女发展部牵头的分工，研究后续工作落实举措，了解各省贯彻情况。与阿里巴巴集团沟通，达成了两项合作意向：一个是拟召开湖北专场招聘对接会，另一个是利用旗下电商平台，展示销售52个县农产品、妇女手工产品。同时，还拟与人保寿险集团就妇女健康保险、有效防止妇女因病返贫问题进行磋商。各省按照跃跃、晓薇主席要求，结合实际抓好落实。另外，还与全国妇联的定点扶贫县保持密切联系，了解情况，推动工作。

（四）促进家庭健康，助力疫情防控

疫情防控人人有责。为深入贯彻《“健康中国2030”规划纲要》，实施健康中国行动，巩固疫情防控成果，继续贡献巾帼力量，发展部抓住契机开展了如下工作。

一是下发文件，指导工作。5月19日，与卫健委、国家体育总局联合下发《关于开展“健康中国 母亲行动”实施意见》，组织动员母亲充分发挥在家庭健康中的指导员、管理员、督导员作用，落实“预防为主”方针，引导妇女把抗疫中养成的勤洗手、常通风、家清洁、禁食野生动物等与妇女有关的、家庭能做到的好做法，持之以恒地坚持下去，以家庭的健康，

助力健康中国。

二是开展健康教育。2020年2月和3月配合防疫推出《女性健康》系列电子杂志2期，开展系列“健康知识网络有奖竞赛”，以答题的形式帮助妇女巩固防疫知识，提高健康意识。4月，推出爱国卫生运动知识专题，不完全统计电子杂志约6万阅读量，1.8万人参与竞赛。

三是加强宣传引导。以“美丽家园”建设为抓手，2月下旬开始，与农业农村部、农民日报等围绕助力农村防疫和人居环境整治，推出《农村人居环境整治中的“巾帼力量”》，江苏、甘肃、山东等13个省妇联进行了相关工作展示。

三、几点启示

在这次抗疫斗争中，广大妇女在各级妇联带领下，在助力战“疫”期间复工复产的工作中发挥着不可替代的作用，为疫情防控期间的经济社会有效运行贡献了巾帼力量。总体上看，我们感觉有以下几点经验启示。

一是始终坚持党的领导，把党的领导体现在工作全过程各方面。政治意识、大局意识强。在党中央坚强领导下，坚决落实中央各项决定，作为党的群团组织和国家治理的重要力量，跃跃同志、晓薇同志结合十二届二次会议部署，以深化“巾帼脱贫行动”“乡村振兴巾帼行动”“创业创新巾帼行动”为重点，亲自部署、亲自督查，各位副主席、书记全力抓落实。各级妇联创造性开展工作、多措并举，因地制宜，将战“疫”中复工复产与脱贫攻坚战等全年工作有机统一，做到阶段工作与全年工作“两手抓”；实现疫情防控与妇女发展“两不误”。各级妇联在“妇”字上做文章，在“联”字上下功夫，通过现代网络信息传递速度快，操作便捷，建立微信群，安排工作，通报情况，交流经验，宣传典型，运用群众工作方式方法，调动各级妇联组织、各个团体会员的积极性，大家都行动起来，发挥作用，为抗疫贡献巾帼力量。在省区妇联主席工作群中许多妇联主席彻夜不眠，通宵传递好经验、宣传好典型。全国一盘棋，各级妇联组织既围绕疫情防控开展“公转”，又聚焦精准服务妇女、服务群众做好“自转”，亮点、精彩点不断。关爱医务人员家庭，送爱心菜，为女医务人员送卫生用品等方面服务，让人感到贴心、暖心。妇联组织发挥了桥梁纽带作用，彰显了党的得力助手作用。

二是注重顶层谋划，统筹抓好疫情防控和复工复产。跃跃、晓薇同志多次召开专题会研究工作。2月4日，强调要一手抓疫情防控，一手抓妇联其他各项工作，特别是巾帼脱贫、创业创新等工作，团结动员妇女为决胜全面建成小康社会、决战脱贫攻坚而奋斗。13日，要求各地妇联在落实好疫情防控各项任务的同时，要统筹抓好各项重点工作，积极引导妇女复工复产，投入生产，为实现全年经济发展目标任务作出贡献。19日，研究巾帼脱贫与助力女企业家复工复产、帮助西和、漳县脱贫。23日、25日，党组两次召开会议学习习近平总书记在统筹推进新冠肺炎疫情防控和经济社会发展工作部署会议上的讲话精神，除了对妇联战“疫”工作提出要求外，还对团结带领广大妇女岗位建功、创业创新，有序复工复产，决战脱贫攻坚等内容，做了具体的部署。全国妇联还下发了《关于团结引领广大妇女克服疫情影响坚决打赢脱贫攻坚战的通知》，要求各级妇联在党委的领导下，积极克服疫情对妇女脱贫的影响，分类施策，统筹做好疫情防控和妇女脱贫工作，为坚决打赢脱贫攻坚战贡献巾帼力量。3月9日、3月10日，研究52个贫困县及定点扶贫县帮扶，全国妇联做什么，如何做等。3月12日，落实跃跃同志指示，晓薇同志与发展部同志面对面教工作方法，交工作任务。3月18日，专题研究脱贫攻坚，24日，到北京调研。4月3日，跃跃同志、晓薇同志分别主持召开三个会，上午电视电话会，会后部署落实任务，下午党组扩大会，晓薇同志就落实跃跃同志提出的13项工作进行分工，明确责任部门。从2月初到4月9日，两个月时间，召开14次会议专题研究复工复产、脱贫攻坚工作，平均4天一次，充分体现了全国妇联坚决贯彻落实党中央决定，结合妇联工作落细落小落实。

三是创新服务方式，完善复工复产的资源配置。各级妇联充分发挥“联”的优势，统筹建立线上线下平台，联合政党、政府、市场和社会各类主体，形成合力、创造条件，保障资源配置、信息沟通以及政策供给的畅通无阻和高效运转，网络培训、网络招聘、网络贷款、网络销售等方式助力解决战“疫”中复工复产的具体问题。妇联干部面对面服务，通过网络平台，键对键的方式为妇女群众服务，助力复工复产，运用新媒体服务妇女，做群众工作的能力不断提升。

四是发挥独特作用，助推基层社会治理效能。妇联干部在抗疫中经受了锻炼，增强了做群众工作本领，防疫任务的完成和干部的素质得到提高，妇联组织的政治性先进性群众性进一步增强。参与疫情防控和助力复工复产，对妇联来说，既是一次压力测试，也是一次强化训练，是检验和深化妇联改革的一次实战大考。这次大考，既对在应急条件下，如何围绕中心工作发挥妇联作用和推动妇女发展，提出了新的命题，通过参与疫情防控和助力复工复产，通过引领服务联系为党凝聚了人心，扩大了党的群众基础，为新时期妇联发挥作用和推动妇女发展，提供了新经验。这些经验和做法值得各级妇联认真总结并将之转化为新时期妇联参与治理现代化的内容，并积极推动转化为治理效能，在推进国家治理体系和治理能力现代化中担起妇联责任、贡献巾帼力量。

充分发挥基层妇联组织优势 为统筹推进疫情防控与经济社会发展 贡献巾帼力量

张永英*

在统筹推进疫情防控与经济社会发展中，基层城乡社区的作用至关重要。习近平总书记指出，基层是联防联控、群防群治的第一线，也是复工复产的第一线，是确保各项措施落实到位的关键所在。基层妇联组织在疫情防控和复工复产中发挥了重要作用，展现出鲜明的优势和特色，凸显了妇联组织保持和增强政治性先进性群众性的改革成效。基层妇联组织改革的红利在这次抗疫战中得以初步释放，为妇联组织在基层社会治理中进一步发挥作用提供了经验和启示。

一、充分发挥政治优势，增强妇女群众在党的领导下打赢疫情防控阻击战的信心与自觉

习近平总书记强调，要开展耐心细致的思想工作，教育引导广大群众服从大局、遵守疫情防控各项规定，自觉维护社会秩序。妇联组织作为党领导下的人民团体，党开展妇女工作最可靠最有力的助手，充分发挥自身政治优势，加强对广大妇女群众的政治引领，把妇女群众更好地团结在

* 张永英，全国妇联妇女研究所政策法规研究室主任、研究员。

党的周围。加强和改善党对包括妇联在内的群团组织的领导，是群团改革的重要内容。疫情防控中，各级妇联组织将政治性放在首位，积极落实党和政府的各项防疫举措，进一步凝聚妇女民心，增强妇女群众在党的领导下打赢疫情防控阻击战的信心与自觉。各级妇联干部下沉到基层社区，参与社区疫情防控，带头做表率，让党旗在一线高高飘扬。基层妇联组织坚持基层党组织的领导，有些地方还成立了临时党支部，党员突击队等，从疫情防控的大局出发，通过各种方式加强政治引领，宣传疫情防控知识，进行心理疏导，缓解群众焦虑，传播疫情防控的正能量，增强广大妇女和家庭战胜疫情的信心和勇气；进行疫情监测、排查，教育引导广大妇女和家庭自觉遵守国家有关疫情防控的规定和要求；关心关爱一线人员、广大妇女群众和家庭，做妇女群众的贴心人、暖心人，把党和政府的温暖送到千家万户。有的基层妇联组织还通过亮身份的方式凸显政治性。例如，山西省临汾市永和县妇联扎实做好康谐社区的南圪崂、奶牛场和龙城花园居民的防控工作，挂上“妇联党支部责任区”的牌子，亮出妇联身份。通过强化政治引领，妇联组织的政治属性在疫情防控的特殊时期进一步得到凸显，妇联工作的政治性进一步增强。

二、充分发挥组织网络优势，广泛发动妇女群众参与抗击疫情与复工复产

习近平总书记指出，工会、共青团、妇联等人民团体要组织动员所联系群众积极投身疫情防控；要发挥行业协会、商会等社会组织的作用，指导和帮助企业等会员单位科学精准防疫、有序复工复产。改革使得基层妇联组织网络进一步强化，通过在新领域新业态新阶层新群体等“四新”领域建立妇女组织，妇联组织的覆盖面进一步拓展；通过在村民小组、楼栋、网格等线下以及线上建立“妇女微家”，妇联组织的基层工作阵地进

一步延伸；通过培育引领女性社会组织，妇联的工作手臂进一步延长。这些改革举措形成的纵横交织的基层妇联组织网络，在广泛发动妇女群众参与抗击疫情与复工复产中发挥了重要作用。“四新”领域妇女组织积极发动所联系的妇女群众参与疫情防控与复工复产，比如，南京市高新园区妇联向复工姐妹发出温馨小贴士，主动关心女职工的身心健康，帮助解决她们生产生活中的困难和需求。城乡社区广泛建立的“妇女之家”“妇女微家”充分发挥自身优势和特点，发动妇女群众协助社区开展防疫宣传、疫情排查等工作。许多地方的广场舞队等社区社会组织，开展各式疫情防控知识的“土味”宣传。许多基层妇联组织充分发挥女企业家协会等社会组织的作用，捐资捐物助力疫情防控，并在做好疫情防控的基础上，推动复工复产，为打赢扶贫攻坚战贡献巾帼力量。例如，山东省济宁市汶上县巾帼返乡下乡创业联盟企业采取各种创新模式，确保复工复产，如扶贫车间借鉴“外卖无接触送餐模式”，贫困妇女线上提出需求，配送工作线下配送原料到家，加工完成后通过群内发布信息，车间再规划线路上门收取。基层妇联组织网络的加强为妇联组织广泛发动妇女群众参与疫情防控和复工复产奠定了基础。

三、充分发挥基层工作队伍优势，筑牢群防群控的社区防线

习近平总书记强调，社区是疫情联防联控、群防群控的关键防线，要把社区这道防线守严守牢。社区群防群控需要投入大量人力。基层妇联改革的最主要成果之一是建立了一支规模庞大的基层执委队伍，基层工作力量大大增强。除了专职基层妇联干部奋战在社区防疫一线之外，全国的770多万基层妇联执委，也在筑牢群防群控的社区防线中作出了重要贡献。广大基层妇联执委带头做起了疫情防控的宣传员、劝导员、监督员、战斗员，还利用自身专业技术和经济资源，开展心理咨询、捐赠防疫资金

和物品等，为疫情防控贡献力量。例如，浙江省妇联发挥执委、妇女小组长直接联系妇女群众的作用，打造“1名妇联执委或妇女小组长+N名妇女群众”的“掌上微网格”，宣传防疫科普知识，帮助妇女群众答疑解惑。另外，全国还有近2400万注册巾帼志愿者，她们也是社区疫情防控的重要力量。例如，湖北省妇联、武汉市妇联发动巾帼志愿者争当门栋防疫好帮手，积极参与社区联防联动、生活帮办、心理疏导、课业辅导等志愿服务，为打赢社区保卫战贡献巾帼力量。广东省妇联开展“抗疫情 我同行”守护家园志愿服务活动，发动全省40多万巾帼志愿者参与社区群防群控联防联控，东莞市妇联动员有能力、有爱心、肯奉献的妇女群众担任全市174个小区妇女微家“楼嫂”，组建巾帼防疫队，携手织密社区疫情防控网。由专职基层妇联干部、基层妇联执委和巾帼志愿者组成的妇联基层工作队伍，为社区疫情防控筑起了一道坚实的屏障。

四、充分发挥群众工作优势，为妇女群众和家庭提供专业化、精准化服务

习近平总书记强调，基层党组织和基层干部要广泛动员群众、组织群众、凝聚群众；必须增强仁爱之心，当好人民群众贴心人，及时解决群众所急所忧所思所盼。妇联工作是党的群众工作的重要组成部分，联系和服务广大妇女是妇联组织的根本任务和工作生命线。保持和增强群众性是妇联改革的重要目标要求。基层妇联组织直接面对妇女群众，在疫情防控和复工复产中积极发挥引领、服务、联系妇女群众的职能，深入调研、精准识别不同妇女群体和家庭的不同状况和需求，充分整合各种资源，提供精准化、专业化的服务。例如，针对一线女性医务人员的特殊需求，筹集捐赠卫生巾、安心裤等女性卫生用品，为她们在抗疫战场上救死扶伤创造有利条件；了解一线医务人员家庭面临的诸如子女和老人照顾、日常采买等

方面存在的问题和困难，并给予关爱帮助，解决他们的后顾之忧。例如，海南省海口市妇联联合森林宝贝国际早教，为奔赴湖北疫情一线的医护人员的适龄子女（0–4岁）提供一年免费的亲子早教课程，为奋斗在海口疫情一线的医护人员的适龄子女（0–4岁）提供半年免费亲子早教课程。另外，基层妇联组织还协助社区对需要关爱的特殊人群进行摸底排查，对居家隔离人员、独居老人和需要照顾的儿童等特殊群体进行关爱帮扶，提供精准服务。例如，湖南、重庆、四川等地妇联，发动妇联执委当“爱心妈妈”，每天通过电话、微信聊天等方式，为留守儿童、困境儿童特别是因疫情造成监护缺失的儿童提供日常关爱，织密困境儿童保护网。妇联组织还利用社会工作机构等女性社会组织的专业资源，开展家庭教育、心理疏导等专业化服务，以应对疫情期间家庭面临的家教需求和缓解群众普遍存在的焦虑恐惧心理。例如，四川省成都市双流区妇联联合爱加社工从支持性工作入手，以陪伴孩子、陪伴家庭的方式，建立“爱+假期生活‘宅’有趣”网络学习群，通过有趣的线上活动，丰富孩子们的假期生活。黑龙江省鸡西市妇联专门邀请了专业医生、心理咨询师对贫困妇女和儿童进行一对一的服务。通过为妇女和家庭提供专业化、精准化的服务，基层妇联组织的群众性进一步彰显。

五、进一步加强基层妇联组织建设，推动妇联组织在基层社会治理中发挥更大作用

党的十九届四中全会对妇联组织在基层社会治理中发挥作用提出了明确要求。在常态化的基层社会治理中，如何更加充分有效地发挥基层妇联组织在统筹疫情防控与经济社会发展中展现的优势，为共建共治共享的社会治理格局作出应有贡献，可以从如下几个方面进行思考和探讨。一是党建带妇建，加强党对基层妇联组织的领导，是妇联组织在基层社会治理

中充分发挥作用的根本政治保障。二是健全组织网络，拓展基层妇联组织覆盖面，是妇联组织在基层社会治理中充分发挥作用的组织保障。三是充分整合资源，激发包括专职妇联干部、基层妇联执委、巾帼志愿者等在内的基层妇联工作队伍活力，是妇联组织在基层社会治理中充分发挥作用的人员和资源保障。四是增强群众工作本领，提高为妇女和家庭服务的精准化、专业化，是妇联组织在基层社会治理中充分发挥作用的有效路径。

平凡岗位的巾帼力量

——“阿姨来了”家政人的抗疫故事

赵晨宇　张园园*

2020年注定是不平凡的一年，从一月开始，迅速蔓延的新型冠状肺炎疫情，打乱了全国本该平静安详的生活节奏。面对病毒的突袭，全国人民在以习近平同志为核心的党中央的坚强领导下，从大局出发、从自我做起，积极投身到这场没有硝烟的抗疫战争中：医护人员向着危险勇敢前行、警务人员奋战一线严防杜患、社区工作者不辞辛苦为民解难……用实际行动书写了无数感人故事。“阿姨来了”作为一支“娘子军”，她们在平凡的岗位上，无畏逆行、默默奉献，用意志的坚定和内心的善良传递着爱心和温暖，用自己的双手和担当筑起一道抗疫的防线。

巾帼团队的抗疫出击

“阿姨来了”成立于2007年，有在册阿姨24万人，在岗阿姨超过1万人，其中99%为女性，是一个名副其实的巾帼团队。疫情发生以来，在创始人兼CEO周袁红女士的带领下，“阿姨来了”迅速决策、积极防控。根据武汉分公司汇报的情况，较早地意识到疫情可能的严重性，取消了公司拟

---

* 赵晨宇、张园园，“阿姨来了”市场部工作人员。

在武汉举行的几个重要会议；对客户和全体人员进行关怀预警；积极采买防护物资，全力保障一线服务人员的防护安全。

家政服务是以“人”为本的行业，为了全力做到让客户放心，“阿姨来了”迅速制定了“关、停、并、转”的防疫措施，最大程度地减少服务风险：“关”闭线下门店；“停”止培训等聚集性活动，普及线上培训课程；给予滞留湖北过年的阿姨定向心理疏导和关怀，每天不间断地互动和培训；迅速出台防疫操作办法，制定了“无接触面试”等操作指南。

在做好自身应对、稳定“军”心之后，“阿姨来了”开始积极投身到慰问一线医护人员的行动中。先后向武汉大学中南医院麻醉科手术室捐赠护目镜100副，向湖北科技大学同济医院附属协和医院捐赠护目镜180副，向武汉同济医院器官移植科捐赠护目镜180副，向天门市人民医院捐赠护目镜20副、消毒剂100瓶、医用防护口罩1000个。因为有很多客户在一线救治病人，为表示对医生客户的支持和敬意，又分批次采买了几万元的口罩、护目镜、消毒液快递到客户所在的工作一线。还将线上复工动员直播获得的1.02万元打赏捐赠给北京妇女儿童发展基金会“京鄂巾帼共御疫情”项目，虽然杯水车薪，却尽显关爱之心。

随着疫情防控形势的逐步向好，“阿姨来了”开展了致敬勇敢逆行、舍己为国的医护人员活动，通过与各地妇联等部门合作，为每一位援鄂抗疫的白衣天使赠送1000元的家政服务代金券，用实际行动分担他们的后顾之忧。周袁红表示，“作为巾帼家政企业，我们为无私奉献的援鄂医护家庭送去服务和温暖，表达我们的敬意，也用我们的努力帮忙白衣天使们弥补曾因顾大家而给小家带来的内心亏欠”。在向返京援鄂的医护人员奉献爱心活动中，“阿姨来了”携手北京市妇联和妇女儿童发展基金会赠送白衣天使们5小时的家庭保洁服务，周袁红更是带头上阵，亲自为医护家庭献上爱心服务，“幸得有你，山河无恙。唯有如此，才能表达我对他们的崇高敬意”。

火车跑得快，全靠车头带。周袁红将“家政，既是生意，更是公益”作为经营理念。“阿姨来了”尊重、鼓励每一个女性都能看见自己、看见他人，感恩社会，自我成长，培养每一个阿姨成为自尊、自信、自立、自强，有社会责任感的人。

服务阿姨、赋能阿姨，是“阿姨来了”的核心工作。除了搭建起覆盖全国的“阿姨大学”专业技能培训体系，提供全方位的成长培训，“阿姨来了”更看重女性的心理成长，在公司的平台上让更多妇女能够拓宽自己的境界、发掘自己的价值，希望让“阿姨”成为一声亲切的称呼，成为一份值得尊重的职业。带头人是阿姨最好的老师，她的每一个行动折射在阿姨身上都是一个闪光点，汇聚成一股平凡的巾帼力量，除了公司的抗疫应对，在这个女性为主的群体中，也演绎着一个又一个平凡而感人的抗疫故事。

“90后”家政人临危受命，勇闯方舱

孙岑是“阿姨来了”武汉分公司汉阳锦绣长江店的店长，纤弱的“90后”美女。当看到武汉方舱医院需要人手清洁后，她迅速组织起由40名阿姨组成的保洁突击队，进驻武汉洪山体育馆方舱医院，承担清扫保洁、收运垃圾和消毒工作。面对肆虐的病毒，为医护人员和病患提供一个健康、洁净的环境是保洁的责任。从洪山体育馆方舱医院开始接收病患到3月10日休舱，一个多月的时间，这40名阿姨24小时保持着“战时”的紧张工作状态，随时出现在任何需要的地方！

孙岑说，“接到方舱医院清洁消杀工作任务时，心情既激动又紧张，激动是因为可以为这场战争贡献更直接的力量，可要进入疫区前线，压力还是比较大”。方舱医院对于“轻症患者”来说是挽留生命的地方，而对

于方舱里的“保洁员”则是走近病毒、靠近危险的地方。面对可能会感染的风险，孙岑一遍遍地向志愿的阿姨们详细讲解注意事项，“虽然我们不是医疗团队，但是保洁团队承担的是整个院区医护和病患人员的卫生环境，保证他们不被交叉感染，我们责任重大！”每位保洁员进舱都要穿一层防护服、一层隔离服，戴两副手套、口罩和护目镜，还要穿鞋套，穿戴齐备常常要花一个多小时。穿上厚厚的防护装备后，呼吸不畅，动辄一身汗，护目镜被雾气覆盖，严重影响工作，孙岑时刻提醒大家马虎不得，“我们自身的安全也是保障这里每一个人安全的关键！”孙岑不仅亲自参与保洁，她还要对每一位老大姐的安全负责。在方舱工作一定要做好自身防护，防护服的穿和脱的顺序一步也不能错。阿姨们之前没有穿过防护服，她就一个个地教，再一遍遍地仔细检查。医院内路线复杂，院区分为清洁区和污染区，为防污染绝不能走回头路，孙岑带领大家严格熟记路线。她每天将该做的工作详细分工：日常垃圾和医疗废品的区分、处理，舱内消毒步骤等，一丝不苟。面对刚进舱时的忙乱和紧张，她还要随时安抚大家的情绪。

洪山体育馆方舱医院有三个馆，每个馆内有300名病人，每个垃圾桶都需要保洁员清运，所以单是垃圾桶清理的工作量就很大。除了清除垃圾，舱内消毒也是一个细致活加体力活。每个保洁队员要负责近30个床位及周边区域的消杀。除了饿坏了和必需的休息外，孙岑和同事们完全“闲”不下来，她们在岗期间不能进食，不能如厕，高强度的工作，往往让她们衣衫透湿。从进驻方舱到休舱隔离，大家连续工作30多天没有回家。

当被问到去方舱医院工作担心感染吗，孙岑坦然地说：“肯定会担心，我们不是专业医护人员，又直接接触到患者，但只要我们按照流程做好防护工作，我相信不会有风险。方舱医院需要保洁，如果大家都逃避，这个疫情就没有办法结束。”在孙岑身上，我们看到了“90后”的担当与勇敢，也感受到了家政员工作的平凡而伟大。

急客户所急，因善良之念而逆行

2月14日，对于封禁在家的武汉人来说，是一个充满焦虑的日子。“阿姨来了”武汉分公司马场角店店长王启玲接到客户求助电话，客户家里亲人都是疑似患者，正在隔离，同是疑似患者的她一个人在医院待产，急需有月嫂照顾马上要出生的宝宝。王启玲的心一下被揪了起来，一定要想办法能帮到她！当招聘信息在她管理的月嫂群、工作群发出后，一下炸开了锅，有的月嫂说，这家人太可怜；有的说，去了会有危险……王启玲的心里也不能平静，“现在疫情确实严重，大家担心也是情理之中的事，可是急客户所急于情于理都不容我泄气，我一定要尽全力去找”。她又在公司后台逐一搜索待岗阿姨，直到2月17日，终于联系到一个即将下户的月嫂——彭兴莲，她把客户的情况详细告知彭阿姨，并强调了可能存在的风险。彭阿姨坚定地表示愿意去照顾宝宝，并很质朴地说：“这个时候客户身边没有人照顾，我真的觉得于心不忍。自己做好防护措施，除了吃饭漱口取下口罩，平时都戴着口罩、勤洗手，有空多休息提升免疫力，心态放好就行了……”就是这份善良，让彭阿姨毫不犹豫地逆行向前。小宝宝刚刚回家的几天晚上呛奶，彭阿姨常常整夜不能合眼，小心翼翼照顾着小宝宝。在彭阿姨的细心照顾下，小宝宝很快地长胖了，宝妈常常对彭阿姨的细心和爱心感动到流泪不已！

何江英阿姨春节前原本已经从武汉客户家下户，在江西老家准备过节和休养身体，然而接替她的阿姨却忽然因故无法正常到岗。客户万不得已于1月20日打通了何阿姨电话，希望她能回去工作。何阿姨仅犹豫了片刻，便毅然于1月21日买了无座票返回武汉。彼时正是疫情最严重的时刻，武汉全城被紧张的气氛所笼罩，但何阿姨却毅然决然地逆行而上，为的就是心里的那份朴实的善良和责任感。整个疫情期间，客户家的白班阿姨因小区封闭管理无法上班，何阿姨更是不顾自己的身体一个人挑起了客户家里所有家务，她的付出赢得了客户的尊重，被客户亲切地称为“后天的家人”。

武汉的育婴嫂曾静阿姨，本已订好春节回家与亲人团聚的车票，但因为疫情突袭，宝爸宝妈都是公务员，需要参与到抗疫工作中。如果宝宝没人照顾，会让夫妻俩的抗疫工作不安心。曾阿姨主动要求留下来帮助她们。曾阿姨说：“现在全国人民都在为抗疫作努力，作为一名育婴师为客户分忧，让客户全心投入抗疫工作也是我为抗疫工作作出的贡献。”

团结的集体充满真情的力量

“阿姨来了”是一个团结的集体，彼此间充满了情同姐妹的关爱和真情。郑爱军是“阿姨来了”武汉公司徐东店的店长，疫情发生后，禁足在家的她通过微信慰问每个客户和阿姨，安抚大家情绪。当发现有个阿姨没有及时回复，她立刻打电话了解情况，原来阿姨的女婿不幸染病去世，女儿独自留在家中隔离观察，情绪可想而知。郑爱军于是每天晚上和阿姨的女儿聊天安慰她，还把她推荐给了援助武汉的心理医生。为了不让被困武汉的阿姨惶恐，郑爱军就给阿姨们做免费的线上培训，分享厨艺知识，让阿姨们感觉并没有因为疫情隔离大家就疏离了彼此。

“阿姨来了”北京望京店叶亚玲主管，外表瘦小，内心却充满了对阿姨姐妹们的关心和爱护。在北京提供服务的阿姨们绝大部分都是外地人，疫情期间为了保证客户放心用人，“阿姨来了”为返京的阿姨们提供隔离14天的安置观察。考虑到阿姨们在严格防控措施下回京后会遇到的困难，叶亚玲踊跃为返京阿姨提供接待服务，挑起所有的繁重工作，她既是采购员、炊事员、安全员、卫生员，也是学习委员……不仅严格执行各项防疫制度，而且合理安排阿姨们的生活。为了阿姨们能顺利进入隔离地点，每位阿姨到来，她都亲自在检查点儿迎接，并让自己的儿子开车将阿姨的大件行李拉回自己家，阿姨只携带随身必需品进入隔离点。叶亚玲就这样连续工作了近两个月，将阿姨的困难当作自己的事情，全身心投入地解决。

深圳后海店的梁钟和店长不顾疫情风险，将阿姨们的需求放在首位。得知2月3日将有两位阿姨要赶到深圳学习育婴师课程，梁钟和放弃了与家人共度元宵节，2月2日晚乘大巴返回工作岗位，热情为两位阿姨安排食宿。梁店长年近花甲，曾是优秀共产党员、优秀陪审员、三八红旗手，退休后在“阿姨来了”这个新工作岗位上继续发扬共产党员不怕苦不怕累的精神，满怀热情地为他人奉献。

平凡人身上的抗疫奉献

在抗疫斗争中，阿姨们身上看似普通却感人至深的故事，每天在全国各地悄然发生，她们源自内心的平凡举动却在疫情的特殊时期折射出人性的温暖。

北京的曾坤兰阿姨在疫情严重的春节期间依然坚持为客户服务，为避免公共交通可能存在的感染风险，她每天骑自行车往返住所与客户家之间，路上要花费近三个小时。在北京最冷的夜晚，曾阿姨忍受着凛冽的寒风，单薄的身躯穿梭在空无一人的街巷，正是这种奉献精神和防护意识，赢得了客户的赞赏和认可。

吴庆辉阿姨的雇主得了尿毒症，每周都要去海军总医院透析3次。当听说海军总医院确诊了一位新冠肺炎患者后，吴阿姨也感到些许担心，但她很快克服内心的矛盾和焦虑，不仅坚持陪雇主去医院就诊，而且从心理上安抚雇主。在这个特殊的时期，看似平常的举动，却让客户备受感动。合肥的李曼阿姨腊月二十九刚从雇主家返乡过年，还没来得及喘口气，就在大年初一晚上收到客户消息：家里忙不过来，能否提前回去？李阿姨立即回复：初二上岗。为了不让客户产生对疫情的担心，李阿姨要求老公和哥哥两人轮流开车送她返沪复工。李阿姨说，能够被客户需要并能帮客户分担的感觉让她高兴，也感觉这份工作对一个家庭的重要性。

这些都是发生在平凡家政员身上的战“疫”故事。“阿姨来了”是一个充满爱心和责任感的集体，通过每一位阿姨将爱传递到客户心里。在这群平凡人身上，我们看到的不仅是专业的服务，更是不断绵延的爱心和社会担当。

“阿姨来了”在平凡的岗位上体现了巾帼的抗疫力量。从管理层到基层员工，从业务到文化，都充分体现出帮助女性创业就业、女性服务女性的特点，已累计为10万名贫困妇女提供了就业成长机会；通过自身的文化建设激发广大女性的价值认同和社会担当，一直为巾帼家政企业作着贡献。全国妇联主席沈跃跃指出，这次疫情，女性就业多的行业受疫情影响大。餐饮、教育、家政等服务行业女性就业群体多。但这次疫情，也让女性的朴实勇敢和无畏担当在中华大地上熠熠生辉。相信在妇联组织的引领带动下，在“阿姨来了”这样的企业推动下，将有更多的女性心系国家、奉献社会，用实际行动谱写出更多平凡而感人的巾帼故事，她们永远是撑起中华民族半边天的伟大力量！

统筹疫情防控与脱贫攻坚，需积极做好女性复工复产工作

邢成举*

统筹做好疫情防控和脱贫攻坚工作，不仅需要积极贯彻并落实党中央决策部署，同时也需要千千万万贫困家庭、一般农户和社会各界的积极行动。2月28日，全国妇联办公厅下发了《关于团结引领广大妇女克服疫情影响坚决打赢脱贫攻坚战的通知》，要求全国各级妇联在各级党委的领导下，积极克服疫情对妇女脱贫的影响，为坚决打赢脱贫攻坚战贡献巾帼力量。

对于广大女性而言，做好疫情防控与脱贫攻坚工作，其核心在于在严格落实疫情防控要求的同时，积极做好复工复产工作，要想方设法降低疫情对家庭生产生活带来的不利影响，与此同时要更加积极地参与乡村社会发展和公益事业活动，进而提升女性对于全面建成小康社会目标的贡献。

一、女性反贫困的困境

女性在贫困人口当中占有相当比重，这已经是一个社会共识，但从反贫困的角度看，针对女性贫困者的反贫困方案与举措却并不充分。纵观当前中国农村扶贫的众多政策，其中多数都没有将性别意识很好地融入政策设计与政策执行环节，这在一定程度上造成了对女性贫困人口减贫工作的

* 邢成举，西北农林科技大学人文社会发展学院副教授、博士。

忽视，同时也在一定程度上带来了部分贫困群体脱贫动力不足或精准扶贫政策成效有限的问题。在既有的扶贫方案当中，哪些减贫路径具有性别意识且有利于女性脱贫；针对既有的性别分工，要实现减贫项目对女性贫困的有效干预需要哪些原则，相关的讨论都相对较少。

女性反贫困面临着多方面的现实困境，主要有以下几方面的原因：首先，在我国的反贫困政策体系中形成了以家庭为单位的瞄准单元和工作单位，因此，既有的扶贫工作很难将女性单独作为一类扶贫对象，进而制定明确的、具有针对性的扶贫举措；其次，在男女两性既有的家庭分工中，长期以来形成了“男主外，女主内”的分工格局，既有的扶贫工作如培训、就业、产业扶持等多以家庭中的男性为主，女性的脱贫意愿、脱贫能力和脱贫动力等在一定程度上是被忽视的；最后，女性虽然也从事大量的家务劳动和照料劳动，但这些劳动都是无酬的，在其劳动力没有进入市场的情况下，女性的劳动价值没有得到充分展现，因而女性反贫困更加困难。

从既有的扶贫实践看，在就业技能与产业技能培训的扶贫实践中，参与者也主要是贫困家庭的户主，而户主绝大多数为家庭中的男性，在培训课程的设计上也主要体现了男性的视角，培训课程主要是关于建筑、特色种植养殖和运输等；在小额金融扶贫贷款的实践中，贷款也主要依据男性户主的意愿来决定，女性主动申请贷款的情况少见，多数金融机构认为女性贷款带来的金融风险普遍高于男性；在生态扶贫设置的公益性岗位当中，笔者调查的丰县与游县，70%以上的岗位获得者为男性；在教育扶贫工作中，尽管在一般贫困地区，女性与男性适龄儿童接受教育的机会差异不大，但在深度贫困地区，适龄女童由于受家庭传统观念的影响，其受教育水平普遍低于同龄男童。

二、村镇工厂为女性反贫困提供了难得的载体

乡村发展的历史经验表明，要实现农民的增收与脱贫，发展乡村工业

是重要路径之一。从特定意义上看，村镇工厂的发展接续了乡镇企业和城市工业发展的历史传统，即通过工业扎根乡村社会来推动乡村社会发展。村镇工厂布局与选址过程对村镇集体性土地、房屋等资产结合的强调，恰恰强化了村镇工厂与社区的关联性，这种关联性是其能够发挥脱贫功能的重要基础。乡镇企业的发展史及其减贫功能的发挥意味着新时代的脱贫攻坚工作仍需要重视发挥企业与工业的作用，尤其是重视村镇工厂减贫效应的发挥。村镇工厂因其所属产业的劳动密集性强、就业距离短、务工门槛低和劳动形式灵活等多种特征，可以吸纳较多的农村女性务工者，从而具有了性别化特征，并能够直接提升农村贫困女性的经济收入，从而缓解其所在家庭的贫困问题。该类扶贫工作满足了农村女性就业兼职化与非正规化的需求，实现了农村女性闲暇劳动的市场化，在客观上具备了性别反贫困的意涵。

村镇工作或是扶贫车间针对女性反贫困发挥的实际功能，早就进入了各级妇联的视野。全国妇联一直在推动“巾帼扶贫车间”或是“巾帼扶贫基地”的工作，而一些省级妇联也推出了“巧媳妇工程”和“妇女之家”等。这些工作通过实现农村女性尤其是贫困家庭女性就近就业，不仅实现了家庭收入的提升，而且可以有效照顾到“留守儿童”与“留守老人”，但客观上，女性的整体劳动强度有一定的提升。

村镇工厂或是扶贫车间能够发挥针对女性的反贫困功能，这主要是因为村镇工厂与扶贫车间具有多方面的特征，而这些特征又在一定程度上契合了农村女性的就业与劳动需求。第一，村镇工厂的劳动密集型产业性质，意味着其可以吸纳较多的贫困劳动力就业，这在客观上呼应了女性劳动力大量留守乡村的现实。第二，村镇工厂的就业务工距离较短且就业形式灵活，工资收入也相对较低，这可以形成贫困劳动力的兼业形态，同时还能够兼顾家庭与工作，女性对于较低工资收入的接纳度更高。第三，村镇工厂的就业门槛较低，基本不存在明显的劳动力排斥，也在客观上契合了女性劳动力在就业市场上更为弱势的现实。正是因为劳动密集型生产，同时产品不需要复杂工艺，对劳动者素质不需要太高的要求，因此，村镇工厂的生产需要与农村女性的客观条件是可以衔接的。

村镇工厂与扶贫车间之所以能够在农村女性反贫困工作中发挥较为突出的作用，并不在于该项工作一开始就具备了明确的性别意识，在其实践中展现的性别意识及其针对女性脱贫的作用，都是因为在客观上迎合了多数农村地区农民家庭两性的分工以及农村女性劳动力的渴望务工增收改变自身家庭地位和家庭生计的需求。而这种客观上具备的有助于女性反贫困的功能，则恰恰能够成为新时期各级妇联组织推动脱贫攻坚工作的重要抓手。

三、统筹疫情防控与脱贫攻坚需直面村镇工厂的发展困境

村镇工厂在推动农村女性反贫困方面已经发挥了积极的作用，但该模式也具有一定的局限，在统筹推进疫情防控与脱贫攻坚的特殊阶段，村镇工厂与扶贫车间所面临的现实困境就更加突出了。具体来看，村镇工厂的一般性困境如下：

一是尽管其劳动方式是灵活的，但是很难实现与家庭劳动的衔接，女性要在农业劳动和家务劳动外具备较为充分的闲暇才能够进入村镇工厂，这也就意味着村镇工厂的女性反贫困路径存在一定的隐性门槛。

二是村镇工厂所属产业层次低，产品的市场替代性较强，村镇工厂对区域外市场主体的依赖度高，这就使得村镇工厂本身的发展面临着较高的风险。在精准扶贫战略下，各地为了发挥村镇工厂推动脱贫攻坚的积极功能而出台了一系列措施，但措施的稳定性与连续性有待加强。在地方扶持政策的推动下，村镇工厂的抗风险能力有所提升，但若在2020年后降低政策扶持力度，村镇工厂很可能面临新的风险。

三是实地调查的多家村镇工厂发现，就业者的劳动报酬低，劳动保护不足等问题较为突出，而这些则很可能引发新的次生贫困问题。为了降低经营成本，不少村镇工厂并没有为就业者缴纳社会保险；一些村镇工厂的空气或粉尘污染较为严重，但针对就业者的劳动保护措施却十分匮乏。因污染带来的健康问题在短期内难以表现出来，但长时段之后则容易引发新的贫困问题。

四是村镇工厂内的女性以打工为主，真正当老板和创业的很少。客观上看，不可能人人创业当老板，但镇村工厂领办人当中女性的缺乏也会导致在具体的工厂管理环节缺乏性别意识。

五是村镇工厂也存在低水平重复建设和同质化竞争的问题。村镇工厂就成为各个贫困地区争相推动扶贫工作的重要抓手，但是因为村镇工厂多数都是依赖低劳动成本、低房租和地方扶持政策而开展的低端产业项目，这类产业的技术含量较低，因此各地往往会在产业项目中出现同质化的情况。

在疫情防控的特殊阶段，村镇工厂的复工面临着更特殊的困难，这主要表现为生产原料采购难、产业销售渠道不畅、招工复产难、流动资金不足等。这些困难使原本具有多方面优势的村镇工厂与扶贫车间难以有效发挥作用，同时其自身的生存也面临危机。因此，充分发挥村镇工厂的反贫困功能，不仅要解决其一般性困境，还需要解决其特殊时期面临的困境。

四、协同解决村镇工厂的发展困境，助力全面脱贫攻坚

在一般性的扶贫工作框架内，村镇工厂所面临的困境是由县级扶贫办或是扶贫局来主导解决的，但因为其分属就业工作，同时也是更多地与女性反贫困相关，因此，该项工作也应该成为各级妇联的重要工作。具体建议如下：

第一，充分发挥妇联“联”的作用。村镇工厂的发展要不断提升其创

新能力，不能仅仅是落后产能与低端产业在乡村的复制，而是要形成更高端的产业水准，比如可以针对特定行业的特定产品形成产业高地，这方面妇联可以充分发挥其与企业家协会、社会组织或是科协等组织的联系，以增强其对村镇工厂的指导。

第二，要强化村镇工厂的社区属性，即村镇工厂的发展不仅以社区资源为依托，同时产业发展所形成的剩余价值也主要用于乡村社区的发展，通过基层妇联组织积极参与村镇工作的人员招聘和疫情防控培训等，社区工厂可以更好地服务于社区发展。

第三，县级妇联，应在县级党委、政府的领导下，积极推动从政策层面，尤其是从宏观层面出台推动与鼓励村镇工厂发展的金融、科技、税收、教育培训等支持政策，引导小而精的中小企业到乡村去发展，以企业发展带动乡村的振兴，推动成立县域女企业家协会，更多地关注女性就业者和女性创业者。

第四，妇联应链接社会资源，加强对村镇工厂从业贫困者，尤其是女性的劳动保护，针对劳动保护可以提供必要的设备和物质，同时也可以开展劳动保护的相关培训。地方扶贫工作机构以及市场监管、工商与人力资源与社会保障等部门，应从社会保险缴纳、工作环境改善与劳动者健康保护等多个层面加强对村镇工厂的扶持与引导。

第五，通过公共服务的健全为女性劳动者创造更大的工作空间。影响女性劳动时间主要有两方面的因素：其一，女性需要照顾家庭的小孩，尤其是受教育阶段的孩子，她们至少要为孩子做好一天三顿饭，而仅仅是这三餐饭就需要花费5个小时左右的时间。在时间碎片化的情况下，不少女性无法安心工作，对此可以通过家校联合育人机制为女性务工提供便利，比如在学校建立“四点半”课堂，让孩子在放学后还可以在学校完成作业或是进行集体文娱活动，将女性一日三餐的家务劳动简化为一日两餐，午餐由学校食堂提供；其二，不少女性缺乏劳动时间是因为需要在家中照顾老人，对此，一方面需要将广大农村已经建立的老年日间照料中心充分激活，让老年人可以在该中心获得基本的看护，另一方面也可以为老年人提供午餐。受疫情影响，广大中小学生都在家上网课，而女性则基本是学生教育的直接监督者，这也就导致不少女性根本就无法外出务工，对此，建议依托“妇女之家”或是村庄内的妇女骨干成立邻里间的教育托管中心，让更多女性可以从孩子教育中脱身。

第六，各级妇联在做好疫情防控宣传的同时，也需要帮助广大女性减轻疫情期间工作的心理负担，通过强化疫情防控的培训工作，提升务工就业女性的自我保护意识；同时，妇联组织也可以帮助村镇做好疫情防控的应急机制建设和办公生产场所的消毒工作，通过联系爱心企业和社会组织，为村镇工厂提供必需的防护物资和材料，以减轻这些机构的负担。

第七，各级妇联可以扩大“巾帼扶贫车间”和“巾帼扶贫工厂”的认定范围，认真组织对各类以女性就业为主体的扶贫车间与工厂的困难摸底与统计工作，在自己可行的能力范围内协调金融机构、物流企业和终端市场等，做好扶贫车间与工厂的健康复产工作。

女性能顶半边天，在统筹推进疫情防控与脱贫攻坚的特殊阶段，充分发挥女性的作用，不仅能够有助于巩固脱贫成果，同时也有助于进一步提升女性参与公共事务的能力，能够进一步提升其发展能力，这对乡村振兴、实现基层治理现代化都具有十分重要的意义。也正因如此，各级妇联需要以村镇工厂和扶贫车间为抓手，一方面，通过推动女性就业创业来助力脱贫攻坚；另一方面，通过女性的发展与素质提升来实现女性对于推动社会进步和社会治理现代化的独特贡献。

（原载于2020年4月7日《中国妇联新闻》）

疫情下的“美丽家园”建设，以公共参与推动妇女的组织化

陈义媛*

为落实党中央关于新冠肺炎疫情防控和脱贫攻坚的战略部署，日前，全国妇联办公厅下发《关于团结引领广大妇女克服疫情影响坚决打赢脱贫攻坚战的通知》，要求全国各级妇联在各级党委的领导下，积极克服疫情对妇女脱贫的影响，为坚决打赢脱贫攻坚战贡献巾帼力量。实际上，为了全面落实《中共中央国务院关于实施乡村振兴战略的意见》，全国妇联在2018年开展的“乡村振兴巾帼行动”中，就有一项工作与如今的疫情防控工作密切相关，即“美丽家园”建设活动。

“乡村振兴巾帼行动”的主要任务之一就是动员妇女积极参加农村人居环境整治三年行动，开展“美丽家园”建设活动，推动妇女从家庭做起，清理整治房前屋后环境，清除私搭乱建、乱堆乱放，净化庭院。同时，这一行动还鼓励妇女广泛参与农村垃圾、污水治理、村容村貌提升、厕所革命等。

在疫情的影响下，家庭和社区环境卫生工作十分重要，养成健康的生活习惯、建设整洁的家庭环境和社区环境，一方面有助于防控疫情，另一方面也能推动美丽乡村建设。更重要的是，“乡村振兴巾帼行动”不应

---

* 陈义媛，中国农业大学人文与发展学院副教授、博士。

只是一场“运动”，更应成为推动农村妇女组织化的路径。在全国各地的“美丽家园”建设中，已有不少农村妇女骨干被发掘和动员起来。这一自上而下的动员应成为提高妇女组织化能力和公共参与能力的依托，唯有让农村妇女在实践中学会自己组织自己，积极参与村庄公共建设，才能有助于形成建设美丽乡村和推动基层卫生防疫工作的长效机制。

一、妇女的公共参与困境

中华人民共和国成立后，在“妇女能顶半边天”的宣传和推动下，我国曾开展过轰轰烈烈的妇女解放运动，妇女地位不断提高。但从当前中国农村的现状来看，在女性地位不断提高的同时，大部分农村妇女仍面临着不少困境。其中，最突出的是村庄治理往往以男性为主导，妇女在村庄公共事务中鲜少发声。根据2000年第二期中国妇女社会地位调查的数据，农村干部中女性仅占2.5%；2010年第三期中国妇女社会地位调查发现，女性占村“两委”干部人数的比例有所上升，村委会主任、村级党组织书记中女性的比例分别为5.8%和5.4%，但总体来看，女性参与村庄治理的比例仍然很低，这与妇女的人口比例是极不相称的。

实际上，妇女的社会参与问题往往和妇女的组织化、妇女解放问题都有密切联系。在延安时期，中国共产党曾通过动员妇女参加纺织生产合作社，在抗日根据地探索“妇女解放”实践。在国家的介入和党的组织下，妇女得以走出家门，参与社会化大生产，这对传统的性别分工和性别秩序是一种重大挑战。这一时期，组织起来的妇女登上了公共舞台，她们在村庄公共生活中是活跃的、有重要位置的。

然而，自家庭联产承包责任制改革以来，普通农村妇女从集体劳动的社会化大生产中退出，由于缺乏参与公共事务的途径，她们的政治参与和社区参与都随之下降，逐渐走向边缘化。同时，生育、养育、照料等家务劳动也重新回归到私人家庭中，成为女性的工作。这也使妇女逐渐从村庄公共领域退回家庭内部，失去了在村庄中的公共位置。

近年来，各地都有一些推动妇女参与公共事务的实践。这些实践往往有一个共同特点，即都是通过自下而上的方式形成了自组织，在此基础上进入村庄公共事务中。不过，妇女的自组织能否建立起来是具有偶然性的。全国妇联发起的“美丽家园”建设活动则可能为妇女的公共参与提供一条“新”路径：通过自上而下的组织动员，使妇女广泛参与到村庄建设中，在公共参与过程中实现一定的组织化，这种组织化本身也有助于推动公共治理目标的达成。这一路径的意义在于，在乡村振兴的背景下，政府不仅向农村输入了大量资源，还通过多种途径对乡村社会进行改造和动员，这种资源输入和自上而下的动员如果能促成村民的组织化——妇女的组织化正是其中的重要部分——并激活村庄内生动力，乡村的发展会更有可持续性。同时，如果能够梳理出其中的关键机制，这种动员和组织方式也会具有很强的可复制性。

二、在“美丽家园”建设中推动妇女的组织化和公共参与

“美丽家园”建设活动的主要内容是推动妇女从家庭做起，清理整治房前屋后环境，清除私搭乱建、乱堆乱放，净化庭院。同时，这一行动还鼓励妇女广泛参与农村垃圾、污水治理、村容村貌提升、厕所革命等。在全国妇联的推动下，各级妇联也积极行动，广泛地进行了自上而下的动员。

以江西省为例，在“美丽家园”建设的号召下，当地妇联组织发起了“赣南新妇女”运动。其中，以环境卫生整治为主要内容的“清洁家庭”是“新妇女”运动的核心，其主要内容是发挥妇女在环境整治中的主力军作用。为推进“新妇女”运动落实，赣州市妇联要求每个村推选出一名“村妇联主席”，每个村民小组推选出一名“妇女小组长”，作为“新妇

女”运动的骨干。赣州市全市共动员了5万多名村妇女小组长，她们成为基层妇联组织的“神经末梢”；并同步建立市、县、乡、村、组五级妇联微信工作群，便于工作交流。此外，当地县、乡妇联还分别组织了对村妇联主席和村妇女小组长的培训，在此基础上，一个妇女小组长带动几户农户，按照“五净一规范”（院内净、卧室净、厨房净、厕所净、个人卫生净、院内摆放规范）的标准做好自己家庭的清洁工作；这几个妇女再指导其他妇女进行清扫，如此“滚雪球”到所有农户。

值得强调的是，在“新妇女”运动中，对妇女的动员是从打扫家庭卫生这一日常事务出发的，这对妇女来说不会形成太大的压力，不至于让她们产生畏难情绪。更重要的是，在乡村振兴背景下，人居环境整治（包括家庭卫生）也是近两年来村庄治理的中心工作之一，因此，参与环境卫生整治工作的妇女自然地参与到村庄公共事务中。也就是说，打扫家庭卫生不再仅仅是私人事务，而是被转化为村庄公共事务的一部分，成为建设“美丽乡村”的一部分，因此被动员起来的妇女也成为村庄建设者。

在这一前提下，妇女参与基层治理还需要有政府、社会、基层组织等多方力量的共同配合，在这些力量的共同作用下，妇女骨干得以被发掘和动员起来，这为妇女进入村庄治理事务打开了一种新的渠道。

第一，政府和妇联组织的介入和推动是妇女被动员起来的基础。赣州市妇联对农村妇女进行了自上而下的大力动员，不仅在各村发掘出一批有能力的妇女骨干，还对她们进行了专门的培训。此外，赣州市妇联鼓励各县以建立微信群的方式推动各村在家庭卫生方面开展“劳动竞赛”，在妇女骨干之间形成“比、学、赶、帮”的劳动竞赛氛围，激发妇女骨干的积极性。更重要的是，赣州市为村妇联主席和妇女小组长提供了正式的酬劳，每个妇女小组长提供的补贴是每月100元。尽管这一酬劳并不高，却有重要的象征意义：它意味着国家对妇女小组长“公”的身份认可，她们不是献爱心的“志愿者”，而是在从事有酬工作中与国家建立了关联。当地一位村妇联主席说：“这些妇女小组长请假都会来做村里的工作，积极性很高。” 当地一个乡镇的妇联主席说，“以前她们（指妇女小组长）从来没有感觉到（能）为政府做事，稍微点拨一下（她们）就很愿意，她们很有责任感”。妇女小组长之所以有如此高的热情，在很大程度上与“能为政府做事”这一观念有关。“为政府做事”是区别于私人家庭生活的，它代表着一种与公共事务的联结机会，这让妇女小组长获得一种“公”的身份。“点拨”意味着让妇女清楚地意识到自己所从事的工作是公共事务的一部分，一旦形成了这个意识，妇女们就愿意负责地工作。只要“稍微点拨一下”，妇女们就很愿意参与，其实也反映了妇女对公共参与的强烈动力。

第二，熟人社会的面子竞争也成为妇女小组长做工作的资源。在村妇联主席的带领下，每月的“清洁家庭”评选是妇女小组长的常规工作之一，如果检查不合格，这户农户门口会被贴上“不清洁家庭”的评议牌。在村庄社会内部，村民彼此熟悉，谁家如果真被贴上了“不清洁家庭”的评议牌，在村庄中是非常丢面子的。因此，“每月一评”成为对所有村民的督促机制，村民对面子和社会声望的在意，可以成为对村民行为的一种约束力。此外，熟人社会内部的面子竞争既是妇女小组长在工作中所利用的资源，也是妇女小组长自身工作的动力。在赣州，妇女小组长的工作在村庄熟人社会中得到了积极反馈，也给妇女小组长很大动力。

第三，村“两委”的配合也为妇女骨干开展工作提供了后盾保障。对于有些实在做不通工作的家庭，村“两委”也会介入，帮助妇女工作队做工作。此外，村“两委”的配合也为妇女在实践中探索最合适的工作方式提供了空间。在赣南的一个村庄，最初开展“清洁家庭”工作时，妇女小组长每月会集体帮助村中的贫困户打扫一次家庭卫生，但这并没有使妇女小组长的工作得到认可，反而让村庄中其他家庭也寄望于妇女小组长为他们打扫。妇女小组长向村妇联主席和村“两委”提议，应该让贫困户自己也动手，不能完全依靠妇女小组长。对妇女小组长而言，如果只是政府花钱让她们去为贫困户打扫卫生，这一工作就很难成为“公共”事务的一部分，它只是一种政府购买行为，只是在贫困户“私领域”的工作。只有通过组织每月的检查和评选，普通妇女都参与进来，并在村务公开栏中公示，私领域的家务劳动才转化为公共事务的一部分，妇女小组长才成为一种“为公”的角色。这也反映了妇女在公共参与中的试错和探索。村“两委”的后盾作用表现在，让妇女骨干的工作能开展下去，不至于被“钉子户”所阻碍。同时，村“两委”的认可和辅助，也使家庭卫生这一家务劳动的公共性得到确认。

在“美丽家园”建设行动开始前，妇女在村庄中是缺乏参与机会的，她们的生活重心完全在家庭内部，在村庄公共生活中是缺失的、沉默的，这很容易让人认为妇女对公共生活是冷漠的、不关心的。然而，事实却是妇女对公共参与表现出高度的热情，她们缺乏的只是一个机会。在“美丽家园”建设中，全国妇联的发动、地方政府的支持为妇女的公共参与创造了新的空间。也正是因为妇女小组长的积极参与，地方政府以极少的资金投入实现了有效的环境卫生整治。在村妇联主席和妇女小组长的带动下，环境卫生整治工作可以以群众动员的方式进行，所有家庭都参与其中，因此环境卫生整治可以低成本、高效率地完成，可以达到“四两拨千斤”的效果。

三、在“群防群治”中发挥妇女骨干和妇女组织的作用

如果说“美丽家园”建设为妇女的组织化打下了基础，那么在新冠肺炎疫情下，组织起来的妇女完全可能走出环境卫生整治的天地，参与到疫情防控的更多工作中。实际上，一些地区也已将“美丽家园”建设与疫情防控工作结合起来，例如南京市妇联就动员了巾帼志愿者们在疫情期间带头参加水

源地巡查活动，每日查看辖区水源地，在辖区内和江边清理卫生死角。在此次疫情防控中，群防群治是一条低成本、高效率的防控途径，基层党组织、志愿者组织等都活跃在各个社区、村庄防控的一线，为疫情防控作出了重要贡献。在群防群治中，妇女骨干也可以被动员起来，发挥独特作用。

第一，在疫情的宣传工作方面，妇女骨干可以发挥“以点带线、以线带面”的作用。在“美丽家园”建设中，妇女骨干在进行家庭卫生整理的宣传教育时，已经形成了“一传十、十传百”的“滚雪球”模式，即妇女骨干一户带动十户积极家庭，这十户积极家庭再每户带动更多户家庭，共同按清洁规范打扫家庭卫生。在疫情的宣传工作中，已经形成的组织网络就可以再次发挥积极作用。

此次疫情宣传工作应有两个部分。一是有关个人卫生方面的宣传，包括戴口罩、勤洗手、不聚集等。在国内疫情已经向好发展，但仍不应放松警惕的情况下，应充分发挥妇女骨干的宣传作用。这些个人防护知识可以由妇女们相互教育，相互监督，带动每个家庭；家庭之间也需要互相提醒和督促。在20世纪50年代的爱国卫生运动中，群防群治也是最关键的公共卫生宣传措施。在上下呼应的宣传工作中，爱国卫生运动还起到了移风易俗的作用，形成了讲卫生光荣、不讲卫生可耻的社会风尚。在此次疫情防控中，不少地方出现“毒王”，也与缺乏熟人社会内部的舆论监督有关。让妇女骨干成为日常宣传的主体，形成新的社会风尚，有助于捍卫前期全国人民共同努力防疫的成果。

另一部分宣传工作是关于网络舆情的宣传。与2003年的“非典”疫情相比，此次疫情防控的舆论环境已经发生了重大变化，信息技术的发达使各类信息在网络上快速传播，包括一些谣言和错误的防疫知识。在“美丽家园”建设中建立的微信群可以作为有效信息的宣传平台，成为自上而下的传播平台，配合基层党组织的宣传，发挥独特作用，将正式宣传和非正式宣传结合起来，减少虚假信息和错误信息的传播。

第二，在疫情防控的志愿者工作方面，妇女骨干和妇女组织也能发挥突出作用。在此次疫情中，不少地区执行了严格的封闭式管理，以切断病毒的传播途径。在村庄和城市社区封闭式管理下，居民的日常生活物品的购置是基层工作的一大任务。从媒体报道来看，不少地方的老百姓抱怨社区志愿者购买的物资不全、不对，妇女组织如果能在生活物资供应这方面发挥更大的作用，可以极大地减轻基层防疫工作的压力。

通过对妇女骨干和妇女积极分子的动员，妇女们可以发挥自组织的功能，一户对接十户，统计所需物资，分担基层干部、网格员的工作，后者因为要同时承担多项工作，因此在统计村民生活所需上难免有错漏。妇女骨干如果能通过之前建立的组织网络，进一步将这一任务承担下来，既可以提高效率，减轻基层干部负担，也可以减少错漏，更好地保证居民所需。实际上，在一些城市社区，居民们已经自发地形成了各类团购小组，运行良好，但这类团购小组皆以自发组织为主。在全国妇联的引导下，各地都可以动员妇女骨干所建立的妇女组织网络，更好地形成自我服务。

回望历史，20世纪流行病防治的成功，例如血吸虫病防治的成功，很大程度上得益于从中央到村庄的严密组织体系，得益于水利、农业、卫生部门的强大动员能力。今天的防疫工作同样需要组织化的体系，需要发挥多条战线的作用。在从中央到基层的党组织体系外，由全国妇联组织的妇女组织体系也可以发挥重要的配合作用，在宣传工作和志愿者工作上作出贡献。这不仅有益于疫情防控，也有益于发挥妇女们的主观能动性，使妇女们可以在实践中学会自己组织自己，参与公共事务，重建妇女在村庄、在社会中的公共角色。

（原载于2020年4月3日《中国妇联新闻》，编入书稿时略有修改）

妇女参与复工复产：贡献、经验与启示

郑锡龄 綦郑潇*

“男女并驾，如日方东”。在推动复工复产进程中，女性劳动者蕴含着伟大的力量，与男性一样发挥着巨大作用。国家统计局《2019年中国人口就业主要数据》报告显示，2018年我国就业人员中女性占43.7%。在城镇非私营单位中，女性劳动者人数在卫生、教育、住宿、金融、批发等行业的占比均高于男性，分别为66.5%、58.2%、56.8%、54.4%和51.8%。此外，女性劳动者还活跃于文化、服务、水利、房地产、信息、制造、农业、租赁、公共管理、科研、电力、交通、采矿和建筑等行业。她们立足各行各业投入生产，为疫情防控和经济秩序恢复作出贡献；她们创业创新，为决战脱贫攻坚、决胜全面建成小康社会贡献巾帼力量；她们发挥主观能动性，以主人翁精神不断提高自身劳动能力和竞争力，抓住战“疫”期间复工复产机遇，努力赢得自我发展。

一、妇女为复工复产作出贡献

广大妇女群众克服疫情影响，或立足所在岗位兢兢业业，或学习知识技能投身复工复产，或运用新手段新途径参与“巾帼脱贫行动” “创新创

* 郑锡龄，全国妇联妇女研究所研究人员；綦郑潇，全国妇联妇女研究所研究人员。

业巾帼行动”，坚持防控不放松、复工不动摇，勇担责任、主动作为，展现了新时代女性风采。

1.巾帼力量做表率，爱岗敬业暖人心

女性劳动者是疫情防控下推动复工复产和经济社会发展的重要生力军。各行各业的女性劳动者坚守岗位，以大局意识努力做好救治病患、疫情防控、生产制造等工作，撑起复工复产半边天，争当最美巾帼奋斗者。

在突如其来的新冠肺炎疫情面前，广大医护工作者“冲锋”在前，无畏“逆行”。其中以李兰娟院士为代表的女医护人员在抗击疫情战斗中作出了不可磨灭的贡献。2020年3月8日国务院联防联控机制新闻发布会介绍，国家派出的346支援鄂医疗队的4.26万名医护人员中，女性占2/3，达2.8万人。这些女医护工作者“舍小家，为大家”，坚守在抗击疫情的最前线，毫不退缩，无私奉献，谱写了最动人的巾帼“战”歌。在疫情蔓延的初期，防疫物资的生产供应是前线医护人员心无旁骛治病救人的保障，一线女工克服疫情影响，坚守岗位，积极投入生产。江苏康宝医疗器械有限公司口罩生产车间主任胡夕平是一名“80后”母亲，原本准备陪伴亲人在家欢度春节，大年初三一接到公司返岗复工的通知，她就立即响应号召，毫不犹豫选择了提前返岗，毅然走向疫情防控第一线，为应急保障物资的供应和医护人员、百姓的健康贡献自己的一分力量。

疫情防控期间坚守在各自岗位的女性劳动者恪尽职守、兢兢业业，让人动容。在保障春耕和恢复生产过程中，巾帼身影也没有缺席。在贵州省大方县东关乡，为落实好辣椒产业发展的工作目标，基层女干部们深入田野，实地指导自主育苗的农户随时观察辣椒出苗情况，主动加强与集中育苗的育苗经营主体沟通联系，严格规范育苗质量，为辣椒种植提供有力技术保障，保证育苗工作提前完成。黑龙江省大庆市巾帼农技专家们为切实满足女农户复工复产期间的技术需求，保障复工复产的顺利开展，通过

“巾帼农技微信服务群”开展农技答疑问诊、技术指导服务，及时解决农户们在生产中的难点，并向她们推送分享各类农技知识和农情信息。

2.巾帼战“疫”不松懈，“后勤保障”稳后方

疫情防控期间，保障企业员工的健康安全是复工复产的重中之重。在严把复工复产的疫情防控关、做好复工复产的“后勤保障”工作中，巾帼力量发挥了重要作用，保障复工复产工作的有序推进。

北京市三八红旗奖章获得者、北京富商小商品市场有限公司总经理钟晓菊通过富商市场“妇女之家”的线上服务阵地，向所有商户和工作人员宣传和普及疫情防控知识，引导全体员工严格遵守防控标准，有条不紊开展各项防疫工作。在她的倡导下，富商市场下发通知对所有商户减免一个月租金，让大家免去后顾之忧。全国三八红旗集体获得者、北京市怀柔区环境卫生服务有限公司“娘子军”始终奋战在疫情防控前线，清洁一队的代理队长马雪芹作为一名普通共产党员、环卫女职工，自1月23日后就从未休过一个完整的假期。她不仅做好本职工作，还每天为职工测量体温，及时宣传疫情防控知识，随时检查职工佩戴口罩和手套情况，保障疫情期间清洁卫生工作的有序进行。

妇联干部、妇联执委和巾帼志愿者们也各尽其职、各显所能，为有序推进复工复产贡献力量。甘肃省平凉市妇联充分发挥妇联干部、执委、妇女群众联动作用，一手抓疫情防控，一手抓生产，采取安排复工帮扶联络员、为企业协调复工手续办理、宣传落实复工政策、发布招工信息、为企业争取防疫资金、进行防疫安全培训等六项措施促进巾帼扶贫车间复工复产。在河北省邯郸市，巾帼志愿者为复工的企业员工提供理发、配送生活物资、搬运防疫物资等服务，帮助企业缓解返岗员工的日常生活需求。

3.巾帼互助齐发力，扶贫就业保增长

全国妇联主席沈跃跃在4月20日全国妇联召开的专题学习会议上强调，

要帮助贫困妇女拓宽增收门路、实现灵活就业、稳定脱贫。各地女企业家协会、女工商联合会为贯彻落实党中央、国务院决策部署，配合政府做好疫情防控期间妇女就业工作，通过线上培训等手段，促进广大妇女群众适应灵活就业形势，并带动贫困女性就业增收。

山西省大同市方源职业培训学校和新飞天职业技术学校积极响应妇联号召，分别开设母婴护理线上课程和手工编织线上课程；黑龙江省大庆市百湖家政职业培训学校和沐海家政公司也在所在区妇联的组织下开展“线上家政”公益培训活动，为广大妇女提供机会和平台，使她们在疫情空闲时间通过互联网学知识、强技能，在复工复产浪潮中提升能力，从而保障她们能够在母婴护理、手工编织、家政服务领域实现就业。

各地工厂企业的“巾帼扶贫车间”也在加紧疫情防控中陆续复工复产，促进妇女就业脱贫，使她们在服装加工、手工皮具制作、机器编织、特色农产食品加工销售、蔬菜育苗种植等多行业贡献力量，确保贫困女性、陪读妈妈等在疫情期间具有稳定的收入来源。贫困妇女、留守妇女也充分发挥主观能动性，在妇联、社区的组织和帮助下与企业负责人建立联系，并经过面试、咨询等环节通过企业招聘实现就业，避免受疫情影响导致就业收入减少而返贫致贫。

4. 巾帼奋进促发展，创新创业勇担当

疫情的出现对很多行业企业而言既是挑战，也是机遇。“云端”产业链的发展为女性就业创业提供了更便利多样的选择。网络订货、网络销售、直播带货等一系列线上手段成为女性劳动者们在疫情期间转变思路、探索创收的新途径。

在疫情防控期间，贵州省蓝花叙事文化传播有限公司、贵州黔尚品民族文化发展有限公司等女性手工业企业动员绣娘们在家刺绣、制作绣片，并通过视频展示作品，促进销售。位于山东省青岛市的鼎丰食品厂是城阳

区巾帼创业创新示范基地，工厂于2月17日开始复工，但因疫情影响产量销量有所下降，订单有所减少，工厂负责人周春云积极探索“微信群播、抖音直播”等营销模式，创新产品种类，拓展潜在客户，改变经营思路，并将工厂“花饽饽”App通过城阳区餐饮协会在各大酒店进行宣传和推广，运用新方式促进企业发展。立足本职岗位的女性也结合互联网等技术优势，发挥所长，探索创新。“95后”女孩强宇是内蒙古电力集团有限责任公司乌海电业局调度中心的一名副职调控员，为保障广大市民及厂矿医院在疫情期间用电安全，她用近20个小时的时间摸索制作了图文并茂、简单易记的《用安全生产思维解读防疫关键词》H5微信推送文章，将平时安全生产必须遵守的要素与当前防疫关键词结合，帮助大家加强自我防范，一经发出获得广泛好评。

各地妇联组织也积极引导城乡女性在防疫期间运用线上手段创新创业，充分利用网络平台实现复工复产。如，辽宁省彰武县妇联以“巾帼创业创新基地”手工编织为依托，组织妇女参加手工编织，促进妇女灵活就业，但受疫情影响，不少地区农产品滞销，基层妇联主席了解情况后，在抖音官方和乡镇党委政府支持下开通了直播间，为受疫情影响的农户家庭无偿“带货”，保障其收入来源。此外，在全国妇联的指导下，各地妇联结合实际，联合当地金融部门推出“巾帼贷”“妇女创业小额贷款”等金融项目，为创新创业的女性提供资金政策支持，减轻她们因疫情影响带来的经济压力，送去“娘家人”的关怀。

二、妇女参与复工复产的主要经验

2020年4月底以来，我国新冠肺炎疫情防控已进入常态化阶段，复工复产全面推进，经济社会秩序持续向好发展。落实常态化疫情防控举措、全面推进复工复产，维护经济社会稳定，是党中央决策部署的重要内容。广大妇女群众听党话、跟党走，积极响应妇联组织号召，在复工复产中发挥优势和独特作用，为统筹推进疫情防控和经济社会发展贡献巾帼力量。总结妇女参与复工复产的经验做法，主要包括以下三个方面。

一是广大妇女听党话、跟党走，积极响应党的号召，为复工复产贡献巾帼力量。自疫情发生以来，习近平总书记多次就做好统筹推进疫情防控和经济社会发展工作作出重要指示，要求在疫情防控中加快推进生产生活秩序全面恢复，抓紧解决复工复产面临的困难和问题，力争把疫情造成的损失降到最低限度，确保实现决胜全面建成小康社会、决战脱贫攻坚目标任务。广大妇女群众紧密地团结在以习近平同志为核心的党中央周围，坚定不移听党话，矢志不渝跟党走，把夺取疫情防控和实现经济社会发展双胜利的目标变成自己的自觉行动。在党中央坚强领导下，在各级妇联组织的团结动员下，妇女群众以奋发向上的姿态积极投身于复工复产，在医疗救治、防疫物资生产、社会服务、春田耕种、创业创新、脱贫攻坚、美丽庭院建设等方面发挥着妇女半边天作用。

二是广大妇女勇于担当，主动作为，为复工复产贡献群众力量。各行业、各领域、各地区的妇女群众充分发挥主观能动性，奋斗在疫情防控和复工复产的基层战场。她们是防护用品生产线上的女工人，不畏疫情风险、冲锋在前；她们是农作物的播种人，及时复产保障市场供应稳定；她们是主动学习特色手工的绣娘，靠灵巧双手脱贫致富；她们是自主就业创业者，运用“云端”课堂学习劳动技能，在家政服务、电商直播带货等领域开辟新天地；她们是美丽庭院的建设者，将群众力量汇聚在美丽家园的基层建设中。还有许许多多的巾帼致富带头人、巾帼农技专家、妇联执委、女企业家等，她们以强烈的大局意识努力做好助力脱贫、授课培训、技术指导、促进就业等工作，以能顶半边天的专业技能有力地推动了生产生活秩序的全面恢复，为助力妇女群众参与复工复产发挥了不可替代的重要作用。

三是妇联组织坚持把联系和服务妇女群众作为疫情防控和复工复产

工作的生命线，牢牢扎根于广大妇女群众，团结引领广大妇女群众投入复工复产，既实现了妇女自身发展，又服务于国家大局。妇联组织作为党联系妇女群众的桥梁和纽带，在协助做好疫情防控工作中，以妇女群众为主体，充分发挥妇女群众在参与复工复产中的重要作用。全国妇联十分重视顶层谋划，多次召开党组会议具体部署团结带领广大妇女岗位建功、创业创新，有序复工复产，决战脱贫攻坚等重要工作，要求各地妇联在落实好疫情防控各项任务的同时，统筹抓好各项重点工作，积极引导妇女复工复产；克服疫情对妇女脱贫的影响，分类施策，统筹做好疫情防控和妇女脱贫工作。各级妇联组织积极做好政治引领和组织动员广大妇女群众的统筹协调工作，发挥“联”字优势，引领凝聚女性社会组织、妇联执委和巾帼致富带头人等巾帼力量，将战“疫”中复工复产与脱贫攻坚战等全年工作有机统一，实现复工复产与妇女发展两不误。

三、妇女参与复工复产的思考与启示

正如习近平总书记所言，妇女是物质文明和精神文明的创造者，是推动社会发展和进步的重要力量。妇女群众也是推动疫情防控下有序复工复产和经济社会发展的重要生力军。在目前疫情防控常态化形势下，妇女积极参与复工复产和创业创新，不仅有助于国家经济社会发展，而且关系到妇女自身的生存与发展，与其获得感、幸福感、安全感密切相关。特别是对于贫困妇女、留守妇女等困难群体而言，急需在党和政府的政策支持和帮扶下参与就业创业等社会劳动，以提升自身劳动技能，实现就业增收和生活幸福。但是，妇女群众在广泛参与复工复产的过程中还面临一些普遍问题亟待解决。

受新冠肺炎疫情影响，一些行业企业生产经营停滞、就业招聘岗位减少，特别是建筑业、餐饮业、配送业、零售业等人员流动性和不稳定较强的行业受到负面影响的程度更深，这也直接影响到了农民工等外出务工，其中不乏大量从事批发零售、住宿餐饮、交通运输、文体娱乐等服务行业的女性劳动者。就业困难的女性因疫情影响待业在家，收入锐减，加上自身劳动技能单一、经济上极为脆弱、需要分散精力照料家人等因素的制约，仅依靠自身力量难以实现自主择业创业。除了就业机会减少，贫困妇女在复工复产期间的就业质量和就业稳定性往往不高。受贫困地区农村妇女就业结构长期以第一产业为主的影响，一些贫困妇女即便在疫情期间接受了短暂的劳动技能培训课程等，但仍不足以持续提升其劳动竞争力。

为了充分发挥妇女在经济社会建设发展中的重要作用，还需要多方面、多部门、多主体通力合作，为进一步促进妇女参与复工复产创造条件。

协调好疫情防控、复工复产与妇女就业的关系。加强妇儿工委、妇联组织与人力资源和社会保障等部门的联系与合作，制定与经济政策相协调的就业政策措施，联合多部门完善促进妇女就业创业的精准帮扶措施，在做好疫情防控工作的同时扎实做好妇女群体稳就业工作。通过财政划拨专门资金、临时性工资补贴、推出专项巾帼贷款产品、降低贷款利率、加大贴息幅度、简化放贷手续等措施，加强财税、金融、产业、投资等经济政策与妇女就业政策的相互衔接。

拓宽妇女就业渠道，增加妇女就业机会。各级妇联组织发挥“联”字优势，强化社会合力，引领凝聚女性社会组织、妇联执委和巾帼致富带头人等巾帼力量，推动企业在复工复产稳产中招用更多困难妇女，吸纳困难妇女在传统的手工编织、家政服务、种植养殖等产业中稳定就业。同时，可以将巾帼扶贫车间、巾帼创业基地等与线上网络销售、直播带货等新平台、新技术、新渠道、新途径相结合，推动线上线下就业途径同发展，拓宽妇女线上线下的就业途径，帮助困难妇女拓宽增收门路，从而实现在新产业、新业态、新岗位中灵活就业，在促进产业扶贫、产业兴旺和乡村振兴中不断拓宽妇女的劳动参与途径。

加强对困难妇女等重点群体的就业帮扶和指导，逐步提升就业质量。对于困难妇女而言，参与社会经济劳动、进入更高层次的就业岗位，是改变自身经济上的脆弱性，实现经济自立、精神自信的重要途径。一方面，要切实帮扶提升贫困妇女、留守妇女在特色绣工编织、优质农业、乡村旅游、家政服务等传统行业中的劳动技能。另一方面，要进一步提高妇女劳动参与的质量和水平。虽然新冠肺炎疫情在短时间内对我国就业形势带来了一定的不利影响，但从长期看，这次疫情也是促进我国经济产业结构升级、就业结构调整的转折点，一些新的就业领域和就业机会将不断涌现，如清洗保洁、卫生消毒、医疗照护、电商直播等。对此，有必要加强对困难妇女相关职业技能的大规模培训，鼓励女性劳动者在疫情防控期间参与线上职业技能培训，保证培训课程的实用性、持续性、有效性、及时性，以逐步实现高质量就业。

困难妇女群体要积极主动参与新形势下的复工复产和就业创业，这也是其获得自身发展的重要途径。虽然困难妇女普遍存在贫困程度深、缺乏劳动技能和创业就业能力等问题，但是，唯有妇女群众客观认识疫情对就业的影响，充分发挥主观能动性，发扬“四自”精神，积极响应党和政府的号召，撸起袖子加油干，才能实现自身赋能，提高劳动技能和素质，从而进一步参与复工复产，实现增收致富。

最后，既要发挥妇女在复工复产中的半边天作用，又要促进妇女特别是困难妇女在就业领域的全面发展。以战“疫”中的复工复产为契机，各级妇联组织既要将推进复工复产与促进妇女就业、脱贫攻坚和乡村振兴等工作有机统筹，把促进妇女就业、提升妇女就业水平作为重要的着力点，为脱贫攻坚、乡村振兴等国家大局工作贡献巾帼力量，又要在复工复产中为困难妇女就业创业提供倾斜性的机会保障，缩小劳动力市场中男女两性的现实差距，实现真正赋能于女性劳动者。妇女在劳动就业领域的每一个进步，最终都将有力地推动经济社会向前一步发展。

V

第五部分

关心关爱妇女儿童
撑起特殊群体保护屏障

做好妇联维权“联”字文章 贡献社会治理创新巾帼力量

全国妇联权益部

新冠肺炎疫情，是一场突如其来的重大灾害，严重威胁广大人民群众的身体健康和生命安全，对社会治理体系和治理能力提出了新的挑战。自疫情发生以来，全党全军全国各族人民在以习近平同志为核心的党中央坚强领导和统一指挥下，万众一心、众志成城，全面打响了疫情防控的人民战争、总体战、阻击战。在全国妇联领导精准谋划、统筹部署下，妇联系统的维权干部迅速找准定位，把抗疫工作作为一项重大的政治任务，怀着对妇女儿童的深厚感情，在应对中直面挑战，在应急中实现创新，在时间空间受限的情况下，充分发挥“联”字优势，上下联通，左右联动，全力以赴投入打赢疫情防控阻击战中，发挥了应有的作用，彰显了中国特色社会主义的制度优越性和党领导下妇女维权工作的战斗力。

一、联结妇女需求落实中央要求，精准“解难”

面对新冠肺炎疫情这一突发公共卫生事件，以习近平同志为核心的党中央在不同阶段作出一系列重要部署。面对因疫情难以预测造成的社会心理恐慌，居家隔离带来的特殊人群关爱不足，家暴、性侵、就业性别歧视等妇女儿童侵权问题交织叠加，开展妇女维权工作的常规机制措施在特殊情况、紧急状态下受到各种限制，如何应急应战、突破创新，有效联结妇女需求，将党中央的要求落到实处，让妇女群众切实拥有获得感幸福感安全感，成为妇联组织在特殊时期面临的艰巨任务。全国和各级妇联积极履行维权职能，全力搭建不断线、不离心的桥梁和纽带，坚决落实习近平总书记的重要指示精神，反映妇女特殊需求，实现精准“解难”。

心理健康服务“解难”。疫情发生后，习近平总书记多次强调，要高度重视人民群众心理健康，动员各方面力量全面加强心理疏导工作，有针对性地做好人文关怀。全国妇联第一时间进行部署，指导各地妇联通过“12338”热线提供心理咨询服务。沈跃跃同志以普通妇女的身份亲自拨打部分省市“12338”热线，体验服务是否便捷、到位，并提出改进服务的具体要求。黄晓薇同志明确要求“充分发挥妇联组织优势，利用各地心理援助热线以及‘12338’妇女维权服务热线，为有需要的群众提供心理疏导，特别是对患病的、隔离的、观察的人员，区分不同情况，注重精准施策，做好分类服务，维护社会大局稳定”。谭琳同志通过微信、电话会议等方式二十余次对“12338”热线工作提出具体指导意见并督促落实。全国31个省区市妇联紧急调整并延长服务时间、拓展服务内容、增加咨询力量，快速对接群众心理咨询需求和专业的咨询师志愿服务。天津等21个省（自治区、直辖市）级妇联“12338”热线第一时间开通了心理援助服务，湖北、河北、重庆、广东、内蒙古、海南等地确保热线24小时有人值守，没有条件的地区通过公布专业心理服务机构电话或心理咨询师志愿者电话等形式开展服务。针对少数民族地区群众汉语沟通能力欠缺的问题，云南、内蒙古、新疆、西藏等地妇联运用少数民族语言开展心理健康和防控疫情宣传。在总结各地热线咨询常见问题的基础上，全国妇联及时组织编写推广《新冠肺炎疫情防控期间妇女儿童、医护人员婚姻家庭心理咨询问题》，在疫情初期和关键时期化解妇女群众恐慌心理、做好情绪疏导方面发挥了重要作用。

重点人群关爱“解难”。习近平总书记多次就保护、关心、爱护一线医务人员作出重要指示，就密切关注孕产妇、婴幼儿等群体提出明确要求。全国和各级妇联通过热线、微博、微信等渠道密切关注医务人员、孕产妇和儿童等重点人群的需求，帮助他们解决困难。一是关注到怀孕医护人员坚守抗疫一线受到质疑的舆情，以及呼吁孕妇在家工作以降低感染风险的呼声，全国妇联权益部立即通过电话、微信向全国总工会女职工委员会了解情况，向国家卫健委反映情况、提出建议。二是发现疫情严重地区孕产妇产检、看病存在困难，权益部在向国家卫健委反映问题的同时，指导湖北省、武汉市妇联协调解决孕产妇求助个案，要求湖北省妇联向湖北省防疫指挥中心反映需求，建议出台孕产妇疑似病例优先确诊、安全诊治的政策，解决这一类人的问题。三是监测发现因隔离造成监护缺失儿童的求助，在提供个案帮助的同时，全国妇联权益部积极推动民政部出台有关方案，方案出台后要求各地发挥基层妇联执委和热线的作用，对于因隔离造成监护缺失的儿童及时发现报告，提供关爱帮助。权益部还草拟了“12338”热线接线员接答口径并下发各地妇联，通过热线表达对求助孕产妇的关心关爱，表明妇联会帮助她们向当地疫情防控领导小组和卫健部门反映呼声，缓解她们的焦虑情绪，帮助她们树立信心。

复工复产就业“解难”。习近平总书记在统筹推进新冠肺炎疫情防控和经济社会发展工作部署会议上，就疫情防控和实现经济社会目标任务提出了明确要求。全国妇联权益部提前设计议题，加大主动宣传，积极推动消除女性平等就业面临的不利因素，密切监测就业性别歧视舆情，指导各地妇联权益部解决个案问题。针对个别地方政府部门提出“以女方为主照看低学龄儿童”倡议引发的舆情，指导山东省市两级妇联向有关部门发出建议函；指导北京、天津、重庆等地妇联协调人社部门对监测到的招聘中的性别歧视舆情开展约谈；指导上海市妇联协调检察机关根据建立的合作机制，通过发放检察建议，纠正用人单位的性别歧视现象，为女性就业复工创造公平环境。

二、联动上下级妇联聚焦重点领域，实接“地气”

疫情期间，为做到“不开会、少开会，不集中、少集中”，谭琳同志要求全国妇联权益部密切工作联系、创新工作方式，做到“既关心基层同志，也随时指导工作”，携手合力防控疫情，促进社会治理接地气、解民忧、通民生。

聚焦重点地区，调查研究接“地气”。疫情发生后，谭琳同志率先与湖北、北京、浙江、河南等四个疫情严重的省区妇联主席进行电话联系，表达关心慰问，了解具体状况，给予工作指导。全国妇联权益部随即分工负责，通过电话或微信等方式，分别联系湖北省和疫情严重的11个省区市妇联维权干部，倾听她们的声音，表达对她们的支持和抚慰，了解基层工作存在的困难和问题。同时，也请各省级、地市级妇联主动通过电话、微信联系下一级妇联和基层妇联，层层传递关爱、层层了解情况、层层压实责任，指导基层妇联组织在疫情面前做好关心困难妇女群众的工作。在此基础上，针对分区分级差异化防控策略，我们及时调整制定《抗疫期间包省包市联系重点地区妇联工作方案》，定点联系湖北省16个地市妇联和10个重点省区市妇联，定期拨打“12338”热线、办公电话，及时了解掌握基层工作情况，指导相关机制落实落地。层层传输，加深了全国妇联和基层妇联维权干部的感情；句句关切，增强了基层妇联克服困难的力量和信心；上下通情，畅通了了解基层实际情况的渠道。

聚焦重点问题，制度机制接“地气”。针对疫情期间的家暴频发问题，权益部两次召集线上会议。虽然会议筹备时间不足半天，但直通省

（自治区、直辖市）、地市、区县三级妇联一线干部，不仅短时间内迅速了解到疫情期间家暴处置的实际情况和困难，也高效探索了改进维权工作的可行方式和办法。在此基础上，与国务院妇儿工委办公室联合下发《关于加强反家庭暴力经常性工作的意见》，由于内容具体、可操作性强，受到地方妇联特别是基层妇联的欢迎。同时，指导广东、云南、内蒙古、新疆等地出台反家暴地方性法规政策措施，亮点频出。针对性侵女童问题，统筹全会资源落实预防性侵未成年人、维护女童人身权益工作五项机制，下发2020年任务分工给机关各部门和直属单位，加强各地落实情况的线上督导，向下沉社区和基层的妇联干部提出在参与社区防疫、入户宣传等工作中，注重妇女儿童侵权风险隐患的早发现、早报告，妥善化解矛盾纠纷，落实关爱服务。针对基层妇联维权职责不明、维权工作薄弱问题，编发《基层妇联组织维权工作手册》，明确基层妇联“发现报告、维权帮助、法治宣传、议事协商”的维权工作职责，强调“拉妇女姐妹手，说真诚暖心话，做雪中送炭人”的维权服务态度，提供“看、听、问、帮、报、想、讲、记”维权八字工作法，对于家庭暴力、性侵等侵害妇女儿童权益的风险隐患，及时发现报告、给予帮助，有力地维护了社会稳定。针对妇女儿童侵权舆情频发问题，与全国妇联宣传部联合印发《关于健全完善工作机制，做好妇女儿童舆情工作若干举措的通知》，通过建立“舆情办理通报制度”，督促各地重视性侵、家暴、就业性别歧视等侵犯妇女儿童权益舆情处置、线下联系服务、发声等工作。2020年1–4月，全国妇联针对第一时间交办的38件舆情和地方妇联主动上报的47件舆情，指导线下综合维权服务，有效疏导了群众负面情绪、化解了社会矛盾。

聚焦重点宣传，维权发声接“地气”。疫情期与反家庭暴力法实施4周年、三八妇女节等重要节点高度重合，为防范疫情给妇女儿童权益带来的隐患，有效开展正面宣传，应对敏感节点家暴舆情频发的形势，全国妇联联合最高人民法院、公安部等相关部门领导就反家庭暴力工作进展情况进行书面访谈，并在《中国妇女报》全文刊发；同时，面向中央和国家机关开发、印制反家庭暴力专题海报，重点宣传用人单位的反家暴职责和人身安全保护令、家暴告诫、强制报告等重要制度，切实增强各相关部门依法履职的意识。为促进女性平等就业，全国妇联通过“女性之声”新媒体平台、央视网等主流媒体刊播《说说招聘性别歧视那些事儿》微视频，宣传人力资源和社会保障部、教育部、全国妇联等九部门《关于进一步规范招聘行为促进妇女就业的通知》精神和主要规定，提醒用人单位依法依规平等用工。为缓解疫情期间群众的宅家焦虑、复工焦虑，全国妇联迅速开发《提升心理免疫力，专家教您这样做》《宅家焦虑？复工紧张？非常时期妇联教您这样做》等微视频，通过全国妇联网信中心新媒体平台推送，受到了各方好评。

三、联合社会资源提供在线服务，汇聚“爱心”

疫情期间，妇联组织的维权服务虽然难以“面对面”，但是更加与妇女群众“心连心”。全国妇联指导各地妇联坚持“广泛动员群众、组织群众、凝聚群众”，动员、组织、凝聚了全国千余名心理咨询师志愿者，提供24小时爱心服务，密织防疫抗疫的心理健康防线，把党的关怀和温暖送到妇女身边。

力量联合。处于疫情防控重点地区，湖北省妇联第一时间落实全国妇联要求，面对妇女群众心理服务激增的需求，将“12338”五条专线全部转换成心理咨询专线，并联合湖北省卫健委、教育厅推出心理健康平台；武汉市妇联成立疫情防控心理专家志愿服务团，开通心理援助热线14条，300余名心理专家在线服务。全国14个省区市妇联与本地区心理卫生行业协会、婚姻家庭研究会、医疗机构、教育机构、公益组织等在“12338”之外联合开设心理服务专线；31个省区市妇联通过微信公众号公布了762名心理咨询师志愿者的手机电话。据不完全统计，仅2020年2月的第一周，24个省区市“12338”热线和心理咨询团队就接听热线6000余个，其中2/3是心理咨询求助。

资源联通。为在短期内促进基层“12338”热线接线员提升特殊时期热线接听技术，全国妇联权益部持续在线推介中国心理学会以问答形式发布的《疫情特殊时期网络心理咨询工作指南》等专业平台技术文章，推广地方妇联在线培训资源，组织专家资源编写政策法律、常见问题等参阅汇编，为各地规范化开展热线、网络等咨询服务提供帮助。我们还指导各地妇联整合各方资源提升服务受益面。天津市妇联联合“掌上天津”App设立“心理在线”专栏，联合心理咨询和医疗机构引进专业心理评估量表，免费提供情绪自我测量和精准心理防护，一经上线就有5万余人次参与了评估，体现了资源整合的良好效应。

线下联动。对于“线上引导”难以解决的现实问题，在全国妇联指导下，各地妇联主动作为、克服困难，为居家的妇女儿童送去及时有效的线下服务。疫情期间，浙江省“12338”热线接到因夫妻矛盾升级而引发的家庭暴力投诉，立即请属地妇联兼职副主席为投诉妇女提供法律援助和心理辅导，随后社区妇联与派出所民警上门走访，民警在了解情况后向其丈夫出具了家暴告诫书。经调解后，该投诉妇女3次打进热线表示感谢。天津市妇联在微博发现“我的心痛得无处安放”的微博用户的自杀留言，“12338”热线快速反应，请心理咨询专家通过电话对其进行了2个小时的心理疏导，劝慰其放弃轻生念头；在了解到其居住地址后，又请属地基层妇联和社区工作者通过上门送口罩和电话回访等方式掌握情况并进行开导，挽救了该女子的生命。四川省成都市妇联协同“一缕阳光家庭教育公益服务中心”，组织心理咨询专业人士走入街道和社区，为长时间战斗在防疫一线的社区干部、隔离观察的居民提供专业的心理咨询和支持。宁夏回族自治区妇联将心理援助服务下沉到社区、村庄一线，在有疫情的部分县区的219个社区、183个村庄实施“心理援助计划”，把52名心理咨询师拉进村民群、居民群，将服务送到居家的每一位有需要的妇女儿童身边。

一场战“疫”，妇联系统的维权工作经受了考验，获得了经验，反思了不足，激发了动能，在建设联防联动机制、改进工作方法手段、密切联系服务基层、服务妇女儿童方面实现了创新发展。但我们也深知，维护妇女儿童权益工作任重道远，妇联组织的维权工作必将严格按照党中央的要求，积极回应妇女群众的需求和时代发展、社会进步的形势，在社会治理体系和治理能力现代化的大局中不懈努力，引领服务联系广大妇女，为实现“两个一百年”伟大奋斗目标、实现中华民族伟大复兴的中国梦，贡献伟大的巾帼力量。

各级妇儿工委开通抗疫直通车为疫情期间妇女儿童解难助困

国务院妇女儿童工作委员会办公室

2020新年伊始，新冠肺炎疫情肆虐神州大地。以习近平同志为核心的党中央，高瞻远瞩，运筹帷幄，科学研判，精准施策，团结带领全党全军全国各族人民同舟共济、共克时艰，取得抗疫斗争的阶段性胜利。其间，习近平总书记就打赢疫情防控的人民战争、总体战、阻击战作出系列重要指示。3月8日，习近平总书记代表党中央，向奋战在疫情防控第一线和各条战线的广大妇女同胞表示诚挚慰问，向各族各界妇女同胞致以节日问候，充分肯定广大妇女在抗击新冠肺炎疫情中作出的重要贡献，对广大妇女持续投入战胜疫情斗争提出殷切期望，对各级党委和政府关心关爱疫情防控第一线和各条战线的妇女同胞，大力宣传防疫一线的巾帼典型，激励和支持亿万妇女为打赢疫情防控人民战争、总体战、阻击战贡献智慧和力量提出明确要求，给予奋战在疫情防控第一线和各条战线的广大妇女以极大鼓舞和鞭策。中共中央政治局委员、国务院副总理、国务院妇女儿童工作委员会主任孙春兰同志要求广大妇女认真学习贯彻习近平总书记重要指示精神，继续发扬不畏艰苦、连续作战的精神，为打赢湖北保卫战、武汉保卫战贡献巾帼力量，要求各级党委和政府关心关爱疫情防控第一线的妇女同胞，为妇儿工委系统立足职能做好疫情期间妇女儿童工作提出明确要求。

各级妇儿工委作为政府负责妇女儿童工作的议事协调机构，自新冠肺炎疫情发生以来，认真学习贯彻习近平总书记重要指示精神和党中央决策部署，充分发挥协调和推动有关部门保障妇女儿童合法权益、研究解决妇女儿童发展突出问题的职能作用，密切关注疫情重点地区妇女儿童特别是困难群体的急迫需求，协调推动相关成员单位出台政策措施，在全力做好疫情防控期间妇女儿童工作、促进解决妇女儿童尤其是困难群体急难问题的同时，积极配合各级党委、政府，组织动员广大妇女为助力打赢疫情防控阻击战贡献巾帼力量。

一、成员单位立足职能同心战“疫”，源头解决妇女儿童急难问题

国务院妇儿工委相关成员单位强化沟通、密切协作，出台举措，解决疫情防控期间妇女儿童特殊需求和急难问题。

国家卫生健康委高度重视疫情期间儿童和孕产妇等重点人群的防护工作，国务院妇儿工委领导同志与国家卫生健康委领导同志积极协调沟通，运用国务院应对疫情联防联控机制，就做好儿童和孕产妇的疫情防护工作专门出台文件，从居家防控、医疗卫生机构防控、托幼机构防控、医务工作者全员培训、运用信息化手段等方面提出有效应对措施，部署做好疫情期间高风险地区重点患者医疗服务保障，满足孕产妇、儿童、老年人等弱势群体的医疗服务需求；指导通过电话、微信、短信、视频、智能语音、区域健康云App等多种途径开展儿童、孕产妇健康管理；在防护指南和口罩使用指南中，对儿童防护进行专门指导；加强对医务工作者及其家庭的人文关怀，对家中有老人和孩子需要照顾的医务工作者尽可能地创造条件使其兼顾家庭。国家卫生健康委与民政部联合发出通知，要求在加强应对新冠肺炎疫情的心理援助与社会工作服务中，重点关注儿童等群体，有针对

性地做好心理疏导等工作。在全国支援湖北和武汉地区的4.26万医务工作者中，女性医务工作者达到2.8万多人，国家卫生健康委等有关部门持续推动各地将保护关心爱护医务工作者的措施落实落细落到位，积极推动各地建立保护关心爱护包括女医务工作者在内的广大医务工作者的长效机制。

民政部领导同志高度重视困境儿童和农村“三留守”人员的疫情防护工作，专门召开民政系统电视电话会议，对做好困境儿童、农村“三留守”人员等困难群体的疫情防控工作及时做出部署，并下发紧急通知和《儿童福利领域服务机构新型冠状病毒感染的肺炎疫情防控工作指南》，对将疫情防控工作落实到每一个儿童福利机构、未成年人救助保护机构提出明确要求。针对一些地方出现家长被隔离、孩子无人照料等现象，民政部相关领导同志亲自协调、靠前指挥，研究形成具体举措和工作实施方案，就做好因疫情影响造成监护缺失的儿童救助保护工作专门发出通知，从及时发现报告、分类做好临时照料、加强救助保障、开通救助保护热线等方面做出全面部署，提出明确要求；与国家卫生健康委共同部署做好承担隔离治疗任务医务工作者家庭的关爱服务，要求组织社区服务机构和志愿者，协助做好与一线医务工作者共同居住的父母、子女等的照料工作，为他们在抗疫一线奋战解除后顾之忧。

教育部召开视频会议部署疫情防控工作，制定应急预案和防控工作指南，要求学校疫情防控工作分区分级精确到县、精确到校、精确到人、精确到事，明确疫情没有得到基本控制前不开学、学校基本防控条件不具备不开学、师生和校园公共卫生安全得不到切实保障不开学；要求中小学开学工作强化属地责任，实行错时错峰，高校开学准备工作落实分区分级精准防控策略，防止疫情向学校扩散，守护师生安康，维护校园稳定；对中小学延期开学期间“停课不停学”做出安排，坚持由省级统一部署和因地、因校制宜相结合实施，整合优质教学资源，开通国家中小学网络云平台和电视空中课堂，免费提供学习资源；积极推进疫情防控期间资助患病家庭经济困难学生工作，全面落实各项资助政策。针对疫情部署教育系统开通心理服务热线和网络辅导服务。

全国总工会女职工委员会向各地工会女职工组织发出建议，推动用人单位结合实际安排疫情期间孕期、哺乳期女职工居家远程办公、灵活安排休假及工作时间。向女职工组织和广大女职工发出倡议，团结动员女职工为夺取疫情防控和实现经济社会发展目标双胜利贡献智慧和力量，推动解决疫情防控一线女医务工作者、女职工及其家属工作生活中的困难和问题，扎实做好驰援湖北（武汉）医务工作者及其家属慰问及关爱帮扶工作，号召社会力量开展定向捐资捐物等活动。要求企业在安全有序复工复产中，高度关注女职工特别是孕期哺乳期女职工权益问题，加强女职工生育保护。

疫情发生以来，全国妇联认真贯彻落实习近平总书记重要指示精神，立即启动应急工作机制，2020年1月25日（大年初一）与31个省、自治区、直辖市妇联主席建立专门工作群，及时召开应对新冠肺炎疫情工作专题会，对立足社区和家庭，发挥6级妇联组织、数以百万计的各级妇联执委的作用，组织动员广大妇女人人尽责、家家防控，为织密联防联控、群防群控防线以及打赢疫情防控人民战争做出部署、提出要求；1月26日（大年初二）发出《为打赢疫情防控阻击战贡献半边天力量》的倡议，号召广大妇女从我做起，担当责任，守住家庭防线，切实做家庭健康守护员、科学防护宣传员、疫情防控监督员；向全国广大巾帼志愿者发出倡议，要求紧急行动起来，在社区防控、邻里关爱、守住家门中发挥独特作用。为切实做好关心关爱一线女医务工作者的工作，1月30日全国妇联向一线女医务工作者发出致敬慰问信，号召她们牢记总书记嘱托，恪尽职守、救死扶伤、保重身体，做好人民生命健康的守护者；针对一线医务工作者家庭组织开展

"您家的菜我来送、您家的活我来干"等公益服务活动，"点对点""一对一"与援鄂医务工作者建立联系，全覆盖提供送菜到家、照料老人、托管幼儿、辅导学习等服务；发动全国妇联所属基金会与各省妇联、团体会员等筹集近2.1亿元物资款项送抵一线，快速回应一线女医务工作者急需，紧急筹集大批女性卫生用品帮助她们解决实际困难；部署相关省区市妇联组织关心关爱殉职的城乡社区工作者；在人民网、中国妇女网持续推出"特殊时期　特别家教"网络专题课程，各级妇联开设微课堂，为家长提供防疫期间家庭教育指导服务。配合做好因新冠肺炎疫情影响造成监护缺失儿童救助保护，与国务院妇儿工委办公室联合下发通知，对进一步提高认识，提升政治站位，充分发挥妇联的组织优势和妇儿工委办公室的协调作用，做好因新冠肺炎疫情影响造成监护缺失儿童的排查报告、关爱帮扶、亲情陪伴、家教辅导、心理疏导等提出明确、具体的要求，部署各地切实落实到位。围绕打好三大攻坚战、做好"六稳"工作，在做好疫情防控前提下，统筹抓好巾帼脱贫行动、创新创业巾帼行动等，有序推动复工复产，与金融机构推出抗疫"巾帼贷"，推动解决妇女在复工复产中遇到的困难；专门下发通知，号召妇女克服疫情影响，立足岗位争当最美巾帼奋斗者。围绕强信心、暖人心、聚民心，全国妇联运用主流媒体，发动妇联系统全媒体平台，统筹线上线下，大力宣传习近平总书记重要指示和党中央决策部署，大力宣传习近平总书记时刻把人民群众生命安全和身体健康放在第一位的为民情怀；追授徐辉等牺牲在抗疫一线杰出女性"全国三八红旗手"称号，生动讲述抗疫一线优秀女性的感人故事，三八节期间与中宣部、国家卫生健康委、中央军委政治工作部联合发布"一线医务人员抗疫巾帼英雄谱"，联合下发通知拟授予一批抗疫一线女医务工作者（集体）全国三八红旗手（集体）称号，与民政部联合发布"城乡社区抗疫巾帼先锋"事迹，还将对在疫情防控中特别是社区联防联控、群防群治中涌现出的优秀女性（集体）进行表彰。

习近平总书记在三八国际劳动妇女节作出重要指示，全国妇联立即行动，向广大妇女发出倡议，要求认真学习贯彻习近平总书记重要指示精神，坚定必胜信念，为打赢疫情防控人民战争、总体战、阻击战贡献巾帼力量；向各级妇联组织发出通知，要求坚决贯彻落实习近平总书记重要指示，在统筹抓好疫情防控和经济社会发展工作中发挥妇联作用；与中国女医师协会联合发出倡议，号召一线女性医务工作者牢记习近平总书记重要指示，发扬连续作战的作风，以特别能吃苦、特别能战斗的精神，激扬战“疫”巾帼志，不夺胜利誓不还。

疫情期间，国务院妇儿工委办公室主动发挥机制平台作用，及时通报信息、交流情况，协调沟通相关部门研究出台疫情期间关爱保护儿童和孕产妇等特殊群体的政策措施，部署指导各地妇儿工委办公室因地制宜做好疫情期间妇女儿童尤其是困难群体的帮扶救助工作。协调专业力量在网上对武汉地区有需求的妇女儿童和家庭开展“一对一”心理疏导服务。在委员会网站开设专题，在《中国妇女报》“两纲之窗”专栏大力宣传习近平总书记重要指示和党中央决策部署，大力宣传习近平总书记关怀关爱妇女儿童的为民情怀，大力宣传一线巾帼典型和感人事迹，大力宣传妇儿工委系统抗疫行动，为扎实做好疫情期间的妇女儿童工作增添力量。

二、各地妇儿工委齐心协力抓落实，携手撑起妇女儿童“保护伞”

各地妇儿工委及成员单位迅速响应、协调联动，为妇女儿童织密织牢防疫保护网。

（一）切实保障孕产妇生命安全和身体健康

国务院联防联控机制加强疫情防控期间孕产妇疾病救治与安全助产工作的通知发出后，各地妇儿工委积极协调，31个省、自治区、直辖市都及时转发通知或专门下发文件。

湖北省运用妇儿工委机制加强沟通，推动湖北省疫情防控指挥部印发做好疫情防控期间孕产妇防疫保护工作的通知，协调对孕产妇紧急求助开通绿色通道，以硬招实招为孕产妇保驾护航。北京、四川、贵州、西藏等地妇儿工委办公室联合卫生健康委、工会、妇联等部门下发通知，对进一步做好疫情防控期间孕产妇关爱服务工作提出具体要求。吉林省卫生健康委部署各地对辖区孕产妇进行摸底排查，将确诊孕产妇纳入“紫色”妊娠风险管理。河南、福建等地发挥“互联网+医疗健康”作用，各助产机构、妇幼保健机构等利用短信、微信、线上孕妇学校等多种方式开展孕产妇健康教育和咨询指导，三级医疗机构开展线上诊疗。河北、山西、浙江、福建、江西、山东、湖南、广东、海南、四川、云南、甘肃、青海、宁夏、新疆、新疆生产建设兵团等地通过制定孕产妇防护专门指南、公布定点医院、发布专家建议、提供心理援助等方式，多措并举，精准实施，开展个性化分类指导和管理服务。

（二）加强对孕期哺乳期女职工的权益保护

22个省、自治区、直辖市及时转发全国总工会女职工委员会的建议，部署疫情期间协商安排孕期哺乳期女职工居家远程办公。

湖北省疫情防控指挥部要求加强对孕妇的特殊保护，企事业单位正常上班后，孕妇经本人申请、单位同意，实行弹性工作制，可以在家远程办公，直至疫情结束，所在单位不得扣减其劳动报酬，也不得损害其其他相关合法权益。江苏省总工会女职工委员会策划编写《女职工防疫小手册》，对女职工防疫保护、心理调适、维权投诉进行指导服务。山东省政府下发文件，明确要求加强疫情期间孕产妇和哺乳期女职工特殊劳动保护。广东省人力资源社会保障厅、省总工会等4部门联合印发通知，要求协商安排孕期哺乳期女职工居家办公。陕西省妇联出台在疫情防控期间切实做好维护妇女权益工作的意见，防止强行要求孕期哺乳期女职工返岗和对女职工裁员。

（三）加大力度关爱帮扶困境儿童群体

22个省、自治区、直辖市及时转发了民政部的通知或专门下发文件，对做好因疫情影响造成监护缺失儿童的救助保护工作做出具体安排。

天津市、湖南省民政局与妇儿工委、妇联联合发文，就做好因疫情影响造成监护缺失儿童的救助保护工作提出具体举措。上海市民政局制定工作规范，将社会散居孤儿、困境儿童、农村留守儿童以及因疫情影响监护缺失的儿童等特殊儿童群体优先纳入社区疫情防控体系，实行每日联系和一人一档、一日一问、一日一报管理。浙江省卫生健康委下发通知，对托幼（育）机构疫情防控工作提出具体要求。河南省民政厅建立儿童福利领域分片联系制度，实时掌握全省儿童福利机构、未成年人保护机构服务对象及工作人员的疫情排查和监测情况。江西省民政厅按照“应救尽救、应保尽保、不漏一人”原则，将父母或其他监护人因疫情隔离治疗及防疫抗疫工作需要不能履行监护责任的儿童全部纳入救助保护。内蒙古、辽宁、广西、宁夏等地民政厅对做好疫情防控期间农村留守儿童和困境儿童关爱帮扶工作进行专门部署。黑龙江、上海、江苏、安徽、江西、山东、湖北、广东、广西等地通过民政未成年人救助服务热线、共青团“12355”热线、妇联“12338”热线以及社会工作组织等平台为儿童广开关爱渠道，提供支持服务。

三、各地妇儿工委办公室多措并举满足特殊需求，因地制宜帮扶助困

各地妇儿工委办公室针对疫情期间出现的妇女儿童需求和问题，出实招、办实事，扎实做好关爱服务工作。

湖北省妇儿工委办公室协同湖北省妇联及时向疫情防控指挥部反映

需求，推动将一线女医务工作者卫生用品纳入防疫医药物资用品并给予保障，切实体现对一线女性医务工作者的贴心关怀；收集整理疫情防控期间有关孕产妇保护的相关政策和知识，制定湖北省新冠肺炎流行期间孕产妇服务指南；对接中国儿童少年基金会，动员爱心企业，捐赠婴幼儿奶粉及辅食，缓解湖北地区婴幼儿家庭的燃眉之急；组织30多位心理专业人士开展线上心理疏导服务，帮助居家隔离妇女缓解焦虑情绪。

内蒙古自治区妇儿工委办公室联合妇联、卫生健康委开展为农村牧区妇女、城镇贫困妇女“送医、送药、送健康”活动；联合网信办、卫生健康委、妇联等在三八节期间开展“生命重托——致敬战‘疫’一线的萨日朗”宣传活动，对奋战在一线的女性医务工作者进行宣传。

江苏省妇儿工委办公室积极协调江苏省财政厅、妇联，将全省妇女儿童公益社工项目的实施向抗击疫情倾斜，重点支持儿童、孕产妇、一线医务工作者和援鄂医务工作者子女家庭的心理疏导、防控能力提升、学业辅导、生活关爱等服务项目。

福建省妇儿工委办公室、福建省妇联协调中国新闻社舆情监测分析室，编写妇女儿童疫情舆情专报，为做好妇女儿童防疫工作提供依据；山东省妇儿工委办公室在“齐鲁女性”公众号推出疫情防控妇儿工委成员单位在行动专栏，黑龙江省各地市级妇儿工委办公室在微信公众号开通“妇儿工委抗疫直通车”专栏，及时向社会宣传妇儿工委及各成员单位妇女儿童防疫政策措施和专业意见建议。

安徽省、广西壮族自治区妇儿工委办公室建立线上儿童之家服务微信群，开展新冠病毒防控知识宣传、亲子阅读打卡、绘画及小手工制作、室内体育锻炼指导、为武汉加油公益小视频制作等活动，助力儿童停课不停学。重庆市40个区县全面开展“儿童之家”线上服务，市妇儿工委办公室组织儿童工作智库专家开通“准妈妈”“儿科”“儿童心理”“儿童权益保障与儿童监护责任”等9条专家免费服务热线二维码，为儿童及其家庭提供心理疏导、阅读、游戏、学习等专家指导，打造疫情防控期间儿童服务“线上超市”。四川省启动省儿童工作资源中心智库和儿童之家线上服务模式，开展困境儿童居家隔离需求调研提供精准服务，儿童工作资源中心共推出疫情防控主题服务26期，直接受益儿童及家长1.6万多人，利用专家资源干预“一对一”“一对多”服务特需困境儿童个案23人、家长个案2人，分别以藏语、彝语的方式同步提供服务，开发了40余册儿童和家长读本绘本并配以藏语和彝语进行宣传。

各地妇联、妇儿工委办公室积极组织党员干部下沉到疫情防控最需要的一线村庄和社区，开展习近平总书记重要指示精神和党中央决策部署宣讲、疫情防控监测、心理疏导、邻里关爱、卫生消毒、物资搬运等服务工作，着力协调解决当地一线医务工作者、公安干警、社区工作者、志愿者等的具体困难，踊跃捐款捐物，助力构筑群防群控的严密防线。

疫情防控中男女平等基本国策的贯彻落实

杜　洁*

男女平等基本国策是党和国家推动男女平等事业和妇女全面发展的重要战略。习近平总书记指出，“要坚持男女平等基本国策，在出台法律、制定政策、编制规划、部署工作时充分考虑两性的现实差异和妇女的特殊利益”，为将性别平等意识纳入决策主流提供了遵循。在应对新冠肺炎疫情这场大考中，一系列充分考虑两性现实差异和妇女特殊利益的政策措施相继出台，有效促进了妇女在疫情防控中的参与和受益，成为一个展示贯彻落实男女平等基本国策中国经验的实践范例，为今后工作提供了启示和借鉴。

一、在疫情防控中保障男女平等基本国策的贯彻落实

新冠肺炎疫情来势汹汹，蔓延迅速。在同时间赛跑、与病魔较量的紧急时刻，要在疫情防控中落实好男女平等基本国策，不仅需要性别视角，更需要强有力的制度保障。党中央坚强有力的领导，以人民为中心的指导思想，中国特色的促进男女平等、妇女全面发展的制度机制，为在疫情防控中落实男女平等基本国策提供了根本保证。

（一）党的领导为在疫情防控中贯彻落实男女平等基本国策提供了根

---

* 杜洁，全国妇联妇女研究所所长、研究员。

本保证

应对灾害的实践表明，即使是在经济发达的国家，面对疫情防控和灾难救援，如果没有强有力的领导和组织保障，妇女的健康安全和男性一样，都难以得到有效保障。世界卫生组织总干事谭德塞·阿达诺姆赞叹中国应对疫情的行动速度之快、规模之大，世所罕见，而这正是得益于中国的制度优势。在疫情防控阻击战中，以习近平同志为核心的党中央统一指挥、统一协调、统一调度，成立了中央应对疫情工作领导小组，各地区成立了党政主要负责同志挂帅的领导小组，各党政军群机关和企事业单位紧急行动投入抗疫阻击战中。这个具有强大的领导力动员力和执行力的组织机制，将党的政治优势、组织优势、密切联系群众优势转化为疫情防控的强大抗疫效能。中国共产党始终高度重视男女平等和妇女事业发展，将坚持男女平等基本国策写入党的代表大会报告、国民经济和社会发展总体规划与国家法律之中。党中央的坚强领导和对性别平等事业的高度重视，为在疫情防控中贯彻落实男女平等基本国策提供了保证，推动了男女平等的宪法原则和基本国策能够在疫情防控工作的各环节各方面有效落实。

（二）以人民为中心的思想为在疫情防控中贯彻落实男女平等基本国策提供了思想保证

中央政治局常委连续多次召开会议，习近平总书记多次突出强调把人民群众生命安全和身体健康放在第一位，要求各级党委政府必须按照中央部署，按照坚定信心、同舟共济、科学防治、精准施策的总要求，突出重点、统筹兼顾、分类指导、分区施策，全面开展疫情防控工作。这些要求和任务目标，为充分考虑两性的现实差异和妇女的特殊利益提供了思想指导和行动指南。人民是一个集合名词，具体的个人因生理、职业、家庭、年龄等多种属性千差万别。以人民为中心的思想要求充分考虑男女的现实差异，需要看到，由于男女不同的生理特征及其在人类再生产中不同的劳动分工，尤其是妇女在经期、孕期或哺乳期有着不同于男性的特殊需求。在疫情发生时，孕产妇医疗救治需求更加紧迫；战斗在疫区一线的女性医护人员既面对和男同事一样的职业风险和心理压力，在月经期还面临身体不适，需要特殊的卫生资源。实现精准施策的目标，要求在制定政策措施时把生理、职业等多种因素全面考量，准确把握不同性别群体在不同境况的需求，针对不同目标人群制定有针对性的政策措施，以最大化地保护人民群众的生命安全和身体健康。

（三）党和政府开展妇女工作的专门机构和组织为在疫情防控中贯彻落实男女平等基本国策提供了组织保证

党领导的促进男女平等、妇女全面发展的制度机制，使妇女的需求和利益能及时被纳入疫情防控战略策略，在全面动员、全面部署、全面加强疫情控制的工作格局中得以贯彻执行。作为男女平等基本国策贯彻落实的国家协调机构，国务院妇女儿童工作委员会积极推动将男女平等和妇女发展议题纳入政府职能部门的抗疫工作议程。作为国务院妇女儿童工作委员会的成员单位，全国妇联积极落实党中央的部署，及时反映妇女的困难和需求，并推动相关部门出台有利于妇女发展与性别平等的政策。作为党领导下的人民团体、党和政府联系妇女群众的桥梁和纽带、党开展妇女工作最可靠最有力的助手，妇联组织及时传达党中央部署，做好引领、服务和联系工作，广泛团结动员组织广大妇女群众和女性社会组织，为打赢疫情防控的人民战争贡献巾帼力量。

二、在疫情防控中制定充分考虑两性现实差异和妇女特殊利益的政策措施

在灾害和流行性传染病应对中纳入性别视角是国际社会普遍关注的议题。在中国进行的这场抗疫战中，党和政府出台了系列充分考虑两性现实

差异和妇女特殊利益的政策措施，以满足不同地区、不同群体及其不同角色身份妇女群众的多样需求。

（一）支持关爱战斗在一线的女性医护人员和社区工作者的政策措施

卫生保健向来是女性集中的行业。根据《中国卫生健康统计年鉴（2018）》的数据显示，截至2018年底，全国公立医院医护人员3/4为女性，612万医护人员中女医护人员超过450万，护士岗中女性占比高达97.3%。参加抗疫战的巾帼英雄有中国工程院院士李兰娟等著名专家，更有默默无闻、勇于奉献的广大女性医护人员，她们成为奋战在抗疫一线的主力军。1月28日，中共中央印发的《关于加强党的领导、为打赢疫情防控阻击战提供坚强政治保证的通知》特别提出，要关心关爱奋战在疫情防控斗争一线的专家和医护人员，采取务实、贴心、到位的举措，帮助疫情防控斗争一线的专家和医护人员解决实际困难，解除后顾之忧。2月3日，习近平总书记在主持中共中央政治局常务委员会会议、研究加强新型冠状病毒感染的肺炎疫情防控工作的讲话中强调，要维护医疗救治秩序，对殴打伤害医务人员、扰乱医疗救治秩序的，要果断加以处置，落实依法办理、舆论引导、社会面管控“三同步”要求，严防造成不良社会影响。2月23日，中央应对新冠肺炎疫情工作领导小组印发《关于全面落实进一步保护关心爱护医务人员若干措施的通知》，系统制定了薪酬待遇、工伤认定、职称评聘、生活保障、个人防护、轮换休整、心理调适、困难家庭帮扶、安全执业环境、烈士褒扬和先进表彰的务实措施。这些政策无疑会极大地激励广大女性医务工作者英勇奋战、救死扶伤。为落实对女性医护者的关爱，全国妇联领导中国妇女发展基金会短期内紧急募集款物，用于定向采购安心裤、卫生巾，援助一线女性医务人员。多地妇联也给驰援武汉的女性医务工作者送去各种卫生用品，以满足她们的基本生理需求。为解除医护人员的后顾之忧，全国妇联协同团体会员和女性社会组织，动员和组织各级妇联和巾帼志愿者守护、服务女性医务工作者的家庭，提供送菜上门、陪护其父母和孩子等各种暖心服务。

女性是社区工作的重要力量，许多地区的专职社区工作者中，女性超过一半。自新型冠状病毒肺炎疫情发生以来，广大社区工作人员一直昼夜奋战在一线，筑牢社区一线防控堡垒，把好防控第一道关口，工作十分辛苦。2月21日，浙江省民政厅会同省财政厅出台了《进一步落实激励关爱新冠肺炎疫情防控一线专职社区工作者举措的通知》，就落实防控措施、全力保障专职社区工作者安全健康、加大走访慰问力度、落实好相关待遇、加大评优激励政策、树立先进典型、加强容错免责保护七项举措进行详细规定。2月5日《杭州高新区（滨江）关于进一步激励关爱疫情防控一线基层党员干部和医务工作者的十二项举措》进一步细化明确了实行强制休整、及时择优任用、提前晋升工资、增发月度绩效工资、提前兑现津贴、加大保险力度、增加体检项目、增加疗休养、强化长效保障、组织子女专题辅导、加大评优比例、开展评选表彰等多种待遇和方法，这些制度和举措为关心关爱包括专职女性社区工作者在内的抗击疫情一线女性工作者提供了激励和保障。

（二）确保孕产妇得到医疗救治及保障母婴安全的特别措施

及时有效地为孕产妇提供医疗服务成为抗疫工作的重点之一，国家发布了一系列政策措施确保孕产妇得到医疗救治及保障母婴安全。2月2日国家卫健委发布《关于做好儿童和孕产妇新型冠状病毒感染的肺炎疫情防控工作的通知》，分别就居家儿童及孕产妇、相关医疗机构、助产机构、托幼机构等各方面工作提出具体要求。2月8日国家卫健委专门发布《关于加强新型冠状病毒肺炎疫情防控期间孕产妇疾病救治与安全助产工作的通知》，围绕指导孕产妇做好防护和孕产期保健、做好发热孕产妇就诊管理、切实保障疑似和确诊孕产妇产检和安全助产服务、加强疑似和感染孕产妇产时管理和新生儿救治等具体问题进行详细规定。2月13日国家卫健委更新《全国新型冠状病毒感染疑似或确诊孕产妇产检和住院分娩定点医院名单》并规定：对于疑似或确诊孕产妇按照规定尽快转诊至定点医院；助产机构对高危孕产妇专案管理；优先保障疑似和确诊孕产妇的收治等，为确保孕产妇和新生儿的平安健康构筑了坚实的安全屏障。这些精准施策充分体现了对孕产妇及婴儿的关爱和保护。

各地积极出台保护孕产妇安全的制度措施。2月8日，湖北省新型冠状病毒感染肺炎疫情防控指挥部发布《做好疫情防控期间孕产妇防疫保护工作的通知》，要求在医疗救治及防疫物资的分配上向妇幼保健机构倾斜；各新冠病毒核酸检测机构要对疑似孕产妇实行优先检测、尽快确诊；各新冠肺炎救治定点医院要落实疑似和确诊孕产妇转诊绿色通道，确保其优先转诊和治疗；对临近预产期的新冠病毒感染的孕产妇及时提供救治和助产服务，确保母婴安全；对有心理干预服务需求的孕产妇，各级妇联组织要充分发挥“12338”妇女服务热线等平台的作用，链接专业社会组织，广泛动员巾帼志愿者，提供有针对性的科学知识宣讲和心理疏导服务。这些措施为身处疫情中心地区的孕产妇的身心健康提供了保障。

（三）关爱孕期和哺乳期女职工、提供家教服务的措施

2月初，全国总工会女职工委员会向各地工会女职工组织发出建议，提倡通过协商等方式，积极推动用人单位加强对女职工的生育保护，结合实际安排孕期、哺乳期女职工居家远程办公、灵活安排休假及工作时间，倡议得到积极响应。2月8日，湖北省新型冠状病毒感染肺炎疫情防控指挥部发布《湖北省新型冠状病毒感染肺炎疫情防控指挥部通告》，要求企事业单位正常上班后，孕妇经本人申请、单位同意，实行弹性工作制，可以在家远程办公直至疫情结束，所在单位不得扣减其劳动报酬，也不得损害其其他相关合法权益。上海市工会女职工委员会也提出了类似的建议。上海普兰金融服务有限公司积极响应号召，鼓励女职工在家线上办公，线上办

公率达95%。与此同时，各地还密切关注疫情期间及疫情过后返岗复工女职工的权益保护问题，依法维护女职工合法权益和特殊利益。

疫情防控期间，孩子无法入托入园入学，必然增加父母尤其是母亲的照料责任，特别是中小学学生假期的延长，更增加了父母的辅导“负担”。家庭历来是全国妇联的重要工作领域，妇联开展的“家家幸福安康工程”等项目和工作涉及家庭建设的多项内容。为在疫情防控期间向广大家长提供有针对性的家教服务，由全国妇联主办、人民网和中国妇女网联合推出的“特殊时期　特别家教”专题服务，包括“战‘疫’学起来”“战‘疫’动起来”“战‘疫’读起来”“战‘疫’写起来”四个板块，在新冠肺炎疫情特殊时期给家长提供特别的家庭教育指导。

（四）针对妇女的心理服务和权益保护举措

疫情期间公众的心理压力也存在着性别差异。比如，集中居家隔离时家务照料的加重容易使人们产生烦躁情绪，大部分女性因为更多地担负照料家人的责任，更容易忧心家人安危；家人较长时间集中隔离在狭小的空间之内，矛盾和冲突会较平日增多，家庭暴力也更容易发生，进而更易对妇女造成身心的伤害。在全国上下紧密开展“心理也要防疫”活动的宣传和倡议下，各地妇联纷纷开通抗击疫情心理援助热线，专门针对疫情一线女性、残障人士等弱势群体提供心理咨询。特别是为了防止疫情期间可能发生的家庭暴力，各级妇联组织积极行动开展工作。比如，2月15日陕西省妇联发布《陕西省妇联关于在疫情防控期间切实做好维护妇女权益工作的意见》，要求全省各级妇联组织关注疫情防控期间容易产生的损害妇女权益的问题，并明确要求各级妇联组织密切配合有关部门做好反家庭暴力工作，在各自职责范围内预防和制止家庭暴力。

在新冠肺炎疫情防控中，很多地区和部门在落实男女平等基本国策中的很多创新举措，值得学界关注和研究，以对中国在抗击疫情中将性别议题纳入主流的做法进行分析总结和理论提升，为今后进一步深化男女平等基本国策的落实提供参考。

三、思考与启示

男女平等基本国策自1995年在北京召开的联合国第四次世界妇女大会上被正式提出以来，逐步得到宣传、贯彻和落实。“坚持男女平等基本国策，保障妇女儿童合法权益”被写入党的十八大、十九大报告，成为党治国理政的重要理念和内容。习近平总书记关于坚持男女平等基本国策的重要论述，在这次抗疫大考中得到了进一步贯彻落实，取得了一定的政策成果，体现了中国在性别平等主流化方面的不懈努力和积极探索，谱写着在灾难应对中推动社会性别主流化的中国故事。

习近平总书记强调，疫情防控不只是医药卫生问题，而是全方位的工作，是总体战，各项工作都要为打赢疫情防控阻击战提供支持。男女平等基本国策的贯彻落实也是全方位的，需要落细落实落地在各项工作中。多方位、多角度、多层面把握妇女的状况和需求，既关注妇女的脆弱性，又强调妇女的主体性；既出台使男女平等参与和受惠的政策，又针对妇女的特殊需求制定倾斜措施。政府担负主体责任，妇联积极引领、服务、联系妇女群众和女性社会组织，形成合力，共同推进男女平等基本国策的落实，不但促进了妇女的参与和受益，也有利于实现快速遏制疫情蔓延、保护人民群众的生命安全和身体健康的任务目标，使中央制定的疫情防控战略策略更好地落地。

抗疫战打响以来，取得了鼓舞人心的阶段性成果，但是疫情防控仍面临着挑战。已经制定的有利于妇女参与和受益的政策还需要进一步落地落实，同时，随着疫情控制形势的不断变化，也不断出现新任务新问题。2月23日，习近平总书记在统筹推进新冠肺炎疫情防控和经济社会发展工作部署会议上的重要讲话中，对今后的疫情防控和经济社会发展进行了全盘部署。落实总书记讲话要求，无论是在加强重点地区疫情防控、加大医用物资和生活用品供应、复工复产、保障基本民生、加强舆论宣传、加强国际合作等近期各项工作中，还是在总结经验、吸取教训，深入研究如何强化公共卫生法治保障、改革完善疾病预防控制体系和重大疫情防控救治体系、健全重大疾病医疗保险和救助制度等问题时，都需要继续充分考虑两性的现实差异和妇女的特殊利益，不断推进男女平等基本国策的贯彻落实。

战“疫”中的文明之光

——从为抗疫一线女性医护人员援助“安心裤”谈起

马 焱*

战“疫”期间，为一线女性医护人员援助“安心裤”等生理期卫生用品引发了网络热议。这一话题从开始时被嘲笑埋怨到如今被认真对待，越来越多的组织、机构、团体、个人加入这场爱心援助行动，使人们在这个不寻常的冬日心头为之一暖。2020年2月19日，习近平总书记就关心爱护参与疫情防控工作的医务人员专门作出重要指示，强调医务人员是战胜疫情的中坚力量，务必高度重视对他们的保护、关心、爱护，从各个方面提供支持保障，使他们始终保持强大战斗力、昂扬斗志、旺盛精力，持续健康投入战胜疫情斗争。

2020年2月18日，全国妇联所属中国妇女发展基金会驰援一线女性医务工作者的安心裤送达武汉，之后更多的援助女性医护的卫生用品被送达抗疫一线。2020年1月底以来，上海市、广东省、浙江省等多地的妇联组织以及中华女子学院的师生和校友，贴心地考虑到女性医护人员的特殊需求，以多种形式向社会各界发出倡议，为一线女性医护人员筹集卫生用品，得到众多爱心企业和爱心人士的积极响应。同时，令人感动的是，一些微博

* 马焱，全国妇联妇女研究所理论室主任、研究员。

博主和热心网民也自发行动起来，为满足一线女性医护人员的特殊需求出谋划策，积极呼吁。更令人欣慰的是，在全国妇联的积极协调推动下，驰援湖北的多省医疗队已将女性生理卫生用品纳入防疫保障用品的清单。这场迅速扩散、汇聚多方力量的援助行动，既是一种爱心传递，又是一次文明洗礼，越来越多的人懂得了英雄不是超人，英雄也会有难处，也会有需求。作为公众，怎样被感动，就需要怎样去尊重。

援助行动之所以备受关注，源自人们对一线女性医护人员不顾个人安危、连续超负荷作战的钦佩与感动，同时源自对她们正当健康需求得不到有效保障的牵挂与担忧。在这场抗疫战中，人们见证了女性的力量。国难当头，白衣天使变成了“白衣战士”，一批又一批医护人员穿上“战衣”，逆行而上，用生命守护生命。而在这之中，女性成为绝对的主力军，顶起了抗击疫情的半边天。据2020年3月8日国务院联防联控机制新闻发布会介绍，在国家派出的346支援鄂医疗队的4.26万医务人员中，女性医务人员有2.8万人，占整个医疗队医务人员总数的2/3。如此庞大的女性队伍，如何安全地度过生理期便成为一个无法回避的现实问题。一线女性医护人员生理卫生用品与其他抗疫物资相比更为短缺的现实，不得不让人们思考以下问题：如何看待女性医护人员的生理需求？生理卫生用品是否应该归类为抗疫物资？

如何看待女性医护人员的特殊生理需求，反映着一个社会的文明成色。男女生理构造存在天然差异，正是因为女性拥有不同于男性的生理结构与特殊生理需求，人类社会才得以繁衍生息。一线女性医护人员生理期对“安心裤”的需求，就如同人饿了就要吃饭、渴了就要喝水一样，属于“刚需”范畴。没有经历过生理期的人无法体会生理期卫生用品短缺的尴尬与酸楚，经血无法凭借意志力来控制，如若得不到及时处理，血液便会在衣服上凝固，带来的后果不仅仅是感官上的不适，更为严重的是会导致细菌繁衍，诱发各种妇科疾病。尤其对于夜以继日、连续奋战、承担着巨大风险压力的一线女性医护人员来说，生理期的妥善处理，不仅可以减少防护服用量，降低受感染概率，而且可以从心理上得到莫大安慰。这些用生命守护着更多人生命的巾帼战士，自身健康状况和心理状态直接关系到这场战“疫”的胜败。正视她们的实际困难，满足她们的特殊需求，就是保护战斗力，就是保卫全中国。英雄的作用和贡献需要被铭记、被歌颂，英雄的正当需求更需要被看见、被尊重。

疫情灾害中的性别问题是国内外性别研究学界长期关注的重要议题。已有研究表明，由于权力和资源分配的不平等，在灾害发生的各环节中，男女两性受到的影响是不同的，女性往往更具有脆弱性：当灾害发生时，女性生命及人身安全面临更大威胁；由于获取信息的渠道有限，女性在获取灾害预警、灾害防护信息时处于劣势；灾害会增加女性的经济压力和照料负担；相比于男性，女性面临更多的情绪和心理压力；女性在遭受灾害时往往难以获得符合其需要的救济物品。联合国妇女署的研究印证了以上研究结论：除面对由生理原因导致的脆弱性之外，女性在疫情期间还面对其他有别于男性的挑战。比如，疫情突发且传染性极强，给人们造成极大的心理压力，女性由于长期负担照料家人的责任，更容易因担心家人安危产生焦虑情绪；疫情期间，家庭暴力问题依然存在；对疫情通知和防护信息掌握的相对欠缺，会使女性面临更大的被传染风险；作为家庭照料劳动的主要提供者，由于疫情期间女性家务照料负担加重，在采购家庭所需用品时也会面临被感染的风险……

因此，充分考虑性别差异并出台相应的专门措施，降低疫情对女性造成的直接或间接影响，应成为应对疫情不可或缺的重要考量。精细化的应对举措，既是出于对女性的关爱与呵护，也能为全社会带来福祉。联合国妇女署执行主任普姆齐莱–姆兰博·努卡为此呼吁：各国政府需认可女性在抗击冠状病毒行动中作出的重要贡献，也需正视多数女性所面临的特殊威胁。所有参与抗击疫情的工作人员，无论是在政府部门还是私营企业，都应该采取协调一致、以人为本的方式开展工作，在发达国家和发展中国家迅速提高卫生系统的应急反应能力，重视女性需求，为女性提供支持，而不是采取紧缩措施，并在应对计划、具体方案中纳入性别视角，增强各行各业的包容度。例如，确保将女性医护人员的需求纳入应对工作的各个方面。作为个人防护设备的一部分，不仅包括口罩、防护服等装备，还要确保她们可以获得月经卫生用品，如卫生巾和卫生棉条等。在可能的情况下，为有护理负担的女性医护工作者提供灵活的工作安排。同时，政府要安排专业人员，提供心理疏导服务，缓解医疗工作带来的巨大压力和不断面对死亡的心理创伤。另外，社区志愿者、运输后勤人员、清洁工、洗衣工、警察等工作在一线的女性人员数量庞大，她们的安全和需求同样需要被关注。此外，由于疫情和居家隔离频发的性别暴力事件可能因为新型冠状病毒疫情无法得到及时关注，人们还需重视并及时处理相关事件。她恳请各国政府机构、私营企业利用这一机会，制定开拓性的抗击疫情方案，将性别视角纳入其中，通过抗疫行动普及相关性别知识、解决性别不平等问题。例如，为女性权益组织提供资金，为需要摆脱性别暴力的女性提供庇护所，设立专门的经济救助基金支持护理、清洁、餐饮等行业的小微企业（因为在这些行业中，多数女性从事无保障工作，且所有从业女性都会因应对疫情的企业政策受到极大影响），等等。

中国共产党和政府高度重视包括女性医务人员在内的广大医务人员的身心健康，要求从各个方面提供支持保障。与此同时，从性别视角来看，国家应急管理体系还需要进一步完善。习近平总书记在2月3日中央政治局常委会会议研究应对疫情工作时的讲话中指出：“这次疫情是对我国治理体系和能力的一次大考，我们一定要总结经验、吸取教训。要针对这次疫情应对中暴露出来的短板和不足，健全国家应急管理体系，提高处理急难险重任务能力……这次疫情暴露出重点卫生防疫物资（如防护服等）储备严重不足，在其他储备方面还可能存在类似问题，要系统梳理国家储备体系短板，科学调整储备的品类、规模、结构，提升储备效能。”2月19日又强调指出：“指挥调度、后勤保障要科学到位，对医务人员舒缓压力、生活保障、必要休整、精神鼓励务必及时加强落实。”这些指示精神对于将性别平等理念纳入国家应急管理体系，科学调整重点卫生防疫物资储备的品类、规模、结构，提供了重要遵循。

相信通过各方不断努力，将女性生理期卫生用品列为国家指挥部统一采购物资清单指日可待，保障抗疫一线女性医护人员的特殊健康需求和生命安全必将得到越来越多人的理解和尊重。多一份关爱、少一份可以避免的悲壮，多一份支持、少一份不必要的牺牲，才是对英雄最好的礼遇和致敬，也才是一个文明社会应该呈现的美好图景。

你在前方战“疫”，我在呵护你的身心

——疫情下全国妇联对女医护人员的呵护

丁　辉　顾文涛　张冰梅*

一、抗击疫情，女医护人员是逆行者中一线主力

2020年初，新冠肺炎疫情打乱了全国人民的生活，侵害了人们的身心健康。党中央一声号令，14亿中国人民展开对疫情的全民阻击战。全国医疗队驰援疫情危重的湖北，346支医疗队、42000多名医护人员义无反顾地投身抗疫阻击战第一线，用无私大爱见证着一批批康复者走出火神山医院、雷神山医院，走出方舱，回归生活。

在逆行者中，有一个特殊的群体——她们是妈妈，是妻子，是女儿，但她们更是女医护人员！为了守护国家安全，她们义无反顾地离开温馨的家，第一时间挺身而出，冲向与死神争夺患者生命的战场，从“白衣天使”变为“白衣战士”。

据《中国妇女报》报道，截至2月9日，全国共有19800名医护人员驰援武汉，其中护士约14000人，而女护士比例接近90%。上海市妇联从战斗在

* 丁辉，北京妇产医院教授、主任医师；顾文涛，国家孕婴网专家委员会委员、博士；张冰梅，中国心理卫生协会妇专委志愿者。

疫情最前线的医疗卫生机构获悉，各省支援湖北的医疗队中，医生中50%以上为女性，一线护士中女性人数则超过90%。在这些医护人员中，有传染病诊治国家重点实验室主任、国家卫健委高级别专家组成员李兰娟，军事科学院军事医学研究院生物工程研究所陈薇，带领北京大学抗疫援鄂医疗队在前线抗疫60多天的北京大学第三医院乔杰这样的女院士，也有武汉金口中心卫生院甘如意这样普普通通的女医务工作者。正是这些由医学专家和普通医务工作者组成的女性医护队伍，成为抗击疫情的一线主力，也成为重症患者最亲近、最信赖的生命守护神。在抗击疫情的日日夜夜里，是她们冒着被重症患者传染的危险，时时刻刻精心照料、护理着被病毒感染的患者，是她们用自己的专业技能甚至用自己的生命，从死神手中抢回一条条生命。她们承担了最危险的工作任务，是当之无愧的一线主力。

在疫情防护一线，我们看到的或许只是女医护人员超负荷的工作时间和压力，却难以想象她们承受着远超平常的身心负担。据武汉江夏区妇幼保健院主治医师刘尚兵介绍，医护人员上岗前都必须穿上密不透风的白色“铠甲”——白大褂、隔离衣、防护服、帽子、口罩、手套、鞋套、护目镜，把自己裹得像个严严实实的粽子。这一穿至少就是六七个小时；另一位武汉女医生说，防护服穿脱一次就作废，为了节省物资，武汉战“疫”一线的医生护士只能连续七八个小时不上厕所，不是“憋着”就是靠纸尿裤应急。

严密的防护服虽可防住病毒，却也是一个沉重“负担”。北京大学人民医院负责医疗后勤工作的王方说，不少医护人员在穿上防护服后心率达到120次/分，“这意味着她们的身体此时正处于缺氧状态”。缺氧加上长时间高强度工作带来的身心疲劳，会使人体抵抗力迅速下降，更容易给各种细菌病毒以可乘之机。刘尚兵说，她每次脱下厚厚的“战衣”时，浑身都是湿漉漉的，里面的衣服全都凉飕飕地贴在身上。据她介绍：“最怕的还是遇到生理期，这时只能用最大号的夜用卫生巾，六七个小时后再换，量多的时候就得用纸尿裤。”

作为专业医护人员，她们对女性生理期的呵护和禁忌了如指掌：经期是女性最虚弱的时候，若不及时更换卫生巾，可能出现血尿混合状况，容易出现泌尿和上行感染，引发各种妇科疾病。经血若得不到及时处理，血液在衣服上凝固后，不仅带来卫生污染，之后还可能会划伤皮肤，造成伤口感染，加重危害。长时间不更换卫生棉条容易滋生金黄色葡萄球菌，可能引发中毒性休克甚至因此丧命。这些，她们并非不知晓，然而疫情当前，她们顾不上这么多，因为还有大量患者的生命健康等着她们守护！

二、 全国妇联在行动，为女性医护人员提供贴心关爱

奋战在抗疫一线的医护人员牵动着全国民众的心。习近平总书记就关心爱护参与疫情防控工作的医务人员专门作出重要指示，强调医务人员是战胜疫情的中坚力量，务必高度重视对他们的保护、关心、爱护，从各方面提供支持保障，使他们始终保持强大的战斗力、昂扬斗志、旺盛精力，持续健康地投入战胜疫情斗争之中。全国妇联始终高度关注一线女医护人员的拼搏和奉献，经过多方协调联动，推动将生理卫生用品纳入防疫保障用品清单。各级妇联也及时行动起来，为女性医护人员的身心健康及家庭服务提供贴心保障。

疫情发生以来，全国妇联追授徐辉等三名牺牲在抗疫一线的女性“全国三八红旗手”称号；发布首批“抗疫巾帼英雄谱”，推出夏思思等20位一线的女医务人员；评选表彰500名一线优秀女医务人员，授予她们“全国三八红旗手”称号，评选表彰200个“全国三八红旗集体”。接下来，全国妇联将联合腾讯公益慈善基金会，为本次获评“全国三八红旗手”、入选“抗疫巾帼英雄谱”的优秀女性提供总额3000万元的慰问金。各级妇联还

积极筹措募集物资和资金，为前线女性医护人员提供基础关爱。全国妇联共筹措2.1亿资金和物资支持一线，其中，特别针对女医务人员所急所需，紧急募集卫生巾、安心裤等用品，第一时间运抵前线。全国妇联所属中国妇女发展基金会短期内紧急募集、定向援助一线女性医务人员款物225万元，专门用于购买安心裤等卫生用品，解决驰援武汉一线女医务工作者的燃眉之急。

为迎接三八国际妇女节的到来，武汉开发区开展关爱支援武汉女医护人员慰问活动，将党和政府的温暖、社会的关心送到每一位奋战在疫情防控阻击战一线“白衣天使”的心坎上。3月7日，武汉开发区妇联领导班子奔赴19个支援武汉医疗队驻地，慰问1470名女医务人员，向女医务人员致以节日的问候，并将精心设计的节日卡片和实用贴心的节日礼物送到女医务人员手中。收到武汉开发区妇联精心设计的节日卡片，北京市支援武汉医疗队一名女护士高兴地说：“我很喜欢这个温馨可爱的小卡片，我要把它带回家。”在北京市支援武汉医疗队驻地，北京市支援武汉医疗队领队、北京朝阳人民医院急诊危重症科主任医师唐子人说：“地方后勤保障人员的热情、周到、贴心服务让我们更能全力以赴，知道我们来自北方，为我们提供符合口味的食物，感谢你们，感谢车都人，感谢武汉人，我们是相亲相爱的一家人！”

三八妇女节到来之际，江苏省妇女联合会、江苏省妇女儿童福利基金会联合发起“巾帼勇担当 中国有力量”三八妇女节关爱援鄂女医务工作者活动，为江苏援鄂的1834名女医护人员送上来自“娘家”的祝福和“暖心包”。1800多份装有慰问卡片、蓝牙耳机、运动手环、蒸汽眼罩、护手霜、夜安裤、面膜、袋泡茶等爱心物品的“暖心包”统一装车，由江苏邮政在第一时间送到500多公里外的江苏援鄂女医护人员手中。元宵节期间，江苏省妇联、江苏省妇女儿童福利基金会率先发起了由五级妇联联动实施的送“三暖”服务，为全省2804名援鄂医护人员家庭送上暖心包（抗疫所需的居家自护用品），暖心菜（每周一次免费配送各类新鲜菜品），暖心话（提供心理援助、法律咨询及网课等巾帼志愿服务），将关爱服务做深做细做实做到位。

4月16日上午，杭州市妇联党组书记阮英等一行赴驰援武汉一线女医护人员家中进行看望慰问，向该市213位援鄂女医护人员赠送了价值60万元的娘家爱心礼包。慰问组首先来到杭州市第一人民医院感染科主管护师储华英的家中，亲切询问了她援汉战“疫”和回杭休整的情况，并送上价值3000元的娘家爱心礼包。元宵节后，作为第一批援汉队员，储华英和队友们在武汉第四医院（古田院区）奋战2周后，转战武汉人民医院，成为李兰娟院士团队中的一员，应对难度、强度都较大的人工肝治疗。在抗击疫情的第一线，储华英向党组织递交了入党申请书。2月13日，在上级党组织的批准下，在武汉的抗疫战场上，储华英光荣地加入了党组织，成为千万抗疫党员大家庭中的一员，用她自己的话说：“我最光荣的是党组织能在抗击疫情的最前线考验我。”慰问组一行看望了杭州师范大学附属医院急诊重症医学科副主任护师潘勇莉，送上了娘家爱心礼包，表达了对战“疫”巾帼凯旋的欢迎和关切。

深圳市妇联、深圳市妇女儿童发展基金会联合爱心企业于3月6日举行“深圳市心系妇儿情暖万家抗疫关爱专项行动——三八妇女节致敬最美巾帼医护关爱行动”捐赠仪式，向一线女医护人员送上水果礼盒、服装、礼品卡等关爱物资，包括2205套服装、4000次理发服务、1000份水果礼盒、963张礼品卡等，受益人数达2000余人，总价值433余万元。此次捐赠的2205套服装价值超过350万元人民币，捐赠的对象主要是一线的女医护人员。这些服装都是医护人员根据自己的意愿在微商城进行挑选的。“我们推出了一些度假、职场、居家休闲服装，希望疫情结束后，在一线抗疫的医务人员能够在休息之余，感受到我们送去的关爱”。疫情发生后，深圳市妇联开展的系列关爱行动也凝聚着全市妇联系统一万多名执委的心意和行动力。深圳各级妇联执委响应为医护人员献爱心的倡议，利用3天时间募集100余万元资金，其中52万元定向资助广东省妇女儿童基金会，用于关爱驰援湖北的医护人员，受益人数达1900多人。

武汉、杭州、深圳、江苏等地妇联的工作是全国各省、市妇联工作的缩影。广东、山东、甘肃等地的省妇联组织积极筹集女性生理用品驰援湖北等地，有的省区市妇联还送去紫外线消毒干衣盒、按摩仪、暖宝宝等暖心实用物品。

每位女医护人员的背后，都有一个家庭为他们提供温暖有力的支持。为了让她们在抗疫前线没有后顾之忧，用有限的时间呵护自己，全国各级妇联提供了细致周到的贴心服务。有的地方妇联开展“您家的菜我来送、您家的活我来干”行动。有的地方妇联提供“四无忧”服务：把新鲜蔬菜送到家，让他们食无忧；把心理服务送到家，让他们心无忧；把家庭教育送到家，让他们子无忧；把家政服务送到家，让他们劳无忧。全国妇联宣传部部长刘亚玫表示，全国妇联希望通过这些暖心服务，能够让医务人员心无旁骛地投入抗疫中去。

作为女医护人员的“娘家人”，北京市各级妇联组织在号召全市妇女向医务工作者学习致敬的同时，把关心关爱送到她们及家属身边，尽可能为其解决后顾之忧。参与第一批赴武汉救援的北京人民医院急诊科护士张斌，家住延庆区千家店镇。2月4日，镇党委书记和妇联主席走进张斌家，看望了她的父母，给他们送去了2000元慰问金和米、面、油、鸡蛋等生活用品，并嘱咐家里人，有任何需要他们都会尽力帮助解决。2月4日，丰台区妇联走进女性员工占80%的南苑医院，为全院医护人员送去手套、消毒液等常用防护物品，以及区妇字号基地捐助的500份芽苗菜种子和苦荞粉。大兴区妇联广泛发动区妇联执委队伍、女企业家协会等妇女工作力量，短时间筹集价值20余万元的食品、消毒液、保暖内衣等物资，送到一线医护人员身边，并主动上门为医护人员家庭解决实际困难。通州区妇联“五元联盟”成员单位德仁社区心理服务中心将医护人员家庭成员纳入服务对象，在线为她们的老人和孩子提供绘本讲读、健康宣讲、心理疏导等服务。

为保证关爱服务落实落细，江苏省各地妇联对抗疫一线的女医护人员家庭进行了细致的需求调研，并针对不同家庭的实际需求，动态调整服务内容，在生活采购、家政服务、交通出行、老幼照护、心理咨询等方面提供个性化、精准化的定制服务，对于生活较为困难的家庭，还提供“一对一”巾帼志愿服务。

杭州市妇联第一时间推动“建立一批关爱名录、开展一次联络慰问、建立一支志愿者队伍、落实一对一包户帮扶机制、推出一系列关爱举措”的“五个一”机制在杭州援鄂医护人员家庭实现全覆盖；推出杭州娘家人“暖心七条”，落实妇联对援鄂医疗队员、疫情防控一线医务人员的关爱政策；火线授予17个杭州市支援武汉医疗队集体“杭州市三八红旗集体”称号。

三、思考与建议

（一）由“安心裤”引发的女性生理需求关注

奔赴抗疫一线的医护人员中女性占多数，尤其是一线护士中女性占比超过90%。她们如何安全度过生理期成为一个无法回避的现实问题。与其他抗疫物资相比，一线女医护人员生理卫生用品更为短缺的现实，也促使我们思考应如何看待女性医护人员的生理需求、生理卫生用品应该如何归类等问题。

这些用生命守护着更多人生命的巾帼战士，她们自身的健康状况和心理状态直接关系这场战“疫”的胜败。一线女性医护人员生理期对“安心裤”的需求，属于“刚需”范畴。对于夜以继日、连续奋战、承担着巨大风险压力的一线女性医护人员而言，在生理期得到妥善护理，不仅可以减少防护服用量和被感染机会，还可以在心理上得到莫大安慰。正视她们的实际困难，满足她们的特殊需求，就是保护战斗力。

关注疫情时期的女性诉求，绝不限于关注“安心裤”问题。女性在月经期间常常会产生一些不良身体反应，如痛经、腹泻、腰背酸痛等，缓解这些不良身体反应的最好办法就是做好保暖，保证充足的休息，尤其是要保障足够的营养摄入，这样才能维持足够的免疫力，而提升免疫力的关键就是每天必须摄入充足的优质蛋白。抗疫期间，女性医护人员工作压力巨大，消化能力普遍低下，必须补充小分子蛋白肽，才能有效提升她们的免疫力，但由于科学认知的限制，通过营养提升免疫力的科学方法并没有被广泛认知和接受。

（二）女医护人员的心理需求不容忽视

习近平总书记强调指出：“指挥调度、后勤保障要科学到位，对医务人员舒缓压力、生活保障、必要休整、精神鼓励务必及时加强落实。”总书记的重要指示精神为将性别视角纳入国家应急管理体系，科学调整重点卫生防疫物资储备的品类、规模、结构提供了指南。

女性在月经期间，容易发生情绪不稳定的状况，产生郁闷、悲伤、愤怒等负面情绪。这些由于雌激素起伏引发的生理反应，难以自我压制。一线医护人员本就承受着巨大的心理压力，因此，需要照顾到女性的特殊状况，也需要相关的心理咨询工作持续跟进，因人施策。

（三）女医护人员的家庭需求同样值得关注

正如“安心裤”一样，很多社会需求都是难以预计却又现实存在的。作为女性，虽然身在抗疫一线，但身为“女儿、妻子、母亲”，家庭时刻牵动着她们的心，有的女医护人员家中就有被感染者，有的女医护人员父母被隔离、孩子无人照顾，有的女医护人员全家正常生活受到极大困扰。只有深入了解她们的具体需求，切实解决她们的困难，才能让她们安心在前线抗击疫情。“细节决定成败”，相关部门只有不断细化工作，发现并满足更多现实需求，才能更有针对性地解除女医护人员的后顾之忧。

弘扬职业精神，加强女性救援人员的职业健康保护

俞文兰*

随着气候的变化和环境的恶化，突发公共事件尤其是突发公共卫生事件越来越频繁，对人类生产生活的影响越来越广泛，全球每年因突发公共事件伤亡人数在数千万人以上，如2003年暴发的严重急性呼吸综合征（Severe Acute Respiratory Syndrome，SARS）疫情，世界卫生组织（WHO）报告全球累计发病8096例，死亡774例，病死率为9.6%；2012～2014年，中东呼吸综合征（Middle East Respiratory Syndrome，MERS）在全球范围内确诊897例，死亡325例，病死率为36.2%；2014年埃博拉病毒在西非三国（几内亚、利比里亚和塞拉利昂）暴发，导致近15000人感染，死亡5100余人；2020年初暴发的新冠肺炎（COVID-19）疫情，截至4月24日，已波及211个国家和地区，全球累计确诊280余万例、死亡人数约19.6万人。这些惊人的数据揭示卫生应急救援工作正面临十分严峻的挑战，已经成为一项常态化的紧迫任务。卫生应急救援的首要目标是预防突发公共（卫生）事件的发生，尽可能将事件迅速控制在有限的范围内，减少对公众健康的影响。在新冠肺炎疫情暴发之际，大批女性救援人员与其

* 俞文兰，中国疾控中心职业卫生所妇女劳动卫生研究室主任、研究员，全国总工会女职工委员会副主任，中华预防医学会职业病专业委员会常委。

男性同事在抗击疫情的一线并肩作战，她们是疫情阻击战中不可缺少的主力军。由于应急救援工作具有高度紧张、高度复杂和可控性差等特点，对救援人员的身心健康带来较大的风险，因此在弘扬崇高职业精神的同时，也应关注女性救援人员的职业健康保护问题。

一、女性救援人员的巾帼风采与职业精神

在中国卫生应急救援工作中，女性从来不甘落后，“不计报酬，无论生死”，她们主动请战到条件最恶劣的一线去，体现了新时代女性的医疗卫生职业精神。自新冠肺炎疫情暴发以来，全国有数百万救援人员奋战在一线，其中到处活跃着女性救援人员忙碌的身影，她们是一支不可缺少的重要力量。她们是战斗在临床救治一线的女性医护人员，是穿梭于医疗机构、社区和污染场所开展流行病学调查、样本采集、消杀及进行现场处置、公众健康教育和疫情监测等工作的女性公共卫生人员，是在实验室、检验室里对生物样本进行处理、检测和研究的女技术人员；还是维护安全秩序的女警察、参与医疗废物处理的女清洁工、方舱医院建设工地上的女工程师、逆行输送急需物资的女司机、自愿参加救援工作的女志愿者等。

医疗卫生战线是女性救援人员最集中的战场，各地驰援湖北重灾区的4万余名医务人员中女性占2/3。因防疫需要，她们整天穿戴密不透风的防护用品，脸上被勒出坑坑洼洼的痕迹，有的被捂出红斑、皮疹，或许看起来不是那么好看，却得到了人们由衷的赞美。更有很多女性医护人员，为了减少感染风险以及出于救援工作的方便，把美丽的长发剪短。这是一种令人震撼和感动的女性力量，是巾帼风采和医疗卫生职业精神的集中体现。

2016年8月19日，习近平总书记在全国卫生与健康大会上以“敬佑生

命、救死扶伤、甘于奉献、大爱无疆”来概括新时代医疗健康职业精神，反映出广大医疗卫生工作者全力保障人民群众健康的神圣使命、特殊价值和崇高境界。2017年7月25日新华网发布新时期医疗健康职业精神的国办发〔2017〕67号文件，《健康报》连续四天以《用仁心护佑生命》《用专业精神书写救死扶伤誓言》《甘于奉献是职业尊严的基石》《大爱无疆彰显医学人本精神》为题发布弘扬医疗健康职业精神的时评。这种职业精神在此次新冠肺炎疫情应急救援工作中得以充分体现，女性救援人员尤以强烈的责任感、使命感和牺牲精神获得了职业尊严和厚赞。世界卫生组织总干事谭德塞·阿达诺姆通过社交媒体转发了一条新华社发布的题为“护士妈妈”的视频，并高度称赞中国医疗卫生工作者在抗击新冠肺炎疫情中能够承担巨大的压力，展现出她们无私奉献、拯救生命的爱与力量。

二、女性救援人员的身心健康风险

（一）在面临高感染风险的同时，女性救援人员还面临过度疲劳和心理应激障碍的风险

由于疫情来势凶猛、高传染性和不确定性，初期存在人手不足、缺乏有效监测和治疗手段等情况，给一线救援人员带来潜在的危险和巨大的心理压力。长时间连续作战所致的过度疲惫、穿戴防护用品带来的不适感与隔离感、面对大量涌入的患者时产生的无助感、对自己和家人感染风险的担忧、看到同事被感染后的悲哀和恐惧、对疫情不知何时才能结束的不确定感等，使得救援人员发生创伤性应激障碍的风险增高。

一项对新冠肺炎医学观察场所医务人员的调查发现，医务人员群体普遍存在严重的焦虑情绪；95%的医务人员担心自己或家人感染；45%的医务人员出现不同程度的耗竭感，表现为易疲劳和头痛，甚至出现认知功能障碍；32%的医务人员存在注意力难以集中、决策困难、自制力下降等精神和

行为问题。

（二）女性救援人员对压力事件更加敏感，更容易出现创伤性应激障碍和其他心身疾病

由于女性的生理结构和功能、生殖功能和心理应激反应与男性存在差异，她们要经历经期、孕期、哺乳期和围绝经期四个特殊时期，还要承担生育子女的责任，她们的健康问题与下一代健康关系更加紧密；同时，女性救援人员对压力事件更加敏感，更容易发生创伤性应激障碍和心身疾病，也更容易影响到家庭和谐和社会稳定。

心理应激状态也会影响生育健康，精神过度紧张、过度疲劳可能导致肾上腺垂体轴反应增加，是引起月经紊乱、痛经的危险因素；长时间压力应激反应还可能影响饮食与睡眠，诱发精神和行为问题，出现情绪低落和情绪失控、对生活和工作失去信心等精神反应症状，并可能影响工作效率，降低社会功能，引发应激障碍和严重的心身疾病，甚至导致“过劳死”；同时，伴随着神经内分泌和免疫系统功能的变化，容易使其机体生理功能发生改变乃至产生多种疾病，影响身心健康，出现如慢性疲劳、失眠、头痛、肌肉酸痛、胃溃疡等心身疾病。有14.7%的参加过应急救援的专业人员在脱离救援工作之后出现心身疾病，表现为皮肤过敏、大量脱发、经常咳嗽、内分泌失调、慢性咽炎、口腔黏膜溃疡、慢性头痛、胃及十二指肠溃疡或慢性肠炎、腰酸背痛、乏力等。救援人员心身疾病的发生率与事件的严重程度、复杂程度、危险程度存在相关性，突发公共事件越严重，现场应急救援人员的心身疾病发生率越高，病情可能越严重。

2003年SARS肆虐期间，部分一线救援人员出现创伤后应激障碍和心理疾病，主要表现为恐惧、焦虑和抑郁，有的长期睡眠不良、经常做噩梦等，主要应激源包括感染风险、穿戴防护用品形成的人和人之间的距离感以及疫情对正常生活与工作秩序的影响等。

（三）特殊生理时期的女性救援人员面临更高的风险，除了自身感染风险外，还有可能导致胎儿或婴儿感染、不良出生的后果，需要特别保护

在抗击新冠肺炎疫情过程中，多家媒体报道了怀孕30多周的女性坚守在战“疫”一线的感人事迹，孕期坚守在疫情防控一线体现了一种崇高的职业精神，会给患者和被隔离者带去精神上的宽慰和鼓舞。孕期和哺乳期女性对血源性病原体、有害气体、心理应激等的敏感性增高，所以应尽量避免其从事一线救援工作。救援工作的职业应激及其不良情绪状态是影响女性生殖健康、引起自然流产的危险因素，妊娠前20周暴露于高度紧张的工作中是子痫前期的高危因素。孕期不良的心理状态对妊娠结局可能造成影响，导致新生儿低出生体重等相关问题；孕妇产前压力大可能导致不良妊娠结局、影响胎儿及婴幼儿发育、引发产后抑郁等。

巨大的心理压力、超高的工作强度、穿戴防护用品的不适可能导致早产或胎儿发育不良。世界卫生组织报告，SARS期间感染SARS−Cov的12位孕妇中有3例死亡；其中，7例妊娠早期的患者中有4例出现自发性流产，妊娠中期的5位孕妇中有4例早产；而11位感染MERS−Cov的孕妇中，10例出现不良妊娠结局，其中6位新生儿进入重症监护室、3位死亡。而COVID−19与SARS−Cov、MERS−Cov同属于冠状病毒，有相似的致病潜力而又有不同的发病特征，孕期感染可能面临不可预测的风险。

同时，目前的防护用品大多没有考虑女性的生理特点，女性尤其是特殊生理时期的女性穿脱防护用品极为不便，且不能及时更换卫生用品，有时候不得不整天穿着纸尿裤，这也可能增加生殖系统和泌尿系统疾病的风险。

三、女性救援人员的职业健康保护

联合国官员表示，女性人道主义救援工作者的存在使联合国应对流行病传播和支持性暴力受害者的努力更加有效，全球约有25万女性救援人

员，占人道主义工作者总数的40%以上。女性救援人员细腻、务实、善于沟通交流等特点，可以帮助援助对象缓解心理紧张和焦虑情绪。由于突发公共事件的发生频繁和复杂、可预期性和可控制性差，社会危害更加严重，应急救援工作也显得更加重要。突发公共事件的救援场所非同于普通的工作场所，是一个最能反映医疗卫生工作者使命感、价值感和思想境界的场所，女性应该积极参与、发挥应有的作用与价值，并树立坚定的职业信念，弘扬职业精神，不断提升救援能力、心理应对能力和意志力，保持积极乐观情绪。积极情绪有助于激发与促进、补偿生理功能、提高免疫力，而长期的消极情绪影响机体免疫功能，降低生理机能与诱发躯体疾病。

（一）应急救援培训教育和应急演练对于快速、有效、精准的救援工作十分重要

中国十分重视突发公共事件的应急演练，女性救援人员的选拔与培训要作为常态化工作来抓，应注意选拔与训练一支具有良好身体素质和心理素质的女性救援队伍，提升她们的专业技术能力、应急处置能力、情绪控制能力和自我保护能力，同时提升其灾前准备能力、灾中处置能力、灾后恢复能力和反馈提升能力；对参与救援的女性要进行职业健康安全知识与技能的应急培训与演练，并做好职业防护，包括配备适合女性身材和生理特点的防护用品，尽可能解决因女性生理特点带来的不便；建议在国家应急救援机制中增加对女性救援人员特殊保护的内容，通过机制运行保障。

（二）及时、有效的心理健康促进与心理危机干预是保障女性救援人员身心健康和救援工作质量的必要手段

救援人员的心理危机可能出现在救援任务执行过程中，也可能发生在救援任务结束之后，因此心理健康促进与心理危机干预应与卫生应急救援工作同步进行；救援过程中的干预措施包括采取分批换防的方式减少持续

工作时间，增加与外界的沟通交流以建立社会支持，提供心理热线或在线咨询，鼓励女性救援人员积极应对，为她们提供情绪表露与情绪发泄的机会，并为她们提供可口的饭菜以保证营养摄入，对她们的家庭给予适当支持与帮助，解除其后顾之忧；救援工作结束后应继续开展心理干预，通过随访、关心、支持，帮助她们适应新的生活状态。

（三）新时代医疗卫生职业精神意味着牺牲自己去解救别人，牺牲有时候在所难免，但应尽可能将各种风险减少到最低程度

《中华人民共和国职业病防治法》第三十八条规定：“不得安排孕期、哺乳期的女职工从事对本人和胎儿、婴儿有危害的作业。”《女职工禁忌从事的劳动范围》也规定了女职工不同生理时期的劳动禁忌，其目的是保护特殊生理时期的女职工避免在劳动过程中接触有毒有害因素对自身、胎儿或婴儿造成健康损害。

因此，女性救援人员的职业健康保护应遵循依法、科学、适度的原则，减少或避免安排特殊生理时期（孕期和哺乳期）女性参加突发公共事件中高度紧张、高度危险、接触有害因素并可能对胎儿和婴儿有危害的救援工作；避免生理期女性从事低温、冷水及恶劣条件下的救援工作，为生理期女性救援人员提供便利的卫生设施和必要的卫生用品，适当减轻其劳动强度，提供社会支持，保护她们的安全和身心健康。

增强抗疫一线女性医务人员权益保障

黄桂霞*

新冠肺炎疫情暴发以来，从专家团队到医护人员，众多女性都在贡献智慧与力量，发挥着关键作用。相关数据显示，在抗疫一线的上海医生中，女性占50%以上；护士群体中，女性占比超过90%。在全国驰援湖北的医务人员中，女性有2.8万人，约占2/3。为了更好地贯彻习近平总书记关于保护、关心、爱护医务人员的重要指示精神，党和国家采取了一系列有力措施，包括在薪酬待遇、工伤认定、职称评聘、轮换休整等方面给予倾斜，并与社会各界形成合力，共同保障抗疫一线女性医务工作者的权益，解除她们的后顾之忧，使她们能够精力旺盛、心无旁骛、持续健康地投入战胜疫情的斗争。

一、为抗疫一线女性医务人员提供较高保险待遇

女性是疫情防控、战胜疫情的中坚力量。习近平总书记指出，新冠肺炎疫情发生后，广大女医务工作者义无反顾、日夜奋战坚守在疫情防控第一线，展现了救死扶伤、医者仁心的崇高精神，各级党委和政府要关心关爱疫情防控战线的妇女同胞。

---

* 黄桂霞，全国妇联妇女研究所理论研究室副研究员。

在全国上下众志成城、齐心抗疫之时，国家着力推动社会保险以及商业专属保险做出适当调整，为防控任务重、风险程度高的抗疫一线医务人员提供较好的保障。

一是保障一线医务人员工伤认定和保险待遇。新型冠状病毒肺炎，属于乙类传染病，未列入职业病目录，无法适用《工伤保险条例》第十四条认定工伤，医护人员感染治疗期间与一般的新型冠状病毒感染者一样享受医疗保险的病假待遇。但在疫情期间，一线医务人员从事的工作属于高危工作，尤其重症监护工作感染风险很大，甚至时常处于生死一线的危急关头。2020年1月23日，人力资源社会保障部、财政部、国家卫生健康委三部委共同出台的《关于因履行工作职责感染新型冠状病毒肺炎的医护及相关工作人员有关保障问题的通知》（人社部函〔2020〕11号）明确规定：“在新型冠状病毒肺炎预防和救治工作中，医护及相关工作人员因履行工作职责，感染新型冠状病毒肺炎或因感染新型冠状病毒肺炎死亡的，应认定为工伤，依法享受工伤保险待遇。”在保障措施的落实中，还专门开辟绿色通道，简化赔偿程序，保障医务人员依法及时享受工伤保险待遇，既包括停工留薪、伤残待遇、身故待遇的经济补偿，也包括身故者一次性工亡补助金、丧葬补助金、亲属供养补助金等。职工在工伤医疗期间无法上班的，职工薪资由用人单位按原工资待遇发放，停工留薪期可达12个月，生活不能自理的工伤职工在停工留薪期需要护理的，由用人单位负责。职工病假待遇与其工作年限相关，最低标准为职工月工资收入的60%，休假期限最长为6个月，6个月之后最多按职工月工资的60%计付。给予医护人员感染者工伤认定并给予相应保障，不仅可以解除一线医护人员的后顾之忧，也是对医务工作者临危受命、高风险工作的认同。

二是为一线医护人员提供专属商业保险救助。作为社会保障的重要组成部分，商业保险为一线抗疫医务人员及家属提供免费专属保险，进一步提升了对“最美逆行者”的保障水平。按照商业保险公司的规定，若医护和疾控人员确诊感染新型冠状病毒肺炎导致致残、身故，保险公司将为他们提供救助金，并承担防止感染蔓延所发生的转移安置费用。此外，如果医护和疾控人员被确诊感染后，其家庭成员被确诊受其感染致残、身故的，保险公司也提供一定的救助补偿金。

二、给予抗疫一线女性医务人员社会优抚待遇

社会优抚指国家和社会对为人民利益作出牺牲或有特殊贡献者给予的精神褒奖或物质帮助。中国的社会优抚对象以革命烈士家属为主。为应对此次重大突发公共卫生事件，一线医务人员在抗疫中面临的风险及承受的压力都远远高于平时工作。疫情发生以来，党和国家颁布了保护关心爱护医务人员的若干政策措施，各地也纷纷出台举措，帮助医务人员解除后顾之忧，保障其全心全意战“疫”。

一是为一线医务人员发放抗疫补助并免征个税。一线医务人员在轮休、隔离期间，工资福利待遇按出勤对待，原正常发放的基本工资、岗位津贴（含卫生防疫津贴）、绩效工资继续执行。一线医务人员以实际参加现场调查处置、患者救治等工作情况为准，不受编制、身份等限制。临时性工作补助、一次性慰问补助、卫生防疫津贴等抗疫补助免征个税。在疫情防控期间，卫生防疫津贴覆盖全体一线医务人员。

二是职称评聘和事业编制向一线医务人员倾斜。2020年2月23日，中央应对新型冠状病毒感染肺炎疫情工作领导小组发布《中央应对新型冠状病毒感染肺炎疫情工作领导小组关于全面落实进一步保护关心爱护医务人员若干措施的通知》（国发明电〔2020〕5号）提出，一线医务人员在职称评聘中优先申报、优先参评、优先聘任，晋升职称、晋升岗位等级不受本单位岗位结构比例限制。除了给予抗疫补贴外，全国多地启动一线抗疫医护

入编的“绿色通道”。在医疗卫生机构等事业单位招聘工作中，事业编制“优先考核录用”奋战在抗疫一线的编外医务人员。驰援湖北的编外医务人员通过直接考察方式，符合条件的人员可直接被聘为事业单位工作人员。医护人员中的护士大部分是编外合同工，入编不仅意味着身份的变化，也意味着更好的保障和待遇，这是对护理人员的长效奖励。

三是为一线医务人员子女升学给予优待。女性医务人员在抗疫一线日夜奋战，但身为母亲，她们对孩子也有着难以割舍的牵挂。疫情期间，全国大中小学及幼儿园推迟开学，大部分孩子需要家长在家里辅导，而医护人员却因身处特殊的战场，无法在家辅导孩子，成为她们的遗憾。各地纷纷出台相关补偿和激励政策，如湖北、江苏、云南、青海、江苏、陕西、辽宁、内蒙古等地出台相关办法，对防控一线的医务人员子女就学、升学给予优待，从政策上为一线医务人员子女教育提供保障。中央应对新型冠状病毒感染肺炎疫情工作领导小组也提出，对于获得表彰以及被认定为烈士的医务人员的子女，在入学升学方面按规定享受相关待遇。

四是为一线医护人员提供后勤服务，帮助其家庭解决日常生活困难。在全国妇联的领导下，中国妇女发展基金会联合各省市妇联深入了解抗疫一线医务人员家庭面临的困难，针对其需求紧急设立“加油！抗疫天使”项目，积极动员社会各界力量，为一线医务工作者和家庭提供日常防护用品、生活必需品、家庭日常照顾等关爱服务。“加油！抗疫天使”项目一期已经在湖北、河南、湖南、安徽、江西、重庆、四川、山东等八个省市试点。其他省市，如广东省妇联、广东省卫健委、广东省妇女儿童基金会联合开展了“您家的菜我来送”“您家的活我来干”等关爱广东医疗队队员家庭公益活动。

五是及时授予抗疫一线女医务人员“全国三八红旗手”荣誉称号并提供慰问金。荣誉称号是对作出显著成绩或突出贡献的模范人物的重要表彰，体现了全社会对其成绩贡献的肯定。2020年2月，全国妇联追授徐辉、黄和艳、姜娜三位牺牲在抗疫一线的同志“全国三八红旗手”称号。3月7日，中宣部宣教局、全国妇联宣传部、国家卫健委直属机关党委、中央军委政治工作部组织局联合发布“一线医务人员抗疫巾帼英雄谱”。首批“一线医务人员抗疫巾帼英雄谱”共20人，今后将陆续发布。此外，全国妇联还将评选表彰500名一线优秀女医务人员，授予她们“全国三八红旗手”称号，并联合腾讯公益基金会为获评的“全国三八红旗手”、入选抗疫巾帼英雄谱的女性提供慰问金。

三、保障抗疫一线女性医务人员的特殊需求

为了解决女职工在劳动中因生理特点造成的特殊困难，更好地保障女职工健康，中国先后颁布劳动法、女职工劳动保护特别规定等法律法规。在这次重大突发公共卫生事件中，女性是防疫抗疫的中坚力量，她们的安全和健康是抗疫胜利的根本保障。女性生理期对卫生用品的刚性需求能否得到满足，直接影响其健康状况，进而影响战斗力。

疫情暴发初期，抗疫一线女性生理期卫生用品如安心裤等极其匮乏。2020年1月底，上海、广东、浙江等多地妇联以及中华女子学院向社会倡议募捐，为一线女医务人员筹集卫生用品尤其是安心裤、考拉裤等生理期卫生用品。2月，全国妇联所属中国妇女基金会短期内紧急募集100多万元定向援助一线女性医务人员安心裤和卫生巾，并以最快速度送达疫区。一些微博博主、爱心企业、热心网友等也积极行动，募集捐赠成人纸尿裤、安心裤等，并联系物流送往抗疫一线。作为政府保障的补充，妇联组织、民间公益团体等群众团体、爱心企业以及个人志愿者组织发起的系列捐赠活动，很大程度上缓解了女医务人员的现实困难，对保障抗疫一线女性的特殊权益、满足女性特殊需求发挥了举足轻重的作用。在各界力量协力守护

一线女医务人员的基础上，全国妇联全力协调将女性生理卫生用品纳入防疫保障用品清单，上海、贵州等多地驰援湖北的医疗队已将女性生理卫生用品纳入防护物资清单，女性特殊时期的需求得到更坚实的保障。

疫情期间孕产妇的保护工作及政策落实

夏雨佳*

在抗击新型冠状病毒肺炎疫情阻击战中，习近平总书记就疫情防控发表系列重要讲话，反复强调要把人民群众的生命安全和身体健康放在第一位。为贯彻落实习近平总书记关于新型冠状病毒肺炎疫情防控工作的重要指示，切实保障母婴安全，国务院应对新型冠状病毒感染肺炎疫情联防联控机制连续出台通知，就进一步加强新冠肺炎防控期间孕产妇健康安全制定系列专门政策措施。各地纷纷结合实际情况制定措施保障孕产妇特殊时期的健康和安全，妇联组织积极参与关爱政策的制定和心理疏导等工作，促进针对孕产妇和儿童等重点人群的特殊关爱政策落实落地。在各方共同努力下，疫情期间孕产妇确诊、疑似孕产妇治疗、孕产妇防疫、孕产妇心理疏导等各项工作有序展开。

一、全力开展确诊和疑似孕产妇治疗工作

孕产妇是一个非常特殊的群体，特别是妊娠中晚期的孕产妇，一旦感染则面临更多风险，不仅危及自身健康，更直接关系到新生儿安危。在疫情暴发、医疗资源紧张的情况下，孕产妇及时获得医疗救助的需求比一般

* 夏雨佳，全国妇联妇女研究所研究实习员。

人群更为迫切，也面临着更多困难。做好确诊和疑似孕产妇治疗工作十分重要。优先接诊疑似孕产妇，并对已确诊的即将临盆的孕产妇做好产程和产后的母婴隔离准备，防止生产过程中发生母婴接触传播，是抗疫期间保护母婴安全的重要举措。

为切实做好新冠肺炎流行期间孕产妇和新生儿防护工作，保障母婴安全，国务院应对新型冠状病毒感染肺炎疫情联防联控机制2月2日下发《关于做好儿童和孕产妇新型冠状病毒感染的肺炎疫情防控工作的通知》，要求各地指定综合救治能力强的医疗机构作为定点医院，为疑似和确诊孕产妇提供疾病救治和安全助产服务，确保母婴安全。2月8日，国务院应对新型冠状病毒感染肺炎疫情联防联控机制下发《关于加强新型冠状病毒肺炎疫情防控期间孕产妇疾病救治与安全助产工作的通知》，要求各地严格做好发热孕产妇就诊管理，在有条件的助产机构设置发热门诊；对于疑似或确诊孕产妇，按照规定尽快转诊至定点医院，严禁疑似或确诊孕产妇自行转诊；定点医院要优先保障疑似和确诊孕产妇的收治。同时，要求加强疑似和感染孕产妇产时管理和新生儿救治，定点医院产科应当设置隔离病区或隔离病房，暂停疑似和感染孕产妇母乳喂养。

湖北省疫情防控指挥部2月8日发布《湖北省新型冠状病毒感染肺炎疫情防控指挥部关于做好疫情防控期间孕产妇防疫保护工作的通知》，明确规定要对疑似孕产妇实行优先检测、尽快确诊，定点医院要落实疑似和确诊孕产妇转诊绿色通道，确保其优先转诊和治疗。除湖北外，各地也积极落实国务院应对新型冠状病毒感染肺炎疫情联防联控机制的通知要求，采取各种措施，尽全力保障确诊和疑似孕产妇的治疗和生产。甘肃省卫健委在2月5日发布的《关于做好全省儿童和孕产妇新型冠状病毒感染的肺炎疫情防控工作的通知》中要求，各级新型冠状病毒感染肺炎救治专家组成员中要有一定数量的儿科、产科专家参与救治，并对基层防治工作进行指导。浙江省卫健委在2

月7日发布的《关于加强孕产妇和儿童新型冠状病毒感染的肺炎疫情防控工作的通知》中提出，对于临产的疑似或感染孕产妇，要由感染、呼吸、产科、新生儿科等专家共同确定分娩时机。广西壮族自治区疫情防控指挥部于2月14日发布《关于做好确诊和疑似新冠肺炎儿童和孕产妇管理和救治工作的通知》，要求各医疗机构妇幼科（股）主动与当地疫情防控指挥部建立信息沟通渠道，及时掌握辖区确诊和疑似新冠肺炎儿童和孕产妇的人数、病情、隔离、治疗、转诊等情况，指导定点救治机构强化联合救治工作。

各地的努力取得了可喜的成效，一个接一个小生命在疫情中健康诞生。例如浙江省的“小汤圆”，父母皆为新冠肺炎确诊病例，这个出生于元宵节的新生婴儿于2月24日正式结束隔离顺利出院，多次核酸检测均为阴性，彻底排除了感染可能。

二、扎实推进孕产妇防疫工作

在疫情防治过程中，孕产妇有多重需求需要得到满足和实现。一方面，孕产妇作为新型冠状病毒的易感人群，通过居家隔离可以有效降低感染的风险；另一方面，又需要到医院接受规律且规范的产检，以及时监测母体和胎儿的健康。随着孕周增加，即便暂时没有出现并发症的正常孕产妇，也可能会发生各种各样的危险，随时需要医疗救助。孕期和哺乳期的女职工在疫情缓解复工复产过程中，面临的感染风险不但危及自身，也会使胎儿、婴幼儿处于危险状态。做好孕产妇在产检、就诊、复工等场景下的防护，显得尤为重要。

2月1日，国家卫健委在北京举行新闻发布会，邀请北京大学第三医院产科主任赵扬玉和北京儿童医院急诊科主任王荃，围绕“孕产妇和儿童疫情防控”这一主题回答记者提问。

2月2日，国家卫健委在下发的《关于做好儿童和孕产妇新型冠状病毒感染的肺炎疫情防控工作的通知》中对孕产妇产检问题提供了具体解决方案，建议根据孕产妇具体情况，必要时可适当调整产检时间。对有妊娠并发症等高危孕产妇，指导其按时接受产前检查，一旦出现异常情况应及时就医。通知还要求各地按照相关要求，在有条件的助产机构设置发热门诊，加强妇科、产科、儿科等重点科室病室管理，减少家属探视，暂停新生儿病房探视和陪护，从而防止医院内的交叉感染。国务院2月8日下发的《关于加强新型冠状病毒肺炎疫情防控期间孕产妇疾病救治与安全助产工作的通知》进一步指导各地助产机构加强院感防控，为产科门诊及病房尽可能创造独立进出通道，落实产房、产科、母婴同室院感防控要求。通知还要求助产机构通过各类通讯和线上方式加强对孕产妇的健康教育和咨询指导，帮助孕产妇做好自我监测和居家防护。

各地政府也纷纷出台相关政策，扎实推进孕产妇防疫工作。北京市卫健委早在1月23日就发布《关于切实做好母婴新型冠状病毒感染的肺炎防控工作的通知》，从属地管理、制度落实、安全防护、加强培训、责任落实、健康宣教六个方面积极部署，保障母婴安全。湖北省疫情防控指挥部在2月8日发布的《湖北省新型冠状病毒感染肺炎疫情防控指挥部关于做好疫情防控期间孕产妇防疫保护工作的通知》中，要求助产机构落实好孕产妇产检及分娩，不得拒绝或推诿。各地在医疗救治及防疫物资的分配上，要向妇幼保健机构倾斜。通知强调，要加强对孕妇的特殊保护。企事业单位正常上班后，孕妇经本人申请、单位同意，实行弹性工作制，可以在家远程办公，直至疫情结束。所在单位不得扣减其劳动报酬，也不得损害其其他相关合法权益。山东省卫健委于2月5日发布《新型冠状病毒感染的肺炎疫情防控期间孕产妇健康提示》，对孕产妇在个人防护、产检、临产、发热就医、产后护理等方面提供细致入微的具体指导。河南、陕西、四川、上海、广东等多地多部门纷纷发布通知或联合倡议，提倡孕期和哺乳期女职工采取居家办公、远程办公等措施，为疫情期间孕产妇的劳动保护提供政策引导。

妇联组织作为广大妇女的“娘家人”，对孕产妇的防疫工作提供了贴心的关爱。疫情发生后，全国妇联党组多次召开专题会议，并在2月13日召开的专题会议上着重强调推动孕产妇等特殊群体关爱政策的落实。各级妇联纷纷响应，妇联干部深入社区，主动为居家休养的孕产妇提供实实在在的生活帮助；充分利用新媒体，有针对性地宣传孕产妇防疫相关知识。例如，江苏省妇联在其五级妇联“携手战‘疫’ 巾帼有我”综合云平台上专门开辟“孕产妇微家”栏目，联手各地的妇幼保健机构，加强对孕产妇的健康服务和咨询指导。河南省妇女儿童活动中心联合河南家庭教育学会、河南广播电视台共同发起“家庭战‘疫’阳光计划”，特别推出“产妇家庭的母亲和儿童防护”专题公益群，邀请相关专家交流互动、答疑解惑。

三、切实做好孕产妇心理疏导工作

疫情期间的负面信息、长期居家隔离产生的不良情绪以及对产检和生产的担忧，都可能导致孕产妇陷入焦虑、紧张的心理状况。在疫情期间，要切实关爱孕产妇，就不能放松对孕产妇的心理疏导工作。

疫情面前，妇联不仅是孕产妇群体的“关心人”，更是她们的“知心人”。2月23日，全国妇联党组召开专题会议，要求各级妇联进一步关心关爱孕产妇等特殊群体，做好居家隔离人员的思想疏导、心理抚慰，帮助其解决实际困难，为她们送去“娘家人”的温暖。

各级妇联积极响应高度关注孕产妇心理健康工作，采取多样措施对孕产妇开展心理疏导，推动工作实施。上海市妇联2月9日发布《关于加强新型冠状病毒肺炎疫情防控期间孕产妇关心关爱工作的通知》，将心理疏导与暖心维权服务相结合，要求各级妇联组织要宣传好全市“12338”热线针对疫情专门拓展的心理援助服务；要求积极发动社区志愿者，依托原有“开心家园”“知心妈妈”等维权服务渠道和平台，为孕产妇提供心理援助和情绪疏导。重庆市各级妇联利用微信公众号等新媒体有针对性地宣传防控疫情的相关知识，开设疫情防控心理咨询热线，组织专业的心理咨询团队，为有需求的孕产妇提供心理疏导、心理干预和心理健康知识普及。海南省妇联开通孕产妇关爱微信群，指导孕产妇宠粉利用“12338”、“12345”、“96363”、市县妇联心理服务专线等热线以及学习《新型冠状病毒感染的肺炎公众心理自助与疏导指南》读本等方式进行科学防护，同时提供心理咨询、相关政策解答，帮助孕产妇缓解心理压力，增强战胜疫情的信心。

湖北省疫情防控指挥部在2月8日发布的《湖北省新型冠状病毒感染肺炎疫情防控指挥部关于做好疫情防控期间孕产妇防疫保护工作的通知》中明确指出，各级妇联、卫健委要立足城乡社区，面向家庭，主动为居家休养的孕产妇排忧解难，精准掌握需求，细致对接服务，提供生活帮助。对有心理干预服务需求的孕产妇，各级妇联组织要充分发挥“12338”妇女服务热线等平台的作用，链接专业社会组织，广泛动员巾帼志愿者，提供有针对性的科学知识宣讲和心理疏导服务。湖北省妇联还在官方微信公众号上公布心理咨询专家电话号码，联系专家和志愿者为孕产妇提供线上心理疏导服务，帮助孕产妇排解压力。湖北省妇联携手华中师范大学、湖北省心理学会的相关专家学者在多个宣传渠道推出“温馨行动 · 抗疫心文”系列心理辅导文章，并专门开设孕产妇心理疏导板块，从孕妇可能出现的心理特征和孕妇应该如何保持心理健康等方面为孕产妇排忧解难。

孕产妇的安全与健康，既关涉广大妇女儿童的特殊利益，又是家庭幸福的基本需求。在抗疫医疗资源分配中，针对孕产妇医疗救治和母婴健康出台的一系列专门政策，对孕产妇和婴幼儿提供了优先保障和重点关爱，是党和国家将人民群众的生命安全和身体健康放在第一位的具体体现，不仅惠及妇女儿童，也惠及家庭、社会、民族和国家。

VI

第六部分

发挥家庭家教家风作用
筑牢社区防疫第一道防线

筑牢家庭防线
为打赢疫情防控人民战争贡献巾帼力量

全国妇联家庭和儿童工作部

自新型冠状病毒肺炎疫情发生以来，各地妇联组织积极响应党和国家号召，按照全国妇联总体部署要求，在当地党委政府统一领导下，动员广大妇女和家庭“宅”家抗疫，担起社会责任；注重家教家风，凝聚家庭力量；推进解难扶困，彰显巾帼大爱，为切实打赢疫情防控人民战争、总体战、阻击战，发挥了积极作用。

一、主要做法

1.加强疫情防控宣传倡导

疫情发生后，各地妇联立足职能，发挥桥梁纽带作用，快速响应、积极应对，不断加强防控知识的宣传普及，帮助广大家庭提高科学认知、增强防护能力。上海、安徽、广西、海南等省区市妇联向广大家长和家庭发出倡议，引导做好家庭防护和亲子陪伴，为战胜疫情贡献“家”力量。甘肃省妇联推出网上“抗疫公益课堂”，四川省妇联发布《战“疫”小勇士》系列动画短视频，云南省妇联执委耿嘉录制音频故事《小朋友，让我们一起来认识并预防新型冠状病毒》，陕西省妇联编印儿童绘本《我们和你们——说说病菌那些事儿》，江苏省妇联制作宣传画《家庭防疫容易忽略的那些事儿》，河南省漯河市妇联、教育局编印预防手册《漯河市幼儿新冠肺炎预防手册》，各地通过生动活泼、形式多样的宣传方法，向家长儿童普及病毒防控知识。此外，山东省临沂市妇联策划制作推出“健康生活 母亲行动”小儿推拿系列视频，帮助家长宅家学习护理技能，预防儿童常见病。贵州省贵阳市邀请专家讲解疫情期间儿童预防接种注意事项，为家长提供权威指导。

2.做好心理支持服务

新型冠状病毒引发肺炎尚无治疗特效药，疫情暴发初期容易造成一定社会恐慌和焦虑。为切实缓解家长儿童长期居家的心理压力，理性对待疫情、坚定必胜信心，各省区市妇联普遍开通了心理援助热线或专题网站，提供心理支持服务。湖北省妇联邀请华中师范大学心理学院教授佐斌，针对疫情背景下的“恐慌情绪”和“代际关系”问题，帮助家长儿童戴好“心理口罩”。辽宁省妇联在开设心理咨询热线的同时，整合专业心理资源，联合省级主流媒体制作播出防控疫情心理服务系列课程，引导家长儿童保持理性平和、积极乐观的心态。陕西省妇联开办“爱在这一刻”家庭心理微课堂，分享家庭成员心理养护知识。江西省妇联开展“心理援助公益热线+微信群”双向心理干预，进一步拉近服务距离。山东省妇联开通24小时心理援助专线，在提供日常法律咨询、婚姻家庭调解等维权服务的同时，为一线医护人员、社区工作者、广大妇女及家庭提供心理危机干预咨询服务，帮助他们正确对待疫情，疏导不良情绪。北京市西城区妇联开展线上普法宣传，开通心理抚慰公益直播，为在疫情笼罩下的妇女和家庭送去温暖和关爱。海南省三亚市妇联推出网上抗疫心理公益微课，帮助人们正确认识疫情期间的心理变化，掌握心理调适方法。内蒙古包头市妇联兼职副主席李红霞录制短视频，宣传普及心理调节知识。

3.深化家庭教育指导

疫情期间老百姓“宅在家，不出门”，对家庭教育科学理念知识的需求明显加大。各地妇联抓住居家防疫契机，依托网络平台，汇集专家学者，有针对性地开展家庭教育指导服务，满足广大家庭需求。北京市妇联推出“陪伴，我们在一起”线上家教课，从教育心理、儿童健康、习惯养成等角度出发，为广大家长孩子答疑解惑，送上特殊温暖。江苏省妇联邀请省家庭教育研究会常务理事、南京师范大学教育科学学院殷飞老师，开设“防控疫情·家庭教育”系列微课，帮助大家及时掌握疫情防控和家庭教育知识。海南省妇联依托全省48家庭教育微信学习群，推送儿童防控疫情知识、亲子阅读推荐书目，带领家庭开展亲子共读、分享展示等线上活动，“宅”出精彩幸福。陕西省妇联开设战“疫”时刻“三秦父母微课堂”，每天分享一个家庭教育的好办法，金点子。广西壮族自治区妇联举办“网上家教学堂”，通过邀请专家撰写文章，制作短视频、音频等多媒体形式开展家庭教育，帮助广大家庭改善亲子关系、传承良好家教家风。浙江省推出“童心战‘疫’，浙里有爱”专辑，传播战“疫”童心好故事。在“浙江女性”官网开设“把爱带回家”家庭教育数字资源专场，整合精品微讲座视频、“智慧家长”系列课程、家庭教育最新相关资讯等内容，并设置在线咨询，为家长提供便捷服务。贵州省妇联发布专题文章，图文并茂分析阐释孩子玩手机成瘾的原因和处理方法，手把手教授家长如何引导孩子放下手机。吉林省妇联邀请专家撰写文章《防疫时刻：家庭生活教育正当时》，提倡开展家庭防疫卫生教育、家庭劳动教育、开展食育、培养阅读习惯等亲子活动，密切亲子关系。福建省泉州市妇联推出“特殊的亲子时光”线上家教课，从教育心理、儿童健康、习惯养成等角度出发，为家长和孩子送上贴心指导。黑龙江省牡丹江市妇联推出“巾帼‘宅’家学”专栏，设置致富技能篇、防疫知识篇、家庭教育篇、学法懂法篇、生活情趣篇等，倡导抓住难得时光，陪伴家人，学习成长。

4.弘扬家庭文明新风

各地妇联结合疫情防控，组织开展各类家庭文明创建活动，引导广大家庭从自身做起、从身边事做起，主动克服不良卫生习惯，维护家人身体健康，培养文明健康生活方式。北京市妇联开展2020寻找“首都最美家庭”活动，围绕“守小家卫大家，最美的力量”，找寻“宅在家，自护自律”“同成长，亲子陪伴”“互关爱，邻里守望”“赴前线，最美逆行”“尽职责，坚守岗位”“表心愿，传递信心”“助防控，志愿服务”“献爱心，公益捐助”等各方面“最美家庭”，传递抗击疫情最美中国故事，激励更多家庭向上向善、争做最美。浙江省妇联发出“公筷公勺巾帼先行”倡议，倡导从现在做起，从自身做起，带动家庭成员共同参与“公筷公勺”行动，助力全社会形成安全、健康、卫生、文明的用餐好习惯。辽宁省大连市妇联倡导全市妇女和家庭以“全民行动 清洁家园”为主题，积极参与爱国卫生运动“四个一”活动（学一学，做卫生健康知识的传播者；查一查，做家庭卫生清洁的检查员；比一比，做公共卫生环境整顿的志愿者；赛一赛，做健康生活方式的引领者），为疫情防控工作助力加油。海南省白沙黎族自治县妇联在各乡镇、各村居开展“我爱我家·干干净净庆三八”家庭环境综合整治，号召妇联组织、巾帼志愿者、千万家庭积极行动，共同做好门前屋后环境卫生，携手助力新冠肺炎疫情防控。山东省淄博市沂源县燕崖镇结合城乡环境大整治工作，采取“235”工作法，切实抓实、抓细“美在家庭”创建工作，以“小家”带“大家”，通过“美在家庭”创建工作的深入开展助力环境整治大提升。贵州省遵义红花岗区工青妇组织紧紧围绕服务群众，结合抗击新冠肺炎疫情形势，在易地扶贫搬迁安置点“新市民·追梦桥”工程实施中，大力开展“防疫我做起·共建融合桥”清洁家庭创建评比活动。旨在引导易地扶贫搬迁安置地广大妇女和家庭做好自我防护，树立健康、清洁的家庭生活新理念。湖北省襄阳市妇联积极响应“爱国卫生运动和消毒杀菌工作”，动员各级妇联组织带领广大妇女群众和家庭积极投入城乡环境整治、家庭环境整治中，不断改善城乡环境，普及健康生活方式。河南省濮阳市妇联在全市广大农村家庭开展“美家美院”卫生示范户创建活动，助力“四全”爱国卫生疫情防控专项行动，引领健康生活方式，为打赢疫情防控阻击战贡献“她力量”。

5.丰富各类亲子活动

家庭是抗击疫情的第一道防线，针对如何“宅得住”问题，各地妇联因地制宜开展群众喜闻乐见、亲子广泛参与的线上活动，丰富居家生活，确保亿万家庭宅得安心顺心，宅出健康快乐。积极开展征集展示活动。重庆市妇联实施“宅家汇”征集展示活动，通过图片、短视频等多种形式传播“宅”家抗疫正能量。山东省潍坊市妇联开展“抗击疫情，从家庭做起”新媒体展示活动，晒出不同家庭不同风格的“家庭抗疫秀”。河南省濮阳市妇联开展“疫情下的成长”征文活动，发动孩子们用纸和笔礼赞疫情中的逆行者，记录温暖温馨的家庭故事。深化开展亲子阅读。新疆维吾尔自治区妇联推荐近4年发布的800本全国家庭亲子阅读优秀书目，供家长与孩子选择阅读，感受温暖书香。云南省妇联推出“相伴同悦读　共同战疫情”——我的家庭阅读网络活动，面向广大家庭和青少年征集亲子阅读故事，开启2020年书香飘万家亲子阅读活动。青海省妇联邀请省家庭教育讲师团成员、省第二届全民阅读推广人彭娟，用音频和图片的形式，指导家长科学正确陪伴孩子阅读，利用宅家时光，涵养好家风好家教。倡导开展亲子互动。河北省妇联向全省家庭发出开展“践行我爱我家·积极防疫抗疫”主题实践活动倡议，指导开展亲子故事会、亲子健身、亲子才艺展示等文体实践活动，营造健康活泼的家庭精神文化生活。天津市妇联开展

“读童谣，抗疫情”活动，邀请市儿童文学作家创作七十余首“众志成城抗击疫情”童谣和诗歌，供少年儿童诵读学习。广东省妇联发布百种室内陪玩创意，帮助家长子女开心宅在家。福建省厦门市妇联推荐适合全家总动员的科技小制作，提高家长儿童动手能力。甘肃省张掖市妇联组织“家庭战‘疫’亲子同行点赞评选”活动，通过战“疫”画起来、战“疫”拍起来、战“疫”读起来、战“疫”写起来，引导广大家庭重视疫情中的家教契机，珍惜陪伴在孩子身边的亲子时光，让孩子在潜移默化中培育家国情怀，感悟责任与担当、体会奉献与感恩、收获亲情与成长。

6.关爱特殊困难儿童群体

各地妇联结合疫情防控，深化开展农村留守儿童和困境儿童关爱帮扶，坚决防范少年儿童因疫情出现无人照料、亲情缺失等问题。重庆市妇联开展“送日常关爱、送心理帮扶、送家庭教育、送防疫知识、送暖心慰问”五个一行动，让留守儿童、困境儿童在全民抗疫中得到特别关爱。上海浦东新区妇联对辖区内25个街镇符合一定条件的60名困境儿童进行“一人一档”的信息采集，选配一名热心公益、高素质、属地化的“邻家妈妈”，开展常态化的关爱服务，给予“陪伴、引领、帮扶”。黑龙江省黑河市妇联组织妇联干部、妇女典型、巾帼志愿者与困难儿童结成“一帮一”“多帮一”包扶对子，对孤寡老人上门探望、服务，将温暖关怀送到身边。大兴安岭地区妇联通过电话、微信“一对一”为隔离居民和妇女群众提供心理疏导98人次，坚持困难妇女儿童排查和帮扶工作日报告，及时满足服务需求。山东省妇联协调省女企业家协会为邹平市孤困儿童捐赠15部华为手机，助力孩子们上网课。泰安市妇联积极排查留守儿童底数，建立动态管理台账，开展“爱心妈妈‘疫’路相伴”送温暖活动，通过送专属关爱、送生活保障、送家庭教育、送心灵疏导、送防护知识“五送”服务，为疫情防控期间的留守儿童提供关爱帮扶。肥城市妇联对全市留守儿童进行认真排查建档，明确了“一对一”结对帮扶人，落实具体帮扶措施，开展走访慰问、送去防疫用品、生活物资，确保“疫情面前，一个都不能漏下”。广东省深圳市妇联联合民政、卫生健康部门，全面排查、及时掌握因疫情影响导致监护缺失儿童的情况，做到“一案一策、专班负责、持续跟踪、确保安全”，全方位加强救助帮扶。浙江省丽水市妇联与市民政局联合发出《关于做好疫情防控期间留守儿童和困境儿童关爱帮扶工作的通知》，开展“万名妈妈‘疫’路陪你”关爱活动。宁波市海曙区组建“爱心爸妈帮帮团”，对25名结对留守和困境儿童开展50余次关爱慰问活动。云南省昭通市威信县妇联成立“代理妈妈”志愿服务队伍，69名志愿者，深入龙溪小区252个留守儿童家庭和学校了解其生活和学习情况，像亲生母亲一样给予陪伴和关怀。甘肃省兰州市妇联开展“爱心护航·情暖童心”关心关爱困难留守儿童行动，为留守儿童和困境儿童送去爱心书籍和文具。山西省晋城市阳城县妇联对困境妇女儿童进行摸排，并与县民政局横向联动，将符合条件的纳入社会救助体系，对达不到救助条件的边缘家庭中的困境妇女儿童，充分发动社会力量，进行关爱帮扶和暖心慰问。辽宁省丹东市妇联向全市1600户困难女户主家庭发放口罩1.6万只，同时送去慰问信及防护知识宣传海报1600份，及时将党和政府的温暖送到群众身边。安徽省宣城市各级妇联组织作为广大妇女的“娘家人”，时刻心系儿童和孕产妇等易感人群，为她们提供力所能及的关心和帮助。湖南省长沙市望城区妇联为家长感染新冠肺炎无人照料的孩子，召集爱心妈妈，提供温暖照料。

7.帮扶援鄂及社区一线家庭

为解除援鄂医疗队员后顾之忧，送上“娘家人”的温暖关爱，弘扬逆行抗疫伟大精神，各地妇联组织主动对接援鄂医护人员家庭，摸清实际困难，有针对性地开展贴心暖心服务。宁夏回族自治区妇联积极开展关爱慰问援鄂医疗队队员及其家属活动，自治区妇联班子成员分赴五市，将价值30余万元爱心包和慰问信送到队员所在的48家医院及家属手中。河南省妇联发起“三送”——娘家人暖心服务行动，针对全省援鄂医护人员家庭，开展送暖心包、送爱心菜、送贴心帮等暖心服务，为“逆行者”守护家庭港湾。山西省妇联开展“晋心抗疫·巾帼助力”关爱援鄂医护人员行动，为援鄂医护工作者家庭配送价值200元的暖心包，主要为肉、蛋、奶、蔬菜、水果及生活用品等。陕西省妇联在全省开展“你们护大家 我们暖小家”关爱抗击疫情一线医护人员及其家属活动，以“六个一”为主要内容，即“建立一套信息台账，树立一批先进典型，建立一支服务队伍，用好一条关爱热线，传递一份暖心呵护，送出一箱爱心蔬菜”，旨在为一线医护人员及其家属提供各项保障，为打赢疫情防控阻击战贡献巾帼力量。重庆市各级妇联组织汇聚社会力量，开展“三心关爱”行动，确保问候到家，确保服务到家，确保关爱到家，切实为一线医护人员解除后顾之忧。浙江省妇联制定为一线医务人员、援鄂医疗队员家庭送服务的工作方案，发动各级妇联组建“代跑代购”“家庭教育”“心理咨询”“重点群体关爱”“知心姐妹谈心”“巾帼暖心援助”6支服务队，深化“三关爱”暖心服务。福建省福州市妇联、福州市计划生育协会联合创办的福州市早期教育指导服务中心精心设计“早期教育暖心服务包”，为防疫一线重点医护人员家中0−6岁子女提供全年公益服务。广东省中山市妇女儿童活动中心对中山市援鄂抗疫医务人员本人及其子女在中山市妇儿中心所报课程优先安排学位，并实施费用全免政策。新疆维吾尔自治区巴州八县一市妇联同步启动“慰问援鄂家属 助力一线天使抗疫”慰问活动，巴州各级党委政府、各级妇联走进医务工作者的家，把最崇高的敬意和诚挚的感谢送到医务工作者的家中，与援鄂医务人员家属共同度过特殊而又充满温情的三八妇女节。辽宁省盘锦市妇联争取京东绿色通道，联合兴隆台区妇联，为盘锦市34名医疗队成员配备了全自动迷你洗衣机；出台1+1+N举措，全方位关爱驰援湖北医务人员家属。山东省妇联向牺牲在疫情防控一线的两位社区工作者家庭送去5000元慰问金，省市县妇联与两个家庭建立“一对一”联系，经常性开展走访探望、心理关怀、生活帮助等关爱服务，帮助他们解决家庭困难，渡过难关坚强生活。广西壮族自治区妇联准确摸排疫情期间全区基层殉职人员家庭情况，对3位抗疫一线殉职工作人员家庭提供发放慰问金、协调殉职人员家属返聘续聘工作等关爱帮扶。四川省妇联主动与民政部门对接，对5个市州7名殉职城乡社区工作者家庭制定“一对一”帮扶方案，组织妇联干部、执委、巾帼志愿者等开展走访慰问、按需帮扶、心理疏导等关爱服务。甘肃省妇联为2名殉职社区工作者家庭送去生活物资和慰问金，协调为其中一名殉职人员子女争取助学金，解决其妻子公益性岗位，安排专人与2个家庭建立联系，进行定期帮扶。

二、启示与思考

分析疫情发生以来，各地妇联组织坚决贯彻习近平总书记和党中央一系列决策部署，积极构筑家庭防线的有益做法，主要启示有以下几点：

一是聚焦家庭工作，促进基层社会治理。本次疫情防控集中反映了家庭家教家风建设在基层社会治理方面的基础性作用。家庭是社会的细胞，筑牢家庭防线关系到阻断病毒传播的成效，关系到全社会抗疫胜利的信心。各地妇联组织在下沉社区、卡点排查基础上，聚焦家庭工作，强化疫情防控知识宣传、深化家庭教育指导、做好特殊困难群体关爱帮扶，传递了抗疫必成、中国必胜的信心决心，促进了亿万家庭防范态势的形成，夯实了基层防控基础。在下一步工作中，我们要进一步总结妇联组织在基层社会治理，特别是重大突发事件中组织动员广大家庭的经验做法，转化为常态下开展家庭家教家风建设、参与基层社会治理的有效工作机制和模式，推进妇联家庭和儿童工作长足发展。

二是发挥“联”字优势，聚合工作力量。各地妇联组织针对防控形势，有的联合相关政府部门出台疫情期间特殊困难群体关爱帮扶意见举措；有的积极配合民政、卫生健康等部门摸排困境老人、儿童信息，提供精准帮扶；有的组织发动当地爱心企业、公益基金为困难群体捐款捐物；有的联合主流媒体、各类家教学会、研究会等社会组织，提供丰富家庭教育资源；有的发动社工、返乡大学生为偏远地区孩子开展学业指导。这些有益做法特别彰显了妇联组织在纵向联合、横向联动方面的特殊功能优势，启发我们在今后工作中，要进一步发挥好“联”字功能，充分体现桥梁纽带作用，凝聚全社会整体工作合力，提升服务广大家庭和儿童工作的质量效果。

三是突出需求导向，强化工作精准度。在这次疫情防控中，各地妇联针对长期宅家，家庭教育需求量大的问题，推出包括法治宣传、劳动教育、卫生习惯养成等内容的系列家教课程，推送优质辅导资源；针对留守儿童、因疫情导致监护缺失的困境儿童、孕产妇等特殊群体实际困难，组建志愿服务队伍，开展“一帮一”“多帮一”关爱行动，精准提供物资捐赠、代跑代办、心理疏导、学业指导等暖心服务，其中，有的地方为方便孩子上网课，专门给贫困家庭儿童送去手机、提供免费网络热点，深受广大家长和儿童的欢迎。这些做法启示我们，今后无论是家庭建设、家庭教育指导还是儿童关爱服务工作，都要更加精准地掌握实际需求，坚持问题导向，不断提升工作的科学性和前瞻性，把服务群众工作真正做到老百姓的心坎上。

四是发挥互联网作用，创新活动载体。本次疫情发生后，国家正常经济社会生活按下暂停键，亿万家庭宅家抗疫，传统工作服务形式受到极大制约。疫情期间，家教家风工作均改为线上进行，各地妇联组织借助互联网，分享最美家庭故事，推送优秀绘本、书籍和影片，邀请权威专家网上授课，组织亲子视频征集展示等，通过互联网丰富了家庭教育载体形式。

今后，在服务、联系、引领广大妇女群众的事业中，在家庭和儿童工作中，我们将紧跟时代步伐，坚持创新发展，着力提升工作吸引力和感召力，扩大影响力，满足家庭新时代新需求。

“特殊时期　特别家教”：家庭教育微课服务广大家庭

全国妇联家庭和儿童工作部

2020年新春伊始，新冠肺炎疫情席卷全国，以习近平同志为核心的党中央对疫情防控工作作出一系列重要部署，全国亿万家庭积极响应党中央号召，投入到联防联控、群防群控中，为打赢疫情防控阻击战贡献家庭力量。为帮助广大家长在疫情防控的特殊时期有针对性地做好孩子的家庭教育，筑牢疫情防控的家庭防线，全国妇联自2月8日起，制作推出了“特殊时期　特别家教”家庭教育微课，通过中国妇女网、人民网、人民日报手机客户端、女性之声号、中国妇女报号、中国妇女网微信端等平台，每天同步更新播放系列家庭教育指导服务产品，为广大家长提供特别的家庭教育支持服务。

“特殊时期　特别家教”家庭教育微课包括战“疫”学起来、战“疫”动起来、战“疫”读起来、战“疫”写起来四个板块内容。

在战“疫”学起来板块，邀请了全国多位知名专家录制家庭教育微课，为家长讲解家庭防控和科学教子知识，特别是引导家长如何抓住疫情防控时机，开展特别家教，如邀请北京师范大学教育学部钱志亮教授，围绕透过疫情家长要传递给孩子正确的价值观、人生观、世界观、劳动观、情感、态度、方法、策略推出了8节微课；邀请北京师范大学程黎教授围绕特殊时期如何开展亲子沟通推出了6节微课；邀请南京师范大学殷飞教授围绕特殊时期科学防控、关注家人、综合素养、复工强家、在家学习、核心价值6大板块推出了30多节微课；邀请北京师范大学边玉芳、中国家庭教育学会常务理事陆士桢、首都师范大学罗爽等专家，围绕特殊时期如何培养孩子的自主学习习惯、科学陪伴孩子、培养孩子的法治观念等推出系列微课。通过这些家庭教育微课，不仅向广大家长普及了家庭教育理念和科学知识，同时也宣传了国家意识、公民意识、心理健康、家庭卫生、公共安全、可持续发展理念等，引导家长抓住特殊事件对孩子进行思想品德教育，促进孩子全面健康成长。

在战“疫”动起来板块，围绕居家防疫期间如何科学开展亲子运动、疏解负面情绪，精心设计了适合各年龄段孩子身心发展特点、适宜家庭内部进行的亲子运动活动，如由北京体育大学罗冬梅教授领衔的研究团队，专门录制了益智健身的“悬浮乒乓球”“叠叠乐”“隔空发力”等亲子运动健身和互动游戏视频；中国儿童中心与相关机构联合录制了系列家庭运动视频；各省区市妇联也动员广大家庭原创亲子运动、手工制作、绘本制作、抗疫儿歌、七步洗手法等。这些亲子运动游戏突出了生活化、趣味性、易操作的特点，使孩子和家长得到了锻炼，实现了关掉电视，放下手机，带娃一起动起来的初衷和目的。

在战“疫”读起来板块，围绕居家防疫期间丰富家庭文化生活，组织专家编写了《特殊时期　特别家教指导》电子书，从“疫情中的家庭教育重点”“家庭心理支持”“儿童良好习惯养成”“亲子互动陪伴”“专家点评战‘疫’日记”五个部分为广大父母提供特殊时期的特别家庭教育指导。邀请专业出版机构提供了大批优秀童书视频和童谣音频资源，如接力出版社提供的《北国之春》《老鼠洗衣服》《乌龟一家去看海》等枕边故事视频和《金波爷爷给孩子的100首经典童谣》等有声读物。这些内容既向广大家长和儿童介绍了疫情防控知识，又传授了亲子阅读方法，提升了孩子的阅读能力，密切了亲子感情。

在战“疫”写起来板块，号召广大家庭成员拿起手中笔，抒发家国情。在这些家书家信中，有孩子们写给“逆行”英雄，特别是写给战“疫”一线爸爸妈妈们的信，如依航同学给一线战“疫”妈妈的信中写道：“妈妈，我支持您，但请您一定保护好自己，在大千世界您只是一点萤火，却是我的火炬，是我唯一的妈妈，期待疫情结束，待到春暖花开，您不再躲闪，可以给我一个真实的拥抱。”李佳昱同学在给驰援湖北的医生妈妈的信中写道：“还记得出发前我哭着不让您去，您说，我是一名医生，治病救人是我的职责。宝贝别担心，妈妈有足够的经验保护自己，一定会平安回来的！您的这些话给了我很大的安慰，我为有您这样勇敢的母亲感到骄傲！”有父母写给孩子的信，如重庆援鄂医疗队队员梅玫在给儿子的信中写道：“孩子你还记得吗？当妈妈将要求来孝感支援的事告诉你的时候，我看到了恐惧和不舍，我知道，你是不愿意让妈妈来的。但是，妈妈执念的是救死扶伤的医者仁心，坚守的是专业专注的护理精神。所以，我必须冲到一线。儿子啊，别担心，妈妈有足够的信心和专业技能保护好自己。”有丈夫写给奋斗在一线妻子的信，如黑龙江省塔河县邢文睿在给妻子的信中写道：“我和孩子默默注视着你上车离开，我们知道从此刻起，你将是成千上万的逆行者中的一员，汇聚在最危险的疫区中，承受着常人无法承受的厚重的责任与担当。孩子闪着泪光说‘我的妈妈是英雄！’……妻，加油！中国必胜！武汉必胜！”这些书信既表达了家人间彼此关心、守望相助、相亲相爱的深厚情感，更传递了战胜疫情的信心和决心，弘扬了勇于担当的社会责任感和报效祖国的家国情怀。

全国妇联关心关注广大家长在特殊时期的家庭教育难题和需求，创新工作思路和方法，探索利用云平台开设“特殊时期 特别家教”家庭教育微课，为广大家庭提供线上家庭教育指导服务，深受家长和孩子们的欢迎，有的家长表示“我的孩子通过视频来感受有趣的游戏，真的是满满的幸福……”“我和孩子爸爸跟着里面的视频和孩子一起做课间操、做手工、做家务，我们的家更美好、更和谐。”“在温暖的午后搂着孩子一起共读栏目中推荐的绘本和家书的温馨画面，将成为我们亲子间共同的美好回忆……”截至4月20日，“特殊时期 特别家教”已刊发260条家庭教育指导内容，总阅读量近千万人次。专栏中的优质内容被“南粤女声”“安徽省家长网校”“V家长”“家庭教育360”“大幼专大学前”等多个微信公号陆续转载。“特殊时期 特别家教”已成为疫情期间全国妇联呈送给广大家庭的一个暖心包，温暖着更多的家庭，发挥着“宅”家育人的作用。

发挥家庭家教家风在基层社会治理中的重要作用助力打赢疫情防控阻击战

王　易*

党的十九届四中全会提出要“注重发挥家庭家教家风在基层社会治理中的重要作用”。解决好这个问题，既需要在常规工作中务实笃行、深入探索，也需要在关键事件、重要节点上审时度势、善作善为。突如其来的新冠肺炎疫情，是检验我国治理体系和治理能力的一次大考，也为提升基层社会治理能力上了一堂大课。基础不牢，地动山摇。家庭是基层社会治理的重要一环，也是国家治理体系的基本单元。疫情发生以来，各级妇联组织牢牢抓住疫情防控主动权，积极开展家庭家教家风相关工作，不仅为基层战“疫”构筑起家庭防线，也为基层社会治理积累了重要经验。

一、讲好动人故事，营造基层社会良好风尚

新冠肺炎疫情暴发以来，举国上下勠力同心、共克时艰，各级妇联组织充分动员妇女，立足家庭家教家风，在抗疫战场上书写出许多动人故事，讲好这些故事，对形成良好社会风尚具有重要作用。

首先，讲好巾帼妇女故事。在三八国际劳动妇女节到来之际，习近平

* 王易，中国人民大学马克思主义学院党委书记兼常务副院长、教授、博士生导师，十二届全国妇联执委，北京市妇联副主席（兼职），北京市青联副主席。

总书记作出重要指示，指出："新冠肺炎疫情发生后，广大女医务工作者义无反顾、日夜奋战，坚守在疫情防控第一线，展现了救死扶伤、医者仁心的崇高精神。广大党员干部、公安民警、疾控工作人员、社区工作人员、新闻工作者、志愿者等中的妇女同胞们忠诚履职、顽强拼搏，做了大量艰苦工作，用实际行动为疫情防控斗争作出了重要贡献。"奔赴疫情一线的妇女同胞是超人、是战士，脱下警服、白大褂、社区工作服，她们还是妈妈、是妻子、是女儿。妇女不同的身份角色要求我们从不同角度解读她们的故事。一方面，她们义无反顾、奋勇抗疫的故事是最好的言传身教，是最鲜活的家教家风素材，有必要广泛宣传，引领示范。近日，全国妇联已联合多部门下发表彰疫情防控一线女医务人员（集体）及疫情防控工作中作出突出贡献的先进女性（集体）的通知，为讲好巾帼妇女故事提供了重要支持。另一方面，"妇女能顶半边天"的优势在疫情防控中全面彰显，医疗救治、疾病防控、科研攻关、后勤保障，战"疫"的每道防线都有妇女身影、妇女智慧、妇女力量，这也启示我们，要继续坚持男女平等，促进妇女全面发展，在每个家庭、每个岗位以及整个社会持续营造尊重妇女的崇高社会风尚。

其次，讲好家风传承故事。一名"90后"护士曾出现在新闻报道中，她在给妈妈的家书中写道："曾经是你，今天是我。"网络上还出现过两张照片，一张是17年前，一名男子出征抗击"非典"时，年过七旬的母亲坐着轮椅为他送行；另一张是17年后的今天，66岁的男子作为父亲为即将驰援武汉阻击疫情的女儿送行。这些动人故事背后是什么？是使命、是责任，同时也是家庭文明、家教家风的代代传承。中华民族自古以来就有重家教、守家训、正家风的文化传统：三国时期诸葛亮的《诫子书》、北齐颜之推的《颜氏家训》、宋代司马光的《家范》、清代朱柏庐的《朱子治家格言》等家训；孟母三迁、田母拒金、画荻教子、岳母刺字等故事；尊老爱幼、母慈子孝、兄友弟恭，睦邻友群、耕读传家、勤俭持家，知书达礼、遵纪守法，家和万事兴等中华民族传统家庭美德，这些都是支撑中华民族生生不息、薪火相传的重要精神力量。我们要以讲好防疫抗疫中的家风传承故事为契机，回溯中华优秀传统文化中的家风资源，带动基层社会、辐射全社会赓续家风传统，弘扬社会正气。

再次，讲好家庭战“疫”故事。家庭是地理空间，也是文化单元，是社会组织，也是共同体单位，是亲人的联结，也是情感的纽带。对一个社会来说，家庭的社会功能和文明作用都不可替代。此次疫情打破了平静生活，扰乱了常规秩序，“宅家”成了多数人的必然选择，各级妇联组织牢牢把握家庭这一群防群控的主战场，在开展家庭战“疫”工作上不断发力。安徽省妇联、上海市妇联、海南省妇联、广西壮族自治区妇联向广大家长、家庭，发出倡议，希望做好家庭防护，做好亲子陪伴，为战胜疫情贡献力量。山东省潍坊市妇联开展“抗击疫情，从家庭做起”新媒体展示活动，晒出不同家庭不同风格的“家庭抗疫秀”，分享“你、我、他（她）”不同寻常的居家抗疫生活。科学防疫的知识在无数家庭传递，守望相助的力量在无数家庭汇聚，共克时艰的决心在无数家庭延续。疫情防控让我们关注到“舍小家，为大家”的前线故事，也让我们看到了足不出户、群防群控的家庭故事，这些故事同样是家国同构的清晰表达。疫情终将过去，在这个特殊时期凝聚起的更加和睦团结的家庭关系，更加积极向上的家庭氛围，更加深厚绵长的家国情怀将成为凝聚民心、促进和谐的重要力量。

二、关注重要群体，凝聚基层社会有生力量

在这场疫情防控的人民战争中，每个人都是亲历者、见证者、奉献者。各级妇联组织不仅积极发动重要群体贡献力量，而且善于关注他们在

小家和大家中扮演的不同角色，致力于带动更多个人、更多群体和更多家庭，为今日抗疫和明日发展献己之力。

一是关注党员干部尤其是女党员女干部。党员干部尤其是领导干部的家庭家教家风，不是个人的小事、家庭的私事，而是连着党风政风民风的大事要事，关系党和国家事业大局全局。疫情发生以来，各地女党员干部主动请缨、率先垂范，从城市到乡村，从公共场所到居民小区，她们变身政策宣传员、信息排查员、防控监督员，活跃在巡查一线、消杀一线、服务一线。她们是党员，也是家庭生活中的一员。她们在防疫抗疫期间迸发的越是艰险越向前的奋进姿态，不惧艰险、默默奉献的精神风貌，挺身而出、走在前列的责任担当，必将成为家庭文明建设的动力源泉。各级妇联组织积极发动女党员为疫情防控贡献力量。陕西省妇联成立“温暖家庭服务队”，省妇联党组书记、主席担任队长，省妇联机关全体党员干部及下属单位中层以上党员干部为队员，每人对口包抓西安交通大学第一附属医院1至2户一线医务人员家庭，微信、短信、电话多种形式与医务人员家属保持联系，为赴鄂抗击疫情的医务人员家属提供关心关爱服务。安徽省六安市城关镇向全镇党员干部发出倡议，招募女性志愿者照顾两名新冠肺炎感染者密切接触者的儿童。各级妇联组织将持续发挥妇女党员的模范带头作用，继续关注斗争在一线的妇女党员和奉献在一线的党员家庭，激励引导更多女党员和党员家庭在危难时刻挺在前列，助力形成见贤思齐的社会风尚。

二是关注当代青年尤其是女青年。习近平总书记在多次讲话、多个场合寄语当代青年，“青年要保持初生牛犊不怕虎、越是艰险越向前的刚健勇毅”，“中华民族伟大复兴终将在广大青年的接力奋斗中变为现实”。在这次突如其来的疫情大考中，中国青年闻令而动，主动作为，上演了最美逆行，交出了抗疫的出色答卷。据统计，在4.2万多名驰援湖北的医务人员大军中，有1.2万多名是“90后”，其中相当一部分还是“95后”甚至“00后”，差不多是整个队伍的三分之一。还有多次请战援鄂的汶川女孩，骑行4天3夜共计300公里返岗的“95后”女孩，还有无数奔走在社区、街道、路口的青年志愿者。在这场堪称是史诗级的武汉保卫战、中国保卫战中，昨天父母眼中的孩子，今天已然成为新时代共和国的脊梁，成为国家的骄傲和希望。近日，习近平总书记给北京大学援鄂医疗队全体“90后”党员回信指出：“广大青年用行动证明，新时代的中国青年是好样的，是堪当大任的！”各级妇联组织也要格外关注青年一代，他们有的已经组建家庭，有的未来会组建家庭，我们要把他们身上彰显的责任担当传递给更多青年人，也传递给更多年轻家庭，在全社会汇聚一代代团结奋斗的精神力量。

三、发挥妇联优势，助力基层社会和谐稳定

抗击新冠肺炎疫情是一场举国之战，也是无数个家庭的并肩作战。家庭工作是妇联组织的传统工作和优势领域，各级妇联组织充分发挥家庭文明建设优势、家庭教育支持优势、家庭研究工作优势，以助力防疫抗疫为契机，进一步探索家庭在社会长期和谐稳定中的重要作用。

首先，发挥妇联家庭文明建设优势。家庭文明建设是妇联开展家庭工作的重要着力点。疫情暴发以来，全国各地涌现了大量“最美家庭”“五好家庭”投入战“疫”一线的感人故事，也出现了很多妇女以实际行动奋战岗位、驻守社区的先进事迹。疫情中的家庭文明体现在家庭成员群防群控的实际行动上，体现在团结和睦、共克时艰的健康心态上，体现在投身一线、默默付出的奉献精神上。各级妇联组织要抓住疫情防控这一典型事件，寻找防疫抗疫期间不同类型的“最美家庭”。北京市妇联现已着手开展2020寻找“首都最美家庭”活动，围绕“守小家卫大家，最美的

力量”，找寻“宅在家，自护自律”“同成长，亲子陪伴”“互关爱，邻里守望”“赴前线，最美逆行”“尽职责，坚守岗位”“表心愿，传递信心”“助防控，志愿服务”“献爱心，公益捐助”等各方面“最美家庭”，传递抗击疫情最美中国故事，激励更多家庭向上向善、争做最美。疫情无情，家庭有情，以疫情防控中的家庭文明带动社会文明，对形成爱国爱家、相亲相爱、向上向善、共建共享的社会主义家庭文明新风尚具有重要作用。

其次，发挥妇联家庭教育支持优势。长期以来，妇联在家庭教育方面打造了专业化队伍，积累了专业性资源，也有广大妇女同胞的大力支持。全民居家抗疫为开展家庭教育提供了时空便利，也提供了重要时机。抗疫期间的家庭教育要注重科学防疫、健康心态的有效传播，注重良好家教家风的传承弘扬，注重抗疫典型事迹的示范引领，注重“家是最小国、国是千万家”的锤炼升华。全国妇联推出了“特殊时期　特殊家教”微信栏目，通过战“疫”学起来、战“疫”动起来、战“疫”读起来、战“疫”写起来四个板块为广大家庭提供服务。北京市妇联联合北京市家庭教育研究会、父母必读杂志社共同推出“陪伴，我们在一起”线上家教课，从教育心理、儿童健康、习惯养成等专业角度出发，为广大家长和孩子答疑解惑，送上一份特殊的温暖，共同静候春暖花开时节。河北省妇联以家庭教育服务咨询热线为渠道，针对全省家庭开展抗击疫情心理服务。疫情结束后，各级妇联组织将进一步探索部分家庭教育形式的常态化机制，推动疫情期间特殊性的家庭教育转变为日常生活中的常规性家庭宣传。

再次，发挥妇联家庭研究工作优势。习近平总书记一再强调：“无论时代如何变化，无论经济社会如何发展，对一个社会来说，家庭的生活依托都不可替代，家庭的社会功能都不可替代，家庭的文明作用都不可替代。”家庭是传承家教家风的核心场所，家庭的成员关系、精神状态和文明程度，事关社会整体风气，事关社会精神力量。因此，家庭相关问题的研究也至关重要。妇联组织在家庭工作理论与实践方面积累了重要经验，形成了良好的工作基础。在疫情防控期间，各级妇联组织着力汇聚专家力量，做好成果转化，为家庭教育、家风建设、家庭联防联控提供智力支持。比如，《中国妇女报》刊载文章《推动家庭防线构筑是疫情防控中妇联的一项重要工作》《为决胜战“疫”而筑牢家庭防线》等，对“为什么构筑家庭防线”“怎么样构筑家庭防线”等问题展开深入探讨。疫情结束后，各级妇联组织将进一步探索家庭责任、家庭支持、家庭精神力量等在维护社会和谐稳定、促进社会良好风尚方面的长效作用。

发挥妇联组织和妇女群众在基层社会治理中的作用

杨菊华*

十九届四中全会明确要求，“构建基层社会治理新格局”，“注重发挥家庭家教家风在基层社会治理中的重要作用”。基层社会治理的源头在家庭，而家庭治理必须充分发挥女性的力量，发展家庭生产，传承优良家风，濡染家庭成员的良善本质。新中国成立以来，妇联组织一直是我国覆盖人群最广的群众组织和人民团体，在参与基层社会治理过程中具有独特的政治、组织和工作优势；在新的历史时期，妇联组织积极响应习近平总书记的号召，注重发挥妇女在家庭生活和社会生活中的独特作用，为基层社会治理体制机制的创新、治理路径的探索、治理工作的落地等，提供了宝贵的经验财富，积累了丰富的基层工作经验。在这次抗疫战中，妇联组织认真贯彻落实党中央的决策部署，积极探索发挥家庭家教家风在基层治理中的重要作用的方式方法，助力打造坚实的抗疫大后方。

一、将妇联组织纳入社会治理体系，健全基层社会治理体制机制

一是转变理念，深化对妇联组织在基层社会治理体系中重要性的认识。目前，我国初步形成党委领导、政府负责、社会协同、公民参与和法

* 杨菊华，中央民族大学民族学与社会学学院教授、全国妇联家庭与儿童工作部副部长（兼职）。

治保障的治理格局；基层治理是社会治理的基本构成。作为党和政府联系妇女群众的桥梁纽带，妇联组织在参与基层社会治理，特别是推进家庭文明建设和脱贫攻坚、乡村振兴等方面既担负着义不容辞的责任，也具有先天优势。妇联组织贴近家庭、贴近生活，对妇女的需求、家庭的诉求更为了解。充分发挥妇联组织在家庭建设、严正家教、弘扬优良家风中的牵头作用，积极发扬女性在脱贫致富、乡村振兴、和谐社会建设和其他社会生活中的独特作用，是推动基层社会治理的重大理念创新。新冠疫情期间，基层妇联组织利用网上工作群，及时传达学习党中央的决策部署，转发上级妇联的宣传倡议，动员妇联干部、妇女、巾帼志愿者和家庭积极行动，立足岗位，营造舆论氛围，担当社会责任，凝聚起强大的女性力量。

二是立足本职，摸索妇联组织融入基层社会治理体系的新途径。发挥妇联执委的长效工作机制，使基层妇联组织真正动起来、活起来、强起来。在职能范围内，协同其他部门，经济和文化两手抓、两手都要硬；自治、法治、德治三主线，条条都要实；“家家有责、家家守责、家家担责、家家共享”四重点，点点都落地。比如，激发女性的力量，基于住房、医疗卫生、教育、就业、收入等家庭最基本的民生需求，推动巾帼脱贫、家庭脱贫并巩固脱贫成果，提升家庭长期发展能力，强化家庭自治能力。又如，通过家庭家教家风建设，提高家庭守责、担责和尽责意识，涵育良好的社会风气；改善家庭“自我管理、自我服务、自我教育、自我监督”的能力，达成“共建共治共享”的新格局，将家庭自治建立在法治和德治的基础之上，减轻基层社会治理的压力、改善基层社会治理的效能。

三是明确定位，探索妇联组织参与基层社会治理的具体方法。妇联组织如何参与基层社会治理还需要在实践中不断摸索。通过增强主动参与基层社会治理的意识、积极引导家庭和群众的参与、更好地把握妇女和儿童的多元化需求、更积极主动地与其他社会资源联动等手段，结合“三主线”“四重点”，从中总结基层治理参与的有效途径，完善基层工作机制。全国妇联要做好妇联组织参与基层社会治理的顶层设计、方向性和引领性的工作。在基层，妇联工作往往与其他部门的工作融合在一起的；基层妇联应利用自身的独特优势，发挥独特作用，以家庭家教家风建设和巾帼创业等活动为抓手，将基层治理做细、做实。

二、突出问题和需求导向，改善基层社会治理效能

一是加强调研，强化问题意识，突出需求导向。了解家庭和特殊群体的需求，从最迫切的需求开始关注并逐渐推及其他，从而使基层妇联工作更有针对性。据全国妇联家庭和儿童工作部提供的资料，在新冠疫情期间，基层妇联组织在第一时间，通过线上线下，转发上级妇联通知公告，引领做好家庭防护和亲子陪伴。针对很多农村家长平时因在外务工、与孩子相处甚少的事实，积极推出或转发各类家庭活动，如通过改善营养、辅导功课、阅读共学、手工活动、交心谈心等，指导家长如何利用这一特殊时期，更好地陪伴孩子、与孩子相处和有效沟通，消除留守儿童与父母之间的疏离感，提高家长的家教水平。关爱疫情期间的特殊人群，如老年人、其他有特殊需求之人，关心、关照他们的日常生活需求：许多妇联干部或巾帼志愿者，为在家隔离人员上门送食物和日常生活用品，既保障了这些家庭的日常生活，也降低了疫情传播的风险。在特殊时期，这些周到和细致的服务显得尤为暖心、贴心。

二是抓住时机，开展宣传倡导，凝聚社会共识。让广大家庭了解和遵循最新的国家和地方政策，是基层治理中的重要内容。抗疫期间，基层妇联在上级组织领导下，在第一时间开展对妇女和家庭的宣传教育工作，加强传染病防治法律法规宣传，科学解读疫情知识。针对人们的心理恐慌和焦虑等客观现实，妇联工作者或挨家挨户地做宣传工作，或及时推送心理

咨询服务，缓解群众的心理压力，加强社会心理服务建设。妇联组织、巾帼志愿者还发动千家万户，积极行动起来，做好门前屋后的环境卫生，向广大家庭宣传健康知识，倡导健康文明的生活方式与行为。形式多样的宣传倡导，有效地推动了广大家庭自觉参与防控行动，坚定必胜信心，凝聚社会共识。这不仅展示了基层妇联组织的风采和力量，而且也是对有效参与基层社会治理路径与方法的有效探索。

三是立足实际，注重人文关怀，化解社会矛盾。以人民为中心是基层社会治理的本质要求。抗疫期间，基层妇联组织通过多种形式和路径，为一线家庭和儿童送温暖。针对一些流动人口家庭，孩子因疫情未能与父母团聚的现象，巾帼志愿者成立“临时妈妈”“临时爸爸”等关爱小组，照顾留守儿童的日常生活，让他们心有所安，为疫情笼罩下的寒冬注入“家”的温暖。针对困境儿童，选配热心公益、高素质、属地化的“邻家妈妈”，进行常态化的“陪伴、引领、帮扶”，增强他们的安全感、获得感和幸福感。通过致一封信、送一份险、呈一堂课、献一份情，关爱援鄂医疗队员的家属，守好后方，让前方战士无后顾之忧。

三、创新活动载体，提升基层社会治理现代化水平

一是发挥互联网的作用，将家国情怀植根于幼小心灵。基层社会治理体系的完善和治理能力的现代化，离不开现代信息技术。在平常时期，利用信息技术，推动家教，培育和传承新时代的优良家风。在疫情期间，家教家风等各方面的活动，主要改为线上进行。基层妇联积极转发上级妇联牵头开展的线上活动，借助互联网，宣传推广亲子阅读、互动游戏、优秀儿童电影等，丰富家庭亲子活动内容，引导家长子女亲子互动、学习提升。依托“书香飘万家”“漂流书包”等活动，发动家长和子女共创绘本，用孩子的口吻讲解新冠病毒相关知识，呼吁大家与动物和谐共处，既

传递了知识，也增进了亲子关系。积极转发“心中有祖国 心中有他人”等主题教育活动，引导少年儿童们在家通过手抄报、绘画、写书信、录制短视频等方式，为抗击疫情助力，为武汉加油，为中国加油。这些都是对孩子最鲜活、最生动的家庭教育课。

二是加强阵地建设，打造凝心聚力的社区之家。利用社区公共活动空间宣传倡导，在社区办公场所附近设置“最美家庭”宣传阵地，宣传最美家庭寻找标准及流程，提升居民知晓度和参与度，让活动效应辐射到全体居民。发挥女性之声、移动终端及社区报、宣传栏等阵地，设定家教家风热线，打造家教家风专栏，鼓励民众主动分享优秀家风、和谐家庭及家庭教育中的好故事，由民众评选优秀故事，并加以宣传，以点带面，扩大寻常故事的影响力。依托妇女儿童活动中心，常态化地开办“家长夜校”“周末课堂”，提供家庭教育指导；通过家访入户，了解家教中存在的问题和经验，凝聚经验并加以推介，针对教训并加以应对，引导家庭建立平等、关爱、包容的家庭关系，营造和谐亲密的家庭氛围。

三是创新品牌项目，提升妇联参与基层社会治理能力。21世纪是信息化世纪。信息技术既是基层社会治理的手段，也是治理的内容。借助信息化手段，推动“巾帼脱贫行动”“乡村振兴巾帼行动”“创业创新巾帼行动”“巾帼文明岗”等项目创建行动，推动项目之间的有效衔接与融合，是妇联组织有效参与基层社会治理的路径和方法。扶贫脱贫是基层社会治理的重要内容；脱贫致富，离不开妇联的努力。信息化是扶贫手段，也是脱贫内容。将网络、电脑、手机等智能产品的使用培训融入“巾帼扶贫——技能培训”等活动中，提高农村妇女的信息化水平、消除她们的“数字贫困”，拓展她们从事生产经营性活动的范围、能力和竞争力；同时，这也会改善她们实施严正家教、传播优良家风的能力，从而不仅全方位提升她们参与基层社会治理的能力，也能夯实基层社会治理的基础，提升治理的现代化水平。

四、发挥女性力量，强实基层社会治理的人力保障

一是充分认识妇女在基层社会治理中不可替代的作用。2013年10月，习近平总书记在同全国妇联新一届领导班子成员集体谈话时强调，要注重发挥妇女在社会生活和家庭生活中的独特作用。如今，女性全面参与社会劳动，不仅是人口再生产的主要承担者，也是家庭经济福祉的主要贡献者，是优良家风的传承与弘扬者，是严正家教的组织者和实施者，是维系家庭和谐稳定的重要力量，在家庭治理中起到十分关键的作用。通过寻找“最美家庭”，评选“五好文明家庭”，创建“学习型家庭”“绿色家庭”等活动，充分发挥妇女在社会生活和家庭生活中的独特作用，引导妇女成为对社会更有责任、对家庭更有贡献的新时代女性。这些活动的常态化，必然会外溢为正向的社会影响，形成身边的榜样力量，影响、带动其他家庭，促进邻里关系更加和谐。这不仅会提升家庭的获得感和幸福感，也会激励更多家庭积极参与基层社会治理，营造向上向善的社会氛围。家庭治理好了，社区才能治理好、社会才能治理好。

二是切实发挥妇女在基层社会治理中的中坚力量。在过去几十年中，“妇女能顶半边天”的国家意志、男女平等的宪法原则及基本国策等，极大地提升了女性在政治、经济、社会和文化等公共领域的地位，女性成为中国宝贵的人力资源和人才资源。在国家的危难时刻，她们有能力、有勇气挺身而出，真正践行了“人人有责、人人担责”的社会治理理念。疫情期间，她们与男性一道，站在舞台中央，积极参与医疗救治、疫情防控、设施建设、后勤保障、科研攻关、社区防控、媒体报道等方方面面的工作，以己之长报效祖国，形成了属于中国女性的高光时刻。在坚守家庭防线之时，她们还主动请缨，扎根前沿，下沉社区，排查登记，开展疫情防

控宣传教育，为群众代购生活物资等疫情防控工作，做好社会治安，保障群众基本日常生活的有序运行，为家庭排忧解难等。在条条抗疫战线上，都闪耀着不让须眉的巾帼身影，共同参与编织从城市、社区到家庭的“疫情防控网”，为筑牢疫情防控的人民防线作出积极贡献，对疫情防控作出了可与男性比肩的重要贡献。各行各业的女性的贡献，汇聚成一股强大的力量，见证了“中国力量”和“中国之制”，书写着基层社会治理半边天的担当和责任。

以家庭家教家风实现基层社会治理的“最后一公里”

丛中笑*

党的十九届四中全会明确提出，构建基层社会治理新格局要发挥家庭家教家风的重要作用，首次将家庭家教家风纳入基层社会治理体系之中。这是新时代家国共建思想的具体体现和创新实践，是对家庭家教家风工作的新要求和新布局。

基层社会治理是社会治理的最底层、最终端，也是社会治理水平高低的“试金石”和“显示器”，它直接联系着亿万老百姓、联系着千家万户。在抗击新冠病毒战“疫”中我国全民动员、上下一盘棋、措施有力、效果明显，世人瞩目、世人称赞。其中基层社会治理在这次“大考”中表现出色、可圈可点，社区严格管控，严防死守，管到人、管到户，党员干部下沉社区，在防控疫情中发挥了坚不可摧的“战斗堡垒”作用。当然，基层社会治理在这次疫情中也暴露出一些问题，比如防控存在漏洞，对人头的掌握不够精准、对特殊人群的服务不够到位，一些宣传和服务项目不能直接对接到需求者等。学习领会党的十九届四中全会精神，我们深感基层社会治理必须引入家庭视角，发挥家庭家教家风的重要作用，树立新时代基层社会治理的新理念、新路径。

---

* 丛中笑，中国儿童中心党委书记、全国妇联家庭教育研究指导中心主任。

一、发挥家庭家教家风的重要作用是基层社会治理的创新举措

“家事”是基层社会治理的重点和难点。基层社会治理是对村（社区）、乡镇（街道）一级的治理，其特点是细、实、杂、难，直接对着人、事、家庭，其中家庭或由家庭带来的困难、矛盾和引起的冲突最多，也往往最不容易解决。“家事”涉及家庭家教家风，影响着社区的公共秩序和文化生态，是基层社会治理的工作重点。所以，处理好“家事”既可以提高基层社会治理能力，更能凸显基层社会治理的特点。如果每个社区都能把所辖的家庭建设好、都能让家长用正确的理念和科学的方法教育孩子，都能弘扬体现社会主义核心价值观的良好家风，那么基层社会治理将会呈现出崭新的面貌。

“清官难断家务事”，解决“家事”往往是基层干部最头疼的事。新时代需要我们树立新的理念，要站在更高的位置上来看待“家事”、解决“家事”。“家事”之所以难处理，除了家庭私密性强等固有特点外，还与基层社会治理不重视与家庭对接有关，只是头痛医头、脚痛医脚，没有找到问题的根源。家庭建设是把功夫下在平常，全面系统地提高家庭与家庭成员的整体素质，化解矛盾，减少冲突，通过好家风、好家教，建设有德守法的好家庭，家庭中每个成员都形成强大的内生动力，自觉自愿地维护社会秩序，邻里之间互帮互助，家庭成员相亲相爱，社会呈现出和谐和睦、积极向上的良好局面，从而达到自治、德治、法治的有机统一，实现基层社会治理的最高境界。

二、妇联组织在基层社会治理中具有独特优势

妇联组织是基层社会治理的重要力量。妇联组织的工作对象是妇女，妇女不仅在社会中发挥着独特的作用，更在家庭中发挥着不可替代的作

用，做好家庭家教家风工作是妇联的重要任务和职责。全国各级妇联组织长期深入基层、联系家庭，积累了丰富的经验，有组织、有研究、有队伍、有阵地，奠定了扎实的工作基础，在基层社会治理中具有独特优势：

第一，家庭动员力。妇联作为群团组织，与妇女群众联系密切，有很强的动员力，这与妇联组织不断深化改革是分不开的，把组织建在基层、扎根于基层，哪里有妇女哪里就有妇联组织，神经传导中枢十分通畅，可以做到上有号召下有行动，能在短时间内调动起妇女。

第二，家庭对接力。妇联组织长期做家庭工作，深得家庭和家长的信任，与家庭建立了密切的联系。家庭教育指导服务中心、儿童友好家园等机构覆盖城乡社区，与家庭对接有通畅的渠道。

第三，资源整合力。“联”是妇联组织的特点和优势，妇联工作跟着妇女走，可以跨行业、跨部门，能够整合各方面的资源为妇女和家庭服务。妇联组织灵动而富有弹性，具有极强的黏合度和联合性。

第四，专业服务力。为家庭服务不同于一般的服务，需要专业支持。比如婚姻关系、亲子关系、隔代关系，以及子女教育、家庭成员之间的沟通、家庭生态和文化的建设等，都离不开专业判断和专业决策。多年来，妇联组织与相关专家、研究机构建立了密切的合作，培养了一大批从事家庭建设和家庭教育的专业人才。

三、建立家庭家教家风在基层社会治理中发挥作用的有效机制

如何将家庭家教家风与基层社会治理对接，使其转化为基层社会治理的重要力量，关键在要转变观念、建立机制；补短板，抓重点。

（一）转观念、建机制

一是变供给为主为需求为主，建立需求监测机制。满足人民需求是基层社会治理前提。以往我们习惯于供给，立足于尽其所能、提供所能，

考虑更多的是我们有什么，而对家庭需求调查得少，供给针对性不够强，普及性的供给多，个性化的供给少，分析需求、细分需求不够，造成供给量不少，但不够“解渴”，烧火棍子一头热。不能满足家庭需求，解决不了家庭的“痛点”，失去了对家庭的吸引力，就会给基层社会治理带来障碍。从需求出发就是要随时了解家庭需求，掌握家庭需求的动态变化，对着需求提供供给。组织能够为家庭提供所需，就可以成为家庭的依靠，让家庭离不开，就可以发挥影响力。了解需求需要建立需求监测机制，可以通过社区的网格化管理设立需求监测员，监测员可以由楼长或志愿者担任，从本次新冠疫情防控看，志愿者在为武汉社区家庭服务上发挥了重要的作用。也可以在社区人员信息登记的基础上，联合多部门共同建立社区人员及家庭网上信息。基层妇联应该结合本地情况，把建立需求监测机制作为工作的重点，建立了解家庭真正需求渠道。

二是变项目推进为平台推进，建立平台机制。虽然项目推进有许多优点，但是它所拥有的资源有限、服务覆盖面有限。目前，各种为家庭和家教提供的服务项目名目繁多，令人眼花缭乱，给家庭和家长选择带来很多不便，导致家长在选择时会出现选择冷淡或路径依赖，致使一些好的服务项目和资源自转、空转，根本没有发挥作用。由此看来，建立家庭家教资源服务平台十分必要，这样就可以将各方面资源引入平台，然后分门别类、系统管理。项目推进是专业机构的优势，妇联组织应该更多地发挥“联动”优势，整合各方面资源，汇聚各方面的力量，将一个主体变为多个主体，为家庭提供多种多样的服务。妇联组织的工作重点不应该是单纯地推进项目，而应该是建立平台，引进更多的优质项目。要研究什么样的平台能满足家庭需要，什么样的平台有利于吸引资源。形成“1+N”的工作模式，搭建一个平台，把N多资源整合起来，形成合力。可以集中力量建立省市一级的资源平台，辐射到基层，为基层服务。应该利用现代信息技术建立平台，提供便捷的线上服务。

三是变纵向工作模式为横向工作模式，建立网格化工作机制。实践证明，网格化工作模式更适合基层社会治理，即将管理辖区划分为一个个网格，围绕每个网格构建管理板块。以往我们更习惯于自上而下的纵向工作模式，这样往往会脱离基层，甚至给基层增加负担。妇联组织要在基层治理中发挥作用，就要把力量用在基层，在基层构建网格化工作机制，上级组织要帮助基层协调资源，包括人财物，加大基层工作力量，并给基层提供更多的政策支持。

四是变传统信息管理为现代大数据管理，建立数据库。大数据不仅是一种工作手段，也是重要的工作资源。它可以帮助我们提高工作效率，为家庭提供及时而又精准的服务，为基层治理提供无法估量的支持。建立数据库，首先需要专业团队设计网上支持系统，其次需要实践运用。应该说，数据库越早建立越主动。当然这是一项复杂而巨大的工程，需要多个部门协作完成。

（二）补短板，抓重点

一是围绕需求做好顶层设计。工作抓什么、怎么抓，不能依靠原有的经验，更不能用“套路”，必须深入到基层、深入到家庭。要从服务出发，从需求切入，了解家庭所急所需，牵线搭桥，统筹各方面力量，帮助家庭解决实际问题。

二是必须建立与家庭的联系机制。做好家庭工作，必须能够对接到家庭，否则就不能解决“最后一公里”的问题，也难以发挥家庭家教家风在基层社会治理中重要作用。

三是以家庭服务引导家庭建设和家庭教育。通过服务可以增进了解，加强沟通，服务是最好的工作切入口。服务要有标准和准入制，要形成专业服务体系，要增加“家庭师”职业，提高家庭服务的质量和水平，培养一批善于做家庭工作的基层治理人才。

四是以需求促进供给的精细化。根据需求量身定制，突出个性化服务。特别要考虑到留守、流动儿童家庭，残疾儿童家庭，单亲儿童家庭等特殊家庭的需求。

五是加强基础工作的力度。建立机制、搭建平台、建数据库等工作都是基础性的工作。基础不牢，地动山摇，只有把基础工作做好了，才能确保可持续性发展。

总之，发挥家庭家教家风在基层社会治理中的重要作用，关键是要付诸实践，要在实践中不断积累经验、不断得到提高。

疫情期间妇联家庭工作的理论探讨

孙晓梅*

习近平总书记曾多次强调要注重家庭、注重家教、注重家风，努力使家庭成为“国家发展、民族进步、社会和谐的重要基点”。突如其来的新冠疫情牵动亿万中国人的心，筑牢家庭防疫之墙是妇联组织的重要工作。妇联组织充分发挥家庭家教家风在基层社会治理中的重要作用，助力疫情防控工作。

一、全国妇联响应国家号召及时部署疫情防控任务

妇联组织作为党和政府联系妇女群众的桥梁和纽带，作为我国覆盖人群最广的群众组织和人民团体，在参与疫情防控工作中具有鲜明的政治性，较强的组织性特点和工作优势。在疫情期间全国妇联响应国家号召及时做出防控部署，采取多种措施，把宣传教育、舆论引导、人文关怀等工作做得深入、扎实和细致，引导各级妇联在社会生活和家庭生活中发挥独特作用。

（一）积极宣传倡导，推动疫情期间的家庭工作向前发展

1月25日，习近平总书记主持召开中共中央政治局常务委员会会议，对加强疫情防控做出全面部署。全国妇联及时发出《为打赢疫情防控阻击战贡献半边天力量》的倡议，号召广大妇女、亿万家庭行动起来，立足工作

* 孙晓梅，中华女子学院家庭建设研究院执行院长，教授。

岗位，担当社会责任，守住家庭防线，为遏制疫情蔓延势头、维护社会大局稳定发挥独特作用。

全国妇联及时组织网上工作群，召开视频会议，要求各级妇联干部在同级党组织领导下，出实招、办实事，发挥最美家庭等作用，利用各种可行的方式和途径广泛动员妇女，组织妇女群众，带动家庭成员，打好防控疫情的阻击战。

2月4日，全国妇联再次召开会议专题学习贯彻习近平总书记在中央政治局常务委员会会议上的重要讲话精神，再动员、再部署坚决打赢疫情防控阻击战，进一步发挥妇联组织作用。为动员更多力量投入到战“疫”中，2月5日，全国妇联再次发出《千万巾帼志愿者们行动起来——在社区防控、邻里关爱、守住家门中发挥独特作用》的倡议。

3月8日国际劳动妇女节，全国妇联向全国广大妇女姐妹专门发出倡议，鼓励大家一道在各自的岗位上争做最美巾帼奋斗者，对社会有责任，对家庭作贡献。

全国妇联、中国女医师协会向奋战在疫情防控第一线的女医务工作者发出倡议，号召其牢记习近平总书记的重要指示，坚定必胜的信念，做好防护工作，为打赢防疫抗疫之战贡献智慧和力量。

3月16日，为做好因疫情造成监护缺失儿童的救助保护工作，以及落实国务院印发的《因新冠肺炎疫情影响造成监护缺失儿童救助保护工作方案》，全国妇联办公厅、国务院妇儿工委办公室发出通知，要求基层妇联密切关注儿童监护缺失问题。

从2月起全国妇联推出“特殊时期　特别家教”网络专题栏目，通过战“疫”学起来、战“疫”动起来、战“疫”读起来、战“疫”写起来四个板块提供服务。在全民抗疫这个特殊时期不仅为家长提供家庭教育的指导，同时还能够培养孩子的家国情怀，激励奋战一线的工作者，普及科学防疫知识，推进家庭建设。各级妇联也纷纷响应，推出相应的课程和书籍，全方位、高质量地为家庭提供教育指导服务。

在全国妇联的倡导下，全国21个省份开设“12338”心理咨询服务专线。一是创建家庭心理微课堂，帮助广大家庭拥有更加积极的心态，宅出健康和自信；二是成立各种疫情心理援助团，运用电话、微信、视频等方式为广大家庭提供公益服务；三是配备专业的心理咨询师，为疫情期间的家庭和妇女做好思想疏导和心理抚慰工作，提供心理咨询和情感支持及危机干预。

4月17日，为大力表彰先进，弘扬正能量，进一步激励广大妇女为彻底打赢疫情防控人民战争、总体战、阻击战贡献智慧和力量，全国妇联做出决定，追授在疫情防控一线日夜奋战、不幸牺牲的王兵、阮惠芳、张抗美、柳帆、夏思思五位同志“全国三八红旗手”称号。

（二）关心关爱疫情前线的女性医务工作者及其家庭

在抗击疫情第一线，女性占据了医务人员的绝大比例。据统计，支援湖北和武汉的4.2万医务工作者中女性有2.8万人，占医务工作者的三分之二；女性护士有2.53万人，占护士的九成；2971位不幸感染新冠肺炎的医务人员（含21名因感染殉职人员）中，女性占71.29%。为了保护更多的人，为了拯救生命，女性医务工作者们逆向而行，毅然奔赴一线。面对这样的英勇奋战的女性群体，全国妇联迅速组织各级妇联组织，开展了服务女性医务工作者及其家庭的工作。

第一，筑牢家属防线。每位奋战一线的“逆行者”都是家庭中的骄傲，而家庭又是她们勇往前行的牵挂。为筑牢家属防线，全国妇联认真贯彻落实习近平总书记“要关心关爱奋战在疫情防控斗争一线的专家和医护人员”的要求，指导各级妇联组织积极行动，在物质和情感两方面提供支持。为援鄂家庭定期配送生活物资，送去慰问信，对其家庭表示崇高的敬意以及感谢家属的理解和支持；为援鄂家庭送医疗物资，提供健康咨询服务；帮助医护人员解决老人、子女照顾等方面的实际困难，开展“一对一”关爱服务。各级妇联组织努力保障英雄家庭无后顾之忧，为打赢疫情防控阻击战贡献巾帼力量。

第二，筑牢心理防线。新冠肺炎疫情不仅威胁身体健康，心理也不容忽视，特别是奋战一线的工作者，如医护人员、救援者和一线媒体人。在危险环境下连轴转，心理压力累积，却没有时间和空间处理情绪需求，她们应该优先享受心理咨询，妇联充分发挥“联”的优势，联合相关心理专家及时给予心理指导。

第三，筑牢抗疫防线。各级妇联组织通过致一封信、送一份险、献一份情，给一线医务工作者寄去急需的生活用品等，进一步给援鄂医疗队员送去关心关爱，让奋战在防控一线的勇士们专心致志、信心坚定地战胜疫情，让坚守在后方的家庭无后顾之忧。

二、成效丰富的家庭工作成为疫情防控的重要基础

（一）行之有效的家庭工作为防疫提供了实践经验

长期以来全国妇联的家庭工作，为防控疫情积累了丰富经验和多种工作方法。20世纪50年代，全国妇联在城乡开展评选“五好家庭”活动。通过开展丰富多彩的家庭文化活动，促成全社会倡导尊老爱幼、男女平等、夫妻和睦、勤俭持家、邻里团结的文明风气；20世纪80年代至90年代妇联对“五好家庭”活动做了巩固充实和深化提高的工作。这项形式新颖、影响广泛和效果扎实的群众精神文明建设活动，已经成为全国妇联的一项特定家庭工作内容。2000年组织实施“家庭文明工程”，围绕绿化美化生活环境、活跃家庭文体生活、普及科学法律知识、破除封建迷信和落后习俗、和睦家庭邻里关系五方面内容，开展了家庭读书、家庭教育、家庭文化、家庭健身、家庭环保等活动，在城乡家庭中影响广泛。2014年妇联面向

全国创新推出了“寻找最美家庭”活动。这是一种群众性参与的家庭文明活动，依据不同行业，不同地区开展不同的活动，真正体现了“因地制宜”和共创幸福。2019年组织实施“家家幸福安康工程”，聚焦人民群众对家庭建设的新需求新期盼，把握家庭领域出现的新情况新问题，以家庭文明、家庭教育、家庭服务、家庭研究为重点，统筹和创新推进妇联家庭工作，助力家庭发展及社会建设，夯实家庭在国家发展、民族进步、社会和谐中的重要基点作用。

此外，全国妇联积极推动各项与家庭相关的法规政策不断完善。在立法方面，从婚姻法和妇女权益保障法的制定与修改，到反家庭暴力法和民法典婚姻家庭编的制定，等等，妇联组织都参与了有关家庭问题的理论研究和实践探讨。在家庭政策制定方面，无论是《关于指导推进家庭教育的五年规划》的出台和《全国家庭教育指导大纲》不断修订，《中国妇女发展纲要》和《中国儿童发展纲要》的目标引领，还是从家庭生育政策的出台，等等，妇联组织都参与其中，有力推动了家庭建设相关政策的出台和完善。

妇联组织长期以来行之有效的家庭工作实践经验，为在此次疫情防控中，动员组织广大妇女，发挥家庭家教家风在基层社会治理中的作用，筑牢家庭疫情防线，夺取防疫抗疫斗争的最终胜利奠定了坚实基础，提供了有利条件。

（二）立足家庭生活最小单元开展防疫工作

这次新冠疫情来临之时，人们为了防控疫情回归家庭，各级妇联利用做家庭工作的优势，向家庭生活最小单元迈进，积极开展防控疫情宣传倡导，发动广大家庭自觉参与防控行动，掌握疫情防疫知识、坚定必胜信心。

第一，为了让家庭成员保持良好心态，帮助家长和孩子应对疫情压力，各级妇联通过张贴宣传海报、推荐优秀绘本、开设家庭教育系列微课、建立微信学习群、发布署名文章、制作短视频、援助公益热线等多种形式的家庭生活指导服务，帮助广大家庭消除疫情恐慌焦虑情绪。

第二，为了解决人们在生活、工作、婚姻关系等方面的困扰，各级妇联组织聘请专家进行线上科普孕产妇和新生儿防护知识；指导亲子之间的沟通和夫妻之间的交流，帮助广大家庭加强亲子关系和夫妻关系，传承良好家教家风；妇联组织携手爱心企业、爱心人士走访慰问困难妇女儿童家庭，为她们送去生活必需品。

第三，各级妇联组织为防疫一线家庭和儿童送去党和政府及社会各界的温暖。她们成立“邻家妈妈”和“临时妈妈”关爱小组，照顾留守孩子和困境儿童的日常生活，为疫情笼罩下的寒冬注入了“家”的温暖。在疫情期间妇联干部带头，发动妇联执委，联动巾帼志愿者，在家庭工作中上下联动，不留空白，不留死角，开展了形式多样、富有成效的防控行动，让每个家庭在全民抗疫中得到家庭生活专业指导，妇联家庭工作为疫情防控工作作出了积极贡献。

三、发挥家庭工作在基层社会治理中的重要作用

新型冠状病毒感染直接影响着生命健康和家庭幸福。因疫情人们居家时间较长，一方面家庭成员有更多相处的时间和空间，促进夫妻、亲子等家庭成员的交流，为提升家庭质量提供良好契机；另一方面家庭成员缺乏疫情相关知识，出现焦虑烦躁的情绪，易引发家庭矛盾。疫情期间居家防控，妇女通常在家庭中承担了更多工作，包括照顾留在家中的孩子，患病的家庭成员和老人等。社区是家庭的避风港，在这次疫情期间，基层妇联工作就是以社区为依托提供家庭服务。

第一，关怀特殊家庭。疫情的突然袭击，无疑使经济贫困家庭、困境儿童、失独家庭等特殊家庭更是雪上加霜，妇联干部为这些家庭送去温暖

和关怀，比如免费送餐服务，开设便民网点，满足特殊家庭的特殊需求。

第二，服务隔离家庭。因新冠肺炎潜伏期久、传播范围广的特点，有的家庭是居家隔离，有的则是集中隔离。居家隔离会造成家庭日常采购的困难，隔离的家庭成员也会因担心身体状况而产生焦虑不安的情绪等现象。妇联工作人员为打消居家隔离家庭的顾虑，为隔离家庭担任义务代购员、义务疏导员、义务监督员，满足了隔离家庭食物及生活用品所需，疏导了隔离家庭的焦虑情绪，保障了家庭成员的居家安全。

第三，为家庭织紧织密防控网。很多妇联机关人员下沉到社区，积极主动投身到抗疫队伍，成为防疫志愿者，她们进行返岗人员摸排工作、公共场所消毒杀菌工作、进行普及疫情防控知识和政策宣传工作。妇联干部和社区妇联执委一起开展地毯式的排查工作。通过社区公告栏、楼道张贴宣传单、广播循环播放、社区微信群等多渠道有针对性地向社区居民进行防疫政策宣传，确保党和国家的政策方针实实在在进入到社区和家庭。

社区在重大疫情防控中承担着组织力量、团结协作、群防群治等职责。党和国家的部署决策都需要在社区中得到落实，加强基层妇联组织在社区家庭建设中的职责，发挥家庭工作在基层社会治理中的重要作用，对此次疫情防控具有重要意义。妇联组织积极研究各部门有关家庭工作的方法和措施，开展防疫抗疫工作，为基层社区群众提供生活供给、优生优育、健康长寿、学习教育、劳动致富、抵御风险等优质和舒心的服务，在维护家庭和谐安定、优化家庭风气等工作中发挥了巨大的作用。

妇联组织筑牢战“疫”家庭心理防线

綦郑潇*

在全民抗疫时期，个体容易因疫情信息“超载”而产生恐慌、焦虑等情绪，与此同时疫情带来的一系列社会问题以及生产生活等方面的压力极易引发家庭矛盾，而家庭中的老人和孩子也可能因无法经常出门产生负面情绪；在抗击疫情的前线，一线的“逆行者”们也承受着直面疫情带来的各种心理压力。随着国内疫情形势得到有力控制和复工复产复学的有序推进，我国进入疫情防控常态化阶段，社会大众在面对新冠肺炎疫情方面的心理压力较疫情暴发前期有所缓和。但不论处在疫情防控的哪个阶段，不同年龄层人群的心理健康都不容忽视，妇女群众更要发挥半边天力量，在积极响应抗疫号召的同时注重自身和家人情绪的变化和心理健康，以更加正向的心态面对新冠肺炎疫情。心理防疫与物理防疫同样重要。

以习近平同志为核心的党中央在领导抗击新冠肺炎疫情的人民战争中，高度关注人民群众的健康与安全，重视心理疏导工作。疫情发生以来，习近平总书记多次在会议中强调，要在疫情防控工作中加强心理疏导，有针对性做好人文关怀。各级妇联组织以习近平总书记讲话精神和党中央总体部署为指导，关爱在抗击疫情一线辛勤付出的妇女工作者，关注广大妇女群众尤其是孕产妇等特殊群体的身心健康，注重特殊时期对妇女

---

* 綦郑潇，全国妇联妇女研究所研究人员。

儿童权益的维护与保障。在学习贯彻习近平总书记重要讲话精神时，全国妇联主席沈跃跃指出，要有针对性地加强对患病、隔离、观察人员的心理疏导。“做好居家隔离人员思想疏导、心理抚慰，帮助解决实际困难”。各级妇联组织贯彻落实指示精神，致力于为妇女及家庭提供强有力的心理防疫支持和服务，发挥独特的组织优势，系统化、全方位动员多方力量筑牢抗疫心理防线。

一、运用服务热线，集合专业力量，打造家庭心理支持加油站

“12338”妇女维权公益服务热线是妇联系统为妇女儿童提供法律、婚姻、家庭、心理、教育等方面的咨询，并受理有关妇女儿童侵权案件的投诉而开通的热线。在抗击疫情的关键时期，全国各级妇联组织通过维权热线的传统方式，结合心理咨询、社会工作等专业力量，增设心理危机干预服务，为妇女儿童提供专业心理咨询，守护万千家庭心理健康。

地处疫情重心地区的湖北省妇联及时关注疫情地的心理支持情况，联合专业团队开通“12338”心理援助热线，并运用QQ平台提供在线服务，同时邀请30名经验丰富的心理咨询师开通30部热线电话，提供24小时在线接听点对点服务。随着疫情的进展，武汉市妇联“莲姐工作室”心理志愿服务群300余名专家整体转为武汉市妇联疫情防控心理专家志愿团，在线为有需求的妇女群众和家庭提供服务。在武汉市妇联的号召下，多家专业社会组织积极响应，迅速搭建起心理服务团队矩阵。

此外，全国各省区市妇联组织也在疫情期间通过“12338”妇女维权服务热线为有需要的妇女儿童提供心理咨询和法律援助服务。如河北省妇联与河北省心理干预协会联合打造心理危机干预绿色通道，30余位接受过心理干预培训的持证心理咨询师每天值守，同时8位心理专家提供在线培训与督导，为医护人员及患者以及受疫情影响的人群提供心理援助；海南省妇

联将妇联系统的“12338”热线与海南省政府综合服务热线“12345”，以及海南省专门为此次疫情设立的免费心理援助热线“96363”连接，拓展力量共同开展防疫宣传、暖心帮助、心理服务等工作；浙江省妇联“12338”热线在为群众提供既有的法律维权和心理咨询服务的基础上，增设疫情危机干预服务，委托专业的心理服务机构——浙江省婚姻家庭咨询师协会，通过热线在疫情期间全天候提供专业的心理危机干预服务；等等。社会多方专业心理支持力量迅速“联动”，通过妇联“传统”热线为妇女及其家庭建起科学有效的心理支持加油站。全国妇联权益部也不断通过各地热线实践总结经验，汇编了《新冠肺炎疫情防控期间妇女儿童、医护人员、婚姻家庭咨询问答》电子手册，并发放给各地妇联，统筹兼顾为妇女及其家庭提供切实有效服务，确保妇联组织在提供热线心理支持方面的工作有序推进。

二、发挥组织优势，关照特殊家庭，以贴心务实服务为心“护航”

在疫情防控的过程中，妇联组织不忘“以联系和服务妇女为根本任务”的初心使命，关心参与一线抗疫前线人员的家庭，解决她们的后顾之忧。基层妇联干部、妇联执委和巾帼志愿者也积极响应全国妇联的号召，及时为困难家庭提供支持和慰问，以贴心务实有针对性的服务使广大妇女群众和特殊家庭感受到“娘家人”的心理支持。

各省区市医护人员援鄂期间，为使前线医护人员安心在抗疫一线战斗，各地妇联组织纷纷发起“娘家人”暖心服务行动，为一线医护人员家庭提供必需物资，并为她们的子女提供线上教育等贴心服务，为她们的家庭成员送去一份温暖与守护，减轻一线医护人员可能因担心子女、家庭产生的心理压力。

不仅是一线医护人员家庭，困难家庭和特殊群体也是妇联组织和巾帼志愿者们提供贴心务实服务、筑好抗疫心理防线的重要对象。安徽省、重庆市、甘肃省等地妇联组织通过录制电视专题心理话题节目、招募心理专家线上志愿服务等形式，帮助疫情防控一线的医护人员子女、确诊患者子女、困境儿童等未成年人科学认识疫情，疏导不良情绪，解决心理困扰；浙江省泰顺县妇联组织心理咨询师则主动进行走访服务，重点走访医护人员家属、留守老人、留守妇女与留守儿童等“三留人员”及环卫工人，倾听她们的焦虑，鼓励她们以积极乐观的心态面对疫情，同时普及疫情期间个人防控的注意事项；北京市顺义区妇联关注孕产妇等易感人群的身心健康，通过巾帼亲情服务队，及时对情绪不稳定的孕产妇予以疏导，提供心理支持；山东省曲阜市的巾帼志愿者充分发挥巾帼志愿精神，主动与所在社区的独居老人结成对子，对老人进行心理疏导和抚慰；湖北省江汉区北湖街环保社区妇联干部主动为辖区内失独重症病人提供服务，在特殊时期及时伸出援手，让特殊家庭的人群感到暖心、舒心。

三、以“新”联“心”，提供家庭心理防疫“云”服务，助力防疫治理现代化

在此次抗击疫情的过程中，妇联组织积极借助新媒体工具，运用互联网等技术手段，通过微信群、直播课、网络视频等形式，开展防疫心理知识“云”科普，以新形式、新途径为万千妇女及其家庭提供心理保障服务，助力“防疫治理现代化”。

全国妇联运用新媒体矩阵展开心理知识宣传，呼吁科学防疫，并为广大妇女及其家庭解压解惑解难题，使她们能以积极向上的心态面对疫情，增强防疫的信心。“女性之声”及时编辑转发国家卫生健康委员会发布的《新型冠状病毒肺炎全民心理健康实例手册》，向孕产妇普及心理调适的知识，同时梳理整合各省免费心理援助热线，使广大妇女及其家庭可以及

时获得心理支持的信息服务。为了帮助更多女性及家庭了解疫情防控知识，全国妇联邀请相关领域专家，就居家防疫期间如何做到身心健康、孕产妇与儿童如何面对疫情等进行专业解读，推出防治疫情线上专刊，并设置答题活动，形式多样又有效地普及了防疫知识。

湖北省妇联携手华中师范大学、湖北省心理学会联合推出心理辅导微信专栏，有针对性地开展心理和情绪疏导。为疏解线下就诊压力，缓解家长的焦虑情绪，北京市妇联首支儿科巾帼志愿者服务队上线，北京东区儿童医院正式启动首个专门针对儿童群体的线上义诊服务，百名三甲儿科医生在线免费义诊。

宁夏回族自治区妇联化“被动”为“主动”，将心理防疫战线下沉到社区，通过基层妇联牵线搭桥，把几十名心理咨询师分派至有疫情的部分县区的上百个社区群、村民群，并结对在线上开展心理调适和身心健康知识普及，帮助家庭成员消除不良情绪，科学客观地对待疫情。浙江省天台县妇联组织形成三级联动，以电话、视频等微调解方式调解处理婚姻家庭矛盾纠纷，同时通过组建巾帼党员心理疏导小组对有需要的人员开展线下有针对性的心理介入疏导。如此线上宣传动员、线下跟进落实，全方位筑牢了抗击疫情的心理防线。

在为妇女及其家庭提供心理疏导服务的过程中，妇联组织发挥了重要作用。通过组织协调巾帼志愿者和心理咨询、社会工作等领域专业力量提供服务、运用妇联维权服务热线、结合线上新媒体手段，拓宽服务渠道，创新服务方式，发挥“联”字优势，联系和引领女性社会组织，加强与社会各界的协作，共同为妇女和家庭提供心理支持。

在国内疫情防控已进入常态化阶段，“外防输入、内防反弹”仍然需要社会各界“咬定青山不放松”，共同守住疫情防控的阶段性成果。以习近平同志为核心的党中央根据国内国际疫情发展态势因势利导，结合我国经济发展工作和脱贫攻坚目标任务对疫情防控工作不断做出新部署。在落细落实落地习近平总书记重要讲话精神和党中央决策部署中，妇联组织在协调提供心理疏导服务、筑牢个人及家庭抗疫心理防线方面大有可为。相信在已有实践成果基础上，妇联组织能够进一步深化抗击新冠疫情心理服务的深度和广度，同时可以此为契机，探索建立针对妇女及家庭应对公共危机的心理服务机制，发挥妇联组织的引领联系服务作用，使更多的妇女和家庭受益。

发挥防疫“家力量”　宣传建设好家风

赵凯旋*

新型冠状病毒感染的肺炎疫情发生以来，习近平总书记高度重视，多次召开会议、听取汇报、作出重要指示，要求各级党委和政府及有关部门要把人民群众生命安全和身体健康放在第一位，制定周密方案，组织各方力量开展防控，采取切实有效措施，坚决遏制疫情蔓延势头，以坚定的信心、顽强的意志和果断的措施，坚决打赢疫情防控的人民战、总体战、阻击战。家庭是防疫抗疫的重要节点和单元，每一个家庭的稳定守序、健康和谐是防疫工作取得进展的有效保证。疫情期间涌现的模范家庭守好小家卫大家、甘于奉献有担当的精神闪烁着新时代好家庭、好家教、好家风的夺目光彩。

做好家庭工作，是党中央交给妇联组织的一项重要任务，宣传弘扬优秀家风，也成为妇联组织在新时代的重要使命之一。防疫期间，全国妇联坚决贯彻执行习近平总书记的重要讲话精神和党中央决策部署，积极组织各地妇联发出通知和倡议，发挥家庭防疫力量；充分利用各级妇联新媒体平台，在疫情期间为万千家庭提供关爱服务，宣传抗疫模范家庭的动人事迹，弘扬中华好家风，传递向上向善正能量。

---

* 赵凯旋，全国妇联妇女研究所研究人员。

一、动员万千家庭行动起来，做好疫情期间家风建设

习近平总书记高度重视家风的重要作用。在2016年12月12日会见第一届全国文明家庭代表时强调，家风是社会风气的重要组成部分。家庭不只是人们身体的住处，更是人们心灵的归宿。家风好，就能家道兴盛、和顺美满；家风差，难免殃及子孙、贻害社会。广大家庭都要弘扬优良家风，以千千万万家庭的好家风支撑起全社会的好风气。正所谓，“天下之本在国，国之本在家”，只有每一个家庭防疫意识到位、知识具备、决心坚定，才能够为全社会渡过新型冠状病毒肺炎疫情难关提供基础。因此，动员万千家庭行动起来，将好家风、好家教的传承和弘扬转化为防疫抗疫过程中的信心和决心，让家庭暖人心聚人心的作用充分发挥出来，形成防疫抗疫期间宝贵的精神力量，对战“疫”胜利具有十分重要的意义。

全国妇联向万千家庭发出号召，“人人尽责，家家防控，做好宣传员、防控员、监督员。新型冠状病毒可防可控可治，最美家庭、五好家庭、文明家庭行动起来，坚定信心，同舟共济，打赢这场防疫攻坚战”！各级妇联组织积极响应号召和部署，充分利用新媒体平台和手段，号召广大群众少出门，多居家，每个家庭都可以为战“疫”尽自己的一份力。同时，结合当前广大家庭成员居家防控疫情的时机，发挥妇联组织在家庭教育、家风宣传方面的独特优势，开展多种形式的家风家教建设活动。借助新媒体平台的传播优势，进行广泛动员和号召，实现了信息传向受众的有效到达。疫情期间，各级妇联组织通过线上开展家风家教宣传建设活动，更突破了居家隔离的时空限制，与千万家庭实现多维互动，形成良好的宣传效果，提升了家风家教建设的群众参与度。

广西壮族自治区妇联充分发挥广西家庭教育专家的资源优势作用，

在广西女性微信公众号和广西妇女网专门开设“网上家教学堂”，帮助广大家庭加强亲子关系、传承良好家教家风；中国女性公众号、徐汇女性公众号分别编辑推出《钟南山深情地说：谢谢你，我的家！》和《妈妈李兰娟》，传扬抗疫人物的家风故事；黑龙江省鹤岗市妇联则致信鹤城家庭和妇女姐妹，号召大家“用爱温暖家庭，用情带动家人，用心对待他人”，珍惜居家时光，投入到家教家风建设中，为防疫抗疫作出自己的贡献。

二、宣传报道好家风，为防疫抗疫提供精神养分

《易经》有云：“积善之家，必有余庆。积不善之家，必有余殃。”培育和谐的社会风气，家风建设是其中的重要一环。家风的好恶对每一个家庭成员的人生轨迹都有不容忽视的影响。作为社会的基本单元，一个个家庭的精神风貌和道德品质决定着国家和民族的精神气质，对社会的和谐稳定发展，建设中国特色社会主义、实现中华民族伟大复兴的中国梦具有重要影响。新型冠状病毒肺炎疫情防控是一场严峻的攻坚战，战“疫”期间，无数家庭或冲在一线，或奔走社区，他们的行动充满正能量，从不同角度展现着新时代的好家风。各级妇联组织对防疫抗疫模范家庭的宣传报道内容丰富翔实，专栏专题专版对典型事例进行多渠道、多形式的传播，生动鲜明，深入人心。

抗疫家风关键词：担当

疫情就是命令，防控就是责任。战“疫”打响以来，有最美“逆行家庭”，相互支持，共赴抗疫战场；有最暖“爱心家庭”，捐资捐物，积极支援一线；有最强“志愿家庭”，尽心尽力，参与社区防控……这些家庭以小我之奉献，诠释了铭刻于家风血脉之中的“担当”二字。

山西省朔州市的李娟和曹梁都是疾病预防控制中心检验科的检验员，在抗疫战场上，他们既是同事，又是夫妻。疫情发生以来，他们连续加

班，虽然相隔不足两米远，但只能通过呼叫机叮咛着、嘱咐着，或者通过手势、笑容相互传递信心与安慰。甘肃省庆阳市的李含林家庭，在党委政府和社会组织的大力支持下艰苦创业取得成功，疫情发生后，他们已向社会捐出抗菌洗手液150余箱，价值3.2万余元。北京市怀柔区的张鹏家庭，一家四口齐动手，共同战斗在防疫一线，张鹏的妻子和母亲都是医生，在各自一线岗位上都已连续奋战了二十多天。张鹏的父亲是一名共产党员，以身作则，主动在单位和社区两边周转，负责疫情期间的值班站岗。张鹏在研究所工作，自己也主动参与到社区防控志愿工作中。在这个特殊时期，一个个家庭的抗疫行动传承着责任担当的优良家风。

抗疫家风关键词：大爱

“有时候，超级英雄不一定是披着披风，也可能是穿着白大褂……”北京市海淀区八一学校的孩子，在写给抗击疫情的医生父亲的家书中重新定义了“英雄”。青海省湟中县民警苟占云的妻子即将前往武汉战“疫”一线，他在日记中这样写道：“为了能尽快见到她，我用最快的速度飞奔前往。当我赶到时，她们单位的院子里都是前来送行的同事和亲人。在人群中，我一眼就找了她，我坚定地看着她，心里默默说，老婆，我支持你。”云南省保山市昌宁县李秀军和吴晓云夫妇放弃了春节回大理老家探望老人的打算，投身到一线工作中。在得知感染性疾病科医生紧缺时，李秀军主动请缨“驰援”感染性疾病科，与妻子在感染性疾病科疫情防控第一线的工作中“团聚”。

病毒无情人有情，抗疫英雄们也是某个家庭的妻子或丈夫，某个家庭的父母或儿女。正是家庭的脉脉温情，支撑着防疫抗疫行动者们守护的信念；正是家庭的代代传承，将孝老爱亲、相扶相携、舍小家为大家、舍小爱为大爱的家国情怀不断延续。

抗疫家风关键词：信念

“我们虽然担心，但更多的是相信”，“她做事有一股‘倔’劲”，“这个时候谁也拦不住她，而且祖国确实需要她，所以我们只能在后面默默地支持她”。为祖国奉献被李兰娟这一代人视作本职。以身作则，言传身教，李兰娟的儿子郑杰显然对母亲的性格和信念很了解，也正是因为这样苟利国家不求富贵的家风，让家人成为李兰娟投入抗疫工作最坚实的后盾。“有国才有家，婚礼虽取消，但幸福不会取消……”江西省抚州市东乡区的杨宇威和郑诗琦面对突如其来的疫情，毅然决然地取消了已经订好的婚礼，投入到抗疫工作当中。面对双方父母的询问，他们坚定地回答——婚礼就改在疫情阻击战胜利的那一天。“因为有爱，所以温暖……期待不日之时，我们不戴口罩，相视而笑”，这是安徽援鄂女护士张秀平日记中的文字，亲人朋友和领导同事的关心让她充满力量，即使在高强度高风险的工作环境下，她充满诗情画意的文字依然描绘出充满希望的“战‘疫’胜利图”。

疫情防控工作有条不紊地进行，离不开每一个家庭的付出和奉献。面对严峻的疫情、艰苦的工作以及受到影响的正常生活，无数家庭振奋精神，坚定信念，对家庭的未来保持期待，对战胜疫情满怀信心，对伟大的祖国和英雄的人民充满希望。

三、发挥“最美家庭”的家风示范作用

习近平总书记指出，“家庭是社会的基本细胞，是人生的第一所学校。不论时代发生多大变化，不论生活格局发生多大变化，我们都要重视家庭建设，注重家庭、注重家教、注重家风”。疫情期间，各地妇联组织高度重视“最美家庭”的家风模范作用，对“最美家庭”的防疫抗疫事迹进行了充分宣传。

《抗疫！内蒙古最美家庭在行动》《海南最美家庭，以“最美”展现战“疫”力量》《疫情无情人间有爱 通辽“最美家庭”在行动》……各地妇联组织纷纷在新媒体平台推出专题或系列报道，利用“两微一端”向广大人民群众展现“最美家庭”防疫抗疫的感人事迹，充分发挥“最美家庭”的精神引领示范作用。

各地妇联组织对防疫抗疫模范家庭的宣传报道充分发挥妇联组织新媒体矩阵互联互通、广泛覆盖的优势，获得了广大受众的大量回复、转发讨论和传播，模范家庭的事迹感染和鼓舞了越来越多的基层群众参与到防疫行动当中，自觉自发地做好家庭防疫工作，让这些正能量不断丰富新时代好家风的内涵。

巾帼守防线　家教护后方

王　妍*

新冠肺炎疫情发生以来，习近平总书记高度重视，多次召开会议，听取汇报，作出重要指示，亲自指挥、亲自部署疫情防控阻击战，要求各级党委和政府及有关部门把人民群众生命安全和身体健康放在第一位，采取切实有效措施，坚决遏制疫情蔓延势头。要推动防控资源和力量下沉，充分调动社会力量共同参与疫情防控。

为贯彻落实党中央的防疫抗疫决策部署，全国妇联发出倡议，组织动员广大妇女和亿万家庭积极参与疫情防控工作。举全国之力，群防群治对抗疫情，亿万妇女群众积极投入到防疫抗疫一线中，发挥着重要作用。家是最小国，国是千万家，在巾帼卫士背后，是千千万万个家庭“防疫站”和“隔离区”。在这一特殊时期，妇联组织充分发挥组织特色和优势，积极推出特别家教服务，通过家庭教育服务指导疫情期间的家庭建设，为巾帼抗疫战“疫”提供稳定的后方支持，为巾帼卫士保驾护航，筑牢、守好防疫战“疫”的家庭基础防线。

一、战“疫”期间家教服务的特殊意义

党的十八大以来，以习近平同志为核心的党中央高度重视家庭建设，

---

*　王妍，全国妇联妇女研究所研究实习员。

强调要“注重家庭、注重家教、注重家风”，注重发挥妇女在社会生活和家庭生活中的独特作用。为落实习近平总书记的指示精神，妇联组织开展了“家家幸福安康工程”等惠及妇女和家庭的项目。疫情发生后，全国妇联在对筑牢家庭防线进行整体部署的基础上，更推出了一系列特殊时期的家庭建设举措。

疫情就是命令，防控就是责任，无论在战“疫”前线还是在家庭防控中，妇女都发挥着重要作用。

在抗疫第一线，巾帼战士舍小家顾大家，纷纷投入到抗疫防疫工作中。全国各地援鄂医疗队中女性医护人员是抗疫不可或缺的重要力量。截至2020年3月8日，派到武汉和湖北的4.26万医务人员中，女性有2.8万人，占整个医务人员的2/3。医护人员中有中国工程院院士、国家卫健委高级别专家组成员李兰娟，中国工程院院士、军事科学院军事医学研究院研究员陈薇等，更多的则是普普通通的女医务工作者。在防疫一线，在群众身边，社区工作人员、巾帼志愿者担当疫情防控的“宣传员”“劝导员”“接线员”，在疫情严重的地区依然迎难而上、坚守岗位，守卫着社区居民的安全。然而，这些在抗击疫情中冲锋在前的巾帼卫士，作为女儿、妻子、母亲也满怀着对家里亲人的眷顾和担忧。要使医护工作者和社区工作者在前线安心工作打赢抗疫战，不仅需要精良的医疗物资供应装备，更需要解除她们的后顾之忧，提供应急家庭服务。

在家庭防控中，广大妇女承担着传播防疫知识、家庭清洁消毒、日常物品采购等大量家务劳动。她们守护着家庭“隔离站”，保卫家人的安全。与此同时，孩子的家庭教育由于疫情影响而面临许多新的问题，比如孩子不能去学校上学，无法进行户外活动，无法参加其他线下教育，宅在家时的亲子关系更需要不断调适等。做好特殊时期的家庭教育建设，提供特别家教指导和服务，就是为每个抗疫战士稳住家庭防线、牢牢安定人心、解决后顾之忧，稳固战“疫”的家庭大后方。

针对妇女和家庭的需求，妇联组织积极作为，做好特殊时期的家教服务、家庭教育工作，为奋战在一线的医护人员和社区工作者排忧解难，为广大妇女开辟了立足家庭建设的防控战线。

二、战“疫”期间家教服务的特点

在疫情期间宅家不能出门的特殊情况下，相较以往而言，妇联组织提供的家教服务无论是在形式、内容，还是在导向上都独具特色。

一是形式上有针对性。在传播载体方面，针对疫情期间“安全宅家就是最大的健康”“做好居家隔离就是阻断病毒传播”的特殊情况，妇联组织充分利用公众号、抖音、今日头条等流量大、用户群广的网络平台，为传播家教内容、覆盖和服务更广的女性网民及其家庭创造条件；在呈现形式方面，妇联组织推出的特别家庭教育不仅科学有效，而且有趣高效，往往以喜闻乐见、互动性强、家庭成员均可参与的方式，如以短视频、网络直播等互动性较强的形式进行制作推出。如安徽省池州市妇女儿童活动中心的一位舞蹈老师特别设计了一套家庭亲子舞蹈微课，拍成视频上传到网上，通过舞蹈课营造良好家庭氛围、增进亲子关系。

二是内容上有针对性。一方面注重推出改善家庭亲子关系、丰富亲子居家活动实践、宣传防疫抗疫知识等内容，另一方面也注重提供舆论引导、统一思想、传播正能量等方面的内容。针对特殊时期家庭教育的特殊需求，全国妇联与人民网、中国妇女网联合推出了“特殊时期特别家教”栏目，通过战“疫”学起来、战“疫”动起来、战“疫”读起来、战“疫”写起来四个板块的内容，和孩子一起认识病毒，一起学习心理建设法，进行亲子游戏、亲子共读、亲子运动、制定生活学习计划，向孩子传递正确的价值观、人生观等，丰富多样的内容为广大家庭提供了特别的家庭教育指导。家庭教育专栏推出的前三天，总阅读量就超过560万人次。各级妇联相继推出亲子瑜伽、亲子阅读、防疫线上微课堂、防疫儿歌、书画创作等活动。北京市妇联推出给抗疫前线家长写信、创作疫情诗歌等活动，通过作品创作集中表达对战胜疫情的决心和信心。

三是在动员男女共同参与上更具有针对性。妇女在家庭教育中发挥着不可替代的独特作用，筑牢守好家庭防线，需要充分发挥广大妇女在家庭生活中的独特作用。同时家庭教育不仅仅是对孩子的教育，也是对家庭的教育；不仅是女性的工作，也是夫妻双方的义务。妇联组织在特殊时期提供的家庭教育指导将男女共同承担家教责任纳入服务内容，家教活动不仅要求妈妈参与，也要求爸爸“上阵”。上海市妇联组织了一系列亲子宅家行动，在亲子阅读活动中号召全市家庭共同参与，家庭成员一起来选好书、读好书，许多家庭的爸爸和孩子一起拍摄视频上传，向公众分享家庭教育活动和心得体会，取得了较好的社会效果。

三、思考与建议

家庭是社会最小的单元和基本细胞，也是防疫抗疫的基础防线，做好家庭教育既可以稳定抗疫后方，也有利于社会的和谐稳定。妇联组织针对疫情统筹协调多方力量提供有针对性的家庭教育指导服务，为战“疫”期间的广大妇女及其家庭提供有效支持，为千万家庭解决后顾之忧，也为基层社会疫情防控提供了有力支持，充分发挥了家庭家教家风在基层社会治理中的重要作用。

在以习近平同志为核心的党中央坚强领导下，全国人民众志成城、团结奋战，新冠肺炎疫情防控形势正在向积极向好的态势发展，妇联组织开辟的家庭防控战线也面临着新任务。在总结现有经验的基础上，如何不断完善线上家庭教育，为广大妇女及其家庭提供更多更好的服务，如尝试在内容上增加制作关于性别平等的微课堂，体现父母共担家庭教育责任的线上互动，在平台上增加链接充分挖掘社会资源等，都可以使妇联组织在特殊时期开展的家庭建设工作不断创新和深入，惠及更多妇女和家庭。

做好引领联系服务 筑牢战“疫”家堡垒

刘晓辉*

生命重于泰山，疫情就是命令，防控就是责任。在全国人民勠力同心，众志成城，共筑坚决打赢疫情防控阻击战的万里长城中，家是最小堡垒和重要防线。家庭是妇联工作的传统阵地和优势领域，在这场没有硝烟的战斗中，妇联组织充分发挥“联”优势，引领家庭，服务家庭，筑牢抗疫家堡垒，为坚决打赢疫情防控阻击战担起责任，贡献巾帼之力。

一、加强引领，坚定家庭抗疫信心和决心

加强思想政治引领是妇联组织的根本职能与政治职责。大疫当前，全国妇联与各级各地妇联组织一道充分运用横向到边、纵向到底的组织优势，发挥妇女群众家庭战“疫”主力军作用，积极引领与号召广大妇女和家庭安心居家科学防疫，坚决遏制疫情蔓延势头。

用情用心巧宣传，温情温暖好引导。妇联组织通过各类媒体宣传、防疫手册发放、悬挂横幅、张贴海报、喇叭广播、快板、方言防疫口诀等线上线下多种方式，及时传达党中央决策部署，普及防疫知识，讴歌抗疫巾帼英雄，引导广大妇女从自我做起，带领家人，守好家门、守护健康。妇联组织发动小记者用方言录制的VCR，温情温暖，长辈们肯听爱听。妇联

---

* 刘晓辉，全国妇联妇女研究所助理研究员。

干部、妇女执委、巾帼志愿者、妇女群众自觉组织起来，自编自演的秀山花灯、苗家民歌、顺口溜等疫情防范节目，群众爱看、想听、听得懂、入脑入心。

一人带一家，一家传万家。各级妇联组织积极引导妇女带动家庭成员、最美家庭带动广大家庭，当好家庭防疫的宣传员、监督员、战斗员。通过开展“战疫情、有我家”“健康家园，无疫小区”“面向家庭有奖征集环境保护创意小妙招”等活动，展示最美家庭、五好家庭等居家防护、爱护环境的好做法，传递健康生活理念和文明生活方式，引导广大家庭学先进、做先进，增强自觉防护意识和能力，守好家庭防线。

消解“负”能量，同心抗疫。突如其来的疫情和长时间的隔离封闭，容易使人们产生焦虑、恐惧、崩溃、埋怨、指责等负面情绪，严重影响人们的身心健康和社会稳定。各级妇联组织积极发布权威防疫信息，引导广大群众理性看待问题，不信谣、不传谣、不造谣；积极协调统筹心理健康专家、心理咨询师、儿童发展中心教师等社会专业力量组成心理援助团队，通过12338等咨询热线，为广大妇女、儿童和家庭答疑解惑、普及健康知识、释放精神压力、疏导不良情绪，坚定战“疫”必胜信心。

二、广泛联系，倾情服务，为家庭排忧解难

习近平总书记强调在推进新冠肺炎疫情防控工作中必须增强仁爱之心，当好人民群众贴心人，及时解决群众所急所忧所思所盼。联系和服务广大妇女和家庭是妇联组织的工作生命线。大疫当前，妇联组织做好做足“联”文章，联系政府部门、人民团体，联络社会组织，调动与整合资源，急妇女和家庭所急，助妇女和家庭所需，解妇女和家庭所难，以情真意切的关怀、实实在在的帮助、精准贴心的服务，守护千家万户。

倾力服务医护人员家庭，减轻他们的后顾之忧。各级妇联组织全面

细致了解医护人员家庭实际需求，相继发起并一直接续的“暖心包、暖心菜、暖心话”服务，“你守护‘大家’，请让我为你守护‘小家’关爱行动”“食无忧、心无忧、子无忧、劳无忧‘四无忧’服务”等，在生活用品采购、购置药物、家政服务、老幼照顾、课业辅导、心理咨询等方面提供暖心服务。

妇联组织高度关注疫情中孕产妇、困境儿童和独居老人等特殊群体，多措并举，为他们解忧解困。为保障母婴安全，防止到医院就诊的孕产妇、儿童交叉感染，开设线上孕产妇课堂，借助“互联网+医疗健康”，开展“网上问诊”，为孕产妇提供便捷、专业的在线健康教育和指导服务；调动社会组织与巾帼志愿者力量配合为居家隔离孕产妇提供“订单式”服务，切实为孕产妇和家庭搭建安全防护网。针对因疫情影响导致婴幼儿喂养困难、物资缺乏的家庭，监护缺失的困境儿童，生活困难的独居老人，妇联组织送去特别关爱。中国儿童基金会联合中国营养保健食品协会启动“防新型冠状肺炎，保障婴幼儿营养”公益行动，捐赠婴儿配方奶粉、辅食等。针对隔离在家的留守儿童、困境儿童、独居老人，妇联组织迅速组建巾帼志愿者队伍，做实“1+1”结对帮扶工作和“五个一”服务（每天打一个电话、上门探望一次、帮着做一次以消毒为主的家务、测一次体温、送一些生活用品），不漏一户、不落一人。

特殊时期，特别家教。针对广大家庭“宅家抗疫”特点，妇联组织依托线上阵地，协调统筹教育教学、医疗护理、体育健身、营养保健等专家队伍资源，围绕“家教”“家风”做实文章，开展“家庭战疫阳光计划”“疫情下的幸福家庭成长计划”“宅在家、秀才艺、守幸福”等系列暖心活动，开设“让家更有力量——同心共战疫情”家庭教育系列微课，引导广大父亲母亲共担家庭建设之责，带动家人在居家防疫的相互陪伴中，互敬互爱互助，感受亲情力量，建设平等、民主、和睦的夫妻、亲子、代际关系。转危为机，用好“非常战‘疫’”情境，以社会主义核心价值观和男女平等价值观为根本指引，对孩子进行良好卫生习惯、生命认知、敬畏自然、爱国爱家、责任担当等方面的教育，让孩子习得知识、养成良好的习惯、人格和品行。

三、启示

家庭安，社会稳，国家强。当前，全国疫情防控形势正向好的方向发展，习近平总书记强调，越是这个时候，越是要慎终如始，越是要再接再厉、善作善成，继续把疫情防控作为当前头等大事和最重要的工作。在以习近平同志为核心的党中央坚强领导下，坚决打赢疫情防控阻击战，妇联组织须充分发挥桥梁纽带作用，紧紧依靠广大妇女群众，进一步保持和增强政治性、先进性、群众性，将引领、联系、服务职能有机统一起来，以更有力的引领、更紧密的联系和更贴心的服务团结妇女、凝聚家庭，继续为阻击疫情夯实家庭防线。

VII

第七部分

创新工作方式方法
妇联团结引领服务
妇女同心抗疫

凝聚巾帼力量　奋战疫情“震中”

湖北省妇联

新冠肺炎疫情发生以来，身处中国疫情“震中”的湖北省妇联，认真学习贯彻习近平总书记关于疫情防控的重要讲话和指示批示精神，坚决落实省委和全国妇联的工作要求，把疫情防控工作作为头等大事和最重要的政治任务，切实增强“四个意识”、坚定“四个自信”、做到“两个维护”，以战时状态应战大考，发挥组织优势，将引领服务联系妇女群众贯穿助力疫情防控全过程。

一、认真学习宣传贯彻习近平总书记重要讲话精神和中央决策部署

新冠肺炎疫情发生后，习近平总书记就依法防控疫情多次讲话，多次作出重要指示。湖北省妇联认真学习贯彻习近平总书记重要讲话和指示批示精神，把思想和行动统一到党中央决策部署上来。党组坚持带头学习、先学一步、学深一层，以表率作用带动全系统深入学习贯彻习近平总书记重要讲话和指示精神，第一时间利用网络学习平台和渠道，迅速把习近平总书记指示要求传达到基层妇联干部和广大妇女群众。特别是围绕习近平总书记“2 · 23”重要讲话精神、三八妇女节重要指示精神和习近平总书记视察湖北疫情防控工作重要讲话精神认真开展研讨，制定妇联系统贯彻落实具体措施，切实将习近平总书记讲话精神落实到妇联系统疫情防控工作

的全过程，把疫情防控各项部署落细落实落到位。

二、履职尽责，为打赢疫情防控阻击战贡献巾帼力量

一是及时回应妇女群众的关切，帮助解决妇女群众的特殊困难。在全国妇联的指导下，积极争取省疫情防控指挥部出台孕产妇保护37号文件并抓好落实，发动巾帼志愿者为孕产妇提供免费接送、心理咨询、采购物资等贴心服务，推出《湖北省新型冠状病毒感染的肺炎期间孕产妇服务指南》，帮助孕产妇安全顺利度过特殊时期。针对疫情蔓延普遍存在的焦虑心理，第一时间联合专业团队，通过“12338”心理援助热线及QQ平台提供24小时在线服务，连续40多天每天推出“温馨行动·抗疫心文”线上心理辅导。还联合中科院心理所实施“家爱心坊”项目，开展心理普及和教育，做好心理疏导试点服务。扎实开展关心爱护抗疫一线女性医护人员及其家庭活动，实现对全省市县定点医院抗疫一线女性医护人员卫生用品赠送全覆盖；对在抗疫一线被感染的女医护人员、特殊困难的双职工家庭慰问全覆盖；为驰援的外省近3万女医护人员每人送一个暖心包全覆盖。针对一线女性医护人员生理期卫生用品难题，迅速对接各界捐赠女性用品款物以解燃眉之急，同时报告省防疫指挥部协调解决女性卫生用品在捐赠和运输上的难题，为抗疫一线女性医护人员送去贴心服务。

二是发动妇女守护小家为大家，织密织牢家庭和社区防线。充分发挥妇女群众在社会生活和家庭生活中的独特作用，利用“网上妇联”特别是全省妇联组织自媒体矩阵和近2万个联系基层妇女群众的各类妇联微信群，引导广大妇女和家庭充分履行家庭责任和社会责任，自觉守住家庭防线；立足家庭和社区，第一时间传达全国妇联工作要求和倡议，引导全省广大妇女和家庭“打赢社区保卫战，争当门栋防疫好帮手”，协助门栋长做好门栋排查、值守、生活保障、困难家庭帮扶等工作，得到了广泛响应。开

展“特殊时期 特别家教”活动，以“家爱学院”项目为载体，围绕“有家有爱、用心同行”，组织专家每周网上开展一次家教课程，听众热度峰值最高达30万+。

三是积极下沉社区，变疫情防控战场为妇联工作现场。省妇联机关率先垂范，认真落实省委要求，党组书记冲锋在前，班子成员迎难而上，迅速组织各级妇联党组织到包保社区报到、党员到就近社区报到，全省2000多名妇联干部全部下沉社区，协助社区重点抓好群众生活物资保障、居民诉求收集、特殊困难群体关心关爱、群众心理疏导和情绪理顺、重点人群防控等工作，在服务群众和建立信任的过程中充分发动群众，打造一支扎根社区的巾帼志愿服务队，有力促进了对口支援社区无疫情社区（小区）创建工作。省妇联工作队及下沉党员多次被中央电视台、湖北日报等主流媒体报道。

四是发挥“联”字优势聚爱心，服务抗疫一线。广泛发动各级妇联团体会员、女性社会组织、巾帼志愿者、三八红旗手服务一线医护人员家庭，服务居家隔离观察人员，传递“娘家人”的温暖。依法依规公开透明，千方百计筹措资金和紧缺医用物资服务抗疫一线，截至4月24日，湖北省妇联、湖北省妇女儿童发展基金会共协助相关慈善组织拨付资金1549.36万元，协助接收、发放物资价值19012.90万元。

五是加大宣传力度，凝聚打赢疫情防控阻击战强大正能量。依托全省妇联系统网络及新媒体平台，联合省内外主流媒体，讲好奋战在抗疫一线的各行各业优秀女性故事。及时追授董李会、陈桂荣、罗桂梅、夏思思为省三八红旗手并向全国妇联推荐。围绕三八国际妇女节，策划开展“特别的爱给特别的你”系列活动。党组在3月8日当天第一时间学习习近平总书记三八慰问重要指示精神，并向全省广大妇女发出倡议，将习近平总书记的厚爱和关怀传递到每个妇女。组织开展“全民战‘疫’巾帼有我——网上故事展播”、“战地玫瑰别样红——全民战疫巾帼有我”三八全频日活动，参与并配合国务院新闻办在武汉举办巾帼代表记者见面会，发动妇女积极参与全网主话题“致敬了不起的她”系列活动等，讲好巾帼抗疫故事。策划《天使在飞》诗歌和朗诵，让“最美天使”感受特别的爱，网上阅读量突破20万+。截至3月16日，省妇联通过官方微信平台推送战“疫”宣传报道737篇，征集“全民战‘疫’，巾帼有我”网上故事展播投稿328篇，新华社、中央电视台、人民网、中国妇女报、湖北日报、湖北电视台等主流媒体报道全省妇联参与疫情防控工作357篇。

三、几点启示

这次突如其来的疫情，是对妇联组织参与基层社会治理的一次大考。在这场没有硝烟的战役中，我们深切体会到了广大群众的无穷力量，中国特色社会主义的制度优势，党和政府的强大动员和应对能力。作为妇联组织，在参与疫情防控的过程中，我们积累了经验，同时也有不足之处。

一是毫不动摇坚持党的领导是做好妇女工作的根本保证。疫情发生以来，习近平总书记多次强调要发挥工青妇等群团组织的作用，并在三八妇女节对广大妇女和妇联组织提出期望和要求，这为妇联组织发挥作用提供了根本遵循。省委书记应勇同志听取了省妇联汇报，要求省妇联发挥优势，围绕妇女群众困难帮扶、心理疏导抓好工作落实。三八国际妇女节期间，省委书记应勇，省长王晓东，省委常委尔肯江和副省长赵海山、肖菊华等领导同志分别看望慰问了抗疫一线女性代表。作为分管领导，省委常委尔肯江同志多次听取省妇联工作汇报，作出批示、提出要求，并协调解决有关问题。省疫情防控指挥部先后下发了《关于疫情防控期间孕产妇防疫保护工作的通知》（鄂防指发〔2020〕37号）、《关于在三八国际妇女节期间开展慰问女性医护人员活动的通知》（鄂防指发〔2020〕126号），这都为我们做好工作指明了方向、注入了动力。

二是全国妇联强有力的精心指导是做好妇女工作的首要前提。疫情发生以来，全国妇联悉心指导、大力支持我省疫情防控工作，跃跃同志时刻牵挂我省妇女儿童生命健康和安全，多次通过电话和信函对湖北妇联工作提出要求并作出重要批示，对我省各级妇联在省委省政府的坚强领导下，发挥自身优势参与疫情防控工作作出重要指示。晓薇同志及书记处各位领导在每个关键环节给予悉心指导，手把手教工作方法，亲自协调各方资源，给予我们最大支持；在全国妇联的号召和带动下，各省区市妇联纷纷驰援湖北，这些关心、支持和指导极大地鼓舞了我们的干劲，增强了做好工作的底气，展现出了党领导下的妇联组织强大组织力、动员力、凝聚力、战斗力。

三是必须紧紧依靠和发动妇女干部和妇女群众共同做好妇女工作。正如习近平总书记所说，武汉人民和湖北人民识大体顾大局。医护人员和社区干部是女性占比最高的两类群体，她们和全省妇女群众一道，在疫情防控中舍小家为大家，发挥了重要作用。无论是奋战在第一线的白衣天使，还是守卫在最基层的社区工作者，还有遍布城乡、成千上万参与联防联控、群防群治的巾帼志愿者，以及每一个守护着家庭抗疫防线的妇女群众，她们都在各自的岗位上书写了“全民战‘疫’，巾帼有我”的豪迈篇章，让我们充分感受到了妇女的半边天力量，这是我们做好妇女工作的坚实依靠。

四是必须充分发挥家庭在基层社会治理中的重要作用。做好家庭工作是党中央交给妇联的一项重要任务。家庭作为社会的最小单元，是疫情防控的基础防线。疫情发生以来，我们立足家庭和社区，进一步发挥妇女和家庭在疫情防控中的独特作用，积极开展家庭教育、一线医护人员的家庭关爱服务、家庭矛盾调处、家庭心理疏导，为促进社会和谐稳定发挥了积极作用。实践证明，只要把“家”字文章做深做实做细，把家庭工作牢牢抓在手上，摆上突出位置，妇联组织在参与基层社会治理中必定大有可为。

五是必须不断创新工作方式激发妇联组织内在活力。要善于发挥妇联“联”的优势，妇儿工委、城乡妇女岗位建功领导小组、妇女儿童维权领导小组等都是妇联联合联动职能部门发挥作用的有效平台和机制，在此次疫情防控中，我们巧借平台、协调联动，及时解决了孕产妇疫期保护、三八红旗手表彰等问题；通过全国、省、市、县四级妇联上下贯通，左右联动，解决了三八慰问“三个全覆盖”的问题。要善于运用互联网思维扩大妇联组织的影响力，我们在此次家庭教育、三八活动、典型宣传等工作的策划中，引入社会力量、专家团队和市场机制，多项活动在网上参与人数达到20万以上，多篇宣传报道都是10万+的热文，不仅提升了妇联组织对妇女群众的凝聚力和吸引力，也在特殊时刻扩大了妇联组织的影响力。

下一步，我们将紧紧围绕决胜全面建成小康社会、决战脱贫攻坚和打赢疫情防控湖北保卫战、武汉保卫战，在省委的坚强领导下，创造性地落实全国妇联的工作要求，不断坚持和完善妇联参与疫情防控过程中行之有效的工作载体和方法，慎终如始，善作善成；突出重点难点，紧紧围绕困难家庭帮扶和心理疏导两项任务，将各项举措落细落实；认真开展调查研究，围绕家庭在疫情防控和基层社会治理中的重要作用等问题，认真思考总结经验，发现问题和不足，明确今后努力方向，更好地将广大妇女团结凝聚在以习近平同志为核心的党中央周围，为助力湖北高质量发展贡献巾帼力量。

共同守护首都　巾帼不让须眉

北京市妇联

党有号召，妇联有行动。新冠肺炎疫情发生以来，作为党领导下的妇女群众组织，北京市妇联在党中央坚强领导下，在北京市委统一部署和全国妇联悉心指导下，按照保持和增强政治性、先进性、群众性的要求，紧紧扭住作为党和政府联系妇女群众桥梁纽带的职责定位，把住特殊时期妇女儿童和家庭需求，抓住广泛动员、组织、凝聚妇女参与疫情防控的重要任务，充分发挥妇联组织凝聚力号召力影响力，为打赢疫情防控的人民战争、总体战、阻击战发挥半边天作用。

一、提高政治站位，主动将妇联工作纳入首都防疫工作大局

北京作为首都，地位特殊，做好疫情防控工作责任重大、任务艰巨。习近平总书记强调，首都安全稳定直接关系党和国家工作大局，要全力抓好北京市的疫情防控工作。北京市妇联积极响应党的号召，认真学习贯彻习近平总书记关于疫情防控工作系列重要讲话以及3月8日对妇女和妇女工作的重要指示精神，坚持把疫情防控工作作为首要任务，作为增强“四个意识”、坚定“四个自信”、做到“两个维护”的生动实践和现实检验，坚决贯彻党中央和市委关于疫情防控的各项决策部署，以顽强的意志和务实的作风，将各项防控措施抓细、抓实、抓落地，在首都防疫工作大局中

彰显妇联组织的担当作为。

全国妇联和北京市委市政府重视和关心北京市妇联的防疫工作，全国妇联主席沈跃跃同志作出指示，并到京看望慰问援鄂医护人员家属，就女企业家服务战“疫”、助力脱贫和巾帼家政企业复工情况进行调研，对如何在首都疫情防控工作中发挥妇联组织作用提出期望和要求；市委书记蔡奇同志专门作出批示，提出工作要求。

北京市妇联党组切实加强组织领导，着力构建应急状态下畅通高效的工作体系，横向上，对接北京市疫情防控工作各领导小组，将市妇联疫情防控工作纳入全市工作大局，实现了自上而下投入人力物力及时有效、开展针对性服务按需供给、推进各项工作力争高效；纵向上，建立了北京市各级妇联组织逐级传导、上下联动的工作制度，局级领导包干指导各级妇联，全市各级妇联组织凝聚力量，高效落实各项任务。

二、坚持首善标准，切实担负起妇联组织职责使命

（一）充分发挥妇女半边天作用，共筑首都抗击疫情人民防线

习近平总书记在北京调研指导新型冠状病毒肺炎疫情防控工作时指出，要“广泛发动和依靠群众，同心同德、众志成城，坚决打赢疫情防控人民战争”。北京市妇联充分发挥扎根基层的组织网络优势，第一时间通过“北京女性”公众号向全市妇女发出倡议，广泛动员首都广大妇女立足工作岗位，担当社会责任；动员巾帼志愿者立足社区做好疫情防控的“守门员”“宣传员”“服务员”“疏导员”；依托北京妇女儿童发展基金会发起“京鄂巾帼，共御疫情”公益项目，面向社会募集款物支援抗疫一线；调整“益家行”项目服务载体和模式，指导女性社会组织创新工作方式，做好疫情期间的妇女儿童服务工作。

广大女性在疫情防控和城市运行岗位上忘我工作，充分释放首都女性

能量，以执着和坚守书写了半边天的独特篇章：驰援武汉医护人员70%以上是女性，她们以医者仁心的大爱精神义无反顾冲上防疫一线，展现出巾帼不让须眉的勇气和担当；11万妇联执委、48万巾帼志愿者，以及无数女性社区工作者成为联防联控的中坚力量，哪里有需要哪里就有“西城大妈”“京北丽人”“顺意姑娘”“平谷金玫瑰”的身影，她们成为大街小巷的一道道亮丽风景线；女性企业家积极奉献爱心，通过基金会、女企业家协会等各种渠道捐款捐物共计1415万余元；女性社会组织各展所长，满足首都家庭足不出户“宅”生活的公益服务需求；59万户“首都最美家庭”带头科学防疫，守小家卫大家，展现了特殊时期特别的美。

（二）充分发挥党建引领和党员干部先锋模范作用，重心下移支援基层一线防控

通州区宋庄镇宋庄村是有名的画家村，同时也是流动人口严重倒挂村，防控压力巨大，村两委及包村干部很长时间全员无休。按照市委统一部署，市妇联通过“双报到”将干部力量就地就近下沉至社区的同时，组织干部集体下沉至宋庄镇宋庄村，在村党组织的统一领导和调度安排下开展工作，以实际行动共担基层一线工作压力，在规范工作流程、优化工作方式、提升工作效率、加强政策宣讲等方面发挥了积极作用。村党委表示，市妇联干部的火线增援极大缓解了防控压力；市检查组以“四不两直”方式检查村疫情防控工作时，也对卡口查验工作给予充分肯定，认为措施有力、执行规范。全市16个区、333个乡镇（街道）、6792个村（社区）妇联组织全部下沉社区或参与社区工作，紧紧守住疫情防控第一道防线。

（三）充分发挥妇联“娘家人”作用，面向特殊群体传递贴心关爱和温暖

市妇联在防疫工作大局中，关注妇女儿童独特需求，立足“妇女所

急、党政所需、妇联所能”，找准工作切入点、结合点、着力点。

为援鄂医护人员守好“大后方”。习近平总书记强调，医务人员是战胜疫情的中坚力量，务必高度重视对他们的保护、关心、爱护。北京市委十二届十二次全会也特别提出，要关心关爱一线医务人员，为他们提供必要保障和帮助。市妇联将关心关爱一线医护人员作为责无旁贷的政治责任，竭尽所能为她们做好坚强后援。依托基金会募集款物500余万元，根据前方医疗队实际需求，分六批为驰援武汉的医护人员送去“暖心包”，其中包括卫生巾、成人纸尿裤、一次性内裤、袜子、运动衣、护士鞋、暖宝等日常生活用品，为她们解决生活不便；三八国际妇女节来临之际，送去小朋友们的画作为她们加油鼓劲，体现“娘家人”用心用情的暖心关怀，将关爱直接投递到一线。为解决援鄂医护人员家中老人孩子生活不便问题，指导基金会发起“99爱心菜”项目，每周为千余个驰援湖北的医务人员家庭送菜到家，直至他们平安凯旋，并发去慰问信，将关爱直接送到他们家中。很多医护人员辗转通过微信电话表达感激之情，表示“疫情无情，妇联有爱”。我们与前方医疗队精准对接，联动各区及有关部门为有需要的医护人员开展老人和子女照护工作，一位医护人员提出居住在大兴区瀛海镇的母亲刚做完膝关节手术行动不便，我们联动大兴区妇联一小时之内为老人送上了急需的生活物资。事后医护人员向医疗队表示“谢谢组织，让我在这边工作踏实很多，不战胜疫情，绝不离开”。援鄂医护人员返京并解除隔离后，我们又为她们及其家庭送去包含“团圆饭”“全家福拍摄”“家政服务”“盆栽鲜花”“儿童用品”的“五福暖心大礼包”，将温暖持续传递。

为妇女儿童群体筑牢“安全网”。疫情之下，妇女儿童群体会遇到更多的实际困难。我们针对孕产妇、困境儿童等群体的特殊需求，积极联系有关部门、联动各区、动员社会组织和巾帼志愿者，从出台保护政策、按需提供服务等方面，推动解决实际困难。积极与市卫生健康委、民政局、人社局等部门密切联系，推动出台疫情期间妇女儿童的保护政策，联合市卫生健康委、市妇儿工委办迅速出台《关于做好新型冠状病毒感染肺炎疫情防控期间孕产妇服务工作的通知》，实施“网上问诊”、“订单式”服务等五项措施，切实为孕产妇搭建安全网、防护网。我们联系掌握宣传北京市77家可接诊发热孕产妇医院、122所助产机构信息；对有困难孕产妇提供针对性帮助，其中安置帮助湖北来京新冠肺炎孕妇患者钱女士的情况得到了各方的广泛关注点赞，她本人在感谢信中表示“在手足无措之际，感受到了像家一样浓浓的温暖和感动”。我们联手市卫生健康委，整合专业力量，在“北京女性”公众号开设“准妈妈课堂”，就疫情时期孕妈妈安全防护、母乳喂养、心理健康和营养膳食、新冠肺炎孕产妇防控知识及法律知识等进行专业指导；在“首都女性终身学习平台”开设“孕产妇”特色学习专栏，录制推出81门抗击疫情以及孕产妇特色网络课程，方便孕产妇足不出户接受专业指导，日点击量超过2万人次。与市妇儿工委办联合印发《关于配合做好因新冠肺炎疫情影响造成监护缺失儿童救助保护工作的通知》，就配合做好因新冠肺炎疫情影响造成监护缺失儿童救助保护工作作出部署，及时对困境儿童，特别是因家人患病或隔离遇到生活困难的儿童给予援助。比如，丰台区一个五口之家中四人确诊新冠肺炎住院，只有一名三岁的孩子居家隔离观察，在协助安排姥姥从山东老家过来照顾孩子的基础上，区妇联与区有关单位集中医学观察点的同志一起研究配合，由妇联干部、巾帼志愿者组成关爱小组，定时上门开展帮扶。依托“12338”服务热线，加大心理危机干预的培训、指导、研判工作力度，加强心理咨询师等专家资源力量配备，对有需要妇女开展心理援助、危机干预工作，帮助她们解心宽，摆脱焦虑。心理咨询热线受到求助者多次点赞，一位女性表示：“以前我总觉得，承受不了目前的压力，不想活了，每次打你们的电话，都能很好地宣泄情绪，收线时我能笑着说话，心情有了很大的好转，让我看到了希望。”

（四）充分发挥家庭家教家风在基层社会治理中的重要作用，筑牢疫情防控的家庭防线

家庭是疫情防控的基本单元，筑牢家庭防线是关系疫情防控全局的一项重要任务，家庭安，社会稳，战必胜。市妇联牢牢抓住疫情防控主动权，围绕家庭家教家风工作，充分调动妇女在社会和家庭生活中的独特作用，为稳固后方战线凝聚力量。

稳固阻断病毒的家庭防线。我们组织开展家庭文化活动，依托网络连续推出“疫情防控‘家’行动”专题，利用原创图文、短视频、公益海报、H5等多种线上传播方式，开展家庭亲子创意作品交流展示和线上互动活动，引导广大妇女和家庭做好居家防护，关爱家人、睦和邻里，共同奏响相守相偕的最美乐章，汇聚守小家卫大家的最美力量。

倡扬“特殊时期特别的美”。深入挖掘最美家庭内涵，提炼8个特殊时期的最美家庭类型——“宅在家自护自律”“同成长亲子陪伴”“互关爱邻里守望”“表心愿传递信心”“赴前线最美逆行”“尽职责坚守岗位”“助防控志愿服务”“献爱心公益捐助”，带动更多家庭以实际行动学习最美、争当最美、践行最美，彰显“最美家庭”在疫情防控中的示范引领作用。日前推选发布的80户第一季度“首都最美家庭”中，既有驰援武汉或在北京定点医院工作的医护人员家庭，坚守基层防控一线的社区工作者、警务人员家庭，也有参与社区群防群控的志愿服务家庭，还有热心捐款捐物的奉献爱心家庭，以“艺”战“疫”的传统文化家庭等，从家庭视角体现全民参与的抗疫工作。

强化特殊时期的家教支持。我们针对孩子“宅”在家里的情况，联合推出“陪伴，我们在一起”线上家教课，从教育心理、亲子关系、儿童健康、习惯养成、知识普及等专业角度出发，帮助家长在特殊时期提升家庭教育观念和能力，教育儿童形成良好道德行为习惯，借疫情的“亲子时光”倡导家长和孩子互相陪伴、共同成长。

（五）充分发挥妇女发展平台作用，助力首都经济社会发展

有力有序推动复工复产、统筹做好疫情防控和经济社会发展工作，是对冲疫情影响的重要着力点。市妇联认真落实“防疫在前、有序复工”的要求，引导女性企业以积极的心态面对疫情挑战，变压力为动力、化危为机，充分释放潜力和动能，为推动首都经济社会发展贡献力量。

助力保障基本民生。我们向全市548家妇字号基地发出一封信，为已恢复生产的妇字号基地及时下拨农村妇女创新创业项目资金，指导女性企业及时知晓并严格执行复工复产疫情防控相关指引，鼓励姐妹同心、克服困难保障市民“菜篮子”供应，为战疫情、稳经济、保生产贡献巾帼力量。我们帮助女性企业解决疫情期间“用工荒”难题，引导巾帼龙头企业强化社会责任，充分展现女企业家的担当作为，积极参与防控物资生产。例如，巾帼龙头企业依文集团负责人夏华，同时也是北京巧娘手工艺发展协会会长，在疫情防控的重要关头，积极响应国家号召转产防护物资。针对企业防护服制作专业技工存在缺口的难题，市妇联动员各区直扎基层协助招工，积极协调相关单位为招聘人员开通绿色通道，帮助企业解决困难保障防疫物资供应。

助力有序复工复产。我们与北京高校毕业生就业指导中心共同举办女大学生网络专场双选会，搭建疫情期间企业与高校的网上对接平台，提供岗位1354个，招聘人数共11120人，促进2020届女大学生就业。我们落实返京人员监测管控工作，对所有联系的社会组织和20年来在下属事业单位三八服务中心注册过的湖北籍家政人员一一排查；指导巾帼家政企业制定疫情期间的应急工作方案和复工工作细则，组织待岗家政员开展线上

培训，做好技能储备；面试、签约、支付等业务由“面对面”转为“屏对屏”，确保家政员稳妥复工复产。疫情期间，北京约有5万多名家政服务员坚守在工作岗位，承担起首都家庭“一老一小”的照护重任，为北京市民的生活提供了有力保障。

助力双创能力提升。我们联动各区妇联，依托全国妇联“乡村振兴巾帼行动”网络课堂，广泛开展“居家防疫，网上学技”活动；落实《北京市职业技能提升行动实施方案》，全面启动北京巧娘素质提升培训项目；开展双创能力培训，帮助女性为复产复工做好积淀和准备。比如，依托“首都巾帼科技汇”双创服务平台，开展“巾帼共学穿越疫情”学习集训营活动，邀请优秀女性创业者、专业导师在线授课，组织女性企业家抱团取暖、互促互学，实现“停工不停学”，提高双创能力。

（六）充分发挥宣传教育引领作用，汇聚疫情防控的强大力量

习近平总书记高度重视疫情期间的宣传舆论引导工作，强调要“更好强信心、暖人心、聚民心，更好维护社会大局稳定”。市妇联切实加大疫情防控工作宣传力度，通过主流媒体和新媒体矩阵，深入宣传党中央决策部署，广泛普及疫情防控知识，大力挖掘宣传妇联组织在疫情防控中的积极行动，巾帼医护“逆行者”、坚守一线的女职工等的动人事迹，广大妇联干部、执委及巾帼志愿者在基层一线的感人作为，广大妇女和家庭在疫情防控中的生动故事，引导广大妇女充分领会中国特色社会主义制度优势，增强信心、坚定决心，凝聚起众志成城、共克时艰的强大力量，切实承担起团结引领广大妇女听党话、跟党走的政治任务。比如，3月8日国际妇女节当天，我们主办北京市新冠肺炎疫情防控工作第四十四次（妇联专场）发布会，邀请战斗在防疫一线的医生、警察、社区工作者、记者等巾帼英雄代表，讲述生动感人的抗疫故事，营造了万众一心阻击疫情的良好舆论氛围。再如，我们与市卫健委、市医管局联合推出“抗疫巾帼群英

谱”宣传活动，展示北京驰援湖北女性医护人员以及她们的抗疫宣言，向特殊时期的最美“逆行者”致敬。疫情期间，市区妇联微信公众号每日报发信息约百条，发布信息7200余条，浏览量1.51亿余人次，在央视网、新华网、人民网、北京日报等主流媒体发布巾帼抗疫宣传报道1200余条，向全社会弘扬了满满的巾帼正能量。

三、适应形势变化，在首都防疫工作大考中提升妇女工作能力

这次疫情是对妇联组织不断适应特大城市治理体系和治理能力现代化水平的大考，也是对妇联组织改革成效的检验。我们对妇联组织参与疫情防控工作进行了及时的阶段性总结和梳理，在适应疫情防控的应急状态下，既积累了经验、磨炼了队伍，也认识到了短板和不足。我们感到，妇联组织必须始终坚持党的领导，主动作为、积极行动：一是要主动融入大局，始终在市委统一部署下、在首都防疫工作大局中举棋落子，向前一步、主动对接、找准定位，扎实细致推动各项工作落实到位；二是要主动上下联动，牢固树立妇联系统一盘棋的工作思路，形成同频共振、凝聚力强的战斗集体；三是要主动发挥“联”字优势，与各有关部门主动联络，有效整合社会资源，打好多方参与、各方协同的疫情防控总体战，汇聚起众志成城、共克时艰的磅礴力量；四是要主动联系服务群众，充分利用妇联组织优势，依靠妇女的同时服务妇女，向有需要的群体传递党和政府的关怀和温暖；五是要主动创新方式，探索由“线下”到“线上”的有效工作模式，确保各项工作有序推进；六是要主动营造氛围，扩大宣传工作声势，打造勠力同心、团结一致的良好社会环境。

在总结经验的同时，我们也认识到妇联工作的不足和需要改进之处：面对突如其来的挑战，围绕首都大局开展工作的前瞻性、预判能力还有待进一步提升，化被动为主动的能力有待进一步加强；面对妇女儿童特殊时

期的特殊需求，推动出台维护妇女儿童合法权益政策的能力，服务特定群体的针对性、精准度还有待进一步提升；面对疫情下工作模式的转变，从“网下”到“网上”、从“面对面”到“键对键”迅速开展网上妇女工作的能力还有待进一步提升。

下一步，我们继续在全国妇联的领导和北京市委的统一部署下，抓好新形势下疫情防控常态化工作，积极做好较长时间应对外部环境变化的思想和工作准备，将好的经验做法固化为工作制度机制，逐步完善应急状态下的工作体系，坚持首善标准、加强工作统筹、推动工作创新，慎终如始、善作善成，不断提高妇联组织服务战“疫”的能力和水平，努力形成妇联组织参与首都基层社会治理的“北京经验”，为夺取疫情防控和经济社会发展双胜利，助力决胜全面建成小康社会、决战脱贫攻坚贡献巾帼力量。

阻击疫情从“心”出发

天津市妇联

新冠肺炎疫情发生以来，天津市妇联坚决落实中央和市委的决策部署，主动服务群众需求，积极整合社会资源，广泛发动专业力量，全面开展妇女心理帮助工作，形成了服务女性心理咨询领域的“天津经验”，得到了市委常委、市委副书记阴和俊同志的肯定批示，同时也得到全国妇联的高度认可，委托天津妇联专家组编写《新冠肺炎疫情防控期间妇女儿童、医护人员、婚姻家庭心理咨询问答》，并在国务院联防联控机制新闻发布会上由全国妇联正式发布，为全国妇联系统开展心理服务工作提供指导，切实维护社会安全稳定，将党的关怀和妇联的温暖主动送到群众身边，为坚决打赢疫情防控阻击战贡献力量。

一、 面向普通群众，提供心理防护指导

市妇联坚持“忙中有序”，及时制定下发《关于加强疫情期间心理服务工作的通知》《妇联系统保障心理热线畅通预案》《疫情期间妇联系统心理服务热线工作指南》等文件规范，明确各区妇联及承接服务的心理咨询机构的工作职责、服务流程、服务要求，同时建立自查制度，共开展11轮检查，确保心理咨询服务质量。

一是广泛普及心理知识。市妇联与深受本地百姓欢迎的“掌上天津

App”合作，策划上线“心理在线”专题栏目，推出疫情时期心理知识课程、发布妇女心理帮助服务热线信息，选派心理专家在线解答用户咨询，设置话题66个，获得9万人围观。同时发挥市妇联自媒体优势，天津“战时”工作机制第一天（正月初四），策划上线“阻击疫情从心出发，众志成城从我做起”心理健康系列视频课程，发布微信课程40篇，阅读量4.3万余次，传播科学健康心理知识。特别是三八国际妇女节期间，开办“关爱女性心灵健康，守护家庭幸福平安”系列直播课程19期，邀请心理大咖走进直播间，分享情绪管理、婚姻相处、亲子教育、职场解压等知识，促进家庭幸福、社会和谐，直接观看及参与人数近2万人次。

二是科学缓解不良情绪。联合心理咨询机构、医疗机构，引进专业心理评估工具量表，累计5.2万人次参与评估，其中女性占比超过60%，免费提供情绪自我测量和精准心理防护建议，及时疏解网友因疫情引发的不良情绪反应，助力全市疫情防控群防群治工作。

三是精准提供心理咨询。市妇联发挥市区两级帮助中心心理服务团队的专业优势，正月初五开通“12338”、市妇女法律心理帮助中心18条妇联心理咨询服务专线，实现全天候、全区域覆盖，向群众提供即时性、专业化心理支持、情绪疏导。累计接听心理咨询电话1619人次，其中因疫情引起的心理咨询916人次，占比57%。同时，也涌现出一批优秀的巾帼志愿心理咨询师。比如，身患尿毒症十多年的61岁巾帼志愿心理咨询师郑得芬老师，即使在医院做透析，也不放弃一个咨询电话。一次她接到一位社区工作者的咨询电话，她在家人的帮助下，为这位社区工作者进行了近一个小时情绪疏导，终于缓解其焦虑甚至崩溃的情绪。

二、 面向医务人员，传递积极精神关怀

建立全市抗疫一线医务人员、援鄂医疗队成员及家属数据库8275条，

并实现每周动态更新。同时，协调移动公司云MAS短信平台定期发送服务信息，做实一线医务人员服务工作。

一是加强重点案件专业辅导。重点关注医护人员及家庭的心理咨询，联合各级妇联做好重难点案件的转介和典型案例的报告及指导。同时，充分发挥网络平台作用，策划“心灵瑜伽线上辅导——关爱白衣战士，同心共抗疫情”系列专家指导课，邀请心理专家进行示范教学，把心理团体辅导从线下集中开展升级为线上个体辅导。全市共开展61场，1.35万余人次受益。

二是加强基层专业指导。市妇联先后制作心理健康指导音视频课程5期，下发至基层，指导各级妇联干部帮助医护人员及家庭，不出社区就能实现自我心理解压和情绪疏导。随着疫情防控积极向好，赴鄂医疗队员凯旋，市妇联及时组织心理专家，分别走进河北、红桥、西青、津南、北辰、宝坻、蓟州、宁河等区医院和隔离点，为一线医务人员送去一对一咨询和心理团体辅导服务60场，1500余人次参与。运用绘画投射、OH卡牌、沙盘游戏等心理辅导方法，帮助她们实现身心放松，缓解工作压力。

三、关注特殊需求，强化维权维稳工作

一是聚焦重点地区打好“联动拳”。针对宝坻区疫情严重，群众压力大、情绪波动大的情况，市妇联积极组织好专家力量，为每位咨询者提供个性化专业指导。宝坻区妇联主动作为，发挥心理咨询师张颖等专家型巾帼志愿者作用，开通24小时公益心理服务热线，得到宝坻区委防疫指挥部高度重视，面向区84万用户发布短信，在区两微一端、媒体同步发布，累计接待服务电话579人次。同时，针对不同时期群众心理需求，录制1个微信视频和3个音频，在751个村、139个小区大喇叭循环反复广播，及时疏解群众恐慌情绪。

二是聚焦极端情绪危机打好“组合拳”。针对重难点情况和特殊问题，启动市区街三级妇联服务联动机制，积极协调市级有关部门，第一时间组织心理危机干预专家及时介入、化解危机。截至目前，已有效干预了多起因疫情引发的极端情绪危机，消除不稳定因素。

“木兰有约”普法宣讲全力助战 燕赵女法律人关键时刻勇于担当

河北省妇联

疫情之下，不能如约履行合同的正确应对“姿势”；擅自封路、封村可能涉嫌犯罪；恶意传播病毒，最高可判死刑……疫情期间，河北省妇联组织的“木兰有约”法治宣讲团通过微信公众号、抖音、美篇、短视频等线上渠道为群众普法，第一时间提醒大家疫情防控期间什么可为什么不可为，呼吁人们切莫以身试法，共同维护好社会秩序，齐心协力战胜疫情。每当打开河北省各级妇联的微信公众号，如“燕赵女性”“直隶女性”“唐山女性”“药都女性”，都会看到木兰有约微课堂、木兰战役进行时、木兰说法等以“木兰”命名的疫期普法栏目，以案释法，丰富多彩。在抖音、美篇平台，“木兰”普法的身影也不断出现，点击量不断上升。

“木兰有约”是河北省妇联与省女法官协会、省女检察院协会、省律师协会女律师工作委员会共同打造的一个普法团队，组建于2015年。5年来，“木兰有约”动员全省1000多名女法官、女检察官和女律师，以专业、责任、担当为使命，以维护妇女儿童权益为主题，创造了“参与式”“订单式”“菜单式”“空中式”等宣讲模式，深入院校、企业、军队、农村、社区等基层开展普法宣传1500多场，受众近百万人，曾荣获“河北十大法治人物（集体）”光荣称号，是河北省普法维权的巾帼“轻骑兵”。

疫情发生后，河北省妇联党组以高度的政治敏锐性意识到疫情期间民众更需要法律知识保护自己的切身利益，妇联组织应该有所作为。“木兰有约”普法团队也主动请缨，要求发挥优势，营造有利于防疫、抗疫的社会环境。于1月26日（正月初二）全国妇联发出“为打赢疫情防控阻击战贡献半边天力量”倡议的当天，省妇联就指导“木兰有约”普法团队，积极发动全省女法官、女检察官、女律师开展线上普法活动。

为确定普法主题，省妇联和三个协会的骨干专门成立了工作小组，密切关注疫情进展情况和群众的法治需求，有预案，有目的，严格确定宣传主题。有的主题涉及刑事、民事、行政多个领域，线上多人沟通成为常态，有时甚至讨论到夜里一两点。

疫情限制了人们出行，但激发了木兰人的学习潜能。“木兰有约”的志愿者们克服重重困难，居家完成任务。女检察官、女法官一边照顾年幼的孩子，一边熬夜写材料，学做美篇、抖音。几位女律师每天至少有10个小时伏在电脑前查资料，编辑内容，经过多少次推倒重来的磨砺，一个个抖音、美篇制作的越来越成熟，越来越有吸引力。虽然很累，但她们想到能为抗疫贡献专业力量内心分外高兴。

木兰疫期普法内容时刻关注社会动态和国家部委法律法规及政府工作制度发布情况，及时回应大众期待，以法律人的专业视角警示可能出现的风险。

1月28日，以防治新冠肺炎可能涉及的刑法问题为题发布了第一期，紧接着《面对疫情，制造、散布、传播谣言需承担法律责任》《恶意传播病毒 最高可判死刑》《理性面对疫情，暴力伤医要承担法律责任》《病毒感染者隐瞒症状、拒绝隔离、主动接触人群怎么办》《爱心捐助认准正规渠道 不法募捐涉嫌诈骗罪》等一系列线上普法宣传品陆续制作发布。

2月9日开始，围绕合同履行、权益保护等主要涉及民事法律内容进行宣传，目的是运用法律武器，促进恢复生产和保障正常生活。

“在家就能学到法律知识！”“紧跟疫情最新动态，一学就会，咱要当一个守法公民，不给社会添乱。”网友纷纷为“木兰有约”的普法作品点赞。

疫情期间，各地“木兰有约”团队以短视频、美篇、抖音等形式，共编发普法作品40多个，点击阅读量超5万次，让人们足不出户就学到了法律知识。一些作品经再加工后，在“燕赵女性”公众号和河北新闻网上制作专题推出，扩大了覆盖面，体现了大疫之下燕赵巾帼法律人的奉献和担当，为依法抗疫、有序抗疫作出了应有的努力，木兰普法团队也在疫情考验中得到了成长。中国妇女报、河北日报、河北新闻网、澎湃新闻、网易新闻等多家媒体对木兰普法活动进行了宣传报道。

进入常态化疫情防控阶段后，各地木兰人毫不松懈，以民法典为主要内容，更熟练地运用线上线下方式，广泛开展面向妇女儿童和家庭的公益普法活动，仅廊坊市妇联举办的“解读新民法典 共筑幸福婚姻”——幸福婚姻大讲堂系列直播活动就有41万的收看量；在“11·25”国际反家暴日、“12·4”宪法宣传周等活动中，她们又在省妇联的组织下录制视频、音频在电台、抖音、快手等平台广泛传播，社会效益不断提升。据不完全统计，今年“木兰有约”团队累计开展线上线下活动400余场。各地检察、法院等系统也不断以“木兰有约”的名义发布普法推文，“木兰有约”的品牌知名度、美誉度不断得到提升，团队的凝聚力不断得到加强，河北省的女法律人都以加入木兰普法团队为荣。

疫情以来，河北省妇联因势利导，迅速行动，充分发挥了“横向到边，纵向到底”的组织优势，以“妇联搭台，协会唱戏”的方式，团结带领热心公益事业的优秀女法律人参与到抗疫普法维权的工作中去，为在抗击疫情中做好普法宣传进行了很多新尝试，省女法官协会、省女检察官协会、省律协也在今年正式成为河北省妇联的团体，更深入地参与到妇女发展事业中来，呈现出“妇联得帮手、协会得成长、群众得实惠”的生动局面，将为维护妇女儿童合法权益、促进社会稳定作出更多的贡献。木兰团队的实践，必将为妇联组织如何依靠群众、动员群众、组织群众、服务群众找到更多、更好的答案。

为夺取抗击疫情和转型综改双胜利
贡献半边天力量

山西省妇联

山西省妇联深入贯彻落实中央和省委省政府关于精准有效加强疫情防控，有序扎实推进复工复产，决战完胜脱贫攻坚等一系列重大决策部署，充分发挥“纵向到底、横向到边”的组织优势和“联系、服务、引领”妇女的工作优势，不断创新工作方式方法，丰富工作内容，紧贴妇女和家庭，积极作为，担当尽责，为夺取抗击疫情和转型综改双胜利贡献半边天作用和力量。

一、汇聚半边天力量，众志成城坚决打赢疫情防控阻击战

一是强化责任担当，在战“疫”中践行初心使命。3月8日，习近平总书记代表党中央，向奋战在疫情防控第一线和各条战线的广大妇女同胞表示诚挚的慰问。省妇联第一时间召开党组（扩大）会议传达学习习近平总书记重要指示精神，下发了《关于坚决贯彻落实习近平总书记重要指示精神 在统筹抓好疫情防控和经济社会发展工作中发挥妇联作用贡献巾帼力量的通知》，要求全省各级妇联组织和妇联干部要自觉强化理论武装，推动习近平总书记的重要指示精神和中央、省委的各项决策部署在全省妇联系统全面落地见效。

二是广泛组织动员，形成共克时艰的强大合力。先后下发了《关于切实发挥妇联组织作用 积极动员广大妇女群众投身疫情防控阻击战的通知》《关于进一步组织动员基层妇联干部持续发挥作用，坚决守好村社疫情防控“最后一米”的通知》，发出《致山西省各级妇联执委、妇女代表的一封信》《积极行动 再接再厉 为打赢疫情防控阻击战发挥独特作用——山西省妇联致全省巾帼志愿者的倡议书》。各级妇联干部、执委、妇女代表、巾帼志愿者等迅速响应，在当地党委政府的统一领导下，积极主动履职、有效发挥作用，引领广大妇女当好宣传员、防控员、监督员，筑牢联防联控、群防群治的家庭防线，为做好疫情防控工作贡献半边天力量。

三是强化典型宣传，凝聚众志成城的思想共识。开展“别样三八节 致敬最美的她”三晋抗疫最美女性网上主题宣传活动，展示了84名在抗疫一线的女医护人员、女警察、社区女干部、巾帼志愿者、妇联干部等各条战线三晋抗疫最美女性。开展“别样三八节 巾帼在行动”宣传展示活动，组织“山西女性抗疫文创作品展评”活动，把镜头对准社区、对准一线、对准基层，多层次多角度广泛宣传普通妇女在抗击疫情、复工复产、脱贫攻坚、社区防控等方面的感人事迹。

四是精准对接需求，关心关爱防疫抗疫一线人员。省妇联与省妇女儿童发展基金会联合启动实施“‘晋心抗疫·巾帼助力’关爱援鄂医护人员行动”，持续为援鄂一线医护人员家庭免费配送装有蔬菜、水果等的暖心包，帮助援鄂医护人员解决后顾之忧，累计配送暖心包3885人次。关心关爱社区一线抗疫妇女干部，累计向一线社区、一线抗疫妇女干部赠送价值约210余万元的物资。

五是启动心理援助服务，帮助妇女群众稳情绪强信心。及时为妇女和家庭提供心理疏导服务，在用好“12338”妇女维权服务热线的同时，联动社会力量开通心理援助热线90余条，为1648人次进行线上咨询；引导妇女群众增强法治意识，依法支持和配合疫情防控工作，推出“晋姐学法 · 同心抗疫”专题3期，11市妇联举办线上公益讲座36次，为夺取疫情防控和经济社会发展双胜利作出了应有的贡献。

二、充分发挥组织优势，服务复工复产、助力脱贫攻坚

一是积极对接用工需求，解决就业送岗位。积极开展“互联网+”就业创业服务，省妇联分别与省人力资源市场，山西晚报社、山西招聘网联合开展“2020年山西省女性专场网络招聘活动”。三八期间，共有1129家企业为妇女提供17752个就业岗位，求职32823人次，达成意向5739人次。全省各级妇联着力打造“就业服务不打烊，网上招聘不停歇”的线上春风行动，免费为用工单位和女性求职者提供“一站式”创业就业综合服务，搭建女性求职者与企业的双向交流平台，全省共组织10384家企业为妇女提供278596个就业岗位，当前求职277309人次，达成意向33329人次，切实帮助更多妇女更快、更好地就业。

二是广泛开设在线课堂，服务复工送技术。根据疫情形势，省妇联创新工作方式，充分利用信息化手段和网络平台，在全省组织开展“居家防疫 · 网上学技”活动。各级妇联充分利用网络平台，广泛开设、持续推送家政服务、手工技能等各类就业创业知识技能和健康生活知识课程，引领广大妇女在居家防疫期间通过网络平台学知识、强技能。活动自2月初开展以来，截至目前累计推送1141期在线课程，累计学习人数（阅读量）达22.7万余人次。三八期间，结合巾帼家政服务提质扩容，上线“晋嫂”家政在线课堂，邀请国内行业知名专家开设线上讲座，共推出家庭母婴照护、居家养老照护等5个专题课程，为战胜疫情后迅速复工复产提升能力，更好地为我省决战脱贫攻坚、决胜全面建成小康社会贡献巾帼力量。

三是发挥妇字号企业带动作用，助力脱贫送服务。各级妇联组织充分发挥妇字号企业和女能人的带动作用，带领广大妇女因地制宜、因人而异开展脱贫攻坚工作。“80后”女孩武祝琴拉长果树种植产业链，主推苹果树苗网络“私人定制”，让消费者在有疫情时网上看苹果生长，疫情过后网下享受苹果味道，订单翻番给合作社果农吃了定心丸；三晋巧姐脱贫示范基地——山阴县众福缘合作社研发的中药制剂配方，制作中草药香包，带动周边贫困妇女稳就业稳增收；妇字号企业——繁峙晋绣坊巾帼双创扶贫培训基地、静乐久冠服装厂等企业开工复产，让易地搬迁的妇女在疫情期间，实现了稳就业稳增收。

疫情防控阻击战　巾帼携手绽新颜

内蒙古自治区妇联

新冠肺炎疫情暴发后，内蒙古自治区妇联坚决贯彻落实习近平总书记关于新型冠状病毒感染的肺炎疫情防控工作的重要讲话重要指示批示精神，认真贯彻落实自治区党委、全国妇联的安排部署，切实提高政治站位，增强“四个意识”、坚定“四个自信”、做到“两个维护”，充分认识做好疫情防控工作、打赢疫情防控阻击战的极端重要性和现实紧迫性，发动带领全区各级妇联组织、广大妇女群众和家庭广泛参与，大力开展防护宣传，发挥妇女和家庭在疫情防控中的独特作用，为坚决打赢疫情防控阻击战贡献巾帼力量。

一、提高政治站位，认真贯彻落实党中央和自治区党委、全国妇联部署要求

自治区妇联党组书记、主席胡达古拉第一时间进行安排部署，坚决贯彻落实习近平总书记重要指示精神和党中央决策部署，认真落实自治区党委部署和全国妇联指示要求，第一时间制定工作方案、预案，向各盟市、计划单列市妇联印发《关于切实做好新型冠状病毒感染肺炎疫情防控有关工作的通知》，号召各级妇联组织、妇联干部和广大妇女、家庭积极行动起来，为切实加强防控工作作贡献。妇联机关严格防控，做好干部职工管

理，精准建立外出返呼人员台账和隔离时间表；实行弹性工作制，各业务部门通过微信、视频电话等现代化手段居家办公，推进近期重点活动和工作；制订干部弹性工作日和隔离期间学习课目安排，确定必学内容，安排研讨任务，保障防控期间学习工作两不误；安排专人对办公场所进行全面消毒，保障办公人员安全健康。

二、采取多种形式，加大宣传力度，努力覆盖到更多妇女和家庭

自治区妇联把网络平台特别是“北疆女声”微信公众号和“百纳七彩网圈”等新媒体平台作为宣传主阵地，及时转发党中央和自治区党委决策部署，转发全国妇联的指示要求，发出《为打赢疫情防控阻击战 贡献半边天力量》倡议和《致内蒙古各级妇联执委一封信》，制作播放抖音短视频，对各级妇联干部提出要求，对广大妇女通过蒙汉双语普及防疫知识、宣传疫情防控医疗战线先进事迹等，并把思想政治引领贯穿始终。通过自治区政府新闻办新冠肺炎疫情防控指挥部第三十六次新闻发布会，广泛宣传了妇联组织动员妇女群众参与疫情防控主要情况。

三、积极主动参与，全力做好疫情防控、情绪安抚、心理疏导工作

自治区妇联制定应对疫情工作应急预案，第一时间启动“12338”妇女维权热线电话，盟市以上妇联实施24小时全天候接听服务。着力帮助求助妇女解决心理上和生活上的实际困难，及时回应妇女合理诉求，做好情绪安抚、心理疏导等工作。仅在疫情发生的最初一个多月，全区各级妇联“12338”热线共接处置411件，占上年全年接线量85%。各盟市、旗县区妇联充分发挥妇联组织横向到边、纵向到底的优势，主动参与到当地党委政府的安排部署工作，积极组织村社区妇联执委、妇女群众、巾帼志愿者等

群体投身联防联控工作，进行入户排查，参与社区体温检测、排查、宣传疫情防控知识、开展政策解释等工作，提高群众的自我防护意识，增强战胜疫情的信念信心。

四、发挥“娘家人”作用，贴心服务奋战在抗疫一线医护人员及其家庭

2月7日，经多方协调，联系购置500个口罩第一时间向内蒙古自治区第四医院捐赠，补充医护人员急需。2月11日，自治区妇联党组书记、主席胡达古拉慰问援助湖北疫情防控一线医务工作者家庭代表，为援鄂医务工作者家庭及奋战在一线的医务人员送去380份蔬菜、米面油等生活物资，并送去200个N95口罩。广泛宣传赴湖北一线医护人员抗疫事迹，开展“宅出最美新花样”征集、“我为最美逆行者点赞”全区中小学生书信征文活动和“我为战胜疫情作贡献”主题系列活动。全面摸清抗疫一线人员家庭需求，有针对性地协调解决家庭照护、子女入学等实际困难。聚焦儿童伤害事件频繁发生的情况，建立联系服务家庭工作机制，开展全面排查、精准施策，为留守儿童和困境儿童及其家庭提供关爱帮扶服务。

三八国际妇女节前夕，自治区妇联协调自治区党委石泰峰书记、自治区政府布小林主席给援鄂一线全体女医护队员回信，鼓励她们克服困难，圆满完成援鄂医疗任务。为全区赴湖北的847名女性医务人员送出价值40万元的三八节爱心礼包，送上“娘家人”的温暖祝福。同时，积极协调各方力量，为一线和疫情严重地区捐款捐物。组织发动自治区、盟市两级女企协捐款捐物合计2890.53万元。自治区妇联和各盟市妇联干部捐出23万元党费支援抗疫一线。在满洲里输入性疫情发生后，积极协调自治区红十字会为满洲里市跨境疫情防控指挥部捐赠总价值69.15万元物资。

五、创新方式方法，促进创业就业，以实际行动助力“六稳”“六保”

举办为期10天的促进大学生和妇女就业的草原集市暨“布丝瑰”民族服饰大赛作品直播电商节，优选全区12个盟市51家布丝瑰工坊（企业）超过3600种产品，通过抖音、达人店线上平台面向全国进行直播销售，观看人数1073.2万人次，活动整体传播量1530.69万人次，实现销售总额59.3万元，带动1400多名手工艺人增加收入，为200个大学生提供就业实习岗位。

聚焦“三个着力” 发挥优势主动作为 为推进疫情防控和经济社会发展贡献巾帼力量

辽宁省妇联

新冠肺炎疫情发生以来，辽宁省妇联紧紧围绕省委、省政府中心工作任务，组织动员广大妇女在社会生活和家庭生活中发挥独特作用，为夺取疫情防控和经济社会发展双胜利贡献了半边天力量。

一、着力强信心，把妇女群众思想和行动统一到党中央决策部署和省委工作安排上来

统筹安排提振信心。省妇联党组迅速贯彻中央和省委部署，成立疫情防控领导小组，制定《省妇联应对新型冠状病毒肺炎疫情防控工作预案》《省妇联关于进一步发挥妇联工作优势积极参与新型冠状病毒肺炎疫情防控工作的通知》，指导各级妇联织密防控疫情工作网络。全省2万多名妇联干部和26万名妇联执委广泛动员妇女和家庭、巾帼志愿者、女企业家投身疫情防控。

典型示范传递能量。开展“送表彰下基层”活动，省委副书记周波调研慰问省级巾帼文明岗，各级妇联走访看望一线女职工。开展“致敬前线最美的她”主题宣传活动，制播省巾帼文明岗和巾帼建功标兵视频及一线典型采访节目，各级妇联开展“云致敬”“云点赞”“云颁奖”特别活

动，吸引1000余万人次参与。

加强舆论正向引导。全省妇联系统1046个微信公众号平台，7.6万个微信群、快手、抖音号同频共振，发布科学防控知识和正向宣传信息1.36万条。全媒体播放公益广告5549条次，总时长11133分钟。主流媒体宣传517篇次。组织4947名网宣员和骨干网评员澄清不实信息，转发、评论、跟帖3万余条。开展线上读书会等活动1100余次，342万名妇女积极参与，提振了抗疫必胜的信心。

二、着力暖人心，激励妇女在群防群控中勇于担当

倾情关爱一线医护人员。辽宁驰援湖北医护人员2054名，其中女性占72.5%。省妇联发出《关爱抗击疫情一线医务人员家庭倡议书》，组织妇联执委、巾帼志愿者面向援鄂医护人员家庭开展全覆盖服务。采取发放慰问信、表彰、送爱心礼包，开通“服务热线”“云课堂”，开展结对服务六项举措，为女性医务人员及家庭开启关爱服务“直通车”。省妇女儿童基金会启用资金50万元，定向向辽宁援助湖北医疗队一线女医务人员捐赠爱心礼包，为援鄂医务人员发放慰问信和双肩包，协调伊利集团捐赠价值221.22万元的牛奶。各级妇联采取“六个一”“2+N”等措施，提供送“暖心菜”、儿童指导、家居保洁、上门美发等服务。

构筑抗疫维权“心”防线。联合辽宁广播电视台制播疫情防控心理直播课堂20期，整合“12338”维权热线，开通心理、法律服务热线144条，招募志愿者776人，开设心理微课堂9334次，提供服务38424人次。各级妇联建立战“疫”心理健康服务平台，面向广大妇女和家庭开展心理疏导。关爱特殊妇女儿童，组织“执委妈妈”牵手困境儿童，举办家教“微课堂”，推出“大辽姐姐说法”、普法“云盘”普及法律知识，维护妇女儿童权益。

汇聚战“疫”“她力量”。下发《关于进一步组织动员广大巾帼志愿者（团队）积极投身疫情防控工作的通知》，动员捐赠资金物资1700万余元。各级妇联发动巾帼志愿者13.63万人，组织6526支“大辽姐姐帮帮团”和学雷锋巾帼示范社区、示范点开展亮牌服务，15万人次受益。

三、着力筑同心，组织引领妇女为经济社会发展建功立业

精准助力复工复产。省妇联下发《关于配合政府做好疫情防控期间积极组织妇女参与复工复产工作的通知》，采取六项措施帮助妇女科学有序复工复产。推出“我们创业吧”创业者公益互助计划，在线培训7.4万余人次；与省国资委、省人社厅举办女大学生（网络）招聘会，发布岗位7511个，达成意向4787个。各级妇联发布女性就业岗位信息3万余个，让大批女性“足不出户”实现就业。各级妇联开展执委大调研，了解企业复工复产需求，开展针对性服务。引导“巾帼文明岗”窗口服务单位采取“网上办、快捷办、上门办”等方式，短平快帮助企业复工复产。前三季度各级妇联帮助4034名妇女协调贷款5.17亿元，比2019年全年总额（1.67亿元）增长209.6%。

深化“乡村振兴巾帼行动”。推出“乡村振兴巾帼行动”服务直通车直播课15期，让555万妇女“指尖上”学知识、长技能；开展巾帼电商带头人培训，举办巾帼农产品电商品牌大赛，42个项目参赛，培育和发现54个巾帼农产品电商品牌；对接城乡需求，举办“巾帼助农直播带货”活动14场，线上销售优质农产品329种，销售额达35.2万元。做好对口援疆交往交流交融，组织辽宁专家赴塔城地区，面向120名妇女和妇联干部开展家政和电商培训。

抓好“巾帼脱贫行动”。制订全省妇联系统打赢脱贫攻坚战实施方案。创建全国巾帼脱贫示范基地3个，扶持创建省级巾帼科技培训示范基地

26个、“巾帼扶贫微工厂”“巾帼扶贫车间”147个，带动1144名贫困妇女就业，开展线上线下培训29791人次。发挥“辽宁巾帼扶贫馆”作用，新建5个线下实体便利店，帮助省重点贫困县销售农产品1000余种，疫情期间线上销售额达190万元。开展“姐妹手拉手巾帼脱贫快步走”活动，组织妇联执委与4180名贫困妇女结对帮贫。

深化家庭文明创建活动。揭晓省“最美家庭”98户、省“抗疫最美家庭”130户，83户家庭入选“全国抗疫最美家庭”“全国最美家庭”和“全国五好家庭”。

立足职能　主动作为　奋力扛起战“疫”半边天

吉林省妇联

2020年岁末年初，面对突袭的新冠肺炎疫情，中国举全国之力抗击疫情。战“疫”枪声响起，吉林省妇联积极响应全国妇联“为打赢疫情防控战贡献巾帼力量”的倡议，坚决落实中央和省委疫情防控部署要求，立足职能、发挥优势，团结凝聚全省各级妇联组织和广大妇女群众共同抗击疫情，秉持“聚焦家庭、守住社区、服务经济社会发展”的总原则，在推动联防联控、群防群治、复产复工中彰显巾帼担当，奋力扛起了吉林战“疫”半边天。

一、凝聚力量，组织全省广大妇女有序参与疫情防控

全省各级妇联充分发挥横向到边、纵向到底的组织优势，动员妇联干部、执委和巾帼志愿者深入基层、冲上一线，成为联防联控群防群治的中坚力量。面向各级妇联和全省妇联干部，发出做好疫情防控工作通知，省、市、县、乡、村五级妇联组织积极响应省委、省政府号召，深入基层社区参与联防联控群防群治，在防疫宣传、值班值守、登记摸排、测量体温、消杀消毒等各项工作中贡献巾帼力量。面向全省19万妇联执委，发出《致吉林省各级妇联执委一封信》，组织各级妇联执委积极行动，通过包片包组包户、挨家挨户敲门喊话，发放宣传单等方式，开展入户排查、测

量体温、实时监测、电话回访，实现执委特别是县（市、区）、乡镇（街道）、村（社区）执委联系家庭全覆盖。面向全省22万巾帼志愿者，发出《吉林省广大巾帼志愿者行动起来、积极投身防控疫情工作倡议书》，广大巾帼志愿者积极响应，主动作为，在物资配送、商品代购、暖心护理、后勤保障、心理疏导等方面发挥了重要作用。大力宣传疫情防控中涌现出的先进典型，追授在抗疫一线牺牲的松原市长岭县前七号镇党委副书记、妇联主席姜娜同志为“吉林省三八红旗手”和“全国三八红旗手”，并号召全省妇联系统向姜娜同志学习，有效激发了广大妇女干部担当作为、昂扬奋发的精神状态。

二、立足家庭，引导广大妇女群众带头做好家庭防护

全省各级妇联组织从家庭入手，大力引导妇女和家庭增强预防意识，自觉配合防控工作，落实防控措施。在吉林女性微信公众号推出“宅家战‘疫’正当时”系列栏目，邀请家庭教育专家开展家庭教育和儿童防疫知识宣传，携手《中国妇女》杂志推送“特殊时期 特别家教”网络公益课程，开办“少儿公益云课堂”“女子修养云课堂”“家庭教育云课堂”公益“云”服务，做好家庭疫情防控和健康生活指导。开办儿童抗疫绘画作品线上展，号召全省少年儿童与父母一道，记录抗疫真实画面，共征集绘画作品118幅，微视频近50部。组建抗疫心理咨询、妇女儿童法律咨询等服务团队，开通“12338”心理热线，24小时接听群众电话，提供心理咨询、心理指导、法律咨询、法律援助等多元化服务，引导妇女群众正确看待疫情，减轻恐惧情绪，全省县以上妇联“12338”热线共接处信访1631件，心理咨询1036次，热线接听率100%。

三、传递温暖，动员社会各界积极贡献爱心力量

全省各级妇联组织广泛动员社会力量，承担社会责任，传递爱心服务，组织女企业家、妇女干部群众和社会爱心人士捐赠善款、物资132万元。联合省卫健委开展“关爱全省援鄂医护人员及家庭”公益活动，为1218户援鄂医护人员、军队抽组赴武汉一线人员家庭赠送“关爱包”，配送新鲜蔬菜、米面等日常用品，并根据不同家庭实际需求，有针对性地赠送儿童绘本、书包、运动服等生活用品，派发心理咨询热线卡，家庭教育、儿童公益课堂网上学习卡。实施“抗疫一线工作者关爱行动”，为人口流量较大的县区主要检测点工作人员赠送“温暖包”，发放鞋垫、热帖、暖手宝等，为奋战在防控一线的村、社区妇联干部赠送“贴心包”，发放即食食品和其他必需品。联合女企业家协会和长春欧亚集团开展“援鄂有你·援后有我——关爱援鄂医护人员再行动”，为所有援鄂家庭赠送“购物舒心卡”“生日暖心卡”和“出行安心卡”，帮助凯旋的抗疫一线人员尽快调整身心，回归生活。

四、搭建平台，助力女企业家和女性农业生产经营主体复工复产

贯彻落实中央和省委关于有序推动复工复产的决策部署，发出《致吉林省女企业家的倡议书》，号召各级女企业家协会、女农民专业合作社、巾帼文明岗和各类妇女创业创新典型复工复产。搭建政策平台，大力宣传中央和省委省政府关于复工复产的决策部署和政策要求，宣传复工复产的注意事项，协调人社、金融等部门，帮助女企业家、女性创业者用足用好财税支持、用工保障等方面政策措施，与交通银行吉林省分行联合推出“吉人巾帼贷”金融服务产品，实行“五免”政策，为省内女性法人小微企业提供金融服务支持。搭建网络平台，深化妇女网络教育培训工作，

积极推动妇女参与“居家防疫 · 网上学技”等活动，整合农产品产销对接、网上新零售等平台，缓解防疫物资及农资产品采购、巾帼农产品销售等难题，为促进经济发展积聚能量。搭建服务平台，联合发改委开展女企业家、“吉林巧姐”、家政服务创业者赴浙江学习交流项目合作，列入吉浙合作重点项目，组织“吉林巧姐”居家开展草编项目，帮助联系网上订单、物流发货，发挥巾帼扶贫示范基地、扶贫工厂、扶贫车间作用，在手工、电商、春耕等方面组织妇女就地就业，确保如期完成脱贫任务。

完善机制　释放效能
在大战大考中书写“妇联答卷”

黑龙江省妇联

新冠肺炎疫情发生后，黑龙江省妇联坚决落实中央和全国妇联决策部署，立足职能发挥优势，着力完善“四项机制”，组织动员各级妇联组织和广大妇女群众积极投身疫情防控，为奋力夺取疫情防控和实现经济社会发展目标双胜利贡献巾帼力量。

一、完善思想引领动员机制，凝聚同心同德抗击疫情的半边天力量

面对突如其来、严峻复杂的风险挑战，只有通过快速反应、及时发声、抓好选题、精准推送的全媒体宣传发动，才能把握舆论主导，统一妇女思想，为党凝聚最广泛的人心和磅礴力量。

一是用合力发声强信心。坚持信息准确下沉效果导向，抢时间、聚焦点，提前策划、统筹安排，在省妇联“两微一网”开设了70余个专栏，全天候发布政府号召、疫情动态、防控知识等信息1470余篇次，总阅读量超过366万人次，带动全省各级妇联累计发稿5070余篇次，形成了众志成城、同心战“疫”的浓厚氛围。

二是用共同目标聚民心。第一时间向各级妇联组织、妇联干部、女性社会组织发布参与疫情阻击战的动员令，向全省妇女发出“守好小家为大

家”倡议书，精心制作“我和家人接力承诺”小程序，短短2天时间就有16万多人自发参与到活动中来，成为微信朋友圈的“爆款”。

三是用榜样精神筑同心。通过主办三八国际妇女节省政府专场新闻发布会、开展“致敬巾帼最美奋斗者”等宣传活动，生动讲述医护人员“逆行者”、社区一线工作者等巾帼英雄的感人故事，同时通过多家报纸专版、新媒体等同步发布，形成强大的视觉冲击力，让广大妇女充分感受到先进典型的担当和坚守的力量。

二、完善多方协同联动机制，让妇联组织更具动员力凝聚力战斗力

疫情防控是一场人民战争，只有链接各方资源，聚合社会力量，充分释放妇联干部、常执委、妇女骨干、女性社会组织、巾帼志愿者“共同作战”的优势，才能提高妇联组织应急处置、整合资源、协同推进的能力。

一是党有号召，妇联有行动。疫情发生后，各级妇联干部同频共振，省妇联由领导班子成员带头组成2支23人党员先锋队，13个市（地）妇联干部全部下沉社区一线，认真做好宣传引导、辖区排查、卡口值守各项工作，顶风冒雪、不畏严寒，筑牢了社区防线。

二是一方有难，八方齐支援。省妇联发起“携手共筑阻疫长城”募捐行动，募集资金657万余元，爱心女企业家、社会各界爱心人士捐赠款物3400余万元，全力驰援湖北和黑龙江两地抗击疫情第一线，充分彰显了龙江妇女大爱情怀。

三是携手同心，各方聚合力。牵头省妇女儿童基金会、贾秀芳慈善基金会、省女企业家协会向医疗单位捐赠消毒液、智能护理康复床等价值1620余万元的防疫物资。省家庭服务业协会组织会员单位为防疫一线和复工企业进行公益消杀。省女法官协会、女检察官协会、女律师协会发挥专业优势，开展法律宣传和法律服务。广大巾帼志愿者坚持哪里需要去哪

里，坚守一线，无私奉献，在群防群治中彰显了积极作为。

三、完善网上妇联工作机制，让“娘家人”的温暖触手可及

疫情促使“互联网+”模式加速发展，只有优化大数据、云服务等智能化工作机制，提升网上妇女工作能力，推动妇联组织工作上网、活动上网、培训上网、服务上网，才能引带妇女群众有效应对疫情后新的生产生活方式，把握新机遇，实现新发展。

一是“云培训”隔屏授技。充分运用“键对键”“屏对屏”，破解妇女发展困境，开展手工编织制作、家政服务技能、法律法规知识、创业脱贫能力等妇女培训课2371场，推出“妇联喊你来学法”、“妇联喊你来学农”、“薪火”巾帼学堂等专栏，吸引160.2万人次参加学习。

二是“云平台”助力发展。用足用活新媒体平台，通过举办“春风行动”网上招聘会、召开金融服务对接会、开展“家政有约·网上对接”“家庭网购节”“百名妇联干部直播带货”等活动，帮助6909名女性实现网上就业，“硬核”推介龙江特产2200余款，发放巾帼创业循环金305万元，为助力实现“六稳”“六保”作出妇联贡献。

三是“云之家”暖心守护。强化特殊时期家庭支持，通过开设线上“亲子课堂”“夫妻课堂”，举办“六一”云联欢、“家庭亲子云阅读”、“家和万事兴”家教家风主题展等系列活动，全方位打造疫情期间“云之家”，帮助家庭成员共同成长，更有意义地度过疫情防控特殊时期。

四、完善精准关爱服务机制，当好妇女群众的知心人贴心人暖心人

在疫情防控应急状态和常态化防控的不同时期，广大妇女和家庭的需求热盼不尽相同，只有站在妇情民意前沿阵地掌握妇女群众最直接、最现实的需求，才能牢牢把握主动权，增强服务妇女群众的针对性、精细化、

精准度。

一是面向抗疫一线医护人员家庭。携手省妇女儿童基金会、贾秀芳慈善基金会、爱心企业，为驰援湖北医护人员家庭送去价值42万余元的爱心物资。申请“加油！抗疫天使”援助项目，为援牡援绥的医护人员家庭送去关爱包937个，帮助最美“逆行者”解决后顾之忧。

二是面向特殊群体。推动有关部门出台孕产妇保护政策、开通妇女法律援助“绿色通道”，广泛开展“寒中送暖·真情相伴”特殊时期特别关爱行动，采用发放联系服务卡、建立“一帮一”包保责任制、成立关爱团等方式，携手爱心企业慰问重点人群、特殊困境妇女儿童3880人，为广大家庭送去温暖和关怀。

三是面向心理焦虑女性。第一时间组建“心灵港湾”心理援助队伍，线上推出“心理课堂”，向社会公布17条心理援助热线，为6800余人次提供了心理危机干预和心理疏导服务。

首捐“考拉裤”，“娘家人”永远在线

上海市妇联

作为汇聚上海女性力量的群团组织，上海市妇联一直被人们亲热地称呼为“娘家人”。妇女儿童工作千头万绪，从调研群众需求，到组织动员各方力量，再到项目化落实解决问题，重视细节和成效，把工作落到实处，一直是充满活力、坚强有力的上海妇联“娘家人”的精神。于细微处见精神，“娘家人”永远在线，我们就从抗疫大战场上的一片小小“考拉裤”说起吧。

缘起：灵光闪现，来自女性需求调研思维和对口工作机制

2020年1月30日，大年初六。上海市妇女儿童服务指导中心（巾帼园）的魏迎娣还在外地探亲休假，此时，新冠肺炎疫情的阴影已经笼罩了整个神州大地。疫情来得猝不及防，在新闻里看到上海市民爱心投喂瑞金医院医护人员的画面后，魏迎娣赶紧打开对口工作中经常联系的瑞金医院工会主席吴平的微信。

“防护物资肯定缺啊……防护服一穿就是8个小时，平时还好，忍忍也就过去了，但女医生女护士遇到生理期，真的就相当难受了……”吴平无意中的一句话，打开了魏迎娣的思路。一线护士90%是女性，医生也有50%以上是女性，生理期卫生用品不属于医疗物资，医护战线上的姐妹们怎么办？

魏迎娣第一时间和巾帼园班子讨论，班子立即达成共识，联系上海市儿童基金会和考拉裤生产企业，并向市妇联领导汇报情况。抗疫时期女医护人员的生理卫生需求立即引起了市妇联领导的重视，市妇联发联部连夜立项，1月31日，上海市妇联、市总工会女职工委员会联合倡议，希望有考拉裤等产品的企业积极捐赠，或以低于市场价的爱心价格提供货源；同时接受现金形式的捐助，募捐款项专门用于购买考拉裤等产品。

面对需求，市妇联的反应非常迅速，这有赖于妇联系统工作中一贯坚持的女性需求调研思维和通畅的对口工作沟通机制。

行动：规范的工作流程和强大的执行力，为上海市妇联赢得信任

在市妇联发联部和上海市卫健委妇委会需求对接和协调联络下，上海市三八红旗手联谊会、上海市女企业家协会、巾帼文明岗联盟上海购物联盟等女性社会组织和团体立即行动，如百联集团马上整理出了库存信息并给予定价帮助。发联部副部长蒋纾洁是群团改革后来到市妇联的挂职干部，作为善淘网创始人，她把管理慈善超市的高效方法和流程给到了募捐项目，知名品牌企业纷纷来电要求捐赠……

疫情是战场，也是一面镜子，当媒体曝出个别慈善机构对捐赠物资的不当处理后，“娘家人”却拥有着群众“妇联办事我们放心”的信任。妇代会代表陈立英是韵达快递的老总，她一句“快递包在我身上”不仅免去了所有快递费，还使用了成本最高的点对点发送，以确保“考拉裤”能安全、快速、直接地送达女医护人员手中。

市妇联、市总工会女职工委员会共同发起募捐倡议，所有人都在各自工作群中全力转发扩散。上海市妇联副主席、新闻发言人翁文磊在全国妇代会代表群里直播“考拉裤”募捐的进程打动了全国妇联执委陈丹燕，当时国外疫情尚未暴发，陈丹燕在国外的女儿和一群朋友到处买口罩，托亲

朋好友人肉背回国内，每次都是“娘家人”去机场接收口罩，严格按捐助流程完成爱心接力。“考拉裤”项目运作的良性示范，带动了更多爱心项目的开展。

信任源于认真与规范。市妇联主管的上海市儿童基金会捐助对象一般是18岁以下的少年儿童，以往每次遇到重大灾情，儿基会都会提前向民政部门申请扩大捐助范围，这次也通过了民政部门的批准。“考拉裤”项目的每一步，都在规范的工作流程中行进，这份细致与规范，为“娘家人”赢得了社会各界的信任。

助力：看见女性的需求，解决姐妹的难题

经过市妇联综合考虑，所有募捐物品除了捐赠给上海赴武汉医疗队女性工作人员外，还包括上海市公共卫生临床中心、上海市疾控中心一线女性医务人员，以及上海市110个发热门诊一线女性医务人员。而募捐的物资数量和金额，则是基于人数、价格等计算，提出首批捐5万片考拉裤，募集30万元。在妇联组织系统线上线下的全力发动下，6万多市民踊跃捐款，倡议发出后短短一天，募集到了价值近200万元的物资和善款，远远超出了市妇联首批募集的目标。

2月1日傍晚5时，首批100箱（9600片）女性专用考拉裤“搭乘”上了驶往武汉的集卡。2月2日下午，首批物资运抵武汉，随后被立即送到了医务人员手中。

截至项目结束，共募集11批次考拉裤（1910箱，115818片），由韵达速递公益运送至134家医院和7支上海援鄂医疗队手中。

看见女性的需求，并不是一句口号，而是社会与文明的进步。这场由上海最早开始的支援一线女医务人员卫生用品的行动得到了越来越多机构和个人的支持。当网上一些人对女性生理过程不以为然时，更多的声音响

了起来：文明社会中，女性的需求，应该被看见！“娘家人”坚定地在坚持男女平等的道路上前行。

习近平《之江新语》的《小事小节是一面镜子》一文中提到：于细微处见精神。在举国上下捐献抗疫物资的时候，上海市妇联为女性医护人员发出了第一声倡议，“考拉裤”的故事虽然只是市妇联工作中极其细微的一角，展现的却是国际大都市女性的睿智与担当。妇联人明白，只有踏踏实实做好每一件小事，才能成就时代的洪流奔腾不息！

引领“她力量”　撑起半边天

江苏省妇联

面对突如其来的新冠肺炎疫情，江苏省各级妇联组织学习贯彻习近平总书记重要指示精神，牢记责任使命，勇于担当奉献，把这场战“疫”作为检验妇联组织形态能否适应疫情防控的应急状态、改革成效能否切实转化为战“疫”优势的一次“大考”。在五级妇联的广泛发动下，全省30万妇联执委携手3900万妇女姐妹、2600万家庭及各团体会员同发力，妇女微家、妇女小组、女性社会组织齐亮相，书写了齐心抗疫的巾帼答卷。

一、优化社会化动员机制，提升网络引领力

建好用好网络动员平台。联合主流媒体建立江苏省巾帼战“疫”宣传工作矩阵，五级妇联与各级主流媒体充分联动、层层有群、群群相连，织起一张妇女战“疫”宣传网。省妇联专门开辟“携手战疫巾帼有我”综合服务云平台，线上推出12个暖心服务栏目，发挥优势强信心、暖人心、聚民心。

建立即时性表彰机制。深入发掘、及时报道疫情防控一线的巾帼典型以及基层妇联、团体会员、女性社会组织、妇女群众战“疫”的先进事迹，对在抗疫工作中表现突出的巾帼典型及时授予“三八红旗手”“最美家庭”等称号，南京市中医院党委委员、副院长徐辉被追授为“全国三八

红旗手"和省"三八红旗手"。

积极开展舆论引导。充分运用江苏女性融媒体发展联盟数据资源，专设"谣言粉碎机"栏目，及时发布权威信息，引导广大妇女理性对待疫情，不信谣、不传谣。

二、优化工作推进机制，用好平台凝聚战"疫"合力

一是用好社会平台开展公益众筹。运用腾讯公益平台开展"在你身边·抗击疫魔"行动，一周时间共募集资金1470.58万元，连同物资共计3753.85万元。一方面，关爱医护人员家庭。建立了我省2820名驰援湖北的医护人员家庭档案，持续开展送"五暖"活动，"暖心包"，送上抗疫所需的居家自护用品；"暖心菜"，每周一次免费配送各类新鲜菜品；"暖心话"，提供心理援助、法律咨询、网课等巾帼志愿服务；"暖心活"，为援鄂一线医护人员家庭提供优质家政服务；"暖心课"，为援鄂医护人员子女提供关爱项目。另一方面，关爱女性医护人员。三八期间，开展致敬最美巾帼"逆行者"活动，为驰援湖北的女医护人员送去价值239.72万元的"暖心包"。江苏援鄂医护人员凯旋时，与省卫健委、新华日报社等联合举办"印·记"手模采集活动，为每一位白衣勇士制作专属紫砂手模。

二是用好政府平台关爱重点群体。积极发挥各级妇儿工委协调联动作用，围绕防控一线医护人员及家庭等重点人群出台关爱政策，通过购买公益社工项目提供精准服务。

三是用好创业平台助推复工复产。成立江苏省巾帼电商、江苏省民宿女主人、江苏省巾帼手工产业三大联盟，集中优势力量助力创业女性抱团取暖；问需女企业家、巾帼新农民、"好苏嫂"家政服务员和创业就业女大学生，推出"苏垦慧创""巾帼荣誉贷"等系列服务，通过"春风送岗"线上招聘、"她播"巾帼带货等方式援企助农促就业，助力"六

稳”“六保”。

三、延伸手臂，群防群治提升妇联队伍战斗力

立足基层一线当好“防控员”，延伸妇联工作手臂，在防输入、防蔓延、防输出中，妇联干部、执委、巾帼志愿者、“最美家庭”同发力，女企业家协会、广场舞协会、女律师协会显身手，妇女微家、妇女小组、女性社会组织齐亮相，在群防群控、邻里关爱、守住家门中充分发挥作用，充分彰显妇联改革队伍建设迸发的活力。依靠群众力量当好“宣传员”，组织“最美家庭”录制抗疫公益视频；开发上线32集“让家更有力量”防控疫情家庭教育微课，被全国妇联、人民网面向全国推送；联合省广场舞协会组织“我舞我秀”个人展示，将线下聚集变成视频教学、线上分享的“宅”家活动；发动巾帼志愿者创作漫画、快板等接地气的宣传产品，动员广大妇女群众用乡音土话线上线下宣传防疫知识，全省3900万妇女姐妹和2600万家庭成为防疫抗疫的重要力量。融入社区网格当好“监督员”，30万妇联执委和30万网格员以及物业、保安中的妇女骨干深度融合；“敲门大姐”“江东大妈”“广场舞大使”等上百支巾帼志愿者队伍开启群众自治防疫新模式。

妇联有号召，妇女有行动。江苏千千万万巾帼英雄立足岗位，用科研之笔将论文写在抗疫一线；用血肉之躯将疫魔挡在发酵途中，积极筹措物资驰援一线战“疫”；殚精竭虑带领群众守护后方家园。她们中涌现出了牺牲在抗疫一线的南京市中医院党委委员、副院长徐辉，奋战在江苏援黄石医疗队医疗救治及专家组组长黄英姿，坚守在疫情前沿的江苏省人民医院医疗队队长刘云等典型；涌现出了千辛万苦筹集61万只口罩驰援抗疫一线的女性公益组织负责人汤崇雁，退掉外贸订单连夜回国制造口罩生产线的女企业家居黛霞，让群众足不出户即可获得暖心法律服务的“守护花

开·淮安市巾帼律师公益联盟”负责人潘虹等典型，她们坚毅的身影印证着江苏妇女抗疫“她担当”“她奉献”“她力量”。

这场战“疫”大考，对妇联组织来说是一次“压力测试”，检验着江苏近五年来妇联改革的实效。在这场战“疫”中，广大妇女工作者立足本职岗位，发挥半边天作用，充分发挥了妇联组织作为党和政府联系妇女群众的桥梁纽带作用，充分彰显了妇联改革的阶段性成效。

在“浙”里，抗疫巾帼绽芳华

浙江省妇联

在疫情防控大战大考中，浙江省妇联整合多方资源和力量，充分发挥优势和长处，以实际行动贯彻落实习近平总书记对新时代妇女工作提出的要求，做了许多暖人心、聚民心、筑同心的工作，团结引领全省2800万妇女以家国情怀筑牢抗疫防线，以暖心服务传递大爱真情，在助力夺取疫情防控和经济社会发展“双胜利”中展现妇联担当，交出妇联答卷。

一杯暖咖啡，千里传牵挂

“已经连轴转了好几天，今天居然就在驻地收到了热腾腾的咖啡，太惊喜了，还是我最爱喝的星巴克！这是我收到最难忘的三八节礼物！”3月7日，适逢三八节前夕，浙江省妇联联合阿里公益发起“暖暖的咖啡浓浓的爱”活动，为15支浙江援鄂医疗队的1261名女队员送去了暖心咖啡和节日祝福。

2020年的三八节无疑是一个特殊的妇女节，浙江省妇联和全省人民一样，无时无刻不牵挂着白衣执甲的前方勇士。省妇联了解到，这100多名援鄂女医务人员大多是“80后”“90后”“00后”的年轻女性。以什么表达节日的问候？咖啡在年轻人心目中既浪漫有情调，又浓郁有朝气，不仅能为工作减压，也符合年轻人的味蕾和喜好。然而，在2020年的3月，对在抗疫一线作战的女医务人员而言，一杯咖啡又是那么的珍贵。为了打造一份特殊的三八节礼物，浙江省妇联联合阿里公益，通过在鄂的志愿者，在这个特殊的三八节，伴随初春的微寒以及咖啡的热量，饱含家乡“娘家人”的温情和牵挂，送出了近2000杯咖啡。在接到咖啡的那刻，“战地玫瑰”的心头瞬间被温暖包裹。

一人一帮扶，守护暖后方

“援鄂期间，只有我婆婆和2岁的孩子待在老家，婆婆心脏不好，本来要做手术却因为疫情耽搁了，我实在担心婆婆的身体。”2月22日，浙江省妇联收到了援鄂医务人员周护士的求助。当天下午，就落实所在地妇联开展帮扶对接、走访慰问等工作，安排社区医生定期上门提供体检服务，并在防疫安全的前提下为2岁的孩子提供上门早教服务。

“你在前方勇战病魔，我在后方呵护周全。”在省委组织部率领下，省妇联对一线医务人员家庭实行“一人一帮扶”工作，定人定单定时定点开展关怀。以包院制方式开展一对一的服务，逐一走访了解情况，建立个人帮扶档案。以订单制精准服务，收集医务人员需求，特制服务清单，帮助解决其家庭生活照料、医疗服务、子女教育、心理疏导、政策解读等问题。以定时制常态关怀，每日通过微信保持联系，定期上门走访，及时掌握帮扶对象的现状和诉求，为医务人员安心战斗、安全战斗提供强力后援。

一卡一礼包，暖心庆凯旋

“太贴心了！武汉回来就想好好休整一下，把在前线剪的短发做个美美的造型，妇联准备的礼包里居然都替我想到了。”浙江省妇联以“精准关爱”感动着每一位一线抗疫女医务人员。集全省妇联之力，依托省妇女儿童基金会，开展“特别的爱给特别的你”——关爱新冠肺炎防治一线女医务人员系列活动，定制价值800万元的巾帼致敬卡和“爱心礼包”。

“巾帼致敬卡”是由省妇联和省建行联合专门设计，定单特制，是国内首张既含有金融功能礼遇，又有独一无二收藏纪念价值的“巾帼致敬卡”。援鄂女医务人员通过这张卡不仅能够享受建行系统金卡礼遇，而且还实实在在地感受到“英雄”的珍贵。

爱心礼包是省妇联根据援鄂回杭后女医务人员的特殊需要，与11家爱心单位联合特别定制，针对性地推出具有女性特色的暖心关怀服务。其中包括：美容美体卡，提供身体护理帮助重焕英姿；家政服务卡，提供家政保洁拥抱洁美生活；美容美发卡，提供发型护理帮助重拾美丽；休闲观影卡，提供观影体验促进精神愉悦；家庭度假卡，提供三天两晚家庭度假帮助放松身心；“永生花”礼卡，用灿烂的花束表达永恒的祝福和敬意。

巾帼致敬卡和“爱心礼包”让爱的力量叠加赋能，带给援鄂女医务人员由内而外的美、由个人及全家的愉悦、由物质到精神的享受，也带去了全省人民的深深敬意和暖暖情谊。

复工走在前，助力“双胜利”

人勤春来早，采茶正当时。春茶采摘关乎茶农“一年之计”，然而，受疫情影响茶农无法如期如数到位，茶叶的采摘、加工面临重重难题。3月20日，杭州市西湖区龙坞茶村里来了一批特殊的“采茶工”，浙江省妇联党员干部悉数出动，上山采茶叶、问茶事、助力茶企复工复产。

在茶农的指导下，大家认真学习采茶要领，手法从生疏到熟练，从单手采摘到双手齐上阵。一整天的时间，指缝浸染茶色，裤脚沾满泥土，全体党员用实际行动化身“茶农”，助力春茶采摘。

在身体力行助力复工复产的同时，浙江省妇联紧紧围绕农户的销路受阻、企业用工紧缺、产业链不畅等实际困难，提出“三联六助”等工作要求，开展针对性帮扶。

“蔬菜没销路，再卖不出去就要烂地里了！”面对农产品销售难，3月7日，浙江省妇联率先在网上组织开展“浙里有爱，妇联喊你来助农”公益助农活动。此后，这一活动被广泛复制，先后举办了330场，销售额超4000万元。

“企业复工招不到人怎么办？”“女大学生就业难怎么办？”全省各级妇联主动对接当地妇字号企业和农业主体的用工需求，通过网上招聘、系统发动等多种形式，线上线下举办专场招聘会581场，提供就业服务34万人次，帮助缓解用工、就业难题。

“如何申请复工，申请什么时候能批下来？”浙江省妇联组织动员各级妇联干部进企入村，实行“一对一”帮扶，发挥执委、巾帼文明岗、巾帼志愿者等作用，推出“巾帼助企跑”等代办代跑项目，提供精准志愿服务。

“怎样才能在疫情常态化背景下找到发展出路？”浙江省妇联围绕“六稳”“六保”，助力妇女创业创新。3月20日起，开展“浙里有爱，妇联喊你享民宿”网络直播50场，助力巾帼民宿宣传引流。启动“十百千万”巾帼云创行动，引导妇女抢抓数字经济发展机遇。联动开展“妈妈的味道”“妈妈的手作”等活动，打造浙江妇联工作品牌，为助力“双胜利”贡献巾帼力量。

“皖家关爱” 用爱的力量温暖前方的你

安徽省妇联

庚子新春，一场突如其来的新型冠状病毒肺炎疫情肆虐全国。在人民群众生命安全面临威胁的紧要关头，安徽省各地医护人员奋勇向前，疾驰一线，踏上了抗击疫情的征程，夜以继日地奋战在抗疫最前沿。为了让一线的医护人员全身心投入患者救治工作中，使他们及其家庭感受到社会各界的尊重与关爱，在安徽省妇联党组的高度重视和指导支持下，安徽省妇女儿童发展基金会充分发挥妇字号作用与优势，先后发起实施“皖家关爱”“关爱Ta”抗疫系列公益项目，汇聚社会力量，募集款物430万余元，及时将妇联组织的关心关爱送到抗疫一线医护人员及其家庭中，用真情和实干为抗击疫情增添了温暖与力量。

疫情发生后，安徽省妇联党组第一时间向省妇儿发展基金会提出了以抗疫一线医护人员家庭为服务对象，坚持实际所需、职能所为、公益互补的工作要求。基金会认真领会、快速行动，与省疫情防控指挥部、省民政厅、省卫健委等部门协调沟通，在对援鄂一线医务人员和省内部分定点防治医院开展需求调研后，研究决定在承接实施中国妇女发展基金会“加油！抗疫天使”公益项目的基础上，先期策划开展安徽省“皖家关爱”抗冠战疫特别行动，为我省援鄂和省内抗疫一线医护人员家庭购买日常防护和生活用品，赠送“医护家庭关爱包”。项目确定后，各项具体工作随即展开，对接定点医院、采集服务对象信息、准备关爱包物资……每个环节的对接、每项任务的落实大家都格外用心，严谨细致、有条不紊地推进项目实施。与此同时，筹款通道、捐款专线热度骤增，省内外企业家、爱心企事业单位和爱心人士等社会各方力量不断加入，“我们在一起，我们在行动，武汉加油，中国加油！”的祝愿在不断汇聚。里约奥运会女子举重冠军、安徽籍运动员孟苏平心系疫情，个人捐资10万元，并专门录制视频，写下祝福话语，为前方的白衣战士们加油鼓劲。

短短一个月，基金会筹集到了169.92万元爱心善款，2124个“医护家庭关爱包”顺利送到我省援鄂和省内抗疫一线医护人员家中。“您的亲人在前线守护生命，我们在后方为他们守护家园，感谢你们家庭为国家和人民作出的贡献！”安徽省妇联刘苹主席在慰问活动中动情地说。“感谢妇联组织的关心，我们一定守好大后方，等候她们的凯旋！”医护人员的亲人们坚定地回答。来自妇联组织的关爱和社会大家庭的温暖，给前方的白衣战士们传递了爱的力量，增强了他们必胜的信心。

春暖花开的三月，我省1362名援鄂医卫工作者载誉而归。安徽省妇联、安徽省妇女儿童发展基金会联合发起了“关爱Ta”抗冠战“疫”特别行动，联动多家爱心企业为我省援鄂医卫工作者赠送爱心物资，一件件洗护用品、一瓶瓶庆功美酒、一束束五彩鲜花，价值261万余元的“关爱Ta”暖心包表达了妇联组织和社会各界的崇敬之意与感谢之情。“一个多月的前线奋战历程，你们在与疫魔抗争中不仅展示了安徽风采，贡献了安徽力量，更加诠释了皖鄂‘疫’线的山水相依、人文相亲之情。你们不愧是新时代最可爱的人、最美丽的天使、最无畏的战士，同志们辛苦了！”省妇联主席刘苹在慰问时真切表达对援鄂医卫工作者的问候和敬意，并将省妇联、省妇儿基金会精心制作的特殊礼物——《致敬最美逆行者》纪念画册，交到援鄂队员们的手中。看着一张张照片，回想起在抗击疫情一线奋战的日日夜夜，英雄们激动万分："画册设计得真精美，为我们记录了这次终生难忘的经历，更为我们留下了这段宝贵的回忆，我将永久珍藏！"

"皖家关爱""关爱Ta"抗疫系列公益活动现已画上"皖"美句号。项目实施期间，《用爱的力量温暖你》《我们在一起，我们在行动》《致"抗疫英雄"及其家人的一封信》《加油！抗疫天使公益项目在安徽启动》《都有一颗红亮的心》等项目活动信息，被中国妇女网、学习强国（安徽学习平台）、安徽日报、安徽电视台公共频道等多家媒体报道，扩大了公益项目的影响力，更得到了社会各界的关注与赞许。当我们陆续收到来自援鄂医疗队和医护人员家属发来的感谢信时，深感这份对妇联组织充分信任和高度认可的背后，更是一份沉甸甸的责任和使命。我们将永不止步，奋力前行，用心用情为广大家庭和妇女儿童提供关爱和服务。

把准四要素，统筹做好疫情防控和经济社会发展工作

福建省妇联

新冠肺炎疫情发生以来，福建省妇联深入学习贯彻习近平总书记重要讲话重要指示批示精神，坚决落实党中央决策部署和全国妇联、省委工作要求，推动全省各级妇联组织充分发挥引领服务联系的职能，团结带领广大妇女为统筹做好疫情防控和经济社会发展工作贡献巾帼力量。

一、发挥“联”的优势，着力关心关爱

充分发挥妇联组织联系广泛的优势和特点，动员社会各界关心关爱疫情防控一线工作人员和广大基层群众。

一是关爱医护前线。发起“同心抗疫·巾帼力量——支援湖北防控疫情行动”，动员社会力量募集捐款1.62亿元及各类紧缺物资。联合相关企业，为援鄂和在重点一线战“疫”的医务工作者及其家庭成员、女性工作人员、巾帼志愿者等群体赠送总保额30.53亿元的防疫专属“女性安康特别险”。

二是关爱特殊群体。开展“娘家人送温暖”活动，五级妇联组织联动走访慰问抗疫一线医务人员及家属，落实儿童、孕产妇等特殊群体的关爱政策，为困难群体、弱势群体定期配送生活物资，关爱居家老人、儿童，做好心理疏导，当好妇女群众的“娘家人”。

三是关爱女性企业。围绕做好“六稳”工作、落实“六保”任务，开展“防疫情·促发展”专题调研，推出“女神复工贷”“巾帼同心贷”“巾帼支农贷”“巾帼小微贷”等各具特色的小额信贷贴心服务，支持受疫情影响的女性行业企业、个体工商户、自主创业人员贷款3.27亿元。

二、 突出“群”的特点，筑牢坚强防线

广泛发动妇女群众参与群防群控，助力打通疫情防控的“最后一公里”。

一是组织志愿服务。把社区作为主战场，全省22万名妇联执委、78.1万名巾帼志愿者组成服务队，开展人员登记、消毒防护、便民服务、宣传发动、秩序维护等工作，织密织牢基层社区防护网。

二是把牢家庭防线。发出宣传倡议，倡导妇女群众主动劝导、督促家庭成员不聚会、少出门、戴口罩、勤洗手，营造文明健康家庭环境。

三是坚定必胜信心。依托妇联系统“三网两微六号一平台一专区”新媒体矩阵，制作抗疫MV，推出一批短视频、H5等网络作品，同时在基层以方言三句半、快板等群众喜闻乐见的“土味”宣传形式，多层次、多角度做好宣传解读，把习近平总书记和党中央的关怀及时传递给广大妇女，增强必胜信心。推选在疫情防控中作出突出贡献、受到群众普遍认可的家庭典型1700户、省三八红旗手100名、省三八红旗集体20个，讲好巾帼抗疫故事，凝聚众志成城的社会正能量。

三、聚焦“家”的主题，开展隔空送教

集中资源，采取线上线下深度融合的方式，打造“闽姐姐空中家长学校”，推出“八个一工程”，构建“一站式”家庭教育成长平台。

一个后浪云课堂。线上平台课程涵盖孩子0-18岁各个时期家庭教育的

重要内容和方法，第一期上线4大系列（学前、小学、中学及综合）、30+专题、600+线上精品课，课程体系持续更新中，每周上新2期以上。

一间声音图书馆。利用一面墙或一个小房间，将课程分类“摆放上书架”，精心设计制作成“闽姐姐声音图书馆”，家长只需扫码就能直接收听云课堂的课程。

一系列讲座。周末开讲，全年50期，让专家的权威声音亲切表达，让专业的育儿理念和方法“飞入寻常百姓家”。

一项职业资格培训。举办“家庭教育指导”职业资格培训，考试合格后发放福建省人社厅《家庭教育指导》职业资格证书，让更多人成为家庭教育志愿者、家庭关爱实践者和家风建设推动者。

一条热线电话“12338”。提供婚姻家庭经营指导、亲子关系等方面的心理咨询、干预和调解服务。

一批专家咨询指导。在家庭关爱服务中心开设“闽姐姐家园”心理健康辅导站，每天派出两位咨询师轮流坐班，开展心理咨询和服务工作。

一组公益活动。联合福建省社工联旗下100多家社工机构及巾帼志愿者协会、名人家风家训促进会、爱心企业等社会资源，进社区、乡村，普及家庭教育知识和正确育儿理念。

一份家庭教育智库报告。构建一个覆盖全省家庭教育的大数据分析智慧平台，让福建家庭教育的成果数据化、可视化；每年推出一期《闽姐姐家庭教育智库报告》，为推进家庭教育建言献策。

四、凝聚“妇”的力量，助力脱贫攻坚

以开展“闽姐姐筑梦行动”为抓手，充分发挥妇女群众在决胜全面建成小康社会中的重要作用，汇聚脱贫攻坚巾帼力量。

一是激发内生动力。广泛开展“网上学技”活动，推出家政服务、

手工编织、电商销售等网络课程，组织广大妇女群众利用网络平台，学知识、强技能。实施“农村妇女素质提升计划”和“闽姐姐家政提质扩容计划”，组织“巾帼致富种子工程培训班”和“省专家快车农村行”，增强基层妇女增收致富本领。建供需平台，推进农村劳动力转移和女大中专毕业生就业，满足企业用工需求，全省九个设区市妇联均举办2020年春风行动暨就业援助月女性线上专场招聘会，线上招聘活动入驻3425家企业，为女性提供70137个职位。

二是强化示范引领。因地制宜办好“扶贫车间”“手工坊”，带动更多妇女在家门口就业增收。联合省农信联社在全省推广“巧妇贷”妇女创业贷款，为创业妇女提供金融帮扶，培育一批乡村振兴女带头人，全省28.18万户妇女获贷55.03亿元。

三是推进电商扶贫。组织“巾帼有爱 · 八闽同心”公益直播专场扶贫、“姐妹乡伴 · 爱心集市”、“巾帼好品 · 网上助农”等活动，用好农村电商、网红带货、直播农业等新业态、新模式，带活妇女脱贫致富路。

“四大行动”抗击疫情加油“赣”

江西省妇联

宣传排查直抵一线，联防联控阻断疫情；捐款捐物爱心驰援，志愿服务凝聚合力；家庭防控筑牢防线，心理疏导拂去阴霾；妇女小组长显身手，娘子军宣讲安人心……江西省妇联凝聚磅礴巾帼力量抗击疫情。

新冠肺炎疫情发生以来，江西省妇联迅速反应、积极作为，立足家庭，紧贴妇女，认真贯彻落实习近平总书记关于关心关爱医护人员及其家庭的指示精神，切实发挥妇联组织引领妇女、服务家庭的职能作用，开展了巾帼动员行动、家庭关爱行动、典型引领行动和助力复工复产行动“四大行动”，在打赢疫情防控的人民战争、总体战、阻击战中发挥半边天作用。

巾帼动员行动，统一思想齐聚人心。发挥妇联组织的桥梁纽带作用，全省妇联系统300多个新媒体矩阵、3万多个联系基层妇女群众的微信工作群，第一时间向全省广大妇女、1200万家庭、16万妇联执委、20万巾帼志愿者发出“守护家园，人人有责”的倡议，号召大家“管好自家人、守好自家门”的同时，积极参加村（社区）疫情排查，主动参与联防联控，发挥江西省妇女儿童发展基金会的作用，在全国妇联系统第一个向湖北省妇联援助5000个N95口罩和医用酒精、消毒液等防疫物品，得到全国妇联的高度肯定。据不完全统计，全省女企业家、妇联港澳执委捐款捐物4000余万元。

加强战“疫”宣传，“江西女性”微信公众号从每日3次发布增加到每日8次发布，大力宣传党中央重要指示精神、省委的防控要求，宣传最美“逆行者”和“最美家庭”的事迹。截至目前，省市县三级妇联新媒体平台发布战“疫”稿件2万余篇，中央及省级主流媒体报道江西妇联抗疫工作800余篇。

家庭关爱行动，撑起医护人员大后方。关爱战“疫”家庭，开展“你出征 我守护——妇联娘家在行动”和“加油！抗疫天使”公益项目。2月28日晚，一则《寻找杨护士》新闻特写出现在中央电视台《新闻联播》中。这位“杨护士”就是江西省南昌市支援湖北医疗队员、新建区人民医院的杨辉利护士。危难时刻，彰显女性担当；紧要关头，更显巾帼力量！“杨护士”只是江西1271名“逆行者”中的一个缩影。为关爱全省所有和“杨护士”一样舍小家、为大家，战斗在抗疫一线的战“疫”家庭，江西省妇联争取中国妇女发展基金会支持，在全国率先开展“加油！抗疫天使”公益项目，项目覆盖江西驰援湖北全部医护人员家庭和省内战斗在隔离病房的医护人员家庭共2500户，每户家庭获得价值800元的“爱心大礼包”，总价值200万元。

同时，关爱“宅”生活，打造“指尖上的妇联”，全省各级妇联提供亲子教育、婚姻家庭、生活技能等网上课程2400余堂。关爱留守儿童，提供监护照料、家庭教育、网上学习、心理辅导等关爱服务。关爱心理健康，省、市、县三级妇联在“12338”公益维权热线的基础上，增设心理援助服务，全省招募470余名心理援助志愿者组成江西妇联心理援助团队，累计提供服务2万余人次。

典型引领行动，致敬了不起的她们。致敬抗疫三八红旗手。2020年三八国际妇女节期间，省妇联先行授予9个抗疫一线的女医务工作者和集体江西省三八红旗手（集体）称号，并于节日当天在武汉、随州、南昌三地同步举行“致敬三八红旗手·送奖到抗疫一线”活动，以特别的方式致敬最美“逆行者”。其间，还推出了“争做赣鄱最美巾帼奋斗者”特别节目，向全社会讲述抗击疫情各条战线女性事迹，在全国16个平台同步播出，当日点击量达400多万。江西省妇联、随州市妇联、中国江西网共同发起“赣鄂情，爱相‘随’”——江西、随州姐妹互送祝福网络传递活动，共180余万人次参与活动，架起两地妇女之间的连心桥。11月10日，省妇联召开表彰大会，隆重表彰47名抗击新冠肺炎疫情江西省三八红旗手和18个江西省三八红旗集体。省委副书记李炳军同志出席表彰大会。

寻找“抗疫最美家庭”，大力选树在抗击疫情、复工复产中涌现出的家庭典型200户，并于5月22日联合江西省卫生健康委共同举办的“战疫情有我家”2020年江西省抗疫最美家庭揭晓会。6月，江西省妇联开展“致敬抗疫最美家庭”慰问活动，慰问全国抗疫最美家庭20户、省级抗疫最美家庭200户，慰问金额近20万元。

助力复工复产行动，防控复产两不误。当好政策宣讲员，在省政府出台稳增长20条政策意见后，对全省女企业家在疫情防控、生产、用工、融资等方面的实际困难和需求进行了摸底，汇总了241家企业的6.5亿资金需求呈报省抗击新冠疫情指挥部。同时，在省政协领导下，省妇联就家政行业复产复工情况进行了专题调研，提出了家政行业复工复产的政策建议。

当好产业协调员，各级妇联干部下沉企业和田间地头，认真排查妇字号扶贫车间、巾帼脱贫示范基地复工情况，为企业复工复产争取资源、代跑解困，协助农产品滞销农户对接网上销售平台。

当好就业服务员，对接企业就业需求，帮助妇女在“家门口”找新工作；开设线上家政技能课堂，共培训家政人员1000余人；开展网上“春风行动”，举办女性专场线上招聘会，全省累计服务女性就业14余万人。

疫情防控担重任 齐鲁巾帼绽芳华

山东省妇联

新冠肺炎疫情暴发以来，在以习近平同志为核心的党中央坚强领导下，经过包括广大妇女在内的全国人民艰苦卓绝的努力，疫情防控取得重大战略成果。全省各级妇联组织坚决贯彻习近平总书记重要指示和党中央决策部署，在全国妇联的正确指导下，按照省委要求，发挥优势、主动作为、尽展担当。

当好“战斗员”，筑牢巾帼战“疫”防控网。疫情发生后，省妇联第一时间发出倡议书和动员令，发出《致全省广大巾帼志愿者的一封信》，为帮助“双报到”社区筑牢疫情防控的第一道防线，省妇联组建党员志愿服务队，党组书记带头，班子成员和党员干部每天轮值深入社区一线，“地毯式”摸排，80多天，先后有200余人次参与社区防疫志愿服务。贯彻落实省委“四进”攻坚行动部署，连续选派优秀干部化身“战斗员”，以“战斗冲锋”的姿态扎根基层，组织动员近50万基层妇联执委扎根一线、沉到网格，共筑抗疫“巾帼长城”。全省女企业家积极响应省妇联号召，累计捐款捐物1.43亿元。

当好“宣传员”，下好战“疫”防控“一盘棋”。省妇联利用新闻媒体和妇联舆论阵地，广泛宣传习近平总书记重要指示和党中央决策部署，宣传党委政府统筹推进疫情防控和经济社会发展的举措，讲好齐鲁巾帼和

“最美家庭”抗疫故事，凝聚起万众一心、共克时艰的强大力量；开设家庭战“疫”微课、家教“空中课堂”，丰富广大家庭“宅家”健康学习生活，用真心真情凝聚起千万家庭同心抗疫的强大合力。全省各级巾帼志愿者自发设立宣传点、组建巡逻队、成立微信群，充分利用展板、村村响、微信公众号等开展线上线下宣传，把决策部署、科学防护知识等传播到大街小巷；通过创编打油诗、三句半、顺口溜、方言防疫口诀，拍摄制作短视频，创作抗疫漫画、歌曲，激励群众乐观自信、共同抗疫，营造众志成城齐心战役的良好氛围。

当好“服务员”，搭起同心抗疫连心桥。省妇联争取中国妇女发展基金会100万元支持，联合爱心企业，向山东省1686个援鄂一线医护人员家庭赠送每个价值800元的“医护家庭关爱包”，为湖北一线女医务人员送去卫生用品，走访慰问防疫一线殉职社区工作者家庭，为他们的家庭送去关爱和温暖，帮助他们解除后顾之忧；实施家庭生活关爱、子女教育关爱、心理护航关爱三项行动，为200名一线优秀战“疫”巾帼志愿者和200名一线优秀战“疫”巾帼志愿者未成年子女精心准备了“关爱暖心包”，送去温暖、关爱和服务；发挥省妇儿办协调作用，推动相关成员单位出台政策，加强对孕产妇、婴幼儿等特殊群体的关爱；办好“特殊时期特别家教”，举办庆“六一”亲子云读书会，提供科学家教指导；全省“12338”妇女维权热线开通24小时服务，在“齐鲁女性”客户端开展心理专家线上志愿服务，全省各级妇联协调联动500余名专家志愿者，为一线医护人员、社区工作者、广大姐妹及家庭提供咨询服务2600余件（次），组织婚姻家庭辅导志愿者开展婚前辅导培训等3021场次，23.3万对夫妻接受婚姻家庭关系及离婚调适辅导，帮助9万多对夫妻慎重对待婚姻防止冲动离婚，以家庭小和谐促社会大稳定。

当好“助力员”，打好复工复产“攻坚战”。联合金融部门出台“巾帼信用贷”“鲁担巾帼贷”等政策，全省帮助妇字号企业和创业妇女办理贷款1.5万余笔，发放贷款34.03亿元。召开统筹推进疫情防控和复工复产女企业家座谈会，引导女企业家坚定信心、化危为机、复工达产。开展“巾帼好品 网上助农”活动，举办女致富带头人电商培训班，推介巾帼好品400余种，纾解优质农产品滞销难题，让更多“巾帼好产品”走进千家万户。召开全省妇联系统决战决胜脱贫攻坚座谈会，实施“巾帼脱贫五送行动”，协助党委政府做好妇女脱贫工作。积极配合做好女大学生就业工作，各级妇联举办网络双选会、网上招聘会等70余场，提供就业岗位4万余个。

强化引领 讴歌礼赞 凝聚疫情防控澎湃强劲巾帼力量

河南省妇联

新冠肺炎疫情发生以来，在全国妇联和省委的正确领导下，河南省妇联深入学习宣传贯彻习近平总书记重要讲话、重要指示精神和党中央决策部署，以第一位的责任担当，坚定扛起引领广大妇女听党话、跟党走的政治任务，为坚决打赢疫情防控人民战争、总体战、阻击战凝聚澎湃强劲的巾帼力量。

一、加强舆论引导，凝聚巾帼战“疫”力量

切实增强做好思想政治引领工作的政治自觉、思想自觉、行动自觉，多策并举做大做强舆论引导，在大战大考中凝聚巾帼力量。

（一）强化思想引领

全面深入宣传贯彻习近平总书记关于疫情防控的重要讲话、重要指示精神和党中央决策部署，大力宣传全国妇联和省委省政府工作要求，第一时间将全国妇联倡议传递到妇女群众中间，组织各级妇联组织积极投身疫情防控斗争，号召广大巾帼志愿者在社区防控、邻里关爱、守住家门中发挥独特作用，动员广大妇女群众立足岗位、担当责任、守护家庭，为坚决打赢疫情防控人民战争、总体战、阻击战贡献巾帼力量。

（二）注重典型引领

充分利用新闻媒体和妇联系统网络及新媒体矩阵，生动讲述薛荣等先进典型和普通女党员、平凡“娘子军”积极参与抗疫的感人故事。全国三八红旗手标兵、郑州圆方集团党委书记、总裁薛荣及全体职工收到习近平总书记的回信和节日问候。省妇联邀请薛荣走进“中原女性大讲堂”网络课堂，与全省姐妹分享抗疫故事和喜悦感动。号召全省10万多个“最美家庭”“五好家庭”从自家做起，示范带动群众，筑牢家庭防线，凝聚起共同抗击疫情的最美家力量。

（三）发布权威信息

参加河南省新冠肺炎疫情防控专题第18场新闻发布会，全面介绍全省150万名巾帼志愿者积极参与疫情防控的责任担当和高光时刻。邀请省疾控中心专家走进“中原女性大讲堂”网络课堂，面向全省妇女群众讲解科学防疫知识。利用河南妇联网和“中原女性之声”微信公众号，及时发布权威信息，引导广大妇女不信谣、不传谣、不恐慌，坚定打赢疫情防控阻击战的信心和决心。

二、开展立体宣传，展示巾帼战“疫”风采

坚持网上网下相结合，全方位、多角度、立体化宣传报道巾帼战“疫”的典型事迹和感人故事，凝聚广大妇女同心战“疫”的巾帼正能量。

（一）内宣外宣同向发力

主动加强与新闻媒体的沟通联系，对各级妇联、广大妇女和家庭积极参与疫情防控进行全面深入宣传报道。省级及以上媒体平台共刊（播）发报道500多篇（条），其中中央级新闻媒体刊发100多篇（条）。“中原女性之声”累计编发稿件600余篇，其中《平凡农村女党员 抗疫一线“娘子军”》等10余篇得到全国妇联领导同志的点赞肯定，60余件稿件被“学习

强国”平台选用。

（二）专栏专题协同发声

在河南妇联网、“中原女性之声”开设“巾帼抗疫”等5个专栏专题，宣传党的政策，发布抗疫动态，传递抗疫正能量。连续编发2期《抗击疫情 河南巾帼在行动》、2期《抗疫发展两不误 巾帼典型展风采》、7期《天使风采录》、14期《家庭战“疫”，“最美”先行》，在网易河南开设“众志成城抗疫情 河南巾帼在行动”专栏，对各级妇联抗疫工作进行连续报道。

（三）视频展示精彩瞬间

在省妇联微博、快手、抖音上陆续推出《别样三八节》《巾帼战疫 光影瞬间》系列短视频，记录全省广大姐妹和各级妇联抗击疫情的精彩瞬间，获得近50万的阅读量，25篇短视频被“学习强国”学习平台采用推送。与凤凰网河南频道联合推出《豫战豫出彩——相信未来巾帼篇》，用接力式诗朗诵的方式，致敬抗疫巾帼英雄。

（四）线上讲述“您的故事”

七一期间，全省妇联新媒体矩阵联动，举办第五届“党的阳光下 · 心声说给党”之“您的故事 99难忘”线上互动活动，得到了全国各地网友的积极参与。7天时间，吸引了16万人参与，获得了51万的点赞量，108万的活动点击量，通过这次活动展示了更多平凡英雄的感人抗疫风采。

（五）网上引领同频共振

发挥基层巾帼宣传队作用，围绕党的政策、疫情防控等内容居家编排节目，利用抖音、社区微信群、微信朋友圈等平台，传播科学防疫知识。联合中国妇女杂志，推出6期“爱在春天 一起重新定义爱和陪伴”系列居家网络课程。发布心理咨询热线，畅通网民咨询渠道，做好心理关爱工作。密切关注网上妇女儿童动态，正确引导网上舆论，营造清朗网络空间。

三、大力讴歌礼赞，激发巾帼战“疫”士气

围绕“致敬·礼赞·奋进”主题，组织开展“立足岗位、争做最美巾帼奋斗者”——河南省妇联三八国际妇女节系列纪念活动，讴歌诠释最美巾帼奋斗者。

（一）传递温暖关怀

大力宣传习近平总书记三八国际劳动妇女节重要指示精神，及时收集全省广大妇女对习近平总书记节日慰问的热烈反响，在河南日报头版刊发。重磅推出省委省政府《致全省广大妇女同胞的慰问信》，通过河南日报头版头条、河南广播电视台头条刊（播）发。依次推出省妇联《致全省广大妇女姐妹的一封信》，为全省妇女送去党和政府的温暖和美好祝愿。

（二）诠释巾帼力量

河南日报专版专题聚焦抗疫“她力量”，以“为夺取疫情防控和经济社会发展双胜利贡献巾帼力量”为题，深入宣传各级妇联组织、广大妇女抗击疫情的经验做法和典型事迹。以“两个战场上的‘她力量’”连版特刊报道，讲述中原女性战“疫”战贫的生动故事。利用“河南女性之声”微博，跟进全国妇联#致敬了不起的她#话题，发布相关稿件30余篇。

（三）聚焦感人时刻

精心策划制作6部短视频，吟咏别样三八节。从白衣天使、爱心援助、巾帼志愿、抗疫发展、最美家庭、出彩巾帼等六个方面，铭记感人时刻、致敬巾帼英雄，阅读量超10万，短视频全部被“学习强国”平台选用。联合河南手机报推出三八国际妇女节特别策划——《“疫”线伊人》，致敬奋战在抗击疫情前线的广大女性工作者。

织密“妇联网” 撑起半边天

湖南省妇联

今年以来，湖南省妇联充分发挥群团组织的桥梁纽带作用，积极投身疫情防控和复工复产，撑起了抗疫复产半边天。《湖南工作》《省委要情汇报》《中国妇女报》以及省委宣传部《阅评简报》等先后多次推介湖南省妇联防疫工作。

一、当好“宣传员”，吹响巾帼抗疫集结号

一是建立巾帼防疫志愿队。村（社区）“妇代会”改妇联后，全省共有51.35万名优秀女性代表进入妇联执委队伍，全省各级妇联干部、妇联执委、广大巾帼志愿者主动投身到联防联控、志愿者活动及助力企业复工复产中，形成共克时艰的强大合力。

二是建立防控信息交流网。充分利用“网上妇联”，在官方微信公众号“湘妹子”开设“攻冠战‘疫’ 家庭防线”“湘女赴鄂战‘疫’实录”等专题专栏，“湘女e家”网络矩阵118个平台联动发声，发布抗疫原创稿件7000余篇，阅读量超过3亿次。

三是做好典型宣传。深入挖掘战“疫”一线各行各业优秀女性典型，联合湖南经视、红网策划推出“湘女战‘疫’”“最美巾帼奋斗者”宣传专题，生动讲述湘女战“疫”故事，引导广大妇女和家庭把强烈的家国情

怀和爱国奋斗精神，转化为投身疫情防控和经济社会发展的实际行动。

二、当好“监督员”，织密疫情防控监督网

一是把防控力量下沉到乡村社区。全省各级妇联干部纷纷下沉社区，进小区、进单元、进卡点，做好人员排查、消毒隔离等各项防控工作，织密防控网络，努力切断疫情扩散蔓延的渠道。省妇联派驻社区防疫联络组迅速投入到长沙市开福区留芳岭社区一线战“疫”，与社区基层干部一起开展巡逻劝导、走访排查、值守检测、环境消杀、卫生清洁、疫情防控知识宣传和隔离观察人员关爱服务等工作。

二是把防控知识宣传到每个家庭。建立网上家长学校免费学习平台，免费开放全部线上家长课程和儿童青少年测评系统，组织省家庭教育专家推出家庭教育系列微课，引导家长共担家庭建设之责。广泛开展多种形式的家风家教建设活动，以“小家”平安，促“大家”稳定。

三是把防控重点落实到社会生活。深化“美家美户”行动，强化预防为先理念，发动妇女姐妹上街清理垃圾，消除卫生死角，对人员集中的场所和设施进行清洁消毒，打造健康生活环境。三八期间，湖南省妇联看望慰问一线环卫女工代表，向长沙市8378名环卫女工捐赠5万只口罩、7500多瓶洗手啫喱等价值103万元的抗疫和生活物资，倡议树立健康强国理念，建设美丽家园。

三、当好“联络员”，助力复工复产促发展

一是搭建企业融资平台。联合中国人民银行长沙中心支行推出“湘女贷”，通过简化手续、降低利息、开辟绿色通道等方式，保障企业发展资金链，支持企业渡过难关。全省农信系统发放“湘女贷”1924笔，共计2.82亿元，有效降低了疫情对女农民工创业就业的影响。

二是搭建消费扶贫平台。联合芒果扶贫云超市、湘农荟等平台开展“电商助农，湘女在行动”“携手湘农荟，助力湘妹子”活动，优先将妇联组织推荐入驻的企业、产业推上直播风口，1500多家企业（个人）入驻平台，7000余款农副产品上平台销售，近6000人参与线上直播，总销售额1500万。6月30日，推出“出手吧，姐姐！”湖南省妇联系统“七一”扶贫大直播活动。截至当天24：00，“姐姐”们累计带货1362万元，销售农产品124.2万件，总点赞数超1.8亿次。全国妇联《妇工要情》第14期专题刊发湖南巾帼扶贫大直播活动。湖南省委书记、省人大常委会主任杜家毫，省委副书记乌兰，省委常委、省委宣传部部长张宏森批示肯定。

三是搭建展示展销平台。巧借“双11”东风，联合省发改委、省人社厅等11个部门举办湖南省第二届巾帼创新创业大赛，分为舌尖和指尖两大类进行比赛，在现场进行激烈角逐的同时，联合芒果扶贫云超市搭建直播带货平台，以赛促品牌建设、以赛促产业发展，推动湖湘女工产品、农副产品发展、提质。媒体宣传铺天盖地，各界好评如潮。

四、当好“服务员”，促进社会和谐保稳定

一是开展爱心捐助行动。1月27日大年初三，湖南省妇联通过省妇女儿童发展基金会发起公益筹款，筹资筹物840余万元，其中200万元定点支持湖北黄冈市抗击疫情。第一时间想方设法采购100万双医用手套、2000只韩国KF94口罩，捐赠给工信厅、各市州收治确诊病人医院。湖南省女企业家协会累计捐款捐物2005万余元，全部用于抗击疫情。

二是开展呵护“白衣战士”行动。第一时间想方设法为湖南1278名援鄂队员采购400箱3200包成人纸尿裤，并为每个队员采购3套内衣裤6条短裤，火速寄到湖北战“疫”前线。精准实施“致敬，抗疫天使”项目，并筹资为全省所有援鄂医疗队员家庭每户送去价值800元的生活物资，每周提

供两次新鲜蔬菜。

三是开展关爱特殊群体行动。组成心理援助团队，通过“12338”妇女维权热线、开通心理咨询热线等，为民众答疑解惑、普及健康知识、疏导不良情绪。为保障母婴安全，协调开通孕产妇“绿色通道”，提供上门产检、免费入户接送等“订单式”服务。全力推进监护缺失儿童救助保护行动，分类做好儿童的临时照料服务、心理辅导、发放防疫救助生活物资等，全省逾万名留守、困境儿童得到一对一救助保护。

“您家的菜我来送”“您家的活我来干”关爱活动

广东省妇联

习近平总书记强调，疫情防控是全方位的工作，各项工作都要为打赢疫情防控阻击战提供支持。省委李希书记强调要“全力为医务人员提供周到的服务保障，关心关爱包括驰援湖北武汉的所有冲在一线的医务人员及其家属，当好坚强后盾”。省妇联立足家庭，找准减轻医务人员后顾之忧这个切入点，深入开展“您家的菜我来送”“您家的活我来干”关爱广东赴湖北医疗队员和家庭公益活动，在坚决打赢疫情防控的人民战争、总体战、阻击战中积极作为。

一、加强沟通协调，抓细工作方案

省妇联主动作为、统筹谋划，迅速启动关爱一线医疗队员和家庭的活动。一是统一思想。省妇联党组多次研究讨论，主要领导主持召开地市妇联的音频会议，深入学习贯彻习近平总书记重要指示精神，贯彻落实党中央及省委省政府、全国妇联关于疫情防控的各项决策部署要求，全省各级妇联把开展“您家的菜我来送”“您家的活我来干”关爱活动作为增强“四个意识”、坚定“四个自信”、做到“两个维护”的实际行动，落细落小落具体。二是深入调研。联合清远市和连州市农业局、妇联等多部门先后4次赴清远连州市蔬菜种植基地调研，了解蔬菜生产、供应能力；走访家政企业，召开工作座谈会，详细了解企业资质、复工和家政人员健康情况。三是明确内容。联合省卫健委、省妇儿基金会主办公益活动，主要服务内容是配送蔬菜、杂粮和提供家政服务。其中蔬菜、杂粮每周周三和周六通过快递方式配送，品种充分考虑营养需要，进行不同搭配；家政服务每周为医疗队员家庭提供4小时家政保洁服务。

二、加强组织管理，抓实责任分工

坚持在省委的统一部署下，由省妇联牵头，争取多部门支持，相关单位和企业联动，形成“1+1+1+21+N”（省妇联+省卫健委+省妇儿基金会+21个地市妇联+医院工会及其他部门和企业）组织管理体系。一是省妇联一把手负总责、分管副主席抓日常管理，并成立了5个工作小组，跟进落实蔬菜质量、数据维护、物流配送、信息反馈、活动宣传等工作，确保关爱活动持续有序开展。二是省卫健委指派专人负责对接，及时提供更新援鄂医疗队员名单，配合发布活动信息。三是省妇儿基金会发布活动募捐信息，争取爱心企业和个人支持；根据公益资金管理办法，规范资金用途、严格支出审批程序，做好资金审计工作。四是全省21个地市妇联安排专人与队员家属进行一对一沟通对接。五是医院工会及时与前方队员对接；清远市委市政府推荐优质、特色的农产品，并要求市农业局成立专班，跟进每批次蔬菜的检测、监管工作；中国邮政广东分公司免费提供寄递服务，专门成立了“爱心菜”寄递服务项目领导小组，开设绿色通道、细化工作规程，实行揽收、处理、运输、投递、信息反馈五个优先服务，专人全程监控寄递质量，确保产品及时送达；提供家政服务的企业对上岗家政人员进行“确保经过14天安全隔离、确保进行核酸检测、确保上岗人员专车接送、为上岗人员赠送人身意外及新冠肺炎险”等四道安全防护，上岗后每天测量体温，全方位保障家政服务安全放心。

三、加强保障服务宣传，抓好活动质量

在做好物资配送、家政服务的基础上，持续做好保障、服务和宣传工作，切实提高活动的覆盖率和质量。一是周密保障。依托援鄂医疗队武汉和荆州前方指挥部、各级妇联、派出医院妇委会，通过微信群、H5网页、电话等渠道，发布“您家的菜我来送”“您家的活我来干”活动信息，实现关爱全覆盖；提前两天发布当批次蔬菜海报，预告配送种类；定时发送手机短信，让队员家属及时了解蔬菜物流情况；对接受关爱服务的家庭进行电话或微信回访，省妇联相关人员每批次自费随机认购蔬菜杂粮一份，实时抽检。二是暖心服务。针对个别家属在新疆、贵州、湖北等地的家庭，想方设法解决蔬菜配送问题以及提供个性化服务，将温暖传递到千万里之外；开始配送时在蔬菜箱内放置了一封《致广东赴湖北医疗队队员家属的一封信》，结束配送时放置《致援鄂医疗队员的一封信》，向队员和家属表达崇高的敬意；省妇联党组与前方队员视频连线对话，鼓励队员安心抗疫，弘扬救死扶伤、医者仁心的精神，同时表示“娘家人”一定为他们守护好后方家庭。三是宣传典型。关爱活动与先进典型宣传相结合，注重挖掘抗疫一线的先进事迹和最美逆行者感人故事，充分展示广大医疗队员真挚的为民情怀、执着的使命担当。活动吸引了央视新闻、人民日报、光明日报、学习强国、新华网、南方日报、广东卫视等十多家主流媒体争相报道，引起了社会各界热烈讨论和纷纷转载。

“您家的菜我来送”“您家的活我来干”公益活动，为赴湖北医疗队员家庭配送25批价值560.06万元的蔬菜杂粮，服务家庭3.98万户次，累计为1760户次队员家庭提供7046小时免费家政服务。活动得到了省委省政府、全国妇联主要领导的高度肯定、医疗队员家属的一致好评以及社会各界的广泛赞誉。

大考面前彰显广西巾帼在社会生活和家庭生活中的作用

广西壮族自治区妇联

新冠肺炎疫情发生以来，广西妇联持续深入学习贯彻习近平总书记关于坚决打赢疫情防控阻击战和稳定经济社会运行的系列重要指示精神，严格落实全国妇联有关要求，发挥妇联组织优势，凝聚巾帼力量，引导广大妇女和家庭大考面前彰显作用，为夺取疫情防控和经济社会发展“双胜利”作出了巾帼努力。

一、思想引领，筑牢疫情防线

疫情防控是一场人民战争，广西妇联充分发挥妇女在家庭生活中的独特作用，引导广大妇女和家庭坚定信心、科学防控，人人尽责、家家守责。

一是广泛宣传发动。第一时间向全区广大家庭发出倡议书，广泛传播科学防疫知识。依托全区487个妇联新媒体矩阵、5237个微信和QQ网络集群编发抗疫信息2258条，引导群众听党指挥、科学防疫。把打赢疫情防控阻击战作为三八节主题活动，大力宣传抗疫先进女性，激励鼓舞广大妇女坚定理想信念、积极作为。

二是夯实心理防线。针对疫情期间群众心理脆弱，易发心理问题和家庭矛盾的情况，开通“桂姐姐”心理公益热线19条，组织120名专家志愿者提供心理咨询服务，其中2–4月期间为湖北人民提供心理咨询服务2140人次。全区各级妇联“12338”妇儿维权热线疫情期间持续为广大妇女和家庭提供维权咨询服务。

三是巩固家庭基础。利用“网上妇女之家”持续推出“网上家教学堂”30多期、抗疫心理调适专题22期，帮助广大家庭在抗疫的同时密切亲子关系、传承良好家教家风，深受广大家长的好评。

二、精准服务，凝聚巾帼力量

广西妇联切实把习近平总书记和党中央对人民群众的关心关爱转化为抗击疫情的强大动力，在大战中践行初心使命，在大考中交出合格答卷。

一是引领全区妇女彰显巾帼作为。近20万名村（社区）妇联执委活跃在疫情防控一线，进村入户开展知识宣传、疫情排查、消毒预防等，成为协助党委政府落细落实疫情防控各项任务的重要力量；各地“环保妈妈”等巾帼志愿者投身抗疫爱卫“五大清洁行动”，开展卫生整治、垃圾清理、环保宣传、疫情监督等工作，形成妇女广泛参与疫情防控阻击战“一盘棋”的生动局面。

二是动员海内外妇女彰显巾帼大爱。动员海内外巾帼力量捐赠口罩1万多个，捐赠价值380万元的女性急需护肤品等物资。各级女企业家协会、女能人协会会员纷纷响应妇联号召，踊跃捐款近700万元、捐赠物资总价近5000万元。

三是关爱一线人员彰显时代风尚。关爱广西援鄂医疗队员，募集到价值50多万元的女性用品，送去638份“暖心包”，筹集价值40多万元的运动服帮助他们解决换季穿衣问题。组织各级妇联深入抗疫一线慰问女性医务人员、女民警、女环卫工人、社区工作者、巾帼志愿者等，组织巾帼志愿者、妇联执委等，广泛开展“家中缺菜我来送”等暖心服务，为一线抗疫人员减少后顾之忧。表彰在新冠肺炎疫情防控工作中作出突出贡献的200名女性先进个人和60个先进集体，寻找出广西抗疫“最美家庭”50户，其中20户家庭获“全国抗疫最美家庭”称号，以典型的力量激励广大妇女和家庭在疫情常态化防控和经济社会发展大局中奋发有为。

三、帮扶联系，助力复工复产

广西妇联加大联系帮扶力度，动员各级妇联和广大妇女做到疫情防控和参与经济建设“两手抓”，服务“六稳”“六保”大局，在全面建成小康社会和打赢脱贫攻坚战展现巾帼作为。

一是营造环境助力妇女复工复产。广西妇联领导班子及时到女企业家企业、家政联盟、女能人创业基地等开展调研，及时向政府有关部门反映不同类型企业遇到的困难和问题，帮助解决贷款融资等实际问题。

二是深化帮扶助力妇女脱贫致富。2020年以来，协助发放扶贫小额信贷37.87亿元，着力解决贫困妇女发展产业缺乏资金的难题。投入资金384万元扶持创建78个自治区级巾帼脱贫示范基地、居家灵活就业示范基地，示范带动贫困妇女脱贫致富；组织妇字号基地负责人参加乡村振兴专题培训班，培养她们成为妇女脱贫致富的领头雁。投入80万元开展200场家政培训“大篷车”进村（社区）活动，重点在易地扶贫搬迁安置点开展活动82场，帮助贫困妇女实现“培训一人，上岗一人，脱贫一家”。

三是壮大品牌助力妇女创业创新。举办广西第二届妇女劳动技能大赛，以赛促巾帼家政提质扩容，培树品牌家政企业。抓住直播等互联网新兴传播业态和粉丝经济的风口，培育“巧妇9妹”等网红自媒体，帮助妇女拓宽产品销售渠道和范围。打造“互联网+产业”新品牌，指导农家乐示范基地，引入当下流行的直播体验模式，在抖音、快手等社交平台发布体验视频，推动项目成为“网红”打卡地和火爆的致富项目。

巾帼联心，守护后方

海南省妇联

医护人员在战“疫”前线奔忙，守护生命，海南的姐妹们也同心战“疫”，守护后方。在今年抗疫期间，海南省妇联切实贯彻习近平总书记重要指示批示精神，积极响应省委省政府、全国妇联号召，及时向全省五级妇联部署疫情防控工作，发挥联动作用整合社会资源，并向全省广大妇女和家庭发出倡议，组织动员全省各级妇联组织和广大妇女万众一心为打赢疫情防控阻击战贡献巾帼力量。在海南省妇联积极联动和倡议下，全省妇女姐妹汇聚爱心，守好战“疫”大后方，为前线战“疫”源源不断地输送温暖和力量。

一、高度重视，快速响应

自疫情暴发以来，海南省妇联高度重视，快速响应。1月23日，向全省广大妇女和家庭发出“防控疫情，人人有责；健康生活，从我做起”的倡议。

1月30日，携手海南成美慈善基金会发起“抗击疫情，守护健康”募捐倡议书，倡议各级妇联组织、妇联执委、社会各界爱心人士及广大妇女姐妹伸出援助之手，捐款捐物，为湖北和海南抗击疫情，分担困难，共克时艰。

2月1日，海南省妇联新型冠状病毒感染肺炎疫情防控工作领导小组召开疫情防控专题会议，传达学习习近平总书记对新型冠状病毒感染的肺炎疫情作出的重要指示、李克强总理有关批示精神和省委刘赐贵书记关于疫情防控12点具体意见，听取省妇联相关部门疫情防控工作汇报以及海南成美慈善基金会“抗击病毒，守护健康”募捐情况汇报，研究并通过《海南省妇女联合会关于进一步加强各级妇联、妇女组织和妇女干部坚决打赢疫情防控阻击战工作的意见》。要求严格贯彻落实中央、省委省政府和全国妇联关于新型冠状病毒感染的肺炎疫情预防控制工作的部署要求，全省妇联组织积极行动起来，提升政治站位，发挥妇联组织优势，为坚决遏制疫情蔓延势头、打赢疫情防控阻击战贡献巾帼力量。

二、爱心汇聚，积水成渊

自海南省妇联联合海南成美慈善基金会发起“抗击疫情，守护健康”项目募捐倡议以来，项目获得了来自各级妇联组织、妇联执委、三八红旗手（集体）、巾帼文明岗、最美家庭、巾帼志愿者、创新创业女性、社会各界爱心人士及广大妇女姐妹的踊跃支持。“抗击疫情，守护健康”项目共计收到捐款145万元。其中，海南金融工会女职工委员会发动全省金融系统的姐妹们慷慨解囊，共计筹措善款70余万元；三亚市教育局妇委会组织各直属中小学校、幼儿园等18家单位妇委会发动教职员工捐款25万余元。

此外，三亚市妇联兼职副主席、海南玫瑰谷产业发展有限公司董事长杨莹先后向省、市疫情防控指挥部和湖北省武汉市捐赠一批价值人民币10万元的医药物资；全国三八红旗手、海南红瑞医疗美容投资管理有限公司董事长张艳红向相关慈善机构捐赠17万元，并向相关医疗机构捐赠口罩1.1万个，医用手套1.5万双；海南滴滴沃家生态农业科技发展有限公司董事长黄凌燕向湖北捐赠了16吨水果瓜菜；王艳捐赠了1万枚鸡蛋……点点滴滴的爱心汇聚成奔流的江河，为抗击疫情提供了无穷的动力。

三、暖心关爱，致敬英雄

海南省妇联、海南省卫健委及海南成美慈善基金会联合开展“致敬逆行英雄，巾帼爱心瓜菜免费送您家”活动，利用“抗击疫情，守护健康”项目募集到的部分资金，在中国邮政海南分公司的大力支持下，自2月15日起至4月18日连续10周为海南援鄂医疗队队员家庭提供免费瓜菜，累计为744位医疗队员的家庭配送了6524份免费瓜菜，以此支持和鼓励“白衣战士”们减少家庭的后顾之忧，全身心投入到一线抗病防疫的战斗中。

海南省妇联还联合“红柿到家”生鲜电商平台、海南金永丰食品有限公司为海口地区不同岗位的1万名医务工作者送上总价值100万元的线上购物券。海南玫瑰谷产业发展有限公司董事长杨莹在三八节期间捐赠860份爱心礼包给海南援鄂医疗队队员家属、部分环卫女工和在抗疫一线奔忙的女性工作人员。南婷玩具携手奥飞娱乐股份有限公司、广东启梦玩具实业有限公司为部分支援武汉的医护人员家庭捐赠了339件儿童玩具。

四、多级联动，守护后方

全省各级妇联也纷纷行动起来，充分发挥联系群众、服务家庭的独特优势，组织巾帼志愿者做好巾帼爱心瓜菜配送，联合有关单位共同开展走访慰问援鄂医疗队队员家属的活动，做好医务人员及家属的生活服务保障等工作，送去党委政府和妇联“娘家人”的关怀关爱，努力为坚守一线的医务人员减轻后顾之忧。

临高县妇联与县人民医院组建了关心关爱驰援湖北医护人员家庭微信群，及时了解她们在前方的工作情况和她们家庭的需求及困难，及时做好后勤保障工作，解除她们的后顾之忧。县妇联还邀请了7位心理咨询师在群里给援鄂医疗队的姑娘们提供线上心理咨询服务。同时，县妇联还携手中国人寿临高支公司为10个援鄂医护人员的家庭赠送“关爱保”团体险。

儋州市妇联全体干部职工积极捐款并联合儋州嘉禾农业开发有限公司为支援湖北的全体医护人员家庭提供爱心水果等食品，为他们的家人送去关怀。同时，市妇联通过微信群更好更快捷地为支援湖北医护人员家属提供帮助，并开展“隔离不隔爱，儋州‘一心移疫’战疫联合行动”，为群众及驰援湖北医护人员和家属提供线上心理健康辅导等志愿服务。

受疫情影响，琼海市部分菜农种植的蔬菜滞销，在市妇联的倡议和动员下，该市150多位爱心人士积极参与爱心消费，集资4000多元采购了新鲜的青菜、豆角等捐赠给一线环卫工人，为帮助菜农解决销路问题的同时，表达对防疫期间不辞辛劳、坚守岗位的环卫工人的问候和敬意。

岂曰无衣，与子同袍。在这场全员参与的疫情防控人民战争中，海南各级妇联组织和妇女群众心手相牵，众志成城，将善行的涓涓细流汇成奔涌波涛，展现出半边天的磅礴气势和充沛能量。

山城巾帼“亮心”战役

重庆市妇联

面对突如其来的新冠疫情，重庆市各级妇联亮身份践初心、亮渠道纾忧心、亮服务播爱心、亮维权暖人心，团结带领1600多万山城妇女守护家园、关爱妇孺，在抗疫斗争中展现巾帼担当、贡献巾帼力量。

一、亮身份践初心，守护战“疫”一线

“抗击疫情需要像自己一样知道村情、地情、人情的活地图”，75岁的周生琴是江北区郭家沱街道的一名“蓝背心”巾帼志愿者，她第一时间参加了社区“扫楼”工作小组。“周阿姨，74号租赁户王老师家中来了一个武汉返渝人员。”接到楼栋居民电话，让周生琴心里一紧，立即赶到王老师家了解情况。原来消息半真半假，真的是王老师的孙子确系武汉返渝人员，假的是他的孙子并没有来，来的是他的儿子和儿媳。随后，周生琴立即要求王老师一家自行隔离，并向楼栋880户居民通过上门入户、喇叭喊话、电话通话等形式做好解释工作。

周阿姨只是全市巾帼志愿者的一员，疫情发生后市妇联第一时间发出《致全市各级妇女代表、妇联执委的一封信》，16.4万基层执委、240余万巾帼志愿者迅速响应，积极投身宣传引导、辖区排查、卡口值守、隔离服务、矛盾化解等工作，当好社区抗疫宣传员、巡逻员、监督员、战斗员，

守护山城第一道防线。

二、亮渠道纾忧心，关护心理健康

2月初，“12338”接到超市员工张女士来电，称自己值班一周后回家休息，闭门几天后自觉像“犯人”，加之居住小区有两名新冠确诊病例，因自己咳嗽怀疑被感染，害怕连累了丈夫和年幼的女儿，但不敢去医院检查，于是越来越焦虑。接线员认真倾听张女士的诉说后，先从“共情”表示理解她的心情；随后开导她要“换位思考”，是“待在家”不是“关在家”，“宅家战‘疫’”是国家的战略部署，每个人都应识时务顾大局，为抗疫作出应有的贡献；最后，向她给出了缓解焦躁心情的贴心建议。在接线员的耐心疏导下，张女士逐渐平和，并表示会积极调适心态，和丈夫、女儿携手共渡困难。

为助力打赢疫情阻击战，市妇联“12338”热线于1月29日增设危机干预服务，40个区县妇联开通67条心理健康服务热线，市妇联还依托市妇幼保健院心理科和重庆市江北区乾能婚姻家庭辅导学校，为抗疫一线女性医护人员开通8条一对一心理服务专线。专业心理咨询师们通过热线为广大妇女及家庭提供危机干预服务，帮助大家正视疫情，疏导不良情绪。从2月至4月，共接听来电4000余个。

三、亮服务播爱心，呵护困难儿童

“学校要求上网课，没有手机怎么办？”永川区大安街道官禄岩村小凌正面临难题。街道妇联关爱困境儿童特别行动小组得知后，争取到爱心捐赠手机，为小凌及时解决了上网课难题。

九龙坡区文化七村的舒先生夫妇因身体不适，有疑似症状，被送到医院隔离病房接受核酸检测，两次大约需要三天时间。“两个孩子在家怎么办？”夫妇俩愁眉不展。社区妇联干部和巾帼志愿者知晓后，送去牛奶、面包等食物，当起了临时爱心妈妈。孩子们在跟母亲打电话时说：“妈妈，现在有社区的阿姨照顾我们，你不用担心我们。你和爸爸要快点好起来，早点回家。”

疫情发生以来，妇联将关爱服务瞄准了留守、贫困、监护缺失等特殊儿童群体，配合民政部门建立健全困境儿童台账，依托妇联执委组建“爱心妈妈”帮扶队，“1对1”落实监护责任，开展“送日常关爱、送心理帮扶、送家庭教育、送防疫知识、送暖心慰问”五个一行动，第一时间协调、转介、处置疫情中困境儿童各项需求。并依托全市1万余个儿童之家，整合部门和社会资源，创新开展儿童工作智库“网上超市”、儿童关爱与保护“云服务”、儿童之家“线上服务”等工作，让孩子们足不出户就能得到专业指导和帮助。疫情期间，关爱服务惠及200余万儿童，累计排查的因疫情出现监护缺失的11名儿童全部得到关爱监护。3月17日，全市因疫情监护缺失儿童实现清零。

四、亮维权暖人心，保护女性权益

2月2日，一热心群众私信重庆市妇联官方微博，称在巴南区农商行办理业务时，看到前台有孕妇在岗，由于“孕妇抵抗力低，感染风险大，而且不能吃药”，希望“有关机关能督促农商行对疫情管理办法进行整改”。市妇联立即指导巴南区妇联，及时与农商行对接，切实保护孕妇免遭疫情伤害。2月4日，农商行孕妇上班问题妥善处理，该孕妇回家休息。

市妇联在跟踪处置个案维权的同时，注重完善顶层设计，力争从根源上解决问题。协调重庆市新型冠状病毒肺炎疫情防控工作领导小组办公室，推动将疫情期间“怀孕妇女不安排返岗”的规定纳入《关于切实做好新型冠状病毒感染的肺炎疫情防控期间企业复产复工有关工作的通知》

（渝肺炎组办发〔2020〕24号）。协调相关部门对母婴安全管理等方面提出10条规定，设立劳动安全“红线”；对孕产妇采取单设通道、定点医疗、规范流程、强化救治等特殊举措，切实维护女性权益，让广大女性感受到“娘家人”的温暖。疫情期间，共接到8个关于孕妇返岗复工咨询，均予以妥善答复和处置。

“四送到家”：关心关爱防疫一线医务人员

四川省妇联

新型冠状病毒肺炎疫情发生以来，四川省妇联认真贯彻习近平总书记关于打赢疫情防控的人民战争、总体战、阻击战的重要指示精神，全面落实党中央国务院、全国妇联和省委省政府安排部署，按照省应对新型冠状病毒肺炎疫情应急指挥部《关于全力做好疫情防控一线医务人员及其家属关心关爱工作的通知》要求，联动有关部门全力开展关心防疫一线医务人员“四送到家”活动，通过送爱心包、爱心菜、爱心课、爱心话到家，做实暖心贴心服务，努力让最美“逆行者”心无旁骛投入抗疫斗争。省委彭清华书记对省妇联“四送到家”活动高度肯定，作出“各级妇联在关心关爱防疫一线医务人员和援鄂医疗队员及亲属方面主动作为，值得称道”的肯定性批示，省委邓小刚副书记等三位省领导也对妇联工作作出肯定性批示。

一、强化组织协调，做实做细前期工作

迅速谋划部署，1月25日四川省派出首批援助湖北医务人员后，省妇联立足职能定位，聚焦援助湖北一线医务人员及其家庭，联动市（州）妇联组织谋划开展“四送到家”活动，对我省9批1463名援鄂医务人员及其家庭全覆盖开展暖心服务。健全两本台账，迅速与各级卫健委、援鄂医院妇委会取得联系，及时与援鄂医务人员及其家庭进行“一对一”电话联系，

掌握一线医务人员及其家庭需求，建立援助湖北医务人员及其家庭两本动态需求台账。强化资金筹措，省妇联、省妇女儿童基金会迅速调整资金安排计划，及时向全国妇联汇报争取支持，整合“加油！抗疫天使”项目和社会捐助资金，筹集“四送到家”活动资金200余万元。广泛动员力量，发挥“联”的优势，各级妇联执委、巾帼志愿者、三八红旗手、女性社会组织、爱心企业积极参与“四送到家”活动。动员红旗连锁股份有限公司发挥物流配送作用；联合省心理咨询师协会等专业机构，为一线医务人员家庭提供专业心理咨询服务；发挥社会组织、巾帼志愿者作用，为一线医务人员家庭提供学业辅导、配送上门等服务。

二、积极迅速行动，扎实开展暖心活动

送爱心包，组织省妇女儿童基金会联动各级妇联为每位赴鄂医务人员家庭送出价值800元的爱心包，提供居家防护用品、基本生活用品。*送爱心菜*，省市妇联组织力量每周一次为赴鄂一线医务人员家庭免费配送蔬菜、水果，累计送出爱心菜6019次。*送爱心课*，通过“四川幸福女性”等新媒体平台，推送疫情防控、科学育儿、心理疏导等课程，特别是对有子女学业辅导需求的一线医务人员家庭，组织社会组织、教师志愿者开展“一对一”“一对多”家庭辅导，累计开设爱心课1710课时。*送爱心话*，发挥妇联“12338”维权热线、心理服务热线等作用，开设疫情防控在线咨询，通过“一对一”电话服务，主动询问需求，谈心疏导焦虑，提供精准服务。同时，按照立足职能马上办、联合部门协调办、联动社会力量合力办的原则，及时解决援助湖北一线医务人员及其家庭的具体需求373项，第一时间向一线医务人员及其家属回复办理进度结果，让“逆行者”们全心投入抗疫斗争。关爱服务下沉一线。协调社会力量为甘孜、阿坝、凉山州防疫一线人员捐赠口罩2万余个，组织执委、巾帼志愿者为防疫一线人员提供理

发、送餐、送药等暖心服务。

三、强化宣传引导，凝聚战“疫”正能量

充分发挥省妇联“1网2微3平台N号N群”新媒体矩阵作用，联动各级妇联及时多层次、高密度持续深入宣传战“疫”一线医务人员及家庭的感人事迹。三八节期间，突出战“疫”和发展主题，广泛宣传习近平总书记对包括一线女性医务人员在内的广大妇女的问候；在《四川日报》发布省委省政府致全省妇女姐妹的三八慰问信，传达省委省政府对一线女性医务人员慰问；在《四川日报》刊发《团结动员全省妇女奋进新时代》专栏，在四川电视台播放《致敬巾帼——四川省纪念三八国际妇女节110周年特别节目》，在成都地铁播放“致敬巾帼”系列公益短片，开展纪念三八国际妇女节110周年系列线上活动、“致敬最美巾帼奋斗者”网络征集图片展播、“战‘疫’必胜、奋力奔康”网络传递活动，集中展示一线女性医务人员的“逆行者”风采。累计宣传一线医务人员及其家庭共计206人（户），宣传报道2000余次，线上系列活动引领3000余万人次参与，#三八妇女节#微博话题阅读增量达10.2亿人次，努力营造关爱防疫一线医务人员及家庭的良好社会氛围，有效凝聚了巾帼战“疫”的正能量。

战“疫”中的“黔”行密码

贵州省妇联

2020年，注定是不平凡的一年。当新春团聚的喜悦触手可及，一场突如其来的新冠肺炎席卷全国，我们打响了抗击疫情的全民战争。

疫情来临，贵州省妇联始终坚持把人民群众生命安全和身体健康放在第一位，第一时间响应中央、省委关于疫情防控的各项决策部署，充分发挥妇联“联”字优势，迅速谋战，科学应战，以“123”作战法，动员广大妇女群众，群防群治、严防死守，为坚决遏制疫情蔓延势头、打赢疫情防控阻击战贡献巾帼力量。

强化“一个”统筹，确保战“疫”有力

疫情暴发后，省妇联迅速响应，成立应对新型冠状病毒感染的肺炎疫情防控领导小组，由省妇联主要领导担任组长，坚守岗位、靠前指挥。各地妇联成立疫情防控工作领导小组，制定疫情防控工作方案。各级妇联主要负责同志始终坚守一线指挥调度，示范带领广大妇联干部积极投身疫情防控阻击战，做到守土有责、守土担责、守土尽责。下发《关于做好新型冠状病毒感染的肺炎疫情防控相关工作的通知》《关于配合做好疫情期间儿童监护工作的通知》《关于配合做好疫情防控期间妇女就业工作的通知》等文件，要求各级妇联提高认识，主动作为，配合党委政府做好疫情

防控，转发《为打赢疫情防控阻击战贡献半边天力量》倡议书，不断增强广大妇女群众坚定打赢疫情防控阻击战的信心和决心。同时，组建法律援助和心理咨询志愿者团队，通过“12338”热线和各级妇联微信、微博等，为一线医疗服务人员和广大家庭开展维权、普法宣传和心理咨询服务。

扩大“两个”宣传，确保战“疫”有声

贵州省各级妇联组织牢牢把握线上线下两条宣传渠道，深入宣传解读党中央、省委及各级各部门疫情防控决策部署和有力行动，充分报道联防联控的措施成效，多形式宣传健康理念和疫情防控知识，生动讲述疫情防控一线感人事迹，不断增强广大妇女群众战胜疫情的信心和决心。

线上引领有影响。省妇联在网站、微信公众号上分别搭建“抗击疫情 巾帼黔行”宣传专题，通过微信、微博、头条、抖音等平台，每天及时推送全国全省疫情动态、防护知识、疫情防控一线先进事迹等，深受群众欢迎。贵州首批驰援武汉医疗救援队就有91名女性，占整个队伍64.40%。省妇联微信推出《贵州巾帼|助力防疫阻击战，她们甘当勤务员》《致敬|你转身那刻，已是巾帼英雄！》等图文宣传妇女积极参与疫情防控的先进典型，充分体现她们的勇气和担当。各级妇联组织充分利用新媒体平台密集推送疫情动态、防控倡议和防护知识，在朋友圈、联络群转发《图解！疫情防护我们应该这样做……》《服了！贵州的这些孃孃防疫宣传招数真的多》等，营造了万众一心、众志成城的舆论氛围。

线下宣传接地气。全省各级妇联干部、执委、巾帼志愿者、三八红旗手、“最美家庭”等主动出击、全力奋战，积极配合当地党委政府做好社区疫情防控网格化管理，带头进村入户、穿街走巷、挨家挨户宣传防疫政策和防范知识，引导广大妇女及家庭不造谣、不信谣、不传谣，并充分发挥在社会生活和家庭生活中的独特作用。疫情期间，各级妇联组织利用小

喇叭、顺口溜、山歌、快板书、打油诗、方言……说疫情、唱疫情，让防控知识亲切、有趣、深入人心。如，安顺市西秀区妇联创作并录播了屯堡话版、苗语版、布依版的疫情防控知识音频；罗甸县布依族妇女王小翠用布依话教村民如何防控疫情；黎平县妇联编写抗击新型冠状病毒感染的肺炎琵琶歌——《共战新型冠状病毒劝诉歌》；毕节市妇联编排快板《齐心协力抗疫情》；等等。

发挥“三个”力量，确保战“疫”有效

发挥组织力量。各级妇联组织积极配合当地党委政府做好疫情监测、排查、预警、防控等工作，广大妇联干部、执委、巾帼志愿者等也时刻坚守在疫情防控的第一线，切实把投身疫情防控第一线作为践行初心使命的试金石和磨刀石。在各监测点、小区楼栋、村寨道路、群众家门口，广大妇联干部、执委、巾帼志愿者、三八红旗手、“最美家庭”等戴着口罩、拿着温度计、手持笔和登记表、背着消毒装备、举着喇叭、扯着嗓子不辞劳苦地持续宣讲。如，思南县关中坝街道妇联专职副主席李瑞雪带领村妇联主席在辖区各村举着喇叭、扯着嗓子宣传防疫知识；南明区小车河街道妇联组织100余名巾帼志愿者奔赴在疫情防控第一线；全国三八红旗集体——黄平县人民医院主动请战驰援武汉。

调动群众力量。省妇联利用自身优势，广泛动员社会各界积极捐资捐物，参与疫情防控。全国妇联十二届常委、全国三八红旗手标兵、盘州市淤泥乡岩博村党委书记余留芬组织当地村民筹集160万元购买消毒液、口罩等物资，支持武汉、盘州的疫情防控；“全国最美家庭”大方县理化乡李光忠夫妇捐款1万元。

整合企业力量。协调贵州省女企业家协会筹集资金和物资折合人民币32.424万元驰援武汉；黄平县巾帼脱贫示范基地（六源鲜绿色餐饮管理服

务有限公司）采收100吨绿色蔬菜驰援武汉；等等。

总之，在疫情防控阻击战中，贵州巾帼无处不在，她们以实际行动在云贵高原上奏响一曲曲自尊、自信、自立、自强的巾帼颂。

全方位行动 引导妇女积极投身疫情防控阻击战

云南省妇联

新冠肺炎疫情发生以来，云南省妇联在省委、省政府的坚强领导和全国妇联的有力指导下，切实提高政治站位，强化责任担当，把做好疫情防控工作作为增强“四个意识”、坚定“四个自信”、做到“两个维护”的现实检验，第一时间把习近平总书记和党中央的关心关爱传递到妇女群众心里，组织全省五级妇联迅速行动，引导广大妇女坚定信心、同舟共济，在群防群治、联防联控中发挥作用，在守护好家庭、守住社区中发挥优势，积极投身打赢疫情防控的人民战争、总体战、阻击战中发挥半边天作用。

一、迅速行动，组织动员广大妇女和家庭积极投身疫情防控战

自1月25日以来，云南省妇联积极响应全国妇联号召，第一时间发布《云南姐妹行动起来，为打赢疫情防控阻击战贡献半边天力量》倡议，下发《云南省妇联关于切实发挥全省妇联组织作用投身打赢疫情防控阻击战的通知》，号召各级妇联常执委、广大妇女和千万家庭立即行动起来，坚决贯彻落实党中央决策部署，发挥妇女在社会和家庭生活中的独特作用。开展“宣传引领巾帼行动”，组织各级妇联在各媒体平台开设巾帼抗疫专题专栏，大力宣传习近平总书记重要指示精神和党中央决策部署，及时传

递习近平总书记和党中央对人民群众的关心关爱，大力宣传全国妇联和省委、省政府工作要求，共推送各类宣传稿件18038篇，阅读量3197万人次，被其他主流媒体转载文章1392篇。

全省各级妇联“一呼百应”，充分当好“宣传员”“监督员”“战斗员”，组织发动三八红旗手、巾帼文明岗、最美家庭、巾帼志愿者、妇联执委走在疫情防控第一线，全省16个州市、129个县市区、1.4万多个城乡社区妇联、25万多名乡镇（街道）和村（社区）执委结合实际，通过网络、电话、微信、视频、大喇叭、展板等多种方式，采用彝、傣、傈僳、哈尼等25种少数民族语言不间断开展疫情防控宣传，边境地区积极组织英语、泰语、缅语、老语等多语言志愿者，开展线上翻译和线下答疑，帮助广大妇女和家庭正确认识疫情，传播科学防控知识，共发出倡议1700余条，通过各类联系群、工作群及时转发达1万余次，组织动员1500余万妇女积极投身疫情防控一线战斗，在全省城乡社区构筑起一道群防群控的严密防线。

二、开展“十个一”活动，及时为党委、政府和一线医护人员及家庭分忧

结合2020年三八妇女节活动，推出以“立足岗位，争做最美巾帼奋斗者”为主题的“十个一”系列活动：为云南援鄂医疗队员送一份关爱、对云南援鄂医疗队员家庭开展一次走访慰问、开通一条线上“娘家人”维权服务和心理咨询热线、开展一系列矛盾纠纷化解和风险隐患排查、开展一系列“守望相助”巾帼志愿服务、推出一系列网络家庭教育微课和家风家教宣传、搭建一个网上就业服务平台、开展一系列复工复产和巾帼创业扶持、开展一系列“最美巾帼奋斗者”宣传展示、评选表彰一批疫情防控中的优秀女性及家庭典型，为党委和政府分忧，为千里援助湖北一线医疗

队员及家庭分忧，为奋战在全省疫情防控一线的工作人员送去一份别样的三八妇女节关心关爱。

开展“岗位建功巾帼行动”，积极配合有关部门帮助巾帼示范基地、巾帼脱贫车间、妇字号企业恢复生产，帮助外出务工的女农民工及时返岗。积极贯彻落实省委、省政府的金融扶持政策，对疫情防控期间享受巾帼创业贷款的创业妇女给予政策倾斜，引领各行各业妇女有序复工复产，立足岗位建功立业。与省人力资源和社会保障厅、省教育厅联合召开“春风送真情就业暖民心”网络招聘会，邀请242家用人单位通过网络平台进行招聘，发布招聘职位605个，提供就业岗位4883个，信息浏览量达144877人次，意向投递简历3450份。在开展2020年云南省三八红旗手(集体）评选表彰工作基础上，及时向省评比达标表彰工作领导小组申请增加云南省三八红旗手表彰名额50名，云南省三八红旗集体表彰名额20个，专项用于表彰在抗击疫情中从事医疗救治、疫苗研发、联防联控、物资援助、复工复产、巾帼志愿服务等方面作出突出贡献的个人和集体。

三、广泛动员，凝聚广大妇女和社会力量为一线医护人员及其家庭提供有力保障

疫情发生后，云南省先后向湖北派出医疗队员10批、1156人，其中女性804人。云南省妇联时刻牵挂着云南援鄂医疗队员和全省抗疫一线女性的安危冷暖，及时组织开展“守护家庭社区巾帼行动”，发动妇联系统干部和各级妇联执委、巾帼志愿者等专兼职工作队伍，积极参与联防联控。开展“关心关爱巾帼行动”，因地制宜组建巾帼志愿服务队，为抗疫一线医务工作者家庭送去生活必需品，提供心理疏导等服务。开办“特殊时期特别家教”网络公益课程，指导父母带领孩子学起来、动起来、读起来、写起来。开展“爱心捐赠巾帼行动”，倡议并通过云南省妇女儿童发展基金

会，在全省组织开展“众志成城、抗击疫情——云南巾帼在行动”募捐活动，截至10月底，累计接收爱心捐款1112万余元，款项均做到专款专用。云南省的边境线长有4060平方公里，在妇女民间对外交流工作中，加大与南亚、东南亚妇女组织的交流合作，争取香港乐施会项目资金80万元，实施云南省瑞丽市贫困家庭儿童帮扶及贫困村扶贫项目；积极争取财政、企业等赞助资金30万元，向缅甸捐赠口罩22万只、洗手液2400瓶、消毒液100桶。开展“维权服务巾帼行动”，组建112支心理援助服务团队，开通多条心理援助热线，24小时守护求助者，提供心理咨询服务1000余次。推动建立线上婚姻家庭纠纷调解平台，提供线上婚姻家庭纠纷调解服务。开展“为白衣天使家庭服务”巾帼志愿活动，向全省奔赴抗疫一线的医护人员提供“免煎中药”“爱心餐”“暖心包”“爱心箱”等，成为一线抗疫医护人员的坚强后盾。

发挥妇联组织优势　凝聚抗疫强大巾帼力量

西藏自治区妇联

新型冠状病毒感染的肺炎疫情防控工作开展以来，西藏各级妇联认真贯彻落实习近平总书记系列重要指示批示精神，坚决执行党中央、国务院及区党委、政府、全国妇联决策部署，按照依法防控疫情十项措施要求，把防控疫情工作作为当前一项重大政治任务和头等大事，充分发挥妇联组织密切联系群众优势和广大妇女在家庭和社会中的独特作用，凝聚起广大妇女同舟共济、共克时艰的强大力量，为切实打赢疫情防控阻击战贡献巾帼力量。

一是加强组织领导，迅速行动落实。自治区妇联及时成立由党组书记为组长应对疫情防控工作领导小组，下设办公室（综合协调组）、宣传引导组、生活保障组、监督查检组，明确各自工作责任。向全区广大妇女和家庭发出“阻击疫情、人人尽责、家家防控”藏汉双语倡议书，向全区女企业家发出《致女企业家一封信》。先后4次召开疫情防控专题会议，就妇联组织开展疫情防控工作进行安排部署，印发《西藏自治区妇联关于充分发挥妇联组织和妇女群众作用扎实做好新型冠状病毒感染的肺炎疫情防控工作的紧急通知》，自治区政府妇女儿童工作委员会主任、政府副主席罗梅亲自安排部署，政府妇儿工委办联合区卫健委印发《关于进一步加强新冠疫情防控中孕产妇关爱工作的通知》，就妇联系统做好疫情防控工作提出明确要求和具体措施，并建立区地市妇联主席疫情防控工作微信群，便于线上指导了解基层疫情防控工作。

二是线上线下同步，强化宣传引导。线上通过微信公众号、今日头条和妇联系统微信群，一方面发出致广大妇女群众和家庭一封信、致全区女企业家倡议书、温馨提示，号召广大妇女及家庭、女企业家人人参与、齐心协力，在疫情防控中彰显担当作为；开辟抗击疫情西藏各级妇联在行动专栏，每日报道各级妇联疫情防控动态，推送藏汉双语防疫内容179篇，阅读量3.1万多人次。另一方面迅速宣传党中央、国务院、全国妇联应对疫情工作专题会议精神以及区党委、政府疫情防控工作部署要求，动员妇联组织和广大妇女坚决贯彻执行中央和自治区决策部署，积极发挥党员先锋模范作用，万众一心、全力抓好疫情防控各项工作的落实。线下宣传教育实现全覆盖，自治区妇联印制预防疫情知识藏汉双语宣传单3万张发放拉萨市各社区群众，全区妇联4万余名执委、县乡村妇联干部、巾帼志愿服务队伍、各级妇联驻村工作队，深入社区、村居、家庭张贴宣传画、发放宣传手册、解读防控常识、发放口罩、卫生消毒，引导广大妇女从家庭做起，增强自我防护意识，构筑家庭抵御疫情的第一道防线。

三是及时提供经费补助，有力保障防控工作。自治区妇联拿出专项经费支持疫情防控工作，划拨疫情防控工作经费30万元，用于基层妇联疫情防控工作开展。购买防护口罩2万个，向阿佳广场妇联6个队、太极拳晨练队“妇女之家”、朗玛堆谐“妇女之家”、扶贫易地搬迁点、尼姑寺、驻村工作队、住拉萨妇联离退休人员进行了发放。

四是选树先进典型，弘扬巾帼担当。一方面加强在全国妇联女性之声、西藏女性藏汉版微信公众号、妇联系统微信群宣传一线女医护人员、女干警等各行各业女性先进典型事迹，弘扬巾帼正能量、鼓舞士气。另一方面采取组织和社会推荐方式，注重挖掘疫情防控一线女性先进典型选树，全国妇联授予西藏大学医学院预防医学系特聘副教授红梅，西藏自治区人民医院医务处处长、感染科主任石荔抗疫全国三八红旗手荣誉称号，授予西藏自治区拉萨市妇联抗疫三八红旗集体荣誉称号，自治区妇联表彰三八红旗手标兵10名、三八红旗手38名、三八红旗集体12个，并开展“送荣誉到岗位”活动，积极营造奋勇争先、担当尽责的社会氛围。

五是体现人文关怀，传递党和政府温暖。自治区党委书记吴英杰，自治区党委副书记、主席齐扎拉亲自来到自治区第三人民医院和拉萨市公安局交警支队女子大队执勤点，对坚守在疫情防控一线的广大女医务工作者和维稳一线的公安女民警进行了看望慰问，鼓励她们坚定信心和勇气，克服困难打赢战“疫”，向她们的辛勤付出表示诚挚的问候，传递党和政府的温暖。自治区妇联对区第三人民医院发放“娘家人暖心包”168个，价值5.04万元；向自治区人民医院、藏医院、疾控中心各送去1万元慰问资金；慰问驰援湖北4名疫控人员家属价值4000元慰问金和慰问品。基层妇联慰问疫情防控一线医务人员、检查卡点执勤人员共计经费3.3万余元。

六是心系湖北疫区，主动踊跃捐款。疫情无情、巾帼有爱，为表达西藏各族妇女对湖北省姐妹们的关心，西藏妇联发出《致湖北省疫情防控一线姐妹们慰问信》，并资助湖北省妇联10万元疫情防控工作资金。各级妇联干部职工、广大妇女群众、女企业家、离退休人员情系湖北，踊跃向湖北人民慷慨解囊，捐款280多万元，表达对湖北人民的深情厚谊和对疫情防控工作的坚定支持。

七是严格内部管理，确保绝对安全。对进出机关人员实行严格的体温检测、车辆消毒，下发《关于做好新冠疫情防控隔离通知》，每日登记返藏人员信息并督促落实隔离要求，定时对办公场所进行清洁消毒，以代办代购方式解决隔离人员生活问题。争取援藏干部、区工信厅和自行购买防控口罩2720个发放干部职工、出租房从业人员，最大程度降低机关疫情防控风险。

八是防范涉疫纠纷，维护妇女权益。为及时防范化解涉疫妇女合法权益，各地市妇联开通“12338”妇女维权服务热线，有效帮助疫情防控期间妇女群众心理疏导、法律咨询，帮助解决疫情防控中遇到的困难、调节情绪、维护身心健康。

九是落实降费政策，支持复工复产。积极落实区党委减税降费政策和自治区出台的支持企业复工复产的若干政策措施，帮助企业和商户渡过难关，为六家企业和商户减免房租361541元。

履行引领联系服务职责
在巾帼战“疫”中积极作为

陕西省妇联

新冠肺炎疫情发生以来，陕西省妇联在省委省政府的坚强领导和在全国妇联的有力指导下，时刻坚持以人民为中心的发展思想，切实履行引领联系服务职责，一切为了人民群众、紧紧依靠人民群众，组织动员全省广大妇女积极投身疫情防控的人民战争，为奋力夺取疫情防控和实现经济社会发展目标双胜利贡献了半边天力量。

一、坚持人民至上，迅速开展巾帼战“疫”行动

党有号召，妇联有行动。疫情发生后，陕西省妇联认真学习贯彻习近平总书记关于疫情防控重要讲话和重要指示精神，坚决落实省委工作部署，自觉把增强“四个意识”、坚定“四个自信”、做到“两个维护”具体落实到疫情防控工作上。坚持“疫情就是命令、防控就是责任”，迅速向全省妇联系统发出动员令，第一时间成立机构、第一时间安排部署、第一时间参与防控、第一时间集结队伍。发动全省3万多名专兼职妇联干部、9万多名巾帼志愿者、3万多个“妇女儿童之家”，着眼防输入、防蔓延、防输出，着眼帮复产、助脱贫、促发展，积极参与抗疫一线的疫情摸排、宣传引导、关心照料、复工复产等工作，真正把党对妇联组织政治性、先

进性、群众性的要求，转化成为妇联组织参与疫情防控的实际行动。坚持人民至上，协调了卫健、民政、教育、工会等部门，就儿童和孕产妇医疗服务、患病妇女儿童救治、关爱帮助困境儿童、合理安排居家学生学习、孕期哺乳期职工居家远程办公等出台多份具体举措，在疫情防控中切实关心关爱关注最基层、最普通、最弱势的妇女儿童，向她们不断传递着党委政府的关爱和妇联组织的温暖。

二、凝聚各方力量，注重形成巾帼战“疫”合力

在各级妇联的广泛发动下，陕西全省35万妇联执委、30万巾帼志愿者、1316万家庭及各团体会员、女性社会组织立即行动，纷纷伸出援手，坚决投入打赢疫情防控的人民战争、总体战、阻击战，用担当与责任书写着巾帼大爱。各级妇联组织通过联职能部门、联社会组织、联爱心企业、联各界妇女，有效凝聚起妇联系统防疫抗疫的强大合力。据不完全统计，全省五级妇联组织发动女性社会力量募集疫情防控资金及物资共计2327多万元。全省各级妇联还面向全省家庭通过开展寻找“最美宅”和三秦最美“战疫家庭”活动，创建了1万户“健康家庭”，发布战“疫”家书数百篇，开设父母微课堂100多期，让广大家庭动起来、学起来、写起来，守好家庭抗疫防线。

三、凝聚妇女共识，不断讲述巾帼战“疫”故事

妇联组织利用融媒体平台积极发声，将党中央的最新指示、省委省政府的相关要求广为宣传，做好解疑释惑、稳定情绪、坚定信心的工作。陕西省派到湖北一线的1460名医护人员中70%为女性，陕西各级妇联组织通过图文、音频、视频等形式，创作了一批直抵人心的融媒体作品，重点报道了她们在抗疫一线的巾帼战“疫”故事，在网络开设巾帼战“疫”、战

“疫”手记、致敬最美逆行者等宣传专题，累计发布各类报道近8000篇，让一线女医务人员敬佑生命、救死扶伤、大爱无疆的感人事迹广泛传播。评选表彰新冠肺炎疫情防控工作女医务人员（集体）省三八红旗手（集体）219个，新冠肺炎疫情防控工作省三八红旗手（集体）130个，揭晓“三秦战疫”最美家庭300户。

四、满足特殊需求，着力关注巾帼战“疫”群体

陕西各级妇联组织通过“建立一套信息台账、树立一批先进典型、建立一支服务队伍、用好一条关爱热线、传递一份暖心呵护、送出一箱爱心蔬菜”，广泛开展了“你们护大家 我们暖小家”关爱行动，直接联系一线医务工作人员及家庭1892个，累计投入近百万开展一对一关爱，并同步推进心理咨询、家庭教育、家政保洁、志愿服务等多项关爱举措。针对疫情期间部分群众出现的心理、维权、家暴等方面的问题，推动省人大出台了《陕西省实施〈中华人民共和国反家庭暴力法〉办法》。各级妇联组织还通过制订措施、组建队伍、开设热线、抖音普法、网络咨询、网上说法等形式，开通“心理·健康·维权”援助热线，组建秦小妹“红雨伞”心理服务志愿队，畅通“12338”妇女维权热线，制定《关于在疫情期间切实做好维护妇女权益工作的意见》《疫情期间家庭暴力受害人求助咨询解答指南》《疫情防控法律法规汇编及法律实务指南》等，不断筑牢疫情期间妇女儿童的维权屏障。

五、促进全面发展，努力彰显巾帼战“疫”作为

全省各级妇联组织做足“联”字文章，全面推动复工复产，助力做好“六稳”工作，落实“六保”任务。针对疫情期间不能开展聚集性活动的实际，利用网络和新媒体平台积极推动“农村妇女素质提升计划”，广泛

动员妇女参与“居家防疫·网上学技”和送课送技下乡活动，开展适合贫困妇女就业的种植养殖、手工编织、家政服务、农家乐旅游、电商营销等技能培训课程110期，培训留守、贫困妇女1.1万多人，提升妇女姐妹就业发展能力，为复工复产、脱贫致富积蓄能量。全省各级妇联对接复工企业用工需求，举办网络招聘会9次，提供就业岗位8000余个。针对妇女农副产品销售难的实际，开展网络扶贫，与淘宝、拼多多等平台加强合作，为妇女与买家牵线搭桥，通过产品义卖、果蔬配送、消费扶贫等方式，让妇女群众足不出户就能增收致富。举办“妈妈益起团”三级妇联主席网上带货活动，省市县各级妇联主席亲自上阵，宣传推广旅游、直播推销产品，累计帮助销售贫困地区农产品6211万多元，通过网络实现了“宅”家能养家、待业不歇业。

统筹推进疫情防控和复工复产 扎实做好“六稳”工作落实“六保”任务

甘肃省妇联

新冠肺炎疫情发生以来，甘肃省妇联认真贯彻落实习近平总书记关于统筹推进疫情防控和经济社会发展、决战决胜脱贫攻坚重要讲话和批示精神，全力落实全国妇联和省委省政府总体部署，第一时间发出倡议，第一时间动员部署，推动各级妇联组织发动妇联干部、女企业家、巾帼志愿者和广大妇女，踊跃投身基层防疫、宣传教育、物资调配、志愿服务等工作，引导妇女群众坚守家庭和岗位两大阵地，切实发挥好“两个独特作用”，统筹推进疫情防控和复工复产，扎实做好“六稳”工作，落实“六保”任务，助力打赢脱贫攻坚收官战。

一、倾心关爱援鄂医务人员

省、市、县妇联三级联动，同步开展“你逆行守护大家·我帮你照顾小家”——关爱一线医疗队队员家庭公益活动。从2月10日起，每周一次，连续9周，省妇联为省直医院307名医务人员配送2098件次，总价值41.96万元。为落实关爱服务，省妇联抽调11名机关干部，担任配送联络员，“一对一”跟踪回访省直13家医疗机构援鄂医务人员家属，帮助解决家庭实际困难。并根据医疗队分批返兰时间，分别增配两周蔬果，保障其家庭在他们隔离期间的生活。三八前夕，省妇联协调省女企业家协会，精心筹备节日礼物，组织陇原巧手、巾帼致富带头人在巾帼扶贫车间和脱贫示范基地赶制了一批麻拖鞋、玫瑰精油保湿水、护手霜和补水面膜等慰问物资4782件，并组织干部第一时间封装、打包，协调物流公司航空投递，及时寄送至援鄂医疗队驻地，得到援鄂医务人员家庭及社会的普遍赞许。其中，每队一色的冲锋衣，为甘肃医疗队员提供了统一制式的队服，为各地队员凯旋路上增添了一道亮丽的风景线。

二、尽心助力一线联防联控

面对疫情，省妇联坚决服从党委政府联防联控统一指挥，带领全省妇女全力以赴，共克时艰。春节刚过，省妇联主要领导带头看望慰问兰州市肺科医院、七里河区西湖街道社区一线医护人员、社区干部，赠送10万元慰问金和口罩等防护用品。组织采购口罩等防疫物资30多万元，支持基层妇联干部和防疫工作者在一线开展疫情防控工作。在省妇联的带领下，省、市、县三级妇联发动社会组织、爱心企业家等为湖北武汉及本地抗击疫情捐款捐物1540.99万元，体现了新时代甘肃妇女的责任与担当。

三、用心推动有序复工复产

组织12名“陇原巧手”带头人通过网络直播35场次，300万人次在线收看，帮助妇女居家掌握手工技能。指导省内外家政企业，对3500余名妇女进行“陇原妹”线上培训，有效缓解妇女居家防疫与集中培训的矛盾。联合省人社厅在甘肃人才网举办“春风送岗位 · 妇联在行动”女性人才专场招聘会，超过300家用人单位在线提供家政服务、医疗美容、餐饮娱乐等30多个种类11612个就业岗位，有6000多名妇女在线提交就业需求信息。召开全省妇联系统推进“巾帼扶贫车间”复工复产促进妇女就业脱贫工作视频会议。从“巾帼扶贫车间”专项资金切块206万元，对2月底前已复工复产的“车间”，按照复工人数分层次补助，支持企业做好疫情防控和员工防护，有效调动了“巾帼扶贫车间”复工复产的积极性。截至3月中旬，全省458家“巾帼扶贫车间”中，有366家复工复产，占80%以上，11200名贫困妇女实现就业。将天津7家家政企业纳入2020年“陇原妹”培训输转项目，每输转1人，补贴2500元。省妇联筹措资金22万元，为漳县3个帮扶村的850余户群众捐赠化肥43吨、地膜6吨，助力群众春耕生产。

疫情期间，全省各级妇联积极主动配合当地人社部门，采取“点对点、门对门”服务，动员组织22.35万名妇女赴省内外务工就业，为复工复产和复工达产发挥积极作用。

四、精心做好防疫宣传报道

从正月初二开始，增加信息发稿力度，大力宣传防疫知识及其相关政策，以视频、动画、图文等多种形式进行防疫知识、抗疫事迹、防控措施的宣传，引导广大妇女科学防控，传播正能量，为打赢疫情防控阻击战贡献力量。在今日头条搭建#疫情防控陇原巾帼在行动#话题，发动各市州妇联和广大妇女积极参与，分享身边的感人故事，阅读量达到251万人次。今年三八妇女节期间，搭建宣传专题“立足岗位，争做最美巾帼奋斗者”曝光量达到230万+，发起话题#争做最美巾帼奋斗者#，参与人数达到46万人次，同时，在甘肃党建、人民网等主流媒体投放开屏祝福海报，邀请省内各界妇女代表及各市州妇联主席录制发布三八祝福语，在各大媒体广泛传播，为抗疫一线及各个工作岗位的妇女姐妹送去祝福。表彰“甘肃省三八红旗手（集体）”“陇原最美警嫂”，培树百名优秀村（社区）妇联主席、执委，评选巾帼建功先进集体及标兵。开展“传承雷锋精神·关爱守护生命·聚力抗击疫情”主题巾帼志愿服务。举办“童心抒战‘疫’，你我赴春光”主题征文、“三八维权周·平安家庭微课堂”、“关爱女性健康·助力幸福家庭”健康知识讲座等。发挥“巾帼家美积分超市”作用，引导群众自觉参与群防群治、联防联控，团结带领全省广大妇女在疫情防控人民战争、总体战、阻击战中发挥半边天作用。

做好宣传舆论工作，为战“疫”贡献半边天力量

青海省妇联

今年伊始，新型冠状病毒感染的肺炎疫情暴发，省妇联党组高度重视、迅速行动、作出部署，要求全省妇联系统坚决贯彻落实习近平总书记对新型冠状病毒感染肺炎疫情的系列重要指示精神和党中央、省委省政府决策部署，把疫情防控工作作为压倒一切的重要政治任务落到实处，按照全国妇联、省疫情防控处置工作指挥部的部署要求，坚定有力、毫不懈怠地做好疫情防控各项工作。全省妇联系统上下联动，协同各相关单位、部门、协会、企业、社区等有针对性地开展疫情防控宣传舆论工作，进而动员全省广大妇女群众及百万家庭积极投身疫情防控，为坚决打赢疫情防控人民战、总体战、阻击战贡献巾帼力量。

一、强化政治引领，做好国家大政方针政策宣传

新冠肺炎疫情发生后，为推动全省各级妇联组织和广大妇女群众把思想和行动统一到党中央、省委省政府决策部署上来，按照全国妇联、省妇联党组的安排部署，1月26日以来，我会“青海妇女”一网两微两号两短视频新媒体平台和全省妇联系统新媒体矩阵上下联动，在全网及时发布宣传国家及青海关于抗击疫情的权威政策，及时将党中央、省委省政府关于疫情防控的各项规定、联防联控的各项措施传达到广大妇女群众中。同时，

全省各级妇联为打赢疫情防控阻击战发出倡议，号召全省广大女性党员干部、巾帼志愿者行动起来，争做疫情防控的“宣传员”“监督员”“战斗员”，团结引领全省广大妇女群众和家庭积极发挥在社会生活和家庭生活中的独特作用，筑牢防控防范疫情的家庭防线，切实织紧织密防控网络，凝聚“万众一心、众志成城”的巾帼力量，为维护社会大局稳定、坚决遏制疫情蔓延势头、打赢疫情防控阻击战贡献半边天力量。

二、加强典型引领，做好疫情防控舆论引导工作

做细、做实疫情防控舆论引导工作，充分发挥“青海妇女”一网两微两号两短视频及全省妇联系统新媒体矩阵优势，不断报道在战“疫”中涌现出的女性先进典型人物、抗疫一线女性医护工作者、各行各业女性岗位建功和巾帼志愿者奉献奋战的动人故事。

一是宣传报道《青海首批医疗队集结，135人驰援武汉！97名女性加入战队》《战“疫”进行时丨192名青海女性驰援武汉》《一封写给妻子的信》及我省援鄂医疗队女医护工作者传回的“前线日记”等感人事迹，弘扬了正能量，多篇稿件被“中国妇女”等媒体转载，网友用诗歌《高原无上的美丽》《白衣战士》留言点赞，广大妇女及家庭成员纷纷为援鄂医疗队女医护工作者送上深切的祝福和崇高的敬意，期待她们凯旋，通过及时有效的宣传，“向白衣天使致敬”“致敬最美逆行者”“平安归来”成为全社会共同的心声。

二是发布《抗击疫情，青海娘家人和你在一起》《打赢疫情防控阻击战，青海“五级”妇联在行动！》《点赞！关键时刻，巾帼姐妹巧手抗疫》等报道，对基层妇联组织在防疫一线工作中的好经验好做法进行宣传，引导广大妇女群众科学认识疫情，增强防护意识，消除恐慌情绪，增强信心、坚定信心，引领广大妇联干部、巾帼志愿者、女性党员立足岗

位、科学抗疫、更有干劲。

三是发布《同心抗疫|暖心衍纸画，助力抗疫情》《女红巧手，传递战“疫”力量》《她们，用指尖技艺致敬抗疫英雄》等，形象生动地展示剪纸、衍纸画、素描、儿童画等抗疫宣传作品，用喜闻乐见的形式，将疫情防控科学知识普及深入到千家万户中，进一步引导广大妇女群众及家庭成员科学认识新冠肺炎疫情，督促家庭成员落实好疫情防控有关规定，坚定信心、同舟共济、一起行动，筑牢防控防范疫情的家庭防线；同时，通过描绘在疫情救治和防控第一线逆流而上的医生、护士、科学家、警察、社区工作者等新时代英雄们，彰显他们大无畏的牺牲精神，引领全社会致敬“最美逆行者”。

四是配合省委网信办开展疫情的网络谣言治理，及时辟谣相关信息，堵截危害社会稳定的不良信息，进一步稳定网络人心。

五是及时发布《战疫情　备春耕》《青海140余名“拉面阿娘”助力复工复产》《省妇联女性专场招聘会开始了》等复工复产信息，动员全省各级妇联响应党中央、省委省政府号召，在协助做好疫情防控工作的同时，积极开展战“疫”中复工复产舆论引导和政策宣传工作，引导女企业家、女性创业者、巾帼脱贫示范基地、各行各业女性工作者等助力脱贫、保障春耕，促进经济、促进就业，为战“疫”复工复产贡献巾帼力量。疫情期间，全省妇联媒体上下联动、积极发声，及时开展宣传报道工作，有效引导了基层妇联助力抗疫的工作方向和社会舆论动向，切实增强广大妇联干部、妇女群众及家庭的抗疫信心，为打赢疫情防控阻击战奠定思想基础。

三、紧贴妇女实际，做好妇女儿童线上服务工作

战“疫”期间，进一步加强与媒体的协调联系，与中国妇女杂志社发起非常时期线上居家课堂7讲，提供了疫情期间线上的家庭教育指导；发布

居家防疫时妇女技能培训的网课19期，提供了专业的线上创业知识、创业工作指导；发布《孕产妇和儿童新冠肺炎防控手册》等国家权威疫情防控科学知识，联合国家开放大学（国家数字化学习资源中心）推出系列“新冠病毒防控公益课程”，助力广大家庭科学、正确地宅在家中做好抗疫防护；及时开展疫情期间线上心理辅导、“12338”线上法律援助及解答，发布《战疫情，心相伴，青海省妇联和你在一起》等心理辅导文章，缓解家庭及个人因疫情造成的恐慌、不安等不良情绪。通过加强与各相关单位、部门、协会等的协作，构建线上服务平台，切实让疫情期间妇女儿童线上服务有爱心、暖人心、聚人心。

架设心理援助热线　助力疫情防控阻击战

宁夏回族自治区妇联

2020年初新冠肺炎疫情发生后，宁夏回族自治区妇联积极行动，动员社会专业力量，开通心理援助热线，开展心理援助、心理疏导、健康营养等服务，预防与减轻疫情期间所致的心理困顿、矛盾纠纷等等问题为抗击疫情提供了更为牢固的心理支持。

一、搭建传递正能量的“宣传线”，增强了战胜疫情的信心

宁夏妇联、宁夏妇女儿童维权中心联合有关心理咨询、婚姻家庭辅导机构和律师事务所，紧急筹备开通了7条“心理·健康·维权”援助服务热线，组织了45名心理咨询师、婚姻家庭咨询师、律师24小时接听热线。接听电话过程中，专家咨询团队在进行心理疏导的同时，及时将疫情发展态势、国家和自治区采取的防控措施等信息宣传给群众。专家老师每天制作音频课件，在居民（村民）微信群里发布线上公益微课；自治区妇联“宁夏女儿”微信公众号陆续推出10期防控疫情心理健康教育“爱怡”系列微课；宁夏和谐婚姻家庭咨询辅导中心李晓文老师通过快手直播了22堂婚姻家庭课堂，引导群众科学化解压力、学习防疫知识、增强防疫能力。

二、搭建抚慰心灵的“关爱线”，缓解了应激焦虑的心态

疫情发生以来，特别是防控力度加大后，部分妇女和家庭成员出现焦虑、恐慌、忧郁、悲观等情绪，严重的出现身体机能紊乱、失眠等身体应激反应。自治区妇联推动专家咨询团队将心理援助服务下沉到社区、村一线，把52名心理咨询师拉进6个有疫情县区的603个居（村）民微信群，覆盖群众5万余名，在微信群里与群众互动聊天、答疑解惑，引导担心感染疫情的群众摆脱焦虑，帮助有需求的群众走出心理误区，让群众的心理空间“敞亮”起来。一名妇女反映疫情期间丈夫外出4天，不知都接触过什么人，自己内心很焦虑。咨询师从倾听、共情、关注、引导入手，适时给予她积极的鼓励，传授舒缓情绪技巧，分享心理健康知识，正确认识自身的焦虑，状况迅速得到缓解。

三、搭建心系群众的“服务线”，解决了群众的实际问题

为群众解决防控期间遇到的健康营养问题、家庭矛盾纠纷等，也是援助热线的主要工作任务。健康营养服务为广大妇女及家庭提供健康营养咨询，维权关爱服务帮助群众化解家庭矛盾纠纷，特别是对家庭暴力和性侵等侵害妇女权益案件的受害人提供维权帮助，依法维护妇女儿童合法权益，促进家庭平安、社会稳定。一名年轻男子因受到父亲对他的语言暴力导致其情绪崩溃，打来电话求助。婚姻家庭咨询师对案例进行分析评估，帮助求助者调整控制自我情绪，改善其与父亲的关系，营造和谐的家庭氛围。自治区妇联权益部兼职副部长、公益律师保文静在疫情期间共受理了10多起家暴案件，及时为受害人提供了法律援助和心理劝慰疏导。

开展“四送”活动，为抗疫贡献力量

新疆维吾尔自治区妇联

今年新冠肺炎疫情发生以来，自治区妇联党组始终把疫情防控作为首要政治任务，围绕中心，发挥妇联组织和各族妇女在疫情防控中的特殊作用，引领全区各级妇联组织认真贯彻落实自治区党委关于疫情防控工作决策部署和《关于做好自治区新冠肺炎医疗救治定点医院医疗队员关心关爱有关工作的通知》要求，保持政治定力，坚定必胜信心，进一步统一思想、提高认识、压实责任、严明纪律，紧紧围绕抗疫需要，持续开展送暖心话、送暖心课、送暖心包、送暖心事“四送”活动，关心关爱女医务工作者及其家庭工作，抓好妇女心理健康疏导工作，切实把引领、联系、服务职能落实到实际工作中，为坚决打赢疫情防控攻坚战作出积极贡献。

一是送“暖心话”。依托自治区及14个地州市妇联“12338”公益维权热线，组织各级妇联执委、心理健康专家、法律工作者、三八红旗手、最美家庭代表、爱心妈妈等129人，形成强有力的心理援助团队，24小时接听热线开展暖心服务，尤其是为抗疫一线女医务人员家庭成员提供“一对一”贴心服务。通过社区巾帼志愿者有针对性地宣讲，最大程度减轻疫情所致的心理恐慌和焦躁情绪，提升非常时期心理健康水平，发挥了较好的作用。

二是送“暖心课”。通过“新疆女声”微信公众号推出“特殊时期特别家教”“家庭网课”“妇女网课”“儿童网课”“美丽女性·幸福家庭”“幸福一家人”“网上学技”“暑期阅读”“新疆美食”等专栏，针对妇女儿童和家庭开展送“暖心课”活动，为妇女、儿童和家庭提供网络学习资源，营造良好家庭氛围，增进感情，丰富生活，舒缓压力，让广大家庭以更好的状态、更优的心态居家战“疫”。同时，依托妇联网络平台，开设“战疫情”“致敬最美”“致敬了不起的她”等专栏，多层次多角度宣传各级妇联组织抗疫动态及奋战在一线的女医务人员、社区女干部、公安女民警、环卫女职工、巾帼志愿者等战线女性的抗疫故事，弘扬新疆巾帼在危难之时舍生取义、义无反顾的家国情怀。“新疆女声”两微一端共发布疫情防控工作有关信息1600条，其中3条被“中国妇联新闻”微信公众号采纳，5条被“天山先锋号”微信公众号采纳，《中国妇女报》发布1篇文章。

三是送“暖心包”。党委有号召，妇联有行动，按照自治区党委进一步关心关爱医务人员的部署和全国妇联要求，妇联党组先后三批次组织开展向各省驰援新疆女医务人员、自治区医疗救治医院女医务人员及困难家庭慰问活动，采取点对点方式，累计向抗疫一线女医务工作者送出6300个“暖心包”，把精心准备的贴心急用的工作生活物资物品送到抗疫“白衣战士”手中，送到有特殊困难的家庭，用真情真心温暖抗疫一线工作者家人，竭尽全力帮助解决后顾之忧，提振抗疫士气，鼓舞抗疫斗志，体现妇联“娘家”的关心关爱。

四是送“暖心事”。深入贯彻党中央和自治区党委决策部署，积极响应全国妇联号召，自治区妇联和各地妇联干部踊跃捐款25万多元。号召全区各级妇联干部、妇联执委、巾帼志愿者踊跃投身一线联防联控、群防群控工作。在社区、村庄、楼院、家庭等各个重要关口，协助配合做好宣传引导、清洁消毒、物品配送等工作，积极为老年独居妇女、患大病妇女、单亲母亲、困境儿童等群体排忧解难，发挥宣传员、疏导员、服务员、监督员作用。自治区妇联帮助乌鲁木齐县牧民奶制品生产合作社及时促销积压2吨奶制品，售价13万元。居家办公干部职工和退休老干部主动参加社区志愿服务，积极配合所辖社区做好宣传、引导、服务等工作，为抗疫工作贡献力量。

在当前常态化疫情防控形势下，我们将更加深入学习贯彻习近平总书记重要讲话精神，把思想和行动统一到党中央决策部署上来，严格落实自治区党委关于疫情防控工作各项安排部署，按照建立“八个预警机制”要求，保持警惕，坚决杜绝麻痹思想、厌战情绪、侥幸心理、松劲心态，时刻绷紧疫情防控这根弦，慎终如始抓紧抓实抓细各项措施，担当尽责、不辱使命。

传递战“疫”信心
在疫情防控和经济社会发展中贡献巾帼力量

新疆生产建设兵团妇联

新冠肺炎疫情发生以来，兵团妇联在全国妇联和兵团党委的坚强领导下，以习近平新时代中国特色社会主义思想为指导，聚焦新疆工作总目标和兵团职责使命，号召兵团各级妇联组织引领广大妇女群众、千万家庭，为疫情防控和经济社会发展双胜利贡献力量。

一、强化引领，凝聚抗击疫情的半边天力量

一是注重宣传引导，传递战“疫”信心。及时传达学习习近平总书记关于坚决打赢疫情防控阻击战的重要指示精神，按照自治区、兵团疫情防控工作部署，认真落实好各项防控措施。及时发出《为打赢疫情防控阻击战贡献半边天力量》倡议书，借助“兵纷女声”公众号、微信工作群、QQ群等网络媒体开设“致敬最美巾帼奋斗者”“讲家风故事 聚战‘疫’力量”“特殊时期 特别家教”等专栏，发布各类抗疫信息、先进人物事迹、健康防护知识等8万多条；引导1.6万多名妇联执委、妇女干部、三八红旗手及3.6万多名巾帼志愿者深入团场、连队、社区等地，发放宣传单17万多份，结合妇联职能，开展各项疫情防控服务工作75万多次。

二是开展特殊时期纪念三八国际妇女节系列活动。第一时间传达习近平

总书记的节日问候，引导兵团广大妇女坚定必胜信念。发出《兵团妇联致各级妇女干部的慰问信》，组织开展“纪念别样三八妇女节”“致敬了不起的她”等宣传活动100余场（次）；启动兵师妇联系统“致敬最美巾帼奋斗者”网络征集图片展播活动，持续展示兵团女性抗击疫情的生动事迹和感人故事279余篇。

三是做好选树宣传巾帼典型工作。兵团各级妇联组织自下而上，层层寻找推荐10户“全国抗疫最美家庭”；表彰在新冠肺炎疫情防控工作中作出突出贡献的三八红旗手（集体），激发正能量、弘扬真善美，营造万众一心、阻击疫情和投身经济社会发展及社会稳定的浓厚氛围。

二、因地制宜，开展多种形式的关心关爱服务

一是持续做好对抗疫一线医务工作者及其家庭的关心关爱。兵团妇联看望慰问兵团医院驰援武汉医疗队全体队员家庭和隔离病区医护人员73人（次），各师市妇联向疫情防控一线的“巾帼战士”及家属发出慰问信、走访慰问援鄂医务人员家庭及奋战在抗疫一线的女工作人员9773人，慰问物资达98万余元。一线女医务人员和其他工作人员被“娘家人”的关心关爱深深感动，纷纷表示会更加努力做好本职工作。据不完全统计，各级妇联组织、执委、女企业家、妇女群众捐赠款物301.9余万元。

二是积极做好对妇女儿童等特殊群体的关怀照顾。兵团妇联“点对点”“一对一”走访慰问牺牲在抗疫一线的城乡社会工作者家庭，看望兵团第六师殉职社区书记杨正亮的父母、妻子及聋哑哥哥，送去慰问金，安排巾帼志愿者持续关注其家庭生活及家属心理疏导，帮助他们解决生活中的困难。六一前夕，兵团妇联下发《关于做好困境、孤残、留守儿童关心关爱工作的通知》，为1485名家庭困难、孤残、留守儿童送去37.7万元的慰问金和书籍、体育用品等慰问品。各级妇联累计走访慰问

1373人（户），发放慰问物资77.45万元。落实“恒爱行动”项目，北疆“爱心妈妈”编织1000余件毛衣，捐赠给南疆三师、十四师的贫困家庭儿童。

三是全面服务居家防疫保障，促进邻里守望、家庭和睦。向各级妇联发出了《致兵团妇联系统关于做好家庭疫情防控工作的一封信》，依托“12338”妇女儿童维权热线及妇女儿童心理健康援助工作站，积极开展家庭心理疏导25041次，帮助妇女、儿童消除恐慌和焦躁情绪；积极组织开展网上健康教育、亲子互动等活动，累计参与23352人（户）。

三、精准施策，引领妇女为打赢脱贫攻坚战贡献巾帼力量

一是及时传达学习脱贫攻坚相关精神。学习习近平总书记关于脱贫攻坚的系列指示批示和重要讲话精神，落实全国妇联要求，明确了各级妇联组织要切实扛起脱贫攻坚重要责任，全力做好脱贫攻坚收官工作。

二是扎实开展兵团巩固脱贫攻坚成果督战。对已脱贫的建档立卡贫困家庭，继续做好跟踪回访，对发现的问题及时协助当地党委解决，防止返贫；做好对单亲、残疾、空巢、患重病等困难妇女、易致贫妇女情况的摸排掌握，对发现的问题，及时向相关职能部门反映，并进行精准帮扶，确保脱贫攻坚路上一个妇女不掉队、一个家庭不返贫。

三是采取多种措施，巩固脱贫攻坚成果。助力就业脱贫，广泛开展适合妇女和家庭就业的种植养殖、手工编织、家政服务、农家乐旅游、电商营销等培训，参与妇女8000多人（次）。助力项目扶持，突出重点，统筹谋划扶持优质农业、手工编织、巾帼电商、乡村旅游、家政服务等适合妇女就业特点的女性领办项目73个。助力维权服务，与兵团检察院联合下发《关于建立共同推动保护妇女儿童权益工作合作机制的通知》，共同加强未成年人保护工作。与兵团司法局会签《关于进一步加强婚姻家庭纠纷人

民调解工作的通知》，在全兵团范围推动婚姻家庭纠纷人民调解委员会建设和专职调解员队伍培养。各级妇联组织联合政法部门相继开展了联动机制建设、人员培训、困境救助等妇女儿童维权、保护工作。

VIII

第八部分

延伸妇联工作触角
团体会员共筑
巾帼抗疫生动实践

以坚韧温柔护佑生命

——女医务工作者在抗疫救治一线谱写激昂战歌

中国女医师协会*

她，果敢坚毅，逆行而上，只为驱散疫魔带来的阴霾；

她，战在抗疫最前沿，用实际行动践行医者使命；

她们，是生命之使者、健康之卫士、关爱之女神；

她们，是“疫”无反顾、攻坚克难的女医务工作者。

疫情汹涌来袭，抗疫防控，处处皆为战场。白衣天使挺身而出，众志成城，为打赢这场疫情防控阻击战全力以赴。

舍小家，为大家

生命重于泰山，人民健康正承受严峻考验。在这次援鄂抗疫战中，全国共派出4万余名医务人员，其中2/3为女性。还有更多女性坚守在全国各地发热门急诊、监测排查、检测检验、科研攻关及卫生防疫、口岸出入境检疫的阵地上，可以说为早日实现防控及救治整条战线的全面胜利起到了中流砥柱的作用。

中国女医师协会自1995年7月成立至今，始终把人民群众生命安全和身

---

* 本文作者为魏书明，中国女医师协会副秘书长，北京大学第三医院生殖医学中心办公室主任。

体健康放在第一位，以学术为先导、坚持面向基层，团结全国广大女医务工作者，为女医师成长开辟园地，培养造就女性学术带头人。自此次疫情发生以来，协会认真贯彻落实习近平总书记重要讲话、重要指示精神，把疫情防控工作作为当前最重要的工作，号召全体女医务工作者积极投身于防控疫情前线。中国工程院院士、中国女医师协会会长乔杰，常务理事张抒扬、孙铁英，院感专委会副主任委员陆群，呼吸专委会常务委员沈宁等众多协会的成员，不畏艰险、义无反顾，紧急出发驰援前线抗击疫情，与同道一起，进一步加强对湖北地区新型冠状病毒感染的肺炎危重症患者救治工作；在武汉一线工作中，医疗、护理、感控等工作，多管齐下，通过积极采用各项先进技术确保医疗水平，充分发挥多学科合作，搭建四维会诊制，全方面提高医疗质量，实现全面精准治疗，有效降低病亡率、提高救治率，展现出精湛的医疗技术，发扬了同舟共济、大爱无疆的医德医风。

国有号，会有行

三八国际妇女节到来之际，习近平总书记作出重要指示，代表党中央向奋战在疫情防控第一线和各条战线的广大妇女同胞表示诚挚的慰问和节日的问候，充分体现了对抗疫一线女医务工作者的亲切关怀和厚望嘱托，使女医务工作者们备感温暖、备受激励。

全国妇联一直十分关心女医务工作者，积极动员和组织各级妇联尽力关心爱护抗疫一线女医务人员，主动询问援鄂医疗队生活所需、所缺；向医疗队寄送女性用品，在气温变化之时送来保暖内衣，并开展了与家乡联动关心关爱、帮助孩子学习等活动。与中国女医师协会携手，先后发出《致奋战在疫情防控一线的女医务工作者的慰问信》及《致全国奋战在疫情防控第一线的女医务工作者倡议书》，鼓励女医务工作者以旺盛的精力、健康的体魄持续投入战胜疫情的斗争，联合为奋战在武汉抗疫一线的女医务工作者送上了一束束鲜花，为日夜拼搏的她们带去一份惊喜与祝愿，体现了妇联组织对广大妇女的用心之处，更展现着她们先人所想，心怀大爱的动人之处。

乔杰会长和湖北女医师协会会长张元珍先后到武汉大学中南医院、雷神山医院等探望，并与坚守前线的女医务人员进行座谈，代表协会感谢大家勇敢地走上疫情防控这个战场，彰显了高尚的职业道德和大无畏的医者仁心。座谈中，来自全国各地的医务人员结合自己以往经验及在此的救治工作进行了热烈的沟通与交流，并由衷感谢党和国家悉心关爱，提供了充足的物资供应及医用防护用品保障，充分照顾每一位人员的身心健康，使大家感受到了家的温暖，让她们毫无后顾之忧。同时，大家纷纷表示将毫不放松抓紧抓实抓细各项防控工作，科学救治病患，不辜负国家和人民的期望，不获全胜决不轻言成功，做好人民生命健康的守护者。乔会长鼓励大家继续坚定信心、全力以赴，坚守医务工作者的高尚使命，拿出中国经验与世界分享，为整体打赢这场战役作出更多的贡献。

天使心，妇幼情

沈跃跃、黄晓薇、余艳红三位领导于2019年7月在实地调研中国女医师协会时，就充分肯定了协会在团结引领广大女医师服务基层、服务乡村、服务广大妇女儿童、保障妇女儿童健康方面作出的积极贡献。同月，乔杰会长受邀参加了健康中国行动推进委员会办公室召开的新闻发布会，向全社会发出孕育健康新生命、保障母婴安全、促进生殖健康等健康倡议。

随着疫情的进一步发展，针对孕产妇感染防控以及母婴垂直传播的潜在风险成为一个社会关切问题。按照国务院关于做好儿童和孕产妇新型冠状病毒感染的肺炎疫情防控工作有关要求，协会积极部署并号召广大女医务工作者要深刻认识疫情防控时期妇女儿童健康工作的重点，进一步做好儿童和孕产妇新型冠状病毒感染的肺炎疫情防控工作。

作为国家妇产疾病临床研究中心及国家产科专业质控中心主任，乔杰会长到达武汉后，与张元珍会长深入一线，调研湖北地区在疫情防治期间的母婴安全、孕产妇感染和救治、是否有垂直传播等相关情况，组织武汉市的几家定点收治医院开展临床观察研究，评估其可能的传染来源及传染途径，并指导当地医院对已入院观察或待产孕产妇采取特别防护措施，避免院内感染。加强孕产妇宣教工作，降低或消除其恐慌的情绪，同时密切追踪并评估孕产妇及新生儿的长期安全性和健康状况，以提高防护意识、保障母婴安全。同时，积极投入新型冠状病毒肺炎诊疗方案制订相关工作，牵头提出关于妇幼相关诊疗建议，并被收录进国家卫健委颁布的第七版《新型冠状病毒感染的肺炎诊疗方案》；乔杰会长带领北京大学团队在《中华妇产科杂志》发表孕产妇分娩期管理建议，并在《新英格兰医学杂志》发表目前国内最大样本量孕产妇新冠肺炎患者临床特征描述性研究结果。张元珍会长作为共同通讯作者在《柳叶刀》在线发表研究论文，乔杰会长受邀同期发表述评；母胎专业委员会主任委员、北京大学第三医院产科主任赵扬玉先后两次作为专家出席国家卫健委新闻发布会，介绍并回答新冠疫情期间孕产妇防护及保健相关问题。

这些都为全国的同道提供了很大的临床参考与借鉴意义，助力进一步做好孕产妇新型冠状病毒感染的肺炎疫情防控工作，为国际社会关注的新冠病毒母婴垂直传播问题提供了临床证据。

同舟行，筑芳华

在党中央坚强领导下，我国国力不断增强，社会生产力和经济活力极大提升，为女性提供了更多受高等教育及职业发展的机会，劳动参与率达到70%，居世界首位。广大中国女性以实绩赢得尊重，获得感、幸福感、安全感显著提升。据《中国卫生健康统计年鉴（2019）》显示，2018年全国卫生人员中71.8%为女性、医院工作人员中74.1%为女性。她们展示出超凡的细腻、坚韧，用精湛的医术和女性特有的温柔让患者恢复健康，用朴实而圣洁的身影诠释着救死扶伤、大爱无疆的职业内涵，展现了中国女性自尊、自信、自立、自强的时代精神，体现了女性社会工作价值。

面对战“疫”，全国卫生健康系统广大干部职工坚决贯彻习近平总书记的重要指示批示精神和党中央决策部署，以维护人民群众生命安全和身体健康为最高使命，临危不惧，争分夺秒抢救患者。在武汉湿冷天气中长久的作战，即使隔着厚厚的防护服，她们依然展现出扎实的基本功，没有提过苦与累，只有彼此鼓励、相互打气，全力提高医护质量；更充分展现出个人丰富的想象力、创造力。北大援鄂抗疫国家医疗队中女性占比达到75%，她们用一根细绳绑住常常丢失的体温计，一张普通的粉纸化身为血氧饱和量放大指示活动标识，一个普通布袋手工改造为便携包……这些看似平常的改造，更是推广到病区内各个病床，最后转化为专利，大大提高了救治效率，创造了救治奇迹，更给病房增添无限温情，以最温柔的陪伴和最专业的医护水平顺利将一位又一位患者送出院。

疫情发生后，全国各条医疗战线积极制订防控管理流程，既要承担传染防控工作，也要解决患者正常诊疗需求。发热门诊、急诊一线成为第一道岗哨，仔细测量患者的体温、询问流行病史、筛查疑似感染患者，确保患者能够得到安全、有效的诊疗服务。前线、后方，同样的日夜守护，只为打造一条应对新冠肺炎的“暖心防线”。

身着厚重防护服忙碌的身影、布满水蒸气的护目镜、通宵达旦奋战后湿透的衣背、倦容上深深的压痕与脓疱、一双双布满红疹的“酒精手”，女医务工作者们无论经历了多少风雨，始终执着地用爱与关怀去温暖痛苦中的病患，为广大人民群众传递健康福祉。她们承担了危险、面临了考验，茁壮成长、不辱使命，用实际行动谱写出守护人民群众生命安全和身体健康的激昂战歌。

守初心，担使命

“我们守护着生命的起源，也守卫着人民的健康！”乔杰会长如是说。

女医务工作者是个有温度的、崇高的名词，她们是母亲、妻子、女儿，也是患者的守护神，她们以女性独有的细腻、感性，安抚着患者的不安，以高超医术，缓解着患者的病痛。她们肩负多重职责，不敢轻言放弃，以柔弱之躯，承生命之重。榜样的力量代代传承，女医务工作者在各条战线上日夜坚守，用温柔、坚定和力量传递着坚定的信念，让更多人战胜病魔、重拾健康。

初心思源、践行于前，中国女医师协会将一如既往不断奋进，守初心、担使命，把妇女儿童健康放在心上，把人民健康的民生实事做得更好更扎实，全方位、全周期维护和保障人民健康。

凝聚专业力量，全力投入抗疫

中华护理学会

一、发出抗疫倡议、筹措支援物资

在抗疫战役打响之时，为了鼓励全国400多万护理工作者做好疫情的防控与护理工作，中华护理学会通过学会官网、微信公众号，向全国护理工作者发出了“科学防控 积极应对”的倡议书，并向湖北省护理学会发出了慰问信。为发挥基地和专家在及时传播防疫、防控科学知识的优势，学会科普工作委员会向全国140家护理科普教育基地，近200名科学传播专家团队成员发出了“科学严防控 护理守健康”倡议书，发动专家、医疗机构积极从事疫情相关科普传播。

当得知湖北省护理人员口罩短缺，学会立即积极联络，1月22日通过多方渠道与协调，及时向武汉捐赠了一批N95口罩，为战斗在一线的护理人员提供了宝贵的防护用品。学会及时向国际组织发出声音，获得国际护士会1万瑞士法郎捐赠，用于购买防护物资支援武汉抗疫工作。

二、及时发布专业指引，为抗疫提供科技支撑

疫情发生后，在国家卫生健康委员会统一部署下，全国各医疗机构纷纷选派专家奔赴一线，吴欣娟理事长亲自出征武汉，她带领专家结合新冠

肺炎危重症患者特点和临床护理实践的特殊性，及时制订了《新冠肺炎患者转入及转出重症监护病房护理标准操作流程（SOP）》，为国家制定相关护理规范要点提供可参考的内容。同时将编著出版的《实用新型冠状病毒肺炎护理手册》，赠予全国护理同仁3万余册。此外，学会一批专业委员会的主任委员（如重症专委会、呼吸专委会、伤口造口失禁专委会等）、副主任委员等骨干力量，先后奔赴湖北，投身于抗疫第一线。专家撰写、发布了“新型冠状病毒肺炎护理要点”“新型冠状病毒肺炎疑似或确诊患者复用医疗器械器具和物品处置流程指引建议”“重型、危重型新型冠状病毒肺炎患者整体护理专家共识”等一系列有价值的专业指引，为一线护理工作者提供技术支持和专业指导，受到了广大护理同仁的高度评价。

疫情期间，为了快速传播抗击新型冠状病毒肺炎的研究成果、分享护理技术与防护经验，中华护理杂志社积极开展征稿、约稿、开辟快速审理通道、预出版等各项工作，责无旁贷地全力为抗击疫情服务。2020年1月26日—5月30日《中华护理杂志》连续刊载新冠肺炎护理专题5期（2020年第3—7期），共刊出论文32篇并同期完成线上预出版，出版新冠肺炎护理特刊并刊载论文330余篇。此外，学会在官方微信公众号专门设立了“新冠肺炎科普”平台，共征集到30个省市140个科普教育基地的1707项科普作品，发布疫情相关科普文章73篇，截至今年3月，在线点击量逾3000万。

三、弘扬抗疫精神、宣传表彰先进

为讲好护理人员抗疫故事，学会陆续发布《致敬最美逆行者！愿你们平安归来！》《一封特殊时期的感谢信》等文章，制作《致敬守护生命的逆行者——中华护理学会向全国护理同仁致敬》的视频，学会与人民卫生出版社合作出版《白衣执甲 逆行出征 致敬最美战疫护士》一书，收到征文3000余篇，经过学会精心筛选与修改，最后选取了100篇抗疫故事，稿件以抗疫一线护理工作者的真实经历、所思所感为主体，通过“小感动”彰显护士群体的“大精神”。

5月10日，中华护理学会庆祝国际护士节大会首次采用线上直播的形式召开。大会展示了为庆祝南丁格尔诞辰200周年学会特别制作的宣传片《跨越世纪的传承》，向传承南丁格尔精神、奋战在抗疫一线的护理工作者致敬。大会隆重表彰了176名中华护理学会2020年“杰出护理工作者”。

根据《人力资源社会保障部 中国科协科技部 国务院国资委关于评选第二届全国创新争先奖的通知》要求，学会经省级护理学会推荐，理事长办公会投票推荐、集体决策，最终推荐上报汪晖等5名创新争先奖先进个人候选人。汪晖获第二届全国创新争先奖状。

四、展现中国抗疫精神，助力世界疫情防控

我国初期疫情的发生发展，也受到国际社会组织广泛关注。国际护士会主席安耐特·肯尼迪、世界卫生组织首席护士官伊丽莎白·伊罗、加拿大等国家护理协会等，纷纷致信、致函中华护理学会表达了对疫情的关注，对奋战在抗疫一线的中国护士关切和支持，学会第一时间回应了国际护士会、世界卫生组织及各国护理协会的关切与慰问，通过信函向他们介绍了中国政府为防止疫情扩散及救治病患所采取的措施，表示中华护理学会将与世界卫生组织密切合作，积极开展健康科普工作，提高民众防护意识，帮助一线医务人员做好自我防护。国内疫情好转后，学会向全球122个国家护理学会发出了慰问信，并表示愿与国际护理同行积极分享宝贵经验，早日战胜疫情。

为助力世界疫情防控工作开展，推动人类命运共同体建设，学会在3月参与国际护士会COVID-19网络研讨会，与各国代表进行交流，介绍我国新冠肺炎疫情防控的最新进展情况，分享我国疫情防控经验。6月，吴欣娟理

事长出席WHO-ICN-ICM共同主办的第8次三方会议网络会议，就如何加强护士在突发公共卫生事件中的应急能力作了重要发言。

9月17日，学会主办了“一带一路”国际新冠肺炎抗疫护理经验交流研讨会，邀请了意大利、俄罗斯等6个国家护理协学会的主席、副主席，就护理抗疫经验进行线上分享和讨论，在线观看人数达16万余人，会议为“一带一路”倡议框架下分享合作、守望相助的共同抗疫合作机制提供了有益探索。

坚定信心　同心战“疫”
为夺取“双胜利”贡献巾帼力量

全总女职工委员会

在新冠肺炎疫情防控工作处于最吃劲的关键时期，全国总工会女职工委员会坚决贯彻党中央、国务院决策部署，按照全总党组和全总应对疫情工作领导小组的要求，坚持疫情防控和日常业务工作两手抓、两促进，团结带领各级工会女职工组织和广大女职工，发挥岗位优势、投入抗疫战斗，为打赢疫情防控人民战争、总体战、阻击战，发挥工会女职工组织的独特作用。

一、　强化宣传引领，传递巾帼力量

全总女职工委员会认真谋划出台“硬核”举措，广泛动员各级工会女职工组织讲好疫情防控和复工复产期间“巾帼战士”的感人事迹，充分展现女职工同全国人民一道同舟共济、团结奋战的精神风貌，进一步增强广大女职工攻坚克难、建功立业的勇气和决心。

（一）发出团结动员亿万女职工同心克疫并积极投身复工复产的最强音

在三八国际劳动妇女节发出《中华全国总工会女职工委员会致全国各级工会女职工组织和广大女职工的倡议书》，倡议各级工会女职工组织加强思想政治引领，积极助力企业复工复产；密切关注特殊时期女职工劳动保护，依法维护女职工合法权益和特殊利益；组织力量深入开展走访慰问、心理关怀，倾情提供暖心、贴心的关爱服务；做好先进女职工优秀事迹宣传工作，充分发挥先进典型的示范引领作用；激励各级工会女职工组织和广大女职工积极响应党中央号召，敢于担当、冲锋在前，为夺取疫情防控和实现经济社会发展目标双胜利作出积极贡献。

（二）推出专题系列报道，大力弘扬女职工抗疫正能量

在疫情期间，及时总结各地在疫情防控中的好做法好经验，宣传各级工会女职工工作者和各行各业女职工在疫情防控工作中的感人事迹，在全总微信公众号上推出《致敬！疫情防控一线的“她们”！》《致敬！“她们”用生命书写抗疫家国故事》《三八妇女节！致敬战“疫”中最美的她们！》等专题系列报道，受到广泛点赞和好评。在中国工会女职工工作网开辟“同心战‘疫’”专栏，有效传播疫情防控阻击战中各级工会女职工组织和广大女职工的声音和行动。

（三）集中展示家庭战“疫”故事

从“5 · 15”国际家庭日开始，在中工网开展了持续一个月的家规家训宣传，陆续推出了“定家规 · 立家训 · 战疫情——全国女职工家规家训及战‘疫’故事集锦”，宣传良好家风、讲述战“疫”故事，充分展现女职工在家庭建设和疫情防控中爱国爱家、英勇奋战的精神风貌。其中在中国工会女职工工作网展示家风视频91个、家风故事173个、抗疫家书57封、工作展示18个，在全总微信号推出3篇、中工网微信号推出4篇宣传，并制作4个抖音短视频，浏览点赞量达13万人次，受到全国各级工会女职工组织以及广大女职工的高度关注。

（四）积极推荐先进模范典型

按照全国妇联《关于推荐全国三八红旗手候选人和自荐家庭工作先进集体、先进个人的通知》，向全国妇联推荐的奋战在抗击新冠肺炎疫情一线的

湖北顺丰速运有限公司工会主席张丽荣获“全国三八红旗手”称号，作为获奖代表到人民大会堂参加表彰，受到孙春兰副总理接见；向全国妇联推荐的武汉市青山区公安分局陈红艳家庭荣获“全国抗疫最美家庭”称号。

二、坚持需求导向，精准维权服务

全总女职工委员会高度关注新冠肺炎疫情期间女职工劳动保护，及时关切女职工利益诉求、身心健康和实际需求，着力做好疫情期间女职工维权服务工作。

（一）推出疫情期间工作建议，做好特殊时期女职工维权工作

2月2日，国家卫健委印发《关于做好儿童和孕产妇新型冠状病毒感染的肺炎疫情防控工作的通知》，明确儿童和孕产妇是新型冠状病毒感染的肺炎的易感人群，并要求进一步做好儿童和孕产妇新型冠状病毒感染的肺炎疫情防控。为更好地保障疫情期间孕期、哺乳期女职工健康，2月7日，全总女职工委员会向各地工会女职工组织提出三点工作建议：通过协商等方式，积极推动用人单位加强生育保护，结合实际安排孕期、哺乳期女职工居家远程办公、灵活安排休假及工作时间；各地结合实际，积极向有关部门反映疫情期间女职工特殊权益保护诉求，及时协同解决相关问题；密切关注疫情期间及疫情过后返岗复工女职工权益保护问题，依法维护女职工合法权益和特殊利益。各地工会女职工委员会积极推动全总女职工委员会工作建议落实，为疫情防控期间女职工特殊权益维护积极发声，推动地方结合实际出台相关政策措施。上海、湖北、安徽等25个省（自治区、直辖市）通过发文、公众号宣传等方式发出工作建议，赢得女职工的广泛支持和普遍赞誉；其中安徽、湖北、山东、广东等地分别将孕期、哺乳期女职工劳动保护纳入省疫情防控指挥部、省政府、省三方机制文件中，为加强特殊时期女职工劳动保护提供保障。

全国总工会办公厅印发《关于做好新冠肺炎疫情防控期间支持企业安全有序复工复产和劳动关系协调工作的通知》，再次明确要求高度关注特殊时期女职工权益保护，结合实际安排孕期、哺乳期女职工居家远程办公、灵活安排休假及工作时间；妥善处理复工复产前后职工劳动报酬、工作时间、休息休假、劳动保护及女职工生育保护等。

（二）关注一线女医务人员劳动保护，真情服务“她需要”

按照全总关于做好疫情防控一线医务工作人员关爱服务工作的要求，全总女职工委员会及时协调在中国职工发展基金会捐赠湖北省总工会的500万防疫资金中明确“用于为参加疫情防控的女职工购买特殊保护用品”，“根据女职工特点，为直接从事防疫的女职工发放女职工特殊保护用品”，迅速回应一线女医务人员现实需求，切实为她们解决实际困难和问题。湖北省总工会在收到全总专项资金后迅速部署落实，为一线女医务人员发放安心裤、卫生巾等特殊劳动保护用品。各地工会女职工组织积极响应全总号召，通过直接筹措物资、发动捐资捐物等方式，全力做好当地和驰援湖北一线女医务人员的劳动保护和关爱服务。

（三）结合实际组织女职工维权行动月活动，推动科学防控疫情和女职工权益维护同步开展

三八国际妇女节来临之际，全总女职工委员会按照全总办公厅《关于做好新冠肺炎疫情防控期间支持企业安全有序复工复产和劳动关系协调工作的通知》要求，及时跟进复工复产中女职工权益维护问题，组织各地结合疫情防控实际开展以“创建安全健康平等的工作环境，依法维护女职工合法权益和特殊利益”为主题的女职工维权行动月活动，并编制女职工权益保护知识题库，为各地开展普法工作提供支持。各地紧密结合本地实际，依托互联网平台，开展女职工权益维护暨疫情防控法律知识线上答题活动，并针对女职工复工前后遇到的各类权益问题开展法律服务，在向女

职工普及相关法律法规知识的同时，带动广大女职工学习防疫知识、增强防疫意识、加强自我防护，同心协力打赢疫情防控阻击战。北京市总工会女职工委员会组织女职工开展线上“维权知识竞赛”，录制“疫情期间职工需知的法律知识”普法微视频，并通过“12351”职工服务网、热线电话和“北京工会法律援助”微信公众号等开展女职工普法宣传和政策咨询。山西省总工会女职工委员会开展“娘家送暖”——护航女职工返岗复工、“娘家送法”——维护女职工合法权益系列活动。河南省总工会女职工委员会组织开展“春风送暖”——护航女职工安全返岗、“春风送法”——维护女职工合法权益系列活动。湖南、广西通过微课堂形式开展法律法规和防疫知识普及宣传。

（四）工会女职工组织创新工作方式助力复工复产

各级工会女职工组织积极动员女职工创新工作方式，助力企业复工复产。三八国际劳动妇女节前夕，全总女职工委员会发出倡议书，要求各级工会女职工组织积极推动落实援企稳岗政策，协助企业安全有序复工复产，随即各地积极行动起来。女职工占多数的上海电信客服中心，在1月底启动了10000号“居家坐席”运营服务模式，并在一个月内完成了居家客服运营管理办法、客服代表操作细则相关规范的拟定、试行及上线演练。

与此同时，围绕用人单位疫情防控、复工复产中的重点难点和女职工特殊权益，各级工会女职工组织积极开展调研摸排、推动协商，着力解决疫情期间女职工权益保护问题：

——北京住总集团工会开展针对女职工摸底调查，包括了解孕周、哺乳月份、健康状况、上班距离、交通工具、是否可在家远程办公等情况，并依据调查结果，制定下发《关于疫情防控期间加强孕期哺乳期女职工保护的通知》，推动全集团171名孕期、哺乳期女职工全部实现在家远程办公。

——上海日通国际物流（中国）有限公司工会在需求性调查基础上，通过发起书面提案及协商，推动形成书面文本，明确在确保业务质量的情况下，对女职工居家办公、弹性休假做出相应调整。

——中车眉山公司工会围绕“薪酬待遇、假期延长、复工防护”三方面，向公司党委提出关于加强疫情期间孕期哺乳期女工保护的工作建议，实现了疫情期间孕期哺乳期女职工工资待遇一律按带薪休假计算、哺乳期女职工在产假结束后可继续申请休假等诉求。

（五）关心关爱女职工，全面助力防疫工作

积极引导各地工会女职工组织加大对女职工心理健康关爱服务力度，有针对性地开展服务保障、困难帮扶等工作，为广大女职工提供来自“娘家人”的坚强支撑和人文关怀。各地工会在疫情期间纷纷开设心理热线，主动提供主题公益讲座、微课以及组建志愿服务队伍等，及时了解疫情期间职工的心理状态，为职工提供有针对性的心理健康指导。四川省总工会积极动员居家职工带动家人积极参与“同心战疫·‘六’起来”系列活动，帮助职工正确认识疫情、积极舒缓情绪、提升身心健康。湖北武汉市汉阳区总工会为因疫情身心受损的职工成立专门帮扶工作组，通过预约专家线上或上门辅导等形式，及时开展个体与团体危机干预、心理辅导，并针对一线医护人员进行一对一线上心理辅导。

各级工会根据本地疫情防控形势，以因地制宜、强化保障、安全稳妥为前提，在有条件有需求的用人单位，为复工复产职工子女特别是参与疫情防控医护人员子女开展工会托管服务，帮助职工解决实际困难。福建省总工会连续两年将“职工子女暑托班”列入年度“为职工办实事”项目，2020年在常态化疫情防控形势下，在严格落实好必要措施、确保办班安全的前提下，开办237个暑托班、服务5626名职工子女，特别是开办抗疫一线职工子女专项暑托班39个，惠及963名疫情防控一线医务人员、环卫工人等

职工子女。山西朔州市爱心家政服务有限公司工会托管班实行统一管理、分批次辅导制，定时对场地消毒，为其发放口罩，人与人之间相隔一米，每天定时测量体温，并做好登记，对身体不适者进行观察和隔离，必要情况将其送医就诊。

凝聚战“疫”共识
彰显女企业家的责任与担当

中国女企业家协会

中国女企业家协会是由中国女性企业家和有关社会团体自愿结成的联合性、全国性、非营利性社会组织，目前全系统拥有会员约3万余名。今年以来，面对突发而来的新冠病毒疫情，中国女企业家协会系统迅速行动，强化思想政治引领，发挥组织优势，按照习近平总书记提出的“发挥行业协会、商会等社会组织的作用，指导和帮助企业等会员单位科学精准防疫、有序复工复产”的要求，团结带领广大会员，认真学习贯彻党中央、国务院的决策部署，弘扬优秀企业家精神，积极投身联防联控；广大女企业家会员以高度的政治责任感、使命感和紧迫感，急国家之所急、想防控之所想，群策群力，争先为打赢疫情防控阻击战贡献“她力量”。

一、快速反应、上下联动，迅速把思想认识统一到党中央的疫情防控部署上来

疫情防控初期，中国女企业家协会及所属团体会员（地方女企协）快速反应，广泛动员，协会秘书处及时向会员发出重视做好疫情防控工作的通知，提示广大会员深刻认识疫情形势的严峻性和做好防控工作的重要性、紧迫性，协会系统坚持上下联动，先后有70余家团体会员及时向所属

会员发出倡议书，呼吁会员们增强防控意识，及早做好防控安排，主动参与联防联控。

二、强化宣传，树立榜样，激发会员战胜疫情的信心和决心

在抗击疫情期间，众多女企业家会员舍小家、为国家，身体力行，体现了女性的大爱之心。她们有的倾其所能、积极捐款捐物；有的亲赴抗疫一线，服务当地疫情防控工作；有的义务为企业驻地及社区疫情防控工作提供服务；还有的牺牲企业利益，不惜成本、改造生产线，投入到防疫物资的生产。一些涉及民生保障类的女企业家企业，组织员工坚守岗位、保障供应、稳定市场、稳定物价。各地团体会员发挥组织体系优势，动员和组织所属会员参与疫情防控和捐助各项工作。据不完全统计，中国女企协系统捐款捐物总计达到近9亿元人民币，充分彰显了女企业家们的责任与担当。

中国女企业家协会加大宣传工作力度，不断鼓舞士气，大力弘扬正能量。协会运用公众号、网站等宣传载体，及时、持续地对女企业家参与疫情防控的先进典型事迹进行系列宣传报道，在微信公众号上推出了“战‘疫’群芳谱”系列专题报道。其中，由协会组织编写的《中国女企业家协会系统积极响应中央应对疫情决策，为打赢疫情防控阻击战役作贡献》《疫情无情人有情，各地女企业家捐款捐物献爱心》等信息，先后被新华网、女性之声等媒体转载，联合国妇女署也将女企业家协会系统助力抗击疫情、贡献“她力量”的情况在官方微博上进行了链接转载。

三、开展政策宣传解读和线上培训，服务女企业家企业经营发展

突如其来的新型冠状病毒肺炎疫情，对经济社会造成较大的冲击和影响。女企业家企业中，绝大多数为民营企业和中小型企业，在这场疫情中她们的生存发展经受着前所未有的严峻考验。

协会按照统筹推进疫情防控和经济社会发展的工作部署，助力女企业家企业在逆境中生存与发展，尽力为女企业家赋能。协会各专业委员会发挥专业优势，为女企业家企业复工复产提供帮助。财税和法律咨询服务委员会及时收集和梳理了国家各部门以及地方政府发布的支持民营经济和中小企业发展的政策信息，持续向会员推送；与清华大学等单位合作，开展“她防控 她援助 她关怀”活动，开设网上微课堂，为会员们讲授《企业经营受损情况下如何降低成本》《企业在疫情防控期间法律风险防控实操指引》等课程；在会员微信群连载《疫情影响下企业面临诸多法律问题答疑》，开展疫情影响下企业劳动用工、商务合同等相关法律问题的应对方法解答；等等。

四、组织开展调查研究，深入了解疫情对女企业家企业生产经营产生的影响

为了全面深入了解和掌握女企业家企业复工复产的情况及生产经营面临的困难，更有针对性地做好会员服务，协会更加重视调查研究工作。一是开展了网上问卷调查。2月下旬至3月初，协会面向广大女企业家会员，组织开展了一次“新冠疫情对会员企业生产经营发展影响”的问卷调查，共有1609名女企业家参与答卷。协会与外部专业机构合作，汇总形成了《新冠疫情影响下女企业家经营现状、面临问题及相关措施建议的调研报告》，初步分析了这次疫情对不同行业、不同类型、不同地区女企业家企业形成的主要影响及其程度。二是开展电话访问调研。一方面，协会与一些女企业家会员进行电话沟通，了解企业生产经营、复工复产情况以及遇到的主要困难和问题；另一方面，组织各地团体会员采用电话访问方式，对部分会员企业的复工复产及国家相关支持企业发展政策的受益情况进行了抽样调查。

企业家不易，女性企业家更加不易，她们承担着事业与家庭两副重担，在维护家庭和社会的稳定中发挥着不可替代的重要作用。中国女企业家协会将坚持以习近平新时代中国特色社会主义思想为指导，团结、引领、服务女企业家会员，在决胜全面建成小康社会、决战脱贫攻坚目标任务的伟大事业中绽放女性风采、谱写巾帼华章！

巾帼科技抗疫贡献智慧力量

中国女科技工作者协会

2020年是决胜全面建成小康社会、打赢精准脱贫攻坚战、实现“十三五”规划收官之年。中国女科技工作者协会坚持以习近平新时代中国特色社会主义思想为指导，全面贯彻党的十九大和十九届二中、三中、四中、五中全会精神，牢固树立“四个意识”、坚定“四个自信”、坚决做到“两个维护”，着力加强对女科技工作者思想政治引领，着力服务党和国家工作大局，始终致力于将广大女科技工作者团结在以习近平同志为核心的党中央周围，为全面打赢新冠肺炎疫情防控人民战争、总体战、阻击战，实现全年经济社会发展目标任务，为建设创新型国家和世界科技强国作贡献。

面对今年突如其来的疫情影响，协会作为党和政府联系女科技工作者的桥梁纽带，在会领导的号召带头下，组织人员捐款捐物，为一线女科技工作者们鼓舞士气，为前线攻克疫情工作贡献力量。

一、发挥科学专业优势，多角度助力打赢攻坚战

新冠肺炎疫情发生后，作为医学领域资深专家，协会会长王红阳院士领衔的国家肝癌科学研究中心研究团队一直对新冠病毒致病机理、流行规律等一系列科学问题高度关注，第一时间申请了中国工程院课题攻关项目

和火神山医院科研课题，联合武汉一线工作的医务和研究人员，及时组建抗疫攻关小组。同时团队针对医护人员高感染风险问题，联合传染病重大专项参研企业共同研发了病毒采样器和病毒裂解保存试剂盒并应用于抗疫一线。团队与军事科学院、中山大学等单位合作，应用单细测序技术对新冠肺炎康复病人外周血单核细胞的转录变化进行了综合分析，为新冠疫苗及抗体的研发提供重要的理论支持。最后，针对不同时段疫情防控局面和发展趋势，分三次向中国工程院提交14点建议，为疫情防控提供参考。建议包括统一指挥、延长假期、加强舆论引导和群众心理疏导、关爱医护人员、控制扩散源头、采取多种检测手段、抓好试剂盒与结果的质检核查，同时提倡信息资源共享、重视后续科研工作等，呼吁不能让错误的检测结果误导了医生救治，更不能让不实的信息影响战略布局。

同样，由协会副会长吕植教授发起，19名院士学者联名呼吁“杜绝野生动物非法食用和交易，从源头控制重大公共健康危机”，并起草完成《从源头管理野生动物利用的具体建议》，引发社会广泛反响。此外，协会常务理事陈瑞爱教授向全国人大常委会修改野生动物法提出多条意见，包括加强养殖和走私的管控、做好野生动物分类、规范野生动物养殖、统一管理野生动物交易端、严厉打击滥食野生动物行为等，得到全国人大常委会的采纳。

作为新冠肺炎五大主攻方向之一——动物模型团队首席科学家、协会副会长秦川教授率领团队进行新冠肺炎动物模型攻关。秦川教授依靠扎实的科学知识和专业技能，依靠顽强的意志和身体，从2019年12月31日接到任务起，她率领团队连续240多天夜以继日地在高等级生物安全实验室里开展工作，迅速突破了系列技术瓶颈，取得了一项项重磅成果，最终，在国际上完成了第一个疫苗的动物模型评价，主导了我国5条技术路线疫苗的评价，孵育并促进了6种疫苗的生产工艺改进，保障了我国在新冠肺炎疫苗研发领域的国际领先地位。

协会常务理事、中国妇女十二大代表陈薇少将是世界级疫苗研究的专家，农历大年初二，陈薇就带领一支由军队紧急派出的专家组赶至武汉，迅速投入了新型冠状病毒的病原传播变异、快速检测技术、疫苗抗体研制等工作中。在帐篷式移动检测实验室中，专家组应用自主研发的检测试剂盒，配合核酸全自动提取技术，使核酸检测时间大大缩短，取得了科研攻关的一项重要应用成果。

二、发挥团体组织优势，多层次调动力量支援一线抗疫

在防疫关键阶段，协会通过《致奋斗在战疫一线女科技工作们的一封信》，向连日连夜奋战在疫情防控第一线的广大医护人员、科技人员包括女科技工作者们致以崇高敬意和亲切慰问，鼓励她们坚定信心、克服困难，打赢这场没有硝烟的战役。不仅如此，在协会领导的号召下，众多院士、科技女企业家、中国青年科技奖获奖者及青年科学家等，共计捐赠善款100多万元并全部用于购买医用防护口罩等物资捐赠湖北一线多家医院，为集中力量控制重点地区疫情，尽快扭转全国疫情蔓延局面贡献力量。

从实际效果来看，协会作为社会团体的灵活机动性在抗疫期间得以充分展现，不仅有效盘活了多方资源与力量，同时也极大提升了援助工作的针对性与有效性，在效率和纪律方面形成了“双保险”。

抗疫巾帼红

——记女法官们的抗疫保卫战

中国女法官协会

习近平总书记在全国抗击新冠肺炎疫情表彰大会上指出："在这场严重疫情的殊死较量中，中国人民和中华民族以敢于斗争、敢于胜利的大无畏气概，铸就了生命至上、举国同心、舍生忘死、尊重科学、命运与共的伟大抗疫精神。"在这场全国人民共同参加的疫情防控阻击战中，各条战线纷纷涌现出抗疫英雄，他们布衣为甲，逆行出征，披荆斩棘，共克时艰。而在司法战线，也涌现了许多迎难而上、勇于担当的巾帼法官，她们以女法官特有的人格魅力、过硬的业务素质、忘我的工作精神和踏实的工作作风，践行了共产党员的初心和使命，用瘦弱但坚毅的肩膀扛起守护生命的责任，用手中的法槌与全国人民共同打响了这场艰苦卓绝的"疫情防控战"。

中国女法官协会会长、北京知识产权法院副院长宋鱼水同志，在疫情发生的第一时间即指示协会对湖北女法官进行慰问，关心她们的健康，支持抗疫。同时，她切实担当起北京知识产权法院防疫主体责任，带领干警开展疫情防控工作。第一时间部署采购防疫物资，通过微信及电话慰问知产法院滞留湖北的干警和家属，前往社区防疫一线看望慰问下沉干部。她带头开展线上审判工作，线上办理案件50余件，远程审理了"天之蓝"商标权无效行政纠纷、“BOAO FORUM FOR ASIA及图”商标权撤销复审行政纠纷等一系列知产案件，有效化解了知识产权矛盾纠纷，确保防疫审判“两不误”。她牵头首建联络工作“三朵云”平台，首建“云”端“代表旁听室”，使250余人次代表委员通过线上走访和旁听的形式了解了知产审判工作，切实疏通了疫情期间法院接受人大监督和政协民主监督的工作渠道，推动司法在阳光下运行。

湖北省武汉市江岸区人民法院立案庭副庭长杨松，年逾五十、体质较弱，接到党员干部下沉社区帮助开展疫情防控工作的通知时，武汉公共交通已经停运，她瞒着病重的母亲并说服其他亲人，毅然迎风逆行，步行23公里从武昌走回汉口。在下沉社区期间，她不惧危险与困苦，承担了排查发热病人、组织购买和运送生活物资、在小区门口值守登记出入人员、测量体温等大量工作任务。工作期间，她用关心关爱温暖着每一个人。当时，居民去世后处理后事是件非常敏感的事情，因为防疫的原因，一般不举行遗体告别仪式。为安抚死者家属的情绪，杨松和她的法官同事们与社区同志一起上门慰问、安慰亲属，疏导情绪，并帮助亲属联系陵园，陪同安葬。这些工作，成为疫情期间维稳工作的重要组成部分。她照顾参与防疫的同志们，借来水壶为大家烧开水驱寒；为帮助小区居民增长法律知识、化解矛盾纠纷，她主动添加小区居民的微信，义务为他们提供法律咨询。

甘肃省嘉峪关市中级人民法院审判委员会委员、民事审判第三庭庭长、审判员刘宏伟，2019年9月体检查出患宫颈癌（早期），因为年末工作繁忙，拖到12月底才做了手术。疫情突来时，尚在手术恢复期的她，顾不上尚未痊愈的身体，下沉到社区参与疫情防控工作。她每天到社区报到，站岗执勤、防疫消毒、为隔离人员购买生活用品等，过度劳累使她双腿肿胀、流鼻血，腹部疼痛不止，但她仍然坚持奋战在疫情防控的第一线。作为庭长，刘宏伟同志在疫情期间坚持做好科学防控与办理案件“两手抓、两不误”，带领全庭干警对案件进行摸排梳理、分类分流，采取网络、电话及微信视频等多种方式办理和审结案件，为复产复工提供了坚强有力的司法保障。

辽宁省高级人民法院刑二庭党支部书记、时任刑二庭副庭长王钰同志，大年初七接到加强惩治涉疫情犯罪的工作任务，带领综合组的同志连夜工作，及时制定公布了《关于惩治13类危害疫情防控犯罪行为的紧急通知》。在她的助推指导下，全省法院在8天时间内分三批集中宣判了涉疫情犯罪案件。她创新工作方式，通过网络直播形式组织召开涉疫情防控犯罪典型案例新闻发布会，邀请驻辽宁30余家新闻媒体通过微信群、辽宁高院新浪官方微博向广大网友全程直播发布会情况。其发布的6个典型案例，对审理抗拒疫情防控措施有关的编造、故意传播虚假信息以及制假售假、诈骗、寻衅滋事等刑事犯罪具有指导意义，为维护社会秩序安全稳定提供了有力司法保障。

广东省深圳市福田区人民法院民事审判二庭审判员廖泰琳因疫情原因滞留湖北恩施老家，无法回深圳上班。为了不耽误春节前已排期案件的庭审工作，她向庭长汇报并请示院领导，并征得当事人同意后尝试在家线上开庭。考虑到庭审的严肃性，廖泰琳同志特意从当地法院借来法袍，在家专门隔出一个简易“法庭”，通过深圳移动微法院在家进行网上开庭，在滞留湖北期间远程开庭34次，原计划开庭的案件都顺利完成了庭审，无一改期。廖泰琳同志开庭之余还及时撰写文书、组织调解，通过电话、邮件等与法官助理、书记员沟通联系。2020年2至3月期间，她共计结案75宗。

巾帼不让须眉！穿上法服，女法官们是捍卫公平正义的卫士；换上防护服，她们化身为抗疫前线的战士。寒风中和疫情赛跑，网络上明断是非。

致敬——永不言退的法院玫瑰！

女检同心战疫情 忠诚履职谱新篇

中国女检察官协会

庚子岁首，疫情突袭。中国女检察官协会迅速反应，及时动员广大女检察官积极服务疫情防控工作大局，奋力投身疫情防控阻击战，依法高效履职尽责，充分展现当代人民检察官的责任担当。

一方有难，八方支援。在湖北抗击疫情最吃紧的时刻，最高人民检察院和全国检察机关给予湖北检察机关全力支持和援助。中国女检察官协会向湖北省女检察人员发出慰问信，对她们履职担当、服从疫情防控大局的行为致以崇高的敬意，鼓励她们继续发扬“巾帼不让须眉”的精神，撑起荆楚抗疫半边天。云南、甘肃、新疆生产建设兵团女检察官协会也纷纷发去慰问信，诠释了“天下检察是一家”的深情厚谊……在这场没有硝烟的战斗中，广大女检察官以实际行动为人民群众筑牢了疫情防护屏障，用热情与青春展现了一抹抹可敬可爱的“检察蓝”。

湖北黄石市女检察官就是其中的突出代表。她们舍小家、为大家，以攻坚克难的勇气和必胜的信心冲在战“疫”最前线，展现出巾帼不让须眉的坚韧与斗志。

坚守抗疫“四大战场”，打好群防群控的人民战争

在这场同时间赛跑、与病毒较量的战役中，黄石140名女检察干警主动

服从疫情防控大局，夜以继日地奋战在党员“双报到”社区、包保小区、交通卡口、机关值守“四大战场”。

下沉一线，奔赴社区防疫战场。全市女检察干警挺身而出，全体下沉居住地社区参与抗疫，变身守门员、包保员、快递员、配菜员、心理疏导员，在战“疫”一线锤炼党性、展现担当。

冲锋逆行，筑牢城市防控战场。市院女检察干警火速集结，组成巾帼突击队，支援挂点小区疫情防控工作，多次入户筛查，日夜守护1731户居民健康安全，得到小区群众认可，推动无疫小区创建。

临危受命，驰骋交通管控战场。市院30名女检察干警主动请战，风雨无阻，24小时轮轴守护城市边界的交通哨所50天450人次，严防死守，不漏一车一人，为“内防扩散、外防输出”贡献巾帼力量。

及时反应，驻守后勤保障战场。在疫情暴发初期，后勤保障部门的女检察干警最先动起来，她们扛起了保障机关运转的重任，全力做好机关自身防护，确保统筹协调到位、物资保障到位、检察工作正常运转，全市检察干警无一例确诊或疑似病例。

依法履行“四项职能”，维护特殊时期的公平正义

在抓好疫情防控的同时，黄石市女检察官坚持依法防控，在严惩涉疫违法犯罪中尽显巾帼本色。

从严从快打击涉疫犯罪。80%办案力量为女检察官的市院第一检察部，迅速成立疫情期间检察业务工作指导组，提前介入引导侦查涉疫刑事案件25件，批准逮捕11件11人，提起公诉13件14人，2起案件入选全省检察机关涉疫情防控犯罪典型案例。

科技引领智慧办案。面对疫情形势严峻、办案时效紧迫的双重压力，两级院充分运用可视化系统远程提讯405次，远程庭审56次，远程案件讨论

10次，为公安、监委办案提供远程提讯77次，极大地缓解了疫期提讯难、会见难、开庭难的问题。由女检察官组成的办案组，克服多重困难，出色地完成了一次次跨地区、跨省份的“云提讯”“云庭审”，实现办案零延误。

为未成年人提供有力司法保护。疫情封闭了道路，却未阻挡女检察官们关爱未成年人的脚步。女检察官们发挥女性特有的耐心、细心、爱心，通过防疫知识网络直播、“法治云课堂”、春润姐姐“特殊家访”等多种形式，让法治的阳光伴随孩子们健康成长。

此外，市女检察官统筹推进多项检察工作。围绕医疗废物、生活垃圾处置、医用口罩等防护用品安全、食品安全、野生动物保护等涉疫问题，女检察官们组成办案组，积极开展专项监督，办理了一批有影响的公益诉讼案件，受到群众的积极点赞。

重点聚焦“四大领域”，写好疫情防控的后半篇文章

面对疫情给经济社会带来的困难和挑战，黄石市女检察官把握时代坐标，在服务大局中书写巾帼之志。

服务保障企业复工复产。女检察官们主动服务“六稳”“六保”，办理一批与复工复产有关案件，为经济社会发展按下恢复和快进键。其中2起案件入选湖北省检察机关服务保障复工复产典型案例。市院检察长仅用1天时间便帮助挂点企业协调解决长江汽渡运输问题，得到企业高度赞赏。

决战决胜扫黑除恶专项斗争。在全力抗击疫情的同时，以女检察官为主的扫黑办，持续加快打击黑恶势力的步伐，批捕黑恶势力犯罪7件11人，起诉29件103人，纠正漏捕、追诉漏罪漏犯37人，移送涉黑涉恶线索和“保护伞”线索53条。积极参与十大重点行业领域乱象整治，助推长效常治。

答好疫情防控加试题。女检察干警们通过多种形式走访贫困户200人次，帮助解决看病、就业、返岗、销售农产品等实际难题，服务精准脱贫。

积极开展“检察护长江，绿水育黄石”专项活动，当好“长江卫士”。

全力推进司法为民。以兑现湖北检察机关司法为民“八件实事”公开承诺为契机，帮助213名农民工顺利追回了688万元血汗钱，以实实在在的成效保民生、暖民心。

……

黄石女检察干警是湖北乃至全国广大女检察干警的一个缩影，她们同心抗疫、忠诚履职，在做好本职工作的同时，为统筹推进疫情防控和经济社会发展贡献半边天力量和智慧。

用实际行动践行女摄影人的社会责任与使命担当

中国女摄影家协会

2020年初，新型冠状病毒肺炎疫情暴发，面对突如其来的疫情，举国上下众志成城、奋力抗击，全国人民共同打响疫情防控阻击战。1月27日，中国女摄影家协会积极贯彻党中央应对疫情决策，响应中国文联和全国妇联号召，向全体会员发出倡议，坚定必胜信念，做好防疫工作，为打赢疫情防控阻击战贡献半边天力量。

1月27日至4月28日，中国女摄影家协会在微信公众平台和人民网图片频道连续推出抗击疫情专题报道共38篇。内容涵盖抗疫一线影像、医护人员肖像、“火神山”“雷神山”医院抢建、抗疫感人故事、各地援鄂医疗队日常工作、地方女摄协抗疫行动、疫情中的城市实录、北京入境人员集散地和医学观察点情况、复工复产、李兰娟院士等抗疫英雄凯旋等。此外还对疫情期间协会会员捐献造血干细胞、筹集善款、捐赠防护设备等好人好事做了相关宣传报道。

其中，《火神驱疫 雷神制瘟｜女摄影家黄蕾聚焦战“疫”前线》一文获得关注最多，引得各公众号纷纷转载。拍摄者黄蕾是一位军人出身的“女汉子”，她冒着可能感染新冠病毒的巨大风险，克服了种种困难，顶风冒雨连续10个昼夜，用镜头记录了火神山、雷神山医院的抢建全过程，为时代留存了一幅幅珍贵影像。

在三个多月的时间里，协会收到会员投稿照片数千幅，最终选用照片877幅。该专题累计获得数十万次的点击量，一经推出便受到广泛关注和好评。专题拍摄者均为协会理事或会员，其中不乏专业新闻摄影记者和身处抗疫一线的医务工作者。她们真实记录了社会各界齐心协力、共克时艰的抗疫时刻和动人故事，用实际行动践行女摄影人的社会责任与使命担当。

38篇抗击疫情专题分别为："中国女摄影家协会积极贯彻党中央应对疫情决策，响应全国妇联倡议，律已及人，为防控工作尽责尽力，为遏制疫情打赢疫情防控阻击战做贡献""火神驱疫 雷神制瘟｜女摄影家黄蕾聚焦战'疫'前线"" 一个不平凡的春节（一）""一个不平凡的春节（二）""一个不平凡的春节（三）""一个不平凡的春节（四）""一个不平凡的春节（五）""'疫'线影像｜致敬白衣天使""'疫'线影像｜致敬白衣天使（二）""'疫'线影像｜致敬白衣天使（三）""'疫'线影像｜致敬白衣天使（四）""新冠疫病无情 女摄影人有爱""'疫'线传真｜有一种勋章镌刻脸上""众志成城 合力抗疫｜河北省女摄影家协会纪实摄影作品选""众志成城 合力抗疫｜东莞女摄影人在行动""驰援武汉 并肩战'疫'""齐心协力 助力抗疫"、"女摄影家晏美华：不能愧对党报记者这一职业（一）""女摄影家晏美华：不能愧对党报记者这一职业（二）""摘下口罩的最美'逆行者'""摘下口罩的最美'逆行者'（二）""摘下口罩的最美'逆行者'（三）""曙光初现 别样春天｜四川省女摄影家协会摄影作品选""疫情中的京城——他们坚守岗位""探访北京入境人员转运集散地和海淀区西北旺镇集中医学观察点""探访复工后的北京互联网企业""致敬英雄！各地援鄂医疗队队员返程""英雄归来！各地援鄂医疗队凯旋""英雄归来！各地援鄂医疗队凯旋（二）""千里驰援 福耀宜昌｜254名福建省援宜医疗队队员启程返闽""北京市全面有序开展预防接种工作""疫情中的古城西安”“部分援鄂国家医疗队队员抵京”“李兰娟院士团队及部分浙江省援鄂医疗队凯旋”“疫情期间的感人故事两则”“庆武汉‘重启’——湖北省女摄影家镜头中的武汉”“援鄂收官 礼赞英雄”“新突破！我国新冠病毒灭活疫苗获批进入临床试验”。

此外，在今年2月，武汉女摄影家孙丹平不幸确诊新冠肺炎，在危重症期间，她一度濒临死亡，最终凭借其顽强的毅力与医护人员的全力救治，共同创造了生命的奇迹。在康复治疗中，她成为干细胞用于新冠肺炎治愈患者康复研究的志愿者，为修复因新冠病毒造成肺部损伤的研究工作贡献了一分力量。同时，身为摄影人的孙丹平，在病情逐渐好转时，坚持在病床上用手机记录援汉医务人员不惧危难、守护生命的一个个感人瞬间，用影像致敬逆行的“白衣战士”。她的事迹以“战疫情 · 重症ICU纪实 孙丹平：我不再仅为自己活下去”为题在中央电视台朝闻天下节目中播出。孙丹平的丈夫廖玉华和儿子廖梦阳均在疫情防控中作出突出贡献，前者牵头撰写了《湖北省新型冠状病毒肺炎疫情下心血管病治疗与管理专家建议》；后者在医院发热门诊坐诊时感染新冠病毒，治愈出院后继续奋战在抗疫战线上。5月15日，在全国妇联举办的“最美我的家 抗疫‘家’力量”全国抗疫最美家庭云发布活动中，孙丹平一家获评“全国抗疫最美家庭”荣誉称号。

巾帼传大爱 丹青绘英雄

中国女画家协会*

2020年开年，新型冠状病毒疫情的肆虐牵动着全国人民的心，在中华民族面临危急的严峻时刻，全国人民在党中央的统一部署下，心系武汉，共克时艰，谱写出感天动地的时代壮歌，在我们每一个人心中留下了值得永远珍藏的时代记忆。

一、防控阻击战中的半边天

这是一个从未有过的春节。大年三十，第一支解放军援鄂医疗队已经奔赴武汉。1月25日，党中央对防控疫情做了全面部署。 1月26日，全国妇联向全国女性发出倡议：为打赢疫情防控阻击战贡献半边天力量。中国女画家协会第一时间响应倡议，至27日凌晨4点完成文稿，当日在公众号发出“积极贯彻党中央应对疫情决策，响应全国妇联倡议，律己及人，为防控工作尽责尽力，为遏制疫情打赢疫情防控阻击战作贡献”的倡议，号召全体会员守纪律、听指挥；从我做起，律己及人，守小家、为大家，筑牢防控疫情的家庭防线；加强公共道德意识，为夺取疫情防控的全面胜利作出女画家应有的贡献，得到了全国各地女画家的热烈响应。

新冠疫情压城，在抗疫前线奉献的医务工作者、志愿者和所有为抗疫

---

* 本文作者为孔紫，中国国家画院研究员，中国美协国画艺委会委员，中国女画家协会主席。

而驰援、相助、坚守的奋斗者是这个冬天最感人的形象。为这岁寒中挺立的民族精神讴歌、画像、立传，是美术工作者责无旁贷的责任和义务。1月29日，协会发出征集抗击疫情作品通知，动员全体女画家，拿起手中画笔，用多种创作形式，描绘在战“疫”救治前线和防控排查行动中逆流而上的医生、护士、军人、科学家、社区工作者、媒体记者等等新时代的英雄们，彰显他们大无畏的牺牲精神，致敬最美逆行者！

通知发出后，女画家们积极行动，作品传发不断，有时一天的来稿就达100余件。在众多的稿件中，涌现了很多有质量、有温度、寄托着女画家真切情感的艺术精品，推出后得到全国妇联各级组织和领导的热情鼓励和助推，在社会上引起热烈反响。民政部中国社会组织杂志、中国妇女杂志外文版、人民日报海外版、中国美术报、文化和旅游部艺术市场杂志、中国美协、央视数字书画频道、腾讯视频等媒体纷纷刊登、展播女画家作品及采访画家。中国妇女儿童博物馆与协会联合推出女画家及儿童抗疫作品。呈现了报道多层次，绘画多角度的宣传效果。在众多女画家中，87岁的协会顾问、德高望重的单应桂老师不顾身体有恙，满怀激情专门为白衣战士创作了写意人物画《待到百花盛开时》。88岁的烟台女画家名誉主席、水彩画家陈兰英老师心系武汉，以一位老战士的情怀，用诗意的情思，创作了《庚子春日遐思》组画，作为抗疫专辑发表，感人至深！

截至目前，协会公众号共编辑推出了《巾帼彩虹——用画笔致敬英雄》《春风破晓——巾帼战“疫”个人专辑》《小朋友抗击疫情系列作品》等多个抗疫作品栏目。其中小朋友们的作品更是纯真挚诚，稚嫩的面孔、天真的期许、有爱的画面，感动了无数人。3个多月来，近3000幅作品、150期的平台推送，得到了社会的热情而广泛的关注、赞誉和支持。女画家们家国情怀，满腔热血投入创作，为时代画像，为英雄立传，为百姓祈福，为女性文艺群体抗疫赢得了声誉。

二、捐款善为、奉献爱心

在全国妇联中国妇女发展基金会的直接指导和支持下，基金会携手中国女画家协会发起疫情防控专项筹款，向一线医务工作者和家庭伸出援助之手。2月5日，中国女画家协会向全体会员发出《疫情防控专项筹款倡议书》。号召女画家们以聚沙成丘、集腋成裘的信念和精神，捐款善为，与疫区人民同呼吸、共命运，帮助疫区共克时艰。该倡议得到全国女画家的热情支持和响应，来自祖国各地的捐赠善款，一笔笔汇入中国妇女发展基金会设立的“加油！抗疫天使”项目，为战斗在一线的白衣战士和家庭献上一份温暖，表一腔感恩，充分表现了女画家高度的社会责任感和使命担当。三亚女画家第一时间发出捐助款项，湖南省、山东省、黑龙江省女画家等都以本省协会为组织争相发出捐款。临沂市、烟台市女画家分别以172人和104人的超强组织力踊跃捐款。协会顾问、全国人大代表王绣老师捐款一万。协会顾问单应桂、何韵兰及陈兰英、裘兆名等老一辈女画家慷慨解囊。女画家们的另一半、中国女画家协会志愿团的丈夫们，也纷纷加入了捐款行列，为捐款助力。在这次捐款活动中，女画家协会为中国妇女发展基金会“加油！抗疫天使”项目共集资43万余元。

女画家们除参加协会捐款外，还积极主动参与社会上和本单位及居住地的捐款捐物活动。临沂、泰安的女画家捐赠本地抗疫书画作品300余幅。协会主席孔紫、副主席王易霓、常务理事崔志凌、张桂徵及卢洪英等参与央视数字书画频道等书画抗疫义拍筹款18万元支援武汉。副主席胡宁娜和会员蒋美艳、李素、吴秀美等个人出资计30余万，为所在地医院、社区、交警大队、派出所捐赠食品、防护用品，为抗疫作出了积极努力，受到当地组织和领导的称赞。

三、发挥党员模范作用，奋战在抗疫一线

疫情就是命令，抗疫就是战场。在疫情肆虐的艰难时刻，在抗疫阻击战中，女画家中的共产党员践行和彰显了党员的先锋和模范作用。

泰安市女书画家协会主席毕秀环，同时还兼任着泰安市文化艺术类48个社团、30个支部的总支部委员会书记。战役刚打响，她就组织起了一个79人的文艺界党员先锋志愿服务队。她带着女画家冒严寒，逆行在空无一人的街巷里，下沉社区、村镇，执勤、登记、测试、发放物品。女画家张世凤、杨萌、来岩、张冬梅、江俊坤、杨小君等，至今仍坚守在第一线。疫情期间，女画家们还为当地抗疫捐赠善款3.6万元，书画作品80余幅。毕秀环说：抗疫是个大考，无论多累多危险，做事情都是发自内心。这些党员画家被文联领导誉为“最可爱的人”。

一名党员就是一面旗帜。“红嫂”家乡——临沂市的女画家们，在刘玉英主席的带领下，不忘初心，发扬老区优良传统，在抗疫阻击战中，巾帼不让须眉，捐款捐物、倾心创作、讴歌英雄，为逆行者送温暖献书画，样样走在前列。除前期为“加油！抗疫天使”捐款3.9万元外，又向临沂市慈善总会捐赠书画158幅，为抗疫的最后胜利尽一份心，出一份力。

四、主动作为，当好抗疫带头人

在这场没有硝烟的抗疫全民阻击战中，中国女画家协会在书画队伍中的突出表现，离不开主动作为、当好抗疫带头人的协会班子的有力领导。

在抗疫阻击战的整个过程中，中国女画家协会在全国妇联的指导帮助下，明确疫情就是命令，防控就是责任。紧跟党中央对防控工作的决策部署，与全国人民一道，团结奋进、共克时艰，担起应尽的责任，打赢抗疫战役。1月25日，农历正月初一，中共中央政治局常务委员会召开会议，

吹响了全民抗疫的号角！协会主要领导在第一时间与班子成员通报会议精神，统一思想，提高认识，不眠不休，用通讯方式在主席团达成共识，组织办公室落实倡议文本，迅速向女画家群体发出《积极贯彻党中央应对疫情决策，响应全国妇联倡议，律己及人，为防控工作尽责尽力，为遏制疫情打赢疫情防控阻击战作贡献》的倡议，拉开了中国女画家协会抗疫帷幕。

协会主席孔紫作为一个曾经在部队工作过的老兵，带领协会在这场战役的每一个节点上都交上一份满意的答卷，她身先士卒，斟酌运筹，从倡议尽责到防控创作，从对接捐助到宣传激励，一项项布置，一件件落实，专一心智，殚精竭虑。协会副主席张凌，时刻关心协会在每一个节点的行动，提建议想办法，撰写稿件，并亲自参与编辑了十余期微信推送文章。协会副主席、湖南女画家协会主席谢丽芳，以一个画家的情怀和责任感，动员号召本省女画家筹集好捐款，第一时间打入捐助项目，并用经验和人脉，组织儿童参与保护大自然活动。副主席王易霓同时担任辽宁美术家协会主席，抗疫初始就组织了一批本省抗疫漫画投稿协会进行宣传，并积极支持配合协会抗疫部署活动。山东省女画家协会副主席王小晖，除全力支持配合主席团工作外，还组织本省女画家的捐款捐物、创作宣传，并在丈夫耐心为其做模特的帮助下，胜利完成了给武汉金银潭医院院长张定宇画像的创作任务。协会副主席胡宁娜，满怀战“疫”的创作激情，用3天的时间，一鼓作气完成了抗议题材《抗争图》从墨稿到正稿的大幅创作，并积极参与组织南京女书画家捐赠书画作品慰问医护人员活动。多少期栏目的策划，多少个夜以继日的忙碌……担起责任，这是中国女画家协会这个领导集体团结向上的力量和荣誉！由于主席团所有人员的共同奉献努力，协会这趟列车载满信心，生发出无穷力量。

办公室是协会的窗口。协会的一切信息指令，都要通过这个窗口向外传达。因此，办公室的姑娘们在这个特殊的假期里异常繁忙！从大年三十到现在，几乎没有停歇。在这场抗击疫情的战斗里，这几位“90后”、接近“00后”的姑娘，都不愧为特别能战斗的战士。才女哲萌带病坚持工作，不仅写稿编辑，还要常常加班加点。聪明实干的梦鑫和婉琴，由于栏目宣传需要赶时间，加班到夜间零点几乎是常态。姑娘们分工不分家，工作急需，相互帮忙，从未计较过得失。由此，几千幅画作，几十万捐款名单，点点创作心语，散发着墨香，载着责任和使命，登上了公众号、网站、微信群和朋友圈。拳拳报国之心，强烈的责任心和使命感，在她们的手中，化成多少期信息的发布。她们的心中装满信念，她们的行动无私奉献，她们的手上排列组合出一道道美丽风景！

心有阳光，必有远方！丹青绘英雄，奉献有担当。巾帼有大爱，战“疫”谱新章。中国女画家协会愿为夺取抗疫战斗的最后胜利而努力！

支援国内外抗击新冠疫情纪实

欧美同学会拉美分会*

一、从海外全力支援祖国抗疫

新年刚到，国内新冠疫情大暴发，疫情警铃响彻海内外。我们虽身在海外，却一直与祖国同呼吸、共命运，每日关注祖国疫情，心系国内同胞，拼尽全力支援祖国，给予精神和物资的全力支持。

西班牙新丝路协会和在西众多华人华侨组织以及个人在西班牙和欧洲其他国家四处联络筹集国内急需的口罩等物资，在国际物流一度中断的情况下，想尽办法打通国际物流运输通道，将满载我们关怀与爱的物资万里支援湖北、北京、重庆等地。

面对国际上的一些对中国的指责和质疑之声，我们促成一些国内城市的西班牙友城，如阿尔赫西拉斯市、奥萨尔内斯城市联盟等的西班牙友人积极发声鼓励中国，我们的合作伙伴西甲皇家贝蒂斯俱乐部在对阵巴萨之时，在西甲赛场上在全球数亿观众面前打出了“武汉加油、中国加油”的字样，让我们很感动！

在我们投身的这场海外支援祖国抗疫的战争中，不仅仅是防疫物资的万里支援上的，还有对国际上一些对中国的指责、质疑、歧视、抹黑的抗

* 本文作者为欧美同学会拉美分会会员向静。

争。我多次接受西班牙电视台等媒体的采访，告诉西方主流社会中国团结一致抗击疫情，牺牲一座城保护一个国，保护全世界的事实，传递客观正确的信息，让西方主流媒体听到来自中国的声音，鼓励大家“没有一个冬天不会过去，也没有一个春天不会到来”，要团结一心，共克时艰。实际上，大多数西班牙朋友都是友好的，西班牙国王给中国发去了问候，西班牙卫生部、教育部、外交部等都表示病毒没有国籍，歧视与偏见才是最可怕的病毒，认为“最好的疫苗是良好的教育”。

二、积极投身援助海外抗疫之战

山川异域，风月同天。在国内控制住疫情后，欧洲的疫情却暴发了，我们从援助国内战场又马不停蹄地投入到这场疫情的海外抗疫战之中，捐款捐物援助西班牙政府、医院、警察局等公共服务部门。我们收到了来自祖国北京、重庆、成都等地的爱心援助，西班牙也得到了很多来自中国的援助，阿里巴巴、华为、亿航等企业纷纷援助西班牙，让我们颇为骄傲和感动。西班牙政府和社会对这些援助非常赞赏，西班牙政府、主流媒体以及各个社交媒体等都发布了这些消息，向中国表达了感谢。

三、海内外儿女共铸团结奋斗抗疫精神，国际社会携手构建人类命运共同体

而今，海外疫情依然严峻，当世界各国依然深陷新冠肺炎疫情泥潭，民众生命健康时刻饱受危机，经济停滞萧条之时，中国已经取得了抗击新冠疫情斗争重大战略成果，社会经济全面恢复正常运转，世界的经济发动机再次轰鸣，作为一名此刻正身在海外的中华儿女，感触良多。

首先，中华文明，民族精神，源远流长，博大精深，卓越辉煌。这场抗疫斗争再次证明，中华民族举国同心、海内外连心。舍生忘死、命运

与共的精神，是取得这场同疫情殊死较量斗争胜利的保障，是中华民族排除一切艰难险阻的力量源泉，这是中华优秀传统文化的精髓，是穿越千年历史的伟大的精神动力，具有强大的凝聚人心的力量。中华民族团结奋斗、自强不息的伟大精神，书写了今天这场可歌可泣、荡气回肠的壮丽篇章！这种凝聚力与向心力，激励着我们不断地披荆斩棘、奋勇前进，这种顽强的生命力、深厚的凝聚力、坚韧的忍耐力、巨大的创造力，是我们每一个中华儿女的财富与骄傲，是实现中华民族伟大复兴的强大力量。

其次，大道不孤，大爱无疆。如习近平主席所说，构建人类命运共同体所具有的广泛感召力，是应对人类共同挑战、建设更加繁荣美好世界的人间正道。面对突如其来的严重疫情，中国同世界各国携手合作、共克时艰，为全球抗疫贡献了智慧和力量。中国抗疫胜利了，但世界其他国家依然处在对抗疫情的水深火热之中，我们与全球命运与共，体现了中国人民和衷共济、爱好和平的道义担当。我们秉承“天下一家”的理念，不仅对中国人民生命安全和身体健康负责，也对全球公共卫生事业尽责。中国政府和企业在全球进行了大范围的人道主义援助，推进疫情防控国际合作，支持世界卫生组织发挥全球抗疫领导作用，同各国分享防控和救治经验，向应对疫情能力薄弱的国家和地区提供帮助，发挥全球抗疫物资最大供应国作用，推动构建人类卫生健康共同体，充分展现了扬正义、守道义的大国形象，生动诠释了为世界谋大同、推动构建人类命运共同体的大国担当！青山一道同风雨，明月何曾是两乡。疫情在中国发生的第一时间，我们与祖国同呼吸、共命运，时刻心系祖国疫情，我们在海外四处奔走、捐款捐物，筹集了口罩等大量抗疫物资支援国内。同时，发动海外友人为中国发声，对抗国际不友好的声音和歧视，向西方社会传递正确的信息，树立中国正面形象。春风又绿神州，华夏再沐朝阳。我虽身在海外，却时刻心系母国，将自己的命运与母国的命运相连，将个人的梦想与中国梦相连，海内外儿女同心圆梦，中华民族伟大复兴，定将舒天昭晖，磅礴东方！我坚信，祖国好了，我们才会好！

抗击疫情，女规划师在行动

中国规划协会女规划师委员会

面对疫情，女规划师们纷纷投入自己的“战场”，为防控疫情作出自己的贡献。

中国规划协会女规划师委员会第一时间响应全国妇联要求，向全国女规划师发出了倡议，特别强调女规划师要时刻关注疫情发展，结合自己的工作实践总结经验教训，应用到具体工作中，并希望女规划师们能从专业角度对城市的规划、建设和管理进行反思，探索健康、安全和可持续的人居环境，普及相关科学知识，提出政策建议。

武汉市规划研究院副院长武洁、总体规划所所长汪云作为技术骨干，主动请战，积极投身武汉市临时性集中救治医院的选址工作中。她们大年三十冒着雨，踏着泥泞的道路，赴现场踏勘了一整天，正月初一又紧急投入到第二处“武汉小汤山”防疫医院的规划工作中。她们先后提出四轮10余个选址点供武汉市政府防疫指挥部决策参考。

女规划师委员会副主任、江苏省住房和城乡建设厅厅长、九三学社江苏省主任委员周岚，组织开展了“应急状况下城市既有建筑应急转换为医疗救治中心的课题研究”，先行编写子课题《公共卫生事件下体育馆应急改造为临时医疗中心设计指南》。经过编制组15天的日夜奋战，《指南》顺利通过专家论证，为推动城市突发性公共卫生事件应急水平和应对能力提升，实现应急状态下的迅速响应和快速建设提供了指导依据。

这次疫情也对我国人居环境建设提出了严峻的挑战。面对新冠肺炎这种突发性公共卫生事件时，规划该如何为城乡提高“免疫力”？一些女规划师们也进行了积极思考，从专业的视角，针对此次疫情反映的城乡建设中被忽略、需反思、必应对的学术问题或实践话题进行了讨论。中国人民大学叶裕民教授撰写的《建构“以人民为中心”的城市治理秩序》、同济大学王兰教授撰写的《规划健康——疫情之下对城市空间的重新审视》、于一凡教授撰写的《将健康融入所有政策——空间规划与城乡治理应对突发公共卫生事件的思考》、中山大学袁媛教授撰写的《加强健康社区建设，应对新冠肺炎流行》、哈尔滨工业大学冷红教授撰写的《基于急性传染病疫情防控的规划响应》等学术文章得到了行业的广泛好评，使大家在提高规划在治理中的应急处置能力，关注城市空间的健康性和应急性，思考城市规划如何促进城市健康和安全的认识方面起到了积极作用。

女律师战“疫”时刻

中华全国律师协会女律师协会

一、在疫情防控中作出了“资助+智助”双奉献

疫情发生后，女律师协会班子成员通过微信群召开会长会，提出了疫情防控期间女律师工作的“七个方面”和“五到位”的工作原则。“七个方面”即积极参与抗疫战斗，组织慈善捐赠，做好法治宣传，发挥专业优势组建服务团，发动代表委员提出立法建议服务各级政府，编纂法律汇编服务社会公众，依托当地妇联开展法律服务；“五个到位”即思想认识要到位，责任落实要到位，防控措施指导到位，信息沟通到位，宣传联络到位。

（一）在线慰问送温暖

2月1日，女律师协会向全国女律师发出倡议书，倡导女律师担当社会责任，做疫情防控的宣传员，守住家庭防线，做疫情防控的监督员。充分发挥17万名女律师在社会生活和家庭生活中的独特作用，为打赢疫情防控阻击战贡献女律师力量。女律协代表全国女律师于2月初向女医护工作者发出了《中华女律师致女医务工作者的慰问信》，于农历元月十五向武汉女律师发出慰问函；三八节前夕还慰问了困难律师和一线女律师，表达对女律师姐妹的牵挂和衷心的祝愿。

（二）为灾区爱心捐赠

女律协的会长们始终战斗在抗疫的第一线，既是战斗员，又是指挥者，通过不同的渠道献出爱心。据不完全统计，女会长们的捐款和物品计72万余元。广大女律师也积极参与，为一线抗疫人员赠送生活用品、医疗用品，献血献爱心，据统计共捐款2000多万元，捐物400万余元，40余人参与献血，以实际行动献出爱心。

（三）志愿服务勇担当

在疫情中，各地女律师们纷纷加入志愿服务队伍，为外防输入、内防扩散争当好帮手。通过组建党员先锋队，成立公益法律服务团、法律宣讲团，组建“抗疫普法宣传队”、“企业法律体检队”、两代表一委员建言献策志愿团等组织，当好法律的宣传员，做好党委政府的“智囊团”，依法维权当好“引导员”。

女律师们运用专业优势为群众宣传依法防疫、科学防控的知识：利用微信、微博、抖音等线上平台开展了7×24小时在线值班、公益普法讲座等解答百姓经常遇到的法律问题；主动承担“12348”法律咨询工作，为“12345”出具咨询意见，据统计，疫情期间共有2600多位女律师解答群众咨询11万人次。

（四）智慧担当贡献法治力量

为在法治轨道上统筹推进疫情防控的各项工作，提升依法防控、依法治理能力，女律师们纷纷参加编制疫情防控法律法规汇编工作，并制作成电子书或文档上传互联网，为基层群众获取疫情防控法律知识、政府出台疫情防控法律法规文件提供参考。如黑龙江的《关于依法防控新型冠状病毒感染疫情相关法律法规政策汇编》，北京的《新型冠状病毒疫情下企业人事管理法律法规汇编》，上海的《疫情防控所涉及法律问题解答》电子书等，文献文章达上千篇。

（五）充分报道女律师在抗疫中的先进事迹

为了做好宣传报道，专门组建了会长审核群和地方女律委组稿群，每日由一名会长值班，组成4个工作组，以每3天一报道的速度，汇总全国女律师抗击疫情的先进事迹，在中国律师公众号连续刊发了12期《“疫”不容辞，巾帼律师行动中》简报，图文并茂地宣传了女律师为打赢这场疫情防控阻击战积极贡献“她力量”的感人事迹，文章被20多家媒体传播和转载；《中国律师》杂志三月刊编发“最美的铿锵玫瑰”专刊，报道各地女律师丰富多彩的三八活动。

二、为落实“六稳”“六保”再展新风

在复工复产中，各地女律师围绕“六稳”“六保”工作目标，成立了复工复产律师公益服务团，通过线上公益法律讲座、与电视台的法制宣传栏目合作、线上公益直播和答疑等方式，就疫情之下复工复产最受关注的法律问题为企业答疑解惑，提供专业及时的法律服务。

通过对民法典的宣传，推动“六稳”“六保”的落实。自民法典发布以来，各地女律师利用抖音、快手、头条等媒体平台，开展了形式多样的宣讲活动。如武汉市司法局、律师协会举办“我与民法典”短视频大赛，百名女律师参与了视频剧本的编写、拍摄、后期制作工作，1个月的时间完成了50多个视频；黑龙江女律师通过视频、情景剧的形式，对新增设的“居住权”“离婚冷静期”做出解读；协会副会长郝惠珍律师应全国妇联的邀请在“女性之声”做了“民法典与你的一生”的系列讲座，为民法典的宣传贡献了力量。

附 录

全国妇联新冠肺炎疫情防控大事记

2020年

1月21日 沈跃跃同志对全国妇联学习贯彻习近平总书记重要指示精神，做好疫情防控工作提出要求。

1月23日 沈跃跃同志致电湖北省妇联，就妇联组织贯彻落实党中央决策部署，按照省委要求发挥妇联组织作用，做好疫情防控工作提出指导意见。黄晓薇同志主持召开党组会议，专题传达学习贯彻习近平总书记重要指示精神和党中央决策部署，启动疫情防控预案。同日，全国妇联印发《关于做好新型冠状病毒感染的肺炎疫情防控工作的通知》。

1月26日 全国妇联学习贯彻习近平总书记在中央政治局常委会会议上的重要讲话精神，研究贯彻落实意见。全国妇联发出“为打赢疫情防控阻击战贡献半边天力量”的倡议，号召广大妇女、千万家庭立即行动起来，坚决贯彻落实党中央决策部署，发挥在社会生活和家庭生活中的独特作用，立足工作岗位，担当社会责任，守住家庭防线，做疫情防控的宣传员、监督员，为坚决遏制疫情蔓延势头、打赢疫情防控阻击战发挥半边天作用。

1月27日 沈跃跃同志就学习贯彻习近平总书记重要指示精神提出明确要求，指导省区市妇联主席积极动员各级妇联干部，投身疫情防控工作。全国妇联紧急筹资357万元，支援湖北采购防疫物资，慰问一线医护人员和困难妇女群众。为此，黄晓薇同志与湖北省妇联主席李述永、广东省妇联主席冯玲等通过电话会议研究筹集口罩等有关物资工作。

1月28日起 中国妇女报社向湖北武汉一线陆续派出2批6名记者。根据沈跃跃同志、黄晓薇同志指示要求，《中国妇女报》1月30日提前恢复出刊，推出《抗击疫情 巾帼行动》特别报道。

1月29日 全国妇联召开应对新型冠状病毒肺炎疫情工作专题会。沈跃跃同志和党组、书记处同志深入学习习近平总书记关于坚决打赢疫情防控阻击战的重要指示精神和《中共中央关于加强党的领导、为打赢疫情防控阻击战提供坚强政治保证的通知》。沈跃跃同志讲话，黄晓薇同志主持会议。

1月29日 中国妇女发展基金会动员企业捐赠的第一笔抗疫资金600万元拨付湖北慈善总会和湖北省红十字会，用于购买口罩、防护服、护目镜等紧急医用物资。

1月29日 机关党委向机关各级党组织发出通知，对充分发挥基层党组织战斗堡垒作用和党员先锋模范作用，积极投身疫情防控阻击战提出明确要求。

1月30日 全国妇联、中国女医师协会向奋战在疫情防控一线的女医务工作者发出慰问信，向她们致以崇高的敬意、诚挚的问候和衷心的感谢，充分肯定一线女医务工作者中的党员发挥先锋模范作用。

1月30日 全国妇联印发《全国妇联应对新型冠状病毒感染肺炎疫情工作方案》的通知，明确指导思想和工作目标，加强组织领导，制定工作措施。

2月3日 中国妇女发展基金会策划并发起关爱抗疫一线医务工作者和家庭的“加油！抗疫天使”项目，为他们提供日常防护用品、生活必需品、家庭日常照护等关爱服务。该项目共筹集15033629元善款。

2月4日 沈跃跃同志和党组、书记处同志专题学习贯彻习近平总书记在中央政治局常委会会议上的重要讲话精神，对进一步发挥妇联组织作用，坚决打赢疫情防控阻击战进行再动员、再部署。沈跃跃同志讲话，黄晓薇同志主持会议。

2月5日 全国妇联面向广大巾帼志愿者发出“千万巾帼志愿者们行动起来，在社区防控、邻里关爱、守住家门中发挥独特作用”的倡议，号召广大巾帼志愿者再接再厉，弘扬志愿精神和雷锋精神，着力社区防控，着重邻里关爱，守护小家健康，多做强信心、暖人心、聚民心的好事实事，进一步彰显在社会生活和家庭生活中的独特作用。

2月5日—11日 越南妇联、缅甸全国妇女事务联合会、日本全地妇联、日本创价学会，巴林驻华使馆、冈比亚驻华大使馆、刚果（布）驻华使馆、阿拉伯国家大使夫人协会，北京英联邦协会、刚果（金）华侨华人妇女联合会、全非洲华人妇女联合总会向沈跃跃同志和全国妇联发来慰问函，支持中国妇女抗疫行动。

2月5日—27日 瓦努阿图驻华使馆、美国巾帼会（第一批）、日中友好神奈川县妇人联络会向联络部捐赠口罩、医用手套等物资，支持武汉抗击新冠肺炎疫情。

2月6日 沈跃跃同志、黄晓薇同志到中华女子学院检查指导疫情防控工作，看望慰问寒假留校的师生特别是留学生。沈跃跃同志为她们送去元宵和节日祝福。

2月7日 沈跃跃同志、黄晓薇同志到中国妇女报社看望慰问宣传战线的同志们，关心问候奋战在武汉抗击疫情报道一线记者，强调要进一步做好疫情防控新闻宣传和舆论引导工作。

2月8日起 全国妇联制作推出第一期“特殊时期 特别家教”家庭教育微课，通过中国妇女网、人民网、人民日报手机客户端、女性之声等平台，每天同步更新播放系列家庭教育指导服务产品。截至2020年底，已持续推出520余期。

2月10日 沈跃跃同志主持召开专题会议，进一步学习贯彻习近平总书记重要指示精神，研究妇联组织落细落实疫情防控工作举措。同日，分别致电湖北、北京、天津、上海、重庆、浙江、广东、四川妇联主席，要求各地坚决贯彻总书记重要指示精神和党中央决策部署，在党委统一领导下，发挥妇联组织功能，把妇女动员起来，把巾帼志愿者组织起来，为守住社区防线、服务一线抗疫家庭、关爱特殊妇女儿童、打赢疫情防控阻击战贡献力量。

2月10日 中国儿童少年基金会联合中国营养保健食品协会启动“防新冠病毒感染，保障婴幼儿营养”公益行动，重点面向因疫情影响导致母乳喂养困难、物资缺乏的家庭。公益行动共筹集总价值36954249元的24044件婴幼儿食品物资。据不完全统计，公益行动的实施惠及了7万余婴幼儿家庭。

2月10日 中国儿童少年基金会携手美赞臣营养品（中国）有限公司共同发起“为爱战疫，守护新生”公益行动，美赞臣公司捐赠500万元款物，为湖北孕产妈妈及新生儿家庭提供防疫物资、营养保障、协助联络医院、线上问诊、心理支持等综合援助服务。

2月11日—14日 沈跃跃同志带领书记处同志专题学习贯彻习近平总书记在北京市调研指导新冠肺炎疫情防控工作以及在中央政治局常务委员会会议上关于加强疫情防控工作的重要讲话精神，研究妇联系统贯彻落实意见。党组结合学习贯彻习近平总书记重要讲话精神，进一步研究部署妇联组织疫情防控工作，强调发动妇女守住社区群防群治联防联控第一线，发挥半边天作用；就妇联组织做好疫情防控工作向各省区市妇联提出四个“进一步”要求。

2月15日 机关党委指导中国妇女报社赴武汉“战疫”报道组成立临时党支部。刘丽君同志在武汉一线火线入党。

2月15日 中国妇女发展基金会联合多家企业捐赠价值约3018.66万元的呼吸机、制氧机、血气分析仪、血氧仪、心电图机共计1471套，全部运抵湖北省定点收治新冠肺炎患者医院。

2月16日 中国妇女发展基金会“为抗疫女性送安心”公益项目在腾讯公益平台上线，3日内筹集601.82万元，迅速采购了安心裤、卫生巾等用品，发放给湖北一线抗疫女医护人员。

2月16日 权益部编发《防控新型冠状病毒感染肺炎若干问题解答及法律政策汇编》电子书，供各级妇联干部解答群众咨询及热线服务使用。

2月17日 针对疫情防控中有些地方出现形式主义、官僚主义现象，全国妇联印发《关于进一步排查疫情防控工作中形式主义、官僚主义问题的通知》，对纠正和防范疫情防控工作中出现形式主义、官僚主义问题进行再部署、再落实。

2月18日 全国妇联印发《关于疫情防控形势下做好纪念“三八”国际妇女节有关工作的通知》，要求各地妇联深入宣传、坚决贯彻习近平总书记关于做好疫情防控工作的重要讲话精神和党中央决策部署，团结引领广大妇女立足岗位，争当最美巾帼奋斗者，以实际行动在疫情防控和推动经济社会发展的大局中展现巾帼作为。

2月20日 沈跃跃同志就妇联组织认真贯彻落实习近平总书记务必高度重视对医务人员的保护关心爱护的重要指示精神，要求在前段工作基础上，继续加大力度，根据医务人员和他们的家庭所盼所需，把关爱女性医务人员的各项工作做得更实更到位。党组再次对关心关爱一线医务人员特别是女性医务人员工作进行研究部署，持续加大力度，把工作开展得更扎实、把服务提供得更精准。

2月20日 全国妇联作出决定，追授因连续奋战在抗击疫情一线而不幸牺牲的徐辉、黄和艳、姜娜三位同志全国三八红旗手称号。

2月21日 联合国人口基金会援助全国妇联的抗疫物资抵鄂，包括成人纸尿裤31.52万片、卫生巾28.53万片，总价值69.5万元人民币，支持湖北省武汉、黄冈、孝感三市妇女抗击新冠肺炎疫情。

2月23日 沈跃跃同志和党组、书记处同志在全国妇联机关分会场参加中央统筹推进新冠肺炎疫情防控和经济发展工作部署电视电话会议。会后，党组结合妇联实际研究部署贯彻落实意见。

2月24日 沈跃跃同志分别致信湖北省妇联主席、北京市妇联主席，对两地妇联和妇联干部特别是党员干部深入学习领会、坚决贯彻落实习近平总书记重要讲话精神提出明确要求，作出具体指导。

2月24日 全国妇联向联合国副秘书长、联合国妇女署执行主任努卡致函，介绍中国为防控疫情采取的措施，特别是疫情防控期间保障母婴安全制定的孕产妇和新生儿防护措施。

2月26日 沈跃跃同志主持召开专题会议，再次深入学习贯彻习近平总书记在统筹兼顾推进新冠肺炎疫情防控和经济社会发展工作部署会议上的重要讲话精神，研究关心关爱援鄂一线医护人员、加强对重点地区指导力度等有关工作。党组、书记处同志参加会议。

2月26日 机关党委发出《关于动员党员、干部参与居住地社区疫情防控工作志愿服务的通知》，鼓励机关党员、干部利用居家灵活办公时间，以普通党员和志愿者的身份参与居住地社区疫情防控工作，在北京疫情防控一线争做先锋表率、彰显责任担当。

2月27日—3月3日 机关党委划拨党费、工会会费投入疫情防控工作，用于慰问战斗在疫情防控斗争一线的基层党员干部职工、购买有关药品和物资等。同时，组织动员党员同志自愿捐款支持一线疫情防控工作。

2月28日 全国妇联印发《关于团结引领广大妇女克服疫情影响坚决打赢脱贫攻坚战的通知》，要求各地妇联在党委领导下，积极克服疫情对妇女脱贫的影响，统筹做好疫情防控和妇女脱贫工作，为坚决打赢脱贫攻坚战贡献巾帼力量。

2月28日 黄晓薇同志分别到中国妇女活动中心、中国妇女杂志社、中国妇女旅行社、中国妇女出版社、中国妇女报社、中国儿童中心、机关服务中心印刷厂检查新冠肺炎疫情防控工作，指导战“疫”宣传工作，并慰问挂职干部。

3月2日 黄晓薇同志主持，专题研究部署贯彻落实习近平总书记重要指示精神，以实际行动关心关爱困难家庭、困难儿童以及疫情期间遇难者家属的救助工作。

3月3日、4日 沈跃跃同志就妇联组织学习贯彻习近平总书记“3 · 2”重要讲话精神，特别是关于动员各方面力量全面加强心理疏导工作的重要指示要求，发挥妇女在社会生活和家庭生活中的独特作用，做好群众心理疏导工作提出具体要求。黄晓薇同志主持党组会研究贯彻落实举措。

3月5日 中国妇女发展基金会联合湖北省妇联筹集资金物资近1000万元，捐赠3.6万个“女性医护关爱包”运抵湖北省，为全国各地支援湖北和湖北本地的女医务工作者送上一份特殊的妇女节礼物。

3月7日 全国妇联向520多个外国驻华使馆、联合国妇女署及国际组织驻华机构、海外华人华侨组织，港澳台妇女组织、我驻外使馆和驻国际组织代表机构等以及400名外国在华女专家和专家夫人、留学生代表发送“三八”贺函、电子贺卡和我会制作的中国和中国妇女抗疫故事专题片——《为了共同的家园》。

3月7日 全国妇联、国家卫生健康委、中央军委政治工作部联合印发《关于评选表彰新冠肺炎疫情防控一线女医务人员（集体）全国三八红旗手（集体）的通知》。同时，全国妇联还印发《关于评选表彰新冠肺炎疫情防控工作中作出突出贡献的先进女性（集体）全国三八红旗手（集体）的通知》。

3月7日　全国妇联、腾讯公益基金会启动规模为3000万元的“抗疫巾帼英雄慰问行动”，慰问在抗疫中作出突出贡献的女性先进典型。

3月7日　宣传部联合中宣部宣教局、国家卫健委直属机关党委、中央军委政治工作部共同发布“一线医务人员抗疫巾帼英雄谱”，发布20位一线女医务人员的抗疫先进事迹。

3月8日　全国妇联发出倡议，号召广大妇女认真学习贯彻习近平总书记在“三八”国际劳动妇女节寄语广大妇女的重要指示精神，坚定必胜信念，保持昂扬斗志，做好科学防护，持续健康投入战胜疫情斗争，在疫情防控和经济社会发展各条战线拼搏奉献，奋力书写属于新时代中国女性的荣光。

3月8日　全国妇联、中国女医师协会发出倡议，号召奋战在疫情防控第一线的女医务工作者牢记习近平总书记在“三八”国际劳动妇女节寄语广大妇女的重要指示，坚定必胜信念，保持昂扬斗志，做好科学防护，为打赢疫情防控人民战争、总体战、阻击战贡献智慧和力量。

3月8日　沈跃跃同志致电中央指导组成员、国家卫健委党组成员、国家中医药管理局党组书记、全国妇联兼职副主席余艳红同志和乔杰院士，委托她们代表全国妇联向战斗在抗疫一线的姐妹们问候节日好，勉励女医务工作者认真落实习近平总书记重要指示精神，坚定必胜信念，保持昂扬斗志，做好科学防护，为打赢疫情防控人民战争、总体战、阻击战贡献巾帼力量。

3月8日 沈跃跃同志、黄晓薇同志到北京市大兴区看望慰问支援湖北医务工作者家属，慰问疫情防控一线女医务工作者、女社区工作者和妇联干部。

3月8日 宣传部联合卫健委、公安部等多家单位，协同新华社、人民网等多家媒体，在抖音、快手、微博等主要网络平台，发起#致敬了不起的她#主题宣传活动，向奋战在抗疫一线的女性致敬，向所有女性同胞送上节日祝福。

3月8日 全国妇联参加国务院联防联控机制新闻发布会。宣传部、权益部负责同志回答记者提问，向各行各业坚守在抗疫一线的广大妇女表示节日问候，发出贯彻落实习近平总书记重要指示精神的倡议，介绍妇联组织关爱一线医务人员及其家庭的服务措施。

3月9日 沈跃跃同志与党组、书记处同志专题学习习近平总书记在“三八”国际劳动妇女节寄语广大妇女的重要指示精神，研究贯彻落实举措。黄晓薇同志主持会议。

3月9日 全国妇联印发《关于坚决贯彻落实习近平总书记重要指示精神 在统筹抓好疫情防控和经济社会发展工作中发挥妇联作用贡献巾帼力量的通知》，要求各级妇联组织深入学习领会、坚决贯彻落实习近平总书记重要指示精神，把思想和行动统一到党中央决策部署上来，进一步引导广大妇女坚定必胜信念，保持昂扬斗志，做好科学防护，持续健康投入战胜疫情斗争。

3月10日、23日 美国巾帼会（第二批）、越南妇联向全国妇联捐资捐物，支持北京、湖北妇女儿童疫情防控工作。

3月11日、13日 沈跃跃同志就贯彻落实习近平总书记在湖北省考察疫情防控工作时的重要讲话精神做好工作对湖北省妇联提出具体要求，强调要在省委领导下发挥优势、主动担责，进一步发动、组织妇女投身疫情防控，把各项防控工作落实落细。黄晓薇同志主持，研究贯彻落实意见。

3月12日—13日 沈跃跃同志分别致电四川、贵州、广西、云南、甘肃、新疆、宁夏省区妇联主要负责同志，具体指导抓紧抓好疫情下的巾帼脱贫工作。

3月15日 办公厅、国务院妇儿工委办公室发出通知，要求各地妇联、妇儿工委办公室结合实际，认真落实国务院联防联控机制印发的《因新冠肺炎疫情影响造成监护缺失儿童救助保护工作方案》，配合做好因新冠肺炎疫情影响造成监护缺失儿童救助保护工作。

3月15日 中国妇女发展基金会携手舒朗集团捐赠价值2560万元的20万套防护服运抵湖北，助力复工复产。

3月16日 全国妇联作出决定，追授在疫情防控一线坚守岗位、日夜奋战、不幸牺牲的董李会、陈桂荣、罗桂梅三位同志全国三八红旗手称号。

3月16日 全国妇联印发《关于继续做好关心关爱抗疫一线医务人员及其家庭工作的通知》，要求认真贯彻落实习近平总书记重要指示精神，发挥妇联优势，在前一阶段工作基础上，继续做好关心关爱抗疫一线医务人员及其家庭工作。

3月16日 中国妇女发展基金会联合腾讯公益慈善基金会开展抗击疫情、援助湖北——“家庭健康关爱包”温暖行动。为湖北省6万个受疫情影响的困境家庭发放总价值3300万元的“家庭健康关爱包”。

3月16日 中国儿童少年基金会联合腾讯公益慈善基金会，依托湖北省民政部门和妇联组织开展湖北儿童健康防疫项目，面向孤儿、事实无人抚养儿童及其他困境儿童发放价值1150万元的23000套儿童健康防疫包，以保障孩子们的正常学习和健康生活。

3月17日 中国儿童少年基金会联合中信银行、中信保诚人寿、TBI教育等爱心单位，启动了针对在美中国学生的“爱心护航行动”，动员在美200多名爱心志愿者迅速行动，为4000余名中国在美中小学生寄送健康防疫包，包括6万多件口罩和消毒液等物资。

3月18日 在陈薇院士率领团队研制的重组新冠疫苗获批启动展开临床试验之际，沈跃跃同志致电陈薇院士，对她坚决落实习近平总书记重要指示，闻令而动，以实际行动坚持人民至上、生命至上给予高度赞赏；对她率领团队在抗疫一线争分夺秒、日夜奋战，取得突破性进展表示慰问和祝贺，代表全国妇联和妇女姐妹们表达感谢和致敬。此后，在陈薇院士在

《柳叶刀》期刊上发表了关于在研新冠疫苗的最新研究成果、被授予“人民英雄”国家荣誉称号、其团队疫苗获批上市等重要时刻，沈跃跃同志多次致电、致信陈薇同志，代表全国妇联表示问候和祝贺。

3月19日 受全国妇联委托，全国妇联常委、浙江省妇联党组书记、主席王文娟一行到兰溪看望慰问陈薇院士父母，为他们送去党和政府的关心和感谢，并请当地妇联组织进一步关注关心二老的生活。

3月20日 中国妇女发展基金会携手雅诗兰黛集团向湖北省捐赠价值1002.5万元护肤品，用于缓解一线抗疫女医务工作者因长期佩戴口罩引发的皮肤健康问题。

3月20日 中国儿童少年基金会与美赞臣营养品（中国）有限公司共同启动“美赞臣爱心奶粉捐赠”公益项目。项目共捐赠总价值45771388元的婴幼儿和孕妇奶粉，用于缓解新冠肺炎疫情防控特殊时期湖北、江西、河南、河北、甘肃、深圳6个省市的孕妇及婴幼儿营养补充问题。

3月23日 全国妇联印发《全国妇联关于学习习近平总书记在决战决胜脱贫攻坚座谈会上重要讲话的通知》，要求坚决贯彻落实习近平总书记重要讲话精神，聚焦52个未摘帽贫困县和2707个未出列贫困村，帮扶受疫情影响的妇女，在确保疫情防控到位的前提下，有序复工复产，为贫困妇女提供岗位，为确保如期完成脱贫攻坚目标任务，确保全面建成小康社会贡献巾帼力量。

3月24日 沈跃跃同志、黄晓薇同志到北京依文集团防疫应急物资生产基地和北京三八家政服务中心，调研女企业家服务战“疫”、助力战贫和巾帼家政企业复工情况。

3月25日 沈跃跃同志主持召开专题会议，深入学习贯彻习近平总书记关于统筹推进疫情防控和经济社会发展工作的重要讲话精神，研究部署进一步做好对抗疫一线女医务工作者及其家庭的关爱服务等工作。党组、书记处同志参加会议。

3月29日 宣传部联合公安部新闻宣传局共同举办“致敬了不起的她·公安抗疫巾帼先锋”发布活动，向全社会宣传发布10名全国“公安抗疫巾帼先锋”先进事迹。

4月1日 全国妇联印发《关于寻找在新冠肺炎疫情防控中作出突出贡献的最美家庭的通知》，要求各地妇联重点寻找在疫情防控中表现突出、发挥示范带动作用的家庭典型，大力弘扬家庭成员展现出的勇于奉献、舍小家为大家的家国情怀，相亲相爱、守望相助的传统美德，团结引领广大家庭为夺取疫情防控和经济社会发展双胜利作出新贡献。

4月1日—10日 全国妇联向日本、韩国、巴基斯坦、马来西亚、泰国、印尼、美国、西班牙、冰岛、英国、法国、比利时、捷克、丹麦、吉尔吉斯斯坦、波兰、白俄罗斯、哈萨克斯坦、欧盟、荷兰、伊朗、沙特阿拉伯、土耳其、埃及、南非、阿联酋、摩洛哥、刚果（金）等28个国家和地区以及阿拉伯国家大使夫人协会、北京英联邦协会、欧洲华人华侨妇女联合总会、全非洲华人妇女联合总会等致函，对当地妇女和妇女组织抗击新冠肺炎疫情表示慰问。

4月3日 全国妇联召开电视电话会议，沈跃跃同志出席会议并讲话，对妇联组织深入贯彻落实习近平总书记重要讲话精神和党中央决策部署，在疫情防控常态化条件下，全力推进“巾帼脱贫行动”，助力决战决胜脱贫攻坚提出具体要求。黄晓薇同志主持会议。

4月上旬 针对特殊时期及时授予夏思思等抗击新冠肺炎疫情先进女性典型全国三八红旗手的工作需要，沈跃跃同志、黄晓薇同志多次指示，强调要完善流程，体现及时性，更好宣传重大事件、重大工程中的重要女性典型。

4月9日、19日、30日 中国妇女发展基金会联合腾讯公司向法国、冰岛、荷兰各捐赠20万只医用口罩，向德国捐赠10万只医用口罩。

4月10日、17日 沈跃跃同志向柬埔寨、越南、俄罗斯、罗马尼亚、德国、上海合作组织秘书处分别致函，对当地受疫情影响严重的妇女儿童表示慰问。

4月10日 全国妇联广泛动员团体会员和女企业家、女带头人等开展形式多样的消费扶贫活动，最大限度降低新冠肺炎疫情对湖北省特色农产品销售带来的不利影响。截至10月底，各地妇联组织依托网络平台积极开展直播带货，帮助销售湖北省及其他贫困地区农产品超过1.32亿元。

4月16日 全国妇联召开专题座谈会，邀请全国妇联部分在京兼职副主席以及来自科技领域、研究机构的专家，就学习贯彻落实习近平总书记重要讲话精神，发挥妇联组织优势，更好支持女性科技人才在建设创新型国家和科技强国中贡献智慧和力量进行座谈。沈跃跃同志出席会议并讲话，黄晓薇同志主持会议。

4月17日 全国妇联作出决定，追授在疫情防控一线日夜奋战、不幸牺牲的王兵、阮惠芳、张抗美、柳帆、夏思思五位同志全国三八红旗手称号。

4月20日 全国妇联召开专题会议，学习贯彻4月17日召开的中央政治局会议精神，研究贯彻落实举措。沈跃跃同志出席会议并讲话，黄晓薇同志主持会议。

4月20日 宣传部联合民政部基层政权建设和社区治理司共同开展“致敬了不起的她·城乡社区抗疫巾帼先锋”发布活动，发布10名“城乡社区抗疫巾帼先锋”先进事迹。

4月23日 由家庭和儿童工作部、央视网、中国儿童中心共同主办的“书香飘万家——看见幸福 阅出梦想”全国家庭亲子阅读云活动启动，在特殊时期与亿万家庭相约“云端”，分享亲子阅读的美好时光。

4月29日 全国妇联就贯彻落实习近平总书记重要讲话精神和党中央决策部署，在统筹推进疫情防控和复工复产达产中更好发挥女企业家作用召开座谈会。沈跃跃同志出席会议并讲话，黄晓薇同志主持会议。

4月29日 宣传部联合国家卫生健康委直属机关党委共同开展“致敬

了不起的她·一线医务人员抗疫巾帼先锋”发布活动，发布40名一线女医务人员先进事迹。

4月30日 机关党委组织召开“绽放战疫青春 勇于担当作为”机关青年座谈会，邀请中国妇女报社赴武汉报道组同志讲述在武汉一线的奋斗故事，与机关青年代表面对面座谈交流。黄晓薇同志出席座谈会并寄语青年。

5月6日、24日 中国妇女发展基金会联合腾讯公司向英国、瑞士各捐赠20万只医用口罩。

5月7日 全国妇联召开座谈会，围绕贯彻落实习近平总书记重要讲话精神和党中央决策部署，学习抗疫巾帼英雄先进事迹，激励广大妇女学习先进、争当最美巾帼奋斗者进行交流，并宣布中华护理学会成为全国妇联团体会员。沈跃跃同志出席会议并讲话，黄晓薇同志主持会议。

5月11日、20日 全国妇联向日本、韩国、伊朗捐赠口罩等抗疫物资。

5月13日 全国妇联向阿富汗、斯里兰卡、尼泊尔、新加坡、文莱、缅甸、孟加拉国、印度、马尔代夫、蒙古、菲律宾、智利、巴西、白俄罗斯、波兰、巴林、伊拉克、阿尔及利亚、埃塞俄比亚、津巴布韦、喀麦隆、纳米比亚、尼日利亚等23个国家的妇女机构和组织致函，对受疫情影响严重的国家表示慰问。

5月15日 黄晓薇同志主持召开党组会议，传达学习习近平总书记在山西考察时和5月14日在中央政治局常务委员会会议上的重要讲话精神，研究贯彻落实举措。

5月15日 全国妇联举办“最美我的家 抗疫‘家’力量”全国抗疫最美家庭云发布活动，揭晓660户全国抗疫最美家庭。联合央视网搭建全媒体传播矩阵，在女性之声设立“小家大爱”专栏，集中宣传展示疫情防控中涌现出的家庭感人故事。

5月19日 全国妇联与国家卫生健康委员会、国家体育总局联合印发《关于开展“健康中国 母亲行动”实施意见》，组织动员母亲充分发挥在家庭健康中的积极作用，落实“预防为主”方针，从普及健康知识、践行健康行为、关注心理健康、开展运动健身、改善生活环境、实施重点项目等六个方面入手，提高家庭健康素养。

5月21日 为向西亚、非洲地区受疫情影响严重的国家表示慰问，感谢其对我国抗击疫情的支持和帮助，以全国妇联名义向巴林最高妇女委员会、卡塔尔驻华大使馆等12个国家妇女机构和组织及驻华使馆致送慰问信。

5月22日 全国妇联、中央文明办等9部门共同印发《关于庆祝2020年“六一”国际儿童节的联合通知》，对各地和各部门在常态化疫情防控下开展“六一”系列庆祝活动作出部署。

5月24日 中国妇女发展基金会联合腾讯公司向疫情严重的瑞士提契

诺州政府捐赠的20万只医用口罩离港启运瑞士。

5月29日 全国妇联作出决定，追授在抗疫一线连续奋战、不幸逝世的梁小霞同志全国三八红旗手称号。

6月1日 全国妇联向秘鲁、智利、墨西哥、厄瓜多尔、多米尼加、巴拿马、萨尔瓦多、古巴、委内瑞拉等9个国家的妇女机构和组织致慰问函。

6月2日 沈跃跃同志主持召开全国妇联主席专题会，学习贯彻习近平总书记重要讲话精神和全国两会精神，研究贯彻落实意见。黄晓薇同志代表书记处，汇报了全国妇联贯彻落实习近平总书记重要讲话精神和两会精神的具体举措。

6月3日 全国妇联召开机关干部大会，传达学习贯彻习近平总书记重要讲话精神和全国两会精神，并部署贯彻落实工作。黄晓薇同志讲话。

6月4日、19日 全国妇联向全巴基斯坦妇女协会和中俄友好、和平与发展委员会俄方妇女理事会捐赠口罩、手套等抗疫物资。

6月5日 黄晓薇同志主持召开党组会议，传达学习习近平总书记在6月2日专家座谈会上的重要讲话精神，研究贯彻落实举措。

6月15日、18日 沈跃跃同志对北京市妇联要在坚决打赢新发地批发市场疫情防控这场硬仗中发挥妇联组织作用提出要求、作出指导。

6月15日 全国妇联、上海合作组织睦邻友好合作委员会和上海合作组织秘书处共同主办的“团结抗疫，守护共同家园”上海合作组织国家儿童网上画展上线开幕。

7月7日 爱茉莉太平洋集团捐赠中国妇女发展基金会价值14831022元的护肤品项目全部落实，为吉林省、贵州省超过5万名抗疫一线工作者送去关爱。

7月10日 全国妇联召开常委（扩大）电视电话会议。沈跃跃同志出席并讲话，黄晓薇同志作工作报告。会议从10个方面总结了上半年各级妇联组织在统筹推进疫情防控和经济社会发展中的积极作用，强调必须毫不动摇坚持以习近平同志为核心的党中央集中统一领导，充分发挥妇联组织优势，围绕国之大者履职尽责，团结引领广大妇女为统筹推进疫情防控和经济社会发展贡献更大力量。

7月16日 由全国妇联联合最高人民法院、最高人民检察院、教育部、公安部、民政部等11部门共同主办的“保护儿童安全 携手共同成长”——2020暑期儿童关爱服务活动云启动，全国“百县千村”按照常态化疫情防控要求同步联动，开展丰富多彩的线上线下志愿关爱服务。沈跃跃同志、黄晓薇同志出席启动式。

7月21日 全国妇联向利比里亚、布隆迪、刚果（布）、佛得角、几内亚比绍、贝宁、冈比亚、莫桑比克、乍得、尼日尔、科摩罗、马里、毛里塔尼亚、科特迪瓦、几内亚、苏丹、索马里、厄立特里亚、塞舌尔、坦桑尼亚、赞比亚、安哥拉、博茨瓦纳、多哥、布基纳法索、赤道几内亚、加蓬、利比亚、马达加斯加、马拉维、毛里求斯、南苏丹、塞拉利昂、塞内加尔、圣多美和普林西比、突尼斯、中非、吉布提、卢旺达、乌干达、莱索托、肯尼亚、哈萨克斯坦等43个国家的妇女机构和组织致函，对受疫情影响严重的国家表示慰问。

8月5日 在全国妇联积极推动下，联合国妇女署举办以“从应对到恢复——中国和全球合作伙伴的经验”为主题的国际抗疫视频会议。黄晓薇同志出席并作为唯一的国家代表作主旨发言，介绍中国抗疫经验和妇女发挥的重要作用。来自11个国家的部长级代表出席，近90人在线参会。与会各国代表高度评价中国疫情防控和促进经济社会发展的成功经验以及对妇女儿童的重视，赞赏中国妇女和妇联组织发挥的积极作用，感谢中国政府对各国提供的抗疫物资援助及宝贵支持。

8月5日、11日 全国妇联向香港港区妇联代表联谊会、香港各界妇女联合协进会、香港中华总商会妇女委员会、香港福建社团联会妇委会、香港福建妇女协会、香港妇联、九龙妇女联会、香港岛妇女联会、香港离岛妇联等9个特区妇女社团、香港特区政府妇女事务委员会及20个友好团体致慰问函，鼓励特区姐妹同心抗疫、共克时艰。

8月26日 全国妇联启动“巾帼心向党 奋进新时代”群众性爱国主义教育活动。沈跃跃同志、黄晓薇同志出席活动。活动邀请抗疫一线各行业女性代表讲述抗疫故事，向中国妇女儿童博物馆赠送由20名“一线医务人员抗疫巾帼英雄谱”入选者签名的医用防护服。

9月5日 中国妇女发展基金会联合舒朗集团向西班牙捐赠价值1280万元的10万件隔离衣启运西班牙。

9月8日 全国抗击新冠肺炎疫情表彰大会在京举行。沈跃跃同志出席大会，黄晓薇同志参加大会，中国妇女报社王长路同志荣获全国抗击新冠肺炎疫情先进个人。

9月9日 沈跃跃同志、黄晓薇同志看望慰问中华女子学院、中国儿童中心教职员工，希望老师们深入学习贯彻习近平总书记在全国抗击新冠肺炎疫情表彰大会上的重要讲话精神，弘扬伟大抗疫精神，致力于塑造学生品格、品行、品味，展现新时代人民教师的担当作为。

9月9日 黄晓薇同志主持召开党组会议，结合妇联工作深入学习领会习近平总书记在全国抗击新冠肺炎疫情表彰大会上的重要讲话精神，并就做实做好作出部署。机关党委发出通知，要求各级党组织迅速掀起学习贯彻热潮，开展向先进典型学习活动。

9月11日 全国妇联召开主席专题会，深入学习习近平总书记在全国抗击新冠肺炎疫情表彰大会上的重要讲话精神，研究妇联系统贯彻落实工作。沈跃跃同志出席并讲话，黄晓薇同志发言。

9月12日 沈跃跃同志出席第六届中国女医师大会暨中国女医师协会成立二十五周年纪念活动并致辞。黄晓薇同志为获奖代表颁奖。

9月27日—30日 宣传部、湖北省妇联联合李子柒团队共同发起“爱在中秋，情系湖北”中秋慰问活动，向湖北部分参加抗疫的医务人员、社区工作者以及部分贫困家庭送上中秋慰问信和15000份价值约600万元的月饼。

9月29日 抗击新冠肺炎疫情全国三八红旗手（集体）表彰云发布活动在京举行。活动发布了800名抗击新冠肺炎疫情全国三八红旗手和200个抗击新冠肺炎疫情全国三八红旗集体。孙春兰同志、沈跃跃同志出席并为受表彰的个人和集体代表颁奖。黄晓薇同志宣读表彰决定。

10月10日—12日 沈跃跃同志就深入学习贯彻习近平总书记重要讲话精神和党中央决策部署，大力弘扬伟大抗疫精神，更好团结带领广大妇女为决胜全面小康、决战脱贫攻坚、全面建设社会主义现代化国家作出新贡献，先后深入湖北鄂州、武汉的城乡社区、医院、企业走访调研。

10月13日起 中国妇女报在重要版面连续刊发《女报特稿·学习贯彻习近平主席在联合国大会纪念北京世妇会25周年高级别会议上的重要讲话精神》系列报道10篇。

10月13日 欧莱雅（中国）通过中国妇女发展基金会捐赠的价值36685559元洗护和护肤用品全部落实，为湖北、黑龙江、新疆、内蒙古等地约15万名抗疫一线医务工作者、边检、公安干警、社区工作者及志愿者和受疫情影响的困境家庭送去关爱。

11月4日 全国妇联在中国妇女儿童博物馆举办“团结抗疫·巾帼在行动”主题图片展开幕式暨主题画册和《疫线家书》发布活动。沈跃跃同志出席活动，黄晓薇同志致辞。

11月19日 应乌兹别克斯坦总统夫人、“扎明”国际基金会主席米尔济约耶娃邀请，沈跃跃同志出席乌为纪念世界儿童日而举办的“保障疫情大流行期间儿童受教育权的迫切性、连续性和创新性”国际视频论坛并发言。来自联合国机构以及俄、美、日、欧盟等10多个国家和地区的200多名代表在线出席论坛。

11月24日 全国劳动模范和先进工作者表彰大会在京举行。黄晓薇同志参加大会。中国妇女报社徐旭同志荣获全国先进工作者。

11月25日、26日、30日 宣传部联合教育部思政司开展“奋斗的我 最美的国”新时代先进人物进校园示范活动，邀请抗击新冠肺炎疫情全国三八红旗手及先进集体代表走进北京航空航天大学、北京师范大学、中华女子学院，讲述抗疫故事，弘扬抗疫精神。

12月23日 全国妇联向吉尔吉斯斯坦驻华大使馆捐赠2万只医用儿童口罩、2万只医用手套和4620套防护服，用于支持吉妇女儿童抗疫。

12月31日 由全国妇联、最高人民法院、最高人民检察院、教育部、公安部、民政部、司法部、国家卫生健康委、国家体育总局、共青团中央、中国关工委等联合开展的“把爱带回家”2021寒假儿童关爱服务“四送”活动在京启动。会议要求各地各部门严格按照常态化疫情防控要求，因地制宜，采取线上线下相结合的方式，灵活开展关爱服务活动。沈跃跃同志出席启动式并向志愿者代表授旗。黄晓薇同志主持启动式。

2021年

1月上旬 针对北京、辽宁、黑龙江、河北等地先后出现散发新冠肺炎病例甚至局部聚集性疫情的情况，沈跃跃同志要求全国妇联深入贯彻落实习近平总书记重要指示精神和党中央决策部署，坚持人民至上、生命至上，指导相关省市妇联在省委领导下，用好在疫情防控工作中积累的好经验好做法，积极发动广大妇女姐妹和巾帼志愿者，从自身做起，从家庭做起，为尽快阻断疫情传播发挥半边天作用，做好困难群众的关爱帮扶，把党的关怀和温暖送到妇女儿童身边。黄晓薇同志第一时间部署相关工作，带领书记处通过线上工作群，指导各地妇联抓好贯彻落实，采取针对性措施，帮助广大妇女儿童和家庭解决实际困难。

1月7日 沈跃跃同志致电河北省妇联，询问妇联组织参与疫情防控工作情况，要求妇联组织在省委领导下，充分发挥妇联优势，勇于担当、主动作为，果断落实好各项防控措施，克服麻痹思想，搞好个人防护、家庭防护，做好对医务人员及其家庭和困难群众的关爱服务工作，坚决打好疫情防控歼灭战。

1月15日—16日 沈跃跃同志带领书记处针对疫情带来影响进行研究，黄晓薇同志两次主持线上会议安排部署，对推动河北、黑龙江、辽宁、吉林等地妇联按照当地省委省政府统一部署组织动员各级妇联干部、巾帼志愿者，加强12338热线心理疏导服务，充分发挥妇女在疫情防控中的半边天作用；根据当地需要，及时组织筹措羽绒服等物资给予支持；北京、天津、广东、江苏、浙江、江西等地妇联为援冀医护人员家庭送去精准关爱服务等作出指示。

1月15日 全国妇联下发《关于进一步发挥妇联组织作用从严从紧做好疫情防控工作的通知》，指导各地妇联组织总结应用好2020年疫情防控中的好经验、好做法，充分发挥优势协助党和政府做好疫情防控工作，落实党委政府决策部署，从严从紧抓实防控措施，为尽快阻断疫情传播发挥半边天作用。

1月18日 沈跃跃同志致电北京市妇联主要负责同志，强调要不折不扣落实防控措施，组织动员广大妇女和家庭特别是农村地区妇女和家庭严格落实个人防护要求，加强对困难家庭和儿童的关爱帮扶，为工作在抗疫一线人员及其家庭提供精准服务，有针对性地开展对因疫情不能返乡农民工家庭及其子女的关心慰问。

2月2日 全国妇联十二届三次执委会议在京召开。会议总结了2020年各级妇联组织在党中央坚强领导下团结引领广大妇女为夺取全国抗疫斗争重大战略成果所做的各项工作，并对统筹做好常态化疫情防控和经济社会发展工作提出新要求。沈跃跃同志出席会议并讲话，黄晓薇同志作工作报告。

中华全国妇女联合会／编

风雨彩虹：
战“疫”时刻 巾帼力量

（上册）

中国妇女出版社

图书在版编目（CIP）数据

风雨彩虹 ：战“疫”时刻 巾帼力量 ：全二册．上册 / 中华全国妇女联合会编．-- 北京 ：中国妇女出版社，2021.3
ISBN 978-7-5127-1962-0

Ⅰ．①风… Ⅱ．①中… Ⅲ．①女性－先进工作者－先进事迹－中国－现代 Ⅳ．①K828.5

中国版本图书馆CIP数据核字（2020）第271332号

风雨彩虹：战“疫”时刻 巾帼力量（上册）

作　　者：中华全国妇女联合会 编
责任编辑：廖晶晶 万立正
特约编辑：姜秀花 陈卫华
封面设计：吴晓莉 李 甦
责任印制：王卫东
出版发行：中国妇女出版社
地　　址：北京市东城区史家胡同甲24号　　邮政编码：100010
电　　话：（010）65133160（发行部）　　65133161（邮购）
网　　址：www.womenbooks.cn
法律顾问：北京市道可特律师事务所
经　　销：各地新华书店
印　　刷：三河市祥达印刷包装有限公司
开　　本：170×240　1/16
印　　张：72.5
字　　数：930千字
版　　次：2021年3月第1版
印　　次：2021年3月第1次
书　　号：ISBN 978-7-5127-1962-0
定　　价：198.00元（全二册）

编 委 会

在“三八”国际劳动妇女节到来之际 习近平向奋战在疫情防控第一线和各条战线的广大妇女同胞表示诚挚的慰问 向全国各族各界妇女同胞致以节日的问候

在“三八”国际劳动妇女节到来之际，中共中央总书记、国家主席、中央军委主席习近平代表党中央，向奋战在疫情防控第一线和各条战线的广大妇女同胞表示诚挚的慰问，向全国各族各界妇女同胞致以节日的问候！

习近平指出，新冠肺炎疫情发生后，广大女医务工作者义无反顾、日夜奋战，坚守在疫情防控第一线，展现了救死扶伤、医者仁心的崇高精神。广大党员干部、公安民警、疾控工作人员、社区工作人员、新闻工作者、志愿者等中的妇女同胞们忠诚履职、顽强拼搏，做了大量艰苦工作，用实际行动为疫情防控斗争作出了重要贡献。希望大家坚定必胜信念，保持昂扬斗志，做好科学防护，持续健康投入战胜疫情斗争。

习近平强调，各级党委和政府要关心关爱疫情防控第一线和各条战线的妇女同胞，大力宣传防疫抗疫一线的巾帼典型，激励和支持亿万妇女为打赢疫情防控人民战争、总体战、阻击战贡献智慧和力量。

（新华社　2020年3月8日）

全国抗击新冠肺炎疫情表彰大会在京隆重举行 习近平向国家勋章和国家荣誉称号获得者颁授勋章奖章并发表重要讲话

全国抗击新冠肺炎疫情表彰大会8日上午在北京人民大会堂隆重举行。中共中央总书记、国家主席、中央军委主席习近平向国家勋章和国家荣誉称号获得者颁授勋章奖章并发表重要讲话。习近平强调，抗击新冠肺炎疫情斗争取得重大战略成果，充分展现了中国共产党领导和我国社会主义制度的显著优势，充分展现了中国人民和中华民族的伟大力量，充分展现了中华文明的深厚底蕴，充分展现了中国负责任大国的自觉担当，极大增强了全党全国各族人民的自信心和自豪感、凝聚力和向心力，必将激励我们在新时代新征程上披荆斩棘、奋勇前进。

习近平强调，伟大抗疫精神，同中华民族长期形成的特质禀赋和文化基因一脉相承，是爱国主义、集体主义、社会主义精神的传承和发展，是中国精神的生动诠释，丰富了民族精神和时代精神的内涵。我们要在全社会大力弘扬伟大抗疫精神，使之转化为全面建设社会主义现代化国家、实现中华民族伟大复兴的强大力量。

李克强主持大会，栗战书宣读主席令，王沪宁宣读表彰决定，汪洋、赵乐际、韩正、王岐山出席。

8时35分，国家勋章和国家荣誉称号获得者集体乘坐礼宾车从住地出发，由国宾护卫队护卫前往人民大会堂。人民大会堂北门外，高擎红旗的礼兵分列道路两侧，肩枪礼兵在台阶上庄严伫立，青少年热情欢呼致意。国家勋章和国家荣誉称号获得者沿着红毯拾级而上，进入人民大会堂。党和国家功勋荣誉表彰工作委员会领导同志在这里集体迎接他们到来。

人民大会堂大礼堂，气氛庄严热烈。主席台上方悬挂着“全国抗击新冠肺炎疫情表彰大会”会标，后幕正中是熠熠生辉的中华人民共和国国徽，10面红旗分列两侧。二楼眺台悬挂标语：“紧密团结在以习近平同志为核心的党中央周围，弘扬伟大抗疫精神，决胜全面建成小康社会，决战脱贫攻坚，夺取新时代中国特色社会主义伟大胜利！”

10时整，大会开始。解放军军乐团奏响《义勇军进行曲》，全场起立高唱国歌。

国歌唱毕，全场肃立，向新冠肺炎疫情牺牲烈士和逝世同胞默哀。

栗战书宣读习近平签署的中华人民共和国主席令。主席令指出，为了隆重表彰在抗击新冠肺炎疫情斗争中作出杰出贡献的功勋模范人物，弘扬他们忠诚、担当、奉献的崇高品质，根据第十三届全国人民代表大会常务委员会第二十一次会议的决定，授予钟南山“共和国勋章”，授予张伯礼、张定宇、陈薇“人民英雄”国家荣誉称号。

4名礼兵手捧共和国勋章、国家荣誉称号奖章，迈着雄健的步伐，行进到仪式现场。

在雄壮的《向祖国英雄致敬》乐曲声中，习近平为国家勋章和国家荣誉称号获得者一一颁授勋章奖章，并同他们亲切握手、表示祝贺。随后，4位国家勋章和国家荣誉称号获得者受邀到主席台就座。全场响起一阵阵热烈的掌声。

王沪宁宣读《中共中央、国务院、中央军委关于表彰全国抗击新冠肺炎疫情先进个人和先进集体的决定》《中共中央关于表彰全国优秀共产党员和全国先进基层党组织的决定》。

习近平等为受表彰的个人和集体代表颁奖。

在全场热烈的掌声中，习近平发表重要讲话。他指出，在过去8个多月时间里，我们党团结带领全国各族人民，进行了一场惊心动魄的抗疫大战，经受了一场艰苦卓绝的历史大考，付出巨大努力，取得抗击新冠肺炎疫情斗争重大战略成果，创造了人类同疾病斗争史上又一个英勇壮举。

习近平代表党中央、国务院和中央军委，向受到表彰的先进个人和先进集体，向为这次抗疫斗争作出重大贡献的广大医务工作者、疾控工作人员、人民解放军指战员、武警部队官兵、科技工作者、社区工作者、公安民警、应急救援人员、新闻工作者、企事业单位职工、工程建设者、下沉干部、志愿者以及广大人民群众，向各级党政机关和企事业单位广大党员、干部，致以崇高的敬意！向积极参与抗疫斗争的各民主党派、工商联和无党派人士、各人民团体以及社会各界，向踊跃提供援助的香港同胞、澳门同胞、台湾同胞以及海外华侨华人，表示衷心的感谢。

习近平表示，在中国人民抗疫期间，许多国家的领导人、政府、政党、社会团体和驻华使馆，联合国有关组织、有关地区组织和国际机构、外资企业以及国际友好人士，以各种方式向中国人民表达真诚问候、提供宝贵支持。我代表中国政府和中国人民，向他们致以诚挚的谢意。

习近平表示，当前，新冠肺炎疫情仍在全球肆虐，中国人民对疫情给各国人民带来的苦难感同身受，对被病魔夺去生命的人们深感痛惜，向正在争分夺秒抗击疫情、抢救生命的人们深表敬意，向不幸感染病毒、正在接受治疗的人们表示诚挚的祝福。

习近平表示，此时此刻，我们特别要向为抗击疫情而英勇献身的烈士们，向在疫情中不幸罹难的同胞们，表达深切的思念和沉痛的哀悼。

习近平指出，新冠肺炎疫情是百年来全球发生的最严重的传染病大流行，是新中国成立以来我国遭遇的传播速度最快、感染范围最广、防控难度最大的重大突发公共卫生事件。病毒突袭而至，疫情来势汹汹，人民生命安全和身体健康面临严重威胁。我们坚持人民至上、生命至上，以坚定果敢的勇气和坚忍不拔的决心，同时间赛跑、与病魔较量，迅速打响疫情防控的人民战争、总体战、阻击战，用1个多月的时间初步遏制疫情蔓延势头，用2个月左右的时间将本土每日新增病例控制在个位数以内，用3个月左右的时间取得武汉保卫战、湖北保卫战的决定性成果，进而又接连打了几场局部地区聚集性疫情歼灭战，夺取了全国抗疫斗争重大战略成果。在此基础上，我们统筹推进疫情防控和经济社会发展工作，抓紧恢复生产生活秩序，取得显著成效。中国的抗疫斗争，充分展现了中国精神、中国力量、中国担当。

习近平强调，面对突如其来的严重疫情，党中央统揽全局、果断决策，以非常之举应对非常之事。党中央坚持把人民生命安全和身体健康放在第一位，第一时间实施集中统一领导，中央政治局常委会、中央政治局召开21次会议研究决策，领导组织党政军民学、东西南北中大会战，提出坚定信心、同舟共济、科学防治、精准施策的总要求，明确坚决遏制疫情蔓延势头、坚决打赢疫情防控阻击战的总目标，周密部署武汉保卫战、湖北保卫战，因时因势制定重大战略策略。各级党委和政府、各部门各单位各方面闻令而动，全国农村、社区、企业、医疗卫生机构、科研机构、学校、军营各就各位。在党中央的坚强领导下，全国迅速形成统一指挥、全面部署、立体防控的战略布局，有效遏制了疫情大面积蔓延，有力改变了病毒传播的危险进程，最大限度保护了人民生命安全和身体健康。

习近平指出，面对突如其来的严重疫情，中国人民风雨同舟、众志成城，构筑起疫情防控的坚固防线，我们举全国之力实施规模空前的生命大救援，武汉人民、湖北人民识大体、顾大局，为阻断疫情蔓延、为全国抗疫争取了战略主动，作出了巨大牺牲和重大贡献。面对突如其来的严重疫情，广大医务人员白衣为甲、逆行出征，舍生忘死挽救生命，是最美的天使，是新时代最可爱的人。面对突如其来的严重疫情，我们统筹兼顾、协调推进，经济发展稳定转好，生产生活秩序稳步恢复。面对突如其来的严重疫情，中国同世界各国携手合作、共克时艰，为全球抗疫贡献了智慧和力量，以实际行动帮助挽救了全球成千上万人的生命，以实际行动彰显了中国推动构建人类命运共同体的真诚愿望。

习近平指出，青年是国家和民族的希望。在这次抗疫斗争中，青年一代的突出表现令人欣慰、令人感动。世上没有从天而降的英雄，只有挺身而出的凡人。青年一代不怕苦、不畏难、不惧牺牲，用臂膀扛起如山的责任，展现出青春激昂的风采，展现出中华民族的希望。让我们一起为他们点赞。

习近平强调，在这场同严重疫情的殊死较量中，中国人民和中华民族以敢于斗争、敢于胜利的大无畏气概，铸就了生命至上、举国同心、舍生忘死、尊重科学、命运与共的伟大抗疫精神。生命至上，集中体现了中国人民深厚的仁爱传统和中国共产党人以人民为中心的价值追求。举国同心，集中体现了中国人民万众一心、同甘共苦的团结伟力。舍生忘死，集中体现了中国人民敢于压倒一切困难而不被任何困难所压倒的顽强意志。尊重科学，集中体现了中国人民求真务实、开拓创新的实践品格。命运与共，集中体现了中国人民和衷共济、爱好和平的道义担当。

习近平指出，在这场波澜壮阔的抗疫斗争中，我们积累了重要经验，收获了深刻启示。抗疫斗争伟大实践再次证明，中国共产党所具有的无比坚强的领导力，是风雨来袭时中国人民最可靠的主心骨；中国人民所具有的不屈不挠的意志力，是战胜前进道路上一切艰难险阻的力量源泉；中国特色社会主义制度所具有的显著优势，是抵御风险挑战、提高国家治理效能的根本保证；新中国成立以来所积累的坚实国力，是从容应对惊涛骇浪的深厚底气；社会主义核心价值观、中华优秀传统文化所具有的强大精神动力，是凝聚人心、汇聚民力的强大力量；构建人类命运共同体所具有的广泛感召力，是应对人类共同挑战、建设更加繁荣美好世界的人间正道。

习近平强调，当前，世界百年未有之大变局加速演进，国内改革发展稳定任务艰巨繁重。站在“两个一百年”奋斗目标的历史交汇点上，我们必须全面贯彻党的基本理论、基本路线、基本方略，坚持稳中求进工作总基调，坚定不移贯彻新发展理念，着力构建新发展格局，统筹国内国际两个大局，办好发展安全两件大事，推进国家治理体系和治理能力现代化，不断开创党和国家事业发展新局面。我们要毫不放松抓好常态化疫情防控，奋力夺取抗疫斗争全面胜利。我们要扎实做好“六稳”工作、全面落实“六保”任务，确保完成决胜全面建成小康社会、决战脱贫攻坚目标任务。我们要加快补齐治理体系的短板弱项，为保障人民生命安全和身体健康夯实制度保障。我们要秉持人类命运共同体理念，同国际社会携手应对日益严峻的全球性挑战。我们要坚持底线思维、增强忧患意识，有效防范和化解前进道路上的各种风险，团结一切可以团结的力量，调动一切积极因素，不断夺取具有许多新的历史特点的伟大斗争新胜利。

习近平最后强调，“天行健，君子以自强不息”。一个民族之所以伟大，根本就在于在任何困难和风险面前都从来不放弃、不退缩、不止步，百折不挠为自己的前途命运而奋斗。从5000多年文明发展的苦难辉煌中走来的中国人民和中华民族，必将在新时代的伟大征程上一路向前，任何人任何势力都不能阻挡中国人民实现更加美好生活的前进步伐！

会上，“共和国勋章”获得者钟南山，全国抗击新冠肺炎疫情先进个人、全国优秀共产党员、北京协和医院感染内科主任医师刘正印，全国抗击新冠肺炎疫情先进集体、全国先进基层党组织代表、武汉市青和居社区党总支书记桂小妹发言。

会前，习近平等领导同志会见了国家勋章和国家荣誉称号获得者，全国抗击新冠肺炎疫情先进个人、先进集体代表等，并同大家合影留念。

中共中央政治局委员、中央书记处书记，全国人大常委会副委员长，国务委员，最高人民法院院长，最高人民检察院检察长，全国政协副主席，以及中央军委委员出席大会。

各省区市、中央党政军群各部门负责同志，各民主党派中央、全国工商联负责人和无党派人士代表，国家勋章和国家荣誉称号获得者亲属代表、所在单位代表，抗击新冠肺炎疫情牺牲烈士亲属代表，港澳同胞、台湾同胞、海外侨胞及归侨、侨眷代表，各国驻华使节、国际组织驻华代表及对我国抗击新冠肺炎疫情作出贡献的国际友人代表等约3000人参加大会。

（新华社　2020年9月8日）

习近平在联合国大会纪念北京世界妇女大会25周年高级别会议上发表重要讲话

国家主席习近平1日在联合国大会纪念北京世界妇女大会25周年高级别会议上通过视频发表重要讲话。

习近平指出，妇女是人类文明的开创者、社会进步的推动者，在各行各业书写着不平凡的成就。我们正在抗击新冠肺炎疫情，广大女性医务人员、疾控人员、科技人员、社区工作者、志愿者等不畏艰险、日夜奋战，坚守在疫情防控第一线，用勤劳和智慧书写着保护生命、拯救生命的壮丽诗篇。我们要为她们点赞。在中国抗击新冠肺炎疫情最紧要的时刻，正是成千上万这样的中国女性，以勇气和辛劳诠释了医者仁心，用担当和奉献换来了山河无恙。

习近平强调，25年来，北京世界妇女大会精神不断催生积极变化。妇女社会地位显著提高，“半边天”作用日益彰显，性别平等和妇女赋权已成为《联合国2030年可持续发展议程》的重要目标。新冠肺炎疫情还在全球蔓延，妇女面临更大挑战。在抗击疫情和推动经济社会复苏进程中，尤其要关注妇女特殊需要，落实《北京宣言》和《行动纲领》。

习近平提出4点主张。

第一，帮助妇女摆脱疫情影响。要关注一线女性医务工作者身体健康、社会心理需求、工作环境。要把保障妇女和女童权益置于公共卫生和复工复产计划重要地位，打击侵犯妇女权益的行为。要强化社会服务，优先保障孕产妇、儿童等特殊人群，格外关心贫困妇女、老龄妇女、残疾妇女等困难群体，为她们做好事、解难事、办实事。

第二，让性别平等落到实处。保障妇女权益必须上升为国家意志。要以疫后恢复为契机，为妇女参政提供新机遇，提高妇女参与国家和经济文化社会事务管理水平。要消除针对妇女的偏见、歧视、暴力，让性别平等真正成为全社会共同遵循的行为规范和价值标准。

第三，推动妇女走在时代前列。要坚持在发展中保障妇女权益，靠发展改善妇女民生，实现妇女事业和经济社会同步发展。要最大限度调动广大妇女积极性、主动性、创造性，增强她们的获得感、幸福感、安全感。要充分发挥政府作用，广泛调动社会力量，支持和帮助妇女享有出彩的人生。

第四，加强全球妇女事业合作。中国支持联合国把妇女工作放在优先位置，在消除暴力、歧视、贫困等老问题上加大投入，在解决性别数字鸿沟等新挑战上有所作为，使妇女目标成为2030年议程的早期收获。

习近平强调，男女平等是中国的基本国策。中国建立了包括100多部法律法规在内的全面保障妇女权益法律体系，基本消除义务教育性别差距，全社会就业人员女性占比超过四成。5年前，我倡议召开全球妇女峰会，提出一系列全球合作倡议，已经得到全面落实。我们将继续加大对全球妇女事业支持力度。中国倡议在2025年再次召开全球妇女峰会。

习近平最后指出，建设一个妇女免于被歧视的世界，打造一个包容发展的社会，还有很长的路要走，还需要付出更大努力。让我们继续携手努力，加快实现性别平等、促进全球妇女事业发展。

（新华社　2020年10月1日）

弘扬伟大抗疫精神　在新征程中展现巾帼新作为

沈跃跃

面对突如其来的严重疫情，以习近平同志为核心的党中央坚持人民至上、生命至上，以非常之举应对非常之事，带领全国人民迅速打响疫情防控的人民战争、总体战、阻击战，在短时间内控制疫情传播，维护了人民生命安全和身体健康，取得全国抗疫斗争重大战略成果，实现“三个率先”，充分展现了中国精神、中国力量、中国担当。全国妇联系统迅速响应党中央号令，坚决贯彻落实习近平总书记重要讲话精神和党中央决策部署，组织动员广大妇女为夺取疫情防控和经济社会发展双胜利贡献半边天力量。广大妇女积极投身抗疫大战，用勤劳智慧、奉献担当书写了护佑生命、关爱他人的壮丽诗篇，涌现了一大批可敬可爱、可歌可泣的先进典型和感人事迹。当前，做好常态化疫情防控需要广大妇女慎终如始，全面建设社会主义现代化国家更需要包括广大妇女在内的全国人民弘扬伟大抗疫精神，以实际行动奋斗新征程、奋进新时代。

一、中国共产党的坚强领导是战胜疫情的根本保证，必须切实做到“两个维护”

我国抗疫斗争取得重大战略成果，充分彰显了以习近平同志为核心的党中央的英明领导、全国人民众志成城齐心抗疫的伟大力量和中国特色社会主义制度的无比优越，极大增强了中华民族自豪感。

更加深刻认识坚决做到“两个维护”极端重要。面对突如其来的严重疫情，以习近平同志为核心的党中央将疫情防控作为头等大事来抓，统揽全局、果断决策、统一领导，习近平总书记以巨大的政治勇气和果敢的历史担当，亲自指挥、亲自部署、亲临一线，领导人民全力以赴抗击疫情，统筹推进改革发展稳定各项工作，坚决夺取脱贫攻坚战全面胜利，在极不寻常之年取得极不寻常的辉煌。“中国之治”与“西方之乱”形成鲜明对比，全党全国各族人民由衷地敬仰领袖，对党中央的信赖和拥护更加坚定自觉。我们要切实增强“四个意识”，坚定“四个自信”，把“两个维护”体现在行动上、落实在工作中。

更加深刻认识中国共产党是风雨来袭时全国人民最可靠的主心骨。面对纷至沓来的各种挑战，以习近平同志为核心的党中央始终把人民生命安全和身体健康放在第一位，不惜一切代价保护人民生命安全，统筹推进疫情防控和经济社会发展，及时推动复工复产，率先实现经济正增长，三大攻坚战取得决定性成就，历史性地解决了绝对贫困问题，全面建成小康社会取得伟大历史成果，生动诠释了中国共产党执政为民的理念。广大党员在战疫战洪战贫中冲锋在前、英勇奋战，用大爱鉴初心，以生命赴使命，充分发挥先锋模范作用，460多万个基层党组织筑起坚实堡垒，党旗在防控疫情、民生保障和经济社会发展一线高高飘扬。中国共产党的政治领导力、思想引领力、群众组织力、社会号召力充分彰显，党同人民群众的血肉联系进一步增强。我们要自觉坚持党的全面领导，始终听党话、坚定跟党走。

更加深刻认识中国特色社会主义制度的显著优势。以习近平同志为核心的党中央一声号令，东西南北中积极响应，工农商学兵迅速集结，一方有难、八方支援，汇聚起团结抗疫的磅礴力量。世卫组织总干事谭德塞感叹："我一生从未见过这样的动员。"我国社会主义制度集中力量办大事、办难事、办急事的独特优势充分彰显，我国国家制度和国家治理体系的优越性充分展现。我们要坚定不移走中国特色社会主义道路，不断创造中华民族新的历史辉煌。

我们坚信，有习近平总书记作为党中央的核心、全党的核心领航掌舵，有党中央集中统一领导，有习近平新时代中国特色社会主义思想科学指引，有全党全国人民团结一心、顽强奋斗，一定能够战胜前进道路上的一切艰难险阻，把新时代中国特色社会主义伟大事业不断推向前进。

二、广大妇女勇于担当积极奉献，为夺取疫情防控重大战略成果作出了重要贡献

在惊心动魄的抗疫大战面前，中国女性以"巾帼不让须眉"的昂扬斗志，和全国人民一道在救治和防控两个战场担重任、显芳华，用激情和生命诠释了新时代女性"四自"精神的内涵。

广大女医务工作者用担当和奉献换来山河无恙。女医务人员战斗在抗疫一线，不畏艰险、日夜奋战，保护生命、关爱患者。全国驰援湖北的4.2万名医务人员中，女性占了三分之二，是战胜疫情的主力，她们挽救了一个又一个生命，诠释了医者仁心和大爱无疆。"穿上防护服，我就不是一个孩子了"的刘家怡，"就是骑自行车，我也要回武汉"的甘如意感动了中华大地。女医务人员成为"最美的天使"、"新时代最可爱的人"！

各行各业女性立足本职铸就全民抗疫的"硬核"力量。无论是国家卫健委高级别专家、研究新冠病毒的科学家、进行流行病学调查的"侦探"、参与火神山/雷神山项目建设的"娘子军"、有效保障方舱医院运转的贴心"管家"，还是普通的警察、教师、企业家、志愿者、新闻工作者、工人、农民、快递员、清洁工、司机、超市员工等，她们都在各自岗

位上忠诚履职、顽强拼搏，用实际行动为战胜疫情作出了重要贡献。

广大妇女在群防群治、联防联控中筑牢社区第一防线。女性社区工作者、下沉社区党员干部、社区志愿者在疫情监测、人员排查、宣传教育、消杀防疫、生活服务、困难帮扶等方面，夜以继日，不辞辛劳。广大妇女扎根社区、守护家庭，当好疫情防控宣传员、监督员、战斗员，带动家人科学防疫，丰富家庭“宅”生活，传承好家教，弘扬好家风，守护家庭、守住社区。

全国妇联系统迅速行动、发挥优势，服务全国疫情防控大局。全国妇联第一时间发出倡议，号召广大妇女和家庭人人尽责、家家行动，为抗疫斗争贡献力量。全国60多万个妇联组织、1万余个团体会员和数百万妇联执委一呼百应，千方百计募集防疫款物驰援疫情严重地区；开展为一线医务人员送菜到家、照料老人、托管幼儿等暖心服务；持续推送“特殊时期　特别家教”等丰富多彩的“宅”家云活动。全国妇联还推动对孕产妇、婴幼儿、监护缺失儿童等特殊群体的优先保障；大力发动女企业家生产防疫物资并有序复工复产达产；举系统之力助力脱贫攻坚，不让贫困妇女儿童掉队，为统筹推进疫情防控和经济社会发展作出积极贡献。

三、大力弘扬伟大抗疫精神，推动妇女走在时代前列奋斗新征程

习近平总书记指出要大力弘扬“生命至上、举国同心、舍生忘死、尊重科学、命运与共”伟大抗疫精神，广大妇女要深入学习领会、准确把握伟大抗疫精神深刻内涵，将伟大抗疫精神内化于心、外化于行，在全面建设社会主义现代化国家新征程中贡献智慧和力量。

坚定理想信念，坚守初心使命。广大妇女要深刻认识党的全面领导和中国特色社会主义制度无可比拟的显著优势，紧紧团结凝聚在党的周围，自觉把个人追求融入全面建设社会主义现代化国家的伟大实践中，把人生

理想融入中华民族伟大复兴的伟业中，以劳动创造幸福生活，用实干成就精彩人生。

立足本职岗位，不懈奋斗。广大妇女要自觉践行新发展理念，在劳动和技能竞赛中彰显巾帼风采，在技术创新、管理创新、服务创新中创先争优，女科技工作者、女企业家、女大学生等群体要面向世界科技前沿、面向经济主战场、面向国家重大需求、面向人民生命健康，在实现科技自立自强、服务社会中勇担重任，为推动高质量发展贡献才智。要积极参与绿色环保经济，发展现代农业、手工编织、乡村旅游、家政服务等妇女优势产业，在提高农业质量效益和竞争力、巩固拓展脱贫攻坚成果、全面推进乡村振兴中大显身手。要坚持命运与共，积极参与妇女发展领域的国际交流与合作，携手各国妇女共同建设更加平等、更具韧性和包容性的世界，推动构建人类命运共同体。

发挥独特作用，厚植家国情怀。广大妇女要自觉践行社会主义核心价值观，带动家庭成员升华爱国爱家的家国情怀、建设相亲相爱的家庭关系、弘扬向上向善的家庭美德、体现共建共享的家庭追求，在促进家庭和睦、亲人相爱、下一代健康成长、老年人老有所养方面发挥优势、担起责任。要踊跃投身美丽中国、健康中国行动，带动家庭成员参与美丽庭院、清洁家园、垃圾分类等人居环境整治活动和爱国卫生运动，树立绿色健康生活理念，养成科学文明的生活方式。要积极参与常态化疫情防控，带动家庭成员克服麻痹思想，落实防控措施，提升个人健康、家庭健康水平，筑牢社区防线，建设和谐社区、平安社区。

今年是中国共产党成立100周年，是“十四五”开局之年。各级妇联要以习近平新时代中国特色社会主义思想为指导，不忘初心、牢记使命，增强“四个意识”、坚定“四个自信”、做到“两个维护”，自觉坚持党的全面领导，围绕党的十九届五中全会确定的目标任务，立足新发展阶段、贯彻新发展理念，牢牢把握“国之大者”，胸怀两个大局，统筹发展安全两件大事，引导带领广大妇女在构建新发展格局、推动高质量发展中勇于担当、团结奋斗；要用好抗疫期间形成的全媒体宣传优秀典型先进事迹、全方位发动妇女群众参与妇女工作、全平台联系社会组织壮大服务力量、全过程开展家庭家教家风云服务、全系统推动妇联干部下沉社区等好做法好经验，持续深化改革，不断增强政治性先进性群众性；要以更大力度、更实举措引领服务联系妇女，坚持在发展中维护妇女权益、改善妇女民生，帮助妇女特别是困难妇女摆脱疫情影响，促进妇女平等依法行使民主权利、平等参与经济社会发展、平等享有改革发展成果，支持妇女享有出彩人生，推动妇女走在时代前列，带领广大妇女更加紧密团结在以习近平同志为核心的党中央周围，建功新时代，奋斗新征程，为全面建设社会主义现代化国家、实现中华民族伟大复兴贡献巾帼力量！

（转引自《妇女研究论丛》2021年第1期）

目录
Contents

第一部分 巾帼战“疫”英雄

陈薇：疫情阻击战一线女先锋 003
乔杰：带着军令状来武汉 011
李兰娟：心有兰花济苍生 019
甘如意：“95后”“千里走单骑”的新传说 027
徐辉：仁心微光成炬，奉献辉耀黎明 032
邓甜甜：“90后”战“疫”：我们长大了 037
李圣青：鏖战“红区”，见证“生命至上” 040
李素英：“哪里需要，哪里就有她的身影” 043
陈阿香：女护士跨越三省的逆行 045
刘晓菊：冲在一线，给患者关怀与信心 047
佘沙：多次请战，只因我是汶川人 051
丁璐：党旗高扬，诠释先锋担当 053
王婷：17年前父亲抗“非典”，17年后我上“前线” 055
杨晶：一个人的年夜饭 057

张蕖：负重前行只为春暖花开 059
周国红：从抗疫到抗癌，精神不屈人不倒 061
郑立：武汉战“疫”，我把队员平安带回来了 064
焦雅辉：武汉历史性的时刻出现了 066
魏敏：产科医生的生命接力 068
王冰：白衣是我终生的行装 072
毛永辉：一线医生1秒中100种心情 077
叶黎文：青春在最需要的地方闪耀 083
刘宇航：一袭白衣，两代传承 089
何雯：坚守如磐，做安全守护天使 094
赵培玉：初心不改，再披“战袍”战疫魔 096
夏莹：曾战“非典”，“大管家”今抗“新冠” 098
夏思思：生命“定格”在抗疫一线的“逆行者” 100
郭琴：重返战场，带去新生的力量 103
郭敬：中医护理见“疫”有为 105
曹玲玲：护士妈妈，最萌鞠躬暖人心 110
蔡志芳：传递温暖，患者心中“主心骨” 112
江晓静：带着“硬核”技术挺身抗疫最前沿 114
陈静：火神山重症病房的严厉“大管家” 118
李丹：不停奔跑，守护“红区”生命线 123
唐棠：这个“病房督查”既严又暖 125
叶平：“军队不撤，我们不撤” 128
刘孟丽：面对疫情，誓与江城共患难 130
宋青：“留下一支不走的队伍” 132
张红霞：“一专多能”的战“疫”巾帼 134

仲月霞：尊重生命，医者立身之本 137
宋彩萍："防护服是冰冷的，我们的心是热乎的" 139
路美：逆行冲锋"红区"，用心敬畏生命 143
吴晨：战"疫"前线，决不能给"国家队"丢脸 148
余梅：忙碌在战"疫"一线的"小巷总理" 151
姜娜：生命最后一刻，她倒在疫情防控路上 153
桂小妹："是党派我来为您服务的！" 156
滕逸鹤：18年"小巷总理"倒在战"疫"战场 159
陈桂荣：村里的老妇联主席，倒在了战"疫"一线 162
王木香：社区一线"女汉子"，服务百姓暖心人 165
庄露霞：工作专班牵头人，织密防控排查网 167
史雪荣："我是社区民警，请您相信我" 169
于童：南粤国门守护者，热血青春护平安 171
周艳：汉警快骑娇"艳"英雄城 173
董倩："面对面"，讲好最前线抗疫故事 177
居黛霞：紧急复工！赶制130条口罩生产线 180
满彩美：我们和医护人员并肩战斗 184
杨剑华：雷神山"奇迹"背后的巾帼担当 188
武洁：助力火神山医院，5名女规划师与时间的赛跑 194
刘仙：我们要把公益一直进行下去 196
方燕：依法战"疫"，律师有担当 201
华雨辰：用行动给孩子们上一堂生动的思政课 206
汤崇雁：战时"口罩增援战"，志愿姐妹有能量 208
杨雪："武汉好了，我们就开心了" 210
陈朝珍："春熙嬢嬢"的话在社区很管用 213

第二部分 抗疫巾帼英雄谱、巾帼先锋名录及事迹简介

一线医务人员抗疫巾帼英雄谱 …… 217
公安抗疫巾帼先锋 …… 226
城乡社区抗疫巾帼先锋 …… 233
一线医务人员抗疫巾帼先锋 …… 239

第三部分 抗击新冠肺炎疫情全国三八红旗集体名录及事迹简介

一线女医务人员集体抗击新冠肺炎疫情全国三八红旗集体 …… 263
抗击新冠肺炎疫情全国三八红旗集体 …… 345

第四部分 抗击新冠肺炎疫情全国三八红旗手名录

一线女医务人员抗击新冠肺炎疫情全国三八红旗手 …… 439
抗击新冠肺炎疫情全国三八红旗手 …… 463

第五部分 全国妇联发出的有关倡议、慰问信、通知和意见

倡　议 …… 481
慰问信 …… 491
通　知 …… 493
意　见 …… 534

I

第一部分

巾帼战“疫”英雄

陈薇 中国工程院院士，军事科学院军事医学研究院生物工程研究所所长、研究员

致敬词 身为闻令而动的军人，她的“除了胜利，别无选择”的誓言振聋发聩。她是新时代的全民偶像，她的英雄行动是对抗疫精神和科学家精神的最好诠释。

陈薇：疫情阻击战一线女先锋

“人民英雄”国家荣誉称号获得者陈薇：“除了胜利，别无选择”

新冠肺炎疫情发生后，闻令即动，带领团队第一时间“逆行”武汉，在基础研究、疫苗、防护药物研发方面取得重大成果，为疫情防控作出重大贡献……

9月8日，全国抗击新冠肺炎疫情表彰大会在北京人民大会堂隆重举行，中国工程院院士、军事科学院军事医学研究院研究员陈薇获颁“人民英雄”国家荣誉称号奖章。

9月1日晚，专题电视节目《开学第一课》现场，陈薇分享了关于新冠疫苗诞生的故事和知识，以及她与团队在抗疫前线与病毒作战的经历。陈薇说，2月26日第一批疫苗在生产线下线的那天，正好是自己的生日。收到领导和朋友们给她发的祝福，陈薇当时回复了8个字：“除了胜利，别无选择！”

○ “疫情就是军情，现场就是战场”

1月26日，武汉关闭离汉通道的第四天，陈薇率领军事医学专家组紧急奔赴武汉，围绕病原传播变异、快速检测技术、疫苗抗体研制等课题，迅速开展应急科研攻关，与军地有关单位建立起联防、联控、联治、联研工作机制。

核酸检测是有效防控新冠肺炎疫情的关键技术支撑。刚到武汉时，当地病毒核酸检测需求量非常大，迫切需要提升日检测量。

“疫情就是军情，现场就是战场。”在陈薇指挥下，短短24小时内，一座负压帐篷式移动实验室，在中部战区总医院药剂楼旁迅速搭建起来。在这个实验室里，应用自主研发的检测试剂盒，配合核酸全自动提取技术，核酸检测时间大大缩短，迅速形成日检1000人份的核酸检测能力。

为加快推进科研与临床有效融合，陈薇率领科研人员在病原学、免疫学、空气动力学等领域展开研究，快速建立病毒鉴定链条，精准诊断临床患者感染类型，率先在火神山医院等3家医院推广应用，有效提高了临床诊断准确率。

没有从天而降的英雄，只有挺身而出的凡人。看到电视新闻，陈薇父亲才知道女儿又冲到了一线。2月3日，陈薇挤出时间往家中打了新春第一个电话。整个春节，陈薇没怎么顾上和家里联系，只发过几条信息。终于接到了女儿的电话，陈薇的母亲笑了。父母都清楚：“她是国家的人。”

“要牢记自己的使命，在关键时刻冲得上去，在危难关头豁得出来，这才是真正的共产党员。”在军事医学专家组火线入党仪式上，陈薇嘱咐新入党的科研人员，这也是她对于职责使命的理解。

○ “几十年积累的十八般武艺，都用上了”

疫苗，是目前抗击新冠肺炎最有力的科技武器。在武汉，陈薇率领团队与后方科研基地联合作战，集中力量展开应急科研攻关，争分夺秒开展腺病毒载体重组新冠病毒疫苗的研究。陈薇领衔的新冠疫苗研制团队，也被视为疫苗研发的“种子选手”。

这是一个个值得铭记的闪光时刻——

3月16日，陈薇带领科研团队研制的新冠病毒疫苗，成为国内第一个获批正式进入临床试验的疫苗；4月10日，完成疫苗一期临床试验接种的108位志愿者，全部结束集中医学观察，健康状况良好；4月12日，该疫苗开展二期临床试验，成为当时全球唯一进入二期临床试验的新冠病毒疫苗，相关试验结果已在国际学术期刊《柳叶刀》上在线发表；8月11日，该疫苗获得国家专利，成为国内首个进入临床获得专利权的新冠疫苗。目前，三期国际临床试验正在有序推进。

9月7日，陈薇表示，团队研发的重组新冠疫苗，对已经发生变异的新冠病毒能够完全覆盖。从目前来看，年产3亿的目标是可以实现的，他们正在努力扩大产能。“几十年积累的十八般武艺，都用上了。”陈薇说。

陈薇的朋友评价她：“不是在实验室，就是在去实验室的路上。只要她一钻进实验室，啥时候出来都不知道。”陈薇说：“穿上了这身军装，这一切就都是我该做的。”

○ “继续奋发努力，不负使命、不负时代”

虽然国内疫情已经得到有效控制，但全球新冠患者仍持续增加。“这次抗疫过程中，暴露了很多短板和不足，也使我们有更深的危机感和更重的责任感。”陈薇说。

此次奔赴武汉，陈薇已不是第一次与病毒“短兵相接”。1991年，刚刚获得清华大学工学硕士学位的陈薇没有选择轻松高薪的工作，而是选择参军入伍。29年来，在与病毒的较量中，陈薇拿下了一个又一个军功章——

2003年抗击“非典”时期，凭借敏锐的科研直觉，陈薇与课题组连夜进入生物安全实验室。受实验环境限制，陈薇很少喝水，也很少去洗手间，经常在实验室里工作十几甚至几十个小时。功夫不负有心人。数月后，团队研制的“重组人干扰素ω”，对SARS病毒的攻击有较好的防护作用。

2014年，西非大规模暴发埃博拉疫情，并迅速向外蔓延。那时国内没有埃博拉病例，陈薇也毅然决然地选择挺身而出，率队赴非。她说：“埃博拉离中国，只有一个航班的距离。”同年12月，陈薇率团队研发出世界首个2014基因型埃博拉疫苗，该疫苗也是首个冻干剂型埃博拉疫苗，实现了我国自主研发疫苗境外临床试验“零”的突破。

入伍29年，陈薇的研究对象都是些常人避之不及的疫病，被同事称为“魔鬼课题”。正是有着长期与病毒“打交道”的经验，她与科研团队能够在此次新冠肺炎疫情期间尽快研制出疫苗并付诸临床试验。

“作为一名军事医学科研人员，我特别希望我们这艘科研‘战舰’能够乘风破浪、行稳致远，”陈薇说，“我和团队将为此继续奋发努力，不负使命、不负时代。”

（记者李龙伊　李虹萦　《人民日报》2020年9月12日）

不负使命、不负时代的“人民英雄”

习近平总书记在9月8日召开的全国抗击新冠肺炎疫情表彰大会上的重要讲话中指出：“在这场同严重疫情的殊死较量中，中国人民和中华民族以敢于斗争、敢于胜利的大无畏气概，铸就了生命至上、举国同心、舍生忘死、尊重科学、命运与共的伟大抗疫精神。”9月11日，习近平总书记在科学家座谈会上又对大力弘扬科学家精神作出重要论述：“科学成就离不开精神支撑。科学家精神是科技工作者在长期科学实践中积累的宝贵精神财富。”

两种精神一个内核，那就是爱国爱人民。2020年9月8日，陈薇被授予“人民英雄”国家荣誉称号。这位女将军、中国工程院院士，与毒共舞29年，曾是抗击“非典”的杰出科学家、“埃博拉的终结者”，被认为是《战狼2》中Doctor Chen的原型。她是一个新时代全民偶像。陈薇的“英雄”行动是对抗疫精神和科学家精神的最好诠释。

○ 不负平生家国心

疫情来势汹汹，情况万分危急，一场惊心动魄的抗疫大战从2020年的春节开始打响。陈薇领兵上阵。没有硝烟，却战事壮烈，陈薇以科学家的担当，以将军的气魄坐镇前线。第一时间，新型冠状病毒（2019-nCoV）核酸检测试剂盒通过国家药品监督管理局应急审批，获得医疗器械注册证书；紧接着，军事科学院帐篷式移动检测实验室开始运行，应用自主研发的检测试剂盒，配合核酸全自动提取技术，缩短核酸检测时间，加快了确诊速度。

病毒威胁的是人民的生命，而疫苗是终结新冠肺炎最有力的科技武器。陈薇，这个被称为“与魔鬼打交道”的生物科学家，率领团队研制的重组新冠疫苗让世界见证了“中国速度”。3月16日，重组新冠疫苗在武汉启动一期临床试验；4月12日，疫苗二期临床试验启动；5月22日，世界医学期刊《柳叶刀》公布了一期临床试验数据，接种的108人全部产生了抗体。《柳叶刀》主编对此评价是“疫苗安全、耐受性好，是全球首个临床数据，单针接种就能快速引发免疫，是一个重要的里程碑”。8月11日，疫苗获得国家专利，成为国内首个进入临床获得专利权的新冠疫苗。

记得2月26日，第一批疫苗在生产线上下线时，正逢陈薇的生日，对于亲友的祝福，她那句“除了胜利，别无选择”的回复至今振聋发聩。她以不懈努力，兑现她为之奋斗的诺言：“我是一个母亲、一个女儿、一个妻子，我希望我的家人健康，同样希望全天下的人都健康。”

病毒在变异，全世界的科学家都在为研发疫苗而夜以继日。陈薇，在这条艰难的跑道上，挺身而出，勇于担当，日夜兼程，始终冲在最前列，靠的正是了不起的科学家精神和抗疫精神。胸怀祖国，生命至上，有大爱的人才有大担当，才能不负众望，书写伟大时代的伟大历史。

○ 欲登绝顶莫辞劳

人无精神则不立，国无精神则不强。在与时间赛跑的日日夜夜，陈薇以她的忘我奉献，丰富着科学家精神和抗疫精神的内涵。

身为闻令而动的军人，自从走上这个特殊的战场，她就已经全然属于国家，她是人民的女儿。

大敌当前，没有小我。她的父母只能在电视里见证女儿的战绩，她的母亲说，女儿老了，头发白了。母亲深深地体会着女儿“要操多少心”！女儿是这场大战中的重要一分子，他们为之自豪。

她的公公说，媳妇大年初二半夜接到命令赶赴武汉最严重的疫区，他理解，“她不是在忙自己的工作，而是在为全人类工作”。

她的丈夫则以承担家务的方式支持这个不平凡的妻子，她太忙了，他们夫妻大多数时间只能通过微信联系。他在朋友圈里转发她的科研进展，来表达一个丈夫的骄傲。

她的儿子在人民大会堂参加了全国抗击新冠肺炎疫情表彰大会，看到妈妈走上领奖台的英姿，他是如此激动。当年那个看到妈妈出现在电视上亲吻荧屏的男孩，如今已经以全A成绩和最优毕业生的身份从大学毕业，虽然和妈妈相处的时间总是很少，他却以选择与妈妈相似的专业和她“在一起”，他选择像妈妈一样拼搏，把青春献给祖国。

那么多的时刻她不能与他们相聚，那么多的日夜她必须放下一切而专注于疫苗的研发，这个家庭的每个人都早已习惯并理解了她的奉献。二十多年了，她很少在夜里12点前回家，哪怕生孩子，也只休了一个月产假，就回到了实验室。

受命研制预防“非典”病毒的疫苗，她没有周末和节假日，天天泡在实验室，一百多天无法和家人见面。大年初二奔赴武汉，整整113天，是又一轮实实在在的“没日没夜，夜以继日”……

作为生物科学家，她总是工作在高危环境中，有太多太多的时刻与病毒面对面，鼠疫、炭疽、埃博拉、非典、新冠肺炎……有些病毒致死率高，有些病毒传染性极大，她和团队是“冒着敌人的炮火”，在枪林弹雨中战斗，没有丝毫的犹豫和退缩：“穿上这身军装就意味着这一切都是你该做的。”

勇敢无畏，攻坚克难，陈薇和她的团队打了一场又一场胜仗：研制出我军首个SARS预防生物新药，当时全国1.4万名医护人员在采取其他防护措施的同时使用“重组人ω干扰素喷雾剂”，无一例感染；研制出全球首个获批新药证书的埃博拉疫苗，实现了我国自主研发疫苗境外临床试验的

“零”突破；新冠肺炎疫情发生，他们在基础研究、疫苗、防护药物研发方面取得重大成果。尤其研发的重组新冠疫苗，创下多项第一，目前已经获得俄罗斯和巴基斯坦批准开展三期临床试验。9月7日，陈薇表示，团队研发的重组新冠疫苗，对已经发生变异的新冠病毒能够完全覆盖，有望实现年产3亿的目标。“我们正在努力扩大产能。三期试验结果出来之后，我们的产能也会同步跟上，做好随时向民众大规模接种的技术准备，争取无缝对接。”

正是陈薇这样的科学家的执着努力，我们国家处在世界新冠肺炎疫苗研发的第一方阵，在世卫组织公布的已经进入三期临床试验的疫苗当中，中国占了一半以上。

她是军人，她说军人只有两种状态：一个是打仗，一个是准备打仗。“这身军装时刻提醒我，要成为为人民守护岁月静好的人，这是我一生的追求。”

她是科学家，她的理想是“做真正有效的疫苗”。她研发的新冠肺炎疫苗是一个基因工程疫苗，这一新技术，能够对病毒变异做出有效反应。

非常之功，必待非常之人。胸怀祖国、服务人民，勇攀高峰、敢为人先，追求真理、严谨治学，淡泊名利、潜心研究，集智攻关、团结协作……陈薇以科学家精神科学强国，这也正是“生命至上、举国同心、舍生忘死、尊重科学、命运与共”抗疫精神的生动实践。强大的精神支撑，是陈薇和她的团队奋发进取的动力之源。陈薇“精神不能退”的奋战和拼搏，是中国精神、中国力量、中国担当的缩影，是科学家精神和抗疫精神的双重体现，她不愧为不负使命、不负时代的“人民英雄”！

（文/苏容 中国妇女杂志2020年10期）

乔杰 中国工程院院士，北京大学第三医院院长，主任医师

致敬词

她不惧危险，召之即来，来之能战，战之能胜，誓与死神赛跑；她温暖，她坚韧，拼尽全力搭建危重症病房，用专业守护了疫区千万母婴安全，为代表着希望的“未来”护航。

乔杰：带着军令状来武汉

乔杰院士：“我们都在与时间赛跑”

2月1日，中国工程院院士、北京大学第三医院院长乔杰率领该院第二批支援湖北医疗队驰援武汉。乔杰团队的主要任务是以最快的速度组建危重症病房，抓住救治的关键，提高治愈率，降低病亡率。

“我们都在与时间赛跑。”到达武汉后，乔杰团队与兄弟医院、当地医院团结协作，仅用30多个小时便在华中科技大学附属同济医院中法新城院区组建起危重症病房，并开始收治患者。

乔杰刚到中法新城院区的时候，面对的多是普通病房，无法达到收治大量危重症患者的要求。“我们将整栋楼进行改造，将普通病房改成能开展危重症救治的隔离病房，严格区分污染区、缓冲区、清洁区。细节决定成败，必须保证医护人员不感染。”乔杰介绍，负压病房临时改造困难，就因地制宜，用强力风扇解决。虽然从北京带来了一些抢救必需的仪器设备，但还不够，多方协调，终于配齐了设备。病房的氧气流量不够，于是

又安排人去配备氧气瓶……

“那些天感觉时间过得特别快，睡醒睁开眼睛就开始忙，吃饭都顾不上。我们还建立了相互提醒睡觉的制度，防止有人睡眠不足过度疲劳。”乔杰说，在配备硬件的同时，人员培训也得进行。她是北京大学支援湖北抗疫国家医疗队领导组组长，一共管理着400多名队员。这些队员中有许多人也是第一次面对重大疫情，传染病防治经验需及时培训。

重症病房建好后，为提高救治效果，乔杰深入一线组织专家查房，并牵头组建了远程诊疗平台。平台的另一端是由北医三院、北大人民医院、北大第一医院相关重点科室组成的专家团队，对危重症患者进行远程诊疗，找到最佳治疗方案。

乔杰是“80后”“90后”队员心中的“乔妈妈”。为了避免头发过长影响防护效果，她利用休息时间为来不及理发的队员们修剪头发，开起了“妈妈理发店”；进病房前，她一笔一画在防护服上为每位队员写下名字，饱含着叮嘱和牵挂；前些日子武汉下了雪，她想办法为大家找来羽绒服、电暖器……

危重症病房开始有序工作之后，作为国家产科质控中心专家委员会主任，乔杰迅速把一部分精力放到了调查孕产妇目前的感染和救治情况上，通过深入调研了解产妇病情，在医学杂志《柳叶刀》发表论文，就妊娠期新型冠状病毒感染的临床特点及是否存在母婴垂直传播问题与国际医学界分享经验。

除了医疗队的事务，乔杰还作为专家参与了《新型冠状病毒肺炎诊疗方案》试行第六版、第七版的制定。“随着对新冠肺炎认识的不断深入，我们对如何有效救治孕产妇和儿童，形成了一些经验，可以纳入诊疗规范。”乔杰说。

作为一名科学工作者，乔杰总在想更长远的事。“现在，我们这里重症病房里的一大半患者都出院了，救治压力明显下降。”乔杰表示，她已将一部分精力转到病毒对人体长远影响的研究上。

（记者申少铁　《人民日报》2020年3月17日）

带着“军令”，为生命而战

○ 同时间赛跑，火速组建“危重症病房”

“同时间赛跑，与病魔较量，从死神手中抢人。”这些话在每一位一线医护人员心中，从来都不是一句口号。一分一秒都是生死时速，每时每刻都是性命攸关。

2月1日当天，接到紧急通知后，由院长乔杰带领的北医三院第二批驰援武汉医疗队，在一小时内集结完毕。大家来不及收拾行囊，也顾不上与家人告别，直接从医院奔赴机场，当晚就挺进了武汉。

在临行前的出征仪式上，乔杰给自己打气，也给队员们鼓劲儿：面对疫情，我们必须同舟共济，团结一心，我们有必胜的信心！相信有党和政府的坚强领导，我们一定能够克服困难，取得胜利！

寥寥数言，简短、质朴却充满力量，这是此次战“疫”期间乔杰难得的对外发声。她保持着一如既往的低调，把自己当作一名普通兵，与无数前线“战士”一起拼尽每一分气力与病魔较量，从死神手中抢人。

抗疫战场，军情似火，军令如山。乔杰说自己带着“军令”而来，

“组建危重症病房，抓住救治关口，尽量提高治愈率、降低病死率”，这是她此行的使命。

人命关天，分秒必争。特殊时刻，速度就是战斗力。

2月1日下午6点半，乔杰带队出发飞赴武汉；

2月2日，乔杰带队前往同济医院中法新城院区展开调研；

紧接着，北医三院与北大第一医院、北大人民医院等兄弟医院及当地医院立即联手组建危重症病房；

2月3日晚8点30分，同济医院中法新城院区危重症病房（同时也是传染病房）正式启用；

2月3日晚8点50分，以北医三院医护为主的第一班人员进入病房准备就绪，第一位患者被收治；

2月4日凌晨3点，6小时内共收治24名患者，其中包括三名危重症者。

从开始行动到病房组建完成、投入使用效率之高，仅仅用了30多个小时，有人甚至称其为“奇迹”。“召之即来，来之能战，战之能胜！”乔杰对于自己“硬核”团队的战斗力给出了高分评价，这也给予了她带队抗击疫情“战必胜”的极大信心。

武汉此前已经有危重症患者的接收医院，但乔杰认为危重症病房的重建、扩容至关重要。改造普通病房，完善呼吸机、监护仪、血气分析等设备仪器，严格区分清洁区、污染区和缓冲区，使其具有危重症救治和传染病防控的能力等，方方面面任务非常重，压力也很大。

对于重症患者来说，特别是高龄有慢性疾病尤其是肺部疾病和心血管疾病，包括糖尿病等基础病的患者，加上肺炎这一打击，缺氧就会造成病情发展较快，病死率增加，因此在一定程度上尽早去干预，阻断病程，才能增加治愈率、降低死亡率。所以，国家下了很大气力，补充了全国千余名危重症诊治的专家和管理专家、感染防控专家，共同来完成这个重任。

专业经验丰富的院士乔杰作为负责人之一，深感责无旁贷，使命在肩。

继2月3日与北大三家附属医院共同开辟新的危重症救治单元后，2月8日元宵节夜晚，北医三院独立开辟新的救治单元。截至2月19日，三个病区共收治新型冠状病毒肺炎患者153人，其中重型患者120人，危重型患者33人。

○ 护佑孕产妇安全，为“未来”护航

在众多一线战“疫”巾帼英雄中，乔杰是甚少面对媒体、出现在大众面前的一位。拥有北医三院妇产科主任、生殖医学中心主任、国家妇产疾病临床医学研究中心主任、科技部“生殖与发育重大专项”首席科学家等众多头衔，多年来，乔杰一直从事妇产科及生殖健康相关的临床与基础研究工作。

作为国家产科质控中心专家委员会主任，疫情发生以来，乔杰一直格外关注湖北特别是武汉地区孕产妇的安全和防治情况。此前有新闻报道，一个出生36小时的婴儿咽拭子病毒核酸呈阳性，这让很多孕产妇和家庭深感焦虑，孕妇不幸感染病毒是否要终止妊娠，也一度成为焦点话题。

为了能为更多孕产妇保驾护航，在危重症病房开始有序工作后，乔杰就迅速把部分精力转移到了孕产妇感染、救治情况的相关调查上。她多次出现在产科病房，为孕产妇送上“强心剂”，鼓励大家坚定信念，共抗疫情。她还深入前线，了解孕产妇的感染情况，深入调研、指导。

2020年2月12日，乔杰特别受邀在著名医学杂志《柳叶刀》上，就社会最关心的妊娠期新型冠状病毒感染的临床特点及是否存在母婴垂直传播问题，在线发表题为“新型冠状病毒感染孕产妇的风险是什么？”的重要述评，与国际同道分享中国经验。

乔杰谈道，通过对最新基因序列遗传学分析和临床观察性研究等科

学证据进行综合的比较分析，认为截至目前尚缺乏能够有效支持新型冠状病毒存在母婴垂直传播的可靠证据。同时，也指出由于该研究的病例数有限，而且研究期限较短，需要进行更多的随访研究以进一步评估新型冠状病毒感染的孕产妇及新生儿的安全和健康。而考虑到孕产妇是呼吸道病原体的易感人群，而且容易发展为严重肺炎，这就可能使得孕产妇比普通人群更易感新型冠状病毒，尤其是在她们原本就患有慢性病或孕期并发症的情况下，因此，孕产妇和新生儿应被视为新型冠状病毒感染预防和管理的重点人群。

这项研究为了解妊娠期新型冠状病毒感染的临床特征、妊娠结局以及垂直传播的可能性，提供了重要线索，在目前如此严峻的形势下，这项研究对指导新型冠状病毒感染的预防和临床实践具有重要价值。

尽管孕产妇应当得到更多关注，但幸运的是，根据乔杰和同行们目前掌握的信息来看，母婴垂直传播的概率偏小，尤其孕晚期的病毒感染，对胎儿的致畸率相对较低，而且孕产妇普遍较为年轻，身体较好，感染率低，感染后轻症多，加上母婴传播的证据不充分，所以乔杰提醒广大孕产妇做好防护，无须恐慌。

从医30多年，乔杰迎接了无数新生命的到来，她称自己是“看门人”，在生命起源处守护。正是这样的守护，她圆了万千女性的母亲梦，也为千万家庭送去了希望。

在抗击疫情的特殊时刻，在与病魔较量的危急关头，一个个新生命的平安降生，不仅对于一个母亲、一个家庭来说意味着希望，对于抗疫大军中的每一个中国人或许都意味着一种力量。在乔杰看来，“这关乎一个国家和民族的未来”，他们有责任守护好每一位孕产妇的安全、平安，也为代表着希望的“未来”护航。

○ “乔妈妈”，一线医护的主心骨

到目前为止，北医三院一共派出137名医务人员驰援武汉，已在同济医院中法新城院区一线连续开展肺炎重症患者救治近一个月。乔杰带领团队创建了传染病危重症救治新单元，连续两次开辟新战场，医疗质量要求高，工作风险也很大。在很多“80后”“90后”的医护人员眼中，乔杰是可敬的师长，更是可亲的家长，很多人都亲切地称她为“乔妈妈”。

“乔妈妈”像钢铁侠——她掌控全局、指挥部署，院际沟通、物资调配，亲临一线、处处为战……

“乔妈妈”很细心——为了防止护目镜起雾影响视线，她特意为大家准备了防雾喷雾；武汉下了雪，她想办法为大家弄来羽绒服，只为上班路上别冻着；为了避免头发过长影响防护效果，她利用休息时间为来不及理发的队员们修剪头发，开起了“妈妈理发店”……

“乔妈妈”是定心丸——她亲自迎接抵达武汉的医护人员，让年轻的“孩子”在异乡战场上第一时间感受到温暖；她亲手在队员的防护服上写好名字标识，叮嘱大家做好防护，保护好自己；她鼓励队员“北医三院从来是打硬仗的”，而她始终与大家携手并肩……

北医三院的医护人员，纷纷从武汉传回一篇篇战地日记，几乎每篇日记中都能看到乔杰的名字。无微不至的爱护和关心，在异地他乡、在战“疫”时刻，显得更加温暖、有力量。

而乔杰的付出自然也得到了大家的以心换心。几天前，妇产科护士黄倩在食堂远远看到了就餐的乔杰，“她的身影比之前消瘦了不少，我不敢上前打招呼，因为总觉得她太累了，一句话也不想让她多说了……”

2月8日，乔杰和队员们在武汉度过了一个永生难忘的元宵节。当天晚上9点，北医三院国家援鄂医疗队独立接管的同济医院中法新城院区新病区正式启用。

来自内分泌科的曲雪是第三批医疗队成员，她在“一线日记”中记录了那个不同寻常的夜晚。“窗外江边景色怡人，夜晚灯光更让人陶醉。随第一波班车出发新病区，沿途满是灯火辉煌。跟着乔院长一起高唱《我和我的祖国》，大家眼眶湿润，这就是武汉的温暖！中国的温暖！”

身处战“疫”一线，乔杰是一位领航人，带领着她的钢铁战士们敢于直面生死，随时起身战斗，明知征途有艰险，越是艰险越向前。别人眼中的英勇、无畏，或许在无数像乔杰一样冲锋一线的医护人员眼中，只是职责所在，只是医者仁心。

乔杰曾说：“这个世界上，生命是最宝贵的。而此刻，他们正在用生命迎战，为生命而战。为他们祈祷平安，盼他们早日凯旋！”

（文/王婕　中国妇女杂志2020年2期）

李兰娟　中国工程院院士，浙江大学医学院附属第一医院传染病诊治国家重点实验室主任，主任医师

致敬词

与40多年前进入浙江医科大学求学时一样，她坚持救死扶伤的初心；与17年前抗击“非典”一样，她又冲在抗击新冠肺炎疫情的前线。作为国内唯一的传染病学科院士，她说：“我的角色永远是医生。”她，是李兰娟。

李兰娟：心有兰花济苍生

李兰娟院士：“做医生就要探索未知”

1月18日，中国工程院院士、传染病诊治国家重点实验室主任李兰娟作为国家卫健委高级别专家组成员，抵达武汉做实地调研。

2月2日凌晨，73岁的李兰娟在疫情发生后第二次来到武汉，带来了“李氏人工肝系统”“四抗二平衡”等救治模式，从防治重症病人转为危重症、预防继发细菌感染、减少肺纤维化发生等几方面入手，对患者进行治疗。她在武汉大学人民医院东院区一待就是一个月，那张让众多网友泪目的脸部勒痕特写照片，就来自于她从ICU（重症监护病房）出来脱下防护服的瞬间。

“亲眼看到患者情况才能作出正确判断和决策，和患者聊聊天也有利于他们恢复心情。患者的一切，医生都要重视。”同40多年前进入浙江医

科大学求学时的初心一样，李兰娟坚持做一个救死扶伤的好医生；与17年前抗击“非典”一样，李兰娟冲在了抗击新冠肺炎疫情第一线。

在武汉，李兰娟每天8点半准时抵达武汉大学人民医院国家医疗队指挥中心，开始查房。“习惯了白天查病房、做会诊，晚上看材料、改论文。”李兰娟说自己早上固定6点半起床，总想着晚上入睡不超过12点，可经常忙忘了时间。

同时，李兰娟还要对全国其他省份病人进行会诊。“我承担着对原来病人的远程门诊，这部分工作主要通过手机在线完成。另外也承担了比较多的培训任务，比如给一线医护人员讲讲‘四抗二平衡’的救治策略。”

“现在，出院病人越来越多，患者收治问题逐渐解决，这场抗疫已经取得阶段性重要成果。”李兰娟说，救治的一些患者出院时都主动过来感谢她，在ICU里有病人拉着她的手感谢人工肝技术，这就是对她最大的奖励。

“1986年，我申请到人生第一笔青年科研基金3000元，与几位同行一头扎进人工肝相关技术研究，到1996年已经依靠这项技术成功治愈45位患者。”回忆起这段往事，李兰娟说，在充分掌握前人经验的基础上，“做医生就要探索未知”，她们团队一直在坚持研究和推广应用人工肝技术。她介绍，人工肝技术的应用主要针对患者的细胞因子炎症风暴，在这次抗疫中效果明显，仅在武汉大学人民医院，新冠肺炎重症患者中人工肝治疗组治疗好转率为77.78%。

（记者张意轩　吴姗　韩鑫　《人民日报》2020年3月17日）

73岁再出征，直奔危险“红区”

她是国内唯一一个传染病学科院士，无论“非典”、禽流感还是新型冠状病毒，她都战斗在救死扶伤的防疫一线。

○ 国士出征，率先建议武汉“封城”

“妈，等你回来。”2020年2月1日，李兰娟的儿子郑杰发了一条朋友圈。从这个不平凡的2月第一天开始，国家卫健委高级别专家组成员、中国工程院院士李兰娟和她的团队，就一直被刷屏。

“她自1月17日后，就在我的视野里消失了整整六天……深夜送她回去的路上，她又冷又困，从18日开始到28日，她没有一天不是2点之后睡的。”郑杰说。

这是继2003年“非典”、2013年H7N9后，李兰娟再战防疫最前线。

1月18日，李兰娟同钟南山等人受国务院、国家卫健委委托前往武汉。作为国家级专家，她提出了对疫情的预判，尤其是武汉要采取“不进不出”措施、新型冠状病毒感染要作为乙类传染病甲类管理等重要建议。

1月22日，李兰娟向国家建议武汉必须严格“封城”。次日，国家就采取了这一措施。

1月24日，除夕当天，李兰娟飞往北京，参加科技部紧急召开的关于新型冠状病毒感染情况相关的科学研究部署会议，当晚就乘坐飞机赶回了浙江。

2月1日，李兰娟主动向国家卫健委请示，决定带领团队驰援武汉，团队包括浙江大学第一附属医院和树兰（杭州）医院的感染科、重症监护、人工肝治疗等方面的专家。他们驰援武汉的第一目标是此次疫情抗争最激烈的金银潭医院，李兰娟说：“我最想去金银潭！救危重病人！减少死亡率！”

到达武汉后，“空中飞人”李兰娟的日程排得满满的，白天在医院观察患者病情变化，同时还为浙江的危重症病人救治进行远程会诊，晚上与团队讨论科研攻关难题，为国家疫情防控建言献策。好不容易挤出一点儿休息时间，李兰娟还要接受媒体采访，解除公众对疫情的疑惑。她总对记者们说：“少讲我，要把好的治疗方法分享给更多医务人员。”

可喜的是，好消息也频频传来：

2月2日，李兰娟称，在P3传染病诊治国家重点实验室已经分离到8株病毒，其中有几株非常适合做疫苗，正在紧锣密鼓地开展。

2月4日，李兰娟团队在武汉公布治疗新型冠状病毒感染肺炎的最新研究成果。两种药能抑制新型冠状病毒：阿比朵尔在10～30微摩尔浓度下，与药物未处理的对照组比较，能有效抑制冠状病毒达到60倍，并且显著抑制病毒对细胞的病变效应。达芦那韦在300微摩尔浓度下，能显著抑制病毒复制，与未用药物处理组比较，抑制效率达280倍。

2月11日，“李氏人工肝支持系统”和“四抗二平衡”救治模式已经初显成效，危重症患者成功转出ICU。

○ 两度辍学，差点与医学擦肩而过

与出身医学世家的钟南山不同，1947年秋，李兰娟生于浙江绍兴的一个贫困的农民之家。父亲早年因患眼疾无法劳作，一家老小全靠母亲种田、卖山货勉力维持生活。作为传说中“穷人家的孩子”，李兰娟从小品学兼优，小学毕业后被保送到绍兴一中。

然而正值“三年困难时期”，一天母亲把她叫过来，只说了一句话，“别读书了”。懂事的她便默默回了学校，含泪收拾东西。班主任见状极力挽留，让她先请一个月假，再想想办法。这期间，李兰娟在帮母亲干农活的间隙，每天自学，直到后来老师帮她申请到微薄的助学金，她才得以重返校园。

中考填志愿时，为能尽快养家，李兰娟报了中专，但因为成绩太好，她直接被省重点高中——杭州一中（现杭州高级中学）录取。还是家徒四壁，李兰娟再次被迫辍学。关键时刻，好心的初中班主任专程跑到偏远的夏履桥村，劝她一定要读下去。这一次，攥着手里仅有的5元钱，李兰娟独往杭州。又是靠助学金，李兰娟坚持读完高中。

无奈命运弄人。1966年，高考取消，19岁的李兰娟回到夏履中学，成为一名代课老师。在那里，她发现很多父老乡亲积劳成疾，经常腰酸背痛，她就主动联系浙江省中医院，业余学习针灸，没想到几个月就学会了，还治好了很多人的病。渐渐地，“李老师”变成了斜杠青年“李医生”，成为村中红人。

1968年，村里开展合作医疗，李兰娟被村民们推举为“赤脚医生”。可是，她的内心是矛盾的，“算下来，代课老师每天8毛钱，而‘赤脚医生’每天1毛钱”。但因为热爱，李兰娟选择了后者。

没有药，她就去山上采草药；无论村里谁家生病，她都风雨无阻上门诊治。有一次，村里产妇分娩，她还当起了临时“产科医生”……村里还为她创造了一个新成语“静无狗叫”——她和全村400多户人家已经很熟，无论哪家的狗都不会吠她。

○ 十年磨剑，独创人工肝系统

1970年，首届工农兵大学生招生开始了，李兰娟被推荐到浙江医科大学（现浙江大学医学院）。三年后，成绩卓越的她面临两个选择。她本有机会做浙江医科大学的团委书记，一毕业就当干部是被很多人羡慕的，但她选择到浙江医科大学附属第一医院感染科，担任主治医师。

时值上世纪七八十年代，重型暴发性的肝功能衰竭的病死率高达七八成。不少人从发病到去世不过一个月，患者家属常会跪在李兰娟面前哭求：“李医师，你救救我儿子吧！”然而，从教科书到国内外临床，都没有好办法。

有一次，她为某急性肾功能衰竭患者做了一个星期的血透，患者奇迹般地醒了过来。触类旁通，李兰娟开始琢磨，是不是血液净化技术也能救治肝衰竭患者？于是，1986年，她申报课题，带领团队用人工肝治疗重症肝炎。然而，“青年科研经费”的起步资金只有3000元，还有专家们的纷纷质疑，肝脏那么复杂的功能，怎么替代得了？……

但李兰娟偏偏要试试。研究期间，科研设备换了一茬又一茬，同事们离开了一批又一批，唯有李兰娟一直坚守在研究室。经过十年废寝忘食的苦心钻研，1996年，她独创的“李氏人工肝系统（Li-ALS）”初见成效，开辟了重型肝炎治疗的新途径，后来成为全球医治人数最多、治疗技术最为成熟的人工肝系统。

李兰娟不但没申请专利，还毫无保留地向同行传授，并在全国30个省区300余家医院推广应用。这是李兰娟第一次名震全国。

○ 当官为民，“铁腕”只为大爱

1998年，李兰娟被任命为浙江省卫生厅厅长，开启了另一个十年的新征程。没想到，五年后，“非典”肆虐。

第一个棘手的问题就是，是否向民众公开此事？但是李兰娟几乎不假思索，毫不犹豫就做出了决定：汇总一下资料，立刻向民众公开具体信息，并每日实时更新，拒绝隐瞒和谎报。于是，一个奇观出现了。浙江省卫生厅执行力太强了，竟然在早上五点多发出了公告。

还没等大家反应过来，李兰娟已经下达了第二条指令，而且这条非常“硬核”：凡与“非典”患者接触过的人，统统隔离！于是，24小时内，1000名以上密切接触者就被迅速紧急隔离。

48小时内，李兰娟率攻关小组检获了患者的病毒特异性核酸，成为最早分离到SARS病毒的单位。因为对职业热爱，即使在担任领导职务期间，李兰娟依旧没间断过临床门诊和医学科研。她是个官员，更是个医生。

那一“疫”，李兰娟的“铁腕”手段，曾被人责难，但事实证明，力排众议的李兰娟功不可没。当年浙江省“非典”感染病例极少，且治愈率极高，“二次传染”人数为零，浙江的“非典”防治成为全国标杆。

2005年，国家卫生部长高强到浙江调研，对浙江医疗卫生工作中推行农民健康工程等一系列“现代化”措施大加赞扬：“我10年以后想做的事情，你们已经做了。没想到的事情，你们也做了。”同年，李兰娟当选为中国工程院院士。对此，她表现得平静淡然：“当选为院士是一份责任和使命，我的角色永远是医生。”

○院士伉俪，手术刀改厨刀

但有一件事，李兰娟一直陷入深深遗憾，当年“非典”的疫情病原，最后是外国人鉴定出来的。于是，李兰娟牵头创建了感染性疾病诊治协同创新中心，以便下次遇到类似疫情，能更迅速地响应。

2013年，长三角地区暴发的不明原因的呼吸道感染，李兰娟团队5天之内便发现了H7N9禽流感病毒病原体，锁定了病毒来源。两个月内，她和团队成功研制出H7N9流感疫苗种子株，成功控制住疫情。她还首创“四抗二平衡”疗法救治感染H7N9重症患者。

此次新型冠状病毒暴发，73岁的李兰娟迅速带队驰援武汉。对于亲友的担心，她说：“我还有口罩，我懂得怎样隔离，懂得怎样防护，我还要到医院去。”

在妻子带队支援武汉前一天，丈夫郑树森亲自下厨，为妻子准备了饯行饭。李兰娟在微信朋友圈轻松地说：“今天我可以不烧年夜饭，由郑院士替代，手术刀改厨刀。”

李兰娟和郑树森可称得上是医学界的“神雕侠侣”，一位是传染病学领域的领军人物，一位是多器官联合移植事业的开拓者。两人1975年相遇并结为夫妻，至今已经相伴45年。虽然同在一家医院，他们却很少碰面，常常是一个人在做手术，另一个人在实验室。

婚后，李兰娟还鼓励丈夫去香港攻读博士，一度自己一个人工作养四口之家。据郑杰回忆：“有一次，爷爷在老家病了，母亲二话没说，带着我，抱着弟弟，去给爷爷挂吊针，直到病好，她也没跟父亲提。”

2014年，李兰娟夫妇还设立“树兰医学奖”，为中国培育世界一流的医学科学家。现在，李兰娟团队里拥有多名国家一流院士和科学家，以及众多中青年才俊。她给博士和硕士们讲的第一课，就是这16个字：“严谨求实，开拓创新，勇攀高峰，造福人类。”

撒贝宁在央视节目《开讲啦》中忍不住问李兰娟：“年逾古稀，您如何保持年轻和活力？”

李兰娟笑着说：“我的秘诀就是：宽阔的胸怀、努力地工作！”

（文/张姿　中国妇女杂志2020年2期）

致敬词

一辆自行车，一张“临时通行证”，一段4天3夜300公里的返岗归程，定格了这位“90后”女孩“最美逆行”路上的青春身影，显示出“职责大于天”的使命意识。

甘如意　武汉江夏区金口中心卫生院范湖分院医生

甘如意：“95后”“千里走单骑”的新传说

3月10日，武汉江夏方舱医院、武昌方舱医院正式休舱，至此，武汉投入运营的方舱医院全部休舱。

这一天，记者刚刚加了甘如意的微信，就看她在朋友圈发了一条“今天，休舱啦！”配着撒花的表情包，这样欢欣的表情，在这个“95后”所有的朋友圈动态里绝无仅有。这是一个安静、内敛、不会说大话的女孩，这会儿却也控制不了兴奋地对记者说：“这是很有标志性的一天，我很激动，胜利的曙光越来越近了。”

○ 单骑逆旅，一路向前……

“无焦克（难受），我要快点回克（回去）！”这是在荆州公安县家中休年假的甘如意看到武汉封城消息时说的第一句话。并不只是说说，她是认真的。大过年的，首先得做通父母的工作，给他们讲现在疫情很严重，她要回去给村民化验，让他们安心。“科室里就两个人，我不回去，同事连个换班的人都没有。”而且，当时全国各地医护人员已经开始驰援武汉了，“作为本土的医务工作者，我要和他们并肩作战”。

说服父母后，甘如意立即电话联系金口卫生院院长陈宗勇，开具了电子版返岗证明，又到村里反复解释，又骑车十几公里到镇政府开具了乡镇一级通行证明。这张编号009的临时通行证，车牌号一栏，一般都是填机动车车牌号的，她却填着：自行车。通行事由：到武汉江夏区金口中心医院上班。“到处都封路了，也没有车可以坐，我骑车去，骑一段少一段！”

决心已下，她开始了逆行之旅。

○ 四天三夜的逆行“日记”

四天三夜，甘如意通过日记的方式记录下了人生中的这段特殊行程。

- 1月31日：上午10点，我放下了妈妈准备的很多吃的，只带了够两天吃的饼干、泡面和橘子，从公安县斑竹垱镇杨家码头村骑车出发，家里的自行车旧了，一辆座椅已经磨出铆钉，把手几乎就是一根锈铁，骑着很不舒服，但现在它就是最好的“说走就走”的工具。到达公安县疾病预防控制中心，我在手机上查了一下距离，从梅花大道到351国道再到家，总长34.9公里。下午2点57分，到达公安县城，我发了一条朋友圈“多年没骑自行车，膝盖疼”。当晚借住在远房亲戚家。
- 2月1日：上午，我换到了县级临时通行证明，这很重要，我折好放进包里，骑着自行车向武汉方向进发！下午1点左右，我到达荆州长江大桥，桥上的工作人员表示暂时不让自行车通行，我只好反转，把车子寄存到埠河镇一个副食店，等妈妈取回单车骑回家去。自己从荆州长江大桥走过去，走到荆州城区已经天黑，找了几条街才找到一家旅馆，吃了一碗泡面睡了。

- 2月2日：一大早，我在荆州拦了十几辆的士，司机都表示去不了武汉，11点了，我无奈找到一辆共享单车，靠手机导航，因为不敢走小道，我就沿318国道向潜江方向骑，一路下着小雨，就我一个骑自行车的。没穿雨衣，羽绒服很快就湿透了，带的干粮也吃完了，在路边小店买了一碗泡面吃下，继续赶路，路上车少人少，我此时只想在天黑前赶到潜江。一路在夜雨中骑车，我哼唱着《甜蜜蜜》，这样才会把害怕藏在心里。晚上8点，已经骑了8个多小时，快崩溃时，我看到路口的灯光下，站着三四个警察，这才知道自己已经到了潜江。

  警察惊异地问我："这么晚了，你一个女孩子怎么骑自行车？"得知我要骑车回武汉上班，他们都劝我先住下，明天一早再想办法。其中一位名叫施虎的民警，帮我找了一个旅社住下，晚上还打来电话："你晚上注意安全，不要随便开门，明天我帮你想办法。"施虎向当地高速部门汇报了这一情况，对方同意帮助我到武汉。

- 2月3日：早上，高速公路起大雾，直到上午10点才开始放行，施虎帮我在路上找了一辆去武汉血站送血的顺风车，我很感动，发了条朋友圈，"在潜江高速路口遇见了这群可亲可敬的人民警察，给我提供食物，为我返回工作岗位想办法，非常感谢他们"。

  中午12点多，到达武汉汉阳，我在街边买了一碗泡面吃了，又找了一辆共享单车，靠手机导航，骑过杨泗港长江大桥，到武金堤上，继续向前骑。手机没电了无法导航，虽然在武汉工作两年多了，但很少到武昌来，所以不熟悉路况，走了不少弯路。骑了6个小时后，终于到达卫生院了。查看朋友圈的留言，给大家统一回复："从家骑车到潜江走走停停花了三天时间，今天下午终于安全抵达宿舍，谢谢大家的关心，希望抗疫能早日取得胜利@所有人。"

○ 终于向党组织“表白”成功了

2月4日一早，甘如意准时出现在工作岗位。“甘医生回来了？”“如意回来了！”小小的卫生院像是迎回了英雄，在封城的情况下，见到逆行归来的同伴，卫生院的同事们都惊讶而感动。

来不及寒暄和讲讲自己这一路上的经历，甘如意迅速进入工作状态。先去库房领防护服、护目镜、手套、口罩、鞋套。穿好防护衣，便开始一天的工作。第一天她就为二十多位发热患者做了检验。熟稔的工作程序因为穿着防护服多了一种危机感，也多了一份责任感，但也让她的心一下子踏实下来，终于回到自己最应该在的地方。

没有一刹那的英雄，每一个看似伟大的选择，其实都是成长之路的必然。甘如意走过的这三百公里，无缝衔接着她的成长经历，前有铺垫，后路可期。

从小因为家里条件不好，甘如意无数次面临辍学的困境，但是她从小就主意大，每次都自作主张要继续读下去，而父母在她的坚持下，下定决心砸锅卖铁也要把女儿教养成人。这种“尊重”延续到了此次，虽然百般不放心，但是女儿做出的决定，他们都会支持。爸爸陪着她去村里开证明，第一天的行程，从镇子到公安县的三十多公里，也是爸爸陪着她骑的，甘如意说那三个多小时是她行程中感觉最踏实的一段，不用认路，跟着爸爸骑就行了。

2014年，甘如意考上湖北省中医药高等专科学校检验专业，刚入学时，在书法比赛中就得了第一名，她的课堂笔记也总是整整齐齐的，因为“我们老师说医生的一手字要和白大褂一样干净整洁”。班上同学都叫她“灵魂画手”，因为她每次的实验作业像打印机打出来的一样，特别漂亮。

三年学习，她每次考试基本都是班级前三名，学习踏实，不张扬。毕业前的2016年，她获得了系三好学生、学校优秀共青团员，还在“感动中国十大人物”观后感征文中获得优胜奖。所以，甘如意因为骑车回单位上班成为热点人物时，她的同学都不是太惊讶，觉得那就是她做得出来的事情，她就是这么执着的一个人。

2017年毕业时，成绩优异的甘如意没有像部分同学一样选择去待遇更优厚的医疗检验企业，而是通过招考进入武汉市江夏区金口中心卫生院范湖分院化验室上班。“我是从基层来的，我了解基层卫生院医务人员的缺乏，这里工作内容虽然简略，但是我的专业能派上用场。”到了中心医院，她一直都是踏踏实实工作。说到甘如意这次的壮举，院长陈宗勇说这事发生在这个小姑娘身上一点也不奇怪，她骨子里就有股韧劲，平时工作认真负责，有责任心，这个行为不是偶然的。

说到回来上班后的火线入党，她用“90后”特有的语言说：“感觉终于向组织‘表白’成功啦！”她2019年就已向党组织递交了入党申请书，这一次用实际行动交出了一份实战版的“入党申请书”。2月13日上午，经金口街党工委研究决定，她成为一名预备党员。

（文/王晓艳　中国妇女杂志2020年3期）

徐辉 生前任南京市中医院党委委员、副院长、新型冠状病毒感染的肺炎防治指挥部副组长和工作小组组长

致敬词

医近30年，她悉心呵护孕产妇和新生儿的平安；战“疫”18天，她恪尽职守，在一线连续奋战，将生命定格在午夜时分。她用行动践行仁心大爱的医者使命。

徐辉：仁心微光成炬，奉献辉耀黎明

2020年2月7日，零点零三分，南京中医院党委委员、副院长、新冠肺炎防治指挥部副组长和防治工作小组组长徐辉同志，在抗疫一线连续奋战18天之后，因突发疾病抢救无效，在南京不幸逝世，年仅51岁。

2月11日，江苏省委书记娄勤俭作出批示，号召向徐辉同志学习，共同努力打赢疫情防控阻击战；中共南京市委追授徐辉同志“南京市优秀共产党员”称号。2月16日，中共江苏省委、江苏省人民政府追授徐辉同志“江苏省新冠肺炎疫情防控工作先进个人”称号。2月17日，江苏省总工会追授徐辉同志江苏省五一劳动奖章。2月18日，全国妇联追授她“全国三八红旗手”称号。3月7日，徐辉入选四部门联合发布首批“一线医务人员抗疫巾帼英雄谱”。

○ 黎明之前，她奋战到最后一刻

2月6日的南京下起了小雨，天气格外阴冷，最低气温只有3℃。自从担任医院新型冠状病毒感染的肺炎防治指挥部副组长和防治工作小组组长以来，南京中医院副院长徐辉同志，已经连续奋战了18天。

在她的职责分工内，不仅要对到医院就诊的发烧病人严格筛查，还要承担南京南站到站旅客中有发烧症状病人的筛查、隔离。她还牵头制定了《南京中医院新型冠状病毒感染肺炎的应急预案》，组建发热门诊、预检分诊的医疗队伍，设置隔离病房和医护人员休息区，筹集防控物资……

2月6日中午12点，徐辉给同事、南京中医院普外科唐暮白医生打了一个咨询电话，当时的她感觉左下肢有些胀痛。“赶紧去做一个B超看看！”听完徐辉的症状描述，唐暮白怀疑她患的是深静脉血栓，建议她赶紧做进一步检查。

然而，徐辉转身投入了紧张的工作：下午2点，接待南京市秦淮区卫健委组织的新冠肺炎专家，督导检查院感等防控工作，并听取专家意见；3点半，送走专家们，徐辉将专家意见反馈给高飞，并安排下一步工作；4点半，和来自南京地区其他医院的相关负责人，重点探讨急诊、抢救手术病人的核酸检测问题。“根据最新要求，所有手术患者均应进行新型冠状病毒核酸检测，但核酸检测耗时比较长，抢救和急诊手术病人可能等不了，大家有什么办法？”这是徐辉最焦虑的问题。

6点13分，会议还没有结束。徐辉感觉腿部的胀痛愈发难忍，便走出会议室，打电话给女儿范羽谦，随后回到家中休息。但她依然时刻拿着手机，一有电话或微信进来，就立即处理。

7点36分，医务处主任高飞来电请示专科病房病人隔离留观的问题。由于新版诊疗方案对疑似病人的标准进行了调整，医院有三四个专科病房的病人需要转移隔离，但留观病区却不具备收治他们的救治条件。“以后可能还会遇到更多类似的情况，我们要尽快商量出一个机制和方案，涉及的科室多，明天大家碰头讨论下吧。”徐辉强忍不适，冷静分析说。

9点左右，刚刚放下电话不久的徐辉突然晕倒，不省人事，被紧急送往最近的同仁医院抢救。2月7日凌晨0：03分，抢救室门口的红灯熄灭，徐辉的生命也随之定格在这一刻。

这就是徐辉生前最后的13个小时！从6日中午12点到7日凌晨，疫情防控工作占据了她几乎所有的时间。其实，徐辉最后的18天，每天都是这样全力以赴投入抗疫的超负荷状态。

“接到疫情防治工作的通知后，她便全身心‘沉浸’在这场没有硝烟的战斗中。”副院长赵国梁用“沉浸”形容徐辉连日来的工作状态。赵国梁办公室隔壁就是徐辉的办公室，他早已习惯听到徐辉轻轻开启、关闭办公室门的声音。但抗疫以来，徐辉很少待在办公室，“她不是参加各种会议，就是在急诊、门诊一线巡查”。

感染性疾病科副主任张彦亮，翻开手机中这些天他和徐辉的通话记录，最晚的是晚上11：30以后；最早的一个微信是早晨6：15发出，徐辉6：19回复。

高飞查看了与徐辉的通话记录，就在她倒下前的几分钟，他们刚刚通过电话。之后，高飞又补充发了几条微信，但却没有等来徐辉的回复。“我不知道，那时她已经进入抢救室……”忆及此处，高飞无比心酸和痛苦，“她真的是太累了”。

○“她在，我们就像吃了定心丸。”

1991年，23岁的徐辉大学毕业走进医院，白大褂一穿就是将近三十载。她生前的办公室里，有粉色的布帘，三盆绿植悄立在电脑旁边，严肃中不失温馨，令人如沐春风。

“徐大夫当年接产的新生儿，如今很多已经为人父母，她依然还在医生的岗位上默默奉献着。对医生这份职业，她有一种由衷的热爱，”徐辉生前同事、医院产科副主任周雪梅回忆起来语带哽咽，“看到年轻夫妇初次为人父母时手足无措，她会一边好心责怪，一边悉心指导；听到孕妇胎心平稳有力，她会自然地流露出那种欣喜……”

周雪梅说，秦淮医院和市中医院合并之前，徐辉是秦淮医院的妇产科主任。她好学肯钻研，业务能力特别强，最重要的是，她始终把病人放在第一位。记得有一次，凌晨1点钟，院里一名剖宫产妇大出血，情况很危险，同事们立即打电话给徐辉。10多分钟后，徐辉就换好衣服来到手术室。“她在，我们就像吃了定心丸。最终，产妇被成功抢救回来。”周雪梅说。

在徐辉的职业生涯中，像这样深夜、凌晨时分被紧急召回医院的例子举不胜举。和徐辉搭档多年的护士长汪元兰接受采访时，一直不停地抹眼泪。她说，徐辉经常强调，我们要把病人当成家人一样服务，不要等到病人来喊我们，要主动去跟她们“韶韶”。

“她心里想的都是病患和职工，唯独没有她自己。”南京中医院党委书记陈延年和院党委副书记、院长虞鹤鸣说，徐辉走上管理岗位后，没有忘记入党的初心，没有忘记从医的使命。

徐辉去世后，一位男士辗转打听到地址后前往吊唁，他的孩子当年是徐辉接生的，这位男士泪湿眼眶，当年如果不是徐大夫竭尽全力抢救，他的儿子活不下来。“徐大夫不一定记得我，我却一辈子忘不了她！”

○“等疫情过去，好好感受春暖花开！”

在丈夫范慧明、女儿范羽谦的心目中，徐辉一直是一个家庭仪式感特别强的人。但今年以来，特别是新冠肺炎疫情防控开始以来，作为妻子、母亲的徐辉，和往常不一样了。

每天的晚餐是徐辉一家三口一天中团聚的时分，过去，一定要三个人都到家才上桌吃饭。“通常她会在微信群里问我俩什么时候到家吃饭，”女儿回忆，“从今年1月20日起，在抗疫一线的爸妈变得异常忙碌，我成了家里‘催饭’的，天天要问他们几点能到家。”对于女儿的催问，徐辉的回复往往是：“你们先吃，别管我。”“还在开会，我在单位吃工作餐。”

除夕之夜，徐辉一直忙到晚上七点以后，才赶往公公家吃上年夜饭。事实上，从抗击疫情开始，直到她倒下的那一天，她几乎只有睡觉的时间才在家里，即便如此，在家中的她还要打一个又一个电话，回复一个又一个微信。

有一天晚上，已是9点多了，徐辉还在打电话，和同事协商一个病患是否收置到留观病区。范慧明劝她早点休息，等第二天到单位再说，没想到鲜发脾气的徐辉发火了：“病人哪里等得及呢？”说完一个人跑到阳台，打了很久的电话。

女儿范羽谦回忆母亲生前最后一个晚上，当时她正在和同事商量着第二天不去单位，要陪妈妈到医院去挂水，没想到，突然间，妈妈就倒了下去……

而在丈夫范慧明的眼中，徐辉则是一个特别豁达乐观的人，也是一个有着很多梦想的人。她说，干临床虽然很辛苦，但也会有很多快乐。这些年来，虽然她有很多行政工作要干，但坚持每周三上门诊，用她的专长迎接一个个降临人间的天使。“当时说最大的愿望是等到疫情过去，要好好感受春暖花开。”

在2020年这场战“疫”中，无数英勇的医护人员，和徐辉一样，无畏逆行，迎难而上，奋战在救护病患的前线，用生命守护着生命。

如今，徐辉同志壮烈牺牲，犹如一颗星，绽放光芒，骤然滑落在午夜时分。然而微光如炬，辉耀黎明，她用医者的仁心大爱，展现出共产党人的使命担当，也激励着更多的人，众志成城、抗击疫情。

（文/文雯　中国妇女杂志2020年3期）

邓甜甜 湖北省宜昌市第二人民医院ICU护士

致敬词

疫情当前，从宜昌驰援武汉，她在第一时间向医院报名申请：“我是党员，必须冲在前面！”这名“90后”的胸膛里，跳动着一颗战士的心。

邓甜甜：“90后”战“疫”：我们长大了

从宜昌驰援武汉，护士邓甜甜压根儿就没想过，要与家人“商量一下”。

腊月二十九，这位26岁的姑娘，就已战斗在武汉金银潭医院ICU中。

这里，一直是新冠肺炎重症患者的收治地。

“先斩后奏”的逆行，结婚刚一年的邓甜甜描述得如生活琐事：“嘿嘿，我老公在家里没什么话语权，他都听我的。”

17年前的“非典”，邓甜甜并无太多记忆。那时，她和同龄人都还是孩子，时至今日，以“宝宝”自称，仍是“90后”们的爱好之一。

疫情当前，同样无惧逆行的“90后”们，做出决定时，没有迟疑。

“宝宝”们的胸膛里，正跳动着一颗战士的心。

○ 直面生死的女护士

接受采访时，邓甜甜正准备去上中午班。

这意味着，这一天，她需要从下午6点一直工作到次日凌晨1点。

7个小时，在武汉金银潭医院ICU里，邓甜甜就是距离新冠肺炎重症患者最近的那批人之一。

“我是党员嘛，而且我年轻，抵抗力好，所以就冲在前头。”1月23日，作为宜昌市第二人民医院ICU护士的她，没和家人商量，悄悄报名，奔赴前线。

在金银潭，这家武汉市突发公共卫生事件医疗救治定点医院，ICU医护人员目前采用四班倒制，“之前最累时，只有两班倒，上完白班上夜班”。号称“体力好”的邓甜甜说：“那时，累到每天倒头就睡。”

“全国各地同行来支援后，比那会儿稍微轻松些。”终于能有空发个圈的邓甜甜，还向朋友们悄悄地吐槽了一下：“好忧伤，好想吃烧烤、火锅，还有‘肥宅快乐水’……”

在ICU，穿着严密厚重的防护服，任谁干起活儿来都会非常吃力。“容易缺氧，非常难受，效率至少下降了50%，一些平时很轻松的操作，现在做起来都很费力。”为了节省防护服，邓甜甜不吃不喝不出病房。一天下来，往往筋疲力尽，流下的汗水让衣服上结了一层厚厚的盐霜。

由于人手紧缺，除医疗护理外，邓甜甜还要承担起护工的工作——给病人翻身、喂饭、处理排泄物……

除了身体治疗，重症病人的心理状态更需要关注。“很多重症病人都很绝望，他们在ICU里孤零零一个人，心情更不好。”于是，“乐天派”的邓甜甜，还主动承担起了对病人的心理疏导工作。

她会主动和病人们聊天：“奶奶昨天睡得怎么样啊？”“今天饭都吃了吗？”“爷爷有没有感觉好点儿啊？”

她的心情总是被病人的病情牵动着。有病人治愈后的喜悦，也有无法挽救时的无力。“那时候才知道，医生护士都不是神，面对生死，我就像很渺小的一粒苔花。”邓甜甜说。

最让她开心的消息，莫过于一名她护理的新冠肺炎重症患者，经过治疗后转危为安，出院的日子会在不久后到来。她希望，“我的病人们都能出院”，她觉得“那是自己最有价值的时候”。

邓甜甜的微信头像是和丈夫的新婚照片。按照小两口的计划，是要生一个鼠宝宝。为了这个目标，她此前已备孕两个月。

现在，小夫妻已改变计划。

“可以生一个牛宝宝，”邓甜甜说，“战胜病毒后，要做一个幸福的妈妈。”

（记者王长路　刘丽君　徐旭　袁鹏　《中国妇女报》2020年2月24日）

李圣青 复旦大学附属华山医院呼吸科主任，主任医师

致敬词

在武汉52天的鏖战里，她创下了数项“首例”纪录，交上了令孙春兰副总理两次盛赞的成绩单，探索出危重症新冠肺炎多学科救治的“华山模式”，始终坚持“污染区，我先上”，无惧无畏，舍生救援。

李圣青：鏖战“红区”，见证“生命至上”

来自全国各地驰援湖北的4万多名医护人员中，三分之二是女性。用生命筑起血肉长城，谱写了一曲巾帼报国壮歌，她们是新时代最可爱的人。

首例气管插管，首例体外膜肺氧合（ECMO）置入术，首例主动脉内球囊反搏术（IABP），首例ECMO撤机，首例气管插管拔管……在武汉52天的鏖战里，身处一线奋战的复旦大学附属华山医院呼吸科主任李圣青，始终坚持“污染区，我先上”，无惧无畏，舍生救援。她说：“国家有难，中国女性从未缺席。”

2020年2月8日晚，奔赴武汉支援抗疫的集结号再一次吹响。我在科室群里发信息：“医院要组队去武汉，我第一个报名，愿意报名的在我后面接龙。”结果一秒不差，人人都报了名。

医疗队要指定一名队长，我主动请缨：“我本人是搞呼吸危重症的，我们的ICU每年至少收治七八例重症病毒性肺炎患者，虽然不是新冠肺炎患者，但我们有经验。”坚持和果敢得到院长认可，同意了我的申请。

第二天一早出征，出发前，我把儿子叫起来：“妈妈有事跟你交代。

喏，这是银行卡，这是银行卡密码，我跟你保证，我一定尽自己最大努力平安回来，但如有万一，这个家就交给你了。”儿子鼓励我：“妈妈您别说了，您肯定能平安回来。”

我们的任务是整建制接管武汉华中科技大学同济医学院附属同济医院光谷院区ICU病房，第一周，ICU建设和病人收治两者并举，每个环节我亲自把关。开始，因为恐惧，许多年轻医护人员不敢进污染区，我带头往里冲，收治第一个病人、完成第一个插管、调呼吸机……最紧急的时刻，30名危重症患者，27人气管插管，2人上了ECMO，剩下1人在用无创通气，因为这个患者肛周脓肿，外科医生天天进去给他换药。

我常跟大家说：“一定要相信科学，不能沉溺于恐惧，我们华山医院的感控全国一流，要相信自己！”危重症新冠肺炎病人病情变化非常快，上一秒还稳定得很，下一秒血压就维持不住了，时刻面临死亡的威胁。但我心里只想着，必须要把死亡止住，在这个病毒弥漫的战场上，就让子弹去飞吧。

经过9个昼夜的抢救，光谷院区ICU第一例ECMO治疗的危重症新冠肺炎患者转危为安成功撤机；第一例气管插管接呼吸机辅助呼吸的危重症患者经过不放弃的抢救逐渐好转成功拔管，改用面罩呼吸，这值得我们骄傲。春兰副总理听闻后说：“华山医院不负盛名！”那一刻，我觉得我对得起华山医院了。

援鄂期间，所有高风险的操作都是我和张静总护士长最先上，她制定护理流程，我制定医疗流程。张静常跟我开玩笑说：“苦活儿、难活儿、累活儿，你派给我这个‘老司机’就行了。”还有火线入党的“90后”女小护，当班时把队里发的点心带给自己护理的爷爷、奶奶……

这样一群有责任、有担当、有爱心的女性都聚集在了战场上，怎么可能不扭转乾坤？

3月31日，医疗队圆满完成任务，一路高歌《我和我的祖国》回到上海。

52天的鏖战里，我无时无刻不在庆幸自己生长在中国，体会到不离不弃，不计一切代价的生命至上、人民至上，应收尽收、应治尽治，我为自己是中国人深感骄傲。

作为两次参与抗击重大疫情的过来人，年轻时遇到“非典”，我作为小医生冲了上去，现在我成为“老司机”，更要率先带领同事一起冲！这是一名医生对生命的敬佑，更是对国家和人民的责任。

（口述/李圣青　采访、整理/杨华　中国妇女杂志2020年10期）

致敬词

她从事医院感染管理工作近40年，早已退休多年。但疫情暴发后，作为国家卫生应急专家，她第一时间来到武汉，利用专业知识和丰富经验，为疫情防控中的感控工作作出了重要贡献。

李素英 首都医科大学附属北京佑安医院原感染管理科主任，主任医师

李素英："哪里需要，哪里就有她的身影"

2月13日下午，北京佑安医院举行了一场简单的仪式，用鲜花和掌声迎接奔赴武汉疫区开展援助任务的李素英主任医师。

今年1月24日，正在儿子家吃年夜饭的李素英收到驰援武汉的通知。她放下碗筷就收拾行装。作为国家卫健委从全国调集的10名感染管理专家之一，第二天就踏上了奔赴武汉的列车。

今年67岁的李素英，从事医院感染管理专业30多年，对医院感染防控与管理有很高的理论水平和丰富的实践经验。作为国家卫生应急专家，2003年她曾在北京SARS指挥中心参加抗击"非典"，曾两次到高原处理肺鼠疫疫情，汶川抗震救灾也冲在第一线。这次疫情暴发后，她第一时间请缨到疫情最需要的地方去。

到达武汉汉口医院后，她迅速投入紧张忙碌的工作中，加班加点地对医护人员开展培训，录制全面呼吸器防护器的穿脱流程等视频，设计清洁区与污染区人流与物流流程，还与院方、施工队一起进行设施改造，将原有的隔断全部拆掉，更换新的隔断墙，把不合规的各项设施逐一更换规

范，最大限度杜绝医院感染的发生。

在汉口医院期间，李素英每天早上8点到医院，晚上5点下班。回到住处，还要在指挥部的专家群以及各个院感专家群汇报交流工作，每天都要忙到夜里12点。有时刚回到住处，就被医院一个电话叫回，一直加班到凌晨两三点。

2月7日，医院病房改造完成，开始有序收治病人，她又多次深入收治新冠肺炎的病区、门诊、急诊、血透室进行督导。大家怕她累劝她休息，她却说：“累不怕，最怕累倒了发烧，发烧就要被隔离，隔离就意味着不能工作。”

抗疫一线，她还与北京莲心慈善基金会等联系，募集口罩、防护服、护目镜等防护用品。为了确保物资质量，各基金会不时向她请教购入的防护用品防护效果，来自各个国家的防护物资是否达标，她就不停地用微信、电话请教相关专家，经常熬到第二天凌晨。

李素英的到来，给汉口医院感控工作带来了极大的信心和鼓舞，使医院院感工作步入传染病管理的规范轨道，给医院留下了宝贵的感控工作经验。院感科主任刘琼芳激动地说：“李教授在医院的这段时间，每天都安排得满满的，还经常加班到深夜，几次凌晨还在工作。我打心里感激、敬佩这样一位忘我工作、无私奉献的专家……”

“有国家的支持，我坚信一定会打赢这场战役！全国各地医疗队就位，患者隔离到位，疫情是可以控制的。”李素英表示，虽然回到了北京，但她依然会关注疫情变化，为疫情防控做出不懈努力，全力打赢这场疫情阻击战。

（记者徐旭　《中国妇女报》2020年2月14日）

致敬词 有那么多的理由退缩，但是她没有；有那么多的困难，她一一克服。她一直向前，向前，抱着年幼的孩子，一直冲到家乡抗击疫情的一线，不惧生死……

陈阿香 湖北省黄冈市蕲春县人民医院ICU护士

陈阿香：女护士跨越三省的逆行

她带着年幼的孩子，穿越三省，最后徒步八十公里赶回湖北，只为参加这场阻击战。

她就是陈阿香，湖北蕲春县人民医院ICU护士。

和所有人一样，陈阿香原本也计划好了一个幸福美满的春节。她的丈夫是国家游泳队体能教练，两人分隔北京和蕲春两地，常年两地分居。今年，丈夫因为有任务不能回乡团圆，陈阿香就在年前请了几天假，带着不满一岁的孩子到了北京，打算一家三口在北京过个团圆年。

然而，还没等吃上年夜饭，突如其来的疫情便打乱了小家庭的计划。蕲春拉响阻击疫情的警报之后，所有医护人员被要求取消休假，立即赶回县医院。大年三十晚上，陈阿香接到了归队电话，决定带上孩子回蕲春参加战斗，丈夫也表示支持她的决定。

当时，武汉已经封城，从北京返回蕲春的正常路线已经走不通。夫妻两人打开地图，仔细谋划返回蕲春的路线，最后决定选择最近的河南新县回蕲春。初一上午，丈夫把陈阿香送到北京西站，隔着车窗玻璃，阿香背过身去，泪水夺眶而出……

在河南新县下车后，陈阿香先是包车到了安徽宿松，在安徽与湖北的交界弥陀镇下车后，发现省界交通已经封闭，身材娇小的她便背着行李，抱着孩子开始了从弥陀镇到蕲春长达八十公里的步行归队旅程。因为过年，一路上行人稀少，偶尔遇到好心人就求人带一段，遇到封路就步行，就这样，这个初为人母的柔弱女子，带着一个一岁的娃，经过三天的日夜兼程，历尽千辛万苦之后，硬是按时赶回了县医院参战。

回到医院后，护士长劝陈阿香先休息，但她看到科室人手紧缺，正月初三就回到了工作岗位。穿上防护服走进重症监护室之前，她和丈夫视频了一次，哭了一回，转身就投入到紧张的工作中。当时，重症监护室的其他医护人员从大年三十起就没有回家。

为什么一定要千里赶回蕲春？阿香说，我选择这个职业，就必须在这个岗位上尽职尽责，守护蕲春人民。

陈阿香的故事感动了许多网友，网友木禾说：有那么多的理由退缩，但是她没有，有那么多的困难她都一一克服。她一直向前，向前，抱着年幼的孩子，一直冲到家乡抗击疫情的一线，无惧生死……

（记者姚鹏　《中国妇女报》2020年2月5日）

刘晓菊 甘肃省兰州大学第一医院呼吸专业一级主任医师

致敬词

她带着团队支援武汉的时候，正是新冠肺炎疫情最严峻的阶段。她已记不清楚这是第几次临危受命了。在武汉战"疫"的33天里，作为队长，她带领医疗队为患者提供中西医结合个体化治疗，科学防护、精准施治，实现了队员零感染、安全生产零事故、进驻人员零投诉，有效提高了患者治愈率、降低了病死率。

刘晓菊：冲在一线，给患者关怀与信心

"我是呼吸专业的，遇到新冠肺炎这样的疫情，我一定要到武汉一线来看看，了解新冠病毒的情况！"

2月21日，兰大一院呼吸病学专家刘晓菊教授作为甘肃省第六批援助湖北医疗队队长从兰州带队出发。她已记不清楚这是第几次临危受命。面对前来送行的同事和亲属，刘晓菊教授代表医疗队队员庄严承诺：一定不辜负甘肃人民的期望，不辜负兰州大学的期望。

○ 治疗新冠肺炎之外兼顾治疗基础疾病

"新冠肺炎是由传染性很强的新冠病毒感染所引起的，我们在武汉接管了两个病区，这些住院患者年龄偏大，90岁以上2人，60岁以上患者占大多数，所患基础疾病较多，如心衰、肾衰、糖尿病、冠心病、帕金森病、皮肤病、肿瘤和其他特殊情况如精神病等，这对我们的治疗工作无疑是个很大的挑战！”刘晓菊说。

在武汉，刘晓菊带领的医疗队进驻的是疫情最严重的医院之一——武汉中心医院后湖院区。作为呼吸专家，刘晓菊意识到新冠肺炎疫情与她以往经历的公共卫生事件有很大不同。

面对新冠肺炎疫情，有着多年呼吸专业临床教学经验的刘晓菊很冷静。她知道自己带来的这支医疗队力量配备比较全面，除了呼吸、重症、急诊、感染科的医生外，还有其他诸如心血管科、内分泌科、神经内科、全科等科室的医生。在入驻后湖院区后，医疗队很快组成了专家组，确定了在治疗新冠肺炎之外兼顾治疗基础疾病的方法。

在查房时，刘晓菊发现有些病人因为急于治疗新冠肺炎，往往会隐瞒自己有基础疾病的情况，这显然会对整个治疗产生不良影响。

一次，刘晓菊在查房时发现一位病人左足拇趾肿胀、颜色发黑，是局部蜂窝组织炎、糖尿病足的表现。经询问和检测，该病人果然血糖升高，达到糖尿病诊断标准。刘晓菊当即告诉他血糖控制不好，新冠肺炎容易转为重症，糖尿病足也会进一步加重。经过交流，患者积极配合治疗，通过控制血糖及全身抗感染治疗加拇趾局部处理，几天后病人疼痛减轻，新冠肺炎肺部阴影明显吸收，核酸检测连续阴性，后来这个病人顺利治愈出院。

目前为止，新冠肺炎的治疗还没有特效药，但中医中药起到了很好的治疗作用。在按照新冠肺炎治疗指南给出的中药方剂对患者进行治疗的过程中，刘晓菊和她中医专业的同事们，通常会结合患者的具体情况，对指南给出的中药方剂进行调整，这样的做法在临床中取得了很好的效果。

一位感染新冠肺炎合并心功能不全的病人，新冠肺炎指南给的药方主要是针对肺炎的，中医专家提出结合患者的新冠肺炎和心功能不全进行综合用药，刘晓菊肯定了治疗方案，并建议对药方进行调整用药。

“经过调整用药后，三四天以后，这个病人的状况改善了。”刘晓菊说。

○ 加强对病人的关怀与照护

“新冠肺炎最重要的是早发现、早干预、早治疗，及时发现由轻症转成重症的临床表现和检查结果非常重要。如果转成重症，治疗就非常困难！”这是刘晓菊经过一个多月紧张工作总结的经验。

针对隔离病区病人年龄普遍偏大的现状，刘晓菊认为，除了根据病人的具体状况给出治疗方案之外，同样重要的是加强对病人的关怀与照护，这对提升病人的信心、改善患者的精神状态有很大意义，对治疗新冠肺炎同样发挥着很大作用。

“年轻的病人普遍会用手机，他们在治疗期间可以通过手机微信等方式和外界交流，调节自己的心理状态。但那些年纪大的病人因为缺乏与外界沟通的途径，在病区唯一能见到的就是医生、护士，这让他们感到非常孤独。有些老年病人因为生活不能自理，会产生情绪低落、焦虑，甚至厌世的现象，这就需要医护人员和他们多交流，在生活上多关心，提振他们对治疗疾病的信心。”刘晓菊说。

曾有个90多岁的新冠肺炎病人，总说自己肚子发胀，难受，腹部体检时发现膀胱明显充盈。刘晓菊当即安排护理人员为老人导尿，经过留置导尿和药物治疗，老人尿潴留的情况得到很好解决。

还有一次，刘晓菊和同事们发现有位老年患者因为不爱吃病区的大米盒饭而烦恼，但病区毕竟条件有限，刘晓菊和同事们只能每次上班时尽可能给他带一些面食。有时医疗队的同事们吃饺子，会特意给老人留一些。在医护人员的细心照料下，这名病人的情绪明显好转。“平时大家帮病人喂药，喂饭，给病人送些水果，这都是很常见的事。”刘晓菊说。

“和普通病房不同，新冠肺炎病区的患者更需要情感的交流和呵护。工作中我们收到了很多病人的感谢信，这让我很欣慰！”刘晓菊说。

作为甘肃省呼吸学知名专家，刘晓菊从事呼吸临床、科研及教学工作30余年，曾在甘肃省率先开展支气管激发试验及舒张试验，解决了可疑支气管哮喘及咳嗽变异性哮喘的诊断问题。多次承担国家和省级政府部门交付的抢险救灾和医疗救治任务。2003年“非典”期间担任唯一省级定点救治医院兰大一院的SARS救治病区主任。2009年面对甲型H1N1流感大规模流行，她带队救治并担负起兰州大学学生的甲型H1N1预防隔离和救治工作等。

刘晓菊和她的团队支援武汉的时候，正是新冠肺炎疫情最严峻的阶段。经过一个多月的奋战，武汉的疫情得到了有效的遏制，刘晓菊和她团队的工作也告一段落。

“我们这次任务完成得还不错，收治了80多人，治愈出院60多人，172名医务人员零感染。”

“作为一名呼吸专科的医生，你只有到一线才能得到最真实的情况。从我的专业角度看，对于新冠肺炎病毒，一定要做到早期识别，早期隔离，早期介入干预治疗。新冠肺炎对所有人都是个考验，这个疫情没有国界，我们要保持长期警觉，对小范围的暴发、流行的疾病一定要尽早控制。我们国家此次应对新冠肺炎疫情的做法给全世界做出了很好的榜样！”刘晓菊说。

（记者 袁鹏 《中国妇女报》2020年3月27日）

余沙 川省第四人民医院内科四病区护士

致敬词

誓言无声。汶川地震时，她是受援者；如今武汉战“疫”，她成为驰援者。她将感恩化作挺身而出的行动，她让爱在不断的接续中放大力量，温暖着更多生命。

佘沙：多次请战，只因我是汶川人

今年24岁的“汶川女孩”佘沙，是四川省第四人民医院内科四病区护士，也是奋战在抗疫一线的四川省第三批赴鄂医疗队里最年轻的护士。

12年前“5·12”汶川特大地震，佘沙的家乡汶川县漩口镇受灾严重，当时年仅12岁的她目睹了来自全国各地对灾区人民的无私援助。

12年后，武汉新冠肺炎疫情暴发，她怀着一颗感恩的心，来到武汉，参与一线战“疫”。

“地震发生时，我正在汶川县漩口镇上小学五年级。记得那天，学校大楼垮塌，同学受伤倒地，附近山上的房子全部滚下来，整个镇子受灾严重，一片狼藉。”佘沙回忆，灾难发生后的第二天，部队、军医便第一时间赶到了镇上，开展救援。

当时，全国各地医护人员和志愿者纷纷涌入，全国各地捐款捐物，帮助他们恢复生产，重建家园。受这段经历影响，佘沙立志长大要做一名救死扶伤的白衣天使，做一个对社会有帮助的人。从四川省护理职业学院毕业后，佘沙便进入四川省第四人民医院成为一名护士。

1月23日，四川省卫生健康委员会发布“关于组派医疗团队援助湖北应对新型肺炎”的通知。佘沙看到后，第一时间报名请战。但由于第一批救援队医院选派的是重症监护室和呼吸科的护士，她未能前往。

1月25日，医院再次发布召集第二批医疗队成员的通知。她第一时间给护士长发了一条长长的微信，主动报名请战。她的理由是：“我年龄小，如果不幸被感染了，恢复肯定快。”“我觉得我应该去，因为我和其他的护士不一样，我是汶川人呀！我也是受到过帮助的人。”

一席简短朴实的话语，看到的是这位“汶川女孩”懂得感恩的心。

“我是汶川地震的幸存者，今天我是支援者，是感恩者！”2月2日，经过连续多次请战，佘沙终于如愿随四川第三批援助湖北医疗队来到了武汉，成为抗疫一线的白衣天使。

为了不让父母担心，她去武汉的决定起初只告诉了哥哥。“这几天网上看到各种逆行，打心里佩服他们，但想到这群人里可能出现自己的妹妹，就不知道怎么形容自己的心情。”佘沙的哥哥起初听到妹妹决定去武汉的消息很吃惊，但还是为妹妹的觉悟和行动点赞。

来到武汉后，佘沙和同伴入驻武汉大学人民医院东院区这所重症定点医院，佘沙负责协助总务和医院感染控制的工作。每天清晨7点，她就开始跑上跑下，给各个病区核对分发药品和设备，工作仔细而迅速。她把自己的工作比喻成守门员，她要为大家把好门、守好关。一线战“疫”期间，她还向党组织提交了入党申请，现已被援湖北医疗队临时党委吸收为入党积极分子。

“很多人都帮助过我们，需要我们去帮助别人的时候，我肯定义无反顾！”佘沙将感恩化作挺身而出的行动，让爱的传递温暖更多生命。

（记者田珊檑　《中国妇女报》2020年3月8日）

丁璐 北京大学人民医院重症医学科护士长

致敬词

疫魔肆虐，勇往逆行；不辱使命，践行誓言。她用白衣天使的职责与担当，用坚定的信念和必胜的信心，守护着每一位病患生的希望。

丁璐：党旗高扬，诠释先锋担当

集结号响，闻令冲锋。“我是党员！让我上！”“不计报酬，无论生死！”……一封封请战书、一枚枚红手印，党员纷纷率先立下“军令状”，带头冲进“红区”。

北京大学人民医院重症医学科护士长丁璐，除夕之夜接到集结令，第一时间报名请战，并早早备好了出发的行囊。“在重症监护室工作了28年，听到病人有危险，就像战士听到冲锋号响，必须上！而且我还是一名预备党员。”

抵达武汉同济医院中法新城院区后，经验丰富的她带队抢先进入“红区”。每天要面对数量庞大的采血、发药、穿刺等各项救治工作，呼叫器不断响起，大家来不及喘息，奔向一个又一个病人……她说，没人比ICU护士更懂得时间的宝贵，病人的生死就在一分一秒之中，与时间赛跑，与死神搏斗，虽然穿着厚重的防护服，脚步从来都是急匆匆。

比身体负担更重的是被感染的风险。要为重症病人吸痰、气管插管，一不小心就有可能被感染，“但是，这是在帮病人打通生命的通道，根本顾不了那么多”。有一次，要给一位气管插管病人做密闭式吸痰，同时更换呼吸机固定器和固定血管插管的所有敷料，这在平时并不复杂，但面对强传染、高风险的急难危重病患，大家都很清楚这样的操作意味着什么。丁璐把所有女护士都留在了安全区，只身带着一名有ICU护理经验的男护士上了“战场”。以往经验丰富的她最多10分钟就能完成，但厚重的防护服、多层手套、口罩、护目镜、防护罩重重包裹，视线模糊不清，憋气缺氧感越来越重，贴身衣服被汗水浸湿……两人弓着身子在病床旁足足忙了40多分钟，操作完了，人也快虚脱了。

丁璐说，战“疫”不仅是她职业生涯中难忘的战场，也成为检验她作为党员守初心担使命表现的“考场”。

一名党员一面旗帜，关键时刻冲得上去，危难关头豁得出来。北大援鄂国家医疗队共有142名党员，百余名医护在战地向党组织郑重递交了入党申请书，37人火线入党。

北医三院有15年呼吸科危重症病人护理经验的护师李娜，就是在火线入党。那一刻她热泪盈眶：“榜样的力量是无穷的，我身边许许多多有理想、有担当的党员干部，用实际行动深深影响着我。气管插管是一项离病毒最近的工作，党员抢着做，争着往前冲，令我特别敬佩。从此以后，我也可以骄傲地说：‘我是党员，让我上！’”

北京大学援鄂抗疫国家医疗队领导组组长、中国工程院院士、北医三院院长乔杰，在前线多次担任领誓人，带领党员们举行主题党日活动、重温入党誓词。5月7日，她在全国妇联座谈会上接受本刊记者采访时说：“往‘红区’里冲是冒着生命危险的，共产党员当然要带头，‘为党和人民奉献一切’不只是一句誓词，更要落实到战‘疫’的每天行动中，党员的党性在特殊时刻得到淬炼。”

（文/王婕　中国妇女杂志2020年5期）

致敬词

她出身于行医世家，救死扶伤被她视为天职。在武汉告急的危难时刻，她多次主动请战，与众多“逆行”驰援的白衣战士并肩作战，筑起了抗击新冠疫情的铜墙铁壁。

王婷 山西省长治医学院附属和济医院呼吸内科主治医师

王婷：17年前父亲抗“非典”，17年后我上“前线”

2月2日清晨，由长治医学院附属和平医院、长治医学院附属和济医院36名医护人员组成的医疗队整装出发，他们将在太原集结后驰援湖北。这也是山西省派出的第二批援鄂医疗队。

“不要落泪，不要牵挂，现在是我们为国分忧的时候，祖国是你们最坚强的后盾。”送别现场，同为医生的王卫国给了即将奔赴抗疫前线的女儿一个深情的拥抱。

17年前，一场抗击“非典”战役，曾激起所有医者甘于奉献、勇于牺牲的精神。那一年，作为和平医院放射科的医生，王卫国在母亲激励的目光中前往疫区，支援一线。17年后，女儿王婷奔赴疫区，王卫国以同样的心情送别女儿。目送女儿奔赴疫区一线，王卫国眼中的坚定亦如母亲当年。

世代行医，家风淳厚。王婷出生于一个行医世家，她的祖父于1937年参加八路军，在革命队伍中逐渐成长为一名出色的军医，解放海南之后，转业到广东省人民医院工作，随后调入和平医院。王婷的父亲王卫国是和平医院一名出色的大夫，曾在2003年参加抗击“非典”的战斗。她的叔叔曾参加过1976年唐山大地震的救援工作。家庭的熏陶加之个人的努力，如今王婷也成长为长治医学院附属和济医院呼吸科一名优秀的医生。

1月25日，得到将组建医疗队赴湖北援助抗击新型冠状病毒感染的肺炎疫情的消息后，王婷第一时间向科室主任张冀军请战，此后短短一周内，张冀军三次收到王婷的请战书。“她说我虽然是女子，但是也要求上战场，这是医生的天职，更是医生的梦想。”张冀军说，虽然没能入选第一批援鄂医疗队，但王婷并没有放弃。

“主任，第二批援助湖北的名单确定了没？如果有机会，我还请战！”1月26日，送走同事郭磊、邢婷婷后，王婷再次向张冀军请战。“主任，郭磊到前线后，发热门诊就缺了一个人，让我顶上吧。”看着王婷坚毅的眼神，张冀军再也不忍心拒绝，虽然知道她的孩子还小，家庭也需要她的照顾。“如果再拒绝，我不知怎样才能说出口。这如同不让战士扛枪一样，不忍，不能。”王婷在呼吸科上完最后一个班，又经过两天的休整之后，1月29日被抽调到发热门诊投入战斗。严格采取三级防护措施，穿上厚厚的防护服、戴上护目镜、套上鞋套，王婷说自己终于有了战士该有的样子。

在发热门诊24个小时值守后，1月30日上午9时许，王婷顺利交班、换下防护服、做好个人卫生清洁之后，再次递交了援鄂抗击疫情请战书。2月1日，长治医学院附属和济医院受命抽调骨干驰援湖北，王婷和其他12名同事入选，成为山西省第二批援鄂医疗队队员。

“祖父、父辈为我作出了榜样，他们现在老了，轮到我上战场了。”接到出征指令，王婷振衣前行。“这是一场没有硝烟的战役，我们犹如战士，疫情当前，我们自当勇挑重担，奋力前行！”

（记者姜军旗 晋妇宣 《中国妇女报》2020年2月5日）

杨晶 湖北省中医院护理部大科护士长

致敬词

她依然坚守在疫情防控一线。在这场没有硝烟的战场上，她说，这就是我们白衣战士的责任与担当！

杨晶：一个人的年夜饭

我们是1月22日下午6点多钟接到增援金银潭医院的通知，院领导组织动员。大概一个多小时，8位志愿者全部集结到位。

作为医护人员，对病毒的危险性肯定是有了解的，当时大家真的就是没时间去考虑害怕什么。按报名条件来讲的话，我其实超龄了，但是特别想参加，因为之前在自己的医院里，很多同事都是冲在一线，特别辛苦，没听谁喊苦喊累，很团结，这种感觉让人很受激励、受鼓舞。我是党员，也是土生土长的武汉人，这种时候必须出全力。我自己也没什么负担，孩子今年读高三，但是家里老公可以负责，他以前也是一个医生，所以特别支持。我父母去年11月底去北京了，所以我没什么后顾之忧。一起来的同事也都是把孩子丢给家里人，自己就冲过来了。

我们8个人23日到金银潭医院报的到，安排我们住在附近的酒店。根据工作，其他队员都安排下到临床一线科室进行工作，我后面也会进到临床科室。

由于每个病房工作性质不同，所以我们的班次都是错开的，很难碰头。各个科室工作强度、时长会因为班次和工作性质的不同不一样，平均下来估计7个小时左右，穿隔离服3～4小时会进行轮换。总的来说，由于病人比较多，工作强度是比较大的，大年三十都在加班，给家里报平安也不是每天都报，有时间就会报，也让家里人放心。

除夕那天，我一个人抽空去食堂吃的盒饭，大家都是这样的。根本没有过年的概念，确实不记得是什么日子了。后来想起来是什么日子，就写了条朋友圈：“一个人的年夜饭，一个人的大年三十，却不曾感到孤单！因为有家人朋友的关心，更有医院领导和同事的问候与关怀！如果不是远处零星响起的鞭炮声，真忘记了今天是大年夜……却一丝一毫也不敢忘记在这个没有硝烟的战场上，白衣战士的责任与担当！愿上空的阴霾早日散去，艳阳高照的日子快快到来！到那时，磨山上依旧鸟语花香，绿道上依旧人流熙攘，站在黄鹤楼上看江面船来船往，你我的生活依旧如常……”

这几天有空的时候，我会翻看手机里的照片，好几次一个人默默地流泪，不是因为别的，自己是土生土长的武汉人，特别爱这个城市。疫情发生之前，我每周一定要抽时间去绿道跑步，从梨园跑到磨山脚下，再爬磨山，既锻炼又是欣赏美景；晚上有空，我会去江滩跑步，有时候会跑过长江大桥；周末还会抽空去黄鹤楼，为此专门办理了武汉市旅游年卡……武汉太美了！有天晚上去车站接外援专家的时候，我在交通车里偷偷流眼泪，因为当车路过家附近的时候，我看到平时车水马龙的街上，空无一人，每天开车回家都会堵车的街口，除了我们交通车外，看不到一辆车，顿时心里像一块大石头压着喘不过气……车过长江二桥的时候，我泪眼模糊地抢着拍了张照片，一个外地专家问我，这么晚了你在拍什么啊？我说你们看，这是武汉的长江二桥。她不明白我的心情，不管在任何时候，武汉的一草一木、一花一景，在我心里，永远都是不可磨灭的美！

那天总理来，我们都在病房忙，没有见到，其实心里好想去看看。

（记者姚鹏　《中国妇女报》2020年1月31日）

张蕖 安徽省合肥市妇幼保健院东区（合肥市儿童医院）副院长、副主任护师

致敬词

新冠肺炎疫情发生以来，她连续3个多月始终坚守在疫情防控第一线。作为一名有着10年感染防控工作经验、担任护理部主任的她，既当指挥员，又当战斗员，用实际行动践行保护好广大人民群众和医务人员的健康安全的使命。

张蕖：负重前行只为春暖花开

到现在，安徽省妇幼保健院东区院感处处长、护理部主任张蕖随医疗队进入武汉中心医院后湖院区开展工作已经近半个月了。这些日子，张蕖感受到了“压力山大，很累很累，每天只能睡三四个小时，最大的心愿就是等疫情结束后有机会睡到自然醒”。

疫情发生后，张蕖毫不犹豫交出了驰援武汉的请战书。2月19日，出征集结的通知下来了，第二天，安徽第七批支援武汉医疗队就要在合肥新桥机场集结出发。张蕖一直没把请战的事告诉家人，报名也是偷偷地。出发这一天，在机场，张蕖拨通了妈妈的电话，“我当时就听到了电话那头妈妈的哭声，我也控制不住，哭了”。

前来机场送行的人群中，有张蕖的女儿和丈夫，父女俩寸步不离，反复叮嘱张蕖要注意安全。15岁的女儿一直拉着妈妈的手，依依不舍。

进驻武汉的安徽省第七批支援武汉医疗队共有50位医生、120位护士。张蕖负责全队170人的院感防控和120人的护理管理。保证每一位队友的安全

对于张蕖就是比天大的事。她说：“医护人员的感染主要是疏忽大意，职业防护不到位。”进入后湖院区伊始，张蕖就马上投入高强度的工作运转：跟地方医院对接、对队员进行院感培训、制定工作流程、发放物资……

为了每一个队友的安全，张蕖制订了严格的培训计划，每一个人都必须严格按照要求穿脱防护服、隔离衣，并逐一进行现场演示和考核。她每天都要进入病区，对院内布局、医疗流程、人员防护进行督导，排查院区内外每个角落，检查每个人全身的每个细节。每次进入病区，隔离服里面的衣服都会湿透，戴着面罩喘不上气来，心率能升到每分钟130下，有时，从早忙到晚只能吃上一顿饭，有时刚回到住处，一个电话又被叫回，一直加班到凌晨。张蕖说：“我不能因为一个小小的疏忽，让战友倒下。我必须苛刻，必须较真。有一人被感染，就是我的失败。”强烈的自我施压，使她入睡困难，有时需要借助安眠药。

除了劳累，还有无数感动包围着她：“后湖医院为了确保支援医疗队的安全，把质量更好的防护服给了我们，而他们的护士，却穿着更单薄的防护服，他们把更好的靴套省下来给我们，自己却穿着用垃圾袋改装的靴套。在驻扎的酒店，武汉可爱的志愿者们，为医疗队提供了爱心超市，理发师驱车40公里为我们剃头……”

此刻，所有的温暖和感动都化作了一句铮铮誓言：“风雨百战白衣甲，不胜新冠誓不还。”

（记者蔡敏 《中国妇女报》2020年3月9日）

周国红 安徽省合肥京东方医院神经医学部护理主管、主管护师

致敬词

2020年，对她来说，是一场仗接着一场仗。先打抗疫仗，和万千白衣战士们一起毅然出征；再打抗癌仗，和病魔展开顽强的斗争。每一仗，都让她对医生这个职业又有了更深刻的理解。

周国红：从抗疫到抗癌，精神不屈人不倒

抗疫前线，“@合肥第四十五中陈彦然，认真写作业”，安徽省第三批援助湖北医疗队队员周国红写在防护服上的这句话刷屏，让她们母女备受关注。4月27日，从武汉回到安徽的周国红被确诊为甲状腺癌，在医院崩溃大哭的照片也刷屏，让很多人感动涕零。央视《开学第一课》中，女儿“@周国红女士，请你认真与病魔作斗争”，让大家再次心系周国红。周国红一直放疗治疗，大夫对她说，要做好与癌细胞长期共存的准备。她说：“不怕，从抗疫到抗癌，抗疫精神始终激励着我，让我明白，精神永远不能屈。”

2020年2月9日，怀着朴素的家国情怀，我来到武汉做一名光荣的抗疫战士。其间，我接受过央视直播采访、在《人民日报》上连载抗疫日记、带领新冠肺炎患者自编小品话剧，在防护服上@女儿陈彦然认真写作业，武汉大学校长隔空回应……

3月22日，我被确诊患有甲状腺癌，双肺转移和淋巴结远处转移。后经

过手术、化疗放疗，9月1日，重返工作岗位。

从艰难到荣光、从绝望到重生，我感恩生活，感恩爱人和女儿，感恩身边的每一位关心我的人和素未谋面的热心网友。尤其让我欣慰的是女儿的蜕变成长，在这场抗疫、抗癌生死角逐战中，女儿与我坚强同行。

女儿正在上初二，偏科严重，享受语文却对数学退避三舍，以往每次写数学作业，都会将“母慈女孝”变成“鸡飞狗跳”，“贴心小棉袄”成为“的确凉”。尽管在武汉工作繁忙，对女儿还是放心不下。把心声写在防护服上发了视频，谁料到却“火”了。

武汉大学校长窦贤康院士看到视频，给期盼到武汉大学上学的女儿写信，愿她“常驻”珞珈山！看到武汉大学校长来信啦，女儿欢呼雀跃。

一夜成名，对于女儿是一种困扰。她说不要当“明星”，就愿意做一个普通人。她自作主张地拒绝了所有的媒体采访，家里和学校都尊重她的想法。她仅有一次在媒体上露面，是和我同时出现在9月1日央视《开学第一课》节目中。那时，她对我轻轻地说“妈妈，我爱你”，我忍不住泪流满面。

我是奶奶一手带大的。艰辛的生活把我磨砺出开朗、坚强的性格，这种性格激励我默默努力，从一名中专生一路自学，考上护理学、康复治疗学两个本科和学士学位，成为主管护师和康复治疗师。

去武汉前一个月，因脑梗瘫痪在床4年多的父亲去世了。他走时，我一滴眼泪没有掉。女儿曾问我为什么，我告诉她：人极致悲痛，是没有眼泪的。女儿默默品味着个中滋味，在作文中写道：妈妈每天上班买菜做饭辅导我作业，忙里忙外，从不抱怨。她的那种坚强和任性，都是刻在骨髓里的。

不得不说，女儿的内心非常强大，情绪管理得很好。我生病住院，她在上课；手术后进ICU，她还在上课。老师问她：“你妈妈怎么样？”

她平静地回答："谢谢老师，一切都好。"那天，她在病房门口望着我，却不承认流眼泪，只是微笑地说："妈妈要加油，我们都爱你，你也要爱自己。"

"愿以寸心守华夏，且将岁月赠山河。"这句话是我从武汉回到合肥，解除隔离前一天写的话语，既是对自己的勉励，也是对女儿的激励。国无精神不强，人无精神不立。抗疫精神也是我抗癌的精神力量，是我们努力奉献，追求美好生活的动力。

（口述/周国红　采访、整理/胡玮斐　中国妇女杂志2020年10期）

郑立　广西壮族自治区江滨医院呼吸康复科主任

致敬词

为了抗疫，她放弃了美国学习的机会，主动请缨，成为广西第一批援鄂抗疫医疗队的一员，率先驰援武汉。巾帼担当使命，说到做到。

郑立：武汉战“疫”，我把队员平安带回来了

3月18日下午，广西援助湖北抗疫医疗队首批153名医护人员凯旋，他们乘坐飞机回到南宁。这当中，包括了广西江滨医院第一批援助湖北医护人员，他们无一人感染。

郑立也兑现了出征时的承诺：“我带队员奔赴武汉，要一个不少、平安地把他们带回来！”巾帼担当使命，说出来，更做得到。作为广西江滨医院呼吸康复科主任、学科带头人，郑立始终是表率。

1月26日大年初二，自治区紧急下达通知：江滨医院组织第一批援助湖北医护人员，9名医护人员，1名以上副主任医师。“我们科室医师大部分比较年轻，孩子还小，需要照顾，而我的孩子已经长大，可以自立了，由我去武汉担风险，当江滨医院的领队。”郑立郑重申请接旗。

紧张备战高考的儿子坚定支持：“妈妈好样的，为你加油。”同在医院上班的爱人刘宇军揽下家中所有事务：“守护好大家，才能有小家的幸福，家里的事情你不用牵挂，放心去吧。”

大年初三，广西首批医疗队奔赴武汉。出发前，郑立还给医院院长发去一条信息，她要放弃去美国学习的机会。“疫情凶险严峻，很可能是一

场持久战，不知道何时能归，怕到时耽搁了，机会让给别人吧。”

江滨小分队进驻的是武汉市黄陂区中医医院。到达的第三天，她们开始收治患者，医院当天就住进了100多名疑似病例，其中包括不少重症和危重患者。这注定是一场艰难的阻击战。郑立第一次进隔离区，就奉命紧急救治一位心跳、呼吸骤停的患者。只可惜，等她快速进到隔离区时，这名中年患者已经死亡，两肺全白，这给了她很大的震撼。

“我喘不上气，活不下去了，救救我呀！”有一次查房，某患者焦虑地向郑立求助。一查看，病人指脉氧很低，尽管吸氧流量已经调到最大。郑立一方面安慰，让他尽量不说话，保持平静；另一方面，把刚刚受赠来的唯一一台双水平无创呼吸机给他用上，并耐心告诉他怎样配合才能发挥更好的效果。上机后，指脉氧稳定在正常范围，患者的心情也渐渐平静，总算把病人从濒死状态抢救过来。

最多时，郑立负责的病区有60多人，危重、确认、疑似病人都有。医疗分队每天都在与疫情赛跑、与时间赛跑。共同努力下，医护人员成功地救治了数百位新冠肺炎患者，为武汉抗击疫情贡献了广西力量。

作为江滨医院队长，保护和关心队员是郑立的重要工作。她对队员提出严格苛刻的要求，还时刻关注每一个队员的身体和心理动态，协调需要的生活物资。戴帽子时要完全包住头发、不要让N95口罩的带子掉到耳朵上、不要穿太厚衣服打底……郑立经常在微信群里提示。

奋战在武汉的50多天里，江滨医疗小分队无一人感染，郑立兑现了出征时她的承诺。在一线，她积极动员队员向组织靠拢，她和6名队员火线入了党。入党申请书她是这样写的：此时但凡是有血性的中国人，在这危难时刻，都会为国、为民义无反顾往前冲。

（记者高峰　邹炎华　张大志　《中国妇女报》2020年月20日）

焦雅辉 国务院联防联控机制医疗救治组联络员、中央指导组医疗救治组成员

致敬词

每次出席新闻发布会，不读稿子，疫情信息全记在心里；面对记者提问，数据、事实脱口而出，表达清晰流畅；谈及外省医疗队驰援武汉，却一度哽咽……专业、干练、利落、温情，是众多网友对她的评价。

焦雅辉：武汉历史性的时刻出现了

截至4月26日24时，湖北和武汉无新增确诊病例，无新增死亡病例，无新增疑似病例，无现有确诊病例，无重症病例，无现有疑似病例。

疫情防控一步步好转，继各省援鄂医疗队撤出湖北后，专家们也陆续撤离。

国家卫健委医政医管局监察专员焦雅辉，穿着冬衣逆行来到武汉，离开时已近立夏。自2月5日凌晨抵达武汉至今，焦雅辉一待就是80天。

临走前，焦雅辉谈及武汉时一度哽咽：“我之前从来都没有发现武汉有这么大，武汉有这么美……”说到这里，焦雅辉忍不住红了眼眶。

“我觉得武汉真的是一个英雄的城市，武汉的人民真的是英雄的人民。而且我觉得我们的党、我们的国家、我们的人民真的很伟大。”焦雅辉说。

焦雅辉曾表示：“我会坚守到最后，什么时候患者都出院了，什么时候就算是圆满完成了在武汉的任务。”

如今，她兑现了当初的诺言，终于可以回家了。

自新冠肺炎疫情暴发以来，焦雅辉多次出现在国家卫健委的新闻发布会和媒体的镜头前，解答公众关切的疫情问题。

在发布会上，她往往脱稿回答，数据、事实脱口而出，表达清晰流畅，没有官腔。但谈起医务人员，她却数次忍不住哽咽。

1月底，全国各地医疗队驰援湖北，为减少感染、方便工作，临行前，不少小伙子剃光了头发，有小姑娘把长头发剪短。说到这件事时，焦雅辉忽然说不出话来，转过身去擦拭眼泪。

3月17日，全国援鄂医疗队开始陆续撤离湖北。焦雅辉代表中央指导组医疗救治组，为天津医疗队队员送行。她拿起机舱广播话筒，一句“谢谢你们，你们辛苦了”刚出口，就哽咽了。

在大伙儿的鼓励下，她再次感谢各位医疗队员，希望大家好好休整，返回工作岗位后继续为患者服务。她哽咽地说，“祝你们平安健康，我们回去之后再见！谢谢大家！”

上下同心，众志成城。

胜利曙光，来之不易。

武汉加油！

湖北加油！

中国加油！

（人民日报微信公众号　2020年4月27日）

致敬词

对产科医生而言，守护好一个人，就意味着守护好至少两个生命的健康，守护好一个家庭的希望。从1月底到4月底，她带队打满抗疫全场。共救治新冠肺炎孕产妇56人，剖宫产23例，实现了孕产妇零死亡、新生儿零感染。

魏敏 湖北省武汉大学人民医院东院产科主任

魏敏：产科医生的生命接力

产科医生魏敏没有预料到，“这些准妈妈们，能这么勇敢”。

截至3月25日，在武汉大学人民医院东院区，这位产科主任担纲如今的九病区主任后，已带领团队帮助20位新冠肺炎孕妇顺利产下新生儿，母婴均安然无恙。

没有家人陪伴、自己签手术告知单、独自“坐月子”——自己也是母亲的产科护士长徐晓宇说：“这么多的独自面对，每一个都是不小的考验。”

躺在产床上的准妈妈，在手术开始前一笔一画签字时，被隔离装备包裹的魏敏，总会站得笔直，透过护目镜与正压头罩静静地注视，“传递信心，也是一种致敬”。

两个多月来，作为武汉最早确定的4所新冠肺炎孕产妇定点医院之一，东院孕产妇收治病区里，恐惧疾病和期待新生的情绪交织，每天都在发生。

对穿上隔离服的产科医生而言，守护好一个人，就意味着至少两个生命的健康，更是一个家庭的希望。

一

挑战突如其来。

“孕妇呼吸困难、血氧饱和度不好、胎儿头部偏大……”看着张静的各项指标，魏敏已做出决定：“立即准备手术。”

这是疫情期间，东院产科的第一台新冠肺炎孕产妇剖宫产手术。

产妇呼吸困难加剧怎么办？麻醉剂量怎么调整？如果存在母婴垂直传播怎么处理？在即时组建的MDT（多学科联合会诊）会议上，将可能遇到的问题一一制定方案后，魏敏开始第一次穿上隔离服担任主刀。

曾无比熟练的手术，此刻变得风险重重。

从手术室人员配备，就能看出重视的程度——2名产科医生、1名麻醉科医生、3名手术室护士、1位助产师、1位儿科医生，同时还有多位医护人员在手术室外进行辅助工作。

手术室内，团队首先要面对的，就是有可能出现的各种并发症。

新冠肺炎可能给孕产妇带来的，除了呼吸困难、血氧饱和度下降，还可能让其他器官功能同时受到损害，这都直接威胁到即将到来的新生命。“一旦出现突发情况，必须当机立断。”魏敏说，上台之前，她已经把每一个最坏打算都“过了一遍”。

“最重要的，是一定把救人放在第一位”成为团队共同的信念。

这台最终持续不到10分钟的手术，“对整个团队来说，是一场史无前例的技术考验”。魏敏说。

防护服的厚重严密、护目镜和正压头罩的双重阻隔，让魏敏不时感到头痛。“最难受的，还不是这个。”让她始料不及的是，随着手术逐渐进行，护目镜和头罩面屏逐渐开始起雾，“对主刀医生而言，视觉受限才是最‘要命’的”。

手术的最后阶段，魏敏几乎是侧着身子，才能找到仅有的视野。

“看着6斤多的‘毛毛’（新生儿）顺利娩出，我们其实依然紧张。”她说，到底有没有母婴垂直传播，当时谁也不知道。

随着核酸检测、采血检测全部完成，对着新生儿报告上显示为“阴性”的结果，魏敏才真正迎来片刻的开心。

至今为止，在东院产科分娩的20名新冠肺炎确诊产妇，新生儿均未在出生时检测出感染新冠肺炎。

“对我们而言，这是最欣慰的消息。”魏敏说。

二

新冠肺炎孕产妇，可能是最需要安慰的群体。

与正常时期的“众星捧月”不同，独自在隔离病房待产之时，她们中的许多人，亲人同样也正与病毒搏斗。

“哪怕是短信晚几分钟回复，都可能带来信心骤降。”徐晓宇说。

此刻，孕产妇的唯一依靠，只有医护。

李燕住院的那段日子，每天查房后多待10分钟以上，每一班都安排专人巡诊，成为产科团队一条“不成文的规矩”。

全部感染的家人何时能康复、多久才能见到孩子、自己何时能转阴出院，都让刚成为新手妈妈的李燕“有些崩溃”。

帮助搜集家人诊疗信息、想办法让她通过视频看到孩子、穿着隔离服也要逗她开心……使出浑身解数的医护人员们，终于让李燕在一天天恢复的同时，脸上渐渐出现笑容。

更让魏敏意外的是，临近出院的一天，李燕紧紧握着她的手说：“魏医生，听说像我这样已经有抗体的，可以捐血浆。你们有需要的话，一定要跟我联系，我愿意捐献。”

“为了治愈更多的人！”当李燕说出这句话时，魏敏知道，这位年轻的母亲“已经真正走出来了”。

产科团队忘不了，出院时，小心翼翼捧出一罐子手折幸运星的产妇刘玲，每颗星星上，她都认真写上了一个“谢谢”。

疫情之下的产科病房，很多地方都变得不太一样。

隔离区内，喂饭、喂水、协助翻身、下床活动及上卫生间，“都由我们穿着防护服来完成”。徐晓宇说：“同时，我们还是送餐员、保洁员、修理工、搬运工。”

有一点，一直未变。

这个团队最喜欢的声音，始终是新生儿那一声声清亮的啼哭。

3月25日凌晨，魏敏团队又做完了一台手术。这是疫情期间，东院产科迎来的第20个新生儿。

按照诊疗标准，在隔离病房观察14天后，这个新生命才能第一次见到亲人。

那一天，正好迎来武汉解除封城。

“这会是最好的团聚日。”魏敏说。

（因涉及隐私，孕产妇姓名均为化名）

（记者王长路　刘丽君　《中国妇女报》2020年3月27日）

王冰 国家中医医疗队队员、西苑医院呼吸科主治医师

致敬词

迅速反应、不惧危险、果断处置，战“疫”前线，冲锋在前。火线入党的她，用实际行动践行着共产党员的初心和使命，传递出了一名党员的信仰的力量。

王冰：白衣是我终生的行装

王冰的笔记本上手抄了李大钊的一段话——“历史的道路，不会是平坦的，有时走到艰难险阻的境界，这是全靠雄健的精神才能够冲过去的。”这是她的座右铭。

武汉金银潭医院是王冰援鄂的主战场。“我们全面接管病房时，当地的医护人员已经在此奋战了近一个月的时间，作为生力军，也作为中医‘国家队’，我们责无旁贷！”

○热血：军人后代“火线入党”

“曾经设想过很多次，会以何时、何种方式入党，却万难料到，是会在这样一个全然陌生的城市、陌生的战场来递交我的入党申请书。

“或许因为我的祖辈和父辈们都是革命军人的缘故，从小家庭环境的耳濡目染，儿时我最爱的电影，都是那些黑白胶片的革命题材，而我心目中最初的共产党员的形象，也是从那一帧帧画面、一句句热血的台词、一双双坚毅的眼神而来。记得《烈火中永生》中江姐的一句：‘头可断，血

可流，共产党员的意志你是永远打不垮的。’这坚毅不屈的精神深深地影响着我。

“2003年‘非典’时期，我还是个懵懂的医学院见习生，每天在媒体上看到‘非典’一线工作人员的状态，这大概就是天使的样子了吧，如果可以成为他们当中的一员，该多么自豪。”

2020年2月3日，在武汉金银潭医院，王冰提交了一封笔锋俊逸的火线入党申请书。2月11日，一场特殊的入党仪式在驻地举行，王冰和她的同事蒋建新火线入党，成为预备党员。

而王冰这个看似简单的名字还有个特殊的典故。“我家有位前辈，1947年随陈谢大军南下时，牺牲在了洛阳。为了纪念这位烈士，我的名字就取自‘洛阳亲友如相问，一片冰心在玉壶’。”

1982年，王冰出生于一个“老革命”家庭。“拍全家福时，一半以上穿军装。虽然我是独生女，但我爸总会跟我说，咱家的家风叫‘吃亏是福’。”很长一段时间，王冰一家三口分居北京、临汾两地，但她受的全是正能量满满的家庭教育。

2000年，一向品学兼优的王冰考入北京中医药大学。“本来想学西医，但我文科也挺好，就折中选了中医。”2005年，王冰入职中国中医科学院西苑医院。3年后，她选择了肺病科这个更忙累的科室。

就像王冰在她的入党申请书中所说，工作十几年间，“我始终认定，白衣就是我终生的行装，而救死扶伤，是我应尽的义务和责任”。

○ 冷静：“用雄健的精神冲过去”

2020年鼠年除夕前日，领导找王冰谈话，问：如果让你去抗疫一线，行不行？平常就体质偏弱的王冰二话没说，毫不犹豫地答：行！

于是，大年初一，王冰就坐上了去武汉的高铁。“大年三十下午，我们被叫回医院培训过一次穿脱防护服，回家吃了一顿团圆的年夜饭。”王冰没想到，这是有生以来她第一次离家这么久。

王冰的先生是一名神经内科医生，行前他只叮嘱妻子：“每天一定视频报个平安啊！”疫情暴发后，他工作之余都在小家隔离，他们6岁的儿子只能送到王冰的父母家。

疫情远比想象中更复杂严峻。1月28日，王冰迎来了抵达武汉后的第一个夜班。“江城的夜，屋里比外面还冷，我去年想来看樱花没来，没想到今年是以这种方式来了。当时一进隔离病房就有种窒息感和紧张感，感觉再坚持一会儿就要倒了，突然我就一阵眩晕，眼前一片黑，我赶紧出来到走廊上透了口气，满脑子都是，可千万别丢人啊，穿着防护服倒下了可不行！”没多久，护士说28床意识不太好，王冰一个箭步冲了进去抢救，那个寒夜，她独自面对了患者的死亡。

1月29日，首批援鄂国家中医医疗队队员全面接管了整个南一楼病房，患者大多数为重症新冠肺炎。王冰进入了最煎熬的一段时间，每天都要舌诊、把脉、采集病史。“让病人摘下口罩，会增加我们的风险，但中医查体是必须做这一切的。”三班倒，每天都严重失眠，却每天都努力平和冷静，避免大喜大悲。

“那是病毒杀伤力最强的时候，你在CT上看到的患者双肺都是白的，非常严重。我的办法就是来自外界的真假消息一律屏蔽，因为怕心情不好影响免疫力，继而变得容易中招。”王冰说，好在自己是不爱着急的安静体质，基本上能遇事不慌。

让王冰印象最深的是，她曾送走了两对老年重症患者夫妇中相对更重的丈夫。“当我去口头通知时，老太太的眼神是无助空洞的，她强压着内心的巨大痛苦却不表现出来，我就一边拍她的背，一边说：‘老爷子已经走了，您节哀啊！’”王冰尽量通过肢体接触安慰患者。“当我在床旁抢救垂危的重症肺炎老人无效；当我看到伴他半生、同为病患的老妻得知噩耗后坐在廊中独自垂泪；当重患去世，报丧的电话打给家属，对方却无力说话……我的心真的在滴血。”王冰说。每当这个时候，王冰都拿李大钊的话来勉励自己：“艰难险阻的时候，全靠雄健的精神才能够冲过去的。”

2月3日，首批8名病人出院时，一位拥抱了王冰。“她那重见天日的眼神让我感觉日子闪闪发亮。”

在王冰心里，“当我告诉他们我来自北京，他们露出感激和满是希冀的笑容时；当我告诉他们第一次核酸检测转阴，准备第二次复检阴性出院时；当在电脑上看到他们CT上的大片阴影如潮水般退去时；当查房结束准备走出房门听见身后那一句句‘谢谢’时，我就觉得，这一切都值得”。

○ 淡定：“竹杖芒鞋轻胜马”

驻地酒店卧室的案头，透明玻璃杯里插着一枝玫粉色郁金香，一套临时网购的笔墨纸砚，酒店大堂借阅的一本汪曾祺的《人间草木》，共同构筑了王冰的另一个精神世界。

最近的一幅《兰亭序》小楷，她摹了三天。“心情烦躁的时候，我就会练练字减压，让自己安静下来，能静下来了，就去看看文献，写写文章，毕竟除了医疗之外，还有科研任务，一张一弛吧。”

除了李大钊，王冰的另一位“男神”是苏东坡，她的微信签名是“竹杖芒鞋轻胜马”。“记得当年在考卷上看到了这首《定风波》，我一下子就被他这种豁达的人生态度吸引了。”

又累又睡不着的时候，王冰就躺着听喜马拉雅讲《易经》、哲学的节目。“最近会经常思考，想让自己在哲学层次上有一个提高。比如，与其拼命抓住某些遥远的意义，忽略了做好当下的每一瞬间，不如脚踏实地把事情做好，享受负责任的充实。”

王冰也想儿子。2020年2月2日世界完全对称日，刚上小学一年级的儿子用铅笔在作业纸上给妈妈写了一封信。“妈妈：我XIANG（想）你了，你开心吗？妈妈什么时候才回来呢？”王冰一看就忍不住泪奔。2月17日，又是一封。“妈妈：我今天的书法作业是共战疫情。妈妈加YOU（油）。妈妈，我爱你。”3月7日，王冰发了一条朋友圈：“儿子给我的最好的节日礼物，开心到起飞。”配图是儿子的隶书作品：“女神辛苦了。”

同日，王冰得知自己入选四部门联合发布的“一线医务人员抗疫巾帼英雄谱”。“我想，不要给我这个荣誉吧，如果大家都有，我就得，如果别人没有，还是给别人吧。”

王冰坦言，自己平时照相都喜欢“溜边”，越角落越好，真没想到一不小心就被推到了舞台中央。“我觉得每一个人都很可爱，每一位医护人员都很拼，护士们甚至更辛苦，穿防护服的时间会更久……”采访中，王冰总说，我没什么故事，我是援鄂的几万名医务工作者中最平凡的一个。

（文/张姿　中国妇女杂志2020年4期）

致敬词

无论是抗震救灾，还是赴鄂战“疫”，作为危重症抢救团的成员，她总是主动请缨、身先士卒。与时间赛跑，同病魔较量，她用自己精湛的医术尽全力救治患者。

毛永辉 国家援鄂医疗队北京医院肾内科主任

毛永辉：一线医生1秒中100种心情

“一线医务人员抗疫巾帼英雄谱”榜上有名！毛永辉却说：“我不是什么英雄，医生没有第二个选择，挺身而出是我们的职责！”

电话采访毛永辉，异常艰难，好几次采访一次次中断，本来约好了时间，她接连抢救几个病危，累趴了，没力气接受采访；有时采着采着，她有紧急任务……隔空连线，仿佛她争分夺秒抢救病患的场景历历在目。

她身高1.6米，体重刚过90斤，可她硬是和团队一起在重症病房里顶着天。肾内科医生往往会提醒患者不要憋尿，所以她在每次上班前三个小时就不敢喝水了。

她的微信昵称叫“毛毛虫”，压力大了也会看《猫和老鼠》，她却被同事们称为重症病房里的“拼命三郎”。

○一线人：不问朝夕，只争分秒

“毛主任，毛主任，43床呼吸心跳骤停！”2020年3月3日下午1点半左右，在华中科技大学附属同济医院中法新城院区B座11层（东区）重症病房，随着护士的紧促呼喊，毛永辉和其他三位当班医生一起急速冲进病房。

“立即进行心肺复苏！肾上腺素1毫克！阿托品0.5毫克！继续胸外按压！最大速度补液！”生死时速，刻不容缓，在毛永辉的指挥下，穿着密闭的防护服，戴着厚厚的N95+医用外科口罩、满是水雾的护目镜，又一场分秒必争的抢救大战开始了。

患者47岁，新冠核酸阳性，病情拖延不愈，采取了各种支持治疗措施始终不见好转，而且还在加重。前一日，专家们会诊后给他用上了无创呼吸机，但情况依然不好，这一天，根据专家联合远程会诊意见，毛永辉决定立即给患者进行有创呼吸机治疗，可就在麻醉科医生刚插好管，还没来得及连接呼吸机时，意外就发生了。

经过艰难的三轮复苏，患者终于恢复了心跳。“立即建立大静脉通道！”毛永辉立刻下达指令。当时，股静脉穿刺置管要用穿刺包，但当时已经用光，再借穿刺包又得要半个小时，“我们就临时用导尿包代替，在视野和动作都受到限制的情况下，一次成功，为药物进入患者体内建立起救命通道！”

抢救指令还在不停发出，护士们迅速执行着一条条医嘱，血管活性药物泵连续上了三个，“呼吸机模式用压力支持PSV”……然而情况依然不妙，晚上6点半，又一轮专家远程会诊决定使用有“魔肺”之称的ECMO进行人工心肺治疗，并联合连续肾脏替代疗法（CRRT）。

ECMO是目前生命支持的最高手段，保护患者生命安全的“最后一道防线”，它操作难度大、风险高，其顺利实施和运转将涉及ICU、内科、外科、影像、超声等多个学科和专业的协同作战。“这不是我一个人的战斗，在我们常务副院长奚桓全程指挥下，我们将近20位医护人员齐心奋斗，默契配合，直到凌晨5点，历时近16个小时，首战告捷！”

毛永辉坦言，离开污染区没多远，她就独自在走廊里哭了——压力实在是太大了，可能平均每1秒里你会有100种心情。“患者的病情变化快，你根本不知道下一秒会发生什么，但你必须镇静、准确又迅速地判断加执行，抢救时间都是以秒计算！”

黎明到达驻地宾馆房间，55岁的毛永辉一连看了半小时的动画片《猫和老鼠》——这是她独特的化解压力的放松方式。平时每当疲惫不堪，但又辗转难眠时，她都会看上十几分钟，以舒缓紧绷的神经。

○ 一句话：我应该第一个上！

接到院里待命通知的大年三十，毛永辉与丈夫刚刚坐了14个小时的飞机抵达大洋彼岸——今年儿子刚博士毕业，一家三口多年来难得一起过个春节。不料，这场团圆仅仅24小时。只吃了三顿饭的工夫，儿子忙着买口罩还没买到，大年初一，毛永辉又与丈夫乘了14个小时飞机返京。“空姐都认出我来了，刚巧是同一班机组空乘员。”

更早之前，1月20日，毛永辉就已开始制定血液净化中心患者及医护防护流程，加强体温监测管控工作。“血液净化中心是一个重要且特殊的战场。因为这里的患者都有基础疾病，是新冠肺炎的高危人群。”

2月4日，毛永辉向北京医院多个部门提交了《北京医院血液净化中心防控新型冠状病毒感染的关键质控环节新增修订版》等，并组织全科学习。

2月7日，随北京医院第二批国家医疗队出征武汉以来，毛永辉在一线的这一个多月，每天都像在“倒时差”一样。每个班虽说6小时，但加上往返驻地、进出穿脱装备、污染-半污染区-清洁区的转换时间，要10个小时。平均三天两个班，每天上下班的时间都不同。

在这里开展危重症抢救非常考验医护团队，没有“高大上”的检验检查平台，更多的是依赖内科医生的临床技能。毛永辉说：“只有密切观察患者的病情变化，才能找到治疗的最佳切入点，才有可能改善预后。”

作为专家组成员又是医疗组组长，查房抢救只是工作的一部分，还有各种会诊会议，建流程、整规范、制定个体化治疗方案，使一人一案无缝衔接。即使在休息时间，毛永辉也往往一会儿一个会诊，一会儿一个回复，完全“停不下来”。身兼教授、研究生导师，科研、教学、指导论文……她哪个都不能耽误。

其实，组队之初，全科开会时，大家都不希望毛永辉亲自援鄂。毕竟，主任在主心骨就在。但毛永辉说：“武汉疫情严峻，患者病情危重，肾内科是危重症学科重要的组成部分，作为科室主任应该第一个出现在前方战场！”她还说：“而且我孩子不需要照顾，我先生是医生，各方面条件都适合。即使科里有什么事，我也争取尽快回复！”

这已经不是毛永辉首次参与“大战”了。早在2008年，她就曾赴汶川地震灾区参与抢救工作，并在当年获评全国三八红旗手。不过与这次状况明显不同，毛永辉回忆：“那时工作强度也很大，但你心中有数，你有‘预后’，再难再累你总有办法。但这种肺炎有传染风险，且很长时间没有更强有力的手段，你不知道明天会怎样，你只有拼尽当下的每一秒。”

○ 医二代： 没想到我就成了“她”

开诊不到24小时，50人的病区很快收满，大多数重症患者是老年人，合并多种基础疾病，最年长的96岁。“最紧张的一个月过去后，一切都在逐渐好转。现在，每次交班时，我一听到出院数，就很开心。而且，眼下可能是史上医患关系最和谐的时候。”

毛永辉还记得，有位80多岁的女患者一开始不理解：“怎么我平常吃的药，你这儿都没有？！”甚至还写信提意见。毛永辉得知后耐心解释，治一种病不止一种药，如何用药既要结合你当下的病情，又要符合你的年龄特点等各种情况……后来，当这位患者出院时，还为医护们录了一段话："说是白衣天使，其实，你们都是孩子，你们千里迢迢来我们这儿，不顾生死，都是为了我们治病……"毛永辉听后十分感动。

其实，毛永辉的母亲今年也82岁了，"我来武汉的事，是瞒着我妈的"。她也是一名医生，春节前因病住院，现在日常全靠医护人员和保姆照顾。因为毛永辉的姐姐毛永毅也是一名医生，而且是呼吸重症医生，在广西柳州中医院工作，新冠肺炎疫情暴发后，她虽然和母亲同城，可忙起工作来，也经常顾不上母亲。

姐妹俩上一次通话，谈的多是工作。"我姐姐科室的同事们恰巧也来支援武汉了，但酒精不够，我们医院领导听说后特别给力，马上把我们仅存的两箱送了过去。"

作为一个"医二代"，毛永辉笑说："当年我是被我妈逼着学医的，因为我亲眼见识了妈妈多忙多累，每天饭点都不能回来，她是真的很爱这一行。没想到，长大后我就成了她，我越学越觉得有意思，医生就像侦探，每次看病都像破案。"

网上说她是有名的"慢大夫"，她笑称："其实我没有传说中那么慢，只是仔细点。"在毛永辉看来，老年人往往不是一种病，经常错综复杂。她绝不会让患者"排队三小时，看病两分钟"，而是尽可能地了解患者更多的信息，聊症状，聊药史，聊家族病史，聊生活习惯，最后层层深入，像剥笋一样，抽丝剥茧找出病因。她总觉得，好医生不仅要医术精湛，还要情商高。"医疗是配合的艺术。好的沟通，事半功倍。"在日常接诊中，毛永辉经常说，"这是我的建议"，给患者最大的尊重。无论碰上快90岁的患者拿着像教科书一样厚的病历给她看，还是抱着七八张提问纸条来逐一提问的男患者，她都会拿出同样的耐心。怕有的患者理解困难，她还总在最后用"一二三四"一条条梳理总结。

而这次在新冠肺炎重症病房，面对严重焦虑的"70后"胸腔引流患者，毛永辉克制着心里的那份急，故作轻松地宽慰：“你这么年轻咋这么焦虑呢？多大点事儿啊哈，你看……”虽然隔着护目镜和防护服，她也总尽量把轻松平和传递给患者们。

还有个患者，半夜频繁叫铃，因为“失眠”。“我们就和患者谈心，了解原因，原来他和妻子失联了，他特别担心，不知道她在哪个隔离点，只知道她不好，他还焦虑一岁多的孩子无人照看。后来我们的护士就通过指挥部给他查到了，恢复联络后，患者才放下心来。”

在断断续续的采访中，被毛永辉的拼搏精神感动，也被她的乐观性格感染。她把医生朋友开的玩笑讲给记者：“哪天你看电视里不天天宣传我们医务人员了，就说明快胜利了。”毛永辉说，她眼下最大的希望是——早日回家，“因为我们回家就意味着疫情结束”。

（文/张姿　中国妇女杂志2020年3期）

叶黎文 湖北省第三人民医院（湖北省中山医院）呼吸内科医生

致敬词

她是发热门诊最年轻的医生，却是同事们眼中“一天不吃不喝，也不上厕所”的“叶坚强”。战“疫”期间，她先后接诊3000余名发热病人，始终坚守在一线岗位上。

叶黎文：青春在最需要的地方闪耀

2020年1月初以来，叶黎文连续奋战两个多月，接诊发热病人3000余人，参与救治新冠肺炎患者80余名，被同事们称为“叶坚强”。入选四部门联合发布的“一线医务人员抗疫巾帼英雄谱”。

1992年出生的叶黎文，是湖北省第三人民医院（湖北省中山医院）呼吸内科最年轻的医生，参加工作仅半年多，值守发热门诊37天后，又马不停蹄转战“红区”。

正如习近平总书记指出，在这场疫情面前，广大青年“不畏艰险、冲锋在前、舍生忘死，彰显了青春的蓬勃力量，交出了合格答卷”。叶黎文正是一个闪耀代表。近日，在家隔离、等待复工的她接受了本刊记者专访。

○ 坐镇发热门诊，每天像打仗

1月3日，快下班的时候，叶黎文接到一个会诊电话，有位发热病人高度疑似新冠肺炎。她立即汇报给呼吸科主任。主任告诉她，从明天开始，医院要设立发热门诊，呼吸科要派一名医生去值守。1月4日上午8点，叶黎文准时出现在发热门诊，成为第一个值班的医生。

“我年轻，身体好，精力充沛，战斗在一线，应该的！”叶黎文说。在此之前，刚工作半年多的叶黎文其实并没有独立出过门诊。她坦言，独立诊治并不难，难以承受的是超负荷的工作量。

发热门诊的早期工作是接诊发热患者及筛查可疑患者，对确诊及疑似患者及时隔离治疗并上报医院相关部门。这是抗击疫情的第一道防线，也是所有后续治疗的起点。疫情暴发后，巨大的压力首先落在了发热门诊。如潮的患者涌入门诊，不安、焦虑甚至恐慌的情绪在患者间蔓延，平时门诊一天也就五十来个病人，而那时，每天的病人少则一两百，最多的时候能达到五百人。一个班次只有一名医生值守，叶黎文要独自承担超过平时两三倍的工作量，还要在采取最高级别的三级防护状态下完成。

“穿上防护服真的太难受了。它非常密闭，每次下来都一身汗。口罩也特别勒，鼻子和耳朵都勒得受不了，脸上勒痕很严重。”叶黎文说，最危险的是护目镜特别容易起雾，为了给病人准确的诊断，她只好冒着很大的感染风险，把护目镜摘下来，去查看病人的病历、片子，所幸后来有了防雾喷雾。为了节省防护物资，穿上防护服后，她往往整个班都不吃不喝。而脱下防护服时，每脱一层都要洗手消毒一次，“常常一件防护服脱下来，要消毒近10遍”。在脱完所有防护装备后，还要再用酒精把脸擦一遍。从早晨八点到次日凌晨两三点，好像打仗一样，对体力、意志力都是一场巨大的考验。没时间去想累不累，心里唯一的念头，就是抓紧时间，尽力多看一个病人。

最忙碌的一天，她处理了三十多个病情严重的患者。她说作为青年医生，最害怕碰到重病号需要自己拿定治疗方案。但在当时情形下，根本顾不上害怕了，必须当机立断，争分夺秒处置好病人。

“有位老太太是复诊的患者，一天晚上她儿子来找我，说母亲症状有好转。当我拿过患者病历和CT片子看了一眼，把我吓坏了，肺基本白了。我赶快跑出去，看到老太太呼吸急促，一测血氧才50多，需要立即急救。”儿子本来打算回家给母亲拿被子，叶黎文赶紧拦住了，告诉他病人的情况非常危险。当时医疗资源紧张，病床极度不足，她就让护士临时加设了一个留观床位，马上开始上抢救措施……约一个小时后，患者呼吸稍有平稳，氧饱和度上升到80%左右，这一夜总算是转危为安。

“过了一天，这个老太太还是去世了。但是我们尽力抢救，给家属留下一段缓冲情绪的时间。病人的儿子非常理解，他哭着来感谢我们。”

“第16天，从早上8点看到凌晨3点多。”“第19天，今天发热门诊爆满。”“第20天，明天就除夕夜了。今天病号仍然很多……”“第21天，不眠夜。”“第28天，现在是二月第一天凌晨三点。”

这是叶黎文在抗疫期间写下的日记，记下发热门诊天天爆满，也记录了自己和同事们全力奋战的一个个不眠之夜。通过日记，她袒露自己的害怕担忧，也给自己不断加油打气，注入希望和力量。

1月27日之前，叶黎文所在的发热门诊只有四名年轻医生值守，采取24小时轮班制。27日之后，门诊调整了上班时间，凌晨时分由各科室主任轮流帮值，医生在值班室休息待命，这才稍稍缓解了发热门诊医生的压力。对此，叶黎文在日记里也俏皮地写下：“今天晚上的病号真的好多，看到接班的主任犹如看到了救星……”

○ 转战“红区”，不舍昼夜

随着疫情得到有效控制，中山医院被征用为新冠肺炎救治定点医院，先后设立了十个呼吸病区，病人直接从社区转过来。2月16日，叶黎文调入新建病区。她再次独当一面，踏入“红区”，直接参与新冠肺炎患者的救治工作。

所谓“红区”，也叫污染区，就是要进入病房，与患者面对面。大部分医生都是从其他科室调过来支援，作为呼吸科的专业医生，叶黎文扛起了救治的主要责任。上午八点，她开始查房，仔细了解每一个病人的情况。查完房，从“红区”出来，她要拟定治疗方案，指导同组其他几名医生对病人进行治疗。直到晚上九十点钟，一天的工作才算结束。

病房的环境更为幽闭，穿上防护服三个小时就会呼吸困难，她还要不断地跟病人交流，每天说很多的话，累到声音沙哑。“有很多病人很紧张，我就反复给他们讲解，每天都重复多遍。”叶黎文说，身为医生，“有时去治愈，常常去帮助，总是去安慰”，给病人精神支持与治疗一样重要。

有一位三十多岁的女患者，叶黎文敏锐察觉她可能怀孕了，检查结果确认她已怀孕四十多天，而病人却没有任何察觉，之前她做过两次CT检查，并服用了不少激素类药物。面对这种情况，叶黎文建议病人终止妊娠。第一天，病人不肯听。第二天，还是不听。到了第三天，叶黎文又反复做工作，病人才吐露心声，说自己年龄大了，而且是再婚，好不容易才怀孕，她想要保住孩子。然而，在这种情况下继续妊娠，对病人和胎儿都有巨大风险。直到第五天，病人终于同意了她的建议。叶黎文才松了一口气。

叶黎文所在的病区，病人的情况整体较为平稳，没有发生危重急救的情况。细致做好每一位病人的治疗和护理，是日复一日最重要的事情。有一位老爷爷，已经八十多岁了，没有生活自理能力，血氧特别低，入院时家属都不抱任何希望了。但是叶黎文和她的同事们却没有放弃。她们用上了所有治疗手段，还特别加强了营养补充，护士们轮流给他喂饭、翻身、清洁身体。在精心护理下，这位老爷爷奇迹般地治愈了。

3月10日，随着疫情被进一步控制，叶黎文所在的医院关闭病区，隔离两周，之后将恢复正常门诊。已经下班回家的她，当天晚上十点又返回病区。有的病人可以出院了，有的则要转入火神山医院，她要确认每个病人的情况，交代注意事项，才能放心。“有什么问题，叶医生总是非常详细耐心地给我们讲解。”病人们很喜欢叶黎文，对她依依不舍，纷纷要跟她合影留念。看着空下来的病房，叶黎文说，病人出院，是最开心的事！

○“医二代”，钟南山和父亲是榜样

叶黎文的父亲是医生，妈妈是护士。“医二代”从小就见惯了父亲365天都在工作。“我的偶像是钟南山和我爸爸。”

“钟南山是我们呼吸科专业每个人的偶像啊。”叶黎文语气里满是钦佩和崇敬。她说，钟老临危受命，奋战抗疫一线六十多天，不仅在拼命，更显示一种责任和担当，84岁高龄承担那么重的工作，背后一定超级自律，对身体的自我管理很棒。“而我爸爸也是一个自律的人，每天早晨五点去运动，也非常注重饮食平衡，他常常说‘身体是革命的本钱’‘生命在于运动’，他这样要求自己，也带着我坚持运动。”

自1月4日以来，连续奋战两个多月，作为密切接触者和发热门诊值班医生，叶黎文却一直健康无恙，她说要归功于父亲带着她从小运动，打下的良好身体底子。这段经历，也让她对于父亲的严格教育有了更深刻体悟。“爸爸常常对我说，做医生，就要胆大心细！”疫情下叶黎文必须独立诊治，还要保证不被感染，“叶坚强”的传奇背后，正是“胆大心细”的教育实践。

不穿白大褂的叶黎文，是个27岁爱美女孩。“我最喜欢喝奶茶，可以叫我‘奶茶女孩’。下班之后喜欢宅在家里，上B站，刷抖音、微博……我爱臭美，很喜欢看时尚博主的穿搭。”她最佩服独立、有才华、魅力全面的女性。

突如其来的疫情，像是一场大考。在门诊一天要面对一两百个病人，从开始的小心摸索，到后来有条不紊，叶黎文得到了很大的历练。她说原本很“佛系”，而通过抗疫，她对家国情怀、社会责任有了更深刻、更真切的理解。“我们‘90后’就是这样，嘴上说佛系，其实内心很热血。”

等武汉开城，她最想的就是跟一起奋战过的小伙伴——发热门诊的青年四人组好好聚一聚。当初，大家都穿着防护服，几乎认不出来谁是谁，只有交接班的时候交谈几句，但是战“疫”把几个年轻医生连接在了一起。他们的微信群就叫“一切都会好的”。在群里，交流工作，抒发心情，互相鼓励，支撑着度过了最艰难的时刻，也见证了彼此的成长，结下了过命的交情。所以，一定要早点见！

在这场没有硝烟的战争中，叶黎文和那些“90后”一样，用实力证明是可担大任的一代！奋战“红区”两个月的蜕变，为她人生成长提速，也为未来盛放厚植根基……

（文/文雯　中国妇女杂志2020年4期）

刘宇航 北京世纪坛医院急诊科护士

致敬词

17年前，母亲一线抗击“非典”；17年后，她奔赴战“疫”前线。在她的举动中，不仅显示了大爱精神的传承，也表达了新生代向前辈的致敬。

刘宇航：一袭白衣，两代传承

17年前，妈妈站在了抗击“非典”的最前线，当年的刘宇航只有8岁。新冠肺炎疫情来袭，刘宇航驰援武汉。四部门联合发布的“一线医务人员抗疫巾帼英雄谱”中，她榜上有名。

刘宇航，北京世纪坛医院急诊科的一名“90后”护士。那张她摘下口罩、满脸深深勒痕却笑意盈盈的照片，感动了无数网友，被大家称作“最美笑脸”。

○“护二代”：成为妈妈那样的人

在刘宇航心中，妈妈才是一直在成长中为她领航的英雄。17年前，平素看上去柔柔弱弱的妈妈主动请缨，站在了抗击“非典”的最前线。她从未说过什么英雄气概的豪言壮语，也很少提起那场战役的情形，当有人问起时，她也只是淡淡地说：“我是护士，这是我的责任。”当时8岁的小宇航心里种下了一个懵懂的愿望：长大以后，我也要做妈妈这样的人。

也许正是多年来潜移默化的影响，让刘宇航做出了和妈妈一样的选择：国难当前，召之即来，没有半点犹豫。新冠肺炎疫情暴发，刘宇航没跟父母商量，就自作主张报名参战，成为驰援武汉北京医疗队中年龄最小的队员。

先斩后奏，不怕父母反对吗？刘宇航笑了：他们肯定支持我。妈妈也在自己的岗位上坚守，都没能来送我。

刘宇航的妈妈刘德芬，目前是北京门头沟一家社区卫生服务中心的疾控科主任。疫情来袭，她第一时间结束了春节假期，赶回单位值班。她不但要负责镇上的发热门诊、转诊病人、防护培训等工作，还要给特殊时期封村的29个村送去必需用药。听说刘宇航要赴武汉抗疫，她通过电话给女儿打气：报名就对了！你是护士，这个时候必须顶上！有什么事你都要往前冲！

一袭白衣，两代传承，传的是治病救人的理想，承的是尽责担当的信念。两场疫情，将母女两人的人生奇妙地串联在一起。刘宇航觉得，自己更理解妈妈当年的选择了。临行前，她给妈妈留下一封手写信。

作为“90后”，她从没用这种方式和妈妈交流：“妈，今天以这种方式和你沟通，是因为有很多话当面说会很难为情。记得17年前，妈妈你选择舍小家为大家，把我托付给家里，义无反顾地投入到了抗击‘非典’的工作中。当时家里人都不理解为什么你明明知道危险还要去做。面对压力，你毅然决然地选择了责任……也是从那个时候开始，我确定了我的理想是当一名护士，成为妈妈这样的人。”

读到这封信，刘德芬感慨万千。回想当年面对“非典”疫情，突然接到通知，当天就决定出发，心里并没有过多考虑可能会遭遇的危险，甚至还更渴望去更接近患者、更危重的地方。而这一次，身为人母，说不担心是假的。女儿毕竟还年轻，会不会操作不周？会不会防护不当？但同为医护工作者，她理解并支持女儿的选择。刘德芬不断给自己信心：女儿在急诊科上班，这几年各种状况都处理过，技术水平一定没问题！

刘宇航出征那天，刘德芬坚守在北京疫情防控一线，没能为女儿送行。因为有过亲身经历，她知道前方人员、物资都会很紧张，一线的护士经常要连班工作，久久不能换班是常事，中途想上厕所非常困难。她特意叮嘱丈夫，一定要给女儿多买些成人纸尿裤。

整整五大包纸尿裤，是“护二代”刘宇航从父母手中接过的无言“惦念”，那是来自前辈的经验，更是来自母亲的关爱。那些悄悄藏起来的担心，那些背转身才敢流出的眼泪，写满了理解和支持。

○ 青春誓言：这次换我们保护世界

在武汉，刘宇航没有让母亲失望。她和所有年轻的战友一样，在最危险的地方，学着前辈的样子，拼尽全力与病魔搏斗。给病人吸痰、输液、补水、测量体温、安抚情绪……事情琐碎繁杂，她却从不叫苦。为了防护到位，口罩必须系得很紧，勒得牙床都疼；厚重的防护服，一穿就是一整天，可对她来说，就像是战士披上了铠甲。

作为一名优秀的战士，不但要召之即来，更要来之能战、战之能胜。这份自信，来源于平日的点滴积累。刘宇航进入世纪坛医院工作的五年时光，每天都在进步和成长。急诊科的病人形形色色、状况百出，这就要求所有医务人员不但要熟练掌握各种抢救仪器和技术，更要能够和同事团结协作、默契配合。在这里，年轻的刘宇航既体味了成功挽救生命的欣慰，也尝到过无能为力的沮丧。不仅对从小耳濡目染的医护行业有了新的认识，更从每天直面的生死中体会到了生命的意义。

初入隔离病房，真正接触到新冠肺炎的患者，刘宇航对生命和责任的认识又被刷新了。那一双双注视着她的眼睛里，有焦虑、有暴躁、有胆怯……但充满祈盼与渴望。“他们需要我！”对刘宇航来说，这份需要，就是付出一切的理由和动力。

短短几天，刘宇航就适应了特殊时期的工作节奏。“一切行动听指挥，做好每一件必须要做的事情。”输液、补水、测量体温……这些流程对于一名急诊科护士来说，熟悉得不能再熟悉了，刘宇航说，她感觉把北京的急诊室搬到了武汉，除了战时更紧张和更忙，跟日常工作没什么两样。

“将心比心，以心换心”是刘宇航的准则。对她的病人来说，这个年轻的小护士是“定心丸”，细微的需求都被她看在眼里、放在心上。一天，刘宇航正在帮病人翻身、做治疗，突然听见旁边病床的床在响。定睛一看，原来是邻床的病人在摇晃。这位叔叔插着管无法说话，但是意识清楚，他正对着自己焦急地眨眼睛，手指向呼吸机。

刘宇航立刻明白了，这是插管引起的不适让病人产生了焦躁。她温和地附在叔叔耳边解释，耐心安慰。叔叔很快安静了下来，又向着刘宇航眨了眨眼睛，眼神里写着信任。这件事让刘宇航的工作思路更加清晰：现在情况特殊，病人有些焦躁、敏感的情绪都很正常。我们只需要凡事更耐心一些、想得更多一些就可以了。

天生乐观的刘宇航，也是病房中的“开心果”。为了避免感染，大多数重症病人都没有家属陪护，孤单寂寞加上担忧病情，不少人陷入恐慌。刘宇航时常陪他们聊天，在繁忙的工作间隙抚慰他们的情绪。前线物资紧缺，她注意到病人们很少能吃到水果，就和护士姐妹们商量，把每天定量发给医护人员的水果集中起来，带到隔离病房分发给病人。好情绪是最好的辅助治疗方案，渐渐地，隔离病房的笑声越来越多，病人治愈出院的好消息也越来越多了。

每天，刘宇航都会抽时间跟爸爸妈妈视频报平安，讲讲抗疫日常，聊聊自己听到那一声声“辛苦了”“谢谢你”之后的感动和温暖，也总不忘叮嘱父母做好防护、注意安全。那个17年前被全世界保护的孩子长大了，她站起来，接过前辈的战旗与冲锋枪，也成了勇敢的逆行者。她和她的伙伴们，在没有硝烟的战场用青春生命立下铮铮誓言：“这次，换我们来保护全世界！”

○小秘密：两个“红色”的心愿

疫情结束后，最想做什么？刘宇航又笑了：好久没有见到爸爸妈妈了，就想一家人坐下来好好吃顿饭！

是的，在经历了特殊时期之后，人们才会更加明白什么叫“团圆美满”，什么叫“平安是福”。而也正是这些共同经历的坎坷，才会让人与人靠得更近，无论是一个家，还是一个国。这顿团圆饭，所有人都等得太久了。

其实，刘宇航心里还藏着两个“红色”的小秘密。

第一个，是红艳艳的党旗。出征前，刘宇航在写给妈妈的信里说：“告诉你一个小秘密，经过慎重考虑，我已经偷偷写好了入党申请书，等我回来，就会郑重递交给党组织。”坎坷和磨难面前，那些最坚定、最勇敢、最强大的力量，总会给后来者带来震撼心灵的鼓舞。

第二个，是红彤彤的结婚证。2月2日，本来是她和男友说好了领证结婚的日子，却被突如其来的疫情拖住了。男友在朋友圈发了七个字——“以你为荣，我爱你。”没有华丽的语言，却透露着心灵相通的暖暖爱意。余生漫漫，还有什么比一个珍惜、呵护且懂得自己的爱人更可贵？这个春天也许来得迟了些，但花总会开，幸福总在正前方。

这是属于一个“90后”年轻护士的心路历程，渴望向阳生长，期待顶天立地。她或许不在乎英雄的光环，却让更多人看到英雄的意义，见识到英雄的平凡与非凡。

（文/田甜　王婕　中国妇女杂志2020年4期）

何雯 湖北省中西医结合医院急救科护士长

致敬词

面对未知的病毒，救助病患是她义不容辞的职责。她专业过硬，优化流程，完善程序，为救助病患节省出宝贵的时间。医者仁心，她是火线上的践行者。

何雯：坚守如磐，做安全守护天使

夜已深，收拾停当，总结完当日工作，再梳理一遍次日工作要点、流程，何雯这才结束了一天的忙碌，沉沉睡去。

早上7点，她又风风火火投入新的战斗。带领团队战“疫”至今，这样“睁开眼就工作”的状态，何雯已持续了60多天。

1月初，湖北省中西医结合医院开始对所有发热病人进行预检分诊，在呼吸内科、急诊医学科隔离出分区治疗。该院急诊医学科护士长何雯带领科室22名护士，第一时间投入了阻击新冠肺炎的战斗。

疫情来势汹汹，发热、咳嗽的病人蜂拥而至，在高峰期，急诊科每天输液的病人就有三四百人，抢救室、监护室、留观室也是人满为患。何雯每天除了要完成日常护理任务，还承担了科室所有与外界的协调事务，配备防护物资、科室消毒、重新制定工作规程、接送转院病人……经常忙到凌晨三四点。

后来，医院为急诊科增援了护士，但她们来自不同科室，并不熟悉急救科的工作流程。何雯快速对每个人能力和实际情况逐一评估后，将新老护士一对一搭配，重新分组排班。

为了让大家尽快适应岗位需求，她还对护士们进行培训，并拍摄了视频，详细示范穿脱防护服等防护要领，以及如何在工作中因地制宜，结合实际空间完成具体操作，确保既“速成”又行之有效。

日夜护理患者，护士面临极高的感染风险。为了护士的安全，何雯对防护的要求严格到近乎苛刻。

防护物资匮乏期间，有病人急需抢救，一名护士没有口罩，依然冲在了最前面。“你不戴口罩，想干什么？出去！”何雯冲这名护士大吼。转过身，她自己却流泪了。

“只有先保护好自己，才能救治更多患者，这样咱们才能一起打赢这场硬仗。”事后，何雯语重心长地再次叮嘱，这名开始还有点委屈的年轻护士点着头哭了。

“保证每个人安全进去安全出来，”是何雯对自己的要求，“我要对护士负责，对她们的家人负责。”

何雯守护着病人和护士，却无暇照顾自己。满负荷工作，她出现了干咳症状，肺部CT检查有感染。隔离期间，连日的奔忙被按下“暂停键”，何雯却放心不下，每天通过电话联系一线了解情况，远程指导。几天后，肺部CT检查发现炎症消失，连续两次核酸检测阴性，她再次向院领导请战。一周后，这位女战士回归一线。

疫情不退，战斗不止。这就是何雯，这位白衣战士的信念。

（记者张园园　《中国妇女报》2020年3月8日）

赵培玉 国家支援湖北医疗队中日友好医院大外科科护士长、重症护理队队长

致敬词

“将亲人交给我们，请放心！”这是一句承诺，更是一个行动宣言。她将每个患者视作亲人，用无微不至的护理和关爱，给患者送达温暖，传递信心与希望。

赵培玉：初心不改，再披“战袍”战疫魔

“不可能不想家……只想告诉家里：我在武汉很好！”

2月23日下午，作为援汉医护人员代表，在国新办于武汉举行的记者见面会上，面对镜头，中日友好医院支援湖北重症护理队队长赵培玉这样说道。

此时，远在千里之外的北京，上初三的儿子将要中考，年迈的母亲需要照料，朝夕相处的战友等待着她的归期。

17年前，年轻的赵培玉勇敢冲上迎战SARS的最前线，2020新冠大敌当前，人到中年的她再披战袍，逆行武汉。

在武汉同济医院中法新城院区，20多天的时间里，赵培玉和战友收治的危重症患者累计达到60余人次，经过精心治疗和护理，迄今已有20位患者顺利康复出院。

作为重症护理队队长，赵培玉也是护士们的“大姐姐”。她的团队，队员们来自多个科室，三分之一是“90后”，对于如何做好防护很多人经验不足。为此她设立了严格的“三道岗”把关：进入隔离区前，相互之间

进行检查监督，保证同伴的安全措施到位；设立一个监督员，在护士们穿脱防护服的时候，全程监督；最后还有一个感染把关人：在护士们进入隔离病房前，进行最后的检查和把关。

赵培玉常常对患者家属说：“您把家人托付给我，我一定要让您放心。”

面对患有阿尔茨海默病又在夜里睡不着的老人，她整夜陪护；面对88岁高龄却又同时患上新冠肺炎被分开治疗的夫妻，她又变为“传话筒”；对于因患病而陷入焦虑的安保人员，她给予耐心开导……

赵培玉说：“看到患者们的种种状态，我深深感受到，他们对生命的强烈渴望，同时也是对医务人员的无限信任。”

在危重症病房的一位女患者，做了支气管切开，使用了呼吸机，插管之后，她无法说话。一次赵培玉巡视病房时，她就用手在被子上写字，走近一看，她写的是“水”。赵培玉问：“阿姨，您是口渴吗？”这位患者冲赵培玉眨眨眼睛。赵培玉心里很难受，对她说：“阿姨，您现在不能喝水，再坚持一下，好吗？”患者又眨眨眼睛，对赵培玉竖起了大拇指。经过精心治疗，这位阿姨最终脱离了危险，目前已处于康复中。

“感谢你们冒着危险、远离亲人，来到武汉疫区一线救助我们。”

“我孩子不在身边，你们就像女儿一样照顾我。”

患者们的一封封感谢信，让赵培玉双目湿润，也让她下定决心：你们的信任就是我的责任。

（记者彭芸　《中国妇女报》2020年3月8日）

夏莹 国家支援湖北医疗队北京协和医院内科ICU护士长

致敬词

她是ICU里永不知疲倦的“大管家”。从无到有，从少到多，她在完全陌生的环境中，和同事彻夜不眠不休，创造了48小时新建协和重症病房的奇迹。

夏莹：曾战“非典”，“大管家”今抗“新冠”

夏莹是北京协和医院第一批国家支援湖北抗疫医疗队的成员，刚刚结束过年值班的她，便马不停蹄地逆行至武汉，投入更加紧张的工作中。

“她能连熬24小时不合眼，我们心疼地劝她休息，可她每天大部分时间都在工作。”夏莹以低调务实、忘我工作的状态，赢得了医疗队队员们的交口称赞。

由于在防控一线表现突出，夏莹获得“全国卫生健康系统新冠肺炎疫情防控工作先进个人”称号。

2003年，她就曾参加过抗击“非典”一线的临床救治工作。新冠肺炎来袭后，她又是第一时间报了名。1月26日，夏莹作为北京协和医院首批国家支援湖北抗疫医疗队队员，抵达武汉。

从来到武汉开始，她就没有停歇。从梳理流程、整理物资、临床护理、防护培训与督导等着手，小到给患者拍背、吸痰和换床单，以及帮队员们逐个穿脱、检查防护服……她都事无巨细、亲力亲为。

为保障团队迅速投入一线救治工作，夏莹和同事们在到达武汉后，仅用了两天，就迅速带领护士们完成了一系列病区环境、物资管理和人员培训的标准化管理工作。

为了打造更加规范、安全的病区环境，夏莹带领大家绘制了病区环境示意图，便于队员们熟悉工作场地；与当地医院护理管理人员对接，一起讨论梳理流程，对新病区的护士站、物资库、更衣室、病房、清洁消毒区、污染通道以及消防通道等的各类标记、标识进行优化。

新病房的护理工作由6家医院的护理团队共同轮班完成。夏莹和同事们带头，为各家医院明确了各自的专属物品柜，并列出了工作人员的防护用物清单。此外，还制定了每班物资交接单、每日物资清点单，以便于大家高效、规范地完成工作。

当病房的运转逐步走向正轨，她成了大家心中当之无愧的病房“大管家”。

随着病患病情复杂度的提升，协和团队的治疗方案也随之升级。夏莹用专业、全面的护理技术，协助医生在病区完成了首例持续肾脏替代治疗，并为其他护理人员提供了技术指导及培训，提升了重症病区的整体护理质量。

（记者富东燕　《中国妇女报》2020年3月8日）

夏思思 生前系湖北省武汉市协和江北医院（蔡甸区人民医院消化内科）医生

致敬词

在归家途中，她毅然选择了折返病房，因为不舍对患者的牵挂；把危险留给自己，身处危境她仍然悉心诊治病人。战“疫”前线，她用生命践行了医者誓言。

夏思思：生命“定格”在抗疫一线的“逆行者”

“你要注意防护，你放心，我没事，我会好起来的！”

这是倒在抗击新冠肺炎疫情战场上的湖北武汉蔡甸区人民医院医生夏思思和她的爱人吴石磊说过的最后的话。话音犹在耳边，而斯人已逝，所有的一切都化作吴石磊对妻子无尽的追忆！

2月24日，夏思思的爱人、武汉某医院医生吴石磊告诉记者，2月6日之前，夏思思的状态还行，当时她正在吸氧，说话聊天也比较正常，还叮嘱了吴石磊几句。

“我们都以为她没事了，没想到2月6日晚上她的病情忽然加重。2月7日是我最后一次见到我爱人，那时她正在蔡甸区人民医院接受抢救。之后的日子里她就一直处于昏迷状态，到2月23日上午6点，她再也没有醒过来！”吴石磊说。

○ 性格开朗，工作认真

吴石磊和夏思思是大学同学。大学期间两人经常参加学生会活动，由此相识相恋。吴石磊性格沉静，夏思思相对外向、开朗。毕业后，家在北方的吴石磊随爱人留在了武汉。

“我们是初恋，她是独生女，很善良，也很会照顾人。我们2014年结婚，有一个孩子。”

吴石磊说，思思在工作和生活中是很替别人着想的那种人，平时给人帮个忙，工作中替个班什么的，都很正常，跟同事朋友的关系都很融洽。“我是个外科医生，思思是内科医生，相比而言我的工作平常更忙一些，妻子在家里操持更多，但她对此没有一点怨言。”

蔡甸区人民医院对夏思思事迹的记载中这样写道：夏思思是一名优秀的医务人员，受家庭影响，她十分热爱医生这个岗位。自参加工作以来，她一直积极努力工作。

“夏思思是个积极上进的女同志。在同事的印象里，工作中的她一直勤勤恳恳，踏实肯干。”一位医生回忆起夏思思时说。

○ 抗疫一线，不幸殉职

很多人都以为29岁的夏思思可以挺过病毒的侵害，吴石磊说自己从没有做过爱人会不治的心理准备，但没想到迎来的还是最不想看到的结局！

武汉的新冠肺炎疫情暴发后，夏思思一直冲在临床一线，没白天没黑夜地接诊、救治病人。有一天，夏思思接诊了一位患有多种疾病的76岁高龄患者，在夏思思的精心治疗下，这名患者最终得以康复出院。没想到在接诊这名患者四天后，夏思思开始出现畏寒、乏力等症状，后经确诊为新冠肺炎。

在新冠肺炎病区治疗期间，夏思思曾一度出现呼吸困难状况，当时协和江北医院（蔡甸区人民医院）呼吸科及辽宁医疗队专家建议她转至ICU治疗，但此时处于清醒状态的夏思思想到医院ICU仅有12张病床，她说自己年轻能挺过去，把仅有的ICU床位让给那些更危重、年龄更大的患者。

1月31日下午，夏思思的病情曾一度出现好转，在这期间，她还曾主动给呼吸科主任董健医生发微信，说自己病情好转，希望恢复后继续和董主任一起参与抗击疫情的战斗。

2月6日晚夏思思病情逆转，到2月23日6点，年仅29岁的夏思思因病重不治不幸殉职。

○“你一路走好，我会照顾孩子和父母”

采访中记者了解到，夏思思和吴石磊的儿子只有两岁，在夏思思住院期间，全家人都瞒着孩子，每当孩子找妈妈，一家人就骗孩子说妈妈还在上班。吴石磊告诉记者，那几天，只要电话响起，儿子就要抢来喊妈妈。

夏思思一家都是从医者，夏思思的父亲是一名军医，母亲是一名护士。女儿去世后，夏思思的父亲在自己的朋友圈记录下了这样几句话：“亲爱的女儿思思，你的年龄永远定格在了29岁9个月零20天……永远离开你热爱的医疗事业和信赖你的病人。”

在吴石磊的记忆中，总会闪现他和夏思思结婚时的场面，两人手牵着手，一起走红地毯，接受人们祝福。当时，吴石磊坚信他可以就这样和心爱的人牵手一生，但没想到妻子会在一场他们始料未及的疫情中撒手而去！

“思思，你一路走好，你放心，我会照顾好我们的孩子和我们的父母！”吴石磊说，如果妻子地下有知的话，这是他最想跟妻子说的话！

（记者袁鹏　《中国妇女报》2020年2月26日）

郭琴　武汉大学中南医院急救中心护士

致敬词

她从一名急诊护士不幸成为一名病人，但她无惧无畏，治愈后第一时间重返战“疫”一线，用自己果敢的行动，给患者带去救助和鼓舞，也带去新生的希望。

郭琴：重返战场，带去新生的力量

这两天，武汉部分樱花开了，这座被疫情笼罩的城市，开始涌动着生机勃勃的春意。

1个多月以前，“由护士变成病人，再由病人变为护士”的武汉大学中南医院急救中心护士郭琴也跨过了自己生命的寒冬，在感染新冠肺炎康复后的第二天，再次冲回离病毒最近的岗位，她说：“我站在那里，病人就看到了生的希望。”

“现在工作量还是挺大的，只不过新收的病人没有以前那么多了。一些原先处于隔离期或疑似的护士返岗复工了，可以稍微喘口气了。”郭琴说，新冠肺炎疫情发生后，急诊科每天接诊大量发热患者，ICU床位满了，急诊病房就承担了一部分危重病人的救治工作。“我们既要照顾住院病人，又要不停地接诊新病例，常常在病房一待就是10个小时，睡眠不能保证，饮食也很少按时。”郭琴也搞不清病毒是从什么时候找上她的，只是觉得那段时间工作太忙，抵抗力下降可能是诱因。

1月12日晚上下班后，郭琴出现头痛、发冷、关节疼痛等症状，一量体温37.8℃。第二天，体温一度升到39.5℃。她验了血、做咽拭子检测，结果是阳性，双肺CT结果呈现磨玻璃样影，她被确诊感染新型冠状病毒。工作了15年、37岁的郭琴，成为该院第一位被感染的医护人员，住进了隔离病房。

住院3天后，郭琴的体温恢复正常，身体状况明显好转。看到前来就诊的患者不断增多，她主动腾出床位，回到父母家居家隔离。十几天的居家隔离治疗，郭琴连续两次病毒核酸检测呈阴性，CT显示肺部情况好转。考虑到医院缺人手，自己又是党员，是医院第一个被感染的医护人员，自己很快痊愈、迅速返岗，会让大家消除恐惧，树立打败疾病的信心。1月28日隔离观察期刚满，郭琴立即申请重返岗位。

康复后返岗的郭琴更加理解病人的需求，更加重视病人心理上的一些变化。她用自己的得病经历增强病人战胜疾病的信心。

从返岗那天至今，郭琴没有真正回过家，“有时候会回去给家里人送点菜，但就站在门口看看，没进过家门”。11岁的儿子每次都在屋里隔着门问：“妈妈什么时候疫情结束，你什么时候能回来？”

郭琴说，等疫情结束后，她最想做的事情就是赶快回家看望爸爸妈妈，拥抱孩子和爱人，跟孩子一起做一些公益和环保的事情。“人生有限，做一个对别人有帮助的人！”

（记者杨娜　《中国妇女报》2020年3月8日）

郭敬 国家中医医疗队队员、广安门医院护理部副主任

致敬词

大年初一应声出征，进入阵地便忘我工作。她作为国家中医医疗队首批援鄂队员，总是迎难而上、倾尽全力付出，心怀挚爱精心护理每一位病患。

郭敬：中医护理见“疫”有为

作为首批国家援鄂中医医疗队中的一员，郭敬和战友们在战“疫”中完美彰显中医药的力量，让她深感骄傲。

采访郭敬时，她已随第一批国家援鄂中医医疗队回京一月有余。在武汉圆满完成救治任务后，结束了14天的隔离休整，郭敬回到了工作岗位。“常态化防疫，不可松懈！”郭敬介绍，广安门医院已经全面实行非急诊预约挂号，患者可使用手机App、微信小程序等在线预约挂号，尽量减少接触，预防交叉传染。

回想在武汉市金银潭医院工作的67天，郭敬由衷感叹：“真是人生的难忘经历。从武汉疫情暴发，到医院组建医疗队准备驰援，我下定决心前往一线……仿佛就是昨天的事儿。”

○ 我是党员，我请战！

广安门医院紧急组建医疗队准备驰援武汉时，身为护理部副主任的郭敬，当即请战！向组织递交了请战书：“我申请带领第一批护理人员到前线去……”回家后，郭敬把援汉的决定告知家人，并得到了家人的鼎力支

持。其实，在郭敬心里，她最放心不下年迈瘫痪在床的父亲，最舍不得国外留学刚刚放假回京的儿子，但在“大家”面前，她放下小家：“我是党员，我要请战！”

除夕的钟声刚刚敲过，急促的电话铃声就打破了郭敬家里的宁静。她和家人都明白，出征的集结号响了。郭妈妈和郭敬丈夫，一个默默煮着饺子，一个井然有序地收拾着行李，谁都没多讲一句话，家人用行动化作对她这份职业责任的理解和支持。

一家人送郭敬，临行前，儿子满眼不舍地在她背后大声喊道：“老妈，你一定要平安回来，你答应过我，带我去吃最好吃的烤鸭！”郭敬回头看着儿子，郑重地点点头，然后头也不回地踏上了前往武汉的列车。

大年初一，作为国家援鄂中医医疗队首批队员，郭敬与战友一同逆行，到达武汉市金银潭医院。

作为党员，郭敬关键时刻挺身而出、冲锋在前。“我是党员，我先上”，没有硝烟的战斗，同样惊心动魄，日夜奋战，种种煎熬，都只为打赢这场疫情防控阻击战。

○ “红区”中的十八般武艺

作为一名护理工作者，中医护理方法是郭敬和她的团队工作中的一大亮点。依据医生的辨证分型，她们为患者制定个性化的照护方案。在金银潭医院南一病区，郭敬带领团队开展健身保健功法、中药香囊、穴位按摩、耳穴贴压、中药泡洗、艾灸等中医护理技术，在助力患者康复过程中发挥了重要作用。

除了日常的护理工作，郭敬还通过微视频指导更多的一线护士，掌握经鼻高流量吸氧、中药颗粒剂给药等正确操作方法，只要一有空闲，就带着护士们一起指导患者练习八段锦、呼吸操等，还通过一对一辅导、发放图片资料以及推送操作视频的方式，教会患者“手指同身寸取穴法”。

在郭敬经常出入的病房里，有位刘奶奶，乏力症状明显，夜间失眠。郭敬就和护士长陈扬等人商量，每日为其进行穴位按压，并且一边操作，一边详细讲解中医的作用。还制作了纸质版的穴位图，并给刘奶奶发了穴位按压的视频，教会其睡前自我按压。10余天后，刘奶奶表示乏力症状明显好转，夜间睡眠时间也有所增加，感觉整个人都有精神了，回家后要坚持进行穴位按压，主动调理自己的身体状态。

郭敬所在的南一区病房内，所有患者都需口服中药颗粒剂，部分患者还需使用中药注射剂。在与医疗专家充分沟通后，郭敬带领护士们整理出了每位患者的给药时间，并坚决做到服药到口同步记录，定时巡视，密切关注患者的用药反应和主诉，大大提升了中医护理工作质量，也为保证中医药的用药安全和充分发挥疗效做出保障。

为了帮助更多患者减轻病痛折磨和最大程度地避免护士职业暴露发生，郭敬还推动落实一线护理人员使用安全型留置针。讲到这，郭敬满怀感激地说：“非常感谢黄璐琦院长在开展临床护理工作的第一时间，就为护士们协调来安全型留置针和护士配表，在保证护理安全的前提下，推动护理工作持续规范和精细。”

“在新冠肺炎救治中，中医药积极参与，主动作为，取得了良好的临床效果。”郭敬高兴地说，有重症患者80%愿意接受中医药治疗，轻症患者90%愿意接受中医药干预，隔离的患者也希望中医药早期介入。作为首批国家中医医疗队中的一员，和战友们在战“疫”中完美彰显中医药的力量，让郭敬深感骄傲和自豪。

○ 战“疫”情是坚强支柱

从武汉归来，生活如故，但郭敬一直难忘抗疫时光，特别是护士们和患者之间的浓浓情意。

戴眼镜的郭敬每次穿上防护服，戴上护目镜，里面的汗水、湿气就会弄得眼角难受，但都不能用手去擦，她来回穿梭于病房或方舱内，一忍就要好几个小时。“我除了做好自己的防护工作，还要及时帮助团队其他成员减压。”

在武汉金银潭医院，由于穿戴防护设备，医护人员之间无法及时辨认。进入隔离区前，互相在背上写名字成为每天必做的事。“加油”“必胜”等激励话语，成为名字旁最普通、却最珍贵的祝福。

2月22日，广安门医院心血管科病房护师李东旭正式踏入金银潭医院隔离病房，为了让她更加顺利进入状态，郭敬亲自带队，由广安门医院脾胃病、针灸科病区主管护师闫蓓耐心指点一同进驻病房，这让李东旭有了满满的信心，在接下来的工作中表现甚好。

面对陌生的环境，又是病毒肆虐的重灾区，郭敬知道第一次进驻病房的李东旭会产生紧张，完成作业后，在返回驻地的路上，她上前鼓励道：“东旭，虽然你是第一天上岗，但是表现得非常棒！继续加油！咱们一起努力，共克难关！”鼓励声好似一阵暖流给予李东旭力量。

对病人更是无微不至。为了减少新冠肺炎患者耗氧情况，在查房时，郭敬和护士们都会主动跟患者说：“不要下床去卫生间，就在床上完成，我们会帮助你。”

一位有糖尿病病史并需经鼻高流量吸氧治疗的老奶奶，每天不爱说话，不吃医院发放的食物，全身营养状况不理想。郭敬和护士王微发现后，耐心与老奶奶交谈，并告诉老人只有保持情绪稳定，多吃饭，按时服药，才能早日康复回家。老奶奶起夜频繁时，她们便主动帮助她在床上解决，并擦拭干净。同时，王微还仔细询问了老奶奶的饮食习惯和口味，经常从驻地为老奶奶带来爱吃的食品。老奶奶情绪日渐舒畅，每天按时进餐、服药，积极配合治疗，病情日渐好转，一周后就康复出院了。

郭敬笑说："时时刻刻为病人着想，病房中除了战友们的相互激励，还有病患们给予的温暖。"有一次，郭敬和一位护士协助患者服用中药，刚喝完药，患者开始咳嗽起来，只是片刻，便又马上用手捂住口鼻并用力扭过头去，迅速戴好口罩。郭敬说，这小小的举动，使当班的护士瞬间湿润了眼眶。"患者也是这样可爱，用行动回馈和关爱医护人员。"

"尽力提高护理之标准，竭诚协助医生之诊治，务谋病者之福利……"南丁格尔誓言是郭敬的座右铭，无论战时还是平时，她都用行动践行着这个誓言，燃烧自己，救死扶伤，点亮生命之光。

（文/杨华　中国妇女杂志2020年6期）

曹玲玲 浙江省绍兴市中心医院护士长

致敬词

最萌的鞠躬礼，却是最深情的赞美。照片定格下的温暖瞬间，是小患者对“护士妈妈”感激之情的自然流露，也是医者对病人尊重与关爱之意的真诚表达。爱与被爱，给世界带来和谐之美。

曹玲玲：护士妈妈，最萌鞠躬暖人心

一声“谢谢”，一个鞠躬礼，看似简单的举动，却温暖人心。2月22日，在浙江省绍兴市中心医院发生了令人感动的一幕，一个两岁的小男孩与一名护士彼此行了一个鞠躬礼。这一温情瞬间被拍了下来，照片很快在网上刷屏，被网友评论“仁心皆不变”“暖心的致敬”……

照片里的护士正是曹玲玲。

“爱是相互传递的。比起赞美，我们更需要尊重，”已在临床工作21年的曹玲玲说，“我只是按惯例送这个小男孩出院，告别之前，小男孩的家属说要感谢我们，就行个鞠躬礼，我也回了一个鞠躬礼。小男孩的鞠躬让我感受到了尊重，希望医患之间能够相互体谅、包容，相互尊重。”

曹玲玲回忆，这名两岁的小男孩刚入院时，情绪很不稳定，可能是紧张害怕，容易哭闹，就是给他手上佩戴入院信息的腕带都会抗拒。“为了让孩子配合治疗，我有空就陪他玩，说‘你真棒’‘真是个勇敢的孩子’这样的话来鼓励他。慢慢地，我们成了朋友。小男孩很听话，能够积极配合治疗。经过精心治疗，入院4天后，他就顺利出院了。”

对医护人员无微不至的照顾，小男孩和家属心怀感激。于是才有了出院时相互鞠躬那一幕。

这一温情瞬间，展现了医患之间涌动的尊重与关爱。

1月23日，绍兴市中心医院进行科室调整，成立了三个感染病区。“我作为党员，关键时刻更应该起到模范带头作用。”得知医院成立新冠肺炎感染护理应急小组，曹玲玲第一时间报了名。

进应急小组前，曹玲玲的体检结果显示，她的白细胞低于正常水平，抵抗力较弱，身体状态不是最佳，但她执意加入应急小组，一边服药一边深入感染三病区开展工作。她不但为患者提供护理服务，还参与了物资、药品、器械申领，人员安排，院感知识、专科知识培训等工作。在此期间，她还报名参加了绍兴市新冠肺炎医疗救治团队。

医者仁心，大爱无言。曹玲玲用实际行动诠释了使命与担当。

（见习记者陈姝　《中国妇女报》2020年3月8日）

蔡志芳 武汉市汉口医院呼吸内科主任

致敬词

在最先接收感染者的定点医院，她有时一天要面对近百名患者，有时要救治病人到凌晨两三点。肩负如山的使命，她没有豪言壮语，只有永远忙碌不停的身影。

蔡志芳：传递温暖，患者心中“主心骨”

从医30余年，危急时刻冲在最前线。战“疫”时刻，她是医院上一线最早、坚持时间最长、年纪最大的病区主任。连续奋战近两个月，每天面对百余名确诊患者，患者心中的好医生，她当之无愧。

“有她在，我们放心。”

在武汉市汉口医院，隔着厚厚的防护服，病床上的患者、忙碌的同事们看不清蔡志芳的脸，但什么都无法阻挡亲切、温暖和信任、信心。

作为汉口医院呼吸内科主任，53岁的蔡志芳从年初至今，已经在抗疫一线连续奋战了一个多月。最多的时候，每天要面对近百名确诊患者。

汉口医院是武汉市最先接收新冠肺炎感染者的3家定点医院之一。

1月2日，汉口医院开始成立隔离病区，原本在呼吸内科病区工作的蔡志芳接到紧急通知：她被派到隔离病区，专门收治“不明原因肺炎”病人。

对疫情认知程度逐渐加深的同时，汉口医院收治的病人也越来越多。蔡志芳每天工作都在10小时以上，有时为了抢治重症患者，到凌晨两三点钟才能结束工作。一天时间里，唯有中午能抽空休息半小时左右。

面对这么多肺炎病人，更重要的是如何保护好自己、克服恐惧心理。“我还真不怎么害怕，做了这么多年呼吸科医生，知道怎么做好防护。”蔡志芳不仅鼓励身边的同事，也积极鼓励病床上的患者。

每天8点不到，蔡志芳就穿着防护服到自己负责的病区，为患者测量体温、测血氧饱和度，查看、问询症状。再根据查房情况，制定用药、救治方案。一些危重病人，还需特别观察。

“配合治疗的同时，更重要的是提高自身的抵抗力。”蔡志芳说，一些患者生病没有胃口，医院会给他们送饭，送酸奶、牛奶，让他们多喝点鸡汤、肉汤，强迫多吃点东西。

有同事拍下了蔡志芳在抗疫一线奋战22天后的照片，与22天前的照片拼接在一起，产生强烈对比。最近的照片上，她戴着口罩和防护帽，面容憔悴，散在帽檐的头发还来不及整理，黑眼圈、眼袋非常明显，皱纹与以前相比也多了。然而，从仅露在外面的眉眼间，仍可清晰辨别出她乐观的笑颜。

有着30余年丰富临床经验的蔡志芳，除了负责一个隔离病区的查房工作，还要为全院职工“看诊”。

疫情发生以来，许多投入一线的医务工作者都或因疲劳产生了身体上的不适，出现咳嗽甚至发烧等症状，他们有的做完肺部CT检测、拍了片子后，都会请蔡志芳看一眼，她看完后会指导同事如何对症治疗。对于一些有低烧情况的医务人员，她会建议他们先调整、休息一两天，严重的就要住院。

“我相信大家齐心协力，胜利的曙光很快就会到来。”她不停鼓励着身边的同事，也鼓励着自己。

（记者韩亚聪　《中国妇女报》2020年3月8日）

江晓静 中部战区总医院感染科主任医师

致敬词

悬壶入荆楚，白衣作战袍。凭借丰富的临床经验和扎实的专业基础，她第一时间提高防护等级，精细诊疗，实现患者“一人一册”治疗方案，提升了科学施治的效果。

江晓静：带着“硬核”技术挺身抗疫最前沿

原本鼠年春节一过，57岁的她，就可以退居二线了，然而一场传染性极强的新冠肺炎疫情把她推向了疫情的“暴风眼”。

面对来势汹汹的病毒，中部战区总医院感染科主任医师江晓静选择挺身抗疫最前沿，身为病毒学专家的她展开了一场同时间赛跑、与病魔较量的生死战。

○ “硬核”技术的“领头雁”

2019年底，武汉市通报第一例不明原因的病毒肺炎疫情，随之而来的是中部战区总医院发热门诊数陡然增加。

江晓静敏锐地嗅到了空气中弥散着一种不安甚至是凶险的味道，她立即向医院建议启动《呼吸道传染病防控方案》，得到医院高度重视和积极响应。

很快，全院进入临战状态，机关、发热门诊、感染科、疾病预防控制科等，全员无休。

作为军内知名的感染病学专家，江晓静曾留学德国，主攻病毒学，获得蒂宾根大学病毒学博士学位，近年来，她带领团队打赢过不少应对传染病的遭遇战。

然而这种前所未见的新型冠状病毒，让过往的很多经验都不再适用。

面对一天500多人的发热门诊，江晓静无法预测这其中有多少是新冠肺炎患者，但她知道如果不及时收治肯定会引发更大的灾难。

关键时刻，医院给予江晓静强有力的支持，要人给人，要设备给设备，江晓静迅速振作起来和全院专家一道，深入一线搞会战。

为了搞清楚对抗新冠病毒的一些规律，江晓静和战友们吃饭的时候还在一起讨论，她和团队结合国家卫健委发布的指南以及武汉市其他大医院总结的救治方案，加上自己诊疗过程中积累的经验，撰写出《中部战区总医院新型冠状病毒肺炎诊疗方案》，为后续进入一线抗疫的医生们提供了操作性很强的诊疗指导。

江晓静还与兄弟科室的战友鼎力合作，积极尝试运用中西医结合的方式进行治疗，她指导相关科室根据临床患者的病情调剂汤药，对病人进行对症下药，通过艾灸等方式进行辅助治疗，取得明显治疗效果。

○ “一人一策”治疗方案的“掌门人”

为了摸清楚“狡猾敌人”的套路，江晓静经常穿着防护服“泡”在各个病房中，仔细询问每一位患者在接受治疗过程中的感受，认真分析他们不同阶段的病情变化，精细制定“一人一策”治疗方案。

江晓静每天都要把患者诊断数据捋一遍，确保能针对最新状况精准施治。

江晓静的严谨在医院是出了名的。护士站的留言板上详细记录着发热患者的体温，不仅有定时的体温数据，还有“日间最高”“夜间最低”和心功能不全患者每日不同时间段的出入量记录。

感染科的微信群里，至今留存着几百张图片，上面详细记录着每名患者输液、喝水、用餐等“入量”数据和排尿、排便等“出量”数据，记录非常精确。

护士长周勤每次说起江晓静，总是既敬佩又心疼：“她每次交班都会问病人的各种数据，有时候掌握得比我们还准。经常会不厌其烦地嘱咐医护人员，这是一个需要细心对待的病，细点，再细点。”

从每天护理计划的落实，到不同患者各种液体的输入速度，她都盯得很仔细，细致到严苛的程度。她与团队一起努力，直到拿出一套很精细的个性化方案才肯罢休，力求让患者从治疗到护理，从一日三餐到心理疏导，各个方面都能得到精心呵护。

感染科有一个专门的秤，每个病人吃饭前后，江晓静都要求称一称，吃之前称一遍，吃完了再称一遍，然后相减，记录病人吃进去的量，精确到克；病人饮水也要用烧杯精确到毫升，记录不能有半点儿马虎。

为什么要这么精细？在江晓静看来，新冠病毒感染直接表现是肺炎，但由此引起的并发症可能带来身体多个器官的病变，所以在治疗上也必须针对患者身体指标的不断变化，更加精准地采集信息，为“一人一策”综合施治提供依据。

○“红区”深夜查房的“常客”

江晓静负责的感染科，收治的病人最早，病情也最重，但是出现普通转重症、重症转危重症的确实不多，几次探秘发现她确实有绝招，那就是死死盯住病情变化的“窗口期”。

1月22日，科里收治了一位状态看起来很好，没有任何症状的中年人，各项指标都显示他是一位轻症感染者，但是在江晓静看来“实则不然”。

“肺部CT显示，他是多个位置均有感染，这种情况虽然症状目前很轻，但我们要特别关注。”江晓静语气坚定。

随即，江晓静要求患者必须使用心电监护仪，每天要十几次查看这名患者的各项数据。同时，叮嘱护士要对患者的面色、神态、呼吸频率，甚至一举一动进行严密监视。

一天、两天……江晓静担心的情况始终没有出现。突然，第5天的早上，患者的面色一下子暗了许多，呼吸频率比平时多了一倍，各项监测数据都在上蹿下跳。“窗口期”出现了！江晓静马上组织对患者进行干预，提前采取了必要的治疗，患者的呼吸慢慢平稳，一次危险的病情滑落被阻止了。

“在患者病情滑向悬崖之前拉住他。”这是采访江晓静时听到最多的话。

江晓静出生在军医家庭，父母的工作态度一直影响着她对医生这个职业的态度。“医生是没有节假日的，病人什么时候需要抢救，医生就什么时候出现。因为我父母亲就是这样做的，这是一种传递，也是我生活的日常。”

1月份接诊患者最多最重，为了深入了解新冠肺炎发生发展的临床过程，摸索个体化治疗方案，江晓静每天都工作到很晚，甚至凌晨一两点钟还会在微信群中了解患者情况、跟进指导临床护理。

在江晓静的带动下，感染内科没有一个人临阵退缩，第一时间冲到一线。江晓静很欣慰：自己不是一个人在战斗。她一次次点赞并肩战斗的战友：呼吸科支援的刘海潮副主任分担着危重症患者的治疗和二线值班，指导呼吸机的使用；李军把妻子和孩子送回老家，全身心投入战斗；张艳琼因科室医生短缺，在哺乳期就主动承担值班，后又索性给孩子的母乳换成奶粉，自己搬进了科值班室；陈吐芬孩子小、生病，但仍坚守岗位……

中部战区总医院政委卢海波评价说：“在这场抗疫战中，江晓静主任顾全大局、境界高远、率先垂范，忠诚践行了一名共产党员的使命与担当。”

（记者徐旭　樊仁亮　覃丽萍　《中国妇女报》2020年3月13日）

陈静 军队支援湖北医疗队队员、火神山医院重症医学一科护士长

致敬词 她做事果断、雷厉风行，被人们称为火神山医院的“硬核”护士长，但她却说：“请不要用英雄来称呼我，其实每个人都在尽自己的责任。”

陈静：火神山重症病房的严厉“大管家”

除夕夜接到命令的那一刻，陈静做的第一件事，就是“先把自己‘框’进名单”。

其实，战友们都知道，这位已入伍31年的老兵，几乎没有休过一个完整假期。20岁的女儿已是大一学生，却少有机会和妈妈一起出去走走。

疫情来袭，这位47岁的军队支援湖北医疗队队员、火神山医院重症医学一科护士长说：“岁数最大，又是护士长，理所当然是冲锋陷阵‘第一人’。”

○ 除夕出征

1月24日，农历除夕，凌晨4时整。

陈静突然被一阵急促的手机震动声音惊醒。

“务必在1小时内上报支援武汉的护士名单。”电话那头，一向沉稳的医院护理部主任彭飞语气异常急速地说。

深夜接到紧急命令，陈静明白，这次疫情如虎，任务非同寻常，必须“速断速决”确定人选。

看着妻子把自己的名字写在第一个，曾在武汉上大学的爱人在一旁轻

声说："这次是为咱'家人'去打仗。我支持你！"

陈静确实"身经百战"——2014年，陈静远赴非洲利比里亚埃博拉疫区，执行长达100多天的"援利抗埃"任务。2018年，陈静随"和平方舟"号医院船，执行为期8个多月的"和谐使命—2018"任务……

很快，陈静已确定另5个人，并一一打电话通知到位。

"这些'90后'姑娘，比我女儿大不了几岁，还都是孩子，平时看只老鼠都吓得掉眼泪。但她们接到通知没有一个犹豫的。什么是战士？她们就是！什么是勇士？她们就是！"说起自己年轻的战友，陈静已眼眶微红。

1月24日早晨8点，定下名单后，陈静又领受了更加艰巨的任务。医院党委决定，派出的48名护士，由陈静作为总护士长负责带队。

当晚9时50分，飞机起飞。两个小时后，飞机准点落地武汉天河机场。当舱门打开的那一刻，所有人都本能地把口罩系了又系，鼻梁的口罩钢丝压了又压。

个头瘦小的陈静，跟着队伍向武汉开进。她暗中攥了攥拳头，"当时我就一个想法，无论敌人多么强大，无论疫情多么凶猛，只要解放军来了，胜利就一定属于我们！"

○ "无胆"英雄

陈静没有"胆"。

2018年随"和平方舟"执行和谐使命任务前两个月，陈静做了胆囊切除术。

她的胆量，却异乎寻常。

进驻的汉口医院是一家康复医院，原先不具备传染病治疗资质，同时缺少必要的防控设施。

作为重症病房护士长，更是险上加险。在确定重症病房护士长人选时，医疗队临时党委就直接任命了她。原因是她长期从事肾病患者的夜间血透工作，有着抗击埃博拉病毒的实战经历，是最适合承担重症监护病房工作的人选。

1月25日，大年初一晚上8点，医疗队确定次日进驻汉口医院重症病房，3名医生和5名护士组成第一梯队第一班岗。

在驻地12楼会议室里，陈静把医疗队神经外科护士长张婷、妇产科护士长李玲玲、骨科护士长周宏玉召集起来定下第一梯队方案。

张婷至今都记得那晚陈静说的第一句话，“明天谁跟我上？”

“潜台词很明显，她已经把第一个上的名额，留给了自己。”张婷说。

最终敲定，陈静、张婷、刘怡琳、王小焕、李金燕5人作为第一梯队第一班次。

改造病区、打针输液、采集标本、监测生命体征、护理患者、打扫病区……在汉口医院工作的一周里，陈静带领护理团队的战友穿着厚重的防护装备，每天在重症监护病房忙碌。防护服、护目镜不透气，口罩磨红了脸颊，汗水浸透了衣背。

在重症病房，护理工作需要日夜守护患者，直面病毒的风险往往更大。

一次，在为一位患者清理喉咙时，咳出的痰液溅在了陈静的防护面具上。她没有本能地一躲，而是耐心地清理了患者的污物。

一次，在给患者喂饭时，病人突然呕吐，陈静一边安抚一边拿出床下的脸盆，倒上温水，一点点为患者擦拭干净。那位病人尽管很虚弱，依然伸出大拇指点赞。

一同在病房战斗的火神山医院护理部副主任徐正梅对陈静身体状况一直特别关注，每天都问好几遍，考虑到她一年前刚做完两次手术，准备把她暂时调出重症监护病房，谁知一找她谈，身体好转的她坚决不同意，坚持要守在最危险的地方：“我不一定做尖兵，但我不可能做逃兵。如果连我都害怕，那谁来救患者？”

“感谢共产党、感谢解放军！”一位位危重患者转轻后不约而同地感慨，被陈静理解为信任和重托：“我必须冲在最前面，倾尽全力投入一场场战斗，把那些被病毒折磨的重症患者拉回来。”

○ 最严唠叨

2月2日，在汉口医院奋战八天八夜之后，陈静和149名海军战友整建制转场到火神山医院，和全军支援武汉的战友一起融合作战。

考虑到前一阶段战斗的出色表现，火神山医院党委直接任命陈静为重症医学一科护士长。

按照之前的工程设计，传染重症病房分为污染区、缓冲区、清洁区等3个区域，值班医生可以从重症病房返回到半污染区进行医嘱处理。

看完工程设计图纸，陈静立马警惕起来，她结合抗击埃博拉病毒的经验，当场提出整个病房设计从进到出，必须是单向行走，不能折返。“重症病房工作区的划分就要‘非黑即白’，要么是污染区，要么是清洁区。”陈静说。科室主任张西京教授一听，认可地点了点头，对这位“既不是传染病专业出身，又没有重症病房工作背景”的新搭档，一下子有了全新认识。

重症医学一科是由来自军队多家单位的医务人员组建而成的，护士占一大半以上。不同军种、不同医院、不同专业，医护人员工作习惯、治疗理念、防护意识都有很大差别。

作为“大管家”，陈静如履薄冰，她死死盯住每一位医生、每一名护士，哪怕是在生活区。

一天晚上下班，回到住处等电梯时，护士左添正要出现“习惯性动作”——摸脸，耳边就飘来陈静严厉的声音：“我今天已经看你摸3次脸了……”左添一下红了脸，红着红着，多年的习惯也悄然改掉。

全科的医护人员，都忘不了陈静的“唠叨”。

进入“红区”的每一道洗消程序、每一个防护要求，她天天讲、时时讲，嗓子都“冒烟”了，还会强调一句：“每天讲两遍不够，我就讲200遍！”

全科的医护人员，都记住了陈静的“严厉”。

穿戴防护服、隔离服、面罩、护目镜等大大小小几十道程序，不论是医生还是护士，她对每一个人都严防死守。她已经撂下一句话：“一道程序不符合标准，我这一关就过不了。”

出征时的命令，陈静始终牢记于心：“必须要完完整整地把所有人都带回来，一个都不允许掉队。”

（记者王长路　徐旭　孙国强　吴浩宇　《中国妇女报》2020年3月2日）

李丹　湖北省妇幼保健院光谷院区感染控制科主任（解放军96604部队医院疾病预防控制科主任）

致敬词

疫情就是命令，防控就是责任。入伍27年，她长期负责疾病预防控制工作，此次临危受命，她深知肩负的责任。实打实、严上严、硬碰硬成为她的“性格标识”，助她搭起了阻断病毒的“健康之门”。

李丹：不停奔跑，守护“红区”生命线

2月19日下午，湖北省妇幼保健院光谷院区接收了第一批55名新冠肺炎患者。看着他们走进舒适的病房开始接受治疗，李丹深深地松了一口气。

李丹是光谷院区感染控制科主任，责任重大。医疗队进驻时，这里还是一座基础设施尚未完善的在建医院。为了以最快速度收治病人，大家一起动手改造病区设施、安装调试医疗设备，在工程建设人员和医疗队队员的共同努力下，接手医院50多个小时后，医院具备收治条件，开始接收首批患者，李丹和她的团队功不可没。

当兵27年的李丹，长期负责疾病预防控制工作，曾多次参加抗震救灾、泥石流抢险等多项医疗救治任务，此次临危受命，她倍感压力与责任。“新冠肺炎病毒无孔不入，我们就是要搭起一座阻断病毒的‘健康之门’，保护医务人员的健康，确保患者早日康复！”

李丹几乎天天都是一路小跑。与病魔较量，就要与时间赛跑。记者跟着李丹采访那个上午，她楼上、楼下穿梭忙碌，解决处理了20多个具体问题，她的手机始终连着充电宝，接打了40多个电话，长时间通话手机热得发烫。

跟她一起忙碌的主管护师赵晓林，心疼地说：“昨天收治第一批病人，她从一大早忙到晚上夜里十一点半，晚饭都没顾上吃。”李丹笑了笑：“医院早一分钟具备条件，就能早一分钟救治患者，咱们在工作上严格细致一分，战友们的健康就多一分保障。”

长期从事感染控制工作，李丹养成了严谨细致的工作作风，不放过任何一个细微之处。疫情就是命令，防控就是责任。李丹手中总是拿着个“小本本”，不管走到哪里始终不离手。记者认真看了看，上面记满了各种需要解决的问题，大到协调解决整个医院的防护消毒、垃圾处理等，小到医疗区、缓冲区的一扇门窗的密封，已经解决的打上了钩，特别重要的画上了横线。

那天一大早，为了做好接收下一批患者的准备，李丹和同事着手对防护区域进行安全大检查。“这里还要再贴上标识，让人一眼就能看清楚该干什么。”“这个地方防护密闭性还不够，马上重新做密封。”利用乘坐电梯的空当，她在“小本本”记下这些问题。

实打实、严上严、硬碰硬成为李丹的“性格标识”。她挂在嘴边的一句话：“严格，是对战友生命和健康的承诺。”采访中，正好赶上一批医用物资运达，李丹和同事们忙着进行验收、登记、入库，她不停地叮嘱大家：“这和我们导弹接装一样，不能有一丝一毫的马虎，必须做到绝对安全可靠。”

忙完物资接收，李丹上楼看到几名医护人员正在进行穿戴防护衣训练，她赶紧上前挨个儿进行了一番检查，发现一名护士有几根头发还在外面，本来微笑的脸马上严肃起来：“这就是上战场，容不得一丁点儿的粗心，爱护自己才能保持战斗力，持续健康地投入战斗！”

这边还没有忙完，李丹的手机又响了，她一边接听电话，脚下又跑了起来，带着忙碌而坚定的步伐不停奔跑，奔跑在“红区”前线……

（文/李永飞　许淏　赵法胜　中国妇女杂志2020年3期）

唐棠 武汉泰康同济医院感染二科副护士长（陆军军医大学第二附属医院妇产科护士长）

致敬词

从汶川抗震救灾到抗击埃博拉病毒，堪称“护理老将”的她每一次都没有缺席。今年的战“疫”也一样，她主动请缨，奔赴武汉，用热血担当托举生命希望。

唐棠：这个“病房督查”既严又暖

“医生办公室和治疗室物品摆放有些凌乱不规范，必须马上改正。”武汉泰康同济医院感染二科病房“红区”，副护士长唐棠照例“巡查”，对病区感染控制存在的问题一一指出，不留情面。

“感染控制来不得半点马虎，每个细节都必须百分之百到位，”唐棠说，“要做好这项工作，就得敢说真话、敢得罪人。”在2014年援利抗埃之战中积累了丰富传染病防控经验的唐棠，此次抗疫之战中，被安排负责病区感染控制工作，除了通过视频监控系统监督纠正队员穿脱防护服操作外，还要每日到病房“红区”督导检查，“纠问题、正规范”成了她的日常。

一次，一名护士在穿戴防护装备时，外层口罩下沿的带子没有系好，松松地悬吊在耳下。这一小小的细节，被视频监控系统背后的唐棠看得一清二楚，“外层口罩下沿带子没有系紧，不能戴面屏”。队员认为这是小事，没必要这么斤斤计较。唐棠严厉地说：“进了病房，带子掉下来你怎么处理？马上系紧。”语气丝毫容不得商量，队员也赶紧改正。这笔“黑账”被唐棠记到了面前的“感控日志”上，并通知这名护士所在护理小组的感控联络员，要求把这个细节问题在护理小组内再次进行强调和培训，避免以后再次发生。

“每次她进病区检查，大家都有点心虚，她总能一眼看出哪里不规范、有问题，”护士曾钦娅说，“但同时又希望她来，她检查过后大家工作起来就比较安心。”

殊不知，这样一位严厉的“病房督查”，工作起来一丝不苟、铁面无私，平日里却是大家的暖心姐姐。

她的承诺暖人心——“我们会竭尽全力把大家平平安安带回去。”出征前，唐棠和搭档罗春梅的这句话，让队员们感动不已，护士刘佳在朋友圈里这样写着：“虽然不比我们年长多少，但她们就像家长，让我们心中充满依靠。”

她的鼓励暖人心——第一次身着密不透风的防护装备进入病房时，有的队员不适应。队员兰洁进入“红区”没多久，就感觉疼痛恶心，难受得想吐，却一直在咬牙坚持。细心的唐棠看到了，劝她出去休息，说道：“不要有思想负担，现在出去并不代表你是逃兵，而是为了调整好身体状态打好后面的硬仗。”一句话让兰洁放下心理包袱，总结经验教训，及时调整身体状态，短时间就适应了工作状态，一直奋战在病房。

她的担当暖人心——回忆起唐棠一天两次进入“红区”的情景，队员曾钦娅依然历历在目。2月15日，队员第一天进入武汉泰康统计医院方舱病房，唐棠一早就带着医护人员一点一点熟悉环境、理顺工作，直到中午才出病房。午饭还没来得及吃，新一批26名患者就来了，她又立刻换好防护服重返“红区”，带着医护人员忙着收治。晚上8点多走出病房时，她已经12个小时没有吃饭。队员们都心疼不已，她却笑笑说：“我身体好，别担心。”

阳春三月，武汉的海棠花开了，明艳的花朵摇曳在暖阳之中。如今，抗疫病房里的“海棠花”也开了：化作温暖人心的天使，化作保障安全的卫士，盛开在不见硝烟的战场上，明艳动人，花香四溢。

（记者徐旭　陈晓霞　《中国妇女报》2020年3月26日）

叶平 解放军总医院第二医学中心心血管内科主任医师

致敬词

她是医界大咖，是战“疫”前线的女神，是人民军医的楷模。针对老年人患新冠病毒感染性疾病的情况，她严格把关，最大限度地保持患者的病情平稳，最大限度地降低病亡率。

叶平：“军队不撤，我们不撤”

挺拔的身材、矫健的步伐，一身戎装的叶平看上去与她67岁的年龄不太相符。

作为全军著名心血管病专家驰援武汉，叶平坦言有点儿没想到。“我是2月9日中午接到通知的，军人就要听从命令，时刻准备出发。”两个小时的准备时间，迅速收拾好必备行李，带上自己的常用药，顾不上和孩子打声招呼就出发了。

叶平到达武汉后第二天就进入了战斗状态，看CT片子和各种检查报告，听临床医生的诉求，“我们专家组的主要工作是给出治疗意见”。

叶平每天的会诊工作安排得满满的，“中部战区总医院共有7个病区收治病人，我们看完一个病区就接着看下一个病区”。

病人多、病情复杂，特别是许多老年患者，基础病多，处置不当就会危及生命。“除了中部战区总医院，我们也去火神山、泰康同济、光谷等医院会诊。”叶平介绍，这次一线的老年患者病情的复杂性、多变性让专家组更加谨慎，“有一个70多岁的病人，基础病多，我们会诊了6次，每天都去看他，一有变化就及时调整诊疗方案，后来他的病情得到了很好的控制”。

在一线的每一次会诊都是与时间赛跑，识别关口前移是对急重症患者有效干预治疗的关键。叶平告诉记者，由于会诊的很多都是高龄老年人，他们自身免疫力低，合并多种器官功能慢性疾病，康复能力也弱。“做好关口前移的识别，能够让他们在最佳的时机得到及时的治疗，能够保护各个脏器的功能，能够平稳度过新冠肺炎的感染期。”

叶平介绍，专家组会集了老年医学领域的多位专家，基本涵盖了老年病的多种类别。“看到有的患者重症变轻症，有的痊愈出院，我们感到很欣慰。”

叶平自律善身，视业如命，尽管退休多年，她始终保持着军人冲锋的姿态。每天结束紧张的工作回到住处，她依然坚持锻炼身体，“做做平板支撑、俯卧撑，练练肌肉，这个时候身体是第一位的，千万不能生病”。

由于走得匆忙，许多同事朋友陆续得知叶平支援武汉一线，纷纷打来电话，除了叮嘱她注意安全之外，都很关心她的归期，叶平说：“军队不撤，我们不走。”

（记者徐旭　罗国金　《中国妇女报》2020年3月19日）

刘孟丽 中部战区总医院神经内科护士长、副主任护师

致敬词

江城武汉，是对抗新冠病毒的战场，也是她守护了31年的第二故乡。岁月流转，不变的是军人底色，坚守的是医者初心。

刘孟丽：面对疫情，誓与江城共患难

17年前，作为医院骨干，她随队赶赴北京小汤山抗击“非典”。年过半百，她又带队支援武汉市肺科医院重症监护室。

37年军龄，从医31年，在心胸外科、神经外科重症监护室工作多年，作为中部战区总医院支援武汉市肺科医院医疗队护士长，刘孟丽更加理解守望生命的含义。

1月21日，驻地武汉的中部战区总医院派出40名队员组成首支医疗队，火线支援武汉市肺科医院。60多天来，担任党员突击队队长的护士长刘孟丽没有回过一次家，一直和战友们战斗在这家传染病专科医院。

在武汉市肺科医院新增设的重症监护室二病区，这个只有10张床位的ICU“红区”，从1月22日晚上正式收治第一例病人开始，一共收治过48名重症、危重症患者。每一名患者的病情、病史，刘孟丽张口就来。

收治的第一个同行是一家医院重症监护室主任。“他特别坚强，耐受性非常好，高度配合治疗，住院仅两周时间就康复出院。”刘孟丽说，这位病区出院的第一个患者，如今满血复活，重返战“疫”岗位。

一位65岁的阿姨刚入院时，情绪烦躁，不想治疗，“她跟护士说，把她从楼顶扔下去”。经过精心治疗病情好转，细心的阿姨靠分辨医护人员的

脚步声就能叫出名字。康复出院时，她还在每位护士防护服上写下祝福语。

一位70多岁的爹爹看到护士不在身边，就通过扔东西等方式吸引大家关注，可是只要护士在身边，他就特别安静。“他家人中也有人感染，缺乏安全感。”每次查房，刘孟丽都要特意跟他多聊几句。她还交代护士，只要有时间，就对老人家进行安慰和疏导。现在，这个爹爹安心多了，恢复较好。

配合医生实施插管、做器官开放性手术、给病亡患者裹上裹尸袋……每次遇到这些情况，刘孟丽总是第一个站出来。

俯卧位通气是改善急性呼吸窘迫患者氧合的较好手段，瘦削单薄的刘孟丽能一下子帮助近200斤的患者翻身、拍背。

“她们非常专业、特别能干！”60多天战斗在ICU“红区”，刘孟丽为自己的护理团队感到骄傲，28名护士中有14名护士长，这些有着丰富的一线临床和管理经验、多次参加重大非战争军事行动的骨干力量，急重险难任务抢在最前方。

“有时是治愈，常常是帮助，总是去安慰。”病区通道处张贴的特鲁多医生的名言，是刘孟丽最喜欢的一句话。

17岁时，在军人父亲的影响下，刘孟丽考取了军校。从穿上军装的那一刻起，她认为一个军人应该的样子，“就是在大家有需要的时候，你就应该站出来”。1989年大学毕业，刘孟丽被分配在武汉。31年来，她参加过长江抗洪、抗击“非典”等任务。岁月流转，不变的是军人底色，坚守的是医者初心。2020年，她又奔赴抗击新冠肺炎疫情一线，履行军人的使命与职责。

每每乘车返回驻地，车窗外，黄鹤楼、长江大桥、古琴台……熟悉的城市地标从刘孟丽眼前一一掠过。看到路上的车多起来，刘孟丽觉得，武汉从最艰难的日子挺过来了，即将重启的武汉会美丽再现。

（记者徐旭　覃丽萍　李锐　《中国妇女报》2020年3月30日）

宋青 解放军总医院第一医学中心重症医学科主任医师

致敬词

“重症医学专家要在床边看病人、守病人，请批准我参战！”这份铿锵有力的请战书，是一个有50多年军龄的老兵的誓言。

宋青：“留下一支不走的队伍”

接受采访时，宋青嗓子已沙哑，为了表述清楚，她专门含了一颗润喉片。

有着50多年兵龄的宋青是全军知名急危重症救治专家，作为军队重症医学专业委员会的前任主任委员，有干劲、有技术、有经验。新冠肺炎疫情发生后，她第一时间向上级递交了请战书。“新冠肺炎救治，涉及传染病、呼吸、重症等多个专业，专家团队里一定要有重症医学专家，军队马上要接管火神山医院了，我再次请战……”

“非典”、埃博拉、汶川地震，只要有重大险急事件发生，宋青肯定会递交请战书，这是她一贯的作风。“我是军人，又是党员，国家有难，必须往前冲。”

考虑到她的年龄，组织没有批准她的申请。但这并不影响宋青参与战“疫”的积极性。在和武汉的远程会诊中，她得知前方急需小型心肺功能监测设备，立刻在网上搜寻指脉氧饱和仪。

“总算找到一个厂家，我打电话过去，跟对方反复沟通，人家答应试着发货。”就这样，她人去不了武汉，就先捐了100台指脉氧饱和仪。

彼时的武汉，随着感染人数不断上升，和新冠病毒的战斗也进入了白热化。特别是老年人感染病例增多，急需有经验的急重症专家指导。

2月9日中午，宋青接到出征武汉的电话通知，两个小时内出发。“我特别激动，终于可以到前线了。”当晚10时，她作为军队前方专家组成员到达武汉，第二天便投入了战斗。

在指导救治过程中，宋青提出一定要成立新冠肺炎患者重症监护病房（ICU），便于集中救治管理危重患者。她和相关医院感控科主任一起寻找适合改造成ICU的地方。

“我们最后终于找到一个合适的地方，改造成立了新冠肺炎患者专用ICU，把危重病患都集中在这儿。”ICU建好了，宋青做的第二件事是把专业的仪器集中在一起。她强调：“ICU和普通病房不一样，需要先进的仪器，包括呼吸机、体外膜肺氧合（ECMO）等集中使用。”

“我提出了‘三集中’，除了把病人集中、仪器集中，还要把可以管理ICU专业的医护人员集中在一起。”宋青认为“专业的仪器需要专业的人来操作”。这时她才发现，这样的ICU专业人手吃紧。

“救人要紧，病人能收就赶紧都收进来了。”她一边带着新组建的团队抢救病人，一边为ICU培训专业人才。事实证明，培训的成效显著，患者病亡率明显降低。

随着新增患者减少，出院人数增多，武汉疫情趋于稳定。然而宋青每天还是很忙，好几家医院请她去讲课。她说：“只要有需要，我就不会撤。培训重症医学专业人才是我们的责任。”透过口罩，宋青沙哑的声音无比坚定。

（记者徐旭　罗国金　《中国妇女报》2020年3月19日）

张红霞 96604部队医院内三科主任、副主任医师

致敬词

她是急诊急救一线的“全能号手”，出征武汉，担任医疗组长，战“疫”一线与死神博弈，收治率和出院率稳居全科第一。“红霞映日，便是春天。”这是患者对她的评价，而她也把爱留给了英雄的武汉人民。

张红霞：“一专多能”的战“疫”巾帼

身姿挺拔、清爽干练，眼前的张红霞，是一位在生死战场久经考验的老兵。担任火箭军某医院急诊科主任7年，她熟练掌握心脑血管病变、严重消化道出血、重症胰腺炎等10多种急重症诊治本领，上百次带着患者走出鬼门关，挺进海拔4000多米的震区救治伤员，在泥石流灾害一线抢救生命……

精通医术“一专多能”的张红霞，应急应战沉着冷静，善带团队乐于攻关，像极了导弹发射的“0号手”指挥长，大家把这位干练不拖沓、倔强不服输的急诊科主任称作巾帼“0号手”。出征武汉，张红霞担任医疗组长，收治率和出院率稳居全科第一。

护师曹娟娟这样评价：“她什么时候都激情满格，血液像是烈酒一样，一点就着。”

接到驰援湖北妇幼保健院光谷院区的通知，一直处于“备战”状态的张红霞，第一时间向组织请战：“此役凶险，如果急诊科有一个人去，那

就是我！”

第一批收治患者入院，张红霞负责拟制计划，她把首例患者收到自己名下：“救治新冠肺炎患者尚有很多未知，风险大，我先来！”

采访时，听说有一个基础病较多的患者入院，张红霞赶紧把电话打给值班医生曹海魁：“争取收到我们组来！”几分钟后得知“事遂人愿”，她说：“当军医，见危险就得上！”

张红霞的军旅岁月留下无数这样的记忆。

2010年4月，青海玉树发生地震，张红霞连夜把孩子托管给同事后，天不亮就随医疗队出发了，上车后她才发现，自己是医疗队唯一的女医生。

甘肃舟曲发生特大泥石流灾害，张红霞再次主动请缨：“我有经验，让我去！”哪里有危险就冲向哪里，在张红霞心里，“这才是军人的样子”。

驰援武汉后，“晨曦出发、戴月而归”成为她工作的常态。

当初，在消化科当主任的她，临危受命担任急诊科主任，跨科工作困难重重，几乎需要从头再来。但7年过去，张红霞中医西医并重，内科外科兼通，气管插管、心肺复苏、深静脉置管、脑外伤处理等“十八般武艺”皆能操作，成为急诊急救一线的“全能号手”。

在武汉“红区”，一位80多岁的高龄患者，入院检查病症并不重，可精神萎靡不振。张红霞对比入院前各项指标发现，并密切关注患者各种细微变化。果然，患者突然出现血钾剧减、血氧饱和度急速下降、意识不清等症状，张红霞胸有成竹采取一系列急救手段，从生死线上救回老人一命。

张红霞爱笑，这是她的招牌表情，更是她的阳光心态。

救治展开后，不少患者成天愁眉苦脸、唉声叹气。张红霞心里嘀咕：“这可不行，消极情绪会传染，既要治顽疾，更要医心病。”

进了病房，她一边忙着工作，一边变着法开导大家：今天在防护服上画个漫画，明天聊聊外面的稀奇事，逗得大伙儿直乐呵。

一位姓雷的女士，第一次见面就拽住她：“我是不是不行了，银行密码都告诉老公了，遗书也写好了……”张红霞一查病史，这位患者有焦虑型抑郁症，白天不爱与人交流，夜里整宿睡不着觉。

张红霞专门在线请几名心理专家进行远程会诊，量身定制治疗方案。那段时间，只要有空她就找雷女士聊天，分散她的注意力，缓解焦躁情绪。

可没过几天，又遇到新难题：雷女士每天必服的治疗抑郁症的药没了。这种特殊药品，光谷院区没有，外面也买不到。

情急之下，张红霞想到通过“朋友圈”求助。四处托人，几经周折，终于联系上专科医院，又让患者家人把相关资料发到医院进行核实验证，一切妥当已是凌晨2点多。第二天一早，张红霞带着药品来到病房。

十几天后，雷女士满脸微笑病愈出院，张红霞成为她热线联系的“微信好友”。在雷女士看来，“有她在，不孤单”。

奋战光谷一个多月，这样的故事每天都在发生，张红霞的“热心肠”让患者如沐春风，倍感温暖，很多人出院时拉着她舍不得离开。一位患者出院时送给张红霞8个字：红霞映日，便是春天。

（记者徐旭　李永飞　赵法胜　《中国妇女报》2020年4月1日）

仲月霞 军队支援湖北医疗队队员、火神山医院护理部副主任

致敬词

三十余载军旅生涯，“生命至上”融入她的血液。战武昌，转火神，她用连续发起的冲锋，诠释着白衣战士的时代内涵！

仲月霞：尊重生命，医者立身之本

1月24日，除夕夜，仲月霞背起行囊，冲着送行的队伍摆摆手，和爱人王新相视一眼，比了个胜利的姿势，夫妻二人一起登上飞机奔赴武汉。

三十余载军旅生涯，仲月霞已经习惯了紧急出征。1月22日，她向组织递交了请战书，“没想那么多，这是一种本能，就像战士听到了冲锋号。”仲月霞说。

1月24日凌晨4点多，仲月霞接到紧急出征命令。同是军人的丈夫王新一边往仲月霞的行囊里放防护用品，一边叮嘱：“家里有我，你放心，一定照顾好自己！”

天未亮，仲月霞已经背上行囊去了科里。

王新打开手机，在群里落实科室人员休假情况。突然一则消息跳出，“发热咳嗽并非新型肺炎唯一首发症状，还存在消化系统、神经系统等症状”。他立即向组织提出申请加入医疗队。作为国内消化病学方面的专家，他希望能尽一份力阻击疫魔。

除夕夜，夫妻二人携手奔赴疫区。仲月霞笑着说：“工作30多年，这是第一次和爱人一起上‘战场’，今年我们也算过了个团圆年。”

刚到武汉，仲月霞就带领6名护理骨干进入了病区，整整4个小时，

查看病区环境、翻阅患者病历，提出了一系列感染防控和防护技术操作建议。

“我们提前进驻一分钟，他们就多一分生存的希望。”仲月霞深知时间就是生命，她必须争分夺秒。

此次，作为军队支援湖北医疗队队员，仲月霞担任火神山医院护理部副主任。从配药、输液、发药、吸氧、吸痰到监测病情变化、照顾病人饮食，每次查房，仲月霞总是反复嘱咐医护人员：“细心，细心，小心点。”

一次查房时，仲月霞突然发现，一位无创通气呼吸机患者血氧饱和度骤降。她立即调节多项呼吸机参数，并赶紧联系医生给予药物治疗，成功挽回了患者生命。

“应当把生命至上的理念，扎根到每名医护人员的脑海之中。”仲月霞说。

而对于医护人员们来说，仲月霞的培训和防护要求近乎苛刻：从防护服穿脱的每个重要环节，到面屏摘卸时身体应弯曲的角度；从防范医护人员在病区昏倒后的洗消，到病区转换时双脚位置的停留等，仲月霞都有着严格的规范，“既要‘打胜仗’，还要‘零感染’，这是我们的目标”。

“患者的情感比较脆弱，医学救治的同时，还要给他们做好心理疏导，让他们振作起来。”无论送药、送饭，还是测量体温、输液，仲月霞爱和患者们聊聊天，鼓励他们继续加油。

2月14日，仲月霞收到了3位患者用红纸叠的花。那一刻，她湿了眼眶。

（记者张明芳　《中国妇女报》2020年3月8日）

宋彩萍　军队支援湖北医疗队队员、火神山医院护理部副主任

致敬词

肩头有责任，心中有大爱。从金银潭到火神山，承担医院感染控制工作的她，用精湛的专业技术和关爱的温情，助病患康复，为一线医务人员保驾护航。

宋彩萍：“防护服是冰冷的，我们的心是热乎的”

武汉，火神山，23点的医院病房依然灯火通明。

“大家跟着我一起，再把流程走一遍。”医院护理部副主任宋彩萍带着队员打扫完病区，开始梳理救治流程，为收治新一批患者做好准备。回到宿舍，已是第二天凌晨，宋彩萍拿出随身携带的小本，一一罗列接下来要干的工作……

“有太多的事情要去想去做，根本没多少时间睡觉，有时困了也睡不着，脑子里全是事儿。”这样的场景，是宋彩萍到武汉工作的常态。在同事眼里，她是个“铁娘子”，每日像个陀螺，不停地旋转；在患者心中，她是“暖心人”，事无巨细悉心照顾，隔着防护服也能感受到她的关爱；在队员口中，她是“好姐姐”，给了大家勇气、支持和温暖，用言行照亮大家前行的路。

○ 不放过任何一个细节

到达武汉之初，宋彩萍担负武汉金银潭医院普通病房改造成传染病用房的重任，她带着几名曾跟她一起奋战在抗击埃博拉病毒一线的医护人

员，争分夺秒，研究病区结构，绘制传染病防护的流程路线图，不到24小时就完成了改造任务，为及时收治患者赢得了宝贵时间。

为了让区域划分和进出路线更加科学合理，宋彩萍一趟一趟走，一个一个方案比较。小小的一张图纸，她反复修改了十几遍，每一个细节都反复琢磨，每一个环节都细致谨慎，严格按照传染病防治“三区两带两线”要求科学布置。

“忽略任何一个细节，都有可能增加医护人员感染的风险。”宋彩萍说，经历过传染病患者的救治，才会知道这其中每一个细节都关系着队伍的安危，“我不能放过那万分之一的可能性。”

在2014年年底的抗击埃博拉战场上，时任医疗队护理部主任的宋彩萍，亲眼看到当地医务人员被感染的场景，她暗自发誓：我要把队员一个不少地带回去。于是她近乎苛刻地要求队员熟悉每一个操作流程，一一考核达标后才算过关。

“不放过任何一个细节。”宋彩萍时常把这句话挂在嘴边。宋彩萍经常用“抗埃”经历鼓励队员，“大家要有勇气，更要有智慧。我们做好了防护，就能够放心地救治更多的患者。”队员白秀梅是第一次执行传染病防控卫勤任务，心里难免打鼓。在听宋彩萍讲解完防护服穿脱等感染防控关键环节后，她主动申请第一批进入病房“红区”。她说：“胆大心细，智慧科学，我做好了防护，我不怕。”

○ 用心关爱每一位患者

在火神山医院，宋彩萍承担着全院护理感染控制工作和部分病区的管理工作，白天常常忙于事务性管理工作满医院跑。到了晚上，她总要抽空去病房查房，“不去看看患者和工作进展情况，她就没法安心休息。”感染一科一病区副护士长张丽敏说。

“听到声音我就知道是你来了。”宋彩萍刚踏进病房，患者李女士就笑呵呵地打招呼。一次查房时，护士汇报重点患者情况，提到李女士烦躁焦虑，常常控制不住自己的情绪，有时还会因一点儿小事吵嚷。

“大家要设身处地考虑患者此时的心理状况，要多包容、多理解，尽量去安慰。”宋彩萍得知后，来到李女士身边，和她拉起了家常，听着她温和耐心的讲解和鼓励，李女士心情好了很多。此后，每次查房，宋彩萍都会去看看李女士，说说话，聊聊天，李女士的心情逐渐开朗起来，身体也一天天好转。

“防护服是冰冷的，我们的心是热乎的。只要用心去关爱，哪怕隔着厚厚的防护服，患者也能感受到我们深深的爱。”这是宋彩萍经常说给队员的话。

“常规治疗护理之外，患者积极乐观的心态也是战胜疾病的有力武器。”宋彩萍鼓励医护人员给患者多带去一些欢乐，在她的带动下，队员们用了很多心思，有的给患者放音乐，有的在防护服上写下有趣的名字和鼓励的话语，整个病区充满了笑声。

○ 队员心中最温暖的依靠

“专业化”和“有温度”，是宋彩萍在培养护理队伍时秉承的理念。她认为，培养专家型的临床护理人员，更有助于患者得到科学、先进、高效的护理服务；而带着感情去温暖护理人员，培育护理队伍，能够增强其职业认同感和自信心。

她常把队员的事挂在心上，像大姐姐一样给予他们无微不至的关爱。“抗埃”之战，宋彩萍带领68名护士出征，她们的名字宋彩萍全都记得。短短二十来天，火神山医院数百名来自不同单位的护士，多数都认识她，宋彩萍是他们心中最温暖的依靠。

一次，护士小蒋处理医疗垃圾时不小心被针扎到了手指。宋彩萍得知后，立刻来到病房，她一边安抚小蒋，一边陪着小蒋处理伤口，带她做全面细致的检查。把小蒋送回房间，宋彩萍的心依旧悬着，直到夜里十一点多，小蒋的检查结果出来，显示一切正常，她才舒了一口气。担心小蒋会因此事睡不着，宋彩萍立刻给小蒋打了电话，告诉她这个好消息。“我们来自不同单位，之前也不认识她，没想到她这么关心我。”小蒋激动得热泪盈眶。

一位护士被分到重症科室工作，担心自己工作经验不足不能胜任，说出了自己的忧虑后，担心被别人认为是“逃兵”，背上了很重的思想包袱。宋彩萍知道后，专门找到这位护士，对她说：“预估可能存在的困难，才能更好地做好准备，你不是逃兵，是冷静战士。”几句话说出了那位护士的心声。宋彩萍和她一起分析梳理了将要面对的工作和应对的办法，让她放下包袱轻装上阵。如今，这位护士在重症科室表现优异。

“她的一言一行都感染着我们，大家看在眼里，一点一点模仿学习。于患者，她是病房里的‘提灯女神’；于队员，她是我们心中一盏明亮的灯，照亮我们前行的路。”队员白秀梅说。

（记者徐旭　陈晓霞　《中国妇女报》2020年2月24日）

路美　军队支援湖北医疗队队员、武汉市泰康同济医院感染十三科护理六组组长

致敬词

毅然告别一岁多的双胞胎女儿，她带领护理团队第一批进入重污染区。她以严谨的流程和严格的要求，悉心把关守险，将病魔挡在了同事和病患身外。

路美：逆行冲锋“红区”，用心敬畏生命

她的身影，曾出现在天津港特大爆炸事故救援现场，如今又出现在奋战抗疫最前沿的医疗队伍里；

她的名字，曾两次写在沉甸甸的三等功证书上，如今又荣登“一线医务人员抗疫巾帼英雄谱”……

她是救死扶伤的白衣天使，更是逆行冲锋的钢铁战士。她就是军队支援湖北医疗队队员、武汉市泰康同济医院感染十三科护理六组组长路美。

○ 瞄准战场方向勇敢冲锋

进驻泰康同济医院当晚，医疗队接到命令：第二天一早接收病人。要在不到12个小时内，改造出可容纳50人的感染病区。路美二话不说，主动协助护士长隔离通道、整理病床、摆放仪器、归置药品，整整忙了一个通宵。

虽是一名文职人员，但路美骨子里流淌着军人血液。她的父亲是一名老兵，武汉练兵场上的声声战歌、唐山抗震救灾中的猎猎军旗，深深地印

刻在父亲的记忆里。

支援武汉出发前，父亲跟她说：“啥也不要怕，那是爸爸战斗过的地方，等你凯旋。”

“不要怕”三个字，路美从小听到大。在父亲身上，她读懂了军人的坚忍果敢，也学会了军人的无畏冲锋。

新冠肺炎疫情发生后，她连递3封请战书。驰援武汉病区首日开诊，她主动请命第一批进入“红区”值守……

大强度、高风险的工作状态，路美并不陌生。那年冬天，她和队友远赴雪域高原执行突发任务，一待就是30多天。也是那次，她第一回体验到濒临死亡的感觉。

当时一位患者突发高烧抽搐，急需治疗药品。路美不顾强烈的高原反应，穿着防护服一路奔跑，刚到病房就感觉头晕目眩，胃里涌上来的东西卡在咽喉处，窒息感瞬间袭来。好在队友发现及时、紧急处理，才把她从死神手里抢了回来。

那种生死一瞬的绝望与希望，路美在天津港特大爆炸事故救援中也有切身体会。那天，她被编到急诊转运组，负责为伤者安装心电监护，监测生命体征。

一个年仅19岁的小伙子，全身大面积烧伤，躺在病床上接受救治。血还在不停地渗出，路美的双手有些颤抖。她能想象，电极片接触皮肤的瞬间会有多疼。

小伙子看出了她的犹豫，轻声说道：“谢谢你，不要怕，我不疼……”这句话，让路美心疼得眼泪直流。

正因有过两次刻骨铭心的经历，让路美从心底更加敬畏生命。“很多患者刚进来都很惊慌无助，但他们的眼神中透着对生命的渴望。”路美说，医护人员的使命就是守护这份希望，哪怕随时可能面临生命危险。

○ 至诚真心赢得患者信赖

深夜，“红区”，大多数患者已渐入梦乡。路美和同组护士还在忙碌着，治疗室药品分类、病房门把手消毒、地面卫生清洁……3个多小时后，个个气喘吁吁、浑身大汗。

作为护理组长，路美日常需要配合科室护士长完成护理流程的制定与实施，根据患者病情安排分级护理，还要和组员一起承担繁重的“红区”护理工作。

尤其是面对中老年患者，护理难度更大、标准要求更高。一次早上5点到9点的班，量体温、做穿刺、收垃圾、协助病人大小便，走出缓冲区时，路美和队友累得说不出话。

大多数患者对疾病本身不了解，思想包袱重，加之语言沟通不顺畅，本能地选择封闭在自己的世界里。32床老大爷患有肺心病，一躺下就憋气，整宿睡不着觉。也许是压力大、顾虑多，他起初对医嘱不是很配合，氧气不吸、按摩不让，就连心电监护也不愿上。

路美看在眼里，急在心上。每次当班，她都要多跑几趟，陪老人说说话、解解闷。老大爷手脚肿得厉害，血管不好找、穿刺难度大，路美总是尽最大努力做到一针出血。功夫不负有心人，老人的情绪渐渐稳定，病情也一天天好转。

路美坚信，用真心定能打破隔阂。有的患者咳痰很费劲，她就主动上前，一手拿痰盂，一手帮着拍后背；有的老人下不了床，她就像子女一样伺候大小便；有的病人想家想孩子，她就把自己1岁4个月双胞胎女儿的故事讲给他们听……

一个关心的眼神、一个细微的动作、一句贴心的话语，渐渐地，路美和患者成了朋友、成了亲人。

30床的奶奶担心长时间接触增加医护人员感染风险，每次都是捂紧口罩背对着路美说话，还主动要求扎留置针，尽量减少接触次数。

50床的大爷患有脑梗后遗症，平时不爱说话，腿脚也不太方便，路美帮他换上新床单后，老人入院后第一次露出了笑容。

3床的阿姨喜欢叫路美“双宝妈妈”，天天追着她给自己闺女介绍对象；

……

在路美和队友们的悉心照料下，感染十三科已有大批患者康复出院。一次次转身告别，对患者来说是重生，对路美而言是最好的收获。

○ 精益求精提高履职本领

15年护理经历，7年护士长岗位锻炼，2次参加急难险重任务，使路美对抗疫一线的工作节奏适应很快。

护理小组组员来自不同单位、不同科室，任务一线临时编组而成。身为小组长，路美既要带领她们完成护理工作，还要确保每个人不被感染。

“再洗一遍手！”“慢点脱防护衣，不要着急……”刚进“红区”的那几天，路美时时将这些话挂在嘴边。她说：“自身防护细节做不好，就绝对过不了我这关！”

队友吴海洋长期在某疗养院工作，“红区”临床护理对她来说是个不小挑战。考虑到路美护理经验丰富，科室护士长安排她俩同组值守。

一次，小吴在下班脱防护装备时，一时紧张忘了步骤。“没事，慢慢想，我等你。”直到小吴按照标准流程完成动作，路美才彻底放下心来。

路美的严苛并非小题大做。高强度的“红区”作业后，最容易让人情绪放松，在脱防护装备这个环节稍不注意，就容易引发感染风险。

让路美欣慰的是，经过她的一次次提醒，吴海洋成了穿脱防护装备的“示范兵”。一次，科室组织流程示范，感染控制专家专门指派她去当观察员。

路美对别人严，对自己要求更高。病区中老年患者比例大，并发症多，需要全科性护理专业知识。驰援武汉之前，她长期在神经内科工作，骨科疼痛护理、高流量吸氧装置操作等技能还在摸索学习。路美就拿出甘做小学生的姿态，认真学、勤于问、抠细节，晚上睡觉的时候还在想着翌日护理操作的每个环节步骤。

路美说，她时常想起父亲说的“不要怕”，这句话在推着她往前走，给她力量。这股力量，是父亲的嘱托，也是队友的信任，更是患者的期盼。

（记者徐旭　李乐　谢析搏　《中国妇女报》2020年3月17日）

吴晨 中国医学科学院肿瘤医院研究员、教授，中国医学科学院北京协和医学院研究生院常务副院长

致敬词

作为中国医学科学院移动P3检测队队长，只用了不到72小时，这个移动的P3级实验室就在武汉整装待命。2月7日，检测队已经可以顺利开始检测，承担起武汉方舱医院病例的临床检测和确诊工作，圆满完成“零感染、打胜仗”的任务。

吴晨：战“疫”前线，决不能给“国家队”丢脸

2月的一天，中国医学科学院北京协和医学院党委收到了一封申请驰援湖北的“请战书”，上面写道：“我入党已近20年，一直以共产党员的标准严格要求自己，对党绝对忠诚。我长期从事基因组研究，熟悉核酸提取和PCR实验室工作，有信心完成组织交给的各项任务，恳请组织优先考虑我的请求。”

简单朴实的话语却有着穿透纸背的力量。递交“请战书”的是中国医学科学院北京协和医学院长聘教授、国际合作处副处长，中国医学科学院肿瘤医院“80后”研究员吴晨。

吴晨一直从事肿瘤遗传学和基因组学研究，在科研一线奋战已有13年，曾荣获中国青年科技奖、求是科技基金会杰出青年学者奖、科技部“大挑战2015 · 青年科学家”奖、中国青年女科学家奖等多项荣誉，并有多项科研成果获国家自然科学奖、教育部自然科学奖等奖项。

研当以报效国家为己任，学必以服务人民为荣光。疫情发生后，中国

医学科学院北京协和医学院党委发出征集志愿者的号召。吴晨第一时间交上了“请战书”。学校党委批准了吴晨的志愿申请，并选派她担任驰援湖北医疗检测队队长。

接领任务后，吴晨立即投入到紧张的准备工作中，从组织队员参加实验操作培训、设计工作方案到拟定工作清单、筹备生活物资，周密细致、忙而不乱。

2月5日，中国医学科学院北京协和医学院驰援湖北抗疫医疗检测队队长吴晨和队员们一道，义无反顾踏上战“疫”第一线，承担起武汉方舱医院病例的临床检测和确诊工作。

核酸检测工作过程较为复杂，涉及样本运输、数据录入、反应灵敏度控制等一系列过程。作为一名长期从事基因组研究的科研工作者，吴晨在核酸检测方面有着扎实的理论功底和丰富的实践经验。到达武汉后的短短数日，她和全体队员共同完成了实验室建设、人员安排调配、制定检测流程指南、建立各项规章制度、强化防护细节等一系列工作。

在武汉的每一天，吴晨和队员们都在与时间赛跑，与死神较量。

贴着学校徽章的工作日记本上，简单却清晰地记载着检测队战斗的日日夜夜：4日首批人员到位，5日P3实验车辆和第二组人员到位，6日全体队员到位，7日武汉客厅方舱医院实验室建设完成开始收治患者，8日完成预实验演练，9日实验室正式运行……

准确识别患者，掌握感染人数，及时切断传染源，是武汉防控疫情的当务之急。为了最大限度挖潜团队的日检测量，吴晨带领检测队一方面尊重科学规律，严格遵守生物安全要求和操作流程，确保检测结果真实有效；另一方面又不得不突破日常作息规律，每个队员尽可能少喝水、少吃东西，减少上厕所次数，节约每一件防护服。

满负荷、高强度的运转，复杂的检测工作环境，一度让检测队的工作遭遇瓶颈，2月12日的临床样本出现了未检测出细胞的实验结果。辛劳的付出没能换回理想的结果，焦躁、失落、委屈的情绪朝着检测队汹涌袭来。作为队长，吴晨不仅要保证队员和实验室的安全底线，也深知昂扬的战斗意志对于团队作战的重要性，确保队员们身体和心灵“零感染”的意义。

第二天一大早，每位检测队员都收到了这样的微信：“亲爱的队员，我们现有的结果已经鼓舞了很多患者和整个方舱医护。我知道这些天很多意想不到的情况，让大家极度疲劳和焦虑。可是想想我们来这里就是为了支援武汉人民！我们是后方在前线的手，更是后方的定心丸！我们的后方是我们的国家和人民。请大家鼓起勇气，不要灰心！我们代表的是医科院，我们的国家队！绝对不能丢人！”

成功存在于再坚持一下之中。2月17日，检测队的核酸检测工作帮助武汉客厅方舱医院的17位患者顺利出院，学校驰援湖北抗疫医疗检测队工作初战告捷，完成学校交给的“零感染、打胜仗”的任务。

“在困难时期会不会挺身而出，在危急时刻能不能冲锋在前，在紧要关头敢不敢担当作为，是检验党员干部是不是‘不忘初心、牢记使命’的一把标尺。”吴晨这样说。

（记者彭芸　《中国妇女报》2020年2月25日）

余梅　江西省景德镇市珠山区新村街道梨树园社区党委书记、居委会主任

致敬词

社区处于防控防疫的最前沿，也是“最后一公里”，社区防控不可失守。她开设的“小巷讲堂”，用群众语言讲好大道理，讲出大名堂。疫情期间，让居民更安心、更踏实。

余梅：忙碌在战“疫”一线的“小巷总理”

“一要勤洗手，肥皂酒精不能少；二要戴口罩，人多场所防护好；三要爱他人，咳嗽喷嚏自遮挡……”这是全国人大代表、江西省景德镇市妇联执委，该市珠山区新村街道梨树园社区党委书记余梅组建的连心小分队巡逻宣传的内容。新冠肺炎疫情发生以来，在梨树园社区，每天都有一支身穿红马甲的队伍积极引导辖区居民科学防控，做好信息摸底排查工作。

“把工作做得更细一点儿，才能让居民更安心一点儿，更踏实一点儿。”余梅说。如何把工作做细？余梅的办法就是带头上。由她带领小分队逐门逐户排查，建立相关人员情况动态信息台账，对小区返乡人员的体温进行日检测、日报告，主动帮助居民采买配送生活必需品。这段时间，社区还利用“小喇叭”、显示屏、宣传栏和社区居民微信群等，广泛进行政策解读和宣传，巡回提醒居民防控疫情并全面开展卫生环境清理整治。

事实上，不仅仅是在疫情防控中冲在前，在社区千头万绪的工作中，余梅始终坚持以“党建+”统揽社区各项工作，书写着一名“小巷总理”的朴素人生。

为宣传党的路线、方针、政策，培育社会主义核心价值观，余梅在社区开设“小巷讲堂”，把党的声音和主张传播到社区的千家万户。“小巷讲堂”以社区居民为主要对象，通过书记带头亲自讲、党员模范现身讲、社区群众互动讲等形式，改变了以往传统理论宣讲单向乏味、“大水漫灌”的窠臼，用通俗易懂的群众语言讲好大道理、讲出“大名堂”。

作为“小巷讲堂”的宣讲员，余梅常说，“要给人半桶水，起码自己要有一桶水”。她对理论学习的痴迷劲，同事们没有一个不佩服的。大家都说余梅的宣讲既架起了“天线”，又接通了“地气”，说的是大众话，唠的是家常嗑，更加贴合居民的需求。

服务居民，是社区党建工作的出发点和落脚点，为此余梅把“服务”二字看得很重。但社区服务首先需要一个温馨的家园，余梅以共建的形式整合辖区单位资源，开展网格化管理、组团式服务，推进社区小党建向区域化大党建转变。她还牵头负责，依托社区党组织，以社区党员为主体，吸收联创共建单位党组织成员和社会爱心公益团体志愿者组成了“余梅工作室”。工作室先后解决涉及居民用电、用水、用气、线齐路平、增设停车位、整治占道经营等17项“老大难”问题，以及170多件居民身边的民生问题。

“我在社区工作了十多年，居民就跟家人一样。邻里之间和睦相处，互帮互助，我感到特别欣慰，内心一直都是满满的幸福感。”谈及在社区工作的感受，余梅由衷地说道。

（记者刘旭　吴文燕　《中国妇女报》2020年4月1日）

致敬词

19年坚守农村工作一线，一步一个脚印，她把辛勤和汗水奉献给了党的事业，用实际行动诠释了一名优秀共产党员的初心和使命。为防控疫情她将生命永远定格在41周岁，也将为人民服务的使命担当化成永恒。

姜娜 吉林省松原市长岭县前七号镇原党委副书记

姜娜：生命最后一刻，她倒在疫情防控路上

2020年2月4日是立春节气。在这个春天伊始、万象更新的日子，吉林省松原市长岭县前七号镇党委副书记、妇联主席姜娜，在前往长岭县前七号镇大三号村检查疫情防控工作、发放药品途中遭遇车祸，不幸牺牲，将生命永远定格在41周岁，也将为人民服务的使命担当化成永恒。

姜娜牺牲后，同事在她的遗物中发现了十几个笔记本，里面详细记录着各项重点工作内容和计划。

在疫情防控期间，姜娜负责宣传工作，腊月二十九还坚守岗位，统计外地返乡人员信息，一直工作到天黑。从大年初二开始她就坚守在一线，组织人员发放宣传单、拉横幅、利用大喇叭广播，事无巨细，每一件都亲身参与，确保将防控知识宣传到每一家每一户，让每一位村民都能科学认识疫情，做好防护，直到2月4日牺牲在防控疫情的路上。

○ 政治坚定，是对党忠诚的“老实人”

2001年9月，大学毕业的姜娜被分配到长岭县前七号镇工作。虽然条件

艰苦，但她在这里一干就是19年。这19年间，无论在哪个岗位上，她都一步一个脚印，把辛勤和汗水奉献给了党的事业，用实际行动诠释了一名优秀共产党员、妇女干部的初心和使命。在领导心中，姜娜是个讲大局、讲政治、讲原则，对党委各项决策部署不折不扣执行的好同志。"只要是工作上的事，从来没听她讲过条件、说过一个'不'字。"前七号镇党委副书记、镇长曹军这样评价姜娜。

"姜娜事业心和责任感非常强，只要是她负责的工作，她都要弄得'板板正正'、有模有样。"这是姜娜的领导和同事对她的评价。脱贫攻坚工作开展以来，姜娜负责全镇的脱贫攻坚档案及相关数据、统计和材料撰写工作，贪黑起早、加班加点是常事。兼任妇联主席以来，她迅速转变角色，带领专职妇联副主席谭亚利研究工作、部署指导，她常说："我是女性，是女干部，更要重视妇女工作，妇联主席这个岗位给了我为妇女群众服务更广阔的空间，我要为妇女多做事，做好事。"

○ 积极向上，是率先垂范的"领头羊"

凡事都想在先、干在前，是姜娜给自己定的工作准则。"她为人和善，和谁都亲，但对工作要求却很严格，眼里不揉沙子。"她所包保的十七号村党支部书记崔长成对她精益求精的工作态度印象深刻。在脱贫攻坚工作中，为完成包保的十七号村危房改造任务，她把孩子托付给自己的婆婆，到农户家去做思想工作，有的个别户甚至得跑十次以上；为了帮助贫困妇女摆脱困境，她动员各村妇女积极参加县妇联组织的各类技能培训班，引导妇女依靠自己的双手实现增收致富；在环境整治工作中，她亲自上阵，带领村干部、妇联干部入户张贴倡议书、发放传单，一起打扫村屯卫生，美化绿化村庄环境；2月2日，她带领参与本次疫情阻击战的党员，面向党旗庄严宣誓，坚决保障群众生命安全。

○ 为人和善，是干部群众的“贴心人”

“姜娜为人温和谦让，从不斤斤计较，让人可亲可敬。”这是姜娜留给身边人的印象。工作中，她经常深入到村社和农户家，关心关爱留守妇女和儿童，了解他们生产生活中存在的问题，帮助解决实际困难，与基层老百姓打成一片。她为人热心肠，无论是镇里的干部还是村干部大家有事找到她时，她都会竭尽全力去帮助。“我与她共事4年，她不仅是我工作上的领导，也是生活中的大姐，见到她我总是叫她一声‘娜姐’。”说起姜娜，前七号镇纪委副书记张悦不禁热泪盈眶。

生活中，姜娜是一位好妻子、好女儿、好儿媳、好妈妈。在和镇里的干部交流时，她愿意和大家分享她和公婆之间的趣事、乐事，每次通过她的分享，大家仿佛看到了他们一家人其乐融融的画面。结婚十多年，每天不管上班多早，下班多晚，她都要把家务料理好，挤出时间陪在老人和孩子身边。

把对党的无限忠诚刻在心头，把对人民群众的关爱放在心上，把每一件党交办的事都办得精益求精……这就是姜娜，一名共产党员的使命担当。在危急时刻，她和无数“逆行”的党员干部一道，努力用自己的辛苦付出去换取百姓幸福。

（记者贾莹莹　吉妇宣　《中国妇女报》2020年2月10日）

桂小妹 湖北省武汉市青山区工人村青和居社区党总支书记、主任、妇联主席

致敬词

疫情期间，她穿上红马甲以社区为家，战“疫”在一线，离家整整74天。红马甲成为社区最亮丽的风景线，也成为社区工作者最硬的“铠甲”。

桂小妹：“是党派我来为您服务的！”

疫情中，那件印着“是党派我来为您服务的”的红马甲，成为社区一道风景，也成为社区工作者最硬的“铠甲”。

全国抗击新冠肺炎疫情表彰大会上，我代表全国先进基层党组织讲述社区抗疫经历。这是党重视社区工作的体现。现场聆听习近平总书记的讲话，“为了保护人民生命安全，我们什么都可以豁得出来……”，特别激动。伟大抗疫精神鼓舞人心，抗疫战斗的日子历历在目。

○社区里的红马甲和敲门小分队

总书记指出：“社区是疫情联防联控的第一线，也是外防输入、内防扩散最有效的防线。”筑牢社区群防群控的铜墙铁壁，社区工作者义不容辞。

农历腊月二十八，也就是武汉“封城”的前一天，我简单收拾了生活用品，把13岁的女儿送到我父母家，我告诉她：“妈妈要去社区保护居民，外公外婆就交给你保护了。”没想到，匆匆一别，我离家整整74天。

这是一场不分昼夜的战斗。我们在社区拉网式排查、体温测量、消毒

消杀、转运病人、代购代送……21名社区工作者和21名下沉党员干部“白天敲门、晚上数灯，逐户逐人、监测体温”。第一天，完成了3000多户近5000人；第二天，完成了2000多户3000多人；第三天，查漏补缺。所有居民闭门不能外出，可他们的吃喝拉撒怎么办？由1名网格员、1名下沉干部和3名志愿者组成的15个“113”敲门小分队出动了！居民需要什么，我们就干什么！空荡荡的社区里，我们——身穿印着“是党派我来为您服务的”红马甲的社区工作人员往返穿梭，日夜奔波。

经常有人问：“你们每天东奔西跑不怕感染吗？”怎么不怕呢？可上门入户服务居民时，看到大家的笑脸，听到大家说“你们辛苦了”！敲开一个个紧闭的家门，打开相互信任和温暖的心门，大家携手共渡难关！我们还怕什么呢？

社区居民说：“红马甲上的话印在我心里了。”红马甲成为社区最鲜艳的色彩，也是我们社区工作者最硬的“铠甲”！

○ 让党旗更鲜艳，万家灯火更温暖

3月10日，习近平总书记到武汉考察时说：“武汉人喜欢吃活鱼，在条件允许的情况下应多组织供应……”领袖心系人民无微不至。9天后，近2万斤欢腾的活鱼驰援我们社区。居民们高兴地说：“活鱼真的来了！”那天，社区微信群的主题是“厨艺大赛”，烧鱼、炸鱼、鱼丸子……家家户户都拿出了看家本领。这是一场暖心的接力，是“人民利益无小事”的生动写照。我可以很骄傲地说：疫情期间，我们社区居民没有一户吃不上饭、没有一人用不上药！

疫情后期，为了消除风险隐患，一场全员新冠病毒核酸检测排查大会战在全市打响。我们社区采取分时间段、分楼栋、分楼层逐门逐户通知，细致安排居民有序检测，完成了十天大排查的任务。朋友圈被检测报告刷屏了，街坊邻里彼此分享着检测结果，清一色的“绿色”阴性，清一色的笑脸。真正是人民至上、生命至上！国家不计成本的投入，给大家满满的安全感。

4月8日，武汉终于解封了。那一天，居民们激动地在阳台上集体高唱《我和我的祖国》，我和小伙伴们都哭了，只有真正经历抗疫这一切，才能明白“我和我的祖国不能分割”包含着怎样的深情，才能理解伟大抗疫精神的内涵。

经此一“疫”，社区工作者在战斗历练中成长，我们的获得感增强了，更深感使命在肩、大有可为。大家的待遇提高了，干劲更足了，社区工作有了新的任务和目标。今后，我们要继续用心用情用力为群众服务，让党旗更加鲜艳，让万家灯火更加温暖。

（文/桂小妹　采访、整理/王晓艳　中国妇女杂志2020年10期）

致敬词

她，一个普通的基层工作者，没有轰轰烈烈的惊天壮举，没有慷慨激昂的豪言壮语，却用实际行动告诉这场战“疫”中的人们：“面对疫情，我们永不言退！”

滕逸鹤 内蒙古自治区包头市东河区东站街道一中西路社区原党委书记

滕逸鹤：18年“小巷总理”倒在战“疫”战场

2月21日一大早，一晚没睡好的滕逸鹤开始和“头疼、头晕”做斗争，天蒙蒙亮，没顾上吃早点的她就骑上“电驴子”到了单位。疫情防控阻击战打响以来，她每天都是第一个到单位，以提前安排好抗疫的各项工作。

“滕姐，你的脸色咋这么难看？”内蒙古包头市东河区一中西路社区副书记杨蓉，发现滕逸鹤书记面色苍白、说话无力，便关切地问道。在杨蓉的催促下，滕逸鹤准备去吃个早点。临走时她还不忘叮咛杨蓉：“我没事，手套在侧面的柜子里，本本上记的那几个值守点，需要再去进行消杀，体温枪也得调试了，你们勤盯着点儿，我找个头疼药吃上，一会儿就回来。”

可滕逸鹤食言了，她再也回不来了……

47岁的她由于过度劳累，引发心源性疾病，经抢救无效去世。

2019年11月，滕逸鹤从西五社区副主任的岗位，调到一中西路社区，担任党委书记兼主任。这是她在社区工作的第18个年头，一中西路社区是她工作的第4个社区。社区里有12个小区3556户8300多人，分别住在74栋楼里，流动人口多，仅入户排查一项工作，对居委会仅有的6名工作人员来说就是极大的工作量。

疫情暴发后，入户排查、站岗值守、组织调度、筹集物资，哪里有难点，滕逸鹤就冲到哪里。

同事们回忆，最近在疫情防控工作中，曾几次听到滕逸鹤说身体不舒服。2月8日，东站街道党工委书记云元熙看到滕逸鹤面色憔悴，便要求她回家休息，滕逸鹤却只是简单地回了一句：“疫情这么紧急，我就是睡不好头疼头晕而已，等忙完这一阵子，去医院找医生调理一下，应该没问题。”

“当初安排滕逸鹤到一中西路社区任党委书记，主要就是看上她工作踏实细致，能担当，敢作为，这次把社区的7个值守点片区交给她也很放心。这里大部分都是老旧小区，很少有物业封闭管理，疫情防控不好开展。”云元熙哽咽着说。

年近80的王奶奶，当初因为家庭财产纠纷，儿女与她闹得不可开交，她伤心欲绝，一度对生活失去了信心。滕逸鹤得知后第一时间上门入户，逐一向她的子女了解情况，耐心劝解，并对老人进行心理疏导。在滕逸鹤的协调下，老人与子女都放下了心中芥蒂，成功化解了这场家庭矛盾，一家人和好如初。王奶奶得知滕逸鹤去世的消息后，几度失声痛哭：“那么好的干部怎么说走就走了，她还那么年轻！”

西五社区老年居民居多，滕逸鹤发现单身、独居的老人一日三餐只能将就，生活质量不高。面对这种情况，滕逸鹤积极协调相关部门，组织筹建日间照料小餐厅，有效解决了社区老年人的就餐问题。

“多亏了滕主任。在她的帮助下，不光让社区老年人就近吃上了实惠的可口饭菜，我们一家也有了经济收入。”赵志伟夫妇原是零就业家庭，滕逸鹤在筹建日间照料小餐厅时，听说两口子厨艺不错，主动请他们来餐厅帮忙，解决了他们的就业问题。

滕逸鹤的女儿刘硕琳在内蒙古工业大学读大一，好不容易等到寒假回来陪陪妈妈，没想到妈妈早出晚归，见个面都难。刘硕琳告诉记者："妈妈就这么突然走了，从此我就成了孤儿，这几年为了把家庭、亲人照顾好，把工作做好，妈妈都是全身心投入，唯独把她自己忘了。再过几年，我就工作了，妈妈好不容易有了盼头，却没想到她走得这么快。"

从大年初二东河区疫情防控工作全面铺开那天，滕逸鹤的父母几乎很难见她一面，偶尔回来，也是脚不沾地拿点止疼片就走。

在母亲张玉华眼里，滕逸鹤是个孝顺的女儿。"我和她爸都有老年病，儿子又在外地工作，平时就靠她一人照料，可她工作忙，都是忙里偷闲来照顾我们。疫情防控这段时间，女儿一打电话就说累，没想到……"

近日，经内蒙古自治区妇联研究决定，追授滕逸鹤同志为自治区三八红旗手荣誉称号。

（记者王永钦　《中国妇女报》2020年3月19日）

陈桂荣 湖北省武穴市花桥镇柏树林村妇联主席

致敬词

她在基层工作38年，始终坚持用心用情服务群众。面对肆虐的疫情，她主动请缨冲在一线，因过度劳累引发冠心病，倒在了疫情防控的一线。这名有着36年党龄的老党员，用生命诠释了共产党人的初心使命、书写了忠诚与担当。

陈桂荣：村里的老妇联主席，倒在了战“疫”一线

2月14日，湖北省武穴市花桥镇柏树林村妇联主席陈桂荣积劳成疾，突发冠心病，倒在了抗疫一线，生命定格在59岁。

“头天晚上她还在梳理发热人员家庭信息，怎么就走了？！”提起陈桂荣，柏树林村支部书记项学斌哽咽道。

陈桂荣1961年出生，1983年入党，1990年任花桥镇柏树林村妇联主席至今。这位有着36年党龄的老党员，优秀的妇联干部，面对肆虐的疫情，用生命诠释了共产党人的初心使命、书写了忠诚与担当。

抗击新冠肺炎的战斗打响后，陈桂荣原本负责村里的后勤工作。看到春节期间村里人员流动较大，给防疫任务增添了不少难度，便主动请缨参与防疫宣传工作。她每天骑着电动车，拿着小喇叭，穿行于村组坑巷之间，挨家挨户做宣传，为返乡人员量体温、做消毒。

陈桂荣特别善于与人沟通，熟知防控政策，村民形容“她说话中听，不让出门听着也乐意”。几天下来，她嗓子也哑了，人也憔悴了。连日的

劳累，加上天气突变，陈桂荣的腰痛得直不起来，但她忍着疼痛，硬是没有休息过一天。项学斌提醒她注意休息，她总是说："我是老党员，对村里情况熟，我必须要带好头。"

2月1日，柏树林村出现一例确诊病例，这家人需要隔离观察，镇村干部上门劝说多次，但对方一直不开门，也不配合医务人员检查身体状况。得知这一情况后，陈桂荣决定自己上门试一试："虽然未必感染，隔离观察14天，是为自己好，也为其他人好，要是有什么困难和需要，随时联系我……"当天晚上9点多，尽管外面寒风瑟瑟，但陈桂荣一直站在这家人门口耐心解释劝说，终于换来了对方的理解配合。

"那阵子，她每天起早贪黑，就没怎么在家里待过，就算回到家也总跟我念叨着防疫的事情。"陈桂荣的丈夫项金柱说。

2月3日，陈桂荣的体温开始出现异常，一连两天的测量结果都是偏低。项学斌要求陈桂荣去医院看看，陈桂荣起初不同意，最后才承认最近两天有点不舒服，但看到村里忙就没和别人说。

在项学斌的再三督促下，陈桂荣住进了武穴市人民医院。医生告诫她，要服从医嘱卧床休息，可是村里的疫情总让她放心不下，没住几天院她就回到了工作岗位上。

"书记，我没事，其他事我做不了，你就让我理下数据。"她再一次主动请缨。

"书记，让我的儿子项兴当志愿者吧，他也是党员，让他也投入到防控工作中去。"陈桂荣把儿子也送上了一线。白天项兴守卡点、测体温、抓摸排、送物资，晚上陈桂荣理数据、做台账、填表格。

就在去世的前一天，陈桂荣还在坚持上报发热人员信息。

陈桂荣在村里工作了30年，口碑一直很好。用项学斌的话说，她干工作从不推诿，不管分内分外都非常积极主动。不管多辛苦，她总说我没事。得知她去世的消息后，不少村民都深感悲痛，纷纷表达了要来吊唁的想法。但却被陈桂荣的儿子项兴婉拒了，除了通过微信向亲朋表达谢绝吊唁的歉意外，细心的项兴还特地在家门口贴上了告知书，说明疫情严重，谢绝吊唁，感谢大家的深情厚谊。送走母亲后，项兴顾不上休息，把悲痛埋在心里，又戴起了红袖章，回到了村里的防疫一线。

“我们做后辈的本来应该给老人一个体面的丧礼，但我不能给村里工作添乱。母亲是个有36年党龄的老党员，病重时仍时刻关注疫情动态，母亲虽然离开了，但疫情还没有退去，我作为儿子，作为党员，更要在这个关键时刻顶上来，完成母亲未完成的防控任务，继续坚守在抗疫一线，以此来告慰他老人家的在天之灵。”项兴说，他坚信母亲若在天有灵，也会支持他的决定。

日前，陈桂荣被追授黄冈市三八红旗手、武穴市全市优秀共产党员称号。

（记者姚鹏　《中国妇女报》2020年3月9日）

王木香 北京市公安局海淀分局西三旗派出所社区民警

致敬词

她曾是一名军人，12年的军旅生涯淬炼了她坚定的红色信仰。在这场疫情防控阻击战中，作为一名基层民警，她毫不犹豫冲锋陷阵。

王木香：社区一线“女汉子”，服务百姓暖心人

“‘女汉子’，早！”在北京市海淀区文龙二里小区疫情防控岗，大家习惯这样和我打招呼。居委会主任、保安员、“双报到”党员、志愿者忙而有序，居民们间隔1.5米，测体温、验出入证、刷门禁……虽然大家都戴着口罩，但眼角都流露着盈盈暖意。

疫情发生后，我精准、快速地摸清社区情况，文龙二里小区是“最难啃的骨头”，小区楼房全部是回迁房，2000余户有近一半为出租户，人口流动量很大。基层工作无捷径，唯有脚踏实地。除挨家挨户排查，我联合社区防控值守人员、辖区内悦茂购物中心的线下配送人员等力量，打造安全网，不放过任何可疑情况。复工复产前，我走遍了辖区所有商户，检查防控落实。

人民警察为民服务解民忧。疫情期间，有个中介公司催促辖区一位女租户搬离，女租户无处可搬，我前去调解。中介经理说出了自己的难处。我对他说：“你放心，我不仅是社区民警，还是社区党支部副书记，你的顾虑我来协调，我来做担保。还是等疫情过了再让她搬吧。”

得知中介允许缓期搬离的消息，女租户激动地给我打来电话：“您是

真心实意为老百姓办实事的好党员、好警官！”

国有难，操戈披甲。人有危，众士争先。我曾是一名军人，12年的军旅生涯淬炼了我坚定的红色信仰。在这场疫情防控阻击战中，我深感国家有难，匹夫有责。只要人民有需要，我就必须冲上去，不计得失。

去年上半年，远在家乡的父母相继患上重病，我和他们约定，接他们来北京，尽孝床前。然而由于工作我一再爽约，父母理解并全力支持我。因为我们都知道，国与家息息相关不可分割，命运相牵休戚与共。只有国家好，小家才会好。

这次抗疫斗争的胜利，不仅有来自基层的民警，更有来自百万个基层党组织冲锋陷阵，百万名社区工作者日夜值守，广大党员、干部带头拼搏，千千万万志愿者和普通人默默奉献。

依靠非凡的组织动员能力，我们在短时间内把数量庞大、构成多元的社会群体团结凝聚起来，形成万众一心、同甘共苦的团结伟力。这有力彰显了我国制度和治理体系的优越性，我们也一定能够发挥优势，应对各种风险挑战冲击，不断创造新的历史伟业。

（文/王木香　中国妇女杂志2020年10期）

致敬词

疫情防控工作启动后，她作为首批成员正式入驻工作专班，对内牵头公安指挥中心、出入境、公交、机场等警种部门，对外联系走访市委建委、文旅、交通等单位，充分发挥公安大数据优势，开展涉疫核查研判，有效落实了道路交通以及机场、火车站等重要关口防控措施，为实现社会大局稳定贡献了力量。

庄露霞 厦门市公安局人口管理处副处长

庄露霞：工作专班牵头人，织密防控排查网

我作为厦门公安光荣集体的一员，能够获得全国抗击新冠肺炎疫情先进个人，是莫大的荣幸，也是党和国家给予疫情防控工作中公安民警最高的荣誉。

面对突如其来的疫情，怎么防、怎么控，怎么指挥调度，公安系统没有比较成熟的经验可借鉴。为此，正月初一，市公安局组织成立“厦门市公安局抗击新冠肺炎疫情防控指挥部工作专班”，负责疫情防控工作指挥、协调，也被称为全市公安抗疫“神经中枢”。我和九名民警作为首批成员正式入驻。

根据市公安局领导指示，我带领工作专班，迅速搭建了12个小组、36个成员单位的运作机制，明确分工和职责，并提出“项目化推进、流程式管理、清单化运作”的工作方案。

核查涉及疫情的线索，寻找可能密接人员的去向，排查入厦涉疫重点

人员的轨迹……一条条公安疫情防控任务，在流畅的运作机制下，实现了责任快速分解、全程跟踪督办，做到闭环管理、无缝衔接。

无论多晚接到指令，我们都坚持做到“任务不过夜”，因为疫情的发展和扩散等不起、拖不得。专班化运作，为公安系统疫情防控有条不紊地推进提供强大支撑，不仅获得省市领导点赞，也迅速在全省公安系统中推广。

我至今还清晰地记得，1月底的一天，工作专班接到任务，要迅速筛查一名疑似患者及所有接触者，全体成员深夜开会部署，联系相关基层单位，迅速进入战时状态。

海量的数据筛查、排查公共交通工具、指挥社区民警上门核对，再与卫健部门等的数据碰撞，我与同事不分昼夜连续工作50多个小时。

一整夜的时间，我们全部值守在专班的工作岗位，盯在电脑屏幕前，挨个查看数据反馈结果……在疫情防控最严峻阶段，工作到深夜干脆就在单位休息，甚至一周都见不到家人，办公室的角落，堆着泡面和矿泉水……

为了建立完善工作机制，确保涉疫人员在查找、发现、处置、隔离等环节能够环环相扣，我还带领专班主动对接卫健、文旅、交通、市场监管等相关职能部门，对接市疫情防控指挥部、市委政法委等上级机关，加强信息共享，强化协作配合，共同研究联防联控对策，确保各项抗疫工作无缝对接。

为群众提供帮助，冲在疫情一线是人民警察的职责所系、岗位所牵。因此，这份荣誉不属于我个人，而是属于从大年初一开始奋斗200多天的疫情防控专班全体民警，也属于所有在疫情防控中作出贡献的民警和辅警。

我将以此作为起点，把荣耀和力量传递给身边每一位战友，将抗疫精神转化为全力服务经济社会发展和保障民生的实际行动，在共建共治共享的平安建设道路上再立新功。

（文/庄露霞　中国妇女杂志2020年10期）

致敬词

从警以来，她在社区工作近30年。她是社区居民人人信赖的“大姐”，被大家亲切地称为“女侠”。为了辖区每一个小家的团圆，她同武汉所有民警一道默默奉献，守护着这座城市的安宁。

史雪荣　湖北省武汉市公安局东湖新技术开发区分局花山派出所民警

史雪荣：“我是社区民警，请您相信我”

“大姐，我是社区民警史雪荣，请您相信我！方舱医院有大夫、有护士，一定会照顾好您的。别急，慢慢走，我扶着您。”2月18日下午，湖北省武汉市东湖高新区光谷青年城隔离点，花山派出所橘园社区责任民警史雪荣身着防护服，与医护人员一道，搀扶着一名疑似患新冠肺炎并突发心绞痛的老人走出隔离点，准备乘车转移到光谷方舱医院。

这位老人因为有思想顾虑，一直不太愿意去方舱医院，起初情绪非常激动，甚至有过轻生的念头。工作人员紧急联系到了正在小区巡逻的史雪荣，请她想想办法。

前往隔离点的路上，史雪荣就联系了老人的女儿。家属了解情况后，帮着做工作，老人的情绪渐渐缓和下来，最终同意跟着史雪荣去方舱医院。送老人到方舱医院后，史雪荣还把自己的电话号码留给了医护人员：“老人要是有啥需求，随时给我打电话。”

已经不记得转运过多少名群众、帮助过多少位求助病人和家属、完成过多少次急难任务。疫情发生以来，51岁的史雪荣以岗为家，守护着辖区的上万名居民。

1991年从警以来，史雪荣在社区工作了近30年。她个子高、嗓门大、人耿直、办事利索，是社区居民人人信赖的“大姐”，被大家亲切地称为“女侠”。“在社区久了，很多居民都有我的手机号，我们像家人一样亲。”史雪荣告诉记者。

疫情发生后，社区不少群众来找史雪荣求助。有的缺医少药，有的断粮断菜，家长里短、柴米油盐的事情，史雪荣都一一记在心上，她总有接不完的电话，忙不完的事，每天从清晨开始要忙到凌晨一两点才能休息。

前不久，花城家园梅园社区居民杨女士打来电话求助，称爱人被确诊新冠肺炎并送医院救治，家中有5岁的女儿和4个月大的婴儿以及七旬的婆婆需要照顾。按照要求，他们都需要到指定地点进行隔离观察，但杨女士担心隔离点住着不方便，不好照顾孩子和老人，不愿去。史雪荣耐心劝说：“隔离点都是单独的房间，你要是觉得不方便就跟我说，有事情我一定第一时间来帮你。”

搬进去当天，杨女士便在电话里跟史雪荣抱怨：“我真的待不住，大宝要吃火龙果，小宝的奶粉也快吃完了。”“不要着急，你安心隔离，我立刻把这些东西给你办齐送过去。”

当天，史雪荣自掏腰包买了火龙果和奶粉送到了隔离点，这让杨女士非常感动。她的女儿还特意画了幅“武汉加油”的画，说等隔离结束后第一件事，就是把画送给史阿姨。

“我是社区民警，群众的事就要管到底。群众相信我，我会一直守在他们身边，直到他们健康返家。”史雪荣说。

（记者强洪　张铮　二洋　《中国妇女报》2020年2月21日）

致敬词

疫情发生后，口岸防输入压力增大，越来越多的边检民警穿上防护服，去负压舱进行远程验放。“90后”的女警于童，靠着一身警服给予的勇气，也报名加入了“疫区防控突击小组”，穿上防护服，勇敢在国门“逆行”。

于童 广州市白云边检站民警

于童：南粤国门守护者，热血青春护平安

我很荣幸获得抗击新冠肺炎疫情“全国三八红旗手”称号，这项荣誉属于大家，属于所有奋战在国门抗疫一线的女民警。

4月15日清晨，我在航站楼里执勤，指挥中心通知，刚刚抵穗的12名发热旅客需要民警进入负压留验室进行远程验放。换上防护服，我勇敢逆行。远程验放场地相隔远、流程繁复，各项资料都需要仔细核对，虽然只有12名旅客，但完成相关手续几乎用了一个上午。脱下防护服时，我就像从水里捞出来一样。有人询问我，累吗？我的答案脱口而出：口岸防疫工作人命关天，哪能怕累！

不只是口岸防疫，从入警那天起，守护国门安全，在我眼里就是天大的事。在疫情防控常态化的情形下，隔着雾气蒙蒙的防护面屏，更要严查细验。在翻查一名旅客的中国护照时，我发现了一枚“不一般”的签证。那本证件中的某国签证号码处有细微的纤维翘起，相关底纹也看似有被破坏的迹象，“有伪假嫌疑”！最终我们确定，那枚签证属于变造签证，阻

止了对方入境。

在全国抗击新冠肺炎疫情表彰大会上，习近平总书记为广大青年点赞，不仅是对青年抗疫突出表现的高度肯定，也是对青年堪当大任的殷切期盼。

9月29日我在抗击新冠肺炎疫情全国三八红旗手（集体）表彰活动现场，有幸认识了更多来自各行各业的优秀女性。听到她们分享自己的抗疫经历和故事，让我深受感动和鼓舞，也带给我很多思考。前进路上，如何从伟大抗疫精神中汲取力量，将其融入我们的血脉，融入我们的工作和生活？

我是一个平凡岗位上的平凡人，也是中国这个大家庭的一分子。当前疫情仍在全球蔓延，我们白云机场口岸是南粤阻击疫情的第一道防线，作为边检人更要严阵以待，为国门安全和严防疫情输入做出自己最大的努力，始终做到对党忠诚、服务人民、执法公正、纪律严明。

（口述/于童　采访/闫实　中国妇女杂志2020年10期）

周艳 湖北省武汉市公安局交通管理局直属大队汉警快骑女子队队长

致敬词

作为汉警快骑女子队的负责人，她始终坚持勇挑重担、靠前指挥，带领女子队全体成员奋发担当、勇毅作为。这位抗疫战场上无所畏惧的战士，队员们心中的“周妈妈”，儿子心目中的英雄，坚守在平凡的岗位上，做实了平凡之事，也成就了一种隐匿的伟大。

周艳：汉警快骑娇“艳”英雄城

“待到樱花烂漫时，我们携手丛中笑。”2020年3月，入选“公安抗疫巾帼先锋”的汉警快骑女子队队长周艳，本想武汉解封之后带着队员尽赏樱花，然而，眼看花期过去，还是没有机会实现心愿。接续完成多支驰援医疗队离汉的道路护送任务后，又投入“五一”假期的交通巡逻之中……

○ 快骑穿行，战“疫”一线执岗坚守

武汉历来有“九省通衢”之称，市内交通网络亦纷繁复杂，四通八达。武汉市公安局交通管理局组建汉警快骑机动队，快速应急处置突发事件，进行路面缉查、重大保卫活动等，保障道路安全通畅。武汉封城期间，汉警快骑召之即来，增援各个道路关卡的疫情防控。

“哪里需要我们，我们就去哪里。”从除夕前夜到4月8日武汉有序恢复交通，周艳一直连续作战。她坚守高速出入口，在路面关卡执勤查验车辆，还深入社区服务隔离期的居民。感受封城期间道路的肃穆寂静，见证

一辆辆写着“武汉加油”的物资车接踵而来，享受解封那刻的激动喜悦，战“疫”成为她一生难忘的经历。

周艳率队护送一支支驰援医疗队离汉。车里的医护人员向道路两旁聚集欢送的群众挥手致意，许多医护人员和路边的群众都含着泪，她的鼻子也很酸。“这就是喜悦的泪水吧！”两个多月的鏖战，只有亲身经历过这一切的人才能懂得，攻坚克难是如此不易，夺取胜利是何等荣耀。

最难的是疫情初期，缺医护、缺物资、缺人力……唯独不缺的是爱与信念。周艳记得，有位医生开了十几个小时车赶回武汉来工作，路上没吃东西。大家看到二话不说，拿出备用的零食塞了医生满怀。有两位志愿者负责关卡保洁消毒，送餐车出意外，他们饿着肚子坚持工作八小时，直到队员知道后，分给他们工作餐……让人感动的事太多太多，所有人不分你我，凝心聚力！

那段时间道路上的车辆很少，周艳却比以往更深刻地体会到交警的使命和职责，运送物资、接送医护、配送餐食……每一辆奔驰的车都是生命之舟。

道路是跃动的城市脉搏，车影是闪耀的城市活力，交警便是守护者与捍卫者。随着武汉解封，交通恢复往日繁忙，周艳率汉警快骑女子队也快速投入紧张工作。以前道路巡逻排查拥堵是件麻烦事，经历过封城期间的冷清，如今大家看到堵车都会很兴奋。她笑着说：“这才是我们熟悉的武汉！这才是我们熟悉的生活！”

○ 巾帼铁骑，开路先锋勇往直前

汉警快骑女子队是2019年组建的年轻队伍，她们传承的却是武汉交通女子班的巾帼精神。1958年2月，武汉市公安局组建交通女子班，是新中国第一批女交警。时任国务院副总理、公安部部长罗瑞卿曾称赞女子班是

“开路先锋，为祖国争了光，为武汉争了光”，鼓励女子班“成为全国妇女的一面旗帜”。

成为交警前，周艳是武汉市公安局首批女子特警队中最年轻的队员。六年特警磨砺，她“勇”字当头不畏风险，多次参与重大突发事件，立功受奖，曾主动请缨参加处理持枪抢劫案，还独自制服两名持刀歹徒。

2004年，周艳被抽调到交警女子示范岗，是武汉市首位拥有特警绝技的女交警。2019年组建汉警快骑女子队时成为队长的最佳人选。她深知勇气是开路先锋，日复一日训练打磨，才能练就克敌制胜的真本领。日常训练时，她对自己和队员格外严苛，被称为“铁娘子”。

汉警快骑使用的大排量摩托与普通交警驾驶的摩托不同，车型“春风400”“春风650”听起来轻快，自重却都在600斤左右。男队员驾驭都不是容易的事，“操作猛如虎，低头原地杵”的情况时有发生。肌肉力量相对弱的女队员，更是要在掌握技巧的基础上“苦练、猛练、暴练”。

女子队成立后进行了三个月的魔鬼训练，正值武汉最热的时候。挥汗如雨，队员们全被晒到油黑。然而在周艳看来，这都是应该的、值得的。如今，女子队员驾驶铁骑，举重若轻瞬时出发，飒爽英姿一路飞驰，没有辜负人们的期待，汉警快骑别样娇“艳”，成为武汉一道风景。

○ 青春飞舞，守卫江城一路驰骋

训练和工作之余，队员们又常常亲切地叫周艳为“周妈妈”。谈起疫情吃紧那些日子，她最自豪和庆幸的是没有队员感染。大家天天冲在一线，很难保证接触的人、车是绝对安全的，她时刻紧绷防护的弦，执勤归来的换装、清洗、消毒等步骤一丝不苟。经历过逝去亲人的伤痛，护佑这些“孩子们”平安健康，是她心中承诺。

2月底，周艳远在湖南老家的爷爷去世。公婆又因感染被隔离，公公不幸病故，好在如今婆婆已经恢复健康回到家中。她说公婆待她如女儿，公公去世时她特别伤心。然而头顶警徽，肩负职责，沉浸悲戚如何捍卫城市平安，她擦干眼泪咬牙坚守岗位。队员们深知她的脾性，以她为榜样更加努力工作，就是对她最大的安慰。

周艳10岁的儿子在日记中写道：“妈妈作为汉警快骑女子队队长，要守护好这座城市，我的妈妈是个大英雄！”感动之余，她说，每个身在武汉的人，医生、志愿者，包括普通居民，都在用自己的方式抗击疫情，每个人都是英雄，这座城是英雄城！

有位队员的母亲在社区居委会工作，居家隔离期间居委会人手不足，周艳便组织队员在工作之余，轮流去居委会做志愿者。

社区有个11岁的女孩，父母感染都被隔离，女孩独自在家。女子队当起了女孩的“临时妈妈”，有的帮忙整理家务，有的做好吃的，有的辅导女孩功课。“将心比心，在这样的特殊时期，每个人都要力所能及奉献。”由于抗疫期间的突出表现，她入选“公安抗疫巾帼先锋”，但她始终觉得自己做得微不足道。突如其来的疫情，是她从业以来最艰难的挑战，也是最宝贵的历练。

武汉解封以来，女子队的工作一如既往繁重，周艳有些遗憾抽不出时间带队员们去赏樱花。好在有的道路两边也有樱花盛开，她执勤路过会多看两眼：“心情也是美的！”

周艳带领的女子队平均年龄24岁，每当她们驾驶摩托，英姿飒爽疾驰而过，就是这座城市的流动风景。正如汉警快骑队队歌所唱：“生命总要绽放，青春一定飞舞……呼啸着隆隆的铁骑，捍卫着江城的幸福。我是一名光荣的快骑队员，和战友们驰骋征途！”

（文/白俊霞　中国妇女杂志2020年5期）

董倩 中央广播电视总台记者

致敬词

在中央广播电视总台武汉新冠肺炎疫情报道团队里，她是年龄最长、资格最老、知名度最高的记者。在武汉的95天，她完成了125期大屏直播、《面对面》访谈和新媒体《武汉观察》，还主持了40期《武汉直播间》访谈节目。这些来自抗击疫情一线的全景式报道，引起极大的社会反响，不少节目播出以后点击量都在上亿次。

董倩："面对面"，讲好最前线抗疫故事

在逆行大军中，有一群特殊的记录者，面对来势汹汹的疫情，他们不畏艰险，拿起手中的摄像机奔赴战"疫"最前线。在武汉的95天，中央广播电视总台主持人董倩完成了125期大屏直播、《面对面》访谈和新媒体《武汉观察》，还主持了40期《武汉直播间》访谈节目。其间，腰肌劳损疼得她夜里睡觉无法翻身，眼睛麦粒肿发炎让她直流眼泪，但除了必须隔离的4天外，董倩每天都在采访，40多次进入"红区"。72岁的中医大家张伯礼流着泪对董倩说："你太会问了！"……她说，记者的使命就是记录、讲述、传播，将抗疫精神延续下去，于工作是职业精神，于生活是人生引领。

在武汉，作为一名新闻记者，我用近100天的时间在一个新闻现场，

就好像一种植物，在一个环境里生长。它让我不会断章取义地去看待一个人、一件事，而是可以从头到尾系统地、整体地去看待抗疫战斗历程。

我想用五个故事来领悟习近平总书记所说的伟大抗疫精神。

生命至上。崔志强是湖北首例新冠肺炎核酸转阴者终末期肺移植手术的接受者。65岁的他曾用ECMO+呼吸机维持生命62天，这在世界医学史上几乎是不可想象的。非常遗憾，他最后还是去世了。但为了救他，国家前后把所有最优秀的医疗团队都用上了，包括“重症八仙”。在他身上花了多少钱大家能想象吗？最少的估计是1000多万。我在采访时问其中一位医生，你很可能救不过来他，为什么要这么拼命地救他？年轻医生一边掉泪一边说，因为救了他，就是救活了武汉的心。

举国同心。一个叫甘如意的24岁姑娘为了回到前线，骑自行车4天3夜。在采访她之前，我就在想，她有那么重要吗？她不去难道医院就不能运行了吗？当然不是。在她心里，“我必须回去，因为这个时候是最用得上我的时候”。这是责任。可能从小到大我们总是会被教育，单位缺了你没问题，缺了谁都能转。客观上，没错。但每个人一辈子也都是自己的作品，像璞玉、像拙荆，每一刀下去都是你对自己生命的塑造。最终当你离开这个世界的时候，你留给别人的是一个雕塑，是你对“责任”这两个字的践行。为什么我们能够把疫情控制住？因为在那段时间里，全国每一个人都是甘如意。

舍生忘死。清明前夕，我到武汉武昌医院刘志明院长的家里采访他的遗孀蔡丽萍，她是武汉第三医院ICU重症医学科护士长。当时我也无数次问自己，假如我是她，我会怎样选择？我想我可能会更多地顾家人，不见得顾同事或者病人，但是蔡丽萍告诉我：“让我再选一遍，我可能仍然会这样。”“为什么？”“我们都是一线工作者，每个人都有自己的职责。”这就是职业。其实她家特别温馨，夫妻俩感情很好，家里阳台上花特别多，都是刘院长买的，他知道爱人喜欢花……我是老记者了，我很少流泪，但是在4月4日上午10点，汉口鸣钟那一刻，我再也控制不住了，因为我知道就是为了能够让武汉一点一点走出来，有多少人舍生忘死。

尊重科学。这次抗疫中，我们靠的是科学精神的指引。杜斌是北京协和医院ICU主任。我采访时问他，疫情以来快三个月过去了，到底对这个病毒我们掌握多少？能不能说我们熟悉它了？他答，远远不是，我们对它的掌握远远不够。这就是科学的精神，也恰恰是因为非常谨慎理智的科学精神，让我们能有今天，能交出这样一张答卷。

命运与共。当然，习近平总书记说的命运与共，是说中国不能在全球疫情下独善其身，但是我觉得快递小哥汪勇的故事，也体现一种命运与共。在武汉封城时，他主动做志愿者，瞒着老婆、两个孩子和两位老人，用自己兼职跑网约车的私家车，义务接送金银潭医院的职工上下班，并组建了一支志愿者车队。他说："我们不能像医护人员那样在一线救死扶伤，但能把后勤保障好，传递那一点点的温暖和感动……"像汪勇这样的人，他是一根筷子、一根竹竿，可能他的力量不足以去改变什么，但当他发挥一位公民责任的时候，可以把很多很多的竹竿捆绑在一起，产生擎天柱的力量。

真正经历过了，我更知道"生命至上、举国同心、舍生忘死、尊重科学、命运与共"这20个字里，每一句话后面，每个字后面，都是全体中国人的无私奉献。把伟大抗疫精神延续下去，我们国家会发展得更快，我们每个人都能变得更好。而作为一名记者，我有责任记录下来传播出去，这是我的职业。

（口述/董倩　采访、整理/张姿　中国妇女杂志2020年10期）

致敬词

疫情期间，她果断喊停600万美元订单，带领工人加班加点为国内生产口罩，迅速扩充口罩生产线。在抗击疫情的主战场，她虽没有冲锋在最前线，却一直坚守在后方，将一台又一台的口罩生产设备输送至全国各地，将一片接一片口罩运往医院、百姓手中。

居黛霞 江苏金卫机械设备有限公司总经理

居黛霞：紧急复工！赶制130条口罩生产线

这个春节把居黛霞折腾得够呛，“带着一家老小十口人提前结束假期，飞机改签回国，复工赶制口罩生产线，忙得没有白天黑夜”。居黛霞说。

居黛霞是江苏淮安金湖县金卫机械设备有限公司总经理，同时也是金湖县妇联兼职副主席，她的公司主要制造生产卫生巾、纸尿裤、口罩等一次性生活用纸的设备，公司旗下产品以出口为主，客户中85%来自美国、韩国、印度尼西亚、新加坡等109个国家和地区。

○ 改签机票回国救急

正当国内新型冠状病毒感染的肺炎疫情肆虐之时，居黛霞和丈夫陈斌已带着家人在新加坡享受着春节假期。直到大年初三，一位去过武汉的新加坡华裔被确诊了，新加坡电视频道铺天盖地的报道，让居黛霞意识到事态严重，“那几天，不少朋友都给我打电话，问我能否帮忙在国外买口罩，现在可是‘一罩难求’”。居黛霞说，给她打电话的除了老家朋友，还有山东、福建、广东、浙江等地的口罩生产商。特殊时期，这些工厂都在紧急复工。但是，原有的口罩产能满足不了全国各大医院，以及普通居民的需求，“在国外的那几天，我一共接到了30多个国内工厂的电话，全都要订购口罩生产线”。

源源不断的信息让居黛霞心焦，也促使她做出了两个决定：一是立刻改签回国，二是提前复工暂停所有外贸订单，只为国内口罩工厂赶造生产线。

其时，国内公布的疫情感染人数已经突破了6000人，居黛霞清楚，这时候留在国外是最安全的。“我们带着四个老人，两个小孩子。如果赶回去，路上要转机，一定会经过人流密集的地方，容易被感染。”但是，居黛霞更清楚：“国内，有制造口罩生产线能力的工厂不到40家，这时不赶回去，不出一份力，对不起父老乡亲。”夫妻俩取消了原本大年初十回国的计划，改签到大年初六的机票，赶在大年初七航班停飞前，回到了国内。

○ 宁可违约喊停国外订单，只为国内生产

决定提前复工后，在新加坡，居黛霞和陈斌就给公司几个核心员工开了视频电话会议，“我们要盘点仓库里剩下的库存材料，讨论生产线的设计方案”。而生产口罩机器的第一步，就是画图纸、设计功能和外观，这是设计师张政（化名）的工作，这次春节放假回家前，他已经有大半年没有见到自己的孩子了，得知要提前复工的消息，张政没有片刻犹豫，开完视频会，他就买了当晚返程的车票，依依不舍地和孩子告别。待到居黛霞从国外返回到工厂，车间已经紧锣密鼓地筹备复工了。

居黛霞工厂里的工人基本都是当地人。复工第一天，就有30多个工人戴着口罩到车间工作。“每天至少要轮班12个小时，晚班的工人更辛苦，

夜里温度降到零摄氏度以下，都没有来得及准备供暖设备。”居黛霞和工人们奋战了第一晚，也冻了一整晚，第二天一大早，她就上街买了十几台暖风机到工厂，分开放置到车间各个角落。复工的这些天，工人们每天凌晨3点才离开工厂，回家睡3个小时，早上6点多，又匆匆赶回来上班。“为了尽快跟上国内口罩需求，大家都很拼。”居黛霞心疼地说。

一方面是提前复工，另一方面居黛霞给美国、德国、阿尔及利亚等几个国家的客户及时发去了致歉邮件，原本约定好要尽快输出的几条生产线要违约了。

居黛霞说，公司总共还欠着600多万美金的纸尿裤、卫生巾生产线订单，需要在近三个月完工。但眼下，她必须延后处理这些订单。“我在邮件里诚恳地提到了中国的疫情，以及全国口罩库存告急的情况，希望对方能将交货日延后至少一个月。”让居黛霞没想到的是，竟然没有一个客户对此有怨言，这也让她备受鼓舞。

○ 迅速扩充口罩生产线

目前，居黛霞的工厂已经停掉了除口罩设备外其他所有设备的生产。居黛霞介绍，其实，口罩设备在众多生产线里，是非常小众的品类。“一条口罩生产线的出货价格不超过45万元，但一条纸尿裤生产线的价格达到了700万元左右。”居黛霞说，平日里，客户都是在购买纸尿裤生产线的同时，顺带一条口罩生产线。

春节期间，工厂仓库里囤积的材料，只够70条口罩生产线的用量，疫情当前，居黛霞最需要采购材料，扩充产能。

口罩生产线所需要的原材料主要集中在山东、浙江等地，“很多城市高速都封路了，为了让我们工厂顺利采购到原材料，金湖县政府大年初八就给厂里开具了红头文件，工厂采购员拿着通行文件，一路畅通，当天顺利采购往返。”居黛霞开心地说：“如今，材料齐备，已经足够120～130条口罩生产线了。连续赶制的话，每5天就能造出15～20条口罩生产线。一条口罩生产线，每分钟能出产80～100只医用口罩。这第一批生产线，每天能生产120万～140万只口罩。”居黛霞在心中盘算，120～130条生产线，要是同时开工，生产出来的口罩，能解决一个市，甚至一个省的口罩需求量。

目前，第一批15～20条生产线已经完工，需要平均分配给多个省的口罩工厂。“那时，下游企业会生产出足够的医用口罩和普通口罩，解决老百姓疫情期间的‘口罩荒’。”居黛霞胸有成竹地说。

（记者茹希佳　《中国妇女报》2020年2月7日）

满彩美 湖北省武汉市江汉区城管执法局环卫质量管理中心质检一队中山班清扫保洁员

致敬词

疫情之前，在武汉的大街小巷，她和同事们清理垃圾、打扫街道，守护着这个城市的清洁。疫情来临，她和同事们义无反顾出现在隔离病区清扫保洁，守护着人们的健康。她说：“我是保洁员，应该做好自己的本职工作。”

满彩美：我们和医护人员并肩战斗

“这几天我负责清扫的东区病人已经非常少了。看到越来越多的病人治愈出院，我特别开心，为他们，也为自己！”3月5日，在武汉江汉方舱医院负责保洁工作的满彩美在接受记者采访时说，“因为我也贡献了自己的一份力，从心底觉得高兴。”

○ “大家都不去，这些工作谁来做？”

今年35岁的满彩美是武汉市江汉区城管执法局环卫质量管理中心质检一队“环卫导游班”的队员。新冠肺炎疫情发生后，队里成立了环卫突击队，她主动报了名。

大年三十晚上，满彩美和14位队员接到特别任务：第二天进入武汉市第一批定点收治医院——协和武汉红十字会医院隔离病房，负责病区的保洁工作。

当晚，满彩美回家将此消息告诉了丈夫。“听说这个病传染很厉害，太危险了，你不能去。”丈夫坚决反对。“你不去，我也不去，大家都不去做，这些工作谁来做？”满彩美说。

看到妻子态度非常坚决，疼爱妻子的丈夫想出了一个“好办法”：我替你去。你在家照顾两个孩子，我身体好，又是男同志，抵抗力强，去了应该更好。

“你在家照顾好两个孩子，就是帮我。”满彩美说服了丈夫。此后的40多天里，她一直住在单位安排的酒店，再也没有回家。

大年初一，满彩美和同事们进入了首批新冠肺炎定点医院——协和武汉红十字会医院隔离病房。

每天上午8点进病房，到下午5：30，中间只有一个半小时的吃饭休息时间，辛苦可想而知。

当时医院还处在“人等床”阶段，医护人员都是满负荷运转。满彩美就勤打扫，及时清理病区产生的废弃物和垃圾。

一天，当她打扫到一间病房时，一位病人忍不住直接往地上呕吐。当时护士正在其他病房照顾病人。满彩美马上过去，拿起痰盂接着，然后快速清理干净地上的呕吐物。“我不管这个活儿该谁干，也没有想过有没有危险，只是看到病人很痛苦，我应该帮他一把。”

一周后，结束了在协和武汉红十字会医院病区的保洁任务，满彩美和同伴们开始了体检和隔离休整期。

农历正月十七，2月10日，满彩美又和其他17名队员一起进入下一个服务点——江汉方舱医院。

○ 细致工作，为了大家的安全

在江汉方舱医院里，满彩美和突击队17名队友以及其他单位的环卫工人160多人，分三班负责整个东、西两个区域的保洁工作。满彩美负责东区病区清扫保洁、公厕打扫、垃圾转运等工作，每天从下午1点工作到晚上7点。说是6个小时，但每天进出舱穿脱防护服就得半个多小时，加上回到房间消毒、洗澡、吃饭，满彩美每天过得紧紧张张。

“在方舱医院，经常可以看到医护人员带着病人一起跳舞、做操，看到这些场景，我们也很高兴，觉得这里就像一个大家庭。”方舱医院收治的都是新冠肺炎的轻症患者，人数众多，产生的急需专业处理的垃圾也很多，保洁的工作量很大。“大家工作都很认真，因为病区卫生做不干净，病人、医护人员和我们都可能被感染。”满彩美说。尽管劳累，但患者和医护人员的一声“谢谢”“辛苦”，都会让满彩美倍感温暖。

“我刚来江汉方舱医院时，病人住得满满当当，之后陆续有病人出院，到昨晚我下班时，里面空了一大半。”看着越来越多的空床，满彩美特别开心。

每送走一位病人，满彩美他们就会赶快换床单、进行床位消毒。依旧忙碌，但她觉得，自己当初的选择是对的。

○ 如果别的医院需要，还会继续战斗

“每天进舱前，我们都会互相检查防护服的细节。”满彩美告诉记者，穿脱隔离服很费时间，但队友们都很细心认真，因为只有自己安全了，才能做好病区的保洁工作。

为了保证工作效率、节省防护服，他们进舱后，也和医护人员一样，6个小时不吃不喝连续工作。

满彩美说，因为防护到位，进病区做清洁时，她从没感到害怕。说起工作的危险和辛苦，麻利爽快的满彩美反问记者，现在做什么工作不辛苦？我看医生和护士比我们危险，比我们辛苦。国家现在遇到困难了，大家有钱出钱、有力出力，我是保洁员，就应该做好自己的本职工作，为抗

疫尽自己的一点力量，“如果这里的工作结束，还需要到别的医院去做，我肯定还会去”。

“我不会讲什么大道理，我只知道，第一次看见前来支援武汉的医护人员，我就感觉看见了希望。他们不远千里来支援武汉，我们湖北人如果自己都退缩的话，别人凭什么帮你，这说不过去。”这是满彩美内心朴实的想法。

现在，她最希望疫情早点过去。病人都治愈了，医护人员能休息了，自己也就可以早点儿与两个孩子和丈夫团聚了，“40多天没有见面，真的很想他们”。

（记者强洪　《中国妇女报》2020年3月6日）

杨剑华 中南建筑设计院股份有限公司党委副书记、总经理

致敬词

雷神山项目12小时出方案、3天交付完整施工图、12天竣工使用。她作为雷神山医院项目设计总指挥长、中南建筑设计院抗疫抢建项目设计总指挥长，为铸造护佑生命的“安全岛”贡献了非凡的智慧与担当。

杨剑华：雷神山“奇迹”背后的巾帼担当

雷神山医院捷报频传，2月18日，首例治愈患者出院；2月28日，第100名患者出院；3月1日，迄今为止全国最高龄、98岁的新冠肺炎危重症患者康复出院。还有温情的，雷神山医院的可爱壁画走红网络；来自上海医疗队的一对夫妻在雷神山医院举办简单婚礼……这些都让我们想到一个多月前战“疫”最严峻时，前线战况告急、医院床位告急，名字包含荆楚文化美好寓意的火神山、雷神山医院，成了人们翘首以盼的方舟。

○ 火速抢建！用生命立下军令状

除夕晚上8：30左右，杨剑华接到了武汉市城建局关于雷神山设计任务的电话通知，当时武汉正处于疫情的暴发期和防控的关键期，她深感任务的重要性和紧迫性，立即向集团和公司领导汇报。受集团领导和公司董事长委派，由她任项目总指挥，迅速打响了抢建雷神山医院的战役，并且发出了雷神山项目设计的召集令。不到一个小时，就组建起了第一批涵盖建筑、结构、给排水、电气、暖通、造价等全专业的项目团队。

“走，立刻出发！”接到命令，20多位医疗建筑方面资深设计师和专业总工不约而同地想到马上去现场，他们克服封城、疫情风险等各种困难，第一时间赶到项目建设地。江夏黄家湖区域，这里远离居民住宅区，四周一片漆黑，他们打亮手机灯光，进行首次踏勘。随后又赶回公司召开技术碰头会，开始通宵达旦地做方案设计。

中国传统大年三十要守夜，而他们不眠不休地奋战了一整夜。“不夸张地说，大家连一口水都来不及喝。”杨剑华说。

12个小时后，大年初一早上9点，他们交出了雷神山医院的方案设计初稿。当天中午13：30由杨剑华牵头，项目设计团队赴武汉市政府进行了改造方案汇报，得到了相关领导的基本认可。3天后交付了全部施工图。

按常理来说，要完成雷神山医院这种近8万平方米大型医院的设计建造，至少需要半年时间。但现在是和病毒赛跑，在火线上救人！“我立下军令状，保证火速完成任务！”她说之所以这么笃定，是因为心里有底，中南建筑设计院有为之自豪的多位全国工程勘察设计大师，有工程数字技术研发中心等行业一流的技术研发团队。

“我们是当作一项政治任务来完成的。”雷神山项目团队中党员38名，占比50%。为充分发挥党组织的战斗堡垒作用和党员的先锋模范作用，公司党委紧急决定成立雷神山项目临时党支部。

项目启动，他们突破设计先行的常规，边设计边施工，同时由于春节和封城因素叠加，物资供应困难，建筑材料缺乏，雷神山医院难以按常规设计模式和工艺流程设计，只能根据建设方中建三局能采购到的材料和采用的工艺因地因时随时调整设计。

面对各种复杂状况和各种难题的交织，杨剑华带领设计团队驻守现场，积极主动协调沟通，及时处理各种紧急问题。

雷神山医院院长、国家重点研发计划首席科学家王行环教授对雷神山医院的评价是：“在短时间内从无到有，边建设、边治病、边培训，可以说创造了奇迹。”

○云监工，全民陪跑急中有稳

雷神山项目不仅显示了中国速度，还有着时代特色。谈起建设过程，杨剑华说高峰期，工地上几千上万人，场面何等壮观。

基建行业是很“刚”的，专业性又强，和“网红”这种事离得很远，没想到火神山、雷神山项目因为全社会的急切期盼和关注，被炒成了“基建网红”。

1月28日，雷神山医院通信设施建设和5G网络部署任务全面完成，开始24小时不间断地为网友提供超低延迟的高清画面，4000多万名“云监工”在线观看雷神山医院建设现场直播，看着“送高宗”（高层吊车）、“送灰宗”（混凝土搅拌车）、叉酱（特别勤奋跑来跑去的几辆小叉车）、小红（头顶带吊机的装载卡车）日夜不停地忙碌……共同见证并陪跑中国速度。

全民关注下，杨剑华说：“我们要把握的节奏是稳中有急，静中有争。”

项目团队以满足施工进度为第一要务，在办公室和施工现场双向对接、无缝衔接，在施工条件不完全具备的情况下，突破常规模式，设计与施工并行。设计人员之间的衔接、设计人员与驻场人员之间的衔接、设计与其他各方的衔接，还有面对政府、医院、代建方、施工方、监理单位等各方紧急需求。

面对各种复杂状况和各种难题的交织，大家深感压力巨大。设计团队现场积极主动协调沟通，作为项目总指挥，如果没有强大的技术功底、没有强大的随机应变能力、没有强大的沟通协调能力，后果是很难想象的。杨剑华不负众望，以专业能力和女性的“融”性特征，带领团队势不可当地前进。

1月29日，水电和防水进场。

1月30日，项目总体建设进度完成40%。

2月1日，隔离病区首个完整病房样板正式完成。

2月5日，主体建设已经完成，施工进入冲刺阶段。

2月6日，正式通过武汉市城建和卫健部门的验收。

2月8日，交付使用，首批医疗队员进驻，收治首批患者。

这就是中南院人的节奏，中国基建人的进度标尺，记录着神话般的中国速度。

三八妇女节前夕，杨剑华仍然奔波在项目现场，雷神山之后，中南建筑设计院又承接了大量临时医院改造以及方舱医院项目，从除夕到现在，她工作没停过，绝大部分时间都是在各个项目现场转战中度过的。

“雷神山，应该是一个中国人、武汉人、中南院人铭记的工程，也是我永生难忘的经历。”

○ 对话杨剑华：“奇迹”背后的巾帼担当

Q 用极短时间建设雷神山医院的奇迹震惊世界，您觉得这场战役胜在哪里？

A 这场战役之所以打得漂亮，我觉得有这几方面的原因：

一是精神力量和英雄气概。接到雷神山医院抢建任务时，疫区中心武汉正处于新冠肺炎疫情的集中暴发期，人们难免有些恐慌。让我非常感动的是，我们的设计人员接到命令后，冒着被感染的风险，第一时间赶到项目现场，义无反顾、勇往直前。有位设计师说，出门下楼去工地时，得知邻居已感染确诊了，看着救护车来拖病人，双腿发软，犹豫了片刻，还是毅然决然奔向工地，“那里才是我的战场！不能退”！从除夕开始的一个月时间里，几乎每天都有紧急的新任务，不断有同事自告奋勇加入进来，大家靠的就是一种精神力量。

二是精诚团结、敢打硬仗的团队。在集团领导和公司党委的坚强领导下，院里的专家和设计师们在灾难面前无畏逆行、勠力同心。面对雷神山项目建设各方的复杂状况，面对各项紧急的设计和施工配合任务，团队成员凝心聚力、服从指挥、高效协调配合，妥善应对和解决各种紧急问题，充分展现出中南建筑设计院作为国企大院的强大战斗力。

三是强大的技术实力。中南建筑设计院有68年历史积淀，近2000人的技术团队，200多个综合类大型医院项目设计的丰富经验，拥有强大的技术团队和扎实的技术功底支撑。近年来，中南建筑设计院大力推进转型升级，不断推进专业化团队建设，先后成立了医疗健康事业部等多个产品事业部，在专业化领域不断做精做细。

四是社会各界的关爱和支持。在项目抢建期间，我们的工作得到了设计师家属们的充分理解和支持，得到了各级领导的关心与帮助，得到了行业兄弟院和各位专家的鼎力相助，得到了社会各界的鼓励与协助，包括网上的“云监工”们，给了我们强大的力量。

Q 您和团队经过雷神山项目的洗礼，最大的收获是什么？

A 这是一次“真刀实枪”的战役，对我们大家，无论个人还是公司，都是一次升级。

雷神山项目圆满完成后，得到国家卫健委专家的充分肯定，当时在项目现场有领导感叹：“如此大型工程，在如此紧急和如此复杂的状况下，如果不是中南建筑设计院这样的实力大院，是不可能完成的任务！”这种肯定给了我们继续前行的动力，再看看雷神山医院交付使用后，迅速收治病患，让我们感到了自己职业的成就感，这就是最大的收获。

Q 雷神山项目团队中以您为代表，不乏女性负责人的身影，您觉得她们在工程中起到了怎样的作用?

A 在建筑设计界，有很多优秀女性工程师、建筑师成为行业翘楚。这次抗疫中，中南建筑设计院在1月内完成了近40个抗疫抢建项目，这些项目中“冲锋陷阵”的女性设计师占比近40%。她们坚忍、勇敢且富有激情，她们独当一面、敢打敢拼，是工地上的“铿锵玫瑰”。

给排水负责人洪瑛工程师在除夕当晚接到任务后，第一时间驱车40公里赶到项目现场进行踏勘。除夕之后的一个月，她基本在雷神山和方舱医院之间来回奔波，现场坐镇指导。另一位负责同志秦晓梅自临危受命那一晚起，便立下了“军令状”，先后优质高效地完成了雷神山医院、洪山体育馆方舱医院等多个医院设计改造项目。规划设计负责人仇争艳每天独自骑着共享单车往返公司，为了以最快的速度出图，每天只睡三四个小时。

洪瑛、秦晓梅和仇争艳都是雷神山项目中的女性代表，是一个缩影，在整个战“疫”抢建项目过程中，中南建筑设计院还涌现出了许玲、沈丹、林晶、张亚男、熊艳等一大批优秀的女性，她们夜以继日地奋战在一线，用女性坚忍不拔的意志、顽强拼搏的精神、大爱无私的胸怀，展现了新时代巾帼的新风采。

Q 您对此次战“疫”一线和保障方面的女性担当有哪些感受?

A 危难面前，女性从未缺席。战“疫”一线，我们看到很多女性医护人员的身影。在我们建筑设计行业，我们的兄弟院中，也有很多优秀的女性，她们在战“疫”历练中摸爬滚打，用行动诠释了中国女性的大爱与担当，同心抗疫、温暖守护，真正撑起了半边天。看到这么多的女性同胞无畏无惧、大爱无私地贡献自己的力量，我心里非常感动，充满敬意。

（文/王晓艳　中国妇女杂志2020年3期）

武洁 湖北省武汉市规划研究院副院长

致敬词

疫情就是命令，时间就是生命。火神山医院仅仅用了10天，从空无人烟的荒地到医院建成并投入使用，这其中凝聚了她和同事的心血和汗水。为取得战“疫”胜利，她们将规划人的专业和担当写在了武汉大地上。

武洁：助力火神山医院，5名女规划师与时间的赛跑

2月3日，农历正月初十，晴，武汉版“小汤山”医院——火神山医院正式交付军队医疗力量。

这柄战胜疫魔的新利器，从设想变为图纸，来源于一支以5名女规划师领军、20多名武汉市规划研究院规划师组成的“铁军”。

1月23日，农历腊月二十九中午，武汉市规划研究院副院长、女规划师武洁迅速调集总体规划、交通、数字中心三部门精兵强将20余人，组成专班。这其中，武洁、汪云、王芳、唐梅、张琪5位女将成为团队的领军人物。

5分钟内，所有规划师全部在线到岗，火速集结开展防疫规划工作。

从当日上午11点30分开始，20余人的规划团队参照北京小汤山建设标准和模式，提出了武汉版“小汤山”医院的规划建议。

“面对疫情，我们必须争分夺秒，打好这场战斗。”总体规划所所长汪云组织技术人员，一边搜集研究北京小汤山医院选址特点及规模模式，

一边查找标准传染病医院的相关规范和用地规模，同时还得组织规划小组成员拟写文字、制作图纸。

汪云是武汉市医疗救治中心——金银潭医院的项目负责人，时隔17年，她又第一时间挑起重担。

与此同时，给排水专业女规划师王芳积极对接，对医院临时污水设施规模和各选址点区域污水管道建设情况进行详细测算和盘查，并在第一时间与全国相关的医疗污水设备厂家进行对接。

1月24日，大年三十，凌晨一点半，规划团队完成了防疫医院红线范围图、权属图及规划控制图等必要的图纸，为设计施工图制作及开工建设及时、准确地提供了相关规划及图纸，为工程施工提供了有力保障。

24日一早，天空飘着小雨，武洁带领20多位规划师冒着雨赶往30公里以外的知音湖畔。大家在阴雨中踏着泥泞的道路，在现场整整踏勘了一天，当晚回去加班修改完善方案。

1月25日，正月初一，为充分保障新型肺炎病人的集中收治能力，规划专班又紧急投入到第二处“武汉小汤山”防疫医院——雷神山医院的规划工作中。

“面对突如其来的疫情，大家应该众志成城，团结一致，我们只是做了应该做的，这点儿辛苦不算什么。”汪云说。

（记者强洪　《中国妇女报》2020年2月4日）

致敬词 被联合国点名表扬的她，把小“雨衣”做成了“大伞”，伞下集聚了上万个爱心人士，要把公益坚持到底……她在火线上激扬青春力量，以行动书写奉献篇章。

刘仙 四川省雨衣妹妹医疗器械有限公司总经理

刘仙：我们要把公益一直进行下去

从武汉回到成都的“雨衣妹妹”，在自我隔离中也没有闲下来。“每天要接到十几个求助电话，”“雨衣妹妹”刘仙说，“我都尽全力去解决。”

求助电话中，有一些是湖北籍人士找不到工作。刘仙首先从自己的企业开始，号召在全国的近百个门店，“不拒绝湖北籍人士的求职，要优先录用”。

然后就是“塞”给“雨衣成员”们。

媒体曾称道，刘仙的这个小“雨衣”已成为一把“大伞”——连续40多天，为武汉医务人员送出2万余份免费盒饭；成为一个“爱心驿站”，累计募集发放了近350万元的医疗和生活物资。

这把“大伞”下，还集聚了上万个来自全国各地的爱心人士，刘仙叫他们“雨衣成员”。

“哪里需要帮助，‘雨衣成员’一呼百应，快速解决问题，”刘仙说，“我正在注册‘雨衣公益’，我们要把公益一直进行下去。”

这不是她的心血来潮。公益，是刘仙一直在做，也一直要做的事。她认为，“奉献是一生的精神财富，永不会被遗忘”。

所以，当她得知武汉医务人员吃不上热饭后，2月3日，在没有防护服、护目镜等基本防护装备的情况下，这个24岁的四川广安女孩，穿着雨衣，戴着滑雪镜，带着4名志愿员工以及满车食材，逆行10余个小时到武汉，克服重重困难，为医务人员做盒饭、送盒饭，最初不报家门和姓名，大家只能称她为“雨衣妹妹”。

○ 动力满满

“在武汉，刚开始时，真的很难，为了买两包盐，我在超市排3个小时队，”如今，刘仙回忆说，“但除了困难外，全是感动。我现在记得最清楚的，也都是这些感动。”

回到成都后，刘仙又被感动了，“我总店的门槛都快被网友们踏破了”。

媒体报道她回到成都的消息后，很多网友找到她的总店，得知她仍在隔离中后，就给她留言，店里员工忙不过来接待，便在一扇玻璃门上做了一个“雨衣妹妹”寄语墙，请网友们自助。

“小身材，大能量，无愧中华好儿女”“你们是以付出生命的风险在前线战斗，我一定要天天吃你们家盒饭”“年轻人的旗帜，我们最好的榜样”……看到这些留言，刘仙说，都是支持她要将好事一直做下去的动力。

而她最初“做好事”的动力，则来源于她的家庭。

刘仙出生在四川省广安市岳池县，从小看着爷爷、父母作为基层干部工作勤恳、一心为民。“我父母都很热心，非常喜欢帮助别人，”刘仙说，“特别是我爸爸，爱管闲事，哪家闹矛盾了，他都要被请去做协调。”

在刘仙的印象中，父亲做得最厉害的一件事，是“挨家挨户给村民做工作，把路终于修通了”，她记得父亲说“要想富，先修路”，她见证到“果然，路修好了，大家的日子就越来越好”。她为父亲感到自豪，同时也希望自己成为父母那样的“热心人”。

刘仙上大学时，在位于都江堰的四川农业大学商学院就读电子商务专业，她的班主任熊海滨在接受媒体采访时，回忆起刘仙，想到的都是她做的那些“热心事儿”——同学身体不舒服时，她会悉心照顾；她为经济困难的同学争取助学金、勤工助学岗位；她还组建了一支志愿团队，坚持到都江堰蒲阳镇敬老院陪伴老人聊天、帮助打扫卫生……

○ 敢想敢干

熊海滨回忆，刘仙当年是班上团支部书记。她学习刻苦，成绩名列前茅，思想上积极进步，较早加入了中国共产党。

刘仙19岁便入党，她的爷爷和父母都是党员，她听着他们讲述邓小平的故事长大，此次，她穿着雨衣就跑到武汉，穿梭在各大医院为医务人员送盒饭。她说她也怕，但她是党员。“入党誓词中说，随时准备为党和人民牺牲一切，”刘仙说，“宣誓了，就要做到。”

她还认为，“做好事”是一名青年党员的责任。

刘仙毕业后，开始创业做盒饭，3年时间，在全国开了近百家分店。为创业拼命的同时，也一直保持着一颗“公益心”——

2018年重阳节和2019年大年三十，她带领员工前往养老院为老人送棉被、表演节目、陪聊天和吃年夜饭；得知哪里的农产品滞销，便前往收购，并不压价；包场支持某位明星的电影，因为这位明星热心公益；举办“背影骑手节”，邀请400余名外卖小哥免费吃小龙虾，呼吁公众给骑手们多一份温暖，少一份差评……

“老板娘正能量满满，我正是因此被吸引而来。”在刘仙的总店，一位不愿具名的“90后”运营经理说，他最初跳槽到刘仙企业时，薪水比在原公司低很多，但他就是看上了刘仙“不仅三观正，有‘公益心’，还胆子大，敢想敢干”。

因此，刘仙说走就走，日常衣服都没多带几件就逆行到武汉，在员工们看来，“正常，一贯作风”。

也正因此，21岁毕业后，刘仙想做一款高品质盒饭，便一个人找铺面、招员工，2017年5月，在成都高新区开了一家只卖盒饭的餐厅，120天便从日销50份卖到最高峰日销3000份。几个月后，又开了4家直营店，并自建了拥有国家专利环保材质饭盒的无尘生产线；搭建了国内首家盒饭品质监控中心，尝试“厨房直播”……

“我父母从小就告诉我要独立，并鼓励我有想法就大胆尝试。”刘仙说，儿时她便常常和奶奶上山摘野菜，然后自己带到市场上卖了挣零花钱。

她认为自己敢想敢干，还因为自己“性子急，心直口快，口无遮拦”，特别在一些她“看不惯的事情”上。

近日，她便在社交媒体上喊话：“我们都是中国人，请善待每一位武汉人。”

她刚到武汉时，发现前线医疗物资紧缺，四处化缘的同时，也喊话网红们：“影响越大，责任越大，希望你们行动起来！”

○ 共筑美好

而在刘仙成为“雨衣妹妹”之前，她就在社交媒体上频频发声——“游戏开发者的套路有多深？”“如何正确支持华为？”“坚持做一个新时代不忘初心、牢记使命的青年”……众多正能量“金句”，已吸引了上百万粉丝。

“我做这些、说这些，就是期待能让世界更美好。”刘仙说，她从小在父母的陪伴中幸福长大，她便希望世界上处处都充满着温暖，她想和大家共筑美好世界。

她首先要从自身做起，在自己的盒饭事业上，“不欺、不骗、不套路，全身心做好产品”，还要在公益事业上规范化、系统化，她提出她做公益“不和钱扯上关系，不要捐赠，就解决问题，办实事”。

刘仙将把在武汉用过的大铁锅、锅铲、菜刀、砧板、“千家衣”以及她的雨衣等物品带回成都，在门店建了一个“纪念馆”。她说，隔离期后她出来要做的第一件事，就是回“纪念馆”看一下。

“做一次好事容易，难的是一直做好事，”刘仙说，“我想以此督促自己。”

（记者任然 《中国妇女报》2020年3月26日）

方燕 北京金诚同达（西安）律师事务所主任、高级合伙人

致敬词

在举国抗疫特殊时期，她切实依法履职、为民尽责，为疫情防控工作建言献策，关注弱势未成年人、独居老人和一线医护人员保护等。她以实际行动将全国人大代表的职责和自己所从事的法律工作紧密结合起来，让更多人受益。

方燕：依法战“疫”，律师有担当

在这场全民战“疫”中，律师作为专业人士，积极建言献策、参加公益服务，为抗疫和社会治理贡献了法治力量。

疫情来袭，她争分夺秒，将在基层发现的各类问题，变成凝练有力的人大建议上交审议。抗疫期间，她牵头表率，带领巾帼律师成立了志愿法律服务团，为姐妹提供暖心的法律服务。随着相关工作推进，她未雨绸缪，作为“两高特聘监督员”给最高人民法院提出建议：尽快出台司法解释，对疫情引发的各类纠纷提出统一的审判指导意见。她就是全国人大代表、陕西省律师协会副会长、北京金诚同达律师事务所西安分所主任方燕。

○ 挑灯夜战，积极履职践初心

2月11日，疫情防控处于焦灼对垒状态。民政部办公厅及时发布《关于做好新冠肺炎疫情影响造成监护缺失的儿童救助保护工作的通知》（以下简称《通知》），《通知》得到众多网友的点赞。当天，各地妇联、民政

等部门纷纷开通了未成年人救助服务热线电话，很多妇联干部和志愿者还变身临时妈妈，在特殊时期上门关爱监护缺失的困境儿童。这些举措，不但暖心，更让人们看到打赢抗疫战的希望，坚信春天一定会到来。

《通知》出台的背后，有一群法律人在与时间赛跑，方燕便是其中之一。

“方代表，您好！您的建议我们收到了。相关文件是在您的建议基础上充实完善的。感谢您对民政儿童福利工作的关心，期待您继续指导。”2月12日方燕收到了民政部工作人员发来的一条信息，她既惊喜又振奋。工作人员所说的“相关文件”，正是民政部办公厅2月11日发布的《通知》。

作为长期从事妇女儿童法律援助工作的律师，方燕在陕西省妇联、省妇女儿童基金会、省儿童福利会等部门都有任职，这些角色也让她特别关注妇女儿童权益的保护问题。

执业26年，方燕经常为困境儿童提供法律援助。成为全国人大代表后，她更是多次到儿童福利机构调研。当得知武汉封城的消息，她意识到此次疫情的严重程度。夜不能寐，她首先想到了那些“困境儿童”，以及临时留守的未成年人权益保护问题。方燕告诉记者，孩子原本就属于弱势群体，一旦缺乏监护人的保护，疫情期间，吃穿住行都是无法自行解决的。

究竟是自己的多虑，还是现实的困境？作为全国人大代表和执业律师，方燕知道一切要依靠事实来说话。于是，为了调研困境儿童疫情期间的生活状况，她通过微信拉了多个群组，多方询问。

“有些孩子与年长的爷爷奶奶生活在一起，疫情期间需要额外关注。”“有单亲家庭的孩子，家长有武汉接触经历，被隔离后成为临时留守儿童，谁来照顾？”调研过程中，一个个问题出现了。

在方燕看来，政府或社会应当在这个特殊时期多措并举，给予困境儿童、临时留守儿童更多的关爱。鉴于此，她连续几晚挑灯夜战，提出并完善自己的代表建议。她建议国务院或各省市可根据当地疫情出台相应细则，落实具体措施。比如，在隔离期间，规定当地民政部门联合妇联、街道办对未成年人弱势群体进行登记，包括但不限于居委会或村委会采取“一日三餐”和“一日一报”模式，除保障未成年人弱势群体的规律饮食外，还能时刻关切他们的身体健康状况，防控新冠肺炎病毒的传播。

为更好地应对疫情带来的新问题，扩大已有的未成年人权益保障体系和社会救助体系的服务范围，方燕建议对《社会救助暂行办法》和《关于加强困境儿童保障工作的意见》等一系列现行法规政策中的“困境儿童”作扩大化理解，不但包括平常时期的“困境儿童”，也应包括疫情特殊时期因父母死亡或隔离而增加的临时“留守未成年人”。同时，全面推进困境儿童分类保障制度的改革与实施，落实强制报告责任。

没有丝毫的迟延，方燕的这则建议被全国人大代表联络处提交给全国人大常委会，同时也转交给了民政部。新冠肺炎疫情来势凶猛，关键时刻，人大代表为民发声尽责履职责无旁贷。让方燕感动的是，从她提出建议，到民政部最终出台规范文件，仅仅用了10天的时间。看到各地困境儿童、临时留守未成年人得到了及时、规范的照顾，方燕的内心满是安慰。

○ 献力防疫，巾帼律师有恒心

“这样封村封路合法吗？”“我刚从外地回来，至少还要隔离14天，单位会不会和我解除劳动合同？”“企业在节前刚签了一个涉外工程，可现在人过不去，眼看面临索赔，怎么办？”……疫情期间，方燕和同事们几乎每天都会接到很多这样的咨询电话。

随着抗击新冠肺炎疫情工作的不断推进，人们面临的法律问题也越来越多。方燕开始思考，疫情面前，律师的公益职责是什么？医护人员在火线穿梭，律师同样可以成为并肩者。

于是，方燕请示了陕西省妇联领导，在省妇联微信群和女法律工作者协会群里发出“成立志愿者法律服务团倡议书”，通过志愿者参与，她想实现三种法律服务：一是做普法宣传，在妇联、律协等公众号上，发布以案说法以及对国家政策的解读等；二是开通热线咨询；三是为弱势群体提供个案法律援助。

倡议发出，一呼百应，来自不同律所的女律师们众志成城，献智献策。巾帼律师志愿服务团快速成立了，在陕西省妇联的领导下，巾帼律师们一方面关注疫情期间妇女姐妹权益维护问题，另一方面回应各方的热线求助。

每天的咨询量很大，几天下来，律师们发现很多咨询的问题有一定共性。于是，大家探讨如果把咨询的问题归类，结合与疫情防控相关的法律法规进行解读，汇编成册免费发放，这样的普法效果会更好。包括方燕在内，很多巾帼律师还是当地一些政府部门的法律顾问。她们发现政府在应对疫情颁布地方规定时，也纷纷咨询如何操作符合法律规定。

方燕在巾帼律师志愿服务团群里发起汇编小组接龙报名，很快有13名律师响应。14名女律师，按照服务政府、企业和群众三个主体分成了三组，打算分别从如何依法行政、如何依法治企、如何依法维权三方面的法律需求完成汇编。考虑到社会需求量大，时间紧急，大家决定利用2月1日至3日三天完成这项工作。

因为疫情防控不能当面交流，三天时间能保质保量地完成这项工作吗？

没有时间去自我怀疑，每个人都快速投入到战斗状态。三天三夜、333页、22万余字，《新型冠状病毒肺炎疫情防控法律法规汇编及法律实务指南》（以下简称《指南》）按时完成了。2月4日，经过陕西省妇联、司法厅和律协的层层把关，次日《指南》面向社会公众免费发放。

《指南》发放后，安康、榆林等市的政府部门直接联系方燕，问能否翻印，他们想发给各级基层部门负责人学习，确保在防疫期间依法行政，从而保障人民的利益。这也是方燕所期望的。抗击疫情，依法依规是治理能力现代化的一种体现。

○ 抗击疫情，法治保障强信心

各地复产复工有序推进之前，方燕已经开始了未雨绸缪。面对疫情过后可能大量激增的案件，最高人民法院应该尽快出台司法解释，统一裁判标准。

回想17年前那场“非典”，疫情之后的民商事纠纷激增。“生意不能按时交易，责任该归谁？”“两个月没在房子里居住，为什么还要收租金？”“企业随便裁员，职工的利益怎样保护？”……

从对“非典”引发的民商事纠纷案件的审判统计来看，当时大部分法院将“非典疫情”的法律性质认定为不可抗力，依照不可抗力条款进行裁判，而小部分法院认定为情势变更，还有小部分法院没有直接做出认定。为了解决这些问题，最高人民法院在2003年5月出台了司法解释，对于疫情引发的各类纠纷提出原则性的审判指导意见，这对加快恢复经济社会秩序发挥了积极作用。

17年后的今天，在吸取过往经验的基础上，法院的行动应该再快一步。于是，方燕致函最高人民法院，建议及时出台司法解释，明确涉及疫情纠纷的各方权利义务，这样可以从源头上减少矛盾纠纷的发生。而这一建议同样得到了最高人民法院的回复，截至记者采访时，最高人民法院正连同有关部门制定相关的司法解释。

方燕告诉记者，公平的司法审判，不仅可以快速地修复遭受疫情破坏的市场秩序，也可以增强人们的信心，把法规基石筑得更牢，人们才更有底气，团结一心取得这场人民战争的胜利。

（文/闫实　中国妇女杂志2020年3期）

致敬词

方舱广播里有她鼓励病患的声音；高速路口有她忙碌的执勤身影；她带领学生云合唱致敬抗疫英雄……她说要用自己的行动为孩子们幼小的心灵种下理想信念、家国情怀和责任担当的种子，为孩子搭建无处不在的爱国主义教育生动课堂。

华雨辰 湖北省武汉市青山区钢花小学音乐教师

华雨辰：用行动给孩子们上一堂生动的思政课

战“疫”中的巾帼志愿“红”，成为跨越寒冬、迈向春天进程中一抹鲜艳温暖的底色。她们风雨兼程、披星戴月，成为群防群控的主力军；她们奔波在医院、社区、交通线上，携手筑牢疫情防控屏障……

疫情期间，我们所处的武汉是首当其冲的“风暴眼”，无论是成年人还是孩子都经历了一场艰难的战役。作为一名新时代青年，我必须为家乡尽一份责任；作为一名人民教师，我应当带头为孩子们做出表率。“保家卫国”这句话不能仅是说说而已，我想用实际行动让学生从小就明白：国家有难，匹夫有责。一个人的挺身而出是烛光，千万人的奉献就是太阳。

身教胜于言传。疫情期间我做志愿者的故事被报道后，学生们纷纷为我点赞：“华老师，我长大后也要成为您这样的人。”“华老师，我在电视上看到您了，真为您骄傲。”……孩子们以我为荣、为榜样，让我特别感动，深受激励。

在2020年的国庆、中秋双节前，我带着钢花小学“花儿合唱团”的

“花儿们”，在武汉黄鹤楼参加了一场“燃爆”的快闪活动。那个夜晚，黄鹤楼自1985年重建以来首次在夜间向游人开放。这座武汉地标被点亮，见证着这座城市的涅槃重生，见证着武汉人民团结一心、守望相助，所有人都无比振奋、激动！我们挥舞着国旗，齐声高唱，共同致敬这座英雄的城市，致敬我们伟大的祖国。

这是一堂无比生动的爱国主义教育课，作为老师，我特别荣幸能带着“花儿们”参与其中。更重要的是，孩子们身边站着的是人民英雄张定宇。

当张院长牵着孩子们的手，步履蹒跚走来时，人们无比动容，“花儿们”无比骄傲。能够如此近距离感受英雄的引领、榜样的力量，是孩子们一段难忘的人生经历，更是一次难得的爱国主义教育契机。

说实话，身为一名音乐教师，我以前并不知怎样对学生进行思政方面的教育和影响。我能做的似乎只是教他们唱歌跳舞，帮他们提升音乐素养，学会团结协作，变得更加自信阳光。但这次抗疫却“重塑”了我的认知，使我深刻感受到，思政教育是不分学科、随处可为的。虽然我只是一名普通的小学音乐教师，但我能够通过以身作则，用行动给孩子们上好一堂堂生动的思政教育实践课。

几个月来，我带着“花儿们”参加了很多非常有意义的活动。戴着红领巾、行少先队礼，在天安门前上“我们的第一课”；国庆节当天在武昌火车站快闪，激动高歌《我的祖国》；在美丽的东湖边合唱“代言”，欢迎大家打卡大武汉……每一次经历，对于孩子们来说都是一次精神灌溉和滋养，更是一次历练和成长。相信这种鲜活生动的方式会让他们耳濡目染，抗疫精神的渗透、爱国主义的教育会在这一点一滴中浸润幼小心田，渐渐牢牢扎下根，直接深刻地影响他们的人生。

（口述/华雨辰　采访、整理/王婕　中国妇女杂志2020年10期）

致敬词

在苏州，她几乎家喻户晓，一提到她，大家就会想到公益慈善。得知武汉疫情告急，她联合英国华人爱心救援队驰援武汉和苏州。面对疫情，她选择了战斗。她说，这是一名中国人、一位母亲、一名公益者的使命。

汤崇雁 苏州工业园区汤妈妈公益慈善中心创始人

汤崇雁：战时“口罩增援战”，志愿姐妹有能量

“汤妈妈不是在做公益，就是在去做公益的路上。”自2000年结缘公益以来，每年的三八节我都在公益中度过。今年抗疫，我交了一张很好的答卷，50年来，我人生中第一次，为了一只小小的口罩，坚持了一个月，每天只睡三四个小时，每小时都像坐过山车一样。

除夕夜，因为老妈从上海过来，我家的年夜饭吃得比较早。一开始，我只计划买一两千只口罩，给武汉同济医院的医生们。不过，几下刷刷点点后，我就被朋友拉进了一个名叫“武汉内部物资对接”的群。一大堆照片和各种告急、求助信息扑面而来，越看越停不下来。我得找口罩了！

先是联系义乌方面，好不容易付款下单后，对方却说已经没货了；没时间沮丧，因为丈夫是英国人，女儿在英国读书，在女儿小伙伴们的支持下，“英国华人爱心救援队”成立，成员包括200多位华人华侨同胞，找到了货源，但必须支付英镑，紧急情况下，我只好动用了两个孩子的教育账户。好不容易买到口罩，但伦敦几乎所有飞中国的航班都停了，几经周

折，另辟蹊径，终于运达！

就这样，截至目前，我们已经打出的款项达到327万元以上，总共筹集了99.643万只口罩、护目镜267个、手套5万双、免洗洗手液5000瓶，总共价值143.69万元，还有一些物资在路上。我很欣慰有这份激情，能够抢到这么多的口罩，增援一线的医生、警察们等。

与此同时，要在第一时间将防疫物资送到一线医护人员手中，医生群、捐助群、物资群、英国群，每一个群都得盯紧，一有货源信息，立马甄别，一旦确认符合要求，第一时间付款……经常每天只吃一顿饭，只喝一杯水，连跟丈夫说话的时间都没有。这不是我一个人的战“疫”，因为我们的母亲叫中国，武汉等地疫情重，作为一家人，兄弟姐妹们理应来分担责任。

这个三八节，我最想表白的是我的志愿者姐妹们，希望继续支持我们的公益项目，用实际行动展现女性能量。2020年，精准扶贫也在我们汤妈妈公益慈善中心的工作中，我们会继续帮助大山里的孩子们喝上干净水，为学校捐赠暖冬物资、建立图书角……只要我们有心，到处都能发挥女性力量，从家庭到社会，从城市到乡村，无论平时还是“战时”。

（采访/张姿　中国妇女杂志2020年3期）

致敬词

作为“守护天使志愿者车队”的发起人，在武汉交通不便的日子里，她和一群志愿者义务接送白衣战士、转运物资，尽心尽力地守护着自己的城市。他们以点点微光，汇聚成战胜疫情的璀璨星河。

杨雪 湖北省武汉寄给未来传媒有限公司导演

杨雪：“武汉好了，我们就开心了”

杨雪从来没有想过自己30岁的生日是在为疫情阴霾笼罩下的武汉做志愿者的时间里度过的。

2月2日是武汉姑娘杨雪30岁的生日。这天，她以一次志愿行动为自己过了一个最难忘的生日。志愿者不求回报，但杨雪觉得自己在这天收获了生命中最宝贵的东西。她说：“什么时候武汉好了，我们就开心了。”

○用志愿活动为自己庆生

“酒精桶很重，我一个人搬不动，就和伙伴们抬上车。想着这批物资会尽快送达到医生护士手中，尽自己的力量保障他们的医用需求，我真的很开心。”杨雪对记者说，用抗疫志愿活动为自己30岁的生日庆祝，很特别，也很有意义。

生日这天，杨雪6：00起床，7：30就到达径河收费站。当天有12吨酒精从江苏淮安运到武汉，这批物资是华中科技大学南京校友会捐赠给武汉各大定点医院的。当装着物资的中国邮政大卡车缓缓驶入径河收费站时，杨雪和伙伴们的心里非常激动。

那几天正是武汉各大医院缺少物资的时候，每天朋友圈都是医院物资告急的信息，看着运送物资的卡车开进来，大家真就看到了希望。通过一天的忙碌，杨雪和她的志愿者伙伴们为武汉14家医院送去了急需的酒精。

杨雪是武汉市一名纪录片导演，平时从事的工作是亲子记录。1月23日武汉封城以后，杨雪加入了当地一个志愿者群，大家希望共同为疫情下的武汉做点什么。

封城第二天，杨雪的表妹打来电话让杨雪送她去上班，因为武汉封城后公共交通停运，出行成了难题。杨雪送表妹时得知，武汉还有很多医护人员出行不便，于是萌生了为疫情防控工作中的医护人员们提供志愿交通服务的想法。她和几名志愿者发起组建了一个医护人员交通保障群，群名为“守护天使”。同时，杨雪和同伴们还制定了志愿者车队管理方案和监管流程，并自发购买了防护装备。

○“武汉加油”是我们的问候语

“1辆小卡车要运输3趟的物资，我们用30辆小面包一次就运完了，小巧灵活，人多车多，机动性强，效率高，这就是我们的特点。”杨雪说。

在接送人员的过程中，杨雪他们发现疫情期间一些外地捐助过来的物资没办法及时输送到医院等一线单位，杨雪和伙伴们又组建了运送抗疫物资的群。一个多月来，杨雪和伙伴们每天早上六七点出发，忙活一天后，经常是凌晨才回到家。

因为成天开车在路上，吃饭问题不好解决，街上没有餐馆，杨雪和大家就买一些方便食品，随便凑合一顿。

杨雪是独生女，家人对她参加志愿行动很担心，不过，杨妈妈对女儿说：“你自己的事自己决定，但你首先要防护好自己，如果你防护不好自己，那等于连累别人！”

母亲的支持，给了杨雪很大的鼓励，她告诉记者：“我们的防护做得很严格，如果防护做不好，我们就不能去接送别人，这是我们的原则！”

从感性到理性，从理性到坚持。做志愿者一个月以来，杨雪时时感受到人与人之间的善意与关爱，她说，“那些和我一样在做志愿者的人所做的一切一直在激励我继续做下去。”

“我们志愿者每天和医院等机构交接物资时，说得最多的话就是‘武汉加油’，这是我们的问候语！”杨雪对记者说。

据了解，截至2月18日，“守护天使”志愿者车队在编69人，完成医护人员接送超过800人次，募集医疗设备和物资20余次，完成物资运输超过500吨，运送新冠肺炎患者共计469人，还承担了饮食保障、重点药品运输等任务。

此外，杨雪和奥运冠军杨威、上海的志愿者王迪共同发起“一封画信为你加油”活动，发动外地的孩子们用画画、写信的方式为武汉的孩子们加油。

（记者袁鹏 《中国妇女报》2020年2月28日）

陈朝珍 四川省成都市锦江区春熙路街道总府路社区“春熙孃孃”巾帼志愿服务队队长

致敬词

新冠肺炎疫情发生以来，她带领着“春熙孃孃”巾帼志愿服务队主动“请战”，全力加入社区防疫一线工作。她始终坚持“以人为本”的工作理念，利用各项志愿者服务活动为大家服务，以实际行动激励各行各业妇女坚定必胜信念。

陈朝珍：“春熙孃孃”的话在社区很管用

“您好，我是‘春熙孃孃’。”

大年三十，一听到门外是“春熙孃孃”，群众纷纷开门，笑脸相迎。

“‘孃孃’亲自上门来拜年吗？”

“给您拜年，也给您做个告知提醒，现在疫情期间，莫串门，莫聚餐，非要出门，一定要戴起口罩哈。”

“好！好！‘孃孃’说的话，我们一定听。”

从大年三十起，四川省成都市锦江区春熙路街道，“春熙孃孃”就这样一次又一次地敲开了万户家庭。

“春熙孃孃”不是一个人，而是一个群体，是一支活跃在四川省成都市锦江区春熙路街道的巾帼志愿者服务队。

春熙路街道党工委副书记、妇联主席王文燕介绍，“春熙孃孃”志愿服务队，2019年3月15日成立后，“孃孃”们日日在春熙路上和社区中进行文明劝导、执法宣传、调解纠纷、关爱邻里……“每家每户都走过，深得人心”。

“在此次新型冠状病毒感染的肺炎疫情防控中，‘孃孃’们不仅一直坚守一线，还发挥了重要作用。”王文燕说，“孃孃”们说的话，“管用”！她们的主动作为，感动了群众，很多党员、群众、商家都主动加入到了巾帼志愿者服务队，“最初成立时，队伍就8人，目前队伍扩大到38人，其中党员21人”。

“您好，我是‘春熙孃孃’陈朝珍。”

“陈孃孃，您又来啦，我们一家都很好。”25号院的姚婆婆孙女开门说。

“我看你们好几天没出门了，过来看一下。”

陈朝珍，今年73岁，“春熙孃孃”巾帼志愿者服务队队长，她是锦江区连续三届人大代表，一直热心于志愿公共服务。

“‘春熙孃孃’平均年龄70岁以上，在各自院落生活时间长，群众威信高，说话有人听。”总府路社区书记唐梅介绍。

“黄孃孃，我太累了，好害怕会染上病毒。”电话那头传来一个疲惫的年轻小伙子声音。

黄孃孃本名黄生蓉，是“老党员心理抚慰红线”小分队中的一员。推测其为防控一线的工作人员，黄生蓉劝慰道：“小伙子，你真的太了不起了，相信阿姨，这段经历将来一定是你人生中珍贵的成长经历。”

王文燕介绍，“春熙孃孃”在入户工作中，发现很多群众有一些恐慌，“孃孃”们也把劝慰工作放到了日常中。

此外，随着居家（店）观察人员逐日增多，“春熙孃孃”志愿者队伍又建立起一个“后勤保障员小分队”，积极发动爱心企业加入志愿者队伍，担负起后勤保障的职责。

（记者许真学 任然 《中国妇女报》2020年2月7日）

II

第二部分

抗疫巾帼英雄谱、巾帼先锋名录及事迹简介

为大力宣传疫情防控一线女医务人员、女公安民警、城乡社区女性工作者的感人事迹和崇高精神，向不畏艰险、夜以继日、连续奋战的抗疫巾帼英雄致敬，2020年3月7日，中宣部宣教局、全国妇联宣传部、国家卫健委直属机关党委、中央军委政治工作部组织局四部门联合发布20名“一线医务人员抗疫巾帼英雄谱”；2020年3月29日，公安部新闻宣传局、全国妇联宣传部联合主办“致敬了不起的她·公安抗疫巾帼先锋”发布活动，向全社会宣传发布10名全国“公安抗疫巾帼先锋”先进事迹；2020年4月20日，全国妇联宣传部、民政部基层政权建设和社区治理司联合开展“致敬了不起的她·城乡社区抗疫巾帼先锋”发布活动，发布10名“城乡社区抗疫巾帼先锋”先进事迹；2020年4月29日，全国妇联宣传部、国家卫生健康委直属机关党委联合开展“致敬了不起的她·一线医务人员抗疫巾帼先锋”发布活动，发布40名一线女医务人员先进事迹，再次致敬所有奋战在疫情防控一线的女医务人员，旨在激励各行各业妇女学习巾帼先锋，坚定必胜信念，保持昂扬斗志，为统筹推进疫情防控和经济社会发展工作、奋力实现今年经济社会发展目标任务贡献巾帼力量。

一线医务人员抗疫巾帼英雄谱

“一线医务人员抗疫巾帼英雄谱”共20人，她们是：夏思思、郭琴、何雯、叶黎文、甘如意、蔡志芳、毛永辉、夏莹、赵培玉、郭敬、王冰、刘宇航、佘沙、宋彩萍、陈静、仲月霞、路美、江晓静、徐辉、曹玲玲。她们是广大女医务人员的典范，积极响应党的号召，义无反顾冲上疫情防控第一线，充分展现了救死扶伤、医者仁心的崇高精神，用实际行动书写了中国女性敢于担当、甘于奉献的动人故事。

夏思思，1990年出生，生前系湖北省武汉市协和江北医院消化内科医生。2020年2月23日，因不幸感染新冠肺炎救治无效殉职，年仅29岁。夏思思从小在耳濡目染中立下医者誓言，自工作以后，更是竭力践行医者天职。新冠肺炎疫情发生后，她不计个人安危，主动请缨，坚持战斗在疫情防控最前线，白天黑夜连轴接诊、救治患者。科室一名70多岁老人病情加重，当天，夏思思刚下夜班，临时接到任务，毫不犹豫，立即折回医院参与救治。老人病情得到了有效控制，她却不幸被感染。在治疗期间，她主动把ICU床位让给其他患者，希望重返岗位。湖北省妇联、全国妇联先后追授她为省三八红旗手、全国三八红旗手称号。

郭琴，37岁，中共党员，武汉大学中南医院急救中心护士。在急救中心工作15年，多次被评为优秀护士、优秀护理带教老师。疫情暴发后，郭琴在急诊病房内照顾重症患者，每天自觉工作10小时以上，有时24小时连轴转，帮助百余名新冠肺炎患者转危为安，自己却不幸感染病毒。经过治疗，病情很快好转，为了腾出床位，她主动回家隔离治疗。隔离观察期刚满，她又主动重返岗位。她说，“我不是英雄，但绝不当逃兵”。除了用专业技能救治患者外，她还用自己的患病经历为患者做心理辅导，疏解他们的压力。

何雯，1983年出生，中共党员，湖北省中西医结合医院急诊科护士长、急诊科党支部纪检委员。2020年1月初何雯就带领急诊科全体护理人员冲锋在一线。她冷静细致，每日带领团队预检分诊，对每一位就诊患者问诊、测体温、分诊、登记，配合医生积极救治每一位重症患者，对危重患者进行评估和安全转运。她因地制宜优化就诊流程，合理安排时间，不断完善工作程序，尽量缩短患者等候时间，避免轻症转为重症。她耐心给予患者心理疏导，鼓励他们树立战胜疾病信心。她先后荣获医院优秀护士长、优秀共产党员等荣誉称号。

叶黎文，1992年出生，湖北省第三人民医院呼吸内科医生。叶黎文所在的医院处于疫情严重的汉口地区，作为医疗救治定点医院，发热门诊是发热病人最集中的场所，也是感染风险最大的地方和疫情防治的第一道防线。自2020年1月4日投入到抗疫第一线，她在发热门诊连续奋战，被同事们称为“叶坚强”。虽然常常累得想哭，但她凭着顽强的信念和过人的勇气，咬牙坚持，先后接诊发热病人3000余人，全力守住岗位防线。她将抗疫过程中的点滴故事记录下来，写成抗疫日记，被媒体广为传播。

甘如意，1996年出生，中共预备党员，武汉市江夏区金口中心卫生院范湖分院医生。2020年1月31日，甘如意主动放弃休假，在封城没有公交车的情况下，独自骑行300公里，用时四天三夜，从老家荆州市公安县斑竹垱镇杨家码头村辗转返回到单位所在的武汉市江夏区医院，一到医院立即投入本职工作。面对疫情和困难，她不计生死，敢于挑战，勇往直前。

蔡志芳，1967年出生，致公党党员，武汉市汉口医院呼吸内科主任。她从事呼吸内科工作30余年，在“非典”、禽流感等重大传染病期间，均冲在最前线。新冠肺炎疫情发生后，她又第一时间冲锋在前，是医院上一线最早、坚持时间最长、年龄最大的病区主任。作为首批收治新冠肺炎患者的定点医院，汉口医院从元旦过后就进入“战时状态”。蔡志芳负责一个隔离病区的工作，在抗疫一线连续奋战了近2个月，每天工作时长超过10小时。最多的时候，她每天要面对百余名确诊患者，为了抢救危重症患者，有时凌晨两三点钟才能结束工作，甚至通宵达旦。她曾多次荣获医院优秀管理干部、年度十佳岗位服务标兵及“我心目中的好医生”等荣誉称号。

毛永辉，1965年出生，国家支援湖北医疗队北京医院肾内科主任，主任医师，教授。2020年2月7日，她随北京医院第二批国家医疗队出征武汉。接到组建医疗队的通知时，她主动请缨，“肾内科是危重症学科重要的组成部分，作为肾内科主任应该第一时间出现在前方战场”。在武汉同济医院中法院区危重病房里，她变身“拼命三郎”。作为专家组成员又是医疗组组长，她身先士卒，每天坚持工作在一线病房，建流程、整规范、查房抢救，制定个体化治疗方案……面对危重症患者，她毫不退缩，发挥肾内科团队优势，开展CRRT治疗，采用CRRT与ECOM和呼吸机的强强联合，不遗余力抢救。她曾获全国三八红旗手称号。

夏莹，1972年出生，中共党员，国家支援湖北医疗队北京协和医院内科ICU护士长。夏莹在重症护理岗位上坚守近30年，疫情发生后，她主动请缨，作为北京协和医院首批国家支援湖北医疗队成员，于2020年1月26日奔赴武汉抗疫第一线。作为医疗队中年资最长的护理人员，她带领大家制定物资管理细则、组织医护人员防护培训，是年轻人的“主心骨”。从新病房规划布局到重症患者护理物资的筹备，她废寝忘食，仅用48小时就将一个普通病房改造成专门收治新冠肺炎重症患者的监护病房。同时将协和标准全面融入精细化管理中，明确职责和流程，制定各类工作核查表，建立病室管理规范，严抓细管、精益求精，全面保障重症病区的护理质量。

赵培玉，1978年出生，中共党员，国家支援湖北医疗队中日友好医院大外科护士长、重症护理队队长。赵培玉从事临床护理工作近18年，兢兢业业、任劳任怨。新冠肺炎疫情暴发后，她主动请缨驰援武汉，带领医院支援湖北的103名护理骨干，承担武汉同济医院中法新城院区C6东病区危急重症及光谷科技会展中心方舱医院重症病区的护理工作。她勇于担当，对待工作精益求精，管理上高效务实，为患者提供最专业、最温暖的护理照护。她曾获国家卫健委“优秀共产党员”、中日友好医院“优秀共产党员”等荣誉称号。

郭敬，1969年出生，中共党员，国家中医医疗队队员，广安门医院护理部副主任、主任护师。郭敬积极请战，作为第一批医疗队员于2020年1月25日进驻武汉金银潭医院。作为医疗队护理工作负责人，她身先士卒，进入南一区病房了解情况，与病区护理人员对接，为医疗队进驻打好基础。她严格管控医疗队物资，合理保障队员物资供应。作为中医护理代表，她积极谋划，通过微视频指导更多的一线护士掌握正确方法，为确保中医药疗效发挥重要作用。针对轻症患者，她带领护士们指导患者练习八段锦、呼吸操等，让中医传统技术助力患者康复。她曾多次获得中国中医科学院“优秀护理工作管理奖”称号。

王冰，1982年出生，中共预备党员，国家中医医疗队队员、西苑医院呼吸科主治医师。王冰主动请缨，作为国家中医医疗队首批驰援武汉的队员，于农历大年初一随队奔赴武汉，并迅速进驻收治多数为重症新冠肺炎病患的金银潭医院南一楼病区。她本着对患者负责的态度，与医疗队其他队员一起，始终坚持应用中西医结合、中医为主治疗方法救治患者，努力阻断轻症患者向重症发展，使重症患者转危为安。因表现优异，她在支援湖北一线火线入党，成为中共预备党员。曾获得中国中医科学院“医疗质量先进个人”等称号。

刘宇航，25岁，北京世纪坛医院急诊科护士。她是北京支援湖北医疗队里年龄最小的队员。17年前，刘宇航的妈妈作为一名护士主动报名参与一线“非典”抗疫。为了同一份责任，新冠肺炎疫情暴发后，她第一时间自愿报名支援武汉，冲锋在防疫第一线。她在武汉协和医院西院区的急诊室，给病人吸痰、输液、补水、测量体温，安抚病人情绪。穿着厚重的防护服，她一干就是好几个小时，却从不叫苦，因为有妈妈做榜样，她立志成为妈妈的样子。

佘沙，1996年出生，四川省第四人民医院内四病区护士。她是四川省第三批支援湖北医疗队里最年轻的护士。2008年“5 · 12”汶川特大地震时，她的家乡汶川县漩口镇受灾严重，年仅12岁的她目睹了来自全国各地对灾区人民的无私援助。从四川省护理职业学院毕业以后，佘沙进入四川省第四人民医院成为一名护士。当新冠肺炎疫情发生后，四川组织医疗队驰援武汉，她第一时间报名，多次请战。直到2020年2月2日终于如愿以偿，跟随着第三批医疗队来到武汉。她说，这个时候她一定要挺身而出，因为她是汶川女孩。

宋彩萍，1974年出生，中共党员，军队支援湖北医疗队队员、火神山医院护理部副主任。面对疫情她主动请战，除夕夜奔赴疫区。到达金银潭医院即带领队员连续奋战，一天一夜就将普通病房改造成专业传染病病房，同时规范收治流程、完善防护措施，为批量高效率高质量收治病人赢得了时间。转战火神山医院后，带领护理人员用“专业化”和“有温度”的暖心护理，帮助患者树立战胜病毒的信心，收到患者表扬信20余封。曾获全国埃博拉出血热疫情防控先进个人、全国三八红旗手、重庆市三八红旗手标兵，荣立二等功1次。

陈静，1973年出生，中共党员，军队支援湖北医疗队队员、火神山医院重症医学一科护士长。参加第一批医疗队支援武汉，先后辗转汉口医院、火神山医院，担负重症护理任务。作为重症监护病房的“大管家”，她在做好日常护理工作的同时，还负责病区所有物资的保管与清点、监督每名进出重症监护室的医生和护士，被网友亲切称为“最硬核”护士长。

曾获全国埃博拉出血热疫情防控先进个人、上海市巾帼建功标兵，荣立二等功、三等功各1次。

仲月霞，1966年出生，中共党员，军队支援湖北医疗队队员、火神山医院护理部副主任。她主动报名奔赴武汉抗疫一线，打头阵带领4名护理骨干率先进入武昌医院病区，用最短时间将医院普通病房改造成隔离病房，参与制定隔离病房护理规范8项，培训军地骨干60多人次，为收治更多患者提供了保障。转战火神山医院后，她带领20名队员连续奋战20多个小时布置新病区，确保第一批患者顺利收治。曾获全国埃博拉出血热疫情防控先进个人、全国巾帼建功标兵、陕西省五一劳动奖章，荣立三等功2次。

路美，1982年出生，中共党员，军队支援湖北医疗队队员、武汉市泰康同济医院感染十三科护理六组组长。疫情面前她不惧艰险，义无反顾赶赴一线，带领护理团队第一批进入泰康同济医院“红区”，连续奋战两天一夜接收患者。入院以来，她直接参与多名危重患者救治工作，大部分患者病情好转，转入轻症病房；其他病情稳定，出现好转迹象。荣立三等功2次。

江晓静，1963年出生，中共党员，中部战区总医院感染科主任医师。作为医院疫情防控救治专家组组长，她始终冲锋在前、以上率下，带领全科人员坚守岗位、全力救护病患，高峰期发热门诊24小时接诊近500人次。她和战友想尽一切办法将治疗关口前移，每次收治重症患者，她都住在科里进行24小时观察，最大程度保证救治质量，有效降低病亡率。曾获医院基层建设先进个人、医院优秀党务工作者。

徐辉，1968年出生，中共党员，生前系南京市中医院党委委员、副院长，新型冠状病毒感染的肺炎防治指挥部副组长和工作小组组长。她从事妇产科工作近30年，用精湛医术耐心细致诊治每一位患者，在医院管理岗位上敢于担当、锐意创新，为医院发展尽心竭力。在疫情防治工作中，她牵头制定了应急预案和中医诊疗方案，对门（急）诊预诊分诊和发热门诊的流程进行部署安排，组建发热门诊、预检分诊的医疗队伍，设置隔离病房和医护人员休息区，筹集防控物资，协调保障服务。她在抗疫一线争分夺秒、连续奋战18天后，不幸因突发疾病抢救无效逝世。全国妇联追授她全国三八红旗手称号。

曹玲玲，1981年出生，中共党员，浙江省绍兴市中心医院大内科护士长。新冠肺炎疫情发生后，中心医院成立了三个感染病区，曹玲玲第一时间主动报名，当时她的身体状况不符合条件，但她认为自己是共产党员责无旁贷，于是一边坚持服药，一边深入感染三病区开展工作，从物资、药品、器械的申领，到人员的安排，再到院感知识、专科知识的培训，事事亲力亲为。她深入隔离病房，为病人提供护理，为护士提供指导，冲在最前面。

公安抗疫巾帼先锋

“公安抗疫巾帼先锋”共10名：王木香、范怡婷、董巍、丰晓莹、史雪荣、周艳、张慧、陈瑞贞、曾淑俊、单雪。她们来自不同地域、不同警种、不同岗位，面对疫情，冲锋在前，巾帼不让须眉，为打赢疫情防控的人民战争、总体战、阻击战贡献力量，是广大公安民警和妇女学习的榜样。

王木香，47岁，中共党员，北京市公安局海淀分局西三旗派出所社区民警，东升镇龙樾社区党支部副书记。新冠肺炎疫情发生以来，王木香全天候扎根社区、服务群众，用责任心、耐心、细心，认真守卫着疫情防控“第一关”。她说：“国家有难，匹夫有责。只要人民有需要，我就必须冲上去。不计得失，无论生死。”疫情发生后，王木香只用3天时间，就摸清了文龙二里小区2000余户居民的基本情况：谁何日到京，谁预计几号回京，要乘坐哪趟列车……底数清、台账明。作为社区民警，王木香从“下”社区变为“在”社区，积极主动为群众办实事、解难事，群众的安全感和满意度明显提升。她劝别人最多的是少出门，但自己却专向人多的地方去。复工的前一天，她走遍辖区所有的商铺，逐一检查防控预案的落实情况。战“疫”铁娘子，百姓暖心人。

范怡婷，30岁，中共党员，北京市公安局大兴分局团河派出所社区民警，首座御园一里社区党支部副书记。作为疫情防控一线“穿警服的副书记”，范怡婷用温暖又贴心的工作构筑了社区战“疫”一线的亮丽风景线。疫情发生后，依托社区党支部第一时间组建了社区防疫队伍，地毯式消毒、重点地区返京人员排查、出入口证件核验、体温检测等工作全部实名制推进。针对疫情防控期间矛盾纠纷高发的情况，她发动有一定群众基础、会做群众工作的居民24人，设立“楼门长”志愿岗，共同值守小区各出入口。在疫情防控期间，范怡婷始终关注社区民生，为了保障辖区超市物资供应，她帮助协调给送货车辆开辟“抗疫保民生”绿色通道，解决了超市的后顾之忧。针对居家隔离户不能出门的情况，她抽调流管员、志愿者、在职党员等10人组建民生保障小组，点对点负责隔离户居家期间的日常必需品。暖心书记真情守护辖区群众。

董巍，38岁，中共党员，黑龙江省哈尔滨市公安局巡特警支队女子辅警大队大队长。疫情防控期间，董巍组织带领女子辅警大队昼夜战斗在一线，除日常巡逻工作外，还担负机场转运中外旅客、应急处置、值班战备等艰巨任务，用热血和忘我付出践行从警誓言。面对复工复产人流增多，国际航班开通境外重点疫区人员大量涌入等客观因素，董巍在执行机场转运护送旅客任务中，带领女辅警严格按照六步分流法，有效落实信息登记核查、劝返、分流、转送等各项严管严控措施。执行勤务期间，董巍平均每天工作10多个小时。董巍始终把女辅警们当自己的亲妹妹对待，每天上勤之前都要认真检查她们的防护装备是否佩戴齐全，勤务结束后都会再三叮嘱要做好清洗消毒。一旦了解到队员家中有客观情况或实际困难后，她都会做出合理安排，既做到了对勤务任务的刚性落实，又体现了对战友们的关怀。

丰晓莹，39岁，中共党员，浙江省杭州市余杭区看守所副所长。疫情发生后，丰晓莹作为看守所唯一的女领导，从2020年1月起连续奋战在监所战“疫”一线，和战友们一起确保了监所疫情零发生、安全零事故。2020年2月1日，看守所启动战时封闭轮替勤务模式，丰晓莹主动请战，率先留所封闭办公，她把两个年幼的孩子托付给年近七旬的父母，毫不犹豫地投入这场没有硝烟的战争。面对收押量大、环境封闭、人员集中等疫情防控严峻形势，丰晓莹积极思考谋划，在最短时间内拿出相对科学有效的方案。她们牢固树立“监区安全稳定是监所管理第一要务”的理念，坚持每天两次进监室，关心在押人员生活，宣传疫情防范知识，并落实消毒和体温监测工作。同时，带领巡控岗位工作人员，全天24小时严密监控监室内动态，及时消除安全隐患，始终保持女监区的安全、平稳、有序。监所封闭办公期间，丰晓莹每天的工作时间都超过12小时。

史雪荣，51岁，中共党员，湖北省武汉市公安局东湖新技术开发区分局花山派出所橘园社区民警，一级警长。新冠肺炎疫情发生以来，史雪荣以岗为家，整整51天没回家，每日穿梭在社区的楼栋里开展抗疫宣传、排查“四类人员”、帮助困难群众，在战“疫”路上尽显巾帼担当。为提高工作效率，她发动社区群众，组成一支16人的志愿者队伍，这支小分队成了疫情期间调解矛盾、帮扶济困的生力军。橘园社区分发社会捐赠的爱心菜，史雪荣带着志愿者将菜送到社区150余户老年人家门口；社区实行封闭管理，史雪荣带领志愿者将出入凭证发到社区3000户居民家门口，社区居民都说“有事找小史”。

周艳，41岁，中共党员，湖北省武汉市公安局交通管理局直属大队汉警快骑女子队队长。新冠肺炎疫情发生以来，周艳一直坚守在抗疫一线，身先士卒，用实际行动践行了人民警察的初心使命。2020年1月23日，在接到全警返岗的战时命令后，周艳迅速返回岗位，投身一线工作。2020年1月24日起，武汉市公安局交通管理局直属大队奉命守控府河收费站出城卡口，周艳主动请缨，带领汉警快骑全体女队员坚守岗位36天，排查车辆2470辆次。2020年2月29日，周艳又带领女队员转战江岸区沿江大道黄浦路防疫卡点，逐车查验通行证件，在岗日均检查车辆100余辆。周艳舍小家顾大家坚守一线的事迹更让人动容。疫情发生后，周艳的公公婆婆先后确诊，老公也被隔离，10岁的儿子在家无人照顾，但她毅然选择坚守一线。2020年2月15日，正在岗上的她得知爷爷去世的噩耗，3月1日凌晨，她的公公又因感染肺炎去世。周艳强忍悲痛，用努力工作去寄托哀思。疫情在前，警察不退，周艳用实际行动践行了诺言。

张慧，49岁，中共党员，湖北省红安县公安局刑侦大队情报中队中队长。直面危险，慨然上阵，在疫情防控最紧要关头，张慧带领“巾帼突击队”守卡口、进社区、入楼栋，恰似一朵盛开的红玫瑰，在战“疫”一线光彩夺目，分外芬芳。2020年2月中旬，红安县公安局发布“倡议书”，号召全局女警参加“巾帼突击队”，充实一线战“疫”力量。49岁的张慧主动请缨担任队长一职。作为队长，张慧带领队员坚守社区卡口，每天第一个到社区，最后一个离开；还和队员们积极寻找防控措施漏洞，实行网格化排查、建立小区外来人员和出租房底数清单、强化居民小区封闭式管理……在张慧的带领下，“巾帼突击队”在红安城区10个社区打出“联防联控”组合拳，使各个社区防疫水平大幅提高；还带领队员关心关爱空巢老人、独居老人，帮他们代购生活物资送上家门，为打赢疫情防控阻击战作出了突出贡献。

陈瑞贞，49岁，中共党员，广东省佛山市公安局南海分局黄岐派出所综合室主任、三级警长。在新冠肺炎疫情防控阻击战中，陈瑞贞组建了一支22人的黄岐派出所女子战“疫”先锋队，与男民警一起排班设卡，一起迎风斗雨，一起“捱更抵夜”，不漏过一车一人，逐一核查登记。在她的带领下，这支女子先锋队查验过往车辆5000余辆次。她还带领女子先锋队员深入辖区菜市场、医院、厂企、社区，向村居群众、厂企员工讲解防疫政策，宣传科学防治疫情知识，协助村居卡口工作人员对进出人员测量体温、劝导佩戴口罩，成为辖区流动的“防疫宣传站”。此外，当听闻辖区一名独居老人被隔离在家没人照顾时，陈瑞贞自费为老人购买米、面等物资，亲自上门探望，并联系社区工作人员，每日为老人送饭，并针对辖区群众出现恐慌焦虑等心理时，主动面对面开展劝导引导，直至群众情绪得到缓解。

曾淑俊，49岁，中共党员，重庆市公安局渝北分局两路派出所教导员。新冠肺炎疫情发生以来，曾淑俊既当指挥员又当战斗员，既做队伍防护安全员又当心理辅导员，生动诠释了战“疫”一线女警的责任担当。曾淑俊结合辖区实际情况制定了全所防控应急处置方案，将参战人员分为3个小组，从人员排查、消毒防护、应急值守等方面落实具体措施。在她的带领下，全所民警辅警纷纷主动请战，带头作战，共组织检查、劝停辖区营业宾馆、民宿、网吧、茶楼、大小餐馆2000余家，入户排查走访返渝人员360余名，走访社区小区院落200余个，排查6万余人，确保了辖区确诊患者、疑似病例、密切接触者“三个零发生”，辖区治安平稳有序。针对社区居民特别是一些老年人对疫情严重性认识不足的情况，她与社区干部们将防疫知识编成顺口溜，每天在社区里喊话提醒，还自费购买200余个口罩，遇到没有戴口罩的老人，主动上前劝说并掏出口罩给他们戴上。社区实行封闭管理后，她每天都打电话询问在家隔离的居民情况，并帮助不能出门的群众买药、买菜。群众都说：“只要有曾警官在，我们感到很安心。”

单雪，31岁，中共党员，广东深圳出入境边防检查总站赴鄂医疗队呼吸内科主治医师。新冠肺炎疫情发生以来，单雪第一时间请战奔赴抗疫一线。作为总站首批支援湖北荆州医疗队员，与队员们一同在战“疫”最前线筑起一道坚固防线，用实际行动践行共产党员的初心使命，展现了疫情防控阻击战中的巾帼力量！2020年1月28日，广东省深圳市决定由深圳边检总站医院组建党员突击队支援新冠肺炎定点收治医院——深圳市第三人民医院，率先递交请战书的单雪被批准成为其中一员。刚入驻三院工作不到一天，单雪和队友们就被要求连夜返回整理行囊，第二天立即驰援湖北荆州。作为总站医疗队唯一的女医生，单雪和队员们每天连轴转，详细分析每名患者的病情变化、化验结果和治疗情况，争分夺秒地与同事们研判调整治疗方案，学习新的治疗指南并第一时间应用到临床实践中。她还总是抢着值夜班。经单雪和队友们的精心救治，先后有183名患者治愈出院。

城乡社区抗疫巾帼先锋

“城乡社区抗疫巾帼先锋”共10名：陶久娣、倪娟、王琼、陈桂荣、李美红、曹琛、路艳茹、肖晓辉、吕艳虹、徐敏。她们是150多万女城乡社区工作者的优秀代表，为了人民群众的健康安全，美丽“逆行”，用实际行动彰显了广大妇女在社区防控一线勇于担当、甘于奉献的赤诚之心；她们是400多万奋战在疫情防控一线城乡社区工作者的先进典型，在抗击疫情斗争中用满腔的热忱和无私的奉献，诠释了全心全意为人民服务的初心，担当着带领居民群众共克时艰的使命，为遏制疫情扩散蔓延作出了重要贡献。

陶久娣，1969年生，汉族，中共党员，现任湖北省武汉市东湖生态旅游风景区东湖新城社区党总支书记、居民委员会主任。为全身心投入社区疫情防控工作，陶久娣从家里搬出来，直接住进社区内的旅店，连续奋战80多个日夜。她带领社区工作者、网格员和志愿者挨家挨户进行“非接触式”排查，确认健康状况，安抚疏导情绪。她积极联系爱心企业免费捐赠爱心菜15余吨，为高龄、独居、残疾居民和滞留在武汉的外地人员送爱心菜，联系超市每天为居民提供米面、蔬菜等物资平价团购服务，与多家购物平台开展合作，满足居民个性化购物需求，稳定群众抗疫信心。曾获武汉市优秀党务工作者、武汉市创建国家卫生城市先进个人等荣誉称号。

倪娟，1976年生，汉族，中共党员，现任湖北省武汉市江汉区民权街道打铜社区党委书记、居民委员会主任。新冠肺炎疫情发生以来，倪娟一头扎进社区，吃住在办公室，带领社区工作者挨家挨户上门走访摸排，发现疫情及时上报和安排就诊，组织做好楼栋封闭、居家隔离、社区消杀工作，防止疫情在社区内扩散。她将自己的手机号码公布在微信群、楼栋口，24小时接听居民的电话，回应群众诉求。在社区收治19名疑似人员进入集中隔离点时，她冲在最前线，逐一沟通打消居民顾虑，化解抵触情绪。社区居民万爹爹在弥留之际，家人在外地，她和同事们千方百计做好陪伴和临终关怀，和万爹爹家人随时保持联系，妥善处理后事。曾获湖北省优秀党务工作者、武汉市最美基层干部荣誉称号，获武汉市五一劳动奖章。

王琼，1975年生，汉族，中共党员，现任湖北省宜昌市西陵区西坝街道甲街社区党委书记、居民委员会主任。新冠肺炎疫情发生以来，王琼委托家人照料年幼的孩子和重病卧床的爱人，召集社区工作人员全力投入社区疫情防控阻击战，始终坚守社区防控一线。她第一时间带头深入各楼栋，逐户逐人上门开展疫情排查，有效阻断了病毒在社区内的传播。她动员业委会、物业公司、志愿者在商场超市之间牵线搭桥，先后为社区困难居民联系提供3卡车、1.5吨免费新鲜蔬菜；创新“流动的杂货铺”，主动帮助居民代订代购生活物资，切实为居民提供生活保障。她带领社区工作团队，创造了社区无确诊、无疑似、无密接、无发热的“四无”战绩。疫情防控期间被湖北省宜昌市委、市政府授予“宜昌市防疫工作突出贡献奖”。

陈桂荣，1961年生，汉族，中共党员，生前任湖北省黄冈市武穴市花桥镇柏树林村村委会委员、妇联主席。陈桂荣在村里工作38年，始终坚守初心、牢记使命，工作积极主动、勤勉负责。在新冠肺炎疫情发生后，她主动请缨冲在一线，走村组、串垸巷，挨家挨户做宣传，为村民测量体温，上门做隔离对象工作。2月初，她因过度疲劳导致身体出现不适，经再三劝说，住进武穴市第一人民医院。当得知村里疫情防控任务艰巨后，她又重新投入战斗。2月14日，她在工作中发病，经抢救无效，不幸去世。陈桂荣去世后，被追授为黄冈市三八红旗手、湖北省三八红旗手、全国三八红旗手。

李美红，1977年生，汉族，中共党员，现任北京市石景山区八角街道八角中里社区党委书记、居民委员会主任。新冠疫情发生以来，李美红连续奋战在社区抗疫一线。针对社区流动人口多、老龄人口比例大、产权单位复杂的实际，她带领同事们对分属28个产权单位的33栋楼2445户7000余人逐一摸排核实，对业主在哪、有何需求、哪些是空房、哪些是租户等建立了详细台账，用图标的形式进行一一标注，做到了一本准、一口清。率先在社区安装了智能人脸识别、测温系统，办理电子出入证，产生了很好的示范效应。她成立了“六人关爱小组”，保障了450余户1000多名居家隔离人员的生活需求。由于情况掌握精准、措施落实到位，社区居民无一人感染，被社区居民称为“铁娘子”书记。疫情防控期间收到表扬信、锦旗20余件。曾获北京市优秀社区党组织书记、北京市先进社区居民委员会主任等荣誉称号。

曹琛，女，1975年生，汉族，中共党员，现任浙江省杭州市上城区小营街道小营巷社区党委书记。新冠肺炎疫情发生后，曹琛发挥“领头雁”作用，带头深入社区摸排人员、坚持迎风冒雨值守卡口、始终冲锋在前执行隔离任务，她总是把最紧急、最危险的工作留给自己，每天工作时间超过14小时。她牵头制定疫情防控方案、绘制社区防疫地图、开展大封闭管理，织密群防群治网；第一时间启动利用大数据采集管理居民信息，对社区1万余名居民开展地毯式摸排，实现“无死角”管控；组织30多名社会工作者、动员500多名志愿者组建“红巷老舅妈”“红墙门”等疫情防控工作队伍，通过线上线下“双轮驱动”，为社区困难家庭、高龄独居老人等1000多名特殊人群和全体社区居民提供生活保障、心理疏导等24小时全天候贴心服务。曾获浙江省担当作为好支书、浙江省千名好支书万名好党员、杭州市上城区三八红旗手等荣誉称号。

路艳茹，1979年生，汉族，中共党员，现任河南省郑州市二七区淮河路街道陇海社区党委书记。新冠肺炎疫情发生以来，路艳茹克服孩子小、家中老人身体有病需要照顾等困难，舍小家，为大家，勇于担当，冲锋在前，带领社区工作者始终坚守在社区疫情防控一线。她充分发挥社区“两委”作用，发动社区党员争做排查、监测、宣传、服务、监督“五个先锋”，守住外防输入的关隘；她以“标准、专业、安全、智能、保密”为目标，创新工作方法，做好居家医学观察人员管理服务，守好内防扩散的防线。她在社区推行“暖心菜”服务项目，发动志愿者为居家医学观察人员和行动不便的老人提供蔬菜代买服务，赢得了居民的广泛赞誉。曾获郑州市优秀共产党员、二七区三八红旗手等荣誉称号，疫情防控期间被河南省郑州市委组织部授予“疫情防控中表现突出的优秀共产党员”称号。

肖晓辉，1979年生，汉族，中共党员，现任湖南省长沙市天心区新开铺街道木莲社区党总支书记、居民委员会主任。具有医学学历背景、曾当过护士的肖晓辉，在新冠肺炎疫情初期，迅速列出社区“防疫菜单”，细致部署社区防控工作。为坚守社区工作岗位，她搬到办公室住，一住就是两个月。她大胆创新，利用智慧平台将战“疫”关键信息“一网打尽”，通过“大数据+铁脚板”，迅速排查了约15000名居民、1269间公寓、400多家企业门店，第一时间掌握了人员动态。她暖心服务，发动300余名志愿者为699名居家隔离群众送防疫物资、帮忙买菜，并运用社会工作督导技巧和心理学知识，缓解隔离对象焦虑情绪。她千方百计为来自湖北的陈爹爹买到“救命药”的故事在当地传为佳话。曾获长沙市创建更高水准全国文明城市先进个人、长沙市社区全面提质提档工作突出个人、长沙市优秀社工等荣誉称号。

吕艳虹，1981年生，汉族，中共党员，现任广东省广州市越秀区东山街道寺右社区党委书记、居民委员会主任。吕艳虹充分发挥社区党组织的战斗堡垒作用，组建了寺右社区党员志愿服务队，出入口管理、健康监测、宣传引导、环境整治、困难帮扶等社区防控工作，她和社区党员们都冲在最前面。她充分发挥群防群治的力量，调动居民“自家大门守起来”“邻里之间帮起来”。她凭借多年扎实的群众基础，一家一家争取支持理解，提前实施出入口管理，第一时间守牢社区防线。她自掏腰包购买大喇叭、便携式消毒器，在社区疫情防控期间发挥了大作用。她主动服务社区内复工复产企业商户，协调相关部门为复工复产保驾护航。曾获广州市优秀共青团员、越秀区“优秀社区领头雁”等荣誉称号。

徐敏，1986年生，汉族，现任四川省成都市新津县宝墩镇太平场社区居民委员会副主任。太平场社区流动人口多、租户多，情况复杂，疫情防控工作任务重、难度大。面对突如其来的疫情，徐敏义无反顾地投身社区防控工作，重点对出租房屋人员情况和外地返（来）蓉人员进行细致排查，详细了解其动向，确保不漏一户、不漏一人。对暂时不在社区居住的人员，通过电话逐一掌握人员动向，做好政策宣传工作，确保防控信息及时传达到社区的每一位居民。徐敏患有地中海贫血症，2月1日因劳累过度晕倒在岗位上。在身体还未完全康复的情况下，徐敏不顾医生和同事的劝导，毅然坚持提前返回工作岗位，和同事们一起坚守疫情防控一线，守护居民群众健康安全。疫情防控期间被四川省成都市委办公厅授予“新冠肺炎疫情防控先进个人”。

一线医务人员抗疫巾帼先锋

“一线医务人员抗疫巾帼先锋”共40名：张颖、袁雅冬、郭焱、帖萍、张凤云、于娜、张眉眉、付广双、张敏、李晓静、孙立群、张泓、尚秀玲、程慧健、许伟华、李星、韩小彤、陈丽芳、林玫、辛晓艳、熊建琼、江智霞、姚群梅、杨惠云、刘晓菊、羊赞措、付晶琎、王彩虹、张桂青、张红、高燕、袁晓宁、郑杨、潘文彦、曹英娟、张丽娜、成守珍、冯萍、王新明、王亚丽。她们是千千万万奋战在疫情防控一线女医务人员的优秀代表，她们用满腔的热忱和无私的奉献，诠释了“敬佑生命、救死扶伤、甘于奉献、大爱无疆”的崇高精神，为遏制疫情扩散蔓延和保障人民健康作出了重要贡献。

张颖，1970年生，汉族，群众，主任医师，天津市疾病预防控制中心副主任，天津市疾病预防控制中心新冠肺炎疫情处置组组长。疫情发生以来，张颖率领她的团队24小时坚守岗位，不分昼夜，先后开展现场处置120余次，派出现场处置队伍深入“红区”400余人次，在远远短于规定时间内，完成流行病学调查、疫点终末消毒和密切接触者判定与追踪，有效遏制疫情蔓延与播散。她身先士卒，深入“雷区”，连续工作30多个小时不休息。在疫情处置，特别是聚集性疫情处置中，她展现出特有的沉着冷静、科学缜密、敬业乐业精业的职业精神，对病毒传播脉络进行抽丝剥茧似的流调和分析，是大家眼中的“铁娘子”“福尔摩斯”。曾获天津市抗击“非典”先进个人、“天津好人”称号。

袁雅冬，1962年生，汉族，中共党员，主任医师、教授、博士研究生导师，河北医科大学第二医院呼吸内二科主任。新年伊始，作为专家组成员跟随国家卫健委到江苏等地指导疫情防控工作。2020年1月27日，作为河北省第一批援鄂医疗队队长，带队支援武汉市第七医院，整建制接管该院5个病区。进一步规范流程，加快病床周转率，在武汉首先做到“床等人”。医疗队累计收治患者429人，其中重症患者119人，已治愈患者314人。实现医护人员零感染、安全生产零事故、进驻人员零投诉、治愈患者零复发“四个零”。其间，作为重症救治专家，巡回指导各医院重症患者救治工作。曾获“全国卫生健康系统新冠肺炎疫情防控工作先进个人”“河北省卫生系统先进个人”“第七届中国医师奖”。

郭焱，1972年生，汉族，中共党员，主任医师，山西医科大学第一医院重症医学科副主任。山西省支援湖北医疗队队员，湖北省仙桃市人民医院感染科重症病区副主任，山西支援湖北医疗队专家组成员。面对湖北疫情，主动请缨要求参战，大年初二跟随山西医疗队奔赴湖北省仙桃市第一人民医院，进驻该院感染科。次日即投入到危重患者的救治工作中，在成立并接管受援地感染科重症病区后，始终坚守在病房一线，对患者实施精准、积极的救治。援鄂50余日来，参与管理重症及危重患者220余人，重症转轻率达到90%以上，有效降低了受援地新冠肺炎的死亡率。曾荣获“优秀援疆干部人才”荣誉称号并记功；“优秀援疆干部”，记三等功1次。

帖萍，1965年生，汉族，中共党员，山西省疾病预防控制中心地方病防控科科长，山西省支援湖北仙桃市疾控队队长，山西省支援湖北抗击疫情前方指挥部疫情防控组组长。疫情发生时，主动请缨，2020年2月17日带领山西省首批疾控队伍随第十批医疗队来到仙桃市，立即投入到流行病学调查中，摸清每一个患者及密切接触者的活动轨迹；协同仙桃市疾控中心共同完成了确诊病例溯源，聚集性疫情分析，疫情研判等，最终还原了575例确诊病例的完整传播链；完成死亡分析和阳性检测、医学观察等短期预测；参加了对仙桃市监狱、精神病院、养老院、社会福利院等特殊场所的巡查指导工作；参与多起新型冠状病毒肺炎事件处理。2003年抗击“非典”疫情中火线入党，并荣获山西省政府“抗击非典二等功臣”、全国鼠疫防控先进个人等荣誉称号。

张凤云，1975年生，中共党员，国家重症医疗队内蒙古第六批援鄂医疗队总联络员，护理队长，医疗队临时党总支副书记。主动请缨，奔赴武汉，在协和医院西院与呼研所钟南山院士团队并肩作战，带领团队积极开展危重症患者的护理救治工作。组织召开战地医院联合护理业务查房，解决患者通气疑难问题，不顾危重患者气道开放感染风险大的因素，深入病区指导患者康复护理，开展呼吸操、踝泵运动等，推进危重患者功能康复工作，帮助患者重拾生活信心。先后救治护理患者1030余人，收到表扬信30余封。曾获抗击“非典”先进个人，多次被内蒙古医科大学表彰为优秀共产党员、优秀党务工作者。获“内蒙古抗疫英雄”称号。

于娜，1982年生，汉族，中共预备党员，中国医科大学附属第一医院医务部副主任，呼吸与危重症医学科副主任医师，辽宁支援湖北危重症患者救治医疗队队员，武汉华中科技大学同济医学院附属协和医院西院区病区医疗组长。自疫情初始即全面负责发热门诊工作，主动请缨奔赴武汉。第一时间深入病房，优化流程保证医疗安全，利用互联网平台培训及远程会诊，一线救治危重症患者，实施床旁纤支镜气道探查，防控血栓栓塞事件，自制呼吸操并指导患者康复。医疗队以专业、认真、严谨的态度深得好评，累计救治重症危重症患者80余人，获全国卫生健康系统新冠肺炎疫情防控工作先进集体。获第五届于润江呼吸医师奖、全国卫生健康系统新冠肺炎疫情防控工作先进个人。

张眉眉，1973年生，满族，中共党员，大学本科，主任技师，辽宁省疾病预防控制中心检验检测所党支部书记、副所长，辽宁省援湖北疾控队队员，对口支援咸宁疾控工作队临时党支部书记、工作队队长。第一时间请战，迅速集结奔赴疫情较重的湖北咸宁投入实验室检测工作。迅速分组、规范工作程序，提出合理检测建议，协助开辟第二检测实验室，提高检测效率和准确性。尽量把高风险的实验室核心区任务留给自己，极大减轻咸宁当地检测工作压力，为当地疫情控制做出重要技术支撑。曾获得全国卫生健康系统新冠肺炎疫情防控工作先进个人、辽宁省卫生系统抗击“非典”先进个人、辽宁省巾帼建功标兵等多项荣誉称号，带领的卫生微生物检测所曾获辽宁省妇联授予巾帼文明岗称号。

付广双，1966年生，汉族，中共党员，吉林省一汽总医院感染科主任、吉林省支援武汉医疗队队员，临时党支部书记。新冠肺炎疫情出现伊始，付广双同志第一个向组织递交了请战书。到达武汉后，她连夜组织队员实地探查新改造的病房及仪器设备情况，组织队员学习培训，第一时间进入隔离病房，床旁查看患者，并针对每个病人不同的病情提出个体化治疗方案。每天8小时的工作时间连轴转，坚持每天对病区50余名患者一一查房，耐心为每位患者解答病情疑问，科普健康知识，缓解精神压力。如今收治的80余名患者中，63人已通过救治成功康复。曾荣获“吉林省赴四川地震救灾区抢险救援个人”“抗震救灾模范个人”“一汽总医院优秀共产党员”等荣誉称号。

张敏，1965年生，回族，群众，硕士学历，黑龙江省医院呼吸与危重症医学科主任，黑龙江省第三批援鄂医疗队省医院队长、孝感医疗专家组组长。新冠肺炎疫情发生后，她主动请缨，坚守在防控最前线。组建院内发热门诊、指导省内患者救治、参与药物临床实验、参加援外医疗队。作为孝感医疗专家组组长，全面负责汉川市新冠肺炎重症和危重症的诊疗指导，直接管理汉川人民医院危重症和重症病房52名危重病人的治疗，每日在隔离病房工作超过10小时，还负责了汉川、应城、安陆市的巡诊指导和重患会诊指导任务，参与制定了孝感市重症和危重症早期评估表，实现了诊断治疗关口前移，有效降低了重症和危重症的发病率。代表黑龙江省援鄂医疗队接受中央电视台专访，作为医疗救治专家参加了汉川市人民政府疫情防控新闻发布会。荣获湖北省孝感市荣誉市民称号。

李晓静，1972年1月生，满族，中共党员，上海浦东新区浦南医院护理部主任，第二批上海援鄂医疗队领队。她作为上海援鄂医疗队中唯一的护理团队领队，率领着来自40家区级医院的50名队员，在最短时间克服困难，全心投入到抗疫战斗中。她一手抓培训管理，一手抓关心联络，带领50名护理团队实现零感染。其间，她带领35名护理人员整体接管北四病区，规范三区划分，制定了标准的院感流程和详尽的护理计划，为百余名患者提供了优质的护理服务，带去了上海品质的人文关怀。她为患者打造爱心墙、设立流动理发室、举办女神节暖心活动，让每一位患者感受到他们的关爱和呵护，增强他们战胜疾病的信念。曾获北京市抗击“非典”先进个人、荣立三等功一次，第二军医大学优秀护士、优秀党员，率护理组获集体三等功一次，获军队医疗成果一等奖。

孙立群，1972年生，汉族，中共党员，主任医师，南京医科大学第二附属医院重症医学科副主任，江苏省第一批援湖北医疗队重症医疗组组长。临危不惧，主动报名，大年初一出征武汉。统筹协调，率队迅速投入救治工作。狠抓感染控制，改造病区，优化流程，克服物资短缺，持续奋战一线。担任医疗队专家组组长，规范诊疗、优化办法，显著提高患者治愈率。深入病区，临床示教，助力当地医院提升诊疗能力。在武汉一线连续奋战53天，圆满完成医院清零任务，率队诊治新冠肺炎患者952例，治愈812例，其中重症182例，总治愈率达85.3%，医护人员零感染。曾获江苏省最美医务工作者、省卫生健康系统新冠肺炎疫情防控工作先进个人、省三八红旗手等称号。

张泓，1964年生，汉族，中共党员，主任医师，教授，博士生导师。安徽医科大学第一附属医院高新院区副院长，安徽支援湖北医疗队第四批（安医大一附院）领队。率队整建制接管华中科技大学同济医学院附属协和医院肿瘤中心Z11病区，承担新冠肺炎（重型）救治工作；坚持进入隔离病房查房。救治患者82例，其中重型37人，危重型7人，好转率97.6%；成功救治患者平均年龄＞65岁，其中＞90岁3人；取得高治愈率、低死亡率、医护人员零感染的佳绩。曾获安徽省“江淮名医”“安徽省学术和技术带头人”称号，安徽省卫生应急技能竞赛特殊贡献奖、安徽省教学成果奖二等奖、安徽省科学技术奖二等奖等荣誉。

尚秀玲，1980年生，汉族，中共党员，副主任医师，医学博士。福建省立医院重症医学三科副主任医师，福建首批支援湖北抗击新冠肺炎疫情医疗队重症组组长，金银潭医院综合4楼病区主任。闻讯疫情，主动请缨，1月27日抵达武汉，先后援助武汉市中心医院后湖院区和金银潭医院。为顺利开展工作，她事事先行，查看环境，了解病情，手绘平面图，使同事更快熟悉环境。每日临床工作之余查缺补漏，建章立制，规范治疗。不断创新，率先开展重症超声导向的清醒俯卧位及高侧卧位治疗，使重症患者救治关口前移。得到金银潭医院党政领导的高度肯定和患者的一致好评，取得医护零感染，患者零死亡的佳绩。曾获福建医学科技一等奖、福建省科学技术进步奖二等奖、福建省立医院青年榜样。

程慧健，1965年生，汉族，中共党员，江西省疾病预防控制中心副主任、主任医师，江西省疫情防控专家组组长、高级别专家组成员。程慧健全力以赴投入疫情防控工作，积极参与制定全省疫情防控政策和措施，并结合实际参与制定和细化江西省新型冠状病毒肺炎防控方案，为全省疫情研判提供了有力的技术支撑。她及时组织对地市疾控中心和具备能力的医疗机构开展专题培训，加快了各地实验室病原标本检测进度，缩短了病例确诊和报告时间；不辞辛劳深入疫情严重地区一线指导现场处置、流行病学调查、风险评估、密切接触者规范管理等工作，为全省疫情防控工作作出了突出贡献。曾获得全国医药卫生系统先进个人、江西省“抗洪抢险先进个人”、江西省三八红旗手等荣誉。

许伟华，1967年生，汉族，中共党员，山东省第六批援助湖北医疗队队员、临时党支部委员，同济医院光谷院区E1-7病区医疗一组组长。作为党员，她第一时间报名援助武汉。进驻同济医院光谷院区后，带领医疗小组迅速进入救治状态，经常连续奋战10余小时，从不退缩。尽量把最重的活留给自己，如近距离接触病人，查看病情，解除病人焦虑，陪护病人转运等。她还用丰富的临床经验指导年轻医生尽量规避风险。接诊后迅速做出诊疗计划，仔细分析每个病人的病情变化。小组接管的病人中，高龄的87岁，有的病人合并多种基础疾病，她带领小组医生发挥各专业优势，迅速组成多学科诊疗团队。曾荣获山东省抗击“非典”三等功。

李星，1970年生，汉族，中共党员，主任护师，郑大一附院护理部副主任，河南省第三批支援湖北医疗队暨河南国家紧急医学救援队护理领队。李星同志在武汉长大。当新冠肺炎疫情严峻的时刻，她怀着对湖北人民的深情厚谊，不顾身患癌症，主动请缨，带领15名护理人员于2月4日奔赴武汉，7名护士火线入党。在江汉方舱医院舱内综合协调组工作中，她身先士卒，不惧危险，与队员们一起分发药品、食品，配送物资，创新、优化工作模式和流程，稳定了患者情绪，服务患者最多时达每日1500余人。她还特别注重安全防护和心理疏导，实现了团队医务人员零感染的目标。曾荣获郑州市医德标兵、郑州市教科文卫体系统先进女职工、河南省卫生健康系统先进工作者等称号。

韩小彤，1967年生，汉族，中共党员，主任医师，湖南省人民医院急诊医学科主任，湖南新冠肺炎省级专家组成员。面对突如其来的疫情，她带领全体医护取消休假，严格防控措施，两个月来共接诊患者20599人，实现确诊病例有效救治和医务人员零感染。作为新冠肺炎省级专家组成员、多学科会诊首席专家，她多次参与远程会诊，指导黄冈新冠危重患者救治，并时刻准备踏上支援前线。2月14日，娄底市两位新冠患者生命垂危，韩小彤带领ECMO团队赴娄精心救治，最终把患者从“鬼门关”抢回来。由于连续工作过度劳累，她不幸摔断肋骨，住院时坚持坐轮椅到现场工作，后因伤势严重必须卧床仍每天手机远程指导。不忘初心，她用生命守护生命，被大家敬称为急诊“女超人”。曾获湖南好医生称号。

陈丽芳，1975年生，汉族，中共党员，副主任护师，广东省人民医院危重病监护二科护士长，荆州市中心医院新冠肺炎重症救治中心护士长。陈丽芳主动请缨抗击新冠疫情，火速驰援荆州。她发挥重症护理专业特长和管理经验，成为荆州重症救治中心护理工作流程的再造者——科学整合打造新冠护理三级梯队，建立ECMO专职护理小组；成为重症专科培训导师及技术能手——组织远程护理会诊、MDT等；成为医生眼中的“大管家”，患者心中的“抚慰剂”——通过将省医经验“搬家式”支援，为危重症患者解决护理疑难问题。陈丽芳曾荣获广东省抗击“非典”三等功及市抗击“非典”先进个人、全国卫生系统护士护理岗位技能竞赛银奖、广东省护士岗位标兵等荣誉。

林玫，1966年生，汉族，中共党员，主任医师，广西壮族自治区疾病预防控制中心主任、党委副书记，国家突发急性传染病防控队广西队伍队长。作为自治区新冠肺炎防控专家组防控小组首席专家，为自治区党委政府和卫生健康委防控决策提供强有力技术支撑，组织完成58份每日和专题疫情分析报告，成为指挥部防控决策主要参考。带领全体干部职工，连续2个月高强度、夜以继日工作，组织制定46份预案方案指南，组织开展全区培训，指导全区实验室完成近7万份核酸检测，发挥“一锤定音”的作用；派出280人次赴各地指导疫情处理和防控工作，查清各起聚集性疫情传播链；组织专家热线24小时咨询，指导全区开展健康教育，为及时有效控制疫情作出重要贡献。曾获第七届中国医师奖、第五届广西区直机关十大杰出青年、广西卫生健康系统个人记二等功等荣誉。

辛晓艳，1982年生，汉族，中共党员，海南医学院第一附属医院全科医学科护士长，海南省支援湖北抗疫医疗队首批队员，驻荆州市中医医院护理组组长。面对疫情主动请缨，大年初三奔赴疫区。到达荆州市中医医院后立即投入战斗。她提前进入隔离病区做病房规划、梳理流程、制订工作制度和岗位职责，用最快的速度开设病区。面对种种困难，她总能在有限的条件下带领护理团队开动脑筋、发挥聪明才智解决问题。隔离病房内，她积极协调各方力量和资源提高工作效率。生活当中，她还是一位多面手，她从“最美逆行者”化身“最美理发师”，为医疗队队员理发。我们看到她用青春和行动，温暖地书写着人间的爱。曾获海南医学院优秀护士长、科研先进个人等荣誉。

熊建琼，1970年生，中共党员，重庆市新冠肺炎市级专家组成员，重庆三峡中心医院重症组组长。面对疫情，熊建琼主动放弃休假，于正月初二奔赴重庆市新冠肺炎救治中心。连续奋战，将普通病房改造成新冠肺炎重症救治病房，建立病区管理制度，制订工作方案，保证了危重患者能得到重症规范化治疗和精细化管理。始终坚守在危重患者救治的第一线，倾尽全力，用最先进的救治技术抢救危重患者，包括呼吸机支持技术、血流动力学监测及支持技术、连续血液净化技术等，大大提高了抢救成功率，成功开展了重庆市首例新冠肺炎患者的ECMO（体外膜肺氧合）治疗并痊愈出院。先后救治重型、危重型患者28人。曾荣立三等功1次。

江智霞，1965年12月生，汉族，中共党员，三级教授、主任护师，遵义医科大学护理学院院长、附属医院护理部主任，贵州省将军山医院护理部主任。奔赴贵州省将军山医院参加抗疫，克服重重困难，迅速建立疫情防控护理指挥系统，将“护行於仁，理知于爱”贯穿于整个救治过程，运用PDCA循环持续完善各项工作，确保防控工作得到精准实施；提出“人文与技术并重，关爱与救治同行”理念，加强护理人员技能培训及考核。实施“守望相助”温暖与关怀，成立“心灵加油站”，创立“新冠之声”电台，开展远程视频心理援助和“工娱治疗”等。参与救治患者112人，均治愈出院，收到锦旗及表扬信40余封。曾获贵州省教学名师、省管专家，全国卫生系统护理专业“巾帼建功标兵”荣誉。

姚群梅，1970年生，彝族，中共党员，云南省楚雄州人民医院内科第三党支部书记、急诊科主任、主任医师，云南省援助湖北医疗队驻通城县医疗队队长。疫情发生，她主动请战支援湖北，抵达通城县人民医院后，她和其他医务人员第一时间投入救治患者的抗疫一线，与当地医护人员通力协作，并肩作战，先后整建制接管重症监护病房和确诊病区，制订精准救治方案，出色完成各项救治任务，为通城县成为咸宁市首个确诊患者“清零”县区作出贡献。姚群梅同志在重大疫情突袭关键时刻，义无反顾冲上疫情防控第一线，毫无畏惧投入救治工作，以实际行动践行着一名共产党员的初心和医者的使命。曾获得2017年云南省“医德标兵”荣誉称号，2016年当选为楚雄州第九次党代会代表和云南省第十次党代会代表。

杨惠云，1963年生，中共党员，西安交通大学第二附院护理部主任，西安交通大学第二附院援鄂医疗队副队长。元宵节奔赴疫区，抵鄂后立即进入即将接管的同济大学中法新城院区重症病房了解病区环境、患者病情，并连夜开展护理与院感防控等相关工作。抵鄂不到24小时便带领队员正式接管了隔离病区，保证了新冠患者护理救治工作高效、精准落实。与此同时，每日进入隔离病区进行护理查房，对患者进行心理疏导，开展康复操锻炼、血糖管控等工作，以专业知识和温情护理助力打赢新冠阻击战！在“疫”线亲密拥抱患者，感动了病区患者，被患者们称为最暖的力量！被队员称为“杨妈妈”。2017年荣获第46届南丁格尔奖章，2018年被评为“中国好医生、中国好护士”月度人物。

刘晓菊，1963年生，汉族，中共党员，兰州大学第一医院主任医师、教授、博士生导师，甘肃省第六批援鄂医疗队队长、临时党支部书记。新冠肺炎疫情发生后，主动请缨，带领甘肃省最大的172人援鄂医疗队，驰援武汉。作为队长，从队员的安置、进入病区的防护、身心健康与安全、医疗物资和生活物资的分配、入党积极分子的培养等，所有工作都亲力亲为。在武汉中心医院后湖院区临床工作期间，以身作则，率先垂范，接管病区时亲自查看所有64位患者，每有新入院患者和重症、危重症患者，都必须亲自查看，以把控患者的病情和诊疗。2018年获中国医师协会呼吸医师分会“优秀呼吸医师”，2019年获甘肃省科技进步二等奖。

羊赞措，1974年生，藏族，本科学历，九三学社会员，青海省互助县中医院护理部主任，青海支援湖北医疗队武昌方舱医院青海护理组长、院感组长。面对疫情主动请战，于2月4日驰援武汉疫区，在武昌方舱医院带领队员连续奋战35天，建立了院感三级组织架构，扎实开展培训工作，打造全方位感控防御体系，实现医护人员零感染目标，在舱内充分发挥特色中医护理，挖掘患者隐性需求，开展形式多样的人文关怀，帮助患者树立信心，构建和谐就医环境，先后护理328人，工作得到各方的高度肯定和认可。曾获得青海省海东地区优秀护士、海东地区群众信任的好护士、先进工作者等荣誉称号。在疫区与团队一起获得了全国卫生健康系统新冠肺炎疫情防控工作先进集体荣誉称号。

付晶琎，1982年生，汉族，中共党员，大学专科学历，宁夏银川市第一人民医院普儿科主管护师，宁夏第一批援湖北医疗队队员。新冠肺炎疫情发生后，她第一时间主动请缨参加援湖北医疗队。自奔赴疫区后她主动要求护理重症及危重症患者，53天内累计管理住院确诊患者110余人，其中危重症7例、重症12例，住院疑似患者140余人。在完成治疗的同时，她秉持做“有温度”的护理人的理念，主动承担照顾行动不便的患者生活起居，积极疏导患者消极情绪的任务。其间，她的父亲突发急性心梗，病情危重急需照顾，她舍小家顾大家，志愿坚守抗疫一线，爱岗敬业、无私奉献的精神备受当地同事和患者的赞扬。曾获央视新闻“新型冠状病毒肺炎治疗我的同乡英雄”、银川市三八红旗手称号。

王彩虹，1981年生，汉族，中共党员，主管护师，新疆维吾尔自治区人民医院重症医学科护士长，新疆第三批支援湖北医疗队队员，武汉大学人民医院东院十四病区护士长。驰援武汉初进病区，面对陌生的环境、不同工作习惯、护患之间的沟通障碍，王彩虹几乎24小时驻守病区，逐一梳理护理过程中可能存在的问题及薄弱点，并有针对性地制订出工作流程与岗位职责，积极引入各类物资耗材的5S管理等理念。将在重症医学科13年工作经验引入武汉重症病区，持续优化护士配比，动态弹性排班；建立

“疆鄂战疫微信群”与患者及时沟通，帮助他们树立信心。“品质护理+心理疏导”，让当地和患者和新疆医护建立了深厚的情谊，不少患者在出院分别时，依依不舍泪洒当场。曾获全国优质护理服务标兵、新疆维吾尔自治区卫生健康委直属系统“优秀党务工作者”等荣誉。

张桂青，1965年生，汉族，中共党员，主任医师，石河子大学医学院第一附属医院康复心理科主任、教授，享受国务院特殊津贴专家。面对疫情主动请战，2月4日奔赴武汉，到达东西湖区方舱医院，带领心理干预团队进行临床心理诊疗与心理危机干预工作。值班时巡查舱内所有患者，访谈有应激反应的重点患者，最多的一次访谈了140名患者，成功进行自杀危机干预2人，防冲动伤人危机干预1人，对有严重应激反应的患者予以心理治疗20人次，对有轻中度应激反应的202名患者进行了面对面个体心理干预。对18名患者进行团体心理干预2次，对80名一线医护人员做团体或个体心理干预。曾参加长江沉船与天津大爆炸的心理危机干预工作，曾获兵团五一巾帼奖章和兵团巾帼建功标兵称号。

张红，1970年生，汉族，群众，主任医师、副教授，北京大学第一医院呼吸和危重症医学科副主任，国家援鄂医疗队医疗组副组长。作为临床专家，她多次参与重大和突发传染病疫情、呼吸道传染病会诊、督导危重症患者救治等工作。新冠肺炎疫情发生后，张红主动请战，于2月1日亲赴武汉，短时间内组成救治危重症的尖兵团队，在临床一线调研摸排、设计救治方案、展开患者救治。张红有着扎实的知识储备和丰富的临床经验，她用多学科协作的整体思维，从疾病的多重表现中全盘考虑，制订“一人一案”个性化诊疗方案，严格落实习近平总书记提出“科学防治、精准施策”重要指示。抗疫前线，她身先士卒、日夜坚守、倾力付出、无畏无惧，用专业守护患者健康，用爱心浇灌生命之花。

高燕，1963年生，汉族，无党派，主任医师、教授、博士生导师，北京大学人民医院感染科主任、医院感染管理办公室主任，北京大学人民医院援鄂抗疫国家医疗队队员。三次“请战”，逆行驰援武汉。具有感染科专家和感控专家双重身份的高燕，2020年1月中旬开始一直忙碌在新冠病毒肺炎疫情一线。直到组建第三批医疗队才被批准去武汉。医疗队整建制负责武汉同济中法新城院区一个重症、危重症病区，她每周多次进隔离病房查房，承担院区危重症患者的会诊任务。收治危重症病区感控需要建立完整的防控体系，制订实操性更强的医护人员进出隔离病房流程，她亲自把关帮助队员将个人防护做得更专业到位，保证了医护人员零感染。曾获全国医药卫生系统先进个人，多次获得北京市传染病防控先进个人等荣誉。

袁晓宁，1974年生，汉族，中共党员，主任护师，北京大学第三医院援鄂抗疫国家医疗队临时党总支书记、副队长，感染防控专家。主动请缨、率领第一批医疗队于1月26日抵达武汉，到达后连续奋战，先后参与改建运行3个危急重症病房，建立和推广驻地管理要求和工作规章制度流程、培训考核感控知识技能、动态把握队员思想、引导积极情绪、深入污染区工作督导、患者床旁“话疗”，减少了医务人员职业暴露风险，提高了患者战胜疾病的勇气，是队员心中信赖可亲的“袁妈妈”、患者口中“无所不能的袁队”。兼顾其他医疗队指导和国家感控中心工作，起草了若干团体标准与专家共识。曾获抗击SARS优秀战士、北京大学优秀共产党员、全国医院感染防控优秀工作者等荣誉。

郑杨，1957年生，汉族，群众，博士生导师，吉林大学第一医院心血管疾病诊治中心主任、心血管内科主任医师，吉林大学第一医院第五批支援武汉医疗队队员。新冠疫情发生后她不顾个人安危，主动请缨参与抗疫，是吉林省支援武汉医疗队中年纪最长的一位。她所在的华中科技大学同济医院中法新城院区B座10楼东区共50张病床，收治的全部是急危重症新冠肺炎病人。63岁的她，跟所有医护人员一样，穿着防护服每天工作6个小时以上。凭借多年的工作经验，她为一线工作人员讲解和规范工作流程、防护重点。在提高病人治愈率、降低死亡率的同时，保障了队员的零感染。曾获长春市“巾帼建功标兵”、长春市政府特殊津贴、中国心脏重症领军人物等荣誉。

潘文彦，1979年生，汉族，中共党员，复旦大学附属中山医院重症医学科总护士长、副主任护师，复旦大学附属中山医院援鄂医疗队临时党支部副书记。面对严峻的疫情形势逆行而上，主动请缨驰援武汉。抵达武汉大学人民医院东院区即带领护理团队夜以继日奋战在抗疫一线，全力以赴挽救患者生命。关口前移，植入“中山标准”和精细化的创新性管理，带头化身“快递小姐姐”，积极心理疏导，帮助患者点亮希望。曾获全国百佳青年感控之星、上海市优秀发明选拔赛职工技术创新成果铜奖、复旦大学十大优秀护士、复旦大学十大医务青年提名、复旦大学附属中山医院优秀共产党员等荣誉。

曹英娟，1972年生，汉族，致公党党员，主任护师，山东大学齐鲁医院护理部副主任，山东省第五批支援湖北医疗队副领队，武大人民医院东院联合护理质量与安全领导小组副组长，致公党山东省援鄂医疗临时支部主任。率领131名医疗队员赴武汉整建制接管两个重症病区。为确保队员零感染，制订《山东大学齐鲁医院援鄂医疗队感控与护理管理手册》，被推广应用于新冠肺炎防治一线，并申请地方工作标准；推行“移动查房”“视频护理会诊”；开设“云课堂”，对医疗队员进行心理疏导；开设病区“爱心书屋”，用武汉方言录制给病友的一封信，缓解病友心理压力。救治护理患者120余人。曾获齐鲁时代楷模、山东大学三八红旗手、致公党山东省“优秀党员”等荣誉称号。

张丽娜，1979年生，汉族，中共党员，主任医师，中南大学湘雅医院第三批援鄂国家医疗队队员、临时党支部书记。面对疫情，张丽娜主动请缨。到达武汉后立刻投身抗疫战斗的第一线工作，带领团队制定新冠肺炎患者的重症预警体系，建立临时ICU，规范危重症患者救治方案。同时制定重症知识培训课程，严格落实医疗核心制度，确保把重症和危重症患者管细致、管到位，短时间内快速提升团队重症救治能力，先后救治重症患者79人。她牵头推出中国重症超声研究组《基于重症超声的重症新型冠状病毒肺炎救治建议》，并在国际权威期刊推广诊治经验。曾多次参与突发卫生应急处置工作并得到国家卫健委表彰与致谢，获湖南省“健康卫士”称号。

成守珍，1962年生，汉族，中共党员，中山大学附属第一医院党委委员、护理部主任、主任护师，中山大学驰援武汉医疗队临时党委副书记、临时党总支书记。疫情暴发时，迅速组建前线医疗队和四个护理梯队，培训1200余人次。三度请缨，2月7日带领131人支援协和医院西区，一天之内组建两个病房并快速收满100名重症患者。因地制宜临时改建高级生命支持病房，指导护理团队开展俯卧位通气、密闭式吸痰、中长导管置管等工作，以有深度、有温度的救治护理提高重症患者救治率。充分发挥党组织战斗堡垒作用，发展54名医疗队员火线入党。曾获“全国卫生健康系统新冠肺炎疫情防控工作先进个人”“首届全国优秀护理部主任”“南粤建功立业女能手”等荣誉。

冯萍，1962年生，汉族，群众，四川大学华西医院感染性疾病中心副主任，华西医院新冠病毒肺炎治疗中心隔离病房“掌门人”。她先后参加了四川省首例新冠肺炎确诊患者和第二例患者专家会诊，参加省级救治方案、省一级响应方案讨论，为四川省提前布局、科学防疫提出重要建议；创新隔离病房分区管理；创建云查房模式；科学防护，实现“医护人员零感染、确诊患者零死亡、疑似患者零漏诊”。从事传染科工作36年，曾负责SARS、猪链球菌感染等重大突发感染性疾病应急救援。培训指导凉山州防艾工作13年。2019年获省公共卫生爱岗敬业标兵，2008年获中华医学会“5 · 12”汶川特大地震感染病学优秀医务工作者奖，2005年获得四川省人民政府猪链球菌感染救治先进奖。

王新明，1988年生，汉族，中共党员，硕士，中国医学科学院病原生物学研究所技术员，中国医学科学院北京协和医学院援鄂抗疫医疗检测队副队长。发现不明原因的肺炎后，她主动放弃春节和所有假期，参加检测试剂盒测试和肺炎病人的筛查工作。2020年1月10日第一次来到湖北，参加了检测试剂盒比对实验，为后期病人确诊争取了时间。战“疫”前线需要检测人员，她主动申请二次驰援武汉，并与同事连夜准备了培训视频和操作现场，对志愿者们进行了培训。作为副队长，她负责流程指导和技术把关，编写了《操作流程》，带领队员严格按操作流程进行实验，检测队圆满完成了武汉东西湖方舱医院的检测任务并满分通过武汉市卫健委的2019-nCoV核酸检测能力考核。

王亚丽，1970年生，汉族，中共党员，国家卫生健康委前方工作组防控组专家，中国疾病预防控制中心研究员。2020年元旦开始参与新冠肺炎疫情应急工作，正月初一深夜抵达武汉开展疫情防控工作，并专人负责编写《每日疫情早报》。为实现“早”的特性，她每天0点收集数据，2点多整理好材料后短暂休息，4：30开始从海量烦琐的信息中筛选、核实、分析、研判有价值的内容撰写早报，7：30前准时将《每日疫情早报》上报中央指导组防控组，至今已连续完成近两个月，无一日迟报。她还参与了疫情趋势研判、现场处置、流行病学调查和制订疫情防控方案等工作。曾获“全国H7N9防控工作先进个人”、全国卫生应急技能竞赛特殊贡献奖。

III

第三部分

抗击新冠肺炎疫情
全国三八红旗
集体名录及事迹简介

一线女医务人员集体抗击新冠肺炎疫情全国三八红旗集体

北京市

（含国家援鄂医疗队）

○ 中国疾病预防控制中心新冠肺炎疫情防控一线女专家团队

中国疾病预防控制中心新冠肺炎疫情防控一线女专家团队由99名女性应急队员组成。她们中有中国疾控中心12月31日第一批赴武汉专家组成员；有负责每日收集分析各地疫情数据，连续88天凌晨4：30撰写《每日疫情早报》，当日7：30准时上报中央指导组的疾控女专家；有多次深入华南海鲜市场采集环境和动物样本，为疫情防控获得第一手资料的溯源组成员；有身着厚重防护服、克服生理期等困难，夜以继日在实验室忙碌的检测队员；有承担社区管理、消杀指导方案制订和指导，用双脚丈量疫区一寸寸土地的社区组成员；有开展流调和密接排查、复工复产防控技术方案咨询和培训指导等诸多工作的流调队员。她们在湖北取得重大阶段性成果后，又先后转战黑龙江、吉林和北京等多地指导防控工作，在疫情阻击战中发挥了重要作用，更帮助当地建立起一个个标准化处置流程，开展了一次次专业技术培训，为基层留下了一支支带不走的疾控队伍。

她们舍小家为大家，用柔弱之身扛起艰巨的任务，用坚韧之心筑起防控围墙，不畏艰险，默默奉献，护佑民众身体健康，彰显了疾控巾帼的时代担当。

○ 北京医院护理团队

新冠肺炎疫情发生以来，在北京医院防控领导小组统一部署下，护理部带领全院1300多名护理人员以崇高的职业精神和坚定的理想信念，凝聚起科学战“疫”的强大合力，为打赢疫情防控阻击战提供了有力保障。

疫情就是命令，防控就是责任，在疫情发展的各阶段，护理部始终遵循“提高认识、迅速部署、有效落实”的行动纲领。第一时间成立护理防控领导小组，及时落实院级应急工作预案，部署各护理单元防控措施。梳理护理人力信息和技术清单，建立四级可持续人员梯队，分别派往援鄂医疗队、院内发热门诊、隔离病房、院内重点科室。成立防护培训、预案演练、后勤保障、信息收集、宣传报道5个专项工作组，协同联动，合力奋战。

北京医院国家援鄂医疗队共计151人，护理人员103人，占68%。1月26日，第一批护理先锋小分队13人先行抵达武汉，即刻参与到患者救治工作中。2月7日，第二批医疗队抵汉，护理团队增至103人，护理部副主任1人，科护士长、护士长8人，14个专科领域的专科护士43人，组成精锐护理战队。

在隔离病房，面对老年危重患者多、基础疾病多、护理难度大等问题，护理团队配合开展重症监护、高流量氧疗、呼吸机治疗、老年综合评估、血液净化等专科护理技术，不仅将危重症护理工作制度化、操作精准化、防护规范化、服务人性化，还凝练出“专科、专业、专人、专案”的“四专服务”。

援鄂医疗队出发前，护理部就将工作重点调整为院内防控和武汉后援保障两手抓，两手都要硬，并建立前线和后方协同联动机制。后方护理团队不仅从理论知识、操作技能、应急预案、组织管理等方面持续为援鄂队员提供专业支持，还对队员及家属做好充分的物资保障和心理支持。在护理部分类指导下，院内防控工作本着“全院一盘棋，不放过每一个细节”的原则进行，在门诊三级预检分诊、发热门诊、隔离病房、院内重点人群、重点部门、重点环节等方面加强防控措施，全面保障抗疫工作平稳有序。

面对北京市疫情，护理部深刻领会北京市“分级精准防控”的要求，按照医院统一部署，一方面做好院内重点区域院感防控，同时迅速有效开展核酸检测培训，提升采样能力。增派采样护士支援北京市社区防控，先后派出8批155人次的支援队，奔赴北京市15个采样点，圆满完成任务。

○ 北京协和医院国家援鄂抗疫医疗队

北京协和医院国家援鄂抗疫医疗队共计186人，女性占半数以上，女性党员占全体党员人数的50%。承担武汉前线极危重症的救治工作，是派出人数最多、撤离时间最晚、累计收治危重症最多、动员遗体解剖最多、国际交流频次最高、抗疫一线发展党员最多的国家医疗队。院长赵玉沛院士靠前指挥，党委书记张抒扬担任领队，举全院之力，前后方联动，拼尽全力守住了全国疫情防控最重要的屏障，同时将疫情防控的积极探索形成可持续发展的制度体系，为湖北、全国乃至世界提供了“中国方案”。

坚持党建引领，凝聚起强大的战斗力。将“支部建在连上”，组建6个临时党支部，开展32场支部活动，52人递交入党申请书，41人火线入党，医疗队中党员比例达74%，党员干部充分发挥示范作用，气管插管、“采标”等高危操作带头冲锋在前。坚持党建与业务相结合，开设37期“疫”线课堂，临床需要什么，及时培训什么，党旗在抗疫一线高高飘扬。

坚持协和品质，全面提高医疗质量。医疗队3名专家为国务院联防联控机制医疗救治专家组成员。发扬协和优良传统，坚持以病人为中心，组织24场多学科前后方专家会诊，将三级查房、疑难病例讨论和临床病理讨论等经典制度移植至武汉；每晚召开核心组例会，制定临床标准操作流程近50项，不断把治疗关口前移，大幅降低极危重症患者病亡率（比国际报道危重症病亡率低近30%）。第一时间组织编写《新型冠状病毒肺炎重型、危重型病例诊疗方案》等，成为国家方案的基础蓝本。《北京协和医院援鄂抗疫国家医疗队集中生活驻地卫生防护管理办法》《新型冠状病毒核酸检测标准操作流程视频》等一系列协和经验总结成为全国各级医疗机构触手可及的学习资料，得到广泛称赞。

加强国际合作，为全球抗疫贡献经验。先后与4大洲10余个国家20次远程连线，CGTN全球累计阅读量达1.1亿次；多次参加国务院中英文新闻发布会，宝贵经验得到了国际国内的高度认可。

○ 中日友好医院国家援鄂抗疫医疗队

疫情发生以来，按照中央统一部署，在国家卫生健康委直接指挥下，中日友好医院第一时间成立由164人组成的国家援鄂抗疫医疗队分六批驰援武汉，其中女队员116人，占70.7%。医疗队携带1500万元医疗设备及物资，承担重症新冠肺炎患者、方舱医院患者救治任务及临床科研任务。经历72天奋战，累计救治重症新冠肺炎患者100名，累计管理方舱患者3643人。

担当作为，确保患者安全与健康。医疗队是最早独立开科，最早积极进行经皮气管切开、气管插管、有创呼吸通气、气管镜下肺泡灌洗及吸痰等高危风险操作的医疗队伍，同时采用了ECMO、IABP等多项高难度技术。多次积极参与其他医院及医疗队会诊，多学科协同，中西医并重，实施精准救治，展现了国家级医疗队的水平，得到了国家医疗指导组专家的充分肯定，充分彰显了国家队的技术实力和责任担当。作为骨干力量医疗队先后转战东西湖区方舱医院和光谷方舱医院，均是首批进舱接诊患者，和兄弟医疗队快速对接、快速磨合、提高工作效率。圆满实现了“患者零死亡、医务人员零感染、出院患者零回头”的既定目标。

严密组织，确保规范高效运转。成立前线工作领导小组，合理配置各个岗位、各个环节的各类人员。科学设置入院接诊、专家会诊、外出检查、患者出院流程，极大地提高了医疗安全、质量和工作效率。克服多重困难，积极改造病房，分区分组收治危重型、重型及临床诊断新冠肺炎患者，确保医患安全。

正向引导，凝聚释放温暖传播。注重患者情绪疏导和康复指导，策划“方舱广播”项目，专门开发了方舱医院健康宣教平台。原创设计呼吸操。

加强党建，将战斗堡垒建在疫情防控第一线。医疗队第一时间设立临时党支部，统筹调度，高效战“疫”，时刻把党的建设摆在重要位置。在开展救治过程中，医疗队临时党支部始终使团队凝聚一心，形成攻无不克的战斗力，党的精神化作队员们砥砺前行的动力。

○ 中国中医科学院望京医院感染疾病科

中国中医科学院望京医院感染科自2003年“非典”成立以来，医生护士共15人，其中女性有13人，女性在科室工作中起着决定性作用。感染科医护团队常年面对各种高危传染性疾病，在“非典”、甲流、禽流感等重大疫情期间冲锋陷阵，显现了医护风采。

在此次来势汹汹的新冠肺炎疫情期间，感染科是北京地区唯一一家中医医院开设的发热门诊，深感肩上的重担。春节期间全科医护放弃与家人团聚，迅速行动、日夜奋战。1月21日发热门诊进行升级改造，全体医护人员一边接诊一边重新规划科室布局及物品摆放，迅速制订岗位职责，细化预检分诊流程、工作制度、消毒隔离措施等，为科室医护人员迅速进入工作状态奠定了基础。

从新型冠状病毒肺炎疫情开始至今，发热门诊共接诊患者5100余人，其中来自湖北武汉患者50人，紧急启动科内会诊96人次，院内专家会诊29人次，上报疑似病例7人，转隔离病房7人，转定点医院2人。3月完成境外新冠输入病例筛查任务；4、5月完成高三初三开学保障任务；6月初，感染科全体女性积极配合封闭隔离管理，从无一句怨言。

在这次疫情中，发热门诊的所有医护工作者特别是女性医护人员，直面疫情，勇于担当，在医疗抗疫战线上，为北京疫情防控工作作出了突出贡献。

○ 北京大学第一医院援鄂抗疫国家医疗队

突发疫情，就是无声命令；祖国召唤，就是最高使命。疫情发生以来，北大医院闻令而动，全员作战。136人的整编队伍逆向而行，在抗疫前线英勇奋战72天，累计收治新冠肺炎患者115例，治愈出院100例，实现了危重患者“高治愈”，医务人员零感染。

从进驻医院开始，这支专业、有序、科学、精细的救治团队就开始了高效运转，严格落实习近平总书记提出的“科学防治、精准施策”重要指示精神，制订“一人一案”治疗策略，推动建立北大医学会诊中心，建立多平台多维度多学科合作模式，例会制度常态化、病例讨论常态化、学科会诊常态化，他们用精细管理、全能护理，与全国人民一道，打赢湖北疫情阻击战。

逆行出征、驰援武汉，不辱国家使命；驻守阵地、坚守岗位，维护生命至上；履职尽责、建言献策，贡献北大智慧。北大医院援鄂抗疫国家医疗队深入贯彻落实习近平总书记重要指示精神和党中央、国务院决策部署，全面落实各级各项具体要求，以“疫情就是命令，防控就是责任”的政治自觉，用自己的实际行动书写家国情怀、人间大爱、生命之重。

○ 北京大学人民医院急诊科

北京大学人民医院急诊科建立于1983年，科室职工191人，女职工151人。

急诊科女职工具有强烈的责任意识和敬业精神，她们积极践行“敬佑生命，救死扶伤，甘于奉献，大爱无疆”的新时代医疗卫生职业精神。在2003年抗击SARS疫情，汶川地震、玉树地震救援，奥运会场馆医疗保障、西藏对口支援中冲锋在前，勇于担当，多次获得各级组织的表彰。

2020年初新冠病毒肆虐，急诊人又一次与疫魔直面交锋。疫情期间，面对感染危险，急诊人恪守医者仁心的坚定信仰，在岗位上争分夺秒，救死扶伤。疫情期间接诊急诊患者3万余人次，抢救患者1500余人，急诊人用爱、勇气和担当，为无助的患者带去光明与温暖。抗疫期间急诊科还派出了6名党员（4名女性）奔赴武汉前线，英勇奋战，彰显了急诊科团队召之即来，来之能战，战之能胜的英雄本色。

○ 北京大学第三医院援鄂抗疫国家医疗队

疫情就是命令，防控就是责任，在国家最危难、人民最需要的时刻，北医三院义无反顾地担负起守护人民生命健康的使命，先后派出137名医务人员奔赴抗疫一线，开展危急重症患者救治工作。

137名医疗队队员中有101名女性，起到了举足轻重的作用。乔杰院长作为总领队运筹帷幄、指挥若定；沈宁副院长作为呼吸危急重症专家统筹管理医疗队，积极开展机械通气、支气管镜等各项高风险技术操作，搭建四维会诊机制，形成医疗救治模板，加强人文关怀，全力以赴提高医疗护理质量；袁晓宁党总支书记兼感控专家，提升医务人员和患者积极向上的战“疫”精神，确保医院感染防控措施的共同落实，实现了零感染的目标；更有近百名临床一线的女性医务工作者，巾帼不让须眉，当先锋、做表率，承担医疗护理组长、副组长任务，带领队员完成危重病人救治、高风险医疗护理操作等急难险重任务，作出了卓越的贡献。

疾风知劲草，挑战显担当。北京大学第三医院援鄂抗疫国家医疗队全体女性队员全力以赴、慎终如始、精准施治，用实际行动落实了国家“应收尽收、应治尽治，提高治愈率、降低病亡率”的要求，在援鄂抗疫第一线用北医三院精神谱写了一曲凝心聚力的战斗壮歌。

○ 北京大学国际医院援鄂国家医疗队护理团队

2020年年初，新冠肺炎疫情突袭湖北。2月6日受国家卫健委指派，北京大学国际医院迅速集中骨干力量组成医疗队，仅用3小时的时间就集结完毕，踏上奔赴鄂州的火车，支援当地抗击新冠肺炎的工作。鄂州市中心医院是鄂州唯一的三甲医院，所有危重症患者均收治于此，当时的死亡率在湖北省排第二位。国际医院医疗队是唯一派驻武汉以外城市的来自于北京的援鄂团队，可见当时鄂州情况之危急。

抵达鄂州后，国际医院医疗队立即展开实地调研，根据感控相关标准及当前的实际问题向院方提出环境整改方案，同时迅速展开培训后进驻重症监护病房。护理团队不但承担临床护理工作，更要承担感控、护理员、卫生员的所有工作。团队成员在重症监护病房主要负责最危重患者，最危险的插管拔管配合，最具难度的呼吸机上机、脱机，血滤机的观察与护理等高难度高风险工作。

护理团队因地制宜，在护士长的带领下，将电动吸痰器与一次性吸痰装置结合，大大降低了感染风险。制订并优化各项工作流程，明确岗位职责，工作有序推进。

针对当地无重症护理经验的护士，编写了护理工作手册。同时，受邀参加中心医院院级护理大查房，将专业的优质护理带到当地医院。

团队承接的CCU病房是鄂州市中心医院新冠肺炎危重症患者治愈率最高的科室，历时55天，直至鄂州重症患者全部清零后才撤离。受到湖北省政府、鄂州市政府、鄂州人民及湖北省护理学会的高度赞扬。

○ 北京急救中心调度指挥中心

北京急救中心调度指挥中心是首都120院前急救体系工作的中枢，是全市120电话的呼救受理中心、急救调度与指挥中心。多年来，120调度指挥中心的调度员们以良好的医德、快速的反应、娴熟的技能日夜守护着这条百姓的“生命线”，为首都城市安全稳定和市民生命安全和身体健康保驾护航。此次疫情期间，在确保日常院前急救各项工作高效运转、扎实做好新冠肺炎疫情防控等工作中，北京急救中心调度指挥中心起到了至关重要的作用。

疫情伊始，北京120调度指挥中心立即设立新冠肺炎防控专席及专线电话，并制订新冠肺炎相关工作制度和流程。对每一个呼救电话进行流行病学调查，认真细致，不遗漏与疫情相关的每一个信息，以高度的责任心和使命感，守好疫情防控第一关。自1月20日至今受理120呼救电话66.01万次，派出救护车21.96万次，做到了新冠肺炎相关病例无一遗漏。

3月下旬，严防境外输入成为疫情防控工作的重中之重，北京急救中心专门成立机场转运组，负责机场口岸特殊旅客转运工作。为把好首都国门的“第一关”，仅用一天时间在首都机场搭建了“120急救移动指挥平台”，实现了指挥部与120调度指挥中心信息实时联动，为首都机场的口岸排查转运工作提供了强有力的信息化支持。3月21日迎来了首都机场境外返京人员排查工作的高峰，120调度指挥中心10余名调度员与机场海关人员通力合作完成转运调派任务625次，每一个任务从信息采集、流调、派出救护车到与医院对接，一丝不苟、认真细致，有效彰显了120急救人“特别能吃苦、特别能战斗、特别能奉献”的急救精神，圆满完成了各项急救任务。

天津市

○ 天津中医药大学第一附属医院支援湖北医疗队

2020年新冠肆虐，天津中医药大学第一附院的四批医疗队，先后随天津市医疗队驰援湖北武汉，58名队员中女队员36名，占比62%。在战“疫”一线，用她们的智慧和力量，展现了巾帼芳华，点亮了巾帼底色，用实际行动诠释了新时代女性的大爱与担当！1月26日、28日，第一、二分队19名队员随天津市医疗队进驻武汉武钢二院，其中15名女队员成为这支队伍中的“一抹红”。50多天的逆行迎战，让一个“零”病房从无到有、从有到精。战胜了无数困难与挑战，白手起家出色完成护理任务。2月14日在张伯礼院士的指导下，第三、四分队39名队员，管理了首个以中医治疗为主的江夏方舱医院的天一病区，21名女队员以她们特有的温柔、善良、热情、细致在医疗护理工作中发挥了中医整体调理、辨证施治、身心共管的特色，身着防护服的她们带着患者练起了八段锦，开展中西医结合协同治疗，充分发挥中医药优势。

36名女队员，她们是母亲、是妻子，也是孩子，但在疫情面前，无论是党员还是群众，她们都冲在了最前面，用她们不屈的翅膀、坚定的信念，肩负起白衣执甲的光辉使命，向人们展示了南丁格尔的誓言，不忘初心，牢记使命，用最基础的音符奏出了最华丽的乐章！

○ 天津市海河医院护理部

护理部现有458名护理人员，自建院以来，始终承担着天津市突发公共卫生传染病的定点收治工作。全院秉承“平战结合”的管理理念，SARS、H1N1、H7N9、MERS、埃博拉等多次疫情的防控工作为我院积累了丰富的应急管理与实战经验。

今年新冠肺炎突袭，海河医院护理同人全员参战。护理部迅速制订《新冠肺炎护理应急预案》，为各项工作提供管理依据，并在全员摸底的前提下，采用“纵横协作，内外结合”的管理方法，将全院护理人员编成九个应急队，分别承担新冠病区和外围等不同岗位的工作。面对严峻的挑战，护理应急队在工作中迎难而上，24小时无缝衔接，不断提升护理水平，强化护理质量管理。她们敢于担当，舍小家、为大家，全力投入抗疫工作。“红区”护士身着防护服和其他防护用品，为患者提供插管、吸痰、口腔护理等各种操作与生活人文照护，汗水常常湿透全身。而承担“红区”外围工作的护理人员在没有搬运工人和设备的情况下，完美地进行患者转出、终末消毒、病房准备等工作。

河北省

○ 河北省疾病预防控制中心病毒病防治所

病毒病防治所承担着河北省病毒性传染病的预防控制和研究工作，成功处置了“非典”、禽流感、手足口病、甲型H1N1流感、埃博拉出血热及新冠肺炎等多起重大传染病疫情，为保障公共安全和全民健康作出了积极贡献。病毒病防治所高级职称人员占78.95%，拥有全国卫生系统先进个人、团省委“争做新时代向上向善好青年”、省卫健委“青年岗位能手”

等一批先进典型和骨干力量。

新冠肺炎疫情发生后，该所全体人员义无反顾连续近200天奋战在抗疫一线，参与起草了十余项全省诊疗和疫情防控技术方案，组织2000余人员培训，分析研判疫情走势，为防控提供技术支撑；承担全省核酸检测复核确认和技术指导工作，共对33000余份标本进行了核酸检测，对近7400份血清标本进行了抗体检测，为病例确诊提供可靠的实验室证据；选派骨干1人赴武汉抗击疫情44天，选派骨干2人赴刚果（金）、刚果（布）及圣多美和普林西比三国开展援非抗疫30余天，为当地疫情精准防控贡献力量。北京新发地疫情发生后，全所人员再次流调、检测两手抓，第一时间通过序列分析等技术手段，确定本省病例毒株与北京新发地毒株高度同源，为防控措施的制订与部署提供科学依据，有效遏制了环京地区疫情的进一步扩散。

○ 河北省胸科医院结核一科

经历了“非典”、禽流感、“甲流”、“结核”等重大突发公共卫生事件洗礼和锤炼的结核一科，是一支以特别能吃苦、特别能战斗、特别能奉献而著称的集体。结核一科28名医护，93%是女性职工，在本次抗击疫情工作中，结核一科先后派出5名医师、8名护士共13人参加抗疫一线全部8个梯队的战斗。

作为河北省新冠肺炎的省级定点救治医院，院党委高度重视，迅速成立医院新冠肺炎救治专家组，负责新冠肺炎的救治，为院领导提供决策咨询。他们“舍小家顾大家”，李志惠主任作为专家组成员，身先士卒，冲锋在前，无论何时何地接到电话，迅速集合到位，日夜坚守，不辞辛劳，全天候连续作战。全体医护人员第一时间递交了请战书，积极参加抗疫一线战斗，他们当中既有抗击过“非典”的老将，又有刚参加工作的年轻人；既有年老双亲跟前的孝子，又有初为人母者。身份不同，年龄不同，岗位不同，家庭不同，他们有一个共同的目标，那就是战胜疫情。

他们“讲政治顾大局”，大年初一，医院接收第一例新冠确诊患者，医护人员马上集结，抽调第一梯队队员进入隔离病房。穿戴防护服进入隔离病区，为了节省防护物资，6个小时不能吃喝、上厕所，还要克服女性生理期的困难。尽管如此，大家从来没有一句怨言，高质量地完成了抗疫任务。

山西省

○ 大同市第四人民医院护理部

作为大同市传染病疫情防控定点医院，湖北发生疫情之后，第四人民医院护理部就启动了救治工作应急预案，制订应对新冠肺炎工作方案，下发新冠肺炎患者入出院流程、相关疾病护理及消毒隔离制度等，组织了专题培训，设立模拟收治病区，对所有准备进入隔离病区的医护人员进行现场实地培训，对全院护理人员进行重新编组排序，给后期的疫情防控奠定了良好基础。

1月22日，该院收治第一例疑似留观患者后，护理第一梯队的12名护士就按照流程各就各位，各司其职，立即投入到抗击疫情的战斗中。自第一例发热患者入院隔离留观开始，直到最后一例新冠相关住院患者出院的70多天里，该院236名护理人员始终战斗在救治患者的第一线，她们当中有的是经历过抗击“非典”、甲流和H7N9型禽流感、鼠疫的老护士，有的是参加工作5年的新护士，还有瞒着住院的母亲进入隔离病区的中年护士，她们是女儿、母亲、妻子，但为了抗击疫情，舍小家顾大家，积极救治，科学应对，圆满地完成了患者零死亡、医务人员零感染的“双零”目标。

○ 太原市第四人民医院新冠肺炎应急病区

太原市第四人民医院为省、市新冠肺炎定点救治医院和国际航班经停太原入境赴京新冠肺炎医疗救治定点医院。1月17日成立新冠肺炎应急病房，1月22日抗击新冠肺炎疫情山西战役正式打响。先后进入应急病房医护人员226名，其中女职工占比为85.8%。应急病房全体医护人员主动请缨，在高强度、高负荷、高风险的医疗一线，以救死扶伤为使命，以严谨认真的工作态度，坚定从容的必胜信念，坚守在“山西阵地”最前沿，实现了患者零死亡、医护人员零感染的“双零”目标，构筑起了一道坚固的生命防线。

他们把患者当成亲人悉心护理，医疗救治坚持“一日一会诊、一人一方案、一人一小组”，不断优化救治方案，实行中西医并举，形成了“三集中”“四优化”救治原则。针对重症、危重症患者，组建包括呼吸、重症、护理、中医等多学科专家组成的多个重症救治组，采取救治团队负责制，投入精锐救治力量，全力实施医疗救治。在完成我省新冠肺炎救治任务后，新冠肺炎应急病房全体医务人员发扬连续作战精神，把“山西经验”运用到输入型病例的救治工作中，建立多学科医护协作团队，全面提升和强化救治能力，全部治愈出院。1月21日至7月14日，新冠肺炎应急病房共收治疑似患者112例，确诊患者114例（其中危重型11例、重型26例），实现全部出院患者“零复阳”。

内蒙古自治区

○ 内蒙古自治区第四医院抗击新冠肺炎疫情医疗组

内蒙古自治区第四医院是新型冠状病毒感染肺炎确诊患者的定点收治医院，是内蒙古自治区抗击新冠肺炎的主战场。内蒙古自治区第四医院抗击新冠肺炎疫情医疗组，由42名医师组成，其中女性26名，占比61.9%。她们分成多个应急梯队，轮流上岗，4名应急梯队组长，均为女性。她们以对人民群众生命安全和身体健康高度负责的态度，坚守岗位、勇挑重担、英勇奋斗，全力投入医疗救治，展现了巾帼的风采，贡献了巾帼的力量。

2020年1月23日启动应急预案，1月28日收治首例新冠肺炎确诊病例，到3月16日，共收治本土确诊患者7例，全部治愈出院，取得了患者零重症、院内零感染的可喜成绩。3月19日至7月11日，共收治境外输入型确诊新冠肺炎90例，已经治愈出院83例，创造了患者零死亡、院内零感染的佳绩。

抗击新冠肺炎疫情，第四医院医疗力量本不充足，但毅然派出3名医师驰援湖北，3名医师与当地同人共同诊治新冠肺炎及疑似患者373人，成功治愈患者300余人，并且凭借着“非典”以来积淀的传染病防控救治经验，指导当地医院改造病区、培训当地医护人员传染病防控流程，创下了自医院医疗队进入湖北荆门，内蒙古医疗队及当地医院所有医护人员零感染的可喜成绩，受到了当地医护人员和领导的高度赞许。

辽宁省

○ 中国医科大学附属盛京医院援鄂医疗队

中国医科大学附属盛京医院援鄂医疗队共派出196人，其中女医务人员128人，占整个盛京医院援鄂医疗队的65%。

面对疫情，女职工纷纷主动请缨，她们推迟了婚期，剪掉了秀发，将年迈的父母、年幼的孩子交于家人照顾，背起了行囊毅然决然地奔赴没有硝烟的湖北疫情战场。在工作中，她们不畏艰险，夜以继日，研究对策，克服诸多生活不便，争分夺秒和死神赛跑，全力以赴救治患者。负责武大人民医院东院区23个病区的队员们，首例发现新冠合并肺栓塞，完成首例ECMO，全球首例发现骨髓三次核酸阳性等。经过队员的共同努力，收治的重症患者54名治愈出院，6名患者转为普通型，保持32天病区零死亡纪录，获得了患者、家属及武汉其他抗疫团队战友的一致好评！

随着疫情发展，按照中央“一省支援一地市”的决策部署，我院医疗队承担起辽宁省承接对口支援湖北襄阳疫情防控、患者救治的双重工作任务。我院医疗队在襄阳疫情防控最艰难之时抵达。在整建制接管襄阳的39个日夜，队员们面对当地现状勇于担当，攻坚克难，日夜奋战，规范了管理，建立了远程会诊等多项体系，集中对襄阳市中心医院、襄阳市第一人民医院、枣阳县中医院进行了感控流程再造，并成为当地感控模板。全程培训，累计培训318人，培训时长3000余小时。整建制接管成人重症病区4个、儿科病区4个，累计收治患者236例，实现了儿科病房患儿清零，受到了襄阳政府、卫计委和接管医院的高度赞誉，为打赢疫情防控阻击战贡献了盛京医院的力量。

○ 辽宁省人民医院援鄂医疗队

96名辽宁省人民医院的援鄂白衣战士勇敢逆行，奔赴武汉、襄阳，将救死扶伤与仁爱奉献写在抗疫战场上。

在这支援鄂医疗队中，女性医务人员人数占75%，中共党员占48.96%。临时党支部就是一座堡垒，每名党员就是一面旗帜。医疗队按照前方指挥部党委的部署，在两个月时间里，培养10名同志火线入党，在一线提交入党申请书的队员有33名。

医疗队注重多学科协作，队员来自11个专业，先后组织疑难病例讨论、定期巡诊、MDT会诊、远程会诊上百次。按照应收尽收原则，精准治疗，关口前移，早期识别重症患者。发挥护理团队作用，重视基础护理和重症护理。将辽宁省经验在湖北推广，隔离病区国际化标准改造，畅通流程，保障全员规范防护，实现医疗队员零感染。发挥管理与医疗相结合，建立了联合医疗组织管理体系和有效的运行机制，为救治提供保障。援鄂期间共收治新冠肺炎患者610人，危重症89人，重症223人，有创呼吸机处置54例，无创呼吸机11例，ECMO2例，CRRT8例，血浆置换1例，心肺复苏23例，俯卧位通气11例，治愈出院459例，减轻症后转院或转科135例，死亡16例。医疗队的技术和医德受到患者及当地同行的好评。

○ 辽宁中医药大学附属医院援鄂护理团队

疫情暴发后，附属医院党委迅速反应，全院医护人员用行动诠释着什么是“若有战，召必回”，大年初二开始，先后4批次21名护理人员驰援武汉、襄阳两地。在党旗的引领下，护理姐妹们火线入党，递交请战书，成立抗击疫情先锋突击队，尽己所能，全力保障群众的身体健康，坚决打赢这场疫情防控阻击战。

在武汉奋斗的56天，19名护理姐妹以精湛的护理技能得到湖北同行的高度肯定，其中黄美玲同志担任武汉病区护理组组长职务。

援鄂期间，医院护理团队共救治新冠患者高达800余人，重症新冠患者达150人，在武汉接管病区4小时内就接收新冠患者17位，危重症患者16位。她们克服病人多、病情重、排班密、高强度的身心压力，采用中西医结合治疗，应用心肺复苏、呼吸机、ECMO技术，利用八段锦、呼吸操、中药治疗、康复艾灸、耳穴压豆等方法，充分发挥出了中西医结合护理的特色与优势，尽显白衣天使的家国情怀与硬核担当。

○ 锦州医科大学附属第三医院驰援武汉医疗队

新冠肺炎疫情暴发期间，锦州医科大学附属第三医院驰援武汉医疗队

54名医护人员第一时间请缨参战、驰援湖北，用实际行动诠释了“敬佑生命、救死扶伤、甘于奉献、大爱无疆”的崇高精神。

锦州医科大学附属第三医院驰援武汉医疗队分3批次，分别驰援武汉蔡甸区人民医院、武汉大学人民医院和雷神山医院，奔赴祖国最需要的地方去战斗。

医疗队员克服高强度工作节奏，顶住任务重、风险高的巨大压力，3批医疗队共参与治疗患者约107名，其中，李飞同志参与收治管理50名患者；雷神山医院医疗组共收治57名患者，治疗出院24名患者。

3月4日下午，成立了中共锦州医科大学附属第三医院委员会抗击新型冠状病毒感染肺炎赴武汉雷神山医院医疗队临时党支部，34名医护人员递交了入党申请书。党支部牢牢把握“保平安”“促宣传”“助战疫”三个重点，统筹引领一线防疫工作。

锦医三院驰援武汉医疗队员们发挥护理专业特长和管理经验，用技能、真情、汗水、行动，给予患者心灵的慰藉，上演医患间最温情的画面。

吉林省

○ 吉林大学中日联谊医院援鄂医疗队

新冠肺炎疫情发生以来，吉林大学中日联谊医院援鄂医疗队积极响应党中央号召，第一时间集中最优秀的专家、最精良的医护团队，白衣执甲，逆行出征，英勇无畏地投入到疫情防控第一线。

吉林大学中日联谊医院三批援鄂医疗队共计161名医护人员，自2020年1月26日至2020年3月29日期间，主要承担武汉同济医院中法新城院区C12东重症病房、B栋7楼东区及武汉金银潭医院南二重症病房新冠患者的救治工作。面对严峻的疫情形势，他们创新管理模式、实施专科化分组、构建全方位感控防护网、开展专业化救治、实施精准连续的护理服务，以精益的医术、优质的护理服务、无私的奉献精神，挽救了一个又一个生命。三批医疗队共诊治重症患者224例，取得了“高治愈率、低死亡率”的佳绩，其中，第二批援武汉医疗队接管的同济医院中法新城院区，死亡率为院区最低，成为院区第一个患者“清零”的疗区，他们以实际行动向党和人民交上了满意答卷。

○ 长春市传染病医院新冠肺炎医疗救治团队

自1月19日医院接收第一例武汉输入病例，截至6月1日最后一例吉林市疫情患者出院，医院共收治确诊患者49例。其中本土病例43人，占全省患者人数的47.2%，占全市患者人数的95.6%，患者年龄最大为87岁，最小的10岁；境外输入确诊病例5人；吉林市确诊病例1人。全部康复出院，实现患者零死亡、医务人员零感染，打了一场漂亮的战“疫”阻击战。

业务副院长崔文玉凭借丰富的临床经验、精湛的医疗技术、勇于担当的敬业精神，带领一线医护人员，细心救护每一个患者，闯过一个又一个难关，终于战胜病毒，保卫了人民健康，受到广泛赞誉。各梯队的女职工们都是自愿请战加入一线抗疫，她们克服各种困难，不惧风险，坚守在隔离区病房，付出了最大的细心、耐心和爱心，给予患者精心的治疗和无微不至的关怀，把人文情怀发挥到了极致，真正做到了无私奉献。

医院工会组织后勤女职工成立“抗疫服务队”，为一线抗疫保驾护航，帮助一线人员照看孩子、老人，及时为她们提供生活用品，免除她们的后顾之忧。抗疫能很快取得阶段性胜利是广大女职工共同奉献的结果。到目前为止有数十名女医护人员受到国家、省、市级表彰。

○ 延边州疾病预防控制中心传染病预防控制科

针对此次突发的新冠肺炎疫情的严峻形势，科室7名女同志是妻子、母亲、女儿，更是逆行的英雄，24小时保持战斗状态，只为责任担当和保人民健康。她们以单位为家，坚守在流行病学调查、疫情分析研判、信息上报、数据审核、数据汇总、组织培训、督导检查、协调落实防控措施、应急物资储备等疫情防控一线，参与制订新型冠状病毒肺炎相关防控方案以及应急预案……截至今日，参与流调77人次，密切接触者筛查662人次，深入工厂、学校、机场、口岸等督导指导近百次，解答市民相关疫情问题近万条……传染病科全体女同志，不分昼夜，恪尽职守、勇挑重担，任劳任怨地冲在疫情防控最前沿，累到崩溃时相互打气，相互鼓励不言退。

疫情防控，事关人民群众生命安全，事关社会大局和谐稳定。传染病预防控制科在州委的坚强领导下，发挥专业精神和斗争精神，坚守人民利益高于一切，严格落实新冠肺炎疫情常态化防控措施，同广大人民群众一道，坚定信心、同舟共济，坚决打赢这场疫情防控战！

黑龙江省

○ 黑龙江省新冠肺炎重症集中救治中心

2020年新冠肺炎疫情初期，黑龙江呈现病例增长快、死亡率高等特点。为有效遏制疫情，2月11日省疫情防控指挥部决定将哈医大一院群力院区设为黑龙江省新冠肺炎重症集中救治中心，集中收治重症、危重症患者。中心共计1221名医护人员，其中女性医务工作者789名，第一批次共救治67名新冠肺炎重症患者；第二批次共救治66名新冠肺炎患者，救治成功率达98.5%。

中心各岗位、各战线女性医务人员巾帼不让须眉，毫不畏惧、白衣执甲、逆行而上，柔弱之躯蕴含顽强斗争精神。她们对风险极高操作如气管插管术、气管切开术、支气管镜肺泡灌洗术等，做到需做尽做，需做早做；她们对重症、危重症分层诊疗为国内首创，做到一人一策，精细化管理，尤其一人一护、危重多护，使危重症患者得到最大化救治；她们对焦虑、抑郁等心理问题倾向患者，以细心耐心积极疏导沟通；她们勇于探索、大胆创新，尝试血浆治疗、免疫吸附治疗、生物治疗等新技术；她们有效实施MDT团队合作，关口前移、远程视频指导地市新冠患者救治，防止患者向重症进展。

省新冠肺炎重症集中救治中心将完善“平战结合”医院改造任务：充分满足患者平时就医需求，充分发挥综合医院战时综合能力，保障特殊时期特殊需要，更好服务龙江百姓。

○ 牡丹江医学院附属红旗医院重症医学科

牡丹江医学院附属红旗医院重症医学科（ICU）成立于2008年，医护人员41名。从1月26日到6月17日，在全国、境外输入新冠肺炎患者救治和本土病例三次新冠战“疫”中，肩负着救治和会诊重任，被称为重型、危重型患者的“守护神”，是医院及黑龙江省东南部抗疫主力军。

全国战“疫”阶段兵分三路：援鄂、进驻医院省级重症集中救治区域中心、完成ICU救治工作。援鄂队员邱焕昀、刘海洋在应城中医院开展首例CRRT，填补该院血液净化领域技术空白；重症中心收治七台河市、鸡西市、牡丹江市8名重型危重型患者，全部治愈。

境外输入新冠肺炎战“疫”阶段兵分两路。4月5日13：30抵达接管绥芬河市人民医院，谢凤杰带队于当日制订感控流程与收治患者流程方案、规划病区等工作，收治98名患者。4月6日，医院省级重症中心再次启动，他们全员再次投入战“疫”，直至5月9日39名重型、危重型患者经过36天的治疗，全部治愈。

本土病例阶段，他们没有休整，直接进入新冠病区救治患者，直至6月17日患者治愈清零。

历经5个月共计140多天，他们在红旗医院三次战“疫”中，为守国门、救同胞，会诊近150多例，参与救治331名新冠肺炎患者；都以100%治愈、零感染的成绩，向党和人民交上满意答卷。

○哈尔滨市疾病预防控制中心流调专班

追溯传染源、核实活动轨迹、排查密切接触者……防控疫情，都离不开流调工作。疫情期间，哈尔滨市疾病预防控制中心流调专班24小时在岗值守，奔波于发热门诊和隔离病房，与病人进行面对面交流，查清每一条活动轨迹，追踪到所有接触人员。流调人员用细心、耐心和速度，争抢到第一手数据。自1月21日哈市首例疑似病例报告以来，流调专班与基层疾控联动，共同开展流行病学调查1000余例，追踪密切接触者9000余人。

流调工作高危险、高压力、高强度。在全套防护装备下，不到半小时，人就会感到呼吸困难，而流调员有时要面对患者调查数小时之久。在疲惫、缺氧的状态下，他们耐心细致地完成流调任务，展现出极强的专业性、高度的责任感和使命感。

在市指挥部的统一协调下，流调专班强化与各部门联动，充分利用大数据信息，进行启发式流调；同时关口前移，40余名专家深入县区，进一步提升基层工作能力；积极筹建“远程电子流调系统”“现场流行病学调查管理系统”；同步推行首调、首审负责制，压实流调责任，切实提高了流调工作精准度和实效性。

上海市

○ 上海市第五批中山医院援鄂医疗队

复旦大学附属中山医院援鄂医疗队是上海市首批整建制援鄂国家医疗队，共有队员136名，队中女性队员100名。她们以女性特有的坚韧与爱心，克服重重困难，战胜心理恐惧，火速适应武汉的工作和生活节奏，出色完成各项临床工作，取得显著成绩。

在这支队伍中共有91名护士，其中“90后”更是占了大多数，她们把中山的人文情怀带到了武汉，植入精细化及科学化管理模式，构建新冠患者的人文关怀结合ERAS的护理模式，改善危重症的临床结局，不断提升隔离病区的护理质量，在救治危重症同时，及时总结针对新冠肺炎的护理经验，发布新冠肺炎重型、危重型患者护理的专家共识并向全球推广。

队伍中有9名女医师，她们不畏艰险，总是抢着进入隔离区救治病患，其中负责感控的队员是一位只有26岁的女医生，她的严谨与责任心，确保整个医疗队零感染！她们在前线开展巴林特活动，推出共产主义小超市和夜班医护补给站，以女性的细心和温暖关怀所有队员身体健康状况。安排队员丰富业余活动，结合疫情防控要求，开展各类娱乐放松活动，女队员发挥专长为大家的防护服作画，一起开动脑筋制作“抗疫英雄健身操”、“工间十二式”工间操视频，休息期间开展放松训练，举办医疗队趣味运动会，缓解压力，舒缓身心，更好地投入工作。

在武汉前线抗疫的55个日日夜夜，女队员发挥了中流砥柱的作用，出色地完成了任务，向党和国家上交了满意的答卷！其中还涌现出许多优秀个人，有上海市劳动模范，有全国抗疫先进个人，有全国优秀团干部等。

○ 上海市第六批瑞金医院援鄂医疗队

上海市第六批瑞金医院援鄂医疗队在国家卫健委的统一部署下，迅速响应号召，元宵之夜短短2个小时里集结了136名成员“逆行”武汉，并在24小时内接管武汉同济医院光谷院区的重症病房。医疗队中女性99人，占72.80%，充分发挥出妇女同胞在此次战“疫”中的积极作用。

医疗队沿用瑞金的“组团式”“多学科”诊疗模式，将“精准医疗”理念融入“战时状态”，推行“瑞金重症新冠患者诊疗流程和模式”，收治患者均为重症，60%以上是老年人、56%患者有严重并发症，最终取得重症新冠肺炎治愈率90%、重症新冠肺炎病死率1.1%的佳绩。在此过程中99名女性同胞奋战各个重要岗位，为诊疗工作的有序开展起到至关重要的作用。

在肆虐的病毒面前，护理姐妹们利用有限的资源，通过手绘漫画、颁发抗疫证书、为患者过生日等方式表达了医者仁心的大爱，在武汉打造“温暖病房”。除了关心患者，每位队员发扬集体主义精神，尤其是女性同胞，时刻关心身边同事的生活、工作，遇到问题同舟共济，构建了一个136人的温暖大家庭。

医疗队坚持医、教、研多管齐下，并收获累累硕果。在前线申报获得6项实用新型专利，涉及防护、医疗、护理等多个领域；病区机器人“小白”一度登上央视，成为远程医疗的最佳助手。在教学方面，医疗队在前线不忘言传身教，以“开学第一课”的形式为医学生诠释了真正的“医者担当”，其中多名队员参与录制抗疫思政课，为医学生指明了正确的择业观和执业观。

○ 上海市疾病预防控制中心病原生物检定所

病原生物检定所现有职工51人，所长为女性，女职工比例为67%。这是一个团结、敬业、进取、有担当并且充满朝气的集体。在出现新冠肺炎疫情的关键时刻，病原生物检定所全体职工在第一时间动员起来组成应急小队，24小时不间断地连续应急值班。大家集思广益，建立检测方法，制订检测流程，开展技术培训，做好各项准备工作，随时准备开启应急检测的攻坚任务。当上海市第一例新冠肺炎疑似病例出现时，立刻开展应急检测，检测结果一锤定音，准确无误。同时启动疾控系统网络实验室技术培训，保证全市各辖区疾控中心及时做好技术储备，快速应对开展新冠病毒的核酸检测。

在疫情的关键时期，女同志们克服生理期的身体不适，以及穿戴生物安全三级防护服、N95口罩所致的呼吸不畅和连体防护服引起不透气所致的大汗淋漓，团队成员一心一意、尽心尽责，快速、高效、准确做好新冠肺炎应急检测，做好新冠防控的技术支撑。

江苏省

○ 江苏省疾病预防控制中心急性传染病防制所

急性传染病防制所是一个女性成员为主的群体，副所长胡建利是一名“80后”疾控女卫士。她们承担着全省急性传染病监测和分析、流行病学调查等工作，肩负着维护全省人民健康的重要责任，先后参与H5N1禽流感、皮肤炭疽、发热伴血小板减少综合征、埃博拉、寨卡病毒病等重大传染病疫情处置。

自新冠疫情以来，疫情监测小组（5名成员中4名为女性）24小时全天候轮流值班，及时完成报卡审核、订正和查重工作，保证传染病网络报告质量；调查分析小组（10名成员中6名为女性）精准研判疫情趋势，及时报送分析结果，为制订疫情防控策略和措施提出建议，为评估风险和评价防控效果提供科学依据；实验检测组（19名成员中11名为女性）承担着全省新冠病毒核酸及血清学的检测任务，对病例确诊起到了一锤定音的作用，为疫情的确诊和流行病学分析提供了有力的技术支撑。其间，一名女同胞奔赴上海参与涉外疫情联防联控上海口岸入境江苏旅客的接返工作；两名女同胞出征首都北京，执行援京抗疫任务。

疫情见担当，危难显初心。当疫情防控需要人手时，一句“别担心，有我在！”让同事们倍感心安，也让这个集体充满着温暖。她们构筑起全省防疫战线的钢铁长城，同样也撑起了传染病防控的半边天！

○ 东南大学附属中大医院重症医学科

东南大学附属中大医院重症医学科共有医护人员135人，其中女性人数97人。是全国首批临床重点专科，拥有国内一流的重症医学诊疗和会诊中心，也是国家级重症医学医疗质量控制中心和江苏省唯一重症医学诊疗中心。经过多年的努力，东南大学附属中大医院重症医学科凭借医疗技术水平及影响力在2016、2017、2018、2019复旦大学发布的重症医学科专科影响力排名中连续四年名列全国第二，2017年获江苏省总工会“工人先锋号”荣誉称号。在国家、江苏省等各种突发公共卫生事件发生的危急关头，重症医学科党员总是勇挑重担，冲锋在前。

疫情暴发以来，重症医学科密切关注疫情进展，在获悉前线抗疫的严峻形势和感染患者中危重症患者的救治压力后，杨毅主任当即在1月26日（年初二）清晨在学科内部联合党、政、工、团各基层组织开展返宁返岗、赴鄂支援的全体动员。短短2小时内就收到支援申请118人，除产病假人员外，几乎全员响应，其中女性85名，占报名人数的72%。团队共派出10批医护专家驰援一线，其中女性占大半，在武汉、黄石、江苏省内、黑龙江等各个新冠肺炎救治一线发挥着重要作用，担任国家级救治指导专家、江苏专家组副组长、黄石专家组组长等多项重要职务，为各地新冠感染重症患者的成功救治作出了重要的贡献。

○ 江苏对口支援黄石医疗队

2月9日晚接到国家联防联控机制通知，江苏对口支援黄石医疗队一夜成军，2月11日赴黄石开展新冠肺炎医疗支援工作。医疗队362人，其中女性216人，由江苏省优秀共产党员、江苏省十佳“五一巾帼奖”获得者黄英姿担任专家组组长。

江苏对口支援黄石医疗队在黄石奋战了47天，参与救治危重型病例419人次、重型病例860人次，巡诊普通型病例5884人次、轻型病例1209人次，参与护理9348人次。开展确诊病例、疑似病例和无症状感染者流调67例，排查其密接人员353人；参与调查不能排除的发热病人869例，排查其密接人员1924人。采集各类标本并开展核酸检测10290份。截至3月27日，黄石市累计报告确诊病例1015例，治愈出院976例，病亡39例，病亡率3.84%，累计追踪本地病例的密切接触者7093人，已全部解除观察。

江苏医疗队帮助黄石解决了三个大问题：一是检测能力不足。从2月1日检测量30份到21日431份（全国17支应急检验队单日最高纪录），帮助全市6家医疗卫生机构具备开展病毒核酸检测资质，做到“日清日结”。二是危重症收治能力不足。在黄石市中心医院和市中医院（传染病医院）进行病区改造，整合资源，优化布局，扩增出ICU床位20张，重症病床60张，提高收治率，并使普通患者、轻症患者、疑似患者、密切接触者、发热患者也相对集中，确保实现应收尽收、应集尽集、应治尽治、应查尽查。三是院感防控能力不足。严格按照“三区两通道”的原则改进当地医院的感控流程与病房设置，强化对当地工作人员感控意识和技术的培训。

湖北省委主要领导调研时明确表示黄石有江苏对口支援以后，救治工作出色，效果十分理想。中央指导组专家组三次到黄石检查救治工作，均予以充分肯定，在接受央视采访时明确指出黄石“救治规范、策略合理”。医疗队分两批撤回江苏时，当地百姓均自发十里相送，场面十分感人。

医疗队以黄英姿、张卫红、魏瑜、周蓉、李晓青等为代表的一批女性医学专家和护士，在危重救治、中西医结合管理、病区改造、感控管理、病人精心护理、营养支持、心理治疗、康复训练等各个方面都发挥了不可或缺的重要作用。

○ 第三批江苏援湖北医疗队

2月2日下午1时，来自全省32家医疗单位共计121名队员集结于南京禄口国际机场，组建成第三批江苏援湖北医疗队，从接到命令到集结于南京禄口国际机场，仅仅14个小时。医疗队121名队员平均年龄34岁，其中女队员79人，“80后”及“90后”有109名，35岁以下占72.5%。从2月2日下午离开禄口机场到4月12日下午凯旋禄口机场，医疗队在武汉历经71天，是江苏省援湖北医疗队中战斗时间最长的一支队伍。

医疗队抵达武汉时，正是新冠肺炎疫情势头异常凶猛的时候，每天新增确诊病例2000多例，那是一个非常紧张的时刻。为实现打胜仗零感染的医疗救治战斗目标，医疗队注重发挥临时党支部的核心作用，及时拟订医疗组及护理组工作制度，科学制订感染防控工作流程。在正式进入临床救治一线前，组织全体党员（54名）进行重温入党誓词，有52名队员在疫情一线向党组织递交了入党申请书（其中14名加入了党组织），邀请申请入党的队员参加疫情一线发展新党员的入党宣誓仪式，激发每位队员打赢疫情阻击战、歼灭战的士气。医疗救护工作中的患者全程精细化管理、细致周到的人文关怀、会诊系统及中医药的应用、AI查房系统等信息科技手段应用、创新病情监测手段的应用等，提高了所管病区新冠患者的治疗效果。医疗队先后在ICU病区救治了74名患者、在危重患者病区救治患者77人，从武汉同济医院中法新城院区转战武汉市肺科医院，取得了独立接管危重症病区独立接管ICU病区医护零感染、病患零死亡、医疗零差错、治愈出院66人的医疗救治成绩，充分展示了江苏医疗队的专业水平和职业精神。医疗队中年轻人多、女同志多，他们的英勇无畏展现出医务人员救死扶伤的初心和使命，彰显出卫生健康人崇高的职业精神。

浙江省

○ 杭州市疾病预防控制中心卫生检验中心微生物检测组

穿两层防护服、过六道门，与人们闻之色变的新型冠状病毒距离最近，他们就是杭州市疾控中心微生物检测人员。微生物检测组人员共19人，其中女职工12人，是一个以女性同志为骨干，敢打硬仗，能打胜仗的先进集体。从收到杭州市首例输入性新冠肺炎疑似病例样本开始，他们没有半点的犹豫与退缩，秉承疾控人的初心和使命，承担着全市疫情样本检测任务，主动放弃春节假期，24小时与病毒近身交锋，平均每天完成200多份样本检测。截至2020年7月24日8时，共计检测27844份样本。

他们主动出击，梳理制订与新冠检测相关的各项实验室程序规范、管理制度，为检测打下坚实的技术基础。为确保疫情检测结果快速准确，也为了珍惜防护服等物资资源，在连续12个小时检测内，他们克服了各种生理极限。脱掉防护用品时，脸上深深的勒痕和被汗水湿透的衣背，是他们最耀眼的勋章。

他们勇于承担科研攻关任务，完成了杭州市首例新冠肺炎患者的病毒全基因组测序，序列已提交国家基因组科学数据中心和全球流感数据共享平台GISAID。通过对比病毒的基因序列，可以追寻疫情发展踪迹，破解病毒的性质、来源、传播力和毒力，为疫情溯源及防控提供了有力的技术保障。

苟利国家生死以，岂因祸福避趋之。他们舍小家为大家，冲锋在新冠疫情防控第一线，以实战硕果诠释疾控风采，以质朴坚韧书写巾帼辉煌，筑起守卫杭城百姓健康的坚固防线。

○ 宁波市援助武汉抗击新冠肺炎医疗队

根据国家卫生健康委指示，宁波市援助武汉抗击新冠肺炎医疗队于2月9日至3月31日驰援武汉，整建制接管华中科技大学同济医院光谷院区两个重症隔离病区。医疗队敢打敢拼、团结协作，用坚定信仰和实际行动践行了医者使命，书写了中华儿女的热血篇章。

面对患者普遍存在的压抑、消极状况，医疗队实施身心同治、中西医结合、多学科联合的“阳光处方”救治模式和医护一体化的病区管理模式，为患者提供治疗、护理、康复责任制一体化服务；开展医疗创意大赛、病历质量评比、应急演练等主题活动持续提升医疗品质；充分贯彻“以患者为中心”的理念，设置“能量补给站”及生活用品“急救包”及时满足患者日常生活需求，编写武汉方言普通话对照表、用武汉方言录制康复操视频、将日常治疗和生活辅助事项做成图示沟通卡，方便与患者沟通，制订患者出院随访内容，将康复关怀延伸到底。援汉期间医疗队共收治患者173人，重症患者治愈率91.3%，其中治愈了光谷院区年龄最大的94岁患者。

医疗队建立了每日工作简报制度和微信公众号“甬鄂同心”（阅读量超50万人次），传递战“疫”力量。医疗队相关事迹被人民日报网、央广新闻、学习强国、浙江新闻等市级以上媒体报道600多次。

○ 台州恩泽医疗中心（集团）台州市公共卫生医学中心

新冠疫情期间，台州市公共卫生医学中心承担了集中收治台州146位新冠确诊患者的重任，成为浙江省内单体治愈人数最多的医疗单位，也是全国少数在地市范围集中资源、集中专家、集中收治确诊病患的单位。

在这支集中了感染科、呼吸内科、重症医学科、中医科等骨干医护人员的救治团队中，女性占到74%，她们中有3个年幼孩子的妈妈，有老父亲离去未能送终的“不孝”女儿，有瞒着家人偷偷跑进隔离病房的“90后”女孩……凭着抗疫必胜的信念，她们共同筑起了抗击新冠疫情的最强堡垒，被称为台州的“小汤山”。

公卫中心坚持一人一医护团队，一人一诊疗方案，使每位患者都得到全方位的综合治疗，并成功实现“零死亡、零感染、治愈率100%”的目标，其中浙江首例危重症新冠肺炎患者在这里治愈出院，受到了新华社、人民日报、央视新闻等主流媒体集中报道。

中心抗疫期间积累的集中收治管理经验，为浙江省援荆门医疗队快速组建台州ICU，降低当地患者病死率提供了宝贵经验。此外，中心坚持将科研论文写在临床，基于抗疫临床数据的研究成果在世界顶级学术期刊《细胞》刊出。

此次抗疫中，首批进驻隔离病房的女护士长洪卢晓获评“台州市疫情防控和复工复产一线表现突出的基层党员”，具体负责一线抗疫的第二任团队“女指挥”吕冬青主任获评“开明先锋”称号，中心护理团队获评浙江省护理学会“2020抗击新冠肺炎疫情优秀护理团队”，团队中有11名护士获评“2020年抗击新冠肺炎疫情坚守前线杰出护士”称号。

○ 浙江医院重症医学科

浙江医院ICU是国内最早建立的综合性ICU之一。现有医护人员194

人，其中女性146人，占75%，2015年获得全国巾帼文明岗。

浙江医院ICU是一个业务强、技能精、团结合作的团队，抢救成功率90%以上，严重心律失常抢救成功率95%以上，在全省多次质量检查中名列榜首，在国内享有较高声誉。在危难来临之际，他们总是在第一时间奔赴前线，无论是在“非典”、汶川地震、温州动车“7·23”甬温线特别重大铁路交通事故，还是王家岭矿难、“7·5”杭州公交车纵火案件等公共应急事件中的抢救和护理，ICU的成员都战斗在最前线。

面对新冠肺炎的严峻疫情，他们认真贯彻落实习近平总书记关于新冠肺炎疫情防控工作的重要指示精神和党中央决策部署，充分发挥“国家临床重点专科”领头羊的作用，勇担责任，全力以赴，开展救治工作。年三十晚上在接到要驰援武汉的电话后，他们来不及与家人商量，在第一时间迅速集结，短短半小时，组建一支业务强、精技能的精英救护队和20余人的“蓄水池”作为前线支援保障，先后6人在第一时间奔赴武汉，迅速投入到一线抗疫工作中。他们秉承ICU“哪怕只有1%的希望，也要尽100%的努力”的坚定信念，践行“勇于担当、不辱使命、敢打必胜”的誓言，冒着巨大的暴露风险，忠于职守，在武汉坚守近2个月，坚决守卫人民群众身体健康与生命安全，为夺取疫情防控斗争的全面胜利贡献了自己的力量。

安徽省

○ 安徽支援湖北医疗队第六批弋矶山医院护理队

2020年2月17日，接安徽省卫生健康委员会的任务，由皖南医学院弋矶山医院牵头芜湖市六家医院，组建安徽省第六批援武汉医疗队，简称“皖六队”，奔赴武汉。这支145人的医疗队伍中女性有101人，在武汉市中心医院的各个工作岗位上，她们以女性特有的温柔、善良、热情、细致，演绎着现代女性的职业风采，在提高医疗护理，服务罹病患者，提高传染病救治能力方面做出了显著成绩。

皖六队进驻武汉中心医院后湖院区，在护理部张先翠主任、袁莉萍护士长的倡导下，创建巾帼先锋岗，在第一时间、第一批次进驻发热六区。同时，第一时间建立分层级垂直管理体系，严格科学管理，定期召开护理质控会议，对护理工作中出现的问题进行反馈分析，运用PDCA理念持续改进护理质量。根据患者疾病特点，成立呼吸气道管理组、糖尿病小组、心理护理组、营养支持组、伤口造口组、老年慢性病管理小组等6个护理专业组，集中力量攻克专科难题，提高专科护理水平。

整合护理人力资源，优化排班设置，在保障基础护理质量的基础上，增设行政、总务、外勤、内勤、消毒班，成员的选择以年资丰富、工作严谨的女性队员为主，为护理工作开展提供支撑。尤其是内勤班的设置，使病区缓冲间整洁有序，保证了“一方净土”，该经验在整个院区推广。

根据实际情况，逐步完善各班次护理流程和相关制度以及医护人员身体不适的应急处理机制。采用借助钉钉等信息化护理助手，开展新型肺炎防治护理培训6次、视频学习57次、考核2次，考核通过率为100%。开展多次病区护理查房，检查护理质量，提高心理护理、技术操作、护理制度落实水平。

为了进一步促进医患交流，沟通医患感情，建立“希望的天空”微信群和江城逆行者公众号，畅通交流渠道。通过悉心照护，以情感人，护理团队与患者建立了亲如家人的感情。

科研助力。大家通过心理干预、流程再造、经验总结等科研开展，提高医疗质量。截至今日，全队共撰写关于新冠方面论文10余篇，其中已发表SCI3篇，待发表SCI3篇。

截至2020年3月20日，皖六队所管辖发热六区共收治患者41人次，年龄分布于28～90岁，普通型23例（56.1%）、重型14例（34.1%）、危重型4例（9.8%），除其中3名危重型患者转至重症监护室外，其他患者病情均好转，患者在本病区住院期间零死亡，且所有出院患者无一例复阳。

○ 阜阳市第二人民医院感染性疾病科

感染性疾病科于1972年建科，科室54名医护人员中女性有42人，是一个以女性为主的科室。

2020年初，新冠疫情暴发，作为阜阳市新冠肺炎定点救治医院和安徽省危重症四大医疗救治基地之一，全科54名医护人员递交请战书。面对未知的疫情，作为第一批进入新冠病房的医护人员顶着巨大压力，放弃春节与家人团聚的机会，放下年幼的孩子，剪去美丽的长发，无所畏惧，毫不退缩。感染病科一病区护士长钱娟自2020年1月19日参加改造新冠病区、安排病房病人的收治、制订制度流程和各班职责、各个环节消毒隔离的实施、检查医护人员防护是否到位，连续工作一月余不下火线。她时刻用一个战士的标准要求自己，不允许自己倒下，必须带领全体医护人员为医院站好这道防线。感染科护士方玲，婆婆刚做过乳腺癌手术，还在化疗期，两个孩子，大的11岁，小的5岁，一家老小全靠爱人照顾，但疫情紧急，方玲和其他医护人员一样，没来得及和家人多解释就进入隔离区。女医生殷敏毅然剪去长发，丢下7岁的儿子，放弃春节休假，与同是市二院医生的丈夫一直奋战在抗疫的第一线。感染病科二病区肖华护士长始终奋战在抗疫的第一线，第一时间向医院递交了援鄂请战书，克服家庭诸多困难，参加安徽省第五批援鄂医疗队，以突出的贡献赢得武汉和阜阳人民敬仰。

巾帼不让须眉，在她们和阜阳二院全体医护人员共同努力下，截至

2020年3月4日，阜阳市第二人民医院共收治新冠肺炎确诊病例159例，其中危重症34例，成功实现了阜阳市委市政府提出的“全收治、全治愈、无医务人员院内感染的‘两全一无’”目标，受到了国务院新冠肺炎第十二督导组、省委省政府、省市卫健委的充分肯定，并赢得了社会各界及广大人民群众的普遍赞誉。

福建省

○ 福建医科大学附属协和医院援鄂医疗队

新冠肺炎疫情伊始，福建医科大学附属协和医院积极响应党中央和省委省政府的号召，第一时间发出《关于进一步发挥党组织战斗堡垒和党员先锋模范作用 为打赢疫情防控阻击战提供坚强政治保证的通知》，选派160名医护精锐紧急驰援湖北，成立3个临时党支部，把党旗插在战“疫”最前线。

队伍中女性111名，占比69.4%，巾帼英雄不让须眉，顶起抗疫的大半边天，随队进入疫情的“风暴眼”，入驻武汉市中心医院、武汉金银潭医院、武汉协和肿瘤中心、武汉大学人民医院、宜昌市第三人民医院、武汉客厅方舱医院，与时间赛跑，展开生死营救。她们接诊的大部分是急危重症患者，任务艰巨，责任重大。积极开展呼吸机治疗、纤支镜引导下更换气管导管、纤支镜吸痰、纤支镜肺泡灌洗液查核酸、超声引导下鼻空肠管置入术、经鼻空肠管盲插等具有高感染风险的技术，最大限度挽救生命。不论是气管插管、床旁血透等高危医疗护理工作，还是搬家卸货等苦活累活，随处可见共产党员的身影。在他们行动的感召下，火线发展党员6名，确定入党积极分子27名。队员中在湖北奋战最长达58天，1392小时，是福建省援鄂医疗队作战时间最久的。

医疗队共收治374名患者，重症患者135名，治愈出院231名。重症、危重症患者经过救治，症状转轻占92.7%，并实现全部医务人员零感染，向党和人民交上了一份满意的答卷。

○ 厦门大学附属中山医院呼吸与危重症医学科

厦门大学附属中山医院呼吸与危重症医学科拥有一支特别能战斗的医护团队，目前医护人员89名，女性77人，占87.5%。

该科室2018年成立了钟南山院士名医工作室，院士团队成员定期到中山医院坐诊、查房并指导学科发展。目前，呼吸与危重症医学科能开展各类高难度微创介入手术，危重症抢救及康复训练等方面成绩显著。

科室学科带头人、科主任曾惠清教授，科副主任杜艳萍副教授，带领全科医护人员曾参与抗击SARS疫情、H7N9禽流感、“甲流”风暴等重大“战役”。科室主任2020年1月21日在一次例行的院外独立会诊3个病人中，成功“揪出”市新冠肺炎的第一个病例，一直坚守在抗击新冠疫情的第一线，担任厦门市级医疗救治专家组副组长，以及医院新型冠状病毒感染的肺炎病人救治专家小组组长，主持院感染病区工作。截至2月7日，共接诊筛查了2765名发热患者，送往定点救治医院的病例共18例，有效保证了各类疑似和确诊病人的及时隔离，降低了厦门及周边地区的传染率和发病率。

呼吸与危重症医学科是一个英雄的科室，一边主持医院防治新型冠状病毒工作，还积极派出7名医护人员（其中4名女性）支援武汉抗击疫情。3名呼吸科专家（其中2名女性）为厦门市专家组成员及院内专家组成员，会诊及诊断新冠肺炎患者。多名医护人员（绝大部分是女性医务人员）参与新冠肺炎疫情期间医院感染病房的成立、门诊发热预检分诊，隔离酒店及中考医疗保障，在疫情防控中获得了多项集体及个人表彰。

江西省

○ 南昌大学第一附属医院护理部

南昌大学第一附属医院护理部是有着尊重生命、患者至上、开拓创新、奋勇上进精神的团队，曾获省部护理专业巾帼文明岗、全国女职工建功立业标兵等多项奖励。

一附院是江西省新冠肺炎治疗的定点医院，承担收治全省新冠肺炎危重症病人任务：调集参加战“疫”700余名护士，其中“90后”占比80%。隔离病房里有7个月大的患儿，90岁的老人。护理团队既是临时妈妈，又是老人的女儿。承担了整建制接管武汉协和肿瘤中心的新冠肺炎病房工作：护理部仅用半小时完成了集结援鄂护士101人，她们是集重症、呼吸、急诊、血透、感控等多学科的护理骨干，平均年龄31岁。“90后”占比56.44%，女性占比82.20%。不足24小时进入武汉隔离病房。护理部主任曹英是领队，面对老年人多、基础病多、危重并发病多的特点，以身作则、脚踏实地把自己“严禁”了48天。对团队，她了解每位队员的食宿、工作、心理状态，缓解队员压力。对患者，做心理安抚。针对部分病人出现情绪低落、反常、思家情绪浓的情况，通过朗读家书、演绎歌曲、录制视频等送上节日的问候和祝福，营造了温馨美好的氛围，鼓励患者重拾阳光。

团队共护理新冠重症患者94人，其中急危重症患者14人。完成4例气管插管，血液滤过5人次，ECMO上机、转运1人次。取得了护理零差错、人员零感染的佳绩，受到李兰娟院士的高度肯定！

护理部总护士长杨珍主动请缨出征乌兹别克斯坦抗疫援外任务。护理团队还完成了医院全院日常门诊住院部医疗与下基层预防工作，真正奉行了尊重生命、患者至上、开拓创新、奋勇上进的精神。

○江西省胸科医院隔离病房

省胸科医院隔离病房是新冠肺炎定点收治病房，从2020年1月16日组建至今，先后有135名医务人员在此战斗过，其中有江西省三八红旗手陈乐蓉，有疫情防控记大功获得者舒维，还有省卫健委直属机关优秀共产党员黄荼英、徐军。

在隔离病房这个团队中，有曾经亲历“非典”的黄荼英护士长，她顾不上照顾即将高考的女儿再战新冠肺炎，第一批进入到隔离病房；有年轻的妈妈兰碧莹，她顾不上正在牙牙学语的孩子拉着衣袖的哭喊；有瞒着父母上一线的医生曾琴；有夫妻同时上阵把孩子“抛给”父母的共产党员舒维；有刚刚援疆归来再一次毅然“转身”的医生钟诚。她们是这场战斗中的中坚力量，她们在患者最需要的时候，逆风而行，披挂上阵。

她们“零距离”与新冠病毒交锋，为了方便穿脱防护服，自愿剪去缕缕青丝；她们为节省防护物资，宁愿6个小时不喝水、不上厕所；她们为了采集合格的咽拭子标本，与患者亲密接触，承担着暴露感染的风险。她们是患者的“临时家人”，隔离病房里有2岁大的孩子、70岁的老人，她们既是孩子的“临时妈妈”，又是老人的“临时女儿”。她们还为每个患者单独建立了“护患一家亲”微信群，所有医护人员都加入，真正做到专人专护，24小时在线陪伴。她们团结战斗，全力以赴，共同战“疫”，安全、有序、高效地完成了新冠肺炎病人的收治任务。

这支精锐战队在抗击疫情的48个昼夜里，共收治46例确诊及疑似患者，实现了患者零死亡、医务人员零感染的阶段性胜利。

山东省

○ 山东省第五批援助湖北医疗队（山东大学齐鲁医院队）

山东大学齐鲁医院队在2月6日晚接到指令后，迅速集结131人的医疗队，于2月7日奔赴湖北，援助湖北省三家重症患者定点医院之一的武汉大学人民医院东院区，整建制接管两个重症病区、80张床位。在这支队伍中，女性医务工作者平均年龄33岁，“80后”“90后”占比近90%，绝大多数育有1个或2个未成年子女。面对疫情，她们告别年迈父母，泪别年幼子女，坚守在一线岗位60天，是山东省救治危重患者最多、坚守时间最长、最后撤离的一支医疗队。

这是一支充满智慧和爱心的巾帼团队。医疗队抵达武汉48小时内编写出《国家援鄂医疗队方言手册》，声音甜美的女队员录制《雾霭消逝，霁云终临——给武汉病友的一封信》缓解病人心理压力。齐鲁巾帼团队把爱留在了病区的每个角落，印刻在每位患者的心中。

这是一支能打胜仗的巾帼团队。团队形成“齐鲁特色”标准、流程，提高救治率，建立实时网络多学科团队协作模式，医师“一对一”负责制、移动视频查房，发布文稿共19篇，申请发明专利7项，多次与美国、澳大利亚等多个国家的学者分享抗疫经验。

齐鲁巾帼用满腔的热忱和无私的奉献，诠释了“敬佑生命、救死扶伤、甘于奉献、大爱无疆”的崇高精神，为遏制疫情扩散蔓延和保障人民健康作出了重要贡献。

○ 山东省第七批援助湖北医疗队（青岛大学附属医院队）

在元宵节的晚上接到了上级驰援武汉的通知，132名医疗队员在2小时内集结完毕，出征武汉，从组队到接管同济医院光谷院区50张床的重症病房，仅仅用了46小时。这支队伍中女性医护人员93人，占总人数的71%，是整个医疗队的主力军。在孔心涓、魏丽丽两位副领队的带领下，圆满完成了一次次艰难的救治任务。

援鄂期间，面对临时改造的病区，她们发挥严谨、高效、细致的作风，制订执行战时制度及流程共40余项；对驻地酒店及重症病区清洁区无死角消杀，建立起了标准化管理经验，被山东省总领队认可并在各医疗队推广，并被新华社多次报道宣传；她们巾帼不让须眉，沉着应战，科学救治，创新性地引入了“关口前移”“精准施治”等先进理念，率先将超声引入重症患者管理，完成了超声引导下鼻肠管置入、动静脉穿刺等一系列创新技术；她们用女性的细心和耐心给患者送去温暖和力量，手绘“点餐式”沟通手册及多形式科普宣教，推广八段锦健身功法，将小林漫画引入病区，促进患者身心健康；她们不厌其烦地悉心照护，打开了82岁聋哑人、91岁几近昏迷的老爷爷等患者封闭的心门，患者们齐声称赞青大附院的小丫头们个个都是精兵强将！52天她们共救治重症患者97人，收到锦旗8面、感谢信10余封。相关救治经验在湖北“新型冠状病毒感染的肺炎疫情防控工作”新闻发布会中详细分享。

在93名女性队员中，年龄最大的51岁、最小的刚满22岁；有刚刚断奶的两个孩子的妈妈，亦有接力抗击“非典”母亲继续抗疫的女儿；有军功章里有她一半的军嫂，亦有与爱人同时奋战不同城市抗疫一线的妻子……在疫情骤然来临时，她们毅然克服小家的困难，勇敢逆行，用生命守护生命，构筑起疫情防控阻击战的坚强堡垒。在抗疫前线的阵地上，书写了白衣天使的巾帼大爱，为抗击疫情的最后胜利交上了“打胜仗、零感染、零死亡”的完美答卷。

○ 山东省胸科医院发热门诊

山东省胸科医院是全省唯一一家省级新冠肺炎定点救治和集中收治医院，先后收治驻济省部属医疗机构，淄博、泰安、德州确诊患者及境外输入患者共73人，作为战斗最前沿的发热门诊（留观病房），迄今已接诊发热病人2000余人，留观300余人，排除疑似病例300余人。该集体女性医务人员占比80%。

疫情伊始，团队48小时完成改建发热门诊和留观病房筹建，使其成为全省唯一一家集预检、影像、检验、药房、收费、留观为一体的国家标准级发热门诊，留观病床从10张迅速扩充到30张。医护团队不眠不休，夜以继日，以最快的速度制订80余项工作制度，细化62项工作流程，完成了24次模拟演练，为接诊患者做好充分准备。1月23日除夕夜接诊第一例确诊病例，迅速投入新冠战“疫”。

全员冲锋一线，战斗在和病毒最近的地方，无论生死，不计报酬。她们每天穿着厚重的全密闭防护装备，鼻梁被护目镜压破，双手浮肿、衣衫浸透，不吃不喝尽量延长工作时间。她们视患者如亲人，精心施治、温情护理，不厌其烦做好心理疏导，照护患者生活点滴。

她们舍小家顾大家，义无反顾冲在最危险的第一线。有的接到命令放弃返乡冲进病房，有的早早准备好行囊时刻准备战斗，有的老人生病卧床，有的孩子没人照看，有的劳累过度晕倒在地，有的甚至三四个月没有回家，但是面对患者，她们都选择了奉献，用实际行动践行了医者誓言！她们是新时代最可爱的铿锵玫瑰！

河南省

○ 河南省人民医院感染性疾病科

2003年，河南省人民医院承担SARS疫情的救治工作，疫情过后，在发热门诊的基础上成立感染性疾病科。2016年，河南省人民医院与河南省疾控中心筹备共建河南省公共卫生医学中心，承担公共卫生传染病应急与防控救治、发热性疾病的诊治等医疗工作，是突发应急传染病防控救治、指挥及技能培训中心。在抗击新冠肺炎疫情时，该科整体隔离，专楼专用，在新冠肺炎患者诊治中发挥了重要作用。

河南省人民医院是新冠肺炎医疗救治省级定点医院，感染性疾病科是抗击疫情的主战场和主力军。在隔离病区，科室全体女职工迎难而上，挺身担当，义无反顾投身防控一线。为了做好救治工作，科室医护人员穿着厚重密不透气的防护服，每4个小时轮一次班，夜以继日，始终守护着患者，随时观察患者病情发展，以真心、诚心、爱心、精心，为一个个患者带来了希望和光明，取得了患者救治零死亡、医务人员零感染的防控救治目标，以强烈的责任感和使命感践行着“敬佑生命、救死扶伤、甘于奉献、大爱无疆”的医疗卫生职业精神。新冠肺炎疫情发生后，经过1个多月的奋战，成功治愈53名确诊患者。

○ 郑州大学第一附属医院重症隔离二病区

2020年3月是河南省内危重新冠疫情病人的高峰期，是最后的攻坚期。郑州大学第一附属医院重症隔离二病区里80%的病人用着ECMO，90%病人上着呼吸机。这是普通重症怎么也达不到的程度。重症隔离二病区的女将们，舍小家，迎难而上。团队组建了临时党小组，统一制定“共产党员”

标识贴于党员胸前，亮出党徽，亮出精神。

团队中的女医生们，穿上隔离服，就是战士，为血胸患者置管，为肺部感染患者反复纤支镜肺泡灌洗，如同普通病房一样熟练从容；创新性开展脑电BIS监测等新业务新技术救治危重患者；为病人紧急插管时，低下头距离患者的口腔只有5cm，丝毫不怕感染；病人突发心脏骤停，她们毫不犹豫冲上前去，仿佛不知道病人最需要抢救的时候，也是医生冒风险最大的时候！

团队中的女护士们，穿上隔离服，就是救命的天使，对重症患者进行严格交接班，详细查体，制订护理计划，实施护理措施，越是重，越要认真，1个ECMO病人的医护强度要2倍于其他急危重症病人，何况又是在穿戴三层防护的情况下。4个小时的护理下来早已精疲力竭，她们仍笑容面对。

大敌当前，医护双方携手共进退。医者全力救治，患者全心信任。在这个特殊时期，医患之间的尊重与关爱是这场可怕的疫情中最温暖的“一道光”。

湖北省

○ 湖北省武汉市金银潭医院功能科

功能科有5名党员，12名女职工，她们是一个团结、坚强、有战斗力的集体。党员充分发挥先锋模范带头作用，科室人员也争先恐后，发挥主观能动性，在加强自身防护情况下，耐心细致为患者做好检测服务工作。

面对来势汹汹的新冠肺炎疫情，屈亚莉主任带领功能科15名党员职工，自始至终坚守在抗疫一线，连续作战120余天，完成“红区”危重病人超声检查2000多人次，肺功能、心电图检查2500多人次，为临床医疗救治提供保障任务。

因很多危急重症患者无法移动完成肺部CT、MRI等大型检查，超声诊断学成了新冠肺炎患者的重要诊断方法。屈亚莉身先士卒，主动承担起ICU重症患者的床边超声诊治任务，为了保证工作不受影响，经常穿着纸尿裤，在病床边一干就是3～4小时，最长超6小时。穿着厚重的隔离服，每天长时间、近距离为重症患者提供全身多脏器的床旁超声检查。为数百重症、危重患者提供细致的超声诊治服务，完成超声引导下胸腔置管、动静脉穿刺等有创超声介入治疗数十例。

○ 武汉科技大学附属天佑医院呼吸内科团队

医院是面对疫情的主战场，呼吸内科则是抗击疫情中的排头兵。在新冠肺炎疫情暴发期间，武汉科技大学附属天佑医院（同济天佑医院）呼吸内科团队全体成员闻令而行，一直坚守在抗疫最前线，实现医护零感染。

1月17日，按照医院部署，呼吸内科二病区率先被设置为发热病区。1月25日，医院被指定为第三批发热患者定点收治医院，正式成立了隔离病区。呼吸内科医护没有丝毫喘息，继续奋战在发热门诊、重症病房、隔离病区等最前沿。

作为医务部和呼吸内科主任，刘莉敏亲自管理一个重症病区，不仅要对自己病区的患者做好救治工作，还要帮助和指导其他病区调整诊疗方案。

1月31日，呼吸内科再次承担两个隔离病区。下夜班的医生王志莉看到护士长柯玲发的需要护理人员支援的群消息时，在家匆忙扒了两口饭，就迅速赶到科室，加入了收治病人的队伍，一天时间，两个病区全部收满。从病房出来时已凌晨1点，她已全身湿透，声音嘶哑！

呼吸内科是一支年轻的团队，护士们大都不到30岁。由于隔离病区家属无法陪护，得知90多岁的患者因为疫情失去了儿子，护士们便自发组成关怀小组，主动为高龄患者做好生活护理，陪伴患者梳理内心的痛楚，直到隔离病区关区，患者康复出院。

○ 湖北省中医院肺病科

湖北省中医院肺病科是湖北省“十三五”中医重点专科、湖北省中医药学会肺系病专业委员会的主委单位，在全省中医药防治肺系疾病方面发挥了重要的专业及学术作用。科室全体女性医护人员在呼吸系统疾病救治、中医药文化传播与传承、新冠肺炎患者救治及疫情防控工作等方面作出了突出贡献。

2020年初，新型肺炎疫情来势汹汹，武汉作为当时全国疫情最严重的地区，湖北省中医院作为收治新冠肺炎患者的定点医院，肺病科的全体女性医护人员坚守在医院岗位，主动请命赴医院第一个隔离病房参加救治工作，主动请命支援武汉市金银潭医院，处于哺乳期的女医生挥泪告别家人、孩子，主动要求重返岗位；感染的女医生、护士在隔离期满后，要求再战疫情；有的女医生在同样作为医生的丈夫感染新冠肺炎后，仍然以坚定的信念坚守在岗位。她们服从防疫指挥部工作安排，在医院接到紧急收治新冠肺炎患者时，肺病科的医生和护士迅速积极准备，到前线迅速投入战斗，整顿病房，打扫卫生，准备防护用品、药品及设备，一直奋战到隔离病房关闭。

她们是坚决的逆行者，以女性特有的温柔、善良、热情、细心，切实做好了患者救治、中医药文化传播与传承、新型肺炎疫情防控和医疗救助工作。

○ 湖北省妇幼保健院产科

在产科406名医助护人员中，女性占398名，是一支名副其实的“娘子军”。她们坚守岗位，党员冲在前，专家下一线，坚持一手抓疫情防控，一手保母婴安全，全天候提供产科诊疗服务，守护“生门”。

她们坚守岗位，全力保障刚性需求。这支“娘子军”克服家庭、交通等困难，守在孕产妇身边，封城76天，产科日均在院孕产妇370人，日均分娩量72人，日分娩量最高达108人，共有5108个新生命顺利降临，占疫情期间武汉市新生儿总数的近30%。她们发挥全省急危重症孕产妇救治中心作用，持续进行产前诊断网络会诊，严把医疗质量关口，剖宫产率、顺产侧切率均低于国际国内标准。

她们强化防控，全力保障母婴安全。虽为非新冠肺炎定点医院，但为保障安全，这支队伍默默地扛起了救治特殊孕产妇的重任，成立专家组，探索“双分诊、双通道、双隔离”的运行模式，建立隔离病房、缓冲病房、负压手术室、隔离产房，有效地将正常孕产妇和疑似、确诊病例分开。封城期间，隔离产房接生69例，隔离手术室实施剖宫产手术176例，孕产妇隔离病区累计收治142例，其中确诊病例12例，及时转诊救治，实现了母婴零死亡、零感染。

○ 湖北省肿瘤医院雷神山医疗队

湖北省肿瘤医院雷神山医疗队在雷神山医院连续奋战40天。这支女性队员占比近8成的医疗队，在异常艰苦的条件下披荆斩棘率先开科，共收治新冠肺炎患者62人，实现了“零死亡、零投诉、零感染”目标。

2月5日，医疗队首批抵达正在建设中的雷神山医院。为赶进度，工人们一边建设装修，医疗队一边布置病房。在接受培训之余，队员们每天加班加点领取和搬运各种办公用品和病房物资，然后一一摆放安装调试到位。其间，女护士朱亚在雨天独自扛大柜子的瞬间感动了无数网友，被誉为“中国最美搬运工”。正因为这股拼劲，医疗队2月9日率先开科收治病人。

为强化医疗救治能力，医疗队队长、女医生杨彬借鉴湖北省肿瘤医院多学科联合诊疗模式，根据每个队员的专业和特长安排特定任务，建立起多学科团队协作模式；各医疗小组紧跟治疗指南，细心把控，针对不同患者提供了合适有效的治疗方法。

在精心治疗的同时，医疗队践行着“有时去治愈，常常去帮助，总是去安慰”的原则，给病人们提供了诸多暖心的照顾：设立爱心图书角、庆祝三八节、庆祝生日和结婚纪念日、组织练习八段锦等康复锻炼、健康宣教……一系列关怀举措，让大家感受到了春天般的温暖。

○ 湖北省第三人民医院发热门诊

湖北省第三人民医院发热门诊团队拥有女性医护人员40名，占全科总数的92.5%。第三人民医院处于疫情严重的汉口地区，作为新冠肺炎医疗救治定点医院，发热门诊是发热病人最集中、感染风险最大的场所，也是疫情防治的第一道防线。这些巾帼英雄坚守一线，勇挑重担，涌现出“全国卫生健康系统疫情防控先进个人”张翠平护士长、入选四部门联合发布的“一线医务人员抗疫巾帼英雄谱”的“90后”青年女医生叶黎文、全国全省最美抗疫家庭中的妻子莫春艳等多名先进典型。

这支巾帼团队迎难而上，负重前行，作为中坚力量全力守住了新冠肺炎防控的前沿哨点，医院圆满完成疫情期间的医疗救治任务，共接诊患者近2万人，为打赢疫情防控阻击战作出了突出贡献，彰显了“救死扶伤、大爱无疆”的使命担当。

湖南省

○ 湖南省疾病预防控制中心微生物检验科

从1月21日检测出全省首例输入性病例开始，连续3个多月，整个科室无休，24小时有人在岗，确保堆积如山的新冠疑似病例标本实时检测，各个击破，累计检测标本上万份。即使在万家团聚的大年三十，微检科也是灯火通明，两名女同志连续三轮穿着密不透气的防护服奋战，当她们走出实验室时已是凌晨十二点多。

一方有难，八方支援。两名女将积极为请战申请入党，科室支部书记身先士卒，作为湖南省支援黄冈流调检测队队长，带领9名队员奔赴疫情严重的黄冈开展防控工作。他们每日检测上千份标本，助力黄冈取得了疫情防控的阶段性胜利。

微检科是一个先进的集体，先后获多项荣誉称号。面对严峻疫情考验，她们虽为人妻、为人母、为人女，却默默背负着对亲人的愧疚，用精湛的专业技术、敬业的工作态度和无私奉献的精神，努力践行“一切为了人民健康”的初心使命。

○ 中南大学湘雅三医院援鄂抗疫国家医疗队

2月7日接到指令，1小时内完成请战集结。这是一支年轻，充满激情、战斗力和专业实力的国家医疗队，女性占比70%，“80后”“90后”占94%，中高级职称占76%，党员占63%。成立临时党总支及四个党支部，形成“异地战斗堡垒”，医护协同完成包括重症、呼吸、康复、营养的多学科小组的排兵布阵。

响应国家“应收尽收”指示，到达驻地24小时内整建制接管同济医院中法新城B7西危急重症病房，3小时内收治患者48名。成立了三个医疗作战组，其中两个重症组由女性队员担任组长，52天成功救治86例危急重症患者，治愈出院68例，全队零感染、患者零回头、重症转轻症零死亡。全体队员们发挥新湘雅多学科诊疗模式，与死神赛跑，实行麻醉插管，上演“生死时速”。

在救治复杂危重症新冠肺炎患者的战役中，探索并打造新湘雅抗疫护理模式，根据患者病情不同阶段精准制定护理策略，发挥呼吸特种兵的作用，开展特殊病例远程会诊。成立了一支从生活、心理全方位关怀患者的“临时家属”突击队，根据不同给氧方式、基础疾病、患者喜好制订不同饮食方案，将自身生活物资捐赠给危重患者。《光明日报》整版报道了新湘雅人以“舍得”精神凝练湘雅初心。

○ 湖南中医药大学第一附属医院援鄂国家中医医疗队

生命重于泰山，疫情就是命令。在这场疫情防控阻击战中，湖南中医药大学第一附属医院先后分两批，组建国家中医医疗队紧急驰援武汉。这个团队中有一抹亮丽的红色力量，她们放下年迈的老人和年幼的孩子，双手蓄满力量，心头装满温暖，用肩膀扛起希望，用敬业和担当，奋战在江夏方舱医院。

33位女医护人员高觉悟、高站位，在朱莹副院长的领导下，不忘初心、牢记使命，牢记人民利益高于一切，冲锋向前，挺在一线。积极向党组织靠拢，纷纷提交入党申请，一周便有20名队员递交入党申请书，40余篇思想汇报。

在医疗业务工作方面，她们不怕苦、不怕累，穿着厚重的防护服，戴着厚厚的护目镜，忍受着严重的舱内反应，仍旧坚持不下火线。她们总结运用中医抗疫的“湖南经验”，将治疗标准同质化，根据病人特点迅速培训形成以“协定处方”为基本方，兼症加减的中医药诊疗方案。针对新冠肺炎患者普遍焦虑的问题，他们切实加强心理护理。在首批出院的23名患者中，经湖南队治疗的达14人，住院时间最短的仅为6天。在为期一个月的时间里，以湖南中医附一人为主体的湖南援鄂国家中医医疗队共收治113例轻型、普通型新冠肺炎患者，治愈97例，无一例因为转重症和危重症而转院治疗，治愈率达85.84%，高出方舱平均水平17.4%，实现了（住院患者）零死亡、（工作人员）零感染、（出院患者）零回头的“三个零”目标，圆满完成援鄂任务。

广东省

○ 广东省第二人民医院呼吸与危重症医学科

广东省第二人民医院呼吸与危重症医学科共44人，其中女性38人，在院党委领导下，以发展为主题，以支部为堡垒，以患者为中心，注重医疗质量内涵，获国家规范化建设PCCM三级医院优秀单位，年度工作量增长超30%，荣获“新业务新技术”项目二等奖1项，荣获医院年度先进科室、优秀护理团队，被院党委破格授予医院“青年文明号”，学科带头人荣获广东省劳动模范、先进党务工作者。

2020年，新冠疫情迅速暴发，全科人员立即投入新冠防治工作，在院党委的部署下，承担院内收治确诊、疑似病例累计200余人，实现医护人员零感染，接诊患者零死亡。在做好医院抗疫工作同时，先后派出3批共4名科室骨干赴鄂救援医疗队，在疫情最重的汉口医院、江汉方舱医院、洪湖人民医院重症监护室，克服困难，累计救治400余人。派出骨干护士2名参加机场采集核酸累计1万余例，受到上级领导高度肯定。1人荣获武汉市五一劳动奖章，1人荣获广东省五一劳动奖章，1人荣获省直优秀团员，1人获“广东好人”推荐提名，27人荣获医院抗击新冠疫情优秀护士，展现了新时代新女性勇于担当、勇于拼搏、敢于胜利的风采。

○ 广州医科大学附属第一医院重症医学科

广州医科大学附属第一医院重症医学科作为国内最具规模、最先进的重症医学科之一，在多次国家重大公共卫生事件发生时，积极响应党和国家号召，始终冲锋在最前线。

新冠肺炎疫情发生以后，钟南山院士作为国家高级别专家组组长，同时也是广东省专家组的负责人，黎毅敏教授作为广东省广州市临床救治专家组组长，对广东省、广州市以及我院新冠肺炎临床救治及科技攻关工作给予具体的指导，起到了关键性的作用。

刘晓青作为科主任带领团队驻守大本营，负责收治广州市危重型患者，5月28日全市新冠肺炎危重患者“清零”，我院实现新冠肺炎零死亡。桑岭、徐远达、黄敬烨等7名骨干先后驰援武汉，为武汉金银潭医院、武汉协和西院ICU的危重型患者的救治起到关键作用，受到党和国家的肯定，所在广东支援武汉协和西院ICU医疗队被授予全国卫生健康系统新冠肺炎疫情防控工作先进集体，桑岭、黄敬烨获先进个人等荣誉；徐永昊代表中国赴伊拉克指导新冠肺炎救治；何为群率3名青年骨干支援广州市第八人民医院并接管该院危重症患者。

与此同时，在钟南山院士、黎毅敏教授、刘晓青教授的带领下，通过视频会诊、亲临现场会诊等方式指导省内外新冠肺炎患者的救治，并与北美、欧洲等多个国家进行视频会议，就新冠肺炎的诊治与科研进行国际交流，对全球抗疫工作作出了积极的贡献。

○ 中山大学附属第五医院呼吸与危重症医学科

中大五院呼吸与危重症医学科的“娘子军”是一支英雄的团队，自

2020年1月17日收治珠海首例新冠肺炎患者起，到4月26日最后一名境外输入患者出院，在科主任刘晶教授的带领下，连续奋战3个多月。

从新冠救治的一线到新冠各个疗区的负责人，再到专家组成员，虽然分布在不同岗位，但她们都冲到最前面，全身心地投入到新冠患者的护理和救治工作。她们有的为了参加抗疫，提前给家里的婴儿断了母乳；有的把孩子送回老家，夫妻共同上阵；有的怀孕8个月，仍然积极帮忙整理新冠资料；有的连续加班2个多月没回过家；更多的是一些平日弱不禁风的小姑娘穿着厚重的防护服在病房一待就是半天，不敢喝水，还常常被汗水湿透衣服，几近虚脱。在疫情面前，没有人退缩，中大五院呼吸与危重症医学科的女医护人员真正做到了“健康所系，性命相托；救死扶伤，不辞艰辛”。

所有的这些付出也终于有了回报，随着103例新冠患者出院，中大五院呼吸与危重症医学科的“娘子军”也成熟和成长起来，变得更加勇敢、自信。

○ 深圳市第三人民医院护理部

深圳市三医院护理部曾在抗击SARS、H7N9和H5N6禽流感、埃博拉病毒等重大疫情中创造了“高抢救成功率、低死亡率”的佳绩。作为深圳唯一的新冠肺炎患者定点收治医院，在抗击新冠肺炎疫情期间，护理部全体护士始终战斗在临床救治第一线，在病区管理、患者照护、心理评估支持、出院随访等环节规范护理流程及应对措施，再创全院医护人员零感染、收治462例新冠患者救治成功率99.4%的好成绩。

结合医院“四个集中”临床收治、“四个梯队”人才准备、“四个分区”功能布局、“三个结合”临床治疗的实践模式，全院护理人员启动重大疫情应急救治临床护理模式，如开展“8-4-3”排班、“设备、监护、院感，三合一集束化”管理模式。经历了疫情初始至全市清零132天除武汉外国内医院救治的最长战斗时间，第三人民医院收治新冠危重症患者92例，居广东省首位；创下ECMO护理232个护理日，CRRT治疗7732小时，俯卧位通气194次，机械通气698小时，CVC护理1088导管日，尿管护理588导管日等护理纪录；实现了CRBSI3.68‰、VAP14.33‰、CAUTI1.70‰的良好护理结局，给予全市人民强而有力的抗疫信心。同时，积极配合科研团队开展临床研究，第一时间撰写《新型冠状病毒感染患者护理规范》，在核心期刊发表论文8篇，在《美国医学会杂志》《科学》《细胞》《自然》等SCI杂志发表合作研究论文45篇，影响因子达540余分。

广西壮族自治区

○ 广西壮族自治区人民医院邕武医院抗击新冠肺炎疫情团队

广西壮族自治区人民医院邕武医院抗击新冠肺炎疫情团队以人民健康为中心，坚决贯彻落实党中央、自治区党委政府和自治区卫生健康委决策部署，充分发挥党组织战斗堡垒作用和党员先锋模范作用。医院党委主要领导亲自挂帅，组建指挥、医疗、护理、保障等10个专班，制订制度50余个、流程100余项，培训4000余人次，不到1天腾空所有病区，8天高质高效建成广西“小汤山”医院，不到10小时完成验收接收，充分展示了医疗团队的速度和力量。

279名骨干医务人员中女性占66%，巾帼不让须眉，她们在患者救治当中发挥了非常重要的作用。邕武医院作为广西抗疫的主战场，集中收治来自广西南宁、北海、防城港、钦州、河池、贵港、来宾等7个地市转运的108人，其中确诊81人（含重型及危重型9人）。自邕武医院转为广西新冠肺炎重症救治定点医院后，广西再未出现确诊患者死亡病例。邕武医院积极落实“轻重症并重、中西医并重”救治方针，组建呼吸、重症、中医、心理、营养等30余个优势专科力量，通过远程会诊、移动查房，开展多学科联合诊疗工作，严格落实“一人一策”。至3月17日历时31天，最后1名确诊患者治愈出院，邕武医院圆满完成了确诊患者治愈率100%、患者零死亡、医护零感染的既定目标，广西实现确诊、疑似病例“双清零”。

海南省

○ 三亚中心医院感染科（抗疫隔离区）

作为新冠肺炎定点和重症救治医院，面对严峻的疫情形势，感染科隔离区的女性医务工作者在疫情最前沿留下“最美逆行者”的身影。隔离区临时党支部先后3任书记，2名是女性，全院139名女性医护人员进入感染科隔离区，舍生忘死救治病患。

感染科护理团队勇于担当，快速理顺流程，当好护理管理“好管家”，随时调整班次，做好护理工作“指挥官”。医院抽调精干力量组建救治专家会诊组，8名是女专家，林玲副院长任组长。她们坚持采取“一人一策”原则，持续优化诊疗方案，对治疗效果进行评估分析，及时调整患者的中西医治疗方案。根据各个专家的专业特点，对感染科患者进行分组管理。为患者提供个性化有温度的服务，设置患者专职责任护士，精细化护理，建立医患微信群，24小时解答患者疑惑。加强患者心理疏导，根据患者特点和病情提供独特营养支持。

感染科隔离区累计收治患者103例次，累计出院101例，占海南省确诊171例病例数一半以上，治愈出院率高达96.49%。在这次战“疫”中，医院创造了海南多项第一，全省确诊患者第一个治愈出院，全省收治病人数量第一，患者住院日全国最短，全省乃至全国百姓为之点赞，受到国家卫健委表扬，为省、市取得抗击疫情的阶段性成效作出了突出贡献。

重庆市

○ 重庆市赴孝感市新冠肺炎防治工作对口支援队

“疫情就是命令，防控就是责任”，重庆市赴孝感市新冠肺炎防治工作对口支援队坚决听从党中央统一号令，充分发挥广大女性医护人员的重要作用，挺身而出、冲锋在前，用青春和勇气，为党旗增添了最鲜艳的光彩。2名女队员获重庆市五一劳动奖章，9名女队员获重庆市优秀团员团干，22名女队员获重庆市巾帼建功标兵。

经过2个多月的奋战，圆满完成对口支援任务。队员们与当地干部群众结下了深厚情谊，收到当地患者及家属感谢信90余封，感谢短信、感谢视频等300余条。

队伍累计直接救治新冠肺炎确诊患者1107例、治愈出院1097例，治愈率99.1%；累计共同救治确诊患者190例，累计诊疗疑似病例840例。国家卫生健康委先后21次刊发重庆对口支援队典型做法和先进经验。

○ 重庆大学附属三峡医院重症医学病区

重庆大学附属三峡医院重症医学病区在此次新冠肺炎的抗疫阻击战中，充分发挥了尖刀利刃的作用。2020年1月21日，重庆大学附属三峡医院收入第一名新冠肺炎确诊患者，重症医学病区成为重庆最先打响战“疫”的地方，该病区10余名女医护人员作为首批医护人员立即投身到疫情一线中去。经过重症医学病区的努力，1月29日，重庆首例新冠肺炎重症患者治愈出院，给整个新冠肺炎救治团队带来信心。2月15日，在重庆市卫健委的统一部署及医院领导下，重症医学病区全体医护人员前往新冠重症肺炎病房支援。团队迅速达到了分工明确、忙而不乱、高效优质的工作状态，医护人员运用高、精、尖的专业技能在这个高风险病区进行着各种专业的诊疗、护理措施。其间，行ECMO共3人次、气管插管11人次、高流量湿化30人次、胸腔穿刺7例次、深静脉置管22例次、连续性血液滤过7例次、血液灌流4例次、血浆置换4例次、脉搏指示连续心排量监测4人次、中心静脉压监测20人次、气管插管护理11人次。运行期间共收治危重型患者18例、重型患者34例，挽救了众多危重症患者的生命。

○ 重庆市疾病预防控制中心传染病预防控制所

疫情就是命令，重庆市疾病预防控制中心传染病预防控制所全体女职工发挥“若有战，召必回，战必胜”的精神，筑堡垒、战疫情，义无反顾冲上前线。

疫情就是命令，防控就是责任！重庆的战“疫”还未打响，李勤所长就要求全所干部职工认真学习《国家新型冠状病毒肺炎防控方案》，为让各区县疾控部门及时掌握国家防控总体要求，大家逐字逐句学习方案，结合重庆情况实际进行讨论交流，把每一个步骤熟记于心，并以最及时的方式对区县疾控中心开展防控业务培训和技术指导。

疫情期间，传染病预防控制所作为疫情防控“先锋连”，冲在了战“疫”的头阵。李勤、赵寒、熊宇、陈熙、杨琳、易娟等女同志全身心地投入到疫情防控工作中。调查、培训、分析、审卡，在李勤所长的带领下，她们不提任何条件、不讲任何困难，开展新冠确诊病例582例、无症状感染者177例及120起聚集事件调查处置，及时阻断疫情传播，完成全市新冠疫情流行病学专题分析93期、动态趋势分析410期、审卡4000余次，通过分析及时向重庆市卫生健康委、市政府提出建议，及时调整全市的防控措施，为重庆的疫情控制起到了重要作用。

四川省

○ 四川大学华西医院感染性疾病中心

在新冠肺炎疫情发生后，四川大学华西医院感染性疾病中心作为女性占多数的感染专业团队，积极参与了疫情防控和救治工作。

中心第一时间派出医护人员骨干力量支援武汉红十字会医院和武汉大学人民医院东院重症病区，以及省内成都公卫中心、甘孜州道孚县抗击突发的新冠肺炎疫情，共计15人（16人次），其中2/3为女性，她们用精湛的技术和良好的态度出色地完成了援助任务。

中心作为抗疫重点科室，除发热门诊工作外，迅速设立了疑似、隔离、缓冲三个病房，承担了近400例疑似患者的筛查、诊断以及25例确诊患者的救治工作。

在外派、隔离病房抽调了大量人手的情况下，中心还参与了全院新冠肺炎防控工作，制订院内防控方案、流程，承担了新冠肺炎院内、外会诊，日平均会诊量达到53人次；护理团队派出骨干负责全院疫情防控培训及指导工作，现场累计培训人数超过1000人次，在线培训约4000余人次，有效解决了疫情下院内外疫情防控和医务人员个人防护培训的需求。

中心4名教授作为四川省级救治专家组成员参与了全省疑难病例讨论、5G会诊累计150余人次，以及院感防控指导、全省新冠防控政策、诊治方案以及规范的讨论和制订。中心参与编写了若干新冠疫情防控相关的书籍、论文等。还采用在线直播、线上答疑等多种形式进行新冠疫情防控的科普宣传，点击率超过600万次，取得了良好的效果。

中心专家多次受邀参加了英国、西班牙、莫桑比克、科特迪瓦、乍得、刚果（金）、刚果（布）等多个国家线上抗疫经验交流及指导工作，还派出专家远赴埃塞俄比亚抗击新冠疫情，为国际抗疫工作贡献了力量。

感染性疾病诊疗质量控制中心还参与了四川省新冠疫情防控救治质量控制相关工作。

以女性为主的护理团队，在抗击疫情中始终坚守在第一线，承担着繁重而琐碎的工作，作出了重要贡献。

○ 成都市疾病预防控制中心传染病防制科

成都市疾控中心传染病防制科承担着全市传染病监测、预防控制、疫情处置、研判分析等工作，是应对新冠肺炎疫情成都核心力量之一。科室全体同志连续7个月坚守疫情防控一线，出色完成各项任务。

一是当好“病毒捕手”。克服存在感染风险的恐惧心理，第一时间开展流行病学调查，直接参与新冠肺炎确诊病例、无症状感染者、疑似病例等疫情处置数百起。二是担当“流调侦探”。条分缕析每一例病例流行病学史，明确传染来源和传播方式，判定和追踪具有潜在风险的密切接触者，迅速果断出击，采取紧急防控措施，严控疫情发展。三是强化技术支撑。参与制订防控技术方案，开展培训10余期4000余人次，不断优化防控工作流程。四是提供决策参考。综合分析国内外疫情形势，每日报告疫情数据，累计形成疫情分析200余份，为防控指挥部决策提供重要参考。五是做好宣传引导。针对不同阶段疾病的认识和群众关注的问题，通过多种媒体形式，及时风险沟通，宣传防控知识和防控技能。

面对疫情大考，科室全体同志毫不犹豫选择了“舍小家，顾大家”，不分昼夜牢牢坚守战“疫”一线，切实践行了群众健康守护者的神圣使命。

○ 宜宾市疾病预防控制中心急性传染病预防控制科

新冠肺炎疫情发生后，宜宾市疾控中心急性传染病预防控制科第一时间响应号召，义无反顾投入抗疫战场，为宜宾市疫情防控筑起了一道疫情防控的坚固防线，为全市无1例二代病例发生，贡献了最硬核的巾帼力量。

疫情发生后，市疾控中心急性传染病预防控制科12名同志，全部自愿放弃休假，开启“5+2”“白+黑”工作模式，走村入户开展流行病学调查和密切接触者排查，创新开展确诊、疑似病例“一人一策一档”专人全程追踪精细化管理，及时掌握和切断病毒传播途径。截至2020年7月13日，指导各县（区）对全市12例确诊病例、65例疑似病例、21641人境内外高中风险地区来宜人员开展流行病学调查及密切接触者排查；发送协查函90份、追踪524人，收处协查函185份、复函率100%，协助追踪307人，协助管理110人；累计追踪密切接触者2192人，开展集中医学观察1116人。

疫情发生后，市疾控中心急性传染病预防控制科按照全市疫情防控统一安排部署，采取“分片包干”的形式，对全市10个县（区）疫情防控工作开展督促指导，同时，安排专人24小时负责新冠肺炎疫情监测，确保每一例病例的及时报告和审核。截至2020年7月13日，对全市10个县（区）督导、覆盖率100%，巡查指导97个集中隔离医学点、覆盖率100%，指导县（区）疾控中心对近2000人居家观察人员进行一对一管理；审核报送聚集性病例报告2期、分析报告215期；完成疫情数据统计6386次。

按照市指挥部的统一安排部署，市疾控中心牵头成立以急性传染病预防控制科成员为主的5个中小企业复产复工防控工作指导组，分县（区）对企业复产复工疫情防控工作进行指导，全力保障复产复工复学。截至2020年7月13日，协调组织93批次、219人次对350余家市重点企业开展复工复产复学防控工作指导；自6月15日以来，共完成对海鲜批发市场等13个重点场所采样检测，采集环境类样本258份、从业人员样本70份。

贵州省

○ 贵州省第一批援鄂医疗队

面对疫情，贵州省第一批医疗队137名队员紧紧围绕“抓好医疗救治，确保队员安全”两项中心任务，不畏风险、奋勇当先，赢得当地政府和群众赞誉。截至2月13日，与当地医护人员共救治505人（其中重症110人、危重症52人、治愈患者97人），无一人感染，其典型做法在国家卫健委《支援湖北医疗队工作简报》5次刊登表扬。

第一时间成立临时党支部，来自27家医疗机构46名党员冲锋在前，主动承担急难险重任务，58人在组织及党员感召下火线入党，让党旗在战“疫”一线高高飘扬。

第一时间制订医疗队管理制度，安排专家对队员进行防护演练考核，督促签订院感责任书；实行“领队+医疗组长+生活组长+院感负责人”网格化管理，对219名基层医务人员进行防护培训，督促当地医院问题整改，最大限度降低暴露风险。

第一时间统筹资源，将队员编入ICU、重症和普遍救治组；积极创造条件，就地设立简易重症病床等开展危重症救治；积极建议轻、重症分级救治、分类管理，得到当地采纳；积极与当地医生讨论、会诊，提高救治率；积极到19个基层医疗卫生机构发热门诊巡诊，协助对17个定点收治及集中隔离点进行评估。

○ 贵州省疾病预防控制中心实验中心病毒性疾病检测科

病毒性疾病检测科共16人，其中女职工11人，占科室的69%，平均年龄39岁。

自2020年1月14日武汉市卫健委通报新型冠状病毒感染的肺炎信息后，

病毒科就立即对检测所需的各项工作进行安排部署，组织力量、科学指导提升全省检测能力。在科室所属的实验中心内组织新冠病毒知识培训、开展实验室风险评估和紧急采购检测试剂等，迅速提升全省9个市州疾控系统的新冠病毒核酸检测能力水平。在1月20日凌晨，病毒科检测出贵州省首例新冠核酸阳性标本，后续经中国疾病预防控制中心复核确认无误，并获准为全省首家新冠病毒核酸确证实验室。

“巾帼不让须眉”，病毒科全体特别是女同志们，舍小家顾大家，她们把病毒检测工作放在第一位，是离病毒最近的人。怀孕的准妈妈主动承担各项后勤杂务工作，有的同志将同在疾控战线的爱人送往鄂州，又把小孩托付到老家，一心扑在不分日夜的病毒检测工作中，经常一进实验室工作就是五六个小时甚至10个小时以上。病毒科作为核酸检测的主力军，超负荷完成了全省“五类人群大筛查”、“复工复产人员”及“应检尽检、愿检尽检”人群共10万多份标本的检测工作。

云南省

○ 昆明市第三人民医院感染性疾病及儿童传染科

昆明市第三人民医院感染性疾病及儿童传染科一直以来承担着发热门诊日常工作，在科室成员的构成中95%为女性。科室发热门诊是昆明市收治多种传染病及承担昆明市公共卫生事件临床救治的专科，也是此次收治新冠肺炎患者定点医院的第一站。

在疫情最危险、工作最繁重、物资最紧缺的情况下，为节省一套防护服，她们不吃、不喝、不上厕所，生理期穿上尿不湿不休息，戴着布满水珠的护目镜和使鼻梁深陷血印的N95口罩，有时呼吸都费力。但她们不怕苦不怕累，站好每一班岗，认真排查每一位就诊的发热患者。

新冠肺炎疫情期间，发热门诊排查了发热患者4000余例，收治疑似病例233例，确诊病例39例，医学观察区收治189例，观察173例。一个个实实在在的数据，一道道奋斗于防疫一线的身影，构筑了一张张生命健康的保护网。而她们就是这样一群和死神赛跑的女性，她们是女儿、是妻子、是母亲，在疫情面前，是身着白衣战袍的天使。大灾大难面前，女性的从容不迫、女性的担当也能成为众人的希望。

○ 昆明医科大学第二附属医院护理团队

护理团队是一支秉承“五心”优质护理服务宗旨，有理想守信念、敢担当讲奉献、有活力善创新的优秀团队。在工作中突出党建引领，凝聚发展合力，不断锤炼高尚的品德修为，锻造过硬的专业本领，为医院各项事业发展贡献智慧和力量。近5年来，先后受到国家、省级和厅级多项表彰，涌现出一批批精于专业、甘于奉献的护理骨干。

自新型肺炎疫情暴发以来，全院护士闻令而动，700余名护士递交请愿书，组建“战役天使”青年突击队逆行湖北。全力以赴做好院内外“双线战役”，对外医院派出4批医疗队共100人援助湖北咸宁、江汉方舱医院等地，其中护士73名，女性占96%，是云南省派出女护士最多的医疗单位，尽显巾帼本色。对内筑牢院内疫情防控坚强防线，坚决做到疫情防控和日常工作两手抓、两不误，用责任心、细心淬炼健康体魄、净化洁净心灵，有深度、有力度、有温度地诠释了新时代女性锐意进取的精神。

陕西省

○ 陕西省人民医院护理部

面对疫情严峻时刻，省医护理人义不容辞，临危不惧，彰显了护理人的责任与担当!

护理部作为全院护理队伍的总指挥，在护理副院长张玉莲的组织部署、护理部吴红娟副主任的带领下，护理部全体人员放弃休息，快速反应，积极应对，随时出现在解决问题的第一现场，哪里有需要，哪里就有护理部人员的身影，为控制疫情做出了有力保障。

护理部抽调12名护理人员支援感染性疾病科，组建护士长预检分诊、护理骨干应急队，支援岗位近10个。截至6月底，疫情期间支援护士419人次，常态化保障60人次，组建1010人的护理人员储备库。护理人员采集核酸，确保紧急情况随叫随到。

张玉莲副院长每日带领护理部人员，深入感染科、预检分诊处等督导并慰问一线护士，嘱咐大家加强自我防护，注意自身安全。

16名护士分三批次驰援武汉。作为“逆行者”，她们舍小家顾大家，不忘初心，勇于担当，在武汉火线入党，制订流程、管理重患，彰显陕西人民医院专科护理骨干的综合实力与水平。

为解决驰援武汉护士后顾之忧，护理部成立“结对子”帮扶小组，10名组员分七组包干对接前线护士，及时关注其及家属的身体、心理、工作状态，进行结对子帮扶和宣传。向各类媒体推送宣传稿50余篇，弘扬正能量，发挥榜样示范作用。

护理部周密部署，制订《疫情防控期间陪人及病区安全督导实施方案》，前移工作重心，深入病房，分片区督导检查，严格落实“一陪人三证”管理，完善了6版陪人管理告知书，制订和下发各项管理规范和流程18项，确保工作有序推进。

下发《疫情防控期间护理培训管理规定》，通过好医生网进行防控知识培训，在512考试网发布国家新型冠状病毒肺炎诊疗方案、陕西人民医院应对新冠病毒肺炎系列内容，全院护理人员完成在线培训；护理部采用512

考试网、钉钉App、腾讯会议App三种线上培训方式举办护理质量与安全典型案例线上线下分享活动，形成了“线上直播”和“线下指导答疑”相结合的模式。

省医护理人凭借着坚忍不拔的精神，克服了一个又一个难题，战胜了肆意无情的病魔，保障了护理工作的常态化。

○ 西安市第八医院隔离二区

隔离二区由原肝病三科主任李青春、肝病一科主任张静带领，由全院抽调的48名医护人员组成，女性占了45位。他们中间，有久经沙场的“非典”老将，也有刚刚参加工作不久的年轻人，很多人还是襁褓婴孩的母亲，是年迈双亲的儿女，是一个个温馨家庭的半壁江山，平均年龄不到35岁。

隔离二区全体人员有在疫情面前舍小家为大家的担当精神。大年三十，他们来不及吃口团圆饭，第一时间集结在抗击新冠疫情的最前线。

隔离二区全体人员有着高度的责任心和敬业精神，诊疗中他们不放过每一个可疑患者，用自己丰富的临床经验和不怕被感染的风险精神为一位患者做深度痰引导，确诊了多次核酸检测阴性的患者，杜绝了因漏诊引起的病毒扩散，也为临床诊断积累了宝贵的经验。

从收治第一个新冠患者至今，他们仍坚守在抗击疫情第一线，通过6个月的坚守，医院实现了疫情零扩散、患者零死亡、医务人员零感染的“三零”目标，向党和政府交上了满意的答卷。

甘肃省

○ 甘肃省疾病预防控制中心传染病预防控制所

新冠肺炎疫情来势凶猛，传防所秉承“疫情就是命令”的作风，刘新凤所长凭借多年的经验，自12月武汉报告不明原因肺炎之初建议全省加强不明原因肺炎监测。2020年1月中旬，全所人员放弃春节休假，进入应急战备状态。传防所60%为女性，她们是女儿、母亲、妻子，面对疫情变身为“战士”，连续100多天奋战在抗疫一线。

通过梳理国家相关病例，分析本省首例确诊病例的流行病学特点，制订“排查病例定义”、增加“疑似病例2”定义，确保监测工作“关口前移”，落实“四早”；制订全省“新冠肺炎疫情防控技术方案”，起草相关技术方案、指南70余件，补充完善国家方案中未涉及的内容；深入开展并指导全省疫情信息监测、流行病学调查，查明传染源，第一时间开展密接排查；即时开展人员培训；制订排查病例“筛查流程”“监测信息系统报告及审核流程”“密切接触者协查管理流程”等，使全省疫情防控工作更加科学有序、高效运行。

传防所先后持续开展疫情分析和风险评估、全省传业人员培训指导，目前仍承担着沙特阿拉伯、俄罗斯等境外归国人员在兰入境后的流调、检测，以及新冠肺炎疫情日报告和零报告等工作常态化疫情防控的各项工作。

青海省

○ 青海省疾病预防控制中心卫生检验检测中心

在省卫健委、疾病预防控制中心的高度重视和正确领导下，卫生检验检测中心坚持预防为主的工作方针，推动全省卫生检验事业的可持续发展。从2003年的SARS，之后的禽流感、中东呼吸综合征、寨卡，到新冠肺炎疫情肆虐，作为一个团结奋进、业务精湛的团队，始终战斗在疫情的最前沿。特别是新冠疫情初期，检测出青海省首例新冠感染者，充分体现了实验室一锤定音的能力。

新冠肺炎疫情期间，检测组5人——李红、卢囡囡、雷友菊、王晓彤、李崇亥，样品接收组2人——余莎、张雯，战斗在检测工作最前沿的7人中有6人是女性。面对肆虐的疫情，她们身穿防护服，头戴护目镜、口罩和帽子，戴手套，整个实验通常需要4～6小时，她们在实验开始前就少喝水或不喝水。由于身着厚厚的防护服，加上精神高度紧张，一场实验过后，她们往往汗流浃背、缺氧、疲惫，脸上却留下了深深的“天使印记”。李红已经有呼吸道病毒检测近30年的工作经验，前段时间因脚踝受伤至今为止都未复原，她不畏身体劳疾，从年前至今一直冲在了检验检测组的最前线。卢囡囡早已订好了过年回家的火车票，面对来势汹汹的疫情，她默默地把票退了，选择回到实验室坚守岗位。

正是这些巾帼女英雄，传承和发扬着一代又一代疾控精神，她们以实际行动践行着“不打赢这场防疫战，决不收兵”的誓言。

宁夏回族自治区

○ 宁夏疾病预防控制中心新冠肺炎疫情防控检验检测组

面对突发的新冠肺炎疫情，第一时间组建巾帼为主的检测梯队，从第一例病例快速准确检测到及时指导5市疾控具备核酸检测能力，突出了应急的“快和准”。从应急物资保障、样本检测各技术环节质量把控，彰显技术支撑的“精和强”。

检测组统领全区核酸检测技术工作，科学、快速指导提升基层检测能力，织密一张检测网，开启24小时不间断检测绿色通道，与病毒较量，与时间赛跑，建立实验室质控体系，保证全区检测质量和生物安全，从阳性病例的及时发现、高危人群的筛查到常态化防控的复工复产、复学复课、严防境外输入等各时段环节都科学精准发挥核酸检测的一锤定音作用。累计检测样本16万份。

疫情初期检测组牵头获批自治区科技攻关重点研发项目300万，系全国疾控首创，也是疾控几十年来最大的一个课题，还承担中国工程院范维澄院士研究项目，疫情防控与科研攻关同步实施，研究成果及时指导疫情防控，已取得初步成效。

放眼全区网络实验室建设，派专家出动几十次，指导评估三甲综合医院、第三方检测机构具备核酸检测能力，指导评估了33家二级以上医疗机构，14家已具备核酸检测能力，为宁夏新冠常态化防控做好技术保障，也为传染病监测实验室发展奠定基础。

新疆维吾尔自治区

○ 新疆维吾尔自治区疾病预防控制中心流调与信息组

自治区疾控中心疫情处置流调与信息组主要负责开展流行病学调查和分析，统筹协调疫情防控工作和信息宣传工作。

疫情期间，小组共综合协调召开专家会、调度会等各类会议400余次，向指挥部报送疫情分析报告76期，监测分析报告、技术方案、工作进展等材料400余份；撰写自治区疾控中心新冠疫情防控简报、疫情防控舆论动态51期；协调派出近200余人次开展全方位技术指导，收集汇总各工作组督查报告896份。

派出31人次流调人员开展现场流行病学调查12起（次）；开展流行病学培训，规范各级现场流行病学调查，撰写19起聚集性疫情分析报告；接收各省及疆内密接人员协查函292份，向疆内外发送新冠肺炎病例密切接触者协查函386份，涉及2594人，同时完成了推送国家共享数据、汇总全区密切接触者排查数据。

大力开展疫情防控健康教育和舆论引导工作，专家积极在各类媒体发声，向公众讲解疫情防范要点和答疑解惑，组织协调专家访谈、录制视频、音频40余次，发布13篇科普文章。将制作的2万份双语《新型冠状病毒肺炎健康科普小知识》折页发放至基层。组织完成疫情防控档案整理归档工作，共整理重要文件5册、工作组文件13册、现场工作照片600余张、专题课件100份。

解放军和武警部队

○ 陆军军医大学第二附属医院重症医学科

新冠肺炎疫情发生后，重症医学科全员返岗、主动请战，先后派出2批11名专家骨干紧急驰援武汉疫区，转战金银潭、火神山、泰康同济等医院，积极参与疫情防控救治任务，先后参与救治确诊患者354名，重型、危重型患者118名，抢救成功率100%。习近平主席视察火神山医院期间，科主任李琦作为军队援鄂抗疫优秀代表，受到习近平主席视频接见。3人一线立功，2人火线入党。科室其余28人全部取消春节和周末，坚守抗疫一线救治岗位，轮流蹲守发热门诊一线接诊，共接治疑似病例19人、发热病例2600余人、核酸检测1700余例。同时，科室派出专家前往重庆定点收治医院万州三峡中心医院指导参与重症救治护理工作，参与会诊救治确诊病例240余例，出色完成抗疫任务。

○ 95829部队医院急诊科

新冠肺炎疫情发生以来，医院急诊科坚决按照上级统一部署要求，2019年12月25日成立发热专区，全力救治发热病人，今年1月22日启动应急响应后，全科21名同志第一时间提出请战申请，4名同志主动放弃休假，逆行回岗坚守一线。面对感染高发、患者激增的严峻形势，科室扎实开展动员教育，及时规范就诊流程，严密做好安全防护，确保应对及时有力、处置稳妥高效。特别是在疫情初期物资极度紧缺的情况下，全科人员冒着被感染危险与病毒作斗争、与生命抢时间，不惧艰险、连续奋战，尽心尽力做好诊疗工作，高峰时期每天平均接诊100余人次、连续工作超过12个小时。至2月28日最后一名病人顺利转院，急诊科累计接诊地方发热病人2951例，其中地方疑似和确诊患者121例，抢救60人次，圆满完成上级赋予的医疗救治任务，充分展现了空军部队特有的战斗作风和精神风貌。

○ 火箭军特色医学中心门诊部

新冠肺炎疫情发生后，中心门诊部紧急抽调骨干力量组成门诊应急分队，将预检分诊岗位前移，搭设医疗帐篷，严密制订防控预案和就诊流程26项，细化诊区管理要点132条，科学提出防控建议152条，开展防护技能培训460余人次，有效提升医护防护能力。针对北京疫情防控形势突然加重，积极响应组织号召，及时抽调人员参加支援小汤山医院预备医疗小分队，做好随时出征各项准备。全体女同志坚定信念、主动作为、连续奋战，先后开展体温检测、预检分诊和流行病学筛查等工作，承担患者应急注射、伤口换药、更换引流管等高危处置工作483例，筛查就诊人数97778人，筛出并隔离发热患者1028人、确诊病例2人。多人放弃休假、推迟调休，21人向组织递交入党志愿书，1人火线入党，圆满完成疫情防控各项应急诊疗处置任务，受到军地广泛好评。

○ 火神山医院感染七科一病区

坚决贯彻医院党委首长决策指示，在医疗条件不完备情况下，全体队员以高度的使命感和责任感，冒着极易被感染的危险，完成医院首批23名患者收治，实现医院首批7名患者治愈出院。“四度请战出征”的57岁老兵陈红作为全军重大典型被宣传报道。

在传统治疗手段基础上，积极开展新技术新疗法，积极探索使用抗生素治疗感染继发性细（真）菌感染并发症，率先开展首例恢复期患者血浆置换治疗重型患者，有效减少了普通型向重型、重型向危重型的转变。累计收治454名感染患者，是全院收治最多、治愈率最高、无一例死亡的医疗队。

精心照顾盲人患者、八路军老战士遗孀等事迹被军地媒体广泛宣传；借助“医患沟通群”延续患者出院后服务，深受患者及家属好评；研制的心理手环检测感染患者心理状态，开展心理护理服务被全院推广。

探索建立连排班管理体系、承担基层组织生活会试点，经验做法在医院政治工作会议做交流；自上而下构建感染防控体系，严格自防互防制度规范，尽一切努力确保队员自身安全，实现了“打胜仗、零感染”目标。

○ 火神山医院重症医学一科

火神山医院重症医学一科由80名医护人员组成，其中女性有52名，占总数的65%。进入火神山医院以来，面对一个从“零”开始的科室，她们不等不靠，迅速调整建设方案，优化感控流程，完成人员分工培训，制订规章制度、防护流程和诊疗方案，在最短时间内建起较高技术标准的传染病ICU。由于收治的主要是重型和危重型新冠肺炎患者，她们开展了高流量氧疗、无创机械通气、有创机械通气、俯卧位通气、有创血流动力学监测、CRRT、ECMO等救治技术。为了提升护理质量内涵，护理组成立6个护理专业学组，通过聚焦护理专业，大大提升了护理水平。在重症一科，她们似乎忘记了自己曾经是名柔弱的女性，穿着密不透风的防护服，为了患者的康复，她们常常不顾自己的安危。她们利用自己娴熟的重症监护技术，帮助患者渡过生命的难关。

她们始终冲锋在前、不辞劳苦，充分发挥了医护人员的使命与担当，诠释了人民军医不惧牺牲的顽强作风，全力以赴救治患者，向党和人民交出了一份合格答卷。

○ 火神山医院感染控制科

医院感染控制科全体同志于2020年2月2日到达武汉后，立即投入到了医院的建设和布局流程的优化改造当中来。在主任兼支部书记李海峰的带领下，坚决执行党委决议，注重政治引领，充分发挥党员的先锋模范作用，勇于担当，不怕吃苦，不怕检查批评时科室医务人员的不理解，紧紧围绕党中央、习近平主席和院党委的“打胜仗、零感染”的总体目标，陆续展开各项感控工作。在医院机关各部门、全院各科室的全力配合下，规范院区及病区区域划分及流程，科室同志充分吸收感控专家组的意见建议，先后制订《PPE穿脱流程》《医院环境消毒方案》《医院复用物品管理规定》《医院感染性职业暴露处理办法》《火神山医院患者出院流程》《医院医疗废弃物管理工作规定》等四批次院感管理制度共50余项，组织科室对全院医务人员及相关后勤人员进行防护培训3000余人次。建立了感控督导检查等工作制度，制作感控文化宣传海报，组织感控文化活动周，活跃医务人员感控文化氛围。

为确保各病区严格落实感控各项规范，全科同志在李海峰主任带领下每日到科室督导检查，每天抽组力量对全院进行巡视督导，并将每日督导检查情况形成问题清单，引导各病区对照检查，持续改进。在先期人员陆续准备离开的时刻，丝毫没有放松，依旧严格要求。经过70多个夜以继日的奋战，每人每天两万步的路程，自始至终没有休息一天，终于完成了“打胜仗，零感染”的总体目标，为武汉抗疫画上完美句号。

○ 火神山医院检验科

火神山医院检验科于2020年2月正式组建，初期仅有12人，从抵达武汉第一时间起，在物资保障尚未到位的情况下，冒着高感染风险，在1天内形成基本保障能力，3天内展开9大项208个检验项目，9天内拓展至35大项489个小项，11天内建立全面质量管理体系，5天形成核酸检测能力，日均205例。科室同志克服万难，每日穿着三级防护服工作时长至少8小时，在救治高峰期甚至工作10小时以上，连续坚持高强度工作40天无休，以1.2∶100的人员床位比，在1个月时间内保障了1500名新冠患者的救治任务。

根据任务需要，3月5日，上级先后为科室补充12名工作人员。新成员加入后，科室立即扩大服务保障范围，迅速搭建“移动式野战病原分子诊断实验室”，进行多种病原体快速基因检测盒高通量测序分析，开展恢复期血浆治疗、细胞因子检测等新项目，为提升火神山医院救治能力发挥了重要作用。

科室全体女同志在整个任务期间，全程足质足量参加检验工作的同时，还充分发挥女同志细致耐心的特点，以认真严谨的态度，承担了大量的感染防控工作，从日常卫生清洁、护目镜面屏清洗、医疗废物处理到防护物资管理，每日体温监测，看似零散琐碎，却为实现“应收尽收，应治尽治”及“医务人员零感染”目标的实现，发挥了不可替代的作用。

在鄂75天里，检验科全体女同志，巾帼不让须眉，圆满完成火神山医院3059人的救治保障任务，是武汉抗疫战场上人员最少、保障力最强、保障范围最广、战斗时间最长的最强检验集体！

○ 武汉泰康同济医院感染一科

闻令而动，火线接管，全面展开救治。2月13日抵达武汉后梳理工作流程及应急预案，14日接管方舱，5天内完成180名患者救治工作。6小时内将一个尚未交付使用的“工地”改造成达到传染病收治标准的病房。展开床位60张，累计收治新冠肺炎病员117人次，危重患者占34.8%，重危护理1470床日数，一级护理1750床日数；60岁以上老年人占比55%，最大年龄95岁，生活不能自理患者占比21.7%，伴有心脑血管基础疾病患者占比44.3%，意识障碍患者占比10.1%，聋哑、盲、智障、精神分裂等特殊患者占比6.5%。面对重危患者多、合并基础疾病多、老年患者多的挑战，感染一科狠抓内涵建设，建章立制，有序规范，强化风险预警，实施正规科学管理，完成危重患者抢救20次，抢救成功率95%，其中成功抢救2例90岁以上高龄患者。累计治愈出院114人次，治愈率97.4%，无1例与治疗护理相关的并发症发生。

以患者为中心，实施“身心兼治”，打造优质服务品牌。编制新冠肺炎患者呼吸康复操，指导患者动静结合，适度锻炼。组建心理康复小组，开展心理疏导20余次。对危重、高龄、聋哑、盲人等生活不能自理患者实施全身擦浴、肢体功能锻炼、服药到口、喂水喂饭。设置患者爱心救助站，捐赠物资给有需要的患者。一对一帮扶帮助患者解决生活中的困难40余人次，理发服务15人次。患者满意度99.80%。

追踪前沿，勇于探索，开展创新。创新咽拭子采集、血液标本采集及伤口管理等方法，降低高风险操作职业暴露可能。申报新冠肺炎临床科研课题11项，获批7项，撰写相关论文20篇。

○ 武汉泰康同济医院感染十一科

泰康同济医院感染十一科于2月17日开始第一批接收病人，共收治113位患者，其中37例重症，5例危重症。经过精心治疗，所有患者均治愈出院，并于3月29日实现病区患者清零。

十一科在人员分工、排班设置、病房管理等方面紧紧围绕“最大限度提高治愈率，最大限度降低死亡率”的目标要求，坚持以病人为中心，从管理抓效益，统筹安排、示范带动、精准落实的策略，科主任负责评估患者的病情，做到对每个患者的情况了然于胸并制成表格，使每一例患者的发病时间、入院时间、核酸结果、CT结果等一目了然，也使每一班医生对每一个患者的病情能有基本掌握。副主任负责医疗文书的质量和感染控制，发现问题及时提醒经治医生进行修改。十一科综合医疗数质量排名全院第二。

感染十一科共有15名医生、40名护士，分别来自五个不同单位，而且来自不同的专业。为了增强凝聚力，科主任、护士长处处身先士卒，用自己的模范作用去带动大家。由于采集咽拭子风险大，标准要求高，科主任和住院总就承包所有咽拭子的采集工作，以保证标准的统一规范。其他有难度的操作都由科室骨干亲自执行，在行动的感召下，所有的队员都打消了恐惧和担忧，各项医疗护理工作都能顺利推进，布置的各项任务都能很好地执行。

科室做到每天对患者病情进行一次全面评估，做到提前预警、及时检查、尽早处理，遇到患者病情变化，随时处理。科室发挥各学科人员的特长，在按泰康同济医院治疗手册标准化治疗新冠肺炎的基础上根据各自基础疾病的特点，进行个体化治疗。全科没有一位普通型患者转为重型，没有一位重型转为危重型，没有一位危重型走向死亡或转到ICU，实现100%的救治成功率。

○ 武汉泰康同济医院感染十三科

十三科是泰康同济医院诊治新冠肺炎的首开科室。进驻以来，坚决贯彻落实习近平主席关于防控新冠肺炎一系列决策指示，在院党委和片区党委的坚强领导下，全体医护人员敢挑重担、敢打硬仗、敢于冲锋，放下行李、奔赴战场，在几乎零基础的情况下，全体队员团结一心、连续作战，特别是女性队员，发扬一不怕苦、二不怕累的精神，抢运物资、布置环境，铺设床位、安装硬件，封闭空间、张贴标识，规范运行、调试设备，仅用短短48小时，就第一个率先完成一切收治工作准备。

患者收治工作展开以来，全体医护人员主动担责尽责，全力以赴同时间赛跑、与病魔较量。紧盯收治率和治愈率，细致落实13项医疗核心制度，创新运用诊疗药物措施，形成泰康特色诊疗方案，紧盯死亡率、感染率，严格落实感控措施，制订个性化护理方案和一人一案诊治措施，护理单元被医院评为优秀护理示范单元。先后诊治康复新冠肺炎患者109人，成功组织大型抢救37次，救治重症患者康复26人、危重症患者康复3人，以零感染的实际行动向党和人民交出了合格答卷。

○ 武汉泰康同济医院重症医学二科

泰康同济医院重症二科由71名医护人员组成，来自联勤保障部队、武警部队共10个不同单位，承担紧急救治新冠肺炎病人的任务。秉承“边建边收治”的原则，在科党支部书记、主任宋勇的带领下，全科同志闻令而动，不顾疲劳夜以继日连续作战，克服了难以想象的困难，经过不到100小时努力，建立起“两区三通道”、兼备新风系统及一间负压病房的传染病重症监护病房；在病房建设同时加强防护知识和技能的培训考核；健全各项管理制度和工作流程；完成全员信息化系统的使用培训；完善医护人员轮班轮岗制度。规划布局制定改造方案，全员参与，完善救治方案，有序分组。

重症监护室是救治重症患者生命的最后一道防线，生死就在毫厘之间，党支部充分了解团队特点，整合资源，快速掌握呼吸系统救治技术、气管插管配合技术、深静脉置管协助与辅助循环技术等技能操作，以及心电监护仪、呼吸机、微量泵、连续性肾脏替代疗法（CRRT）、体外膜肺氧合（ECMO）、血气分析仪等急救设备的使用。此外，重症、危重症新冠肺炎患者常合并其他基础疾病，用药种类繁多，规范执行医嘱、精准用药、避免药物不良反应。建科至今共收治重症患者30名，医疗团队深入分析，科学施救，护理团队精心配合，心理疏导，让患者得到了更好的救治。

在这场与疫情“面对面”的阻击战中，重症二科党支部充分发挥基层党组织的战斗堡垒作用。各位党员同志纷纷立足本职、带头奉献。在先进模范感召下，先后有24名同志递交入党申请书。

○ 湖北省妇幼保健院光谷院区感染五科

感染五科共有工作人员61名，其中女性48名（其中医生3名、护士45名），女性比例占79%。团队中有医院领导、基层主官、临床骨干，也有不满一年的护理新兵，团队平均年龄为30岁。抗疫期间，感染五科历经50个昼夜奋战，先后救治护理新冠肺炎患者130余名，其中危重患者20余名，累计进入污染区近10000小时，开展新业务新技术10余项，临床应用370余次，开展各类常规救治5000余次。

感染五科在临时党支部带领下，深入学习贯彻习近平新时代社会主义新思想和强军思想，扎实开展“三留一让”主题实践活动，使思想建设更加有力，组织建设更加规范，制度建设更加完善。任务期间先后组织思想政治教育5次，开展党团活动9次，组织各类文化活动4次，向各类媒体平台投稿100余篇，出版内部报纸2期，开展谈心交流5次，5名女同志火线入党，2名女同志荣立个人三等功。

为圆满完成上级赋予的职责使命，制订完善行为规范和管理要求，完善10余项各类制度机制。在感控及急救物品管理抽查中，感染五科合格率达100%，在护理文书及评估单检查中，感染五科完成率为100%，在感控技能考核中该群体通过率还是100%。感染五科有2名同志获得感控技能比赛三等奖，2人获得护理文书展评一等奖，1人获得护理文书展评二等奖，1人获得护理文书展评三等奖，在内务秩序检查中感染五科连续3次受到军地领导的一致表扬。患者们为表达谢意先后写下50余封感谢信。

○ 湖北省妇幼保健院光谷院区感染十一科

感染十一科由南部战区空军医院、中部战区空军医院、火箭军、战支和联勤保障部队五个单位组成，全科60名同志，女性医护工作者共50名（其中医生7名、护士43名）。在这些同志中，已经结婚生子的占绝大多数。很多同志的家庭都有实际困难，有的同志孩子即将面临小升初、中考、高考，有的同志父母身患重病，有的同志与丈夫长期两地分居，孩子无人照顾。但这些同志都能克服各种困难，以最饱满的工作热情、最勤恳的工作姿态、最负责任的工作作风投入到医疗护理工作中去。

医护人员在张丹主任的带领下，每天进入“红区”，精心查看患者，精准施治，科学管理，使患者得到了最好的治疗。遇到危重患者，大家全力以赴，丝毫不惧与新型冠状病毒患者近距离接触被感染的风险，给予患者最好的治疗和护理，使患者转危为安。当遇到生活不能自理的患者时，给患者喂药喂饭、翻身擦背、更换纸尿裤，不厌其烦地与患者解释病情，与家属沟通，使患者及家属心理得到极大的安慰，不但治了病，而且治了心。当遇到患者之间出现矛盾时，能及时调解，保证了病人和病区的安全。在大家的精心治疗与护理下，全科共收治128名患者，任务期满时治愈出院126名，所有出院患者没有一例复阳。

○ 联勤保障部队第九〇〇医院感染科

联勤保障部队第九〇〇医院感染科是有着悠久历史的传染病防治科室，长期参与军地传染病的防治工作，先后参与SARS、甲流、禽流感、登革热、麻疹等救治工作，在历次重大疫情中表现突出。

今年春节，科室接到集结命令后，第一时间召回全体人员，全员无休，一直战斗至今。2月13日，科室派出3名同志赴武汉泰康同济医院一线救治，均表现出色。

医院作为军队定点收治医院，早在1月22日就启动应急预案，建立传染病房。接到通知后，科室迅速响应，2小时内完成紧急腾空病房、分流患者、筹措物资等工作，确保了在最短时间收治患者。1月23日，传染病房就投入实战救治，收治发热患者11人。

科室共有3名女医生，17名女护士，4名女卫生员，女性工作人员占80%以上，在疫情防控阻击战中，广大女医务人员坚守在医疗救治、护理一线，积极踊跃到最危险、最艰苦、最困难的地方去战斗，发挥了英勇顽强的突击队作用。

○ 中部战区总医院中西医结合科

中部战区总医院中西医结合科在2003年抗击“非典”、2008年汶川地震、2015年抗击腺病毒等重大事件中，均奋战在最前线。新冠肺炎疫情暴发后，中西医结合科临危受命，整合科室优势资源，发挥中西医结合特色，深入临床救治，边观察、边总结、边探索，形成中西医结合治疗方案，成为武汉市最早一批通过中西医结合治疗方式定点开展新冠肺炎救治的科室。

在接到开设新型冠状病毒性肺炎救治病区的指令后，中西医结合科围绕医院整体部署，快速动员、主动出击，迅速集结全科医护人员投入“战备”。在半天内即将科室成功改造为新冠肺炎救治病区，于1月17日正式收治病人。

中西医结合科医护人员凭借过硬的中西医药功底及多年的临床经验，迅速拟订治疗病毒性肺炎的内服方剂，采用抗病毒、预防细菌感染、调节免疫功能等综合手段，辅以针灸、艾熏等中医手法，明显改善患者症状，有效降低危重及死亡比例，迅速缩短患者总疗程。

自病区开设以来，全体医护人员在岗在位，任劳任怨，一直挺在抗击疫情的最前沿。返聘老专家吴江平主任年近七旬，主动请缨。护师黄红霞身患再生障碍性贫血，仍克服病痛，多次请战，至今没有休过一天假。新婚医生张梦云是一名军嫂，在抗疫的号角下，毅然决然站到了最前线，随时待命。这支以女性为主的队伍，也是一支党员人数占一半以上的队伍，她们用自己的奋斗与汗水、坚毅与勇敢，奏响了属于这个时代的青春之歌。

○ 中部战区疾病预防控制中心生物安全科

中部战区疾病预防控制中心生物安全科是一支作风优良、纪律严明、敢打胜仗的战斗团队，更是一支巾帼不让须眉的战斗集体。

新年伊始，新冠肺炎疫情阻击战骤然打响，关键时刻她们把责任扛在了肩上，承担起了风险最高、艰巨繁重的检测任务。她们严把检测关口，时刻处于战斗状态，不间断地利用核酸提取、PCR检测技术手段，确定疾病“元凶”，让病毒无处遁形。无论检测样本什么时候送到，她们总能迅速开展检测，尽快报送检测结果，为临床诊治及现场防控决策提供科学依据。这正是她们聚焦强军兴军、履行职责使命的生动体现。

她们注重科室全面正规化建设，保持了一贯的光荣传统和优良作风。

科室内部关系纯正，大家互帮互助，和谐友好。面对困难，总是团结一致，士气高昂，取得了一次又一次的胜利。她们大力弘扬了“忠诚、担当、团结、创新、奉献”的疾控精神，用实际行动践行着党旗下的铮铮誓言。

○ 解放军总医院第一医学中心急诊医学科

解放军总医院第一医学中心急诊医学科，有女性医护人员137人，占科室总人数的70%，平均年龄27.6岁。科室始终秉承“特别能吃苦、特别能战斗、特别能奉献”的急诊团队精神，先后出色完成了灾害救援、处突维和、援利抗埃、载人航天、国庆阅兵等多项重大应急和卫勤保障任务。

新冠疫情暴发以来，急诊科始终坚守“战”位，科学救治，担当尽责，率先全员停止休假，紧急抽组军人及党员支援发热门诊，建立优化制度80余项，坚持疫情防控与急诊救治同抓并举，共接诊急诊患者2万余人次，抢救危重患者2000余例，其中发热患者9000余人次，收容医学观察患者近500余例，救治重症发热患者130例，排查疑似及确诊病例40余例，采集咽拭子5000余例，实现了医护人员零感染、就诊患者零漏诊、救治病人零延误，为首都地区疫情防控发挥了重要作用。

○ 解放军总医院海南医院门诊部急诊医学科

解放军总医院海南医院门诊部急诊医学科，有女性医护人员32人，占科室总人数的69.57%，平均年龄28岁。尤其是在抗击新冠肺炎疫情战斗中，充分发挥了党支部的战斗堡垒作用，受到了各级领导和广大患者的高度赞誉。

今年初，一场突如其来的新型冠状病毒肺炎疫情打乱了急诊科的工作安排。一方面，急诊科是春节期间全院最忙碌的科室，要保障春节期间全院门诊病人的诊治与留观；另一方面，眼下疫情防控工作刻不容缓，岛内居民的健康受到极大威胁。受院党委指示，急救部迅速成立了防控指挥部，并抽组了王涛主治医师、邢沁蕊护士长作为首批参与疫情防控的医护人员至发热门诊支援工作。与此同时，急救部会议室也立即转变成了远程会诊中心，由急救部党支部书记朱海燕组织，对每日的疑难病例进行会诊，同时传达最新的防控政策。

在保障本院发热门诊抗疫工作能够顺利进行的情况下，该支部专门抽组力量，入驻三亚中心医院抢救危重症患者，坚守发热门诊筛查患者，深入三亚本地采集样本、坚持危重患者救治等。疫情期间，救治54例新冠确诊患者，筛查3000余例发热患者，救治227名危重患者，用专业与勇气守护三亚、守护医院。

○ 军事科学院军事医学研究院某研究室

研究室以生物防御药物研发为主要任务，重点开展针对生物战剂和新发突发传染病的新型疫苗及抗体药物研究，为国防建设和国家生物安全作出了突出贡献。研究室先后获得Ⅰ类新药证书3项，生物新药临床批件4个，国家发明专利20项，获国家技术发明二等奖1项、军队科技进步一等奖1项。

2020年新冠肺炎疫情暴发后，陈薇院士率专家组赴武汉前线，与后方联动作战，在新冠疫苗、抗体和防治药物研究方面作出突出贡献。腺病毒载体新冠疫苗研发全球领先。为解决重组腺病毒包装技术难点，研究室实行3条技术路线并行，优中选优、快中求快，比常规流程节省约一半时间，仅用50天就完成疫苗研发制备，并在全球率先进入Ⅰ、Ⅱ期临床试验；Ⅰ期临床试验研究发表在《柳叶刀》，是世界上第一篇正式发表的新冠疫苗人体临床数据，证明疫苗安全可靠，用最短时间向党和人民交出了优异答卷。

新冠抗体研究取得重要突破。经过艰苦科研攻关，研究团队从新冠患者中筛选发现目前唯一靶向新冠病毒刺突（S）蛋白N端结构域（NTD）的中和单抗，研究结果发表在国际著名学术期刊《科学》，为治疗性抗体和其他药物设计提供了新的有效靶标。

战储药应急生产全力以赴。疫情暴发后，研究室科研人员纷纷放弃春节假期，主动投入生产任务，全力奋战在工作岗位上，仅用24天完成5万支战储药应急生产任务，第一时间调配3万余支供军队一线医护人员使用，为实现零感染发挥了重要作用。

○ 武警部队湖北省总队医院特色专业一科

武警部队湖北省总队医院在新型冠状病毒肺炎疫情暴发后第一时间成立了隔离病区，专门收治疑似及确诊病患。科室护理组是一支临时组建的团队，有来自内科、外科、五官科及手术室等不同护理岗位的人员，尽管彼此并不很熟悉，但很快就融合成一个整体，相互协作，不分彼此。护理团队承担了科室三大区域（污染区、半污染区及清洁区）所有消杀工作。护士们进病房时穿得里三层外三层密不透风，但大家都毫无怨言。除完成护理治疗内容，还对病人心理进行疏导，化解焦虑心情，建立战胜疾病的信心。

抗击新冠肺炎疫情全国三八红旗集体

北京市

○ 北京市丰台区新村街道风格与林社区居委会

新村街道风格与林社区共有40栋楼，1479户3800名居民。社区“两委”干部共7人，其中女性5人，占比71%。曾获2016年度北京市先进社区居委会荣誉称号。该社区距新发地市场仅有数百步，但疫情暴发以来从未出现一个病例。

疫情暴发后，社区党委星夜疾驰，第一时间启动“战时机制”，果断采取全封闭管理措施；紧急动员，成立临时党支部，坚持全时在线，实时调度，攻坚克难，逆向而行，推动市区防控措施落地见效；统筹力量，充分发挥下沉干部、社区党员、志愿者等群体作用，构建起全时段、全方位、全流程的牢固防线。

“疫情一日不除，我们一日不退。”这是社区党委对居民的郑重承诺。社区书记带头开展“敲门行动”，以楼栋为单位收集信息，建立起“1+30”微信群，确保把防疫政策信息精准传递到每个家庭，做到了“不漏一户、不落一人”；社区干部率先垂范，冲锋在前，组织拉网式排查，进行地毯式宣传，给大家讲利害、讲政策、讲人情，凝聚起群防群控的思想共识。

民生稳，人心就稳，社区就稳。社区党委多方协调、多措并举，千方百计满足群众基本生活。协调两家公司供应生活用品和防疫物资，组织便民服务志愿者定点投放，实现无接触配送；积极联系街道职能部门，做好垃圾清运、就医送药等工作，为居民创造一个干净、安心的隔离环境；主动征求群众诉求，变“接诉即办”为“未诉先办”，把问题解决在发生之前，把矛盾化解在萌芽状态。

○ 依文服饰股份有限公司

依文服饰股份有限公司创建于1994年，经过26年的发展壮大和商业化运作，成为一家以服装服饰为发展根本，以创意、创新产业为发展方向，集设计、生产、销售于一体，经营范围涉及服装服饰、职业装、管家服务、生活美学、文化创意等多平台全方位发展的集团型企业。26年来，公司一直将“用匠心打造民族文化，让世界看见中国手工之美，让几十万深山绣娘用自己的手艺脱贫致富”奉行为奋斗的理想和目标。

2020年疫情暴发之初，依文集团积极响应国家号召实现转产扩能，筹集120万医用物资，捐赠武汉、北京、云南、贵州等全国各地。通过依文集合智造工业互联网平台有效调配生产资源，一周内调集设备、人员开始试生产，10天改造六条生产线，19天改造六条生产线并建立了10万级净化车间；2月20日，新建防护服生产线正式投产，22天实现国家收储，努力克服物流不畅等困难抓好原材料供应和生产组织，经过60天的奋战，为武汉、北京和很多地区的一线医务人员保供了上百万件防护服和隔离衣，保质保量完成了国家下达的调拨任务，满足了全国疫情防控需要。

3月13日，国务院应对新冠肺炎疫情联防联控机制医疗物资保障组给公司发来感谢信，对依文人在疫情期间所作的贡献表示感谢，并鼓励企业再接再厉，再创佳绩！

○北京市网络新闻监管中心

北京市网络新闻监管中心全体同志将思想和行动统一到中央和市委的决策部署上来，全力做好网上信息监看和舆论引导工作，为打好疫情防控阻击战，营建起良好的网上舆论氛围。

中心按“最快速度、最大力度、最好效果”的要求，传递权威声音，积极做好习近平总书记为核心的党中央科学指挥抗疫工作的正面稿件推送，向社会展现各级党组织、广大干部群众在决胜抗疫中的战斗堡垒作用，凝聚起“万众一心，共同抗疫”的网络力量；启动应急响应机制，全体同志积极担当、英勇奋战，全天候坚守网络阵地，负责人带头指挥，女同志不让须眉，全部值守一线，做冲锋在前的排头兵，通过对借疫恶意攻击我政治体制、造谣诬蔑我抗疫工作等有害信息及时处置，有力维护网络舆论安全；按照“人民至上、生命至上”的原则，完善与各区各部门的联动机制，形成针对涉疫情网络诉求信息的监测、核查、研判、处置“闭环”，将监看发现的诉求信息及时通报，职能部门迅速快速核查、做好线下处置。截至8月31日，共核处各类涉疫网络诉求1500余条，确保疫情期间及时听民声、察民情、暖民心；立足全局，服务决策，每日研判涉疫情舆情动向，疫情期间报送疫情相关材料500余期，约220余万字，获市委主要领导批示35次。“小区封闭管理垃圾待处置”“核酸检测预约难”“有黄牛高价倒号”等舆论反映强烈的问题，均得到妥善解决，获得网民的交口称赞，切实走好了“网上群众路线”。

天津市

○天津市宝坻区融媒体中心全媒编辑部

新冠肺炎疫情防控阻击战打响以来，宝坻区融媒体中心作为主流媒体主阵地、主力军，奏响了战“疫”宣传强音。全媒编辑部作为核心力量，负责新媒体的策采编发。女编辑记者在宣传报道中挑大梁扛重担，为战“疫”贡献了重要的巾帼力量。

疫情中，她们坚持采、编、发“一盘棋”，通过“知宝坻”App、宝坻新闻、宝坻融媒和宝坻微发布微信公众号、宝坻电台等平台，全天候、动态化报道最新疫情信息、患者救治、医疗队驰援武汉、物资保障供应、社区村庄防疫等情况。在“知宝坻”App开设了战“疫”先锋、融媒战“疫”专稿、融媒快评、“抖音”看防控等多个专题。先后发布新媒体近5000条，阅读量超过10万+共20余条。100余条新闻被新华网、人民网、学习强国、天津日报、津云等央媒、市媒采用，其中《全国各界知名人士声援宝坻战“疫”》被新华网采用，点击量突破120万，《天津市宝坻区委书记帮市民“催”快递》被人民网天津频道作为头条采用。

轻伤不下火线，家事为国事让路。在这场不见硝烟的战“疫”宣传中，她们有的带病坚持，有的把孩子送回老家，有的夫妻双上“疫”线，她们有疲惫、有委屈、有心酸，但看到一篇篇新闻报道更加坚定了全区人民战胜疫情的信心，她们说：“值！”

○天津市监狱管理局援鄂女警工作队

3月中旬，按照司法部部署安排，天津市监狱管理局党委选拔50名女警组成援鄂工作队。抵达武汉后，天津工作队迅速与司法部援鄂干警临时党委对接，了解适应环境，研拟执勤模式，组建工作专班，投入现场执勤。援鄂工作队所负责的隔离区，关押对象情况十分复杂，有的曾是核酸阳性的密切接触者，有的血清检测曾为阳性，有的多次辗转各个隔离点，还有相当比例的老病残罪犯，以及有自杀等各种危险倾向的罪犯。面对复杂的押犯结构和严峻的防疫形势，她们克服方言障碍、地域环境文化差异等困难，细心排查安全隐患，用心处置突发事件；她们分析研判隔离点关押特性以及罪犯心理特征，耐心疏导罪犯的不良情绪；打破传统咨询守则，将天津经验充分运用到“一人一案”具体实践中，精心组织罪犯改造生活，维护隔离点监管改造秩序稳定。

援鄂期间，她们克服最长连续15个小时无法正常进食和如厕的超长值岗，克服全套防护装备带来的憋气、紧张、呼吸不畅、心跳加速等不适，坚持全流程消杀与自我防护双保险，坚持三班倒、人盯人、面对面，坚持昼夜巡视、随时巡查、全天候巡检，筑起守护安宁的抗疫钢铁防线。

河北省

○ 河北航空有限公司空中乘务部

河北航空有限公司空中乘务部共有职工679人，平均年龄26岁，其中女性职工515人，占比75%。她们不怕苦不怕累，用扎实的业务、真情的服务、严谨求实的工作作风，为全省人民群众出行保障了一条坚实的安全健康空中通道。

面对新型冠状病毒肺炎疫情，河北航空空中乘务部的姐妹们坚守一线，从飞行准备的那一刻起，客舱消毒、旅客体温检测、餐食分发……常常是连喝水的时间也没有，一天下来，累得汗流浃背，筋疲力尽。她们是乘务员，又是妻子、母亲，还是女儿、儿媳，她们身上承担着多重的责任，然而，每当需要在工作和家人之间做出选择时，她们总是能够舍小家为大家，舍个人为他人，毫不犹豫地选择坚守岗位。截至目前，河北航空空中乘务部共承运8批13架次支援湖北的医疗队及其他包机运输任务，承运医护人员1502人次、医疗物资43吨，同时成功保障多次地区、国际客货运包机航班，助力全球抗疫，为各地政企单位复工复产保驾护航，为全面夺取疫情防控和经济发展双胜利而贡献民航巾帼力量。

○ 河北省唐山市丰南区妇联

疫情防控期间，该区妇联在宣传动员、群防群控、关怀慰问、复工复产等各个环节中持续发力，为“双战双胜”贡献巾帼力量。

一是发挥妇女“两个独特作用”。在疫情防控最前沿，通过官方微信推送区委重要举措、防疫知识、一线先进事迹，让党的声音直抵家庭；组织全区4000多名妇联执委、500支巾帼志愿服务队亮身份、践诺言，争当街头巷尾的“防疫人”，摸排登记的“排查员”，走家串户的“后勤员”。在后方，该区妇联紧跟区委步伐，及时发出倡议《为坚决遏制疫情扩散，夺取防控斗争胜利贡献巾帼力量》《宅着就是作贡献》等，动员号召广大妇女和家庭，不信谣、不传谣、不聚会、不访友、戴口罩、勤洗手，科学防疫，共抗疫情。团结引领全区10万家庭并肩作战，开展亲子阅读、线上课程、运动健身等活动，讲好抗疫故事、厚植家国情怀；同时妇联干部、巾帼志愿者为卡点执勤工作人员提供生活保障服务，悉心关照独居老人、困境儿童等特殊群体。

二是巾帼大爱传递妇联温度。筹备急需物资，发动广大女企业家和社会爱心人士捐赠消毒水109吨、酒精20吨、口罩5万个、电暖宝1万个；实施“暖小家，护大家——关爱一线医务人员家属”巾帼志愿服务活动，为15个一线医护家庭发放价值5万元的“爱心蔬菜、爱心礼包”；武汉降温，丰南区妇联紧急购买了电热毯、暖贴、衣物等邮寄给该区赴鄂医务人员，隔空为援鄂医护人员庆祝生日，三八妇女节期间发动社会各界向医护人员接力慰问致敬；针对个别群众对疫情的过度焦虑、恐慌等负面情绪，开展心理援助志愿活动，为广大群众提供及时、专业、高效的心理咨询、疏导、援助服务。

三是助力防疫复工两不误。丰南区妇联认真贯彻落实中央、省市区委关于有序推动复工复产的决策部署，就国务院稳企业、稳就业相关政策，“河北30条”“唐山惠企政策20条”等赴企宣讲、指导；深入车间、田间，了解女企业家、女性创业者复工复产面临的难题，提供小额担保贷款解决资金难、联系相关部门解决用工难，协调巾帼志愿者安全有序帮助生产、销售、运输等。扶持网上招聘、为“她”经济代言带货，白龙面粉集团有限公司、路通桥梁模板有限公司等女性领办创办企业在全区率先复产复工。

○ 河北省沧州市运河区隆华社区居委会

隆华社区居委会始建于1988年，拥有25个小区，其中22个是无物业管理的开放小区，辖区居民3100余户，总人口7800余人。

隆华社区地大、户散、人杂、量大。地散，能封则封，能堵则堵。人多，发动群众，自管自控。辖区设置大大小小围挡25个，实现全面封锁和安全进出。树立“党员抓在手，群众跟着走”的工作理念，一天之内22个小区火速建立了“党员防疫服务队”、“退役军人志愿服务队伍”和“社区领头雁”等志愿服务队伍，他们帮助社区宣传、站岗、排查、消杀、采购，实现了从地域的散乱到整齐封闭，从人心的慌乱到众志成城；从无序到人人有序，从无为到人人作为。

社区9名工作人员当中，6名家中都有年幼的孩子。在大疫面前，他们选择了冲锋在前，逆风而上。自大年三十开始，开会、巡逻、报表；贴公告、建卡点、打围挡；入户排查、登记造册、重点监控，近一个多月的时间，他们吃住在单位，投身在一线，片刻不歇，一站没停。在寒风刺骨的雪天，为居民站岗；在疫情最为严峻之时，入户排查；面对个别居民的谩骂，含泪解释；面对22个无物业小区，用稚嫩的肩膀背起了消毒桶逐层消杀。社区党委书记面对亲人的离开，忍痛坚守在岗位；面对年幼孩子的哭喊，她狠心“隔离”，由于高负荷工作，她曾一度晕倒在工作岗位，却仅休息半天又回到工作岗位，带领着大家一起实现了抗疫的阶段性胜利。

山西省

○ 山西省太原市第四（女子）看守所

新冠肺炎疫情防控阻击战打响以来，太原市第四（女子）看守所严格按照部、省、市各级公安监管部门关于疫情防控工作总体部署要求，把监管场所绝对安全作为压倒一切的头等大事来抓。坚持监所防疫标准高于社会面标准要求和“万无一失、一失万无”的监管理念，积极发动全体民警、辅警、医护人员勇担使命、冲锋在前，以最高站位、最强举措、最严要求抓好监所疫情防控和安全管理工作，严把防疫关口，科学精准施策，实现了全所疫情零感染、安全零事故、队伍零减员的工作目标。

太原市第四（女子）看守所是一个能征善战的集体，她们中绝大多数为人女、为人妻、为人母，但面对突如其来的新冠病毒肺炎疫情，她们个个都是公安监管一线的抗疫战士。她们以巾帼不让须眉的勇气，舍小家顾大家，不分昼夜地投入监所安全保卫战中，以柔弱之躯，在高墙内牢牢筑起一道道“防火墙”，谱写了新时代公安监所的绚丽华章。

○ 山西省阳泉市矿区桥头街道段南沟社区

段南沟社区在疫情防控中，充分发挥社区娘子军队伍作用，主动作为，在疫情防控中向上级上交合格答卷。社区严把源头关、排查关、管控关、隔离关，打出防控组合拳，以9个网格为基础，社区成立鸿雁巾帼志愿服务队、鸿雁防控值勤队等队伍，妇女微家发动群众，筑牢了疫情防控阵地。疫情排查、登记上报，送菜送面扔垃圾、买电买水送快递，让居民群众实现“不出门，线上办”，织密织牢疫情防控网。排查中个别居民心情烦躁，8位国家二级心理咨询师运用女性和风细雨的温柔沟通和专业服务疏导情绪；居民嗓子上火不敢去医院，通过微信初诊解决群众难题；口罩、消毒液等严重匮缺，社区妇联迅速联系女企业家捐赠解决燃眉之急。

社区15名巾帼社区工作者，累计排查辖区全部3814户，10110人，第一时间详尽掌握湖北等重点地区返乡人员，累计居家健康观察97人，居家健康隔离214人，建立了9本网格台账，129个楼院长台账等，形成网格员1+N台账模式，设立了居家隔离人员和期满销号清单，对辖区126个各类商铺进行地毯式每天2次排查模式，同时对复工复产商铺及企业及时送达通知书，协助下载健康码、办理复工复产手续，确保复工复产顺利开展；累计发放防疫宣传单、致居民一封信等12000多份。

内蒙古自治区

○ 内蒙古鄂尔多斯投资控股集团有限公司

作为一个以羊绒纺织业起家、有着40年历史、总资产逾700亿元的大型企业，鄂尔多斯集团长久以来一直注重女职工建设，在生产和管理领域培养了一大批女领导、女工程师、女工匠，并引导女性在工作岗位上拼搏奋斗，在实现她们个人价值的同时推动企业管理、技术不断向前发展。

在今年的抗疫工作中，集团的女职工群体发挥了极其显著的作用。在生产领域，她们在第一时间主动积极参与到防护物品的生产中，为解决地区抗疫物资的紧缺作出了巨大贡献；在服务领域，她们坚守在工作岗位上，严把疫情输入关，做好复工复产的各项准备工作；在销售领域，她们将销售方式从线下转到线上，充分发挥她们的聪明才智留住客户，保住市场……疫情之下，众志成城，不仅每个女职工在发挥着自己的热量，一批批志愿者团队、党工团小组也深入到基层积极开展各项防疫抗疫工作。

在疫情发生的第一时间，集团就紧急联系日方不计一切代价采购口罩等防疫物资，并捐款捐物两千余万元；此外，集团副总裁王臻女士主动与宋庆龄基金会联系，在宋庆龄基金会旗下投资800万元设鄂尔多斯温暖基金“医者仁心”计划，用于资助抗疫一线的医护人员及家属。

○ 内蒙古自治区赤峰市宁城县公安局情报指挥中心

宁城县公安局情指中心在新冠肺炎疫情防控工作中承担着县局疫情防控指挥部联络员和综合协调相关工作。疫情伊始，全体女民警放弃休假，迅速成立了情指研判专班，以高度的责任感和使命感投入到疫情防控工作中，较好地完成了与县疫情防控领导小组办公室和市局应急指挥中心沟通，做到了重要工作及时请示汇报、沟通协调准确到位、上传下达不走样、落实工作不打折扣，所有应急处置及时、迅速、准确、无遗漏。在做好应急值守的同时，情指中心充分发挥在调度、协调、信息技术等方面的战斗堡垒作用，全体女接警员及时向相关部门通报工作进展情况、传达工作指令、汇总编发工作简报，形成了上下齐动、左右平衡的应急指挥疫情防控工作良好格局。

其间，上级推送大数据核查共计14639条，其中包括核查进入宁城鄂牌照车辆共计106辆；核查宁城人在湖北省活动轨迹共计145人；宁城籍出入境人员184人；黑龙江省来宁城人员1030人；吉林返宁人员524人；湖北省除武汉以外的来宁人员共计459人；核实沈阳来宁人员共4544人；核实北京来宁人员362人；核实新疆乌鲁木齐返宁人员64条，核实大连电漫数据1984条；核实大连铁路民航数据50条。网上巡查各类有害信息1478条，删除有害信息98条，落地查人235人。

辽宁省

○ 辽宁省抚顺市妇联

抚顺市妇女联合会现有机关干部24人，其中女性23人。曾荣获全国文明单位、全国妇联系统先进单位、全国维护妇女儿童权益先进集体、辽宁工人先锋号、辽宁省人民满意公务员示范单位等荣誉称号。

疫情防控工作中，市妇联创新实施“六个一”举措关爱驰援医护人员及家属，带领巾帼志愿者连续九周配送“爱心菜”。开通67条疫情防控服务热线，24小时免费提供法律咨询和心理疏导服务。开展及时性表彰，授予223个战“疫”先进典型三八红旗手（集体）。组织公益捐赠活动，募集款物2039笔，总价值121.71万元。先后6次发出倡议和部署，组织各级妇联举旗帜、亮身份，动员1.5万名巾帼志愿者和妇联干部参与卡点防疫，带领全市广大妇女科学战“疫”。积极做好宣传，市妇联在传统媒体和新媒体发布消息近万条，抚顺巾帼战“疫”、复工复产的消息在新华社、人民网、《光明日报》、学习强国刊发，营造积极战“疫”的良好氛围。

○ 辽宁省大连市甘井子区大连湾街道北山社区

北山社区共有9名工作人员，平均年龄34周岁，全部是女同志。自“7·22”新冠肺炎疫情发生后，北山社区迅即成立疫情联防联控工作指挥部，按照“里不出、外不进”原则，筑牢封闭管理的坚实堡垒。成立403人组成的志愿队伍，坚持“不漏一户、不落一人”的要求，保质保量完成8637户居民的4次全民核酸检测。“点对点”对接，做好密接人员转接工作，累计转运密接人员321人，并建立集中转居家人员管理台账，工作人员包片、包户、包人管理，每日检测体温情况，解决日常购菜需要，累计服务398人。对43户低保户、147名残疾人进行跟踪服务。发放居民连心卡14000余张，24小时连心电话在线服务。做好集中居家人员心理辅导工作，建立“一包一”服务台账，保障返回人员心理健康。在社区全体党员干部的昼夜奋战和共同努力下，8月19日，大连湾街道在封闭管理28天后彻底解封，大连疫情防控工作取得阶段性胜利。

吉林省

○ 长春欧亚集团商业连锁经营有限公司

新冠肺炎疫情暴发以来，按照习近平总书记“疫情就是命令，防控就是责任”的总体要求，在吉林省委、省政府的总体统筹与部署下，欧亚商业连锁按照欧亚集团董事长曹和平提出的“大企业要有大担当，为政府、为社会、为百姓解决实际困难”的指导思想，在党委书记、总经理于惠舫的带领下，3省23地120家门店的近万名女职工闻令而动，迅速成立“战疫突击队”，奋勇拼搏在防控疫情、服务民生的第一线。职工们坚持每天早上提前1小时到店，进行生鲜商品的卸货、打包、打签、上货，全天候轮流支援生鲜销售；在春节物流停运的情况下，采购人员星夜兼程前往周边蔬菜产地和本地批发市场，连夜采购百姓需求迫切的大白菜投入市场；通过延伸到全国各地的自采网络，源源不断供应着茄子、土豆等十几种大众菜，以及全国各地特色菜，仅春节期间就供应蔬菜千余吨；同时大批量自采大米、挂面、豆油、方便面、猪肉等民生商品，仅三日内就调运了40000公斤鸡蛋、170000公斤大米、40000袋面粉……欧亚超市每个品类均做到了充足供应，无缺货断货现象，并自主消化上涨成本决不涨价；对疫情期间百姓需求量大的乙醇消毒液等物资，克服重重困难实现线上销售，室外取货，为民解忧；“援鄂有你，援后有我”，为1230名吉林省援鄂医护人员及家属赠送最高级别的超V会员卡、蛋糕卡、出行大礼包，价值200余万元……

吉林省省长景俊海表示：欧亚商业连锁作为商业龙头企业，勇于承担社会责任、有担当，在疫情期间充分发挥了“定海神针”的作用；国家商务部致感谢信，指出欧亚为打赢疫情防控的人民战争、总体战、阻击战作出了突出贡献。

○ 吉林省女子监狱

疫情发生以来，吉林省女子监狱第一时间启动最高等级响应和战时勤务模式，取得了“疫情零感染、情况零报告、舆情零炒作”的阶段性胜利。

监狱坚持政治引领，发挥工会职能。成立临时党支部3个、党小组28个。向全监党员发出倡议书，收到220份决心书、34份入党申请书、32份请战书。监狱工会发挥职能作用，组织体能训练、棋类比赛等文体活动，成立心理疏导小组。三八节发出慰问信，向家属发出感谢信。聘请二级营养师改善伙食、配发女性用品、为263个民警职工家庭配送生活物资共计投入90万元，帮助82个“双警”家庭解决困难。

3月12日，按照司法部统一部署和省监狱局具体要求，女子监狱选派民警驰援湖北女监。女监民警积极响应、主动请缨，111名民警上交请战书，主动争取支援湖北监狱抗击疫情第一线任务。女子监狱党委坚持“优中选优”的原则，最终选派45名女民警支援湖北。她们与武汉女子监狱民警并肩作战，敢于担当、不畏风险，每天身着厚重的防护服，完成罪犯管理、个别教育、监管确诊病例等任务。用行动诠释责任与担当，圆满完成了援鄂抗疫任务。在援鄂工作中，1人荣获监狱系统一等功，3人荣获二等功，41人荣获三等功，25人光荣地加入了中国共产党。

疫情期间，3名民警家庭当选吉林省抗疫“最美家庭”。全省司法行政系统抗击新冠肺炎疫情工作表现突出个人19人、集体3个。舒兰疫情发生以来，评选出先进集体1个、个人三等功3人。对疫情期间连续作战的2名民警予以表彰并呈报个人三等功。

黑龙江省

○黑龙江省贾秀芳慈善基金会

黑龙江省贾秀芳慈善基金会成立于2019年10月16日，是由哈尔滨市博能汽车销售有限公司董事长贾秀芳女士发起，在黑龙江省民政厅注册的非公募性基金会。疫情来临，基金会第一时间成立防疫攻坚小组，分成统筹、物资、运输、保障等分支，由贾秀芳亲自指挥调配，火速开展防疫物资准备和配送等行动。从1月23日第一笔20万元捐款，到第一时间订购30万元消毒液和口罩送到一线；从为坚守一线的基层及医务人员订购价值20万元自热小火锅，到连续9天为湖北滞留哈尔滨的游客送去一日三餐；从为哈医大援鄂人员600个家庭捐助价值26万余元的生活“爱心包”，到为医院捐赠单价4.2万元总价值170万元的智能康复护理床……150天如一日，贾秀芳慈善基金会一直奔走在抗疫路上，累计亲赴现场帮扶70余次，共捐赠并配送物资价值2000余万元。

在疫情最严峻时期，基金会向哈尔滨市八大主城区防疫指挥部、哈站、机场、电视台，向黑河、绥芬河、牡丹江、鸡西等地区提供了重要的生活物资和防疫保障，向哈医大一院、湖北省汉川医院、天津市津南医院捐赠了30余张智能康复护理床，为新冠肺炎重症患者送去了康复的希望。在牡丹江、黑河等中高风险地区，她们亲自驾车前往，早去晚归，披星戴月，亲自当搬运工，以吨为计重单位的物资，经常让她们汗流浃背、衣襟浸湿。

在祖国和人民最需要的时刻，她们为战“疫”一线源源不断送去温暖与力量，为助力龙江打赢抗疫之战、正常复工复产贡献了大爱情怀与使命担当。

○ 黑龙江省绥芬河市妇联

2020年防疫期间，素有“百年口岸”之称的黑龙江省边境山城绥芬河市历经磨难，开关期间疏散滞留中俄公民6564人，入境中国公民阳性病例409例。在这场史无前例的战“疫”大考面前，绥芬河市妇联干部四方呼吁、争取50余万元物资、统筹调度妇女工作；枕戈待旦、勇挑重担、全力推动群防群治；全天无休、防守小区、开展联防联控……让巾帼红熠熠生辉。

在奋战疫情的日日夜夜里，她们坚决服从组织安排，义无反顾站出来、冲上去，在这场没有硝烟的抗疫战斗中，她们没穿防护服，却是拿着测温枪的最后一道防线；她们是绥芬河抗击疫情的“枢纽站”，工作中浸润着全市各条战线工作人员的辛勤汗水，汇聚着全市十几万市民共同抗疫的勇气力量；她们慎终如始，忠诚可鉴，每一分钟严谨细致的工作，都是她们作为巾帼领头雁的责任与担当！

绥芬河市妇联干部是老人的女儿，是抗疫人员的妻子，是孩子的母亲，但是在大考面前，她们更是奋斗女性，是一面带领全市妇女战胜疫情的旗帜，她们用自己柔弱而又坚如磐石的双肩扛起抗疫的责任，她们用实际行动彰显巾帼坚强力量。

上海市

○ 中国东方航空股份有限公司客舱服务部

东航客舱服务部在职员工5807人，其中女职工4780人，一线占比约

76%。自新冠肺炎疫情发生以来，客舱服务部迅速行动、全面部署战“疫”防疫工作。为加强机上防疫安全，客舱部推出防疫举措，简化服务流程，加配防疫物资，调整餐饮机供品，全力保障旅客安全。

疫情之下，天使逆行；英雄辈出，巾帼豪情。广大乘务员奋战在疫情防控阻击战的前线，自1月28日至今共执行客货运包机1573班，其中接送医护人员23班，旅客包机61班，货运包机1489班，累计运送医疗人员3633人次，运输援鄂防疫物资超过200吨。2月5日，MU800航班全体乘务组全程穿戴防护服奋战16个小时，将滞留新加坡的146名同胞接回武汉。2月19日，在全国劳模李文丽的带领下，9位劳模工作室成员冲锋上阵，保障第二批上海医疗队援鄂包机任务，成为东航首班以劳模为主的援鄂航班。疫情期间也涌现出了一大批“90后”典型女性代表，她们多次参与战“疫”航班任务，用实际行动成为蓝天“最美逆行者”，获评东航战“疫”女先锋。

虽然国家疫情已得到控制，但民航防疫工作不容松懈，客舱部的战“疫”防疫已常态化开展，客舱巾帼勇担重任，毅力翱翔在万米高空，为旅客保驾护航。

○ 上海市女子强制隔离戒毒所

上海市女子强制隔离戒毒所是上海市唯一一个集中收治、管理和教育女性强制隔离戒毒人员的场所，现有民警、工勤356人，其中女性民警、工勤328人，女性占比92.1%。团队以“温度女所 戒毒先锋”为发展愿景，不放弃、不抛弃每一名戒毒人员，帮助她们在人性关怀和人文关爱之中脱毒、拒毒、戒毒，积极探索具有上海特色、女性特征、女所特点的强制隔离戒毒模式。紧扣现代法治的发展方向，坚持政治建警、素质强警、从严治警、从优待警，为建设平安上海、创造无毒社会作出贡献。

团队领导班子和一线部门负责人是清一色的娘子军，她们有坚强的意志，也有细腻的思路，创先争优从容自信，民主决策沉稳干练，睿智与理性并存，智慧与勇气同在，倡导“快乐工作 健康生活”的理念，组织丰富多彩的女性特色活动帮助民警愉悦身心，用暖心、关爱、聚力构建和谐大家庭，形成了“忠诚奉献 团结凝聚 坚韧争优”的女所精神，厚积正能量的文化底蕴。

疫情防控阻击战中，警花们闻令而动，逆向前行，晨光熹微而作，披星戴月执勤。她们推迟婚期，推迟蜜月旅行，推迟许诺跟家人的一次次约定；她们24小时待机，24小时不间断视频巡查，承担繁重的防疫任务，搬运戒毒人员一日三餐、生活用品、生活垃圾……夜以继日、连续作战，经受住了身体和心理的双重考验，筑起场所安全“铜墙铁壁”，成为民警队伍中的最美“警”色。她们立足本职，爱岗敬业，用优异的工作业绩和良好的精神风貌展示着新时代戒毒女警的自尊、自强、自立和自信，她们的故事被上海市司法局等上级媒体和人民网、学习强国等主流媒体广泛转载。警花们将人生的价值、职业的理想、青春的热情融入事业的发展中，成就了女所团队一次次的突破与跨越，助力女所高分通过全国首家智慧戒毒场所验收工作，连续37周年实现“四防安全无事故”。

○ 吴淞口国际邮轮港客运服务班组

上海吴淞口国际邮轮港发展有限公司客运服务班组是一支女性占比达94%的“娘子军”，她们肩负着亚洲第一、世界第四邮轮母港的旅客接待服务工作，被大家亲切地称为巾帼“浪花班组”。新冠疫情发生以来，“浪花班组”勇敢“逆行”，以港为家，不惧风险，持续奋战，用实际行动诠释战“疫”中的最美巾帼风采。

人员高度密集、空间相对封闭、通联国内国际……疫情突然暴发，邮轮港成为重点防控目标。面对着全新的未知风险考验和处置困难，“浪花班组”冒着极高的被传染风险、承受巨大的心理压力、承担着超负荷的工作任务，经过9个昼夜的严防死守、严格把控，顺利完成10个航次、4.27万出入境旅客及2.18万船员接待服务工作，实现了“零输入、零输出、零感染”，守住了上海城市的水上大门。

疫情当前，班组的“小浪花”们舍小家顾大家，穿上防护服，投入港口邮轮疫情阻击战，做好游客的咨询、解释、安抚、疏散等工作，确保游客顺利出行。

疫情暴发后，邮轮公司暂停了在中国母港的邮轮运营，大量中国籍船员在合同期满后无法离船回国。经多方努力，邮轮港作为亚太第一邮轮母港率先接收国际邮轮的非经营性停靠。4月23日、5月29日，迎来在外漂泊两月的“量子”号、“光谱”号回靠。“小浪花”们花费大量时间，精心组织防控方案，无缝对接防控措施，积极参与测温、流调、采样、转运等工作，细致入微守护同胞归途的同时，也以力所能及的实干，助力上海邮轮产业尽快复苏。

江苏省

○ 江苏省公安厅出入境管理总队公民出入境管理科

江苏省公安厅出入境管理总队公民出入境管理科全体同志在防范新冠疫情期间，认真负责，积极主动，切实做好省内居民出国境政策宣传、管控、协作、分析等各项工作，有力防范新冠疫情经由出入境窗口传播，维护了出入境秩序。

一是有序开放全省窗口，组织各地根据疫情防控形势，分三批有序开放窗口，从严签发出入境证件，全省日均开放窗口数从17个、180个至全部开放，受理证件276448本，服务复工复产，保障群众紧急出行。

二是加强政策宣传，部署全省24小时内完成90万余名持有效港澳签注人员暂缓出行提醒，暂停发放证件11585本；48小时完成1384万余名持有效出入境证件人员暂缓出国境短信提醒；窗口劝阻19659人；联合江苏广电总局制作“荔枝问答”，解读出国境政策；推广快递取证，减少60%窗口人员流动；开展归国人员疫防知识宣传，印刷手册16000余份；开展防范境外投资诈骗宣传，受众10000余人。

三是畅通部门协作。接收、筛选、补齐外单位通报管控数据137批6957人；协同处置大连海事学院教学船91名师生入境镇江防疫工作；协助南京等8市外办为24名在境外死伤居民家属开辟绿色通道。

四是加强督导检查。定期开展全省窗口视频巡查，确保窗口人员工作规范有序；组织电话回访158次，检查出国境政策宣传、快递取证宣传落实、窗口值班电话畅通情况，检查回访均正常，有力保障了疫情期间我省居民出入境权益。

五是建立工作专报机制，编报出入境疫情防控工作专报98期，汇总各地工作动态、地方新政、我省居民出境数据、办证数据、窗口开放、外国人入境数据等资讯，反映疫情期间出入境工作动态信息，报领导决策参考。

○ 江苏援鄂养老服务队

在全国各地全力以赴抗击疫情的关键时期，在武汉市养老机构疫情防控最吃劲、保障老年人生命安全和身体健康任务最艰巨的时期，江苏省民政厅迅速组织由56名骨干医护人员和养老护理员组成的养老服务支援队，于2月20日至3月22日，紧急驰援武汉市，对口支援湖北省规模最大、疫情较重的武汉市社会福利院及九州通人寿堂养老院。

支援队共有51名一线养老护理人员奋战在抗疫最前线，日夜陪护在老年人身边，其中有31名女性护理员，她们发扬大无畏的战斗精神，甘冒风险、不辞辛劳，33天高强度战斗在武汉养老机构疫情防控第一线，把微笑写在脸上，用心用情地为在院老年人提供安全规范、悉心周到的专业化照料服务。同时，积极制订科学有效的防控预案，迅速遏制了受援机构疫情蔓延的势头，体现了支援队伍的专业素养和奉献精神，受到了全院老年人和干部职工的一致好评。

○《扬子晚报》教卫新闻部

《扬子晚报》教卫新闻部是一个优秀的团队，共7名成员，均为女性。在家庭中，她们是女儿、母亲；在新闻战线上，她们是不怕吃苦、不畏艰难的女战士。

2020年新冠肺炎疫情发生以来，作为报社抗疫报道组的“尖刀连”，她们始终奋战在疫情防控最危险的地方，多次深入南京定点收治新冠肺炎患者的医院、江苏省疾控中心等地，近距离与医护人员及确诊患者交流，采写了新闻报道千余篇，并参与策划“声临‘疫’境”“战疫语音日志”“战疫致青春”等重点栏目以及“请记住这310张笑脸”等新媒体产品，其中，“声临‘疫’境”栏目以战“疫”家书为切入点，结合深度报道加音视频的传播形式，在《扬子晚报》各平台就有5000万的阅读量。2月18日，部门副主任蔡蕴琦作为新华报业传媒集团赴湖北采访团成员随队前往黄石，在黄石抗疫一线坚守32天，采写了150多篇江苏医疗队的黄石战“疫”记，圆满完成抗疫报道任务。

教卫新闻部除了负责卫生报道，还承担教育这一重要民生条口，记者们关注热点、倾听民意，采写了大量影响力大的优秀稿件，2018年由“课外培训班热”这一角度切入，深入调查，完成的连续报道“问诊教育生态”获得第22届江苏新闻奖。

浙江省

○ 浙江长龙航空“翎龙”示范组

浙江长龙航空“翎龙”示范组成立于2014年12月29日，现有组员88人，其中党员12人，团员32人，平均年龄27岁，女性员工占比80.7%，是一支充满青春活力的“空中精英集体”。先后荣获全国“青年文明号”、全国民航“青年文明号”、“浙江省巾帼文明岗”等荣誉称号，成为长龙航空的标杆班组。

2020年疫情防控阻击战一打响，“翎龙”示范组积极投身战“疫”，短短一个多月，她们用刚毅和温情护送2900余名白衣天使出征、100余吨物资驰援湖北。在此期间，她们放弃休假，不畏风险，累计执行抗疫包机任务27架次，扛起了“空中巾帼”应有的担当。

在抗疫复工阶段，“翎龙”示范组全力保障复工，用暖心、贴心、走心的服务，用一趟往返包机，迎接320余名黔籍务工人员和100余名返萧人员，让推动两个地区建设的两支重要队伍在同一架飞机上完成了温情接力，为企业有序复工复产注入了动力。在此期间，“翎龙”示范组全体成员累计助力长龙航空执飞复工复产包机34架次，运送近4616名务工人员返浙。

“翎龙”示范组积极响应上级号召，向奋战在抗疫前线的巾帼英雄捐赠钱物近5万元，“春风行动”平均每年累计捐款20余万元。同时，“翎龙”示范组成员结对帮扶黔东南从江、榕江、四川大凉山喜德县贫困学生，通过一对一结对帮扶，为贫困山区学生尽绵薄之力，助力他们完成学业，托起学生的求学梦，彰显巾帼风采，弘扬大爱无疆的正能量。

○ 杭州出入境边防检查站执勤三队

疫情暴发后，这个平均年龄在26周岁的先进集体，首支担任疫情航班检查，零感染完成百余名疫情重点省份旅客入境检查，率先完成航班复航检查……她们以浙江“三地一窗口”的使命担当和标准要求投身疫情防控输入战，怀揣着舍我其谁、用我必胜的勇气在国门一线严防死守，实现了工作零差错、人员零感染、群众零投诉的目标，为全省“外防疫情倒灌”提供了杭州边检样板。

就在年初，直面旅客来源复杂、疑似病例多、防护用具短缺的严峻形势，她们敢为人先，创新首推数据防疫，摸索出了“四排三查”工作法，做到数据“三提前”、口岸查验“三共享”、旅客入境“四必问”，实现重点涉疫群体精准识别、精准管控和精准消患，为杭州口岸防范疫情倒灌、提高全省口岸防疫能力贡献了杭州边检力量。

她们更是全国首个推广应用入境“一人一码”的先试单位，通过“扫码验放”让人员更安全、更安心。她们大比例入选特殊勤务党员突击队，以无我忘我的状态坚守一线6个月，优质高效服务货机包机专机等专项特殊勤务，查验涉疫航班2500余架次，检查出入境旅客15万余人次，清场消杀150余次……她们的工作得到省委领导的肯定和表扬。

○ 浙江省妇女儿童基金会

2020年初，新型冠状病毒来势汹汹，面对刻不容缓的疫情防控任务，浙江省妇女儿童基金会第一时间启动应急响应机制，有序开展相关工作。截至5月30日，由基金会发起的抗疫行动共募集善款2220万元，爱心物资520万元，为浙江省264家、湖北省115家一线机构及35支全国赴湖北医疗队提供援助。基金会抗疫行动也得到澎湃新闻、中国妇女报、三峡日报、湖北省监利县融媒体中心等媒体的关注和报道。

“快”速响应。大年初一发起抗疫募资后仅27小时，完成筹款479万元整。并在第一时间成立多个工作组，合理分配筹款、财务披露、采购、境外捐赠、信息报道、数据更新等专项工作，全员24小时待命。

精“准”定位。抗疫前期定位在为浙江、湖北两地的医护、公安、社区等一线抗疫部门提供口罩、防护服等防疫物资。抗疫后期定位妇女儿童需求关注，一为一线女性医护人员筹集“关爱大礼包”；二为浙江省内幼儿园、小学等筹集消毒物资，为儿童返校后提供健康保障；三针对疫区女性缺安心裤等女性生理用品的情况，专项筹集女性用品。

全面“联”动。各级妇联大力支持，彰显巾帼力量。在浙江省妇联的支持下广泛发动全省11个地（市、区）、50个县（市、区）的妇联单位发起587支一起捐战队共计41859人次参与捐款。

各社会组织相互协作，凝聚必胜信心。联合阿里巴巴公益基金会公益组织从南非运回国内286万只口罩；联合浙江省女企业家协会近400家单位为疫情捐赠爱心。

联动120余个粉丝公益站及波士顿大学志愿者团队、武汉大学深圳校友会等团体境外采购、筹集资金支援前线，同时还协助前线物资运输和发放。

安徽省

○ 安徽省淮北市第一看守所（女子看守所）

这是一支全部由女性组成的队伍，负责集中关押全市女性犯罪嫌疑人，她们爱岗敬业，无私奉献，自成立以来连续9年安全无事故，民警零违纪。

新冠疫情突如其来，看守所紧急动员，召开“誓保监所平安有我在”的动员誓师大会，女警们一呼百应，在请战书上纷纷按下手印，立下铿锵誓言。紧急制定了“1234”工作法，成立1个领导小组，实行每天两点名，每日三报告，四个战时必须等措施，做好封闭、隔离、消毒、保障、稳定等各环节工作，确保“坚决把疫情阻击在监墙外”。

疫情期间，全所实行“14+21+7”封闭值班模式，即14天隔离，21天值班，7天休息，女警们最长连续35天不能回家。54岁的女所长傅红鹃背部患有囊肿、膝盖有积液，走路都困难，但她连续坚守岗位56天不休息。腿部骨折的女民警张丹，提前拆掉石膏拄着双拐来到单位参加值班，把三岁的孩子留给婆婆照顾。女辅警岳疏影值班期间突发阑尾炎，为了不影响工作，她坚持打止疼针、吃消炎药压制病情，稍作缓解继续投入到巡视工作中。她们舍小家为大家，克服重重困难，擦干眼泪继续前行。

疫情期间，女民警们每天开展谈话疏导在押人员情绪，针对湖北籍在押人员，电话询问其湖北的家属报平安，解除在押人员后顾之忧。3月份释放湖北籍在押人员2名，所里提前与当地政府对接，做好释放后的安置工作。

在这场没有硝烟的战斗中，看守所全体女警以“逆行者”的最美姿态，守护着抗击疫情的高墙防线，实现了全所“安全无事故，疫情零感染”。

○ 安徽省安庆市迎江区“临时妈妈”队

由于疫情，迎江区滨江街道的一家6口有4个大人相继被确诊为新冠肺炎住进医院，家中一个四岁和三个多月的年幼孩子也被送进迎江区集中隔离安置点进行集中医学观察。为了妥善安置这两个孩子，9位医护人员主动请缨，在关键时刻挺身而出，冒着可能被感染的风险，以临时妈妈的角色主动前往隔离点，承担起照顾两名幼儿的任务，一个紧急组建的“临时妈妈”队上岗了。

每天，“临时妈妈”们24小时轮流照顾两个孩子，除了检测孩子的体温、关注身体状况之外，还要喂奶、换纸尿裤、陪孩子玩耍，帮他们擦洗、换衣服等。为了降低风险、切断疾病传播，9位“临时妈妈”先后一个个全副武装，身穿防护服、头戴护目镜，每天四班倒，每6个小时一个班，如此循环反复，一个班下来，浑身是汗。

“临时妈妈”用满满的爱心和团结合作的精神悉心照顾两位宝宝，她们的付出感动了社会各界。她们的感人事迹先后被新华社、中央电视台等中央级媒体多次报道。

“临时妈妈”的事迹，也获世界卫生组织总干事谭德塞的点赞，2月17日，谭德塞在社交媒体上转发了这群护士妈妈的视频新闻。

○ 安徽省食品药品检验研究院无源医疗器械检测室

生命重于泰山，疫情就是命令，防控就是责任。新冠肺炎疫情发生后，无源室努力发挥防疫物资应急检验平台作用，第一时间组成应急小组，自大年初一开始连续工作100余天。科室负责人在爱人患重病，两个年幼的孩子需要陪伴关爱的情况下，一直坚守在检验一线。还有6名远在他乡的女同志，包括一名怀孕4个月的准妈妈，得知应急检验任务后闻令而动，奔波几百公里赶回合肥。

完成了近1500批防控用口罩、防护服的检测任务，为我省防控用品生产企业从9家迅速跃升到260余家作出了巨大贡献。为落实省委省政府要求，帮助安徽惠友公司解决医用防护口罩生产技术难题。李国英省长在联合攻关汇报材料批示了“联合攻关，高有成效”，充分肯定了她们的重要作用。积极支持复产复工复学，参与起草了《一次性使用儿童口罩》和《口罩用聚丙烯熔喷法非织造布》两项安徽省品牌促进会团体标准。

疫情防控期间，国家相关部门及省政府领导莅临指导并给予了充分认可，同时省电视台、中国质量报等媒体进行了实地采访报道。在我院抗击疫情征文活动中，她们纷纷讴歌畅述疫情防控工作中的所做、所思、所悟，给抗疫防疫工作带来一股充满激情的正义之光。

福建省

○ 厦门海关隶属东渡海关综合业务一科

东渡海关综合业务一科全科29人，女同志占比72.4%，主要负责厦门市东渡港区进出口海关通关业务。自新冠肺炎疫情发生以来，全科上下以“逆行者”的姿态展示了新时代海关巾帼风采，汇聚起全科团结一心、共克时艰的强大力量，筑牢国门监管防线。

一是聚焦支部战斗堡垒作用发挥，坚守疫情防控一线。疫情防控期间，发挥“巾帼不让须眉”的战斗意志，以实际行动践行海关作为政治机关坚持在疫情防控工作中“走在前、做表率”要求，坚守在海关疫情防控一线，把统筹推进疫情防控和促进外贸稳增长作为重大政治任务推进好、落实好、完成好，协助东渡海关在全国海关首批查获进口冷链商品核酸检测阳性案例，有效防控疫情传带风险。

二是聚焦疫情防控物资快速验放，坚决打赢疫情防控阻击战。疫情期间，在进口通关环节设立疫情防控物资快速通关专用窗口，做到随到随验、即到即提；严格落实海关总署相关政策，对医疗物资声明、医疗器械注册证等提供“预审核”服务，引导企业合法合规出口；针对医疗器械体积大、重量轻特点，协调中欧班列增设“医疗器械”专舱，解决货物出口“一舱难求”问题。疫情期间累计监管出口医疗物资5856票，包括口罩22.2亿个、防护服946万件、简易呼吸机及配件1864万个、红外体温计4万余个。

三是聚焦促进外贸稳增长，全力支持企业复工复产。将企业生产急需的机器设备、原材料及春耕化肥、农产品等涉及国计民生物资等纳入进口快速通关绿色通道范围，实行24小时预约通关；开辟保鲜蔬菜、水果等关区特色农产品出口绿色通道，帮助扩大出口；突出精准帮扶，紧盯两步申报、出口提前申报等改革任务，通关时间实现逐月环比大幅压缩，8月进、出口整体通关时间较1月分别缩短21.18%、62.5%，致力于打造最优口岸营商环境；帮扶企业用足用好各项税收优惠措施，落实汇总征税延期措施，缓解企业缴税压力，惠及近30%进口企业；针对疫情导致石材展会延期的现状，对626.767吨进口展品办理保函延期，助力国际石材展览会延期举行，获得政府、企业和社会各界一致好评。

○ 福建监狱援鄂工作队

由30名监狱女民警组成的福建监狱援鄂工作队进驻武汉后，在方舱医院和隔离点参与封闭执勤，直面感染罪犯和密切联系者，坚守一个月，圆满完成任务，为当地疫情防控和监管安全作出了积极贡献。

勇敢逆行，千里驰援，巾帼敢担当。从深夜接到指令，到第二天清晨集结出发，从凌晨到达武汉，到第二天一早投入战斗——这支主动请战的巾帼队伍以临危不乱的应变力和雷厉风行的执行力展示了新时代监狱女警的勇气、素质与力量。

发扬“四特”，以行践诺，巾帼有力量。面对临时而简陋的监管设施、错综复杂的犯情、罪犯接连确诊的压力，工作队24小时值班、夜以继日坚守岗位，在连续雷暴天气仍不间断户外巡查，成功完成了两次重大押运任务，开展了6次大型清监活动，进行了上百人的个别谈话教育，并有效处置多起病犯突发疾病事件，全力确保了监管安全稳定，工作得到了司法部领导的高度评价。

守望相助，并肩而战，巾帼写大爱。这支平均年龄在34岁的“娘子军”，有的是两个孩子的母亲，有的是为了支援武汉毅然断奶的哺乳期妈妈，有的是双警家庭、军警家庭的“顶梁柱”，有的是“95后”的家中独生女，有的是把婚期一再推延的准新娘，有的和丈夫长期两地分居，主动放弃短暂团聚的机会，有的是刚刚在监区内结束1个月的封闭执勤，来不及回家给家人做顿热饭……但她们按捺下对家人的思念、牵挂，始终坚持对女性罪犯温暖关怀，不顾自身安危，坚持每日与每名罪犯隔窗一见面、一问候、一交谈，化解罪犯对疾病的恐惧和焦躁情绪，她们的精神也感染和激励着罪犯积极面对困难。

江西省

○ 江西省巾帼志愿服务协会

面对汹涌到来的新冠肺炎疫情，江西省巾帼志愿服务协会第一个响应全国妇联倡议，号召全省巾帼志愿者行动起来，在社区防控、邻里关爱、守住家门中发挥独特作用，积极参与心理服务、法律咨询、健康指导、亲子阅读等为民服务，凝聚思想、稳定人心。

协会充分发挥全体理事的力量，一个理事就是一面红旗，一面红旗引领一支队伍，一支队伍就是一个战斗堡垒。

协会会长邹德凤从1月10日全国铁路春运计起，到5月7日，战“疫”整整120天，带领巾帼志愿者在南昌火车站和医院卡口为每天进出的旅客和医护人员、患者、家属测量体温，耐心教授防疫知识，手把手地教会大家扫码通行；常务理事严红组织6辆爱心志愿宣传车带领志愿者用大喇叭走街串巷向广大家庭和市民宣传抗疫防疫知识；在宜春、萍乡等地，巾帼志愿者“一对一”为赴鄂医护人员家庭提供服务，重点对接残障家庭、留守儿童，指导他们调适心理、为他们提供生活帮助。

协会在12338公益维权热线的基础上，增设心理援助服务，全省招募470余名心理援助志愿者组成心理援助团队及时为妇女群众提供心理疏导和维权服务，为疫情笼罩的心灵世界拂去阴霾。协会发动“赣鄱红色娘子军”宣讲团巾帼志愿者在网上开辟“赣鄱红色娘子军之声”专栏，宣讲党的政策、疫情形势，提供线上答疑和线上课堂。

疫情期间，在协会的带领下，赣鄱大地36万巾帼志愿者奋战在群防群治、邻里守望、关爱帮扶的各条战线。

○ 江西省上饶市鄱阳县鄱阳镇中心花园社区居委会

“我是党员，我先上！”疫情就是命令，防控就是责任。从2020年2月3日接到任务后，鄱阳镇中心花园社区书记徐晓丽和社区主任黄水花以及其他两位同事就没有离开过疫情防控卡点工作岗位，直到4月3日。

防控形势严峻，社区人手少，又遇上过年，志愿者招募困难，工作量较大，徐晓丽不仅自己要负责一个居民小区，还要进行统筹协调。守土有责，更要守土尽责，徐晓丽书记在社区工作十余个年头，社区的一砖一瓦、一草一木她都了如指掌。在她的带领下，中心花园社区结合楼群分布、居民结构等实际情况，制定了《中心花园社区疫情防控工作要点》，合理分布人员力量，在有限的人力情况下做到了最有效的防控。

随着疫情防控等级的提高，社区干部带头冲在疫情防控第一线，粘贴《致居民群众的一封信》，动员居民做好自我防护，建立第一层防控网；社区的工作人员按自己所包干的居民区电话核实家庭成员状况，动员居民居家隔离，织好第二层防控网；挨家挨户上门排查，不落一户，不漏一人，织密第三层防控网；每天两次组织志愿者和物业开展无死角彻底消毒，加密第四层防控网；建立住户微信群，居民群内报平安，筑牢第五层防控网。

在这疫情的62天里，中心花园社区700余户、2348人无一户一人疑似病例，真正做到零疑似、零感染、零确诊。在疫情初期的前14天里，社区全体工作人员和所有志愿者帮居民购买生活必需品达3678次之多，达到了安抚居民紧张情绪的良好效果；疫情的第15天社区给四个居民小区的居民联系了4个购物平台送货进小区大门口，2个送水、送气平台和1个送药平台，基本满足了居民的全部日常生活需求，极大地稳定居民居家隔离的信心；疫情的第35天，社区响应政府有秩序的复工复产的号召，发放出小区通行证910张，对返回小区的居民进行核酸检测126余人，对小区居民每日早晚跟踪测体温达872次。

山东省

○ 山东省平度市妇联

近年来，平度市妇联坚持围绕中心服务大局，先后荣获山东省三八红旗集体、山东省维护妇女权益先进集体、山东省妇联系统先进集体、山东省城乡妇女岗位建功先进集体等称号。疫情中，谱写了一曲“娘子军”的战“疫”之歌。

一是增援企业生产，2小时集结50多名志愿者。2020年1月29日晚8点，平度市委召开紧急会议，要求组织志愿者增援青岛百胜医疗用品公司。市妇联第一时间发出召集令，短短两个小时，50余名志愿者集结完毕，迅速投入企业生产，“妇联速度”彰显了巾帼担当。

二是成立妇女微家，凝心聚力当好“娘家人”。百胜医疗用品公司共有职工120余人，女职工90多人，为解决女职工的后顾之忧，市妇联派驻2名工作人员到企业一线，指导企业在抗疫“火线”上成立了“妇女微家”，并发动志愿者为她们捐款捐物6万余元。平度市组建“妇女微家”的做法被全国妇联推广报道，是3月份山东省唯一被采用的疫情防控工作案例。

三是组建志愿队伍，撑起疫情防控半边天。基层妇联积极响应市妇联号召，迅速行动，发动各行各业几十万女职工、妇女群众参与救治、测温、记录、宣讲等志愿服务，1.3万余名妇联执委共领办实事2.7万余件，成为战“疫”中最亮丽的风景。

四是助力复工复产，当好企业发展“助跑员”。市妇联实地调研100余家民营企业，帮助企业解决实际困难。当地一家企业疫情期间积压奶制品2500余万元，市妇联迅速开通巾帼助销通道，挽回经济损失200多万元；推出“巾帼创业贷”系列产品，为女性创业者及企业复工复产提供贷款5000余万元。学习强国刊发《平度市妇女联合会：为女性创业者纾难解困　当好“娘家人”》，阅读量达44万余人次，1.6万余人点赞。

五是发动家庭抗疫，打赢疫情防控阻击战。编发倡议书、疫情防控知识、“防疫有我　爱卫同行”等各类宣传稿件200余篇，号召市民“宅在家里也能作贡献”；开通心理热线，解答群众咨询300余次；创新开展“让家更有力量——家庭抗疫秀”“小手拉大手　共建美丽家”“美家美户齐行动　干净整洁战疫情”“巾帼抗疫风采展”“最美抗疫家庭”展播等网络主题活动，吸引全市20多万家庭参加。

○ 山东省淄博市公安局出入境管理分局

疫情防控阻击战打响后，局里的全体女民警、女辅警主动放弃休息日、节假日，迅速进入“战时”状态。

女民警舍小家顾大家，全部沉到疫情防控一线，落实窗口服务、涉外疫情排查、涉外案事件查处、检查点执勤等各项工作。先后有11名女民警参与支援工作，协助排查车辆3万余台次、5万余人次。

分局女民警在入境旅客登机、信息核查等工作中，发挥了不可替代的作用。先后选派10名优秀女民警分赴济南、青岛机场，参与入境人员转运工作。对19705名在境外的我市居民逐一进行联系沟通。加强对口岸数据及手机号码分析，筛选出可能来淄境外人员。累计分析入境外国人数据79457条，核实入境来淄境外人员144人，从机场安全接回入境人员3145人，未发生一人漏管、未发生一起事故。

始终秉持“隔离病毒不隔离服务”的初心，窗口警花冲锋在前，服务在前。开通紧急办证绿色通道，提供加急服务、延时服务800余次；落实签证便利措施，延长在淄从事创新、创业、科研的外国人停居留期限；起草发布中英韩三国语言防境外疫情输入《通告》，提醒境外来淄人员主动登记报备；加强出境劝导，推送建议取消或推迟出境计划提示信息3万余条，答复群众咨询3000余起，有力保障了企业复工复产，切实维护了出入境秩序。

○ 山东舒朗服装服饰股份有限公司

敬畏生命勇担当，跑出复工转产“舒朗速度”。第一时间成立医疗公司，4天完成复工转产，并列入国家收储单位名单，防护服日均产量超过10万件，为战“疫”前线提供源源不断的支援。坚持防疫生产两不误，项目审批同时成立专门防控小组，采取渐进式分批次复工方式，充分保障“特殊时期”的生产生活，为全速生产提供坚强保障。

不计成本为公益，亮出大爱奉献“舒朗态度”。先后捐赠防护服34.52万套，总额达4418万元，为援鄂医疗队员白衣战士们捐赠时装价值近百万元，通过中国妇女发展基金会向湖北捐赠防护服20万套，通过烟台市妇联向省内外妇联组织捐赠隔离衣30000套。联合国工业发展组织、国务院应对新冠肺炎疫情联防联控机制医疗物资保障组、中国妇女发展基金会、山东省工业和信息化厅等先后发出感谢信，充分肯定舒朗集团在打好医疗物资保供战中作出的突出贡献。

百尺竿头再加压，做出改革创新“舒朗高度”。超前规划转型升级，防护用品研发精益求精，口罩被外交部指定为留学生健康包专用防护产品；产品开发创新赋能，推出时装领域的潮流系列防护衣，让防疫物资“时尚”起来；规划智能化工厂建设，时装、医疗、军工三大板块初见成效，为多元化、持续化发展赢得更广阔空间。

河南省

○ 郑州圆方集团妇联

圆方集团妇联在此次抗击疫情的战斗中，在集团妇联的号召引领下，在集团党委书记、市妇联兼职副主席薛荣的带领下，圆方的广大女职工们巾帼不让须眉，勇敢地冲上抗疫一线。集团妇联第一时间建立了“抗击疫情，圆方妇联在行动”的微信群，号召集团广大女职工坚决响应党委号召，做好随时支援一线的准备。集团16000名员工奋战在湖北、北京等全国各地的126家医院一线以及医疗隔离点，从事保洁、消杀等高危工作，其中70%是女职工。疫情发生后，薛荣大年初一就瞒着老母亲向郑大一附院递交了请战书，坚决要求进入隔离病区。集团妇联主席薛苗、副主席王晓丽分别担任党员突击队队长，带领突击队员分赴郑州管城回族区四个隔离医学观察点、湖北十堰人民医院支援一线抗疫。在集团党委派出的11支党员突击队中，有8支突击队由女同志担任队长。集团妇联还通过公众号、朋友圈、微信群等多种渠道，大力宣传抗疫一线女职工的英雄事迹，鼓舞大家的斗志。积极宣传疫情防控知识，并开通心理咨询热线，开展心理救援活动，为取得疫情防控胜利作出了应有贡献。

○ 河南省财政厅社会保障处

新冠肺炎疫情发生后，社会保障处全体女同志毫不犹豫放下家里年幼的孩子、放弃少有的团圆时光，和男同事一样，在大年初一迅速集结，义无反顾回到工作岗位，全身心投入到新冠肺炎疫情防控战中。她们深入学习贯彻习近平总书记重要指示精神，紧紧围绕“把人民群众生命安全和身体健康放在第一位”这一目标，和全处一起，认真贯彻落实厅新型冠状病毒感染的肺炎疫情防控工作领导小组决策部署，积极履行领导小组办公室职责，充分发挥“河南省直机关三八红旗集体”模范带头作用，把支持做好疫情防控工作作为当前的头等大事，攻坚克难、加班加点，第一时间转发或会同省直相关部门转发《财政部关于进一步做好新型冠状病毒感染肺炎疫情防控经费保障工作的通知》《国家医疗保障局 财政部做好新型冠状病毒感染的肺炎疫情医疗保障工作的通知》等8个文件，配合研究制定相关政策文件9个，积极筹措各类资金477.81亿元，其中中央财政191.28亿元，省财政286.53亿元（包括专项债券资金238.31亿元），编制《疫情防控动态》日报39期，向财政部报送全省疫情防控经费日报166期，构筑了有效、全面的财政资金支撑抗疫网络，确保各地不因资金问题而影响医疗救治和疫情防控，用实际行动诠释着守土有责、守土担责、守土尽责。

○ 河南省女子监狱

2020年初，在新冠疫情肆虐之际，河南省女子监狱援鄂工作队20名女警逆行而上，驰援湖北省武汉女子监狱。自2月15日出征武汉，到4月1日完成援鄂任务平安返回河南，历时47天，工作队始终贯彻落实习近平总书记关于疫情防控的重要讲话和指示精神，敢于担当，勇于奉献，圆满完成了援鄂工作任务。

工作队援鄂期间，按照党中央和司法部决策部署，认真组织学习司法部、湖北省厅局关于疫情防控工作的重要精神，引导全体队员提高政治站位，围绕入警初心，分享援鄂感想，增强使命感和责任感，增强组织的凝聚力、战斗力，发挥党组织的战斗堡垒作用。

面对来势凶猛的疫情，20名队员直面生死、临危不惧，迎难而上。沉重的压力、高负荷的工作常常使人感到身体不适，却没有一名同志因此影响工作。

援鄂的47天里，工作队以政治意识为主线，以安全意识为前提，以纪律意识为抓手，一手抓疫情防控，一手抓监管安全，队员全面参与疫情防控、全面参与罪犯管理、全面参与隐患排查、全部参与教育改造。通过47天日夜奋战，打造出一支纪律严明、作风优良、勇于奉献的铁军队伍，确保了隔离点疫情防控和监管工作“双安全”，实现了零感染，为湖北监所疫情防控和监管安全工作作出了积极贡献。

湖北省

○ 湖北省武汉市公安交管支队直属大队汉警快骑女子队

1月23日，在接到武汉市局下达的全体民、辅警返岗命令后，汉警快骑女子队队长周艳及10名女队员迅速归队，奔赴抗疫一线。

1月24日起，周艳带领10名女队员奉命守控府河收费站出城卡口，连续35天坚守府河收费站，依法依规检查出入车辆6000余台，做好登记，严格贯彻落实“外防输出要求”，阻断了病毒传播途径，护航了物资运输车辆。2月28日，汉警快骑女子队转战二桥下黄埔街卡点，与男队员一起开展中心城区“无相关证明车辆”排查登记工作，自2月28日至3月16日，共排查车辆3000余台，登记无证明车辆50余台，内防扩散的同时，有效保障疫情期间的交通管理秩序。

履行抗疫主责之余，女子队全体队员走进紫润明园北社区及磨山社区，主动分担社区卡口守控和巡逻管控压力，为残疾独居老人、困难群众和双亲被隔离的儿童送物资、送温暖，受到群众一致好评。

○ 湖北省武汉武商超市管理有限公司

1月27日，李克强总理来到武商超市武泰闸店（万隆店）考察市场供应和物价情况，对武商抗疫保供工作给予了高度肯定，并现场带领大家为武汉鼓劲加油。

勇担使命，逆行出征。1月23日，当武汉按下“暂停键”，武商集团党委召集党委会议，果断决策，周密部署，公司迅速成立“战疫保供工作组”，组建党员突击队，立下军令状。武商集团党委书记、董事长陈军坐镇超市公司办公，集团旗下各实体200余名党员突击队员迅速驰援超市公司。武商超市党委260名党员执甲上阵，带领全省75家门店1万名员工逆行出征，坚决打好湖北保卫战、武汉保卫战。

战“疫”保供，使命必达。疫情期间，武商超市千方百计组织货源，调动一切资源抢运商品，构筑保供应的钢铁运输线。公司以党员为骨干组成医院“特供队”，为火神山、雷神山和各大医院进行物资采购，24小时接受订单，累计供应物资20余万件。两个月时间，公司总计供应蔬菜1万余吨、水果1600吨、猪肉2400吨、鸡蛋700吨、大米2300吨、食用油600吨、口罩420余万只。在社区团购供应中，公司武汉市内35家门店配送10元菜套餐80万份，为全市3100个小区配送套餐商品210万余份。

爱心传递，激昂斗志。武商人战“疫”事迹得到中央、省市新闻媒体的高度关注，其中央视报道达10余次，省市主流媒体发布武商新闻118篇，展现武商人的抗疫精神。在疫情防控和保供应战斗中，公司党委书记、总经理朱曦同志冲锋在前、表现突出，荣获湖北五一劳动奖章，并荣登首批“武汉市抗疫巾帼英雄榜”。

提振经济，逆势闯关。武商超市抓住扩大内需、促进国内市场提质升级的战略机遇，加快网点开发和新店筹备，推进采购链升级，助力数字化转型，提升企业核心竞争力。公司采购团队迅速奔赴全国各地，开展“源头”直采、供货会洽谈，全国各地的优质产品快速进入湖北市场。直播带货、店长天团、市集经济、社区团购等活动多管齐下，以“首发独有”做特色，以“生活市集”聚客流，以“夜间经济”促增长，助力城市繁荣与商业振兴。

○ 长江日报报业集团医卫康养事业部

武汉地区最早进入“红区”采访，全媒体报道一线医务工作者战“疫”新闻，强信心、暖人心、聚民心。1月21日上午，女记者王恺凝、武叶深入中南医院等发热门诊采访。截至3月底，部门17位记者深入ICU等“红区”采访，其中女记者8人，75人次。她们在同济光谷院区ICU摄制的全国首例清醒状态下ECMO治疗的患者生死大营救的视频新闻《活过来了！》，抖音观看量超过2000万。

发现“疫情上报第一人”。女记者田巧萍采写的《最早上报疫情的她，怎样发现不一样的肺炎》，报道湖北省中西医结合医院医生张继先首先发现并于2019年12月27日上报疫情的事迹，2月2日经长江日报各平台发布，引发全网关注，累计100多家媒体转载。相关微博话题登上当天热搜榜，阅读量7.5亿。湖北省委宣传部以《突破迷雾挖掘“疫情上报第一人”》为题阅评：“长江日报挖掘推出的疫情上报第一人，以有力事实消解了不和谐声音。”外交部发言人、驻外大使等在多个场合引用张继先首先上报疫情回击外媒质疑言论。6月发布《抗击新冠肺炎疫情的中国行动》白皮书明确将“中国抗击疫情的艰辛历程”起始时间定为2019年12月27日，称“2019年12月27日湖北省中西医结合医院向武汉市江汉区疾控中心报告不明原因肺炎病例”，进一步确认张继先首先上报疫情的事实。

一大批女编辑时刻在线24小时值守。女编辑邹婵娟、毛茵、陈馨等人先后推出“在线问诊”“抗疫心理热线”“在武汉”等战“疫”专栏，指导患者诊疗，缓解患者焦虑，温暖人心。

○ 湖北省襄阳市心桥心理巾帼志愿者服务队

襄阳心桥心理巾帼志愿者服务队在疫情防控期间，关注群众心理健康，积极响应襄阳市妇联号召，组织专业师资成立疫情心理防护管理小组，发出倡议、招募，组成心桥疫情心理防护巾帼志愿服务队，向广大群众和家庭宣讲心理健康知识，疏导负面情绪，调节焦虑心情，为全民抗击疫情贡献巾帼力量。

志愿队成员90%以上为女性，包括老师、社区工作者等各行业持有心理咨询师证的人员。自1月30日开始，志愿服务队开通24小时心理咨询电话热线，录制“抗疫”微视频，开展网络直播活动，进行一对一疏导服务。

为强化心理疏导工作规范流程，心桥疫情心理防护管理小组建立了管理制度、志愿团队工作流程、专业督导流程明确工作要求。截至3月3日，4位心理专家带领151位心理咨询师志愿者，组成14个小分队，每天轮流24小时电话值班，电话接诊共计179例，制作防疫短视频53个，直播38场，影响和受益人群近50万人次，为民众解决了涵盖个人、家庭、生活、工作等方面的困扰和焦虑，避免了至少10起冲动行为的发生，得到求助者良好的反馈回应。心桥疫情心理防护志愿者服务队已然成为广大襄阳群众的心灵守护者！

○ 湖北省宜昌市女企业家协会巾帼志愿者服务队

新型冠状病毒感染的肺炎疫情发生以来，宜昌市女企业家协会坚决贯彻落实宜昌市委市政府、宜昌市妇联工作要求，以“疫情就是命令，防控就是责任”的信念，把疫情防控当作当前最重要的工作来抓。

面对疫情，宜昌市女企业家协会发出“共抗疫情，爱心助力”的倡议，号召广大会员发挥“最美爱心女企业家”示范引领作用，疫情防控期间，宜昌市女企业家协会和协会会员争取和购买医用口罩、救护车、食品、饮料等86821件，价值110万元，定向捐给市中心医院、市三医院、夷陵医院、宜昌市环境卫生管理处等单位；筹集善款218.46万元，捐赠给市慈善总会、高新区防疫指挥部等单位；在协会微信群发出《疫情期间企业困难和需求问卷调查表》，深入107家企业走访调研，了解到293名女企业家的所难所需所盼，协调解决问题107个；通过妇联微信、网站、女企业家微信群等渠道发出《致全市广大妇女积极参与有序复工复产的倡议书》，点击率达3.4万次，形成了广大女企业家众志成城防控疫情和发展生产的工作局面；组织协会会员和各县市区分会对141个企业和344个求职者进行线上需求调查，分析疫情后企业家用工需求和妇女求职意向，积极联系配合各级人力资源和社会保障部门开展线上“春风行动”。

○ 湖北省黄石市12345公共热线管理服务中心

新冠肺炎疫情暴发以来，黄石市12345公共热线来电量激增，连续20多天日均来电超过2000个，最高峰时达3353个，是平时日均来电量的10倍以上。疫情期间，累计接听群众来电101032个，其中在线答复88050个，占比87%；派发工单12981个，占比13%，全部期限内办结，满意率达99.9%，收到群众感谢来电203次，黄石日报、黄石电视台等官方媒体多次报道12345

热线先进事迹。

一是当好防疫“话务员”。疫情期间，19名女话务员主动奔赴电话抗疫“战场”，有呼必应，保障热线24小时不掉线。

二是当好防疫“联络员”。以市民为中心，以问题为导向，积极联系黄石市疫情防控指挥部和各有关部门单位，求证各类重要民生信息官方解释，建立“防疫”信息知识库，提高在线答复率。

三是当好防疫“办事员”。通过完善热线承办网络、紧急诉求特事特办等有效举措，保障所有疫情诉求快速办结，做到事事有回音，件件有着落。

四是当好防疫“信息员”。综合分析群众诉求，共向市防控指挥部报送《每日疫情来电分析》59期，市委、市政府主要领导高度重视，多次作出重要批示，推动快速解决了一些涉及社会民生的重大问题。

○ 湖北省十堰市张湾区汉江路街道阳光社区

阳光社区下辖3个大型小区，1.1万户，3.5万人，是十堰市人口最多、体量最大的社区。社区仅有13名工作人员，其中12名都是女同志。全市拉响疫情防控警报以后，其辖区的阳光栖谷小区和万达华府小区返乡人员高达1200多人，武汉返乡人员近800多人，确诊病例一度高达21个，被列入疫情预警风险小区，防疫形势和防控任务异常艰巨。

疫情中，社区“娘子军”们始终坚守一线，以楼栋为作战单位，带领500多名党员和志愿者一起参与抗疫，共拨打近8万多个电话摸排和反复确认居民信息，每天对15000多人的体温进行监测和报送，每天对83栋楼栋进行三次消杀，每天配送物资近2万斤，共代买药品2600多次，送医163人次，对160多名老人进行包保照顾，对确诊病人、小区居民的来电都一一耐心疏导。她们中有人在半夜运送发热疑似病人；有人在接触阳性检测者后去医院检测呈阴性就立刻回到了工作岗位；有人生病还没完全康复就立刻返回岗位，离家月余吃住在外只为了保障更多家庭的平安幸福。

舍小家为大家，守岗位克时艰，她们没有豪言壮语，也没有惊天壮举，只是在党和人民需要的时候默默地站了出来，用她们本不太强壮的身躯扛起抗疫的重担，为抗疫的胜利作出自己应有的努力。

○ 湖北省公安县辣妈酷爸爱心联盟

公安县辣妈酷爸爱心联盟于2014年6月创建成立，是一个非营利性公益社会组织，共有成员280人，其中女性238人，党员35人。近六年来，先后开展各类爱心公益活动500余场次，捐赠款物380余万元，其中疫情期间争取物资价值200余万元，受助人群达10万人。

历时4个月的疫情防控，公安县辣妈酷爸爱心联盟逆向而行，勇于担当，多方筹措，先后12次逆行武汉、孝感、潜江、仙桃、荆州等地运送防疫物资，共向全县各医院及有关单位捐赠医用口罩30余万只、一次性医用手套31900只、消毒液2800斤、防护服1419套、空气净化杀菌器10台、无创呼吸机29台、血氧仪35台、对讲机44台、雾化器14台、微量注射泵38台……一组组数字的背后，满载着逆行者的默默付出和无私奉献，有效缓解了公安县物资短缺的问题。

在做好一线医疗防疫物资保障的同时，辣妈酷爸爱心联盟也不忘为抗疫一线的工作人员提供有力的后勤生活保障，志愿者们足迹踏遍全县16个乡镇，行程近1000多公里，累计采摘蔬菜48600斤、水果2800斤，先后送到战斗在一线的医护人员和交通警察手中。得知62户贫困户因疫情蔬菜滞销，该组织以市场价全部收购，将30000斤蔬菜全部送到了8个小区的贫困居民家中。同时，争取近3万元的热温枪、防护服等防疫物资送到了3个乡镇的4所中小学校。

疫情期间，志愿者们日夜奋战，战“疫”志愿服务达1200多个小时，他们的爱心和善举打动了很多人，先后有海外归来的博士、硕士、企业老板等20余人加入志愿爱心团队。该组织积极践行新时代社会公益组织的新担当、新作为，为推动公安县文明和谐发展注入正能量。

○ 湖北省荆门市沙洋县妇联

抗疫期间，沙洋县妇联团结带领全县妇联干部和妇女群众主动作为，全力抗疫，抗疫事迹被人民日报、中国妇女报等主流媒体广泛报道，黄启金家庭获评全国最美抗疫家庭。

领导带头，靠前指挥。疫情面前，沙洋县妇联迅速行动，动员295名妇联主席、3447名妇联执委、600余名巾帼志愿者参与疫情防控。主动请缨，承担全县孕产妇管理服务工作，成功帮助1447名孕妇顺利产检，169名产妇安全分娩。

门栋防疫，冲锋在前。积极响应湖北省妇联争当“门栋防疫好帮手”的倡议，号召各类女性典型力量下沉，主动到所联系的村（社区）和居住地找妇联主席报到，协助做好社区防控工作。

抗疫路上，巾帼最美。巾帼志愿者不畏风险，勇于担当，主动担任起疫情防控的宣传员、排查员、清洁员、代购员、卡口值守员、街头劝返员，为维护疫情防控大局稳定发挥了独特作用。

关怀一线，温暖人心。多方筹集各类爱心物资和资金，开展了“巾帼同心 情汇沙洋”系列走访慰问活动，做到了三个“全覆盖”，即定点医院抗疫一线女性医务人员、特殊困难的医务双职工家庭、驰援的外省女医务人员走访慰问全覆盖。同时，招募优秀大学生帮教团，为一线医护人员子女提供在线学习辅导服务。

○ 湖北省鄂州市环卫局美洁保洁有限公司

使命如磐石，责任似钢铁。面对来势汹汹的新冠肺炎疫情，鄂州市环卫局美洁公司主动请缨，一个口罩、一件雨衣、一把水枪，就是她们的武器，每天定时对4座垃圾中转站、1座垃圾处理厂、69座公厕、13个集贸市场、28所中小学校、4个高速路口、22个密切接触者隔离点、4000余个环卫设施、44条主次干道、33个社区近500个居民小区等进行巡回无限次消杀，日均消杀面积高达500万平方米以上，累计出动人员10000余人次，出动车辆1000车次，清理卫生死角200处，清理废弃口罩共计20余吨，用整整66个日日夜夜夯实千万家庭的居家“净”好，构筑了一张张生命健康的保护网。

与时间赛跑，与病魔竞速。除完成疫情防控本职工作外，上级交代的各项临时性、难点突击任务，她们不讲条件，按时完成。在鄂州“小汤山”雷山医院急需增援的情况下，32名女队员第一时间递交请战书，加入到美洁突击队，她们中年龄最大的60岁，最小的30岁，不计报酬，不论生死，勇当抗疫“排头兵”，火速驰援这个谁也不愿靠近的地方。突击队先后11天出动500余人次深入了传染病定点医院鄂州三医院综合楼改造、雷山医院一期及雷山二期400余间病房的清扫保洁、杂物清运等工作，争分夺秒加快工作建设进度，确保了雷山医院如期交付使用。

○ 湖北省孝感市互联网信息办公室

孝感市互联网信息办公室（以下简称市网信办）目前在岗6人，其中女性4人，占比60%以上。副主任为女性（刘辉，副县级，主持网信办日常工作）。在网络意识形态斗争主战场中，在刘辉同志的带领下，她们不计得失、不怕吃苦，在网信工作一线历练成长，锻炼了较强的业务能力，获得多项集体荣誉和个人荣誉。

尤其是在疫情期间，她们克难奋进，担责担当，坚守岗位64天未曾休息，启动互联网一级响应，建立战时联动机制，全力以赴投入疫情防控战斗。围绕强信心、暖人心、聚民心，加强网上正面宣传引导，统筹全市新媒体发稿16000多篇，H5、短视频4500多条，全市105家重点自媒体推送官方信息10万余条，中省主流网媒平台发稿13000余条，创下历史最高纪录。组织骨干网评员队伍发帖跟帖1万多条，发布辟谣信息近400条。积极开展涉新冠肺炎网上求助信息收集办理回应工作，办结回应网上求助信息2100余条，解决了“应城重病儿童赴外省手术”“癌症患者急需药品采购难”“临产妇女紧急就医”“孝南云梦应城安陆等地种植户、养殖户农副产品销售难”等群众最急最忧最盼的问题。24小时作战，有效处置了“高新区幼儿死亡”“孝昌县防疫队员砸麻将打人”“安陆防疫队员殴打居民砸麻将机”“云梦微信群质疑疫情数据造假”等重大敏感舆情，为打赢疫情防控保卫战作出了贡献。

○湖北省浠水县阳光姐姐家庭教育指导中心

该中心自成立以来，在妇联组织指导下，积极宣传普及家庭教育和心理健康知识，服务妇女、儿童、青少年（包括残疾困境未成年人）、家庭、留守及鳏寡孤独老人等群体。活动形式有讲座、沙龙、团体活动、个别访谈等，活动足迹遍布浠水的乡镇、社区、学校、单位、妇女儿童之家，累计接待个案2000余人次，开展各类公益讲座（活动）近500场，受益近3万余人次。该中心先后3次承接省妇联“公益木兰”项目：2018年“让爱流动 万家无暴”公益项目、2018年“女童防性侵”公益项目、2019年“0～3岁婴幼儿母亲心理支持”公益项目，均圆满结项。该中心还于2018、2019、2020年参与或承接省妇联“千名志愿者服务万名留守流动儿

童 暑期彩虹行动”。

2020年春，面对突如其来的新冠肺炎疫情，该中心第一时间组建浠水县唯一一支心理志愿服务团队，义务为本县因疫情困扰的广大群众提供心理援助，累计服务个案200余人次，工作量400小时以上。为减轻大众对疫情的恐慌、焦虑等情绪，团队通过微信公众号、美篇等平台撰写心理减压类科普文章56篇，面对不同群体的不同心理状况和需求，开展视频讲座15场，其中中心负责人高腊华老师主讲的《疫情常态化下，因手机问题引发的家庭教育互动模式的思考》视频课收视人数达14.15万，相关文章和视频被县主流媒体多次推送。

○ 湖北省咸宁市巾帼志愿者服务队

咸宁市巾帼志愿者服务队由咸宁市妇联与咸宁义工协会联合成立于2016年，常年致力于助学、助残、敬老、环保、义卖、献血等公益活动的宣传与开展，近两年助力城市文明建设，组织队员进行垃圾分类宣传、文明交通劝导等活动百余场。

特别是新冠肺炎疫情暴发期间，市巾帼志愿者服务队第一时间开展了抗疫防疫工作，2月1日发起爱心捐赠，3日就筹集到抗疫善款53978元；积极为咸宁筹集医用口罩75.1万只，医用双氧水32.6吨，医用酒精6400升，医用手套16000双，护目镜2300副，医用输液泵170个，医用注射泵168个，空气消毒机14台，大型呼吸机5台，红外测温枪10支；从1月28日起转运消毒液、大米等抗疫物资30余次，为市级3所定点发热门诊医院、社会组织和社区居委会、村委会等基层组织分发防疫设备568台，组织参加卸运防疫物资近600人次。受疫情影响，咸宁市血库严重告急，为保障新冠肺炎重症患者及孕产妇等急救用血，组织队员献全血共计4100mL，3人机采血小板3个治疗量。还开展小区义剪、小区联防联控等活动，并组建巾帼小分队为云南援咸医疗队提供保障服务，发挥了社会组织机动灵活的作用，成效明显，书写了抗疫风采。

○ 湖北省随州市公安局警务保障部

随州市公安局警务保障部现有民警和工作人员8人，女性6人，占75%。部主任刘萍作为单位的领头雁、主心骨，敢担当、善担当，坚持以身作则、以上率下，带头干事创业，带头廉洁自律，带出一流队伍、创造一流业绩。

从1月24日开始，警保部的女民警们一面纷纷请缨，投身到抗疫前沿阵地，一面全力做好后勤保障工作。在随州疫情暴发前，敏锐感知、主动作为，赶在其他市州和市直各部门之前，购置一大批防护物资，并及时分发到每位民、辅警。疫情暴发后，她们又不畏风险，拓展采购渠道，先后10余次专人专车，分赴武汉、仙桃、红安、咸宁、孝感、襄阳等地，上门提货，争分夺秒，抢购各类物资。累计发放口罩35万余个、防护服3万余件、一次性手套15万双、护目镜2000副、红外测温仪600个，以及消毒酒精、消毒液、洗手液等2000升，为一线民、辅警筑起“防护之盾”。同时，她们还克服重重困难，为参战民警提供卫生营养的膳食，每日保障新鲜时蔬及禽蛋肉鱼，确保每顿两荤一素，保障所有参战民、辅警吃饱吃安全吃营养。坚持每天做好机关内部和民警住宅区疫情管控和消毒工作，确保执勤民警身体健康安全和警营卫生。

在疫情防控阻击战中，主任刘萍累倒两次，躺在床上还坚持协调和安排每天工作事宜；双警家庭的王凌夫妻二人在各自的战线忙碌，五十多天未曾见面，留下上小学的儿子独自待在家中；警医家庭的李小颖，丈夫在隔离点医治病患，她安排好家里两个幼子，依旧每天为警务保障添砖加瓦；女民警余艳丽能内能外，不仅负责全部采购现金支付，联系财政跑银行，而且远赴红安、襄阳托运物资。

这些可歌可泣的女民警们将幸劳的汗水化为股股春泉，浇灌着随州大地，让历经疫情劫难之后的炎帝故里阳光更加明媚。

○湖北省利川市柏杨坝镇乡村文明之花志愿者服务队

大年夜，有这样一群人的手机短信、微信响个不停，收到的不是新年的祝福，而是防控新型冠状病毒肺炎疫情的工作“召集令”！有这样一群人，她们放弃与家人团聚，逆行而上，成为疫情中的逆行者；有这样一群人，为了各村民众的健康，她们不惧风险，义无反顾，扛起防控大旗，冲在这场没有硝烟的战争最前线；有这样一群人，她们夙夜未眠，坚守防控一线；有这样一群人，她们闻令迅速集结，出击防控战场。她们是利川市柏杨坝镇乡村文明之花志愿者服务队的“村花”。

为了抗击疫情，守护各村群众的生命健康，最一线的她们顶着压力，牺牲与家人的团圆，坚守疫情防控一线。她们也是为人母为人女，可为了疫情防疫战，一刻都没有放松过，轮流交换吃饭，夜深人静回家，用柔弱身躯为群众搬运配送生活物资，和疫情争分夺秒。“村花”姐妹们累得全身疼痛甚至生病，但仍然抗击病毒，在各村大街小巷、挨家到户搬送生活物资，寒冬深夜还在呼叫屋外游动人员快点进屋里、莫聚集、注意防控病毒，她们只佩戴着最简单的口罩，冒着被传染的危险，挨家挨户排查疫情，第一时间面对前来求助的患者及居民……连着多天没有睡过一个安稳觉，累倒了缓一缓，就街沿、街栏坐靠一会儿再上“战场”。她们坚持迎难而上不退缩，因为她们知道，在这个时候群众需要她们、国家需要她们！

○湖北省仙桃市沙嘴街道青青家园社区居民委员会

社区妇联主席朱丽芳在爬完了4个小区18个单元楼后一个趔趄，同事一把抓住了她的手，发现朱丽芳手心里全是冷汗，脸色苍白得厉害，便关切地问她：“怎么样，哪里不舒服？”朱丽芳喘了口气摆摆手说：“不要紧，我还能走，今天上午必须把这个小区全部排查完。”疫情期间，青青家园社区的283个单元，每天都回荡着社区“娘子军”们口罩里喘气的呼吸声，以及她们疲惫但坚定的身影。

社区工作人员刘好先家里儿媳妇生小孩，刘好先在将儿媳送到医院后就返回了社区工作。社区工作人员鄢文英的婆婆去世了，她仅抽出半天时间处理好婆婆后事，又立即投入到疫情防控中来。社区党支部书记缪丽霞，在接到疫情防控的任务后，将儿子送到爷爷奶奶家，在去往劝导居民集中隔离的路上，被车子撞晕在地，左手、左腿大面积擦伤，后脑出现血肿。养伤期间，她依然心系工作，电话部署社区防疫工作，后又在左脚微跛的状态下返回了防疫战场。社区网格员肖玉红，父亲突发疾病，她委托兄弟姐妹照顾父亲，一天不落坚守在防疫岗位。

沙嘴街道青青家园社区8650人，武汉和途经武汉返乡人员1869人，确诊新冠肺炎患者3人，追踪密切接触者86人，无一起死亡。随着新冠肺炎疫情阻击战的胜利，面对这一串串数字，青青家园社区的“女汉子”们笑了，她们说：“只要居民生命安全，再苦再累，也值得。”

○ 湖北省天门市园林绿化管理所

近年来，天门市园林所全体女职工们勇于扛起工作重任，巾帼不让须眉，2015年成功创建全国园林城市。她们发挥良好的职业意识和敬业精神，坦然从容地应对纷繁复杂的工作，从绿化养护、公园管理到工程建设，都可以看到她们忙碌的身影。

新冠肺炎疫情发生以来，女职工们积极参与疫情防控，切实担负起疫情防控和园林绿化的双重工作职能。在公园管理中，她们第一时间设置禁止入园标识，对违规入园市民进行劝阻，同时持续开展园区保洁和病毒消杀工作，在各公园广场办公场所、公厕、景观建筑等游客易触碰的地方进行每日消杀，日喷洒消毒面积达2000平方米。在绿地管护中，她们组建应急养护巡查队伍，每日开展城区绿化巡查，及时处理断枝、倒伏等突发事件，确保防控道路畅通。在志愿服务中，她们主动下沉居住地社区，积极参与疫情防控知识宣传、人员摸排、卡口值守、体温测量、生活物资配送等工作。

○ 湖北省潜江市市场监督管理局行政审批窗口

潜江市市场监管局行政审批窗口20人，其中女性14人，是名副其实的“半边天”，也是办事群众眼中的“贴心人”。窗口连续十五年被评为市政务服务中心“红旗窗口”，2015年、2016年先后获评市“巾帼文明岗”“工人先锋号”，为市场主体健康发展作出了积极贡献。

新冠肺炎疫情暴发期间，为了防疫保供需要，作为唯一全员到岗的窗口，女职工们顶风冒雪、迎难而上坚守岗位，通过微信、电话全程辅导企业准备资料、提交网上申请，审慎开展“容缺审批”，有力支持企业顺利转产紧缺医疗物资，为抗击疫情默默贡献力量。由于疫情防控交通限行，申请人无法到窗口现场提交材料，窗口的姑娘们依托市局微信公众号制作图文并茂的小视频，通过网络向申请人全面展示行政审批网上申请流程和注意事项，让申请人足不出户即可自如操作网办系统，创新服务模式得到群众的一致好评。

不仅仅是努力完成本职工作，勇敢的“窗口之花”们还牺牲个人休息时间，全部下沉社区抗疫一线，主动担负起入户排查和政策宣传的工作，向居民讲解居家隔离的重要意义；开展暖心行动，帮在家居民采购药品、派发必需生活物资；甚至发挥窗口工作者的特长，耐心为群众疏导紧张情绪……防护物资奇缺，可能一个口罩得戴一整天，但她们不畏惧、不退缩，因为“组织和群众需要我们，我们就在这里”。

疫情常态化下，为尽快使市场主体焕发新活力，市场监管局向市政府建言献策，推动实行住所（经营场所）申报承诺制，实现了简材料提效率，市场准入效率同比提升50%，有力推动复工复产，该项改革成为湖北省优化营商环境典型案例，《湖北日报》于7月23日、9月2日作专题报道。

无论面对繁杂的工作任务还是严峻的疫情考验，窗口女职工们都始终如一、永葆初心，以高度的责任感履职尽责，以热情细腻的态度温暖人心，不断为行政审批窗口注入着生机与活力，为推动社会经济发展奉献光与热。

○ 湖北省神农架林区松柏镇狮象坪社区

面对突如其来的新冠肺炎疫情，狮象坪社区全体工作人员放弃了春节假期，及时返岗参加一线疫情防控工作。在松柏镇疫情防控指挥部的统一领导下，积极整合力量协同作战，将辖区单位干部职工下沉到社区的志愿者和居民志愿者500余人化整为零，组成了23个临时党支部，设置45个志愿服务工作卡口，对辖区重点路口、院落、主干道和89个院落小区实行24小时封闭管理，消毒消杀，后期居民出入登记管理。为保障封闭管理期间居民生活无虞，狮象坪社区及时链接资源、提供后勤服务，保障居民封闭期间的蔬菜、物资供应。经过近两个月的奋战，抗击新冠肺炎取得了良好的成绩，并获得了“无疫社区”荣誉称号，真正做到了守土有责，守土尽责。

○ 湖北省公安厅机场公安局“空港警花”团队

在湖北省公安厅机场公安局党委的领导下，“空港警花”团队发扬“疫情在前、公安当先”的精神，始终坚守抗疫、复工复产第一线，不畏艰难，逆行而上，用自己的行动诠释人民警察的忠诚担当。

面对疫情，她们冒着被新冠肺炎感染风险，到医院、药店、生产企业采购防疫物资；募集口罩2批次、抗疫药物和物资30余批次；参与保障涉疫航班1405架次，约12.1万余人，保障防疫物资127.2万件，约10601.9吨。

在机场复工复产的关键时期，“空港警花”闻警即动，深化“放管服”改革，优化营商环境，及时推出业务“网上办”“预约办”“马上办”等便民利企措施，助力167家商铺复工复产，深受群众好评。

疫后重振，警花动员。强化信息摸排，通过“线上+线下”对195家商户及员工进行排查；强化隐患治理，督促企业落实疫后防控主体责任；强化便民利企措施，开辟“绿色通道”审核办理各类证件2万余份。

今年2月，“空港警花”们接受了凤凰卫视、湖北电视台的“抗疫”专题采访；4月，中国警察网与“空港警花”联合实地直播机场解封，线上观看人数达600万，超370万观众为“空港警花”点赞。

○ 湖北省武汉市洪山区妇儿工委办公室

区妇儿工委办在职党员第一时间到下沉社区报到，投入到疫情防控第一线，积极配合社区工作人员开展防疫各项工作，在全区疫情防控专项考核中连续数周优秀；积极筹措防疫生活物资。联系爱心企业、妇联执委募集防疫生活物资约100万元，组建巾帼志愿服务车队，第一时间将物资送到医院一线人员、患者和社区参与防疫人员手中，为2万余防疫一线人员提供安全保障；关注关爱疫情期间特殊群体。为确诊的困难儿童、困难孕产妇、一线医务人员14岁以下子女3000余名提供资金物质帮扶近300万元，为洪山区滞汉安置点30多名从外地来汉救治的孕妈、产妇和婴儿提供孕婴医疗护理、赠送爱心鸡汤和爱心礼包，提供月子餐、心理咨询等一系列精准关爱服务。开通“风信子”抗疫心理援助服务热线10条，多名专业心理咨询师服务400余人次。开设“不负韶华，成长不延期”女性成长云课堂，丰富广大家庭的居家生活；关心关注女大学生就业。联合9所高校举办“湖北省2020年春季女大学生公益云视聘网络招聘会”，筛选298家企业提供了4755个适合女大学生的就业岗位，吸引多所高校超过5154名女大学生应聘，初步达成意向近1292人；及时宣传在抗击疫情斗争中涌现出来的巾帼典型，选树全国抗疫典型2名，省级抗疫典型2名，市级抗疫典型10名。

湖南省

○ 湖南省监狱管理局援鄂工作队

湖南省司法厅根据司法部统一部署，从湖南省女子监狱、省未成年犯管教所、省长康监狱、省邵阳监狱、省郴州监狱选调24名警察组建湖南省监狱管理局援鄂工作队。

湖南省监狱管理局援鄂工作队2月23日驰援武汉，队员们到达当日经过集训后立即申请到一线工作，成为最早进入袁家台方舱医院执勤的队伍，为其他援鄂队伍作出了表率和榜样。

方舱医院患病的服刑人员思想十分复杂，警力严重不足，安全压力巨大，队员们既要管教，又担负着协助医疗救护的职责。在舱内执勤装备简单，行动不便，每天只能穿着密不透风的防护服以不间断巡逻的方式来摸排犯情和病情，一个班下来前后10个小时，但没有任何队员言苦叫累。

3月8日，在到达武汉的第15天，在抗疫最前线，涂雨杨等11名“90后”女警察在这个特别的节日火线入党。工作队员们在简陋环境下坚持“三课一会”，不间断提升新老党员党性觉悟。

22名女干警支援武汉41天，2名同志坚守武汉73天。他们实现了“零感染、打胜仗”，用信念和汗水筑起一道“保护生命健康”和“维护监管安全”的双重防线，用初心和担当交出一份夺取“抗疫救人”和“监管改造”双胜利的完美答卷。

○ 湖南省岳阳市岳阳楼区岳阳楼街道岳阳楼社区

岳阳楼社区以“岳阳楼下党旗红”为抓手，疫情防控期间，严格落实网格排查、重点人员管控、复工复产复学等措施，让党旗在抗疫一线高高飘扬。

大年三十，刚到广州跟父母过年的社区书记陈芳，顾不上与家人团聚就踏上返程之路，边部署工作，边通过微信接龙方式收集信息，一直摸排到凌晨2点。为确保数据精准，她反复核查，短短两天时间，完成了1842户住户和286个商铺的摸排。

为防外来输入，社区组织志愿者102名，在11个小区设立监测点，24小时值班值守，由于卡点多、人员少，“娘子军”日夜轮流坚守。网格员彭任真与身为公安民警的丈夫始终奋战在一线，把6岁的女儿一人留在家中；2月14日晚的狂风暴雨将临时岗亭吹倒，正值晚班的徐平平仍在风雨中坚守。社区共排查非湖北返程、湖北籍、二三级密接者166名，筑起坚固的防控墙。

为让隔离户安心，“娘子军”每天电询重点人群身体状况，带领医务人员上门体温监测，提供口罩、菜等物资；王思诗还主动请缨参与消毒，每天不厌其烦带领消毒人员在小区院落等处进行病毒消杀。居民群众纷纷参与疫情防控志愿服务，社区未出现一起确诊病例，实现“零疫情”的工作目标。

○ 湖南省常德市武陵区穿紫河街道贾家湖社区红色娘子军志愿服务队

在常德市武陵区穿紫河街道贾家湖社区有这样一支“红色娘子军”，

她们年龄最大的73岁，平均年龄都超过65岁。

如一团火，释放巾帼之力。队长73岁的刘海秀是贾家湖社区的老党员，在疫情刚打响的大年初二，她就主动请缨来到社区。贾家湖社区无物管的开放式老旧小区多、疫情防控工作难度大，她率领“红色娘子军”便义无反顾地加入到了社区值守队伍中，发放临时出入证累计1000余张，登记人员800余人次。累计摸排出租屋、私房80余栋，电话摸排收集流动人员信息300多条。

如一道光，照亮特殊群体。贾家湖社区前进织带厂是个破产企业宿舍，这个小区里有60多名残障人士，其中15位是聋哑人，为了帮助这群残疾人家庭，“红色娘子军”中的“手语专家”伍施施拍摄手语防疫视频帮助这一特殊群体了解外界的信息。后来，她的手语视频通过各大网络媒体得到了广泛传播。

如一面旗，引领社会风尚。“红色娘子军”们除了献出自己一份力量外，还踊跃捐款，两天时间就完成了贾家湖社区第二网格全体党员捐款率达100%。一支队伍的爱心，带来了整个社会的好反响，随后，在穿紫河街道还成立“三色青年突击队”、“小小志愿者”服务队、“武陵红”志愿服务队等多支志愿服务队伍，还吸纳到了辖区单位的很多女性志愿者加入，各具特色的志愿服务队正蓬勃发展，志愿服务活动亮点纷呈。

广东省

○ 金域医学抗疫核酸检测先锋队（金域医学实验室）

金域医学实验室是全国第三方医检行业的龙头，在新冠肺炎疫情期间，累计完成核酸检测量超过1600万例，占到全国核酸总检测量的近十分之一，创下全球最大的单体机构检测量。金域依托自身病毒检测能力和物流网络等专业优势，组建了一支605人的抗疫核酸检测先锋队，其中421名为女性，她们以“特别敢于战斗、特别能够战斗、特别善于战斗”的精神，征战在湖北、广东、新疆等29个省（自治区、直辖市）以及香港特别行政区的抗疫战场上。

在抗疫工作最吃紧的时候，金域医学抗疫核酸检测先锋队积极承接雷神山医院、武汉市、湖北省关键区域的病毒核酸检测重任，成为当地检测的绝对主力军。在湖北荆州，金域创下24小时内创建核酸检测体系日纪录，被总结为以“广东速度”践行“广东模式”的典型。在支援雷神山医院时，又以“全女班”参战，撑起雷神山检验科的半边天。

广东是金域总部所在地，也是此次疫情确诊人数仅次于湖北的省份，在省卫健委系统的统一安排下，作为全省核酸检测的绝对主力，金域的女检验员积极参与，群策群力，助力具有“广东特色”的病毒筛查模式得以实施，形成广东经验在全国推广。随着疫情防控进入常态化，金域医学积极承接多地复工复产复学、入境和个人核酸检测工作。建立武汉、北京、喀什疫情防控先锋队临时党组织，以战胜疫情为目标，充分发挥党组织战斗堡垒和党员先锋模范作用，赢得社会各界的充分认可。

○ 深圳海关所属深圳湾海关旅检大厅

疫情期间，作为深圳市唯一开通旅检的陆路口岸，深圳湾海关旅检大厅成为严防疫情“输入输出”的最前线。该集体成员坚决贯彻落实习近平总书记重要指示批示精神，坚持“人民至上”，连续奋战200余天，10余场大小战役连战连捷，累计检疫进出境人员192余万人次，采样12余万人次，转诊和处置疑似病例1700多例，检出或移交地方新冠肺炎阳性病例43例。精准拦截深圳市首例境外输入无症状感染者、深圳市陆路口岸首例境外输入确诊病例，在没有船舶、航班信息依靠，没有旅客信息来源，没有通关客流量预估的情况下，多次拦截无症状感染者、隐瞒旅居史阳性病例、治愈后复阳等高难度案例，进境“零输入”、出境“零输出”，为维护国内外公共卫生安全作出重要贡献。实现了疑似病例排查“零遗漏”、干部职工“零感染”、应急处置“零事故”、旅客通关“零投诉”、舆情事件“零发生”，筑牢卫生检疫安全的第一道防线。涌现出了陈慧敏、郑茜、杨铭等一大批战“疫”先锋，其中，陈慧敏代表深圳海关向国务院副总理孙春兰，省委书记李希，省委副书记、深圳市委书记王伟中等国家、省市领导汇报防疫工作并得到充分肯定。该集体成员先进事迹被《新闻联播》、央视新闻、学习强国等媒体报道。

疫情期间，该集体中旅检三科党支部获评2019年全国海关基层党建示范品牌，1人次获深圳市劳动模范、1人次获评深圳市优秀团员、1人次获深圳市同心抗疫“最美家庭”，深圳海关集体三等功2次、个人三等功27人次、个人嘉奖29人次，8人获评深圳海关疫情防控“优秀共产党员”、5人获评深圳海关“优秀妇女干部”。

○广东省东莞市妇联

党有号召，妇联马上行动，东莞市妇联坚持“三个勇向前”，组织市镇村三级妇联干部、380万妇女和家庭积极参与疫情防控，为夺取双胜利贡献巾帼力量。

强化政治责任，在加强妇女思想引领中勇向前。一是统筹部署筑同心。迅速成立应对疫情工作领导小组，全市12800名妇联干部、执委积极行动。二是寻树典型聚民心。开展“万家最美筑防线，携手并肩战疫情”系列宣传活动。三是舆论引导强信心。人民日报等媒体多次报道东莞妇联抗疫工作经验，33条信息登上学习强国，东莞“楼嫂”参与社区防控事迹登上央视新闻。

坚定政治担当，在激励妇女群防群控中勇向前。一是织密社区防控网络。发挥174个楼盘“妇女微家”优势，设立“楼嫂”巡逻队、护卫岗、监控站，打造巾帼志愿服务“东莞样本”。二是把准最美“逆行者”需求。开展“您家的菜我来送”等公益服务，慰问医护人员12877人次。三是构筑抗疫家庭防线。实施“玉兰姐姐”家教计划，开展心理疏导等服务，慰问困难家庭4827户。

突出“联”字优势，在服务经济社会发展中勇向前。一是联各种力量传递社会爱心。第一时间驰援湖北，发动女企业家商（协）会捐款1972.1万元。二是联各种资源助力复工复产。实施女性专项金融支持服务，发放贷款5.6亿元。全力以赴开展“把爱带回家——走进东莞”直播带货等活动，销售额突破744.6万元。三是联有关部门弘扬文明家风。在全省率先启动“绿色进我家”等行动，为打赢疫情防控总体战贡献家庭力量。

广西壮族自治区

○东兴出入境边防检查站“1369国门警花服务队”

广西出入境边防检查总站东兴出入境边防检查站立足中越陆地边界东兴口岸1369号界碑，组织成立“1369国门警花服务队”，全力打造广西陆地口岸首支女子服务品牌。特别是2020年初，面对迅速蔓延的新冠肺炎疫情防控形势，“1369国门警花服务队”将30名优秀女性骨干力量凝聚于东兴口岸战“疫”一线，主动担负东兴口岸出入境旅客的查验管控和便民服务任务，展现出移民管理警察“召聚能战”的强劲行动力和凝聚力。

该服务队共30名队员，4名越南语专业人才、3名通过英语专业八级、3名心理咨询师，17名文艺骨干、16名军校毕业生、20名熟练应用英语口语，2人荣获自治区级“三八红旗手”。首创边检“五心”“三至”服务理念（“五心”，即诚心、热心、耐心、细心、暖心；“三至”，即至美、至善、至精），用人本专业、精准高效、热情友好的执法服务承诺，将东兴边检通关服务打造成为中国西南最为亮丽的国门名片。

服务队成立以来，共验放旅客90余万人次，共查获“三非”外国人14批17人，非法出入境中国公民4批8人、在逃人员28人，遣返28人、遣送出境399人。新冠肺炎疫情防控战打响以来，共开通绿色通道21次，保障306万余件防疫物资顺畅通关；为旅客做好事、解难事60余件，替服务对象向相关部门反映困难10余起，帮助旅客紧急办理通关手续2万余人次，协助防疫指挥部转运发热旅客188人，先后收到感谢信4封、锦旗2面，得到了中外旅客和社会各界的一致好评。

○ 广西壮族自治区百色市田林县妇联

2020年，突如其来的新冠肺炎疫情席卷全国，田林县出现一例确诊病例。面对疫情，田林县妇联在县委、县政府的坚强领导下，迅速行动，勇担职责，多措并举助力疫情防控工作。

汇聚力量，上下联动携手防疫。组织各级妇联干部、执委、巾帼志愿者等1800多人配合当地党委、政府、疫情监测点开展排查、宣传、预防、消毒等工作，发放宣传单3万多份，悬挂标语400余幅；协助新昌社区对2600多户进行登记、排查、劝导等；利用微信公众号、工作群和村广播站传播相关防控信息112条；发出防疫倡议书5篇，转发达3.5万次。开展“娘家人”送菜到家活动，为隔离医护人员家庭送去大米、肉类、水果等生活必需品，让他们感受党和社会的关心与关怀，安心抗疫。

整合力量，多方支援共抗疫情。联合农商银行特别推出暖心“巾帼贷”，办理贷款24笔430万元。持续组织开展“送温暖 解后忧”活动，每半个月配送一次，直到抗疫人员从湖北返回田林为止。争取到市妇联、市女企业家协会为田林县筹捐的价值2.88万元防疫物资；本单位自筹资金7980元，为基层妇联购买2100个口罩；赠送50件泡面和矿泉水支援乐里镇妇联、扶贫联系村开展防疫工作。联合教育局在网上开设“家风家教微课堂”，为特殊时期亲子教育和家庭和谐起到重要作用。

发挥力量，支持服务复工复产。开展“春耕生产 巾帼在行动”活动，动员群众种植甘蔗、生姜、水稻等季节农作物，联合农业局开展种养指导进村入屯13期。开展“疫情防控 返岗不愁”活动，累计组织巾帼志愿者136人次为9491名农民工赴粤返岗服务22场次，发放3560份“旅行暖心包”。开展“共同抗疫 携手促销”活动，动员机关干部积极参与以购代捐和消费扶贫，帮助销售蔬菜10多吨、水果70多吨、畜禽产品95万羽，有效减少疫情给种养户群众和贫困户造成的损失，田林县妇联是广西百色市开展抗疫系列行动最率先、最多的县。

海南省

○ 海南家美乐家庭服务管理有限公司妇联

公司在2012年、2015年先后被中国人力资源和社会保障部评为全国家庭服务业千户企业；2013年被海南省老龄工作委员会评为敬老文明号；2014年海南省家政服务技能大赛海口选拔赛中荣获团体亚军；2014年被海口市商务局、海南省商业会评为海口市商贸流通服务行业商务诚信示范企业；2018年被海口市妇联、海口市商务局评为海口市巾帼家政服务示范点；2019年被海口市妇联评为海口市三八红旗集体。

在疫情防控的关键时刻，为了更好地解决我市援鄂医护人员的家庭后顾之忧，安心工作，更好地在医疗一线做好防疫工作，公司联合海口市妇联共同出资5万元，开展为援鄂医护人员家庭免费提供家庭保洁服务，以实际行动致敬和关爱援鄂医护人员。1月29日，梁莲娣会长积极响应市妇联号召，发动海口市家庭服务业行业协会捐款，用于支援武汉地区采购急缺的医疗防疫物资，并带头捐款3000元，公司捐款7560元，33家会员单位和个人募捐15650元，总共募捐26210元整，共克时艰。同时发动协会会员单位共同帮助销售滞销农产品共12334斤。

重庆市

○ 重庆市江北区“蓝背心”巾帼志愿服务队

从2020年1月24日开始，江北区“蓝背心”巾帼志愿服务队发起了“敲门行动”，历时25天，3307名“蓝背心”顺利完成五轮全覆盖入户排查，共排查近500万人次。在随后的疫情防控期间，“蓝背心”志愿者们应居民所需，开展了多项服务工作。

一是坚守防疫卡点，在各小区、楼栋、路口设置卡点，坚持为过往人员测体温、发资料、做宣传，服务上百万人次。

二是做好防疫宣传，在线上她们积极通过录制视频、录音、创作诗歌等宣传防疫知识，及时辟谣，宣传覆盖上百万人次；在线下她们录制防疫顺口溜天天播放，发放宣传册宣传资料30多万份。

三是关爱特殊人群，坚持定期联系困境儿童、孕产妇、困难老人等，为他们提供心理辅导，送上“防疫爱心包”；积极为困难群体、医护人员捐款捐物，捐赠口罩8590个、手套40双、抗病毒精油120支。每周为赶赴湖北的医护人员家庭提供送菜服务，让战斗在一线的医护人员安心。

四是积极助产助销，在企业复工复产阶段，深入各类企业，为他们答疑解惑并引导手续办理；帮助销售因疫情滞销的柑橘26000斤、家禽1500只、蔬菜5800斤。

五是服务女性就业，录播经典刺绣等课程，吸引200多人次参与学习。

○ 中国国际航空股份有限公司重庆分公司银鹰乘务组

国航重庆分公司银鹰乘务组成立于1997年6月，是一个饱含青春活力、朝气蓬勃、奋发向上的文明集体。她们挂旗飞行累计几千班次，旅客满意率达99%，深受各界好评。

2020年春节，面对来势汹汹的疫情，银鹰乘务组迅速凝聚在党的旗帜下，闻令而动，主动请缨，写下请战书、按下红手印、戴上口罩和护目镜。她们申请飞高危航班，去高危地区，隔离一次、两次甚至三次，以航线为火线、以客舱为方舱、以机场为战场，冲锋陷阵在属于民航人的“第一线”。

当有旅客面对严苛防疫要求发泄不满和抵触情绪时，她们虽然心里委屈，但依然保持职业素养，为旅客排忧解难；当有旅客表现身体异样，其他旅客纷纷恐慌时，她们向险而行、冷静处理，及时为机上旅客建立起一道有效、可靠的安全屏障；当看到视频电话里翘首以待的丈夫、儿女时，她们没有哭，反而笑着安慰家人，她们明白舍小家是为了成就大家。

银鹰乘务组用“到前线去”的坚守和逆行，用“让我来”的担当和奉献，诠释了初心使命，顶起了“半边天”。

○ 重庆市万盛经济技术开发区妇联

高度重视，落实责任到位。区妇联高度重视疫情防控工作，第一时间传达上级精神，党组书记、主席王良湘坚守岗位，组建了妇联基层一线防控工作微信群，组织广大妇女参与抗疫，全区组织发动妇女小组、互助组64个，巾帼文明岗组38个，三八红旗手、巾帼建功标兵86人，妇联干部、执委1096人，巾帼志愿者3680名，累计开展入户排查13万次，开展防疫宣传12.2万人次。

加强宣传，舆论引导到位。依托微信公众号“万盛姐妹”、微信工作群、QQ群开展防疫知识宣传和心理疏导。“万盛姐妹”微信公众号制作和推出了抗疫专题报道157条，其中10期被国家级媒体采用，81期被市级媒体采用。

积极募捐，后勤保障到位。动员和号召女企业家协会的会员为抗疫捐款捐物，共计协调组织捐赠和慰问200场次，捐赠了口罩、酒精、一次性手套等防疫物资，木炭、牛奶、方便面、矿泉水、雨衣等防控一线生活物资，共计价值100余万元，女企业家协会会员向武汉红十字会、万盛经开区慈善会和相关镇街捐款近16万元。同时，妇联为驰援湖北和重庆的医护家庭送去了价值1万余元的米、油、牛奶等生活物资。开展战“疫”读起来亲子阅读21天打卡活动，100个家庭获奖。

暖心帮扶，关爱弱势群众到位。经多方联系、协调，筹集2000个口罩送到困境留守儿童、困难妇女手中。同时，号召组织巾帼志愿者代购代销，拓宽农户增收渠道，多次深入巾帼脱贫带贫示范户家中，协调解决有序复工复产。疫情以来，共计关爱留守、残疾等困难儿童2100人次，关爱贫困、残疾等困难妇女2300人次。

四川省

○ 洪雅县瓦屋山药业有限公司

洪雅县瓦屋山药业有限公司是一家多元化发展的企业，涉及医药产业、教育产业、康养产业、种植产业。现拥有零售连锁门店60余家，经营品种2000余个，员工140余人。

发展道地药材，助推群众致富。现已建成特色种植基地5个，每年开办中药材种植技术培训和交流学习20余场次，受益群众达1000人次，基地投入各类建设资金200多万元。通过这种“公司+协会+基地+农户”的产业推动模式，王沟村和黑山村的中药材产业基地已经形成；群众的经济收入在原来的基础上翻了两番。

参与公益事业，积极帮扶困难群众。多年来，资助贫困学生，累计捐款捐物10余万元；吸纳下岗女工人、解决农村剩余劳动力100多人，培养2名残疾女工走向车间管理岗位；向汉王乡王沟村19户困难户发放慰问物资，向特困户李洪祥提供扶贫帮扶2500元，向特困户李军提供就医帮扶25000元；对药农进行产业扶贫，通过“传帮教”的方式，带动300多户农户增收致富。

自新型冠状病毒感染的肺炎疫情发生后，瓦屋山药业全力以赴发挥中医药优势抗击新冠肺炎疫情，向奋战在一线的防疫工作人员捐赠价值20万元的口罩；从1月22日开始为职工们与社会各界、机关单位坚守在抗疫一线的工作人员手工熬制8000余杯呼吸道传染病预防中药汤剂，价值约15万元，并于初二将价值3万元的防疫中药一批寄往武汉——中国人民解放军61726部队卫生所，为该部队官兵在疫情防控中发挥了重要作用！公司党支部在接到上级党组织号召广大党员职工积极开展捐款活动的通知后，第一时间进行安排部署，支部成员和公司职工积极响应号召踊跃捐款，众志成城共同抗击疫情，为支持疫情防控工作贡献一份力量。

○ 四川省众城爱心公益慈善促进会

四川省众城爱心公益慈善促进会是2016年9月经四川省民政厅批准登记的直接登记类全省性公益慈善组织，简称四川众城爱心公益。现有理事会及管理团队共77人，其中女性55人，占比71%，志愿者近万人，主要以助学、助老、助困、赈灾为主要公益慈善活动形式，活动范围覆盖全省。

2019年7月，成立四川省众城爱心公益慈善促进会党支部。在党组织的引领下，在省内开展了数百场慈善公益活动，在20所乡村学校开展了助学公益活动，惠及了上万名的贫困儿童和老年群体，还多次参与九寨沟地震、茂县泥石流、西昌森林火灾等大型自然灾害的赈灾救助。

特别是在疫情防控期间，四川省众城爱心公益慈善促进会及党支部第一时间响应，党支部书记祝智欣、会长刘达号召党员及众城志愿者团队要“不忘初心，牢记使命”，带领55位巾帼志愿者们，充分发挥自身优势，动员社会各界奉献爱心，为助力湖北、四川抗击疫情履行慈善组织的责任和使命。2020年1月24日至2020年3月25日，四川省众城爱心公益慈善促进会及党支部向湖北14个地区及四川165个地区抗疫一线政府、医院、公安局、社区、街道、敬老院、3800位环卫工人、100多家复工复产企业等运送了47车，共计1032.84吨物资（包含蔬菜、大米、油、水果、牛肉、自热饭、口罩、酒精消毒液等后勤保障物资和防疫医用物资），并向一线医务工作者捐赠现金6185.54元，为隔离封城中的湖北及四川各地区人民雪中送炭，为他们及时送去了温暖，做好后勤保障，解决了他们的燃眉之急。

在川内即将开学之际，很多学校面临抗疫物资紧缺，3月4日启动“春蕾爱心行”，共计号召和带动13名党员、9名入党积极分子、5000多位志愿者以及社会爱心企业和爱心人士等在乐山、南充、双流、阆中、崇州、巴中、大邑7个市（州）开展数百场、累计1488个小时的公益志愿服务活动，向四川各地小学、初中、高中等学校师生送去口罩、消毒液、酒精、肥皂、防护服、额温枪等一系列学校师生开学所需的防疫防护爱心物资，做好开学前的防疫工作，为教育事业添砖加瓦。

○ 四川省遂宁市公安局交通警察支队直属一大队河东女子岗组

四川省遂宁市公安局交通警察支队直属一大队河东女子岗组由2名女民

警和6名女辅警组成，有中共党员2名，平均年龄29岁。女子岗组自2013年成立以来，管辖片区实现“重大交通事故为零，群众有效投诉为零”的目标。

一名党员就是一面旗帜，岗组长喻敏，今年30岁，中共党员。她性格坚韧，靓丽的外表下有一颗对待工作狂热的心。新冠肺炎疫情暴发以来，她主动请缨，来到最辛苦、感染系数最高的疫情防控最前线执行执勤任务。她积极协助防疫职能部门拦车检查、疏导交通，一站就是几个小时，不喊苦，不叫累。在她的感召下，岗组全体成员克服内心恐惧，纷纷请缨参加疫情防控一线工作，并喊出“疫情在前，我们不退！”的响亮口号。她们每天上岗执勤9小时以上，平均每天转体1500余次，打出交通指挥手势4000余次，日均纠正违法行为30余起。

贵州省

○ 贵阳车站贵阳北客售车间

贵阳北站客售车间负责贵州省最大高铁车站的客运组织工作，面对疫情逆向而行。疫情突然来袭且形势严峻，封城之前武汉到达该站动车14趟，日到达旅客约600人，但车间女职工们巾帼不让须眉，主动接送武汉到达动车，主动承担测温、扫验健康码和消毒等工作。2月16日贵阳北站开行全国首趟复产务工定制专列，车间从售票、进站、验证、消毒等各环节全方位服务，共组织开行复工专列41趟，安全发送务工人员4.1万余人次。疫情进入常态化后，车间在客运、售票、保洁、安检、测温、验证等各岗位上，严格落实各项要求，常态化防控至今未遗漏一名发热病人进出本站。

全部由女性职工组织的“多彩黔行”服务岗是贵阳北站的服务品牌，为广大旅客提供“信息咨询、投诉求助、帮困解难、便捷改签、出行推荐、在线解答、广播找人、失物招领”等服务。品牌自成立以来，服务重点旅客3万余人次，收到旅客感谢信300多封、锦旗30多面，为旅客找回遗失的钱物数十万元，多次被各级新闻媒体宣传报道。2019年“多彩黔行”团队携手贫困县从江县政府，利用高铁车站开展展演非遗文化活动，有力推动贵州旅游的发展。“多彩黔行”团队负责人刘岚入选“贵州脱贫攻坚群英谱”。

○ 国家税务总局都匀市税务局第一税务分局

面对突如其来的新冠肺炎疫情，她们面不改色，毫不退缩，“常规事项线上办”“个别事项自助办”“特殊事项预约办”“服务环境改善办”，疫情期间涉税服务不仅没落下，自助服务终端业务量增速还在全省税务系统排名第1，成为全省业绩亮眼的县级办税窗口。

她们中有坚持每天打上百个电话、发上万字政策推送，确保疫情期间纳税人联络不断线、服务联系不断档的“女超人”；她们中有身怀六甲却主动请缨上前线，忙到喉咙沙哑、双腿肿胀的“准妈妈”；她们中有年过半百却靠“小电驴”和一双腿跑遍全城，只为将发票按时送到纳税人手中的“老大姐”。

她们是下沉社区把关口的“志愿者”，站卡点、测体温、不分昼夜，都匀12个社区都有她们忙碌的身影。她们是请缨入村严防控的“女战士”，打下一场场防控知识普及、返乡人员隔离监督、出入人员登记等硬仗，积极帮助5名贫困户在本市扶贫公益岗位就业。

她们是倾情奉献助力复工复产的“好干部”，送政策、优服务、强措施，开通办税绿色通道，特事特办，为复工复产企业提供优质高效周到服务，助力企业纾困发展。

她们是国家税务总局都匀市税务局第一税务分局，是抗疫战“疫”里别样的色彩，是最美的晴天。

云南省

○ 云南省昆明市人民政府外事办公室

2020年3月8日，根据境外疫情形势及防控工作需要，昆明市外办将防疫关口前移，全办总动员，编入机场组和酒店组，每组各2人一班次，3天一周期，分别前往昆明市长水国际机场及指定涉外留观酒店开展24小时全程值守，做好防范境外疫情输入有关工作。全体女职工“披挂上阵”，全员编入酒店组，每天24小时全程值守。协助第一时间对外籍入境人员进行筛查、分流和集中隔离观察的接收安置，并做好现场政策宣传、情绪安抚、涉外纠纷以及领事交涉等工作，全力阻击境外疫情输入。同时，外办女职工快速组建翻译一线队伍，先后组织翻译人员40余人开展现场及书面翻译工作，做好云南省13号通告中英文翻译、入境人员信息登记、入住酒店温馨提示及告知书等8国语言文本翻译，多语种及时传递昆明战“疫”之声。

她们常常工作到深夜，熬夜到通宵，没有半点怨言，从机场口岸到安置酒店，各环节实现了无缝衔接、闭环管理。女职工们在安置酒店中，面对着健康情况不明的留观人员，毫无怨言，将全身包裹在防护服中，尽力做到、做好每一个细节。在外籍人士集中隔离观察相关处置工作中，随时面临着不同问题，如留观人员拒绝入住、无钱支付房费、对有关防疫政策不理解甚至存在异议，在留观期间出现心理焦虑、身体不适等。针对问题，她们一一予以耐心解释和处理，在坚守原则底线的同时，对留观人员的合理需求提供全力帮助，争取外籍人员对留观工作的理解和支持，确保外籍人士集中隔离观察顺利开展。

截至9月8日24：00，两家指定外籍人员集中隔离观察酒店累计留观人员涉及44国共计381人，已解除留观人员373人，中转离开昆明65人，境外疫情防范工作顺利有序开展。

在抗击境外疫情蔓延扩散、不断巩固外防输入工作中，昆明市外办全体人员秉持着“这场战‘疫’不允许有任何失误”的信念，敢于担当，作为一支“文装的解放军”队伍，做到了“国有难、召必至、战能胜”。自国际航班数量减少后，入境人数得到了有效的控制。但防疫工作还未结束，昆明市外办全体职工也并未松懈。在接下来的防疫工作中，全体干部职工将保持坚定的信念，始终坚守岗位。他们相信“疫”过天晴后，定能一起在阳光下迎接美丽明天！

○ 云南省德宏州盈江县昔马镇胜利村妇联

昔马镇与缅甸毗邻，作为边境乡镇，抓好“外防输入、内防反弹”工作责任重大。新冠肺炎疫情发生以来，昔马镇在边境线上设立堵卡点，严格执行24小时值守巡查，坚决守住“国门”。

在卡点值守巡边的队伍当中，胜利村妇联副主席——“女汉子”李翠兰发挥着重要作用。作为边境线上唯一的女“战士”，她承担着值守巡边人员的后勤保障任务，每天两点一线，往返于卡点与集镇区，早上6点半起床采买，有时要提几个来回才能把食材筹备齐全。夏季正值昔马镇“半年雨水”时节，全年降水量高达3750mm，时有塌方，14公里的路程有时需要行车40多分钟，有时大雾封山，看不清路况，只能停停走走。5个多月180多个来回，有时一待就到深夜，却从未拦住李翠兰奔赴边境卡点的脚步。疫情防控工作开展以来，李翠兰与“战友”们累计劝返缅籍人员100余人次，巡逻里程达7000余公里，为500余人次提供后勤保障。

抗疫期间，李翠兰回到昔马镇区最早的时候是晚上6点，这时她会利用好“挤出来”的时间，对“重点户”进行摸排，作为胜利村计生员，在全村14个村民小组微信群中，对跨国婚姻家庭妇女、新嫁入人员等特殊群体她要特别“关照”，把关于疫情防控的政策进行点对点单独讲解，保证最大限度提高群众政策知晓率。

在他人看来，李翠兰有着过人的体力和精力，让男同志也不由得钦佩，但其实支撑她的正是肩头的那份“担当”。用李翠兰的话来说，“战士”们守住了边境这道“大门”，其他兄弟姐妹就要守好进村入寨的“小门”，按照上级要求，昔马镇实行包保封闭式管理，在全镇范围内设立入村堵卡点，实行24小时值守和登记报备制度，同时，10户为一个单位，配备1名网格员，全方位实行网格化管理，胜利村妇女联合会7名成员带头认领自己的“责任田”，肩负起监测、宣传与巡查工作职责，用行动践行着“守土有责、守土负责、守土尽责”的铮铮誓言。

胜利村是一个以汉族为主体的山区村，辖区内有3个业余文娱宣传队，民间节日气氛特别浓厚，历来有在“正月十五”“九九重阳节”等传统节日组织当地群众载歌载舞举行集会的传统。2020年疫情发生之初，胜利村党总支书记、村妇联主席尤朝书率先提出“山歌小调宣传抗疫”的点子，以自发填词的小调《九劝群众防病毒》，声援防疫一线。村妇联副主席周建柳等山歌会唱人纷纷创作小调，筑牢全镇疫情防控的宣传阵地。为确保一线物资供应充足，尤朝书自发动员昔马个体工商户捐赠物资，在她的带动下，农户主动提供猪肉50余斤，捐赠鸡蛋、方便面等物资170余箱，石灰720斤、消毒灵560斤。

村妇联牢固树立“一盘棋”思想，坚持“联防联控、群防群治”原则，主动担责，创新思路，坚决落实好常态化疫情防控各项工作，积极参与网格化管理，并联合胜利村党总支掀起爱国卫生运动高潮，创新性提出疫情期间丧事简办、“不见面”祭祀等建议，人性化做法得到了群众的理解，并逐步推开。疫情期间，昔马镇未发生因红白喜事引发的疫情风险事件。

西藏自治区

○ 西藏自治区拉萨市妇联

新冠肺炎疫情发生后，拉萨市妇联积极响应中央和区、市党委关于联防联动决策部署，第一时间派遣8名党员领导干部分赴6个点（宾馆、饭店、酒店等5个点，机场1个点）开展联防联动工作。自2月10日起，堆龙德庆区泰成饭店第33组留观点工作全部交由市妇联负责，其间建立了“4g＋521”工作法。4g是指留观点明确等待区、消毒区、体温测量区、登记区4个功能；5是指工作力量（妇联干部、警务人员、医护人员、宾馆工作人员、留观人员）；2是指建立关爱制度和工作制度；1是指成立了临时党支部，发挥基层组织力量，发挥党员先锋模范带头作用。

妇联按照工作法完善工作流程。每日早晚对留观人员和所有工作人员测体温；定时对饭店进行全方位消毒；学习相关文件会议精神，形成请示汇报制度和值班制度；在医疗物资紧缺的情况下，自行解决防护面罩，尽量不给市委、市政府增添麻烦。

真心呵护，贴心服务。“张某某”为西藏唯一确诊为新冠肺炎的患者，留观点接收了与“张某某”同车密切接触者14名，市妇联邀请疫情心理咨询师对留观人员进行心理疏导，梳理情绪，缓解心理压力；还为留观人员实现微心愿（如买生活用品等），努力做到暖心、贴心、尽心服务。

建立台账，规范工作。建立了留观人员交接单、物资库存消耗统计表、考勤表、医务工作台账。并利用各级妇联微信公众平台，通过文字、图片、视频、H5、美篇等形式，宣传习近平总书记重要讲话精神和科学防控知识。同时，全市妇联系统干部职工自愿为武汉疫情区捐款26750元。

通过不畏艰险、坚守岗位、勇挑重担的行动和举措，得到了市委、市政府的肯定，为打赢疫情防控阻击战贡献了巾帼力量。

陕西省

○陕西省西安市莲湖区北院门学习巷社区

面对新冠肺炎疫情，学习巷社区党支部勇担政治责任，充分发挥支部战斗堡垒作用，组织动员广大群众掀起一场全民抗疫的人民战争，实现全辖区3600余户10700余人零感染目标，被莲湖区委推荐为全市疫情防控先进基层党组织，获全省疫情防控工作三八红旗手（集体）荣誉。

堡垒在前沿，党员上一线。社区党支部迅速响应市委号召，全员上岗、全面动员，组建15人的“社区党员先锋队”，扎实做好入户宣传、摸排登记等前期工作，夯实防控基础。宣传有一套，群众齐上阵。坚持阵地前移，在街巷一线设立防控指挥部和工作站，组织动员200余名党员群众志愿者，全面做好宣传动员、消毒消杀、值守管控、扫码测温等各项工作，形成全民抗疫氛围。管控有力度，硬核办法多。在社区外围7个重点路口设立检查点，对全辖区实行准封闭式管理；针对20余家公房老院，创新提出“产权单位出资+社区出人”联动共管模式，有效落实老旧小区防控规定。联防联控，织牢防控网。与全辖区7家驻地单位互通信息，与53家民宿、旅馆、酒店加强协作，对39名居家隔离人员做好观察服务，凝聚防控合力。既做“炊事员”，又做“勤务员”。探索开办“爱心灶”，党员当起“炊事员”和“勤务员”，每天为一线防控人员、独居老人等做饭送餐100余份，使疫情防控有力度更有温度。

○陕西妇女儿童发展基金会

1月25日陕西省宣布因新冠肺炎疫情进入突发公共卫生事件一级响应。在陕西省妇联的领导下，陕西妇女儿童发展基金会随即参与到抗疫阻击战中来。

1月30日基金会将第一批消毒液运达和湖北接界的山阳县，用于武汉务工返乡人员居住地、公共场所、检疫站的抗疫消毒中。截至2月9号，在10天时间里，基金会为陕南20个高风险贫困县（区）捐赠了35吨消毒液、2.5吨医用酒精。

在陕西省妇联的领导与支持下，陕妇儿基金会从1月28日收到第一笔捐赠款至4月15日，向陕西23个县（区）、3家医院、1家社会组织及一个村紧急捐赠37.56吨消毒液，5吨医用酒精；向各医院捐赠无菌橡胶外科手套、一次性口罩、一次性手术衣共计38770个；向赴湖北医护人员家属先后捐赠蔬菜等生活物资价值25万余元；向西安市公共卫生中心项目及西乡县人民医院和交大一附院抗击新冠肺炎捐款23.27万元。基金会抗疫累计支出87.15万元。

同时，截至4月15日，基金会共携手26家社会组织共同发布“万众一心　打赢防控”倡议书，并向“万众一心　打赢防控”抗疫社群中60余家社会组织推送了500余条具有针对性的宣教资料，通过他们向陕西农村地区、返乡/回城人群宣教。其中宣教资料包括基金会自身开发的45幅宣教图片和10个宣教视频。

甘肃省

○甘肃省兰州市城关区靖远路街道朝阳村社区

朝阳村社区“两委”成员全部为女性，群众亲切地称之为“娘子军”。疫情发生后，社区“娘子军”迅速行动，依托网格化管理优势，绘制“抗疫七色作战图”，用不同颜色识别高中低风险地区、国外、空房等住户信息2000余户，为科学分析防疫形势、落实防疫措施提供了有力遵循。

成立“疫情防控巾帼加油站”，集结100多名巾帼志愿者，组建入户登记、卡口值守、宣传动员、环境消杀、物资保障、心理咨询等7支志愿服务队伍，24小时不间断开展疫情防控。居家隔离不少人都把社区电话当成了“知心热线”，社区开设了“1名巾帼志愿者+1位心理咨询师+1名辅导对象”的抗疫“线上微课堂”心理辅导，引导群众保持积极乐观的良好心态，坚定战胜疫情的信心。

王保保城为平房区，租住户和困难群众较多，“娘子军”们义无反顾地包揽了区域所有路段的值守重任，楼院小区实施全封闭管理，通过人员信息登记扫码小程序，严格居民出入管控，实现社区居民零感染。

开展“朝阳管家”关爱行动，将辖区低保户、残困户、空巢老人、单亲母亲、留守儿童、社戒社康、居家隔离等各类特殊群体全部纳入“跑腿代购”微信群，对接蔬果供应商和超市店面，提供生活用品采买、个人事务代办等服务上万余次，做到“病毒无情人有情”。将辖区30多家单位、商业门店纳入社区疫情防控联盟，动员每个单位承包一个网格、一个楼院，组合发力共同开展疫情防控。募集价值10万余元防疫物资，全部有序、有据地分批发送给辖区困难群众和卡口值守志愿者。

社区是群众的家，“娘子军”就是老百姓的“娘家人”，她们把群众的事当成自己的家事，时刻把老百姓的安危冷暖放在心上，她们的先进事迹多次被中央、省市媒体宣传报道，成为朝阳山下党旗上最美的一抹“巾帼红”。

○ 甘肃省高速公路局甘谷收费站

2020年的春节即将到来，一场突如其来影响全国的疫情阻击战突然打响，高速公路不再只是贯穿东西的连接线，更成为抗疫物资运输、保障人民生命财产的生命线。面对疫情侵袭的严峻形势，甘谷收费站全体女职工以实际行动给出了最坚定的答案：不言其他、冲锋在前，全力保障道路畅通。这支女性占比65%的队伍，用自己的全力付出换得过往驾乘人员的安心和疫情的有效防控，在防控疫情斗争一线发挥巾帼力量。

组建冲锋队，全力做好测温及宣传工作。在收费广场处设立志愿者服务台，对收费现场车辆进行疏导，耐心做好相关政策的解释宣传，并为有需要的司乘提供免费热水、路线咨询、应急药品等春运便民服务。按照防控物资车辆优先通行工作要求抓好落实，确保防疫应急物资优先快速通行；全力协助配合地方卫生医疗、公安交警部门在甘谷收费站出口开展体温测量、车辆检查等工作。甘谷收费站女职工坚持为每一位过往司乘人员测体温、询问行程、提供车辆消毒等，同时向广大司乘宣传病毒预防措施、科普相关知识。

严格做好内部防控落实。每天对收费岗亭、内外广场、餐厅、活动室、监控室、员工宿舍、卫生间等公共区域的保洁消毒以及是否做到逐人检测登记、逐车消毒等防疫日常工作进行检查。

充足物资储备、加强防疫保障。在做好收费站出入口疫情联防联控的同时，甘谷收费站第一时间安排人员联系多家药店，采购医用口罩、消毒液、消毒酒精、红外线测温仪和医用手套，及时做好物资储备工作；将口罩等预防用品发放到人，要求所有人员上班必须统一佩戴口罩，定时到办公室测量体温并记录在册；安排专人每天两次对收费票亭、办公区、食堂和宿舍区进行日常消毒，票务人员每天对CPC复合通行卡擦拭消毒，及时做好自我预防工作。

青海省

○ 青海省西宁市城北区市场监督管理局

“桃花马上请长缨，披甲带刀上战场”，101名女市监人坚持以人民为中心的发展理念，以责任担当之勇、查案办案之智、投诉处理之谋、市场监管之能，控物价、保食安、重质量、稳民心，践行了市场监管人的神圣使命。面对来势汹汹的新冠肺炎疫情，她们立巾帼志、扛先锋旗，用逆行而上的勇气抒写着忠诚与担当，用一往无前的精神诠释着责任与使命，全面筑牢北区疫情防控的铜墙铁壁。

为推进复工复产，她们对19个市场、3.3万的市场主体，坚持审慎包容的监管理念，主动提供“容错支持”，切实做好“引路人”；为做好“六稳”“六保”，她们以“5+2”“白+黑”的监管模式全覆盖式监管2家早市、5家夜市，大力激发早夜市经济，有效激活“新引擎”；为优化营商环境，她们持续压缩开办时间、有效落实“一网通办、一事通办”，使企业新增1115户、个体工商户新增2198户，真正提升准入“便利度”；为保障舌尖安全，她们以“四个最严”为标准，以快检车走进早夜市、农贸市场的“硬核”举措，以抽检农产品145个批次，食品192个批次的速度和效率，切实守好食药“安全门”。

“只争朝夕，不负韶华”，她们将坚守初心、勇担使命，为打造稳定清明的政治环境、活跃有序的经济环境、安全放心的消费环境贡献巾帼力量。

宁夏回族自治区

○ 宁夏回族自治区中卫市中宁县宁安镇红苑社区

新冠肺炎疫情防控工作启动以来，为发挥基层组织的“神经末梢”作用，社区坚持“横向到边、纵向到底、不留死角”的原则，激活群防群治“红色细胞”，铸就联防联控“红色堤坝”，以辖区妇女为主要力量，成立了由县科级领导干部、政法干警、医护人员、民兵、基层党员、巾帼志愿者等共222人的一线防控队伍，合理规划布置了监测点20个，将干部、群众、党员、民兵、志愿者，分布到各个监测点，实行8小时三班倒工作制，进行24小时管控。采取进出人员体温检测、身份核实、严控进出人数、封闭小区进出口、限制车辆出入、管控外来人员等措施，第一时间做到内防扩散，外防输入。正是因为她们始终坚守疫情防控第一线，做到了“守土有责、守土尽责”，让人民群众看到，党旗飘扬的地方，就有力量和希望。

为了让广大家庭更好地坚守筑牢家庭防疫底线，成立了樊大妈疫情防控宣传小分队，深入各个小区楼院，自编防疫知识顺口溜，采取“大喇叭”+网络微信等多种形式，不间断宣传防疫知识，引导居民提高抗疫意识，守护好小家为大家。同时在各小区的醒目地方张贴中宁县应对新型冠状病毒感染的肺炎疫情工作指挥部公告，悬挂宣传条幅70余条，微信频繁转载《致中宁县广大妇女的一封倡议书》，发放各类宣传单10000余张。

甘于奉献，树立巾帼伟大形象。社区的妇女干部带头坚守在各小区监测防控点，她们没有穿着严实的防护服，只佩戴着薄薄的医用口罩，臂戴红袖章，手拿体温枪，面带微笑，一次次、一声声说着暖心话语，守护着居民的安全。

自社区实行了严格的封闭式管理，所有居民的出行按下了“暂停键”，红苑社区73名妇女积极响应，踊跃报名。结合她们的专业特长，成立了女子后勤保障服务队，为社区居民配送各类物资，打通服务居民的“最后一公里”。“疫”不容辞，她们搭建“连心桥”，针对特殊群体的药品需求和居民紧急物资需求，成立了暖心应急采购组，解居民之所忧，开辟“绿色通道”和“快车道”，传递心贴心、心连心的“暖心”服务包。疫情期间，应急采购组共计采购药品和物资36余种1200件，金额13806元，其中为独居老人单独采购紧急物资18余次，共计4670余元。

严格贯彻落实党中央区、市、县党委政府关于疫情防控工作的各项部署要求，认真执行“五个凡是”“三个全面”“四个实行”和“三防三控”工作要求，扎实推进“1+6”社区网格化管理体系，社区先后组织巾帼志愿者对出租房屋、营业房、货车、出租车、境外返宁人员开展了3次大起底大排查工作，特别是对重点疫区返宁人员实行“五包一”工作责任制，确保动态实时管理，做到情况清，底数明。复工前，针对返工返程人员复杂形势，社区加大管控力度，建立拟返回外省人员及境外人员台账，提前做好预案，坚决落实外防输入疫情管控措施。同时为了防止“后发病”等意外情况发生，社区建立已解除集中隔离、居家隔离人员，在解除隔离后回访机制，对继续跟踪回访身体状况及行踪轨迹7天左右，以便提前做好防控预案。并建立群防微信群，让群众相互监督、相互监测，形成群防群治、联防联控局面。

新疆维吾尔自治区

○ 新疆维吾尔自治区昌吉州玛纳斯县凤城之缘爱心服务社团

玛纳斯县凤城之缘爱心服务社团成立于2011年12月，目前拥有志愿者412人，其中巾帼志愿者320人。社团成立以来，先后募集各类善款20余万元，帮助全县各族困难家庭、贫困学生、残疾人等社会弱势群体900余人。2011年至2018年，社团先后前往四川贫困山区、雅安地震灾区、新疆喀什贫困山区、玛纳斯县福利院、驻县部队等，开展扶贫帮困、捐资助学等各类慰问、捐赠活动62场，救助孤寡老人、贫困妇女121人，救助儿童163人，开展公益文艺会演36场。

自今年疫情防控工作开展以来，“凤城公益联盟”总队凤城之缘爱心服务社团迅速成立了81人组成的疫情防控“突击队”，配合社区工作人员做好送菜送药、劝返居民、心理疏导、宣传防疫知识等工作。在玛纳斯县的各个社区、乡镇、村，身着红马甲的志愿者成了一道亮丽的风景线，她们是宣传员、守门员、排查员、疏导员、爱心员，为广大居民群众服务，开展心理疏导、配送爱心餐等暖心活动服务达到2400余人次。在得知防疫一线的干部职工就餐困难，凤城之缘爱心服务社团发动志愿者自筹资金16720元，为一线医护、公安干警、社区干部等工作人员配送免费爱心餐2969份，为一线抗疫干部提供了坚强的后勤保障。在疫情期间，为受疫情影响生活困难的贫困妇女、留守儿童、独居老人开展心理疏导，提供生活援助152次。在三八妇女节前夕，组织志愿者对奋战一线的医护人员开展慰问活动，并对家属开展暖心关爱活动，解除了她们的后顾之忧。

凤城之缘爱心服务社团的志愿者在会长李小琴的带领下，活跃在抗击疫情一线，彰显着无私无畏的大爱精神。

○ 新疆维吾尔自治区和田地区和田市古江巴格街道金川社区居委会

深入学习防疫措施，积极开展防疫宣传。社区加强宣传引领，深入学习贯彻习近平总书记重要讲话精神，结合当前和田市防疫工作，大力宣传疫情防控措施，进一步引导妇女坚定信心，团结一致共同抗疫，

开展联防联控，落实各项防疫措施。一方面强化领导同意指挥，成立联防联控小组，制定应急预案，对辖区网格进行责任包干。全体干部走街串巷，深入核心区域开展排查入户和消杀工作。利用微信、喇叭开展宣传，对辖区实行封闭管理，每日按时测量体温，建立台账，传递信息，确保辖区居民健康得到保障。

调动社区资源，组织巾帼志愿者开展志愿服务。对辖区老弱病残群体及时开展关心关爱，主动定时问候生活所需和身心状况，对封闭管理

的居民开展情绪安抚，做好心理疏导，及时搜集困难诉求，全力解决居民所需。

新疆生产建设兵团

○ 新疆天润生物科技股份有限公司UHT灌装班

新疆天润生物科技股份有限公司作为乌鲁木齐最大的乳品加工企业，在疫情期间承担着以乌鲁木齐为重点的疆内乳制品保供责任。UHT（常温灭菌乳）灌装班共有员工27人，其中女员工20人，女员工比例74%，平均年龄29岁，是一支年轻富有朝气的班组。新冠肺炎疫情发生以来，灌装班以实际行动践行“疫情就是命令，防控就是责任，保供就是担当”，积极投身于疫情防控和公司抓生产促保供的各项工作中，确保了疫情防控和生产保供“两不误”。她们不怕累、不怕苦，每天加班加点，连轴转近一个月，宿舍床位不够，她们就打地铺，人员不够用，她们就一人身兼数职，克服身体不适和家庭的重重困难，始终坚守工作岗位。

自1月27日至3月8日，她们的车间累计生产乳品5782.44吨，为市场保供和企业爱心助力武汉地区战“疫”提供乳品给养作出了积极贡献。2月3日，由她们装灌的满载着天润公司深情厚谊的7000箱价值50.4万元乳品运输车，千里驰援武汉，无偿为奋战在那里的医护人员提供营养，为打赢疫情防控阻击战贡献了巾帼力量。

7月以来，在乌鲁木齐疫情防控中，这支“娘子军”班组依然发挥了女性认真、细致、不服输的天性，在严格做好自身疫情防控的同时，工作不停摆，昼夜奋战，超额完成乳品产量8901.72吨，为保障市场供应作出了积极努力，彰显了巾帼风采。

中央和国家机关

○ 国务院办公厅中国政府网运行中心新媒体处

奋战抗疫“新”前线。抗击新冠肺炎疫情期间，中国政府网政务新媒体是用户访问最多、阅读量最大、传播范围最广的国家级移动端政务平台，总访问量超过100亿次。承担这项工作的是一个平均年龄只有28.9岁的年轻处室，7位女同志挑大梁、担重任，有的取消2天后婚礼除夕返岗，有的哺乳期连续每天工作16小时，在抗疫“新”前线书写了巾帼“新”风采。

开辟“新”通道，让民意直通中央政府。2020年除夕当天，国务院客户端小程序推出“疫情防控线索征集”专区，当日近3000万用户访问，创下政府主体小程序单日访问量纪录。网民留言逐条审看，并分类报送国务院领导同志，或转有关方面及时处理，有效倾听社情民意，辅助决策参考。

提供“新”服务，惠及亿万群众。依托国务院客户端小程序联合14个部门推出便民服务40余个，总访问量41.4亿次。其中，联合工信部推出的“疫情防控行程卡”已服务16.4亿人次；联合国家卫健委推出的“疫情风险等级查询”成为众多主流媒体发布相关稿件的“第一信源”，“新冠病毒核酸/抗体检测结果查询”“核酸检测机构查询”等在常态化防控中发挥重要作用。

上线“新”产品，提升政务公开水平。聚焦民众关切上线“国务院政策答问平台”，联通47个国务院部门6000余条政策资源，依托智能问答机器人为企业群众24小时在线回答疫情防控和复工复产相关问题。及时发布权威信息及解读产品，微信公众号“10万+”稿件达850篇，短视频平台播放量超10亿次。据第三方应对疫情传播评估报告，中国政府网微信公众号传播力在全国政务领域排名第一。

○ 农业农村部中国农业电影电视中心新媒体中心

中国农业电影电视中心新媒体中心是一支政治站位高、担当意识强、业务能力突出的团队，始终坚持“党媒姓党”，牢牢把握对农宣传正确政治方向、舆论导向和价值取向，冲锋在“三农”宣传服务第一线，女职工占比62%。

新冠肺炎疫情期间，新媒体中心在除夕夜当晚启动应急报道机制，迅速组建“疫情报道组”。作为报道主力的巾帼女将，坚守岗位，实时响应，充分发挥新媒体便捷高效及视频制作专业优势，7×24小时倒班全面展开生产，内容包括疫情通报、防疫科普、农业农村部对农服务、复工复产等多方面，累计生产超过1500条的专业内容，全网累计播放量超过50亿人次；连续14次参加国务院联防联控发布会，提问内容多次在《新闻联播》《新闻30分》等节目播出。在党中央国务院高度重视湖北战“疫”取得阶段性胜利后加快恢复生产流通秩序的情况下，新媒体中心开展了“抗疫助农、抗疫为民”新媒体行动，帮助生产者恢复生产，帮助经销商提振市场，帮助消费者购买产品，4月份举办的《我为湖北拼大单》大型网上直销云购会，线上线下累计意向成交量6259万斤，价值7.8亿元，受到农业农村部、商务部等高度好评，在中国政府网刊发。“两会”前夕举办的“助力‘三区三州’脱贫攻坚 两会代表委员来代言”直播活动，宣传推广“三区三州”20多个特色农产品品牌，助力贫困县农产品打开市场销路，对冲新冠肺炎疫情对当地脱贫摘帽带来的影响，实现了良好的宣推成果和社会收益。

这支以女性为主力的新媒体对农宣传服务团队，圆满完成了特殊时期的“三农”宣传报道服务工作，贡献了半边天的智慧和力量。

○ 商务部对外贸易司贸易促进处

外贸司促进处是一个善打硬仗的集体。新冠肺炎疫情发生以来，该处认真贯彻落实习近平总书记关于新冠肺炎疫情防控重要指示精神和党中央决策部署，牢固树立“四个意识”，坚定“四个自信”，做到“两个维护”，以培育贸易新业态新模式为工作重心，全力办好广交会，服务广大外贸企业，为疫情防控阻击战和稳住外贸外资基本盘作出积极贡献。

一是勇于担当，主动投身抗疫保供。疫情发生后，全处同志立即行动，主动放弃春节假期，自觉强化战时状态，组织口罩等短期急缺医疗物资进口，大年初一即开展动员，充分发挥跨境电商独特优势，在疫情初期进口口罩近亿只，防护服约300万件，有力缓解一线“燃眉之急”。主动办理国际捐赠物资清关转运，联系多家新业态企业，确保30多批次国际捐赠物资顺畅高效入境，彰显“中国速度”，服务外交工作大局。

二是积极作为，全力以赴稳住外贸基本盘。为积极应对新冠肺炎疫情对外贸和国民经济造成的影响，报请国务院批准增设46个跨境电商综试区，为全国外贸增信心，添动力。指导各跨境电商综试区、市场采购贸易方式试点、外贸综合服务企业及时复工复产，研究出台两轮支持新业态发展的政策措施，1—7月，跨境电商、市场采购出口分别增长47%和25%，成为外贸促稳提质重要动能，为稳住外贸基本盘作出积极贡献。

三是大胆创新，积极畅通外贸产业链和供应链。疫情发生后，外贸供应链断链风险激增，外贸企业面临巨大困难，为破解困境，创新在网上举办第127届广交会，李克强总理出席“云开幕”仪式，并进行云巡展，向国际社会表明中国扩大开放、努力维护国际产业链供应链安全的坚定决心。短短2个月内，完成全新的结构设计和流程再造，将63年历史的贸易盛会首次搬上“云端”，帮助2.6万家企业打通产销对接堵点，带动一批线上展会发展，有效畅通了外贸产业链和供应链。

四是作风优良，彰显新时代商务人风采。全处勇当先锋，敢打头阵，立足本职，开拓创新。疫情期间，3次国务院常务会议、6次国务院专题会议研究该处承担的工作，4月7日国务院常务会议就审议了该处上报的2个议题。多项工作，同步推进，全处同志不畏风险，疫情期间主动请战，广交会10天展期期间24小时在办公室值守，加班加点，无怨无悔，女同志们克服孩子小、老人生病等困难，舍小家、顾大家，彰显了“政治强、业务精、作风实”的商务人风采。

○ 海关总署国际合作司国际合作四处

国际司国际合作四处是一个以女性为主体的集体，女性占了四分之三。也正是这个女性为主的集体，承担了与美洲和中东南部非洲67个国家的海关检验检疫双边国际合作工作，用他们严谨的工作作风、扎实的工作技能、不辞辛劳和不计付出的工作态度为海关对外交流与合作架起了一座座友谊的桥梁，获得了多个国家对口部门及驻华使馆的高度赞扬，也得到了外交部、商务部等兄弟部委的充分肯定。

四处是一个敬业奉献的集体。春节前夕，国内暴发新冠肺炎疫情，美国等反应强烈，四处的同志们春节期间即进入工作状态。自正月初三（1月27日）起，根据不同阶段的工作重点，四处的同志们克服十几个小时的时差，每日跟踪境外疫情发展、各国政府对华政策、主要国家政治经济动态等，至今从未间断、从不松懈。四处第一时间收集整理了各国（地区）对我人员、货物、交通、口岸采取的限制措施，为总署宏观、准确、全面掌握国外对我疫情的反应提供重要参考依据，为第一时间对外交涉提供最及时准确的信息；同时，充分利用英语、西班牙语等语言优势，翻译核校总署出台的各项抗疫物资通关、出入境卫生检疫规定和宣传稿件，使世界及时了解我通关政策和中国海关所做工作。随着国外疫情不断蔓延，美国、巴西成为疫情新震中，四处深感责任重大。为了做好“外防输入”工作，四处积极挖掘国内外各种信息渠道和数据来源，深入分析美国、巴西、秘鲁、智利、厄瓜多尔等重点国家的防疫政策和疫情走势，以及新冠肺炎大流行对巴西大豆、厄瓜多尔冻虾等重要农产品输华的影响，研判未来走向，编写多篇高质量的外事参阅件，为保障进口农产品供应链稳定提供重要参考。在厄瓜多尔输华冻虾外包装核酸检测阳性后，四处立即响应，克服中厄之间13小时时差，第一时间协调安排与厄外贸部长、副部长、驻华大使等多层级会谈，向厄方做好通报和解释工作，稳定厄方情绪；连续多夜与中方专家组一道，督促和指导厄方完成整改；每天24小时紧盯厄国内媒体和民众对此事件的反应，为我政策调整提供重要参考。经过连续一个月的奋战，最终促成该事件在较短时间内得到妥善解决，在保障进口冷链食品安全的同时，减少了对双边贸易的不利影响，也避免了事件对中厄双边政治关系产生负面影响。

四处是一个讲大局、重使命的集体。加强疫情防控国际合作是党中央的重要决策部署，四处牢记国际合作部门推动构建人类卫生健康共同体的重要使命，针对分管地区重点国家多、敏感事件多的特点，加强同美国、加拿大、巴西、南非等对口部门的沟通协调，积极宣传我抗疫举措和经验，努力发挥海关在抗疫国际合作中的重要作用，提升中国海关国际影响力。为做好正面宣传，积极回应各国对抗疫物资通关的关注，四处加强学习，积极帮助外方正确解读出口医疗物资通关新政；在政策允许的范围内，第一时间协调美国、巴西、津巴布韦、阿根廷、秘鲁、毛里求斯等在华采购防疫物资的便利通关，服务双边友好关系的发展，多国驻华使馆给予诚挚谢意。同时，四处密切对接外交部、商务部等部门，做好涉外敏感事宜的应对工作。按照中央部署，积极做好与有关国家抗疫合作涉海关工作。主动协调署内有关部门，牵头成立海关对美抗疫合作机制，每日提供数据、通报信息，连续5个多月从未间断，为中美抗疫合作发挥重要作用，得到外交部充分肯定。

四处也是一个团结和充满爱心的集体。在疫情期间工作超负荷且人手不足的情况下，处内同志主动担当，互相补台，依然按计划派出一人前往河南省三门峡市卢氏县文峪中心小学进行扶贫支教，配合总署开展校服捐赠和守护双留守儿童扶贫活动，搭建海关总署与农村学生联系沟通和传递爱心的桥梁，受到学校师生的肯定和欢迎。处内同志团结友爱，互帮互助，即使一位同志因武汉疫情影响3个多月无法上班，但大家仍然以高度的责任感、使命感以及饱满的工作热情出色完成了疫情期间的各项工作。

外事无小事，细节决定成败。作为海关对外合作的最前沿，四处将牢记使命，在国际舞台上讲好中国海关故事，发出中国海关声音。

○ 中国食品药品检定研究院生物制品检定所

生检所在SARS、甲流等多次应急检验中成绩突出，是一支能打硬仗的队伍。所内女同胞超过61%，在19位科室主任中，有10位女性。新冠肺炎疫情突袭，在国家局和中检院的坚强领导下，徐苗副所长带领全所迅速反应，响应党中央号召，凭借深厚的技术储备和经验积累，攻坚克难、充分发挥技术优势，全力做好科研攻关和应急检验。为争取时间，全所上下以实验周期安排个人作息、舍小家顾大家，助推新冠疫苗等产品以“中国速度”研发的同时，确保产品质量，为筑牢人民生命健康防线添砖加瓦！在对中检院疫情防控工作调研中，生检所受到陈竺副委员长、何维副主席和国务院领导同志的表扬。

技术支撑，科学高效开展应急检验。为保障新冠防治用药，生检所有力支持新冠疫苗、血液制品、抗体类药物和干扰素等治疗类产品的研发、质量研究和标准化。在新冠疫苗检验中，按照“统一指挥、早期介入、随到随检、支持审批”原则，女所长带领八个科室对接五大技术路线疫苗研发，依靠与研发团队沟通达千余次，指导其科学制定质量标准；研制快速方法、建立标准品、解决企业检测难题；完成32个研发团队的26个疫苗，涉及菌毒种、工程细胞、病毒收获液、疫苗原液、成品和临床血清等研发全环节多产品的应急检验。支持10个疫苗获批临床，已有3个在国外开展临床试验，体现出中国综合国力的强大，也是对中国药检能力的认可。

科研攻关，突破关键技术瓶颈。凭借高度的专业敏感，新冠病毒序列一公布，生检所即紧急启动S基因合成，春节假期昼夜奋战，研制出新冠假病毒；建立标准化中和抗体检测方法，并在线全球共享，兼具高效、安全、与活毒可比等优点，通过专家论证；陆续为53个单位免费提供假病毒和方法，加速产品研发，降低对P3实验室和活毒的依赖；研究发现某些变异增强感染性、降低抗体中和效果，动态跟踪全球流行病毒株，为疫苗抗体系统评价奠定了基础；在《细胞》《科学》等杂志发表了高水平论文10余篇，为全球抗疫提供技术支持。

○ 中国科学院微生物研究所新型疫苗与抗体工程研究组

疫苗和抗体药物是新冠防控的重要手段，党和国家高度重视，国务院联防联控指挥部科技攻关组成立了专班负责协调疫苗和药物的开发。新型疫苗与抗体工程研究组中女性科学家、研究生占比接近70%，承担了国家新冠应急专项“2019-nCoV重组蛋白疫苗研究”和“新型冠状病毒全人源单克隆中和抗体研发”两个重要项目。在时间紧、任务压力巨大的情况下，团队成员夜以继日开展工作，与时间赛跑。个别科研人员过度劳累，耳朵失聪，但是不下火线。经过团队的共同努力，新冠疫苗和抗体药物都取得了突破性进展，为防控疫情提供了重要的手段，为国家争得了荣誉。

该团队研制的新冠重组蛋白疫苗已获国家药品监督管理局临床试验许可，是国内首个获批临床试验的新冠重组蛋白疫苗。相关研究成果发表于《细胞》杂志，申报1项国际专利。重组蛋白疫苗具有安全性、有效性和可及性等优势，目前该疫苗II期临床试验接近尾声，正在准备III临床试验，该疫苗对控制全球疫情具有重要意义。

该团队研制的新冠病毒治疗性抗体已分别获得中国和美国药监部门临床试验许可，成为全球首个在中、美同步开展临床研究的抗体药物。申报4项专利，研究成果发表于《自然》杂志。单克隆中和抗体是针对新冠病毒的特异性药物，预期该抗体将改变新冠肺炎无特异性预防及治疗药物的现状，为遏制新冠肺炎疫情提供中国解决方案。

○ 中国气象局公共气象服务中心预警工程室

新冠肺炎疫情发生以来，预警工程室坚决贯彻落实习近平总书记关于疫情防控工作重要指示精神，按照中央应对新型冠状病毒感染肺炎疫情工作领导小组决策部署，与宣传、卫生健康部门积极对接，充分利用国家预警信息发布系统，全力做好疫情防控预警和相关信息发布工作。1月22日8时至3月5日，疫情最关键时期，通过国家预警信息发布系统共发布疫情防控相关信息329930条，其中国家级发布相关信息1406条，省级发布35662条，市级发布60690条，县级发布232172条。其中预警信息12794条，应急响应1174条，防御指南70417条，通知消息142225条，科普知识74613条，其他信息28707条。

在此次新冠疫情防疫服务工作中，预警工程室王佳禾主任组织室部3位负责预警信息传播和科普宣传的女性党员及入党积极分子成立了“1+3”疫情特别服务小组，4位小组成员主动放弃了春节休假的机会，春节期间仍不间断制作传播疫情相关信息及防疫科普，4位成员中有3位家中有3岁左右的孩子，正需要妈妈的陪伴，为了做好抗疫服务工作，妈妈们不得不狠心地将孩子关在门外，专心工作。通过国家预警信息发布系统，全方位滚动发布疫情权威信息、传播防控科普知识及服务信息等，并与百度、抖音、人民日报等新媒体平台联合发起针对疫情的主题倡议活动。

在疫情最严重期间，预警工程室以疫情特别服务小组为主、室部所有成员为辅的形式共同群策群力并联动省级预警中心联合开展疫情信息发布及科普工作。面对疫情来势汹汹，疫情服务小组积极主动与国家卫生健康委宣传司、中国疾病防控中心沟通，克服卫健委对接预警发布部门无暇顾及的情况，锲而不舍寻找各种途径，最终开启了卫健委疫情防控信息的共享发布，促成卫健委宣传司与国家预警信息发布中心联合下发《关于利用国家预警信息发布系统做好疫情防控信息发布和科普宣传工作的通知》。得益于此，各地预警信息发布机构与卫生健康部门强化了疫情防范及相关信息发布对接服务工作，全国各省全部与地方卫生健康部门完成信息对接，为打赢这场疫情防控战形成强大合力。

另外，联合百度短时间内迅速推出的一项全国疫情大数据查询服务产品在31个省（自治区、直辖市）得以推广应用，为公众实时查询疫情相关信息提供了很好的支撑，截至目前，该产品浏览量达到了78.5亿人次。针对快递行业，2020年4月，预警工程室牵头与国家邮政局合作，联合推出“定制化预警”服务，通过微信小程序精准发布灾害预警信息，服务全国140万名快递小哥。

○ 中国妇女杂志社一编室

中国妇女杂志社一编室认真学习贯彻习近平总书记关于疫情防控系列重要讲话精神，强化《中国妇女》全国妇联机关刊的政治担当，编辑部凝心聚力全天候全媒体出击，努力讲好妇联组织、妇女、家庭的抗疫故事，发挥了女性主流媒体的舆论引导力和权威影响力。

强特色，谱写巾帼战“疫”壮歌。第一时间推出战“疫”专刊，专题《战“疫”三部曲》等，独家开设《来自国家援鄂医疗队的报道》全媒体专栏，采编陈薇、乔杰、张继先等超百人，大力宣传抗疫巾帼英雄典型事迹。

推精品，做好“联”字文章。与学习强国合作推出《声传家书，致敬天使》音频栏目，邀请康辉等知名人士朗读战“疫”家书，并结集出版中英文《“疫”线家书》。拍摄《天使“疫”事》系列微访谈，在学习强国推出反响强烈。还与中国女画家协会推出抗疫画作系列海报。

抢时效，重节点，扩大传播力、影响力。从单一的传统纸媒，创新拓展到音频、视频、H5等多种交互宣传方式，三八节推出H5接力云献花、云海报，微博话题“为爱战疫 守护新生”等，阅读量近亿。

一编室战“疫”中团结奋战担当作为广受好评，收到甘肃援鄂医疗队和国家援鄂医疗队北医三院的感谢信。沈跃跃同志、黄晓薇同志分别批示，对《中国妇女》鼓舞广大妇女为双胜利作贡献发挥的积极作用给予充分肯定。

○ 中国妇女报社总编室

中国妇女报社总编室是以夜班工作为主的采编部门，是报纸编排和出版过程中的核心部门，更是报纸的“把关口”和“总闸门”。新冠肺炎疫情发生以来，总编室编辑深入贯彻落实习近平总书记关于打赢疫情防控阻击战一系列重要指示批示，按照全国妇联党组书记处要求，在新闻战“疫”中诠释了新闻工作者的责任和担当。

疫情防控阻击战打响后，1月29日，农历正月初五，报社提前结束春节休刊，启动报纸出版，总编室编辑第一时间结束假期奔赴岗位，坚守夜班。提前部署、整体策划，1月30日起总编室推出每天四个版面《抗击疫情巾帼行动》特刊，以大量有现场、有深度的原创文章，有冲击力的版面语言，记录历史、鼓舞奋战。

面对肆虐的疫情，2月14日，总编室王长路同志奔赴武汉，不畏疫情凶险坚守在抗疫报道一线40多天，用脚力丈量出一个个抗击疫情，无私奉献的感人故事。

疫情发生以来，总编室以每天不少于一篇的频率推出评论，有力引导舆论，主动回应社会关切，亮明了女报的立场和观点，发挥了凝聚人心、鼓舞士气的作用。

为了打赢这场没有硝烟的战争，总编室编辑在自己的岗位上默默奉献，用实际行动践行“四力”，彰显了新时代新闻工作者的初心与使命。

○ 全国妇联网络信息传播中心（中国妇女外文期刊社）新媒体团队

新冠肺炎疫情防控期间，网信中心（外文社）新媒体团队认真贯彻落实习近平总书记的重要指示精神和党中央的决策部署，按照全国妇联党组要求，在网信中心（外文社）领导班子的带领下，为充分发挥全国妇联官方新媒体平台作用，在防控新冠肺炎期间鼓舞人心，凝聚共识作出贡献。

网信中心（外文社）新媒体团队牺牲春节假期，连续几个月没有休息日，加班加点在全国妇联女性之声新媒体各平台推出多个专栏、专题、线上话题，制作图解、海报、音视频、H5等形式的抗疫融媒体产品。加急开发线上谣言甄别、密接行程查询、防护知识问答等在线服务，为鼓舞士气、引导舆论、凝聚共识发挥重要作用。

团队积极发布抗击疫情相关的系列稿件，策划开设“致敬”“同心抗疫”“了不起的她”“小家大爱”等栏目，发挥了思想政治引领的作用，宣传效果良好。《全国妇联发出倡议：为打赢疫情防控阻击战贡献半边天力量》及配发的海报组图“千万家庭 行动起来 守好小家为大家”仅微信平台阅读量就达42.4万。《防疫有我，爱卫同行！妇联喊你来答题》H5参与量过百万，并在澎湃新闻开设“为巾帼澎湃”抗疫专题。

结合重要时间节点，主动设置议题，三八国际妇女节期间在多个平台发起＃致敬了不起的她＃和＃她力量＃话题，全网话题总阅读量超过100亿。抗疫防疫初期发起＃守小家为大家＃和＃同心抗疫＃话题，话题总阅读量1.4亿。与人民日报、李宇春合作发起＃晒晒最美的她＃和＃给女孩＃话题，引领年轻女性向抗疫英雄致敬，总阅读量31亿。通过抖音、快手等短视频账号引领年轻女性，多个短视频作品播放量在千万以上。在学习强国平台首页推荐开设“新时代女性风采”和“中国最美家庭”两个全国妇联常设栏目，宣传中国妇女和中国抗疫最美家庭的故事，借力主流平台唱响主旋律，弘扬正能量。

团队积极履行女性之声作为政务新媒体平台的职责和定位，立足妇联组织职能，通过及时发布权威信息，宣传引导广大妇女以实际行动支持疫情防控与经济社会发展，回应妇女和家庭关切、提供帮助，生动讲述抗疫故事、选树典型等方式，强信心、暖人心、聚民心。

面对紧张忙碌的工作，团队人员加班加点、履职尽责、倾情投入、担当作为，用实际行动为打赢疫情防控阻击战贡献力量。

IV

第四部分

抗击新冠肺炎疫情
全国三八红旗手名录

一线女医务人员抗击新冠肺炎疫情全国三八红旗手

北京市

（含国家援鄂医疗队）

鲍琳琳　中国医学科学院医学实验动物研究所感染性疾病研究平台主任

雷雯雯　中国疾病预防控制中心病毒病预防控制所副研究员

陈　霞　中国疾病预防控制中心传染病预防控制所副研究员

汪　芳　北京医院心内科副主任

苗　苗　北京医院保健医疗部A7病房护士长

张抒扬　北京协和医院党委书记、副院长

孙　红　北京协和医院妇儿党总支书记

杨　汀　中日友好医院呼吸中心临床诊察部主任、呼吸与危重症医科三部副主任

王　薇　中日友好医院门急诊科护士长

李　静　中国中医科学院西苑医院护理部副主任

杜　渐　北京中医药大学东直门医院骨科一病区护士长

王玉英　北京大学第一医院大外科科护士长

赵秀莉　北京大学第一医院感染管理、疾病预防控制处党支部书记

丁　璐　北京大学人民医院重症医学科护士长

高　燕　北京大学人民医院感染科主任、医院感染管理办公室主任

乔　杰　北京大学第三医院院长

沈　宁　北京大学第三医院副院长

蒲　琳　北京地坛医院重症医学科主任医师

金建敏　北京同仁医院呼吸科主任医师、北京市援鄂医疗队同仁医院领队

纪冬梅　北京老年医院内科总护士长、副主任护师、北京市援鄂医疗队护理组组长

天津市

肖　莉　天津市第一中心医院感染科护士长

黄馨仪　天津市第三中心医院医生

王艳冬　天津市人民医院副院长

陈　艳　天津市南开医院内镜诊疗中心、超声科护士长

李　莉　天津市海河医院呼吸与危重症科主任

张　颖　天津市疾病预防控制中心副主任

张燕平　天津医科大学总医院感染科副主任医师

路　佳　天津市肿瘤医院主治医师

王树苓　天津中医药大学第二附属医院护理部主任

孙建宇　天津医科大学第二医院感染免疫科护士长

张宝娥　天津市滨海新区大港医院消化肾内科护士长

包宏静　天津市蓟州区人民医院心胸外科护士长

河北省

平　芬　河北省人民医院老年病三科主任兼保健处处长

高　伟　河北省疾病预防控制中心突发公共卫生事件应急办公室副主任

张　玲　河北省胸科医院呼吸科主任

佟　飞　河北医科大学第二医院重症医学科主任

丁翠敏　河北医科大学第四医院呼吸科主任

王立君　河北省石家庄市第三医院心内一科主任

刘　倩　河北省保定市第二医院重症医学科副主任

赵红芳　河北医科大学第三医院手外科护士长

高　伟　河北医科大学第三医院感控科负责人

山西省

张沁莲　山西省人民医院院感科护士长

张秀珍　山西省大同煤矿集团有限责任公司总医院普外二科护士长

章　峥　山西医科大学第二医院特诊科副护士长

翟艳萍　山西白求恩医院内科总护士长

罗　珊　山西省人民医院普外科科护士长

牛巧红　山西省肿瘤医院护理部副主任

王　婷　山西省长治医学院附属和济医院呼吸内科主治医师

张晓辉　山西省阳泉市第一人民医院普通外二科主管护师

赵　娜　山西省长治医学院附属和平医院护理部副主任

陈　颖　山西省肿瘤医院生物治疗科护士长

张文静　山西省汾阳医院护理部外科科护士长

赵　卉　山西医科大学第二医院呼吸与危重症医学科副主任师、呼吸内科支部书记

潘朝霞　山西省运城市第二医院结核科主任

杨红雨　太原市第四人民医院护理部主任

杨红霞　山西省疾病预防控制中心疾病检验科副科长、九三学社山西省直属医药支社副主委

内蒙古自治区

李　莉　内蒙古医科大学附属医院感控医师、内蒙古自治区院感指控中心秘书

闫志宏　内蒙古自治区包头市肿瘤医院综合内科主任医师

刘　卓　内蒙古自治区兴安盟人民医院副院长

李彩东　内蒙古自治区赤峰市林西县医院神经内科副主任

周　乐　内蒙古自治区乌兰察布市中心医院呼吸与危重症科护士

郝巧枝　内蒙古自治区巴彦淖尔市临河区人民医院呼吸与危重症医学科副主任、主任医师

毕晓波　内蒙古自治区乌海市人民医院内镜中心护士长

王海燕　内蒙古自治区阿拉善盟中心医院内科党支部副书记

辽宁省

曹丽华　辽宁省大连医科大学附属第二医院呼吸与危重症医学二科主任

林　群　辽宁省鞍山市中心医院重症医学科副主任

姜凯丽　辽宁省丹东市中心医院重症医学科主任

高亚维　辽宁省抚顺市传染病医院呼吸道病房主任

刘　丹　辽宁省中国医科大学附属第四医院重症医学科副主任医师

姚文清　辽宁省疾病预防控制中心副主任

霍　焰　辽宁中医药大学附属第二医院心病二科护士长

尹　方　辽宁省中国医科大学附属第一医院核医学科护士长

王政华　辽宁省锦州医科大学附属第一医院肿瘤科教研室主任、消化道肿瘤一病区主任

戴　红　辽宁省大连医科大学附属第一医院护理部科护士长

鹿红静　辽阳市中心医院护理部副主任

郭云芳　辽宁省葫芦岛市连山区人民医院护理部主任

刘　洋　辽宁省肿瘤医院泌尿外科一病区护士长

于　欣　辽宁省阜新市中心医院呼吸病房副主任

吴艳华　辽宁省朝阳市第二医院重症医学科护士长

张　蕉　辽宁中医药大学附属第三医院骨科护士长

宁　欣　辽宁省金秋医院第一党支部书记

王　萍　辽宁省沈阳市疾病预防控制中心副主任

王　舒　辽宁省精神卫生中心护师

耿秀娟　辽宁省本溪市中心医院呼吸科主任

文　涓　辽宁省大连市急救中心医生

吉林省

王宇石　吉林大学第一医院心内科CCU副主任

孙丽萍　吉林大学第二医院感染部副主任

田　琳　吉林省长春中医药大学附属医院肺病科副主任、主任医师

孙桂莉　吉林医药学院附属医院呼吸科主治医师

张春艳　吉林省长春市儿童医院感染疾病科主管护师

曹　婧　吉林省吉林市中心医院医疗合作部主任、副主任医师

孙晓苹　吉林省舒兰市人民医院感染性疾病科主治医师

刘　宇　吉林省四平市疾病预防控制中心病毒检验科科长

李婷婷　吉林省通化市人民医院呼吸与重症医学科护师

张晓慧　吉林省前卫医院综合内科主任

付广双　吉林省一汽总医院感染科主任

王　忝　吉林省疾病预防控制中心（吉林省公共卫生研究院）副主任

黑龙江省

郭文霞　黑龙江省医院感染监控科副主任

于艳玲　黑龙江省疾病预防控制中心党委书记、防控专家组组长

刘玉琴　黑龙江省传染病防治院副院长、医疗救治专家组组长

冯金玫　黑龙江省齐齐哈尔市第七医院临床科主任

于　洋　黑龙江省齐齐哈尔医学院附属第一医院护士长

董丽丽　黑龙江省牡丹江市中医医院重症医学科护士长

倪　薪　黑龙江省牡丹江医学院附属红旗医院副主任医师

徐晓霞　黑龙江省佳木斯大学附属第二医院综合内科副主任

吕佳瑞　黑龙江省佳木斯市中心医院第一门诊部副主任

段　伟　黑龙江省大庆市人民医院医务科科长

李　晖　黑龙江省鸡西市疾病预防控制中心微生物检验负责人

王文艳　黑龙江省双鸭山市人民医院呼吸内科副主任、传染科负责人

鹿鸿雁　黑龙江省伊春市疾病预防控制中心副主任

勾玉洁　黑龙江省黑河市疾病预防控制中心党支部书记、主任

杨　宁　黑龙江省绥芬河市人民医院重症医学科护士

上海市

查琼芳　上海交通大学医学院附属仁济医院呼吸科主治医师

徐　璟　复旦大学附属中山医院重症医学科护士长

李春花　上海市松江区九亭医院二病区护士长

黄波黎　上海交通大学医学院附属第九人民医院重症监护室护士长

杨敏婕　复旦大学附属华山医院主治医师

李　昕　上海市东方医院心内科主治医师

刘嘉琳　上海交通大学医学院附属瑞金医院主任医师

卢根娣　上海中医药大学附属曙光医院护理部主任

钱海泳　上海市第六人民医院ICU副护士长

张晓丹　上海市第七人民医院传统医学科主任兼医务处副处长

常　健　上海市第一人民医院护理部（南）副主任

陆云飞　上海市公共卫生临床中心副主任

葛艳玲　复旦大学附属儿科医院病区主任

徐　英　上海市浦东医院门急诊科护士长

廖　坚　上海市静安区中心医院护理部副主任

江苏省

黄英姿　江苏省东南大学附属中大医院副院长

乔　莉　江苏省人民医院急诊科主任医师

张园园　江苏省中医院外科科护士长

郭喜玲　江苏省疾病预防控制中心主任技师

陶连珊　江苏省南京医科大学第二附属医院呼吸与危重症医学科科护士长

王　慧　江苏省中西医结合医院感染科副主任

侯亚玲　江苏省南通大学附属医院主管护师

晁亚丽　江苏省徐州医科大学附属医院重症医学科科主任助理

钱粉红　江苏大学附属医院呼吸与危重症医学科科主任

李　林　江苏省南京市第一医院感染性疾病科护士长

张　燕　江苏省无锡市第二人民医院护理部副主任

王　犇　江苏省徐州市中心医院内分泌科副主任医师

王霞英　江苏省常州市第三人民医院感染一科（艾滋病科）护士长

曾元英　江苏省苏州市立医院副院长

陈　燕　江苏省南通市第三人民医院传染科副护士长

徐　元　江苏省连云港市第四人民医院肝一科护士长

殷　进　江苏省淮安市第一人民医院重症医学科护士长

王　颖　江苏省盐城市第一人民医院感染管理处副处长

徐茹茵　江苏省扬州市第三人民医院肺病科十七病区护士长

张文凤　江苏省高邮市中医医院护理部主任

刘　金　江苏省镇江市疾病预防控制中心检验科科员

濮雪华　江苏省泰州市人民医院重症医学科副主任

魏红梅　江苏省宿迁市传染病防治中心副主任

浙江省

项　波　浙江省杭州市西溪医院隔离病房负责人

蔡星星　浙江省杭州市第三人民医院重症医学科副护长

王美仙　浙江省淳安县妇幼保健院院长

郑南红　浙江省中国科学院大学宁波华美医院急性感染科主任、主任医师、隔离病房主任

何　洋　浙江省宁波市奉化区中医医院医共体护士长

邵　玲　浙江省宁波市中医院呼吸科主管护师

雷叶静　浙江省温州市中医院感染科副护士长

邱国琴　浙江省湖州市中心医院呼吸与危重症医学科护士长

张　齐　浙江省嘉兴市第一医院内科主任

刘蓝冰　浙江省绍兴市人民医院老年病科副护士长

倪红英　浙江省金华市中心医院重症医学科室副主任

彭春仙　浙江省衢州市人民医院感染科主任

郑汉阳　浙江省舟山医院ICU护士长

李映芳　浙江省台州市立医院大内科副护士长

杨　希　浙江省台州市中心医院（台州学院附属医院）呼吸与危重症医学科副主任

吴　倩　浙江省丽水市中医院急诊科护士长助理、主管护师，ICU专科护士

杨向红　浙江省人民医院重症医学科副主任

富燕萍　浙江省人民医院SICU护士长

王华芬　浙江大学医学院附属第一医院院长助理、护理部主任

张　颖　浙江大学医学院附属第二医院脑重症学科副主任医师、党支部书记，医院团委书记

吕芳芳　浙江大学医学院附属邵逸夫医院肝病感染科主任

安徽省

朱　梦　安徽省疾病预防控制中心应急办医师

刘永平　安徽省宣城市人民医院重症医学科副护士长

刘敏鸿　安徽省安庆市疾病预防控制中心微生物检验科科长

张　蕖　安徽省合肥市妇幼保健院东区（合肥市儿童医院）副院长、副主任护师

张秀平　安徽省儿童医院感染管理科科长

张荣珍　安徽省芜湖市中医医院急诊内科主任

周国红　安徽省合肥京东方医院神经医学部护理主管、主管护师

项可霞　安徽省马鞍山市疾病预防控制中心微生物检验科副科长

翁菲菲　安徽中医药大学第一附属医院肿瘤一科主管护师

谢少清　安徽省中国科大附一院（安徽省立医院）副主任医师

翟　蕙　安徽省蚌埠医学院第一附属医院感染科主治医生

霍佳佳　安徽医科大学第一附属医院神经内科重症监护室护士

福建省

吴冰珊　福建省疾病预防控制中心传染病防治研究所病毒性疾病防治研究室副主任技师

陈巧玲　福建省立医院重症医学三科护士长

林蓉金　福建医科大学附属第一医院护理部主任、院工会女工委主任

陈水凤　福建中医药大学附属人民医院副护士长、内三支部党支部书记

卢　筠　福建省福州肺科医院院感科主任

黄辉萍　福建省厦门大学附属第一医院院感科主任医师、行政第四党支部书记

郑义春　福建医科大学附属漳州市医院感染科护士长

李婷婷　福建省泉州市光前医院内二科主管护师

陈春莺　福建省莆田市第一医院护理部主任兼医院感染管理科科长

周国英　福建省南平市建阳区疾控中心副主任

廖琳虹　福建省龙岩市疾病预防控制中心科员

雷乐莺　福建省宁德市蕉城区医院内科三区副护士长

张　霖　福建省三明市第一医院护理部副主任

江西省

霍亚南　江西省人民医院副院长

许建宁　江西省南昌大学二附院综合ICU副主任

左慧敏　江西省赣南医学院第一附属医院主治医师

余知依　江西中医药大学附属医院ICU护士长

谢　卫　江西九江学院附属医院大科护士长

颜金花　江西省南昌市第一医院血液科副主任医师

熊衍峰　江西省赣州市疾病预防控制中心检验科副主任技师

梁文英　江西省宜春市人民医院骨科护士长

廖财俊　江西省上饶市第二人民医院传染病区护士

罗　青　江西省吉安市疾病预防控制中心核酸检测员

李　铭　江西省抚州市第一人民医院神经外科护师

山东省

房晓杰　山东省淄博市中心医院护理部副主任

康　海　山东省烟台市毓璜顶医院急诊科主任

王雲雲　山东省潍坊市中医院急诊科护士

王　睿　山东省宁阳县妇幼保健院门诊手术室护士长

滕海风　山东省威海市立医院重症医学科主任

万修花　山东省莒县中医医院团委副书记、护士

解金枝　山东省庆云县人民医院重症医学科护士长

李学勤　山东省滨州市人民医院耳鼻喉科护士长

仝　雯　山东省菏泽市立医院重症监护室护士长

郭　莹　山东第一医科大学附属省立医院两腺外科护士长

刘春蕾　山东第一医科大学第二附属医院神经内科二病区护士长

李春莲　山东省潍坊医学院附属医院儿科护士长

李　伟　山东省济宁医学院附属医院护理部主任

庄向华　山东大学第二医院内分泌科副主任

王建醒　山东省疾控中心病毒性传染病防制所主管技师

河南省

韩雪迎　河南省商丘市第一人民医院急诊门诊护士长

李幸乐　河南省疾病预防控制中心传染病所副主任技师

李　艳　河南省郑州市第三人民医院疼痛康复科护士长

李　晶　河南省郑州大学第五附属医院心胸外科护士长

吕娅敏　河南省胸科医院结核内科二病区护士长

王丽辉　河南省中医院急救创伤中心副主任

王　瑞　河南省直第三人民医院康复医学科护士长

魏　冰　河南省肿瘤医院临床病理中心技师长

张一红　河南省安阳市肿瘤医院护理部主任

赵秋珍　河南省漯河市中心医院护理部副主任

湖北省

付守芝　湖北省武汉市三医院急诊科兼ICU科主任

熊　馥　湖北省黄石市疾病预防控制中心艾防所副所长、人事科科长

肖红梅　湖北省十堰市西苑医院感染科护士长、感染病区党支部书记

焦　蓉　湖北省襄阳市第一人民医院儿科主任

周晓琳　湖北省宜昌市中心人民医院感染性疾病科主任

钟敏华　湖北省孝感市中心医院呼吸与危重症医学科主任兼呼吸与危重症医学科一病区主任

胡　婕　湖北省荆州市疾病预防控制中心卫检所副所长兼微检科科长

袁小红　湖北省荆门市中医医院感染二科护士长

张　莹　湖北省鄂州市中心医院重症医学科护士长

张　慧　湖北省黄冈市中心医院医院感染管理科主任

黄丽琼　湖北省咸宁市中心医院人力资源部主任、产科副主任

谌春仙　湖北省随州市中心医院感染疾病科副护士长

谭　丽　湖北省恩施土家族苗族自治州中心医院外三科护士长

周　琴　湖北省仙桃市第一人民医院感染性疾病科护士长

胡福英　湖北省天门市第一人民医院呼吸与危重医学科副主任

杨海红　湖北省潜江市中心医院护理部副主任

许淑云　湖北省华中科技大学同济医学院附属同济医院呼吸与危重症医学科主任医师、教授

周　琼　湖北省华中科技大学同济医学院附属协和医院内科党委副书记，呼吸支部书记、呼吸科副主任

魏　敏　湖北省武汉大学人民医院东院产科主任

陈慧君　湖北省武汉大学中南医院妇产科副主任

陈秋霞　湖北省武汉科技大学附属天佑医院护理部主任

张　晋　湖北省荣军医院老年病科副主任

刘琳琳　湖北省疾控中心卫生检验检测研究所流感参比实验室主任

杨　晶　湖北省中医院护理部大科护士长

谭　晓　湖北省民族大学附属民大医院重症医学科主治医师

廉红梅　湖北省妇幼保健院妇科副主任

李才华　湖北省肿瘤医院感控办主任

孙跃玲　湖北省中西医结合医院心内科副主任

戴丽星　湖北省第三人民医院全科医学科副主任

肖红霞　湖北省直属机关医院外科肛肠科护士长

湖南省

冯　雁　湖南省长沙市中心医院呼吸病诊疗中心护士长

禹　莹　湖南省岳阳市二人民医院儿科主治医师

银春梅　湖南省邵阳市中西医结合医院急诊科副主任医师

刘安娜　湖南省湘雅常德医院重症医学科护士长

彭苏娜　湖南省株洲市中心医院重症医学科副主任

吴静芳　湖南省娄底市妇幼保健院院感科兼人事科科长

张海燕　湖南省益阳市第四人民医院呼吸传染科护士长

侯亦平　湖南省中南大学湘雅二医院血液净化中心主管护师

朱海利　湖南省中医药研究院附属医院护理研究室副主任

全慧君　湖南省南华大学附属第一医院护理部内科片护士长

陈　畅　湖南中医药高等专科学校附属第一医院呼吸科主任

韩小彤　湖南省人民医院急诊医学科主任

王丽霞　湖南旺旺医院护理部副主任

广东省

易　慧　广东省中山大学附属第一医院呼吸与危重症医学科主治医师

邱逸红　广东省中山大学孙逸仙纪念医院护理部副主任

郑小燕　广东省中山大学附属第三医院感染科主管护师

尹海燕　广东省暨南大学附属第一医院危急重症医学部主任

蔡绍曦　广东省南方医科大学南方医院呼吸科主任

李慧敏　广东省南方医科大学第三附属医院副主任医师

刘晓青　广州医科大学附属第一医院重症医学科主任

刘燕燕　广州中医药大学第一附属医院重症医学科护士长

林　琳　广东省中医院呼吸与危重症医学科大科主任

王首红　广东省人民医院ICU主任

孙瑞琳　广东省第二人民医院呼吸与危重症医学科主任

孙立梅　广东省疾病预防控制中心免疫所所长

叶远芳　广东省第二中医院重症医学科主管护师

余　纳　广州市第一人民医院副院长、风湿免疫内科主任医师

廖　雅　广州市第八人民医院重症医学科主管护师

王　玲　广东省北京大学深圳医院乳甲整形外科护士长

袁　静　广东省深圳市第三人民医院感染科主任

路海云　广东省佛山市第二人民医院护理部主任、主任护师

毕晓霞　广东省惠州市第一人民医院肿瘤内科主任

袁小玲　广东省中山市人民医院呼吸与危重症医学科学术主任

马燕妮　广东省湛江中心人民医院感染内科副主任医师

广西壮族自治区

方　芳　广西脑科医院睡眠医学科主治医师

唐　晓　广西中医药大学附属瑞康医院重症医学科副主任

高燕萍　广西壮族自治区妇幼保健院厢竹院区重症医学科副护士长

郑　立　广西壮族自治区江滨医院呼吸康复科主任

陈崇霞　广西北海市人民医院急诊科副护士长

梁大斌　广西壮族自治区疾病预防控制中心结核病防制所副所长

蓝　珂　广西壮族自治区龙潭医院感染科党支部书记、感染科二病区主任

王浜琴　广西壮族自治区人民医院普通内科副科长

兰卫华　广西壮族自治区南宁急救医疗中心护士长

海南省

苏春芳　海南省第二人民医院呼吸科主任

李　娜　海南省人民医院重症医学科医生

林　玲　海南医学院第一附属医院呼吸内科医生

张　玲　海南省中医院急诊科副护士长

曾祥洁　海南省疾病预防控制中心援鄂人员

唐媛媛　海南省昌江医疗集团重症医学科医生

王朱连 海南省东方市东方医院消化内二科护士长

周有泠 海南省海口市人民医院重症医学科护士

重庆市

童 瑾 重庆医科大学附属第二医院呼吸内科副主任

贾 蓓 重庆医科大学附一院感染科主任医师、教授

周 平 重庆医科大学附属永川医院ICU副护士长

樊安芝 重庆市公共卫生医疗救治中心综合片区护士长

姚茂秋 重庆市黔江中心医院确诊病区副护士长

沈卓之 重庆市疾控中心慢病所库区卫生科科长

陈小凤 重庆市渝北区疾病预防控制中心微生物科副科长

何芝菲 重庆市潼南区疾控中心检验科副科长

唐家芳 重庆市璧山区人民医院消化内科护师

刘 玥 重庆市九龙坡区中医院重症医学科护士长

马小玲 重庆医药高等专科学校附属第一医院医院感染管理科副科长

赵凤娟 重庆市第九人民医院重症医学科副护士长

陈美辰 重庆医科大学附属第二医院护理部护士

米 洁 重庆医科大学附属第一医院重症医学科护士长、重庆市第八批援鄂医疗队总护士长、重庆市卫健委新冠肺炎医疗救治专家组成员

袁玲燕 重庆市南岸区疾病预防控制中心职业卫生与食品卫生科副科长

景 熙 重庆市急救医疗中心心血管内科副护士长

四川省

岳冀蓉 四川大学华西医院老年科副主任、国家老年疾病临床医学研究中心副主任

张　书　四川省疾病预防控制中心结防所主管技师

刘蓉安　四川省医学科学院、四川省人民医院重症医学中心主治医师

王荣丽　四川省西南医科大学附属医院院感部部长

李　玮　四川省绵阳市中心医院重症医学科副护士长

佘　沙　四川省第四人民医院内科四病区护师

曾　丽　四川省成都市公共卫生临床医疗中心护士长

余　倩　四川省泸州市古蔺县人民医院内科一病区护理组长

周　娴　四川省自贡市第一人民医院传染科主管护师

魏　燕　四川省广元市第一人民医院呼吸内科主治医师

付　萍　四川省内江市第二人民医院重症医学科副护士长

何　清　四川省德阳市人民医院呼吸与危重医学科副主任

于晓燕　四川省南充市中心医院感染科副主任

贵州省

林洁如　贵州省人民医院呼吸与危重医学科副主任医师

姚　欢　贵州省人民医院急诊内科护士长

王丽琨　贵州医科大学附属医院急诊科副主任、主任医师

程玉梅　贵州医科大学附属医院重症医学科副教授

邱隆敏　贵州省遵义医科大学附属医院院感科主任

雷　娟　贵州省贵阳市疾病预防控制中心流病科科长

杜富佳　贵州省遵义市湄潭县人民医院团委副书记、护师

熊学珍　贵州省安顺市妇幼保健院护理部副主任

陈　川　贵州省黔南州罗甸县中医医院护理部护士

黄　毅　贵州省黔东南苗族侗族自治州人民医院呼吸与危重症医学科护士长

张恩莉　贵州省黔西南州兴义市人民医院呼吸内科医师

雍朝斌 贵州省毕节市织金县中医院内分泌科护士长

云南省

丁　怡 云南省昆明市妇幼保健院护理部干事

赵阳清 云南省昭通市疾病预防控制中心科员

邓星梅 云南省曲靖市妇幼保健院院长

董艳芳 云南省保山市人民医院重症医学科护士长

吕佩颖 云南省红河州第三人民医院急诊科护士长

彭　霞 云南省疾病预防控制中心处突中心主任

沈居丽 云南省第三人民医院妇科支部书记、妇科护士长

陈琬玲 云南省肿瘤医院胸外一科（胸心血管外科）副主任医师

董　薇 云南省大理大学第一附属医院护理部副主任

李　侠 云南省传染病医院感染一科主任

龙美运 云南省急救中心急救科医生

西藏自治区

石　荔 西藏自治区人民医院医务处处长、感染科主任

陕西省

蔺淑梅 陕西省西安交通大学第一附属医院主任医师、教授

杨惠云 陕西省西安交通大学第二附属医院护理部主任

王　丽 陕西省疾病预防控制中心微生物检测主任技师

弓显凤 陕西省西安市胸科医院中西医结合科主任

李　倩 陕西省西安市疾病预防控制中心传染病控制科副科长

李红燕 陕西省宝鸡市疾病预防控制中心主管技师

阴媛媛　陕西省铜川市人民医院重症医学科护士长

陈　瑶　陕西省三二〇一医院重症医学科护士长

薛义宝　陕西省安康市人民医院重症医学科主管护师

朱　柏　陕西省西安交通大学第一附属医院呼吸与危重症医学科党支部书记

甘肃省

高育新　甘肃省人民医院门诊部副主任

杨　兰　甘肃省妇幼保健院副院长

刘晓菊　甘肃省兰州大学第一医院呼吸专业一级主任医师、甘肃省第六批援助湖北医疗队队长、临时党支部书记

刘艳花　甘肃省金昌市人民医院重症医学科护士长

贾金霞　甘肃省定西市疾病预防控制中心检验科副科长

周莹荃　甘肃省兰州市肺科医院感染科负责人、副主任医师

刘　华　甘肃省人民医院呼吸与危重症医学科主任

肖　文　甘肃省紧急医疗救援中心副主任

青海省

王梅英　青海省人民医院医院感染管理科第一副主任

卓　玛　青海省第四人民医院副院长

韩海英　青海省海东市乐都区人民医院内一科副护士长

宁夏回族自治区

卢　燕　宁夏回族自治区银川市第一人民医院ICU主任

屈文慧　宁夏回族自治区固原市人民医院重症医学科副主任

朱丽娟　宁夏回族自治区吴忠市人民医院重症医学科主治医师

刘　辉　宁夏回族自治区人民医院重症医学科党支部书记

刘伶俐　宁夏回族自治区第四人民医院护理部主任

郭丽荣　宁夏回族自治区石嘴山市第一人民医院重症医学科护士长

邸晓君　宁夏医科大学总医院心脑血管病医院护理部副主任

张慧娟　宁夏回族自治区中卫市人民医院手术室手术麻醉科副护士长

新疆维吾尔自治区

姑丽扎尔努尔·艾尔肯　新疆维吾尔自治区喀什地区第一人民医院神外ICU护士长

于朝霞　新疆医科大学第一附属医院重症医学中心一科副主任

宋玉霞　新疆维吾尔自治区胸科医院、传染病医院党委委员、副院长

杨　丽　新疆维吾尔自治区人民医院神经内科护士长

新疆生产建设兵团

张惠荣　新疆生产建设兵团石河子大学医学院第一附属医院儿科副主任、主任医师

解放军和武警部队

张　璇　湖北省军区武汉第五离职干部休养所门诊部医师

尹诗静　32268部队干部病房主管护师

苏嫦娥　32308部队眼耳鼻喉科护士长、副主任护师

李会芳　32310部队妇儿科主管护师

吴冬冬　新疆军区总医院护理部助理员、主管护师

白丽娟　新疆军区总医院肿瘤科护士长、主管护师

牛慧娟　陆军第九四九医院烧伤整形科护师

刘　蕾　陆军军医大学第一附属医院老年医学与特勤医学科副主任护师

肖　利　陆军军医大学第一附属医院老年医学与特勤医学科护士长、主管护师

张丽敏　陆军军医大学第二附属医院心血管内科护士长、副主任护师

罗春梅　陆军军医大学第二附属医院老年医学与特勤医学科副主任护师

梁泽平　陆军特色医学中心专科片区总护士长、副主任护师

许　芳　南部战区海军第一医院重症医学科护士长、主管护师

谢媛琪　原第四二二医院传染科护士长、副主任护师

于　凤　海军第九七一医院急诊医学科主管护师

王　梅　海军第九七一医院崂山医疗区外科副主任护师

徐　琪　海军职工医院消化内科护师

邱文娟　海军军医大学第一附属医院心血管外科护士长、副主任护师

徐正梅　海军军医大学第二附属医院副院长、副主任医师

赵正卿　海军军医大学第二附属医院神经内科主治医师

常艳琴　海军军医大学第三附属医院肝外三科主管护师

陈　萃　海军军医大学第三附属医院消化内科主管护师

陈小凤　东部战区空军医院急诊科主任、副主任医师

骆利敏　南部战区空军医院感染病科主任、副主任医师

仇谷予　西部战区空军医院麻醉科主管护师

吴晓彧　北部战区空军医院呼吸内科护士长、主管护师

张义红　原第四五七医院疾病预防控制科主任、主任医师

张　楠　空军军医大学第一附属医院骨科主管护师

刘　伟　空军军医大学第二附属医院呼吸内科副主任医师

张　萌　空军军医大学第二附属医院神经外科护师

刘　菲　空军军医大学第三附属医院麻醉科护士长、主管护师

张　佳　空军第九八六医院健康管理科主管护师

吴桂萍　96601部队医院内二科护师

冯青峰　96604部队医院护理部主管护师

张红霞　96604部队医院内三科主任、副主任医师

吴　倩　63680部队医院外一科护士长、护师

刘　莉　战略支援部队特色医学中心急诊医学科副主任、主治医师

楼燕凤　东部战区总医院口腔科护士长、主管护师

李傲梅　东部战区总医院放射治疗科护士长、护师

郑翠霞　东部战区总医院秦淮医疗区感染科护士长、主管护师

孔　悦　联勤保障部队第九〇〇医院护理部主任护师

崔晓萍　联勤保障部队第九〇〇医院神经内科主任、副主任医师

王　艳　联勤保障部队第九〇一医院中医内分泌科护士长、主管护师

胡　艳　联勤保障部队第九〇三医院疾病预防控制科主任、主管护师

徐　娟　联勤保障部队第九〇四医院骨科三区护士长、主管护师

林素梅　联勤保障部队第九〇九医院健康医学科护士长、护师

季　波　南部战区总医院临床药学科主任、副主任药师

张惠芬　南部战区总医院干部病房三科护师

李　理　南部战区总医院感染科主任、主治医师

王利莎　联勤保障部队第九二〇医院肿瘤科主管护师

刘芳宁　联勤保障部队第九二三医院感染科护士长、护师

杨晓丽　联勤保障部队第九二五医院特勤科护士长、主管护师

张　瑞　联勤保障部队第九二五医院感染科主管护师

卓　越　西部战区总医院中医科主管护师

崔　琳　西部战区总医院骨科护士长、主管护师

张　璐　联勤保障部队第九四〇医院乳腺科护士长、护师

王秀锋　联勤保障部队第九四〇医院消化内科护士长、副主任护师

金　萍　联勤保障部队第九四二医院护理部主任、副主任护师

张　娜　西部战区疾病预防控制中心疾病监测科主管技师

于佳平　北部战区总医院和平医疗区副主任、副主任护师

宗　晶　联勤保障部队第九六〇医院护理部主任、主管护师

冯小霞　联勤保障部队第九六〇医院耳鼻咽喉头颈外科护士长、主管护师

苏　霞　原第八十八医院心胸外科主管护师

赵守焱　联勤保障部队第九六二医院呼吸内科主任、副主任医师

王淑艳　联勤保障部队第九六五医院卫勤训练中心主管护师

葛淑晶　联勤保障部队第九七〇医院呼吸消化内科主管护师

刘海潮　中部战区总医院呼吸内科副主任、主治医师

杨巧云　中部战区总医院消化内科主管护师

刘孟丽　中部战区总医院神经内科护士长、副主任护师

骆文静　中部战区总医院神经内科主治医师

吴丽媛　中部战区总医院肾脏病科护士长、护师

李菁媛　中部战区总医院血液科主治医师

程　坤　中部战区总医院汉口医疗区门急诊科护士长、主管护师

郭云萍　联勤保障部队第九八〇医院医疗保障中心消毒供应室副主任护师

武睿敏　联勤保障部队第九八〇医院骨科护士长、主管护师

任燕梅　联勤保障部队第九八五医院重症医学科护士长、护师

沈兆媛　联勤保障部队第九八七医院护理部助理员、主管护师

方　圆　联勤保障部队第九八八医院感染科护师

李　珂　联勤保障部队第九八九医院军队伤病员管理科主治医师

刘春艳　联勤保障部队北戴河康复疗养中心发热门诊护士长、主管护师

刘天懿　原解放军总医院肿瘤中心内科副研究员

宋　青　解放军总医院第一医学中心重症医学科主任医师

叶　平　解放军总医院第二医学中心心血管内科主任医师

马立芝　解放军总医院第三医学中心医疗风险管理科主治医师

王　曼　解放军总医院第四医学中心急诊医学科护士长、主管护师

张　昕　解放军总医院第五医学中心护理部主任、副主任护师

苑　鑫　解放军总医院第五医学中心感染病医学部生物损伤救治科主治医师

王玉红　解放军总医院第七医学中心原急诊科副主任、副主任医师

程代玉　解放军总医院第八医学中心急诊科发热门诊护士长、主管护师

王　琳　解放军总医院海南医院护理部主任、主管护师

苏雪婷　解放军疾病预防控制中心军事作业医学防护科副主任、助理研究员

康晓平　军事科学院军事医学研究院某研究室副研究员

王　岩　武警部队湖北省总队武汉支队卫生队队长、主治医师

吉　利　武警部队湖北省总队医院内一科护师

周　媛　武警部队湖南省总队衡阳支队勤务保障大队卫生队医师

任晓兰　武警部队四川省总队医院门诊部副主任、副主任医师

王　蕊　武警部队特色医学中心心脏重症医学科护师

胡海霞　武警部队特色医学中心烧伤冻伤及组织功能重建研究所护师

孙　艳　武警部队特色医学中心神经重症医学科主治医师

刘传萍　武警部队特色医学中心泌尿外科护师

抗击新冠肺炎疫情全国三八红旗手

北京市

颜　葵　北京广播电视台新闻节目中心记者

范怡婷　北京市公安局大兴分局团河派出所社区民警

曹　巍　北京市科委医药健康科技处副研究员

许丽娜　北京物美商业集团股份有限公司党委书记、副总裁

王素玉　北京燕山石化公司高科技术有限责任公司研究中心主任工程师

姜　萍　北京市丰台区妇联党组书记、主席

甘丽平　北京市海淀区委组织部常务副部长，海淀区社区防控组副组长

张　颖　北京市大兴区西红门镇兴日苑社区党支部书记、居委会主任

孟丽红　香港祈福集团副董事长，北京市妇联常委

刘　亭　中贸圣佳国际拍卖有限公司董事长

王　辉　北京生物制品研究所有限责任公司研究员

孔　紫　中国女画家协会主席

天津市

郭　颖　天津市河北区鸿顺里街宝兴里社区党支部书记、居委会主任

杨　芳　天津市西青区人民政府办公室建议提案科（外事科）科长

蒋　智　天津金匙医学科技有限公司CEO

张　丹　橙意家人科技（天津）有限公司总裁

霍艳华　天津津云新媒体集团股份有限公司记者

孙　倩　天津外国语大学国际交流与合作处副处长

河北省

魏　聪　石家庄以岭药业股份有限公司中药分院院长

刘建春　河北广播电视台交通频率节目制作人

支润芳　河北省承德市双桥区西大街街道碧园社区党支部书记、居委会主任

高　鹤　河北省香河妇联巾帼爱心汇志愿服务队队员

刘师伟　河北省衡水市桃城区中华街道裕丰社区党支部书记、居委会主任

商黎英　河北省邢台市威县县委书记

赫俊霞　河北省邯郸市邯山区农林路街道百乐苑社区党支部书记、妇联主席

谢　晴　河北省辛集市南智邱镇党委书记

山西省

李　敏　山西省太原市迎泽区市场监督管理局党组书记、局长

崔永明　山西省长治市潞州区延安南路街道淮海社区党委书记

王青俊　山西利普利拓煤机部件制造有限公司董事长

阮国珍　山西省运城市河津市僧楼镇党委书记

晋帅妮　山西日报记者

曹国萍　山西省临汾市尧都区公安局铁路东派出所教导员

内蒙古自治区

滕逸鹤　内蒙古自治区包头市东河区东站街道一中西路社区原党委书记

云玉美　内蒙古自治区呼和浩特市妇联党组书记、主席

李晋华　内蒙古多蒙德实业集团有限公司副董事长

钱桂文　通辽绿色农副产品批发市场有限责任公司总经理

辽宁省

崔　扬　辽宁维明律师事务所主任

刘　娜　辽宁省辽阳市公安局经济犯罪案件侦查支队支队长

林凤艳　郭明义爱心团队调兵山市爱心公益协会雷锋车队分队队长

樊丽萍　辽宁省鞍山市立山区友好街道三冶社区社区党委书记

韩雪竹　辽宁省营口市西市区五台子街道办事处创新社区党委书记兼居委会主任

黄红芳　辽宁省盘锦市兴隆台区惠宾街道迎宾社区党总支书记、妇联主席

吉林省

丛龙静　吉林广播电视台公共·新闻频道《第1报道》制片人、记者

姜丽娟　吉林省公安厅高速公路公安局长春分局民警、四级高级警长

姜凤霞　长春建业集团股份有限公司董事长兼总经理

张　艳　吉林省舒兰市滨河街道泓林社区党委书记

黑龙江省

钱春荣　黑龙江省农业科学院耕作栽培研究所副所长、研究员

王春艳　黑龙江省王春艳巾帼志愿服务队队长

王玉杰　黑龙江省大庆市龙凤区东光街道妇联主席

董　巍　黑龙江省哈尔滨市公安局巡特警支队女子辅警大队大队长

丛配玲　黑龙江省鹤岗市绥滨县花园社区居民

何晓艺　黑龙江广播电视台通联部副主任

盛新颖　黑龙江省虎林市中心街道城东社区党委书记、居委会主任

上海市

刘　琳　新民晚报社新民周刊社长、主编

汤雨桦　上海市徐汇区绿化和市容管理局机关党委副书记、组织人事科长

许海霞　上海瑾之润申达律师事务所律师

吴红萍　上海市长宁区仙霞新村街道虹旭居民区党总支书记

陈　琦　上海红日家园企业管理有限公司董事长

赵宪珍　上海市嘉定区妇联执委、上海市嘉定区南翔镇流动党员学堂党总支书记兼妇联主席、上海嘉定品海饭店总经理

郝　沛　中国科学院上海巴斯德研究所研究组长，妇委会主任

钱海鸥　上海市公安局长宁分局北新泾派出所社区民警

张简珍　上海震佳实业有限公司执行董事兼总经理

张军萍　上海市闵行区莘庄镇康城社区党委专职副书记，社区委员会、社区中心专职副主任

江苏省

刘　云　南京医科大学生物医学工程与信息学院副院长、教授、博士生导师，国家重点研发计划项目首席科学家

汤崇雁　苏州工业园区汤妈妈公益慈善中心创始人

孙金娣　江苏省南京市栖霞区委仙林街道党工委书记

季成辰　江苏省扬中市三茅街道新联社区党支部书记

居黛霞　江苏金卫机械设备有限公司总经理

秦艳秋　江苏省南通市妇联党组书记、主席

顾　敏　江苏省交通运输综合执法局道路局三级调研员

缪金凤　江苏苏利精细化工股份有限公司董事长

浙江省

郭昱辰　杭州巾帼西丽市政园林建设集团有限公司党委书记、总经理

朱红明　浙江省宁波市北仑区新碶街道大港社区党委书记、社区综治中心主任

乐素贞　浙江省温州市鹿城区松台街道庆年坊社区党委书记兼主任

丁　凤　嘉兴雅康博医学检验所有限公司总经理

沈振芳　振德医疗用品股份有限公司副董事长

胡　芳　国网兰溪市供电公司职工

刘　青　国家税务总局台州市税务局团委书记

陈金妹　KKEUROPE国际贸易公司董事长

陈　红　浙江省金华市公安局金东分局网安大队民警

李兰娟　浙江大学传染病诊治国家重点实验室主任

黄　薇　谦寻（杭州）文化传媒有限公司签约主播

陈　姿　浙江省温州市乐成街道南门社区发展融合中心副主任兼妇联主席

丰晓莹　浙江省杭州市余杭区看守所副所长

安徽省

王　芳　安徽省六安市爱心妈妈公益协会会长

王　毅　安徽省女子监狱第二十一监区政治教导员

张书娟　安徽省蚌埠市禹会区大庆街道卫健办主任，“暖心女儿”巾帼志愿者服务队副队长

肖　珍　安徽省铜陵新九鼎铜文化产业有限公司董事长

桂　婷　安徽省芜湖市三山区龙湖街道碧桂园社区党委副书记、妇联主席

康梅红　安徽省阜阳康琳商贸有限责任公司董事长

程彩玲　安徽省黄山市休宁县榆村乡岭脚村徽姑娘农家乐负责人

雷春霞 安徽省宣城市泾县公安局经济犯罪侦查大队大队长

呼　云 安徽省马鞍山市“七姐妹”志愿服务队队长

福建省

吴碧香 福建省福州市仓山区仓前街道万春社区党委书记、主任兼妇联主席

郑　艳 福建省三明市明溪县公安局治安管理大队大队长

翁美玉 莆田华闽进出口有限公司总经理

李　治 福建省南平市武夷山市妇联主席

黄凤婷 福建省龙岩市永定区合溪乡人民政府党政办干部

陈培仙 福建省宁德市霞浦县松港街道东昇社区党支部书记

黄育青 福建省厦门市海沧区台胞社区主任助理

江西省

朱卫丰 江西中医药大学党委委员、副校长，江西中医药大学现代中药制剂教育部重点实验室中药制剂团队负责人

吴　萍 江西广播电视台新闻中心记者

王智利 江西省南昌市公安局青山湖分局青山路派出所民警

卢　涛 江西省南昌市卫生学校纪委书记，章金媛爱心奉献团党总支书记

邹德霞 江西省九江市修水县爱心联合会常务副会长

蒋园香 江西省新余市渝水区城北街道毛家管理处党支部书记

杨　燕 江西省赣州市信丰县高新区管委会党委书记

山东省

梁志银 山东华凌电缆有限公司董事长

刘　娜 山东省潍坊市坊子区坊安街道党工委书记

司秋英　山东省济宁经济技术开发区财政集中支付中心负责人，济宁慈善中国好人秋英爱心义工团秘书长

刘　欣　山东省泰安市泰山区岱庙街道花园社区党委书记

朱呈镕　山东朱老大食品有限公司党委书记、董事长，沂蒙红嫂文化博物馆馆长

邵　燕　山东省禹城市麦香园食品有限公司总经理

刘　清　山东省菏泽市东明县公安局党委副书记、政委

刘冰冰　山东广播电视台融媒体资讯中心社会新闻部记者

河南省

赵迎春　平顶山学院咨询中心专职心理咨询师

郁林英　河南省安阳市林州市黄华镇庙荒村党支部书记

张丹丹　鹤壁经济技术开发区海河路街道北晨社区党支部副书记

宋改清　河南省许昌市魏都区南关街道大同社区党支部书记、主任

孔美玲　河南省漯河市舞阳县公安局舞泉派出所副所长

李雨晴　河南省南阳市城乡一体化示范区党工委委员、纪工委书记

时秀敏　信阳日报社融媒体采访中心主任

徐晓丽　河南省周口市沈丘县付井镇郭岗行政村党支部书记

刘香莲　河南省驻马店市西平县宋集镇宋集村党支部书记

湖北省

华雨辰　湖北省武汉市青山区钢花小学音乐教师

杨　雪　湖北省武汉寄给未来传媒有限公司导演

谢小玉　中国矿业大学（北京）学生，湖北省武汉市东湖生态旅游风景区东湖新城社区志愿者

桂小妹　湖北省武汉市青山区工人村青和居社区党总支书记、主任、妇联主席

萧永瑞　斯米克美加集团总裁，武汉外国语学校美加分校董事长

杨剑华　中南建筑设计院股份有限公司党委副书记、总经理

王　婧　湖北日报政治新闻中心记者

谢　珍　湖北广播电视台融媒体新闻中心记者

饶雪娥　湖北省武汉市公安局江夏分局纸坊派出所社区民警

王姣斌　湖北省武汉市洪山区梨园街武铁佳苑社区党委书记、主任、妇联主席

王涯玲　湖北省武汉市武昌区中南路街百瑞景社区党委书记、妇联主席

罗　臻　中百仓储武汉市黄浦路店店长

陈　凌　中国邮政集团有限公司武汉邮区中心局人力资源部副经理

满彩美　湖北省武汉市江汉区城管执法局环卫质量管理中心质检一队中山班清扫保洁员

邢小东　湖北省武汉市桥梁工程有限公司党委书记、董事长

王　静　湖北省心理咨询师协会常务理事、副秘书长

刘奥娜　湖北省武汉市公安局特警支队二大队一级警员

樊利琴　湖北省武汉市公安局轨道交通管理分局野芷湖派出所教导员

王　利　湖北省武汉市滴滴出行平台网约车司机

吴兴兰　湖北省襄阳市襄城区尹集乡姚庵村党委书记、村委会主任

格桑玉珍　湖北省襄阳市公安局樊城区分局中原派出所民警

黄金晶　湖北省襄阳日报社社会新闻部副主任

张　卿　湖北省襄阳市公交集团五分公司76路、78路、539路线路长、驾驶员

王　琼　湖北省宜昌市西陵区西坝街道甲街社区党委书记、居委会主任、妇联主席

彭子珈　湖北省宜昌市关爱单亲家庭协会会长、三峡日报社三峡商报副总经理

罗　莉　湖北省宜昌市高新区市政绿化环卫处垃圾分类督导员

刘建群　湖北省宜昌市春蕾少年儿童健康成长社会服务中心巾帼志愿者

梁　晶　湖北省黄石市广播电视台主持人

张　扬　湖北省黄石市西塞山公安分局黄思湾派出所教导员

肖雪妮　湖北省十堰市张湾区红卫街道王湾社区网格员

勾丽敏　湖北省十堰市茅箭区五堰街道华悦社区党支部书记

王　慧　湖北省荆州广播电视台融媒体新闻中心副主任

毕利霞　湖北省监利市精华水稻种植专业合作社理事长

李　琼　湖北康沁药业股份有限公司董事长

刘　菊　湖北省荆门市农业技术推广中心主任

廖国芳　湖北省荆门市京山市石龙镇陈湾村原妇联主席

胡小玲　湖北省鄂州市公安局铁骑队党支部书记、二级警长

曹　彦　湖北省鄂州市融媒体中心记者

左喜银　湖北省孝感高级中学西藏班班主任

张　婷　湖北省汉川市公安局华严水陆派出所所长

徐海珍　湖北省孝感市孝南区书院街道锦绣社区党总支书记

王慧梅　湖北省黄冈市天宏商贸有限公司董事长

杨院花　湖北省黄冈市红安县妇儿工委办专职副主任（疫情期间系红安县八里湾镇党委宣传委员、妇联主席）

孟丽平　湖北省黄冈市浠水县环境卫生管理所公厕管理员

熊建坤　湖北省咸宁市交通物流发展局副局长

周　萱　湖北省咸宁日报社新媒体中心编辑

冯琼杰　湖北省咸宁市环境保护监测站科员

顾　娟　湖北省随州市曾都区何店镇王家河社区居委会主任、妇联主席

龚雪婷　湖北省随州广播电视台记者

贺　靖　湖北省随州市知行社会工作服务中心理事长

彭　馥　湖北省恩施土家族苗族自治州来凤县公安局百福司派出所所长

姜晓玲 湖北省恩施土家族苗族自治州建始县高坪镇望坪社区居委会主任

周利荣 湖北省仙桃市誉诚无纺布制品有限公司总经理

李敬华 湖北省天门高新园侨乡社区党总支书记、居委会主任

吴纯羽 湖北省潜江市园林办事处党委书记

杨　荣 湖北省神农架林区松柏镇百花坪社区党支部书记、居委会主任、妇联主席

王壮丽 湖北省政府接待办公室副主任

王　慧 湖北省体育局洪山体育中心洪山体育馆副馆长

李　婧 湖北省医疗器械质量监督检验研究院业务科副科长

聂雪华 阿姨来了（武汉）信息科技有限责任公司总经理

武　洁 湖北省武汉市规划研究院副院长

张　丽 湖北顺丰速运有限公司工会主席

史雪荣 湖北省武汉市公安局武汉东湖新技术开发区分局社区民警

张　慧 湖北省黄冈市红安县公安局刑事侦查大队刑事情报中队中队长

湖南省

周　俊 圣湘生物科技股份有限公司副总经理、首席医学官

李　钟 湖南省高速公路交通警察局岳阳支队民警

谭颖仪 湖南养老援鄂先锋队护理员、长沙小分队队长，长沙市第二社会福利院职工

胡彩琴 湖南省株洲市渌口区渌口镇接龙桥社区党委书记

邓艳霞 湖南省卫健委卫生应急办公室干部

潘　桢 湖南广播电视台广播传媒中心新闻频道节目部副主任

文　方 湖南省长沙市妇联党组书记、主席

李石玉 湖南省怀化市会同县林城镇岩壁村党支部书记

广东省

尹华颖　广东省深圳市宝安区石岩街道上屋社区党委书记

陆秀兴　广东省佛山市禅城区张槎街道古灶村党总支书记

肖碧琴　广东省韶关市武江区新华街花城社区党委书记

李　锋　广东省茂名市化州化橘红药材发展有限公司董事长

潘慧娟　广东省肇庆市德庆县公安局指挥中心主任

师永霞　广州海关技术中心卫生检疫研究所（P3实验室）综合业务部部长

王晓丹　广东省公安厅治安管理局食品药品与环境污染犯罪侦查处环境污染犯罪侦查科科长

叶小红　广东省女企业家协会副会长、东莞市港龙实业有限公司董事长

于　童　广州出入境边防检查总站白云边检站执勤八队四级警长

许程聪　广东省湛江市徐闻县许姐志愿者协会会长

陈瑞贞　广东省佛山市公安局南海分局黄岐派出所综合室主任

广西壮族自治区

杨　冰　广西壮族自治区南宁市青秀区南湖街道党工委书记

谭连乔　广西壮族自治区河池市都安瑶族自治县爱心坊公益联合会会长

莫正云　广西壮族自治区桂林市永福镇党委书记

廖秋平　广西壮族自治区梧州市公安局城西派出所党支部书记、所长

梁彩奎　广西壮族自治区崇左市龙州县上龙乡弄平村党总支书记、村委会主任、妇联主席、村医

李玥莹　广西壮族自治区玉林市北流市公安局交通管理大队四级警长

海南省

邢孔梅　海南佳翔集团有限责任公司董事长

薛小红　海南省定安县富文镇党委书记、富文镇人民政府镇长

张春梅　海南省东方市卫生健康委员会党委书记、主任

重庆市

杨春敏　重庆市沙坪坝区石井坡街道团结坝社区党委书记、居委会主任

陈梦迪　重庆市万州区公安局警校教务处民警

杨铌紫　重庆日报民生新闻部记者

周　琛　重庆金夫人实业有限公司总裁

张　峪　重庆市涪陵区物业管理协会会长、重庆海源物业管理有限公司董事长

叶　梅　重庆市渝中区妇联党组书记、主席

朱甦光　重庆精益仪表有限公司董事长、重庆市女企业家协会会长

曾淑俊　重庆市公安局渝北区分局两路派出所教导员

四川省

宁晓英　四川省成都女子监狱党委委员、副监狱长

刘　仙　四川省雨衣妹妹医疗器械有限公司总经理

范志琼　成都市鹏程运业集团有限公司货运中队长

陈朝珍　四川省成都市锦江区春熙路街道总府路社区“春熙孃孃”巾帼志愿服务队队长

费秀英　四川省甘孜州道孚县妇联主席

陈茂英　四川省南充市蓬安县周口街道磨子西街社区原党委书记

范　莉　四川省绵阳市公安局机场分局综合室主任

唐娟娟　四川省公安厅交通警察总队高速公路三支队十二大队大队长

贵州省

蒋　毅　贵州省委办公厅办公室副主任

刘筑红　贵阳龙洞堡机场海关副科长

沈代红　贵州省贵阳市云岩区黔灵东路街道陕西路社区党支部书记、居委会主任

杨　怡　贵州省遵义市红十字会党组书记、常务副会长

罗　莉　贵州省安顺市紫云自治县澄明农业投资有限公司总经理

黄　芳　贵州省铜仁市公安局交通警察支队后勤财务科科长

云南省

段沁伶　云南省昆明市西山区德缘社区党总支书记兼妇联主席

黄小菊　云南省曲靖市富源县胜境街道四屯社区党总支副书记、居委会主任

阚云媛　云南省文山州广南县人民政府办公室副主任

木润华　云南省丽江城市综合服务有限责任公司家政保洁分公司业务主办

陈亚华　云南省临沧市公安局二级高级警长

邱月婷　云南广播电视台全媒体新闻中心记者

西藏自治区

红　梅　西藏大学医学院预防医学系特聘副教授

陕西省

白　璐　陕西省西安市公安局交通警察支队灞桥大队安监中队四级警长

周　泽　陕西省西安市未央区徐家湾街道党工委书记

薛梅苓　诚域集团陕西雅福康医药有限公司总经理

胡　镜　陕西广播电视台都市青春频道记者

庞慧萍　陕西省宝鸡市渭滨区妇联主席

赵　莎　陕西省咸阳市公共交通集团公司第二公司18路驾驶员

方　燕　北京金诚同达（西安）律师事务所主任、高级合伙人

甘肃省

苗清莲　甘肃省陇南市礼县城关镇水城社区党支部书记

刘兰香　甘肃省兰州市公安局七里河公安分局小西湖派出所副所长

杨小燕　甘肃省女企业家协会会长、兰州福田房地产开发有限公司董事长

屈玲玉　甘肃省张掖市山丹县大马营镇夹河村四社村民

青海省

冯军芳　青海省西宁市城中区南川西路街道福禄巷南社区党总支书记、居委会主任

吴　晶　青海省流行病与卫生统计学学会理事

杨惠瑾　青海广播电视台广播电视新闻中心融媒体采访部主任

宁夏回族自治区

刘丽娟　宁夏回族自治区银川市西夏区文昌路街道共享社区党委书记、主任、妇联主席

丁秀琴　宁夏回族自治区吴忠市秀琴奶牛养殖专业合作社理事长

乔　燕　宁夏交投高速公路管理有限公司收费管理部副部长

新疆维吾尔自治区

韩琳琳　新疆维吾尔自治区乌鲁木齐市雅玛里克山片区管委会秀园社区党支部书记

赵　丽　新疆维吾尔自治区乌鲁木齐市公安局特警八支队九大队大队长

海尼木古力·巴依丁　新疆维吾尔自治区吐鲁番市高昌区老城路街道苏公塔社区党支部书记、主任、妇联主席

崔久秀　新疆维吾尔自治区喀什地区疏附县托克扎克镇党委副书记，良种繁育场党支部书记、场长

新疆生产建设兵团

陈　丽　新疆生产建设兵团第六师五家渠市干休所一级主任科员

中央和国家机关

徐　静　中央办公厅中直管理局卫计办主任

田豆豆　人民日报社湖北分社采编中心主任

郭婷婷　人民网股份有限公司湖北分公司采编中心主任

李峥苨　中国青年报社视觉中心图片编辑、摄影记者

徐　旭　中国妇女报驻北京记者站站长

强　洪　中国妇女报驻湖北记者站站长

刘丽君　中国妇女报社新媒体编辑

李春芳　国家发展改革委社会发展司社会服务处处长

汪　源　科技部重大专项司业务一处二级调研员

雷　英　工业和信息化部信息通信管理局市场处处长

王　蕾　财政部社会保障司卫生健康处处长

刘相梅　生态环境部环境应急与事故调查中心应急准备与响应处处长

关笑楠　交通运输部运输服务司道路客运管理处副处长

任苑荣　商务部综合司政策协调处一级主任科员

焦雅辉　国务院联防联控机制医疗救治组联络员、中央指导组医疗救治组成员

李筱翠　国家卫生健康委疾控局环境健康处处长

李红军　国家卫生健康委监督局公共卫生监督二处四级调研员

何学婷　应急管理部森林消防局西藏自治区森林消防总队政治部队务处三级指挥员

秦　娟　审计署驻武汉特派员办事处社会保障审计处四级调研员

张静思　国务院国资委办公厅信息调研处副处长

母瑞红　中国食品药品检定研究院医疗器械标准管理研究所副所长

胡　浩　新华社国内部主任记者

唐卫彬　新华社湖北分社高级记者

郝　捷　中国科学院动物研究所国家干细胞资源库执行主任

朱慧容　中央广电总台新闻中心经济新闻部记者

陶　源　中央广电总台英语环球节目中心英语新闻频道编辑部记者

王　涵　中央广电总台央视驻湖北记者站站长

周荔华　中国日报湖北记者站站长

雷　蕾　中国日报社国内部政法采访室主任

陈伶俐　中国国家铁路集团有限公司中铁特货物流股份有限公司武汉分公司项目经理、团支部书记

吴　琪　中国出版集团公司生活·读书·新知三联书店有限公司《三联生活周刊》副主编、党支部书记

刘　昆　中国通用技术（集团）控股有限责任公司健康事业部总经理

魏　梅　中国医药集团有限公司广东一方制药有限公司副总经理

V

第五部分

全国妇联发出的有关倡议、慰问信、通知和意见

倡 议

为打赢疫情防控阻击战贡献半边天力量

全国妇联

（2020年1月26日）

当前，新型冠状病毒感染的肺炎疫情防控工作处于关键时期。以习近平同志为核心的党中央对疫情防控工作高度重视，农历正月初一，习近平总书记主持召开中共中央政治局常务委员会会议，对疫情防控特别是患者治疗工作进行再研究、再部署、再动员，发出了打赢疫情防控阻击战的战斗号召。值此关键时刻，全国妇联号召广大妇女、千万家庭，立即行动起来，坚决贯彻落实党中央决策部署，发挥在社会生活和家庭生活中的独特作用，为坚决遏制疫情蔓延势头、打赢疫情防控阻击战贡献半边天力量。

一、立足工作岗位，发挥疫情防控的半边天作用。当前，以女医护工作者，药品及防护用品生产、交通运输等行业女职工为代表的职业女性，正积极响应党中央号召，不惧风险、迎难而上，战斗在抗击疫情的最前线。我们向奋战在第一线的姐妹们致以崇高的敬意！各行各业妇女要学习先进、立足岗位，带头遵守当地党委和政府关于疫情防控的各项规定，严格落实联防联控各项措施，在织紧织密防控网络、维护社会大局稳定中发挥独特作用。

二、担当社会责任，做疫情防控的宣传员。广大妇女要主动学习防疫知识，增强自我防病意识，积极关注疫情动态，从我做起，从每个人做起，自觉按照科学指引，在讲究卫生、做好防护、合理饮食等方面作出良好示范，带头做到不信谣、不传谣、不恐慌，坚定打赢疫情防控阻击战的信心和决心。

三、守住家庭防线，做疫情防控的监督员。广大妇女要守护小家为大家，随时关注家人健康状况，主动劝导、督促家庭成员不聚会、少出门、戴口罩、勤洗手、不随地吐痰、拒绝野味；落实好疫情防控有关规定，发现疫情主动报告、主动隔离、主动就诊，筑牢防控防范疫情的家庭防线。

各级妇联组织要坚决贯彻落实习近平总书记重要指示和党中央决策部署，按照当地党委政府统一安排，立足职能优势，发挥广大妇女特别是巾帼志愿者、最美家庭、五好家庭、文明家庭作用，带动千家万户坚定信心、同舟共济、一起行动，为坚决打赢疫情阻击战、夺取防控斗争胜利贡献巾帼力量。

为打赢疫情防控阻击战贡献巾帼家政人力量

全国妇联发展部

（2020年2月2日）

2020年春节，新型冠状肺炎疫情突如其来，习近平总书记高度重视疫情防控工作，亲自指挥部署，全国妇联发出了“为打赢疫情防控阻击战贡献半边天力量”的倡议。医疗行业和生产一线广大女性积极响应号召，放弃假期，加班赶工，驰援疫区，参加社区防控，在全国产生了积极的影响。我们呼吁，广大巾帼家政服务员、巾帼家政企业、协会（联盟）要以此为榜样，积极行动起来，坚决贯彻落实党中央决策部署，发挥巾帼家政在社会生活和家庭生活中的独特作用，为坚决遏制疫情蔓延、打赢疫情防控阻击战贡献力量。

广大巾帼家政服务员要严格执行各地政府及本单位的疫情防控的各项措施，不信谣、不传谣、不恐慌，传播正能量。在岗期间要服从单位和客户的防疫要求，并结合自己的专业知识，为客户提供更好的服务。下岗休假期间要服从当地政府制定的疫情防控要求，提高自我保护意识和能力，不走亲，不访友，不参加各种集会，自觉减少流动，防止疫情传播。假期结束返岗时应主动向所在社区报告，有接触史的，应严格落实居家或集中隔离观察14天的要求，发现本人和相关人员出现疑似症状，应立刻到当地政府指定的医院接受检疫和治疗。

巾帼家政企业要认真做好本单位疫情防控工作，及时了解核实家政人员动态去向和健康状况，根据服务需求制定好防范措施，与当地卫生防疫部门取得联系，发现疫情及时汇报，不得隐瞒。坚守诚信，禁止任何服务收费涨价行为，积极与客户沟通，妥善处理因疫情形成的业务调整，对客户合理需求给予充分保障。服从当地政府统一部署，做好企业复工安排，落实防疫工作。有条件的企业要为员工和家政服务员提供及时的心理疏导服务。

巾帼家政协会（联盟）要积极做好指导服务工作，教育引导会员坚定打赢疫情防控阻击战的信心，坚信在党的领导下，所有的艰难险阻都能顺利度过。指导巾帼家政企业担当起打赢疫情防控阻击战的社会责任，结合实际为疫情防控贡献力量。及时摸清巾帼家政企业因疫情带来的经营困难，指导企业制定相应的应对措施，帮助巾帼家政企业共同渡过难关。

千万巾帼志愿者们行动起来
在社区防控、邻里关爱、守住家门中发挥独特作用

全国妇联

（2020年2月5日）

当前，在以习近平同志为核心的党中央坚强领导下，全国人民众志成城、团结奋战，正在打响一场全面防控新型冠状病毒感染的肺炎疫情的人民战争。广大巾帼志愿者积极响应，在抗击疫情的基层工作中主动作为，作出了应有的贡献。全国妇联向巾帼志愿者表示崇高的敬意和亲切的慰问！为深入贯彻落实习近平总书记重要指示精神和党中央决策部署，坚决打赢疫情防控阻击战，全国妇联号召广大巾帼志愿者再接再厉，弘扬志愿精神和雷锋精神，着力社区防控，着重邻里关爱，守护小家健康，多做强信心、暖人心、聚民心的好事实事，进一步彰显在社会生活和家庭生活中的独特作用。

一、立足城乡社区，在联防联控、群防群治中发挥独特作用。积极响应当地党委、政府号召，主动参与街道、乡镇社区疫情防控工作，协助守门守哨、护村护院，协助摸排人员健康状况，做到早发现、早报告，在阻击疫情中发挥应有作用。了解掌握当地疫情防控动态，面向社区群众，利用网上网下，宣讲法律政策，传播科学知识，不信谣、不传谣、主动辟谣，引导群众提高健康素养，增强防护能力，坚定战胜疫情的信心。

二、面向邻里家庭，在守望相助、关爱一线中发挥独特作用。弘扬中华民族传统美德，倡导邻里守望、姐妹相助，悉心关照独居老人、困境儿童、孕产妇、单亲母亲等特殊群体，真诚对待疫区返乡人员、医学观察人

员，雪中送炭、排忧解难。非常时期，要格外关心卫生、交通、公安、防疫物资生产等疫情防控一线人员的亲人家属，精准掌握需求，细致对接服务，解除后顾之忧。

三、发挥专业所长，在心理疏导、居家服务中发挥独特作用。具有医疗护理、心理咨询、教育教学、体育健身、司法法律、营养保健等知识和技能的巾帼志愿者，要发挥专业所长，提供有针对性的专业指导，特别是要善于运用朋友圈、微信群等便捷手段，为广大群众的居家生活提供切实有效的服务，疏导心理情绪，引导生活方式，倡导亲子教育，营造积极乐观的社群氛围。

四、坚持从我做起，在守住家门、做好示范中发挥独特作用。从自己做起、从自家做起，守好自家门、管好自家人，严格督促家庭成员养成良好卫生习惯，戴口罩、勤洗手、少出门，教育引导家庭成员支持配合疫情防控的各项措施规定，坚决劝阻家族性聚餐、聚会或串门，以良好的自身形象、家庭形象示范带动社区群众。

让我们坚定信心、同舟共济，同时间赛跑、与病魔较量，以抗击疫情的坚定行动，为打赢疫情防控阻击战贡献巾帼志愿者的力量。

认真学习贯彻习近平总书记重要指示精神　坚定必胜信念 为打赢疫情防控人民战争总体战阻击战工作贡献巾帼力量

全国妇联

（2020年3月8日）

全国妇女姐妹们：

春回大地，万物复苏。3月8日，习近平总书记代表党中央，向奋战在疫情防控第一线和各条战线的广大妇女同胞表示诚挚慰问，向各族各界妇女同胞致以节日问候，充分肯定广大妇女在抗击新冠肺炎疫情中作出的重要贡献，对广大妇女持续投入战胜疫情斗争提出殷切期望，充分体现了以习近平同志为核心的党中央对广大妇女的亲切关怀，我们深受鼓舞激励，倍感温暖振奋。

在这个非同寻常的节日里，全国妇联号召广大妇女，认真学习贯彻习近平总书记重要指示精神，坚定必胜信念，保持昂扬斗志，做好科学防护，持续健康投入战胜疫情斗争，在疫情防控和经济社会发展各条战线拼搏奉献，奋力书写属于新时代中国女性的荣光。

我们要牢记嘱托、接续奋战，为打赢疫情防控人民战争贡献巾帼力量。广大女医务工作者要不负总书记期望，再接再厉，为保障人民群众生命健康拼力奋战。广大女党员、女干部、女公安民警、女社区工作者、女新闻工作者以及各行各业妇女要坚守岗位，履职尽责，在各条战线彰显巾帼担当。广大巾帼志愿者和妇女群众要从自己做起，从家庭做起，以实际行动守护家庭社区，筑起联防联控群防群控的严密防线。

我们要一如既往、携手并肩，在防疫抗疫中发挥独特作用。落实总书记重要指示，更好地关心关爱抗疫一线女医务人员和各条战线的妇女姐妹，大力宣传防疫抗疫一线的巾帼典型，关爱妇女儿童特殊群体，帮助她们排忧解难，做好妇女和家庭的心理健康服务，倡导文明健康的生活方式，共建共享美好生活。

我们要只争朝夕、奋力拼搏，为坚决夺取疫情防控和实现经济社会发展目标双胜利发挥半边天作用。响应总书记号召，弘扬“四自”精神，积极投入复工复产复耕，在脱贫攻坚的主战场，在创业创新的大舞台，在服务民生、社会治理的最基层，在经济社会发展的各领域，努力学习新知识、掌握新技能，争当最美巾帼奋斗者，为实现今年经济社会发展目标，为决胜全面小康、决战脱贫攻坚奏响新时代巾帼奋进凯歌。

各级妇联组织要深入学习贯彻习近平总书记重要指示精神，不忘初心、牢记使命，引领广大妇女更加紧密地团结在以习近平同志为核心的党中央周围，为夺取全面建成小康社会的伟大胜利、实现“两个一百年”奋斗目标和中华民族伟大复兴的中国梦再创佳绩！

认真学习贯彻习近平总书记重要指示精神
激扬战“疫”巾帼志　不夺胜利誓不还

全国妇联　中国女医师协会

（2020年3月8日）

全国奋战在疫情防控第一线的女医务工作者：

以习近平同志为核心的党中央时刻牵挂着奋战在疫情防控一线的姐妹们。“三八”国际妇女节到来之际，习近平总书记作出重要指示，充分肯定广大女医务工作者义无反顾、日夜奋战，坚守在疫情防控第一线，展现了救死扶伤、医者仁心的崇高精神，希望大家坚定必胜信念，保持昂扬斗志，做好科学防护，持续健康投入战胜疫情斗争，强调各级党委和政府要关心关爱疫情防控第一线和各条战线的妇女同胞，大力宣传防疫抗疫一线的巾帼典型，激励和支持亿万妇女为打赢疫情防控人民战争、总体战、阻击战贡献智慧和力量，代表党中央向奋战在疫情防控第一线和各条战线的广大妇女同胞表示诚挚的慰问和节日的问候，充分体现了对抗疫一线女医务工作者的亲切关怀和厚望嘱托，使我们倍感温暖，备受激励。

深切关怀滋润心田，殷殷期许催人奋进。新冠肺炎疫情发生以来，广大女医务工作者不忘初心、牢记使命，响应党的号召，义无反顾冲上疫情防控第一线，同时间赛跑，与病魔较量，顽强拼搏、日夜奋战，有的不幸被病毒感染，甚至献出了宝贵生命，充分展现了救死扶伤、医者仁心的崇高精神，不愧为舍生忘死、为国为民的巾帼英雄。为贯彻落实习近平总书记重要指示精神，持续健康投入战胜疫情斗争，为打赢疫情防控人民战争、总体战、阻击战贡献女医务工作者的智慧和力量，我们倡议：

广大女医务工作者要牢记习近平总书记重要指示，坚定必胜信念，保持昂扬斗志，发扬连续作战的作风，以特别能吃苦、特别能战斗的精神，发挥火线上的中流砥柱作用；要始终把人民群众生命安全和身体健康放在首位，全力以赴救治病患，在提高收治率和治愈率、降低感染率和病亡率中发挥专业优势，打好武汉保卫战、湖北保卫战；要做好科学防护，保持身心健康，以旺盛的精力、健康的体魄，持续投入战胜疫情的斗争。

作为广大妇女姐妹的娘家，全国妇联要认真学习贯彻习近平总书记重要指示精神，持续做好关心关爱抗疫一线女医务人员的工作，组织动员各地妇联更精准地为你们提供所急所需的关爱服务，为抗疫一线医务人员家庭提供更温暖更贴心的保障服务；加强优秀典型表彰，宣传好你们的先进事迹和感人故事，推动全社会尊医重卫，关心爱护医务人员。

沧海横流，方显英雄本色；峥嵘岁月，尽展巾帼豪情。我们坚信，在以习近平同志为核心的党中央坚强领导下，一定能够夺取疫情防控人民战争、总体战、阻击战的最终胜利，实现经济社会发展目标任务！

慰问信

向奋战在疫情防控一线的女医务工作者发出慰问信

全国妇联　中国女医师协会

（2020年1月30日）

全国奋战在疫情防控阻击战一线的女医务工作者：

在全国人民共庆新春佳节、共享阖家团圆之际，新型冠状病毒肺炎疫情突如其来，多地启动重大突发公共卫生事件一级响应。生命重于泰山，人民高于一切。疫情发生以来，习近平总书记多次强调，要把人民群众生命安全和身体健康放在第一位。你们牢记总书记嘱托，临危受命，或奋战在武汉疫情防控第一线，或暂别亲人逆行驰援湖北，或坚守岗位守护着人民生命安全，彰显了医务工作者敬佑生命、救死扶伤、大爱无疆的职业操守；你们初心于怀，使命在肩，为打赢疫情防控阻击战忘我工作，舍小家为大家，涌现出许多可歌可泣的先进人物和感人至深的事迹，体现了敢于担当、甘于奉献的无私精神；你们是白衣天使，也是坚强战士，是新时代的巾帼榜样，是半边天的骄傲。全国妇联、中国女医师协会代表全国妇女姐妹向你们致以崇高的敬意、诚挚的问候和衷心的感谢！道一声：姐妹们辛苦了！感谢你们在抗疫一线作出的突出贡献，感谢你们的家人、亲友给予的倾情支持。

疫情就是命令，防控就是责任。热爱祖国、忠于人民、献身医学，是你们流淌在血脉里的基因，希望你们始终以保障人民健康为宗旨，立足岗位、恪尽职守，自觉维护白衣天使的良好形象，坚守医务工作者的高尚使命，科学救治病患，耐心为患者提供优质服务，不辜负国家和人民的期望，做好人民生命健康的守护者。你们的努力，就是我们的信心。希望你们中的党员发挥先锋模范作用，勇挑重担、迎难而上，让党旗在疫情防控第一线高高飘扬。

你们守护生命，我们守护你们和你们的家庭！在岗位，你们是医生、护士、战士；在家里，你们是孝女、贤妻、良母。全国妇联和中国女医师协会是你们的娘家，我们将动员和组织各级妇联尽力为你们的家庭、为你们牵挂的父母和孩子提供服务。我们更希望你们在全力以赴救治病患的同时，切实做好自身防护，守护好自己的健康。

广大妇女将以你们为榜样，立足岗位，勇于担当，做好疫情防控的宣传员、监督员，从我做起，从家庭做起，发挥半边天作用，凝聚起众志成城、全力以赴、共克时艰的强大正能量。

我们坚信，在以习近平同志为核心的党中央坚强领导下，在各级党委政府高度重视下，在社会各界大力支持关心下，有中国特色社会主义制度优势保障，只要我们坚定信心，同舟共济，科学防治，精准施策，就一定能够打赢这场疫情防控阻击战。

通　知

全国妇联关于进一步排查疫情防控工作中形式主义、官僚主义问题的通知

全国妇联

（2020年2月17日）

各省、自治区、直辖市妇联，新疆生产建设兵团妇联：

近段时间以来，习近平总书记对做好新型冠状病毒肺炎疫情防控工作接连发表重要讲话，作出重要批示，为打赢疫情防控阻击战指明了前进方向、提供了根本遵循。连日来，沈跃跃同志与全国妇联党组、书记处同志一起及时跟进学习习近平总书记关于疫情防控的重要讲话和重要指示精神，研究部署相关工作，相关要求在新闻报道中已经体现，请各地结合实际，抓好贯彻落实。

《求是》杂志第4期全文刊发了习近平总书记在中央政治局常委会会议研究应对新型冠状病毒肺炎疫情工作时的讲话，请各省区市妇联认真学习领会，坚决贯彻落实。习近平总书记在讲话中特别强调，在疫情防控工作中，有些地方出现了形式主义、官僚主义现象，其中点到了有的市县妇联等单位重复报送各类表格的问题，要求让基层干部把更多精力投入到疫情防控第一线，而不是以形式主义、官僚主义的方式来给基层增加负担、消耗基层干部的抗疫精力。针对这一问题，2月1日，全国妇联已经通过省区

市妇联主席微信群进行了安排部署，要求一定要杜绝形式主义，不要给基层添负担。各省区市妇联高度重视，进行了认真排查。

为进一步落实习近平总书记重要讲话精神，经全国妇联党组、书记处研究，现对纠正疫情防控工作中的形式主义、官僚主义问题进行再部署、再落实。请各省区市妇联高度重视，进行深入自查自纠，进一步反思排查疫情防控工作中的形式主义、官僚主义问题，特别要注意，排查范围不能只在省市级，一定要将排查重点下沉到县以下基层妇联，坚决整治“填表抗疫”即为自己的工作成效而进行统计的现象，多做实事，注重实效，切实减轻基层负担，做好引领、服务、联系基层妇女群众的各项工作，确保基层把更多精力投入到疫情防控第一线。排查工作要注意方式方法，防止引起炒作。

全国妇联关于疫情防控形势下做好纪念“三八”国际妇女节有关工作的通知

全国妇联

（2020年2月18日）

各省、自治区、直辖市妇联，新疆生产建设兵团妇联：

在以习近平同志为核心的党中央带领全党全军全国各族人民抗击新冠肺炎疫情、推动我国经济社会稳定发展的重要节点，我们即将迎来2020年“三八”国际妇女节。根据党中央关于疫情防控总体部署要求，为最大限度减少传播风险，现就围绕“立足岗位、争做最美巾帼奋斗者”主题，做好今年纪念“三八”国际妇女节有关工作通知如下。

第一，深入学习贯彻习近平总书记重要讲话精神和党中央决策部署。深入宣传、坚决贯彻习近平总书记关于做好疫情防控工作的重要讲话精神和党中央决策部署，大力宣传以习近平同志为核心的党中央对妇女事业和妇女工作的高度重视和亲切关怀，加大党的爱民惠民政策宣传和推动落实力度，第一时间把习近平总书记和党中央对群众的关心关爱传递到妇女群众心里，多做强信心、暖人心、聚民心的工作，进一步引导广大妇女坚定信心、同舟共济，在群防群治、联防联控中发挥作用，在守护好家庭、守住社区中发挥优势，维护经济社会大局稳定，与全国人民一道凝聚起众志成城、共克时艰的强大正能量，积极投身打赢疫情防控的人民战争、总体战、阻击战，为决胜全面小康、决战脱贫攻坚贡献半边天力量。

第二，团结带领广大妇女立足岗位，争当最美巾帼奋斗者。要引导广大妇女将纪念节日和疫情防控、复工复产、实现“六稳”等紧密结合起来，激励她们将“立足岗位、争当最美巾帼奋斗者”，作为在此特殊时期纪念“三八”国际妇女节的最好方式。要激励抗疫一线女医务工作者发扬特别能吃苦、特别能战斗的精神，全力以赴救治患者；鼓励生产一线特别是医疗物资生产企业的女职工坚守岗位，加班加点，为抗击疫情提供保障；发动巾帼志愿者立足社区，积极参与社区摸底排查、防疫宣传、心理疏导等相关服务，守护好家庭，在织密社区群防群控、联防联控防护网中发挥更大作用。各行各业女性都要立足本职岗位，积极有序投入复工复产，决战脱贫攻坚，以实际行动在疫情防控和推动经济社会发展的大局中展现巾帼作为。

第三，关心关爱抗疫一线医务工作者和特殊困难群体。要继续将工作重点放在服务抗疫一线和困难妇女群体上，在关心关爱抗疫一线女医务工作者及家属中发挥积极作用，让她们安心工作；回应社会和舆论关切，关心关爱孕产妇、婴幼儿、单亲困难母亲等特殊群体，推动解决她们的就诊、生活等实际困难；高度关注疫情防控期间女性就业等重点热点问题，维护妇女合法权益，努力把矛盾化解在基层，切实提升妇女群众的获得感、幸福感、安全感。

第四，统筹抓好巾帼创业就业、巾帼脱贫行动等各项重点工作。在落实好疫情防控各项任务的同时，各地妇联要结合全国妇联十二届二次执委会议提出的工作要求，统筹抓好巾帼脱贫行动、乡村振兴巾帼行动、创业创新巾帼行动等各项重点工作，积极引导妇女在保证个人和家庭安全的前提下，复工复产，投入生产，在疫情防控和决胜全面小康、决战脱贫攻坚两个战场中发挥妇联作用，为实现全年经济发展目标任务作出贡献。

第五，大力加强优秀女性典型选树宣传。要高度关注、及时挖掘和大力宣传在疫情防控、脱贫攻坚等方面涌现出的优秀妇女典型和先进事迹，讲好奋战在一线的各行各业优秀妇女故事。对于在医疗救治、疫苗研发、联防联控、物资援助、巾帼志愿服务等方面作出突出贡献的个人和集体，可在各级党委统一领导下，商本级表彰管理部门开展即时性表彰，同时将政治过硬、事迹突出、代表性强的先进妇女典型积极向全国妇联推送，共同推出一批疫情防控、脱贫攻坚等方面的先进妇女典型，引领广大妇女学习先进、争当先进，凝聚起打赢疫情防控斗争，夺取脱贫攻坚、全面建成小康社会的强大精神动力。

第六，营造万众一心阻击疫情的舆论氛围。“三八”国际妇女节期间，各地要严格落实疫情防控要求，调整纪念节日的方式，不搞群众聚集性活动，依托互联网等策划开展纪念活动，营造同舟共济阻击疫情的舆论氛围。要发挥妇联所属全媒体作用，与有影响力的媒体平台合作，精心策划制作具有特色的节日系列宣传产品，致敬巾帼英雄，表达温暖祝福，营造昂扬向上、温暖人心的节日氛围，增强广大妇女战胜疫情的信心和复工复产积极性。

要进一步加强和改进工作作风，杜绝形式主义、官僚主义，工作力量要下沉，多为基层办实事解难事，不给基层增加负担，在大战中践行初心使命，在大考中交出合格答卷。

关于配合政府做好疫情防控期间妇女就业工作的通知

全国妇联发展部

（2020年2月18日）

各省、区、市妇联和新疆生产建设兵团妇联发展部：

为贯彻落实党中央、国务院决策部署，配合政府做好疫情防控期间的妇女就业工作，为夺取疫情防控和实现经济社会发展目标双胜利贡献巾帼力量。现将有关事项通知如下：

一、了解问题。深入基层，了解女企业家、女性创业者在疫情防控、生产、用工、融资等方面的实际困难，了解广大妇女特别是城乡贫困妇女、返乡探亲等妇女群体在就业和返岗中存在的问题，及时向政府有关部门反映，并结合妇联工作实际，加强分类指导，制定服务措施。

二、用好政策。要充分发挥女企业家协会、妇女手工协会、巾帼家政协会（联盟）、妇女合作社、女性双创平台、巾帼文明岗等的作用，帮助广大女企业家、女性创业者用好中央及各级政府从财税金融支持、企业复工复产、用工保障等方面出台的一系列帮扶政策措施，帮助企业解决困难、减轻负担、增强信心、共渡难关。

三、做好服务。要配合政府部门开展生产动员指导，发动广大妇女群众战疫情、抢农时、积极参与复工复产。要根据企业复工需求，通过开展形式多样的网上招聘活动，帮助企业解决用工难题。要引导各类巾帼就业创业示范基地、巾帼家政企业和妇女手工企业帮助无法正常复工或者因疫情失业的城乡妇女就地就近灵活就业。要帮助妇女进一步拓展创业就业领域，引领返乡女农工、女大学生等发挥各自优势，在抗击疫情所需要的电商、快递、生鲜网售等领域创业，带动更多妇女就业。

四、加强宣传。要深入宣传党中央决策部署，宣传妇联组织统筹抗疫与妇女就业创业工作的有效举措，宣传抗疫一线妇女坚守岗位、绝不退缩的奉献精神，宣传生产一线妇女积极复工复产、助力经济发展的时代风采，凝聚起广大妇女万众一心、共克时艰的强大正能量，形成坚决打赢疫情防控阻击战的坚定信心。要及时总结各地一手抓抗疫一手抓妇女就业创业的好做法好经验，全国妇联将及时在全国性媒体上进行宣传推广。

关于团结引领广大妇女克服疫情影响坚决打赢脱贫攻坚战的通知

全国妇联办公厅

（2020年2月28日）

各省、自治区、直辖市妇联，新疆生产建设兵团妇联：

为学习贯彻习近平总书记关于统筹推进新冠肺炎疫情和社会经济发展工作的重要讲话精神，认真落实党中央国务院关于新冠肺炎疫情防控和脱贫攻坚的决策部署，积极配合党委政府坚决克服疫情对脱贫攻坚的影响，确保不让一个贫困妇女在小康路上掉队。现将有关事项通知如下：

一、总体要求

以习近平新时代中国特色社会主义思想为指导，全面贯彻习近平总书记关于扶贫工作的重要论述，按照国务院扶贫开发领导小组《关于做好新冠肺炎疫情防控期间脱贫攻坚工作的通知》《关于开展挂牌督战工作的指导意见》的要求，在各级党委的领导下，积极克服疫情对妇女脱贫的影响，以“三区三州”和52个未脱贫县为重点，分类施策，统筹做好疫情防控和妇女脱贫工作，为坚决打赢脱贫攻坚战贡献巾帼力量。

二、主要任务

各级妇联特别是52个未脱贫县妇联要充分发挥妇联组织引领、服务、联系的职能，按照疫情低、中、高不同风险程度，因地制宜，在确保疫情防控到位的前提下，采取更有针对性的举措，深入推进“巾帼脱贫行动”，积极配合党委政府将挂牌督战工作落到实处，引领广大贫困妇女与全国人民一起迈入小康社会。

1.坚持扶志扶智，积极开展感恩教育。一是依托微信群、移动客户端和农村远程教育等信息化手段，全面宣传习近平总书记关于脱贫攻坚的重要讲话精神、脱贫攻坚的惠民政策及取得的历史性成就，进一步增进广大妇女对习近平新时代中国特色社会主义思想的政治认同、思想认同和情感认同，引导广大妇女充分认识中国特色社会主义制度的优越性，感党恩、听党话、跟党走。二是大力宣传妇女脱贫带贫先进典型及疫情防控期间涌现出来的脱贫攻坚生动事例，发挥示范引领作用，形成脱贫攻坚正能量。三是广泛开展“时代新人说”“小康幸福你我他”“身边故事会”“巾帼脱贫大讲堂”等活动，引导贫困妇女话脱贫、说变化、颂党恩，激发贫困妇女内生动力，坚定决战脱贫攻坚的信心和志气。四是持续深化寻找“最美家庭”，推广“巾帼家美积分超市”等做法，鼓励引导妇女移风易俗，摒弃陈规陋习，自觉抵制高价彩礼，简办婚事丧事，以文明新风助力脱贫攻坚。

2.掌握情况，不让一个贫困妇女掉队。指导52个贫困县妇联配合党委政府做好挂牌督战相关工作，确保贫困妇女如期脱贫。一是通过组织妇联执委“拉手结对”，了解掌握贫困妇女特别是单亲母亲、残疾妇女、留守妇女、患重病妇女等在脱贫中的特殊困难和问题，及时向党委政府反映，积极为贫困妇女争取公益岗位。二是与扶贫部门会商，落实帮助妇女脱贫的政策和措施，将缺乏劳动能力的贫困妇女纳入政策兜底保障脱贫。三是积极参与当地党委政府建立监测和帮扶机制的工作，推动将脱贫不稳定、容易返贫和贫困边缘妇女的情况纳入机制中，特别要关注受疫情影响的妇女，防止返贫和新增贫困。

3.因地制宜，扶持发展妇女扶贫产业。对有劳动能力的贫困妇女，一是通过网上培训、送技上门等方式，强化对贫困妇女的技能培训，进一步提升她们的脱贫能力。二是通过重点扶持52个贫困县创建“巾帼脱贫示范基地”，充分发挥基地和女能人的示范带动作用，引导贫困妇女大力发展种植养殖、手工编织和巾帼电商等特色优势产业，帮助她们实现增收。三是通过开展消费扶贫、电商扶贫等方式，拓展产品销售渠道，解决产品卖难问题。四是通过协助申请扶贫小额信贷、创业担保贷款，落实防止疫情影响制定的信贷、减税降费等优惠政策，解决生产发展资金瓶颈。

4.分类施策，帮助贫困妇女就业增收。各级妇联要根据当地疫情防控情况，分类施策，推动贫困妇女就业。一是积极配合党委政府摸清贫困妇女外出务工的意愿和就业需求，借助东西协作及企业合作项目等平台，加强输出地和输入地妇联的精准对接，组织有意愿的贫困妇女外出务工或从事家政服务业，增加工资性收入。二是及时了解“巾帼扶贫工厂”“巾帼扶贫车间”在复工复产中遇到的实际困难，积极为女企业家、巾帼致富带头人解决生产中出现的问题，帮助她们充分享受党和政府应对疫情制定的优惠政策，有序复工复产，带动贫困妇女就业增收。

5.多措并举，做好易地扶贫搬迁后续扶持工作。各级妇联组织要高度重视易地扶贫搬迁集中安置点的后续帮扶工作。一是围绕实施“健康中国”战略，积极开展“美丽庭院”“新市民计划”等活动，教育引导易地扶贫搬迁安置点贫困妇女树立健康理念，培养科学文明的生活方式，帮助她们尽快适应新生活、融入新环境。二是广泛开展技能培训和就业指导，联合政府有关部门，整合培训资金，通过“网络课堂”“妇女夜校”等形式对易地扶贫搬迁安置点妇女进行技能培训，增强自我发展能力。三是大力发展适合妇女就业的帮扶产业，积极争取政府和企业支持，通过安置点现有企业吸纳、引进企业招聘和支持返乡女大学生、巾帼致富带头人创业等方式，为贫困妇女提供就业岗位，确保贫困妇女搬得出、稳得住，逐步能致富。

三、组织实施

1.提高思想认识。各地妇联要认真学习习近平总书记统筹推进新冠肺炎疫情和社会经济发展工作的重要讲话精神、关于扶贫工作的重要论述，切实增强“四个意识”、坚定“四个自信”、做到“两个维护”，主动担当作为，坚决克服疫情对脱贫攻坚的影响，全力以赴配合党委政府做好妇女脱贫工作。

2.加强督促督导。要完善工作机制，紧盯未摘帽的52个贫困县和贫困人口多、脱贫难度大的村，聚焦特殊困难妇女群体，及时发现并反映影响贫困妇女特别是特殊困难群体脱贫的困难和问题，协助党委政府瞄准突出问题和薄弱环节集中发力，一户一户对账销号，确保贫困妇女如期脱贫。

3.整合各方资源。要加强东西部地区妇联组织的扶贫协作，凝聚疫情防控和巾帼脱贫合力。充分发挥团体会员作用，组织开展形式多样的产业扶贫、就业扶贫、消费扶贫和健康扶贫等帮扶活动。充分发挥妇联所属基金会作用，积极募集社会资金，助力疫情防控和脱贫攻坚，不断增强妇女群众的获得感、幸福感、安全感。

4.提高工作实效。要强化克服疫情影响、做好脱贫攻坚工作的宣传引导，把疫情防控和妇女脱贫工作做得更扎实、更精准，确保各项政策落细落地落实。要加强扶贫领域作风建设，努力减轻基层妇联负担，坚决杜绝表格脱贫、数字脱贫等扶贫领域中的官僚主义和形式主义。

关于评选表彰新冠肺炎疫情防控一线女医务人员（集体）全国三八红旗手（集体）的通知

全国妇联 国家卫生健康委 中央军委政治工作部

（2020年3月7日）

各省、自治区、直辖市妇联，新疆生产建设兵团妇联，中央和国家机关妇工委：

为深入贯彻落实习近平总书记关于新型冠状病毒肺炎疫情防控工作的重要指示精神和党中央决策部署，根据《全国三八红旗手标兵、全国三八红旗手（集体）评选表彰工作办法》（妇厅字〔2019〕73号）有关精神，对在疫情防控中特别是社区联防联控、群防群治中涌现出的优秀女性（集体）进行即时表彰，弘扬正气、提振信心、昂扬斗志，团结激励广大妇女更加紧密地团结在以习近平同志为核心的党中央周围，立足岗位建功立业，与全国人民一道为夺取疫情防控的全面胜利作出新贡献，全国妇联决定在疫情结束后，根据党中央统一安排部署，及时表彰一批在新型冠状病毒肺炎疫情防控工作中作出突出贡献的先进女性（集体）为全国三八红旗手（集体）。现将有关事项通知如下：

一、推荐范围和推荐名额

（一）推荐范围

1．全国三八红旗手推荐范围：在社区联防联控、群防群治、物资援助、药品及防护用品生产研发、志愿服务等疫情防控工作中作出突出贡献的女社区工作人员、女公安民警、女新闻工作者、女干部、妇女工作者、巾帼志愿者等先进个人。

2.全国三八红旗集体推荐范围：参加疫情防控的基层社区、企事业单位、机关团体、社会组织、巾帼志愿团队、妇联组织等女性占60%以上的先进集体。

3.以湖北疫情防控一线为主，兼顾全国。

4.因参加疫情防控牺牲的人员，符合条件的可以追授。

（二）推荐名额

拟表彰全国三八红旗手300名、全国三八红旗集体100个。采取等额推荐的方式。名额分配另行下发。

二、评选条件

1.坚持用习近平新时代中国特色社会主义思想武装头脑，认真贯彻落实习近平总书记关于新型冠状病毒肺炎疫情防控工作的重要指示精神和党中央决策部署，牢固树立“四个意识”，坚定“四个自信”，做到“两个维护”。热爱党、热爱祖国、热爱社会主义，坚决拥护党的路线方针政策，模范遵守国家法律法规。自觉践行社会主义核心价值观，具有“自尊、自信、自立、自强”精神，品德高尚、甘于奉献。

2.在疫情防控工作中英勇奋战，不畏艰险、坚守岗位、勇挑重担、无私奉献，为打赢疫情防控的人民战争作出突出贡献。

3.一般不评选副司局级或者相当于副司局级及以上的单位和干部。县处级干部原则上不超过评选总数的20%。

4.因在抗疫一线表现突出已获得省部级表彰荣誉的人员（集体），原则上不重复推荐。已获得全国三八红旗手（集体）称号的不再重复授予。

5.在疫情防控工作中作出突出贡献的其他情形。

三、评选程序按照习近平总书记“精神鼓励务必及时加强落实”的指示精神，坚持公开、公平、公正、择优原则，按战时状态简化评选程序，分组织推荐审核、审定表彰两个步骤进行

1.组织推荐审核。各省、自治区、直辖市妇联，新疆生产建设兵团妇联，中央和国家机关妇工委等推荐单位，要集体研究、严格把关，重点考察推荐对象在疫情防控工作中的表现，按照所分配名额进行等额推荐、审核审查。

2.审定表彰。由评选委员会办公室整理汇总后，报全国妇联书记处会议审定，由全国妇联作出表彰。

四、工作要求

1.切实加强领导。各推荐单位要提高思想认识，加强组织领导，确保推荐评选工作规范、有序推进。要突出政治性、先进性、群众性、广泛性，聚焦奋战在基层一线、对疫情防控工作作出突出贡献的优秀女性和女性群体。

2.严格推荐程序。推荐单位要贯彻落实党和国家关于评选表彰工作的有关精神，对候选人（集体）进行严格审查，保证推荐质量，确保评选活动公开、公平、公正，努力推选出政治坚定、业绩突出、群众认可的优秀典型。严肃评选纪律，加强监督检查，对已受表彰的集体和个人，如发现违法违纪行为的，撤销其所获称号，并收回奖章、奖牌、证书。

3.加大宣传力度。各省、自治区、直辖市及新疆生产建设兵团妇联要利用线上线下多种渠道持续做好宣传，要抓住重要节点，结合全国三八红旗手巡讲等活动，讲好抗疫优秀女性和女性群体的感人事迹，引导广大妇女向奋战在抗疫一线的优秀女性学习，立足岗位奋斗新时代。

各推荐单位要在疫情基本结束后，完成推荐材料报送工作。所需材料及相关表格模板见附件。

关于坚决贯彻落实习近平总书记重要指示精神在统筹抓好疫情防控和经济社会发展工作中发挥妇联作用贡献巾帼力量的通知

全国妇联

（2020年3月9日）

各省、自治区、直辖市妇联，新疆生产建设兵团妇联，中央和国家机关妇工委，中央军委政治工作部组织局，全国妇联机关各部门、各直属单位，全国妇联各团体会员：

以习近平同志为核心的党中央始终高度重视妇女事业和妇联工作。在“三八”国际劳动妇女节到来之际，习近平总书记代表党中央，向奋战在疫情防控第一线和各条战线的广大妇女同胞表示诚挚的慰问，向全国各族各界妇女同胞致以节日的问候，充分肯定广大妇女在抗击新冠肺炎疫情斗争中作出的重要贡献，对广大妇女持续健康投入战胜疫情斗争提出殷切期望，并对各级党委和政府激励和支持亿万妇女为打赢疫情防控人民战争、总体战、阻击战贡献智慧和力量提出明确要求。习近平总书记重要指示高屋建瓴、饱含深情、催人奋进，是对广大女医务工作者的最高褒奖，是对各行各业广大妇女的极大鼓舞，是全国亿万妇女的无上荣光，这充分体现了习近平总书记和党中央对妇女事业的高度重视、对广大妇女的亲切关怀和对妇女工作者的殷切期望，为我们指明了前进方向、提供了根本遵循。现就坚决贯彻落实习近平总书记重要指示精神，确保党中央决策部署在妇联系统落地落实通知如下。

一、深入学习领会、坚决贯彻落实习近平总书记重要指示精神，把思想和行动统一到党中央决策部署上来。各级妇联组织要以习近平新时代中国特色社会主义思想为指导，进一步树牢“四个意识”、坚定“四个自信”、做到“两个维护”，把学习宣传贯彻习近平总书记重要指示精神作为当前一项重大政治任务切实抓紧抓实抓好。要在妇联系统迅速掀起学习热潮。各级妇联领导班子和领导干部要带头学习，先学一步、学深一层，以表率作用带动全系统深入学习贯彻。要利用网络学习平台和渠道，迅速把习近平总书记重要指示精神传达到每一个基层组织、每一名妇联干部，进而延伸到妇女工作者和广大妇女群众，推动学习宣传贯彻习近平总书记重要指示精神不断走深走实。要融会贯通学、结合实际学。把学习领会习近平总书记重要指示精神与学习领会习近平总书记关于统筹做好疫情防控和经济社会发展工作的重要讲话精神结合起来，与学习领会习近平总书记“11·2”重要讲话精神结合起来，通过学习，进一步深刻认识以习近平同志为核心的党中央坚强领导是打赢疫情防控人民战争、总体战、阻击战的根本保证，深刻认识亿万妇女在疫情防控和经济社会发展中的重要作用，进一步强化引领服务联系职责使命，找准妇联工作切入点和着力点，组织动员妇女为力争全国经济社会发展早日全面步入正常轨道贡献力量。要大力宣传习近平总书记重要讲话、重要指示精神和党中央决策部署。充分发挥妇联系统宣传阵地作用，用基层妇女群众喜闻乐见的传播方式，多层次、多角度做好宣传解读，大力宣传习近平总书记对妇女事业的高度重视、对各行各业妇女的高度肯定、对广大妇女的节日祝福和殷切期望，把习近平总书记和党中央的关怀及时传递给亿万妇女，引导广大妇女坚定制度自信，增强必胜信心，自觉听党话，坚定跟党走，为打赢疫情防控人民战争、总体战、阻击战，实现决胜全面建成小康社会、决战脱贫攻坚目标任务作出新的贡献。

二、主动担当作为，团结动员广大妇女为打赢疫情防控人民战争、总体战、阻击战贡献智慧和力量。当前，疫情防控形势持续向好、生产生活秩序加快恢复的态势已初步呈现。习近平总书记对发挥妇女重要作用提出了明确要求，各级妇联组织要慎终如始，按照分区分级精准防控策略，继续抓紧抓实抓细各项防控工作，进一步引导广大妇女坚定必胜信念，保持昂扬斗志，做好科学防护，持续健康投入战胜疫情斗争，不获全胜绝不轻言成功。

要进一步支持女医务工作者持续健康投入战胜疫情斗争。引导激励广大女医生、女护士牢记习近平总书记嘱托，发扬连续作战的作风，弘扬救死扶伤、医者仁心的崇高精神，用科学专业的素养、精湛的医术救治病患，守护好人民生命安全和身体健康。

要进一步引领各行各业妇女积极投身疫情防控。组织动员广大女党员、女干部、女公安民警、女疾控工作人员、女社区工作人员、女新闻工作者、巾帼志愿者等各行各业妇女投身疫情防控，外防输入、内防扩散，在坚决打好湖北保卫战、武汉保卫战，全力做好北京疫情防控工作中发挥作用；按照分区分级精准防控策略，一手抓疫情防控，一手抓助力恢复正常生产生活秩序，努力克服疫情影响。

要进一步加强对抗疫一线女医务工作者及其家庭的关爱服务。做好抗疫一线女医务工作者的关心关爱工作，精准服务女医务工作者所急所需；一对一与驰援湖北的医务工作者家庭建立联系，如为他们的家庭送去“爱心菜”，为他们家的老人送去关爱服务，帮助留守在家的子女解决学习中的困难，等等，努力为一线医务工作者解除后顾之忧，心无旁骛投身抗疫斗争。

要进一步在社区联防联控群防群治中发挥好妇女两个独特作用。要把社区当主战场，根据当地党委统一安排，组织动员妇联执委、团体会员、妇女代表、巾帼志愿者、女性社会组织下沉基层，下沉社区，带动更多妇女争当门栋楼宇好帮手，协助织密织牢社区防线；要把家庭当主阵地，带动基层妇女群众从自身做起，从家庭做起，管好自家人、守住自家门，因地制宜开设家庭教育微课堂、开展网上亲子活动，办好用好“特殊时期特别家教”网络课程，指导父母带动孩子学起来、动起来、读起来、写起来，当好疫情防控和家庭健康的指导员、宣传员、监督员。

要进一步加强对妇女儿童等特殊群体的关怀照顾。加大对孕产妇、婴幼儿等特殊群体，特别是因疫因病陷入困境的留守儿童等的关爱服务，及时了解掌握情况，向当地党委和政府反映，帮助解决实际困难，切实把党的关怀落到实处、送到群众身边。要用好12338维权和心理援助服务热线，开展心理疏导、咨询服务，有针对性做好人文关怀。

三、团结带领广大妇女立足岗位，拼搏奋斗，为决胜全面建成小康社会、决战脱贫攻坚发挥半边天作用。习近平总书记对统筹推进疫情防控和经济社会发展工作提出明确要求。各级妇联组织要配合党委和政府强化“六稳”举措，按照全国妇联十二届二次执委会议要求，坚持目标导向、问题导向和结果导向，抓实巾帼脱贫行动、乡村振兴巾帼行动、创业创新巾帼行动，在统筹推进疫情防控和经济社会发展工作中发挥妇联积极作用。

要进一步抓实“巾帼脱贫行动”。聚焦“三区三州”和52个贫困县，配合党委和政府将挂牌督战工作落到实处，在确保疫情防控到位的前提下，因地制宜、聚焦发力，坚持扶志扶智相结合，积极开展感恩教育，引导贫困妇女话脱贫、说变化、颂党恩；分类施策，扶持发展优质农业、手工制作、电子商务、乡村旅游、家政服务等产业，帮助支持女性龙头企业、巾帼扶贫车间尽快复工，提升带贫能力，吸纳带动更多妇女灵活就业、稳定脱贫；将巾帼脱贫行动与乡村振兴巾帼行动有效衔接，教育引导贫困妇女把摆脱贫困作为新生活、新奋斗的起点，树立健康理念，培养科学文明生活方式。对因各种原因难以依靠自身力量脱贫和脱贫后因病因学因疫返贫致贫的妇女，要及时向当地扶贫部门反映，推动将返贫和致贫妇女纳入帮扶，确保不让一个贫困妇女掉队。

要积极引导广大妇女有序复工复产。把妇女思想引领工作做深做细，引导广大妇女认清我国经济长期向好的基本面没有改变，正确对待疫情带来的现实困难和问题，变压力为动力，化危为机、迎难而上。要积极参与应对“返工潮”，配合有关部门宣讲政策、了解需求、服务防疫；深入了解女企业家、女性创业者复工复产面临的难题，帮助企业解决融资、用工方面困难；加强网络培训、扶持网上销售、联合开展网上招聘，鼓励相关协会组织多支持女大学生创业就业、企业多招收城镇女性下岗人员，帮助解决实际困难，支持她们有技能、有事做、有收入、有稳定的生活。

四、大力宣传防疫抗疫一线的巾帼典型，激发弘扬正能量。习近平总书记对大力宣传防疫抗疫一线的巾帼典型提出明确要求。目前，《全国妇联、国家卫生健康委、中央军委政治工作部关于评选表彰新冠肺炎疫情防控一线女医务人员（集体）全国三八红旗手（集体）的通知》《全国妇联关于评选表彰新冠肺炎疫情防控工作中作出突出贡献的先进女性（集体）全国三八红旗手（集体）的通知》已印发，各地要按照通知要求，认真做好评选推荐工作。要把评选表彰与典型宣传结合起来，持续推出一批在疫情防控中涌现出来的优秀妇女和最美家庭典型，讲好她们舍小家为大家的生动感人故事，在全社会激发正能量、弘扬真善美，营造万众一心阻击疫情和投身经济社会发展的浓厚氛围。

各级妇联组织要切实发挥党联系妇女群众的桥梁纽带作用，积极争取党委和政府采取更加切实有力的措施，为疫情防控第一线和各条战线的广大妇女提供关心关爱服务，激励和支持亿万妇女投身疫情防控工作。要进一步发扬严深细实的工作作风，杜绝形式主义、官僚主义，工作力量要下沉，多为基层办实事，切实减轻基层负担；各级妇联干部要在“大考”面前牢记初心使命，在战“疫”中淬炼能力素养，以更坚定的信心、更顽强的意志、更精准的举措，为打赢疫情防控人民战争、总体战、阻击战，实现决胜全面建成小康社会、决战脱贫攻坚目标任务作出新的贡献。

关于配合做好因新冠肺炎疫情影响造成监护缺失儿童救助保护工作的通知

全国妇联办公厅　国务院妇儿工委办公室

（2020年3月15日）

各省、自治区、直辖市妇联、妇儿工委办公室，新疆生产建设兵团妇联、妇儿工委办公室：

为深入贯彻习近平总书记关于新冠肺炎疫情防控工作的重要指示精神，国务院应对新型冠状病毒感染肺炎疫情联防联控机制印发了《因新冠肺炎疫情影响造成监护缺失儿童救助保护工作方案》（国发明电〔2020〕11号），对切实做好因新冠肺炎疫情影响造成监护缺失儿童救助保护工作进一步作出部署、明确职责，对妇联组织以及妇儿工委办公室开展相关工作进一步提出明确要求，对基层妇联组织立足村（社区）做好工作作出具体安排。请各地结合实际、认真贯彻落实。

一要深刻认识做好因疫情造成监护缺失儿童救助保护工作，是妇联组织贯彻落实习近平总书记关于打赢疫情防控人民战争、总体战、阻击战，为因疫情在家隔离困难儿童提供帮助等重要指示精神的具体行动，要提高政治站位，主动担责作为，充分发挥妇联在基层的组织优势、工作优势、队伍优势，充分发挥妇儿工委办公室的协调、推动、督促作用，切实做好为疫情重点地区困难妇女儿童解难助困的工作。

二要主动与民政部门对接，建立并落实工作机制，指导基层妇联组织发动执委、巾帼志愿者积极参与村（社区）儿童监护情况的全面摸底排查，发现儿童监护缺失的，第一时间向村（居）民委员会、乡镇人民政府

（街道办事处）报告，使因疫情出现监护缺失的儿童能够得到及时救助。

三要将因疫情出现监护缺失的儿童作为基层妇联组织关爱帮扶的重点对象，及时了解需求，提出帮扶措施，实施包干到人，确保关爱到位。要配合民政部门，发动基层妇联执委、巾帼志愿者参与监护照料，采取“临时妈妈”等措施为因疫情出现监护缺失的儿童提供“一对一”的生活照料、学习辅导、心理疏导、情感抚慰等关爱服务。

四要发挥“12338”妇女维权服务热线作用，通过热线接听及时发现因疫情造成监护缺失的儿童，紧盯不放、登记实情、了解需求，第一时间向村（居）民委员会、乡镇人民政府（街道办事处）、民政部门报告，协助做好转介和服务资源链接工作。要深化“特殊时期 · 特别家教”活动，组织专业社会组织和志愿者为因疫情造成监护缺失的学龄儿童提供网络辅导、网课教学服务，为学龄前儿童提供健康游戏以及亲情陪伴等服务。

五要发挥各级妇儿工委办公室建立的儿童工作专家智库作用，协调组织当地高校和相关科研机构的心理专业人员以及专业社会组织，通过网络、电话、视频等形式，为有需求的监护缺失儿童开展“一对一”的心理疏导、精神关爱等服务，帮助他们正视疫情、不怕困难、勇渡难关。

六要强化举措抓好落实，各级妇儿工委办公室要配合民政部门，积极协调、督促相关成员单位认真落实相关责任，确保将党和国家的关怀温暖不折不扣地送到因疫情造成监护缺失的儿童群体身边。各级妇联组织要增强使命意识和责任意识，加强内部工作和资源统筹，形成合力，切实把对因疫情造成监护缺失的儿童的关爱救助工作做实做细做到位。

各地妇联及妇儿工委办公室落实《通知》精神的具体举措、做法和成效，请由各地妇儿工委办公室汇总，及时报国务院妇儿工委办公室。

关于继续做好关心关爱抗疫一线医务人员及其家庭工作的通知

全国妇联办公厅

（2020年3月16日）

各省、自治区、直辖市妇联，新疆生产建设兵团妇联：

新冠肺炎疫情发生后，习近平总书记多次就保护、关心、爱护一线医务人员，使他们持续健康投入战胜疫情斗争作出重要指示。近日，习近平总书记连续在“3·8”重要指示和在湖北省考察新冠肺炎疫情防控工作时强调，要一如既往关心关爱抗疫一线医务人员，帮助大家解除后顾之忧，确保以饱满的精神状态投入到工作中，为做好抗疫一线医务人员的关心关爱工作提供了根本遵循和行动指南。现就认真贯彻落实习近平总书记重要指示精神，发挥妇联优势，在前一阶段工作基础上，继续做好关心关爱抗疫一线医务人员及其家庭工作通知如下。

一、持续精准服务抗疫一线女医务人员所急所需。以需求为导向，持续深入开展“特别的爱给特别的你”等关爱活动，针对抗疫一线女医务人员的工作特点和特殊生理需求，尽最大努力为她们送去生活必需品和卫生用品暖心包，精准服务，真情关爱，切实把对抗疫一线女医务人员的服务做深做细做扎实，为她们持续健康投入战胜疫情斗争提供“娘家人”的贴心支持。

二、持续为援鄂医务人员家庭提供暖心服务。按照“防疫不结束、工作不松紧、服务不中断”的要求，持续做好对援鄂一线医务人员家庭的一对一服务。针对家庭日常生活需求，继续开展“您家的菜我来送”“您家的活我来干”等服务，为他们送去家庭日常用品，给他们关爱服务，使他们“食无忧”。针对家有高龄老人，组织妇联干部、巾帼志愿者等经常上门，询问老人的身体和生活状况，与他们拉拉家常聊聊天，为他们提供暖心关怀，使他们“心无忧”；对家务劳动困难的，在保证防疫安全的情况下，对接家政服务人员，把清洁送到家，使他们“劳无忧”。针对家有“留守”孩子，组织教育工作专家、工作者，发挥专家、家庭教育志愿者等作用，通过课业辅导、陪伴游戏等务实、贴心的举措，帮助留守在家的子女解决学习中的困难，使他们“子无忧”。

三、持续做好心理疏导和人文关爱。加强对抗疫一线的女医务人员特别是工作在重症病房女医务人员的人文关怀，进一步拓展12338维权服务热线功能，开设心理援助热线，动员组织专家、社会力量、巾帼志愿者，倾听她们的呼声诉求，根据需求提供心理咨询、团体辅导和危机干预服务。做好抗疫一线医护人员家庭成员的思想疏导工作，帮助家庭成员缓解焦虑、担忧等情绪，协调有关部门、社会力量共同解决这些家庭的现实困难，坚定战胜疫情的信心决心。特别关爱在抗疫斗争中以身殉职的医务人员家属，普遍走访慰问，全力做好安抚关爱工作，及时组织心理专家开展心理疏导、心理危机干预等服务，协调有关部门有针对性地进行帮扶，切实帮助他们解决实际困难，鼓励他们尽快从悲痛中走出来，重拾生活信心。

四、持续开展宣传表彰。日前，全国妇联专门就评选表彰抗疫一线女医务工作者下发了通知，各地要按照通知要求，认真做好宣传工作。同时，全国妇联将联合相关部门，持续发布“抗疫一线百名巾帼英雄谱”，并开展向抗疫巾帼英雄慰问行动、送奖送关爱到基层活动。各地要按照全国统一部署，做好相关工作，注重寻找发现在疫情防控中作出突出贡献的抗疫一线女医务工作者，大力宣传她们救死扶伤、医者仁心的崇高精神，宣传她们巾帼不让须眉、白衣执甲、逆行出征的卓越品质，在全社会弘扬正能量；注重寻找发现在疫情防控中作出突出贡献的家庭典型，大力宣传他们的感人故事，引导更多的家庭学习他们舍小家为大家的无私奉献精神和崇高的家国情怀。

五、持续动员社会力量加大关心关爱力度。充分发挥所属妇女儿童基金会等公益平台优势，进一步广泛发动爱心企业、爱心人士等，多方筹集资金、物资为抗疫一线医务人员和家庭提供实实在在的帮助；进一步发动妇联团体会员、女性社会组织、女企业家等，发动妇联执委、妇女代表、三八红旗手、巾帼文明岗等各行各业妇女，共同为抗疫一线医务人员及其家庭助力献策，汇聚全社会共同关心关爱抗疫一线医务人员及其家庭的强大力量。

关于开展第32个爱国卫生月活动
为全面打赢新冠肺炎疫情阻击战营造良好环境的通知

全国爱卫办　中央文明办　生态环境部　住房和城乡建设部
农业农村部 国家卫生健康委 全国总工会 共青团中央 全国妇联

（2020年3月18日）

各省、自治区、直辖市及新疆生产建设兵团爱卫办、文明办、生态环境厅（局）、住房和城乡建设厅、农业农村厅、卫生健康委、工会、团委、妇联：

今年4月是第32个爱国卫生月。为深入贯彻落实习近平总书记系列重要讲话精神，大力开展爱国卫生运动，强化预防优先，打造健康环境，为全面打赢新冠肺炎疫情阻击战奠定坚实基础，全国爱卫办、中央文明办、生态环境部、住房和城乡建设部、农业农村部、国家卫生健康委、全国总工会、共青团中央和全国妇联决定联合开展第32个爱国卫生月活动。现就有关事项通知如下：

一、活动主题

防疫有我，爱卫同行

二、活动内容

各地要深刻认识爱国是核心、卫生是根本、运动是方式的爱国卫生运动内涵，全方位多层次推进爱国卫生运动。

（一）大力开展爱国卫生运动历史主题宣传活动。各地要以爱国卫生月活动为契机，全面深入宣传报道爱国卫生运动的成功实践。

一要讲述爱国卫生运动历史。向公众广泛宣传爱国卫生运动的历史背景、发展历程及显著成效，宣传本地区开展爱国卫生运动的历史实践和作用、工作历程和成效。

二要宣传爱国卫生运动意义。要通过网络公开课、在线访谈等多种形式广泛宣讲在新时代继续深入持久开展爱国卫生运动对于疾病防控、健康促进的重大意义，大力弘扬爱国卫生运动优良传统，扩大爱国卫生运动社会影响力，提振精神、鼓舞士气，积极营造全民参与、共建共享的浓厚氛围。

三要弘扬爱国卫生运动精神。深入开展爱国卫生运动蕴含的爱国主义和集体主义教育，将文明卫生知识的传播与热爱祖国、热爱家乡、热爱生活相结合，引导群众树立健康强国理念，发扬广大人民群众互助共济的美德，激发群众自力更生改变生产生活面貌的热情。

（二）持续推进环境卫生综合整治行动。各地要根据疫情后期和疫情结束后的不同特点，以建立健全环境卫生管理长效机制为根本，统筹推进城乡环境卫生整治各项重点工作，为避免疫情“死灰复燃”奠定坚实的环境基础。

一要聚焦重点场所。继续按照《全国爱卫办关于深入开展爱国卫生运动 做好新冠肺炎疫情防控工作的通知》（全爱卫办发〔2020〕2号）要求，切实落实好企事业单位、社区、乡村、市场、车站码头、家庭等各类生产生活场所和公共交通工具等的环境整治。要按照专业技术机构推荐的科学方法开展日常消毒工作，确保各项工作的科学性、规范性、有效性。农村地区要结合疫情防控集中开展村庄清洁行动，突出清理死角盲区，由“清脏”向“治乱”拓展，由村庄面上清洁向屋内庭院、村庄周边拓展。

二要关注薄弱环节。各地要针对疫情防控中发现的环境卫生问题，特别是老旧小区、城中村、城乡接合部、农贸市场、小餐饮店、小作坊、流动摊贩等环境卫生管理的薄弱环节和一些长期存在的“老、大、难”问题，结合本地区卫生城镇创建、健康城市健康村镇建设、文明城市文明村镇创建及脱贫攻坚等工作总体要求，逐项梳理问题清单，及时整改落实，切实为人民群众解决实际问题和困难。

三要注重专群结合。各地要组织开展以环境卫生治理为主，药物消杀为辅的病媒生物防治工作。既要动员群众自己动手清理死角、清除积水、翻盆倒罐，又要组织专业防治队伍开展灭鼠、灭蟑、灭蚊、灭蝇活动。要结合本地区气候特点和春季鼠、蚊等病媒生物的活动情况，南方地区要重点开展蚊虫滋生地清理和成蚊灭杀工作，有效预防登革热、寨卡病毒病等蚊媒传染病在夏季传播流行；北方地区要重点采取灭鼠防鼠为主的综合性防控措施，防范流行性出血热等鼠传疾病发生，同时做好越冬蚊防治工作。

（三）广泛开展群众活动。各地要根据疫情防控进展，结合本次爱国卫生月主题，以“改善环境共享健康”、“向不卫生不文明的饮食陋习宣战”、“和谐心态快乐生活”等为重点专题，点面结合、深入开展群众宣传动员，充分调动社会各方的积极性和创造性，在全国掀起爱国卫生运动的新高潮。

一要动员人群多样化。要通过开展爱国卫生运动进企业、进机关、进社区、进乡村、进学校等各类活动，调动广大群众参与爱国卫生运动的积极性和主动性。要发挥各级文明办、工会、共青团、妇联和行业协会、学会的作用，引导支持社会力量、志愿者及广大青年、妇女、干部职工参与环境整治、疾病预防、健康促进、垃圾分类等工作。要通过开展“小手拉大手”等活动，教育学生引导家长参与爱国卫生运动。要依托爱国卫生工作网络和健康教育宣传网络，充分发挥居（村）委会的组织协调和基层党组织的模范带头作用，调动广大社区群众支持参与爱国卫生运动，形成人人动手、人人参与的良好氛围。

二要宣传渠道多样化。各地要充分利用电视、广播、报刊等传统媒体和微博、微信、网络直播平台等新媒体，积极发挥新时代文明实践中心（所、站）和融媒体中心等阵地的作用，通过健康知识线上问答、话题互动等各种活动广泛深入开展健康知识宣传，形成全方位立体宣传格局。

三要科普内容多样化。要广泛宣传传染病防控知识、个人防护指南等，引导群众正确认识疾病、科学自我防护。要持续关注疫情后期的不同人群心理健康，引导群众使用科学的方法缓解焦虑、紧张等不良情绪。要广泛宣传个人卫生、饮食卫生、环境卫生和厕所卫生等知识，增强群众卫生意识，养成良好习惯，革除不文明、不卫生的陋习，特别是要坚决杜绝食用野生动物的陋习。要宣传推广合理膳食知识、科学健身方法，普及宣传烟草危害，传播自尊自信、乐观向上的现代文明理念和心理健康知识，强化“每个人都是自己健康第一责任人”的理念，倡导群众养成文明健康、绿色环保的生活方式。

三、活动要求

（一）各地爱卫办要加强组织协调，制定切实可行的活动计划，每周确定1项重点任务，依次推进、分周落实。各地文明办要把爱国卫生运动与群众性精神文明创建活动有机结合，发动广大志愿者、志愿服务组织协助做好爱国卫生各项工作，推动有关工作任务落实落地。各地生态环境、住房和城乡建设、农业农村、卫生健康部门要按照职责落实好环境卫生综合整治、健康宣传等各项具体任务。各级工会、共青团和妇联组织要发挥特色优势，组织广大企业职工、青年、妇女等积极参与爱国卫生运动。

（二）宣传海报在国家卫生健康委网站发布，请各地自行印制，配合各项活动开展。

（三）各地爱卫办要及时提炼活动中的典型经验和亮点，并报送全国爱卫办，全国爱卫办将及时予以宣传推广。爱国卫生月活动结束后，各地爱卫办要及时总结活动开展情况（含图片等材料）并于5月15日前报送全国爱卫办，全国爱卫办将予集中宣传报道。

全国妇联关于学习贯彻习近平总书记在决战决胜脱贫攻坚座谈会上重要讲话精神的通知

全国妇联

（2020年3月23日）

各省、自治区、直辖市妇联，新疆生产建设兵团妇联：

2020年3月6日，习近平总书记在决战决胜脱贫攻坚座谈会上发表重要讲话，向全党全社会发出了脱贫攻坚的总攻令。习近平总书记的重要讲话，高屋建瓴、统揽全局，思想深邃、内涵丰富，具有很强的思想性、指导性和针对性，为决战决胜脱贫攻坚提供了根本遵循和行动指南。各级妇联要切实增强“四个意识”、坚定“四个自信”、做到“两个维护”，坚决贯彻落实习近平总书记重要讲话精神，聚焦52个未摘帽贫困县和2707个未出列贫困村，以更大决心、更强力度投入到脱贫攻坚战中，为确保如期完成脱贫攻坚目标任务，确保全面建成小康社会贡献巾帼力量。

一、深入学习领会习近平总书记重要讲话精神，增强决战决胜脱贫攻坚的政治责任感和历史使命感

（一）深刻认识脱贫攻坚取得的决定性成就和重大意义，增强政治责任与担当。习近平总书记全面总结了党的十八大以来我国脱贫攻坚取得的前所未有的决定性成就，指出今年脱贫攻坚任务完成后，我国将提前10年实现联合国2030年可持续发展议程的减贫目标，对中国、对世界都具有重大意义，充分彰显了中国共产党领导和我国社会主义制度的政治优势。习近平总书记强调到2020年现行标准下的农村贫困人口全部脱贫，是党中央向全国人

民作出的郑重承诺，必须如期实现，没有任何退路和弹性。各级妇联组织要把思想和行动统一到习近平总书记重要讲话精神和党中央的决策部署上来，切实增强政治责任与担当，引导广大妇女坚定不移听党话，跟党走。

（二）深刻认识脱贫攻坚面临的困难挑战，坚定决战决胜的信心和决心。习近平总书记指出，脱贫攻坚战不是轻轻松松一冲锋就能打赢的，从决定性成就到全面胜利，面临的困难和挑战依然艰巨，决不能松劲懈怠。习近平总书记深刻分析了打赢脱贫攻坚面临的困难挑战，对松劲懈怠、精力转移、形式主义、官僚主义、弄虚作假、不精准等问题敲响了警钟。各级妇联组织要进一步提高政治站位，保持头脑清醒，切实转变工作作风，绷紧弦、加把劲，团结引领广大妇女坚定决心信心，自力更生，艰苦奋斗，用辛勤劳动创造幸福美好新生活。

（三）深刻认识高质量完成脱贫攻坚战目标任务的艰巨性紧迫性，切实发挥半边天作用。习近平总书记提出了脱贫攻坚战最后一年的目标任务，强调要加强党对打赢脱贫攻坚战的领导，不能停顿、不能大意、不能放松。各级妇联要对标对表习近平总书记的重要部署，坚持目标导向、问题导向和结果导向，紧盯“三区三州”和52个未摘帽贫困县，发挥妇联组织优势，发挥广大妇女在社会生活和家庭生活中的独特作用，攻坚克难，真抓实干，团结引领广大妇女为高质量完成脱贫攻坚目标任务发挥积极作用。

二、主动担当作为，引领广大妇女为高质量完成脱贫攻坚任务贡献巾帼力量

（一）了解反映情况，不让一个贫困妇女掉队。聚焦“三区三州”和52个未摘帽贫困县，积极参与脱贫攻坚挂牌督战、排查普查等工作，组织乡村妇联执委与贫困妇女“拉手结对”，以女性户主贫困家庭为重点，深入了解、动态掌握贫困妇女特别是单亲母亲、残疾妇女、患重病妇女和受

疫情影响妇女脱贫的特殊困难和问题，及时向党委政府反映报告，让贫困妇女充分享受各项脱贫政策，让每一个贫困妇女都能如期脱贫。积极参与当地党委政府建立防止返贫监测和帮扶机制的工作，及时将脱贫不稳定、容易返贫、贫困边缘及受疫情影响的妇女纳入帮扶，防止返贫和新增贫困。

（二）加强宣传引领，激发贫困妇女内生动力。全面宣传脱贫攻坚的惠民政策和取得的历史性成就，引导广大妇女充分认识中国特色社会主义制度的优越性，坚定不移听党话、跟党走。大力宣传妇女脱贫带贫先进典型及疫情防控期涌现出来的脱贫攻坚生动事例，组织广大妇女话脱贫、说变化、颂党恩，激发妇女群众“我要脱贫”的志向和干劲。持续深化寻找“最美家庭”，鼓励引导妇女移风易俗，自觉抵制高价彩礼，简办婚事丧事，以文明新风助力脱贫攻坚。

（三）发挥“妇字号”基地作用，扶持妇女特色产业。及时了解巾帼脱贫示范基地、扶贫车间等“妇字号”基地受疫情影响和经营发展等情况，在确保疫情防控到位的前提下，有序复工复产，为贫困妇女提供岗位。充分发挥“妇字号”基地示范带动作用，面向贫困妇女开展技术指导技能培训，大力培育扶持体现妇女优势和特点的手工编织、巾帼电商，助推乡村旅游和优质农业等特色产业，提升带贫能力。帮助协调争取扶贫小额信贷、创业担保贷款等金融扶贫政策，助力“妇字号”基地解决生产发展资金问题。

（四）强化女能人示范带动，帮助贫困妇女脱贫。发挥女驻村第一书记、致富带头人等女能人的作用，组织贫困妇女在脱贫基地、扶贫车间、合作社、公益岗位就地就业。发挥女企业家、劳务女经纪人作用，借助东西部扶贫协作平台，“点对点”帮助有意愿的贫困妇女外出务工，鼓励贫困妇女从事家政服务业，增加工资性收入。发挥巾帼电商创业带头人作用，领办网店、微店，推动网络扶贫与消费扶贫有机结合，帮助贫困妇女拓展产品销售渠道，解决产品难卖问题。

（五）做好易地扶贫搬迁后续帮扶工作，帮助易地搬迁妇女融入新生活。积极开展“新市民计划”“美丽庭院”等活动，引导易地扶贫搬迁贫困妇女养成科学文明的生活方式和清洁卫生习惯。围绕实施“健康中国·母亲行动”，面向易地搬迁妇女普及健康知识，树立健康理念，提升健康素养。积极争取安置点现有企业、扶贫车间等岗位，吸纳贫困妇女就业，助贫困妇女稳得住、有就业、逐步能致富。

（六）扩大“两癌”检查救助覆盖面，加强健康帮扶。配合卫生健康委将农村适龄妇女“两癌”检查纳入基本公共卫生服务工作落实到位，扩大贫困适龄妇女特别是52个未摘帽贫困县贫困适龄妇女的检查覆盖面。加大对贫困妇女“两癌”救助力度，确保“两癌”患病的建档立卡贫困妇女全部得到救助。关注贫困地区“两癌”患病妇女情况，防止妇女因患“两癌”返贫致贫。

（七）协助做好“控辍保学”工作，促进教育扶贫。配合教育等相关部门，深入家庭，及时了解贫困儿童失学辍学的情况，耐心细致做好宣传和引导工作，发挥中国儿童少年基金会作用，积极救助建档立卡贫困家庭儿童，防止贫困儿童失学辍学，阻断贫困代际传递。

（八）巩固巾帼脱贫攻坚成果，积极与乡村振兴有效衔接。脱贫摘帽不是终点，而是新生活、新奋斗的起点。各地妇联要梳理高素质女农民培训、扶持发展“妇字号”特色产业基地、开展“美丽家园”建设、寻找“最美家庭”活动和“家家幸福安康”等工作的好做法、好举措，接续推进“巾帼脱贫行动”和“乡村振兴巾帼行动”有效衔接。

三、凝心聚力，推动妇女脱贫工作取得实效

（一）坚持党建带妇建。各级妇联要坚持党的领导，将妇女扶贫工作

纳入党委政府脱贫攻坚工作的总体部署，切实承担起脱贫攻坚政治责任。尚有未摘帽贫困县的7省区妇联组织要把主要精力投入到决战脱贫攻坚工作上来，一鼓作气，攻坚克难，助力贫困妇女如期脱贫。

（二）做好“联”字文章。各地妇联要积极参与东西部扶贫协作和对口支援，加强资金项目、劳务输转和产品销售等方面的对接。7省区妇联要充分挖掘本省区资源，推动省区内加大产业合作、劳务输转和人才交流等。团体会员、女性社会组织要充分发挥作用，开展形式多样的就业扶贫、健康扶贫、科技扶贫、消费扶贫等帮扶活动。妇联所属基金会要加大力度，做实做好妇女儿童公益项目，不断增强贫困妇女儿童的获得感、幸福感和安全感。

（三）加强作风建设。转变工作作风，坚决杜绝形式主义、官僚主义，防止松劲懈怠、精力转移。加强统筹安排，注重实效，提高工作效率，切实减轻基层妇联负担，关心关爱基层妇联干部。严格扶贫项目资金监管，确保扶贫项目资金精准落地，切实提高扶贫效益。

关于寻找在新冠肺炎疫情防控中作出突出贡献的最美家庭的通知

全国妇联办公厅

（2020年4月1日）

各省、自治区、直辖市妇联，新疆生产建设兵团妇联，中央和国家机关妇工委，中央军委政治工作部组织局，全国妇联各团体会员：

新冠肺炎疫情发生以来，广大家庭坚决贯彻落实习近平总书记重要指示和党中央决策部署，积极参与，奋战疫情防控，涌现出了许多可歌可泣的家庭战“疫”故事。为激励家庭典型，大力弘扬家庭成员在疫情防控中展现出的忠诚履职、勇于奉献、舍小家为大家的家国情怀，相亲相爱、守望相助的传统美德，团结引领广大家庭为夺取疫情防控和经济社会发展双胜利作出新贡献，全国妇联决定在广泛开展寻找最美家庭活动的基础上，揭晓650户全国抗疫最美家庭。现将有关事项通知如下。

一、寻找范围及条件

坚决贯彻落实习近平总书记关于疫情防控工作的重要指示精神和党中央决策部署，积极参与和支持疫情防控，在医疗救治、疾病防控、科研攻关、后勤保障、社区联防联控、群防群控、志愿服务、复工复产等方面作出突出贡献，切实发挥示范带动作用，受到群众普遍认可的家庭典型。

有以下情形之一的家庭不得推荐：家庭成员有违法违纪现象，曾非法参与重大群体性上访，参与“黄、赌、毒”、封建迷信和非法宗教及邪教活动，在文明、诚信等方面有不良记录，有家庭暴力行为，有违反社会公德、职业道德、家庭美德、个人品德的其他行为。

二、寻找程序

各省区市妇联、新疆生产建设兵团妇联、中央和国家机关妇工委、中央军委政治工作部组织局、全国妇联各团体会员要在寻找活动基础上，向全国妇联报送家庭典型（数量见附件1）。报送前须完成家庭资格审核审查、社会公示等程序。全国妇联对候选家庭材料进行复审，报全国妇联书记处会议审定。

三、工作要求

1.切实加强组织领导。各省区市妇联、各相关单位要充分认识开展寻找全国抗疫最美家庭活动的重要意义，把这项工作作为贯彻落实习近平总书记重要指示，特殊时期创新深化家庭工作、更好发挥家庭家教家风在基层社会治理中重要作用的具体举措，切实摆上重要位置，加强组织领导。

2.认真做好审核把关。各省区市妇联、各相关单位要按照通知要求，对候选家庭典型进行严格审核把关，确保家庭事迹突出、材料真实、准确无误，做到寻找工作程序规范、客观公正、群众认可。

3.大力宣传家庭感人故事。各省区市妇联、各相关单位要结合地方和部门实际，动员广大家庭积极参与到寻找活动中，把寻找过程作为组织发动群众、教育激励群众，大力弘扬良好家风家教的过程，注重对家庭成员的思想引领。要充分运用主流媒体和新媒体，大力宣传报道家庭舍小家为大家的感人事迹，在全社会激发正能量、弘扬真善美，营造万众一心阻击疫情和投身经济社会发展的浓厚氛围。

4.按时提交相关材料。各省区市妇联、各相关单位按照分配名额填写《全国抗疫最美家庭信息汇总表》（见附件2）、《全国抗疫最美家庭推荐表》（见附件3），提交1500字的家庭典型事迹材料。如有条件，请提供3张家庭参与抗疫工作的照片及视频，照片为jpg格式，并附简短文字说明，视频时长3—5分钟。请于2020年4月15日前，将上述材料电子版报至信息申报平台（全国网上家长学校www.haomahaoba.com，在首页点击“信息申报采集系统”）。待疫情结束后，将材料纸质版一式两份加盖公章，报送至全国妇联家庭和儿童工作部。

全国妇联还将于2020年下半年寻找揭晓一批脱贫攻坚、勤劳致富、绿色低碳、清正廉洁等全国最美家庭，请各地广泛发动群众常态化开展寻找活动，做好各类典型家庭的培树宣传。

关于庆祝2020年“六一”国际儿童节的联合通知

全国妇联　中央文明办　共青团中央　教育部　民政部　文化和旅游部
国家卫生健康委员会　国家广播电视总局　国家新闻出版署

（2020年5月22日）

各省、自治区、直辖市妇联、文明办、团委、教育厅（教委）、民政厅（局）、文化和旅游厅（局）、卫生健康委、广播电视局、新闻出版局，新疆生产建设兵团妇联、文明办、团委、教育局、民政局、卫生健康委、新闻出版局、文化体育广电和旅游局：

今年是全面建成小康社会和“十三五”规划收官之年。为深入学习贯彻习近平总书记关于新冠肺炎疫情防控、决胜全面建成小康社会、决战脱贫攻坚的重要指示精神，贯彻落实《新时代公民道德建设实施纲要》、《新时代爱国主义教育实施纲要》和《关于全面加强新时代大中小学劳动教育的意见》精神，努力培养德智体美劳全面发展的社会主义建设者和接班人，发挥学校、家庭、社会协同育人作用，促进儿童健康成长，让儿童度过一个安全幸福、意义深远的节日，现将“六一”有关活动事项通知如下。

一、厚植广大儿童的爱国主义情怀

各地、各部门要加强对新冠肺炎疫情防控工作成效的宣传，充分展示在抗击疫情战争中展现的众志成城、共克时艰、同舟共济的伟大精神；广泛宣传展示党带领全国人民决胜全面建成小康社会和决战脱贫攻坚的伟大成就，通过开展主题鲜明、形式多样的宣传教育活动，开展“看城乡新貌　话小康生活”体验活动、讲脱贫典型故事等，引导广大儿童充分感受中国共产党领导和中国特色社会主义制度的显著优势，感受家庭生活和家乡的变化以及国家的发展，自觉将个人成长发展与国家民族前途命运紧密相连，追逐百年梦想，实践报国之行。教育部将开展爱国主义教育活动，深入宣传我国抗击疫情政策措施、抗疫中的先进典型人物和一方有难、八方支援的大爱义举，激发儿童的家国情怀、爱国热情，坚定理想信念，树牢制度自信和文化自信，从小听党话，跟党走。全国妇联将组织开展“携手过‘六一’ 有‘鄂’也有你”线上升国旗、“童心抗疫 守望相伴”等体验活动，启动“巧手映小康——第五届全国儿童剪纸作品展”活动，用儿童的双手记录、展示中国人民同心同德奔小康的精神风貌。

二、培养广大儿童的好思想好品行好习惯

各地、各部门要围绕立德树人根本任务，依托爱国主义教育基地、乡村学校少年宫、儿童活动中心、城乡社区未成年人活动站、儿童之家等阵地，广泛开展宪法、未成年人保护法、预防未成年人犯罪法等法治宣传教育；结合疫情防控，深入开展健康教育和生命教育；加强劳动意识、劳动习惯、劳动技能培养，引导儿童树立劳动最光荣、劳动最崇高、劳动最伟大、劳动最美丽的观念。通过云课堂、云参观、云阅读、云体验等方式，引导儿童从身边小事做起，从一点一滴做起，培养儿童好思想、好品行、好习惯。中央文明办将持续推进“扣好人生第一粒扣子”主题教育实践活动，强化教育引领、实践养成，引导广大未成年人培育和践行社会主义核心价值观，向上向善、孝老爱亲、忠于祖国、忠于人民，努力成长为德智体美劳全面发展的社会主义建设者和接班人；将继续开展2020年度“新时代好少年”学习宣传活动，组织各级各类中小学校广泛参与，深入挖掘发生在孩子中间励志、暖心的感人故事，发现和推出可亲、可敬、可学的少年典型，示范引领广大青少年健康成长、全面发展，弘扬时代新风、争

做时代新人。共青团中央、全国少工委将持续开展“争做新时代好队员”主题实践教育，发动中小学少先队组织开展“习爷爷教导记心中”学习宣传、“我是小小追梦人”实践活动、深化开展中队“五小”活动（红领巾小主人、小志愿者、小书虫、小健将、小能手），教育引导广大少先队员从小学先锋、长大做先锋，努力成长为能够担当民族复兴大任的时代新人。在严格遵守当地疫情防控有关规定前提下，已复学的学校“六一”期间用合适的方式举行新队员入队仪式。教育部将开展劳动教育引导活动，发挥家校协同育人合力，围绕卫生、劳动习惯的养成，教育引导儿童做好个人清洁卫生，主动分担家务，适当参加校内外公益劳动，学会与他人合作劳动，体会到劳动光荣，从小培养正确的劳动价值观和良好的劳动品质；将开展生命健康安全教育，引导各地用好抗击疫情的鲜活教材，教育少年儿童全面准确认识奉献与牺牲、坚守与执着、生命与健康、责任与担当、科学与真知，树立正确的人生观价值观和科学的世界观。国家卫生健康委将落实《健康中国行动（2019—2030年）》，实施妇幼健康促进行动，结合疫情防控工作，加大健康知识宣传力度，普及传染病防控和儿童保健知识，提高儿童养护人健康素养和养育照护能力，促进儿童养成良好卫生习惯，提高儿童健康水平。国家新闻出版署将推动开展“少儿报刊阅读季”活动，充分发挥优秀少儿报刊对儿童的教育引导作用，帮助儿童从小培育和践行社会主义核心价值观，在阅读中学习做人、学习立志、学习创造，成长为有理想、有本领、有担当的时代新人；将开展“我的书屋·我的梦”农村少年儿童阅读实践活动，着力保障农村儿童阅读权益，激发阅读热情，养成阅读习惯，培养好思想、好品行、好习惯。全国妇联将开展“劳动最光荣”家庭亲子秀短视频云征集展示活动、“儿童健康知识进家庭进社区”线上示范公益讲座，帮助儿童从日常点滴入手，养成爱劳动、讲卫生的好习惯。

三、营造有利于儿童健康成长的家庭、社会环境

各地、各部门要认真贯彻习近平总书记关于注重家庭、注重家教、注重家风的重要指示精神，精心组织以传承和弘扬良好家风家教为主题的亲子互动活动，引导广大家长重言传、重身教，教知识、育品德，营造良好的家庭育人环境；要大力倡扬儿童优先、尊重儿童、保护儿童的良好社会风尚，宣传我国在促进儿童生存、保护、发展方面的法律法规以及取得的显著成效，积极营造有利于儿童健康成长的社会文化环境。国家广播电视总局将指导各级广播电台、电视台做好节日活动和相关工作的宣传报道，组织各少儿、动画频道制作播出相关节目，传播中华优秀传统文化、革命文化、社会主义先进文化，为庆祝节日营造良好的舆论氛围，引导全社会关心关爱儿童，助力儿童健康成长。文化和旅游部将广泛动员各类公共文化机构，以线上、线下相结合的形式，组织开展面向未成年人的艺术辅导、讲座培训、少儿阅读等形式多样的群众文化活动，丰富未成年人精神文化生活。国家新闻出版署、全国妇联将开展青少年和家庭亲子阅读推广活动，面向儿童推介一批优质图书，开展形式多样的阅读活动，引导父母言传身教，促进少年儿童热爱阅读，健康成长。全国妇联将联合中央文明办、教育部、国家卫生健康委于5至6月共同开展“小家传大爱，共筑家国梦”家风家教主题宣传活动，通过开展家庭典型宣传展示、绿色家庭创建等活动，充分发挥家庭家教家风在培养时代新人和弘扬时代新风中的重要作用。

四、注重关心关爱特殊儿童群体

各地、各部门要加强因疫情影响造成监护缺失儿童、孤儿以及农村留守儿童、困境儿童等特殊儿童群体的关心关爱，根据家庭和儿童需求，开展心理抚慰、结对帮扶、生活照料、安全保护等精准关爱，把党和政府的关怀送到孩子们身边。民政部将指导各地做好儿童服务机构疫情防控；宣

传儿童福利工作，增进社会各界对儿童福利工作的了解，鼓励社会公众关心关爱各类困境儿童；指导各地加强对事实无人抚养儿童保障，建立全国事实无人抚养儿童信息台账；开展“儿童福利信息动态管理精准化提升年”专项行动，全面推广应用“金民工程”全国儿童福利综合管理信息系统，精准掌握农村留守儿童、困境儿童、孤儿、儿童督导员、儿童主任等服务对象底数；开展全国农村留守儿童和困境儿童关爱保护“政策宣讲进村（居）活动”，探索创新劳动密集型企业关心关爱留守儿童和困境儿童工作模式，引导父母及其他监护人切实履行家庭监护主体责任；健全完善农村留守儿童和困境儿童关爱服务体系，加强儿童督导员、儿童主任示范培训，提升专业化水平。中央文明办将会同文化和旅游部组织实施“圆梦工程”“春雨工程”和“阳光工程”，招募符合条件的当地文化能人、文艺骨干、非遗传承人作为文化志愿者，定期对农村留守儿童、乡村学校少年宫学生等人群开展艺术培训和辅导，提高贫困地区未成年人的文化艺术素养，丰富其精神文化生活。全国妇联将推广江苏、湖南、四川农村留守儿童关爱服务试点工作探索出的“党政引领、部门联动”“结对帮扶”“互联网+”“妇联组织+社会组织+专业服务+志愿服务”等关爱服务模式，指导各地为留守儿童提供精准化关爱服务；将继续实施“家庭成长计划”、捐建“儿童快乐家园”等公益项目，为困境儿童送去党和政府、社会各界的关心关爱。

各地、各部门要进一步提高思想认识，加强活动组织领导，按照国务院应对新型冠状病毒感染肺炎疫情联防联控机制部署要求和各地疫情防控工作统一安排，根据儿童实际需求和特点，统筹抓好“六一”国际儿童节系列庆祝活动。要从严控制各类聚集性活动，采取线上、线下适宜方式，开展主题突出、内容丰富、儿童乐于参与的宣传教育实践活动，高扬爱国主义主旋律，唱响时代正气歌，让广大少年儿童在活动中接受爱党爱国爱社会主义教育，通过活动不断培育社会主义核心价值观，不负中华民族伟大复兴的时代重任。

意见

关于开展“健康中国 母亲行动”的实施意见

全国妇联 国家卫生健康委员会 国家体育总局

（2020年5月19日）

各省、自治区、直辖市妇联、卫生健康委、体育局，新疆生产建设兵团妇联、卫生健康委、体育局：

人民健康是民族昌盛和国家富强的重要标志，家庭健康是全民健康的基础。为深入贯彻《“健康中国2030”规划纲要》，实施健康中国行动，充分发挥母亲在家庭健康中的独特作用，动员广大家庭，落实“预防为主”方针，践行健康生活方式，以家庭的健康，助力健康中国。全国妇联、国家卫生健康委和国家体育总局决定联合开展“健康中国 母亲行动”，现提出以下意见。

一、指导思想

以习近平新时代中国特色社会主义思想为指导，全面贯彻党的十九大和十九届二中、三中、四中全会精神，坚持以人民为中心的思想，树立大卫生、大健康的理念，充分发挥妇联组织在普及健康生活、优化健康服务、建设健康环境等方面的独特作用，动员广大母亲积极行动，带动家庭成员从我做起，强化健康责任，提高健康素养，形成自主自律、符合自身特点的健康生活方式，用健康的身心为社会经济发展注入活力，用健康的体魄支撑起民族复兴的伟业。

二、行动目标

——到2022年，母亲在家庭中的健康指导员、管理员、督导员的作用得到逐步发挥，通过多种形式的宣传，普及健康知识，推动妇女健康素养水平稳步提高，健康生活方式加快推广。

——到2030年，母亲在家庭中的健康指导员、管理员、督导员的作用得到充分发挥，推动妇女的健康素养水平大幅度提升，健康生活方式基本普及。

三、主要任务

1.普及健康知识，提升健康素养。聚焦影响健康的主要因素，针对重点疾病及女性不同生命周期所面临的突出健康问题，组织编印、遴选、推介一批健康科普读物和科普资料；积极运用互联网技术、移动终端App等现代化手段以及村居宣传栏、大喇叭等方式，科学普及卫生保健、科学育儿、健康养护、科学健身等知识，提升妇女健康素养；依托妇女学校、妇女之家等阵地，开展健康讲座与培训，引导母亲了解掌握有关预防疾病、早期发现、紧急救援、及时就医、合理用药等健康知识与技能，提高理解、甄别、应用健康信息的能力；充分发挥母亲在健康知识传播、行为养成、疾病早期发现等方面的示范、倡导作用，让健康知识行为和技能成为每个人必备的素质和能力；结合“最美家庭”寻找活动，将健康文明生活方式融入到家风、家教、家训中，通过多种方式，激发群众参与健康家庭建设热情，让疾病干预和健康教育进街道社区、乡村，入家庭、到个人。

2.养成良好习惯，践行健康行为。加强对家庭的营养和膳食指导，开展“三减三健”（减盐、减油、减糖，健康口腔、健康体重、健康骨骼）等宣教活动，倡导家庭平衡膳食，有效防控慢性病；推广家庭分餐制，使用公筷公勺，注意饮食卫生，全面禁食野生动物，筑牢防控传染病的家庭防线；引导母亲带动家庭成员勤洗手、勤通风，咳嗽、打喷嚏时遮掩口鼻，患有流行性感冒等传染性呼吸道疾病时佩戴口罩，养成科学健康文明的卫生习惯；大力倡导“无烟家庭”理念，宣传吸烟和二手烟暴露的严重危害，发挥母亲的监督员作用，劝导家庭成员不吸烟或主动戒烟，创建健康、绿色、温馨的家庭环境；引导母亲关注家人健康状况，教育子女注意用眼卫生，提醒家人定期体检，发现健康异常及时就医诊治，把疾病预防控制的防线提前，提高生活质量。

3.关注心理健康，提高生活幸福感。开展“心理健康素养十条”的宣传与普及，传播自尊自信、积极向上的现代文明理念和心理健康知识；开展心理健康培训，引导母亲主动学习和了解心理健康知识，带动家庭成员保持乐观、开朗、豁达的生活态度，通过培养健康的兴趣爱好，涵养理性平和的健康心态，释放家庭、工作、社交等带来的压力，营造良好的家庭氛围；依托寻找“最美家庭”、家风家教宣传展示等活动，引导家长传承良好家风，关注自身和子女心理健康，依法履行监护责任，营造良好的家庭环境，培养子女健康人格和良好行为习惯；重点关注农村单亲母亲，残疾、患重病、留守妇女等特殊困难群体心理健康，以妇女之家为依托，为她们提供法律宣传、技能培训、权益维护、文体活动、心理咨询、情感关爱等服务。探索建立农村留守妇女互助小组，让她们能够生产上相互帮助、生活上相互扶持、情感上相互依靠、安全上相互关照。

4.开展运动健身，提高身体素质。大力宣传运动对提高身体健康水平的重要意义，发挥科学健身在生命全周期、全过程中的积极作用，倡导家庭配备适合家庭成员使用的小型、便捷、易操作的健身器材，号召广大母亲带动家人养成规律的运动习惯；发挥妇女健身骨干作用，推广武术、太极拳、健身气功、大秧歌等民族民俗民间传统、乡村农味农趣运动项目，带动更多群众参加健康有益的文体活动和社会活动；利用村居文体广场、健身步道等场地，适时举办“有新意、接地气、聚人气”的广场舞、健身操、健步走等赛事活动和家庭亲子运动会等，丰富妇女群众体育生活，提高妇女身体素质和健康水平。

5.倡导清洁卫生，改善生活环境。积极参与爱国卫生运动，以每年的爱国卫生月活动为契机，以“改善环境　共享健康”等为重点专题，引导母亲带动家庭成员，自觉践行简约适度、绿色低碳的生活方式，提升家庭清洁卫生意识，主动追求布局美、环境美、生活美、身心美，共同建设干净整洁舒适健康生活环境，做文明生活方式的积极倡导者、主动传播者和自觉践行者；结合“乡村振兴巾帼行动”，引导妇女积极参加农村人居环境整治行动，充分调动妇女群众参与热情，组织动员妇女开展富有成效的“比、赛、评”美丽庭院创建活动，全面净化绿化美化庭院；结合疫情防控，引导妇女参加村庄清洁行动，突出清理卫生死角盲区，从房前屋后不乱堆粪土、不乱放柴草、不乱倒垃圾脏水、不让畜禽乱跑等日常生活琐事做起，广泛参与空气污染防护、垃圾污水治理和村容村貌提升以及厕所革命，迅速掀起人人参与、户户行动的建设热潮。

6.实施重点项目，做好健康服务。各级妇联继续配合卫生部门实施农村妇女“两癌”免费检查项目，做好农村贫困母亲“两癌”救助项目，推动项目扩点扩面，让更多妇女增强获得感、幸福感、安全感；扩大“母亲健康快车”等公益项目覆盖面和受益面，面向偏远贫困地区妇女开展义诊咨询、健康普查、医疗救助等健康教育和健康服务，逐步提升贫困地区妇女健康水平，促进改革发展成果更多更公平惠及广大妇女。

四、组织实施

1.加强组织领导。各级妇联、卫生健康部门和体育部门要切实加强领导，密切合作，建立分工负责、协调配合的工作机制，共同推进。妇联组织负责牵头，做好各项活动的组织协调和妇女群众及广大家庭的宣传发动，卫生健康部门和体育部门负责提供健康科普知识和技能宣传教育培训等专业技术支持。三部门要明确目标任务，落实工作责任，细化工作措施，确保行动取得实效。

2.广泛动员参与。实施“健康中国 母亲行动”，需要凝聚全社会力量，形成促进健康的合力。各级妇联要广泛动员鼓励妇女和家庭积极参与，调动她们的积极性和创造性，落实个人健康责任，养成健康生活习惯，形成政府积极主导、社会广泛动员、家庭主动参与、人人尽责尽力的良好局面。

3.加强工作宣传。要采取多种形式，强化舆论宣传，充分利用报纸、广播电视和新媒体等，宣传“健康中国 母亲行动”的主要任务和工作要求等，扩大社会知晓率；积极探索、大胆创新，树立先进典型，发挥示范引领作用，努力营造热爱健康、追求健康、促进健康的社会氛围。